$\frac{R}{18}$

72.

SEXTI EMPIRICI VIRI
LONGE DOCTISSIMI ADVER-
SVS MATHEMATICOS,
Hoc est, aduersus eos qui profitentur disciplinas,

OPVS eruditissimum, complectens vniuersam Pyrrhoniorum acutissimorum Philosophorum disputandi de quibuslibet disciplinis & artibus rationem, Græcè nunquam, Latinè nunc primùm editum,

GENTIANO HERVETO AVRELIO INTERPRETE.

EIVSDEM SEXTI PYRRHONIARVM
HYPOTYPΩSEΩN LIBRI TRES:

QVIBVS in tres Philosophiæ partes feuerissimè inquiritur.

LIBRI *magno ingenij acumine scripti, variaque doctrina referti : Græcè nunquam, Latinè nunc primùm editi, Interprete Henrico Stephano.*

Accessit & Pyrrhonis vita, ex Diogene Laërtio : ex vulgata interpretatione, sed multis in locis castigata.
Item, Claudij Galeni Pergameni contra Academicos & Pyrrhonios, D. Erasmo Roterodamo interprete.

PARISIIS,
Apud Martinum Iuuenem, via S. Ioannis Lateranensis, ad insigne Serpentis.
M. D. LXIX.
CVM PRIVILEGIO REGIS.

PAR GRACE & priuilege du Roy est permis à Martin le Ieune, libraire & imprimeur en l'vniuersité de Paris, de pouuoir imprimer ou faire imprimer vn liure intitulé, *Sexti Empirici aduersus Mathematicos, hoc est, aduersus eos qui profitentur disciplinas, & cæt.* Et est defendu à tous libraires, imprimeurs ou autres, de quelque estat ou condition qu'ils soient, de n'imprimer ou faire imprimer, vendre ne distribuer, autres que ceux que ledict le Ieune aura imprimé ou faict imprimer, sur peine de confiscation des liures qui se trouueroint autrement imprimez, & d'amende arbitraire. Et ce iusques au temps & terme de sept ans finis & accomplis, à commécer du iour & date, que la premiere impression sera paracheuee d'imprimer. Ainsi que plus aplein est contenu audict priuilege, sur ce donné à Sainct Germain en Laye le dernier iour de Iuin mil cinq cens soixante sept.

Par le Roy à vostre relation
Deuabres.

ILLVSTRISSIMO ET
IN PRIMIS REVERENDO CAROLO
CARDINALI LOTHARINGO GENTIANVS HERVEtus in Christo plurimam precatur salutem.

CVM POST multos à me susceptos & longo tempore exantlatos labores, partim in vertendis veterum in sacras literas commentariis, partim in confutandis prodigiosis sacramētariorum erroribus, itineris amœnum aliquod quærerē diuerticulum, vt me parumper reficerem, ac animum recrearem, in tua bibliotheca, quæ tua benignitate mihi semper patuit, occurrit Sexti Empirici opus aduersus Mathematicos, id est, aduersus eos qui profitentur disciplinas. Quod cùm non sine incredibili voluptate perlegissem, operæpretium me facturum esse duxi si id Latinè verterem. Mihi enim persuasi hunc vel maximum ex eo fructum esse capiendum, quòd cùm apertè ostendat nullam esse apud homines adeò rectè constitutam disciplinam, quæ non labefactari, nullam adeò certam scientiam, quæ constare possit, si rationum & argumentorum oppugnetur machinis, futurum sit vt humanas leuiter præteruecti scientias quæ inflant non ædificant, nos ad Christianorum propriam conferamus disciplinam ac scientiam, nempe vt fidem habentes à Christo nobis factæ reuelationi, & promissorum bonorum spe nitentes, Deique præceptis parentes, charitatem semper teneamus & amplexemur. Hæc est optima disciplina & scientia longè præstātissima, per quam & fide Deus apprehenditur, & Dei regnum acquiritur. Quem quidem scopum si nobis proposuerimus, & in primæ & summæ rerum omnium causæ contemplatione assiduè versati fuerimus, facilè intelligemus verum esse quod dicit Psalmographus, mirabilē esse Dei scientiam, nō ex nobis (vt vulgata habet versio, sed vt Hebraïca habet veritas) præ nobis, id est, si cum nostra cōferatur scientia, quæ cum eius scientia collata planè nulla est: Imò verò est eiusmodi etiam per se considerata, vt ne quidem dicenda sit scientia. Hoc cùm ad gentiles & externos philosophos confutandos nobis sit adiumenti plurimum allaturum, non paruam quoque suppeditabit copiam argumentorum aduersus nostri temporis hæreticos, qui

ã 2 quæ

quæ ſunt ſupra naturam naturalibus metientes rationibus, quæ ſola fide percipi & apprehendi poſſunt, nõ intelligunt, quia non credunt. Nam cum quæ ſunt merè naturalia, adeò ſint ad percipiendũ difficilia, vt quæcunque de eis dixeris aut cogitaris, facilè euertantur: quid mirũ ſi quæ ſunt ſupernaturalia, ingenij humani captum ſuperant? Hoc certè ſi nihil aliud Caluiniſtis noſtris deberet perſuadere, vt ſimplici verbo Dei credētes, quomodo quod ab eo dicitur fieri poſſit, Capharnaïtarum inſtar minimè inueſtigarent. Quod ſi facerent, non ſe præcipites darent in tantum impietatis barathrum, vt cũ ipſo Chriſto temerè pugnarent, dum eius verbis ſuam derogant dignitatem & efficaciam. Quanto vſui autem eſſe poſſit Sexti Empirici commentarius ad tuenda Chriſtianæ religionis dogmata aduerſus externos Philoſophos, pulchrè docet Franciſcus Picus Mirandulanus in eo libro quo Chriſtianam tuetur philoſophiam aduerſus dogmata externorũ Philoſophorum. Quo magis miror eſſe noſtris temporibus exortos nouos quoſdam Academicos, qui gloriæ ſibi fore ducunt, ſi veteri & vera Chriſti ſpreta religione, nouæ & adulterinæ hæreſis ſint ſectatores. Neque verò ſolum ad tuenda Chriſtianæ religionis dogmata vſui eſſe poterit hic Sexti Empirici commētarius, ſed etiam ad ipſam quæ nunc in ſcholis prælegitur melius diſcēdam ac tenendam philoſophiam, & orbem illum quem vocant diſciplinarum. Nihil enim melius diſcitur, quàm quod vltro citróque habita diſputatione agitatur. In his certè commētariis ſua dogmata ita confirmant Dogmatici, vt ipſi eorum auctores non melius ac fortius ea poſſint defendere. Sceptici verò ita oppugnant, vt Dogmaticis vix quidquam relinquant quod pro ſe poſſint dicere. Hæc cùm fiant, neceſſe eſt vt hæc exercitatio magnam vim habeat ad excitanda & acuenda adoleſcentum ingenia, qui tum demum poterunt verum diſcernere, cùm quæ ſunt probabilia & veriſimilia, ab iis quæ ſecus ſunt, diiudicauerint, & ex multis probabilibus ac veriſimilibus latens verum tandē eruerint. Quòd ſi vtrinque ſint, vt cõtingit, adeò paria rationum momenta, vt nihil poſſit certi de re controuerſa conſtitui, hoc humanæ tribuendum eſt imbecillitati, quæ efficit vt homines vel in media luce ſæpe caligent, non autem vel Dogmaticorũ vel Scepticorum doctrinæ, quæ pro ſe quod poteſt adducit. Sed in hoc magis videtur probanda illa Scepticorum ἐποχὴ quam vocant, quòd dum ſuam ſuſtinent aſſenſionem, non tam temerè nec tam facilè in errores prolabuntur. Quæ tamen hactenus eſt probanda, vt quæ de vera Chriſti doctrina, virtutéque ei conuenienter agenda, ſunt conſtituta, ab iis ne latum quidē vnguem diſcedatur. Quod ſi fiat, non poterit in cæteris hic commentarius non eſſe longè vtiliſſimus. Hæc me mouerunt, vt dum ad maiora aggredienda meas vires prope deficientes reparo, hunc Sextum Empiricum

piricum in linguam Latinam verterem. Qui nunc in lucem exiens, nõ alium se sperat inuenturum qui eum lubentius sit excepturus, quàm te, Illustrißime Princeps, quem non ignorat semper fauisse literis & literatis: nec dubitat quin, si per tuas grauiores liceat occupationes, sis eum aliquando palàm Latinè loquentem auditurus, qui Græcè scriptus & in capsam inclusus prius obmutescebat. Quod si feceris, & tua seria sacrarum literarum studia aliquantulum animi causa intermiseris, spero fore vt in eo legendo aliquot horas collocasse te minimè pæniteat. Vale. Lutetiæ, 16. Calend. Martij, Anno M. D. LXVII.

AD LECTOREM.

SITNE Sextus Empiricus, quẽ nos Latinè vertimus, idem qui Sextus Cheroneus Plutarchi sororis filius, qui vixit tempore Marci Antonini, non ausim affirmare. Est tamen verisimile hunc nõ esse alium, cùm is fuerit discipulus Herodoti Philadelphei sectæ Pyrrhoniæ. Quidquid sit, cõstat eum virum fuisse doctissimum, & in omni disciplinarum & scientiarum genere longè exercitatissimum. Perspicuum autẽ est ex his libris quos vertimus, eum fuisse professione Medicum, & in rebus naturalibus pulcherrimè fuisse versatum. Cùm sit autem eius scopus & institutum in hoc opere afferre quæcũq; dici possunt aduersus disciplinas & scientias, antè tamen quàm ad eas confutandas accedat, ita probat ac cõfirmat cuiusuis disciplinæ & scientiæ dogmata, vt nemo possit dubitare eum in omnibus excelluisse. Est itaque hic Sextus Empiricus omnibus legendus, qui disciplinarum omniũ & scientiarum sibi parare velint cognitionem. Ab iis autem maximè, qui de re qualibet in vtramque partem velint disserere, est perpetuò legendus & memoriter, si fieri possit, tenendus. Fac itaque, ô Lector, vt eum diligenter legas, & tibi persuadeas, quod re ipsa experieris, te maximum fructum ex eo percepturum. Vale.

INDEX EORVM QVAE IN OPERE ADVERSVS Mathematicos complectuntur.

An sit disciplina. Cap.1.pag.2.
De eo quod docetur. cap.2.pag.3.
De corpore. cap.3.pag.4.
De eo qui docet, & eo qui discit. cap. 4. pagina 6.
Aduersus Grammaticos. cap.5.p.8.
Quot modis dicitur Grāmatica. cap. 6. pagina eadem.
Quid est Grammatica. cap.7.pa.11.
Quæ sint partes Grammaticæ. ca.8. pag.16.
Quòd nullam certam viam, rationē ac methodum habeat, neque possit consistere artificiosa pars Grammaticæ. cap.9.p.17.
De syllaba. c.10.p.22.
De nomine. c.11.p.26.
De partitione. c.12.p.28.
De orthographia. c.13.p.30.
An sit ars de Hellenismo. c.14.p.31.
De etymologia. c.15.p.40.
An consistere possit pars historica. c.16.p.42.
Quòd pars Grāmaticæ, quæ versatur in poëtis & scriptoribus, non possit consistere. c.17.p.45.
De Rhetorica seu arte dicendi. c.18. pagina 55.
Aduersus Geometras. c.19.p.72.
Aduersus Arithmeticos. c.20.p.89.
Aduersus Astrologos. c.21.p.93.
Aduersus Musicos. c.22.p.107.
Definitio vocis. pag.112.
Definitio soni qui dicitur φθόγγος. ibidem.
Sexti Empirici ex duobus De philosophia liber primus, Aduersus Logicos. pag.116.
An sit aliquid quo iudicetur veritas. p.119.
De vero. De signo. De incertis & non euidentibus. De demonstratione. Ex qua materia sit demonstratio. Quid sit demonstratio. pag.184.
De demonstratione. p.228.
Ex qua materia sit demōstratio. pag. 231.
An sit demonstratio. p.234.
Sexti Empirici commentariorum liber octauus. De principiis naturalibus. De causa & patiente. De Diis. De toto & parte. De corpore. p.256.
An sint Dij. p.263.
De causa efficiēte & de eo quod patitur. p.284.
De numero & additione & ablatione. p.300.
De toto & parte. p.301.
De partibus orationis. p.303.
An sit aliquod corpus. p.304.
Quot modis vnumquodque intelligitur. p.308.
Sexti Empirici liber nonus, In quo tractat De loco. De motu. De tempore. De numero. De ortu & interitu. p.315.
De loco. p.316.
An sit motus. p.320.
An sit tempus. p.339.
De numero. p.349.
De ortu & interitu. p.357.

Sexti Empir. liber decimus. p.363.
Quænam sit summa rerum vitæ differentia. ibidem.
Quid sit bonum, malum, & indifferens. p.366.
An positis natura bonis & malis contingit beatè & fœliciter viuere. pag. 378.
An is qui de natura bonorum & malorum sustinet assensionem, sit omnino beatus. p.383.
An vitæ agēdæ sit ars aliqua. p.383.
An degendæ vitæ ars possit doceri. pagina 393.

Quæ complectitur liber primus Pyrrhon. hypot. Sexti.

De tribus generalissimis philosophādi rationibus. Capite 1.pag.405.
De duplici scepticæ tractatione. c.2. pagina eadem.
Quibus nominibus Sceptica institutio vocetur. c.3.p.406.
Quid sit Scepsis. c.4. ibidem.
De Sceptico. c.5.p.407.
De principiis Scepticæ. c.6.p.ead.
An Scepticus aliqua dogmata statuat. c.7.ibidem.
An sectā habeat Scepticus. c.8.p.408
An physiologiam tractet Scepticus. c.9.pag.eadem.
An Sceptici phænomena tollant. ca. 10.p.eadem.
De criterio Scepticæ. c.11.p.409.
Quis finis sit Scepticæ. c.12.p.410.
De modis vniuersalibus scepseos. c. 13.p.411.
De modis decem epoches. c.14.ibid.
De quinque modis. c.15.p.431.

De duobus aliis modis 16.433.
Qui sint modi quibus euertantur ætiologici. 17.ibid.
De Scepticorum vocibus. 18.434.
De voce Non magis. 19.ibidem.
De aphasia. 20.435.
De vocibus, fortasse, licet, fieri potest. cap. 21. pagina 436.
De voce ἐπέχω, & ὐδὲν ὁρίζω. 22.ibid.
De voce ὐδέν ὁρίζω. 23.ibid.
De eo quod dicunt, Omnia sunt ἀόριςα. 24.ibid.
De eo quod dicunt, Omnia sunt incomprehensibilia. 25.437.
De vocibus ἀκατάληπτῶ & ὐ καταλαμβάνω.i.nō comprehēdo.26.ibid.
De eo quod dicunt, παντὶ λόγῳ λόγος ἴσος ἀντίκητ.i.Omni orationi oratio æqualis opponitur (vel, opposita est.) 27.ibid.
Appendix ad tractationē de Scepticis vocibus. 28.438.
Differre Scepticā institutionem ab Heracliti philosophia. 29.439.
In quo differat Sceptica disciplina à Democriti disciplina. 30. ibid.
Quo differat scepsis à Cyrenaica institutione. 31.440.
Quo differat scepsis à Protagoræ institutione. 32.ibid.
Quo differat ab Academica philosophia scepsis. 33.441.
An medica experientia eadem sit cum scepsi. cap.34.p.444.

Quæ complectitur liber secundus.

An possit Scepticus aliquid inquirere in ea quæ dicuntur à dogmaticis. Cap.1.pag.445.

INDEX EORVM QVAE IN OPERE ADVERSVS Mathematicos complectuntur.

An sit disciplina. Cap.1.pag.2.
De eo quod docetur. cap.2.pag.3.
De corpore. cap.3.pag.4.
De eo qui docet, & eo qui discit. cap. 4. pagina 6.
Aduersus Grammaticos. cap.5.p.8.
Quot modis dicitur Grāmatica. cap. 6. pagina eadem.
Quid est Grammatica. cap.7.pa.11.
Quæ sint partes Grammaticæ. ca.8. pag.16.
Quòd nullam certam viam, rationē ac methodum habeat, neque possit consistere artificiosa pars Grammaticæ. cap.9.p.17.
De syllaba. c.10.p.22.
De nomine. c.11.p.26.
De partitione. c.12.p.28.
De orthographia. c.13.p.30.
An sit ars de Hellenismo. c.14.p.31.
De etymologia. c.15.p.40.
An consistere possit pars historica. c.16.p.42.
Quòd pars Grāmatica, quæ versatur in poëtis & scriptoribus, non possit consistere. c.17.p.45.
De Rhetorica seu arte dicendi. c.18. pagina 55.
Aduersus Geometras. c.19.p.72.
Aduersus Arithmeticos. c.20.p.89.
Aduersus Astrologos. c.21.p.93.
Aduersus Musicos. c.22.p.107.
Definitio vocis. pag.112.
Definitio soni qui dicitur φθόγγος. *ibidem.*
Sexti Empirici ex duobus De philosophia liber primus, Aduersus Logicos. pag.116.
An sit aliquid quo iudicetur veritas. p.119.
De vero. De signo. De incertis & non euidentibus. De demonstratione. Ex qua materia sit demonstratio. Quid sit demonstratio. pag.184.
De demonstratione. p.228.
Ex qua materia sit demōstratio. pag. 231.
An sit demonstratio. p.234.
Sexti Empirici commentariorum liber octauus. De principiis naturalibus. De causa & patiente. De Diis. De toto & parte. De corpore. p.256.
An sint Dij. p.263.
De causa efficiēte & de eo quod patitur. p.284.
De numero & additione & ablatione. p.300.
De toto & parte. p.301.
De partibus orationis. p.303.
An sit aliquod corpus. p.304.
Quot modis vnumquodque intelligitur. p.308.
Sexti Empirici liber nonus, In quo tractat De loco. De motu. De tempore. De numero. De ortu & interitu. p.315.
De loco. p.316.
An sit motus. p.320.
An sit tempus. p.339.
De numero. p.349.
De ortu & interitu. p.357.

Sexti Empir. liber decimus. p.363.
Quænam sit summa rerum vitæ differentia. ibidem.
Quid sit bonum, malum, & indifferens. p.366.
An positis natura bonis & malis contingit beatè & fœliciter viuere. pag. 378.
An is qui de natura bonorum & malorum sustinet assensionem, sit omnino beatus. p.383.
An vita agẽda sit ars aliqua. p.383.
An degendæ vitæ ars possit doceri. pagina 393.

Quæ complectitur liber primus Pyrrhon. hypot. Sexti.

De tribus generalissimis philosophãdi rationibus. Capite 1.pag.405.
De duplici scepticæ tractatione. c.2. pagina eadem.
Quibus nominibus Sceptica institutio vocetur. c.3.p.406.
Quid sit Scepsis. c.4. ibidem.
De Sceptico. c.5.p.407.
De principiis Scepticæ. c.6.p.ead.
An Scepticus aliqua dogmata statuat. c.7.ibidem.
An sectã habeat Scepticus. c.8.p.408
An physiologiam tractet Scepticus. c.9.pag.eadem.
An Sceptici phænomena tollant. ca. 10.p.eadem.
De criterio Scepticæ. c.11.p.409.
Quis finis sit Scepticæ. c.12.p.410.
De modis vniuersalibus scepseos. c. 13.p.411.
De modis decem epoches. c.14.ibid.
De quinque modis. c.15.p.431.

De duobus aliis modis 16.433.
Qui sint modi quibus euertantur ætiologici. 17. ibid.
De Scepticorum vocibus. 18.434.
De voce Non magis. 19. ibidem.
De aphasia. 20. 435.
De vocibus, fortasse, licet, fieri potest. cap. 21. pagina 436.
De voce ἐπέχω, & οὐδὲν ὁρίζω. 22.ibid.
De voce οὐδὲν ὁρίζω. 23.ibid.
De eo quod dicunt, Omnia sunt ἀόριστα. 24. ibid.
De eo quod dicunt, Omnia sunt incomprehensibilia. 25. 437.
De vocibus ἀκαταληπτῶ & ἐ κατα λαμϐάνω.i.nõ comprehẽdo.26.ibid.
De eo quod dicunt, παντὶ λόγῳ λόγος ἴσος ἀντίκειται.i. Omni orationi oratio æqualis opponitur (vel, opposita est.) 27.ibid.
Appendix ad tractationẽ de Scepticis vocibus. 28. 438.
Differre Scepticã institutionem ab Heracliti philosophia. 29.439.
In quo differat Sceptica disciplina à Democriti disciplina. 30. ibid.
Quo differat scepsis à Cyrenaica institutione. 31. 440.
Quo differat scepsis à Protagoræ institutione. 32. ibid.
Quo differat ab Academica philosophia scepsis. 33.441.
An medica experientia eadem sit cum scepsi. cap.34.p.444.

Quæ complectitur liber secundus.

An possit Scepticus aliquid inquirere in ea quæ dicuntur à dogmaticis. Cap.1.pag.445.

Vnde incipere debeat inquisitio aduersus dogmaticos. Cap. 2. p. 447.
De criterio. i. instruméto ad iudicandum. 3. ibidem.
An sit aliquod veritatis criterium. 4. 448.
De criterio A quo. 5. 449.
De criterio Per quod. 6. 453.
De criterio Secundum quod. 7. 457.
De vero & veritate. 8. 459.
An aliquid sit natura verũ. 9. 460.
De signo. 10. 462.
An sit aliquod signum iudicatorium. cap. 11. pag. 463.
De demonstratione. 12. 468.
An sit demonstratio. 13. 469.
De syllogismis. 14. 478.
De epagoge. i. inductione. 15. 480.
De definitionibus. 16. 481.
De diuisione. 17. 482.
De nominis in significata diuisione, 18. pag. eadem.
De toto & parte. 19. 483.
De generibus & speciebus. 20. ibid.
De communibus accidentibus. cap. 21. pag. 485.
De sophismatibus. 22. 486.
De amphiboliis, id est, ambiguitatibus. 23. 491.

Quæ complectitur liber tertius.

De Deo. Cap. 1. pag. 492.
De causa. 2. 494.
An sit aliquid alicuius causa. 3. 495.
De materialibus principiis. 4. 497.
An comprehensibilia sint corpora. cap. 5. pag. 498.
De crasi. i. temperatione. 6. 503.
De motu. 7. 504.
De transitorio motu. 8. ibid.
De augmento & imminutione. cap. 9. 508.
De ablatione & additione. 10. ibid.
De transpositione. 11. 510.
De toto & parte. 12. ibid.
De naturali mutatione. 13. 511.
De generatione & corruptione. 14. 512.
De mansione. 15. 513.
De loco. 16. 514.
De tempore. 17. 517.
De numero. 18. 519.
De ethica parte philosophiæ. 19. 522.
De bonis & malis & indifferentibus. 20. ibidem.
Bonum trifariam dici. 21. 523.
De indifferente. 22. 524.
An sit aliquid natura bonũ & malum & indifferens. 23. ibid.
Quæ sit ea quæ dicitur ars circa vitam. 24. 526.
An sit ars circa vitam. 25. 535.
An hominibus indatur ars quæ circa naturam. 26. 537.
An doceri possit ars quæ circum naturam. 27. ibid.
An sit aliquid quod doceatur. cap. 28. ibidem.
An sit docens aut discens. 29. 538.
An sit discendi modus. 30. 540.
An ars quæ circa vitam, eam habẽti sit vtilis. 31. 541.
Quare Scepticus interdum ratiocinationes quantum ad probabilitatem attinet debiles de industria proponat. cap. 32. pag. 542.

FINIS PRIMI INDICIS.

SEXTI EMPIRICI
ADVERSVS MATHE-
MATICOS.

GENTIANO HERVETO AVRE-
LIO INTERPRETE.

IN CONTRADICENDO iis qui profitentur diſciplinas, idem videtur eſſe animus Epicureorum & Pyrrhoneorū, non est autem eadem affectio. Nam Epicurei quidẽ contradicunt, vtpote quòd ad perfectionem ſapientiæ nihil conferant diſciplinæ: vel vt nonnulli coniiciunt, quòd hunc exiſtiment eſſe prætextum ſuæ inſcitiæ. In multis enim Epicurus arguitur indoctus, & nec in cõmuni quidem ſermone purus. Fortaſſe autem etiam propterea quòd malè vellet Platoni & Ariſtoteli, & ſimilibus qui multarum diſciplinarum erãt cognitione prediti. Est etiam ſatis veriſimile, quòd id fecerit propter inimicitias quæ ei intercedebant cum Nauſiphane Pyrrhonis auditore. Multos enim apud ſe habebat adoleſcentes, & diſciplinarum valdè erat ſtudioſus, maximè autem Rhetoricæ. Cùm ergo Epicurus eius fuiſſet diſcipulus, vt videretur eſſe non ab alio quàm à ſeipſo edoctus, ſuóque ingenio & induſtria extitiſſe Philoſophus, omnino ibat inficias, eiúsque famam & exiſtimationẽ delere contendebat, & in reprehendẽdis in ſectandíſque diſciplinis, in quibus ille gloriabatur, multùm verſabatur. Dicit quidem certè in epiſtola quam ſcripſit ad Philoſophos qui erant Mitylenæ: Exiſtimo autem gemebundos illos opinaturos me eſſe Pulmonis diſcipulum, qui eum audierim cum quibuſdam crapula laborantibus & temulentis adoleſcentibus, pulmonem nunc vocans Nauſiphanem, vt qui nullo ſit ſenſu præditus. Et rurſus progreſſus,

Epicurus indoctus.

Nauſiphani cum Epicuro intercedebant inimicitiæ.

Nauſiphanes cur pulmo dictus.

cùm

cùm multa in eum dixisset, subindicat eius profectum in disciplinis,
dicens: Erat enim vir improbus,multúmque studij & operæ posuerat in iis ex quibus fieri non potest vt perueniatur ad sapientiam, disciplinas innuens. Sed Epicurus quidem, vt sequendo coniecturas
dici potest, his impulsus depugnandum esse sibi censuit aduersus di- 5
sciplinas. Pyrrhonei autē, neque propterea quòd eas existiment nihil conferre ad sapientiam, sunt enim quæ dicuntur dogmatica: neque propterea quòd essent ineruditi. Nam cùm sint eruditi,& quàm
cæteri Philosophi longè maiorem habeant experientiā, de iis quoque est apud vulgus excellens opinio. Sed neque propter maleuo- 10
lentiam eorum in aliquos(ab eorum enim lenitate longè abest hoc
vitium)sed eadem eorum fuit affectio in disciplinis, quæ in tota philosophia. Quomodo enim ad eam accesserunt desiderio assequen-
dæ veritatis, cùm eis autem occurrisset par pugnæ rerum inęqualita-
tas, sustinuerunt assensionem:ita etiam in disciplinis, cùm ad eas su- 15
scipiendas essent incitati, hic quoque verum quærentes quod discerent, pares autem inuenientes dubitationes,eas minimè celauerunt.
Quamobrem nos quoque eandem viam & rationem sequentes,co-
nabimur ea,quæ apud ipsos re ipsa dicūtur selecta, exponere. Atque
docere quidem cur orbis dicatur disciplinarum, & quot sint nume- 20
ro,superuacaneum existimo,cùm ex ea, quā accepimus, doctrina, de
eis sufficientem habuerimus institutionem. Quod autem est in præsentia necessariū id est indicandum. Nempe quòd ex iis quæ dicuntur aduersus disciplinas, alia quidem vniuersè dicuntur aduersus
omnes disciplinas: alia autem aduersus singula. Et magis quidem 25
vniuersè & in genere,quòd nulla sit disciplina:magis autem propriè,
vt exempli gratia, aduersus Grammaticos de elementis dictionis.
Aduersus Geometras autem, quòd non oporteat accipere principia
ex hypothesi. Aduersus Musicos autem, quòd nihil sit vox nec tempus. Videamus autem primùm ordine eam,quę est in genere & ma- 30
gis vniuersè,contradictionem.

Pyrrhonei nitūtur cōtradicāt aduersus disciplinas.

An sit Disciplina. Cap. 1.

ATQVE quæ apud Philosophos quidem fuit dissensionem de eo
quod est discere,cùm magna sit & varia,non est præsentis temporis 35
diiudicare. Satis est autem statuere,quòd si sit vlla disciplina, & fieri
possit vt homo discat, oportet priùs quatuor confiteri, nempe rem
quæ docetur: eum qui docet: eum qui discit:modum discendi. Non
est au-

ADVERSVS MATHEMATICOS.

eſt autem quod docetur: neque qui docet: neque qui diſcit: neque modus diſcendi, ſicut oſtendemus. Non eſt ergo vlla diſciplina.

De eo quod docetur. Cap. 2.

ATQVE de primo quidem loquentes, primum dicimus. Si quid docetur, aut id quod eſt eo quòd ſit docetur: aut id quod non eſt, eo quòd nõ ſit. Sed neque id quod eſt, eo quòd ſit docetur: neque quod non eſt, eo quòd non ſit, vt oſtendemus. Non ergo docetur aliquid. Atque quod non eſt quidẽ, eo quòd nõ ſit, doceri nõ poteſt. Si enim docetur, eſt eiuſmodi vt poſsit doceri. Cùm ſit autem eiuſmodi, erit ex iis quæ ſunt, & propterea erit & quod nõ eſt & quod eſt. Fieri autem non poteſt vt idem ſit & quod eſt & quod non eſt. Non ergo docetur id quod non eſt, eo quòd non ſit. Et ei quod non eſt nihil accidit. Cui autem nihil accidit, neque accidet vt doceatur. Ex iis enim quæ accidunt vnum eſt doceri. Hac ergo ratione neque doceri poteſt quod non eſt. Quinetiam quod docetur, mouens phantaſiam, eo deducitur vt à nobis diſcatur. Quod autẽ non eſt, cùm non poſsit mouere phantaſiam, nec eiuſmodi eſt vt poſsit doceri. Præterea autem neque vt verum eſt id quod non eſt. Neque enim ex iis quę non ſunt eſt vērum: neque vllum verum, vt quod non ſit eſt eiuſmodi vt doceri poſsit. Quòd ſi nullum verum, vt quod non ſit, eſt eiuſmodi vt poſsit doceri: ex iis enim quæ ſunt eſt verum: non doceri ergo poteſt quod non eſt. Si autem nullum verum docetur: quidquid docetur eſt falſum. quod quidem eſt à ratione alieniſsimũ. Non ergo docetur id quod non eſt. Aut enim quod docetur eſt verum aut falſum. Sed quòd ſit quidem falſum eſt à ratione alieniſsimum. Verum autem erat id quod eſt. Non eſt ergo id quod non eſt eiuſmodi vt poſsit doceri. Porrò autem nec id eſt, eo quòd ſit, eſt eiuſmodi vt poſsit doceri, quãdoquidem cùm quæ ſunt, ex ęquo omnibus appareãt, omnia erunt eiuſmodi vt non poſsint doceri. Cui erit conſequens vt nihil ſit eiuſmodi vt doceri poſsit. Oportet enim aliquid ſubiici eiuſmodi vt non poſsit doceri: vt ex eo quod cognoſcitur exiſtat vt id diſcatur. Ergo neque id quod eſt, eo quòd ſit docetur. Similis modus dubitationis erit etiã aduerſus eos qui dicunt quod nihil aut aliquid doceatur. Si enim nihil doceatur, erit quatenus docetur aliquid: & propter hoc ipſum, contraria erunt, nempe nihil & aliquid, quod quidem eſt ex iis quæ non poſſunt fieri. Nihilo autem nihil accidit: quamobrem neque vt doceatur. Nam hoc

Doceri non poſſe aliquid.

quoque

quoque est ex iis quæ accidunt. Nihil ergo non docetur. Eadem rationis conuenientia aliquid quoque erit ex iis quæ non possunt doceri. Si enim est eiusmodi vt doceri possit propterea quòd est, nihil erit quod non possit doceri. Cui erit consequens vt nihil sit eiusmodi vt possit doceri. Quinetiam si docetur aliquid, aut docebitur per ea quæ nulla sunt, aut per ea quæ sunt aliqua. Atqui fieri non potest vt doceatur per ea quæ nulla sunt, ea enim cogitatione minimè possunt consistere vt volunt Stoici. Restat ergo vt discatur per aliqua, quod quidem rursus habet dubitationem. Quomodo enim ipsum quod docetur, eo ipso docetur quatenus est aliquid: ita quandoquidem ea etiã ex quibus existit vt discatur sunt aliqua, erunt eiusmodi vt possint doceri. Et ea ratione cùm nihil sit quod possit doceri, discere quoque tollitur. Et alioqui cum ex aliquibus alia quidem sunt corpora, alia verò incorporea, oportebit ea quæ docentur cùm sint aliqua, aut esse corporea, aut incorporea. Non possunt autem esse corporea nec incorporea, vt ostendemus. Non sunt ergo ea quæ docentur.

De corpore. Cap. 3.

corpus non potest doceri. ATQVE corpus quidē, maximè ex sententia Stoicorum, esse non potest ex iis quæ doceri possunt. Oportet enim ea quæ discuntur eiusmodi esse vt dici possint. Corpora autem non sunt eiusmodi. Quamobrem nec discuntur. Siquidem autem corpora nec sub sensum cadunt nec sub intelligentiam, perspicuum est quòd nec erunt *corpus non est sensile.* eiusmodi vt doceri possint. Atque non sunt quidem sensilia, vt patet ex eorum notione. Nam si corpus est ex congerie magnitudinis *corpus quid sit.* & figuræ & resistentiæ, vt dicit Epicurus: aut quod trium interuallorum suscipit dimēsionem, nempe longitudinis & latitudinis & profunditatis, vt dicunt Mathematici: aut quod trium interuallorum disiungitur dimensione cum resistentia, vt rursus dicit Epicurus, vt eo distinguat inane: aut resistens magnitudo, vt alij. Quomodocunque autem se habeat, cùm intelligatur ex congregatione multarum *Compositio non est sensus, sed rationalis cogitationis.* proprietatum: multorum autem compositio, non sit munus & effectus alicuius simplicis & ratione carentis sensus, sed ratione præditæ cogitationis. Si est autem ratione præditæ cogitationis corpus, non erit ex iis quæ cadunt sub sensum. Quòd si id rursus posuerimus sen- *sensile non docetur.* sile, erit rursus eiusmodi vt doceri non possit. Rursus enim sensile, quatenus est sensile, non docetur. Nemo enim discit videre album: neque

neque guftare dulce: neque tangere calidum: nec odorari odoriferum ac bene olens. fed ea funt ex iis quæ doceri non poffunt & nobis adfunt naturaliter. Reftat ergo vt dicamus corpus cadere fub intelligentiam,& ea ratione effe eiufmodi vt pofsit doceri. Quemadmodum autē hoc fit verum confideremus. Si enim neque feorfum longitudo, neque latitudo aut profunditas eft corpus, ex omnibus autem intelligitur: neceffe eft cùm omnia fint incorporea, id etiam quod ex eis conftat effe incorporeum, non corpus. Propterea autem doceri quoque non poteft, quòd qui intelligit corpus quod ex his conftat, debet prius ea ipfa intelligere, vt illa quoque pofsint intelligi. Aut enim ea intelliget per incurfionem: aut per tranfitum ab incurfione. Sed neque per incurfionem: funt enim incorporea. Incorporea enim non apprehendimus per incurfionem, cùm contactu femper fiat quæ in fenfu fit apprehenfio. Porrò autem nec per tranfitum ab incurfione, cùm nihil habeant fenfile à quo tranfeundo ea pofsint intelligi. Cùm ergo nec ea ex quibus conftat corpus, pofsimus intelligere, planè nec id poterimus docere. Sed de corporis quidem intelligentia & fubftantia, accuratius meminimus in Scepticis. Nunc autem relictis his argumentis, illud dicamus. Corporum in fupremo genere duplex eft differentia. Ex iis enim alia quidem funt fenfilia: alia verò cadunt fub intelligentiam. Et fi id quod docetur eft corpus, omnino vel intelligētia percipi poteft, vel eft fenfile. Sed neque poteft effe fenfile propterea quòd ex æquo omnibus debeat apparere & effe euidens. Neque percipi poteft intelligentia, propterea quòd fit obfcurum & incertum, & de eo ipfo, re nondum diiudicata, apud omnes Philofophos fit non leuis controuerfia: aliis quidem dicentibus id effe indiuiduum, aliis verò diuiduum. & ex iis quidem qui dicunt effe diuiduū, aliis quidem cenfentibus id diuidi in infinitum: nonnullis autem in minimum & quod nullas habet partes. Non eft ergo corpus eiufmodi vt doceri pofsit. Sed nec incorporeum. Quodcunque enim incorporeū dicas doceri, fiue id eam Platonicā, fiue quod apud Stoicos dicitur λεκτὸν, fiue locum aut inane, aut tempus, aut aliquid eiufmodi (ne temerè aliquid dicamus de eorum fubftantia, nec in aliis alias in tranfitu perfequamur confiderationes oftendentes vnumquodque non poffe confiftere) id quod apertè quidem inquiritur, & donec lympha fluet, procera arborque virefcet, inquiretur apud Dogmaticos: aliis quidem ea effe afferentibus: aliis verò non effe: aliis autem fuftinentibus affenfionem, &

Corpus non effe intelligibile.

De Scepticis fcripfit librum Sextus Empiricus.
Corporum alia fenfilia, alia intelligibilia.

Incorporeū non poteft doceri.

quæ

quæ funt adhuc controuerfa & in magnis verfantur dubitationibus, dicere ea doceri tanquam certa & quę fint extra omnem controuerfiam, eft abfurdum. Si ergo ex iis quæ funt, alia quidem funt corporea: alia verò incorporea: oftenfum eft autem neutra eorum doceri. Nihil docetur. Sic eft etiam argumentandum. Si docetur aliquid, eft verum aut falfum. Non eft autem falfum eiufmodi vt pofsit doceri, vtpote de quo eo ipfo confentiatur. Neque verum. Verum enim eft dubium, vt oftenfum eft in Commentariis fcepticis. Dubia autem difci non poffunt. Non eft ergo aliquid quod docetur. Vt fummatim autem dicam. Si aliquid docetur, aut eft artificiofum, aut caret arte. Et fi arte quidem caret, non poteft doceri. Sin autem fit artificiofum, eo ipfo quòd apparet, ne artificiofum quidem eft, nec poteft doceri. Quod fi fit obfcurū & non appareat, rurfus propter obfcuritatem & quòd non fit euidens, non poteft doceri. Cum quo etiam fimul tollitur is qui docet, propterea quòd non habet quod fit docturus: & is qui difcit, propterea quòd non habeat quod difcat. Et tamen de vtroque eorum feorfum tractantes dubitabimus.

Falfum non docetur.
Verum non docetur.

De eo qui docet, & eo qui difcit. Cap. 4.

NAM fi eft aliquis eorum, aut arte carens, fimiliter docebit eum qui caret arte: aut artifex eum qui eft fimiliter artifex: aut contrà. Sed neque qui arte caret docere poteft eum qui caret arte, vt neque cæcus poteft cæcum ducere: neque artifex fimiliter eum qui eft artifex. neuter enim eorum opus habet vt difcat. Nec hic magis illo, quàm hoc ille opus habet ad difcendum, cùm fint pares vtriufque facultates. Neque is qui artè caret artificem. Perinde enim effet ac fi quis diceret videntem duci ab orbo. Nam qui arte caret, ad artificiofas orbus contemplationes, non poffet ea docere quæ planè non nouit, & artifex perfpiciens in artificiofis contemplationibus, & earum habens cognitionem, non opus habebit eo qui fit docturus. Reftat ergo vt artifex dicatur doctor eius qui caret arte, quod quidem eft abfurdius prioribus. Nam & in Sceptico in Contemplationibus artis à nobis dubitatum eft de artifice: & qui caret arte, neque quando eft arte carēs, poteft fieri artifex: neque quando eft artifex, adhuc fit artifex, fed eft. Nam cùm eft quidem arte carens, fimilis eft ei qui eft ab ortu cæcus aut furdus. & quomodo ifte à natura non habet ingeneratum, vt ad colorum aut vocis vnquam veniat cogitationem: ita neque qui caret arte, quatenus eft arte carens, occæcatus & obfurdefcens

Qui doceat, nullus eft, neq; qui difcat.
Arte carēs nō docet arte carentem.
Artifex neque arte carētem docet, nec artificem.

ADVERSVS MATHEMATICOS.

defcens ad artificiofas contemplationes, earum aliquam poteſt videre aut audire. Et cùm effectus fuerit artifex, non amplius docetur, ſed eſt doctus. Traducendæ autem ſunt dubitationes ex iis quæ ſumus argumentati de Mutatione & Affectione, & Ortu & Interitu in contradictionibus aduerſus Phyſicos. Nunc autem cùm conceſſerimus iis qui diſciplinas profitentur, eſſe rem aliquam quæ docetur, & eſſe aliquem qui docet: ſimiliter autem & eum qui diſcit, poſtea exigamus viam ac modū diſcendi. Exiſtit enim doctrina aut operatione aut oratione. Sed ex his, operatio quidem eſt ex iis quę oſtendi poſsunt: quod autem oſtendi poteſt, apparet. Quod autem apparet, quatenus apparet, vt quod communiter poſsit ab omnibus apprehendi, eſt eiuſmodi vt doceri non poſsit. Non enim quod re ipſa poteſt oſtendi, eſt eiuſmodi vt poſsit doceri. Quod ergo operatione ac re ipſa oſtendi poteſt, non poteſt doceri. Oratio autem aut ſignificat, aut non ſignificat. Et nihil quidem ſignificans, ne alicuius quidem eſt magiſtra ac docens aliquem. Significans autem, aut natura ſignificat aliquid, aut ex inſtituto ac impoſitione. Et natura quidem non ſignificat, propterea quòd non omnes Græci omnes audiant barbaros, & barbari Græcos, aut Græci Græcos, aut barbari barbaros. Ex inſtituto autem & impoſitione ſi ſignificat, eſt perſpicuum, quòd iis quidem qui anticiparunt ea quibus impoſitæ fuerunt dictiones, ea etiam apprehendent, non ex eis docti id quod ignorabatur, ſed id quod ſciebant renouantes. Non itidem autem ij qui opus habent vt diſcant ea quæ ignorantur. Si ergo neque eſt quod docetur, neque qui docet, neque qui diſcit, neque modus diſcendi: eſt perſpicuum quòd neque eſt diſciplina, neque qui præſit diſciplinæ. Sed quoniam non ſolùm vniuerſè & in genere polliciti ſumus nos eſſe dicturos aduerſus omnes qui profitentur diſciplinas: ſed etiam priuatim ac ſeparatim aduerſus vnumquenque ponentes: eſſe aliquam diſciplinam, & poſſe fieri vt diſcatur, conſideremus an vniuſcuiuſque diſciplinæ poſsit eſſe profeſsio: ad refellendum ſumentes non omnia quæ dicuntur apud eos qui refelluntur. hoc enim cum eo quod eſt aſperum ac moleſtum, non certa etiam procedit via ac ratione, quandoquidem fortaſſe etiam fieri non poteſt. Neque quælibet ex omnibus (hoc enim fortè nec ad eas pertingit) ſed ea quæ cùm tollantur, ſimul omnia tolluntur: & quomodo qui oppidum conantur capere, in eo ſtudium & operam ponunt vt iis potiantur, quibus captis oppidum quoque captum ſit, vt qui muros diruant, aut claſſem incen-

Docēdi nullus eſt modus nec diſcendi.
Doctrina exiſtit aut operatione aut oratione.
Quod oſtenditur non docetur.
Oratio aut ſignificat, aut non ſignificat.

παρελκυές

incendant, aut commeatus intercludant. Ita nos quoque aduersus eos depugnantes qui profitentur disciplinas, idem tentemus aduersus ea ex quibus eis salua sunt omnia, nempe vel principia, vel vniuersas methodos quæ deducuntur ex principiis, vel fines. In his enim vel ex his constat omnis disciplina.

Aduersus Grammaticos. Cap. 5.

STATIM autem nobis incipiat inquisitio aduersus Grammaticos. Primùm quidem, quoniam propemodum ab infantia & ab ipsis incunabulis tradimur Grammaticæ. Ea est autem velut quidã carceres quibus emittimur ad alias discendas. Deinde quòd supra omnes glorietur scientias, idem ferè promittens quod Sirenes. Nam illæ quidem scientes hominem esse sciscitandi & audiendi cupidum, & magnum veritatis desiderium esse illius pectori insitum, non solùm diuinis versibus se præternauigantes esse delinituras pollicentur, sed ipsos ea quoque quæ sunt docturas. Dicunt enim,

Grammatica gloriatur supra omnes scientias.

Grammatica idem promittit quod Sirenes.

Odyss. 12.

Huc age percelebris Græcorum gloria Vlysses,
Siste ratem, vox nostra tuas pertingat vt aures.
Hàc prius haud vlli transgressa est cerula puppis,
Oris quàm audierit dulcissima carmina nostri.
Is lætus verò & discens permulta recessit,
Scimus enim Troüm & Danaüm quoscunque labores,
Quos magna in Troia nutu subiëre Deorum,
Atque alma in terra scimus quæcunque geruntur.

Grammatica autem cum eo quòd distinguit fabulas ab historiis, in hoc quoque glorians quòd dialectos discernat, & artem orationis & varietatem lectionum, auditoribus sui magnum affert desideriũ. Sed ne metam videamur prætergredi, ostendendum est quot sint Grammaticæ, & de quanam ex iis sit nobis propositum quærere.

Quot modis dicitur Grammatica. Cap. 6.

Grammatica dicitur multis modis.

GRAMMATICA ergo dicitur per homonymiam, & communiter & propriè. Et communiter quidem, cognitio cuiusmodicunque literarum, seu Græcarum, seu barbararum, quam solemus appellare Grammaticam. Propriè autem ea quæ est perfecta & absoluta, & quæ fuit elaborata studio ac diligentia Cratetis Mallotæ, & Aristophanis & Aristarchi. Videtur autem vtraque ex quadam etymologia eodem nomine esse appellata. Prima enim à literis quibus signamus

ADVERSVS MATHEMATICOS.

mus voces articulatas. Secunda autem fortasse quidem, vt nonnulli censuerunt, ordinatius à prima est enim pars eius. Et quomodo medendi ars olim quidem fuit appellata ἰαξικὴ à venenosis succis, qui ἰοὶ dicuntur, eximendis. Dicitur autem nunc quoque de propulsatione aliorum morborum & affectione, cùm sit longè artificiosior. Et quomodo Geometria ab initio quidem suam attraxit appellationem ex dimensione terrę, ponitur autem in præsentia etiam in cōtemplatione rerum magis naturalium. Ita etiam perfecta Grammatica à literarum cognitione in initio nominata, extensa est ad cognitionem quæ versatur in variis & magis artificiosis earum contēplationibus. Fortasse autem, vt dicit Asclepiades, ipsa quoque nominata est à literis, sed non ab iisdem à quibus Grammatistica seu ars literatoria. Sed illa quidem, vt dixi, dicitur ab elementis: hæc verò à scriptis in quibus versatur. Nam ea quoque appellantur literæ, quomodo etiā publicas vocamus literas: & multarum literarum dicimus esse peritum, hoc est, non elementorum, sed scriptorum. Et Callimachus aliquando quidem poëma vocans γράμμα, hoc est literam seu scriptum, aliquando autem quod scriptum est soluta oratione, dicit,

Creophili cecini quo pulchro carmine cursum
En opus, & canto quæ Eurytus ille tulit.
Et flauam Iolaën, & Homerica litera dicor.
Creophili magnum ô Iupiter hoc opus est.

Et rursus dicens,

Nitide Phœbe vale, Cleombrotus Ambraciotes
E muro ad Ditis desiliisse domum
Est ausus, dignum cùm haud finem morte videret.
Litera sed de anima lecta Platonis erat.

Sed cùm sit duplex Grammatica, alia quidem quæ profitetur se docturam esse elementa & eorum connexiones, & vt paucis dicam, est ars quædam legendi & scribendi: alia autem præter hanc facultas profundior, quæ non sita est in nuda literarum cognitione, sed etiam in examinanda earum inuentione & natura, & præterea in orationis partibus quæ ex iis constant, & si quid eius generis consideratur: propositum nunc est non dicere contra priorē: in hoc enim conueniunt omnes quòd sit vtilis: inter quos est etiam annumerandus Epicurus, etiam si videatur esse inimicus eorum qui profitentur disciplinas. In libro quidem certè De donis & gratia, conatur docere, quòd necesse sit sapiētibus docere literas. Et alioqui nos dixerimus, quòd non

Medicina cur Græcè dicatur ἰαξικὴ.
Geometria vnde sic appellata.
Grammatica vnde sic dicta.
Literæ quænam dicātur.
Callimachus in hymnis.
Grammatica duplex.
Grammatica quæ docet cōnectere elementa est vtilis.
Epicurus inimicus disciplinarum.
Epicurus probat Grammaticam docentē connectere elementa.

non solùm sapiētibus, sed etiam omnibus hominibus. Est enim perspicuum quòd omnis artis finis est vitæ vtilis. Ex artibus autem, aliæ quidem in primis accesserunt pro declinandis ac depellendis iis quæ sunt molesta: aliæ autem pro inueniendis iis quæ sunt vtilia. Et ex primo quidem genere est ars medicinæ, vt quæ sit ars remedium afferens & dolores soluens: ex secundo autem ars gubernandi. eo enim vsu qui ex aliis gentibus percipitur maximè opus habent omnes homines. Quoniam ergo Grammatica per literarum excogitationem otiosissimè quidem medetur affectioni, nempe obliuioni: continet autem operationem maximè necessariam, nempe memoriam, omnia ferè in ea sita sunt. & neque ea quæ sunt maximè necessaria absque ea alios licet docere, & nec sine ea aliquid vtile ab alio disci potest. Est ergo Grammatica longè vtilissima. Eam quidem certè ne si voluerimus quidem, poterimus tollere vt non euertamur. Si enim vtiles sunt argumentationes quæ Grammaticam docent inutilem, neque verò memoriæ mandari, neque rursus tradi absque ea possunt, vtilis est Grammatica. Atqui nonnullis videri posset in contraria esse opinione, eorum quæ à Pyrrhone dicuntur, Vates Timon, cùm dicit,

Grammaticæ ratio minimè & respectus habetur
Illi qui Cadmi Phœnicia signa docetur.

Quòd autem non ita se habeat, est manifestum. Nam quod ab eo dicitur, non est aduersus ipsam Grammatisticam seu literatoriam, qua Cadmi Phœnicia signa docentur, nempe illud Ratio & respectus habetur. Quomodo enim si quis eam docetur, eius nullam rationem habuit nec eam curauit? Sed potius hoc dicit, Qui Cadmi Phœnicia signa doctus est, eum præterea nullam aliam curare Grammaticam. Quod quidem eò redit, non vt sit inutilis hæc quæ consideratur in elementis, & in scriptione & lectione quæ per ipsa efficitur, sed ea quæ perperam discitur estque curiosa ac superuacanea. Nam vsus quidem elementorum confert ad vitam traducendam: sed non esse contentum traditione quæ existit ex obseruatione, præter ea autem ostendere, quòd alia quidem sunt natura vocalia, alia autem consonantia: & ex vocalibus alia quidem sunt natura breuia, alia verò longa, alia autem ancipitia & cōmunia, quod ad productionem attinet & correptionem, & alia de quibus docent fastu inflati Grammatici. Quamobrem Grammatisticam quidem & literatoriam non solùm non accusamus, sed etiam summas ei habemus gratias. Ad ea autem

quæ

quæ restat refellendum adhibemus argumenta. Rectène autem an non, sciemus cùm cuiusmodi ea sit, explicauerimus.

Quid est Grammatica. Cap. 7.

QVANDOQVIDEM, ex sapientis Epicuri sentētia, neque quærere neque dubitare licet absque anticipata notione, bene erit si ante omnia consideremus quid sit Grammatica, & an ex notione quę traditur à Grammaticis, possit intelligi disciplina aliqua quę constet & existat. Atque Dionysins quidē Thrax in præceptis dicit, Grammatica est experientia maxima ex parte, eorum quæ dicuntur apud poëtas & scriptores, scriptores vocans, vt est perspicuum ex eo quòd eos opponit ex aduerso. poëtis, non alios quàm qui scripserunt soluta oratione. Quæ sunt autem apud poëtas & scriptores videtur interpretari Grammaticus, vtpote apud Homerum & Hesiodum & Pindarum & Euripidem & Menandrum: eorumq́ue quæ sunt apud scriptores, vtpote Herodotum & Thucydidē & Platonem interpretationem, tanquam proprio munere fungens, aggreditur. Quamobrem qui sunt ex eis insignes & elegantes, de multis tractarunt scriptoribus, tum historicis, tum oratoribus, atque adeò etiam philosophis. quærentes quænam rectè ab eis dicta sunt & consentaneè linguæ proprietati: & quænam prauè ac corruptè. Quídnam significet, verbi gratia apud Thucydidem ξάδηλον & τορνεύοντις: & apud Demosthenem: Clamabant tanquam ex plaustro: aut quomodo legenda sit apud Platonem dictio ἥλος, an tenuiter proferatur prima syllaba an aspiratè: an prima quidem tenuiter, secunda autem aspiratè: an ambæ tenuiter, an contrà. Propterea enim dicta est Grammatica experientia eorum quæ dicuntur apud poëtas & scriptores. Atque hic quidem sic dicit. eum autem reprehendit Ptolemæus Peripateticus, dicens quòd non oportebat eum dicere experientiam esse Grammaticam. Ipsa enim experientia est diuturnus quidem vsus & operans absque arte & ratione, positus in sola obseruatione & exercitatione. Grammatica autem est ars, non considerans quòd hoc nomen ponitur etiam in arte, vt docuimus in Commētariis Empiricis, cùm vita indiscriminatim eosdem vocet peritos & artifices. Ex qua quidem notione dixit etiam Metrodorus, nullam aliam rerum experientiam considerare suum finem quàm philosophiam, hoc est, nullam artem. Ponitur autem per excellentiam pro cognitione multarum & variarum rerum. quomodo etiā senes, qui multa quidem viderunt,

Absq́; notione nec quærere nec dubitare licet, vt vult Epicurus.
Dionysius Thrax.
Grammatica quid sit, an experientia.
Scriptores qui sint.

Grammatica non est experientia.
Ptolomeus Peripatetic°.
Experientia quid sit.

Periti & artifices iidem.

multa

multa autem audierūt, dicimus habere magnam vitæ experientiam.
vt etiam scribit Euripides,

Euripides.
> *Non omnia ô fili senectuti mala*
> *O. Theocleos adsunt: nanque experientia*
> *Quàm iuuenes loqui potest sapientius.*

Ad quod quidem Thrax ille fortasse tendens significatum, quandoquidem vult Grammaticum eum esse qui multa nouit & didicit, dixit Grammaticam esse experientiam eorum quę dicuntur apud poëtas & scriptores. Quamobrem hoc quidem est satis leue: Illud autem forte quispiam paulò magis grammaticæ hærens quæstioni, dicet illi. Aut enim eorum quæ apud poëtas & scriptores dicuntur, solùm experientiam accidit esse Grammaticam: aut eorum quæ nec sunt apud poëtas neque apud scriptores. Sed non dixerint eorum solùm quæ dicuntur apud poëtas & scriptores esse experientiam, propterea quòd ea aliquando adducat sermones qui sunt in manu plebeiorum eorumq́ue qui sunt planè rudes & ignari, arguitq́; & ostendit quódnam sit barbarum & Græcū, & quod sit Solœcum, & quod non sit eiusmodi. Si autem est experientia etiam eorum quæ non dicuntur solùm apud poëtas, neque scriptores, non oportebat dicere eam esse quod ex parte eam habere accidit. Sed mittentes de his subtiliter disserere, consideremus, vt polliciti sumus, an, quod ad hāc attinet notionem, Grammatica possit finem sustinere. Quando ergo dicunt eam esse maxima ex parte experientiam eorum quæ dicūtur apud poëtas & scriptores, omnium dicunt aut aliquorum. Et si omnium, primum quidem nõ vtique maxima ex parte, sed omnium. Et si omnium, etiam infinitorum, ea enim sunt infinita. Infinitorum autem non est experientia. Quamobrem nec erit quidē vlla Grammatica. Sin autem aliquorum, quandoquidem etiam plebeij scientes quædam ex iis quæ dicuntur apud poëtas & scriptores, non habent grammaticam experientiam, nec ea dicenda est Grammatica. Nisi forte dicāt propterea dictum esse maxima ex parte, vt & ad eam quę est omnium alicubi dubitationem, & ad eam quæ est apud plebeios & ignaros ponatur differentia. Nam à plebeio quidē differt Graminaticus, quòd non paucorum vt ille, sed plurimorum quæ dicuntur apud poëtas & scriptores sit peritus: separatus est autem à cognitione omnium quæ vtique minimè esse potest: quandoquidem non omnia, sed ex ipsis plurima se nosse profitetur. Hæc autem non sunt eius qui respondet ac se defendit, sed eius qui malis addit mala, & qui

Grammatica non est experientia.

Infinitorum non est experientia.

Grammaticus in quo differt à plebeio.

qui non modicas, sed maximas & ineuitabiles attrahit dubitationes. Primum quidem sicut multa, minimè sunt definita ac terminata, & Soriticam seu aceruialem generant dubitationem: ita etiam plurima. Quamobré aut ipsa nobis circunscribant, ostendentes ad quàm multas vsque cognitiones eorum quæ apud poëtas aut scriptores dicuntur dicendum sit: aut si in interminata manent promissione, dicentes se nosse plurima, admittant eam, quæ ex minimo sit, interrogationem. Nam plurimo definito numero, qui est vno minor iam est plurimus. est enim planè absurdum, vnitatis additione illum quidem dicere plurimum, hunc verò minimè. Quamobré semper vnitate crescens qui ex eorum sententia est plurimus numerus, eò omnino redibit vt non sit amplius plurimus numerus, & ideo nec Grāmatica. quod quidem erat cōclusio Soriticæ dubitationis. Quemadmodum autem non est grammaticæ planè crassitudinis, in multitudine infinita dicere plurima. Quomodo enim paucius refertur ad aliquid, & consideratur ac intelligitur ex ea quæ est tanquam ad plurimum habitudine: ita etiam plurimum considerabitur ex ea quæ est ad paucum habitudine. Si ergo plurimorum quæ dicuntur apud poëtas & scriptores experientiam habent Grammatici, paucorum quæ sunt reliqua non habent. Si autem & quod sumptum est est plurimū, & quod relictum est est minus, non est vtique amplius vniuersum infinitum. Et tamen, vt nihil de his exactius & accuratius tractemus, falsum est quòd Grāmaticus plurima nouit ex iis quæ dicuntur apud poëtas & scriptores. Sunt enim paucissima, cùm restent multis partibus plura quæ non nouit, vt ostendā quæstione procedente. Nunc autem consideranda est alia definitio. Asclepiades ergo reprehendit Dionysium Thracem, qui dicit Grammaticam esse experiētiam, & propter eam causam quam dixit Ptolemæus. Reprehendit autem etiam propterea quòd eam pronunciet maxima ex parte experientiam. Nam hoc quidem est artium coniecturalium & quæ sub artem non cadunt, vt est ars gubernandi & ars medendi. Grammatica autem non est coniecturalis, sed similis musicæ & philosophiæ. Nisi forte, inquit, vitæ timuit breuitatem, vt quæ non sufficiat ad omnia comprehendēda. quod quidem est absurdum, si Grammatici & non Grammaticę faciat definitionem. quandoquidem ipse fortasse non erit sciens eorum omnium quæ dicuntur apud poëtas & scriptores, cùm sit animal breuis vitę: Grammatica autem est omnium cognitio. Huius itaque definitionis parte mutata, parte ablata, sic Grammaticę

Interrogatio ex minimo.

Numerus plurimus & minimus.

plurimus & paucus sunt relatiua.

Asclepiades.

Grammatica nō est ars coniecturalis.

maticæ definit notionem: Grammatica est ars eorum quæ dicuntur
apud poëtas & scriptores. Ille autem minimè sustulit dubitationes,
sed auxit: & in quibus vult augere Grammaticam, in iis eam sustulit.
Sit enim cognitio omnium quæ dicuntur apud poëtas & scriptores.
Ergo quoniam nihil est cognitio præter eum qui nouit: Nec Grammatica est præter Grammaticum qui nouit, vt neque deambulatio
præter eum qui deambulat, & status præter eum qui stat, & accubitus præter eum qui accumbit. Concedit autem Grammaticam non
habere omnium cognitionem. Non est ergo vtique cognitio omnium quę dicuntur apud poëtas & scriptores: & propterea nec Grammatica. Et alioqui si ars est Grammatica, cùm sit cognitio omnium
quę dicuntur apud poëtas & scriptores: ars autem est consistens collectio ex comprehensione eorum quę sunt in Grammatico: necessariò cùm nemo habeat comprehensionē omnium quæ dicuntur apud
poëtas & scriptores, consistere & esse non potest Grāmatica. Chares autem in primo De Grammatica, perfectam Grammaticam dicit esse habitum ex arte, habentem vim discernendi exactissimè ea
quæ apud Græcos & dici possunt & cadunt sub intelligentiam, præter ea quę sunt sub aliis artibus, id postremum adiiciens, non leuiter
nec superfluè. Nam quoniam eorum quæ apud Gręcos dici possunt
& quę veniunt sub intelligentiam, alia quidem subiecta sunt artibus,
alia autem minimè: eorum quidem quę subiecta sunt artibus nō existimat esse artem & habitum Grammaticam. vt in Musica quidem,
concentus diatessaron & mutationis systematum: in Mathematica
autem, defectus aut positurę circulorum. Eadem sunt autem intelligenda etiam in aliis artibus. Nullius enim eorum quę sunt illis subiecta cognitio est Grammatica: sed est quędam via, ratio ac methodus
aliorum quę præter eas & dici possunt & veniunt sub intelligētiam.
Eorum quidem quæ veniunt sub intelligentiā, quòd πίσυρες sunt quatuor: & quod βῶσαι & ἄρξα sunt loca sita infernè. Eorum autem quæ
dici possunt, nempe eorum quæ versantur in proprietate ac diuersitate sermonis. vt quod hoc quidem dictum est Doricè: hoc autem
AEolicè. & non vt Stoici, quòd significatum contra sit quod significat. Nam quod venit sub intelligentiam, accipitur in eo solo quod
significatur. Videtur autem etiam mouere aliquid quod dictum est à
Cratete. Ille enim dicebat Criticum differre à Grammatico. & Criticum quidem dicit oportere esse peritum omnis scientiæ Logicæ:
Grammaticum autem esse tantùm interpretem linguarū, & tradere
accentus,

accentus, & ea scire quæ sunt his similia. & ideo illum quidem esse similem Architecto, Grammaticum autem ministro. Sed eiusmodi quidem est illius definitio, partim quidem minus mala quàm sint absurda quæ dicit Dionysius: partim autem peior. Nam quòd à soritica quidem dubitatione soluerit Grammaticam, & ab alienis separauerit contemplationibus Musicæ & Mathematicæ, vt quæ ei non conueniant, per se est euidens: sed eā non liberauit ab eo quod non consistat. imo verò laborauit & opē tulit ad hoc vt ea sit eiusmodi. Nam Dionysius quidem in aliquo definiit terminum ac limitem Grammaticæ, statuens eā in solis poëtis & scriptoribus: iste verò vult eam versari in omni voce Græca & in omni significato. quod quidem, si fas est dicere, ne Deus quidem præstare potest. Nam vt prius dicebamus, nulla certa via ac methodus consistit in aliquo infinito: imo verò ipsa hoc finit ac terminat. eorum enim quæ sunt non definita & interminata vinculum est scientia. Res autem quæ significant & significantur sunt infinitæ. Non est ergo Grammatica ars quæ versatur in iis quæ significant & quæ significantur. Quinetiā sunt omne genus vocum mutationes: fueruntque antea, & rursus erunt: mutatione enim delectatur seculum, non solùm in arboribus ac plantis & animantibus, sed etiam in verbis. Constante autem infinitatem, nedum eam quæ mutatur, fieri non potest vt humana inueniat cognitio. Nec hac ergo ratione constabit Grammatica. Alioqui aut artificiosum existimat esse habitum, aut artis experte. Et si artificiosum, quomodo non eum quoque dixit esse artem: quin etiam id ex quo est. Sin autem artis expertem: quoniā fieri non potest vt per id, quod caret arte, cernatur id quod est artificiosum: non consistet vllus grāmaticus habitus, artificiosè discernens ea, quæ apud Græcos significant & significantur. Demetrius autem cognomine Chlorus, & quidam alij Grammatici ita definierunt: Grammatica ars est cognitio dictionum quæ sunt apud poëtas, & quæ sunt in communi consuetudine. Manent autē his quoque eædem dubitationes. Neque enim omnium quę dicuntur apud poëtas potest esse ars Grāmatica, neque aliquorum. Et vt sit quidem omnium, eo ipso fieri non potest: siquidem & de Diis, & de virtute, & de anima dicitur apud poëtas, quorū Grammatici nullam habent experientiam. Aliquorum autem, propterea quòd id non in solos cadit Grāmaticos, sed etiam in aliquos alios, vtpotē Philosophos & Musicos & Medicos. Nā illi quoque quædam conspexerunt ex iis quæ sunt apud Poëtas. Et rursus dum dicunt

Infiniti nulla est methodus, Scientia vinculum nō debet finitorum & interminatorum.

Mutatione delectatur seculum.

Grammaticæ definitio Demetrij Chlori.

dicunt Grammaticam esse cognitionē dictionum quæ sunt in communi vsu & consuetudine. si quidem vniuersè sumant & in genere, quòd si quæ sunt dictiones in communi consuetudine, illarum cognitio est Grammatica, errant. Sunt enim infinitæ dictiones in communi consuetudine: infinitorum autem non est cognitio. Sin autem tendunt ad id quod est singulare, quod perinde est ac si dicas, Sunt quædam dictiones in communi consuetudine, quarum cognitio est Grammatica, ne sic quidem facient Grámaticam. Atheniensis enim habet cognitionem dictionum quæ sunt in vsu in Attica: & Doriensis earum quæ sunt in vsu in regione Dorica: & orator earū quæ sunt in vsu in arte oratoria: & medicus earum quæ in arte Medicinæ. Si autē dicant omnium quæ sunt in communi vsu ac consuetudine cognitionem, non tanquam singularium & omnium quæ sunt sigillatim (hoc enim re vera non potest fieri) sed omnium quæ vniuersè & in genere supremo sunt in dialectis & linguarum proprietatibus, vt quòd sit quidem Doriensium vti tali tono: Ionum autem alio, dicent quidem fortasse aliquid probabile, non tamen verum. Neque enim est vnus mos in vnaquaque lingua. sunt enim multæ Doricæ & Atticæ: neque regulæ, quas videntur tradere, extenduntur ad omnem dictionem: sed procedunt quidem vsque ad quantitates & ad tonorum similitudines, vtpote quòd sint oxytonæ vel barytonæ: vt autē omnes comprehendant minimè fieri potest. Atque hæc quidem dicta sint exempli gratia, ad hoc quòd Grámatica sit eiusmodi vt non consistat, quod attinet ad eius notionē quæ est apud Grammaticos. Consequenter autem aggrediamur & examinemus eas contemplationes, quæ sunt in ea principales, & ex quibus maximè accipit substantiam.

Mos non est vnus in vnaquaque lingua.

Quæ sint partes Grammaticæ. Cap. 8.

Grammaticæ quot sint partes.

CVM magna sit & inutilis apud Grammaticos dissensio de partibus Grammaticæ, ne id quod in transitu & propter aliud adducitur, videatur tenere locum principis incepti ac instituti, neque alienam & in præsentia inutilem ingredientes materiā, deseramus contradictionem magis necessariam, sufficiet dicere citra calumniam, quòd Grammaticę alia quidem pars est historica: alia verò artificiosa: alia autem magis propria, per quam certa via ac ratione tractantur quæ sunt apud poëtas & scriptores. Ex quibus artificiosa quidē est illa, in qua statuunt de elementis & partibus orationis, & orthographia,

graphia, & linguæ Græcæ proprietate, & iis quæ consequuntur. Historica autem vbi docent de personis, vtpote diuinis & humanis & heroicis: aut narrant de locis, vt de montibus vel fluuiis: aut tradunt de figmentis & fabulis, aut si quid est eiusmodi. Magis propria autē est, quæ considerant quæ sunt in poëtis & scriptoribus, quatenus exponunt ea quæ dicuntur obscurè, & iudicant quæ sunt bona & quæ secus, & distingunt germana ac sincera ab adulterinis. Eæ autem, vt eas rudi ac crassa Minerua complectar, sunt partes Grāmaticæ. Sunt verò cogitandæ ac intelligendæ, non purè ac sincerè: neque vt si dicas, partes hominis sunt anima & corpus. Nam hæc quidem cogitantur ac intelliguntur, vt quæ sint à se inuicem diuersa. Artificiosa autem, & historica, & quæ in poësi & in scriptionibus versatur, partes Grammaticę, magnā habent cum reliquis connexionem & coniunctionem. Poëtarum enim examinatio non fit absque parte artificiosa & historica. & vtraque earum non consistit absque connexione aliarum. Quomodo ergo qui dicunt artis medendi partes esse victus rationem, chirurgiam, medicamentorum exhibitionem, sic dicunt, vt quòd in contemplationibus eæ valdè inter se cohęreant. Victus enim ratio non venit absque medicamentorum exhibitione & chirurgia. Et rursus medicamentorum exhibitio continetur etiam à virtute aliarum: Ita etiam in præsentia, nō est seiuncta vnaquæque pars, neque pura ac sincera à commistione aliarum. Hoc autem prius explicauimus non abs re neque leuiter ac per trāsitum, sed vt sciamus, quòd si ostensum fuerit ex iis aliquam non posse consistere, vi ac potestate reliquæ quoque sunt sublatæ, quarum vtraque consistit non absque ea, quæ est sublata. Et tamen non hoc faciemus, quamuis hæc sit via compendiaria: sed tentabimus dicere aduersus vnamquáque, perinde ac si non egeret aliarum præsentia. Ordine autem incipiendum est à prima.

Partes Grāmaticę non sunt inter se omnino diuersę. ἀνάκρισι.

Partes medicinę non sunt inter se diuersæ, & quanā sint.

Quòd nullam certam viam, rationem ac methodum habeat, neque possit consistere artificiosa pars Grammaticæ. Cap. 9.

PROPTER multa quidē alia est diligenter examinandum Grammaticæ artificium: maximè autem quòd de eo sibi placeant & se magnificè iactent Grammatici, eos autem semper insectantur qui sunt aliis ornati disciplinis, vt qui ne Græcorum quidem communem vsum sciant ac consuetudinem: & etiam propterea quòd si quando premantur in quæstione, sæpe non inueniant aliam euadendi rationem

Grāmaticorum iactātia.

nem ad eos abstrahendos, qui cum eis disputant, quàm quòd sit barbarum & Solœcum quod ab eis dictum est. Ad nos autem ad id hortandum non parum etiam debet habere momenti, cùm videamus Grāmaticos qui ne duo quidem ferè verba dextrè possunt contexere, velle vnumquenque ex antiquis, qui dicendi facultate & Græci sermonis proprietate plurimùm valuerunt, vt Thucydidem, Platonem, Demosthenem, tanquam barbarum arguere. Vna enim pro omnibus erit sui aduersus eos vlciscendi ratio, si falsò appellatam eorum artem inertem, artis, inquam expertem ostenderimus. Ordine autem nobis dicendum est primùm de elementis, ex quibus omnia apud eos cōstant, & quibus sublatis necesse est Grāmaticos esse agrammatos, hoc est, illiteratos. Cùm autem tribus modis dicatur elementum, nempe character & figura quæ scribitur, & vis eius, & præterea nomē, de vi maximè nunc procedat quæstio. ea enim apud ipsos propriè appellata est elementum. Cùm ergo vocis quæ mandatur literis, sint viginti quatuor elementa, earum duplicem in summo ponunt naturam. eorum enim alia appellant vocales, alia consonantes. Et vocales quidem septem α.ε.η.ι.ο.υ.ω. consonantes autem reliquæ. Vocalium autem tres dicunt differentias. Earum enim duas dicunt esse longas, nempe η. & ω. totidem autē breues, nempe ε. & ο. tres autem communes, quod ad lōgitudinem attinet & breuitatem, quas etiam vocant δίχρονα, id est duorum temporum, & ὑγρὰ, id est liquidas, & ancipites, & mutabiles. Est enim vnicuique earum à natura insitum, vt aliquando quidem producatur, aliquando verò corripiatur: vt α. quidem in hoc versu,

Elementum tribus modis dicitur.

Elemētorum seu literarum diuisio.

Ἄρες Ἄρες βροτολοιγὲ μιαιφόνε τειχεσιπλῆτα   id est,
Mars, Mars sæue, hominum exitium, qui mœnia quassas.
ι. autem,

Ἴλιον εἰς ἱερήν, τῇ δ᾽ ἀντίος ἄγνυτ᾽ Ἀπόλλων,   id est,
Ilion ad sacram, illi verò occurrit Apollo.   υ. autem,

θεσπέσιον νεφέων ἐκ Διὸς ὕδεν ὕδωρ,   id est,
Diuina ex nimbis à Ioue limpha pluit.

Consonantium autem aliæ quidem sunt, vt ipsi volunt, semiuocales, aliæ autem mutæ. Et semiuocales quidem, quibus est à natura insitum vt per se in prolatione efficiant ῥοῖζον, id est r literæ sonum, vel σιγμόν, id est sonum literæ s, vel μυσμόν, id est sonum literæ m, vel aliquem alium sonum, vt ζ.θ.λ.μ.ν.ξ.ρ.σ.φ.χ.ψ. vel vt volunt nonnulli, præter θ.φ.χ. reliquæ octo. Mutæ autem sunt, quę per se possunt syllabas efficere,

efficere,neque sonorum proprietates, sed solūmodo simul cum aliis prolatæ,vt β.γ.δ.κ.π.τ. vel vt nonnulli,etiam θ.φ.χ. Porrò autem rursus communiter ex consonantibus alias quidem dicunt esse asperas, alias autem tenues. Et asperas quidem ϑ.φ.χ. Tenues autem κ.π.τ. Solum autem ρ. dicunt suscipere asperitatem & tenuitatem. Dicunt autem ex consonātibus quasdam esse duplices,nempe ζ.ξ.ψ. Dicunt enim constare quidem ζ. ex σ. & δ. ξ.autem ex κ. & σ. ψ. autem ex π. & σ. His autem priùs dictis veluti quibusdam elementis,dico primum quidem,ab eis absurdè dici, quòd ex elementis quædam sint duplicia. Nam quod est duplex,constat ex duobus. Elementum autem non constat ex aliquibus. debet enim esse simplex & non constitui ex aliquibus. Non est ergo duplex elementum. Alioqui si quę duplex constituunt elementum, sunt elementa: Duplex quod constat ex elementis, non erit elementum. Atqui quæ constituunt duplex sunt elementa. Non est ergo duplex elementum. Porrò autem vt literæ tolluntur, ita etiam ancipites, quæ communē censentur habere naturam longitudinis & breuitatis.Nam si sunt huiusmodi,ipsa seorsum litera,& solus character literarum α.ι.υ,ostendit naturam ancipitis, & nunc quidem corripi, nunc autem produci posse accentu. Sed character quidem seorsum non indicat natura commune elementum. Neque enim ostendit quòd producitur: neque quòd corripitur: Nec vtrunque simul,nempe quòd producitur, & corripitur. sed quomodo quæ per ipsum conficitur syllaba, vt dictum est in dictione Ἄρης, præterquam si addatur accentus, sítne longa an breuis minimè cognoscitur: Ita etiam α.ι.υ. si seorsum sumantur, non erunt communia vtriusque facultatis, sed neutrius. Restat ergo vt cum accentu ipsa dicatur esse cōmunis. quod rursus nullo modo potest fieri. Eum enim assumens, aut fit longa, quando est longa: aut breuis, quando est breuis:nunquam autem communis. Non sunt ergo elementa natura ancipitia duorúmue temporum. Si enim dicant ea esse communia naturæ,ex eo quòd apta sint ad vtrunque suscipiendum, imprudentes propemodum in eandem deuoluentur dubitationem. Quod enim est aptum ad aliquid suscipiendū, non erit illud ad quod suscipiendum est aptum. Quomodo enim æs aptum quidem est suscipere vt sit statua, non est autem statua,quatenus aptum est ad eam suscipiendam. Et quomodo ligna quidem aptam habent naturam vt fiant nauis,nondum autem sunt nauis: Ita etiam huiusmodi elementa apta quidem sunt ad suscipiendam longitudinem & breuitatem:

Duplices non sunt literæ.

Ancipites non sunt vocales.

Susceptiuum nō est id quod suscipitur.

C 2   non

non sunt autem longa & breuia & neutrum, priusquam ab accentu accipiant qualitatem. Ad hæc quæ dicta sunt accedit, quòd sint repugnantia productio & correptio, & non possint simul consistere. Nã per ablationem breuitatis consistit productio:& si tollatur longa, fit breuis: & si perimatur breuis, fit longa. Quamobrē fieri non potest, vt quæ est circunflexa sit breuis, propterea quòd cum circunflexione necessariò simul cõsistit productio. Quamobrem si est natura aliquod elementum anceps, aut simul in eodem consistet vis breuitatis & productionis: aut in parte. Sed vt simul consistat in eodē fieri non potest. In eadem enim prolatione simul non constiterint facultates quæ se inuicem perimunt. Restat ergo vt in parte. quod rursus non est credibile. Quando enim non est longum, tunc non est commune elementum in breuitate & longitudine, sed tantùm breue. Idem autem modus argumentandi sit etiam in iis literis, quæ sunt natura tenues aut asperæ, aut communes in vtroque. Nobis autem satis est ostendere genus argumētationis. Quinetiam quoniam sublata sunt communia: & ostensum est ea solùm produci aut corripi, sequetur etiam quòd vnunquodque sit duplex, illud quidem natura longum, hoc verò natura breue. Cùm ergo sit duplex α. & ι. & υ. non erunt septem solùm elementa seu literæ vocales, quarum duæ quidem longæ, nempe η. & ω. duæ autem breues, nempe ε. & ο. tres autem ancipites, nempe α. & ι. & υ. sed vniuersæ simul decē: & earum quinque quidem longæ η. & ω. & longum α. & ι. & υ. & totidem breues ο. & ε. & α. breue, & ι. & υ. Sed quoniam Grammatici non existimāt tantùm duos esse accentus, nempe lōgum & breuem, sed etiam acutum, grauem, circunflexum, asperum, lenem: vnaquæque ex iis quæ ostensæ sunt vocalibus, habens seorsùm aliquem ex his accentibus, fiet elementum. & qua ratione nullum erat elementum commune in longitudine & breuitate: sed vel longum tantùm, quando habebat longum: vel breue, quando habebat breuem: eadem ratione nullum erit commune in acuto & graui: sed vel acutum tantùm, quando assumpserit acutum: vel graue, quando graui. Et si in aliis circiter quinque accipit accentus, breuē, acutum, grauem, asperum, tenuem. Longa autem rursus cùm duo sint, si ex abundanti accipiant etiam accentum circunflexum. ea enim producuntur & acuuntur & grauātur, & à natura etiā peculiarius habent vt circunflectantur, fient duodecim. Communia autem cùm sint tria, in vnoquoque suscipiunt septem accentus. fiuntque ea viginti & vnum: adeò vt ea omnia sint quadra-

Repugnãtia nõ possunt simul cõsistere.

In accētibus quàm sint quædam absurda.

quadraginta tria. Quibus si septemdecim addantur consonantes, *Elemēta qua-*
fiunt sexaginta elementa, non autem viginti quatuor. Est autem alia *draginta tria.*
quoque ratio, per quam contrà rursus censetur vocales esse pauciores iis septem quæ iactantur apud Grammaticos. Si enim, vt ipsi volunt, α. producatur & corripiatur, non est aliud elementū, sed vnum commune. Similiter autem & ι. & υ. sequetur vt etiam ε. & η. vnum sint elementum eadem facultate commune. Si enim vis eadem ac facultas amborum, & correptum η. fit ε. productum autem ε. fit η. eodem modo autem ο. & ω. erit elementi vna cōmunis natura, productione differens & correptione: quandoquidem ω. quidē longum est ο. ο. autem breue est ω. Cæcutiunt ergo Grammatici, & non aspiciunt id quod est eis consequens, dicentes esse septem vocales, cùm sint solùm quinque natura. Contra autem dicunt nonnulli Philosophi futura plura elementa, vt quæ vim non habeant diuersam ab iis quæ tradi solent. vt αι. & ου. & quidquid est simile naturæ. Elementum enim maximè iudicandum est esse elementum, ex eo quòd sonum habeat incompositum & vnicum, vt est sonus α. & ε. & ο. & cęterorum. Quoniam ergo sonus αι. & ει. est simplex & vniformis, erunt hæc quoque elementa. Quòd sit autem sonus simplex & vniformis, signum erit quod dicetur. Nam sonus quidem compositus, non qualis ab initio incurrit in sensum, talis natura permanet vsque ad finem, sed per extensionem fit diuersus. Qui autem est simplex, & re vera locum tenet elementi, contrà ab initio vsque ad finem est immutabilis: vt exempli gratia, cùm syllabæ πα. quidem sonus profertur in extensione, est perspicuum quòd non similiter eum apprehendet sensus in prima incursione & in vltima. Sed in principio quidem, à prolatione π. mouebitur: postea autem ea deleta, purè ac sincerè apprehendet vim literæ α. Quamobrem πα. non est elemētum, & quidquid est ei simile. Sed si dicant sonum αι. nihil erit huiusmodi: sed qualis ab initio auditur vocis proprietas, talis etiam in fine. Qua de causa αι. erit elementum. Cùm hoc autem ita sit, quādoquidem & sonus ει. & sonus ου. vniformis & incompositus & immutabilis ab initio ad finem vsque accipitur, erit is quoque elementum. Sed missa illa inquisitione, illud dicamus quod magis potest premere Grammaticos. Si enim communia dicuntur elementa tria α. ι. υ. propterea quòd sint apta ad suscipiendam productionem & correptionem, sequetur vt omne elementum dicatur esse commune: est enim aptum ad suscipiendum quatuor accētus, nempe grauem, acutum,

Vocales pau-
ciores septem.

Elementum
iudicatur ex
sono vnico et
incomposito.

Sonus sim-
plex quomodo
discernatur à
composito.

Aι. et ει. et
ου. sunt ele-
menta.

A. ι. υ. non
sunt commu-
nia elementa.

tum, tenuem, asperum. aut si ferre non possunt vt omne elementum dicant esse commune, nec illa dicant communia, quòd apta sint ad suscipiēdum productionem & correptionem. Atque sufficiebat quidem, cùm elementa Grammaticæ vocata sint in dubium, finem imponere quæstioni. Quid enim restat dicendum de iis, quę sunt post principia, Grammaticis qui principia non habent? non erit tamen alienum, progrediendo ad interiora, illorum quoque ostendendi gratia, facere periculum. Et quoniam syllabæ constant ex elementis, de eis subiungamus.

De Syllabā. Cap. 10.

Syllaba quo-
modo sit lōga. OMNIS ergo syllaba est aut longa aut breuis. Longa autem fit duobus modis, natura & positione. Natura quidem tribus modis: vel quando habet elementū natura longum, vt in dictione ἠώς. vtraq; enim harum syllabarum est longa, propterea quòd illa quidem habeat η. hæc verò ω. natura longum: aut quando cōstat ex duabus vocalibus, vt in dictione αια. Duæ enim syllabæ sunt longę, quòd vtraque sit ex duabus vocalibus: aut quando habet commune elementum in longo tono sumptum, vt in dictione Ἄρης. Α enim vocalis anceps longo tono profertur. Natura ergo tribus modis syllaba producitur. Positione autem quinque modis: vel quando in duas simplices definit consonantes: vel quando quæ eam sequitur syllaba, à duabus incipit consonantibus: vel quando desinit in consonantem, & quæ deinceps sequitur incipit à consonante: vel quando desinit in literam duplicem: vel quando post ipsam infertur duplex. Si igitur omnis syllaba est vel longa vel breuis, conuenienter iis modis qui traditi sunt ab arte: si ostenderimus eam neutrum esse eorum, est perspicuum quòd nec dictionem quidem habebunt Grammatici. Quomodo enim si tollantur elementa, simul etiam tollūtur syllabæ: ita etiam si tollantur syllabæ, ne erunt quidem dictiones, neque com
Syllaba non muniter partes orationis, & ideo nec oratio. Vt ergo sit aliqua bre-
est breuis. uis syllaba, prius oportet confiteri quod sit tempus minimū & breue
Tempus nō in quo consistit. Non est autem minimum tempus. omne enim tem-
est minimum. pus diuiditur in infinitum, vt postea ostendemus. Si autem diuiditur in infinitum, non est minimum. Non est ergo syllaba breuis habens breue tempus. Quòd si dixerint se vocare breuem & minimam syllabam, non eam quæ est minima secundum naturam, sed eam quæ est minima ad sensum, augebunt dubitationem. Breues enim quæ

apud

apud eos dicuntur syllabas, non videmus esse quod ad sensum attinet diuiduas: vt exempli causa ᴇᴘ. Sensiliter enim in ea animaduertimus, quòd ante vim literæ ᴘ. profertur vis literæ ᴇ. Et contrà, si dicamus ᴘᴇ. rursus apprehendemus, quòd prima quidem ordine est vis literæ ᴘ. secunda autem literæ ᴇ. Quoniam ergo quidquid primam & secundam partem habet ad sensum, ad sensum non est minimum: cernitur autem quæ est ex Grammaticorum sententia breuis syllaba, habere primam partem & secundam: non est ad sensum minima & breuis syllaba. Nam Musicis quidem fortasse poterunt relinquere quædam tempora rationis expertia & vocum augmenta: Grammaticis autem, qui non capiunt profunditatem huiusmodi dubitationis, sed solùm syllabam in genere diuidunt in breuem & longam, non æquum est ignoscere. Non potest itaque breuis syllaba consistere. Rursus quoque longa erit huiusmodi vt minimè esse possit. Eam enim dicunt esse duorum temporum. Duo autem tempora simul in se inuicem esse non possunt. Si enim sunt duo, in hoc discernuntur & distinguuntur, vt duo sint, quòd alterum quidem sit instás, alterum verò minimè. Si autem alterum quidem sit instans, alterum verò non sit, non sunt simul in se inuicem. Quamobrem longa quoque syllaba, si est duorum temporum, debet quando primum quidem tempus est instans, tunc secundum non esse: & quando secundum est instans, tunc primum non esse amplius. Cùm autem simul esse non possint eius partes, tota quidem non consistit, sed aliqua pars eius. Sed pars eius non est ipsa, alioqui non differet longa à breui. Neque est ergo aliqua syllaba longa. Si autem dicunt lōgam syllabam intelligi per recordationem quæ simul existit. Prius enim dicti soni recordantes, & eum qui nunc dicitur apprehendentes, id quod ex vtrisque componitur, dicimus esse longam syllabam. Si hoc dicant, nihil aliud quàm fatebuntur eiusmodi syllabam non posse consistere. Nam si consistit, aut consistit in eo quod prius profertur, aut in eo quod postea. Sed nec consistit in eo quod prius profertur, nec in eo quod postea. vtrunque enim eorum seorsum non consistens, ne syllaba quidem est omnino. Non consistens autem neque est breuis nec longa syllaba. Neque in vtrisque. Nam alter eorum sonorum altero cōsistente non consistit. Ex eo autē quod est, nihil cogitare possumus compositum tanquam ex partibus. Nō est ergo aliqua syllaba longa. His autē sunt proportione conuenientia ea quoq; in quibus dubitādum est de dictione & de partibus orationis. Nam

primum

Musici habent tempora rationis expertia.

Syllaba non potest esse longa.

Duo tempora simul esse non possunt.

Quod est, puto legendum, quod non est.

primum quidem, vt paulò ante subindicauimus, si non sit syllaba, nè fieri quidem potest vt sit dictio. ex syllabis enim dictiones accipiunt substantiam. Deinde etiam via ac ratione licebit in primis in ipsa dictione easdem tractare dubitationes. Aut enim est syllaba, aut constat ex syllabis. Quomodocunque autem se habeat, suscipies dubitationes à nobis expositas in syllaba. Ne tamē videamur nouis egere argumentis, hoc in loco alloquendi sunt nobis Gramatici. Quando vocant aliquas partes orationis, vtpote Nomen, Verbum, Articulus, & reliquas, vndénam ea sumpserunt? Aut enim hæc tota vocant orationem: aut has illius partes, cùm neque hæc neque illa tanquam totum possit intelligi, neque hæ vt partes illius. Sumantur autem quæ ad causam faciant exempla, ne absimus à contemplationibus Grammaticæ. Sit ergo, vt ita ponamus, oratio quidem totus hic versus;

Il. α. *Iram Peliadæ dic ô Dea carmine Achillis.*

partes autem eius hæ, nempe, Iram appellatiuum, & Dic verbū imperatiuum, & Dea rursus appellatiuum fœmininum, & Peliadæ nomen patronymicum, & præterea Achillis nomen proprium. Aut ergo aliquid aliud est oratio quàm eius partes : & aliud partes quàm oratio: aut congeries partium existimatur oratio. Et si oratio quidē est aliquid aliud quàm partes, est perspicuum quòd si tollantur expositæ partes orationis, relinquetur oratio. Tantùm autem abest vt prius dictus versus maneat si omnes auferantur eius partes, vt si vnā quamlibet eius partem sustulerimus, vtpote Iram, vel Dic, non est amplius versus. Si autem congeries partiū orationis intelligitur oratio, eò quòd nihil sit congeries præter ea quæ sunt congesta, quomodo distantia nihil est præter ea quæ distant : ita nihil erit oratio cuius non intelligentur aliquæ partes. Quòd si nulla sit tota oratio, nec partes aliquæ eius erunt. Quomodo ergo si nihil est dexterum, neque est sinistrum: ita si non sit aliquod totum oratio, nec erunt partes. In summa autem si congeriem partium orationis totam existimabunt orationem, iis erit consequens, vt partes orationis dicant sui inter se esse partes. Si enim nullum ponitur totum præter ipsa cuius erunt partes, erunt inter se partes. Consideremus autem hoc quàm sit à ratione alienissimum. Partes enim omninò continentur in illis, quorum dicuntur esse partes, proprium locum tenentes, & propriam habentes substantiam. Non continentur autem inter se: vt, exempli causa, hominis quidem partes sunt manus: manuum autem digiti.
Quam-

Quamobrem in homine quidem continentur manus : in manibus autem digiti : in digitis verò vngues. & non dextera quidem manus implet siniſtram. index autem perficit pollicem, caput autem simul ponit pedes, & pedes thoracem. Vnde etiam erit dicendum partes orationis eſſe inter ſe inuicem partes, quâdoquidem oportebit ea in ſe inuicem contineri. Iram quidem eſſe in Dic:Dic autem in Dea:& in ſumma omnia in omnibus. quòd quidem non poteſt fieri. Cùm ergo non poſsint partes orationis inter ſe inuicem eſſe partes, propterea quòd ea res nõ poſsit intelligi:neque vlla tota inueniatur oratio præter ſuas partes : neque vlla res inueniatur præter ipſas partes cuius dicimus eſſe partes, reſtat vt dicamus nullam eſſe partem orationis, & ideo nec orationem. Sic quoque eſt inferendum. Quoniã Iram pars eſt verſiculi:aut pars eſt totius verſus, aut illius partis,nempe, Peliade dic ô Dea carmin' Achillis. Sed ſi eſt quidem pars totius verſus:quoniam omninò cum eo intelligitur Iram, erit illud Irã pars ſeipſam complens. propterea autem etiam ſeipſa erit maior & minor. Seipſa quidem maior, quatenus à ſeipſa completur. Nam quod ab aliquo completur, eſt maius eo quod ipſum complet. Minor autem, quatenus ſeipſam complet.Nam quod aliquid complet, eſt minus eo quod completur. Non ſunt autem hæc admodum probabilia. Non eſt ergo Iram pars totius verſus. Sed neque eſt pars reliqui,nempe, Pelidæ dic ô Dea carmin' Achillis. Nam primùm quidem pars continetur in eo cuius eſt pars.Iram autem non continetur in illo,Pelidę dic ô Dea carmin' Achillis. Quamobrem non eſt pars eius. Deinde nec illud,Peliadæ dic ô Dea carmin' Achillis,opus habet complemento: completum eſt enim propria oratione. Sed tota oratio, verſus inquã, non eſt illud, Pelidæ dic ô Dea carmin' Achillis.Ergo nec eius pars eſt Irã.Sed ſi neque totius verſus pars eſt Iram: neq; eius partis quæ reſtat : præter ea autẽ nihil ponitur:nullius orationis pars eſt Iram.Atque hæc quidem vniuerſè & magis in genere dicenda ſunt aduerſus partes orationis. Quòd ſi ingrediamur ad artẽ quæ ſingulatim de iis ab ipſis traditur, inueniemus multas nugas. Idque ſciri poteſt, non ſi ad omnẽ acceſſerimus materiam : eſt enim hoc ineptum aniliſq; Grammaticæ garrulitatis plenum: ſed ſi fecerimus ſicut vini copones : & quomodo illi ex modica guſtatione totum quod aduectum eſt vinum probant:ita etiam cùm ſumpſerimus vnam partem orationis,nempe Nomen,ex eo quod de ipſo arte traditum eſt,conſiderabimus etiam in aliis Grãmaticorum ſolertiam.

Orationis nullæ ſunt partes, nec oratio.

Vini copones ex modica guſtatione totũ vinũ probãt. ἑτέρωχ̣ꜷ.

De

De Nomine. Cap. II.

Masculina et fœminina nomina quænam dicuntur natura.

IAM enim cùm dicunt, ex nominibus alia quidem esse masculina natura, alia verò fœminina, alia verò neutra: & alia numero singularia, alia verò dualia, alia verò pluralia, & alias contexunt diuisiones, quæramus quidnam sit hoc quod ab eis enunciatur, nempe natura. Aut enim quòd, sicut qui primi enūciauerunt nomina, eorum naturalem fecerunt enunciationem, vt in his vocalibus, Dolere, Vociferari, Lætari, Admirari, ita dicunt alia quidem nomina esse huiusmodi, alia verò huiusmodi: aut quòd etiā in præsentia vnunquodque eorum nos mouet naturaliter quòd sit masculinum, etiamsi id masculinum esse non existimemus. & rursus ipsum naturaliter ostendit, quòd fœmininum, etiam si nos nolimus. Sed primum quidem non dixerint. Vnde enim Grammaticæ hoc accesserit crassitudini, vt discernat vtrùm nomina sint natura, an ex instituto & impositione. aut alia quidem sic, alia verò illo modo, quando nec Philosophis naturalibus, qui ad summum peruenerunt, facile fuerit hoc dicere, propterea quòd vtrinque pares afferantur rationes. Et alioqui valida eis obiicitur ratio, aduersus quam ne, si catapultam quidem (vt aiunt)

Nomina non esse natura.

opponant Grāmatici, poterunt aliquid videre quod resistat. Si enim nomina essent natura, & non significaret vnunquodque ex impositione, oporteret omnes audiri ab omnibus, Græcos à Barbaris, & Barbaros à Græcis, & Barbaros à Barbaris. Sed hoc non est. Nomina ergo non significant natura. Quamobrem hoc quidē non dicent. Si autem quòd naturaliter ostendit vnunquodque nomen quòd sit masculinum aut fœmininum, aut neutrum, dicunt alia quidem esse huiusmodi, alia verò huiusmodi, sciant se perfectius collare sibi construere. Rursus enim dicemus. Id quod nos natura mouet, omnes mouet similiter: & non alios quidem sic, alios verò contrario modo. vt ignis natura calefacit Barbaros, Græcos, ignaros, peritos: & non Græcos quidem calefacit, Barbaros autem refrigerat. & nix natura refrigerat: & non aliquos quidem refrigerat, aliquos verò calefacit. adeò vt quod natura mouet, similiter moueat eos qui sensus minimè habent impeditos. Eadem autem nomina nō sunt omnibus

σάμνος, stagnum. θόλος, tholus. βῶλος, gleba.

eadem: sed aliis quidem masculina: aliis verò fœminina: aliis verò neutra. vt Athenienses quidem in fœminino genere dicūt τὴν σάμνον: Peloponnensij autem in masculino τὸν σάμνον. Et alij quidem τὴν θόλον: alij verò τὸν θόλον. Et alij quidem τὸν βῶλον: alij verò τὴν βῶλον. Nec propterea

ADVERSVS MATHEMATICOS.

pterea isti aut illi dicuntur errare. Nam vt singula posuit, ita iis vtitur. Imo verò iidem ea diuersè, aliquando quidem masculinè, aliquando verò fœmininè efferunt, dicentes ὃν λιμόν & τὴν λιμόν. Non
sunt ergo ex nominibus alia quidem masculina, alia verò fœminina: sed ex instituto & impositione alia quidem sunt huiusmodi, alia verò huiusmodi. Ad hæc accedit, quòd si ex nominibus natura alia quidem essent masculina, alia verò fœminina, naturę masculinæ semper deberent appellari nominibus masculinis, & fœmininæ fœmininis: & neque masculinæ neque fœmininæ in neutro genere. Sed non ita est. sed & masculinas naturas fœmininè vocamus, & fœmininas masculinè: & eas, quæ nec sunt masculinæ nec fœmininæ, aut masculinè aut fœmininè, non autem in neutro genere: vt κόραξ quidem dicitur. ἀετὸς, κώνωψ, κάνθαρος, σκόρπιος, μῦς masculinè, etiam in fœmina. Et rursus χελιδών, χελώνη, κορώνη, ἀκρὶς, μυγάλη, ἐμπὶς, etiã in natura masculo vocamus fœminino. Similiter etiã κλίνη fœmininè, in eo quod est nec masculinum nec fœmininum natura. Et σῦλος masculinè dicitur in neutro. Si ergo nullũ est nomen masculinum aut fœmininum natura, quemadmodum reprehendet Grãmaticus eum qui peruersè dicit ὁ χελιδών, & ἡ ἀετὸς? Aut enim reprehendet, quòd cùm nomen τῆς χελιδόνος sit fœmininum, ille cogat ipsum articulo esse masculinũ: aut quòd communis vsus ipsum posuerit fœmininum, sed non masculinum. Sed si quidem eum reprehendat, vt quòd sit natura fœmininum: quoniam nullum est natura fœmininum, vt ostendimus, nihil refert, quod ad hoc attinet, hócne modo an illo proferatur. Sin autem vt quòd masculinum posuerit pro fœminino ab vsu communi imposito, tunc iudex eius quod rectè dicitur & secus, erit non artificiosa aliqua & grammatica ratio, sed artis expers & simplex vsus obseruatio. Hæc autem ipsa sunt traducenda etiam ad nomina singularia & pluralia. Athenæ enim in plurali dicuntur vna ciuitas, & Plateæ. Et rursus Thebæ in singulari & Thebæ in plurali. & Mycene & Mycenæ. Dicetur autẽ diligentius de hac inæqualitate & anomalia procedente quæstione. Nunc autem quoniam etiam allatis exemplis aspeximus, quæ est in eis, accuratam literarum explicationem, agę illud quoque examinemus, priusquam alium modum persequamur. Dico autem quámnam vocent orationem, aut partes orationis. Aut enim eam dicent vocem esse corpoream, aut incorporeum id quod dicitur, ab ea differens. Nõ dicent autem vocem. Nã vocem quidem dictam omnes audiunt & Græci & Barbari, & ineruditi

λιμὸς, fames.

κόραξ, coruus.
ἀετὸς, aquila.
κώνωψ, culex.
κάνθαρος, scarabeus.
σκόρπιος, scorpius.
μῦς, mus.
χελιδών, hirundo.
ἀκρὶς, locusta.
μυγάλη, mus araneus.
ἐμπὶς, culex.
κλίνη, lectus.
σῦλος, columna.

Orationem nullam esse.
λεκτόν.

d 2

ruditi & eruditi. Orationem autem & eius partes soli Græci & eius periti. Non est ergo vox oratio & eius partes. Sed nec est incorporeum id quod dicitur. Quomodo enim est incorporeum adhuc aliquid huiusmodi præter corpus & inane, cùm fuerit magna & interminata apud Philosophos de eo decertatio? Nam si mouetur quidẽ, est corpus. Quod enim mouetur, est corpus. Sin autem manet, suscipiens quidem quæ ad ipsum feruntur corpora, & non resistens, erit inane. Est enim proprium inanis non resistere. Quod autem resistit iis quæ ad ipsum feruntur, est corpus. est enim corporis proprium resistere. Et alioqui qui dicit incorporeum id quod dicitur, aut id dicit contentus sola enuntiatione, aut assumens demõstrationem. Sed si sit quidem contentus enuntiatione, retinebitur in contradictione. Sin autem assumat demonstrationem: quoniam ipsa quoque debet procedere per assumptiones indubitabiles : assumptiones autẽ sunt quæ dicuntur, non erit ei credendum qui præripit id quod quæritur, tanquam certum & de quo constet. Quamobrem si neque vox est oratio: neque quod ab ea significatur incorporeũ quod dicitur: præter hæc autem nihil potest intelligi, nihil erit oratio. Esto autẽ nunc, sit & oratio, & eius partes quot volunt esse Grammatici. sed nobis dicant quemadmodum partiuntur orationem.

vox, & id quod dicitur, differunt.

De Partitione. Cap. 12.

NAM quoniam euenit vt metrorum partitio sita sit in duobus maximè necessariis, nempe & incessu, hoc est in distributione in pedes, & in diuisione in partes orationis, consequens quidem erat iis qui perfectè contra eos dicunt, vtrunque mouere, nempe & modum incessus, supplantatis omnibus eorum pedibus quibus incedunt vt qui esse non possint: & præterea modum distributionis partium orationis, ostendendo minimè posse fieri diuisionem. Sed quoniam in iis quoque, quæ aduersus Musicos dicimus, præcipuè quærimus de pedibus, ne anticipemus ea quæ aduersus illos sunt dicenda, aut ne bis eadem dicamus, hanc quidem dubitationem differamus in tempus opportunum: consideremus autem de diuisione partium orationis. Qui ergo aliquem versum partitur, alia quidem aufert, alia verò addit. Et aufert quidem, exempli causa, Iram à toto versu: & rursus Dic, & cæteras partes. Addit autem iis quæ efferuntur per synalœphen: vt huic ἅμ' ἐμέων, α. plenum enim erat ἅμα ἐμέων. Et rursus huic ἓν δ' ἀκέων, βῦν δ' ἀκέωμ, ε. nam per implementum ita habebat, βῦν δὲ ἀκέων. Sed cùm nihil

versuum non fieri partitionem aut mensuram.
ἅμ' ἐμέων, sanguinem vomens.
ἓν δ' ἀκέων, init tacitus.

nihil pofsit ab aliquo auferri, neque natura fit comparatum vt addatur alicui, fieri non poteſt vt fiat partitio vt volunt Grāmatici. Quòd autem nihil pofsit ab aliquo auferri, hoc modo didicerimus. Si enim aliquid ab aliquo aufertur, vel totum aufertur à toto, aut pars à par- *Auferri non poteſt aliquid ab aliquo.*
5 te, aut totum à parte, aut pars à toto. Atque totum quidem non aufertur à toto. Poſito enim vno verſu, ſi eſt totum quod aufertur, totum verſum auferemus. & ſic ſi quidē manet adhuc verſus, à quo eſt ablatio, ne facta quidem erit omninò vlla ab eo ablatio. Quomodo enim fieri poteſt vt maneat totum, ſi quidem ſit ablatum? Si autem
10 non manet, eſt perſpicuum quòd ex eo quod non eſt, rurſus non eſt facta ablatio. Quamobrem totum non aufertur à toto. Sed nec totum à parte. Nam in parte quidem non comprehenditur totum: vt in Iram, non comprehenditur, Peliadæ dic ô Dea carmin' Achillis. Quod autem aufertur, debet comprehendi in eo quod ſuſcipit abla-
15 tionem. Reſtat ergo vt vel pars à toto, vel pars à parte auferatur. Sed hoc quoque eſt dubium. Nam Iram, ſiquidem aufertur à toto verſu, ab ipſo quoque, nempe Iram, auferetur. cum ipſo enim intelligebatur totus verſus. Et alioqui, ſi auferatur à toto: totum autē erat, Iram Peliadæ dic ô Dea carmin' Achillis, non manet etiā in eodem, cùm
20 id quod ſuſcepit ablationem non maneat in eodem. Oportebat autem & hoc ipſum Iram, à toto illo ſuſcipiens ablationem, habere aliquid ex vnoquoque eorum quæ ſunt in illo. quod rurſus eſt falſum. Si ergo neque vt totus verſus à verſu partiatur fieri poteſt, neq; pars verſus à parte, neque totum à parte, neque pars à toto, & præter hęc
25 nihil contingit facere, à Grammatico fieri non poteſt partitio. Sed neque additio erit in dictionibus quibus accidit vt proferantur per *Additionem non eſſe in dictionibus quæ proferuntur per ſynalœpham.*
ſynalœphen. Erit autem hoc manifeſtum, ſi id, de quo nunc agitur, tractetur, non in ſyllabis aut elementis, quarum additiones maximè faciunt Grammatici in partitionibus, ſed in integris dictionibus. Si
30 ergo nobis ponatur hemiſtichium, Peliadę dic ô Dea carmin' Achillis, ſit enim in præſentia hoc hemiſtichium, & aſſumat hanc dictionē Iram, adeò vt ex vtriſque metrum fiat heroicum: quærimus cuinam fiat additio? Aut enim illud Iram, ſibi ipſi additur: aut prius poſito hemiſtichio: aut metro heroico, quod fuit perfectum ex vtroque. Et
35 ſibi ipſi quidem non fuerit adiectum. Nam ſi non ſit à ſeipſo diuerſum, & ſeipſum non duplicet, dici non potuerit ſibi ipſi adiici. Vt autem poſito hemiſtichio addatur quomodo fieri poteſt? Nam ipſum toti additum, & ipſum illi exæquatum fiet hemiſtichium. Hac autem

d 3 ratione

ratione sequetur vt magnum hemistichiū dicatur esse breue, vt quod breui exequetur, nempe illi Iram: & breue fiat magnum vt quod accedat positum ex aduerso hemistichij, siquidem toti hemistichio addatur illud Iram, vtpote illi, Peliadę. Et si solùm quidem augeat illud Peliadæ, non faciat autem totum versum: restat ergo vt dicatur, id quod efficitur ex ambobus, nempe & ipso Iram, & ex ipso prius posito hemistichio, addi versui hexametro & heroico, quod planè est incredibile. Nam quod suscipit additionem, ponitur ante additionē: non autem id quod sit ex additione, ponitur ante eam. Non ergo versui hexametro qui sit ex additione dictionis Iram, additur illud Iram. Nam quando sit quidem additio, nondum est hexameter. Quando autem est hexameter, non amplius sit additio, sed collectū est id quod erat prius positum. Et cùm neque sit additio, neque ablatio, tollitur priùs dictus modus partitionis. Sed cùm rursus in his animaduerterimus quæ exactè & accuratè traduntur à Grammaticis, age rursus faciamus periculum eorum virtutis in scribendo.

De Orthographia. Cap. 13.

ORTHOGRAPHIAM dicunt sitam esse in tribus modis, quantitate, qualitate, partitione. Quantitate quidem, quando quærimus an datiuis addendum sit ι. & εὐχάλινον bonum habes frænum. εὐχάλινον & εὐωδία sitne scribendū per ι tantùm, an per ει. Qualitate autem, quando consideramus, vtrùm per ζ scribendum sit σμίλιον & σμύρνα, an per σ. Partitione autem, quando dubitamus de dictione ὄμβριμος, vtrúmnam β. sit principium secundæ syllabæ, an finis præcedentis. & in nomine Ἀρισοτέλης, vbi sit locandum σ. Rursus autem ars eiusmodi, ne moueamus aliquid eorum quæ sunt magis dubia, videtur esse inanis. Primùm quidem ex dissensione. Deinde autem etiam ex ipsis effectis. Et ex dissensione quidem, quoniam huius artis periti inter se decertant & semper decertabunt, cùm alij quidem sic, alij verò illo modo idem velint scribi. Sunt itaque sic rogandi. An vitæ sit vtilis ars rectè scribendi? Et oporteret & nos & vnumquenq; ex iis qui de ipsa orthographia dissentiunt Grammaticis, cùm iudicio nondum sit decisa hæc controuersia, impediri in iis quæ sunt scribenda. Sed neque nos, neque eorum vnusquisque impeditur: sed concorditer omnes assequuntur propositum, non ab illa, sed à magis communi, & in qua est maior consensus, moti exercitatione: per quam, quæ necessariò quidem sumi debent elementa ad nomen indicandum, assumunt omnes tam

εὐχάλινον, bonum habes frænum.
εὐωδία, bonus odor.
σμίλιον, scalpellum.
σμύρνα, myrrha.
ὄμβριμος, grauis, validus.
Orthographiam probatur esse inanē ex dissensione et ex effectis.

Grammatici quàm non Grammatici. De iis autem, quæ non sunt necessaria, nihil referre putant. Nó est ergo vtilis de Orthographia apud Grammaticos tractatio. Atque tale quidem est argumentum quod sumitur à dissensione. Quod autem ex effectis sumitur, est manifestum. Nihil enim detrimenti accipimus, siue cum ι. scribamus dandi casum, siue non: & siue σμίλιον & σμύρναν scribamus per σ. seu per ζ. & nomine Ἀρίςιον, seu præcedenti syllabæ attribuamus literā σ. an eam coniungamus cum ea quæ sequitur. Nam si quidem ex eo quòd scribatur σμίλιον, per σ. & non per ζ. non esset amplius σμίλιον, sed Ἀρέπανον: & si ex eo quod in nomine Aristotelis sic, non autem illo modo connectatur σ. aut Aristion, sicut facetè quidam dixit, fiat δεπνίων, conueniret putare aliquid referre. Si autem quomodocunq; scribatur, σμίλιον erit, siue incipiat per σ. siue per ζ. & Aristion semper est Aristion, siue cum ι. connectamus σ. siue cum τ. quid opus est multa & inani stultáque de his apud Grāmaticos disputatione? Cùm autem summatim egerimus de orthographia, videamus ad complédam quæ sit aduersus artificiosam eorum partem contradictionem, vtrùm habeant constantem aliquam rationem & methodum Gręcæ locutionis, quæ dicitur Hellenismus.

Ἀρίςιον, Aristion, nomen proprium.
Ἀρέπανον, falx.
Alludit ad δεῖπνον, ex nam, & ἀρίςον, prandiū.

An sit ars de Hellenismo. Cap. 14.

Qvod seruanda quidem sit puritas in sermonis proprietatibus, hinc est perspicuum. Nam & qui barbarè loquitur & admittit solœcismos, irridetur vt ineruditus, & qui Græcè loquitur, est idoneus ad apertè simul & accuratè res explicandas, quas mente conceperit. Iam verò Hellenismi duæ sunt differentiæ. Nam alius quidem est separatus à communi nostro vsu, & videtur procedere congruenter Grammaticæ analogiæ. alius verò deducitur conuenienter vniuscuiusque Græcorum communi vsui, ex effictione & obseruatione in familiari sermone. vt exempli gratia, qui ex recto quidem casu Ζεύς, format obliquos τοῦ Ζέως, τῷ Ζεί, ἐυ Ζέα, is loquitur conuenientur priori speciei Hellenismi. Qui autem dicit simpliciter, τοῦ Ζηνός, & τῷ Ζηνί, & ἐν Ζῆνα, loquitur conuenienter secundæ, & quæ est nobis magis familiaris. Sed cùm duo sint hellenismi, secundum quidē dicimus esse magis in vsu propter prius dictas causas: primum autem inutilem, propter dicendas. Quomodo enim in ciuitate pro more regionis procedente nomismate, qui ei quidem accedit, potest in ea ciuitate emendo, vendendo ac contrahendo absque vllo impedimento degere?

Hellenismi duæ sunt differentiæ, nēpe ex analogia, & ex consuetudine.
παραπλασ-μός, Ζεὺς et Ζην, Iuppiter.
Sermone vtendum tanquam nomismate.

gere? Qui autem hoc quidem non admittit, nouum autem effingit, & eo vult vti pro nomifmate, is planè defipit: Ita etiam in vita, qui non vult vfu receptum, tanquam nomifma aliquod, fequi fermonē, fed fibi excudit nouum, nō longè eſt remotus ab infania. Quamobrem Grammaticis qui profitentur fe aliquam artem effe traedituros quæ vocatur analogia, per quam nos cogunt loqui conuenienter illi hellenifmo, oftendendum eſt eam artem minimè poſſe confiftere. Oportet autem eos qui rectè volunt loqui, attendere artis expertem fimplicemque, & quæ in vita & communi vulgi vfu fita eſt, obferuationem. Si in hellenifmo ergo eſt ars aliqua, aut habet principia in quibus confiftit, aut non habet. Et non habere quidem non dicent Grammatici. Nam omnis ars debet confiftere ex aliquo principio. Si autem habet: aut artificiofa ea habet aut artis expertia. Et fi quidem artificiofa, ea omninò aut ex feipfis, aut ex alia conſtant arte. & illa rurfus ex tertia. & tertia ex quarta. & hoc in infinitum. Quo fiet vt fi ars hellenifmi careat principiis, ne ars quidem fit. Si nautem artis experientia: non inuenientur alia præter vfum & cōfuetudinem. Vfus ergo ac confuetudo iudex erit, & feret fententiam quid fit Grę cum & non Græcum: & non erit vlla alia ars hellenifmi. Et alioqui quoniam ex artibus, aliæ quidem funt re vera artes, vt ſtatuaria & pictura: Aliæ autem funt quidem profefsione, re vera autem nō funt, vt Chaldaïca & Arufpicina & extifpicina. Vt ergo fciamus vtrū hellenifmi ars quæ dicitur, fit folùm profefsio, an fit etiam facultas fubiecta, ad eam probandam oportebit nos habere aliquem iudicem. Hic rurfus iudex, aut eſt artificiofus in hellenifmo, & probandi facultate præditus, fiquidem de ea iudicat, quæ rectè iudicat hellenifmum: aut artis expers. Sed artificiofus quidem effe non poteſt in hellenifmo, ne vt prius dictum eſt, recidat in infinitum. Si artis autem expers fumatur iudex, non alium inueniemus quàm vfum & confuetudinem. Vfus ergo & confuetudo quæ per fe hellenifmi artem iudicat, non opus habebit arte. Si autem Græcè non aliàs loqui licet, nifi à Grammatica acceperimus quod eſt Græcum: aut hoc eſt euidens & ex ipfo cernitur: aut eſt obfcurius & minus euidens. Sed non eſt quidem euidens: Omnes enim in eo confentirent, vt in cæteris rebus. Et alioqui ad apprehendendum quidem id quod eſt euidens, nulla opus eſt arte. quomodo nec ad album videndum, nec ad guſtandum dulce, aut tangendum calidum. Ad Græcè autem loquendum via ac ratione aliqua & arte opus eſt, vt volunt Grāmatici. Non

eſt ergo

est ergo euidens Græcè loqui. Si autem non est euidens: quoniam quod non est euidens, ex aliquo alio cognoscitur: aut naturalis aliquis sequendus erit iudex, à quo discernatur quid sit Græcum aut nõ: aut vnius vsu ac consuetudine vtendum erit ad hoc comprehēdendū, vt qui perfectè loquatur Gręcè. aut omnium. Sed naturalem quidē iudicem ad iudicandum quid sit Græcum aut non Græcū nullum habemus. Nam cùm Atticus tanquam Gręcum dicat ὁ τάριχος, & Peloponnesius proferat ὁ τάριχος vt quod non sit aliter proferendum: & alius quidem nominet τὴν σάμνον, alius verò ὸν σάμνον, nullum habet Grammaticus ex se fide dignum iudicem, quòd hoc modo sit & nõ illo dicendum, nisi vniuscuiusque vsum & consuetudinem, quæ neq; est artificiosa, neque naturalis. Si autem alicuius vsum ac consuetudinem dicant esse sequendam: aut affirmatiuè tantùm dicent, aut ratione ac methodo procedentibus demonstrationibus. Sed affirmatiuè quidem dicentibus opponemus affirmationem, quòd multi magis sequendi sint quàm vnus. Via autem ac methodo ostendentes quòd iste Gręcè loquitur, necesse habebunt dicere illam methodum esse iudicem hellenismi, per quam ostensum est istum quoque Græcè loqui. Sed non hoc. Restat ergo vt attendant omnium consuetudinem. Si autem hoc ita est, non opus est analogia, sed obseruatione quemadmodum loquantur multi, & aliquid vt Græcum admittant, aut vt non tale vitent. Græcum quidem certè est aut natura, aut ex instituto & impositione. Et natura quidem non est: quoniam nunquam idem aliis quidem videretur esse Græcum: aliis verò non. Si est autem ex hominum instituto & lege : qui in vsu ac consuetudine est maximè tritus ac exercitatus, is optimè loquitur Græcè, non autem is qui scit analogiam. Nam aliter quoque licet ostendere, quòd ad Gręcè loquendum non opus habemus Grammatica. Nam in iis qui conferuntur sermonibus, aut in aliquibus dictionibus offendentur multi, aut non offendentur. Et si offendantur quidem, nos statim corrigent. quo fit vt ex iis, quæ in vsu vitę versantur, habeamus Græcum sermonem, non autem à Grammaticis. Sin autem non ægrè ferunt, & iis quæ dicuntur assentiuntur tanquam apertis & rectè habentibus: & nos in eis persistemus. Rursus conuenienter huic analogiæ aut omnes loquuntur, aut plurimi, aut multi. Sed non omnes, neque plurimi, neque multi. vix enim duo aut tres inueniuntur eiusmodi. plurimi autem ne eam quidem sciunt. Quoniam ergo necessario sequendus est vsus ac consuetudo multorum, non autem duorum,

ὁ τάριχος, salsamentum.
σάμνος, verna.

c

rum:dicendum est obseruationem vsus communis ac consuetudinis esse vtilem ad Græcè loquendum, non autem analogiam. In omnibus quidem certè quæ humanæ vitæ sunt vtilia, modus est sufficiens ad vsum nō impediri. Quamobrem si hellenismus propter duo præcipua maximè est admittendus, nempe vt quæ significantur & dilucidius explicentur & delectabilius ac iucundius (his enim extrinsecus coniuncta sunt per consequentiam, metaphoricè & emphaticè, & aliis tropis ac modis dicere) quæramus, ex vtro hæc magis accedunt, num ex communi vsu ac consuetudine, an ex analogia, vt illi accedamus. Videmus autem hoc magis accedere ex communi vsu quàm ex analogia: illo ergo nō hoc est vtendum. Nam ex recto quidem casu qui est ζεύς, proferre obliquos ζηνός, ζηνί, ζῆνα, & ex κύων, κυνός, κυνί, κύνα, est dilucidum, quinetiam multos non videtur offendere. hoc est autem vsus communis. A recto autem ζεύς dicere ζεός & ζεί & ζέα, & à κύων formare κύωνος, κύωνι, κύωνα, aut à genitiuo κυνός velle esse rectum κύς. & in verbis dicere φερήσω & βλεπήσω vt ποιήσω & θελήσω, non solùm non dilucidum, sed etiam videtur esse ridiculum & offendere. Hoc autem fit ex analogia. Non est ergo ea, vt dixi, vtendum, sed vsu ac consuetudine. Num autem euertantur, & velint nolint cogentur vti quidem vsu ac consuetudine, mandare autem analogiam? Hinc autem consideremus quòd dicitur, nempe ex ea quæ fit apud ipsos consequentia. Nam si quæratur quomodo sit dicendum χρῆσθ an χράασθ, dicunt χρῆσθ. & si petatur ab eis vt probent, dicunt quòd χρῆσις & κτῆσις conueniunt inter se analoga. Quomodo ergo dicitur quidem κτᾶσθ, κτῆσθ autem non dicitur: ita etiam χράασθα quidem dicetur, nequaquam autem χρῆσθ. Sed si quis eos insequens roget, hoc ipsum autem rectè dictum esse κτᾶσθ, ex quo etiam ostendimus χρῆσθ, vnde scimus? Dicent hoc ita esse in vsu. Hoc autem dicentes, concedent vsum ac consuetudinem attendendam esse tanquam iudicem, non autem analogiam. Si enim quia in vsu est κτᾶσθ, dicendum est etiam χρᾶσθ, debemus missa arte analogica refugere ad vsum ac consuetudinem, à qua illa quoque dicta est. Atqui analogia est multorum similium nominum additio. hæc autem nomina sunt ex vsu ac consuetudine. Quamobrem ex vsu procedit ac consuetudine vt consistat analogia. Hoc autem cùm ita habeat, ita sunt interrogandi, Admittitísne vsum ac consuetudinem tanquam argumentum quo fiat fides ad dignoscendum hellenismum, an reiicitis? Nam si admittitis: ex hoc ipso collectum est propositum, nec opus est ana-

est analogia. Sin autem reiicitis, quoniam ex ea constat analogia, reiicitis etiam analogiam. Et rursus est absurdum, idem & tanquam fide dignum admittere, & tanquam absurdum recusare. Grammatici autem volentes reiicere consuetudinem tanquam non fide dignam, & rursus eam tanquam fide dignam assumere, facient idem simul fide dignum & non dignum. Nam vt ostendant non esse loquendum conuenienter vsui & consuetudini, inducunt analogiam. Analogia autem non est valida, nisi eam confirmantem vsum habeat ac consuetudinem. Vsu ergo ac consuetudine expellentes vsum ac consuetudinem, facient idem simul fide dignum & nõ dignum. Nisi dicant se non eundem vsum expellere ac cõsuetudinem, sed alium quidem vsum reiicere, alium verò admittere. quod quidem dicunt. Pindarionis, inquiunt, analogiam cõstat proficisci ex vsu & consuetudine. est enim eius quod est simile & dissimile contemplatio. Simile autem & dissimile sumitur ex probato vsu ac consuetudine. Probatus autem vsus isque antiquissimus est poësis Homeri. Nullum enim poëma ad nos venit antiquius illius poësi. Loquemur ergo sequentes Homeri vsum & consuetudinem. Sed primùm quidem non omnes fatentur Homerum esse poëtarum antiquissimum. Dicunt enim Hesiodum multis præcessisse temporibus, Linumque & Orpheum & Musæum, & alios plurimos. Est etiam probabile, etiam ante eum fuisse aliquos poëtas, & etiam eius têpore. Nam ipse quoque dicit,
   Carmina nanque magis celebrant & laudibus ornant,
   Vltima quæ veniunt hominumque recentia ad aures.
eos autem ab illius splendore fuisse obscuratos. Quòd si etiam fateamur Homerum fuisse antiquissimum, nihil à Pindarione dictum est conuenienter. Quomodo enim addubitabamus vtrùm vtendum sit vsu ac consuetudine an analogia: ita etiã nunc dubitabimus, vsúne ac consuetudine an analogia sit vtendum. Et si vsu, eóne quo vsus est Homerus, an quo alij homines. Ad quod quidem nihil dictum est. Deinde ille vsus est à nobis persequendus, quo si vtamur, non ridebimur. Quòd si vsum sequamur Homericum, non absque risu Græcè loquemur, dicentes, Μάρτυρες ἐσσαπέρτα λέλυνϑ, & alia his absurdiora. Nec hoc ergo rectè dicitur, cum eo etiam quòd cõcessum sit, quod à nobis probatur, non vtendum analogia. Quid enim refert, veniamus ne ad vsum vulgi, an ad vsum Homeri? Quomodo enim in vsu multorum opus est obseruatione, non autem artificiosa analogia: ita etiam in vsu Homeri. Nam cùm ipsi obseruauerimus quo-

modo

Analogia nõ est valida nisi eam confirmet vsus.

Pindarion. Analogia quid sit.

Homeri poësis.

Hesiodus Homerum multis præcessit seculis, Linusque Orpheus & Musæus.

ἰκνεμετορ.

vsus Homericus minimè sequendus.

modo soleat dicere, ita etiam loquemur. Vt in summa autem dicam, quomodo ipse Homerus non est vsus analogia, sed secutus est vsum & consuetudinem hominum sui temporis: ita nos quoque non omnino habebimus Homerum confirmatorem analogiæ, sed effingemus vsum ac consuetudinem hominum sui temporis. Atque nuper quidem collectum est ex ea quæ est apud Grammaticos analogia, ad Græcè quidem loquendum superuacaneam esse analogiam, esse autem vtilem vsus & consuetudinis obseruationem: perspicuum autem erit id fortasse ex verbis. Dicunt enim definientes barbarismum & soloecismum, Barbarismus est lapsus in simplici dictione præter communem vsum ac consuetudinem. Soloecismus autem est lapsus non consuetus in tota constructione & non consequens. Ad quæ statim possumus dicere. Sed si barbarismus quidem est in simplici dictione: soloecismus autem in dictionum compositione: prius autem ostensum est, neque esse aliquam simplicem dictionem, neque dictionum compositionê, nihil est barbarismus aut soloecismus. Rursus si in vna dictione intelligitur barbarismus, aut in dictionum compositione soloecismus, non autem in rebus subiectis, quomodo errarem si dicerem, Hic, ostenderem autem fœminam: aut Hęc, ostenderem autem adolescentê. Neque enim admisi soloecismum: neque enim multarum dictionum minimè congruentium protuli compositionem, sed simplicem dictionem Hic aut Hæc. Neque barbarè sum locutus. Nihil enim non consuetum habet dictio Hæc, vt ea quę est apud Alexandrinos dictio, ἐλήλυθαν & ἀπηλήλυθαν. Multa quidem huiusmodi contingit dicere aduersus Grammaticos. Ne autem videamur in omnibus dubitare, reuertentes ad id quod erat propositum ab initio, dicemus quòd si barbarismus est lapsus præter communem consuetudinem consideratus in vna dictione: Similiter autem soloecismus, accipiens suam substantiam in multis dictionibus: & est barbarum quidem ϝάπις, propterea quòd non sit verbû consuetum: Soloecum autem, πολλὰ περιπατήσας κοπιάσμῦτα σκέλη, id est, cùm multas deambulasset laboris tibias, propterea quòd non ita dicatur in communi vsu ac consuetudine, constat quòd ars quidem analogica est nomen inane, quod attinet ad barbarè loquendum aut vtendum soloecismo: oportet autem obseruare vsum & consuetudinem & consequenter ei loqui. Quòd si ducti pœnitentia, dixerint barbarismum solummodò lapsum in simplici dictione, non addendo, præter communem vsum ac consuetudinem: & soloecismum lapsum in

Barbarismus quid sit. Soloecismus quid sit.

Barbarismus & soloecismus nihil est.

ἐλήλυθαν, *venerunt.* ἀπηλήλυθαν, *abierût.* ἐλήλυθαν *& ἀπηλήλυθαν, dictio Alexãdrina.* τράπιζα, *mensa.*

tota

tota dictione non consequenté, & non addatur non consuetum, sibi
maius facessent negotiu̅. Habebunt enim in tota constructione eiusmodi non consequentia, Athenæ pulchra ciuitas ; Orestes pulchra
tragœdia: βυλὴ οἱ ἑξαμόσιοι, id est, senatus sexcenti. quæ quidem opor-
5 tebit dicere solœcismos: non sunt autem solœcismi propter receptā *Solœcismus et*
consuetudinem. Non est ergo iudicandus solœcismus ex eo tantùm *barbarismus*
quòd non sit consequens, sed ex vsu & consuetudine. Bene autem *iudicādus ex*
erit, si postquam eos pressimus argumento ducto ex consequentia *vsu & con-*
& verbis, eos quoque percellamus à transitu ex simili. Nam si simi- *suetudine.*
10 le considerant, quoniam ei quod est feriri in sura, quæ est ἀντικνήμιον, ἀντικνήμιον
analogia respondet illud, In naso feriri, & in ventre, dicitur autem
primum ἀντικνημιάζειν, analogiæ conuenienter dicendum esse παρειάζειν, παρειάζειν,
aut μυκτηρίζειν. Idem autem ostendendum est etiam in ἱππάζεσθ & κα- *in ventre fe-*
τακεριμίζεσθαι & ἡλιάζεσθαι. Hæc autem non dicimus, propterea quòd *rire.*
15 sint præter communem consuetudinem. Ergo nec κρήσω, nec φερήσω, *μυκτηρί-*
nec alia omnia quæ dici debent ex analogia, propterea quòd non *ζειν, ǁ in naso*
dicantur ex vsu ac consuetudine. Verumenimuero si optimè quidè *ferire.*
loqui dicimus Thracicè, eum qui loquitur Thracicè vt qui consue- *ἱππάζεσθ,*
uerit, & maximè Romanè qui Romanè consueuit : sequetur etiam *equitare.*
20 eum rectè loqui Græcè, qui loqui Græcè consueuit, si sequamur *κατακερι-*
vsum ac consuetudinem, non autem præceptionem. Vsum ergo se- *μίζεσθαι,*
quentes & consuetudinem, non analogiam, erimus Græcè loquen- *præcipitare.*
tes. In summa autem aut vsui ac consuetudini conuenit analogia, aut *ἡλιάζεσθαι*
ab ea discrepat. Et si quidem conuenit, primùm quidem vt illa non *apricari.*
25 est artificiosa, ita nec hæc erit ars. Nam quod artis vacuitati conue- *vsu in lo-*
nit, est ipsum quoque omninò arte vacuum. Et alioqui si quòd ex il- *quendo sequē-*
la est Græcum, ex hac quoque quæ illi congruit erit Græcum: etiam *dus, non præ-*
id quod est ex illa, erit tale. Hoc autem cùm ita habeat, non erit no- *ceptio.*
bis opus analogia ad discernendum hellenismu̅, cùm ad hoc habea-
30 mus vsum ac consuetudinem. Sin autem discrepat: omninò alium inducens vsum ac consuetudinem præter illam, & veluti barbaram,
erit reproba, & tanquā afferens offensionem erit planè inutilis. Argumentandum est etiam à constitutione eorum artis. Nam volu̅t
quidem quibusdam constitutis, quæ sunt vniuersè & in genere con- *Ex vniuer-*
35 templationibus, ex his omnibus iudicare omnia nomina singularia, *salibus nō pos-*
siue sint Græca siue non. Non possunt autem hoc facere, propterea *sunt in Gram-*
quòd nec ipsis concedatur quòd id quod est vniuersè & in genere *matica iudi-*
sit eiusmodi: neque si hoc aliàs explicetur, seruet naturam eius quod *cari omnia no-*
mina singula-
ria.
c 3 est

est vniuersè & in genere. Ad hoc autem sumatur exemplum ab ipsis Grammaticis. Nam cùm sit quæstio in aliquo ex nominibus singularibus, vt, exempli gratia in Εὐμενὴς, vtrùm obliquus casus sit proferendus absque σ. dicendo tantùm Εὐμενῦ, an cum σ. Εὐμενῦς, adsunt Grammatici proferentes aliquid vniuersè & in genere, & ex eo confirmantes id de quo quæritur. Dicūt enim quòd omne nomen simplex desinēs in ὴς oxytonum, necessariò effertur cum σ. in genitiuo. vt αἰφυὴς αἰφυῦς, αἰσεβὴς αἰσεβῦς, αἰκλεὴς αἰκλεῦς. Ergo Εὐμενὴς etiā quod profertur oxytonè, his similiter proferendūm est per σ. in genitiuo, dicendo Εὐμενῦς. Non intelligunt autem viri illi præclari, quòd qui cēset dicendum Εὐμενῦ, non concedet eis exemplum esse vniuersè & in genere. Nam hoc ipsum Εὐμενὴς quod est nomen simplex & oxytonum, non dicet efferri cūm σ. sed id quod est incertum arripere tanquam certum & de quo cōstet. Et alioqui si exemplum est vniuersè & in genere: aut omnia singularia nomina persecuti, animaduersa quæ est in eis analogia, ipsum composuerunt: aut non omnia. Sed omnia quidem non sunt persecuti. Sunt enim infinita. infinitorum autem nulla est cognitio. Si autem aliqua: vnde hoc existit quòd omne nomen sit eiusmodi? Non enim quod aliquibus accidit nominibus, hoc etiam omnibus. Sed sunt quidam qui ad hoc occurrunt ridiculè, & dicunt, quòd ex pluribus est exemplum quod est vniuersè & in genere. Nam non viderunt quidem quòd aliud est id quod est vniuersè & in genere, & aliud quod est plurimum & maxima ex parte. Et quod est quidem vniuersè & in genere, nunquam nos fallit: quod est autem plurimum & maxima ex parte, rarò. Deinde quòd etiam si sit ex multis id quod est vniuersè & in genere: non omninò id quod multis accidit nominibus, hoc etiam necessariò accidit omnibus quæ sunt eiusdem speciei. sed quomodo in multis etiam aliis fert quædam natura quæ vni conueniunt speciei: vt in serpentibus quidem qui sunt innumerabiles Cerasten corniferum: in quadrupedibus autem Elephantum vtentem proboscide: in piscibus autem Mustellum, qui parit animal: in lapidibus autem Magnetem, qui attrahit ferrum: Ita est consentaneum etiam in nominibus quæ similiter cadunt esse aliquod nomen, quod non declinatur eo modo quo multa nomina. Mittentes itaque quærere sítne multis conueniens analogia, quæramus quemadmodum eo vtatur consuetudo, vtrùm ex eo quòd multis conueniat analogia, an quòd proprium sequatur typum. Variè autem agitati Grammatici volunt euertere dubitationem.

παϱέκπτυσμα, lego παϱεκδύσμα.

vniuersè et vt plurimum differunt.

Natura fert multa quæ vni speciei conueniunt.

συ γαλέον.

nem. Multæ enim, inquiunt, funt confuetudines. & alia quidem *Confuetudi-*
Athenienfium:alia verò Lacedæmoniorum. Et rurfus Athenienfium *nes multæ.*
differens quidam erat vetus: mutata autem eſt quæ nunc eſt. nec eſt
eadem eorum qui ruri degunt, & eorum qui verfantur in ciuitate.
5 Dicit itaque Ariſtophanes Comicus,
Vrbis cui erat loquela ex meditullio, Ariſtopha-
Nec muliebris, nec quàm par eſt agreſtior. nes.
Cùm ergo fint multæ, vt dicunt, confuetudines, quánam vtemur?
Neque enim fieri poteſt vt vtamur omnibus, propterea quòd fæpe
10 inter ſe pugnent. neque aliqua ex eis, niſi aliqua arte fuerit iudicata
præſtantior. Sed primùm quidem dicemus, quærere quánam ſit vté-
dum confuetudine, perinde eſt ac ſi dicatur eſſe artem aliquam in
helleniſmo. Ipſa enim, analogia inquam, eſt contéplatio eius quod
eſt ſimile & diſsimile. Simile auté & diſsimile ſumitur ex vſu & con-
15 ſuetudine, vt ſi ſit quidem tritum, eo vtamur: ſin minùs, minimè. Rogabimus ergo nos quoque, ex quánam confuetudine ſumitur ſimile
& diſsimile? Sunt enim multæ & fæpe pugnantes inter ſe. Quod autem reſpondentes ad hoc, dicetis, hoc etiam à nobis audietis. Et rurſus quando dicetis barbariſmū eſſe lapſum in ſimplici dictione præ-
20 ter confuetudinem, nos contrà dubitabimus, dicentes, Quámnam
dicitis cùm ſint multæ? Et ſi dixeritis, dicemus nos quoque hanc ſequi. Cùm ergo ſit communis dubitatio, non difficiliter viam inueniet eius quæ à nobis affertur ſolutio. Nam ex confuetudinibus aliæ *Confuetudi-*
quidem ſunt in ſcientiis: aliæ autem in vita. Etenim in Philoſophia *nes ſunt va-*
25 quædam recipiuntur nomina, & præcipuè in arte medendi, quinetiā *riæ.*
in Muſica & Geometria. Eſt etiam quædam ad rationem vitæ perti- *Confuetudo*
nens ſimplex priuatorum ac plebeiorum confuetudo in ciuitatibus *quænam ſit ſequenda.*
& gentibus differens. Vnde in Philoſophia quidem Philoſophorum
ſequemur confuetudinem: in arte autem medendi, eam quæ magis
30 facit ad Medicinam. In agenda autem vita, eam quæ eſt magis con-
ſueta, & minus ſuperuacanea, & quæ eſt magis in vſu in regione.
Quocirca cùm res eadem dicatur bifariam, tentabimus nos præſen-
tibus accommodantes perſonis, proferre quod non rideatur, cuiuſmodicunque ſit ſecundum naturam: vt exempli cauſa idem dicitur
35 ἀρτοφόριον & πανάριον. & rurſus idem σκμνίον & ἀμίδιον. & ἰσδις & θυῖα. Sed *ἀρτοφόριον,*
ſpectantes vt rectè & apertè loquamur, & ne rideamur à pueris no- *arca panaria.*
bis miniſtrantibus priuatiſque & ignaris hominibus, dicemus πανά- *σκμνίον, & ἀμίδιον, vr-*
ριον, etſi ſit barbarum, non auté ἀρτοφορίδα. & σκμνίον non ἀμίδα. & θυῖα *na, matella.*
magis *ἰσδις et θυῖα, mortarium.*

magis quàm ἴδιον. Et rursus in differendo ad eos qui adsunt aspicientes, imperitorum quidem dictiones valere iubebimus, vrbaniorem autem & eruditum morem persequemur. Nam vt mos eruditus irridetur apud imperitos: ita etiam imperitus apud eruditos. Dextrè ergo quod decet vnicuique tribuentes circunstantiæ, videbimur Grę- 5
cè loqui citra reprehensionem. Alioqui quoniam reprehendunt consuetudinem vt inæqualem & multiplicem, nos quoque ex eo ipso nacti occasionem eos reprehendemus. Si enim analogia est eius quod est simile adiectio: Simile autem est ex consuetudine: consuetudo autem est inæqualis & instabilis, oportebit etiam analogiam 10
non habere stabilia & fixa exempla. Possumus autem hoc discere in nominibus & verbis & participiis, & vt in summa dicam, in aliis omnibus. Vt in nominibus quidem, quatenus quæ in rectis casibus analogia conueniunt & sunt similia, ea formantur in obliquis inæqualiter & non ex analogia: vt Ἄρης, χάρης, χάρτης, Ἄρεος, χάρεδος, χάρτυ. & μένων, 15
θέων, λέων, μένοντος, θέανος, λέοντος. σκόπας, μέλας, ἄβαξ, σκόπανδος, μέλανος, ἄβανδος.
In verbis autem, multa quæ similiter dicuntur in tempore præsenti non formantur conuenienti analogia in aliis temporibus. nonnullorum autem aliquæ defecerunt coniugationes: vt αὐλᾷ, ἀρέσκῃ, ηὔληκεν, ἀρήρεσκεν. & dicitur quidem κτείνεται, ἔκτανκε autem non dicitur. ἀλήληπται qui- 20
dem dixeris, ἤληπται autem minimè. In participiis autem, βοῶν, βρῶν, νοῶν, βοῶντος, βρῶντος, νοῦντος. Et in appellatiuis, ἄναξ, ἄβαξ, ἄνακτος, ἄβακος. γραῦς, ναῦς, γραός, νηός. Similiter autem in iis quoque quæ sunt huiusmodi. Ἄρχων enim dicitur & nomen significando: & is qui gerit magistratum. sed Ἄρχονος quidem fit in casu obliquo nomen: ἄρχοντος autem partici- 25
pium. Et simili modo μένων, θέων, νέων, cùm sint & participia & nomina, diuersas accipiunt declinationes. Nam à nomine quidem fit μένανος: à participio autem μένοντος. Et θέανος quidem est nomen, θέοντος autem participium. Ex his autem est perspicuum, quòd cùm sit inæqualis consuetudo, non stant firma ac fixa analogiæ exempla: sed ne- 30
cesse est vt iis dimissis, attendantur formationes quæ sunt ex consuetudine, relicta analogia.

De Etymologia. Cap. 13.

EADEM quoque sunt eis dicenda quando per etymologiam de 35
hellenismo ferre volunt iudicium. Rursus enim aut consuetudini conuenit etymologia, aut ab ea discrepat. Et si quidem conuenit, est superuacanea. Si nautem discrepat, non est ea vtendum, vt quæ magis
promo-

promoueat ad barbarè loquendum aut solœcismum admittendum.
& vt semel dicam, similes opponendæ sunt contradictiones iis quas
priùs tradidimus. Magis autem propriè illud est dicendum. Nomen
quod ex etymologia iudicatur esse Græcum, aut omninò etyma, id
est vera, debet habere quæ ipsum præcedunt nomina : aut desinere
in aliqua ex iis quæ sunt pronunciata naturaliter. Et si ab omnibus
quidem veris, ea ratione cùm redeat ad infinitum, erit principij expers etymologia: & nesciemus an sit Græcum nomen quod dicitur
vltimum, vt qui ignoremus qual'e sit illud à quo primum deducitur.
vt si dictus est λύχνος à λύῃν τὸ νύχος, debemus discere an etiam νύχος dictum sit ab aliquo Græco vocabulo: & hoc rursus ab alió: & sic cùm
ascensus fiat in infinitum, & inueniri non possit nomen quod primũ
est pronuntiatum, simul etiam comprehendi non potest an Græcè
dictus sit λύχνος. Sin autem in aliqua ex his nominibus, quæ sunt ita
imposita vt nullum habeant etymum, desinit nomē cuius datur etymologia: quomodo illa in quæ desiit, non admittemus quia sunt ἔτυ-
μα, hoc est vera, sed quia sunt trita consuetudine, ita etiam quod iudicatur per etymologiam, admittemus non propter etymologiam,
sed propter vsum ac cõsuetudinem: vt, exempli causa, προσκεφάλαιον
dictum est quòd addatur capiti; quod dicitur κεφαλῂ. κεφαλῂ autem &
πρὸς, quod est præpositio, appellata sunt absque etymo. Sicut ergo
ea sunt credita absque etymologia, propterea quòd sunt Græca, eis
vtente ipsa consuetudine: ita etiam erit κεφάλαιον credibile absq; etymologia. Et aliàs eadem res nonnunquam duobus appellatur nominibus, altero quidem quod recipit etymologiã, altero verò quod
non recipit. & non propterea, quod dicitur quidem etymon, est Gręcum, quod verò caret etymo, est barbarum: sed sicut illud est Græcum, ita hoc etiam. vt quod à nobis vocatur ὑποπόδιον, Athenienses
& Coi vocant χελωνίδα. Sed est quidem ὑποπόδιον etymum, χελωνὶς
autem nequaquam. & non propterea dicuntur quidem Athenienses
loqui barbarè, nos autem Gręcè: sed vtrique dicuntur Græcè loqui.
Sicut ergo illi propter consuetudinem, non autem propter nominis
etymon, id est veritatem, dicuntur loqui Græcè : ita etiam nos propterea quòd habeamus tale nomē tritum consuetudine, & non propter fidem etymologiæ, Græcè loquemur. Sed quòd artificiosa quidem pars Grammaticæ non possit consistere, satis est ostensum ex
iis quæ dicta sunt: consequenter autem veniamus ad historicam.

Nomē quod iudicatur ex etymologia, in quid desinat.

λύχνος, id est lucerna, ab eo quod soluat noctem.
νύχος, nox.

προσκεφά-λαιον, cerui-cal, puluinar.
κεφαλῂ, ca-put.

ὑποπό-διον, scabellũ.

f   An con-

An consistere possit pars historica. Cap. 16.

Tauriscus auditor Acratetis.

Critice, id est iudicandi facultas, quomodo diuidatur.

ATQVE quòd hanc quidé planè velint esse partem Grāmaticæ, est perspicuū. Tauriscus quidē certè auditor Acratetis, sicut alij Critici, iudicādi facultati, quā vocant Criticen, subiiciens Grāmaticam, dicit iudicandi facultatis aliā quidem esse rationalē, aliam verò exercitatoriā, aliam verò historicam. Atq; rationalem quidem esse eam quæ versatur in dictione in tropis Grammaticis: Exercitatoriam autem, eam quæ in linguæ proprietatibus, & diuersitate figurarum & characterum: Historicam verò, quæ consistit in tractatione materiæ non habentis vllam certam rationem ac methodum. Dionysius au-

Dionysius Thrax constituebat sex partes Grammaticæ.

tem Thrax, dicens esse sex partes Grammaticæ, quas quidem nos superius tres omnino partes appellauimus, in iis etiam partem tradit historicam. Dicit enim partes esse Grammaticæ, exercitatam in accentu lectionem: expositionem per tropos qui insunt poëticos: dictionum & historiarum explicationem: etymologiæ inuentionem: analogiæ considerationem: iudicium poëmatum, absurdè diuidēs, & forte quædam effecta & quasdam particulas Grammaticæ, non eius partes faciens. citra controuersiam autem, exercitatam quidem lectionem, & expositionem, & iudicium poëmatum, assumens ex contemplatione poëtarum & scriptorum. etymologiam autem & analogiam ex parte artificiosa, illis autem tanquam ex aduerso parte opponens historicam, quæ sita est in explicandis historiis & dictionibus. Asclepiades autem in suo opere De Grammatica, cùm dixisset tres esse primas partes Grammaticæ, exercitatam in accentu lectionem, artificium historicū, & Grammaticum, quod quidē vtrunq; attingit, historicam, inquam, partem & artificiosam, historicam par-

Historica Grammaticæ pars trifariā diuiditur.

tem subdiuidit trifariam. Ex historia enim aliam quidem dicit esse veram, aliam verò falsam, aliam autem tanquam veram. Et veram quidem, eam quæ versatur in rebus quæ gerūtur. Falsam autem, quæ versatur in figmentis & fabulis. Tanquam veram autem, cuiusmodi est comœdia & mimi. Veræ autem rursus tres esse partes. Nam alia quidem versatur in describendis personis Deorum & Heroum, & virorum illustrium: alia autem in locis & temporibus: alia autem in actionibus. Falsæ autem, nempe fabulosæ, vnam solam dicit esse speciem, nempe Genealogiam. Parti autem historicæ dicit, sicut & Dionysius, cōmuniter subiici, id quod pertinet ad linguas. Narrat enim quòd κρύνου est verum vel bonum. Similiter & quod pertinet ad prouerbia

uerbia & definitiones. Atque quòd Grammaticæ quidem partem velint esse historicam, ex his est perspicuum. Quod superest, quoniam plures confessi sunt eam esse expertem artis,& esse ex materia quæ certam rationem ac methodum non habet, nos quidem liberarunt à maiori labore contra eos dicendi. Ne tamen prætereatur locus minimè notatus ac signatus, ita sunt interrogandi, Grammatica sítne ars, an non? Et si non est quidem, ex eo ipso cófectum est propositum. Sin autem est ars, quoniam artis partes sunt omninò artificiosæ, confessi sunt autem partem historicam non habere certam rationem & methodum. Non erit Grammaticæ pars, pars historica. Quòd autem hoc ita habeat, hinc probatur. Non enim sicut ex methodo, quæ sit vniuersè & in genere & ab artificiosa facultate, dicit Medicus, quòd hoc quidem singulare sit salubre, illud autem insalubre: Musicus autem quòd hoc quidem consonet harmonia, illud verò non consonet. & consonet quidem in hac consonantia, in illa verò nequaquam: ita potest Grammaticus ex contemplatione à scientia proficiscéte, & quæ sit vniuersè & in genere, enuntiare, quòd Pelopis quidem humerus sit eburneus à Marte aut Cerere deuoratus: caput autem Herculis euaserit glabrum ac caluum, cùm pili eius defluxissent, quando fuit deuoratum à Bálena quæ irruebat in Hesionem. Sed vt hæc exponat, oportet omnes legere qui hæc sigillatim enarrant. Singularia autem omnia assumere legendo ipsa singularia, non est artificiosum. Pars ergo historica non tractatur à Grammaticis aliqua certa ratione & methodo. His accedit quòd cùm historia partim versetur in locis describendis, partim in temporibus, partim in personis, partim in rebus gestis: est perspicuum quòd si non arte fiat locorum & temporum demonstratio, nec etiam personarum & rerum gestarum demonstratio erit artificiosa. Quid enim refert hæc ne an illa teneas? Atqui nihil habet artis quæ ad locum pertinet referre historiam, dicendo, exempli gratia, Brilesus quidem & Aracinthus est mons Atticę: Acamas autem Cypri promontorium: aut eam exponere quæ pertinet ad tempus: vt, Xenophanes Colophonius fuit circa quadragesimam Olympiadem. Hoc enim poterit facere qui non est Grammaticus, alioqui curiosus. Ergo nec quæ ad personas & res gestas describendas pertinent recitare est artificiosum: vt, exempli gratia, quòd Plato Philosophus priùs vocabatur Aristocles: & quòd auris fuit ei perforata gestanti maurem, quando erat adolescens. Pythias autem filia Aristotelis nupsit tribus viris: primùm qui-

Historica pars Grammaticæ non est artificiosa.

Pelopis humerus eburneus.
ἐξέδλυωτο.
Herculis caput glabrum.

Brilesus & Aracinthus mōtes Atticæ. Acamas, Cypri promontorium. Xenophanes Colophonius. Platoni auris fuit perforata. ἐΜόϐιοp: *Pythias filia Aristotelis.*

dem Nicanori Stagiritæ, familiari Aristotelis: secundò autem Procli, qui genus duxerat à Demarato Rege Lacedæmoniorum, qui duos ex ea suscepit filios, Proclem & Demaratum, qui Philosophiæ dederunt operam apud Theophrastum: Tertiò autem Metrodoro Medico, Chrisippi quidem Cnidij discipulo, preceptori autem Erasistrati, cui natus est filius Aristoteles. Hæc enim, & quæ sunt his similia, cùm planè sint inutilia, nullá preterea habent vim artis. Quamobrem nec eorum, quæ ad historias pertinent, artificiosa est explicatio. Et alioqui, sicut superius ostendimus, neque infinitorum, nec eorum quæ aliquando aliter fiunt, vlla est artificiosa cognitio. Singulares autem historiæ sunt & multitudine infinitæ & non stabiles, propterea quòd nó eadem de re eadem apud omnes referantur: vt (non enim est absurdum vt naturalibus & proprijs rerum vtamur exemplis) falsum sibi argumentum sumentes historici, scientiæ nostræ primum auctorem Æsculapium dicunt fuisse fulmine percussum, causæ figmento non contenti, quod quidem variè transformant. Stesichorus quidem dicens in Eriphile, quòd excitauerat aliquos ex iis qui Thebis ceciderant. Polyanthes autem Cyronæus in libro De ortu Asclepiadarum, quoniam eos medicatus est, qui ira Iunonis in filias furore erant perciti. Parrhasius autem, propterea quòd suscitauit cadauer Tyndari. Staphylus verò in libro de Arcadibus, quòd curauit Hyppolytum fugientem ex Trœzene, vt de eo fama traditum est in tragœdiis. Phylarchus autem in nono, quòd filiis Phinei excæcatis visum restituerit, gratificans eorum matri Cleopatræ Erechtheï filiæ. Telesarchus autê in Argolico, quòd aggressus sit suscitare Orionem. Argumenti ergo quod sic à falso incipit, & propter multitudinem non potest recenseri, mutaturque ac transformatur ex vniuscuiusque arbitrio, fuerit artificiosa aliqua contemplatio? His accedit quòd cùm eorum quæ narrantur, aliud quidem est historia, aliud verò fabula, aliud autem figmentum. ex quibus historia quidem est aliquorum quæ vera sunt, & quæ facta sunt, expositio: vt quòd Alexander Babylone ex insidiis veneno fuit sublatus. figmentum autem, rerum quidem quæ non fuerunt, dicuntur autem perinde ac si fuissent, vt comica argumenta & mimi. Fabula autem, rerũ quæ fieri nõ potuerunt & falsæ sunt, expositio: vt quòd dicunt araneorum quidẽ genus & serpentum fuisse procreatum ex sanguine Titanum: Pegasum autem, Gorgonis abscissa ceruice, ex capite exiliisse: & Diomedis quidem socios in marinas aues esse mutatos: Vlyssem verò in equum

equum: Hæcubam in canem. Cùm autem historiarum talis sit differentia, quoniam non est ars aliqua in iis quæ sunt falsa & esse nõ possunt: falsa autem sunt & esse non possunt quæ sunt in fabulis ac figmentis, in quibus maximè historicæ partis versatur Grãmatica: non est ars aliqua in historica parte Grammaticæ. Quamobrem meritò sunt irridendi qui dicunt, quòd etsi historiæ materia careat arte, erit tamen iudicium eius artificiosum, per quod cognoscimus quid falsò & quid verè sit narratum. Primùm quidem Grammatici non tradiderunt nobis iudicem veræ historiæ, vt examinemus quando sit vera & quando falsa. Deinde cùm nec apud Grammaticos vlla sit vera historia, nec veri quidem potest iudex cõsistere. Deinde cùm aliquis quidem dicit quòd Vlysses à Telegono filio per imprudentiam sit interemptus: aliquis autem quòd cùm Larus marinæ turturis stimulum immisisset, eum occiderit: alij autem quòd mutatus sit in formã equi, quomodo non est arduum ac operosum in rebus adeò interminatis velle inuenire verum? In iis enim, qui discrepant, oportet priùs consistere eum qui verum dicit, & tunc quærere quid sit. Cùm autem omnes dicant incredibilia & falsa, ne vlli quidem artificiosõ iudici datur aditus. Porrò autem nec per quænam rectè scribatur historia, docent Grammatici, vt ad eam nos referentes contemplationem, dicamus historicam partem esse apud eos artificiosam. Hoc enim est munus eorum qui artem dicendi profitentur. Quamobrem si ipsi etiam fatentur historiam esse rem quæ caret methodo ac certa ratione, & nos ratiocinando id ostendimus: & alioqui nullam artificiosam tradiderunt contemplationem ad eius cognitionem aut constitutionem, dicendum est etiam in parte historica Grammaticam non posse consistere.

Historiæ veræ nullus iudex apud Grãmaticos.

De Vlyßis morte varia narrantur.

Historia per quænam rectè scribatur, non tradunt Grãmatici. næ & mystica.

Quòd pars Grammaticæ, quæ versatur in poëtis & scriptoribus, non poßit consistere. Cap. 17.

IAM quidem vi ac potestate à nobis est sublata pars illa Grammaticæ, quæ versatur in poëtis & scriptoribus, cùm ostenderimus nec artificiosam nec historicam partem esse posse. Nam absque his non rectè processerit poësis expositio: & tamen tentabimus considerare quæ in hac parte communiùs dici possunt. & maximè quoniam ea est Grammaticorum audacia & confidentia, vt audeant affirmare id Grammaticæ quod vitæ est vtile & necessarium ad foelicitatem, ex ea existere. Dicunt enim ad sapientiam & beatam vitam

Grãmaticorum audacia.

f 3 magna

magna dari adiumenta & adminicula à poëtica. absque luce autem Grammaticæ non posse perspici quæ sunt apud poëtas. Est ergo vti-lis Grammatica. Quòd autem poëtica ad foelicitaté magna det adminicula, ex hoc est perspicuum, quòd planè optima, quæ in formãdis moribus versatur Philosophia, in poëtarum sententiis omninò radices egerit. & ideo poëtas, si quando dicant aliquid quod pertineat ad exhortationem, id quod dicunt veluti obsignare poëticis vocibus. Et alius quidem ad virtutem adhortans, dicit,

Poëtica ad bene beateq́; viuendum vtilis.

Virtus immortalis.
    Minimè perit virtus licèt tu pereas.

Auaritia fugienda.
Qui autem auaritiam iubet fugere, hoc affert,
    Ne dixeris Plutum. nequaquam ego Deum
    Honoro pessimus quem vir possederit.

Contentum esse paucis.
Qui autem prædicat oportere paucis esse contentum, suam confirmat sententiam ex eo quòd dicat Euripides.

Euripides.
    Mortalibus quid est opus nisi solummodo
    Duobus, & Cerere aquǽque poculo,
    Quæ adsunt, alantq́ue vt nos eis est insitum?

Pyrrho perpetuò legebat Homeri poësim.
Epicurus sua dogmata surripuit à poëtis.
Et quòd alij quidem Philosophi hoc faciant non est mirandum: inuenniemus autem ipsos etiam accusatores Grammaticæ, Pyrrhonem & Epicurum, confiteri eius necesitatem. Ex quibus narratur quidem Pyrrho perpetuò legisse poësim Homericam, hoc nunquam facturus nisi cognouisset vtilem esse Grammaticam, & propterea necessariam. Epicurus autem deprehenditur suorum dogmatum potissima surripuisse à poëtis. Nam quòd voluptatum magnitudinis terminus sit cuiuslibet doloris ablatio, ex vno versu accepisse ostenditur,

Voluptas maxima doloris ablatio.
Homerus Od. α.
    Sed postquam potusque cibíque exempta libido est.

Mors nihil ad nos.
Epicharmus.
Quòd autem mors ad nos nihil sit, Epicharmus ei indicauit, dicens,
    Vel mortuum esse, vel mori mea nihil refert.

Corpora mortua nullo sensu prædita.
Homerus.
Similiter autem & quòd mortua corpora nullo sint sensu prædita, suffuratus est ab Homero scribente,
    Surdam autem terram malè vexat percitus ira.

Deum nõ latet qui malè agit.
Euripides in Phryxo.
Porrò autem nec hæc solùm aptè & eleganter videntur dicta esse à poëtis, sed etiam quæ dixerunt de Diis. cuiusmodi est quod apud Euripidem dictum est in Phryxo,
    Mortalium quicunque quotidie malum
    Agens, fore vt lateat Deos existimat,
    Is improbè sentire deprehenditur,
    Quand' otium fuerit Dei iustitiæ.

Quòd

Quòd si hæc, & quæ sunt huiusmodi, sunt vtilia: sumuntur autē non absque Grammatica: erit etiam Grammatica vitæ vtilis. Habuerit au tem, aiunt, etiam quædam admodum necessaria patriis eorum quæ eam discunt. Nam cùm Lebediis controuersia esset cum vicinis de Camandodo, adducto hoc versu Hipponactis vicit Grammaticus,

    Mihi nec dixeris
    Lebediam caricam ex Camandodo.

Poëtarū versibus finitimorum compositæ controuersiæ.

Reddensque eos qui ipsi dant operam affabiles, & in congressionibus benignos & non difficiles, statim hac ratione vicinis quoque in multis casuum circunstantiis euadit cōducibilis. Licet autem ex ipsis effectis considerare quod dicitur. Sostratus enim, vt aiunt, missus à Ptolemæo ad Antigonum propter aliquod regium negotium, ille cùm satis temerè & inconsideratè responderet, illud est consecutus, dicens,

Poëtica reddit affabiles.

    Sicne iubes terræ motor, cui in vertice setæ
    Cœruleæ? ista Ioui crudelia verba referto.
    Mutabis. Sunt mutabilia corda bonorum.

Sostratus à Ptolemæo missus ad Antiochū versibus quod petebat est consecutus.

His enim auditis mutatus est Antiochus. Cùm autem multa dicantur huiusmodi ad ostendendum quòd sit vtilissima pars Grammaticæ quæ versatur in poëtis & scriptoribus, iis quæ sunt allata contenti, dicamus aduersus vnunquodque eorum. Quòd ergo vitæ sint vtiles quæ ex poëtis colliguntur sententiæ, & huius Philosophiæ sit omninò suppeditatrix Grammatica, est planè grammaticum. Nam primùm quidem, vt cum eis congruamus, nihil dicentes aduersus poëticam, illud quidem certè est perspicuum, quòd quæcunque vitæ vtilia & necessaria inueniuntur apud poëtas, cuiusmodi sunt & quæ pertinent ad exhortationes, ea ab eis apertè dicta sunt, nec egent Grammatica: quomodo quæ in peregrinis & externis sita sunt historiis, aut efferuntur ænigmaticè, ea sunt inutilia. Quo fit vt cum vtilitate quæ ex illis sumitur, non concurrat vsus Grammaticæ, nec simul versetur cum eorum vanitate. Deinde affirmatiua quidem dictio solùm est sententia, sicut hoc est,

    Nam vincit vnum consilium manus
    Multas. malum in turba inscitia maximum est.

Affirmationi autem mens non assentitur, rectène dictum sit an non: sed opus est demonstrationibus. Demonstrationes autem eorum quæ vt decet dicta sunt aut non, non sunt Grammaticæ, sed Philosophiæ. Efficitur ergo hac ratione vt superuacanea & inanis sit Grammatica.

Demonstratio nō est Grāmaticæ, sed Philosophiæ.

matica. His accedit, quòd si propterea quòd à poëtis multa rectè
dicta sīnt & ad vsum vitę conducibiliter, sit vtilis vates eorum Gram
matica: quoniam longè plura peruersè ab eis sunt prolata & ad vitæ
noxam ac perniciem, euadet inutilis. Quomodo enim est aliquis qui
dixit,

    ,, *Ne dixeris Plutum. nequaquam ego Deum*
    ,, *Honoro, peßimus quem vir poßederit:*
ita est etiam qui enuntiat contrarium.

    ,, *Mortalibus quàm es ô aurum acceptißimum.*
    ,, *Non est voluptas tanta, mater hominibus,*
    ,, *Nec filij chari, nec beneuolus pater,*
    ,, *Es quanta tu, quíque domi te poßident.* Et rursus,
    ,, *Bene rem geras: amici nanque sunt nihil,*
    ,, *Fortuna fœlix si minimè tibi siet.*

Cùm ergo quæ sunt sic contraria, dicantur absque demonstratione,
homines sunt propensiores ad eligendū id quod est deterius. & ideo
noxia cernitur esse poëtica. Cùm ea autem discernantur, & alia quidem reiiciantur, alia autem præponantur, fit vtilis, non Grammatica, sed quæ discernere potest Philosophia. & poëticis vtuntur testimoniis non qui germanè & sincerè philosophantur (eorum enim ad persuadendum sufficit oratio) sed qui vulgo fucum faciunt. Non est autem difficile ostēdere poëtas inter se pugnare, & quodcunque velint canere, quando etiam qui præcipuè philosophantur, multa dicunt quæ inter se pugnant. Ex Grammaticæ autem accusatoribus, Pyrrho quidem in singulis Homericam euoluit poësim, non omnino propter priùs dictam causam: sed fortè quidem gratia delectationis, & perinde ac si audiret Comœdos: fortasse autem etiam poëticos obseruans tropos & figuras. Dicitur enim, cùm poëma scripsisset ad Regem Alexandrum, decies mille aureorum munere fuisse honoratus. Est autem satis probabile alias quoque esse causas, quas recensuimus in quæstionibus Pyrrhoneis. Epicurus autem non sumpsit ab Homero terminum magnitudinis voluptatum. Multum enim differt dicere cessasse aliquos bibere & comedere, & suum satiasse appetitum. hoc enim est,

    Sed postquam potusque cibíque exempta libido est,
& dicere esse terminum magnitudinum in voluptatibus, ablationem doloris. Hoc enim non sit omnino carnibus & vino, sed etiam rebus tenuissimis. Alioqui poëta quidem hoc enuntiauit in iis solis quæ
apponun-

apponuntur. Epicurus autem in omnibus quibus fruimur, in quibus
est etiam coitus venereus, de quo sciunt omnes quænam fuerit Homeri sententia. Et quòd mors quidem nihil sit, dictum quidem for- *Mortem ad*
tasse est ab Epicharmo, sed demóstratum fuit ab Epicuro, & est mi- *nos nihil esse*
demonstrauit
5 rabile, non quòd dixerit, sed quòd demonstrauerit. Deinde non ideo *Epicurus.*
dixit Epicurus mortem ad nos nihil esse, quòd nihil referat viuásne
an non. viuere enim est longè malis optandum, propterea quòd bonum sit eorum qui sentiunt : in sensus autem defectu nec bonum sit
nec malum. Nam quòd non sentiant corpora mortua, non solus no- *Corpora*
10 uit poëta, sed etiam vniuersa hominum vita. Mater enim sæpe de- *mortua nõ sen-*
tire scit vni-
flens filium dicit: Sed tu quidem hæc non sentis, ego verò miserè af- *uersa vita ho-*
fligor. & fixis eum aspiciens oculis alloquitur : Quid autem te hæc *minum.*
iuuant amplius? Quinetiam si quis examinet, inueniet poëta in contraria esse sententia. nam animæ communiter sitiunt sanguinem. *Animæ si-*
tiunt sangui-
15   *A fossa abscede, vagina ensemque recõde,* *nem.*
   A me vt potetur sanguis, tibi veraque dicam. *Homer. in*
Titij autem iecur exedebatur propter cupiditatem. Tantalus verò νεκυίᾳ *Od.*
stetit in lacu.
   Barbam verò alluit ipse: *Homerus.*
20   *Irruit is sitiens, nequit ast apprendere potum.*
Porrò autem quod attinet ad id quod ab Euripide dictũ est de Diis, *Deum malè*
etiam rudes & imperiti homines sunt in eadem sententia. Ei enim *agentes non*
latere, ne vul-
quod ab ipso dictum est, *gus quidem*
   Mortalium quicunque quotidie malum *ignorat.*
25   *Agens, fore vt lateat Deos existimat,*
   Is improbè sentire deprehenditur,
   Quando otium fuerit Dei iustitiæ.
par est quod vulgo dicitur,
,,   *Est mola tarda Dei, verùm molit illa minutim.*
30 metro autem solùm differt. Si quis autem diligentius examinauerit,
inueniet quæ scribuntur à poëtis, esse lõgè deteriora quàm quæ vulgus opinatur. Et qui Scenicus quidẽ est appellatus Philosophus, vi- *Euripides.*
detur adhuc moderatior, qui dicit se nescire quem precetur, dicens, *Euripides di-*
cit se nescire
   O vehiculum qui terræ es, & sedem tenes *quẽ precetur.*
35   *In orbe terræ, quisquis es, viderier*
   Coniiciérve nequaquam facilis Iuppiter,
   Siue vehementis naturæ necessitas,
   Te sum precatus.

                            g   Home-

Deorum fla- Homerus autem & Hesiodus, vt vult Xenophanes Colophonius,
gitia ac scele- Deorum dixit plurima nefaria facinora: nempe furari, adulterare, &
ra ab Homero se inter se fallere. Nam Saturnus quidem, cuius tempore vitam di-
& Hesiodo cunt fuisse beatam, patri virilia execuit, & filios deuorauit. Et Iu-
descripta. piter eius filius cum principatu priuatum

,, *Deorsum sub terras ingentiaque æquora misit*
,, *Hunc procul, est vbi tetrum sub tellure barathrum.*
Ioui autem cognati pararunt insidias, quo factum est vt Thetis ei
opem ferret.
  Quando illum reliqui Dij colligare volebant,
  Iuno Neptunusq́; simul, Pallasq́; Minerua.
Erat enim crudelissimus. & sorore quidem eademq́ue vxore instar
sacrilegi suspensa, eo non contentus, id quoque ei exprobrat, dicés,
,, *An ne recordaris quando suspensa fuisti*
,, *Ex alto, pedibus geminata incusq́; pependit.*
,, *Suntq́; iniecta tuis durißima vincula palmis*
,, *Aurea, pendebas sublimis in æthere.& altis*
,, *Nymbis, per longumq́; Deûm fugiebat Olympum*
,, *Turba?* Vulcanum autem iratus è cœlo deiecit.
Iliad. α. ,, *Is verò in Lemnum cecidit, modicumq́; relictum*
,, *Huic animi fuerat. Fratrem autem despiciebat,*
  Qui tenet ædes
,, *Horrendas, tetras, Dij quas odêre perennes.*
Præter sæuitiam autem & duritiem ei etiam aderat incótinentia, qui
cùm vidisset Iunonem in Ida ornatam, non se continuit donec venis-
set ad ei designatos thalamos: sed cùm se humi in monte abiecisset,
volutatur cùm vxore:
Il. lib. ξ. ,, *Nata recens sub eis à terra aft germinat herba,*
,, *Roscidus & lotus nempe, & crocus atque hyacinthus.*
Cùm ergo varia deprehensa sit poësis, est inutilis Grammatica, cùm
non possit demonstrare quibusnam credendum sit vt veris, & qui-
E poëtica busnam non sit credendum vt quæ sint fabulosa mendacia. At dicunt
sumptum testi- ciuitatibus vtilem esse Grammaticam, quandoquidem Lebediis cau
monium pro- sa fuit victoriæ ex poëtica sumptum testimonium. Ea autem de cau-
fuerit ne pa- sa dicamus etiam saltandi artem esse necessariam, quoniam Sostratus
triæ. Antiochi saltator, cùm Rex sibi subiunxisset Prienem eius patriam,
Sostratus An- & in conuiuio cogeretur saltare libertatem, dixit non esse honestû,
tiochi saltator vt cùm seruiret eius patria, ipse saltaret libertatem. & ideo libertate
vtilis patriæ.   donata

donata est ciuitas. Deinde aliud quidem est vtile ciuitati, aliud verò *Patriæ esse*
nobis ipsis. Ars quidem certè sutoria & fabrilis est ciuitati quidem *vtile, & sibi*
necessaria: nobis autem ad fœlicitatem non est necessarium vt simus *differunt.*
fabri & sutores. Quocirca etiam Grammatica, non quoniam est ci-
5 uitati vtilis, ita est etiam nobis. Ars enim loquendi familiariter &
conferēdi sermones minimè proficiscitur à Grammatica, sed à quadam communi dexteritate ac solertia. Nisi fortè Demades orator εὐτυχία.
esset Grammaticus, qui cum multis Atheniēsibus abductus captiuus *Demades o-*
post prælium Cheronense, dixit Philippo, qui eum cogebat inire *rator apud*
10 conuiuium, *Philippum in conuiuio.*

Nam quis homo, merita qui laude ornandus habetur,
Antea sustineat potúque cibóque repleri,
Seruitio esse suos quàm viderit ipse solutos?

Atque hæc quidem sunt dicenda aduersus argumęta Gramma-
15 ticorum. In primis autem est dicendum, quòd si soli poëtæ essent vitæ vtiles, fortè vitę esset vtilis Grammatica quæ in iis versatur. Nunc *Poetæ vitæ*
autem cùm ipsi quidem sint vel planè inutiles, vel non multum vti- *inutiles.*
les: Philosophi autem & cæteri scriptores docent res vtiles, minimè
opus habemus Grammatica. Quòd autem qui soluta scribunt ora-
20 tione, magis ostendant quæ vitæ sunt vtilia quàm poëtę, rectè potest
considerari. Nam illi quidem verum tanquam scopum sibi proponunt: hi verò volunt omnino delectare. Falsum autem magis dele- *Falsum ma-*
ctat quàm verum. Illis ergo magis quàm istis est attendendum, qui *gis delectat*
falsum de industria persequuntur. Vt semel autem dicam, quod ad *quàm verum.*
25 poëtas attinet, poësis non solùm est vitæ inutilis, sed etiam maximè *Poesis est vi-*
noxia. Humani enim animi perturbationum ac motuum est veluti *tæ noxia.*
quoddam propugnaculum poëtica. *Poetica mo-*
tuū animi arx
et propugna-
culum.

Et vt senex habet linguam suauissimam,
Ita qui capti sunt insano amore, & ebriosi accenduntur legentes χιρουλέ.
30 poësim Alcæi & Anacreontis. Iracundi autem Hipponactem & Ar- *Alcæus &*
chilochū habent aliptas sui vitij. Atque quæ in hoc quidem loco di- *Anacreon ac-*
cuntur ab aliis, & maximè Epicureis, sunt huiusmodi. Nos autem ni- *cendunt ama-*
hil dicentes aduersus poëticam, aliter tentabimus dicere aduersus *tores et ebrio-*
sos.
eos qui censent se artem habere Grammaticā, qua discernant ea quę *Archilochus*
35 dicuntur apud poëtas & scriptores. Quoniā ergo quoduis scriptum *& Hipponax*
& quęuis poësis constat ex dictionibus quæ significant, & rebus quę *accendunt ira-*
significantur, oportebit Grammaticam, siquidem habet artem quæ *cundos.*
discernit ea quæ dicuntur apud poëtas & scriptores, nosse vel dictio-

g 2 nes

Grāmaticus nec res subiectas nouit, neque dictiones, nec vtrunque. nes tantùm, vel res subiectas, vel vtrunque. Sed res quidem, etsi nos non dicamus, videtur non nosse. Ex iis enim aliæ quidem sunt naturales, aliæ mathematicæ, aliæ autem ad Medicinam pertinentes, aliæ verò ad Musicam. Et oportet eum quidem qui res tractat naturales statim esse Physicum: & qui musicas, Musicum: & sic de aliis. Non potest autem Grāmaticus simul in omnibus esse doctus. Quod quidem cùm vel ex seipso appareat, ex ipsis etiam probatur effectis. Quomodo enim potest quisquam ex superciliosis Gramaticis Heraclitum intelligere, & Platonem consequi qui dicit: Ex indiuidua & quæ semper similiter & eodem modo se habet essentia, & ex ea quæ est in corporibus diuidua, tertiam ex vtrisque speciem cōstituit essentiæ, nempe & naturæ eius quod est idem, & naturæ eius quod est alterum, & quæ deinceps sequuntur in contextu dictionis: quæ quidem omnes Platonis interpretes silentio prætererunt. Aut quomodo poterit assequi Dialecticas Chrysippi contemplationes, aut Archimedis & Eudoxi mathematicas? Porrò autem vt in his cęcutit, ita etiam in iis quæ de ipsis scripta sunt poëmatibus, vt cùm dicit Empedocles,

Empedocles
  Sum cœlestis ego vobis Deus, ecce valete:
  Nanque inter cunctos ego iam decoratus aberro,
  Amplius haud mortalis.   & rursus,
  At cur insisto his, tanquam magnum quid agatur,
  Mortales à me si homines superantur abunde.

Grammaticus quidem, rudisque quispiam & imperitus, hæc Philosophū existimabit dicere per arrogātiam, aliorumque hominum despicientiam. quod quidē est alienum ab eo qui vel mediocriter versatus est in Philosophia, tantum abest vt id cadat in tantum virum. Qui autem à naturali mouetur contemplatione, apertè sciens anti-

Similibus similia cognosci antiquum dogma. quum esse dogma, Similibus similia cognosci, quod quidem descendisse videtur à Pythagora, situm est autem etiam apud Platonem in Timæo, dictum est autem longè antea ab ipso Empedocle,

  Terram nam terra, atque vnda conspeximus vndam:
  Aëre diuinum nos aëra, vidimus igne
  Clarum ignem: lite est lis, visus amore

Empedocles cur se Deum vocarit.   *Est & amor.*   intelliget, quòd Empedocles seipsum appellauit Deum, quoniam cùm solus conseruasset mentem à vitio puram & imperturbatam, eo qui in se erat Deo, Deum qui erat extrinsecus comprehendit. Et scribente Arato,

Quantum

ADVERSVS MATHEMATICOS.

" *Quantum à tactu oculi splendor micat, ipse reuertat*
" *Ad nos tot vicibus si senis, quilibet horum*
" *Mensura æquali mensus duo conficit astra.*

Non est Grammatici hoc intelligere, quòd quanta est recta linea
quæ à nostro visu emittitur ad Orientem, sumpta sexies, Zodiacum
metietur circulum, adeò vt ipsa duo secet signa: sed Mathematici,
qui hoc per linearum ostendit descriptionem, quòd sexta pars circuli Zodiaci sit à recta quæ emittitur vsque ad Orientem. Timone autem Phliasio Pyrrhonem Soli asimilante, cùm dicit,

10 " *Atque Dei tu homines solus de more gubernas,*
" *Totam qui terram circuit orbe suo,*
" *Ardens tornatæ à quo sphere ostenditur orbis:*

videbitur quidem Grammaticis id dicere ad honorem & decus Philosophi. Alius autem aduertet, num exempla quæ à Phliasio in Pyr-
15 rhonem dicta sunt, pugnent cum Sceptico proposito: siquidem Sol
luce illustrans ostendit ea quæ prius non videbantur. Pyrrho autem
contendit vt eæ res reddantur incertæ, quæ prius pro certis ac manifestis à nobis acceptæ fuerant. Apparet autem hoc non ita habere ei
qui rem coniectat paulò magis philosophicè: sed dicit Pyrrhonem
20 instar Solis sustinere assensionem, quandoquidem sicut Deus caliginem inducit visui eorum qui oculos in eum intendunt ac defigunt:
ita etiam Sceptica oratio confundit oculos mentis eorum qui eam
attendunt diligentius, adeò vt non possit comprehendere vnunquodque eorum quæ ex dogmatica ponūtur audacia. Quòd si etiam
25 ad Medicinam pertinens persequenda sit contemplatio, adduci potest, quòd epithetum sæpe à poëta adiectum, profundum ostendit
sensum, & à scientia profectū: vt quod est apud Homerum βαθύσχοι-
νον λεχεποίην. Significat enim, quod non potest intelligere Grammaticus, σχοίνυ, id est iunci semen, conducere ad coitum, λέχος, quod est
30 lectus, poëta venereum appellante congressum. Aut quod apud Euripidem dicitur de Deidamia Lycomedis filia,

Versatur in magno nata discrimine.
Quod vexat illam miseram & affligit malum?
Num frigus illam bilis in latere agitat?

35 Sciscitatur enim num laboret pleuritide, propterea quòd qui lateris
morbo laborant, tussientes biliosum sputum educant. Quorum nihil scit Grammaticus. Quanquam est fortasse superuacaneum ex antiquis & fortè scientia præditis Grammaticos pudore afficere, cùm

g 3   nec

SEXTI EMPIRICI

Gramm̃atici nec epigram-ma quidē intelligunt.
nec quantumuis leue epigramma possint intelligere, vt illud quod à Callimacho scriptum est ad Diodorum Cronum:

κȣ̃. κοῖα κῶς.
,, *En connexa vbi sint clamant & qualia corui*
,, *A tecto, atque vt erat qui modo, rursus erit.*

Diodorus Cronus disserendi peritissimus.
Quia enim erat Cronus disserendi artis peritissimus, & docebat quemadmodum iudicandum esset rectum connexum, dicet Grammaticus, quòd propterea quòd eius doctrina inualuerit, ipsi etiam corui supra tecta, eo quòd frequenter id audierint, eius de connexo iudicium, crocitent: & hactenus intelliget quod vel ipsis notum est pueris. Cùm autem venerit ad illud, Atque vt erat qui modo, rursus erit, silebit, non inueniens rem quæ significatur. Est enim Philoso-

Diodoro Crono placebat nihil moueri.
phi dicere, placere Diodoro, nihil moueri. Quod enim mouetur, aut mouetur in loco in quo est, aut in quo non est. Non est autem primum, neque secundum. nihil ergo mouetur. Si nihil autem moue-

Nos semper viuere quomodo probet Cronus.
tur, sequitur vt nihil intereat. Quomodo enim propterea quod non moueatur quidquam in eo in quo est loco, neque in eo in quo non est, nihil mouetur: ita quoniam animal neque in eo tempore quo viuit moritur, neque in eo in quo non viuit. Nunquam ergo moritur. Quod si ita est, vt est eius sententia, semper viuentes erimus. Ergo

Grammatici nomina nõ intelligunt.
res quidem non intelligunt Grammatici. restat ergo vt nomina intelligant. Num autem id rursus est planè nugatoriũ? Nam primum quidem nihil habent artificij ad cognoscendam dictionem. Neque enim ab vlla arte didicerunt quòd apud Sophoclem pastores dicentes ἰωβα Μ ἤν, lingua Phrygia dicunt ἰὰ βασιλῶ: sed id ab aliis audierunt. Nihil autem refert an barbaræ dictionis sis interpres, an eius quæ prolata est à lingua, est autem ex æquo nobis non familiaris. Deinde hoc quoque non potest fieri, cùm sint dictiones numero infinitæ, & quæ apud alios alia habent nomina, cuiusmodi est ἐξαρβάριξε, pro ἐσύ-ριξε. Sunt enim Syri barbari. & ὅλον, id est totum, pro πᾶν̀ς, hoc est omni vel vniuerso: est enim ὅλον & πᾶν synonymum. & ἕλκος, id est vl-cus pro fistula. est enim fistula genus vlceris. Est itaque totum eius-

ἐξαρβάριξεν ὅλον ἕλκος ἔχον ἐν χερί.
modi, Ἐσύριζεν ὁ πὰν συρίζας ἔχων ἐν τῇ χερί. id est, Fistula canebat Pan fi-stulas habens in manu. Et alioqui quomodo scient Grãmatici non-

ἐντελέχεια et ȣδὲν μᾶλλον sunt vocabula sciẽtiæ.
nullas dictiones quæ sunt scientiæ, quomodo ἐντελέχεια apud Aristo-telem, aut τό τί ἦν ἄναι, id est quod quid est esse? Aut quomodo intelli-get quam vim habeat apud Scepticos vox ȣδὲν μᾶλλον, id est nihil ma-gis, vtrum sit interrogatiua, an pronunciatũ enuntians, & in quánam re ponatur, num in subiecto externo, an in nobis sita affectione.

Quid

ADVERSVS MATHEMATICOS. 55

Quid dicent etiam, ex aliquibus dictionibus aliquo composito poëmate?

Ἦγάρ σοι διασοῖσιν ὑπ' ἄρεσι διπλῆς ἐρατῆς
Ἔφθιν, ἃ νεάτην μοῖραν ἔθηκε φύσιν.
Ἄρθρα δ' ἀσπιδόεντα βεβηκότα γῆα καθ' ὁλμῶν
Βάζα ξοχαντήρων ἄχρι περιςρεφέ.
Σμερδαλέα δ' ὑπένερθεν ἀλώπεκος ἄχρι Λοχαίης
Αἰῶνος χαλαρὰν συνδρομον ἁρμονίης.

Amatores enim quinam sunt in montibus, & scutatus articulus, & trochanteres, & praeterea mortariolum, & vulpes & λοχαίη, id est, receptaculum, & aeuum & harmonia, neque tropicè, neque historicè, sed propriè prolata nomina, etiamsi millies animũ aduerterint, non intelligent. Si ergo neque res sciunt neque dictiones: absque iis autem nihil est poësis aut vllum scriptum, non habent artem explicandi ea quae dicuntur apud poëtas & scriptores. Et alioqui si opus habemus Grammatica, ea opus habemus in optimis poëmatibus, minimè autem in prauis. Optimum autem poëma ex eorum sententia est id quod est clarum ac dilucidum. Poëmatis enim virtus est claritas, & apud Grammaticam malum est quod est obscurum. Neque ergo in optimo poëmate est vsui, propterea quòd non egeat expositione, vt quod sit clarum ac dilucidum: neque in malo, propterea quòd eo ipso sit malum. Id autem de quo ita dissentitur vt de illo certum non feratur iudicium, minimè potest comprehendi. Grammatici autem ita dissentiunt in expositionibus sensus scriptorum, vt de eo certum non ferant iudicium. comprehendi ergo non potest sensus scriptoris. & ideo Grammatica est planè inutilis. Sed hactenus quidem dictum sit aduersus eos qui hanc profitentur disciplinam. aliud autem sumentes principium, dicamus quae dicenda sunt aduersus Rhetores.

In poëmatibus non habemus opus Grammatica.

De Rhetorica seu arte dicendi. Cap. 18.

CVM quae de Grammatica dicenda fuerant persecuti simus, est consequens dicere de Rhetorica, quae est ars dicendi, vt quae iam sit robustior & plus habeat virtutis, & plurimum valeat in foro & iudiciis. Sed quoniam essentiae & non essentiae communis est notio: nec horum aliquid aliud licet quaerere, nisi prius sumpserimus quid sit id de quo quaeritur, agè priùs consideremus quidnam sit Rhetorica, ad hoc adducendo maximè insignes Philosophorum definitiones. Atq;
Plato

Quaerendum est primùm quid sit.

SEXTI EMPIRICI

Rhetoricæ Platonica definitio. Plato quidem in Gorgia distinguendi & definiendi sequens rationem, videtur Rhetoricæ hanc dare definitionem ex compositione: Rhetorica est opifex persuasionis, per verba, & in ipsis verbis vim habens ac firmitatem, persuadens, non docens. illud quidem, Per
Persuadent multa præter orationem. verba, fortassis addens, quòd multa sint præter orationem quæ inter homines persuadeant, vtpote diuitiæ, gloria, voluptas & pulchritu-
Pulchritudo persuadet. do. Senes quidē certè ex populo, apud Poëtā, licet hostili & infesto & planè alienato animo essent aduersus Helenā, vt quæ illis fuisset causa malorum, persuadentur tamen ab eius pulchritudine. cumque ea ad ipsos accederet, hæc inter se dicunt:

„   *Pro tali tantos tanto sufferre labores*
„   *Tempore, Troianos Græcosque haud inuidiosum est.*

Phrynes pulchritudo plus persuasit iudicibꝰ quā oratoris oratio. Phryne quoque, vt aiunt, cùm eam defendente Hyperide esset condemnanda, fracta tunica, & nudo pectore ad pedes Iudicum prouoluta, plus potuit propter formam persuadere Iudicibus, quàm Patroni vis dicendi. Idem est etiā in pecuniis, voluptate, & gloria. Vnumquodque enim eorū inueniemus ita persuadere, vt eorum quæ sunt bona & honesta sæpe nonnulla transiliant. Non ergo inconsideratè ad persuasionem, quæ per ea fit, intuens Plato, dixit Rhetoricam esse opificem persuasionis, non quomodocunque, sed per verba. Porrò autem non quoniam verbis persuadet, omnino est Rhetorica. Nam
Rhetorica habet vim persuadēdi præcipuè in verbis. & ars medendi, & quæ sunt eius generis artes, persuadent per orationem. sed si qua præcipuè in ipsis verbis vim habet subiectam, & non communiter. Nam & Geometria & Arithmetica, & ars quælibet genere contemplatiua, in verbis præcipuè habet vim & auctoritatem. sed quando cum eis, non ad doctrinam pertinentem, sicut Geometria, sed ad fidem faciēdam appositam habet persuasionem,
Rhetoricæ definitio secūdum Xenocratem. quod quidem est proprium Rhetoricæ. Xenocrates autem auditor Platonis, & Stoici Philosophi dicebāt Rhetoricam esse bene dicendi scientiam. aliter quidem Xenocrate accipiente scientiam, & anti-
Sciētia aliter à Xenocrate, aliter accipitur à Stoicis. qua lege pro arte. aliter autem Stoicis, pro eo quod est habere firmas ac stabiles comprehensiones. quæ quidem in solo existit sapiente. Dicere autem vtrique assumunt, vt differens ab eo quod est dis-
Dicere et disserere differunt. serere: quandoquidem hoc situm in compendiaria breuitate, & in accipienda & danda ratione, munus est Dialecticæ. Dicere autem, consideratum in prolixa & amplè copioséque persequente ac pertractante oratione, est proprium Rhetoricæ. Vnde etiam Zeno Cit-
Zeno Cittieus pugno as tieus interrogatus in quo differat Dialectica à Rhetorica, manu comprehensa

ADVERSVS MATHEMATICOS. 57

prehenſa & ea rurſus expanſa, In hoc, inquit, differt. in compreſſio- *ſimilat Dialectic*ne quidem collocans rotundam & breuē Dialecticæ proprietatem: *dicam, manui*
per digitorum autem expanſionem & extenſionem, artis dicendi fa- *extenſæ Rhe-*
cultatis tacitè ſignificans amplitudinem. Ariſtoteles autem in primo *toricam.*
libro artis Rhetoricæ ſimplicius definit Rhetoricam, artem oratio- *Rhetoricæ*
nis. Et cùm apud eum quærendo obiiceretur quòd ars quoque me- *Ariſtotelica*
definitio.
dendi eſt orationis quæ pertinet ad Medicinam, quidam reſpondentes dicunt, quòd ars medendi refert orationem ad aliquem alium finem, nempe ſanitatem: Rhetorica autem eſt planè ars orationis.
Porrò autem alias quoque definitiones adducit Ariſtoteles, de quibus non eſt nobis neceſſe dicere, quibus non eſt princeps inſtitutum
tractare de Rhetorica, niſi quod attinet ad intelligendam eius proprietatem pro tractanda à nobis contradictione. cuius ſtatim duce-
tur principium ab expoſita à nobis notione. Nam quoniam volunt
Rhetoricam eſſe artem aut ſcientiam dicendi aut orationis, efficien-
tem perſuaſionis, ii qui eius definiunt notionem, nos quoque tentabimus hæc tria inſequentes, docere, eam non poſſe conſiſtere.
Omnis ergo ars eſt collectio conſtans ex comprehenſionibus exer- *Ars quid ſit.*
citatis, & quæ accipiunt relationem ad finem vitæ vtilem: Rhetorica
autem non eſt collectio conſtans ex comprehenſionibus, vt oſtendemus. Non eſt ergo ars Rhetorica. Falſorum enim non ſunt comprehenſiones. Falſæ ſunt autem quæ dicuntur Rhetoricæ contem- *Rhetorica nō*
eſt ars.
plationes, quæ ſunt huiuſmodi. Secus quàm res habeat, Iudicibus eſt *Rhetorica fal-*
perſuadendum. adulter eſt defendendus: ſacrilego licuiſſe id facere *ſa ſunt theo-*
remata.
oſtendendum: & ita ſunt Iudices perſuadendo in contrariam addu-
cendi ſententiam, eisque eſt mouēda ira aut miſericordia. Quæ quidem non ſunt vera, & ideo minimè poſſunt comprehendi. Non ſunt
ergo eorum cōprehenſiones. Cum quo ſimul efficitur vt ne ſit quidem Rhetorica. Quomodo ergo non dixerimus fodiendi muros
vllam eſſe artem, quæ ſuadeat muros ſic eſſe fodiendos: & furandi
artem quæ doceat oportere ſic furari, & ſecare crumenā: (ſunt enim
falſæ & non decentes contemplationes) ita nec Rhetoricam exiſtimandum eſt artificioſam habere ſubſtantiam, vt quæ huiuſmodi præ- *Plato et Cri-*
ceptis labefactetur. Critolaus quidem certè Peripateticus, & diu an- *tolaus vitupe-*
rarunt Rheto-
tè Plato, cùm hoc vidiſſent, eam vituperarunt, vt quæ artificium eſſet *ricam.*
potius improbum quàm ars. Præterea quoniam omnis ars aut habet *Ars habet fi-*
finem firmum ac ſtabilem, vt Philoſophia & Grammatica; aut eum *nem firmū &*
ſtabilem, aut
qui eſt magna ex parte, vt ars medendi & ars gubernandi; oportebit *qui eſt vt plu-*
etiam *rimum.*

h

etiam Rhetoricam, siquidem est ars, horum alterum profiteri. Sed neque firmum ac stabilem habet finem. Neque enim semper vincit aduersarios: sed nonnunquam alium quidem finem proponit orator:alium autem consequentem habet finem. Sed neque eum qui magna ex parte euenit, quandoquidem omnis orator si secum conferatur, saepe magis vincitur quàm vincit, vtpote quòd eius argumẽta alter omnino infirmet ac refellat. Non est ergo ars Rhetorica. Et si contingit vt sit orator non particeps artis Rhetoricae, non est ars Rhetorica. Contingit autem satis rectè fungi munere Oratoris eum qui non fuit particeps Rhetoricę, sicut accepimus de Demade. Nam cùm esset remex, constat eum optimum fuisse oratorem, & cum eo alios plurimos. Non est ergo ars Rhetorica. Quòd si non credimus eos fuisse tales, sed ad dicendum accessisse cùm ad eum peruenissent habitum diuturno vsu & exercitatione:at nostro quidem certè tempore licet videre multos, qui & in iudiciis & in concionibus aptè dicunt & disertè, non norint autem artificiosa praecepta Rhetoricae. Et contra, sij qui accuratè ea tenent, & in dicendi arte multum laboris & operae posuerunt, oratoris partes implere non possunt in foro & iudicio: non dicenda est Rhetorica artificiosa ratio ac methodus. Atqui, vt norunt omnes qui hodie viuunt, ij qui Sophistis & Rhetoribus dederunt operam, summè quidem se exercuerunt in dicendi artificio, in terra autem quae est sub dio, cernuntur magis muti quàm pisces. Arte ergo non sunt aliqui oratores. Quò fit vt mihi veniat in mentem eos ridere, quando respondentes huic argumento quo refelluntur, dicunt quòd sicut coti non est à natura insitum vt secet, sed gladium acuens eum parat ad secandum: ita ipsi quidem non possunt dicere, propterea quòd non sint assueti: alios autem arte prouehentes, efficiunt Oratores. Non viderunt enim viri illi praeclari, quanta comparationis huius sit dissimilitudo. siquidem eos quam habet artem, eam non tribuit ei qui est proximus. Critolaus autem & Academici, inter quos est Clitomachus & Charmidas, solent ipsi quoque haec dicere. Artes quidem non expellunt ciuitates, vt quae sciant eas vitae valde esse vtiles: quomodo nec oeconomicos expellimus ab aedibus, nec bubulcos à grege. Omnes autem dicendi artem, tanquam infestissimum hostem, vbique persequuntur & vndiq; eiiciunt. vt legislator Cretensis, qui insulam ingredi prohibuit eos qui in dicendo se iactant & arroganter sibi placent. Spartanus autem Lycurgus, vt qui Thaletis Cretensis esset aemulator, Spartanis eandem

dem sanxit legem. Quam ob causam longo pòst tēpore adolescen- *Lycurgus tu-*
tem qui apud exteros in arte dicendi studium & operam posuerat, *lit legem ne*
reuersum punierunt Ephori, adiecta causa condemnationis, quòd ad *Spartæ doce-*
fallendam ac circunueniendam Spartam se in doloso dicendi gene- *retur Rheto-*
re exercuisset. Ipsíque perpetuo odio habuerunt Rhetoricam, sem- *rica.*
per autem simplici vsi sunt breuitate. Vnde etiam qui ab eis aduersus *Iphori pu-*
Atheniéses omnium suffragiis electus erat legatus ad Tisaphernem, *apud exteros*
cùm Athenienses prolixa & varia vterentur oratione, baculo duabus *didicerat Rhe-*
lineis in solo descriptis, altera quidem recta & parua, altera verò lon- *toricam.*
ga & incurua ac obliqua, Ex his, inquit, ô Rex, vtram mauis elige. *Lacedæmo-*
per longam quidem & incuruam lineam, Rhetoricæ innuens fucum *niorum lega-*
& suaue lenocinium: per breuem autem simul & rectam, simplicem *tus apud Ti-*
& compendiarium scopumque recta attingentem sermonem. Pro- *saphernē dua-*
pter quem, non solùm apud suos sed etiam apud exteros persequun- *pinxit Rheto-*
tur fugantque superuacaneam dicendi rationem. Chiorum quidem *ricam, & bre-*
certè legatum, qui vt Chiis frumentum exportare liceret rogabat, *Chiorum le-*
quoniam in rogando prolixa fuerat vsus oratione, re infecta aman- *gati Lacedæ-*
darunt. Misso autem altero qui egit compendiosius, Chios enim *mone in an-*
premebat necessitas, concesserunt. Is enim ostensa eis arcula, dixit *nonæ caritate.*
ipsam opus habere farina. & tamen eum quoque reprehenderunt *Θυλακός.*
tanquam nimis loquacem. Inanis enim ostensa arcula satis indicabat *Ion Gramma-*
Chiorum petitionem. His motus Ion Grammaticus de iis dixit, *ticus quid di-*
,,   *Non fortis est verbis Lacena ciuitas.* Οὐ σθένουσα Λάκαινα πυργ(ῷ) πόλις *cat de Lace-*
,,   *Sed cùm irruit recens Mars in exercitum,* ἀλλ' ὅταν Ἄρης νεαρὸς ἐμπέσῃ τῷ στρατεύματ(ι) *dæmoniis.*
,,   *Senatus imperat, manúsque conficit.* Βουλὴ μὲν ἄρχει, χεὶρ δ' ἐπεξεργάζ(εται.)
vt qui optimè quidē consultent, oderint autem Rhetoricam. Quam-
obrem si artes quidem non eiiciunt ciuitates, eiecerunt autem Rhetoricam: non est in numerum artium referenda Rhetorica. Nam re-
torquere quidem, & dicere quòd philosophos exterminarint quædam Græcæ ciuitates, stultum est. Nam primum quidem in hoc non
possunt prębere testimonium, sicut in Rhetorica, ij qui colligunt cō- *Philosophiæ*
trarium. Deinde etiam si Philosophiam quędam eiecerunt ciuitates, *quasdam hæ-*
non vniuersam in genere eiecerunt, sed quasdam hæreses: vtpotè *reses eiecerūt*
hæresim Epicuream, vt quæ esset magistra voluptatis: Socraticam *quædam ciui-*
autem, vt quæ Deos vituperaret ac vilipenderet. At priùs dictæ ciui- *tates, non om-*
tates, non aliquam quidem recusarunt Rhetoricam, aliquam verò *nem Philoso-*
admiserunt: sed communiter vniuersam coëgerunt à suis excedere *phiam.*
finibus. Accedit ad ea quæ dicta sunt, quòd si ars est omnino Rheto- *Socratica hæ-*
resis.
Epicurea hæ-
resis.

h 2 torica,

torica, aut ei qui ipsam habet erit vtilis, aut ciuitatibus, vt cæteræ ar-
Rhetorica nõ tes. Sed neq; ei qui ipsam habet, neque ciuitatibus est vtilis, vt osten-
est vtilis ipsis demus. Non est ergo ars. Atque ei quidem qui eā habet non est vti-
oratoribus. lis. Nam primùm quidem necesse habet volutari in foro & in tabu-
lariis & literarum repositoriis, & velit nolit versari cum improbis,
vafris impostoribus, & calumniatoribus, & in eundem locum conuenire. Deinde etiam pudoris ei parua est habenda ratio, ne astutio-
ribus videatur dignus qui contemnatur. Deinde dicendum est con-
fidenter, & tanquam arma obiicienda est audacia, vt aduersariis sit
formidabilis. Oportet etiam eum esse impostorem & præstigiato-
rem, deinde etiam esse educatum in rebus pessimis, nempe in furtis
& adulteriis, & in ingrati animi crimine aduersus parentes, vt agendo ea possit quando opus est arguere, & rursus ea conturbare ac tenebras offundere. Deinde multos habere inimicos, & odio esse omnibus: aliis quidem, quoniā fuerunt aduersarij: aliis verò, vt qui sciant
quòd quomodo mercede conductus alios malè affecit, ita etiā ipsos
longè maiori lucro inescatus sit affecturus. Ad quæ accedit, quòd
perpetuò est anxius, & prædonis instar aliquando fugit: aliquando
verò insequitur: adeò vt noctu diuq́; laborans vexetur ab iis quibus
sunt negotia: plenam autem habeat vitam luctu & lachrymis, cùm
alij quidem ducantur in carcerem, alij verò ad equuleum. Est ergo
Rhetorica ei qui ipsam habet noxia Rhetorica. Sed neque est vtilis ciuitatibus.
inutilis ciuita
tibus. Leges enim sunt vincula ciuitatis: & vt si interierit corpus, interit
Leges sunt anima: ita sublatis legibus pereunt etiam ciuitates. Theologus itaq;
vincula ciui- Orpheus ostendens quàm eæ sint necessariæ, dicit,
tatis.
,, Tempus erat quo homines inter se carne parabant
,, Morsa vitam, epulas sumens maiorque minorem
,, Conuiuabatur. Nam cùm nulla lex dominatum obtine-
ret, vnusquisque ius habebat in manibus: & sicut
,, Piscibus atque feris auibusque volucribus, esse
,, Se inter se fuerat concessum. nam locus vllus
,, Iustitiæ inter eos non est.
Legiferæ
Deæ fruges Donec Deus eos miseratus, Deas misit quæ leges ferrent: quas ma-
quoque dede- gis admirati sunt homines, propterea quòd se inter se comedendi
runt homini- coërcuerint iniuriam, quàm quòd vitam fructibus humanam reddi-
bus.
Persæ post derint & mansuetam. Hinc etiam apud Persas, qui sunt paulò ele-
mortem regis gantiores, lex est, vt cùm Rex apud eos excesserit è viuis, quinque
quinque dies
viuunt sine deinceps dies absque lege vitam agant: non vt sint infelices, sed vt re
legibus. ipsa

ipsa discant quantum malum afferat viuere nullis legibus, vt sint Regum custodes fideliores. Sed Rhetorica accersita fuit aduersus leges. Huius autem rei magnum est indicium, quòd apud Barbaros, apud quos vel non est omnino vel rarò est Rhetorica, leges firmæ maneant & immobiles: apud eos autem qui ipsam admittunt, quotidie nouæ ferantur, sicut apud Athenienses. Nam vt dicit Plato poëta veteris comœdiæ, Si quis peregrè abfuerit tres menses, non amplius agnoscit ciuitatem: sed non secus atque eos qui noctu ambulant, transire dicit præter mœnia, tanquam quosdam tabellarios: vtpote quòd, quantum ad leges attinet, non sit eadem ciuitas. Est autem perspicuum eam esse aduersus leges, ex iis quæ ponuntur in malis artibus. Nam aliquando quidem suadent attendendum esse scriptum, & verba legislatoris, vt quæ sint aperta, & nulla opus habeant expositione. Aliquando autem contrà, neque scriptum neque verba, sed sententiam esse sequédam. Neque enim qui vult puniri eum qui ferrum alicui intentauit, eum qui quomodocunque intentauit censet puniendum, vt annulum: vel qui cuiusmodicunque, vtpote acum: sed eius animum esse puniendum, cuius ea fuit audacia vt vellet hominem occidere. Iubent autem nonnunquá leges legere truncatas, & ex iis quæ restant alium sensum componere. Sæpe autem ambiguas quoque distinguút dictiones, confirmantes significatum quod est eis conducibile. aliaque faciunt innumerabilia ad euertendas leges. Vnde etiam Orator Byzantinus rogatus quomodo se habeat lex Byzantinorum, Vt ego volo, inquit. Quomodo enim qui ludunt calculis, per manuum velocitatem spectatorum furtim præstringunt oculos, ita Oratores cùm per astutiam Iudicum animis tenebras offuderint, lege suffragia & calculos subripiunt. Præter leges quidem scripta decreta, nemo est ausus promulgare nisi Oratores. Id quidem certè quod scriptum fuerat aduersus Ctesiphontem, multùm vociferans & verborum se iactans portentis surripuit Demosthenes. Vnde etiam Æschines, Mala, inquit, consuetudo irrepsit in iudicia: Accusator quidem respondet ac se defendit: Reus autem accusat: Iudices autem coguntur ferre sententiam de iis de quibus non sunt iudices. Sed si contra leges est Rhetorica, cùm in nulla re sit vtilis, est etiam noxia. Sed neque Oratores qui dicendo populi regunt animos, ad bonum prodeunt ciuitatis. sed quam habet rationẽ ad Medicum Pharmacopola, eam habet Orator ad eum qui est præditus scientia administrandæ ciuitatis. Multos enim prauè docet loquens

Nouæ leges quotidie feruntur vbi est Rhetorica.

ἀrγάρες

Rhetorica est aduersus leges.
Rhetoricæ malæ artes.

Orator Byzantinus Byzantinorũ legem dixit se habere vt ipse vellet.
Oratores cõparantur iis qui ludunt calculis.
Demosthenes pro Ctesiphõte.
Aeschines aduersus Ctesiphontem.

Oratoris ad politicum eadem est ratio, quæ pharmacopolæ ad medicum.

quens quæ funt eis grata: & calumniis eos abalienat aduerfus ciues
optimos ac præftantiffimos. Nam verbis quidē, & quam de fe præbet opinione, pollicetur fe omnia facturum pro bono publico: re
vera autem ex nulla re bona & fana parat alimentum, fimilis nutricibus, quæ buccellam dantes infantibus, totum deuorant. Atque hæc
quidem de Rhetorica in eam inuehendo dicuntur ab Academicis.
Quare fi neque ei qui ipfam habet, neque propinquis eft vtilis, non
eft ars. Sed ad hæc refpondentes dicunt nonnulli, quòd cùm duplex
fit Rhetorica, alia quidem bona & honefta, & quæ eft inter fapien-
tes: alia autem quæ eft inter mediocres, accufetur non bona & honefta, fed improborum Rhetorica. Nonnulli autem vtuntur etiam
exemplis. Quomodo enim pugil qui verberat patrem, non ideo patrem verberat quòd fit peritus artis pugnandi, fed propterea quòd
fit prauis moribus: ita qui in dicendi arte fe exercuit, & ea vtitur aduerfus patriam & leges, non eft eiufmodi propter Rhetoricam, fed
propter fuam prauitatem. Priores autem non animaduertunt, quòd
inuiti concedunt non effe Rhetoricam. Nam cùm nullus inueniatur
fapiens, aut rarò inueniatur, oportebit etiam eam quæ eft in fapien-
tibus Rhetoricam, aut non effe, aut effe raram. Secundis autem dicendum eft: Diffimile eft exemplum iis de quibus in præfentia quæritur. Decertatio enim non docet ea vti ad malum, vtpote ad verbe-
randum patrem. Rhetorica autem hoc docet tanquam præcipuum
munus, nempe quemadmodum dicendo ex paruis magna faciant, ex
paruis autem magna: & quemadmodū iufta videantur iniufta, iniufta
autem iufta. In fumma autem cùm conftet Rhetorica ex contrariis
quæ ab ea dicuntur, non contingit dicere alium quidem effe bonum
& honeftum Oratorem, aliū verò minimè. Cuiufmodicunque enim
fit Orator, debet omnino contrarias meditari & exercere orationes.
In contrariis autem eft etiam iniuftum. Omnis ergo Orator, cùm fit
iniuftitiæ patronus ac defenfor, eft etiam iniuftus. Atque quòd Rhetorica quidem non fit ars dicenda, ex his eft manifeftum. Poft hoc
autem confideremus etiam, ex materia in qua verfatur, eā non poffe
confiftere. Quanquā hoc caput fuit à nobis prius traditum cùm ageremus aduerfus Grammaticos. Nam fi in oratione verfatur Grammatica: non eft autem aliquid dictio, neque oratio quę conftat ex dictionibus, vt oftendimus, propterea quòd non fit id cuius non funt
partes, confequetur etiam Rhetoricam non poffe confiftere. Dicendum eft tamen, primum quidē, quòd non fi in oratione verfatur Rhetorica,

Oratores fi-
miles nutrici-
bus.

Duplex Rhe-
torica, bona
& mala.

Oratoris
Rhetorica
abutentis, &
pugilis patrē
verberantis
comparatio.

Orator con-
trarias exer-
cet orationes.

Materia in
qua verfatur
Orator.

Rhetorica
malum artifi-
cium.

torica, omnino est artificiosa : sed si in ea quæ est vtilis. Quomodo
enim cùm sint diuersa venena, & alia quidem sint letifera, alia verò
salutaria, qui in mortiferis quidem versatur habitus, nec est ars; nec
medicina, qui autem in salutaribus, est & ars & vitæ vtilis : ita etiam
5 cùm ex orationibus aliæ quidem conferant, aliæ verò sint noxiæ : si
non in vtilibus versetur Rhetorica, sed in noxiis, præter id quòd non
erit ars, erit etiam prauum artificium. Prius autem ostendimus quòd
maximè noxias suscipiat orationes. Non est ergo ars. Porrò autem
quomodo vis calumniandi & facultas populum agitandi in concio-   ὀχλοκοπικὴ
10 nibus, in dicendo se exercent, nec sunt artes : perspicuum est quòd
etiam Rhetorica, quæ eo solo censetur quòd in dicendi facultate studium posuerit, ars non erit. Atqui calumnia & facultas agitandi po-   ὀχλοκοπικὴ
pulum in concionibus, in dicendo se exercent, nec sunt artes : ergo
nec Rhetorica. Ad hæc accedit, quòd nec hoc quidem sit proprium
15 Rhetoricæ, sed etiam cuiusuis quæ est rationis particeps disciplinæ.
Ars enim Medicinæ bene dicit de suis contemplationibus: & Musi-   *Artis cuiusli-*
ca de musicis. Quamobrem quomodo vnaquæque earum non est   *bet est bene di-*
Rhetorica propterea quòd dicit, ita nec ea de qua quæritur. Vt semel   *cere, nõ solius*
autem dicam, neque bonam dictionem probat ac confirmat Rheto-   *Rhetorica nõ*
20 rica. Neque enim nobis ostendit quo hoc fiat artificio, vtpote quòd   *probat bonam*
bona vtatur dictione, primum quidem qui non declinat ac vitat ea   *dictionem.*
quæ dicuntur ex consuetudine, vt ostendimus aduersus Grammati-
cos: deinde nec certò tenet rem de qua intelligitur. Vaga enim & in-   ἐμφέρεται.
certa est dictio si hæc ignorentur. Quamobrem ad hoc aspicientes,
25 vnunquenque bonum dicimus esse oratorem eorum studiorum in
quibus se exercet. Præterea is quoque qui considerat quænã dictiones impositæ sunt ex consuetudine, & quenã ex opinione, vnicuique
reddit id quod est ei appositum ac congruens. Nam balneum quidẽ
dictum est ἀνδρεῖον, id est virile, ex consuetudine, propterea quòd vi-   *Balneum cur*
30 ros lauet. Diues autem beatus, & mors malũ, ex opinabilibus. Nam   *dicatur ἀν-*
& quòd mors sit malum, & diuitiæ bonum, est ex iis quæ sunt incer-   *δρεῖον.*
ta & opinabilia. Dictione autem rectè vtetur qui comprehenderit
quámnam ob causam dictionum fiant metalepses, id est in significatione transmutationes : nempe vt vel non recto ductu verba profe-
35 rantur, recto verbo afferente offensionem : vel pro re aliqua apertè
declaranda, vt cùm causam transmutamus in efficiens: signum autem
in declarans aut significans. Atque si Rhetores quidem, vt dixi, de
his aliquam traderent artem, fortasse & bene dicere, elegantémque
& orna-

& ornatam dictionem haberet à Rhetorica. Nunc autem cùm hanc nequaquam attingant contemplationem: aut si attingant, non attingunt ex Rhetorica: dicendum est non esse Rhetoricæ bonis ac elegantibus vti dictionibus. Dictio autem per se nec est bona nec mala. Huius rei autem est signum, quòd si eadem dictio à viro probo & honesto dicatur, offendamur. sin autem à Mimo qui risum mouet, minimè. Quamobrem quando dicet Rhetor se bonam struere dictionem, vel hac ratione id facere dicitur, quòd struat dictionem quæ res significet vtiles, vel quæ ostendat qualis sit, si purè Græcè loquamur, vel quæ efficaciter ac breuiter & apposite ad probandũ & confirmandum res significet. Sed neque quòd struat dictionem quæ significet res vtiles. De his enim rebus nihil sciunt Rhetores. sed neq; quòd ostendat quæ sit purè Græca. est enim hoc commune eorum qui attendunt consuetudinem, & artes liberales. Neque quòd eam quæ res significet dilucidè & breuiter & apposite ad probandum ac confirmandum. Contra enim, periodum & epiphonema volentes dicere Oratores, & vocalem cum vocali non collidere, & similiter desinentem declinare sententiam, arcentur ne clarè dicant ac dilucidè, & ne sit breuis ac compendiosa rerum interpretatio. Non est ergo Rhetoricæ bonam struere dictionem, & bene dicere. Et hoc quòd sit concesso, si quis elegerit eiusmodi phrasim & dicendi rationem, primum quidem, propterea quòd ea non cadat in communem vsum vitæ (nemo enim nostrum ita loquitur vt Oratores in foro ac iudiciis) irridebitur. Quinetiam illi ipsi quoque cùm recesserint à forensi vsu & actione, apud propinquos alio vtuntur sermone. Deinde, vt dixi, affert etiã offensionem attentè & rhetoricè dicere. Transferenda sunt autem quæ prius dicta sunt, aduersus Grammaticos vtentes analogia: & docendum, ab iis qui volunt bene dicere, magis attendendam esse consuetudinem quàm artem aliquam curiosam & superuacaneam. Nunc autem transeamus, & à fine Rhetoricæ sumamus argumenta. Rursus ergo dicendum est, quòd si nullus sit finis Rhetoricæ, nihil est Rhetorica, propterea quòd omnis artificiosus habitus referatur ad aliquem finem. Non est autem aliquis finis Rhetoricæ, vt ostendemus. Non est ergo aliqua ars Rhetorica. Atq; plurimi quidem, iique præstantissimi & doctissimi, extremum munus dicunt esse Rhetoricę, persuadere. Eo enim spectans Plato, dixit eam esse vim persuadendi verbis: & Xenocrates eam esse opificem persuasionis: Aristoteles autem, vim contemplandi eius quod contingit

tingit esse probabile. Aristo verò familiaris Critolai, scopum quidē dicit ei esse propositum, persuasionem: finem autem, eam assequi. Hermagoras autem dicebat esse perfecti Oratoris officium, ciuilem quæstionem propositam tractare, quantum fieri potest, aptè ad per-
5 suadendum. Athenæus verò vim dicendi dicit esse Rhetoricam, quæ scopum sibi proponit persuasionem auditorum. Isocrates autem dicit Oratorum non aliud esse institutum, quàm scientiam persuadendi. Vnde nos quoque eorum insistentes vestigiis, protinus dicebamus, quòd τ πιθανὸν, id est id quod est appositum ad persuadendum, *Probabile*
10 appellatur tribus modis. Vno quidem modo id quod est euidenter *quot modis* verum, & veri procreans visionem, nos attrahit ad assensum. Alio au- *dicatur.* tem modo id quod est falsum, & veri procreans visionem, nos attrahit ad assensum. quod quidem solent εἰκὸς, id est verisimile, appellare Rhetores, eo quòd sit ἔοικὸς τῷ ἀληθεῖ, id est simile vero. Tertio
15 autem modo id quod est commune veri & falsi. Cùm tot autem modis dicatur τ πιθανὸν, id est probabile & aptum ad persuadendum, rogandi sunt Rhetores, quónam ex his probabilibus existimāt Rhetoricam quærere persuasionem: & in quónam ex iis volunt eam suo vti artificio. an in eo quod est euidenter verum: an in falso quod est
20 veri simile: an in eo quod versatur in vtriusque cōmunitate. Sed fieri quidem non potest vt eam quærat in eo quod est euidenter verum. hoc enim ex seipso persuadet, & nos attrahit ad assensionem, adeò vt sit superuacanea quæ in ipso consistit à Rhetorica persuasio. & quomodo nulla opus habemus arte ad persuadendum quòd nunc sit
25 dies, vel quòd ego nunc disputem, cùm res sint euidentes, & quæ ex se possunt deprehendi: ita neque vt assentiamur eum cædem fecisse qui in ipsa cæde est deprehensus, opus est Rhetorica. Et alioqui si id quod est apertè verū, quatenus est probabile, contemplatur Rhetorica, omnino etiā contēplabitur id quod non est probabile. ea enim
30 ratione sumitur ex ea quam inter se habent habitudine. Et qua ratione qui comprehendit sinistrum, necessariò etiam assequitur id cuius est sinistrum: ita etiam qui discernit probabile verum ab eo quod nō est eiusmodi, habet etiam notitiam veri non probabilis. Quoniam ergo quidquid est verum, cuiusmodicunque sit, aut est probabile aut
35 improbabile, sequetur Rhetoricam contemplari quidquid est verū, & sequetur etiam vt contempletur quidquid est falsum. Qua enim ratione qui discernit probabile, necessariò etiam discernit improbabile: ita etiā qui omne verum agnoscit, assequitur etiam quidquid

i   ei adei aduersatur, hoc est falsum. Quod si ita est, erit Rhetorica cognitio verorum & falsorum. Sed non ita est. Nec ergo contemplabitur id quod est ex se verum. Porrò autem profitetur etiã defendere ea quæ sibi inter se aduersantur. Quæ autem sibi inter se aduersantur, non sunt vera. Non ergo id quod est verum quærit & sibi proponit Rhetorica. Sed nec falsum. nulla enim ars stat in falso. Sed necesse est Rhetoricam quæ hoc persequitur, vel non esse arte, vel prauum esse artificium, & simul easdem rursus occurrere dubitationes. Si enim versatur in falso probabili, omnino sciet etiam nõ probabile. Quoniam ergo quidquid est falsum, est vel probabile, vel non probabile, omnino falsi erit scientia, & ideo etiam cuiusuis veri. Quo fit vt ea minimè differat à Dialectica. quod quidem multis modis est absurdum. Verumenimuero si ea defendit quæ sibi inter se aduersantur, quæ autem sibi inter se aduersantur, non sunt falsa: nequaquam falsum contemplabitur. Præterea si verisimile est quod multa præbet ad verum argumenta, & ab eo non longè abest: id autem quod ei aduersatur, est quod pauca & rara habet argumenta ad hoc vt sit verum, omnino Rhetorica quæ argumentatur in contrariũ, non magis scopum sibi proponit id quod est verisimile, quàm quod ei aduersatur. Sed neque persequitur id quod est commune veri & falsi. In eo enim est falsum annexum: & est absurdum, artem vti falsis: & simul etiam sequitur eo modo quo prius ostensum est, quòd ipsa sciẽtia sit verorum & falsorum, cùm res non ita habeat. Sed si nec verum nec falsum, neque quod est vtriusque commune, contemplari potest Rhetorica, præter hæc autẽ nihil est probabile quod possit persuaderi, non est Rhetoricæ officium persuadere. Atque nos quidem volumus vti his argumentis, alij verò aliis. Dicunt enim: Siue Rhetorica est ars, siue non, quomodo habet finem communem eius qui non est Orator? Multi enim sunt qui persuadent propter diuitias, aut pulchritudinem, aut gloriam, vt prius ostendimus. Sæpe autem cùm dictæ sunt orationes, & ab eis persuasi sunt Iudices, nihilo minus adhuc manent Oratores alium finem expectantes, & manentes precantur. Non est ergo persuadere finis Rhetoricæ, sed id quod ipsum sequitur. Et alioqui oratio rhetorica aduersatur persuasioni. Nam primùm quidem ea est affectata & superuacanea. Offendũtur autem multi oratione huiusmodi. Deinde oratio quæ non est clara & dilucida, minimè est apta ad persuadendum. Oratorum autem oratio quæ sita est in periodis & enthymematibus, minus est clara ac dilucida.

Persuaderē non est proprius finis oratoris.

Oratio rhetorica aduersatur persuasioni.

cida. Non est ergo apta ad persuadendum oratio quæ proficiscitur à *Beneuolos au-*
Rhetorica. Præterea oratio quæ Iudices reddit beneuolos, ea est *ditores quæ-*
apta ad persuadendum. Beneuolos autem reddit, non Rhetorica, sed *nam reddat*
simplex, & quæ priuati hominis exprimat speciem. Nam Oratoris *oratio.*
5 quidem orationi aduersantur omnes, vt qui eius inuideant excellen-
tiæ. Nam etsi quæ iusta sunt probet Orator, videntur non propter
rerum naturam, sed propter Oratoris calliditatem, quæ non sunt iusta eis apparere talia. Priuati autem hominis orationi, vt quæ sit imbecilla, fauet quilibet:& rei minus iustæ conciliat opinionem quòd
10 sit magis iusta, quòd eam astruat homo simplex & priuatus. Quam *In senatu A-*
ob causam Atheniensibus olim non erat permissum adhibere patro- *reopagitarum*
num qui defenderet eorum causam qui iudicabatur in senatu Areo- *non adhibe-*
pagitarum: sed vnusquisque, pro viribus, absq; vllis verborum stro- *batur patro-*
phis aut vlla calliditate, pro se verba faciebat. Præterea si crederent *nus.*
15 Oratores se vim habere persuadendi, oporteret eos nec misericor-
diam, nec iram, neque vlla alia mouere eiusmodi, quæ minimè quidem persuadent, sed Iudicum mentem circunscribunt, & iuri offun-
dunt tenebras. Atque quòd persuadere quidem non contingat esse
finem Rhetoricę, ostensum est. Nonnulli autem dicunt hoc non esse
20 eius finem: sed inuenire ea quæ posse dici contingit. Alij autem, Iudicibus eam de rebus indere opinionem quam velint ij qui dicunt.
Alij autem vtile. Alij vero vincere. Quorum primis quidem dicen-
dum est, Si ea quæ dici posse contingit in causis, inuenire profitetur *Inuenire quæ*
Rhetorica: aut ea quæ vera sunt, aut quæ dici possunt profitetur. Nō *dici possunt in*
25 autem vera. Oporteret enim eos habere regulam discernendi vera *causa, sitne fi-*
& falsa: quod non habent. Nec ea quæ dici possunt. Vera enim igno- *nis Rhetori-*
rantes, nec ea quæ dici possunt agnoscent. Non est ergo Rhetoricæ *cæ.*
inuenire ea quæ rei insunt, & quę de ea dici possunt. Neq; verum est
quòd Rhetorica nihil sit aliud quàm inuenire ea quæ dici posse con-
30 tingit. Qui itaque hunc dicit esse finem, perindę est ac si dicat Rhetoricam esse finem Rhetoricæ. Neque id propter quod se omnia facere dicit Orator, illud erit finis. Non quidem certè propter argumenta quæ contingit posse dicere, omnia agit Orator: sed propter id
quod sequitur post argumenta. Non est ergo illud finis. Præterea
35 quem finem opus habet vt assequatur Orator, eum etiam vt assequatur opus habet qui eum conduxit priuatus. At priuatus non hoc contendit assequi, vt quę dici posse contingit inueniat, sed aliquid aliud.
Illud ergo erit finis, non autem inuenire ea quæ dici posse contingit.

i 2 Sed

SEXTI EMPIRICI

Indere iudici quam vult opinionem, sitne finis Rhetoricæ. Sed neque Iudicibus eam de rebus indere opinionem quam volunt ij qui dicunt. Hoc enim nihil differt ab eo quod est persuadere. nam qui persuasit, eam quam vult opinionem indidit Iudicibus. Nos autem ostendimus persuadere non esse finem Rhetoricæ. Quare nec opinionem indere. Sed neque vtile, vt nonnulli voluere. Nam quod partis est finis, non fuerit hoc finis totius. Partem autem Rhetoricæ, generis deliberatiui finem, Rhetores dicunt esse vtile. Non est ergo finis totius Rhetoricę. Et quod totius artis est communiter finis, hoc esse non poterit solius Rhetoricæ. Vtile autem est omnium in vita artium finis. Non est ergo hoc proprium Rhetoricæ. Restat ergo vt vincere sit eius finis. quod rursus non potest esse. Qui enim sæpenumero non assequitur Grammaticæ finem, non est Grammaticus: & qui sæpenumero non assequitur Musicæ finem, nõ est Musicus. Ergo & qui sæpenumero non assequitur finem Rhetoricę, non est Rhetor aut Orator. Orator autem sæpius vincitur quàm vincit, & eo sæpius quo est eius maior vis in dicendo, cùm ad eum concurrant qui malas & iniquas habent causas. Non est ergo Orator. Præterea qui Rhetoricæ finem non fuerit assecutus, minimè laudabitur. Oratorem autem nonnunquam victum laudamus. Non est ergo finis Rhetoricæ vincere. Quamobrem si neque materiam habet Rhetorica in qua artem exerceat, neq; finem ad quem referatur, non potest esse Rhetorica. Sed nec materiam habet nec finem, vt ostendimus. Non est ergo Rhetorica. Præterea autem moueri possunt dubitationes etiam ex eius partibus. Rhetoricæ autem partes esse dicunt, Iudicialem, deliberatiuam, & laudatoriam. Earum autem, iudicialis quidem finé esse, iustum: deliberatiuæ autem, vtile: laudatoriæ autem, honestum. quod quidem statim est dubium. Si enim aliud est causa iudicialis, & aliud deliberatiua, & non idem quod laudatoria: causæ iudicialis & deliberatiuę non erit idem finis: & eius finis non erit finis causæ laudatoriæ, & contrà. Quoniam ergo deliberatiuæ finis est vtile, id non erit finis iudicialis: Iudicialis autem finis erat iustum. Non est ergo iustum vtile. Et rursus, quoniam vt hæ partes inter se differunt, ita etiam different fines: quatenus laudatoriæ quidem finis est honestum, iudicialis autem iustum: potest esse honestum non iustum, & iustum non honestum. quod quidem est absurdum. Præterea si totius Rhetoricæ finis est persuadere, iudicialis autem iustum, & laudatoriæ honestum: non erit omnino iustum probabile & aptum ad persuadendum: neq; vtile: neque honestum. quod quidem pugnat cum eo quod eo quod Rhetorica perpetuò quærat & sibi proponat persuadere. Et alioqui in iudiciali aut per iustas solùm orationes ad finem Iudices trahet Rhetorica: aut per iustas simul & iniustas. Sed si per iustas quidem solùm, fiet virtus. Non est autem virtus, quæ sibi tanquam scopum proponit persuadere ad vulgus: siquidé in ea persuasione multa sunt quę dicuntur temere, & apposité ad fallendum. Non est ergo ei à natura insitum, vt per solas iustas orationes ducat ad finem auditores. Sed nec ex contrariis constabit orationibus, cùm ea iustum semper persequatur. Si non sit autem contraria oratio, nec erit quidé Rhetorica. Quamobrem nec hac ratione iustis solùm vtetur orationibus, quandoquidem erunt iniusta. & rursus si non sit oratio contraria, non poterit consistere. Restat ergo vt ea ingrediatur per vtrúque. quod quidem prioribus est multo absurdius. erit enim simul & virtus & vitium: quod fieri non potest. Non est ergo dicendum iudicialem esse Rhetoricæ partem, cuius finis sit iustum. Ad ea quæ dicta sunt accedit, quòd si Orator iustum proponit Iudicibus ostendere in iudiciali parte Rhetoricæ, aut iustum quod ostendit, ex se apparet & de ipso constat: aut est dubitabile. Sed ex se quidé non dixerint apparere. In hoc enim non consistit oratio rhetorica, si id sit eiusmodi de quo non dubitetur. Restat ergo vt sit dubitabile: quod rursus est dubium. Tantum enim abest vt qui argumentantur in contrarium, soluant dubitationem, vt etiam ex contrariis eam alligent & adstringant, Iudicum animis offundentes tenebras. Huius rei fidem facit quæ de Corace apud multos narratur historia. Nam cùm adolescens teneretur desiderio Rhetoricæ, ad eum accessit promittens se ei daturum mercedem quæ ab ipso fuisset constituta, si primam vicisset litem. Pacto autem conuento, & iam ostendente adolescente se satis eruditum, Corax quidem poscebat mercedem: ille autem contradicebat. Ambo auté ad iudicium accedentes, litigabant. quo tempore dicunt primum Coracem tali vsum esse argumentatione, dicendo, quòd seu vicerit, seu nó vicerit, debeat accipere mercedé. Si vicerit quidem, quia vicit: si autem victus sit, propter pactum conuentum. Spopondit enim aduersarius se ei daturum mercedem, si vicisset primam litem, quam ex eo quòd vicerit, debet ex promisso se liberare debito. Cùm autem strepitum edidissent Iudices, vt qui iusta diceret, respondens Adolescens, eodem argumétó nihil mutans vsus est. Nam siue vicero, inquit, siue victus fuero, non debeo dare mercedem Coraci. Si vicerim quidé, quia vici: si victus autem fuero,

Coracis historia.

ex pacto consueto. Promisi enim me daturum mercedem, si primam litem vicero: victus autem non reddam. Assensionem autem sustinētes, & rei exitum non inuenientes Iudices, propterea quòd Rhetoricæ orationes essent eiusdem ponderis, vtrunque expulerunt à tribunali, acclamantes, Mali corui malum ouum. Quod autem dicitur de parte iudiciali, idipsum dici potest etiam de parte deliberatiua, ne prolixa vtamur ratione. Nam pars quidē laudatoria, præter id quòd in easdem cadat dubitationes, certa etiam caret ratione ac methodo. Nam quoniam nec omnes homines volunt laudari, nec iisdem de rebus, oportet eum qui est rectè laudaturus, scire quemadmodum sit affectus is qui laudatur. Non autem quæcunque est ex altero motio, accipienda est alteri. Et alioqui non tradiderūt Rhetores certam viam ac rationem, per quam sciamus quando & quisnam sit laudandus. Non ergo potest fieri vt rectè laudemus ex Rhetorica. Aut autem propter bona quæ non sunt, videntur autem esse: aut propter bona quæ sunt re vera, laudabit Orator. Non autem propter ea quæ non sunt: corrumpunt enim & perdunt eos qui laudantur. Neque propter ea quæ sunt: ea enim ignorat, cùm etiam à Philosophis propter nondum definitam de eis controuersiam non possint comprehendi. Non potest ergo aliquem laudare Orator. Qui autē nesciunt propter quid sit laudandum, nec possunt quidem laudare. Oratores autem nesciunt propter quæ laudare oporteat, vt ostendemus. non poterunt ergo laudare. Laudandum est enim, inquiunt, à genere, & pulchritudine, & diuitiis, & à liberorum multitudine, & similibus. Contrà autem est vituperandum ab ignobilitate, & deformitate, & paupertate: quod quidem est stultum. Oportet enim nos trahere laudes & vituperationes ab iis quæ sunt in nobis. Nobilitas autem & prosperitas & pulchritudo & liberorum multitudo, & cætera eiusmodi non sunt in nobis: quamobrem non est ab eis laudandū. Nam si nudè & absolutè laudanda est nobilitas & multitudo liberorum, & quidquid est eiusmodi, laudandus est etiam Busiris, & Amycus, & Antæus hospitum interfectores, quòd essent filij Neptuni. Laudanda est etiam Niobe, quòd multos haberet filios. Cōtrà autem si deformitas & paupertas est vituperāda, vituperandus est Vlysses, quòd operarij sumpto habitu ingressus est vrbem hostium: vituperandus Perseus Iouis filius, quòd suspensa sibi pera per aridam transiit Libyam: & Hercules, quòd Leonis pellem & clauam adduxit ad certamina. Vt paucis autem dicam, detur has esse partes Rhetoricæ. Sed
quoniam

quoniam quòd iustum sit iustum, & vtile sit vtile, & honestum sit honestum, ostenditur demonstratione, & nihil est demóstratio, ne erit quidem Rhetorica, quæ constat in his partibus. Quòd autem nihil sit demonstratio, accuratius ostensum est in commentariis Scepticis. *Demonstratio nihil est.*

5 Nunc autem dicetur magis apposite ad reuocandum in memoriam. Si enim nihil est oratio, neque est aliquid demonstratio, quæ est aliqua qualitate prædita oratio, nihil est autem oratio, vt ostendimus, propterea quòd neque in vocibus, neque in incorporeis iis quæ dicuntur habeat substantiam: nec est ergo demonstratio. Alioqui si λεκτοῖς.
10 est, vel est euidens, vel non manifesta. Non est autem euidens: continet enim quidpiam non manifestum, & propterea de ea dissentitur: cùm omnis res de qua dissentitur, sit non manifesta. Restat ergo διάφωνρος. vt ea sit non manifesta. Sed si ita est, vel ex eo ipso sumetur, vel ex demonstratione. Non est autem ex eo ipso sumenda: erat enim non
15 manifesta. Quod autem est non manifestum, si ex eo ipso sumatur, est incredibile. Neque ex demonstratione, propterea quòd pergetur in infinitum. Non est ergo aliqua demonstratio. Si non sit autem in genere demonstratio, nec erit vlla in specie: quomodo si non sit animal, nec est homo. Non est autem in genere demonstratio, vt
20 ostendimus: nec erit ergo vlla in specie. Nam quoniam non est manifesta, vt prius ratiocinati sumus, debet per aliquid consistere. Per aliquam ergo seu in genere seu in specie demóstrationem. Non autem per demonstrationem in specie, propterea quòd non sit firma demonstrationis in genere substantia. Neque per demonstrationem
25 in genere: ipsa est enim de qua dubitatur. Non est ergo aliqua in genere demonstratio: cui est consequés, quòd nec sit in specie. Et alioqui quæ est in genere demonstratio, si non habet aliquas assumptiones & illationem, nec est quidem in genere. Quod si non habet, nec λήμματα, ἐπιφοράμ. confirmabit quidem aliquid: multò autè magis nec suam essentiam.
30 Et quæ demonstrationem probat demonstratio, aut quæritur, aut non est quærenda. Sed non est non quærenda, propter causas quas prius diximus. Si quæratur autem, debet confirmari ab alia: & illa rursus ab alia, idque in infinitum. Non est ergo aliqua demonstratio. Sed cùm dixerimus contra Rhetoricæ, quæ eam continent, contem-
35 plationes, alio sumpto principio, tangamus etiam dubitationes quæ existunt aduersus Geometras & Arithmeticos.

Sexti

Sexti Empirici aduersus Geometras. Cap. 19.

QVONIAM Geometræ considerantes multitudinem dubitationum quæ ipsos consequuntur, confugiunt ad rem quæ videtur tuta & remota à periculo, nempe vt ex hypothesi petant principia Geometriæ, bene erit si nos quoque contra eos dicendi principium sumamus ex eo quod dicendum est de hypothesi. Timon enim in iis quæ scripsit contra Physicos, hoc in primis duxit esse quærendum, nempe an sit aliquid sumendū ex hypothesi. Quamobrem nos quoque conuenit illius vestigia sequentes similiter facere in nostra tractatione aduersus Mathematicos. Ordinis autem gratia prius sumendum est quòd multis & diuersis modis appellatur hypothesis. In præsentia autem sufficiet eam dici tribus modis. Vno quidem modo dicitur dramaticum seu actuum argumentum: vt tragicam & comicam dicimus hypothesim, & quasdam Dicæarchi hypotheses fabularum Euripidis & Sophoclis, nihil aliud vocantes hypothesim quàm actuū argumentum. In alio autem significato in Rhetorica appellatur hypothesis quæstio singularium, in quo Sophistæ & Rhetores sæpe solent dicere in suis diatribis & exercitationibus, ponenda est hypothesis. Sed & in tertia notione vocamus hypothesim principium demonstrationum, vt quæ sit rei petitio ad aliquid probandum. Sic ergo tribus hypothesibus vsum esse dicimus Asclepiadem ad probandam occasionem quæ generat febrem, quòd in nobis quidem sunt quidam qui intelligentia percipiuntur meatus, inter se differentes magnitudine. Secunda autem, quòd vndique cum parte humoris & spiritus, ratione considerabilium grumorum seu corpusculorum collectum est inane innumerabile. Tertia autem, quòd perpetui à nobis emittantur vapores, aliquando plures, aliquando pauciores, pro instanti circunstantia. Cùm autem tot modis nunc intelligatur hypothesis, in præsentia proponitur quærendum, non de dramatica hypothesi: nec de quæstione quæ est apud Rhetores: sed de hypothesi quæ dicta est in fine, quam contingit esse principium demonstrationis. Hanc enim etiam Geometræ sumunt hypothesin, volentes aliquid demonstrare geometricè. Statim ergo dicēdum est, quòd quoniam qui ex hypothesi sumunt, etiam absque demonstratione contenti sunt nuda solùm affirmatione ad fidem eius faciendam: ex eis sciscitabitur quispiam, hac vtens ratiocinatione: Aut validum & firmum ad fidem faciendam licet aliquid sumere ex hypothesi, aut non

Ex hypothesi sitne sumendū aliquid.
Hypothesis quot modis dicatur. ὑπόθεσις.
Hypothesis quæstio finitorum. ἐπιβολή.
Asclepiades tribus hypothesibus probat accessionē febris. ἔνστασις.
Ex hypothesi nihil sumendum.
φάσις.

fide dignum & imbecillum. Sed si quidem validum, etiam quod ei est aduersum sumptum ex hypothesi, erit fide dignum ac firmum. Quamobrem ponemus inter se pugnantia. Si autem in eo quod sumit contrarium ex hypothesi absque demóstratione, non est aliquid fide dignum, erit etiam non fide digna hypothesis. Quare neutrum eorum ponemus. Non est ergo aliquid sumendū ex hypothesi. Præterea res quę ponitur per hypothesim, aut est vera, & talis qualē eam ponimus, aut falsa. Sed si est vera, ne petamus eam, confugientes ad rem suspicione plenam, nempe hypothesim: sed eam ex ea ipsa sumamus: quandoquidem nemo vera & ea quæ sunt ponit per hypothesim, sicut nec nūc diem esse, aut me disserere & respirare. Harum enim rerum claritas firmam ac validā ex seipsis habet thesim ac positionem, non autem de qua dubitatur hypothesim. Quamobrem si res sit vera, ne eam petamus tanquam quæ non sit vera. Si autem non est eiusmodi, sed est falsa, nihil commodi existet ex hypothesi. Nam etiamsi eam ponamus millies, ex malis fundamentis non sequetur conclusio quæstionis, quæ proficiscitur ex principiis quæ minimè esse possunt. Verùm enimuero si quis iis quę ponit ex hypothesi, credibilia velit facere ea quæ consequuntur, an non omnem penitus tollet quæstionem? Nam statim ponet vnusquisque nostrum ex hypothesi, tria esse quatuor. Eo autem concesso colliget quòd etiam sex sint octo. nam si tria sunt quatuor, sex erunt octo. Atqui tria sunt quatuor vt dat hypothesis, sex ergo sunt octo. Rursus petemus quòd maneat id quod mouetur: reque concessa colligemus quòd flāma quiescat. Si enim manet id quod mouetur, quiescit flamma. Manet autem id quod mouetur: ergo flamma quiescit. Sed quomodo dicunt Geometrę absurdas has esse hypotheses: oportere enim firmum esse fundamentum, vt fateamur quod est consequens: ita nos quoque omnia quæ ab eis sumuntur hypotheticè, non admittemus absque demonstratione. Alioqui si est firmum ac fide dignum quod ab eis ponitur per hypothesim, ne ea ponant ex quibus sunt aliquid demonstraturi, sed idipsum quod demonstratur: hoc est, non assumptiones demonstrationis, sed illationem. Quod enim ad fidem faciendam eis potest in iis quæ detegunt hypothesis, hoc poterit etiā in iis rebus quæ deteguntur à demonstratione. Sin autem non est fide digna, etiāmsi sæpe posita fuerit ex hypothesi, conclusio demonstrationis absque demonstratione: erit etiam nō fide dignum id quod sumitur ad probandum, nisi doceatur per demonstrationem. Atqui, inquiunt, si verum

Thesis ex se ipsa ponitur firma ac valida.

Hypothesis est dubitabilis.

Conclusio nō sequitur ex malis fundamentis.

λήμματα, ἐπιφορά.

k   rum

rum inuenitur quod est consequens hypothesibus, omnino etiã eam quæ per hypothesim sunt posita, hoc est ea quibus sunt consequentia, erunt vera. quod rursus est stultum. Vnde enim est quòd id quod est aliquibus consequens in demonstratione, omnino verum est? Dicent enim, aut quòd ex illo ipso didicerint: aut ex iis quibus fuit consequens assumptionibus. Sed ex ipso quidem non dixerint. est enim incertum & non manifestum. Quod autem est incertum & non manifestum, ex se non est credibile. Demonstrare quidem certè id aggrediuntur, vt quod ex se fidem non faciat. Sed nec ex assumptionibus: de iis enim tota est decertatio: ipsisque nondum creditis, neque quod ex ipsis demonstratur, potest esse firmum ac stabile. Præterea neque si id quod definit sit verum, statim est etiã verum antecedens. Quomodo enim natura est comparatum vt vero consequens sit verum & falsum, ita etiam censetur cum falso quoque simul induci verum: vt ex hoc quòd terra volet, quod quidem est falsum, sequitur quòd sit terra, quod est verum. Quare non si quod definit est verum, omnino est etiam verum antecedens : sed contingit dum est verum consequens, falsum esse antecedens. Atque quòd non rectè quidem faciant Mathematici principia demonstrationis sumentes ex hypothesi, & in vnoquoque quod est contemplandum dicentes, Detur, per hæc est satis probatum. Pergentes autem deinceps doceamus, quòd falsa & non probabilia contingit esse eorum artis principia. Cùm autem de his multa dici possint, vt diximus in initio huius expositionis, his adiungentur quæ sunt dubia. Quæ quidem si tollantur, simul tollentur reliqua. Quoniam ergo si confutata fuerint eorum principia, nec singulares eis procedere possunt demonstrationes, dicamus quæ dicere conuenit aduersus principia. Statim ergo nos docent tanquam primum, & quod maximè accedit ad naturam elementi, quòd corpus sit id quod habet tria interualla seu dimensiones: nempe longitudinem, latitudinem, & profunditatem. Quorum prima quidem dimésio est per longitudinem, supernè deorsum: Secunda autem per latitudinem, à dexteris ad sinistra: Tertia autem per profunditatem, nempe ante & retro. adeò vt ex his tribus sex fiant dimésiones, duæ in vnaquaque: primæ quidem sursum & deorsum: secundæ autem dextera & sinistra: tertiæ autem ante & retro. Nam si punctus quidem fluxerit, dicunt fieri lineam: si linea autem, superficiem: si autem superficies, corpus solidū. Describentes itaq; dicunt, Punctum esse signum carés partibus, & quod nullum suscipit interual-

Non si consequens est verum, verum est antecedēs.

Corpus quid sit.

Dimensiones quot sint.

Punctus quid sit.

interuallum seu dimensionem, aut finem lineæ: Lineam autem lon- *Linea quid sit.*
gitudinem carentem latitudine, aut finem superficiei: Superficiem *Superficies*
autem, finem corporis, aut latitudinem carentem profunditate. Hęc *quid sit.*
ergo ordine sumentes, dicamus primum de puncto: deinde de linea:
5 postea de superficie & corpore. Nam si hæc tollátur, ne ars quidem
erit Geometria, vt quæ ea non habeat in quibus videtur procedere
eius constitutio. Punctus ergo, quem dicunt esse signum nullum ha- *Punctus non*
bens interuallum seu dimensionem, aut intelligitur corpus, aut in- *est.*
corporeum. Et corpus quidem non est ex eorū sententia. quæ enim
10 non habent dimensionem, nō sunt corpora. Restat ergo vt sit incorporeum. Incorporeum autem intelligitur nullius gignendi vim ha- *Incorporeum*
bere, vt quod minimè tangi possit. Intelligitur autē punctus gignens *nihil gignit.*
lineam. non est ergo punctus signum nullum habens interuallum ac
dimensionem. Præterea si quæ non sunt manifesta, cernuntur per ea
15 quæ apparent: quoniam in iis quę apparent sumi non potest alicuius
signum & finis, quod spatio careat ac dimensione, perspicuum est
quòd nec in iis quidem quæ cadunt sub intelligentiam, sumetur quidem eiusmodi. In sensilibus autem nihil potest sumi quod non inter- *In sensilibus*
uallum habeat ac dimensionem, vt ostendam. quamobrem nec in iis *nihil est quod*
20 quæ cadunt sub intelligentiam. Quodcunque ergo, cui in sensilibus *nō habeat spa-*
accidit vt sit alicuius finis & signum, cum eo quòd comprehenditur *tium ac di-*
alicuius extremum, simul etiā accidit vt sit pars illius cuius est extre- *mensionem.*
mum. Si ergo ipsum auferamus, minuetur id à quo fit ablatio. Quod
autem est pars alicuius, ipsum etiam complet: quod autem aliquid
25 complet, omnino auget illius longitudinem: & quod auget magnitudinem, hoc necessariò habet magnitudinem. Quidquid ergo in
sensilibus est alicuius signum & extremum, habens magnitudinem,
non caret dimensione. Vnde etiā si id quod cadit sub intelligentiam
transeundo ex sensili intelligimus, cum eo intelligemus etiam ipsum
30 esse signum & finem lineæ, & simul eam implere. quāobrem ipsum *Punctus est*
quoque habebit dimensionem, siquidem eam acquirit ac tribuit. Et *signum & fi-*
alioqui rectam quæ educitur à centro, dicunt si circa finem suum cir- *nis lineæ, &*
cumagatur, circularem describere superficie. Quoniam ergo huius *Punctus ha-*
rectæ extremum est signum, & quod circumagitur metitur superfi- *bet dimensio-*
35 ciem, hoc complebit superficiem quę habet dimensionē. ergo quod *nem.*
eam complet signum, habebit etiam quandā dimensionem. Si sphæra quidem certè in vno signo censetur tangere superficiem, & euo-
luta facere lineam, perspicuum est quod hoc facit, incidētibus signis

k 2   totam

totam componentibus lineam. Si ergo signum complet lineæ magnitudinem, habebit ipsum quoque magnitudinem. Concessum est autem magnitudinem ipsum complere lineæ. habebit ergo ipsum quoque magnitudiné, & non erit expers dimensionis. Sed eiusmodi *Eratosthenei.* argumentis occurrere solent Eratosthenei, & dicere, quòd signum neque vllum occupat locum, neq; metitur spatium lineæ, sed fluens *Punctus fluēs* facit lineam. quod quidem est eiusmodi vt ne possit quidem cogita-*nō facit lineā.* ri. Fluere enim dicitur, ab aliquo loco in aliquem locum extendi, si-*Fluere quid sit.* cut aquam. Si autem tale esse signum visione apprehendamus, sequetur ipsum non esse eiusmodi vt careat partibus, sed contrà multas habere partes. Hactenus de puncto. Videamus autem deinceps & quæ debent dici de linea: ipsa enim locata fuerat post punctū. Etiam *Linea non est.* si ergo datum fuerit esse aliquem punctum, non erit linea. nam si ea est fluxus signi, & longitudo expers latitudinis: aut est vnum signum extensum in longitudinem, aut multa suscipientia spatium ac dimensionem posita per seriem. Sed nec est vnum extensum in longitudinem, vt ostendemus, vt hoc quoque reuocabimus in memoriā. non est ergò linea. Nam si est vnum signum, aut ipsum signum tenet vnū locum: aut mutat locum è loco: aut extenditur ab aliquo loco in aliquem locum. Sed si vno quidem continetur loco, non erit linea, sed punctus. fluens enim punctus intelligebatur linea. Si autem transit à loco in locum, aut, vt prius dixi, alium quidem relinquens, alium verò apprehendens transit: aut alij quidem loco proximè hærens, ad alium verò se extendens. Sed si alium quidem locum relinquens, alium verò apprehendens, rursus non erit linea, sed punctus. Qua enim ratione locum primum tenens, intelligebatur esse punctus, sed non linea, eadem ratione secundum quoque locum apprehendens intelligetur punctus. Si autem alij quidem loco proximè hærens, ad alium verò se extendens: aut ad locum diuiduum ex aduerso extenditur, aut ad indiuiduum. Et si ad locum quidem indiuiduum ex aduerso extenditur, rursus non erit linea, sed punctus & signum. Quod enim tenet locum carétem partibus, non habet partes. quod autem non habet partes, est punctus, & non linea. Si autem ad diuiduum: omnino quoniam diuiduum habet partes: siquidem ad vniuersum extenditur locum: quod autem habet partes, partibus loci ad quas extenditur est corpus, erit signum & diuiduum & corpus. quod quidem est absurdum. Quare non est vnum signum linea. Sed nec est multa signa locata per seriem. hæc enim signa aut intelliguntur

se inter

se inter se tangere: aut si se inter se non tagunt, in medio intercepta, locis quibusdam distinguentur. & si locis quidem distinguantur, non vtique facient vnam lineam. Sin autem intelligantur se inter se tangere, aut tota tangentur à totis, aut partes à partibus. Et si partibus quidem tangantur partes, aut partes partium, non erunt aliquæ ex iis non suscipientes dimensionem, & carentes partibus. Nam quod in medio duorum signorum, exempli gratia, intelligitur signum, alia quidem parte tanget prius signum, alia autem posterius: non eadem autem superficiem, diuersa autem alium locum. Quo fit vt non sit amplius idem re vera carens partibus, sed multas habens partes. Sin autem tota signa tangantur à totis, perspicuum est quòd signa continebuntur in signis, & eundem tenebunt locum. & ea ratione non erunt amplius locata per seriem vt fiant linea. Sed si eundem tenent locum, constituetur vnus punctus. Si ergo vt excogitetur linea, oportet excogitari signum ex quo sumit vt intelligatur: ostensum est autem eam neque esse signum, neque compositam ex signis: nihil erit linea. Porrò autem licet etiam relicta signi intelligentia, primo loco tollere lineam, & docere eam minimè posse excogitari. Est enim linea, vt licet ex ipsis audire Geometris, longitudo carens latitudine. Si nos autem diligenter & accuratè considerauerimus, neque in iis quæ cadunt sub intelligētiam, neque in sensilibus inueniemus vllam sumi posse latitudinis expertem longitudinem. Et in sensilibus quidem, quandoquidem quancunque sumpserimus sensilem longitudinem, eam omni ratione & omnino sumemus cum quanta latitudine. In iis autem quæ cadunt sub intelligentiam, quòd aliam quidem alia angustiorem possumus mente concipere longitudinem. Quando autem ex æquo eandem seruantes longitudinē, cogitatione scindimus latitudinem, aliquatenus quoque idem facimus minus latitudine, & minus cogitamus. Postquam autem semel eò peruenerimus vt latitudine priuemus longitudinem, nec longitudinem quidē amplius visione apprehendimus, sed tollitur etiam cogitatio longitudinis. Et, vt omnia semel dicam & vniuersè, quidquid intelligentia apprehenditur, id duobus primis modis mente apprehenditur: Aut enim per euidentem incursionem, aut per transitum ab euidentibus, eumq́; triplicem: aut enim assimilando, aut componendo, aut reputando, seu per analogiam. Et per incurrentem quidem euidentiam intelligitur album & nigrum, & dulce & amarum: Per trāsitum autem ab euidentibus, assimilando quidem intelligitur, vt ab imagi-

Longitudo nulla est expers latitudinis, nec in sensilibus nec in intelligibilibus.

Intelligitur aliquid duobus modis. Intelligendi quot modi per transitum ab euidentibus.

ne Socratis Socrates ipſe. Componendo autem, vt ex equo & homine componitur Hippocentaurus. Equinis enim & humanis membris miſtis, eum viſione apprehendimus, qui neque eſt homo neque equus, ſed eſt Hippocentaurus ex vtriſque compoſitus. Reputando autem ſeu per analogiam, intelligitur aliquid rurſus duobus modis: aliquando quidem augendo, aliquádo verò diminuendo: vt ex communibus hominibus, quales nunc ſunt homines, augédo quidem intelligimus Cyclopem, qui non erat ſimilis

Homerus.

Veſcenti frumento homini, verùm nemoroſo
Monti. Diminuendo autem, Pygmæum hominem, qui incurrendo in noſtrum aſpectum non incidit. Cùm ſint autem tot modi intelligendi, ſi intelligitur longitudo carens latitudine, neceſſariò debet intelligi vel per incurrentem euidentiam, vel per tranſitum ab euidentibus. Sed per incurrentem quidem euidentiam minimè poteſt intelligi: in nullam enim incurrimus longitudinem abſque latitudine. Reſtat ergo vt dicamus id intelligi per tráſitum ab euidentibus: quod rurſum minimè omnium poteſt fieri. Nam ſi ſic eſſet intellecta, omnino intelligeretur aſſimilando, aut componendo, aut reputando ſeu per analogiam. Nullo autem ex his modis cadere poteſt ſub intelligentiam, vt oſtendemus: non ergo intelligitur aliqua longitudo expers latitudinis. Iam enim nulla ratione fieri poteſt, vt per ſimilitudinem intelligatur aliqua longitudo expers latitudinis. In iis enim quæ cernuntur, nullam habemus longitudiné quæ ſit ſine latitudine, vt intelligamus aliquam huic ſimilem quæ latitudine careat longitudinem. Nam quod eſt alicui ſimile, eſt omnino ei quod cognoſcitur ſimile. Ei autem quod non cognoſcitur, vt ſimile inueniatur minimè poteſt fieri. Quoniam ergo non habemus in nos incurrentem euidéter longitudinem abſque latitudine, nec poterimus quidem mente concipere aliquam ei ſimilem. Sed neque per compoſitionem Geometris procedere poteſt eius intelligentia. Dicant enim nobis, quænam ex iis quę ex incurſione euidenter cognoſcuntur, cum quibus componentes, intelligemus latitudinis expertem longitudinem, ſicut prius facientes in homine & equo, viſione apprehendebamus Hippocentaurum. Reſtat ergo eis vt confugiant ad modum intelligendi qui exiſtit ex augmento vel diminutione per reputationem ſeu analogiam: quod rurſùs cernitur eiuſmodi, vt nulla detur via euadendi. Quæ enim fiunt per analogiá, habent aliquid commune cum iis ex quibus intelligútur: vt ex communi hominum magni-

Linea nõ intelligitur per incurrentem euidentiam.

Simile alicui, eſt ſimile ei quod cognoſcitur.

Linea intelligi non poteſt per compoſitionem.

Linea non cognoſcitur per analogiá.

magnitudine augendo intelleximus Cyclopem: & minuendo Pygmæum. Quo fit vt sit aliquid commune iis quæ intelligutur ex analogia, cum illis ex quibus intelliguntur. Nihil autem habemus commune longitudinis quę caret latitudine, & eius quæ intelligitur cum latitudine, vt ab illa moti intelligamus latitudinis expertem longitudinem. Cùm earum autem nihil habeamus cōmune, nec per analogiam poterimus intelligere latitudinis expertem longitudinem. Quare si vnumquodq; eorum quæ intelliguntur, intelligitur iis modis quos exposuimus (ostensum est autem per nullum eorum intelligi latitudinis expertem longitudinem) intelligentia apprehendi non potest longitudo quæ caret latitudine. Quamuis autem hæc argumenta sint adeò euidentia, conantur tamen Geometræ pro viribus strenuè decertantes aduersus ea dicere: nempe quòd per intensionē intelligatur longitudo expers latitudinis. Accepta itaque qualicunq; longitudine cum quanta latitudine, dicunt se per intensionem hanc semper minuere latitudinem, magis etiam intendendo angustias, & deinde quod sic intelligitur per intensionem dicere esse latitudinis expertem lōgitudinem. Si enim paulatim minuitur quæ in angustum cogitur latitudo per intensionem, veniet aliquando etiam ad latitudinis expertem longitudinem, in eam desinente intelligentia. Atqui ostendimus, dicet quispiam, quòd perfecta & absoluta priuatio latitudinis, est etiam peremptio longitudinis. Deinde quòd intelligitur ex alicuius rei intensione, non est aliud quàm ipsum quod prius est mente perceptum, imò verò est illud ipsum intensum. Quoniam ergo ex eo quod quantam habet latitudinem, per angustiæ intensionē aliquid volumus intelligere: quæ omni quidem ratione & omnino caret latitudine longitudinem minimè apprehendemus intelligētia: est enim alterius generis: aliquam autem angustam sumemus latitudinem, adeò vt desinat intelligentia in minimam latitudinem, sed tamen latitudinem. Quòd si postea facta fuerit mentis applicatio ad id quod est alterius generis, & quod neque est longitudo nec latitudo: & si fieri potest vt cùm aliquam intellexerimus longitudinem cum quanta latitudine, priuatione latitudinis expertem accipiamus longitudinem, contingit aliquando similiter, vt cùm intellexerimus carnem cum ea proprietate quòd sit vulnerabilis, priuatione huius proprietatis, nempe vulnerabilis, intelligamus inuulnerabilem carnem & impatibilem. Fieri etiam poterit, vt cùm intellexerimus corpus cum proprietate resistendi, priuatione resistētiæ accipiamus aliquod

Per intensionem minuere latitudinem quomodo dicant Geometræ.

Longitudo nulla est quæ caret omni latitudine.

Caro hanc semper habet proprietatem quòd sit vulnerabilis.

corpus

corpus quod non resistat, quod planè fieri non potest, & est præter communem hominum notionem. Quod enim intelligitur à nobis inuulnerabile, non est caro: & quod non resistit corpus, non vtique intelligitur corpus. Corpus enim, quatenus corpus, intelligitur cum proprietate resistendi. Quare & longitudo quæ intelligitur sine latitudine, nequaquam est longitudo: intelligitur enim lõgitudo cum eo quod habet quantam latitudinem. Cæterum Aristoteles quidem quamuis variis modis probasset rem non posse intelligentia percipi, nec mediocriter essent perturbati Geometræ, dicit tamẽ latitudinis expertem quæ ab eis dicitur longitudinem, non esse eiusmodi vt nõ possit cogitatione percipi, sed eā in nostram venire posse notionem absque vlla difficultate aut absurditate. constituit autem rationem in quodam aperto & euidenti exemplo: Parietis, inquit, accipimus longitudinem, non simul attendentes eius latitudinem. Quare licebit etiam quæ apud Geometras dicitur longitudinem cogitare absque latitudine: quandoquidem ea quę apparent, sunt visus eorũ quæ non sunt euidentia, errans, vel forte sophisticè nos decipiens. Quando enim parietis longitudinẽ intelligimus absque latitudine, non absq; omni latitudine eam intelligimus, sed absque latitudine quæ consistit in pariete. Vnde etiam contingit vt muri longitudine connexa alicui latitudini, eam possit quilibet intelligentia consequi: ita vt in præsentia accipiatur longitudo non sine omni latitudine, vt censent Mathematici, sed sine aliqua latitudine. Propositum autem erat Aristoteli ostendere, non quòd quæ à Geometris dicitur longitudo est expers alicuius latitudinis, sed quòd priuata sit omni latitudine. quod quidem non demonstrauit. Atque de his quidem hactenus. Quoniā autem Geometræ etiam superficiei finem dicunt esse lineam, quæ quidem est longitudo expers latitudinis, agẽ communiores adducamus dubitationes de lineis simul & superficiebus. ita enim facile erit etiam reprehendere quod dicitur de corpore. Si enim linea est finis superficiei, longitudinis expertem constituens longitudinem: perspicuum est quòd quando addita fuerit superficies, aut erunt duæ lineæ parallelæ, aut vna ambæ. Et si quidem vna sint duæ lineæ, quoniam linea est finis superficiei, superficies autem est finis corporis: si autem duæ lineæ simul fiant vna, erunt etiam duæ superficies vna: Si duæ autem superficies sint vna, necessariò erunt etiam duo corpora vnum: Si duo corpora fuerint vnũ, additio non erit additio, sed vnio: quod quidem nõ potest fieri: Nam in aliquibus quidem corporibus potest

potest additio esse vnio, sicut in aqua & similibus. In aliquibus autem minimè. Nam si lapis addatur lapidi, & ferrum ferro, & adamas
adamanti, per lineam non vniuntur. quamobrem minimè fient duæ
lineæ vna linea. Nam alioqui quoniam est vnio duarum linearum
5 quæ effectæ sunt vna, & corporum coitio ac coalescentia, oporteret
fieri separationem non per eosdem ipsorum fines, sed dum auellun-
tur per alias, & alias partes, adeò vt etiam contingeret interitus. Hoc
autem nequaquam videmus fieri : sed fines corporum & ante additionem, & post separationem tales sunt quales prius cernebantur in
10 additione. Non fiunt ergo duæ lineæ vna. Verumenimuero si duæ
lineæ fiant vna, oportebit quæ inter se adduntur corpora vno extremo esse minora. Duæ enim factæ sunt vna, quæ debet habere vnum
finem & extremum. Quæ autem inter se addūtur corpora, non fiunt
vno extremo minora. quamobrem duæ lineæ non fiunt vna linea.
15 Sin autem fiant duæ lineæ parallelę, per additionem duorum corporum: id quod constat ex duabus lineis, erit maius vna linea, & habebit vtraque earum latitudinem, quæ cum alia facit maius spatium ac
maiorem dimensionem. Et ita linea non est longitudo expers latitudinis. Duorum ergo alterum, aut tollenda est euidentia : aut si ea
20 maneat, est abolendum quod excogitatum fuit à Geometris, quo
existimant lineam esse longitudinem expertem latitudinis. Atque
hæc quidem in primis à nobis dicenda sunt aduersus principia Geometriæ. Transeamus autem ac doceamus, quòd nec ex illorum ipsorum hypothesibus fieri potest vt procedat quæstio. Eis placet, rectā
25 lineam, si, vt superius diximus, vertatur omnibus suis partibus, describere circulos. Cui quidem considerationi, cùm maximè contineat, repugnat quòd linea sit longitudo carēs latitudine. Quæramus
autem hoc modo: Nam si, vt est eorum sententia, vniuersa pars lineę
habet signum, signum autem dum vertitur, describit circulum, opor
30 tebit ex eorum senteția, quando recta linea vertens, & omnibus suis
partibus circulum describens, dimetitur interuallum à centro vsque
ad extremam planam superficiem, tunc aut inter se continuos habere circulos qui describuntur: aut inter se interuallis disiunctos. Sed si
sunt quidem inter se disiuncti interuallis, sequetur esse partem aliquā
35 superficiei quæ non describitur in circulum, & partem rectæ quæ in
hoc quidem fertur spatio, non describit autem circulum. quod quidem est absurdum. Aut enim non habet in hac parte signum recta linea : aut si habet, non describit circulum. quorum vtrunq; est præter

Additio in aliquibus co-poribus potest esse vnio.

Lineam non esse longitudinem expertem latitudi-nis, si vertens omnibus suis partibus describat circu-los.

ea quæ

ea quæ dicuntur à Geometris. Dicunt enim omnem partem lineæ habere signum: & omne signum, si vertatur, describere circulum. Sin autem existimant circulos esse inter se continuos: aut ita sunt continui, vt eundem locum teneant, aut vt alius iuxta alium sit collocatus nullo signo interiecto. Omne enim signum quod cogitatione est interiectum, debet eundem circulum describere. Et si quidem eundem tenent omnes locum, fiet vnus circulus. & propterea maior & qui est extra omnes, & omnes comprehendit circulus, erit equalis minimo circulo, & qui est in centro. Si enim qui est omnium extremus, & est in ipsa circunferentia, maius tenet spatium: & circulus qui est intimus in ipso centro, minus tenet spatij: omnes autem circuli eundem tenent locum, qui tenet maius spatium, erit æqualis ei qui tenet minimum. quod quidem est absurdum. Non sunt ergo circuli sic continui, vt eundem teneant locum. Si autem sunt paralleli, vt inter eos non cadat aliquod signum carens partibus, complebunt latitudinem à centro vsque ad superficiem. Quod si compleant, tenent aliquam latitudinem: ij autem erant lineæ. Habent ergo lineæ aliquam latitudinem, & non sunt expertes latitudinis. Hoc ipso incitati, priori simile componemus argumentum: Nam quoniam dicunt rectam lineam circulum describetem, per seipsam sua natura describere circulum, non est linea longitudo expers latitudinis. Atqui recta linea, vt ipsi dicunt, describens circulum, per se circulum describit. Non est ergo linea longitudo expers latitudinis: vt nos illos docebimus hoc esse consequens. Quando enim quæ à centro ducitur, recta linea vertitur, & per seipsam describit circulum, tunc aut per omnes partes latitudinis, quæ est intra circunferentiam, fertur recta linea: aut non per omnes, sed per aliquas. Et si per aliquas quidé fertur, ne describit quidem circulum, vt quæ per aliquas quidem partes feratur, per aliquas verò non. Sin autem fertur per omnes, dimetietur totam circunferentiæ latitudinem. Latitudinem autem dimetiens habebit latitudinem: nam quod est dimetiens latitudinis, latitudinem habere debet qua metitur. Recta ergo linea circulum describens, totam metitur latitudinem, & non est linea longitudo expers latitudinis. Hoc autem ostendetur adhuc manifestius, cùm dicent Geometræ obliquum latus quadrati metiri parallelogrammum planum. Nam si obliquum latus quadrati ductum, est longitudo carens latitudine, non metietur per se parallelogrammum planum quadrati. nam quod est dimetiens latitudinis, debet ipsum esse præditum latitudine.

Linea nõ est expers latitudinis, si obliquum latus quadrati metiatur parallelogrammum planum.

ADVERSVS MATHEMATICOS.

titudine. Si autem metitur, habet omnino latitudinem. Quo fit rur- *Linea est ex-*
sus vt hæc contemplatio sit falsa Geometris, aut nulla sit quæ intelli- *pers latitudi-*
gitur longitudo expers latitudinis. Dicunt etiam Cylindrum per re- *nus si Cylin-*
ctam lineam tangere planiciem, & euolutum metiri planiciem per *lineam tangat*
5 aliarum & aliarum rectarum quæ fit vicissim positura. Quod si ita *planiciem.*
est, omnino etiam ex rectis constat planicies. & Cylindri superficies ἀνάμερος.
rursus completa est ex rectis. Vnde quoniam habet etiam planicies
latitudinem, & similiter superficies Cylindri, & non caret latitudine. Quod est autem efficiens latitudinis, debet ipsum quoque esse
10 præditum latitudine. Est ergo perspicuum quòd etiam lineæ rectæ,
quæ complent latitudinem, necessariò habent latitudinem. quo fit vt
nulla sit lōgitudo expers latitudinis: & ideo nec linea. Quòd si etiam
dederimus lineam esse longitudinem expertem latitudinis, quæ his
sunt consequentia, adhuc in maiori hærent dubitatione. Nam quo-
15 modo signum fluens facit lineam, ita etiam fluens linea facit superfi- *si superficiē*
ciem, vt ipsi volunt: quæ quidem est, vt ipsi dicunt, finis corporis, duo *faciat fluens li-*
habens interualla ac dimensiones, nempe longitudinem & latitudi- *nea, quot se-*
nem. Si superficies ergo est finis corporis: corpus autem omnino est *surda.*
finitum. & si hoc ita est, quando duo inter se adduntur corpora, tunc
20 aut fines tangent fines, aut finita tangent finita: vt in amphora si finem quidem intellexerimus testam quæ est extrinsecus, finitum autem quod est in ea vinum. Si duæ ergo amphoræ fuerint adiectæ altera alteri, aut testa testam, aut vinum tanget vinum. Et si fines quidē tangant fines, finita se inter se non tangent, hoc est corpora. quod
25 quidem est absurdum. Si autem finita se magis inter se tangent, hoc
est corpora: fines autem se inter se non tangent, erunt corpora extra
suos fines. Si autem & fines tangant fines, & finita tangant finita, dubitationibus addemus dubitationes. Nam quatenus quidem fines
tangunt alter alterum, finita se inter se non tāgent. Quatenus autem
30 finita, erunt corpora extra suos fines, quādoquidem finis quidem est
superficies: corpus autem finitum. Rursus autem fines sunt aut cor-
porei, aut incorporei. Et si sint quidem corpora, falsum erit Geometris, quòd superficies careat profunditate. Nam si est corpus, necessariò habebit profunditatē: debet enim profunditatem habere om-
35 ne corpus. Deinde nec tanget aliquid, sed erit vniuersa magnitudo
infinita. Nam si est corpus, quoniam omne corpus habet finem, ille
quoque finis, cùm sit corpus, habebit finem: & ille similiter. idque
in infinitum. Sin autem finis est infinitus: quoniā incorporeum nihil

l 2   potest

potest tangere nec tangi, fines non tangent alter alterum. His autem non tangentibus, nec finita tangentur alterum ab altero. Et si ergo dederimus lineam esse longitudinem expertem latitudinis, id quod de superficie dicitur est dubium. Cum quibus, si sint dubia, etsi nos non dicamus, simul tollitur etiam corpus solidum, quod est ex eis compositum. Consideremus autem sic quoque. Si enim corpus est, vt dicunt Geometræ, quod tria habet interualla seu dimensiones, nempe longitudinem, profunditatem, & latitudinem: aut est corpus ab eis separabile, adeò vt aliud quidem corpus sit, aliud verò longitudo corporis, latitudoque ac profunditas: aut eorum congeries, est corpus. Sed ab eis quidem separari corpus non est probabile. Vbi enim neque est longitudo neque latitudo neque profunditas, fieri non potest vt illic corpus intelligatur. Sin autem eorum congeries intelligitur corpus, & præter hæc nihil est aliud: necessariò quoniam vnumquodque eorum est incorporeum, communis quoque corporum coitio erit incorporea. quomodo etiã compositio punctorum, & linearum coitio quæ sunt natura incorporeæ, non facit corpus solidum & resistens. Si ergo neque sine his est corpus, neque hæc sunt: quod ad Geometras attinet corpus est inexcogitabile. Ad hæc accedit, quòd si longitudinis & latitudinis & profunditatis coitio facit corpus: aut ante coitionem vnumquodque eorum intelligitur in se corporeitatem, vt ita dicam, continere, & veluti corporeas rationes: aut post eorum congressionem constitit corpus. Et si quidem vnumquodque eorum ante coitionem intelligitur continere corporeitatem, vnumquodque eorum erit corpus, neque fiet illud post eorum coitionem. Deinde quoniam corpus non est solùm longitudo, neq; latitudo seorsum, neque profunditas ex circunscriptione, sed simul tria & lõgitudo & latitudo & profunditas: vnumquodq; autem eorum continebat corporeitatem, habebit vnumquodque eorum tria corpora: & longitudo non solùm erit longitudo, sed etiam latitudo & profunditas: & profunditas similiter erit etiam longitudo & latitudo. quod quidem est à ratione lõgè alienissimum. Sin autem cum ea conuenerint, tunc intelligitur corpus consistere: aut cum ea coïerint, manet quæ erat ab initio natura longitudinis vt longitudinis, latitudinis autem vt latitudinis, profunditatis autem vt profunditatis: aut mutata est in corporeitatem. Et si manet quidem quæ ab initio erat eorum natura, quoniam est incorporea, nec facient quidem corpus ab ea differens, sed manent incorporea post coitionem, vt quæ

corpus solidum non esse habens tres dimensiones.

natura

ADVERSVS MATHEMATICOS.

natura sint incorporea. Sin autem cum coïerint mutátur in corporeitatem, & suscipiens mutationem statim est corpus, vnumquodq; eorum erit corpus priusquam fiat illa simul coitio: & ita id quod est incorporeum fiet corpus. Et quomodo corpus quod mutátur, aliam quidem habet pro alia qualitatem, manet autem nihilo minus corpus: vt album vt fiat nigrum, & dulce vt amarum, & vinum vt acetū, & plumbum vt cerusa, & æs vt ærugo, aliam quidē ex alia suscipiunt qualitatē, non excedunt autem ab essentia corporis: ita hęc quoque, siquidem mutantur in corpora, erunt quidem alia pro aliis corpora, corpora autem nihilo minus. neque enim excedent à propria natura. Si ergo neque ante eorum coitionem licet corpus intelligere, neque post eorum coitionem, præter hæc autē non licet aliter mente percipere, nihil est corpus. Ad hæc accedit, quòd si nulla est nec longitudo, nec latitudo, nec profunditas: nec corpus erit quod intelligitur ex eorum participatione. Non est autem longitudo, nec latitudo, nec profunditas, vt per ea quæ prius dicta sunt ostendimus: nec ergo erit corpus quod intelligitur ex eorum participatione. Atque sic quidem vsuuenit vt Geometrica non possint cōsistere principia: ea autem si tollantur, nec potest vlla alia Geometrica constare contemplatio. Cuiusmodicunque enim ea sit, oportet eam demonstrari grammicè, hoc est lineariter. Nos autem ostendimus nihil esse lineā in genere: cui est consequens vt neque vlla sit in specie, seu quis per hypothesim eam ponat rectam, seu fractam, seu quomodocunque ea sit. Quare sufficeret quidem, si hic fine facto cessaremus dicere contra Geometras. De certantes tamen tentabimus docere, quòd etiam si discesserimus à principiis Geometriæ, non possunt Geometræ vllam contemplationem constituere nec demóstrare. Quanquam antea non pauca dici possunt aduersus posita eorum principia, vt cùm dicunt rectam esse lineam quæ sita est ex æquo suis partibus. Nam, vt alia prætermittamus, illud quidem euidens, quòd si non sit linea in genere, nec recta possit esse linea. Quomodo enim si nō sit animal, nec est homo: & si non sit homo, nec est Socrates: ita etiam si tollatur linea in genere, simul etiam sublata est recta linea plana. Deinde æquum seu æquale dicitur duobus modis: Vno quidē modo id quod est æqualis magnitudinis, & neque id exuperat cui dicitur æquale, neq; ab eo exuperatur: quomodo lignū cubitale dicimus esse æquale ligno cubitali. Altero autem, id quod habet partes ex æquo sitas, hoc est planum & æquabile. Ita ergo dicimus solum æquale, pro eo

Lineæ definitio reprehēditur.

Æquum seu æquale dicitur duobus modis.

I 3   quod

quod est planum & æquabile. Cùm ergo æquale dicatur duobus modis,quando Geometræ rectam lineam describétes dicunt,Recta linea est quæ sita est ex æquo suis partibus : aut in primo significato accipiunt æquum seu ęquale,aut in secundo. Sed si in primo quidem significato, planè desipiunt:Nullum enim habet sensum,esse rectam lineam quæ sit æqualis magnitudinis suis partibus, & neque eas superet,nec ab eis superetur. Sin autem in secundo, per idipsum quod quæritur docebunt:siquidem quòd recta quidem sit ostendunt ex eo quòd æquabiliter & in recta linea sitas habeat partes. In recta autem linea aliquid esse situm, discere non possumus,priusquam ad rectam animum adiecerimus. Longè autem sunt ineptissimi illo quoq; modo definientes,nempè,Recta est quæ ex æquo suis vertitur partibus: aut sic,Recta est, quę ex æquo suis finibus vertens,omnibus suis partibus tangit planum. Nam primum quidem eæ definitiones cadunt in easdem quas prius diximus dubitationes:deinde, sicut etiã dicunt Epicurei, vacui recta, est quidem recta:non vertitur auté,propterea quòd ipsum quoque vacuum, neque totum,neque per partem suscipiat motum. Deinde id quod dicitur in fine, incidit in modum alterum inter se docendi per alterum, qui est vitiosissimus. Nam & planum docent per rectam, & rectam per planum.Rectam enim dicunt quæ planum tangit in omnibus partibus: planum auté esse,per quod quæ ducitur recta tangit omnes partes. Quare vt discamus rectam, oportet prius discere planum:vt hoc auté discamus,necesse est prius nosse rectam.quod quidem est absurdum. Et vt semel dicam,qui per planum docet rectam, nihil aliud quàm per rectam ostendit rectam: nam ex eorum sententia,planum multæ sunt rectæ lineæ. Quale autem est quod de recta dicitur, tale est etiam quod dicitur de angulo. Rursus enim quando dicunt describétes, Angulus est duarum linearum non congruenter inter se collocataru id quod est minimum sub inclinatione : aut minimum dicunt corpus quod caret partibus : aut quod est,vt ipsi volunt, signum & punctum. Sed corpus quidem carens partibus non dicent,quoniam id nemo potest in duas partes diuidere:angulus autem, vt ipsi volunt, secatur in infinitum.Et alioqui ex angulis alium quidem dicũt esse maiorem, alium verò minorem. Minimo autem corpore nihil est breuius , quandoquidem illud non hoc erit minimum. Restat ergo vt dicant id quod est,vt ipsi censent, signum: quod ipsum quoque cadit in dubitationem. Si enim signum est eiusmodi vt nullo modo nec vlla ratione vllũ suscipiat interuallum

Docendi alterum per alterũ est modus vitiosissimus.

Anguli definitiones reprehẽduntur.

ADVERSVS MATHEMATICOS.

lum ac dimenſionem,non diuidetur angulus:ſed nec erit vllus maior aut minor angulus. Iis enim quæ nullum habent ſpatium ac dimenſionem,non poteſt eſſe vlla in magnitudine differentia. Et alioqui ſi inter rectas cadit ſignum, definit ac diſtinguit rectas. Quod autem definit ac diſtinguit, non erit vtique huiuſmodi vt nullum habeat ſpatium ac dimenſionem. Sed ſolent quidam ex eis dicere,angulum eſſe primum interuallum ſub inclinatione. Aduerſus quos veritatis eſt ſimplex oratio. Aut enim interuallum eſt expers partium, aut in partes diuiduum. Sed ſi eſt quidem expers partium, eis prius dictæ ſequentur dubitationes. Sin autem eſt diuiduum in partes, nihil erit primum. Primo enim quod poſitũ fuerit, inuenietur aliud prius,propter eorum quæ ſunt,quę quidem eis placet,in infinitum ſectionem. Mitto dicere quòd cum alia quoque artificioſa oratione pugnat angulorum eiuſmodi intelligentia. Nam diuidétes dicunt, angulorum alium quidem eſſe rectum,alium verò obtuſum,alium autem acutũ: & obtuſo alium eſſe magis obtuſum: ſimiliter autem & acuto magis acutum. Si autem dicimus angulum eſſe minimum ſpatium ſub inclinatione, non conſeruabuntur eiuſmodi angulorum differentiæ, quatenus alter alterum ſuperat,& alter ab altero ſuperatur. Et ſi non conſeruantur, tollitur angulus, vt qui ſtabilem nõ habeat menſuram qua dignoſcatur. Atq; de recta quidem linea & angulo eis hæc ſunt dicenda. Circulum quoque definientes dicunt: Circulus eſt figura plana quæ continetur ab vna linea, in quam rectæ quæ à centro ducuntur incidentes, ſunt inter ſe æquales. inſipienter hæc dicentes. Signo enim & linea & recta & plano & angulo ſublatis, ne poteſt quidem excogitari circulus. Sed ne videamur ſophiſticè agere, & vniuerſam contradictionis probationem conſumere in ſolis Geometriæ principiis, agè tranſeamus, vt prius ſumus polliciti, & conſideremus eorum contemplationes quę ſunt poſt principia.Quando ergo dicunt, Datam rectam in duas partes ſcindere, aut dicunt in duas partes ſcindere eam quæ datur in abaco: aut eam quæ ab hac intelligitur per tranſitum. Non autem dicent in duas partes ſcindere eam quæ data eſt in abaco: nam ipſa quidem cernitur habere longitudinem & latitudinem ſenſilem. Quæ autem ex eorum ſententia eſt recta linea,eſt longitudo expers latitudinis: Quare cùm non ſit, vt ipſi volunt, linea in abaco, nec in duas partes ſecabitur vt linea. Sed nec ea quæ ab hac intelligitur per tranſitum. Ponatur enim, verbi cauſa, conſtans ex nouem punctis, ab vtroque quidem extremorum quatuor

Circulum nõ eſſe quomodo probatur.

Lineam rectam datã in duas partes ſecare reprehenditur.

tuor numeratis, vno autem puncto duos quaterniones intercipiente in medio. Ergo si in duas partes tota scinditur linea, aut inter hunc quintum punctum & alterum quaternionem feretur id quod scindit: aut in ipso quinto, ita vt eum diuidat in duas partes. Atque ferri quidem inter quintum punctum & alterum quaternionem id quod secat, est à ratione alienum. erunt enim sectæ partes inæquales, altera quidem composita ex quatuor punctis, altera verò ex quinq;. Ipsum autem punctum secare in duas partes, est priori à ratione longè alienius. nam non amplius relinquent signum nullum habens interuallum ac dimensionem. Similiter etiã quando dicent, circulum in partes æquales diuidere. Nã si circulus diuiditur in partes æquales, omnino quoniam mediũ habet centrum, quod ipsum quoq; est signum: aut huic parti, aut illi attribuetur: aut ipsum quoque diuidetur in duas partes. Sed huic quidem aut illi parti attribui, facit inæqualẽ in duas partes sectionem. Ipsum quoque scindi in duas partes, pugnat cum eo quòd signum nullam habeat dimensionem, & sit indiuiduum. Et id quod secat lineam, aut est corpus, aut incorporeum. Non potest autem esse corpus: Indiuiduum enim aliquid & incorporeũ, & quod in ipsum non incurrit, non secuerit. Neque incorporeum. nam hoc rursus, si quidem est punctus, eo quòd nullas habeat partes, & in id cadat quod caret partibus, minimè secuerit. Si autẽ linea: rursus quoniam fine suo debet secare, finis autem eius caret partibus, non secat. Et alioqui finis qui secat, aut medius cadés inter duos punctos secat lineam in duas partes, aut latus in medium puncti. Sed vt feratur quidẽ per medium signi, minimè potest fieri. Oporteret enim, vt prius dicebamus, ferri, vt semel dicam, diuiduum, si non sit amplius eiusmodi vt non suscipiat dimensionem. Ferri autem inter duos punctos est à ratione longè alienius. Nam primùm quidẽ nullus finis potest cadere medius inter continuitatem. Deinde etiam si hoc datum fuerit quòd possit fieri, oportet ipsum ea transmouere inter quæ collocatur, si quidem sunt continua: ea autem sunt immobilia. Est ergo id quoque dubium, quod dicitur de eo quod secat. Verumenimuero etiamsi eis dederimus, vt in his sensilibus lineis faciant ablationes, nec hæc quidem via eis rectè succedet. Aut enim à tota linea fiet ablatio, aut à parte. & quod aufertur, aut æquale ab æquali, aut inæquale ab inæquali, aut viciffim auferetur. Nihil autem horum est explicatum & carens dubitatione, vt ostendimus in Commentario aduersus Grammaticos, & in Commentario aduersus Physicos.

Circulum in partes æquales diuidere reprehẽditur.

cos. Non potest ergo fieri vt Geometræ aliquid auferant & scindant à linea.

Sexti Empirici aduersus Arithmeticos. Cap. 20.

Qvoniam quanti aliud quidem est in corporibus continuis, quod vocatur magnitudo, in qua maximè versatur Geometria: aliud autem in disiunctis ac discretis, quod est numerus; in quo versatur Arithmetica, transeuntes à geometricis principiis & contemplationibus, consideremus numerum. Eo enim sublato ne ars quidem erit quæ in eo consistit. Atque vniuersè quidem ac in genere Mathematici Pythagorei magnam vim tribuunt numeris, vtpote quòd vniuersarum rerum natura ex eis administretur. Vnde etiam semper acclamabant,

„ *Assimilata autem numeris sunt omnia.*

iurantes non solùm numerum, sed etiam eum qui eis ipsum ostenderat Pythagoram, tanquam Deum, propter vim quæ est in Arithmetica, dicentes,

„ *Non per eum à quo animæ datus ille quaternio nostræ,*
„ *Naturæ æternæ à quo fons radixque profecta est.*

Quaternio autem ab eis appellabatur, numerus compositus ex quatuor primis numeris. Vnum enim & duo & tria & quatuor fiunt decem, qui est numerus perfectissimus: quoniam cùm ad eum peruenerimus, reuertimur ad vnitatem, & denuò numeramus: dicuntq; eum habere fontem & radicem naturæ æternæ, propterea quòd ex eorū sententia in eo sita sit ratio vniuersorum constitutionis; vt corporis & animæ. Sufficiet enim eorum meminisse exempli causa. Atque ponitur quidem vnitas quoddam principium efficiens constitutionis aliorum numerorum. Binarius autē est efficiens longitudinis. Quomodo autem in principiis Geometricis ostendimus primùm quis sit punctus: deinde post eum linea quæ est longitudo expers latitudinis: eodem modo etiam in præsentia vnitas quidem habet rationem puncti, binarius autem rationem lineæ & longitudinis. hinc enim eā mente versans processit cogitatio: id autem erat longitudo. Ternarius autem in latitudine & superficie. hinc enim mens vtique ferebatur. Et si dimensioni per longitudinem addatur dimensio per latitudinem, intelligitur superficies. Sed & si ternario additam quartam contempleris vnitatem, hoc est quartum signum, fit pyramis corpus solidum & figura: habet enim longitudinem, latitudinem, & profunditatem.

Quantū continuum.
Quantum discretum.
Numeris plurimū tribuunt Pythagorei.
Pythagorei iurabant per Pythagoram.
Quaternio numerus perfectissimus.
Vnitas habet rationem puncti.
Binarius lineæ & longitudinis.
Ternarius superficiei & latitudinis.
Quaternio autē pyramidis & corporis solidi.

m

ditatem. Quo fit vt in quarto numero contineatur ratio corporis:
quin etiam ratio animæ. Quomodo enim dicunt vniuersum mundũ
administrari per harmoniam, ita etiam animari animal. Videtur autem harmonia in tribus consonantiis accipere substantiam, nempe
in consonantia Diatessaron, in consonantia Diapente, & in consonantia Diapason. Atque consonantia quidem Diatessaron posita est
in ratione sesquitertia: Consonantia autem Diapente in sesquialtera: Consonantia autem Diapason in dupla. Sesquitertius autem dicitur numerus, qui constat ex toto aliquo numero, & ex tertia illius
parte, sicut octo se habent ad sex. Nam & ipsum totum, nempe sex,
comprehendit, & tertiam eius partem, nempe duo. Sesquialter autẽ
appellatur, quando numerus continet numerum & illius dimidium:
vt nouem se habent ad sex. constat enim ex sex, & ex eius dimidio,
nempe ex tribus. Duplus autem appellatur qui est æqualis duobus
numeris: vt quatuor se habent ad duo, nam bis eum continent. Cæterum cùm hæc ita habeant, & ex accepta ab initio hypothesi sint
quatuor numeri, vnum, & duo, & tria, & quatuor, in quibus dicebamus etiam contineri ideam animæ, per rationem harmonicam: quatuor quidem sunt duplum duorum, & duo sunt duplũ vnitatis, in quo
sita est consonantia Diapason: & tria est sesquitertius duorum. ipsum
enim, nempe duo, continet, & eius dimidium. vnde etiam subiicit
consonantiam Diapente. Quatuor autem est trium sesquitertius: in
eo autem posita quoque fuerat Diatessaron consonantia. Quo fit vt
meritò dictus sit apud Pythagoreos quaternio habere fontem & radicem vitæ æternæ. Sed quòd magnam quidem vim tribuerent numeris, ex his est perspicuum, quæ dicta sunt ad rem exemplo melius
declarandam. magna enim apud eos habetur ratio numerorum. De
qua mittentes in præsentia dicere prolixius, aggrediamur contradictionem, principio dicendi ducto ab vnitate, quæ est principium totius numeri, & quo sublato ne est quidem numerus. Vnius ergo intelligentiam nobis Pythagorico more describẽs Plato, dicit, Vnum
est, cuius nihil seorsum dicitur vnum. Per participationẽ ergo vnumquodque vnum dicitur, & multa. Planta enim, exempli causa, & animal, & lapis vnum quidem appellatur: non est autem ex propria ratione vnum, sed intelligitur vnum in vnius participatione, cùm nullum eorum hoc sit. Nam neque planta, neque animal, neque lapis,
neque vllum aliud ex numerabilibus, est id quod re vera est vnum.
Nam si planta aut animal est illud vnũ, omnino quod non est planta,
neque

neque animal, non dicetur vnum. Dicitur autem & planta & animal vnū, & alia innumerabilia: nullum ergo ex numerabilibus est vnum. Id autem cuius vnumquodque per se quidem est vnum, multa autem congerie participat, vnum fit & multa ex singularibus. Quòd quidē rursus nulla est multorum multitudo, vtpote plantarum, animalium, lapidum. nam per illius quidem participationem ea dicuntur multa: ipsum autem non est in eis. Atque talis quidem vnius idea intelligitur à Platonicis. Nos autem adiungentes dicamus: Aut diuersa à singularibus numeris est vnius idea, aut intelligitur cum illis qui sunt eius participes. Sed per se quidem præter ea quæ sunt singulatim numerabilia, nihil vnum intelligitur subiectum. Restat ergo vt intelligatur in illis, quæ eum participant: quod rursus est dubium ac perplexum. Lignum enim quod cadit sub numerum, si vnitatis participatione est vnum, quod non est lignum, non dicetur vnum. Dicitur autem, vt superius ostendimus. Non est ergo vnitas, cuius participatione vnumquodque eorum quæ sunt sigillatim numerabilia, appellatur vnitas. Deinde quod à multis participatur est multa, & nō vnū. Quæ autem sunt numerabilia, multa sunt & infinita. Non ergo vnitatis participatione ex numerabilibus vnumquodque est vnū. Quomodo ergo homo in genere, quem nonnulli intelligunt animal particeps rationis, nec est Socrates, nec Plato, quandoquidē nullus alius diceretur homo: neque per se consistit, neque cum Platone & Socrate, quandoquidem consideraretur vt homo: ita etiā vnum, cùm neq; cum singularibus numerabilibus, neque per se intelligatur consistere, statim est eiusmodi vt non possit cadere sub intelligentiā. Eādem autem sunt dicenda in duobus & etiam tribus, & vt semel dicam, in omni numero, ne simus prolixiores. Simul autem licet ab eis quoq; sic sciscitari : Vnius idea, cuius participatione aliquid dicitur vnum, aut est vna idea, aut vnius plures sunt ideæ. Sed si est quidē vna, non participatur à multis. nam si A, vt clarior sit doctrina, habeat totam vnius ideam, B quod non est eius particeps, non erit vtique vnum. Porrò autem neque multas habet partes, vt multa eam participent: nam primùm quidem esset vnumquodque non illius vnius particeps ideæ, sed eius partis. Deinde vnitas ex eorum sententia intelligebatur carens partibus, & indiuidua. Sin autem vnius sunt plures ideæ, vnumquodque ex numerabilibus quæ collocantur in vno, aut vnius aut duorum in vtroque vno est communis ideæ particeps, aut nō est. Et si quidem non est particeps, oportebit omnia in vno esse collo-

Vnius idea, quæ à Platone est data, refellitur.

cata absque eo quòd ideam participent, quod quidé nolunt. Sin autem est particeps, quæ erat ab initio colligetur dubitatio. Quomodo enim duo vnam participabūt? Atque hæc quidem de vnitate, qua sublata vniuersus sublatus est numerus. Adiungamus tamé etiam de binario. Nam ipse quoque sit dubius ac perplexus ex coitione vnitatum: quomodo etiam prius dubitauit Plato in libro de anima. Nā vnitate addita alteri vnitati, aut accedit aliquid per additionem vnitatis alteri, aut recedit. Si autem recedit aliquid per additionem, fiet diminutio vnius & vnius, & non erit binarius. Sin autem accedit aliquid, duo nō fient duo, sed quatuor. nam binarius qui accedit, & vnitas, & altera vnitas constituūt numerum quaternarium. Nihil est ergo binarius. Eadem erit dubitatio etiam in omni numero. Quo fit vt hac ratione nihil sit numerus. Verumenimuero quoniam ex additione & ablatione vnitatis intelligitur numerus, est perspicuum quòd si ostenderimus vtrunque eorum minimè posse fieri, peribit etiā substantia numerorum. Primùm autem iam dicamus de ablatione, vtentes doctrina quæ rem ostendat exemplis. Quæ ergo à subiecto denario aufertur vnitas, aut aufertur à toto denario, aut ab eo qui restat nouenario. Non autem à toto denario, vt ostendemus: neq; à nouenario, vt docebimus. Si enim ab hoc toto aufertur vnitas, aut denarius est alius à singularibus vnitatibus, aut earum congeries appellatur denarius. Sed alius quidem à singularibus vnitatibus non est denarius: etenim illis ablatis ne est quidem denarius: & ablato denario similiter non amplius sunt vnitates. Si autem denarius idem est qui vnitates, hoc est, si singulares vnitates sunt denarij, est perspicuum quòd si à denario fit ablatio vnitatis, auferetur ab vnaquaque vnitate. Singulares enim vnitates erant denarius: & sic non erit vtique ablatio vnitatis, sed denarij. Quamobrem nō tollitur vnitas à toto denario. Sed neque fit ablatio à nouenario qui restat. Quomodo enim post eius ablationem adhuc est saluus subiectus denarius? Sed si neq; à toto denario tollitur vnitas, neque à denario qui restat, nullus consistit numerus per ablationem. Alioqui si tollitur à nouenario vnitas, aut tollitur à toto, aut ab vltima eius vnitate. Et si tollitur quidé vnitas à toto nouenario, erit ablatio nouenarij. Nam quod aufertur ab vnaquaque vnitate singularium vnitatum quæ sunt nouem, componit numerum nouenarium. Sin autem ab vltima vnitate fit ablatio: primùm quidem ostendetur vltimam vnitatem quæ caret partibus esse diuiduam. quod quidem est absurdum. Deinde si ab vltima vnitate

Binarius numerus nihil est.

Numerus nō potest intelligi ex additione aut ablatione vnitatis.

tate tollitur vnitas, non poterit nouenarius adhuc manere integer. Et alioqui si à denario fit ablatio vnitatis, aut à denario qui est fit ablatio, aut à denario qui non est. Non potest autem fieri ab eo qui est: quáto enim tempore manet denarius, nihil potest ab eo auferri tanquam denario, quandoquidem non erit amplius denarius. Nec ab eo qui non est. Non est enim natura comparatum, vt ab eo quod nó est auferatur aliquid. Præter id autem quod est esse & non esse, nihil potest mente percipi. Non ergo tollitur aliquid à denario. Sed quòd nulla quidem ratione fieri possit vt per ablationem aliquem numerum intelligas, ex his est ostensum. Quòd autem nec per additioné, facile est ostenderi proportioni conuenientibus hærendo dubitationibus. Rursus enim si vnitati addatur vnitas, aut toti denario dicédum est fieri additionem, aut vltimę parti denarij. Sed si toti quidem denario additur vnitas: quoniá totus denarius intelligitur cum omnibus singularibus vnitatibus, oportebit vnitatis quæ fit additioné, esse additioné omnibus singularibus denarij vnitatibus. quod quidem est absurdum. Sequetur enim vt per vnitatis additionem denarius fiat vicenarius. quod quidem nulla potest ratione fieri. Non est ergo dicendum toti denario addi vnitatem. Sed neque vltimæ parti denarij: quandoquidem non augebitur denarius, propterea quòd vnius partis incrementum, statim sit etiam incrementum totius denarij. Vt semel autem dicam, aut manenti denario additur vnitas, aut non manenti. Neque autem manenti addi potuerit: quandoquidem non amplius manet denarius. Neque non manenti: Omnino enim non manéti nec potest quidem fieri additio. Sed si numerus, vt dixi, intelligitur consistere per additionem & ablationem, ostédimus autem neutrum esse eorum: dicendum est nihil esse numerú. Cùm hæc itaq; dubitado disseruerimus aduersus Geometras & Arithmeticos, alio sumpto initio dicamus etiam aduersus Mathematicos.

Sexti Empirici aduersus Astrologos.   Cap. 21.

DE Astrologia aut Mathematica propositum est quærere, non ea quæ planè constat ex Geometria & Arithmetica. iam enim diximus contra eos qui has profitentur disciplinas. neque de vi & facultate prædicendi, quæ est apud Eudoxum & Hipparchum & similes, quam quidem vocant Astronomiam. est enim obseruatio in iis quæ apparent, vt agricultura, & ars gubernandi. ex qua licet prædicere siccitates & imbres, pestemque & terræmotum, & alias eiusmodi

Astronomia, obseruatio in iis quæ apparent.

ambien-

Chaldæi, Ma- ambientis aëris mutationes. sed aduersus genealogiam, quam Chal-
thematici, Ge- dæi magnificis ornantes nominibus, seipsos Mathematicos appellāt
nethliaci & & Astrologos , vitæ humanæ multis modis non paruam afferentes
Astrologi indē iniuriam, & in nobis magnam struentes superstitionem, neque quid-
sunt. quam permittentes agere ex recta ratione. Hoc autem sciemus, cùm
Astrologiæ paulo altius prius dixerimus de iis quæ tēdunt ad methodum in qua
iudiciariæ me- consistit eorum consideratio. Fiet autem cursim rudiusque & cras-
thodus. sius eorum explicatio. Iis enim quibus est princeps institutum hanc
persequi disciplinam, concessum sit ea tractare diligenter & accuratè. Nobis autem satis sit eorum meminisse, sine quibus nō possumus
aggredi dicere aduersus Chaldæos. In primis ergo ab eis ponitur,
Terrena ha- quòd terrena consensionem, quam sympathiā vocant, habeant cum
bent sympa- cœlestibus, & ex illorum influxibus ea semper innouentur.
thiam cum cœ-
lestibus.   *Terrenorum hominum mens & sententia talis,*
Homerus.   *Esse diem vult qualem hominum pater atque deorum.*

Qui id quod nos ambit curiosius suspexerunt Chaldæi, dicunt quidē
Septem pla- septem stellas tenere rationem causarum agentium in vnumquodq;
netæ agunt in eorum quæ in vita accidunt: adiuuare autem partes Zodiaci. Atque
vnūquodque Zodiacum quidē circulum, vt accepimus auditione, diuidunt in duo-
eorum quæ in decim animalia. vnumquodque autem animal in partes triginta. De
vita accidūt. hoc enim in præsentia cum eis conueniat. Vnamquanque autem par-
Zodiacus tem in sexaginta minuta. ita enim vocant quæ sunt minima & indiui-
quomodo diui- dua. Animalium, quæ vocant ζώδια, id est animalcula, alia quidem
datur.
μοίρας, id appellant masculina, alia autem fœminina: & alia quidem bicorpo-
est, partes, rea, alia verò non: & alia quidem solida, alia verò ϟοπικα, id est muta-
quas vocant toria. Atque masculina quidem vocant & fœminina, quæ adiuuan-
gradus. tem habent naturā ad generandos masculos & fœminas. Aries enim
Signorum a- est signum masculinum, Taurus autem fœmininum: Gemini mascu-
lia masculina, linum, & vicissim reliqua ex simili analogia, alia quidem masculina,
alia fœmini- alia verò fœminina. A quibus moti, vt arbitror, Pythagorei, vnitatē
na, alia bicor-
porea, alia nō. quidem appellant masculum , binarium verò fœminam , ternarium
Vnitatem cur autem rursus masculum, & simili rursus proportione ac analogia cę-
masculum ap- teros pares & impares numeros. Nonnulli autem vnumquodque
pellent Pytha- etiam animal diuidētes in duodecim partes, eadem ferè vtuntur via
gorei, binariū ac ratione: vt in Ariete primam quidem duodecimā eius partem ap-
verò fœminā. pellant & Arietem & masculum: secundum autem , Taurum & fœminam: tertium autem Geminos & masculum. In aliis quoque partibus eadem est ratio. Bicorporea autem dicunt esse animalia, Gemi-
                                                                              nos, &

nos, & qui eis ex diametro aduersatur Sagittarium, Virginemque & Pisces: non bicorporea autem reliqua. Et tropica quidem seu mutatoria, in quibus cùm Sol fuerit, transmutat & facit ambientis aëris conuersiones: cuiusmodi sunt signa, Aries, & quod ei aduersatur ex diametro, nempe Libra: Capricornusque & Cancer. Nam in Ariete quidem verna fit conuersio, in Capricorno autem hyemalis, in Cancro verò æstiua, & in Libra autumnalis. Solida autem existimat, Taurum, & quod ei aduersatur ex diametro, nempe Scorpium & Leonē & Aquarium. Verumenimuero horum quoque omnium, ea quæ in vnoquoque ortu dominatum obtinent signa ad euentum eorum quæ perficiuntur, quæ quidem dicunt ἀποτελέσματα, & ex quibus maximè faciunt prædictiones, dicunt esse numero quatuor. Quæ communi quidē nomine appellant Centra, proprio autem aliud quidem horoscopum, aliud autem μεσουράνημα, hoc est medium cœli, aliud autem Occidens, aliud autem subterraneum & ἀντιμεσουράνημα, hoc est, situm ex aduerso medij cœli, quod ipsum quoque est cœli medium. Atque horoscopus quidem est id quod contigit oriri eo tempore quo perficiebatur ortus. Medium autem cœli, quartum quod ab illo est signum cum illo ipso. Subterraneum autem & situm ex aduerso medij cœli, quod medio cœli est aduersum ex diametro: vt (exemplo enim fiet clarum) si Cancer sit horoscopus, in medio quidem cœlo est Aries, occidit autem Capricornus, sub terra autem est Libra. Verumenimuero vniuscuiusque horum centrorum animal quidem seu signum præcedens vocat ἀπόκλιμα, hoc est declinationem. Quod autem sequitur ἐπαναφοράν, hoc est relationē. Iam verò id quidem quod sequitur animal illud seu signum quod est in horoscopo, si sit in aperto, appellant mali Dæmonis. Quod est autem postea, sequitur autem id quod est in medio cœli, boni esse Dæmonis. Quod autem præcedit id quod est in medio cœli, κατὰ μερίδα, hoc est inferiorem partem vocant, & μονομοιρίαν, id est vnicam sorte, & Deum. Quod autem venit ad occasum, Otiosum animal, seu signum & principium mortis. Quod autem est post occasum, nec est apertum, pœnam & malam fortunam: quod quidem situm est ex diametro ex aduerso mali Dæmonis. Quod autem venit sub terram, bonam fortunam: quæ per diametrum sita est ex aduerso boni Dæmonis. Quod autem recedit ab eo quod est ex aduerso medij cœli, versus Orientem, Deam, ex diametro Deo aduersum. Quod autem horoscopum sequitur, Otiosum: quod rursus Otioso aduersatur ex diametro. aut vt dicamus cōpendio-

Signa dominantia in vniuscuiusque natiuitate sūt quatuor.

Horoscopus quid sit.
Medium cœli quid sit.
Medio cœli oppositum.

ἀπόκλιμα seu declinatio quid sit.
ἐπαναφορά quid sit.
Signum mali Dæmonis.
Signum boni Dæmonis.
κατὰ μερίς, id est, pars inferior.
μονομοιρία, vnica sors, seu Deus.
Otiosum signū, seu principiū mortis.
Pœna et mala fortuna.
Bona fortuna.
Dea.
Otiosum.

pendiosius, Signi quod est in horoscopo declinatio quidem vocatur malus Daemon: epanaphora autem otiosum. Eodem modo autē eius, quod est in medio coeli, declinatio quidem Deus: epanaphora autem bonus Daemon. Similiter autem eius quoque quod est situm ex aduerso medij coeli, declinatio quidem vocatur Dea: epanaphora autem, bona fortuna. Similiter Occidentis declinatio quidem mala fortuna: epanaphora autem, otiosum. Existimant autem haec non leuiter & veluti aliud agendo esse examinanda. Censent enim stellas non eandem vim habere ad male vel secus faciendum, si considerentur in centris, & in anaphoris & in declinationibus, sed alicubi quidem efficaciorem, alicubi vero minus efficacem. Fuerunt etiam quidam Chaldaei, qui vnamquanque partem humani corporis attribuerunt vnicuique signo, vt quae cum illo haberet cōsensum, & cum eo afficeretur. Nam Arietem quidem caput nominant: Taurum autem, collum: Geminos autem, humeros: Cancrum autem, pectus: Leonem verò latera: Virginem autem coxédices: Libram ilia: Scorpium pudendum & matricem: Sagittarium femora: Capricornum genua: Aquarium autem tibias: Pisces autem pedes. idque rursus nō inconsideratè: sed quoniam si fuerit aliqua stella in aliquo horum signorum in ortu maleficorum, efficit mutilationem eius partis, quae est eiusdem nominis. Atque haec quidem summatim ostensa sint de natura eorum quae sunt in Zodiaco circulo. Non absurdum autem fuerit etiam deinceps de eorum dicere diuisione. Nam cùm nō esset certa animaduertendi & inspiciendi ratio, quòd non contemplarentur signa ex propria circunscriptione, sed septem dispersarum stellarum obseruatione, venit eis in mentem in duodecim partes totum diuidere circulum. Ostendentes enim viam ac rationé, dicunt, quòd cùm veteres obseruassent vnam quandam lucidam stellam ex iis quę sunt in circulo Zodiaco, & deinde perforatam amphoram aqua impleßent, siuerunt fluere in alterum vas subiectum donec eadē stella oriretur, coniectantes ab eodem signo ad idem signum fuisse circuli circumuolutionem. Rursus sumpserunt duodecimam partē eius quod fluxit, & consideraruntquanto tempore hoc fluxerit: dicebant enim tanto rediisse duodecimam partem circuli: & eandem habere rationem reuersam partem ad totum circulum, quantam habet pars aquae quae fluxit, ad totam aquam. Ex hac, inquam, relatione duodecimae partis signabant vltimum finem ab aliqua insigni stella, quae eo tempore spectabatur, aut ab aliqua ex iis quae simul oriebantur

corporis pars quaelibet attribuitur alicui signo.

γλυτὸς

Zodiacus circulus quomodo fuerit diuisus.

magis

ADVERSVS MATHEMATICOS.

magis boreales aut magis australes. Hoc ipsum autem faciebant etiã in aliis duodecim partibus. Sed via quidem ac ratio, per quam in tot partes Zodiacum diuidunt circulum, est huiusmodi. Analogia autem ac proportione ei videtur conuenire illa, per quam vniuscuiusq; or-
5 tus horoscopum ab initio obseruarunt Chaldæi. Noctu enim, inquit, sedebat Chaldæus in alto aliquo promõtorio stellas spectans. Alius autem assidebat parturienti donec peperisset. Cùm primum autem peperisset, id significabat magistro qui erat in promontorio. Is autẽ cùm audiisset, obseruabat ipse quoque signum quod oriebatur, tan-
10 quam horoscopum. Interdiu autem attendebat horòscopos & motus Solis. Sed hæc quidem de signis. Ex stellis autem alias quidem dicunt esse beneficas, alias verò maleficas, alias autem communes: vtpote beneficas quidem stellas Iouis & Veneris, maleficas autem Martis & Saturni, communem autem Mercurij: quoniam cum bene-
15 ficis quidem sit benefica, cum maleficis autem malefica. Alij autem easdem stellas, prout est alia & alia habitudo, aliquando quidem beneficas, aliquando verò maleficas esse existimãt. Nam præter signũ, aut præter aliarum stellarum ad eas aspectus ac figuras, neque malefica est omnino malefica, neque benefica omninò benefica. Cæte-
20 rum septem quidem stellis arbitrantur præesse Solem & Lunam: minorem autem his vim habere ad eorũ quæ efficiuntur euentus, quinque reliquas. Quam ob causam AEgyptij Regi quidem & dextro oculo Solem assimilant: Reginæ autem & sinistro oculo Lunam: lictoribus autem ac satellitibus quinque stellas: reliquo autem populo
25 alias inerrantes. Et ex quinque cum Sole quidem conuenire & ei opem ferre dicunt Saturnum & Iouem & Mercurium: quos etiam vocant diurnos, propterea quòd Sol, cui dant auxilium, iis dominetur quæ gignuntur interdiu. Easdem autem stellas maiorem vim habere, aut quòd sint in propriis domibus, aut in altum elationibus, aut
30 terminis, aut quòd aliquæ ab aliquibus stipentur tanquam satellitibus: aut quòd se inter se aspiciãt, & inter se certas suscipiant figuras, aut quòd sint in centris. Vt ipsi autem censent, Solis quidem domus est Leo, Lunæ autem Cancer, Saturni autem Capricornus & Aquarius, Iouis Sagittarius & Pisces, Martis Aries & Scorpius, Veneris
35 Taurus & Libra, Mercurij Gemini & Virgo. Stellarum autẽ vocant in altum elationes, & similiter depressiones aut abiectiones, ea quibus delectantur, aut in quibus vim habent exiguam. Nam delectantur quidem in altum elationibus, exiguam autem vim habent in de-

n pressio-

Horoscopi vniuscuiusq; natiuitatis à Chaldæis obseruãdi ratio.

Stellarũ aliæ beneficæ, aliæ maleficæ, aliæ communes.

Sol & luna præsunt septẽ stellis.

Sol regi & dextro oculo assimilatur ab Aegyptiis.

Luna ab Aegyptiis assimilatur reginæ.

Saturnus, Iupiter & Mercurius Soli opẽ ferunt, et cur dicitur diurni.

Stellæ quando habet vim maiorem.

Domus stellarum.

Eleuationes stellarum. Depreßiones stellarum.

pressionibus seu abiectionibus. Vt, Solis quidem in altum elatio est Aries: exactè autê est & perfectè decimanona eius pars seu gradus. Depressio autem, signum quod ei aduersatur ex diametro. Lunæ autem rursus in altum quidem elatio est Taurus. Depressio autê, quod ex aduerso eius situm est ex diametro. Saturni Libra, Iouis Cancer, Martis Capricornus, Veneris Pisces. & eorum, vt dixi, depressiones, quæ sita sunt ex aduerso per diametrum eorum in altum elationum.

Termini stellarum. Stellarum autem appellant terminos in vnoquoque signo, in quibus vnaquæque stella à quota parte ad quotam vsque partem potest plurimum. De quibus non est leuis apud eos etiam in tabulis dissensio.

Satellites seu stipatores stellarum. Dicunt autem stipari stellas tanquam à satellitibus, quando sunt in medio aliarum stellarum, in continuatione signorum: vt si eiusdem signi alia quidem stella teneat primas partes, alia autem vltimas, alia autem intermedias, tanquam à satellitibus stipari dicitur quæ est media, ab iis quæ tenent eas partes quæ sunt in extremis. Se inter se au-

Aspectus stellarum. tem dicuntur aspicere & inter se conuenire, vt quæ apparent in figura triangula aut quadrata. Atque triangula quidem conformantur figura, & se ea inter se aspiciunt stellæ, quæ trium signorum spatium habent interiectum. Quadrata autem, quæ duorum. Et videtur quidem in triangula, beneficæ benefica in figura conformata, beneficio afficere, & esse magis benefica. Beneficæ autem benefica, hoc so-

In centris esse quomodo dicantur stellæ. lùm: & malefica maleficæ. In centris autem esse dicuntur, quæ cernuntur in aliquo ex centris, aut sub horoscopo, aut sub medio cœli, aut sub occasu, aut eo quod situ est ex aduerso medij cœli. Sed cùm hæc sic sint à nobis simpliciter & crassè exposita, prius sumendum est, quòd his moti Chaldæi proferunt prædictiones eorum quæ sunt

Apotelesmatum, seu corû quæ sunt euentura, differentia. euentura, quæ vocant apotelesmata. Est autem eorum differentia. Nam alia quidem sunt simpliciora, alia autem accuratiora. Et simpliciora quidem, quæ fiunt ex signo, aut ex simplici ac sola vi stellæ: vt quòd hæc stella cùm fuerit in hoc signo, tales efficit. Accuratiora autem, quæ fiunt per concursum, & vt ipsi dicunt, per multorum contemperationem: vt si alia quidem sit in horoscopo, alia autem in medio cœlo, alia autem sit in eo quod est ex aduerso medij cœli, aliæ autem sic vel sic se habeant, hæc euenient. Atque hæc quidem videtur esse expressa forma methodi Chaldaicæ. Hoc autê tradito de cætero est facile simul ad eas quoque accedere quæ aduersus ipsos adducuntur contradictiones. Atque nonnulli quidem agrestius conâ-

Terrenorum non est sympathia cû cœlestibus. tur docere, quòd non omnino terrena in patiendo consentiant cum cœlesti-

ADVERSVS MATHEMATICOS.

cœlestibus. Non enim ambiens cœlum ita est vnitum, vt corpus humanum: vt quomodo cum capite partes subiectæ in patiendo cōsentiunt & simul afficiuntur, & caput cum membris subiectis, ita etiam terrena cum cœlestibus: sed est quædam eorum differentia, & in eo quòd in simul patiendo non consentiant diuersitas, vt non habeant vnam & eandem vnionem. Alij autem ea quoque mouent quæ dicuntur de fato. Si enim omnia non fiunt fato, non est ars Chaldaica, quæ fato hoc censet fieri. Non fuerunt autem pauci qui illud quoq; simul rogabant. Quoniam ex iis quæ fiunt, alia quidem fiunt necessariò, alia verò forte fortuna, alia autem sunt in nostra potestate: omninò Chaldæi si prædictionem sibi constituunt quæ possit esse, aut in iis quæ sunt necessariò facient prædictiones, aut in iis quæ forte fortuna eueniunt, aut in iis quæ sunt in nostra potestate. Et si in iis quidem quæ fiunt necessariò, vitæ sunt inutiles. Quod enim necessariò accidit, non licet declinare, sed velimus nolimus, hoc eueniet. Tunc autem vtilis est prædictio, si eo referatur, vt id vitetur. Si autem in rebus fortuitis, profitentur quæ non possunt fieri. Nam quæ fortuito fiunt, sunt instabilia. Instabilium autem, & quæ aliter & aliter accidunt, non potest esse stabilis & firma prædictio. Restat ergo vt eorū prædictiones sint in iis quæ sunt in nostra potestate. quod quidē rursus fieri non potest. Nam quod in mea situm est potestate vt eueniat aut non, & quod non prius iactam ab initio habet causam, non poterit quisquam prædicere. Non ergo sibi proponunt Chaldæi prædictionem quæ possit fieri. Nonnulli ergo per eiusmodi telorum eminus eiaculationes conātur tollere Chaldaicam methodum. Nos autem cùm simili modo argumentandi eius principia & veluti elemēta labefactauerimus, cæterarum quoque ipsius contemplationum constitutionem fractam & ad nihilum redactam habebimus. Chaldaicæ ergo artis principium & veluti fundamentum est constituere horoscopum. Ab eo enim reliqua centra sumuntur, & declinationes & epanaphoræ, & triangula & quadrata, & stellarum eæ quæ ex ipsis fiunt figurarum conformationes. ex his autem omnibus fiunt prædictiones. Vnde sublato horoscopo, necessariò ne notum quidem erit id quod est in medio cœli, aut occidens, aut quod situm est ex aduerso eius quod est in medio cœli. Si ea autem non possint comprehendi, simul etiam aboletur Chaldaica methodus. Quòd autem horoscopi signum ab eis non possit inueniri, variis modis potest doceri. Nam vt hoc comprehendatur, oportet primum ortum eius qui

Astrologorū prædictiones sunt vel inutiles vel impossibiles.

Horoscopi signū ab Astrologus non potest inueniri.

cadit

cadit sub considerationem, esse firmiter comprehésum. Secundò autem id quod significat horoscopum, esse eiusmodi vt non aberret. Tertiò autem exactè & perfectè esse perspectum signi ascensum. In partu enim, signi in cœlo orientis obseruatur ascensus, cùm eo vtantur Chaldæi tanquam ministro ad obseruandum horoscopum. In illo autem ascensu est aliarum stellarū figuræ conformatio. quod quidem thema appellant. In themate autem sunt predictiones. Non potest autem fieri vt sumantur ortus eorum qui cadunt sub considerationem, vt ostendemus. Neque horoscopiū est certum & non aberrans. Neque signum exoriens exactè comprehenditur. Non potest ergo consistere methodus Chaldæorum. Dicamus autem primùm de primo. Ortum ergo eorum qui cadunt sub considerationem, aut ab ipso initio sumunt, aut à deiectione seminis & conceptione, aut à partu. Sed à seminis quidem deiectione & conceptione nequaquam dicent. exactè enim comprehendi non potest eius tempus. & meritò. Neque enim possumus dicere, an simul cum deiectione seminis facta fuerit conceptio, an non. Potest enim hoc euenire vel cum sola cogitatione, sicut adeps, quæ ardentibus clibanis est immissa. Nam statim conglutinatur. Potest autem etiam post aliquod tempus. Nā semina etiam quæ iaciuntur in terrā, non statim agentia radices conectuntur cum subiectis cespitibus. Et cùm sit interuallū ab ore matricis vsque ad fundum, in quo dicunt Medici fieri conceptus, seminis quæ deiicitur natura, vt omnino in aliquo tempore hoc spatium conficiat oportet. Qui hoc autem ignorant Chaldæi, nempe quanto tempore hoc fiat, nunquam perfectè comprehendent cōceptum. Nam cùm semen quidem aliquando rectà iaciatur, & in ipsos locos matricis incurrat in iis qui apti sunt natura: aliquando autem sparsim incidat, & in ipsa matrice non possit in vnum locum cogi: est ignotum quando fiat primum, & quando secundum: & quantum temporis consumatur in illa conceptione, & quantum in hac. Ea autem si ignorentur, perit etiam accurata & exacta comprehensio conceptionis. Et si, vt nonnulli dicunt Physici, primò coctum & prius mutatum semen in matrice, tunc accedit ad reserata eius vasa: hinc nescientes quanto tempore fiat mutatio, nec scient etiam tempus cōceptionis. Præterea sicut in reliquis partibus corporis in partium operationibus differunt inter se mulieres, ita etiam verisimile est eas differre in operatione matricis: vtpote quòd aliæ quidem citius, aliæ vero tardius concipiant. Neque vero est admirabile si etiam sibi ipsis comparatæ,

paratæ,nunc quidem cernantur facilius,nunc verò difficilius aut non *dius, aliquan-*
omnino concipere. Hoc autem cùm ita habeat, planè fieri non po- *do citius con-*
test vt accuratè exactéque dicatur quando semen deiectum sit reten- *cipiunt.*
tum:vt ex eo tempore ortus horoscopum constituant Chaldæi. Sed *Conceptus*
5 nec dici potest quòd tempus coneeptus comprehendi possit per ali- *quænam sint*
qua signa: vt ex eo quòd post coitum exsiccati sint sinus muliebres: *signa.*
obstructum autem fortè fuerit os matricis,cessaritque menstrua pur- μεμνήσθαι.
gatio, pica autem aduenerit. Nam primùm quidé hæc quoque om-
nia signa communiter fiunt iis quæ non conceperunt.Deinde etiam
10 si non fiant communiter,ea cùm iam multorum dierum spatium præ-
terierit, conceptum significant, non autem plenè, & proximum, &
qui situs est in ipsius horæ spatiis. Ad dignoscendum autem vitæ discrimen opus habent Chaldæi, non tempore quod in aliqua exten-
datur latitudine, sed quod planè sit in ipso articulo. Est autem ex his
15 perspicuum,quòd fieri non potest vt ex conceptu statuatur horosco- *Horoscopus*
pus. Sed nec ex partu.Nam primùm quidem dubium est quando di- *statui non po-*
cendum sit esse partum: num quando foetus qui nascitur,incipit pro- *test ex partu.*
dire in frigidum aërem,an quando parum extat,an quando in terram
est delatus. Deinde nec in vnoquoque eorum exactè & absolutè po
20 test definiri tempus partus. Nam & propter animi constantiam, & παράσημα,
propter aptitudinem corporis, & locorum affectionem, & propter
obstetricis experientiam,& innumerabiles alias occasiones, non est
idem tempus quo prodit foetus qui nascitur ruptis membranis, aut
foris parum existit,aut in terram defertur:sed aliud post aliud.Quod
25 rursus non valentes definitè & accuratè perpendere Chaldæi, non
assequentur vt horam partus vt oportet definiant.Atque quòd in tépore quidem partus profiteantur Chaldæi se nosse horoscopum,ne-
sciant autem,ex his est perspicuum. Quòd autē neque horoscopium *Horoscopiū*
sit eis certum & minimè aberrans, licet simili modo considerare. *nō est certum*
30 Nam quando dicunt,quòd qui parturieti assidet,disco partum signi- *& minimè*
ficat Chaldæo aspicienti stellas in promontorio: & ille coelum aspi- *aberrans A-*
ciens, obseruat signum quod oritur:primùm quidé eis ostendemus, *strologis.*
quòd cùm partus non sit definitus, sicut paulo antè monstrauimus,
nec facile sit eum disco significare. Deinde esto posse comprehendi
35 partum, non tamen eius tempus potest perfectè adnotari. Accidit
enim vt disci sonitus,qui potest longiòri tépore sensui distribui,mo- *In sono au-*
ueatur ad promontorium. Signum est autem huius,id quod cernitur *diendo lōgior*
in iis qui ligna secant in montibus. Nam satis longo tempore post- *est mora.*
quam

quam inflicta est securis, exauditur ictus vocis, vt qui longiori tempore veniat ad eum qui audit. Propterea non possunt Chaldæi perfectè sumere tempus signi exorientis, quod est horoscopus. Præterea non solùm post partum transit multum temporis, in quo emittitur sonus ab eo qui assidet parturienti, ad eum qui aspicit stellas: sed etiam interim dum sursum aspicit, & considerans examinat in quo signo sit Luna & vnaquæque stella, euadit diuersum, quod ad stellas attinet, thema motus mundi qui perpetua circumagitur celeritate, priusquā horæ eius qui natus est, obseruando affixerit & accommodauerit ea quæ cernuntur in cœlo. Et alioqui eiusmodi obseruatio noctu fortasse solet procedere Chaldęis, quando cernuntur quæ sunt in circulo Zodiaco, & sunt manifestæ stellarum figurarum conformationes. Cùm autem nascantur etiam nonnulli interdiu, quando nihil potest adnotari eorum quæ prius dicta sunt, sed solus Solis motus, si is quoque potest, dicędum est in quibusdam quidem posse procedere methodum Chaldæorum: in quibusdam verò minimè. Vide autem num etiam noctu non possint certas & non errantes stellarum facere obseruationes. Sæpe enim nubilosæ & caliginosę sunt noctes. Bene autem cum eis ageretur, si ablato omni eiusmodi prætextu, firmum aliquid & stabile inuenirent in disciplina: tantum abest vt possint inuenire, si sit aliquod impedimentum ad perfectam & absolutam cœlestium comprehensionem. Cùm autem Chaldæorum fregerimus & aboleuerimus horoscopium, & paucis ostenderimus id non posse comprehendi tempore ortus, pergamus ad reliquam promissi partem. Restabat autem vt diceremus de ascensu in Zodiaco, relictis argumentis à nobis prius expositis. Dicimus ergo quòd nō facile possint inter se definiri, imò ne possint quidem perfectè definiri partes signorum: & sit verisimile iam exortum signum nondum videri esse ortum: & contrà nondum exortum videri esse ortum. Neque enim prius dicta hydriarū ratio potest aliquid Chaldęis afferre adiumenti. Nam & ex aqua fluente, & ex aëris temperatione, fluxus est inæqualis tempore, & ea quæ fluxui obsistunt. Aquæ enim motionem verisimile est esse dissimilem in principio, quando fluit pura, & postea quando est limosa, & fluens difficilius. Aëris autem temperationem est probabile, si sit quidem caliginosus & paulò crassior, resistere effluxioni, eam quodammodo obstruentem. si sit autem clarus & subtilis, magis adiuuare. Porrò autem ipsa quoque amphora non similiter fluet si sit plena, & si sit inanis, aut si sit in eo vt exinaniatur: sed aliquan-

signorū partes non possunt exactè definiri.

Aqua ex hydria non semper fluit æqualiter.
ἀνίσα παραλόυντωμ.

aliquando quidem celerius, aliquando verò tardius, aliquando verò mediocriter,cū cœlestis motus semper feratur pari celeritate. Quod est autem in omnibus præcipuum, vniuscuiusque signi non est corpus continuum, neque veluti cum præcedenti compactum. coniun-
5 ctum est cum id sequitur nullo interiecto spatio: sed constat ex stellis dispersis, & quæ quædā intermedia & discreta habent spatia, partim in medio, & partim in fine. Vnde cum partibus signorum Zodiaci omnino describatur,necesse est vt sit error iis qui obseruant à terra,cùm eos lateat occurrens interstitium,siue sit finis præcedentis si-
10 gni, siue initium ascendentis. Tumuli autem ex quibus stellæ aspiciuntur, non semper manent iidem: sed cùm in parte diuersus sit & mutetur mundus,aut imbrium inundationibus,aut terrẹmotibus,aut aliis eiusmodi casibus vexatur. Quo fit vt ex eorum mutatione non sint eædem stellarum obseruationes, sed alia quidem sit ex loco ex-
15 celso aspicientibus obseruatio, alia verò ex humili: & quod aliis est visum,non omnino conspectum sit aliis. Assumi etiam hic potest sensuum diuersitas. alij enim vident aliis acutius: & quomodo quod à nobis nondum videtur propter interuallum, hoc tāquam maximum comprehēdunt aquilæ & accipitres, propterea quòd sint acuti visus:
20 ita etiam quod iam oritur signum & est in horoscopo, potest quidē qui non acutè videt Chaldæus, & est obtusi visus, si cum alio conferatur,ob longum interuallum opinari quòd nōdum sit exortum. His autem addenda est, tanquam euidentissimum ad artem Chaldaicam confutandam argumentum,etiam in horizonte seu finitore aëris dif-
25 ferentia. Est enim verisimile, quòd cùm is sit crassus, per visus reflexionem signnm quod est adhuc sub terra,videatur iam esse super terram. Quod quidem fit etiam in radio Solis, qui reflectitur in aqua. Non videntes enim Solem, ipsum sępe esse Solem opinamur. Quod autem omnia maximè continet, si quidem omnibus qui cœlestia ob-
30 seruant in orbe terrarum, vnaquæque pars duodecima Zodiaci pari appareret tempore & recta cerneretur,fortasse possent Chaldæi firmiter & stabiliter accipere signum quod oritur in horizonte. Nunc autem quoniam nō pari tempore apparet apud omnes, sed aliis quidem citius,aliis verò tardius,& aliquibus quidem obliquū,aliis verò
35 rectum, sequitur quòd non videatur omnibus idem signum esse horoscopus:sed quod his iam videatur esse exortum, hoc aliis esse modò sub terra:& quod videtur aliis esse in declinatione signi quod est horoscopus, hoc aliis cerni esse horoscopum. Quòd autem hoc ita habeat

Signa ascendentia nō possunt exactè obseruari.

Sensus videndi diuersitas.

Horizon sæpe fallit visum.

Horoscopi signum non idē est omnibus.

Arcturus & Canis non eodem tempore apparent omnibus.

habeat, ex hoc est perspicuum, quòd stellæ inerrantes, vt Arcturus & Canis, non eodem tempore appareat omnibus qui sunt in omni climate, sed aliis alio. Atque quòd non contingat accuratè & absolutè sumere signum quod sit horoscopus, & propterea nec vllum ex aliis centris ex quibus à Chaldæis fiunt prædictiones, satis ostendimus.

Nullus ad Chaldæos accedens perfectè obseruauit tempus natiuitatis.

Ex abundantia autem dicendum est, quòd etiamsi accuratè & perfectè comprehendi posset tempus eorum ascésus, illud quidem est euidens, quòd nullus ex priuatis & imperitis qui accedūt ad Chaldæos, accedit accuratè obseruato tempore sui ortus. res enim esset magni artificij, vt prius ostendimus, & maior quàm vt eam discerneret imperitus. Quoniam ergo Chaldæus non accuratè & perfectè obseruauit tempus ortus in hoc imperito, sed ab eo ipsum audiit: hic autē imperitus, partim quidem propter imperitiam, partim autem propterea quòd non multum studij in ea re posuerit, rursus accuratè &

Tempus ab Astrologis est exactè sumendum,
ἐν πλάτει:

perfectè tempus non nouit, restat vt nulla quidem perfecta prædictio, sed error & deceptio accedat hominibus ex arte Chaldaica. Quòd si contrà dicant, non ab eis sumi tempus accuratè & perfectè, sed crassè & vt est in aliqua latitudine, ex ipsis propemodum refellentur rerum prædictarum effectis & euentis. Qui enim in eodem

Eorū qui eodem tēpore nati sunt, varia vita et varius exitus.

crassè & latè sumpto tempore nati sunt, non eandem egerunt vita: sed alij quidem, verbi causa, regnarunt, alij verò consenuerunt in vinculis. Nullus quidem certè Alexandro Macedoni fuit æqualis, cùm tamen multi in orbe terrarum simul cum eo nati sint: neque Platoni Philosopho. Quamobrem si Chaldæus considerat tēpus ortus quod latè sumitur, non poterit asseueranter dicere quòd qui eo tempore est natus, erit felix. Multi enim eodem tempore quo ipse nati, fuerūt infelices. Et rursus non dicet, Qui eo tēpore natus est, egebit. Non pauci enim ex iis qui idem habuere cœli thema, cōsenuerunt in maximis copiis. Præterea videtur non mediocriter refellere Chaldęos, & quæ aduersus dictum argumētum retorquetur oratio. Si enim qui ortus sui habent idem thema, in eadem effecta & euenta in vita incidunt, omnino etiam qui diuersos habent ortus, diuersi euadunt ac differentes. quod est falsum. Videmus enim multos qui & ætate & corporis forma differunt, & permultis aliis proprietatum affectionibus, similem habuisse vitæ finé: & vel in bello cecidisse, vel oppressos esse ruina ædium, vel naufragio submersos. Quibus, si viuerent, quemadmodum prædixisset Chaldæus futurum vitæ exitum, operæpretium est dubitare. Si enim qui natus est sub aculeo sagittæ Sagittarij,

ADVERSVS MATHEMATICOS. 105

gittarij, ex ratione mathematica interficietur: quomodo tot Barbarorum millia aduersus Græcos decertantia Marathone simul interfecta sunt? Non enim erat idem in omnibus horoscopus. Et rursus si qui natus est sub situla Aquarij, nauem franget: quomodo qui reuertebantur à Troia, submersi sunt in freto Eubœæ? Neque enim fieri potest vt omnes qui multùm inter se differebant? nati sint sub situla Aquarii. Neque verò licet dicere, quòd sæpe propter vnum cui fuit in fatis vt periret in mari, omnes qui erant in naui simul pereant. Cur enim huius fatum vincit fata omnium, & non propter vnum cui erat in fatis vt moreretur in terra, omnes conseruantur? Dubitabit autem etiam quispiam alius de brutis animantibus. Si enim vitæ euenta & effecta eueniunt ex stellarum figurarum conformationibus: cùm in eadem parte signi simul nati sint asinus & homo, oportet in vtrisque eundem sequi vitæ exitum: & non hominem, cùm sæpe preclarè gesserit rempublicam, honorari à populis, eisque esse curę: asinum autē perpetuò ferre onera, aut abduci ad molendinum. Non potest ergo esse vt vita administretur ex motu astrorum. aut si est cōsentaneum, id verò à nobis minimè potest comprehendi. Eadem autem vi incitati, eos pudore afficiemus in eo quoque quòd volunt figuris signorum quadam veluti necessitudine coniungere formas & mores hominum: vt quando dicunt, Qui natus erit in Leone, erit fortis: qui autem in Virgine, erit passis capillis, vultu gratus, candidus, sine liberis, verecundus. Hæc enim & similia sunt magis ridēda, quàm digna in quæ studium cōferatur. Nam primùm quidem, si propterea quòd Leo est fortis & toruo ac masculo aspectu, dicūt eum qui in ipso nascitur esse fortem, quomodo Taurum qui ei proportione conuenit, existimant animal fœmininum? Deinde verò ineptum est existimare, pulcherrimum Leonem qui est in cœlo, habere aliquam proportionem & conuenientiam cum eo qui est in terra. Est enim verisimile, veteres hæc nomina imposuisse propter solam figuræ similitudinem: forte autem nec propter eam, sed causa doctrinæ magis significandæ. Quid enim habent vrsæ simile septem stellæ quæ sunt inter se disiunctæ ac dissitæ? aut cum capite draconis, quinque stellæ, de quibus dicit Aratus,

,, *Tempora bina tenent, oculos duo, subtus at vnum*
,, *Immanis monstri maxillæ extrema capessit.*

Verùmenimuero, vt superius diximus, eorum qui nascuntur in hoc signo, neque eædem sunt formæ, neque mores similes. Nisi forte

Natus sub aculeo Sagittarij, occidetur.
Natus sub situla Aquarij, nauem fraget.

Homo & asinus nati sub eodem cœli themate non eundem habent vitæ exitum, καύθωνος.

Formæ & mores hominū ab astris non dependent.

Signis cur animalium nomina imposuerūt veteres.

o   dicant

dicant partes eas in quas diuiditur vnumquodque signum, & etiam minuta, eiusmodi differentiæ esse efficientia. quod rursus non potest fieri. Ostendimus enim temporis partus & horoscopi certam ac perfectam cognitionem non posse consistere. Duorum autem alterum: aut enim quia signum dicitur Leo, is qui natus est sit fortis: aut quia mutato aëre à cœlesti Leone eiusmodi eueniunt affectiones homini qui nascitur. Sed nõ est probabile fieri fortem propterea, quòd Leo vocetur signum quod est in horoscopo. Hac enim ratione oporteret etiam eos qui nati sunt cum terrestri Leone, aut qui cum eo sunt educati, esse fortes, propterea quòd Leo dicatur animal cum quo sunt nutriti. Sin autem propter aëris mutationem, quid hoc ad vitæ differentiam? Nam ad hoc quidem quòd fiat corpore robustum, aut moribus ferum, fortè confert certa qualitate prædita aëris temperatio: ad hoc autem quòd id quod nascitur opprimatur aëre alieno, aut regnet, aut sit in vinculis, aut paucos habeat liberos, aut paucos fratres, aër nihil videtur adiuuare. Et rursus si qui natus est cùm Virgo esset in horoscopo, est passis capillis, gratus aspectu & candidus, oportebit nullum AEthiopem habere in horoscopo Virginem: alioqui dabunt AEthiopem esse album, aspectu gratum, & passis capillis. quod quidem est omnium absurdissimum. Vt semel autem dicam, cùm nec stellas quidem eis dicant indicare humanæ vitæ differentias, sed eas

Eiusdem stellarum habitudinis & conformationis sæpius non potest esse obseruatio. se obseruasse ex stellarum inter se habitudinibus, dico quòd si firma ac stabilis futura sit prædictio, oporteat eandem stellarũ inter se habitudinem non semel obseruasse in vita alicuius, sed in secundi iterum, & in tertii tertio: vt ex eo quòd in omnibus pares sint euentorũ & effectorum exitus, discamus quòd cùm stellæ sint hanc figurarum acceptæ conformationem, hoc sit omnino euenturum. & quomodo in arte medendi didicimus, quòd vulneratio cordis sit causa mortis, non obseruata sola morte Dionis, sed & Theonis, & Socratis, & multorum aliorum: ita etiã in Mathematica, si sit credibile quòd hæc astrorum figuræ conformatio talem vitam significet, omnino non semel in vno, sed sæpe in multis est obseruata. Quoniam ergo eadem

Stellarum figuræ eadẽ conformatio post quàm multos annos fiat. astrorum figuræ conformatio, post longa, vt aiunt, tempora cernitur, nempe post nouies mille nongentos & septuaginta & septem annos magni anni facta restitutione, tam multis seculis non perueniet hominum obseruatio ad vnius hominis ortum. idque cùm non semel, sed sæpe mundi interitus, vt quidã dixerunt, eum intercipiat, aut terræ sigillatim & per partes mutatio penitus aboleat continuationem

tionem historicæ traditionis. Hæc ergo sunt quæ ex ipsa actione & rerum experientia dici possunt aduersus Chaldæos. Post quæ rursus alio sumpto principio, trademus compendiosam aduersus Musicos quæstionem.

Sexti Empirici aduersus Musicos. Cap. 22.

MVSICA dicitur tribus modis. Vno quidem modo, quædam scientia quæ versatur in modulationibus, sonisq́; & rhythmorū seu numerorum cōfectionibus. Quo quidem modo Aristoxenum Spinthari filium dicimus esse Musicum. Altero autem, quæ versatur in organorum & musicorum instrumentorum peritia. Per abusum autem nonnunquam solemus appellare eodem nomine etiam rectam in re aliqua actionem. Sic ergo dicimus opus aliquod μεμουσωμένον, id est à Musis vel musicè concinnatum, etiamsi sit pars picturæ: & μεμουσῶσθαι, id est à Musis vel afflatum vel institutum, qui rectè se gessit pictoré. Cùm autem tot modis intelligatur Musica, nunc est nobis propositū contra eam dicere: non quidem aduersus aliam, quàm eam quæ intelligitur in primo significato: ea enim ad alias musicas videtur esse perfectissima. Dicendum est autem genus contradicendi quomodo in Grammatica. Atque alii quidem dogmaticè conati sunt docere, quòd Musica non est ad felicitatem disciplina necessaria, sed potius noxia: idq́ue ostendi & ex eo quòd malè audiant ac vituperétur quæ sunt apud Musicum: & ex eo quòd præcipuæ rationes mereantur reprehensionem. Alii autem maiorem mouentes dubitationem, relicta omni eiusmodi contradictione in labefactandis Musicorum hypothesibus, existimarunt etiam totam labefactatam esse Musicam. Nos itaq́; ne videamur de doctrinæ debito aliquid rescindere, vtriusque dogmatis aut rei tractationem summatim aggrediemur, nec in rebus superuacaneis in longas excurrentes digressiones, nec in necessariis ea quæ vrgent & premunt omittentes, sed mediam & moderatam, quoad eius fieri poterit, adhibentes doctrinam. Ordine ergo primùm incipiant quæ pro Musica iactari solent in vulgus. Si ergo, inquiunt, recipimus Philosophiam quæ humanam vitam castigat & temperat, animíque motus & perturbationes coërcet ac reprimit: multo magis recipimus Musicam, quæ non per vim nobis imperat, sed cum voluntaria quadam persuasione, eadem effecta efficit quæ Philosophia. Pythagoras quidem certè cùm aliquando vidisset adolescentes ob ebrietatem ita debacchantes, vt ab insanis nihil differrent,

Musica dicitur tribus modus.
Aristoxenus cur dictus musicus.
μεμουσωμένον opus quid sit.
μεμουσῶσθαι quid sit.

Musicæ laus.

Pythagoras iubens tibicinē canere spōdeum melos,

rent, suasit Tibicini quem illi secum habebat in comessatione & pe-
tulanti illa oblectatione, vt spondeu illis caneret melos. Quod cùm
vt iusserat fecisset, ita repente fuerunt conuersi ad modestiam, ac si
fuissent ab initio sobrij. Et qui Græciæ præerant, & quorum virtus
prædicabatur ab omnibus, Spartani semper bellum gerebant Musica eis ducente exercitum. Et qui Solonis vtebatur admonitionibus,
ad tibiam & lyram instruebant aciem, numeroso in armis motu vten
tes, qui dicitur enoplios. Porrò autem vt insipientes castigat & mo-
deratos reddit Musica, & timidos hortatur ad virtutem, ita etiam eos
sedat qui ira inceduntur. Videmus certè quòd qui apud Poëtam erat
ira percitus Achilles, deprehenditur à legatis qui ad eû missi fuerant,

» *Se oblectare volens cithara & recreare canora,*
» *Pulchra, fixus erat capulusque argenteus illi:*
» *Bello enatis quam habuit capta Aëtionis ab vrbe.*

Illa quidem recreabat animum, vt qui sciret Musicum maximè posse
suam sedare affectionem. Ad hæc accedit, quòd cùm alij quoq; Heroës peregrè essent profecturi & longam suscepturi nauigationem,
in more erat eis positum, vt fidelissimos vxorum suarum custodes
& moderatores relinquerent Musicos. Clytęmnestræ quidem certè aderat Cantor, cui de sua vxoris pudicitia multa mandauerat Agamemnon. Sed Ægisthus cùm esset callidus, hunc Cantorem in de-
sertam insulam abductum,

» *Esse cibum prædamque auibus canibusque reliquit.*

Deinde cùm Clytęmnestram sic accepisset incustoditam, ei stuprû
attulit, hortataque & vt Agamemnonis inuaderet imperium. Et qui
plurimum valuerunt in Philosophia, sicut Plato, sapientè dicunt esse
Musico similem, vt qui habeat animam ad harmoniam bene concin-
natam ac compositam. Qua ratione Socrates quoque etiamsi iam
esset senio confectus, non erubescebat ad Lamponem ventitare ci-
tharœdum, & dicere ei qui hoc ipsi exprobrauerat, melius esse vitio
dari quòd serò didicisset, quàm quòd esset indoctus, vt qui nihil didicisset. Non oportet autem, inquiunt, ob fractam & eneruatam nostri
temporis Musicam, in veterem inuehi & de ea detrahere, cùm etiam
Athenienses, quibus magnæ fuit curæ moderatio ac temperantia, Musicæ honestam accipientes grauitatem, eam vt disciplinam maximè
necessariam tradiderint posteris. Huius autem rei testis est Poëta ve-
» teris Comœdiæ, dicens: Dicam vitam quam dabam ab initio mor-
» talibus. Prius enim neminem oportebat audire vocem pueri ne mu-
tientis

ADVERSVS MATHEMATICOS.

,, tientis quidem. Deinde in viis modestè ire ad citharistam. Quare si *Musica ve-*
quibusdā fractis modis & effœminatis numeris nunc effœminat Mu- *tus erat viri-*
sica, nihil hoc ad veterem & virilem Musicam. Quomodo autem vi- *lis.*
tæ vtilis est Poëtica, eam autem cernitur exornare Musica, quæ ad *Musica recēs*
5 modos eam deducit, & ei præbet vt possit cantari, fiet Musica vtilis. *fracta & ef-*
Poëtæ certè & dicuntur μελοποιοὶ, id est modorum factores: & Home- *fœminata.*
ri versus olim canebantur ad lyram. Similiter & qui apud Tragicos *ἐπῳδόν*
modi dicuntur stabiles, quandam naturalem tenentes rationē, cuius- *Poëtæ modos*
,, modi sunt qui sic dicuntur: Terra maxima, & Iouis æther: Hic quidē *acceperunt à*
,, hominum & Deorum genitor: Illa verò acceptis humoriferis austra- *Musicis.*
,, libus stillis, Parit mortales, parit cibum, genera & ferarum. Vnde nō *Modi stabi-*
,, iniuria existimata est mater omnium. Vt enim dicam vniuersè & in *les, apud Tra-*
summa, Musica non solùm auditur à lætantibus, & in hymnis & con- *gicos.*
uiuiis & Deorū sacrificiis, & propterea exhortatur ad bonorū æmu- *Musica lætos*
15 lationem: sed etiam est solatium eorum qui mœrore conficiuntur. *delectat, mæ-*
Vnde etiam lugentibus modos canunt tibiæ, quæ eis luctum leuant. *stos cōsolatur.*
Atque hæc quidem pro Musica. Aduersus ea autem dicitur, primùm *Musica vi-*
quidem quòd non protinus eis conceditur, quòd ex modis alij qui- *tuperatio.*
dem natura animum excitant, alij verò sedant & componunt, sed ex *Nō modi mu-*
20 nostra hoc fit opinione: quomodo etiam sonitus tonitrui, vt dicunt *sici animū ex-*
Epicurei, non significat aliquē Deum apparuisse, sed censetur id esse *citant aut se-*
eiusmodi ab imperitis & superstitiosis. Nam etiam cùm alia corpora *dant, sed no-*
inter se fuerint collisa, similiter editur sonus, vt cùm circumagitur *stra opinio.*
mola, aut cùm comploduntur manus. Ita etiam ex modis musicis nō *Tonitru qua-*
25 alii quidem sunt natura tales, alii verò tales, sed à nobis existiman- *le sit secūdum*
tur. Idem certè modus equos quidem excitat, homines verò qui au- *Epicurum.*
diunt in theatris, minimè. Fortè autem nec equos excitat, sed perturbat. Deinde etiamsi tales sint modi musici, non ideo Musica est vitæ *Musica non*
vtilis. Non enim quia vim habet moderandi & castigandi, sedat & *est vitæ vti-*
30 comprimit animum, sed vim potius habet abstrahendi: quandoqui- *lis.*
dem cùm cessauerint hi modi, mens rursus tanquam ab eis non cura- *Musica non*
ta, ad eam quam prius habebat redit cogitationem. Quomodo ergo *sedat animū,*
somnus aut vinum non soluit dolorem, sed differt, immittens veter- *sed tantùm ad*
num & dissolutionem ac obliuionem: ita modus certa qualitate præ- *tēpus abstra-*
35 ditus, non comprimit mœrore affectam animam, aut cogitationem *hit.*
ira ardentem, sed abstrahit. Et Pythagoras primùm quidem erat in- *Vinum &*
sipiens, qui intempestiuè volebat ebrios reducere ad temperatiam, *somnus nē sol-*
non autem eos declinare. Deinde etiam hoc modo eos corrigens, *uunt dolorem,*
sed differunt.
περὶ ὀρθῶς
σεσοφισμέ-
νη.

confite-

Tibicines ad corrigēdos mores plus poſſunt quàm Philoſophi.

confitetur plus poſſe Tibicines ad corrigendos mores quàm Philoſophos. Et quòd Spartani bellum gerant ad tibiam & lyram, ſignum eſt eius quod prius dictum eſt, non autem quòd vitæ vtilis ſit Muſica. Quomodo autē qui portant onera, aut remigant, aut faciūt aliquod aliud opus laborioſum, vtuntur clamoribus quos vocant celeuſmata, ad abſtrahendum animum à vexatione operis: ita etiam tibiis aut tubis vtentes, non quòd modus habeat aliquid quod mentem excitet, & virilis animi cauſa ſit, hoc excogitauerunt: ſed ſtudium ſuum in

κέλευμα τα.

id contulerunt, vt ſe abſtraherent ab afflictione & perturbatione. Siquidem nonnullis quoque Barbari turbinibus buccinantur, & tympanis ſonantes bellum gerunt. Sed nihil horum eos hortatur ad virtutem. Hæc ipſa dicenda ſunt de Achille ira percito: quanquam cùm eſſet amori deditus & incontinens, non eſt mirabile ſtudio ei fuiſſe

ςρόμβοι.

Heroãs ſuas vxores commendaſſe cantoribus, fabuloſum.

Muſicam. At Heroës ſuas commendarunt vxores Cantoribus tanquam caſtis cuſtodibus, quomodo Agamemnon Clytemneſtræ. Hæc autem ſunt virorum fabulantium, & qui ſeipſos eueſtigio refellunt. Quomodo enim ſi credebatur Muſica cōferre ad motus animi corrigendos, Agamemnonem quidē occidit Clytemneſtra in ſuis ædibus tanquam bouem in præſepi: in domum autem Vlyſſis Penelope laſciuam & petulantum iuuenum admittit turbam: eorum autem deſiderii ſpem ſemper & amputas & augens, in Ithaca deterius & grauius bellum excitauit marito, quàm quod ſuſceptum erat aduerſus Ilium? Sed neque ſi Platonici exceperunt Muſicā, dicendum eſt eam

Epicurei nō admittūt Muſicam.

tendere ad beatitudinem. Nam alii quoque non minus fide digni, vtpote Epicurei, negarunt eam eſſe ſuſcipiendam, dicentes contrà, eam minimè eſſe conuenientem, & eſſe ocioſam, & vino deditam, & pecuniæ negligentem. Nam poteſt quidem quiſpiam, vt diximus

Poëtica poteſt eſſe vtilis etſi Muſica ſit inutilis.

in libro aduerſus Grammaticos, docere eſſe Poëticam inutilem: & nihilo minus illud quoque oſtendere, quòd Muſica quidem, quæ in ſolis verſatur modulationibus, ſecundum naturam ſolum habeat vt delectet: Poëtica autem quæ verſatur etiam in animi cogitatione & intelligētia, poteſt ſimul & prodeſſe, modeſtumque reddere & temperantem. Sed aduerſus ea quidem quæ adducta ſunt argumenta, hæc

Muſica non eſt vitæ humanæ vtilis.

dici poſſunt. In primis autem hoc dicitur aduerſus Muſicam, quòd ſi quidem ſit vtilis, in hoc dicitur eſſe vſui, quòd qui eſt Muſicus, magis delectetur muſicis acroamatis quàm imperiti: aut quòd nō liceat bono euadere, qui ab eis prius non fuerit eruditus: aut quòd ſint eadem elementa Muſicæ, & rerum quæ in Philoſophia tractantur cognitionis.

nis. quod etiam superius dicebamus de Grammatica. aut quòd per harmoniam administretur mundus, vt dicunt Pythagorei: opus autê habeamus musicis contemplationibus ad vniuersarum rerum cognitionem. Sed nec vtilis dici potest Musica, quòd acroamatis magis delectentur Musici quàm imperiti. Nam primùm quidé non est imperitis necessaria eorum delectatio, vt quæ in fame aut siti aut frigore fit à cibo aut potu aut calore. Deinde etiamsi sint necessaria, possumus his frui absque musica experientia. Sopiuntur quidem certè infantes numerosum audientes susurrum: & bruta demulcentur à tibia & fistula: & Delphini, vt fertur, tibiarum delectati modulatione, adnatant ad eos qui remigat in scaphis. quorum neutrum videtur habere experientiam aut notionem Musicæ. Et ideo num quomodo absq; arte condiêdi obsonia, & arte degustádi vina, delectamur obsonio gustato aut vino: ita etiam Musica delectabimur, audientes modum iucundum & delectabilem, quòd artificiosè quidem fiat, magis quàm imperitus apprehendentes, sed eo nihilo maiorem accipiêtes voluptatem. Quamobrem non est eligenda Musica, quòd vsuueniat vt qui eius sunt scientes, magis delectentur: sed nec quòd ea animæ viam muniat ad sapientiam. Contrà enim offendit, & resistit ne virtus appetatur, vt quæ iuuenes reddat propensos ac procliues ad libidinem & intemperantiam. Nam qui se dedidit Musicæ, cantibus delectatus hoc semper venatur,

Infantes sopiuntur susurro.
Delphini delectantur tibiis.
Musici non maiorem accipiunt voluptatem quàm imperiti qui eos audiunt.

Musica impedit ne virtus appetatur.

,,   *In ædibus fiet piger & in oppido,*
,,   *Suis amicis ille nec vnquam aderit,*
,,   *Iucunda quem victum voluptas detinet.*

Similiter autem, neque quòd ab iisdem proficiscatur elementis ipsa & Philosophia, ea ratione est vtilis, vt ex se est euidens. Restat ergo vt ex eo quòd per harmoniã mundus administretur, aut ex eo quòd vtatur modis qui bonos mores procreat, ea dicatur esse vtilis ad beatitudinem. Quorum extremum quidem iam fuit reprobatũ, vt quod non sit verum. Quòd autem per harmoniam mundus administretur, multifariam falsum ostenditur. Deinde etiamsi sit verum, hoc nihil potest ad beatitudinem, sicut nec quæ est in instrumentis harmonia. Sed eiusmodi quidem est primum genus dicendi aduersus Musicos. Secundum autem, & quod tangit Musicæ principia, est quæstionis paulò operosioris: vt quoniam Musica est scientia modulatorum & non modulatorum, numerosorumque & non numerosorum, omnino si ostenderimus quòd neque modi consistunt, neque rerum quæ sunt

Mundus non administratur per harmoniam.

sunt numeri, oftenderimus etiam Muficam non confiftere. Dicamus
autem primùm de modis & eorū fubftantia, paulò altius incipientes.

Definitio Vocis.

Vox quid fit. Vox ergo eft, vt ea poteft definiri citra omnem controuerfiam, proprium fenfile auditus: & quomodo eft proprium munus vifus, colores apprehendere : & folius odoratus, vendicare fibi fenfum eorum quæ bene olent & malè, ita etiam vox eft proprium fenfile auditus.

Vocis diuifio. Vocum autem alia quidem eft acuta, alia verò grauis, vtroq; eorum metaphoricè fuam accipiente appellationem ab iis quæ funt fenfilia tactus. Quomodo enim id quod tactum pungit & fecat, acutum vocat humanæ vitæ vfus: & graue, id quod contufionem affert & premit: eodem modo & vocum, eam quidem quæ veluti auditum fecat, acutam: eam autem quæ veluti contundit, grauem. Nec eft alienum, fi quomodo fufcam quandam atramque & candidam appellauimus vocem, ab iis quæ cadunt fub fenfum vifus, ita etiam vtamur quibufdam metaphoris ex iis quæ cadunt fub tactu. Quando ergo vox quidem ex æquo enuntiatur, & fub vna extéfione, ita vt fenfus nulla fiat abftractio aut ad grauius, aut ad acutius, tunc eiufmodi fonus dicitur Græcè φθόγγος. Mufici itaque eum defcribentes dicunt.

Acuta vox cur dicatur.
Grauis vox cur dicatur.

φθόγγος, fonus muficus.

Definitio foni qui dicitur φθόγγος.

φθόγγος quid fit. Sonus ergo muficus qui dicitur φθόγγος, eft vocis modulatæ cafus fub vnam extenfionem. Ex fonis autem alii quidem in voce cóueniunt, alii verò minimè. Et in voce quidem conueniunt, qui inter fe non differunt in acuto & graui. Non conueniunt autem, qui non ita fe habent. Eorum autem qui in voce conueniunt, vt & eorum qui non conueniunt, aliqui quidem vocantur acuti, aliqui verò graues. Et rurfus eorum qui in voce non conueniunt, alii quidem appellantur diffonantes, alii verò confonantes. Et funt quidem diffonantes, qui inæqualiter diuulféque ac difperfim aures mouent: confonantes autem qui æqualiter & indiuiduè. Fiet autē apertior vtriufque generis proprietas, fi vtamur tranfitu à qualitatibus ad guftum pertinentibus. Quomodo ergo ex guftabilibus alia quidem talem habent temperationem, vt vniformiter & leniter moueant fenfum, vt mulfum & hydromel: alia autem non eodē modo nec fimiliter, quomodo oxymel (vtraq; enim harum mixtionum guftui imprimit propriam qualitatem) ita ex fonis, diffonantes quidem funt qui inæqualiter diuulféque ac difperfim mouent auditum: confonantes autem, qui æquabilius. Atque fonorum quidem differentia talis eft apud Muficos.

Diffonantes foni.
Confonantes foni.
Guftabilia partim fimiliter, partim diffimiliter guftū mouent.
οἰνόμελι.

Circun-

ADVERSVS MATHEMATICOS.

Circunscribuntur autem quædã ab eis interualla, in quibus vox mouetur, aut ad acutius ascendens, aut descédens ad grauius. Quamobrem conuenienter proportioni interuallorum, alia quidem appellata sunt consonantia, alia verò dissonantia. Et consonantia quidem, quando continentur à sonis consonantibus: dissonantia autem, quæ à dissonantibus. Consonantium autem interuallorum, primum quidem & minimum appellãt Musici Dia tessaron: quod autem est post hoc maius, Dia pente: & quod interuallo Dia pente est maius, Dia pason. Et rursus dissonantium interuallorum, minimum quidem est & primum apud ipsos, quæ vocatur Diesis: secundum autem, Semitonium, quod est duplum Diesis: tertium autem, Tonus, qui est duplus Semitonij. Verumenimuero quomodo vniuersum in Musica interuallum habet substantiam in sonis, ita etiam hic mos vniuersus est quoddam genus modulationis. Quomodo enim ex humanis moribus alij quidem sunt seueriores & grauiores, quales scribunt fuisse mores veterum: alij autem magis propensi & procliues ad amores & ebrietates, fletusque, luctus & eiulatus: ita etiam quædam modulatio honestos quosdam grauesque & ciuiles mores immittit in animum: alia autem humiliores & illiberales. Vocatur autem eiusmodi melodia seu modulatio communiter à Musicis ἦθος, id est mos, ex eo quòd morẽ efficiat: quomodo & timor pallidus, quòd pallidos reddat: & Austri dicuntur graues auribus, caliginosi, caput grauantes, pigri, dissoluentes, pro eo quod est, horum efficientes. Communis autem hæc melodia seu modulatio partim quidem dicitur Chroma, id est color: partim autem Harmonia: partim autem Diatonon. Ex quibus Harmonia quidem constituit quodammodo quandam morum honestatem & grauitatem: Chroma autem est lene quidpiam & lamentabile: Diatonicũ autem asperum & subagreste. Sed rursus ex iis quæ recipiunt modulationem seu melodiam, modus quidem harmonicus est indiuiduus. Diatonum autem & Chroma habent proprias quasdam differentias: duas quidem Diatonum, nempe & eam quæ mollis vocatur Diatoni, & eam quæ intensi: Chroma autem tres. nã id partim quidem vocatur Tonicum, partim autẽ Semitonium, partim autem molle. Cæterũ ex his est perspicuum, quòd vniuersa apud Musicos contẽplatio modulationis, non in aliam quàm in sonis suam habet substantiam. & ideo si ij tollantur, nihil erit Musica. Quomo ergo dicet quispiam non esse sonos? Ex eo quòd ipsi sint vox in genere, dicemus vocẽ esse non posse, à nobis fuisse ostensum in Scepticis

P cis

Interualla consonantia.
Interualla dissonantia.
Dia tessaron interuallum.
Dia pente.
Dia pason.
Diesis.
Semitonium.
Duplus semitonij.

ἦθος, quiedã modulatio mores efficiens.
Timor pallidus.
Austri graues.
Chroma quid sit.
Harmonia quid sit.
λιγυρὸν.
Diatonos quid sit.

Sceptici commẽtarij Sexti.

cis commentariis ex testimonio Dogmaticorũ. Cyrenæi enim Philosophi solas esse dicunt affectiones, aliud autem nihil. Vnde etiam vocem, cùm non sit affectio, sed efficiens affectionis, non esse ex iis quæ sunt. Democritus autem & Plato tollentes vniuersum sensile, vocem quoque simul tollunt, quæ videtur esse quædam res sensilis. Alioqui enim si est vox, aut est corpus, aut incorporea. Non est autẽ corpus, vt multis docent Peripatetici: neque incorporea, vt Stoici. Non est ergo vox. Alius autem quispiam illo quoque modo argumentabitur. Si non est anima, nec sunt sensus: ij enim sunt eius partes. Si autem non sunt sensus, nec sensilia: ad sensus enim relata intelligitur eorum substantia. Si autem non sunt sensilia, neque vox: ea enim est species sensilium. Atqui nihil est anima, vt ostendimus in nostris De anima commentariis. Non est ergo vox. Præterea si neque vox est longa nec breuis, non est vox. Non est autem vox longa nec breuis, vt admonuimus in iis quę scripsimus aduersus Grammaticos, de syllaba quærentes & dictione. Non est ergo vox. Ad hæc accedit, quòd vox neque in effectu intelligitur, neque in substantia, sed in generatione & temporali extensione. Quod autem est in generatione, fit, nondum autem est: vt nec domus quæ fit, aut nauis, & alia quàm plurima, esse dicuntur. Vox ergo nihil est. Multæ aliæ possunt ad hæc adduci rationes, de quibus, vt dixi, tractauimus in Pyrrhoneis commentariis. Nunc autem si non sit vox, nec erit sonus, qui dicebatur esse casus vocis sub vnam extensionem. Si autem non est sonus, nec est interuallum musicũ, nec symphonia, nec modulatio, nec quæ ex iis constant genera: & ideo nec Musica. Dicebatur enim scientia modulatorum & non modulatorum. Vnde ab alio ostendendum est principio, quòd etiamsi ab his discesserimus, propter tractandam in conficiendis rhythmis seu numeris dubitationem, non potest consistere Musica. Si enim nihil est Rhythmus seu numerus, neq; numeri vlla erit scientia. Atqui nihil est Rhythmus, vt ostendimus. Non est ergo aliqua Rhythmi scientia. Nam, vt sæpe diximus, Rhythmus est compositio quædam ex pedibus. Pes autem est id quod constat ex eleuatione & positura. Eleuatio autem & positura consideratur in quantitate temporum: quorum aliqua quidem tempora continet positura, aliqua verò eleuatio. Quomodo enim ex elementis quidem syllabæ, ex syllabis autem componuntur dictiones: ita ex tẽporibus quidem pedes, ex pedibus autem fiunt Rhythmi seu numeri, vt qui ex illis accipiant constitutionem. Si ergo ostẽderimus quòd nihil sit

tempus,

ADVERSVS MATHEMATICOS.

tempus, simul etiam habebimus demonstratum, quòd nec erunt quidem pedes: propterea autem nec Rhythmi qui ex illis cōsistunt. Cui erit consequens ne esse quidem Rhythmorum sciētiam. Quomodo ergo nihil sit tempus, iam quidem ostendimus in Pyrrhoneis commentariis: nihilo secius autem nunc quoque ostendemus aliquantulum. Nam si tempus est aliquid, aut est finitum, aut infinitum. Non est autem finitum: alioqui dicemus fuisse tempus quando non erat tempus: & futurum aliquando tēpus, quando tempus non erit. Neq; est infinitum: est enim eius aliquid præteritum, & præsens, & futurum. Quorum vtrunque si quidem nō est, finitum est tempus. Si autem est, erit in præsenti & præteritum & futurum: quod quidem est absurdum. Non est ergo tempus. Quod autem cōstat ex iis quæ esse non possunt, non potest esse. Tempus autem constans & ex eo quod præteriit & non est amplius, & ex futuro quod nondum est, esse non poterit. Alioqui si tempus quidem est indiuiduum, quomodo aliud quidem eius dicimus pręteritum, aliud verò præsens, aliud autem futurum? Sin autem est diuiduum, quádoquidem quidquid est diuiduū, aliqua pars ipsius id metitur, vt palmus quidem cubitum, digitus verò palmum: oportebit aliquam quoque eius partem ipsum metiri. Fieri autem non potest, vt præsenti alia metiamur tempora. nā quod sit & est præsens tempus, ex eorum sententia idem est præsens & futurum. Præteritum quidem, quoniam metitur tempus præteritum: futurum autem, quoniam futurum. quod quidem est absurdum. Nullo ergo ex duobus quæ restant præsens est metiendum. Quam ob causam nec hac ratione dicendum est vllum esse tempus. Præterea si tempus est trium partium, & partim quidem est præteritum, partim autem præsens, partim autem futurum: quorum præteritum quidem non est amplius, futurū autem nondum est, pręsens autem est: aut est diuiduum, aut indiuiduum. Sed indiuiduum quidem non est. Nam in indiuiduo quidem nihil potest fieri diuiduū, vt dicit Timon: vt fieri, interire. Et alioqui si est indiuiduū præsens tempus, neq; principium habet à quo incipit, neq; finem in quem desinit. Propterea autē nec medium. Et sic non erit præsens tempus. Sin autem est diuiduum, si quidem diuiditur in tempora quę non sunt, non erit totū tempus: sed ex eius partibus aliquæ quidē erunt, aliquæ verò non erunt. Nihil est ergo. Propterea autem neque pedes, neque numeri, neq; numerorū scientia. Cùm hæc agendo dixerimus aduersus principia Musicæ, in his absoluimus tractationem aduersus disciplinas.

Tempus nihil est.

p 2   *Sexti*

Sexti Empirici ex duobus De philosophia liber primus, Aduersus Logicos.

SCEPTICAE quidem facultatis, quæ est vniuersè & in genere, forma ostensa est cum ea qua conuenit pertractatione, partim quidé primo loco expressa, partim autem conuenienter distinctioni Philosophorum qui illam sequuntur. Restat autem vt in iis quæ sunt eius singularia, doceamus quis sit eius vsus: & neque seorsum res considerantes, neque Dogmaticis resistétes, facilè prolabamur. Sed quoniam res est varia & multiplex Philosophia : ad hoc vt certo ordine & via quæramus vnumquodq;, oportebit pauca tractare de eius partibus. Iam enim alij quidem videntur statuere eam vnicam habere partem, alij verò duas partes, alij autem tres. Et ex iis qui vnam partem statuerunt, alij quidem eam naturæ statuerunt contemplatione, alij verò morum considerationem, alij autem logicam. Et similiter ex iis qui eam diuidunt per binarium, alij quidem eam diuiserunt in naturæ contemplationem, & logicam: alij autem in naturæ contemplationem, & eam quę versatur in considerandis moribus: alii autem in logicam, & eam quæ in moribus versatur parté. Qui verò in tres partes diuidunt, consentiunt in ea diuidenda in naturæ contemplationem & logicam, & eam quæ versatur in moribus. Atque naturalem quidem solam constituére partem Thales & Anaximenes & Anaximander & Empedocles & Parmenides & Heraclitus. Thales quidem & Anaximenes & Anaximander, ex omnium sententia & citra vllam controuersiam: Empedocles autem & Parmenides & prę- terea Heraclitus non ex omnium sentétia. Nam Empedoclem quidem dicit Aristoteles primum mouisse dicédi artem: cuius dicit Dialecticam esse ἀντίςροφον, hoc est ἰσόςροφον, propterea quòd versetur in eadem materia: vt etiam Poëta Vlyssem dixit ἀντίθεον, quod quidem est, Deo parem. Parmenides auté videtur non fuisse imperitus Dialecticæ. Nam rursus Aristoteles existimauit Zenonem eius familiarem fuisse Dialecticæ auctorem. De Heraclito quóque quærebatur num non esset solum Physicus, sed etiam moralis Philosophus. Atq; ii quidem sunt qui parti naturali præfuerunt. Eius autem quæ versatur in moribus solus curam gerebat Socrates, vt volunt quidam alii eius familiares, siquidem Xenophō in suis de eius dictis & factis cómentariis, disertis verbis dicit eum abnegasse naturæ contemplationem, vt quæ sit supra nos: soli autem morum vacasse inquisitioni, vt quæ

Philosophiæ quot sint partes.

Naturalē solam Philosophiæ partem quinam constituunt.

Empedocles primus mouit Rhetoricā, vt vult Aristoteles.

ἀντίςροφος, id est, ἰσόςροφος.

ἀντίθεος, id est, Deo similis.

Zeno familiaris Parmenidis auctor Dialecticæ.

Socrates soli morali Philosophiæ dedit operam, teste Xenophonte.

quæ ad nos pertineat. Hoc nouit etiam Timon cùm dicit,
„ *Legifer ex illis verùm lapicida recessit.*   ὀνομολέ-
nempe à Physicis ad morum contemplationem. Et ideo adiecit il-   χης.
lud Legifer, vtpote quòd sit eius partis quæ pertinet ad mores, de legibus disserere. Nam Plato quidem ei tribuit omnem partem Philo- *Plato tribuit*
sophiæ. Logicæ quidem, quoniam ab eo introductus est quærens de *Socrati omnē*
definitionibus & diuisionibus & etymologia, quæ quidem sunt lo- *partem Philo-*
gica. Eius autem partis quæ versatur in moribus, quoniam disceptat *sophiæ.*
de virtute & reip. administratione & legibus. Naturæ autem contemplationis, quoniam & de mundo & de ortu animalium & de anima est philosophatus. Hinc Timon reprehendit Platonem, quòd So-
„ cratem multis ita ornet disciplinis: Illum, inquit, quem haud voluit
„ præclarus Plato manere, Morum disceptatorem. Videntur autem *Cyrenæi non*
nonnulli quoq; esse in hac sententia, vt existiment Cyrenæos solùm *versantur in*
amplecti eam partem quæ versatur in moribus, amandare autem na- *sola morali*
turæ contemplationem & logicam, vt quæ ad bene beatéque viuē- *Philosophia.*
dum nihil adiumenti afferant. Quanquam nonnulli eos euerti existimarunt, ex eo quòd eam partem quæ versatur in moribus, diuidant
& in eam quæ tractat de eligendis & fugiendis, & in eam quę de animi perturbationibus, & præterea in eam quæ de actionibus, & etiam
in eam quæ tractat de causis, & postremò in eam quæ de argumentis. In his enim eum locum qui tractat de causis, dicunt esse ex parte
naturæ. Qui autem de argumentis, ex parte logicæ. Aristo quoque *Aristo Chius*
Chius non solùm, vt aiunt, recusabat naturalem & logicam contem *solùm moralē*
plationem, propterea quòd inutilis & mala esset Philosophis, sed *tractauit Phi-*
etiam eius partis quæ versatur in moribus conscripsit quosdā locos, *losophiam.*
nempe locum suasorium & admonitorium. eos enim cadere in nu-
trices & pædagogos: satis autem esse ad bene beatéque viuendum
orationem quæ virtuti coniungit redditque familiarem, alienat autē
à vitio. in ea autem quæ sunt intermedia inuehitur, quorum permulti admiratione perculsi vitam agunt infelicem. Ad logicā autem de- *Logicā par-*
lati sunt partem Panthœdes, & Euxenus, & Eubulides, & Brison, & *tem solā qui-*
Dionysodorus, & Euthydemus Thurii, quorum Plato quoque me- *nam tracta-*
minit in Euthydemo. Ex iis autem qui statuerunt Philosophiam ha- *Naturalē et*
bere duas partes, Xenophanes quidem Colophonius persecutus est, *logicam quinā*
vt dicunt nonnulli, naturalem simul partem & logicam. Archelaus *sint persecuti.*
autem Atheniensis, & naturalem, & eam quæ versatur in moribus. *moralem Ar-*
Cum quo ponunt etiam nonnulli Epicurum, vt qui logicam expel- *chelaus tra-*
                          p 3   leret

Epicurus nō omnem logicam sed logicam Stoicorū recusauit. leret contemplationem. Alii autem fuerunt qui dicebant non eum communiter recusare logicam, sed solam logicam Stoicorum: adeò vt poteſtate relinquat tres partes habere Philoſophiam. Refertur autem à quibuſdam opinio, vt teſtatus eſt Sotion, de Cyrenæis, quòd dicant Philoſophiæ eſſe partem aliquam quæ verſatur in moribus, & aliam logicam. Cæterum iſtorum quidem eſſe videtur manca & non ſufficiens diuiſio: melius autem ac perfectius videntur diuiſiſſe, qui dicunt Philoſophiæ has eſſe partes: nempe aliam quidē eſſe quæ contemplatur naturam, aliam autem quæ verſatur in conſiderandis moribus, aliam verò logicam. Quorum virtute quidem eſt Plato princeps, qui de multis naturalibus, multiſque ad mores pertinentibus, & non paucis logicis diſſeruit, diſertiſſimis autem & expreſſiſſimis verbis Xenocrates & Peripatetici. Præterea autem Stoici hanc ſequuntur diuiſionem. Hinc autem admodū probabiliter areæ, quæ fructus omne genus continet, aſſimilant Philoſophiam, vt arborum quidem proceritati comparetur pars naturalis: fructuum autem maturitati & ſuauitati, pars quæ pertinet ad mores: parietum autem firmitati logica. Alii autem dicunt eam eſſe ouo ſimilem. Nam vitello quidem, quem nonnulli dicunt eſſe pullum, ſimilem eſſe eam quæ pertinet ad mores: albumini autem, quod eſt alimentum vitelli, partem naturalem: externæ autem teſtæ, logicam. Poſidonius autem quoniam Philoſophiæ partes ſunt inter ſe inſeparabiles, plantæ autem cernuntur aliæ à fructibus, & parietes ſeparati ſunt à plantis, maluit Philoſophiam aſſimilare animali: ſanguini quidem & carnibus partem naturalem: oſſibus autem & neruis logicam: animæ autem, eam partem quæ pertinet ad mores. Cùm autem ſint tres partes Philoſophiæ, alii quidem ſtatuunt primam partem eam quæ contemplatur naturā. Nam & tempore eſt antiquiſſima quæ in inueſtiganda natura verſatur contemplatio, adeò vt huc vſque qui primi ſunt philoſophati, vocentur Phyſici. Ordine autē, quoniam primùm oportet tractare de vniuerſis, & tunc ſpeciem & hominem conſiderare. Alii autem cœperunt ab iis quæ pertinent ad mores, vt quæ ſint magis neceſſaria, & pertineant ad beatitudinem. Quamobrem præcipiebat quoque Socrates nihil aliud quærere, præterquam

Philoſophiæ tres ſunt partes.
Tres Philoſophiæ partes Plato virtute ac poteſtate ſtatuit, expreſſè Xenocrates & Peripatetici.
Philoſophia aſſimilatur areæ. voſίμῳ.
Philoſophia ouo ſimilis.
Philoſophia ſimilis animali, vt vult Poſidonius.
Philoſophiæ trium partium quænam ſit prima.

ἐπισώντωρ.
,, *Quod ſit in ædibus, illud ſitne bonúmne,*
,, *An'ne malum.*

Epicurei initium ſumunt à logicis. Epicurei autem initiū ſumunt à logicis. Nam conſiderant primùm regularia, & exponunt ea quæ ſunt euidentia, & quæ ſunt incerta & obſcura.

ADVERSVS MATHEMATICOS.

obscura. Stoici autem dicunt ipsi quoque primum locum tenere logica: secundum autem ea quæ pertinent ad mores: postremo autem collocata esse naturalia. Nam primùm oportet mentem esse munitam ad ea quæ traduntur ita custodienda vt difficiliter excuti possint: locum autem dialecticum esse mentis firmamentum: secundo autē loco describere morum contemplationem ad eos corrigendos. ea enim tutò suscipitur, cùm prius subiecta fuerit vis logica. Inducere autem postremam naturæ contemplationem: est enim diuinior, & profundiori opus habet attentione. Atque hæc quidem isti. Nos autem in præsentia rem quidem exactè & accuratè minimè consideramus: illud autem dicimus, quòd si verū quærendum est in omni parte Philosophiæ, oportet ante omnia habere principia, & eius discernendi modos habere fide dignos. Locus autē logicus continet contemplationem eorum per quæ possumus iudicare, & demonstrationum. Ab eo ergo nobis sumendum est initium. Et vt certa via procedat quæstio aduersus Dogmaticos, quoniam euidentia quidem videntur ex se cognosci per aliquid quod iudicat, incerta autem & obscura inuestigari per signa & demonstrationes: transeundo ab euidentibus, ordine consideremus, Primùm an sit aliquid quod iudicet, ex iis quæ cadunt sub sensum aut cogitationem. Postea autem, an sit modus aliquis qui significet & demōstret ea quæ sunt incerta & obscura. Existimo enim quòd si hæc sint sublata, nulla amplius relinquetur quæstio, oporteátne sustinere assensionem, cùm neq; in euidentibus, neque in incertis & obscuris inueniatur veri aliquid. Incipiat ergo oratio de eo quod iudicat: quoniā videtur continere omnes modos comprehensionis.

Stoici primū locum dicunt tenere logica.

Logica est prima pars Philosophiæ, quia oportet ante omnia habere principia.

An sit aliquid quo iudicetur veritas.

DE inquisitione eius quod iudicat, apud omnes est magna decertatio: non solùm propterea quòd homo sit animal natura amans veritatis, sed etiam propterea quòd summas constituat sectas Philosophiæ de iis quæ sunt præcipua. Aut enim magnificam Dogmaticorum gloriationem penitus tolli oportebit, si nulla inueniatur regula qua sciatur sint ne res reueraaut contrà, tāquam temerarios conuinci Scepticos, vt qui ausi sint communi repugnare fidei, si appareat aliquid quod nos possit deducere ad comprehendēdam veritatem. Est enim miserum si omni studio quæramus ea quæ extrui secus iudicāt, vt regulas, & circinos, lancesque & trutinas: quod autem est in nobis,

bis, idque cùm ipsi probandi simus, prætermittamus. Ordine ergò, vtpote quòd de vniuersis sit consideratio, aggredientes, quoniam in propositionem ingrediūtur duæ partes, nempe & id quod iudicat, & veritas, viciss̃im de his vtrisque verba faciemus, aliquando quidē exponendo ostēdentes quot modis dicatur id quod iudicat & veritas, & quámnam ex Dogmaticorum sententia habeat naturam: aliquando autem etiam dubitantius considerantes, an possit esse horum aliquid. Iam enim id quod iudicat (est enim ab eo incipiendum) dicitur primum bifariam. Vno quidem modo, id quod attendentes alia quidem esse dicimus, alia autem non esse: & hæc quidem esse vera, illa verò falsa. Quorum prius quidem exposuimus in libris De ratione Sceptica. Necessariò enim oportebat eum qui dubitando philosophatur, cùm non sit absolutè remotus ab omni operatione, & otiosus in vitę actionibus, habere aliquid quo iudicet quid sit eligendum quid fugiēdum: nempe id quod apparet, seu visum: sicut Timon quoque testatus est dicens,

Iudicatorium duplex.

" *Omni vi visum quocunque ast venerit ipsum.*

Alterum verò, dico autem de essentia, & de quo nunc consideramus, videtur dici tribus modis: nempe cōmuniter, & propriè, & maximè propriè. Nam communiter quidē dicitur quæuis mensura comprehensionis. In quo significato ea etiam quæ naturaliter iudicant, sortita sunt hanc appellationem, vt visus, auditus, gustus. Propriè autem quæuis artificiosa mensura comprehensionis. In quo cubitū quidem & stateram & regulam & circinum dixerimus esse quę iudicant, quatenus sunt artificiosa: visum autem & auditum, & vt semel dicam, reliqua communia instrumentorum sensuum, minimè. Magis propriè autem, quamuis mensuram comprehensionis rei incertæ & non euidentis. In quo significato, ea quæ ad vitam agendam pertinent, non amplius dicūtur ea quæ iudicant, sed sola logica, & quę ad inueniendam veritatem adducunt Philosophi dogmatici. Cùm autem multis modis dicatur id quod iudicat, rursus proponitur considerandum, in primis quidem de logico, & quod vulgò iactatur apud Philosophos: ex consequentia autem etiam de vnoquoque eorum quæ sunt in vita. Licet autem hoc quoque logicum subdiuidere, dicendo ex iis quę iudicant aliud quidem esse vt à quo, aliud autem vt per quod, tertiū autem vt applicationem & habitudinem. A quo quidem, vt homo. Per quod autem, vt sensus. Tertium autem, vt phantasiæ seu visionis applicatio. Nam quomodo in examinandis grauibus & leuibus tria

Iudicatorium de essentia dicitur tribus modis.

Iudicatorium logicum tribus modis dicitur.

sunt

ADVERSVS MATHEMATICOS.

sunt quæ iudicant, libripens, & libra, & libræ positura. Eorum autem, libripens quidem est iudex à quo: libra autem iudex per quem: libræ autem positura, tanquam habitudo. Et rursus quomodo ad discernendũ recta & obliqua, opus est artifice, & regula, & eius applicatione: eodem modo etiã in Philosophia opus habemus tribus prius dictis iudicibus ad dignoscenda vera & falsa. Et libripendi quidem aut fabro similis est homo à quo fit iudicium: libræ autem & regulæ, sensus & cogitatio, per quam fit iudicium: habitudini autem prius dictorum instrumentorum, applicatio phantasiæ per quam homo accedit ad iudicandum. Atque de eo quidem quod iudicat necesse erat hæc præmittere. Veritatem autem nonnulli opinantur, & maximè Stoici, à vero differre tribus modis: nempe essentia, constitutione, & virtute. Essentia quidem, quatenus veritas est corpus: verum autem est incorporeum. Et meritò, inquiunt. Nam hoc quidem est axioma, seu pronunciatum. axioma autem est id quod dicitur. quod dicitur autẽ est incorporeum. Contrà autem veritas est corpus, quatenus scientia videtur omnium verorum esse enũtiatiua. Omnis autem scientia est aliquo modo se habens pars tenens animæ principatum: quomodo etiam aliquo modo se habens manus intelligitur pugnus. Principatum autem tenens pars animæ, est corpus, ex istorum sententia. Erit ergo veritas in genere corporea. Cõstitutione autem, quatenus verum quidem intelligitur vt vniforme quidpiam & simplex natura: vt in præsentia illud, Dies est, &, Ego differo. Veritas autem quæ est vt scientia, existimatur esse ex multis consistens, & quædam ex pluribus congeries. Qua ergo ratione aliud est populus, & aliud ciuis: & populus quidem est multitudo collecta ex multis ciuibus, ciuis autem vnus: eadem ratione veritas differt à vero. Et assimilatur quidem veritas populo, verum autem ciui, propterea quòd veritas quidem est ex multis consistens & collecta, verum autem sit simplex. Potestate autem sunt hæc inter se separata: quoniam verum quidem non omnino adhæret veritati. Nam stultus & infans & insanus aliquando quidem dicit aliquid veri, non habet tamen veri scientiam. Veritas autẽ considerat ex scientia. Quò fit vt qui eam habeat, sit sapiens. Habet enim verorum scientiam, & nunquam fallit ac mentitur, etiamsi falsum dicat, eo quòd non ex mala sed ex bona hoc proferat affectione. Quomodo enim Medicus qui aliquid falsi dicit de ægroti salute, & pollicetur se aliquid daturum, non dat tamen, aliquid quidem falsi dicit, non tamen fallit aut mentitur: (id enim refertur ad salutem eius

Tria iudicatoria rerũ quæ ponderantur.
Recta et obliqua quomodo iudicentur.

Veritas in quo differat à vero.
Veritas est corpus.
Verum est incorporeum.
λεκτψ.

Verũ est vniforme et simplex natura.
Veritas est vt scientia, et constat ex multis.

Veritas assimilatur populo, verum ciui.
Verum dicere nõ semper adhæret veritati.
Veritas rem considerat ex scientia.
Sapiens nunquã fallit etiã si falsum dicat.
Medicus falsum dicit quandoque, non tamen fallit aut mentitur.

q   cuius

Imperator falsum dicit, nec tamen fallit aut mentitur. cuius curam gerit.) Et quomodo prestantissimi imperatores, ad consolandos qui sub eis moerent milites, saepe ex sociis ciuitatibus confictis literis, falsum quidem dicunt, non autem fallunt ac mentiuntur, (propterea quòd hoc malo animo non faciat.) & quomodo Grammaticus ponens exemplum soloecismi, soloecismum profert, nec tamen soloecismum admittit, (non enim hoc ei vsuuenit ob ignorationem rectae orationis: (ita etiã sapiens, hoc est qui veri habet scientiam, aliquando quidem dicet falsum, nunquam autem fallet & mentietur, propterea quòd non habeat mentem falso assentiétem. Nam quòd, inquiunt, ab affectione, & non à sola prolatione iudicandũ sit id quod falsò dicitur, intelligi potest ex subiiciendis exemplis. Dicitur enim τυμβόρυχ۞, id est effossor sepulchrorum, & qui hoc facit ad spoliandos mortuos, & qui mortuis fodit sepulchra. Sed prior quidem punitur, vt qui hoc agat mala affectione: secundus autem etiam mercedem accipit suae operae ac ministerij, propter causam quę alteri causae aduersatur. Est ergo manifestum, quòd falsum quoque dicere, multum differt ab eo quod est esse fallacem ac mentiri: quandoquidem hoc fit bono animo: fallacem autẽ esse & mentiri, malo. His de veritate ex aliquorum sententia explicatis, consideremus dissidiũ quod est inter dogmaticos Philosophos de eo quod iudicat. Necesse est enim vt qui de eius considerant essentia, simul etiam contemplentur quòd sit. Atque multae quidem & variae feruntur in modo diuisiones. Sed nobis in praesentia satis est dicere, quòd alij quidem sustulerunt id quod iudicat, alij verò reliquerunt. Et eorum qui reliquerunt tres sunt supremae sectae. Nam alij quidem id reliquerunt in ratione, alii verò in operationibus expertibus rationis, alii autem in vtrisque. Et sustulerunt quidem Xenophanes Colophonius, & Xeniades Corinthius, & Anacharsis Scytha, & Protagoras, & Dionysidorus, & praeter eos Gorgias Leontinus, & Metrodorus Chius, & Anaxarchus Eudaemonicus, & Monimus Canis. In his autẽ sunt etiam Sceptici: ex quibus Xenophanes quidem, qui dixit ex aliquorum sententia esse omnia incomprehensibilia, est in hac opinione, cùm scribit,

" *Nemo virorum illud conspexit quod sit apertum:*
" *De diis nemo, aliis quaecunque & dico, videbit.*
" *Nam sint facta licet quae ab eo praedicta fuere,*
" *Ille tamen nescit, cunctis & opinio in his est.*

Per haec enim, apertum quidem videtur dicere verum & notum, sicut dicitur, Veritatis simplex est oratio. Virum autem, homine, vtens

specie

specie pro genere: est enim vir species hominis. Solet autem etiam
Hippocrates vti hoc modo loquendi : vt cùm dicit, Mulier non est *Hippocratis*
dextera, hoc est, Non consistit foemina in dexteris partibus matricis. *modus loquen-*
De diis autem, exempli loco dixit de aliquo obscuro. Opinionem *di.*
5 autem pro existimatione. Quo fit vt quod ab eo dicitur, si explicetur Δόκος.
sit eiusmodi. Quod verum quidem est, & notum nullus homo nouit:
quanto minus id quod est ex obscuris? Nam etsi forte fortuna quispiam hoc assequatur, nescit tamen se id esse assecutum, sed putat &
opinatur. Quomodo enim si in domo tenebricosa, in qua multa sunt
10 pretiosa, posuerimus aurum quaerentes ab eo excidere, propterea
quòd vnusquisque eorum, accepto aliquo ex iis quae sita sunt in aedibus, existimabit se aurum apprehendisse: nemo autem eorum habe-
bit persuasum quòd in aurum inciderit, etiamsi re vera incidat : ita *Philosophorū*
etiam in hunc mundum veluti in quandam magnam domum, accessit *nemo scit se ve-*
15 multitudo Philosophorum, ad quaerendam veritatem: quam qui ac- *ritatem appre-*
ceperit, est verisimile eum non credere quòd rectè cōiecerit. Is qui- *hendisse.*
dē certè non dicit esse aliquid quo iudicetur veritas, propterea quòd
in eorum quae sunt natura nihil possit comprehēdi. Xeniades autem *Xeniades Co-*
Corinthius, cuius etiā meminit Democritus, cùm omnia dixerit esse *rinthius dice-*
20 falsa, & omne visum & omnem opinionem esse fallacem : & ex eo *falsa, & omne*
quod nō est, fieri & oriri quidquid est, & quidquid interit, in id quod *visum & om-*
non est interire, est potestate in eodem statu quo Xenocrates. Nam *nem opinionē*
cùm non sit aliquod verum ad differentiam falsi, sed sint omnia falsa, *fallacem.*
& ideo non possint comprehendi: nec erit aliquid iudicans quod ea
25 discernat. Quòd autem omnia sint falsa, & ideo non possint comprehendi, nec aliquid iudicans quod ea discernat, ostenditur ex accusa- *Sensus sunt*
tione sensuum. Nam si illud summū quod res omnes iudicat, est fal- *fallaces.*
sum, necessariò erunt res omnes falsae. Summū autem quod res omnes iudicat, sunt sensus: & omnes ostenduntur fallaces. Omnes ergo
30 res sunt falsae. Anacharsis quoque Scytha, vt aiunt, tollit comprehen- *Anacharsis*
sionem quae omnem artem iudicet: & valde reprehēdit Graecos, qui *Scytha tollit*
„ eam recipiunt. Quis est enim, inquit, qui aliquid iudicat artificiosè. *omnem com-*
„ imperitús ne, an artifex? Sed imperitum quidem nō dicent: est enim *prehensionem.*
„ imperitus orbus ad cognitionem proprietatum artificialiū . & quo- *Qui iudicat*
„ modo neque caecus accipit videndi munus, neque surdus audiendi: *artificiosè, nec-*
„ ita nec qui caret arte, acutè videt ad comprehendendum id quod est *est imperitus,*
„ effectum artificiosè. Nam si ei quoq; tribuamus artificiosae alicuius *nec artifex.*
„ rei iudicium, ab arte non differet inertia. quod quidem est absurdū.

q 2 Quam-

„ Quamobrem imperitus non est iudex proprietatum artificialium.
„ Restat ergo vt dicant artificem. quod rursus minimè est probabile.
„ Aut enim qui est eiusdem artis æmulator, alterum qui eandem artem
„ æmulatur, iudicat: aut qui non eandem æmulatur artem, alterum qui
„ diuersam. Sed qui est diuersæ artis, fieri non potest vt eū iudicet qui
„ est diuersæ. Suam enim nouit artem, est autem imperitus alienæ. Sed
„ nec qui est æmulator eiusdem artis, potest probare eum qui eandem
„ æmulatur. Nam hoc ipsum quærebamus quisnam sit qui eos iudicet,
„ vt qui, quod ad artem attinet, eandem vim habeant & facultatem. Et
„ alioqui si iste illum iudicat, fiet idem & quod iudicat & quod iudica-
„ tur, & fide dignum & non fide dignum. Nam quatenus quidem al-
„ ter ex iis qui iudicantur, eandem artem æmulatur, cùm ipse quoque
„ iudicetur, non erit fide dignus. Quatenus autem iudicat, erit fide di-
„ gnus. Non potest autem fieri, vt idem sit id quod iudicat & id quod
„ iudicatur, & fide dignum & non fide dignum. Non est ergo vllus qui
„ artificiosè iudicet. Et propterea non est aliquid quod iudicet. Eorū
„ enim quæ iudicant, alia quidem sunt artificiosa, alia verò sunt rudia
„ & imperita. Sed nec quæ sunt rudia & imperita iudicant, vt nec qui
„ est rudis & imperitus: nec artificiosa, vt nec artifex, propter prius dictas causas. Nihil est ergo quod iudicet. Protagoram quoque Ab-
deritanum nonnulli retulerunt in numerum Philosophorum qui tollunt id quod iudicat. Dicit enim omnes visiones & opiniones esse veras, & veritatem esse ex iis quæ referūtur ad aliquid: propterea quòd
quidquid alicui apparuerit aut visum fuerit, statim sit, relatum ad illum. A fundamentis quidem certè incipiens, exclamauit, Mensura
omnium rerum est homo: eorum quidem quę sunt, quòd sint: eorum
verò quæ non sunt, quòd non sint. Videturque ei adstipulari quæ aduersatur oratio. Nam si quis dicat hominem nō esse id quod res omnes iudicat: ipse quidem certè qui hoc dicit, homo est: & vt quod ad
se refertur ponens visum, fatetur hoc ipsum quoq; vt quod ad se referatur esse visum. Quamobrem & furiosus est fide dignus iudex eorum quæ videntur in furore: & qui dormit, eorum quæ videntur in
somnis: & infans, eorum quæ in infantia: & senex, eorum quæ occurrunt in senectute. Nec conuenit ex differentibus circunstantiis infir-
mare & abolere differentes circunstantias: nempe ex iis quidem quę
occurrunt dum est aliquis sanæ mentis, ea quæ videtur dum furit: ex
iis autem quæ obuersantur vigilantibus, ea quæ videntur in somnis:
ex iis autem quæ in senectute, ea quæ in infantia. Nā quomodo eadem

Protagoras Abderitanus verum esse dicebat id quod cuilibet videbatur.

καὶ ταῦτα ἀλ-
λόντωρ.
*Homo est mē-
sura rerum om-
nium.*

dem illis non videntur, ita etiam contrà, ea quæ his videntur, illis minimè occurrunt. Quamobrem si quia furore percitus, aut dormiens in certa cernit affectione, non est verus ac certus iudex eorum quæ ipsi videntur: is quoque qui est sanæ mentis, & qui vigilat, in certa affectione rursus non erit fide dignus ad ea discernenda, quę illi occurrunt & obuersantur. Cùm ergo nihil sumatur absque circunstantia, credendum est vnicuiq; eorum quæ sumuntur ex propria circunstantia. Et hoc existimarunt quidam eum mouere id quod iudicat, quoniam eo vult probari ea quæ per se ponuntur, & verum & falsum distinguere. Vir autem ille de quo prius diximus, neque aliquid quod per se sit, neque falsum reliquit. Eiusmodi autē fuisse dicuntur & Euthydemus & Dionysidorus. Nam ii quoq; id quod est & verum reliquerunt ex iis quæ referuntur ad aliquid. Gorgias autem Leontinus fuit ipse quoque ex ordine eorum qui sustulerūt id quod iudicat, sed non ea ratione ac via qua Protagoras. Nam in libro qui inscribitur, De eo quod non est, aut De natura, tria ordine constituit capita. Vnū quidem & primum, quòd nihil sit: secundum autem, quòd etsi sit, ab homine non possit comprehendi: tertium, quòd etsi possit comprehendi, enuntiari tamen & explicari non possit proximo. Atque quòd nihil quidem sit, hoc modo ratiocinatur. Nam si est, aut est id quod est, aut id quod non est, aut etiam id quod est, & id quod non est. Sed neque est id quod est, vt ostēdet: neque id quod non est, vt exponet: neque quod est & non est, vt hoc quoque docebit. Non est ergo aliquid. Atq; id quidem quod non est, non est. Si enim est id quod non est, erit aliquid simul & non erit. Nam quatenus quidem non esse intelligitur, non erit. Quatenus autem non esse, rursus erit. Est autem planè absurdum, quòd aliquid simul sit & non sit. Non est ergo id quod non est. Et alioqui si est id quod non est, non erit id quod est. sunt enim hæc inter se contraria. Et si ei quod non est, vt sit accidit, ei quod est, accidet vt non sit. Minimè autem non est id quod est: neque erit id quod non est. Porrò autem nec est id quod est. Nam si est id quod est, aut est æternum aut ortum: aut simul æternum & ortum. Sed neque est æternum nec ortum, neque vtrunque, vt ostendemus. Non est ergo id quod est. Nam si id quod est, est æternū (hinc enim est incipiendum) non habet aliquod principiū. Quidquid enim oritur, habet aliquod principium. AEternum autem cùm sit eiusmodi vt non sit ortum, non habuit principium. Non habens autem principium, est infinitum. Si est autem infinitum, nusquam est. Nam si est

Euthydemus et Dionysidorus id quod est verum dicunt esse ex iis quæ referuntur ad aliquid.

Gorgias Leontinus quomodo tollat indicatorium.

Nil esse quomodo probetur.

q 3   alicubi,

alicubi, diuersum erit ab eo illud quod est in quo est. & sic non erit vtique infinitum id quod continetur in aliquo. Infinito autem nihil est maius. Quamobrem nusquam est infinitum. Sed neq; in ipso continetur. idem enim erit id in quo est, & quod in ipso est: & duo fient id quod est, nempe locus & corpus. Nam id quidem in quo est, est locus. Quod autem in ipso est, est corpus. hoc autem est absurdum. Ergo nec in ipso est id quod est. Quare si id quod est, est æternu, est infinitum. Si est autem infinitu, nusquam est. Si autem nusquam est, non est. Si ergo id quod est, est æternum, neque omnino est. Sed nec ortum esse potest id quod est. Si enim ortum est, aut ex eo quod est ortum est, aut ex eo quod non est. Sed neque ex eo quod est, ortu est. Si enim est id quod est, non ortum est, sed iam est. Neq; ex eo quod non est. Nam quod non est, nec potest quidem aliquid gignere: propterea quòd id quod aliquid gignit, debet necessariò esse particeps essentiæ. Ergo nec ortum est id quod est. Itidem autem nec vtrunq; simul, æternum simul & ortum. ea enim se alterum alterum perimut: & si id quod est, est æternum, non est ortum: & si ortum est, non est æternum. Si ergo neque est æternum id quod est, neque ortum, nec vtrunque, non est id quod est. Et alioqui si est, aut est vnum, aut plura. Sed nec est vnu, neq; plura, vt ostendetur. Non est ergo id quod est. Nam si est, aut est quantum, aut continuu, aut est magnitudo, aut corpus. Quodcunque autem horum fuerit, non est vnum. Sed si sit quidem quantum, diuidetur: si sit autem continuum, scindetur. Similiter autem si intelligatur magnitudo, non erit indiuiduum. Si sit autem corpus, erit triplex: habebit enim longitudinem, latitudinem, & profunditatem. Absurdum est autem dicere id quod est nihil esse ex his. Non est ergo vnum id quod est. Sed nec est multa. Si enim non est vnum, nec est multa. Multa enim sunt, eoru quæ sunt ex vno compositio. Quamobrem si vnum tollatur, tolluntur quoq; multa. Atq; quòd non sit quidem id quod est, neque sit id quod non est, ex his est perspicuum. Quòd autem nec vtraq; sint id quod est, & id quod non est, facilè potest ratione colligi. Si enim est id quod non est, & est id quod est, idem erit id quod est, & id quod nō est: quod attinet ad essentiam: & propterea neutru est eorum. Quòd enim non sit id quod non est, constat: ostésum est autem hoc ipsum esse id quod est. Ergo ipsum quoque non erit. Verúenimuero si id quod est, idem est quod id quod non est, non possunt esse vtraque. Si enim vtraq;, non idem. Et si idem, non vtraque. Quibus est consequens vt nihil sit. Si enim

neque

ADVERSVS MATHEMATICOS.

neque est id quod est, neque id quod non est, neque vtraque: præter hæc autem nihil intelligitur, nihil est. Quòd autē etiamsi sit aliquid, hoc est homini ignotum & inexcogitabile, deinceps est ostendendum. Si enim quæ cogitantur non sunt ea quæ sunt, inquit Gorgias, id quod est non cogitatur. idque est rationi consentaneū. Quomodo enim si iis quæ cogitantur, accidit vt sint alba, acciderit etiam albis vt cogitentur: ita etiam si acciderit iis quæ cogitantur, vt non sint ea quæ sunt, necessariò accidet iis quę sunt, vt non cogitentur. Est ergo hoc rectum & seruans consequentiam, Si quę cogitantur, nõ sunt ea quæ sunt, id quod est nõ cogitatur. Quæ autem cogitantur (prius enim sumendum est) non sunt, vt ostendemus. Non ergo cogitatur id quod est. Quòd autem quæ cogitantur non sint ea quæ sunt, est perspicuum. Si enim quæ cogitatur sunt ea quæ sunt, sunt omnia quæ cogitantur, & quacunque ratione ea quispiam cogitauerit. quod quidem est absurdum. Si est autem, stultum. Neque enim si cogitauerit quisquam hominem volantem, aut currus currentes in mari, statim homo volat, aut currus currunt in mari. Quamobrem non ea quę cogitantur sunt ea quæ sunt. Præterea si quæ cogitantur sunt ea quæ sunt, quæ non sunt non cogitabuntur. Contrariis enim accidunt contraria. Ei autem quod est, contrariū est id quod non est. Et ideo omnino si ei quod est accidit vt cogitetur, ei quod non est accidet vt nõ cogitetur. est autem hoc absurdum. Nam & Scylla, & Chimæra, & multa ex iis quæ non sunt, cogitantur. Et quomodo quæ spectantur, propterea dicuntur aspectabilia quoniã spectantur, & audibilia propterea sunt audibilia quòd audiantur, audibilia autem amandamus, quoniam non videntur (vnumquodque enim debet iudicari à proprio sensu, non autem ab alio) ita etiam quæ cogitantur, etiamsi non cernantur oculis, nec auribus audiantur, erunt, quoniam sumuntur ab eo quod illa propriè iudicat. Si ergo cogitat quispiam currus in mari currere, etiamsi eos non videat, debet credere quòd sint currus currentes in mari. est autem hoc absurdum. Non ergo cogitatur & comprehenditur id quod est. Quod si etiam comprehendatur, alteri non potest proferri & enuntiari. Si enim quæ sunt, sunt aspectabilia, & audibilia, & communiter sensilia, quæ subiecta sunt extrinsecus: & ex iis illa quidem quæ sunt aspectabilia, aspectu possunt comprehendi: audibilia autem auditu, & non cõtrà: quomodo ergo possunt ea alteri significari? Qua enim significamus est oratio. Oratio autem non est ea quæ sunt subiecta & quæ sunt. Non ergo ea quæ sunt proximis

Si est aliquid, id ab homine non potest cogitari.

Quæ cogitantur, non sunt ea quæ sunt.

Quæ comprehenduntur, nõ possunt alteri enuntiari.

ximis

ximis significamus, sed orationem, quæ est diuersa à subiectis. Quo modo ergo aspectabile non est audibile, nec contrà: ita quoniam id quod est subiicitur extrinsecus, id non erit nostra oratio. Si non sit autem oratio, non poterit alteri significari. Constat autem, inquit, oratio ex iis rebus quæ nobis incurrunt extrinsecus, hoc est, ex sensilibus. Ex chyli enim humorísve incursione nobis ingeneratur quæ de ea qualitate profertur oratio: & ex coloris incursione, quæ de colore dicitur. Quod si ita est, non adducit oratio id quod est extrinsecus, sed id quod est extrinsecus, significat & indicat oratione. Sed nec dici potest, quòd quomodo subiecta sunt aspectabilia & audibilia, ita etiam oratio, vt ex ipso subiecto & quod est, possint subiecta & quæ sunt significari. Nam etsi, inquit, subiecta est oratio, attamen differt à reliquis subiectis: & ab orationibus plurimùm differût corpora aspectabilia. Nam per aliud instrumentum comprehenditur aspectabile, & per aliud oratio. Multa ergo ex subiectis non indicat oratio, quomodo nec illa inter se suam indicant naturam. Cùm hæc ergo sint à Gorgia addubitata, quod ad ea attinet, perit id quod iudicat veritatem. Nam cùm hoc nec sit, nec cognosci possit, nec alij adiici, non est quod iudicet. Non fuerunt autem pauci, vt prius dixi, qui & Metrodorum & Anaxarchum, & præterea Monimum dixerint sustulisse id quod iudicat. Et Metrodorum quidem, quoniam dixerit nos nihil scire, & nec hoc ipsum quidem scire quòd nihil sciamus. Anaxarchû autem & Monimum, quoniam ea quæ sunt assimilarunt σκιογραφία, id est adumbratæ picturæ, & existimarunt ea esse similia iis quæ incurrunt in somno aut furore. Cæterum isti quidem certum aliquem habuere statum: Primi autem qui à Thalete prodiere Physici, visi sunt introducere σκέψιν, id est côsiderationem De eo quod iudicat. Nam cùm sensum damnassent vt qui in multis non esset fide dignus, veritatis in rebus iudicem constituére rationem. A qua incitati, statuerût de principiis, & elementis, & aliis: quorum comprehensio accedit per eius virtutem. Hinc in Physicis quidem diligentissimus Anaxagoras, sensus tanquam imbecillos vituperãs, Propter eorum, inquit, debilitatem, non possumus verum iudicare. Quòd autem ii sint infideles, fidem facit ex eo quòd paulatim mutentur colores. Nã si duos acceperimus colores, nigrum & album: deinde ex altero in alterum guttatim effuderimus, nõ poterit visus discernere quę paulatim fiunt mutationes, etiamsi sint ad naturam subiectæ. Hac autem ratione videtur vi quoque ac potestate vsus esse Asclepiades in primo De vini datione,

datione, vbi stat in fuluo & nigro. His enim mistis, sensum dicit non posse discernere, sítne subiectus vnus color & simplex, an non. Quare Anaxagoras quidem communiter dixit rationem esse id quod iudicat. Pythagorici autem rationem quidem dicunt, sed non communiter, verùm eam quæ accedit à disciplinis, quomodo dicebat etiam Philolaus: & cùm sit vniuersorum naturę contéplatrix, habere quandam cum ea cognationem, cùm sit natura comparatũ vt simile comprehendatur à simili.

,,   *Nos certè terra terram conspeximus, vnda*
,,   *Vndam, diuino aëréque aëra: vidimus igne*
,,   *Claro ignem. lis lite, amor est conspectus amore.*

Et quomodo lux quidem, inquit Posidonius Platonis Timeum explicans, comprehenditur à visu, qui habet speciem lucis: vox autem ab auditu, qui habet speciem aëris: ita etiam vniuersorum natura debet comprehendi à ratione quæ est ei coniuncta cognatione. est autem principium vniuersorum substantiæ, numerus. Quamobrem ratio iudex vniuersorum, cùm non sit expers eius virtutis, vocari posset numerus. Et hoc significantes Pythagorici aliquando quidem dicere consueuerunt, SVNT autẽ numero omnia similia. aliquando autem dicunt iurasse sacramentum omnium maximè naturale,

,,   *Non per eum à quo animæ datus ille quaternio nostræ,*
,,   *Naturæ æternæ à quo fons radíxque profecta est.*

Eum enim in Deum referebant: quaternionẽ autem numerum quendam, qui constans ex primis numeris, perfectissimum efficiebat numerum, sicut decem. Vnum enim & duo & tria & quatuor, sunt decẽ. & est hic numerus primus quaternio. Dictus est autem fons æternæ naturę, quandoquidem ex eorum sententia vniuersus mundus administratur per harmoniam. Harmonia autem est systema, constans ex tribus consonantiis, Dia tessaron & Dia pente & Dia pason. Harum autem trium consonantiarũ proportiones inueniuntur in prius dictis quatuor numeris, nempe in vno & duobus, & in tribus & quatuor. Nam consonantia quidẽ Dia tessaron, sita est in ratione sesquitertia: consonantia autem Dia pente, in sesquialtero: consonantia autẽ Dia pason, in duplo. Vnde quatuor quidem numerus qui est trium sesquitertius, quoniam constat ex eo & tertia eius parte, continet consonantiam Dia tessaron. Tria autem cùm sit numerus duorum sesquitertius, quandoquidem continet ipsum & eius dimidiũ, indicat consonantiam Dia pente. Quatuor autem qui est duplus vnitatis duorũ,

Asclepiades de fuluo et nigro quid d.cat.
Ratione esse quæ iudicat, dicit Anaxagoras.
Ratione quæ accedit à disciplinis, esse iudicatorium dicũt Pythagorei et Philolaus.
Ratio habet quandam cum natura cognationem.
Simile cõprehenditur à simili.
Visus habet speciem lucis.
Vox habet speciem aëris.
Numerus principium substantiæ vniuersorum.

Quaternio numerus perfectissimus.
Decem, primus quaternio.
Mundus administratur harmonia.
Harmonia quid sit.
Consonantiæ in quatuor numeris.

r   compre-

comprehendit consonantiam Diapason. Quoniam ergo quaternio subministrat proportionem dictarum consonantiarum: consonantię autem complent perfectam harmoniam : perfecta autem harmonia administrantur omnia: ea de causa eum dixerunt esse fontem & radicem æternæ naturæ. Et alioqui, quoniam ex rationibus horum quatuor numerorum intelligitur & corpus & incorporeum, ex quibus sunt omnia. Nam si fluxerit punctus, visione lineam apprehédimus, quæ est longitudo carens latitudine. Si fluxerit autem linea, facimus latitudinem, quæ est quædam superficies carens profunditate. Si autem fluxerit superficies, fit corpus solidum. Sed in puncto quidé est vnitas, vt quæ sit indiuidua sicut punctus. In linea autem binarius. vnde adest linea, nempe à signo in signum. & rursus ab hoc ad aliud signum. In solido autem corpore quaternarius. Nam si super quatuor signa quartum in altum extulerimus, fit pyramis, quæ quidem est primum corpus solidæ figuræ. Rationi ergo conuenienter quaternio est fons naturæ vniuersorum. Et alioqui quidquid, inquiunt, ab homine comprehéditur, aut est corpus, aut incorporeum. Siue autem sit corpus, siue incorporeum, non comprehenditur absque numerorum notione. Corpus quidem quoniam trium interuallorum habet dimensiones, ternarium enuntiat numerum. Quoniam autem ex corporibus alia quidem sunt ex iis quæ coniunguntur ac committuntur, vt naues, & catenæ, & turriculæ. Alia autem ex vnitis, quæ ex vno habitu continentur, vt plantæ, & animalia. Alia autem ex distantibus ac discretis, vt chori, & exercitus, & greges. Sed siue constent ex iis quę committuntur, siue ex vnitis, siue ex discretis, habent numeros, quoniam constant ex pluribus. Præterea ex corporibus alia quidem in simplicibus sita sunt qualitatibus, alia autem in multis simul cōgestis: vt pomum. Nam & varium habet colorem ad visum : & succum ad gustum: & odorem ad odoratum: & lenitatem ad tactum. quæ quidé sunt naturæ numerorum. Eadem autem est ratio etiam in incorporeis. siquidem & tempus incorporeum, numero comprehenditur, vt est euidens ex annis & mensibus & diebus & horis. Similiter autem & punctus, & linea, & superficies, & alia, de quibus paulo ante disseruimus: eorum etiam intelligentias colligentes ad numeros. Iis autem quæ dicta sunt, dicunt congruere ea etiam quæ fiunt in vita, & præterea ea etiam quæ fiunt ex artibus. Nam & vita iudicat vnumquodque iis quæ iudicant, quæ quidem sunt mensuræ numeri. Si ergo numerum sustulerimus, tolletur cubitus constans ex duobus semicubimicubitis, & sex palmis, & vigintiquatuor digitis. Tolleretur etiam modius, & trutina, & caetera quae iudicant. Haec enim omnia, vt quae τάλαντρι. constent ex pluribus, sunt statim species numeri. Vnde etiam caetera ex iis continentur, foenus, testimonia, sententiae, syngraphae, tempora, periodi. & in summa, non potest inueniri aliquid in vita quod eius sit expers. Omnis quidem certè ars non constat absque proportione. Proportio autē sita est in numero. Omnis ergo ars consistit per numerum. Rhodij certè, vt aiunt, rogarunt Charetem Architectum, quantum impendetur pecuniae ad construendum Colossum. cùm is autem aliquid definiisset, rursus rogarunt, Quantum autem si vellent eum duplo maiorem construere. Cùm is autem duplum petiisset, illi quidem dederūt. Is autem cùm in initia & Colossi formę descriptionem impendisset quod datum fuerat, sibi mortem consciuit. Eo autem mortuo, intellexerunt artifices, quòd non oportebat eum petere duplum, sed centuplum. Non solam enim longitudinem, sed etiā omnem operis spatij dimensionem debebat efficere maiorem magnitudine. Est ergo quaedam proportio in arte statuaria: similiter autem etiam in pictura. Propter quam similitudinem rectè se gerit ex eo quod nullam habeat diuersitatem ac mutationem. Et communi ratione omnis ars est id quod constat & est collectū ex comprehensionibus. Quod autem constat & est collectum, est numerus. Rectè ergo habet illud, Numero autem sunt omnia similia, hoc est, rationi iudicanti, & quae est eiusdem generis cuius numeri qui omnia constituerunt. Haec quidem Pythagorici. Xenophanes autem ex eorum sententia, qui eum tanquam aliter exponunt, quando dicit,

> Nemo virorum illud conspexit quod sit apertum:
> De diis nemo, alii quaecunque & dico, videbit.
> Nam sint facta licet quae ab eo praedicta fuere,
> Ille tamen nescit, cunctis & opinio in his est.

videtur non omnem tollere comprehensionem, sed eam quae est ex scientia, & quae non potest aberrare & labi. Relinquit ergo opinabilem. Hoc enim indicat illud, Cunctis & opinio in his est. Quo fit vt ex eius sentētia id quod iudicat, sit ratio opinabilis, hoc est, ratio eius quod est probabile, non autem ea quae sequitur id quod est firmum ac stabile. Parmenides autem eius familiaris, damnauit quidem opinabilem, eam, inquam, quae imbecillas habet existimationes. Eam autem quae est ex scientia, & quae aberrare & falli non potest, posuit esse id quod iudicat, relicta etiam fide sensuum. Incipiens certè librum

Omnis ars cōsistit ex proportione.
Proportio est ex numero.
Chares Architectus cur sibi morté consciuerit.
Colossus Rhodius.
πσκευτήματα.
Proportio in arte statuaria.

κατ' ἀπαρεμφαξίαν.

Xenophanes.

Ratio opinabilis, est iudicatorium, vt vult Xenocrates.

Parmenides posuit iudicatorium, rationem quae est ex scientia.

brum De natura, scribit hoc modo,

Parmenides.
>>   *Me portant quoque equi, quantum tuleritque voluntas*
>>   *Mittunt. namque viam in celebrem vexere ferentes*
>>   *Dæmonis, atque via quæ fert per singula doctum*
>>   *Insignes me ea equi, quorum est bona fama, tulerunt.*   5
>>   *Quassantes iterisq; duces præiere puellæ.*
>>   *Eius cum radiis immissus fistulæ & axis,*
>>   *Orbibus in geminis tornatis fixus vtrinque est*
>>   *Quando Heliades festinauere puellæ*
>>   *Mittere, linquentes tenebrosa palatia noctis,*   10
>>   *Ad lucem, manibus validis & vela mouentes.*
>>   *Quod supra portam ex lapide est, ipsum quoque limen.*
>>   *Illæ autem æthereæ veniunt, portisq; propinquant,*
>>   *Quarum vltrix, meritas pœnas reddensq; vicißim*
>>   *Dice clauigera est. mulcentes pectora verbis,*   15
>>   *A porta vt vectem auferret, fecere puellæ.*
>>   *Protinus hæ verò pandentes claustra, peringens*
>>   *Expansis valuis fecerunt esset hiatus*
>>   *Aptatus clauis ab eis dum voluitur axis.*
>>   *Illis hinc facilè directa est orbita currus.*   20
>>   *Ast alacris Dea me excepit, dextraq; prehendit,*
>>   *His verbis vtens mecum, & sic ore locuta est:*
>>   *Qui comitaris equos diuinos nate regentes*
>>   *Currus, hæc qui nunc te ad nostra palatia portant,*
>>   *Salue: non mala te duxit fortuna venires*   25
>>   *Hoc vt iter: via non hominum vnquam hæc paßibus vllis*
>>   *Trita est, sed quæ opus est audacter cuncta rogare*
>>   *Fas & iura sinunt, veri certißima corda*
>>   *Quænam sint, hominum & quænam sit opinio, cui non*
>>   *Certa adhibenda fides, via num sit mente petenda,*   30
>>   *Hæc tibi tu caueas. Longa experientia morum*
>>   *Ne te cogat in hanc vt tu tua lumina figas,*
>>   *Aut aures patulas. à te ratione probetur,*
>>   *Quam tibi dictaro, longa experientia morum.*
>>   *Hæc ratio via qua profit tibi sola relicta est.*   35

Parmenidis de iudicatorio versus aliquot exponuntur. In his certè Parmenides equos quidem dicit eum ferre, rationis expertes animi impetus & appetitiones: ferri autem per celebrem & inclytam viam Dæmonis, nempe per contemplationem ex ratione philoso-

philosophica. Nam ratio inſtar deducentis Dæmonis, ducit ad vniuerſorum cognitionem. Eius autem filias præire, nempe ſenſus. Ex quibus aures quidem innuit, cùm dicit, Orbibus in geminis fuerat defixus vtrinque Tornatis, nempe in orbibus aurium, per quos vo-
5 cem accipiunt. Viſiones autem vocauit puellas Heliadas, relinquentes quidem palatia noctis, & vela mouentes ad lucem, propterea quòd abſque luce non ſit earum vſus. Ad Dicen autem ſeu iuſtitiam veniſſe vltricem, pœnas reddentémque viciſſim, quæ eſt clauigera, nempe mentem, quæ habet firmas ac certas rerum comprehenſio-
10 nes. Quæ cùm eum excepiſſet, pollicetur ſe duo eſſe docturā, nempe quænam ſint veri certiſſima corda, nẽpe ſcientiæ greſſum immobilem: alterum autem, quænam ſit hominum opinio, cui non certa adhibenda fides, hoc eſt, quidquid poſitum eſt opinabile, quod eſt infirmum & inſtabile. In fine autem apertè declarat non eſſe atten-
15 dendos ſenſus, ſed rationem. Longa, inquit, experientia morum Ne te cogat in hanc vt tu tua lumina figas, Aut aures, aut linguam. A te ratione probetur, quam tibi dictaro, longa experientia rerum. Sed hic quoque, vt ex iis quæ dicta ſunt, eſt perſpicuum, cùm quæ eſt ex ſcientia rationem pronunciarit eſſe regulam rerum veritatis, receſſit
20 à ſenſibus attendendis. Empedocles autẽ Agrigentinus, vt ii volunt qui exiſtimant eum exponere ſimplicius, tradit eſſe ſex à quibus iudicatur veritas. Nam cùm duo quæ vim habeant agendi, vniuerſorũ poſuiſſet principia, nempe amicitiam & litem ſeu contentionem, & ſimul meminiſſet quatuor, tanquam materialium, nempe terræ, &
25 aquæ, & aëris, & ignis, ea coniuncta dixit eſſe quæ iudicant. Nam vetus quædā & ex alto, vt prius dixi, petita apud Phyſicos verſatur opinio, quòd ſimilia ſimilibus cognoſcantur. Et eius quidem viſus eſt etiā Democritus aliquas probabiles & plauſibiles afferre rationes. Viſus eſt autem etiam Plato eam tetigiſſe in Timæo. Sed Democri-
30 tus quidem in animatis & inanimis ea quæ dicit conſtituit. Animan-
„ tia enim, inquit, ſimul congregantur cum animantibus, vt columbæ
„ cum columbis, & grues cum gruibus, & in aliis brutis. Similiter au-
„ tem & in inanimis, vt licet videre in ſeminibus quæ cribrantur, & in
„ lapillis qui educũtur à fluctibus. cùm ex cribri quidem circumactio-
„ ne quę fit ad diſcernendum, lens cum lente collocetur, ordeum cum
„ ordeo, & frumentum cum frumento. Ex vndarũ autem motione oblongi quidem calculi pellantur ad eundem locum ad quem oblon-
„ gi, teretes autem ad quem teretes, vtpote quòd rerum in his ſimili-

Empedocles dicit eſſe ſex à quibus veritas iudicatur.

Similia ſimilibus cognoſcũtur.

Democritus dicit ſimilia cõgregari cum ſimilibus, tā animata quàm inanima.

tudo

" tudo habeat aliquid quod conciliet. Plato autem in Timæo ad pro-
" bandum animam esse incorpoream, vsus est eodem genere demon-
Sensus sen- " strationis. Nam si visio,inquit,apprehendens lucem statim est lumi-
silia appre- " nosa: auditus autem aërem percussum iudicans, nempe vocem,pro-
hendentes " tinus cernitur ad aëris accedens speciem. Odoratus autem cogno-
accedunt ad " scens vapores, est omnino vaporis aliquam habens formam: & gu-
sensiliū spe- " stus qui humores, humoris habens speciem:& anima ideas suscipiés
ciem. " incorporeas, vt quæ sunt in numeris & in finibus corporum, sit incor
porea. Cùm sit eiusmodi opinio apud eos qui nos multis seculis præcesserunt, visus est in ea quoq; versari Empedocles, & ex iis quæ sunt
principia quæ omnia constituunt, dicere esse totidem numero quæ
iudicant, cùm scripsit,

Empedocles. " *Nos certè terra terram conspeximus, vnda*
Principia co- " *Vndam, diuino aëreque aëra: vidimus igne*
gnosci iis quæ " *Claro ignem. lis lite, amor est conspectus amore.*
sunt similia
principiis, to- ostendens quòd terram quidem comprehendimus terræ participa-
tidē numero. tione, aquam autem participatione aquæ, aërem autem participatione aëris, & in igne conuenienter. Alij autem erant qui dicebant ex
sententia Empedoclis, non à sensibus, sed à recta ratione iudicari veritatem. Rectam autem rationem, partim quidem esse diuinam, par-
Sensus nō esse tim autem humanam. ex quibus diuinam quidem non posse proferri,
iudicatoria cē- humanam autem posse. Quòd autem in sensibus non sit veri iudi-
set Empedo- cium, sic ait,
cles.
Empedocles. " *Effusa angusta est nimium nam palma per artus,*
" *Multæ & lemæ quæ curam caligine cæcant,*
" *Et cùm sit viuis vitæ pars parua coacta,*
" *Morte cita ablatis fumi instar vita recedit*
" *Vndique raptatis. Sic totum & iactat habere*
" *Se inuentum, cùm homines nequaquam ea cernere possint,*
" *Auribus aut audire, animo aut comprehendere.*

Veritas non Quòd autem nō possit perfectè comprehendi veritas, nisi quantum
comprehendi- consequitur humana ratio, declarat subiūgens ad ea quæ sequuntur,
tur, nisi quan-
tum humana " *Sic quòniam sed aberras,*
ratio consequi- " *Scitare. haud vltra nam hominis prudentia pergit.*
tur.
Et cùm pér ea quæ deinceps sequuntur, increpasset eos qui se plus
nosse profitentur, statuit quòd quidquid per vnumquemque accipitur, est fide dignum; si eis præsit ratio. Dicit enim,

" *Verùm Dij illorum furias auertite linguæ,*

                  Atque

>	Atque ore ex sancto purum deducite fontem.
>	O Musa & celebris, cui brachia candida, Virgo,
>	Quæ fas est homini audire, ego te rogo supplex,
>	A pietate velis facilem vt tu mittere currum.
5 >	Gloria nec cogat flores te carpere honoris
>	A mortalibus, vt mouearis dicere plura.
>	Confide, & sophiæ tunc ad extrema feraris.
>	Quilibet in palma at residentem conspice clauum
>	Quemlibet, haud visus maiorq́; fides habeatur,
10 >	Quàm auditus. non eius quàm quod lingua reuelat.
>	Nulliúsve ex aliis, quorum est perceptio mentis.
>	A membrisq́; fidem arce: qua rationeq́; apertum est
>	Vnumquodque intellige.

Hæc quidem Empedocles. Heraclitus autem quoniam rursus vide- *Heraclitus*
15 batur esse duobus instrumentis munitus ad cognoscendam veritatẽ, *sensum dicit nõ fide dignũ, ra-*
nempe sensu & ratione, ex iis sensum, sicut ii quos prius diximus, exi- *tionem autem*
stimauit non esse fide dignum. Rationem autem ponit eam esse quæ *statuit esse iu-*
" iudicat. Sed sensum quidem refellit, dicens ad verbum, Mali sunt te- *dicatorium.*
" stes hominibus oculi, & aures barbaras habentium animas. Quod
20 perinde est ac si dicas, Est barbararum animarum credere sensibus
rationis expertibus. Rationem autem veritatis iudicem pronunciat,
non quancunque, sed communem & diuinam. Quænã autem ea sit,
breuiter est ostendendum. Placet enim Physico, id quod nos ambit, *Aër ambiens*
esse & rationis particeps, & prudentia præditum. Hoc longè ante in- *est particeps*
25 dicauit Homerus, dicens, *rationis.*
>	Terrenorum hominum est mens & prudentia talis, *Homerus.*
>	Ad qualem ipse diem deducit Iuppiter illos.
Archilochus quoque dicit homines talia mente versare; ad qualem
diem deducit eos Iupiter. Dictum est id ipsum quoque ab Euripide,
30 >	Haud facilè quis tu sis potest coniicier, *Euripides.*
>	O Iuppiter, naturæne necessitas,
>	Mens ne hominum. te ego tamen rogauerim.
Hanc ergo diuinam rationem, cùm, vt vult Heraclitus, attraxerimus *Diuinam ra-*
per inspirationem, efficimur intelligetes: & in somnis quidem obli- *tionem per in-*
35 uiosi, in vigilando autem rursus prudentia prediti. Nam cùm in som- *spiratione at-*
nis obstructi sint sensuum meatus, separatur mens quæ est in nobis, à *trahentes, ef-*
coniuctione quæ illi intercedit cum eo quod ambit, sola seruata quæ *gentes.*
adhærescit adnata respiratione, veluti quadã radice: & separata amittit quam

tit quam prius habebat vim recordandi. In vigilando autem rursus, cùm per sensuum meatus veluti per quasdam fenestras prospexerit, & cum eo quod ambit cōgressa fuerit, induit vim rationis. Quomodo enim carbones si igni appropinquarint, fiunt ignei per alterationem, separati autem extinguūtur: ita etiam pars illa, quæ ab eo quod ambit in nostris corporibus est peregrinata, per separationem quidē fit propemodum expers rationis: per cōiunctionem autem cum plurimis meatibus, fit eiusdē generis & formæ cuius est totum seu vniuersitas. Hanc autem communem rationē & diuinam, & cuius participatione efficimur participes, dicit Heraclitus esse id quod iudicat. Quo fieri vt id quidem quod omnibus placet, sit fide dignum. comprehenditur enim communi & diuina ratione: quod autem vni soli occurrit, minimè sit fide dignū propter causam contrariam. Physica certè incipiens, & quodammodo ostendēs id quod ambit, dicit,

Quod placet omnibus, est si de dignum.

,, Cvm est autem hæc ratio, non intelligētes fiunt homines etiā prius-
,, quam audierint, & cùm primùm audierint. Nam cùm hęc fiant ex ra-
,, tionibus, videntur imperiti experientes dicta & facta, qualia ego re-
,, censeo, secundum naturam diuidens vnumquodque, & dicens quo-
,, modo se habeat. Aliàs autem latent homines quæcunq; faciunt ex-
,, perrecti, quomodo etiam obliuiscuntur quæcunq; faciunt dormien-
,, tes. Cùm enim per hæc disertis verbis ostendisset, quòd per diuinæ
,, rationis participationem agimus & intelligimus, & pauca prius dis-
,, seruisset, subiungit, Quamobrē oportet sequi eam quæ est commu-
,, nis. Simul enim est communis. Cùm simul autem sit communis ra-
,, tio, viuunt multi tanquam propriam habentes prudentiam. Illa au-
,, tē nihil est aliud quàm expositio modi administrandæ vniuersitatis.
,, Quamobrē in eo in quo fuerimus participes eius memoriæ, verum
dicimus: in quibus autem priuatim ac separatim agimus, falsum. Nūc
enim in his, verbis pronuntiat disertissimis, communem rationē esse
id quod iudicat: & quæ communiter quidem apparent, dicit esse fide
digna, vt quæ communi iudicentur ratione: quæ autem vnaquaque
seorsum, falsa. Atque hęc erat quidem sententia Heracliti. Democritus autem ea quidem tollit, quæ apparent sensibus: & ex iis dicit nihil verè apparere, sed solùm ex opinione: verum autem esse in iis quę
,, sunt: esse autem atomos & inane. Lege enim est, inquit, dulce, & le-
,, ge amarum: lege calidum, & lege frigidum: lege color: causa autem
,, atoma & inane. Quæ autem esse existimantur, & reputantur sensi-
,, lia, ea nō sunt re vera. Sola autem sunt atoma & inane. In κρατυνομενοις

Ratio communis est iudicatorium.
κοινός.
ξυνός.

Ex sensibus nihil apparere dicit Democritus.
Verum est in iis quæ sunt.
Esse atomos & inane.

autem

autem quæ vocat, quamuis sit pollicitus se sensibus vim attributurũ, nihilo minus inuenitur eos condemnare. Nos autem eo quidé quod est, nihil veri intelligimus, sed transmutati ex affectione corporis, & eorum quæ ingrediuntur, & eorum quæ ex aduerso obsistunt & obfirmantur. Et rursus, Causa quidem quòd non intelligimus quòd nõ sit vnumquodque quale est, multis modis est declarata. In libro autẽ de Ideis, dicit oportere hominem hac regula scire quòd liberatus sit à causa. Et rursus, Ostendit quidem hæc quoque ratio, quòd per causam de nulla re quidquam scimus, sed est singulis opinio, ἐπιρυσμίς, id est affluxus. Et rursus, Quanquam erit euidens, quòd per causam scire quale sit vnumquodque, sit in dubio. Atque in hoc quidé ferè omnem mouet comprehensionem, & præcipuè solos insectatur sensus.

Per causam nihil scirt sed per opinionem vult Democritus.

In regulis autem duas dicit esse cognitiones: alteram quidé per sensus, alteram verò per cogitationem. Ex quibus cognitionem quidé per cogitationem deducit ad iudicium veritatis, ei tribuens quod sit fide digna: cognitionem autem per sensus, nominat tenebricosam, ei auferens quòd non aberret in vero discernendo. Dicit autem ad verbum, Cognitionis autem duæ sunt species: altera quidem vera & germana, altera verò tenebricosa. Et tenebricosæ quidem sunt hæc omnia, visus, auditus, gustus, tactus. Vera autem & germana est, quæ est ab ea secreta. Deinde tenebricosæ veram præferens ac germanam, subiungit dicens, Quando tenebricosa non potest amplius nec minimum videre, nec audire, nec odorari, nec gustare, neque tactu sentire, sed subtilius. Est igitur ex eius quoq; sententia, ratio id quod iudicat, quam appellat veram & germanam cognitionem. Diotimus autem dicebat ex eius sententia esse tria quæ iudicat. eorum quidem quæ non sunt euidentia comprehensionis, ea quæ apparent, vt dicit Anaxagoras, quem propterea laudat Democritus. Quæstionis autẽ seu inquisitionis notionem. De quolibet enim vnum cernitur principium, scire id de quo est quæstio. Eligendi autem & fugiendi, animi motus. Id enim quod est nobis proprium ac familiare, est eligendum: id autem à quo sumus alieni, est fugiendum. Atque talis quidẽ est historia veterum, de eo quo iudicatur veritas. Deinceps autem eas quoque attingamus hæreses, quæ sunt post Physicos. Plato ergo in Timæo cùm res diuisisset in eas quæ cadunt sub intelligentiam, & in eas quæ sunt sensiles, dicens ratione quidem posse comprehendi ea quæ cadunt sub intelligentiam, opinabilia autẽ esse sensilia, apertè definiit ratione esse id, quo rerum iudicatur cognitio, simul etiam

Cognitio per cogitationẽ ducit ad iudiciũ veritatis.

γνώμη. Cognitionis duæ species, nẽpe altera vera & germana, altera autẽ tenebricosa.

Tria iudicatoria ex Diotimi sententia, ea quæ apparent, notio, & motus animi.

Plato rationẽ censet esse iudicatorium cum euidentia sensuum.

f com-

comprehendens eam quæ per sensum existit euidentiam. Sic autē dicit, Quid est quod semper est, & ortū nō habet. & quid est quod semper quidē fit & oritur, nunquam autē est. illud quidem quod intelligentia cum ratione est comprehensibile: hoc autem opinione cum sensu. Comprehensibilem autem dicunt apud eum vocari rationem Platonici, quæ est communis euidentiæ & veritatis. Oportet enim rationem in iudicanda veritate proficisci ab euidentia. Etsi autē per euidentiam verorum fit iudicium, non sufficit tamen euidētia ad verum cognoscendum. Nō enim si quid apparet ex euidentia, hoc etiā verè est: sed oportet adesse id quod iudicat, quídnā solum appareat, & quídnam cum eo quod apparet, reuera etiam subiiciatur, nempe rationem. Oportet ergo vtraque conuenire, nempe & euidentiam, vt ex qua, tanquam è carceribus, emittatur ratio ad iudicandam veritatem: & ipsam rationem ad discernendam veritatem. Ad consequendam autem euidentiam, & discernendum quod in ea est verum, ratio rursus habet sensum adiutorem. Nam per eum accipiens phantasiam seu visionem, efficit intelligentiam & veri scientiam. Quo fit vt ea comprehendat euidentiam & veritatem. quod quidem perinde est ac comprehensibile. Sic quidem Plato. Speusippus autē, quoniam ex rebus aliæ quidem sunt sensiles, aliæ verò quæ cadūt sub intelligentiam, earum quidem quæ cadunt sub intelligētiam, dixit esse iudicem, rationem quæ est ex sciētia: sensilium autem, sensum qui est ex scientia. Sensum autem qui est ex sciētia, existimauit esse eum qui est particeps veritatis ex ratione. Quomodo enim tibicinis aut psaltæ digiti artificiosam quidem habent operationem, sed quæ non in ipsis primò perficiatur, sed absoluatur ex exercitatione profecta ex ratiocinatione. Et quomodo sensus Musici habet quidem euidētiam apprehendentem id quod est concinnum & inconcinnum, eam autē non ex se natam, sed quæ accessit ex ratione ac consideratione: ita etiam sensus qui est ex sciētia, naturaliter est particeps vsus qui est ex scientia, ad discernenda citra errorem ea quæ sunt subiecta. Xenocrates autem dicit tres esse essentias: aliam quidem sensilem, aliam verò quę cadit sub intelligentiam, aliam verò compositam & opinabilem. Ex quibus sensilem quidem esse, quæ est intra cœlum: sub intelligentiam autem cadentem, omnium quæ sunt extra cœlum: opinabilem autem & compositam, ipsius cœli. Nam sensui quidem est aspectabilis: sub intelligentiam autem cadit per Astrologiam. Cùm hæc autem ita se habeant, essentiæ quidem quæ est extra cœlum, &
quæ

quæ cadit sub intelligentiam, iudicem pronunciauit scientiam: eius *Tria iudica-* autem quæ est intra cœlum,& sensilis,sensum:mixtæ autem,opinio- *toria,scientia,* nem: & ex his communiter, id quidem quod iudicat per rationem *sensus, opinio.* quæ est scientia, esse firmum,stabile ac verum: quod autem per sen-
5 sum,verum quidem,sed non ita vt quod per rationé quæ est ex scien tia: compositum autem esse commune veri & falsi. Nam ex opinio- nibus aliam quidem esse veram, aliam verò falsam. Vnde etiam tra- ditas esse tres Parcas. Atropon quidem esse eorum quæ cadunt sub *Tres Parcæ* intelligentiam,vt quæ non possit transmutari: Clotho autem, sensi- *tria significant iudicatoria.*
10 lium: Lachesin autem, opinabilium. Arcesilaus autem ex proposito quidem & consulto nihil constituit quod iudicaret. Qui autem exi- stimant eum constituisse,tradiderunt eum id fecisse,vt haberet quod obiiceret Stoicis. Illi enim dicunt esse tria inter se coniugata, scien- *Tria iudica-* tiam, opinionem, & quæ est in eorum confinio collocata, compre- *toria ponŭtur à Stoicis,scien-*
15 hensionem. Ex quibus scientiam quidem esse, firmam ac stabilem & *tia,opinio,com* immutabilem à ratione comprehensionem: opinionem autem, im- *prehensio.* becillam & falsam assensionem:comprehésionem autem, quæ inter vtrunque intercedit,quæ est etiã assensio phantasiæ seu visionis com prehendentis. Comprehendens autem phantasia, ex eorum senten-
20 tia, est vera & eiusmodi vt non possit esse falsa. Ex quibus scientiam quidem dicunt consistere in solis sapientibus: opinionem autem in solis stultis: comprehensionem verò esse communem vtrorumque: & eam esse quo iudicatur veritas. Cùm hæc autem dicant Stoici, se *Arcesilaus* opposuit Arcesilaus, ostendens comprehensionem non esse id quod *negat compre- hensionem esse*
25 iudicat inter scientiam & opinionem. Ea enim assensio,quam dicunt *id quod iudi-* comprehensionem & comprehendentem visionem,aut est in sapien *cat inter scien-* te,aut in stulto. Sed si sit in sapiente, est scientia: & si in stulto, opi- *tiam & opi-* nio.& præter hæc nihil aliud sumptum est quàm nomen. Si autem *nionem.* comprehensio est assensio phantasiæ seu visionis comprehendentis,
30 non potest esse. Primum quidem,quia visioni non fit assensio,sed ra- tioni.Pronunciatorum enim sunt assensiones. Secundum auté, quo- niam nulla inuenitur eiusmodi vera phantasia, vt non possit esse fal- sa,vt per multa & varia ostenditur. Si non sit autem comprehendens *Sapientem su-* phantasia,nec erit comprehensio. est enim comprehendens phanta- *stinere assen-*
35 sia, assensio. Si non sit autem comprehensio, omnia erunt eiusmodi *sionem etiã se- cundum Stoi-* vt minimé comprehendantur. Quòd si sint omnia eiusmodi vt mi- *cos probat Ar-* nimé possint comprehendi, sequetur etiam, vt ex sententia Stoicorũ *cesilaus.* assensionem sustineat sapiens. Sic autem cõsideremus. Si sint omnia

eius-

eiusmodi vt non possint comprehendi, propterea quòd non sit id quod apud Stoicos iudicare dicitur, opinabitur sapiens. Nam cùm nihil sit quod possit comprehendi, si alicui assentitur, assentietur ei quod non potest comprehendi. Assensio autem est ei quod non potest comprehendi, assensio. Quare si sapiens est ex iis qui assentiuntur, erit sapiens ex iis qui opinantur. Ex iis autem qui opinantur non est sapiens. hoc enim esset, vt est eorum sententia, insipientiæ & peccatorum causa. Non est ergo sapiens ex iis qui assentiuntur. Quòd si ita est, de omnibus oportebit eum minimè assentiri. non assentiri autem nihil est aliud quàm sustinere assensionē. De omnibus ergo assensionem sustinebit sapiens. Sed quoniam post hoc oportebat etiā quærere de vitæ traductione, quæ absque eo quod iudicat tradi non potest, à quo etiam felicitas, hoc est vitæ finis, pendentē habet probationem: dicit Arcesilaus quòd qui de omnibus sustinet assensionē, eligenda & fugienda & communiter quæ sunt agenda diriget per id quod est probabile: & id sequens tanquam iudicem, rectè se geret. accedere enim felicitatem per prudentiam: moueri autem prudentiam in rectè factis. Rectè autem factum esse, quod cur factum sit, rationi consentanea & probabilis potest reddi causa. Qui ergo attendit id quod est probabile, rectè se geret, & erit beatus. Hæc Arcesilaus. Carneades autem non solùm Stoicis, sed etiam omnibus qui eū præcesserunt, aduersabatur de eo quod iudicat. Et prima quidem & communis est ei aduersus omnes oratio, per quam ostendit absolutè nihil esse à quo iudicetur veritas, non rationem, non sensum, non phantasiam seu visionem, nec vllum aliud ex iis quæ sunt. hæc enim omnia, vt vno verbo complectamur, nos fallere. Secūda autem, qua ostendit, quòd etiāsi sit id quod iudicat, non posse id consistere absq; affectione quæ sit ab euidentia. Quoniam enim vi sentiendi differt animal ab inanimatis, omnino & se & externa per eum apprehēdet. Sensus autem manens immobilis, & impatibilis, & immutabilis, nec est sensus, nec aliquid apprehendit. Mutatus autem & quodammodo affectus ab incursione euidentium, tunc res indicat. In affectione ergo animæ quæ oritur ex euidentia, quærendum est id quod iudicat. Hæc autem affectio debet indicari, cùm id appareat quod ipsam immisit. quæ quidem affectio non est alia quàm phantasia. Quamobrē dicendum est etiam phantasiam esse quandam in animali affectionē, quæ & se & aliud ostendat: vt cùm aliquid aspexerimus, ait Antiochus, visu quodammodo afficimur: nec eum sic habemus affectum,

vt habe-

In vita agēda sequitur scepticus probabile.

Rectè factum quid sit.

Nullum est iudicatorium, nō ratio, non sensus, non phantasia, nec vllū aliud, vt vult Carneades.

Phātasia quænā sit affectio in animali.

vt habebamus priusquam aspiceremus. Per eam autem alterationem duo apprehendimus: vnum, ipsam alterationem, hoc est phantasiam: secundum autem, id quod indidit alterationem, nempe aspectabile. Et similiter in aliis sensibus. Quomodo ergo lux & seipsam indicat, & omnia quæ sunt in ipsa: ita etiam phantasia cùm sit dux princeps cognitionis quæ est in animali, debet instar lucis & seipsam ostendere, & indicare euidens illud quod eam effecit. Sed quoniá non quod verè est, semper indicat: sæpe autem fallit, & discrepat à rebus quæ eam immiserunt, vt mali nuncij: necessariò sequitur, quòd non omnis phantasia potest relinquere iudicium veritatis, sed solùm esse vera. Rursus, quoniam nulla est adeò vera vt non possit esse falsa, & in qualibet quæ videtur esse vera, inuenitur aliqua falsa quę minimè ab ea differt, erit id quod iudicat, in cómuni phantasia seu visione, nempe veri & falsi. Communis autem horum phantasia non comprehendit. Si autem non comprehendit, nec erit quod iudicat. Si nulla autẽ phantasia vim habet iudicandi, nec ratio erit id quod iudicat. ea enim deducitur à phantasia. & meritò. Nam primum quidem ei debet apparere id quod iudicatur. Nihil autem potest apparere absque sensu experte rationis. Neque ergo sensus expers rationis, neque ratio est id quod iudicat. Atque hæc quidem aliis resistens Philosophis disserebat Carneades, vt ostenderet non esse quod iudicat. Rogatus autẽ ipse quoque quídnam esset quod iudicaret ad vitam traducendam, & ad acquirendá beatitudinẽ, vi cogitur per se aliquid de eo decernere, assumens & probabilem phantasiam, & probabilem simul & indiuulsam, & discurrentem seu circumeuntem. Quænam sit autem harum differentia, breuiter est ostendendum. Phantasia ergo seu visio, est alicuius phantasia, nempe & eius ex quo fit, & eius in quo fit. Et ex quo quidem fit, vt externi subiecti sensilis. In quo autem fit, vtpote hominis. Cùm autem sit eiusmodi, duas habet habitudines: vná quidem, vt ad id quod phantasia apprehenditur: alteram autem, vt ad id quod visione apprehẽdit. Et ex habitudine quidem ad id quod visione apprehenditur, fit vera vel falsa. Et vera quidem, quando consonat cum eo quod phantasia apprehẽditur: falsa autem, quando dissonat. Ex habitudine autem ad id quod apprehendit, alia quidem est quæ videtur vera, alia verò quæ videtur falsa. Ex quibus, quæ videtur quidem vera, appellatur emphasis apud Academicos, & probabilitas, & probabilis phantasia. Quæ autem non videtur vera, appellatur apemphasis, & improbabilitas, & non probabilis phantasia.

Ratio deducitur à phantasia.

Phãtasia alia est probabilis, alia probabilis simul & indiuulsa & transiens.

Phãtasia vera quæ sit. Phãtasia falsa quæ sit. Emphasis pro babilitas apud Academicos. Apemphasis, improbabilitas.

Neque

Neque enim quod ex se videtur falsum, neque quod est quidem verum non autem videtur, à natura habet insitum vt nobis persuadeat. Ex his autem phantasiis, ea quidem quæ est apertè falsa & non videtur vera, circumscribit quidem, nec est id quod iudicat, si sit quidem ex eo quod est, ab eo autem discrepet & ei non congruat: cuiusmodi erat vna ex furiis quæ ab Electra incurrit in Orestem. Eius autem quæ videtur vera, alia quidem est exilis, vt quæ est in eo quod minimum abest vt cernatur: aut quòd non sit satis spatii, aut propter imbecillitatem visus, qui confusè aliquid accipit & non expresé. Alia autem est quæ cum eo quòd apparet vera, hoc quoque habet, vt valdè videatur esse vera. Ex quibus rursus, quæ est quidem exilis & soluta remissaque phantasia, non potest esse id quod iudicat. Quòd enim neque ipsum, neque quod eam effecit, apertè potest indicare, non potest nobis persuadere, neque ad assensum attrahere. Quæ autem videtur vera & satis apparet, est ea quidé iudex veritatis, vt vult Carneades. Cùm autem ea sit quæ iudicet, satis magnam habet latitudinem: & cùm ea intenditur, alia in alterius specie probabiliorem & quæ vehemétius pulsat, habet visionem. Probabile autem in præ-

Probabile dicitur tripliciter.

sentia dicitur tripliciter. Vno quidem modo id quod est verū, & videtur verum. Altero autem, id quidem quod est falsum, videtur auté verum. Tertiò autem, verum commune vtriusque. Vnde id quod iudicat, erit phantasia quæ videtur vera, quam etiam probabilem appellabant Academici. Incurrit autem nonnunquam etiam falsa, vt necesse habeat aliquando vti communi phantasia falsi & veri. Non tamen propterea quòd ea rarius incurrit, ea, inquam, quæ verum imitatur, fides non est habenda ei quæ magna ex parte est vera, cui euenit vt per eam magna ex parte dirigantur iudicia & actiones. Atque id quidem quod primò & communiter iudicat, ex Carneadis sententia est huiusmodi. Quoniam auté aliquando non vnius generis consistit phantasia, sed catenæ instar altera pendet ex altera, aderit secun-

Phātasia probabilis et indiuulsa.

dum quod iudicet, nempe simul probabilis & indiuulsa phantasia. vt qui hominis attrahit visionem, necessariò etiam accipit visionem eorum quæ sunt circa ipsum, & eorum quæ sunt extra. Eorum quidem quæ sunt circa ipsum, coloris, magnitudinis, figurę, motus, sermonis, vestitus, calceaturæ. Eorum auté quæ sunt extrà, vt aëris, lucis, diei, cœli, terræ, amicorum, & aliorum omnium. Quando ergo nulla ex his phantasiis nos traxerit, vt videatur falsa, sed omnes eodem concentu videntur veræ, magis credimus. Nam quòd iste sit Socrates

credi-

ADVERSVS MATHEMATICOS.

credimus, ex eo quòd omnia ei adsint quæ consueuerunt, color, magnitudo, figura, gestus, pallium, quòd hic sit, & nulla in re à seipsa dissideat. Et quomodo nonnulli Medici eum qui verè febricitat, sumút non ex vno symptomate, vtpote ex vehementia pulsus, aut ex abundantia caloris, sed veluti ex concursu caloris simul & pulsus, & ex vlceroso tactu, & ex rubore & siti, & iis quę in simili proportione conueniunt: ita etiam Academicus ex visorum concursu facit iudicium veritatis. & cùm nullum ex iis quæ sunt in concursu visis, tanquā falsum eum attrahit, dicit verum esse quod incurrit. Quod autem fidei faciendæ sit quæ diuelli non potest concursio, patet ex Menelao. In naui enim relicto Helenæ simulachro, quod Troia abduxerat tanquā Helenam, cùm in Pharum insulam ascēdisset, videt veram Helenam: & ab ea veram attrahens phantasiam, non tamen credit ei phantasię, propterea quòd abstraheretur ab alia, qua sciebat se in naui reliquisse Helenā. Talis est ergo indiuulsa phantasia, quæ videtur ipsa quoq; habere errorē, propterea quòd inueniatur alia magis indiuulsa quàm alia. Indiuulsæ autem phantasiæ ea est fide dignior & perfectior, que cum eo quòd sit indiuulsa, facit iudicium. Est præterea quæ circuitione vtitur. Quænam autem sit eius forma, proximè est ostendendum. Nam in indiuulsa quidem tantùm quæritur, vt nulla ex iis quę sunt in concursu, phantasiis tanquā falsa nos attrahat, omnes autem videantur esse veræ & non improbabiles. In ea autem quæ fit ex concursu qui vtitur circuitione, attentè examinamus vnamquanque earū quæ sunt in concursu. Quod quidem fit etiam in concionibus, quando populus examinat vnumquenque eorum qui vel sunt gesturi magistratū, vel iudicaturi, sítne dignus cui mandetur magistratus aut munus iudicandi. Nempe cùm in loco iudicij sit id quod iudicat & id quod iudicatur, & id per quod fit iudicium, recessusque & interuallum, figura, tempus, modus, affectio, operatio: vnumquodque eorum quale sit discernimus. Id quidem quod iudicat, num visus sit hebetatus. Nam si sit eiusmodi, est imbecillus ad iudicandum. Id autem quod iudicatur, num non sit nimis paruum. Id autem per quod fit iudicium, num aër sit obscurus. Recessus, num subiiciatur nimis magnus. Interuallum, num sit confusum. Locus, num sit hians & vastus. Tempus, num sit citum. Affectionem, num sit furiosa. Operationem, num non sit admittenda. Nam si hæc in vno sint omnia, id quod iudicat est probabilis phantasia, & quæ est simul probabilis & indiuulsa, & præterea quæ vtitur circuitione. Quamobrem quomodo

Vt ex multis symptomatibus indicant Medici, ita ex multorum visorum cōcursu sceptici.

Helena verā & eius simulachrum.

Phantasia discurrens seu vtens circumitione.

modo in vita quando de parua quidem re quærimus, vnū teſtem examinamus: quando autem de re maioris momenti, plures: quando autem de re magis neceſſaria, examinamus vnumquenque eorum qui teſtificantur ex eorum præſentium confeſſione: ita, inquit Carneades, in rebus quidem leuibus & non magni ponderis, ſola probabili phantaſia vtimur ad iudicandum: in rebus autem quæ ſunt alicuius momenti, indiuulſa: in iis autem quæ pertinēt ad bene beateq́;
Circunſtātiæ efficiunt vt nō ſemper iiſdem vtamur phantaſiis. viuendum, ea quæ vtitur circuitione. Verumenimuero quomodo in rebus quæ ſunt magni momenti, dicunt ſe diuerſam aſſumere phantaſiam: ita etiam in diuerſis circunſtantiis nequaquam ſequi eandē. Nam ſi quidem ſolùm probabilem dicunt attendere phantaſiam, in iis in quibus non dat nobis circunſtantia ſatis temporis ad rem accuratè conſiderandam. Vt, exempli cauſa, hoſtes perſequuntur quempiam, & cùm veniſſet ad quoddam antrum, viſione apprehēdit quòd illic ſint hoſtes in inſidiis. Deinde ab illa arreptus viſione, vt quæ ſit probabilis, declinat & fugit antrum, viſi ſequens probabilitatem, priuſquam accuratè & diligenter attenderet, re verá ne eſſent in eo loco hoſtium inſidiæ, an non. Probabilem autem ſequitur etiam ea quæ circuitione vtitur, in iis in quibus datur tempus ad attentè ſingula perſequendo ac tractando vtendum rei incurrentis iudicio. vt cùm quiſpiam in domo obſcura aſpexiſſet funem circumuolutum, ſtatim quidem ſuſpicatus eſſe ſerpentem, tranſiliit. Poſtea autem conuerſus, verum examinat: cumque inueniſſet immobilem, iam quidem eo propendet cogitatio, quòd non ſit ſerpens. Conſiderás autem quòd aliquando ſerpentes ſunt immobiles hiberno gelu concreti, ſpiram illam ſeu inuolucrum percutit baculo: & cum tunc circuitione ſic indagaſſet viſum quòd incurrebat, aſſentitur eſſe falſum quòd ſit ſerpens corpus illud quod viſione apprehēderat. & rurſus, vt prius dixi, apertè videntes aſſentimur quòd hoc ſit verum, cum prius cogitando percurrerimus quòd ſenſus habemus integros, vigilantes autem & non in ſomnis videmus: ſimul etiā adeſt aër perſpicuus, & proportione conueniens interuallum, & eius quod incurrit immobilitas. Quo fit vt per hæc ſit nobis fide digna phantaſia, cùm habuerimus ſatis temporis ad perſequendum cogitatione ea quæ cernūtur in loco. Eadem eſt etiam ratio de indiuulſa phantaſia. eam enim admittunt, cùm nihil eſt quod poſſit retrahere, vt prius dictum eſt de Menelao. Sed cùm ſit à nobis explicata hiſtoria Academica quæ ab alto à Platone duxit originem, non eſt vtique alienum perſequi ſectam
Cyrenai-

Cyrenaicorum. Videtur enim eorum quoq; hæresis orta esse à conuersatione cum Socrate, à qua etiam orta est successio Platonis. Dicunt ergo Cyrenaici iudices esse affectiones, solasque comprehendi & non esse fallaces. eorum autem quæ procreat & efficiunt affectiones, nihil esse quod possit comprehendi, neque quod possit non fallere. Nam quod, inquiunt, dealbamur & dulcedine afficimur, dicere possumus asseueranter, neque quòd falsum dicamus conuincemur. Quòd autem id quod procreat & efficit affectionem, sit album aut dulce, non possumus enuntiare. Nam est probabile quòd etiã à non albo albi afficiamur, & dulces à non dulci. quandoquidem is quidẽ cui caligant oculi, & qui morbo laborat regio, ita mouetur ab omnibus, vt fuluescat: qui autem ophthalmia laborat, fit ruber: qui verò compressit oculum, mouetur tanquam à duobus: qui verò est furore correptus, geminas videt Thebas, & visione Solem apprehendit geminum. In his autem omnibus, quòd sic quidem afficiantur, nempe fului fiant aut rubri aut duplices, verum est. Quòd autem sit fuluum quod eos mouet, aut rubrum, aut duplex, falsum esse est existimatũ: Ita nos quoque est consentaneum nihil amplius accipere quàm nostras ipsorum affectiones. Vnde aut ponēdum est affectiones esse ea quæ videntur, aut ea quæ sunt efficientia affectionum. Et si dicamus quidem esse affectiones ea quæ videntur, omnia quæ videntur dicendum est esse vera & eiusmodi vt possint comprehendi. Si autem efficientia affectionum appellamus ea quæ videntur, omnia quæ videntur dicendum est esse falsa, nec posse comprehendi. Quod enim nobis accidit, suam nobis ostendit affectionem, & nihil amplius. Vnde si oportet verum dicere, sola affectio est quæ nobis videtur. Quod est autem extrinsecus, & est efficiés affectionis, fortè quidem est, nobis autem non videtur. Et ea ratione in propriis quidem affectionibus nos omnes minimè erramus. In subiecto autē externo erramus omnes. & illę quidem possunt comprehendi, hoc autem non potest, cùm ad id discernēdum anima sit valde imbecilla, propter loca, propter interualla, propter motus, propter mutationes, propter alias plurimas causas. Vnde nec in hominibus dicũt esse aliquid commune quod iudicet, poni autem nomina communia iudiciis. Nam albũ quidem & dulce vocant omnes communiter. commune autem aliquid album aut dulce non habent. Vnusquisque enim apprehendit propriam affectionem. an autem hæc ei & proximo ex albo ingeneretur affectio, neque ipse potest dicere, vt qui proximi non suscipiat

Cyrenaicorũ secta sicut & Platonicorum secta à Socrate orta est.

Affectiones sunt iudices, et veræ.

Efficientia affectionum non iudicant, & possunt esse falsa.

παρωτί-
ζει.

In affectionibus nostris non erramus. In subiecto externo erramus omnes.

Iudicatorium commune nullum est in hominibus.

t   affectio-

affectionem: neque proximus affectionem illius nō suscipiens. Cùm autem nulla sit in nobis communis affectio, temerarium est dicere, quòd id quod mihi videtur, tale etiam videtur adsistenti. Nam fortè quidem ego ita sum cōcretus, vt dealber ab eo quod incurrit extrinsecus: alter autem sic constitutum habet sensum, vt aliter sit affectus. Non est ergo omnino commune id quod nobis videtur. Quòd autē re vera propter diuersas sensus constitutiones, non similiter & eodē modo moueamur, perspicuum est & in iis qui regio morbo laborāt, & in iis qui ophthalmia, & in iis qui affecti sunt secundum naturam. Quomodo enim ex eodem alij quidem ita sunt affecti vt fului fiant, alij verò rubri, alij autem albi: ita etiam est consentaneum, eos qui secundum naturam sunt affecti, propter diuersam sensuum constitutionem, ab iisdem nō moueri similiter: sed aliter quidem album, aliter verò nigrum: & aliter quidem eum qui cęruleis, aliter verò eum qui nigris est oculis. Quo fit, vt rebus quidē communia nomina imponamus, proprias autem habeamus affectiones. Iis autem quæ dicuntur de illis quæ iudicant ex horum virorum sententia, conuenire videntur & quæ dicuntur de finibus. Nam etiam ad fines peruadunt affectiones. Ex affectionibus enim aliæ quidem sunt iucundæ, aliæ verò asperæ & molestæ, aliæ verò intermediæ. Et asperas quidem ac molestas dicunt esse malas, quarum finis est dolor: iucundas autem, bonas, quarum finis, qui falli non potest, est voluptas. Quæ autem sunt intermediæ, nec sunt bonæ nec malæ, quarū finis nec est bonus nec malus, qui quidem est affectio inter voluptatem & dolorem. Affectiones ergo sunt omnium iudices & fines: & viuimus, inquiunt, ea sequentes, attendentes euidentiam & iucunditatem. Euidentiam quidem in aliis affectionibus: iucunditatem autem in voluptate. Hęc quidem Cyrenaici, magis contrahentes id quod iudicat, quàm Platonici. Nam illi quidem ipsum faciebant compositum ex euidentia & ratione: isti autem id sola circumscribunt euidētia & affectionibus. Non procul autem ab eorū sententia videntur esse, qui pronunciant veritatem iudicari à sensibus. Nam quòd fuerint qui hoc censerent, planum fecit Antiochus Academicus in secundo regularium, disertis & expressis verbis scribens, Quidam autem alius, in Medicina quidem nulli secundus, & qui attigerat etiam Philosophiam, persuasum habebat, sensus quidem re ipsa & verè esse apprehensiones: ratione autem nihil nos omnino comprehendere. Videtur autem per hæc Antiochus prius dictam sectam ponere, & Asclepiadē innuere Medicum,

dicum, qui animæ quidem tollebat partem quæ principatum obti- *Asclepiades*
net, fuit autem eifdem temporibus. Sed de eius quidé opinione va- *medicus tolle-*
riè & feorfum tractauimus in medicis commentariis, vt non fit ne- *bat principem*
animæ partē.
ceffa eandem canere cantilenam. Epicurus autem, cùm fint duæ res *Sextus scripfit*
5 inter fe coniugatę, nempe phantafia & opinio, ex iis phantafiam quã *commentarios*
medicos.
etiam appellat euidentiam, perpetuò dicit effe veram. Quomodo
Phantafiam,
enim primæ affectiones, nempe voluptas & dolor, conftant ex effi- *quã etiã appel*
cientibus, & ideo funt efficientes : & neque id quod efficiens volu- *lat euidentiã,*
ptatis vnquam contingit non effe iucundum: neque id quod præbet *dicit Epicurus*
effe perpetuò
10 dolorem, non effe afperum & moleftum: fed neceffe eft & quod de- *veram.*
lectat effe iucundum, & quod dolore afficit effe moleftum & afperum : ita etiam in vifionibus affectionum quæ funt in nobis, id quod
eft vniufcuiufque eorum efficiens, eft omni ratione & omnino eiufmodi vt cadat fub phantafiam. Quod quidem cùm cadat fub phanta-
15 fiam, non contingit re vera id non effe eiufmodi cuiufmodi videtur,
nempe efficiens phantafiæ. Simile cogitandum eft etiam in fingula-
ribus. Nam quod eft afpectabile, non folùm videtur afpectabile, fed
eft etiam tale quale videtur. Et audibile non folùm videtur audibile,
fed eft etiã re vera tale. & in aliis fimiliter. Sunt ergo omnia vifa ve-
20 ra, & rationi conuenientia. Si enim vera videtur phantafia, aiunt Epicurei, quando fuerit ex eo quod eft, & conuenienter ei quod eft: omnis autem phantafia eft ex eo quod cadit fub phantafiam, quod quidem eft, & ei conuenienter confiftit quod cadit fub phantafiam, neceffariò vera eft omnis phantafia. Nonnullos autem decipit differen
25 tia eorum viforum quę videtur incurrere ab ipfo fenfili, vtpote afpe-
ctabili, quo videtur fubiectum alterius coloris, aut alterius figurę, aut
aliquo alio modo mutatum. Exiftimarunt enim, ex his vifis quæ fic
differunt & inter fe pugnãt, aliquod quidem effe verum: quod eft autem ex contrariis, falfum. quod quidem eft ftultum, & hominum qui *σεξέμνιορ.*
30 non confiderãt rerum naturam. Non enim totum cernitur folidum, *Color cerni-*
vt verba faciamus in afpectabilibus, fed color folidi, ficut in iis quæ *tur, non ipfum*
folidum.
ex propinquo cernuntur & ex mediocri interuallo. Quod eft autem
Quod videtur
extra folidum, & in iis locis quæ funt deinceps fubiectum, ficut in iis *extra folidum,*
quæ ex longo cernuntur interuallo, id in eo quod intercedit mutatũ, *mutatur in fpa*
35 & propriam fufcipiés figuram, tale reddit vifum, quale ipfum quoq; *tio quod inter-*
cedit.
re vera fubiicitur. Quomodo ergo neque vox exauditur quæ eft in *Vox quænam*
ære quod pulfatur: neque quæ in ore eius qui eft vociferatus, fed quę *auditur, nem*
in noftrum fenfum incurrit: & quomodo nemo dicit eum qui paruã *pe quæ noftrũ*
fenfum incur-
rit.
ex in-

ex interuallo audit vocem, falsò audire, quoniam cùm propè vene-
visus non fal- rit, eam apprehendit tanquam maiorem: ita nec visum falli dixerim,
litur, sed falli- quòd ex longo interuallo paruam videat turrim & rotūdam, ex pro-
tur opinio. pinquo autem maiorem & quadratam, sed potius esse verum, quoniam & aliquando paruūm videtur sensile & huiusmodi figuræ, mo- 5
tu per aërem confractis finibus qui sunt in simulachris: & aliquando
rursus similiter magnum & alterius figuræ, cùm iam vtrunque non sit
idem. hoc enim est de cætero peruersæ opinionis, existimare quòd
idem sit quod ex propinquo, & quod procul cernitur. Proprium au-
visus quid sit tem sensus est visus, id solum apprehēdere quod est præsens & quod 10
proprium. ipsum mouet, vtpote colorem: non autem discernere quòd aliud est
quod hic, aliud verò quod hic est subiectum. Quamobrem phantasię
quidem propterea sunt omnes veræ. sed opiniones habent aliquam
Opinionū a- differentiam. Ex iis enim aliæ quidem sunt veræ, aliæ verò falsæ,
liæ veræ, aliæ quandoquidem nostra iudicia sunt in visis. iudicamus autem alia qui- 15
falsæ. dem rectè, alia verò prauè, aut quòd visis aliquid addamus & attribuamus: aut quòd iis aliquid adimamus, & communiter mentiamur
de sensu experte rationis. Ex Epicuri ergo sententia, opinionum aliæ
quidem sunt veræ, aliæ verò falsæ. Veræ quidem, quibus adtestatur
euidentia: falsæ verò, aduersus quas fertur testimonium, & non ad- 20
testatur euidentia. Est autem adtestatio quidem, comprehensio per
Euidentiæ euidentiam, quòd id quod opinamur, tale sit quale opinamur: vt Pla-
quænā sit ad- tone procul accedente, coniicio quidē & opinor ex interuallo quòd
testatio. sit Plato. Cùm autē ipse appropinquarit, fit adtestatio quòd sit Plato, sublato interuallo: tulit autem testimonium ipsa euidētia. Aduer- 25
sus aliquid autem non ferre testimonium, est consequētia eius quod
constituitur & quod venit in opinionem, quod est incertum & non
Inane probat euidens, per id quod apparet: vt Epicurus dicēs esse inane, quod qui-
Epicurus per dem est incertum & non euidens, hoc probat per rem euidentem,
rē euidentem,
nempe per mo- nempe per motum. Nam si non sit inane, nec debet esse motus, cùm 30
tum. corpus quod mouetur, non habeat locum in quo se sistet, cùm omnia
sint plena & solida. Quo fit vt aduersus id quod opinione conceptū
est incertum & non euidēs, non ferat testimonium id quod videtur,
cùm sit motus. Quod autem aduersus aliquid fert testimonium, pugnat cum eo quod aduersus aliquid non fert testimonium. est enim 35
confutatio eius quod videtur, per id quod est cōstitutum incertum &
non euidens: vt, Stoicus dicit non esse inane, censens id esse aliquid
incertum & non euidens. Cum eo autem sic constituto, debet simul
refelli

refelli id quod videtur, nempe motus. Nam si non sit inane, necessariò ne erit quidem motus, eo modo qui nobis fuit prius declaratus.
Similiter autem & quòd pro aliquo non fert testimonium, aduersatur atteltationi. In id enim cadit, vt per euidentiam non sit id quod
5 opinione concipitur tale quale cócipiebatur opinione: vt, quopiam
procul accedente, coniicimus propter interuallum eum esse Platonem. sed ablato interuallo, cognouimus per euidentiam quòd nó sit
Plato. Fuit autem hoc quod non fert testimonium. Non enim quod
concipiebatur opinione, tulit testimonium ab eo quod videbatur.
10 Quamobrem attestatio quidem, & quod aduersus aliquid non fert
testimonium, est id quo iudicatur aliquid esse verum. Pro aliquo autem non ferre testimonium, & aduersus aliquid ferre testimonium,
est per quod iudicatur esse falsum. Omnium autem basis & funda-
mentu est euidentia. Ex Epicuri ergo sententia est eiusmodi id quod
15 iudicat. Aristoteles autem & Theophrastus, & communiter Peripatetici, cùm sit duplex in summo rerum natura, quoniam alia quidem,
sicut prius dixi, sunt sensilia, alia autem quæ mente percipiuntur, ipsi
quoque duplex relinquunt id quod iudicat, nempe sensum quidem
sensilium, intelligentiam auté, eorum quæ mente percipiuntur. Am-
20 borum autem, vt dicebat Theophrastus, commune est id quod est
euidens. Atque ordine quidem primum est id quod iudicat, quod est
quidem rationis expers & non demonstrabile, nempe sensus. Potestate autem mens, siquidem secundum ordine locum videtur tenere
à sensu. Nam à sensilibus quidem mouetur sensus. ab eo autem mo-
25 tu qui fit ex euidentia & sensu, accedit aliqua motio in anima melio-
ribus & præstatioribus & quæ ex se moueri possunt animalibus: quæ
quidem apud ipsos appellatur memoria & phantasia. Memoria quidem, affectionis quæ est in sensu. Phantasia autem, sensilis quod affectionem sensui ingenerat. Quamobrem dicunt eiusmodi motio-
30 nem habere proportionem & conuenientiam cum vestigio: & quomodo illud, vestigium inquam, fit ex aliquo & ab aliquo. Ex aliquo
quidem, vt ex pedis impressione: ab aliquo autem, vt à Dione. ita
etiam prædicta animæ motio, fit quidem ex aliquo, nempe ex affectione in sensu: ab aliquo autem, nempe à sensili, ad quod etiam con-
35 seruat quandam similitudinem. Hæc autem rursus motio, quæ vocatur memoria & phantasia, habet in se tertiam aliam accedentem motionem phantasiæ ratione præditæ, quæ accidit ex iudicio & nostra
electione. quæ quidé motio appellatur cogitatio: vt quando quispiá,

Euidentia est basis et fundamentũ omniũ.
Iudicatorium sensiliũ est sensus, intelligibilium intelligentia, vt vult Aristoteles & Theophrastus.
Euidens est cõmune sensus & intellectus.
Sensus est ordine primũ iudicatoriũ, mës autê potestate.

Memoria est affectionis in sensu.
Phantasia est sensilis, quod affectionê sensui ingenerat.
Memoria & phantasia habet proportionem cum vestigio.

cùm

cùm ex euidentia incurrerit Dion, sensu quodammodo fuerit affectus & mutatus: ab affectione autem quæ est in sensu, eius animę fuerit aliqua ingenerata phantasia. quam etiam prius dicebamus memoriam, & esse vestigio similem. Ex hac autem phantasia sibi voluntariè depingit & effingit phantasma seu visum, vt hominem in genere.
Hanc enim animæ motionem, ex diuersis applicationibus Peripatetici Philosophi nominant cogitationem & mentem seu intelligentiam. ex opinione quidem cogitationem, ex euidentia autem mentem seu intelligentiam. Nam quando potest quidem anima hanc efficere effictionem, hoc est quando in ea fuerit, appellatur cogitatio.
Quando autem experrecta iam agit, appellatur intelligentia. Ex intelligentia autem & cogitatione consistit notio, & sciétia, & ars. Est
enim cogitatio aliquando quidem formarum singularium, aliquando autem formarum in genere. Sed eiusmodi visorum intelligentiæ
congeries, & singularium in summa redactio ad id quod est vniuersè
& in genere, appellatur notio. In hac autem cógerie & ad summam
redactione, postremum consistit sciétia & ars. Scientia quidem, quæ
habet quòd sit accurata & perfecta, & quòd labi non possit. Ars autem, quæ non est omnino eiusmodi. Quomodo autem natura scientiarum & artium est natu posterior, ita etiam quæ vocatur opinio.
Quando enim cesserit anima phantasiæ ex sensu ingeneratæ, & viso
accesserit & assensa fuerit, dicitur opinio. Cernuntur ergo ex iis quæ
dicta sunt, prima quæ rerum iudicant cognitionem, sensus & intelligentia. Ille quidé locum tenens instrumenti, hęc verò artificis. Quomodo enim nos non possumus absque trutina examinare grauia &
leuia: neq; absque regula accipere differentiam rectorum & peruer-
sorum: ita nec intelligentia potest res probare absque sensu. Atque
tales quidem sunt, vt in summa dicam, Peripatetici. Cùm autem restet opinio Stoicorum, de ea deinceps dicamus. Dicunt ergo Stoici
id quod iudicat veritatem, esse comprehendentem phantasiam. Eam
autem sciemus, cùm prius nouerimus quídnam sit phantasia ex eorū
sententia: & quænam sint in eius forma differentiæ. Phantasia ergo,
vt ipsi volunt, est impressio in anima. de qua statim dissident. Nam
Cleanthes quidem audiit impressionem per depressionem & eminentiam, quomodo etiam quæ per annulos ceræ fit impressionem.
Chrysippus autem existimabat hoc esse absurdum. Nam primùm,
inquit, cùm cogitatio aliquando simul apprehendat triangulum &
quadratum, oportebit idem corpus eodem tempore diuersas in se
habere

ADVERSVS MATHEMATICOS.

habere figuras. quod quidem est absurdum. Deinde cùm simul in nobis multæ consistant phantasiæ, animam quoque habere complures effigies. quod quidé est priori deterius. Ipse ergo existimabat à Zenone dictam esse impressionem pro alteratione. Quo fit vt quod dicit sit eiusmodi. Phantasia est animæ alteratio, adeò vt non sit amplius absurdum idem corpus simul & eodem tempore multis in nobis consistentibus visionibus, cóplures suscipere alterationes. Quomodo enim aër simul innumerabilès & differentes suscipiens percussiones, statim multas habet alterationes: ita etiã ea pars quę principatum tenet animæ, variis visis acceptis, faciet aliquid quod cum eo proportionem habet & conuenientiam. Alij autem dicunt, nec id quod ad illum corrigendum ab eo est adductum, rectè habere. Nam si est aliqua phantasia, ipsa est impressio & alteratio animæ. Si est autem aliqua animæ impressio, illa non est omnino phantasia. Nam si fuerit aliqua in digito offensio, aut pruritus ac frictio acciderit in manu, efficitur quidem impressio & alteratio animæ, non autem phantasia ac visio: quoniam non euenit vt fiat in qualibet parte animę, sed solùm in cogitatione, & in ea parte animæ quæ tenet principatum. Quibus occurrentes Stoici, dicunt simul cum impressione animæ ostendi illud, vt in anima, adeò vt hoc sit plenum. Phantasia est impressio in anima, vt in anima. Quomodo enim ἐφηλότης dicitur albugo in oculo, nobis simul ostendentibus illud, vt in oculo, hoc est, in certa parte oculi esse albuginem, ne omnes homines habeamus ἐφηλότητα in oculo, vt quòd omnes à natura habeant albuginem in oculo: ita quando dicimus phantasiã in anima impressionem, simul ostédimus in certa parte animæ fieri impressionem, nempe in ea parte quæ tenet principatum. Quo fit vt si explicetur, fiat hæc definitio: Phantasia est alteratio eius partis animæ quę tenet principatum. Alij autem eadem vi moti, responderũt elegantius. Dicunt enim duobus modis dici animam, & quod totam continet concretionem, & seorsum eam parté quæ tenet principatum. Quando enim dicimus constitui hominem ex anima & corpore: aut mortem esse separationem animæ à corpore, propriè appellamus eam partem quæ tenet principatum. Similiter etiam quando diuidentes dicimus, ex bonis alia quidem esse in anima, alia autem in corpore, alia autem extra. non totam significamus animam, sed illam eius partem quę tenet principatum. in ea enim consistunt animi motus & bona. Quamobrem cùm dicit Zeno phantasiam esse in anima impressionem, audiendum est

Phantasia animæ alteratio.

Anima simul multas recipit alterationes, vt aër percussiones.

Phantasia est impressio et alteratio animæ, vt in anima.

Phãtasiæ definitio.

Anima dicitur duobus modis, nempe & tota, & pars quæ tenet principatum.

animam

animam non totam, sed eius parte: adeò vt quod dicitur, ita habeat: Phantasia est alteratio in parte quæ tenet animæ principatum. Sed etiamsi ita habeat, dicunt nonnulli rursus esse peccatum. Nam & appetitio & assensio & comprehensio, sunt alterationes partis quæ tenet animæ principatum: differunt autem à phantasia. Nam illa quidem est quædam nostra persuasio & affectio: hæ autem sunt multo magis operationes quàm appetitiones. est ergo vitiosa definitio, multis & diuersis rebus congruens. Et quomodo qui hominem definiit & dixit, Homo est animal ratione præditum, non rectè descripsit notionem hominis, propterea quòd Deus quoq; sit animal præditum ratione: ita etiam qui pronunciauit phantasiam esse alterationem partis quæ tenet animæ principatum, lapsus est. Non enim magis huius quàm vniuscuiusque ex enumeratis motibus est definitio. Cùm autem tale sit argumentum quo vrgentur, rursus ad synemphases, id est simul ostensiones confugiunt Stoici, dicentes oportere in phantasiæ definitione simul audire illud, In omnibus. Quomodo enim qui dicit amorem esse applicationem animi ad conciliandam amicitiam, simul etiam ostendit illud, AEtate florentium iuuenum, etiamsi disertis verbis id non efferat (nullus enim amat ex senibus & qui non sunt in flore ætatis) ita quando dicimus, inquiunt, phātasiam esse alterationem partis quæ tenet animæ principatum, simul ostendimus ex persuasione, non autem ex operatione fieri alterationem. Videntur autem ne sic quidem effugisse reprehensionem. Quando enim nutritur atque adeò augetur pars quæ tenet animæ principatū, alteratur quidem ex persuasione, non est autem eiusmodi eius alteratio, etiamsi sit ex persuasione & affectione, phantasia. præterquam si rursus dicunt phantasiam esse aliquam proprietatem persuasionis, quæ differt ab eiusmodi affectionibus. aut illud, Quoniam phantasia est aut externarum affectionum, aut earum quæ sunt in nobis, quod quidem propriè apud eos appellatur, διάκενος ἑλκυσμός, id est inanis tractio, omnino in ratione phantasiæ simul ostendi, quòd fiat persuasio vel ex rerum externarū applicatione, vel ex iis quæ sunt in nobis affectionibus. Quæ quidē non simul possunt audiri in alteratione quæ fit per incrementa & nutritiones. Atque est quidē phantasia ex Stoicorum sententia adeò difficilis ad definiendum. Phantasiarum autē sunt etiam multæ aliæ differentiæ. sufficient autem nobis quæ sunt dicendæ. Earum enim aliæ quidem sunt probabiles, aliæ verò non probabiles, aliæ autem neque probabiles neque improbabiles. Et
sunt

sunt quidem probabiles, quę leuem & æquabilem motum faciunt in *Phātasia pro-*
anima: vt nunc esse diem, & me disserere, & quidquid est eiusmodi vt *babilis quænā*
appareat similiter. Improbabiles autem sunt, quæ non sunt huiusmo- *Phantasia im-*
di, sed nos auertunt ab assensione: vt, Si est dies, Sol non est super ter- *probabiles.*
ram: Si sunt tenebræ, est dies. Probabiles autem sunt & improbabi- *Phātasiæ pro-*
les, quæ ex habitudine ad aliquid aliquando sunt tales, aliquando ve- *probabiles.*
rò tales, vt in dubiis orationibus. Nec probabiles autem nec impro- *Phātasiæ nec*
babiles, quales sunt huiusmodi rerum, Stellæ sunt pares, stellæ sunt *improbabiles.*
impares. Probabilium autem aut improbabilium phantasiarum, aliæ
quidem sunt veræ, aliæ verò falsæ, aliæ autem neque veræ neque fal- *Phātasiæ ve-*
sæ. Atque veræ quidem sunt, quarum potest vera fieri prædicatio: vt *ræ quænā sint.*
huius, Dies est in præsentia, & lux est. Falsæ autem, quando potest *Phantasiæ*
falsa fieri prædicatio: vt fractum esse remum in profundo, aut mutilā *falsæ.*
ac mancam esse porticum. Veræ autem & falsæ: cuiusmodi Oresti in ἕλκυσμα.
furore incurrit ab Electra. Nam quatenus quidem incurrebat tanquā *Phātasiæ ve-*
ab aliquo quod erat, erat vera. erat enim Electra. Quatenus autem *ræ & falsæ.*
tanquam à furia, erat falsa. non erat enim à furia. Et rursus si quis à
Dione viuente, in somnis conuenitur tanquam à præsente, somniat
falsam & inanem visi attractionem. Neque autem veræ neque falsæ ἕλκυσμα.
sunt quæ sunt in genere. Quorum enim species sunt tales aut tales, *Phātasiæ ne-*
eorum genera non sunt talia aut talia: vt, ex hominibus alij quidem *que veræ nec*
sunt Græci, alij verò barbari. sed homo in genere nec est Græcus, nā *falsæ.*
omnes in specie homines essent Grǫci: neque barbarus propter eandem causam. Ex veris autem aliæ quidem sunt comprehendentes, *Phantasiæ cō-*
aliæ verò non. Non cōprehendentes quidem, quæ incurrunt ex mor *prehendentes.*
bo aut animi perturbatione. Nam innumerabiles quidem phrenesi *Phantasia nō*
& atra bile perciti, veram quidem attrahunt phantasiam, sed non cō- *comprehenden-*
prehendentem, imò quæ ita extrinsecus occurrit & fortuitò. Quam- *tes.*
obrem neque de ea sæpe adseuerant, neque ei assentiuntur. Compre *Phantasia cō-*
hendens autem est, quæ est impressa & obsignata ex eo quod est, & *prehēdēs quæ-*
congruenter ei quod est: cuiusmodi non fuerit ex eo quod non est. *nam sit.*
Facientes enim hanc phantasiam esse subiectorum summopere apprehendentem, & quæ omnes quæ sunt in ipsis artificiosè impressas
habeat proprietates, dicunt eam habere vnamquanque ex iis sibi accidentem. Primum quidem quod oriatur ex eo quod est. Nam multæ phantasiæ incurrunt ex eo quod non est, vt in furiosis: quæ quidē
minimè sunt comprehendentes. Secundum autem, quòd & sit ex eo
quod est, & conuenienter ei quod est. Nonnullæ enim rursus quidē
v sunt

sunt ex eo quod est, sed eius quod est non repręsentant similitudinḗ: vt in furente Oreste paulò antè ostendimus. Nam visum quidem trahebat ab eo quod erat, nempe Electra: sed non id quod erat. existimabat enim eam esse vnam ex Furiis. Quamobrem eam accedḗtem & eius volentem curam gerere repellit, dicens,

Eurip. in Orest. „ *Relinque me, ex meis es vna Furiis.*

Et Hercules mouetur quidem ab eo quod erat, nempe à Thebis, sed non congruenter ei quod erat. Comprehendentem enim phantasiā oportet ei quod est esse congruentem: quinetiam esse impressam & obsignatam: vt artificiosè imprimat omnes phantasiarum proprietates. Quomodo enim sculptores attingunt omnes partes eorum quæ *signaculis an-* fiunt: & quomodo quæ per annulos fiunt signacula, cerę accuratè ac *nulorum assi-* perfectè omnes imprimunt charactères: ita etiam qui subiectorum *milantur phan-* *tasię compre-* faciunt comprehensionem, debent assequi omnes eorum proprieta *hendentes.* tes. Illud autem, Qualis non fuerit ab eo quod non est, addiderunt: quoniam non sicut Stoici existimant fieri nō posse vt inueniatur aliquid quod in omnibus ab omnibus differat: ita etiā Academici. Nā illi quidem dicunt, quòd qui habet comprehendētem phātasiam, artificiosè accedit ad assequendam rerum differentiam: quoniam eiusmodi phantasia habet aliquam eiusmodi proprietatem præter cæteras phantasias, quomodo Cerastæ præter alios serpentes. Academici autem dicunt contrà comprehendente phātasia posse inueniri fal- *Stoici vete-* sum quod nihil differat. Cæterùm veteres quidem Stoici id quo iu- *res.* dicatur veritas, dicunt esse hauc comprehendentem phantasiam. Re- ἔνϛημα. centiores autem addiderunt, Et quę nihil habet quod obsistat. Non- *Stoici recētes.* nunquam enim incurrit quidem comprehendens phantasia, sed non *Comprehen-* *dēs phantasia* fide digna propter aduenientem extrinsecus circunstantiam: vt quan *non est semper* do Hercules Alcestin è terra eductam adduxit ad Admetum, tunc *fide digna.* Admetus traxit quidem ex Alcestide comprehendentem phantasiā, sed ei non fidebat. & quando Menelaus Troia reuectus, apud Proteum vidit verā Helenam, in naui relicto illius simulachro, prō quo conflatum fuit bellum decem annorum, ex eo quidem quod erat, & congruenter ei quod erat, & impressam & obsignatam accipiebat phantasiam: sed eam non habebat. Quamobrē comprehendens quidem phantasia, est iudex nihil habēs obstaculi. Ipsi autem habebant quidem vim comprehendendi, sed erant eis obstacula. Animo enim *εἰϛάϛεις.* agitabat Admetus, quòd mortua esset Alcestis, & quòd qui est mortuus non amplius resurgat, sed aliquādo aliqua adueniunt dæmonia.

& Me-

& Menelaüs quidem cóspiciebat quòd in naue reliquiſſet Helenam quæ cuſtodiebatur. & non eſt quidem improbabile, non eſſe Helenam quæ inuenta eſt in Pharo, ſed viſum aliquod ſeu ſpectrum ac dęmonium. Hinc autem comprehendens phantaſia non eſt abſolutè id quod iudicat veritatem, ſed tunc cùm nullum habet obſtaculũ. Ipſa enim cuius ſit euidens & pellés, propemodum à tribus, inquiunt, accipitur, nos attrahens ad aſſenſionem, & nullo alio opus eſt ad hoc vt talis incurrat, quàm vt ſuggerat eam quæ eſt ab aliis differentiam. Quamobrem omnis homo, quando ſtudet vt huiuſmodi phantaſiam accuratè & perfectè comprehendat, eam ex ſe cernitur perſequi. vt in aſpectabilibus, quando rei ſubiectæ obſcuram & exilem accipit phantaſiam. Viſum enim intendit, & accedit prope id quod cernitur vt omnino non aberret. Terit enim oculos, & vt ſemel dicam, facit omnia, donec certam & pellentem eius quod cernitur attraxerit viſionem, vt qui in ea contempletur fidem comprehenſionis. Alioqui enim dici non poteſt contrarium neceſſariò, quòd qui ab eo recedit vt cenſeat quòd phantaſia ſit id quod iudicat, ex alterius phantaſiæ ſubſtantia ita affectus confirmet quòd phantaſia ſit id quod iudicat, natura ad agnoſcendam veritatem nobis emittente tanquam lucem vim ſentiendi, & quæ per ipſam fit, phantaſiam. Eſt ergo abſurdum tantã vim abolere, & id quod eſt eorum veluti lumen, auferre. Quomodo enim qui colores quidem relinquit & eorum differentias, tollit autem viſum vt qui non ſit, vel non ſit fide dignus: & voces quidẽ eſſe dicit, non cenſet autem eſſe auditum, eſt ſtolidus. Nam ſi illa abſint per quæ colores & voces intelleximus, nec poterimus quidem vti coloribus aut vocibus: ita qui res quidem confitetur, ſenſus autem reprehendit phantaſiam, per quam res apprehẽdit, eſt planè ſtupidus & attonitus, ſeque reddit parẽ inanimis. Tale eſt dogma Stoicorum. Vniuerſo autem de eo quod iudicat diſſidio propemodum oculis ſubiecto, tempus eſt vt aggrediamur contradicere, & redire ad id quod iudicat. Vt ergo dixi antea, alii quidem id reliquerunt in ratione, alij verò in ſenſibus rationis expertibus, alij verò in vtriſq;. Alij verò id à quo, vt hominem: alij verò per quod, vt ſenſum & cogitationem. Alij autem id quod eſt tanquam applicatio, ſicut phantaſiam. Tentabimus ergo, quoad eius fieri poterit, vnicuique conſtitutæ opinioni adiungere dubitationes, ne ſi viritim omnes quos enumerauimus Philoſophos, perſequamur, cogamur eadem dicere. Ordine ergo primum ponamus illud à quo, nempe hominem. Exiſtimo

enim

enim quòd si de eo prius fuerit dubitatum, nihil amplius oportebit dicere de aliis quæ iudicāt. ea enim sunt vel partes hominis, vel operationes, vel affectiones. Si ergo comprehendi potest hoc quod iudicat, longè prius debet haberi eius notio, quandoquidem omnem comprehēsionem præcedit notio. Huc vsque autem vsuuenit vt hominis non possit haberi notio, vt ostendemus. Non est enim omnino homo eiusmodi vt possit comprehendi. Cui est consequens, veritatis cognitionem non posse inueniri, cùm id quod eam cognoscit, sit eiusmodi vt non possit comprehendi. Iam enim ex iis qui quæsierunt de notione, dubitauit quidem Socrates manens in consultatione, & dicens se ignorare quidnam ipse sit, & quemadmodum se habeat ad vniuersitatem. Ego enim, inquit, nescio an sim homo, an aliqua alia fera Typhone magis multiplex ac varia. Democritus autem qui Iouis voci assimilatur, & hæc dicit de vniuersis, conatus quidem est exponere notionem, sed de ea nihil amplius potuit pronuntiare quàm rudis & imperitus, dicens, Homo est quod omnes scimus. Nā primùm quidem canem quoque omnes scimus. sed canis non est homo. & equum omnes scimus, & plantam. sed nihil ex iis est homo. Deinde arripuit id de quo quærebatur. Nemo enim in promptu concedet cognosci qualis sit homo, siquidem Pythius ei tanquam maximam proposuit quęstionem, Nosce teipsum. Quod si etiam concesserit, non omnibus, sed iis solùm qui habent perfectam Philosophiæ cognitionem, concedet eum scire. Epicurei autem existimarunt se posse vel indicando statuere hominis notionem, dicētes, Homo est, id quod est tali forma prędítum cum animatione. Non nouerunt autem quòd si id quod ostenditur, est homo, id quod non ostenditur, non est homo. Et rursus huiusmodi ostensio aut fit in viro, aut muliere, aut sene, aut adolescente, in simo, aut in eo qui est naso aquilino, aut in eo qui est extensis capillis, aut in eo qui crispis, & aliis differētiis. Et si in viro quidem indicando proferatur mulier, non erit homo. Sin autem in muliere, circunscribetur masculus, & in adolescente, reliquæ ætates excident ab humanitate. Fuerunt autem aliqui Philosophi, qui per rationem docebāt hominem in genere, & hinc existimabant existere posse notionem hominum singularium. Ex his autem, alij quidem sic definierūt: Homo est animal particeps rationis, mortale, capax intelligentiæ & scientiæ. qui ipsi quoque definierunt non hominem, sed quæ homini accidunt. Differt autem id quod alicui accidit, ab illo cui accidit. Nā si non differret, non esset accidens,

sed

sed esset illud ipsum. Ex iis quidem certè quæ accidunt, alia quidem *Accidentium*
sunt inseparabilia ab iis quibus accidunt, vt longitudo, latitudo, & *alia inseparabilia, alia separa-*
profunditas à corporibus. Nam si ea non adsint, ne potest quidē co- *rabilia.*
gitari corpus. Alia autem separantur ab eo cui accidunt: & iis rece-
5 dentibus illa manent: vt currere, disserere, dormire, vigilare, quæ accidunt homini. hæc enim omnia nobis accidunt, sed non semper. Nā
& non currentes & quiescentes manemus iidem. & in aliis similiter.
Cùm ergo eorum quæ accidunt duplex sit differentia; in neutris inueniemus eandem quæ res subiecta, sed semper differentem. Defi-
10 piunt ergo qui hominem dicunt esse animal rationis particeps, mortale, & quæ sequuntur. non enim hominem definiunt, sed ea quæ illi *Animal est ac-*
accidunt enumerant. Ex quibus animal quidē est ex iis quæ illi per- *cidēs hominis.*
petuò accidunt. Fieri enim non potest vt sit homo si nōn sit animal. *Mortuum esse*
Mortuum autē ne accidit quidem, sed accedit homini. Quādo enim *non accidit, sed*
15 sumus homines, viuimus & non sumus mortui. Ratiocinari autem & *accedit homini.*
scientia esse prędicum, accidunt quidem, sed nō semper. Nam & non *Ratiocinari*
ratiocinantes quidam sunt homines, vt qui dulci tenentur somno, & *et scientia esse*
qui scientia non sunt præditi, humanitatem minimè amiserunt: vt fu- *præditum homini accidunt,*
riosi. Nobis ergo alterum quærentibus, alterum tradiderunt. Præ- *sed nō semper.*
20 terea animal quidem non est homo: alioqui omne animal esset ho- *Animal non*
mo. Rationis autem esse particeps, si ponatur pro eo quod est ratio- *est homo.*
cinari, Dij quoque ratiocinantes erunt homines. forte autē alia quo- *λόγος rationē significat et*
que animantia. Si autem pro eo quod est, voces proferre significan- *orationem, λο-*
tes, coruos & psittacos, & quæ sunt huiusmodi, dicemus esse homi- *γικὸς & eum*
25 nes. quod quidem est absurdum. Præterea si mortale dixeris esse ho- *qui ratiocinatur, & eū qui*
minem, sequetur quòd etiā bruta animantia quæ sunt mortalia, erunt *loquitur.*
homines. Idem est censendum & de eo quod est raciocinari, & esse *Ratiocinari et*
capax scientiæ. Nam primùm quidem ea etiam in Deos cadunt. Pre- *esse capax sciē-*
terea si homo est eorum capax, ea non sunt homo. Sed ille est eorum *tiæ etiā in Deo*
30 capax, cuius ea naturam non ostendunt. Quanquam nonnulli ex iis *cadunt.*
qui videntur esse intelligentes in hæresi dogmatica, ad hoc occurren-
tes, dicunt, quòd vnumquodque quidem ex iis quæ sunt enumerata, *In definitione hominis col-*
non est homo, omnia autem simul collecta eum faciunt. vt videmus *lectā ne omnia*
fieri in partibus & in toto. Quomodo enim manus separatim nō est *faciant homi-*
35 homo, neque caput, neque pes, neque vllum aliud ex iis: sed quod est *nem, cùm singula non fa-*
ex iis compositum est totum: ita etiam homo, neque est animal so- *ciant.*
lummodo: neque separatim rationis particeps: neque mortale ex circunscriptione, sed id quod est accumulatum ex omnibus. nempe ani-

v 3 mal

mal simul & mortale & rationis particeps. Facile autem est ad ea occurrere. Nam primùm quidem si separatim vnumquodque ex iis nō est homo, quemadmodum possunt ea simul collecta hominem efficere, si neque quatenus sunt, sunt ampliora, neque quatenus subiiciuntur, sunt defecta, nequę vllo alio modo mutata? Deinde neque omnino possunt omnia simul concurrere, vt quod constat ex omnibus, fiat homo. Nam mortale quidem certè quãdo sumus homines, nobis non accidit: sed id sumitur ex recordatione. Cernentes enim Dionem & Theonem & Socratem, & communiter eos qui nobis erãt similes, sigillatim è viuis excessisse, ratiocinamur quòd nos quoque sumus mortales, etiamsi nondum nobis adsit mori. nam vtique viuimus. Praeterea ratiocinari aliquando quidem nobis adest, aliquãdo verò non. Et rursus scientia esse praeditum, non est ex iis quae semper accidunt homini, vt iam ostendimus. Dicendum est ergo neque communé eorum coitionem esse hominem. Plato autẽ peius quàm alij definit hominem, dicens: Homo est animal implume, bipes, latis vnguibus, capax ciuilis scientiae. Vnde etiam oculis se offerunt quae debent aduersum illum dici. Rursus enim non exposuit hominem, sed ea quae illi accidunt & non accidunt. Nam animal & bipes & latis esse vnguibus accidunt. Ciuilis autem scientiae esse capax, aliquãdo quidem accidit, aliquando verò non accidit. Quamobrem nobis quaerentibus aliquid aliud discere, ipse aliquid aliud ostendit. Atque sic quidem ostensum sit non esse in promptu hominem intelligentia consequi. Deinceps autem dicendum est, quòd ex dubiis quoque est eorum comprehēsio. & maximè quoniam ad id iam ex parte deuentum est. Id enim cuius notionem non assequimur, nec potest comprehendi. Hominis autē non posse haberi notionem, quod ad dogmaticorum notiones attinet, ostensum est. Homo ergo non potest comprehendi. Similiter autem alio quoque modo licet haec probare. Si homo est eiusmodi vt possit comprehendi, aut totus per totum seipsum quaerit & comprehendit, aut est totus id quod quaeritur & quod cadit sub comprehēsionem. Quomodo si quis posuerit visum, seipsum videre. aut enim erit totus videns, aut totus qui videtur: aut parte quidem seipsum videns, aut qui parte à seipso videtur. Sed si totus per totum homo seipsum quaerat & cum eo intelligatur: cum eo quòd totus per totum seipsum intelligit, nihil erit quod comprehenditur. quod quidem est absurdum. Si autem totus sit quod quaeritur, & totus cum eo intelligatur, cum eo quod quaeritur, nihil rursus relinquetur

linquetur quod quærat, & quod sit facturum comprehésionem. Præterea autem nec fieri potest vt in parte aliquando quidé ponatur totum id quod quærit, aliquando autem totum quod quæritur. Quando enim totus ponitur quærens, & cum eo totus intelligitur cum eo quod quærit, nihil omnino relinquetur quod quærat. Et cótrà, quando totus per totum est id quod quæritur, non est id quod quærit. Restat ergo vt non totum seipsum ad seipsum applicet, sed aliqua parte seipsum comprehendat. quod rursus est ex his quæ sunt dubia, & in quibus non est euadendi locus. Homo enim nihil est præter molem corpoream & sensus & cogitationem. Vnde si est aliqua parte seipsum comprehésurus, aut corporé cognoscet sensus & cogitationem, aut viciffim sensibus & cogitatione comprehendet corpus. Atque fieri quidem non potest vt corpore comprehendamus sensus & cogitationem. est enim expers rationis, & surdum, & non aptum natura ad huiusmodi inquirenda. Alioqui si corpus vim habet apprehendendi sensus & cogitationem, ea apprehédens debet eis assimilari, hoc est, similiter affici, & fieri sensus & cogitatio. Visum enim apprehendens, quatenus videt, erit visus: & si vim habeat comprehédendi gustus, fiet gustus. & in aliis conuenienter. Quomodo enim quod calidum apprehendit vt calidum, calefactum apprehendit: calefactum autem statim est calidum, & quomodo quod frigidi vt frigidi efficit cognitionem, frigefactum statim fit frigidum: ita etiam si moles carnis apprehédit sensus, eos sentit tanquam sensus: sentiens autem omnino fiet sensus. & ea ratione non amplius ponetur id quod quærit, sed erit quod quęritur. & simul etiam planè erit ridiculum, quòd moles carnis non differat à sensibus & cogitatione, cùm omnes ferè qui constitutis dogmatibus sunt philosophati, in eis statuerint esse differentiam. Eadem est ratio etiam in cogitatione. Nam si eam apprehendit carnis moles tanquam cogitationem, hoc est cogitantem, carnis moles erit cogitatio. Cùm autem sit cogitatio, non erit id quod quærit, sed id quod quæritur. Non habet ergo corpus vim comprehendendi hominis. Sed neque sensus. ipsi enim solùm patiuntur, & instar ceræ figuram suscipiút, nihil autem aliud sciunt. Nam si eis tribuerimus alicuius rei inquisitionem, non erunt vtique expertes rationis, sed participes, vt quæ naturam habeát cogitationis. quod quidem non ita habet. Si enim album & nigrum fieri, dulceque & amarum, & odore affici, & communiter pati est eorum proprium, quærere agendo & operando non erit eorum proprium. Deinde quomodo

Corpus non comprehendit sensus et cogitationem.

Sensus hominem non comprehendunt. Sensus solùm patiuntur, & instar ceræ figurā suscipiút.

modo fieri poteſt vt per eos cōprehendatur moles carnis, cùm eius non habeat naturam, vt iam viſus quidem habet vim apprehendēdi figuram & magnitudinem & colorem? non eſt autem moles carnis, nec figura, nec magnitudo, neque color. Sed etſi videt id cui hæc accidunt, non propterea poteſt carnis molem viſus comprehēdere: ſed ſolum videt id cui hæc accidunt, nempe figuram, magnitudinem, colorem. Certè ita eſt, dicet aliquis: ſed id quod ex eis eſt collectum, eſt moles carnis. quod quidem dicere eſt planè deliratis. Nam primùm quidem oſtendimus, quòd nec communis quidem coitio eorum quę alicui accidunt, eſt illud cui accidunt. Deinde etiamſi hoc ita habeat, rurſus planè fieri non poteſt vt corpus cōprehendatur à viſu. Si enim corpus nec eſt ſola longitudo, neque ſeorſum figura, neq; color ſeparatim, ſed quod eſt ex his cōpoſitum, oportebit viſum apprehendentem corpus ea apud ſe ſingulatim componere: & ita cōmunem omnium congeriem corpus vocare. Sed aliquid cum aliquo componere, & cum tali figura talem accipere magnitudinē, eſt ratiocinantis facultatis, viſus autem eſt expers rationis. Non eſt ergo eius munus corpus apprehendere. Quanquam non ſolùm non eſt aptus ad communem coitionem intelligendam, vtpote corpus, ſed etiam eſt mancus ac mutilus ad cōprehendendum vnumquodque eorum quæ ei accidunt: vt iam longitudinē. Nam per tranſpoſitionē partium ſecundū naturam hoc ſumitur, nobis ab aliquo incipiētibus, & per aliquid, & ad aliquid deſinentibus. quod quidē non poteſt facere natura expers rationis. Deinde profunditatē. errat enim viſus circa ipſam ſuperficiem: profundum autem non ingreditur. eum quidem certè fallunt aurea ſumpta pro æneis. Dictum eſt autem etiam quòd non eſt aptus ad cognoſcendos colores, quando ſectam euertebamus Cyrenaicam. Quamobrem ſi nec ea quæ corpori accidunt viſus apprehendit, multo magis nec contēplabitur ipſum corpus. Sed neque hoc eſt munus auditus, aut odoratus, aut guſtus, aut tactus. Vnuſquiſque enim id ſolum apprehendit quod eſt ſibi ſenſile. hoc autem non eſt moles carnis. Auditus enim apprehendit ſolùm vocem. vox autē nō eſt moles carnis. Et odoratus iudicat ſolùm bene aut male olens. Sed nemo eſt adeò inſipiens, vt noſtri corporis ſubſtātiam relinquat in bene aut male olentibus. Idem dicendum eſt etiam de aliis ſenſibus, ne nimis prolixa noſtra ſit oratio. Quamobrem ipſi quidem molem carnis non apprehendunt. Sed nec ſeipſos. Quis enim viſu vidit viſum? aut quis auditu audiuit auditum? Quis autem guſtu guſtauit guſtum?

ADVERSVS MATHEMATICOS.

guſtum? aut odoratu odoratus eſt odoratum? aut tactu tetigit tactū? hæc enim cadunt ſub cogitationem. Nec ergo dicendum eſt, ſenſus ſeipſos apprehendere. Sic ergo nec ſe inter ſe. Viſus enim audiēs auditum non poteſt videre. & contrà, auditus videns non poteſt au-
5 dire viſum. & in aliis idem eſt modus argumentādi. Nam ſi dicamus poſſe viſu comprehendi auditum vt auditum, hoc eſt vt audientem, dabimus viſum ſimiliter atque ille affici, adeò vt non ſit vtique viſus, ſed auditus. Quomodo enim poteſt ipſe auditum audientem iudicare, cùm audiendi non habeat naturam? & contrà, vt auditus viſum
10 tanquam videntem apprehendat, oportet eum longè prius fieri viſum: hoc autem nihil poteſt eſſe abſurdius. Dicendum eſt ergo ſenſus nec corpus apprehendere, nec ſeipſos, nec ſe inter ſe. Verum eſt, inquiunt Dogmatici : ſed cogitatio & carnis molem, & ſenſus, & ſeipſam cognoſcit. quod quidem eſt ipſum quoque ex iis, in quibus
15 non licet exitum inuenire. Quando enim cenſebunt cogitationem apprehendere totum corpus, & quæ ſunt in ipſo, rogabimus vtrum ſimul in totam incurrens carnis molem facit comprehenſionem, an partibus ſuis eaſque componens, totum comprehendit. Et in totam quidem nolent dicere, vt erit perſpicuum ex iis quæ inferuntur. Par-
20 tes autem ſi dicant ipſum componere, & hinc totum cognoſcere, implicabuntur maiori dubitatione. Nam ex partibus rationis aliquæ erunt rationis expertes. Quæ ſunt autem expertes rationis, mouent citra rationem. Cogitatio ergo citra rationem ab iis mota, erit expers rationis. Si ſit autem expers rationis, non erit cogitatio. Molem
25 ergo carnis non comprehendet cogitatio. Præterea nec ſenſus poteſt eodem modo dignoſcere. Quomodo enim non poteſt corpus comprehendere, eo quòd ipſa quidem ſit particeps rationis, illud autem careat ratione, ita rurſus non poterit ſenſus comprehendere, quandoquidem ſunt expertes rationis, & ideo ſine ratione mouebat
30 id quod ipſos comprehendit. Deinde ſenſus comprehēdens erit ipſa quoque omnino ſenſus. Nam vt ſenſus apprehendat tanquam ſenſus, hoc eſt ſentientes, ipſa quoque erit eiuſdem formæ cuius illi. Videntem enim viſum comprehendens, longè prius erit viſus. & auditum audientem iudicans, non erit diuerſa ab auditu. Eadem autem
35 eſt ratio etiam in odoratu, guſtu & tactu. Sed ſi ſenſus cognoſcens cogitatio inuenitur tranſiiſſe in eandem in quos illi naturam, nullum erit amplius ſubiectum quod quærat ſenſus. Id enim quod poſuimus quærere, apparuit idem eſſe quod ij qui quæruntur. & ideo opus

Senſus ſe inter ſe non apprehendunt.

Cogitatio nec corporis molē, nec ſenſus, nec ſeipſam cognoſcit.

Cogitatio nō apprehēdit totum corpus.

Cogitatio nō comprehendit partes corporis.

Cogitatio nō comprehendit ſenſus.

x quoque

quoque habens eo quod sit comprehensurum. At verò, dicunt illi, idem est cogitatio quod sensus, sed non eadem ratione. Nam alia quidem ratione cogitatio, alia verò sensus. & quomodo idem poculum & concauum dicitur & conuexum, sed alia quidem ratione concauum, nempe intrinsecus, alia verò conuexum, nempe extrinsecus: & vt eadem via accliuis dicitur & decliuis: accliuis quidem iis qui per ipsam ascendunt, decliuis verò iis qui descendunt: ita vis eadem seu facultas, alia quidem ratione est intelligentia, alia verò sensus. nec cùm sit eadem, arcetur à prius dicta sensuum comprehensione. Sunt autem admodum stulti ac simplices, & inanem edunt sonitum aduersus expositas dubitationes. Dicimus enim quòd etsi concessæ fuerint hæ diuersæ vires seu facultates subiici in eadê essentia, rursus manet eadem dubitatio quæ à nobis paulò ante fuit mota. Quæro enim id quod alia ratione dicitur esse intelligentia, alia verò sensus, quemadmodum potest id quod est quatenus intelligentia, comprehendere id quod est quatenus sensus? Nam cùm sit rationis particeps, & eius quod est expers rationis faciat comprehensionem, mouebitur citra rationem. Si moueatur autem citra ratione, est expers rationis. Cùm sit autem eiusmodi, non erit comprehendens, sed comprehendetur. quod quidem rursus est absurdum. Atque per hæc quidem sit ostensum, quòd homo neque per corpus potest sensus apprehendere, neque contra per eos corpus, neque in se ipsos, aut se inter se. Deinceps autem est ostendendum, quòd nec seipsam quidem agnoscit cogitatio, vt censent dogmatici Philosophi. Nam si mens seu intelligentia seipsam comprehendit, aut tota se totam comprehendet, aut non omnino quidem, sed aliqua sui parte ad hoc vtens. Et tota quidem seipsam non posset comprehendere. Nam si tota seipsam comprehendit, tota erit comprehensio & comprehendens. Si totum autem sit quod comprehendit, nihil erit amplius quod comprehêdatur. est autem à ratione longè alienissimum, esse quidem eam quæ comprehendat, non esse autem id cuius sit comprehensio. Sed neque parte aliqua potest ad id vti intelligêtia. Ipsa enim pars quomodo seipsam comprehendit? Nam si tota quidem, nihil erit quod quæritur. Sin autem parte aliqua, illa rursus quodammodo seipsam cognoscet. & ita in infinitum. Quo fit vt principio careat comprehensio, cùm aut nihil inueniatur quod sit primum facturum comprehensionem: aut nihil sit quod sit comprehendendum. Nam si seipsam comprehendit intelligentia, simul etiam locum in quo est, comprehêdet. Quidquid enim

enim comprehendit, cum aliquo loco comprehēdit. Quòd si etiam locum in quo est simul comprehendit intelligentia, oporteret de eo inter se minimè dissidere Philosophos, cùm alii quidem dicant esse caput, alii verò pectus: & in forma, alii quidem cerebrum, alii verò membranam, alii autem cor, alii autem portas iecoris, aut aliquam eiusmodi partem corporis. De his autem dissident dogmatici Philosophi. Non ergo seipsam comprehēdit intelligentia. Atque sic quidem communiter in vniuerso homine dubitatum sit de eius quod iudicat inquisitione. Quoniam autē Dogmaticis est tantus sui amor, vt aliis quidem non concedant iudicium veritatis, sed se solos eam dicant inuenisse, agè in ipsis sistentes orationem, doceamus quòd ne sic quidem possit inueniri aliquid quod iudicet veritatem. Vnusquisque ergo eorum qui censent se verum inuenisse, aut dictione seu affirmatione solùm pronunciat, aut assumit demonstrationem. Sed dictione aut affirmatione non dicet. Aliquis enim ex iis qui ipsis aduersantur, proferet dictionem seu affirmationem quæ censeat contrarium: & sic non erit ille magis fide dignus quàm iste. Nudæ enim affirmationi parem vim habet nuda affirmatio. Sin autē cum demonstratione, hoc pronunciat id quod iudicat, rectè sanè. Sed vt sciamus rectam esse demonstrationem, qua vtens id quod iudicat se pronunciat, debemus habere id quod iudicat, & oportet prius nobis de ea constare. Non habemus autem certum, & de quo constet id quod iudicat. Rursus quoniam qui seipsos dicunt esse à quibus iudicetur veritas, proficiscuntur à diuersis hæresibus, & ideo inter se dissentiunt, oportet nobis adesse aliquid quod iudicet, quo vtentes iudicabimus dissensionem, ad hoc vt aliquibus quidem assentiamur, aliquibus verò minimè. De eo ergo quod est iudicaturum, aut dissentiunt omnes qui dissentiunt, aut de eo solo inter eos conuenit. Et si de eo quidem omnes dissentiunt, erit id quoque pars dissensionis. pars autem eius nō potest esse id quod iudicat, sed ipsa quoque opus habet vt iudicetur non secus atque tota dissensio. Neque enim fieri potest vt idem probet & probetur. Sin autem de omnibus non dissentitur, sed in vno consentitur, in dissensione minimè opus est eo quod sit probaturum: & propterea id quod iudicat de quo consentitur, cùm præter illud non sit aliud, opus habebit vt iudicetur. Cùm autem opus habeat vt iudicetur, non erit id quod iudicat. Quod autem est inter omnia præcipuum, si aliquem ex Dogmaticis dicimus esse iudicem veritatis, & eam esse apud illū solum, aut hoc dicemus

Quod cōprehendit, cum loco comprehendit.

De cogitationis & intelligentiæ loco dissident Philosophi.

Φάσ*ζ*.
Dogmaticis seu sola vtātur affirmatione seu etiam demonstratione, apud eos non inuenietur iudicatorium veritatis.

Iudicatorium veritatis nō potest esse inter philosophos qui inter se dissentiunt.

Iudex veritatis nō potest esse vllus dogmaticus.

aspicien-

aspicientes ad ætatem : aut minimè quidem ad ætatem, sed ad laborem: aut ne ad eum quidem, sed ad intelligentiam & ingenij acumē: aut nequaquam quidem ad intelligentiam ingeniiq́ue acumen, sed ad multorum testimonium. Sed nec ætas, neque labor ac diligentia, nec aliquid ex iis quæ dicta sunt, attendendum est in veri inquisitione. Non ergo dicendum est, vllum esse Philosophum à quo de veritate feratur iudicium, vt ostendemus. Atque ætas quidem non est attendenda, quandoquidem plures ex Dogmaticis erant ferè ætate æquales, quando seipsos dicebāt esse iudices veritatis. Omnes enim ætate prouecti, vt exempli gratia, Plato, & Democritus, & Epicurus, & Zeno, sibi attribuerunt inuentionem veritatis. Deinde minimè est alienum, sicut cernimus in cōmuni vitæ consuetudine, quòd adolescentes sint sæpe senibus intelligentiores, eodem modo ad consequédam quoque Philosophiam aptiores fuisse iuuenes quàm senes. Nam nonnulli quidem, ex quorum numero est Asclepiades Medicus, disertis verbis dixerunt longè abesse senes à iuuenum intelligentia & ingenij solertia. multorum autem eorumq́ue minus prudentū falsa opinione res contrà se habere est existimata. Nam propter diuturnam senum experientiam, visi sunt iuuenes longè abesse ab eorū intelligētia, cùm res longè aliter se habeat. Nam longè quidē maiorem, vt dixi, experientiam habent senes, non tamen iuuenibus sunt intelligentiores. Non ergo propter ætatem dicendum est vllum ex Dogmaticis esse iudicem. Sed neque propter laborem & diligentiā. Omnes enim sunt ex æquo laboriosi ac diligentes: nec est vllus, qui cùm ad certamen descenderit veritatis, & se eam dixerit inuenisse, euersus sit propter socordiam. Cùm ergo omnium hac in re testata sit æqualitas, est iniquum declinare ad vnum solū. Similiter nec propter intelligentiam est alter alteri præferendus. Nam primùm quidē fuerunt omnes intelligentes, & non alij quidem hebetes, alij verò ingeniosi. Deinde sæpe qui videntur esse intelligentes, defendunt non veritatem sed falsum. Ex Oratoribus quidem certè, eos qui falsi sunt patroni, & efficiunt vt non minus eis fides habeatur quàm vero, dicimus esse & vi dicendi præditos & ingeniosos: contrà autem qui non sunt tales, tardos, indoctos, & non intelligentes. Fortasse ergo in Philosophia quoque, ex iis qui quæsierunt veritatē, ij qui sunt quidem maximè intelligentes, eo quòd valeant ingenio, videntur esse apti ad persuadendum fidemq́ue faciendam, etiam si falsum defendant. Qui autem minus valent ingenio, non sunt apti ad fidem faciendam,

Ætas non est attendenda in iudicio veritatis.

Adolescentes sunt sæpe senibus intelligentiores.

Asclepiades Medicus dicebat iuuenes senibus præstare ingenij acumine.

Senes experientia antecellunt iuuenibus non ingenio.

Labor & diligētia par est eorum qui quærunt veritatē.

Ingeniosiores sæpe non veritatem defendunt, sed falsum.

ciendam, etiam si sint veri propugnatores. Neque ergo propter ætatem, neque propter laborem ac diligentiam, neque propter intelligentiam, par est alterum alteri præponere, & dicere illum quidem dixisse verum, hunc verò minimè. Restat ergo vt attendamus multitudinem eorum qui sunt in eadem sentétia. Forte enim dixerit quispiam eum esse optimum iudicem veritatis, cui plures communi sententia ferunt testimonium. quod quidem est delyrum, & iis deterius quæ prius reprehendentes ostendimus non habere vim iudicandi. Nam vt alia prætermittamus, pares sunt iis qui de re aliqua in eadem sunt sententia, ij qui contrà sentiunt: vt Aristotelicis Epicurei, & Epicureis Stoici, & in aliis similiter. Si ergo est optimus ac præstantissimus is qui verum perspexit, quoniam idem censent omnes ab eodé profecti, cur magis hunc quàm illum dicemus esse optimum ac præstatissimum, & qui de veritate iudicet? vt Epicurum, propterea quòd multi vno consensu de eo dicant quòd verum inuenerit. Cur magis Epicurum quàm Aristotelem? An quoniam non sunt pauciores qui eum protegunt? Verumenimuero sicut rursus in vsu vitæ fieri potest vt vnus intelligens sit melior multis insipientibus, ita etiam in Philosophia non est alienum, vt vnus sit prudens & ideo fide dignus, multi autem nugatores & ideo minimè fide digni, etiam si communi consensu alicui ferant testimonium. Nam rarus quidem est intelligens, multi autem sunt imprudentes & temerarij. Deinde etiam si attendamus consensum & plurium testimonium, rursus reducimur ad id quod est proposito contrarium. Necessariò enim iis qui de re aliqua consentiunt, plures sunt qui de ea dissentiunt. Quod autem dico fiet manifestius, si nobis proprium positum fuerit exemplum. Esto ergo, ita enim ponamus, iis qui in vnaquaque philosophantur hæresi, esse plures qui in Philosophia Stoicam sectantur hæresim. Dicant ergo ij vno consensu, Zenonem inuenisse verum, alium autem nullum. Aduersus eos ergo loquentur Epicurei: falsum autem dicere dicent Peripatetici: contradicent autem Epicurei, & vt semel dicam, omnes qui sunt ex aliis sectis. Quo fit rursus, vt ij qui cómuni consensu prætulerunt Zenonem, cum iis collati qui communi cósensu dicunt non esse Zenonem qui iudicet, inueniantur longè pauciores. Nam hoc ipso si oportet ferre sententiam pro iis qui communi consensu de re aliqua pronunciant, quando fuerint multi, nullum dicendum est inuenisse verum. Nam cuilibet qui laudatur ab aliquo, multi sunt ex aliis sectis qui repugnant. Quod autem omnia maximè cóplectitur,

Iudex veritatis non est dicendus, cui plures cómuni sententia ferunt testimonium.

qui

qui de aliquo consentiunt vt qui vera dixerit, aut differentem habent affectionem in qua cōsentiunt, aut nequaquam differentem, sed vnã & eandem. Sed differétem quidem minimè habere possunt, alioqui oportebit eos omnino dissentire. Si autem vnam habeant, in pari erunt loco quo is qui contrarium pronunciat. Quomodo enim ille 5 vnam habet affectionem per quam eis restitit, ita isti quoque habent illi parem. adeò vt ad fidem faciendam sit decætero superuacanea & redundans multitudo. Nam si, vt ita ponamus, esset vnus ex ipsis qui hoc diceret, tantundem posset atque omnes. Sed si qui veritatē inuenit in Philosophia, aut propter ætatem, aut propter laborem & 10 diligentiam, aut propter intelligentiam, aut quòd multos haberet testificantes, rectè dicitur id assecutus: nos autem ostendimus, quòd propter nullum eorum dicendum sit per eum iudicari veritatem, dicendum est quòd inueniri non potest id quod in Philosophia habet vim iudicandi. Nam si is qui dicit eum esse per quem iudicatur veri- 15 tas, dicit quod sibi videtur, & cōtrarium ei quod prius est prolatum, dicendum est quòd cùm id quod est huiusmodi, est ex æquo omnibus, non poterimus definitè dicere aliquem esse per quē iudicatur. Nam si iste est fide dignus, quòd ipsi videatur eum esse per quem iudicatur, fide dignus erit etiam secundus, quoniam ipsi quoque vide- 20 tur eum esse per quem iudicatur : & sic tertius, & cæteri. Cum quo simul infertur, neminem esse definitè à quo iudicetur veritas. Præ-

Iudicatorium non habet, qui dicit se iudicare veritatem.

terea aut dictione seu affirmatione dicit quispiam se esse à quo iudicatur, aut vtens eo quod iudicat. Sed dictio quidem seu affirmatio dictione seu affirmatione cohibebitur. vtens autem èo quod iudicat, 25 euertetur. Aut enim ab eo dissentit id quod iudicat, aut cum eo consentit. Et si quidem dissentit, non est fide dignum, quoniam dissentit ab eo qui seipsum existimat esse id quod iudicat. Sin autem consentit, opus habet iudice. Quomodo enim is qui pronunciat seipsum esse id quod iudicat, non est fide dignus, ita etiam qui dicit id quod 30 iudicat cum ipso consentire (habet enim quodammodo vim eandē) opus habebit alio quod iudicet. Quidquid enim opus habet vt iudicetur, ex se non erit fide dignum. Rursus qui dicit se esse id quod iudicat, aut dictione seu affirmatione hoc censet, aut demonstratione. Et dictione quidem seu affirmatione nō potest propter eas quas dixi 35 causas. Si autem demonstratione, omnino quoniam plus quàm par sit recta est hæc demonstratio, aut dictione seu affirmatione dicitur, aut demonstratione, idque in infinitum. Propterea ergo dicendum

est

est fieri non posse vt inueniatur id quod iudicat veritatem. Sic quoq; rogatur. Qui verum iudicare profitentur, debent habere id à quo iudicetur veritas. Hoc ergo à quo ea iudicatur, aut est eiusmodi vt nó iudicetur, aut est iudicatum. Et si est quidem eiusmodi vt non iudice-
5 tur, vnde habebit quòd sit fide dignum? Nihil enim ex iis de quibus dubitatur, est fide dignum nisi iudicetur. Sin autē est iudicatum, rursus id quod ipsum iudicat, iudicatum est, an non? & sic in infinitum. Rursus id quod iudicat, si de eo dubitetur, opus habet aliqua demonstratione. Sed quoniam ex demonstrationibus aliæ quidem sunt ve-
10 ræ, aliæ verò falsæ: debet etiam quæ assumitur ad probandū id quod iudicat demonstratio, confirmari per aliquod quod iudicat. Quo sit vt incurratur in eum modum qui est alter per alterum, cùm id quidē quod iudicat, expectet vt probetur per demonstrationem: demonstratio autem expectet vt confirmetur ab eo quod iudicat: neutrum
15 autem eorum possit probari per alterum: & alioqui idem est & fide dignum & non fide dignum. Fide quidem dignum id quod iudicat, quoniam iudicat demonstrationem: & demonstratio, quoniam demonstrat id quod iudicat. Non fide autem dignum, id quidem quod iudicat, quoniam demonstratur ante demonstrationem. Demonstra-
20 tio autem, quoniam iudicatur ante id quod iudicat. Atque ignoratio quidem eius quod est primum iudicans, nempe illius à quo, per hæc apud Scepticos vocatur in dubium. Potest autem facilè quoque explicari de secundo ratio. Illius inquam per quod. Si enim homo inuenit verum, aut hoc inuenit solùm vtens sensibus, aut cogitatione, aut *Per quod verum inueniatur nihil est.*
25 vtroque simul, nempe & sensibus & cogitatione. Sed neque vtens solis sensibus potest verum inuenire, neque cogitatione per se, neq; communiter sensibus & cogitatione, vt ostendemus. Non ergo potest homo sua natura verum inuenire. Atque solis quidem sensibus *Solis sensibus verum non potest apprehendi.*
non potest verum apprehēdere, sicut prius ostendimus, & nunc etiā
30 nonnihil dabimus adminiculi. sunt enim natura expertes rationis, & cùm nihil aliud possint quàm imprimi ab iis quæ cadunt sub phantasiam, sunt omnino minimè appositi ad verum inueniendum. Non solùm enim eo quod album, aut eo quod dulce reddit, moueri oportet id quod sumpturum est veritatem in subiectis, sed etiam duci ad
35 eius rei visionem, nempe hoc est album, & hoc est dulce: & in aliis similiter. Non est autem munus sensus ad eam rem applicari. Colo- *Sensus sensilia tantùm apprehendunt, nō subiecta sensilium.*
rem enim solùm & saporem & vocem potest sua natura apprehendere. Hoc autem est album, aut hoc est dulce, cùm neque sit color
neque

Senſus ſunt fallaces. neque ſapor, ſenſu non poteſt apprehendi. Falluntur autem in multis ſenſus, & inter ſe diſſident, vt oſtendimus per ſequentes decem modos qui ſunt apud AEneſidemum. Quod autem diſſentit & diſſidet, non eſt id quod iudicat, ſed opus habet eo quod ipſum iudicet. Non poſſunt ergo ſenſus verum per ſe iudicare : & opus eſt intelli-

Senſus opus habent intelligentia & memoria ad apprehendenda ſubiecta. gentia & memoria ad apprehendenda ſubiecta, nempe hominem, plantam, & ſimilia. Coloris enim cum magnitudine & figura & aliquibus aliis proprietatibus compoſitio eſt homo. Componere autē aliquid memoriter non poteſt ſenſus, propterea quòd neque color,

Senſus non poteſt cum alio componere. neque ſapor, neque vox ſit additio, quæ quidem ſola poteſt ſenſus apprehendere. Sed neque cogitatio. Nam ſi verum cognoſcit cogita-

Cogitatio verum non cognoſcit. tio, debet prius ſeipſam cognoſcere. & vt architectus cognoſcit rectum & obliquum, etiam abſque probatione eorum quæ iudicant, nempe regulæ & circini : ita etiam cogitationem, ſi quidem eſt præ-

Cogitatio ſe ipſam non cognoſcit. dita vi diiudicandi veri & falſi, oporteret prius ſuam coniectare naturam, habitum præterea, & locum in quo eſt, & alia omnia. Minimè autem poteſt hæc perſpicere: ſiquidem nōnulli putant eam nihil eſſe

De cogitatione, & vbi ea ſita, ſunt variæ philoſophorū ſententiæ. aliud quàm aliquo modo affectum corpus, ſicut Dicæarchus : alij autem dicebant quidem eſſe, ſed non in eodem loco contineri: ſed alij quidem extra corpus, vt AEneſidemus ex ſententia Heracliti : alij autem in toto corpore ex ſententia Democriti : alij autem in parte corporis. quorum rurſus ſunt multiplices variæque ſententiæ. Et alij quidem eam differre à ſenſibus, vt plures : alij autem eam eſſe ſenſus, & per ſenſuum inſtrumenta tanquam per quædam loca proſpicere & ſe exerere. Cuius ſectæ auctor fuit Strato Phyſicus & AEneſidemus. Non eſt ergo cogitatio id quod iudicat: & plures ſunt cogitationes. Cùm ſint autem plures, diſcrepant. Cùm autem diſcrepent, opus habent eo quod ſit eas iudicaturum. Hoc ergo aut rurſus eſt cogitatio, aut aliquid præter eam. Et non eſt quidem cogitatio. Nam cùm fuerit pars diſſenſionis ac diſcrepantiæ, opus habebit vt iudicetur, & non erit vtique id quod iudicat. Cùm autem ſit aliud præter ipſam, id oſtendit cogitationem non eſſe id quod iudicat. Licebit autem nobis in præſentia vti rationibus quæ ab illis dictæ ſunt. Nobis enim non neceſſe eſt eadem dicere. Ad hæc accedit, quòd quoniam non ſolùm eſt nobis vis cogitandi, vt volunt plurimi Philoſophi, ſed

Senſus non ſinit cogitationē externa apprehendere. etiam vis ſentiendi, quæ ſita eſt ante vim cogitandi, neceſſariò hoc ipſum propoſitum non ſinet cogitationem externa apprehendere. Quomodo enim corpus quod incurrit inter viſum & aſpectabile,

nequa-

nequaquam sinit aspectabile à visu apprehendi: ita si inter cogitationem & externum aspectabile situs est visus, cùm sit expers rationis, non sinet visus cogitationem apprehendere externum aspectabile: & oportet inter cogitationem & externum audibile esse qui cognoscat: & in aliis sensibus similiter. Intus ergo inclusa cogitatio & obscurata sensibus, nihil apprehendet externum. Nec ergo dicendum est eam esse id quod iudicat. Restat ergo vt dicamus vtrunque, nempe cogitationem sensu tanquam ministro vtentem, externa apprehendere. quod rursus non potest fieri. Sensus enim non ostendit externa cogitationi, sed suam ostendit affectionem: vt tactus igne fotus non reddit cogitationi externum ignem ardentem, sed quod ab eo efficitur fomentum, hoc est propriam suam affectionem. Imò ne hoc quidem. Nam si mentis agitatio apprehendat affectionem sensus, erit sensus. Nam quod est capax videndi affectionis, mouetur ad videndum. Quod autem mouetur ad videndum, est visus: & quod est capax audiendi affectionis, mouetur ad audiendum. Quod autē mouetur ad audiendum, est auditus. & in aliis sensibus similiter. Quāobrem cogitatio quoque si vniuscuiusque sensus suscipit affectionem, mouetur ad sentiendum. Si autem ad sentiendum mouetur, est sensus. Si sit autem sensus, est expers rationis. Si sit autem expers rationis, eò redibit vt amittat essentiam intelligentiæ. Si non sit autem intelligentia, non accipiat affectionem sensus vt intelligentia. Quòd si etiam acceperit affectionem sensuum, non cognoscet externa. externa enim sunt dissimilia iis quæ sunt in nobis affectionibus: & multum differt phantasia ab eo quod cadit sub phantasiam : vt quod ex igne existit visum, ab igne. nam ignis quidem vrit: phantasia autem non habet vim vrendi. Et alioqui etiam si dederimus externa esse similia iis quę sunt in nobis affectionibus, non omnino quę sunt in nobis affectiones suscipiens cogitatio, comprehendet externa. Nam quæ sunt aliquibus similia, sunt alia ab illis quibus sunt similia. Quāobrem si quæ sunt externis similia cognoscit, non cognoscit externa, sed quæ sunt illis similia. & quomodo qui ignorat Socratem, Socratis autem aspicit imaginem, nescit an Socrates sit similis ei quæ cernitur imagini: ita cogitatio ad affectiones se applicans, cùm externa non viderit, nec ea quidem qualia sint cognoscet, nec quòd ea sint similia affectionibus. Non cognoscens autem ea quæ videntur, nec obscura incertaque cognoscet quæ sunt cognoscēda ex transitu ab eis. Ita nihil erit à quo iudicetur veritas. Sed nonnulli ex Dogmaticis,

Cogitatio sensus ministerio externa nō apprehendit.

Sensus non potest cogitationi suā ostendere affectionem.

ὁρατικῶς.

Cogitatio licet accipiat sensuum affectionem, non cognoscit externa.

Phantasia differt ab eo quod cadit sub phantasiam.

Similia sunt alia ab iis quibus sunt similia.

ticis, eam quæ superius dicta est coniunctionem, adhuc in præsentia iactant, dicentes, non esse separatas differétes has partes animæ, nempe rationis participem, & expertem rationis: sed vt mel totum per totum simul est humidum & dulce, ita etiam animam totam per se totam sibi inter se aduersantes habere facultates, quarum alia quidḗ est particeps rationis, alia verò rationis expers. & moueri quidem rationis participem ab iis quę cadunt sub intelligentiam: rationis autem expertem apprehendere sensilia. Stultum itaque esse dicere, cogitationem aut communiter animam non posse apprehendere alteram harum rerum differentiam. Nam cùm differentem habeat constitutionem, statim etiam vtrunque apprehendet. Sunt autem admodum insipientes: eæ enim facultates etsi maximè videantur in eadḗ consistere essentia, & sibi inter se aduersari, & per totam peruadere animam, nihilo secius inter se differunt quatenus sunt diuersorum generum. & hæc quidem est aliud, illa verò aliud. idque licet discere ex iis quæ videntur esse euidentiora. Multa enim sunt quæ in eadem cernuntur materia, non habent autem eandem naturam. Nam grauitas quidem & color, ambo sunt in eodem corpore, inter se autem differunt. Et rursus figura & magnitudo accidunt quidem eidem essentiæ, habent autem separatam naturam, cùm aliud quidem intelligatur magnitudo, aliud verò figura. ita etiam prius dicta rationis facultas, etiam si sit permista cum ea quæ est expers rationis, potestate tamen rursus ab ea differet. Cui deinceps simul erit consequens, non posse alteram similiter moueri atque alteram, & similiter affici, propter eas causas quæ sunt prius enumeratæ. alioqui oportebit ambas esse vnam, ratiocinantem quidem esse expertem rationis si afficiatur citra rationem: rationis autem expertem esse ratiocinantem, si mota sit ratiocinando. Quòd si etiam posuerimus cogitationem, per sensuum meatus tanquam per aliqua foramina prospicere, & absq; sensibus qui ante eam siti sunt ad res externas se applicare, dubia nihilo minus inuenietur etiam hac ratione positio. Oportebit enim eam sic subiecta apprehendere. Nihil autḗ est euidens, vt ostendemus. Non potest ergo fieri vt apprehendatur verum quod est in subiectis: censetur enim ab aduersariis id esse euidens, quod ex se sumitur, & nullo alio eget ad probationem. Nihil autem habet à natura vt à se sumatur, sed sumuntur omnia ex affectione, quæ quidem est alia ab eo quod cadit sub phantasiā, quod eam efficit. Dulcedine enim affectus melle adhibito, coniicio quòd sit dulce mel extrà situm. & igne admoto calefa-

calefactus, noto ex ea quæ in me exiſtit affectione, quòd ignis extra
poſitus eſt calidus. Et in aliis senſilibus eadem eſt ratio. Quoniā ergo quod ex alio ſumendum eſt, conſtat in omnibus eſſe incertum:
omnia autem ſumuntur ex noſtris affectionibus, cùm ſint ab eis diuerſa, omnia quæ ſunt extrà, ſunt incerta, & ideo nobis ignota. Ad
ea enim cognoſcenda quę ſunt incerta & non euidentia, oportet ad-
eſſe aliquid euidens. Quòd ſi id non adſit, perit etiam illorum com-
prehenſio. Neque enim licet dicere, quòd illa quidem, quod ad hoc
attinet, ſunt incerta & obſcura, à nobis autem cōprehenduntur, pro- *Ex affectio-*
pterea quòd ſit firma ac ſtabilis quæ ex affectionibus fit adnotatio. *nibus non fit*
Non enim ſi dulcedine afficior melle guſtui adhibito, omnino eſt *bilis adnota-*
mel dulce: neque ſi amarore adhibito abſinthio, amarum eſt abſin- *tio.*
thium, tanquam hæ affectiones nobis neceſſariò accidant, & debeāt *Affectiones*
accedere cauſis quæ eas efficiunt. Quomodo enim flagrum quod in *cauſis quæ eas*
carnem incurrit, dolore quidem carnem afficit, non eſt tamen dolor: *efficiunt.*
& quomodo cibus aut potus voluptate afficit eum qui comedit aut
bibit, non eſt autem voluptas: ita etiam ignis poteſt quidem calefacere, non autem neceſſariò eſſe calidus: & mel dulcedine quidem afficere, non autem etiam eſſe dulce. In aliis quoque senſilibus eadem
eſt ratio. Sed quomodo vt cognoſcamus verum, oportet aliquid eſſe
euidens: oſtenſum eſt autem omnia eſſe incerta & obſcura, confiten
dum eſt ignotum eſſe verum. Quomodo autem non etiam de rebus
ſummis diſſenſio apud Philoſophos, aufert notitiā veritatis? Si enim *Diſſenſio phi*
ex Phyſicis alij quidem ſuſtulerunt omnia quæ videntur, vt Demo- *loſophorum au*
critus: alij autem omnia poſuerunt, vt Epicurus & Protagoras: alij *veritatis.*
autem nonnullā quidem ſuſtulerunt, nonnulla verò poſuerunt, vt
Stoici & Peripatetici, omnino autem seu cogitationem, seu senſum,
seu vtrunque ſimul poſuerit quiſpiam id quod iudicat, oportet primum ad ea iudicanda aut aſſumi aliquid quod apparet, aut quod eſt
incertum & obſcurum: ſed vt quod ſit quidem id quod apparet, minimè poteſt fieri. Nam cùm ſit ex ea de qua dubitatur materia, erit
dubitabile, & ideo non erit id quod iudicat. Quod ſi ſit incertum &
obſcurum, res ſunt euerſæ. ſiquidem ex eo quod non cognoſcitur,
confirmatur id quod videtur cognoſci. quod quidem eſt abſurdum.
Sed conceſſa ſit ſubſtātia hominis & senſuum & cogitationis, ad hoc
vt procedat quod volunt Dogmatici. Sed vt etiam per hæc cogno-
ſcatur aliquid, oportet fateri tertium quod iudicat, nempe phantaſiā. *Nec senſus*
Neque enim senſus neque intelligētia poteſt ad aliqua ſe applicare, *nec intelligētia*
ad aliquid ſe
y 2   niſi

applicat , nisi nisi phantasticè seu per visionem alterentur. Hoc autem iudicans est
id phantasticè plenum multa dubitatione, vt licet considerare iis qui ex alto duxe-
alteretur. rint initium orationis. Quoniam enim ex iis qui in rebus diiudican-
dis phantasia vtuntur tanquam regula, alii quidem attenderunt comprehendentem, alii verò probabilem, nos commune vtriusque, nempe phantasiam ipsam, tollamus de medio. Ea enim sublata, tolluntur
etiam phantasiarum quæ sunt in specie differentiæ. & quomodo si
Phantasia ni- non sit animal, nec est homo: ita si non sit phantasia, nec comprehen-
hil est, si ea sit dens aut probabilis consistit phantasia. Si enim impressio in anima
impressio. est phantasia, aut est per eminentiam vel internam depressionem, vt
ἐξοχὴν ἢ εἰσοχὴν.
Cleanthes di- existimat Cleanthes: aut per nudam alterationem, vt opinatus est
cebat phanta- Chrysippus. Et si consistit quidem per eminentiam & internam de-
siam esse in a- pressionem, ea sequentur absurda quæ dicit Chrysippus. Si enim in-
nima impres- star ceræ imprimitur anima, phantasticè seu per visionē patiens, sem-
sionem. per vltima motio obscurat priorem phantasiam, quomodo etiam ty-
Chrysippus di- pus prioris signaculi delet priorē. Sed si ita est, tollitur quidem me-
cebat phanta- moria, quæ tanquam thesaurum recondit visiones. Tollitur autem
siam esse per omnis ars, est enim conuentus & collectio comprehensionum. Plu-
mentis altera- res autem & diuersæ phantasiæ seu visiones fieri non potest vt consi-
tionem. stant in principe animæ facultate, cùm aliter & aliter in ea intelligantur typi. Non est ergo phantasia quæ propriè intelligitur impressio.
Sed quomodo si quæ apparent sunt visio eorum quæ sunt incerta &
non apparentia: cernimus autem corpora eorum quæ apparent, longè crassiora spiritu, quæ nullum typum posse in se conseruare, consentaneum est nec ipsum quidem spiritum posse custodire vnam solam phantasiæ impressionem. Atqui aqua est crassior spiritu: sed si in
eam firmiter immissus fuerit digitus, nunquā visa est custodiens quæ
ex firma illa immissione sit impressionē. Quanquam quid dico aquā,
cùm etiam mollissima cera, cùm iam sit solida ex concretione, ab aliquo quidem simul ac cogitarit imprimitur propter humorem: sed
non continet figuram. Si ergo ipsum corpus, quod si comparetur cū
aqua, est concretum, est admodum impotens in se aliquas conseruare figuras, est euidēs quòd nec spiritus aptam ad hoc habet naturam,
Phantasia ni- cùm sit subtilior & magis fluidus quàm hæc corpora. At, inquient,
hil est, si sit mē- phantasia non est propriè impressio, sed sola mentis alteratio. quod
tu alteratio. rursus est longè peius priore. Nam ex alterationibus alia quidem est
Alterationum ex affectione, alia autem vt subiecti mutatio. Et ex affectione quidē,
alia est ex af- vt si eadem & essentia & forma subiecta statua, vicissim aliquando
fectione, alia
ex subiecti mu- quidem
tatione.

quidem calefcat fole illucente, aliquando autem frigefcat noctu rore decidente. Vt mutatio autem fubiecti, vt fi hęc fufa ftatua fiat globus æneus. Si ergo phantafia eft alteratio animę, aut ex fola affectione eft alteratio, aut ex mutatione fubiecti. Et fi ex affectione quidé: quoniam ex vifionum diuerfitate diuerfa eft affectio, noua affectio mutat veterem:& ita nō detinebitur res aliqua in cogitatione. quod quidem eft abfurdum. Sinautem fubiecti mutatio, fimul atque anima alicuius rei vifum acceperit, alterata definet effe anima, & interibit. quomodo fufa ftatua & ad globum redacta tunc definit effe ftatua. Phantafia ergo nō eft animæ alteratio. ad quod accedit etiam, quòd eos premit de mutatione dubitatio. Nam fi mutatur aliquid & alteratur, aut id quod manet mutatur & alteratur, aut id quod nō manet. Sed nec id quod manet alteratur & mutatur. manet enim in ea in qua erat effentia. Neque id quod non manet. interiit enim & eft mutatum, non autem mutatur: vt fi mutatur album, aut manens album mutatur, aut non manens. Sed neque manens albū mutatur. manet enim album, & quatenus eft album non mutatur. Neque non manens. interiit enim & eft mutatum, non autem mutatur. Non ergo mutatur album. Quamobrem phantafia quóque, fi eft aliqua mutatio & alteratio animæ, non poteft confiftere. Et fi detur alteratio, non ftatim etiam concedetur phantafiam confiftere. Dicebatur enim effe impreffio principis animę facultatis. Nondum autem conftat an fit princeps facultas animæ, & in quo loco fita fit : cùm alii quidem dicant non effe omnino principem animæ facultatem, vt Afclepiades: alii autem effe quidem putent, non confentiant autem de loco qui eam continet. Quamobrem quoniam non poteft diiudicari hæc diffenfio, fuftinenda eft affenfio: quo fit vt non fit concedendum phantafiam effe impreffionem principis animæ facultatis. Cōcedatur autem eam effe impreffionem principis animæ facultatis. Sed quoniā eiufmodi impreffio non aliter enūtiatur principi animæ facultati nifi per fenfum, vt vifum, auditum, aut aliquam aliam eiufmodi facultaté, quæro, cuiufmodi eft in fenfu alteratio, an etiam fit eiufmodi in principe animi facultate, an diuerfa. Et fi eft quidem eadem, quoniam vnufquifque fenfus eft expers rationis, id quoque quod alteratur, carebit ratione, & non differet à fenfu. Sinautem diuerfa, non tale fumetur id quod cadit fub phantafiam, quale ponitur : fed alterum quidem erit fubiectum, differens autem quæ confiftit in principe animę facultate phantafia. quod rurfus eft abfurdum. Non ergo dicendum eft

Mutatio nulla eft.

Afclepiades negabat principem animæ facultatem.

est phantasiam esse hanc impressionem & alteratione principis animæ facultatis. Ad hęc accedit, quòd si phátasia est effectus eius quod cadit sub phantasiam, id quoque quod cadit sub phantasiam, est causa phantasiæ, & habet vim imprimendi sentientem facultatem, & differt effectus à causa quæ ipsum efficit. Vnde quoniam mens ad visa applicatur, visorum accipiet effectus, non autem ea quæ extrinsecus cadunt sub phantasiam. Quod si quispiam dicat eam se applicare ad ea quæ sunt extrinsecus ex iis quæ in ipsis sunt effectionibus & affectionibus, aggrediemur easdem quas prius dubitationes. aut enim ea quæ sunt extrà, eadem sunt quæ nostra visa ac phantasiæ : aut non sunt eadem, sed similia. Quomodo enim potest mente concipi idem esse causam, & sui effectum? Si autem similia: quoniam quod alicui est simile, est diuersum ab illo cui est simile, sciet mens ea quæ sunt similia iis quæ veniunt sub phantasiam: ad quod accedit quòd hoc quoque sit dubium. Quemadmodum enim sciet cogitatio, quòd quę cadunt sub phantasiam, sunt similia phantasiæ? Nam aut hoc ipsum cognoscet absque phantasia, aut aliqua phantasia. Et vt sine phantasia quidem cognoscat, fieri non potest. Nihil enim sua natura potest accipere cogitatio cuius non apprehendat visum seu phantasiam. Sin autem phantasia: omnino hęc phantasia vt cognoscatur an sit similis ei quod cadit sub phantasiam quod illam efficit, debet illam accipere, & subiectum quod cadit sub phantasiam. Sed subiectum quidem quod cadit sub phantasiam, fortasse poterit phantasia apprehendere, cùm sit illius : se ipsam autem quomodo apprehendet ? Et quoniam alterum quidem est quod cadit sub phantasiam, est enim alterum à phantasia, phantasia autem est alterum, est enim effectus, erit idem à seipso alterum, causa simul & effectus. quorum vtrunque est alienu à ratione. His autem motis dubitationibus, tráseuntes etiam ad concessionem quòd sit phantasia eiusmodi qualem eā volunt esse Dogmatici, aliter dubitemus. Si enim accipiēda sit phantasia vt quę iudicandi vim habeat, aut omnem veram dicendum est esse phantasiā, vt dicebat Protagoras: aut omnem falsam, vt dicebat Xeniades Corinthius: aut aliquam quidem veram, aliquam verò falsam, vt Stoici & Academici, & pręterea Peripatetici. Sed nec omnē dicendum esse veram, neque falsam, neque aliquam quidem veram, aliquam verò falsam, vt ostendemus. Non ergo dicendum est phantasiam esse quę iudicet. Atque omnem quidem phantasiam non dixeris esse veram propter conuersionē, vt Democritus & Plato Protagoræ repugnantes

Phantasia neque omnis vera, neque omnis falsa, nec aliqua vera nec fasa.
Omnis phantasia non est vera propter conuersionem.

tes docebant. Si enim omnis phantasia est vera, etiam non omnem phantasiam esse veram, vt quod ex phantasia consistat, erit verum. & ita omnem esse veram phantasiam, erit falsum. Quinetiam absque hac conuersione, est præter ea quæ cernuntur, & præter euidentiam dicere omnem phatasiam esse veram, cùm multæ sint admodum falsæ. Non enim similiter mouemur ad hoc, Dies est in præsentia: & ad illud, Nox est: & ad hoc quòd Socrates viuit, & quòd sit mortuus: neque ea parem afferunt euidentiā. Sed quòd dies quidem nunc sit, & quòd Socrates sit mortuus, videtur esse credibile. Quòd autem sit nox & viuat Socrates, non est æquè credibile, sed videntur esse ex iis quæ non sunt. Eadem quoque oratio ex rerum consequentia & repugnantia est vera & falsa. Ei enim quòd dies est, est apertè consequens quòd sit lux: & ad id quòd tu ambulas, sequitur quòd tu mouearis. Cum eo autem quòd est dies, euidenter pugnat quòd sit nox: & cum eo quòd tu ambulas, pugnat quòd tu non mouearis. & positio vnius est sublatio alterius, si aliquid consequitur, & pugnat omnino alterum cum altero. Si est autem aliquid pugnans cum altero, non omnis phantasia est vera. Quod enim pugnat cum aliquo, pugnat tanquam verum cum falso, aut tanquam falsum cum vero. Et si omnia visa contingit esse vera, nihil est nobis incertum aut obscurū. Nam si cùm aliquid sit verum & falsum, deinde ignoretur quid sit verum & falsum, consistit quod nobis est incertum & non euidens. Et qui dicit, Est mihi incertum, stellas esse pares aut impares, perinde est ac si dicat se nescire vtrum sit verum & vtrū falsum stellas esse pares aut impares. Quamobrem si omnia sunt vera, & omnes phantasiæ sunt veræ, nihil est nobis incertum & non euidens. Si autem nihil est nobis incertum & non euidens, omnia sunt certa & euidentia. Si sunt autem omnia euidentia, nihil licebit quærere, nec de aliquo dubitare. Quæritur enim & dubitatur de re incerta & non aperta, non autem de euidenti. Est autem absurdum tollere inquisitionem & dubitationem. Non est ergo vera omnis phantasia. nec sunt omnia vera. Præterea si omnis phantasia est vera, & omnia sunt vera: neque verum licet dicere, neque non errare, neque vlla est doctrina, nec error, nec ars, nec demonstratio, nec virtus, neque aliquid aliud ex iis quæ sunt. Consideremus autem id quod dicitur. Si enim omnis phantasia est vera, nihil est falsi. Si autem nihil est falsum, neque falsum dicere licebit, neque errare, nec esse expertem artis, neque malum. Vnumquodque enim eorum adhæret falso, & in eo accipit

subftansubstantiam. Si autem nemo sit qui falsum dicat, nec erit aliquis qui verum dicat: & si nemo sit qui erret, nec erit aliquis non errans. Similiter & si non sit expers artis, simul etiam perimitur artifex: & si non sit stultus, sapiens. ea enim intelliguntur ex comparatione. Et quomodo si non sit aliquod dextrum, nec est sinistrum: & si non sit quod est infrà, non est quod est supra: ita si non sit alterum ex iis quæ aduersantur, nec consistit reliquum. Peribit autem etiam demonstratio & signum. Nam hæc quidem est demonstratio quòd sit verum, non autem falsum. Nam si nihil sit falsum, non opus erit eo quod sit docturum quòd non sit falsum. Signum autem & indicium profitetur se vim habere aperiendi eius quod est incertum & non obscurú. Si sunt autē omnia vera & per se aperta, non opus habemus eo quod indicet id quod non cognoscitur, sitne verum an falsum. Quanquam quid ea persequimur, cùm neque animal, neque mundus communiter ponetur, si concessum fuerit omnes phantasias seu visa esse falsa. Nam si omnia sunt vera, omnia erunt nobis euidentia. Et si hoc ita sit, erit etiam hoc rectum & verum, omnia nobis esse incerta & non euidentia, cùm sit vnum ex omnibus. Cùm sit autem verum quòd omnia sunt incerta & non euidentia, neque animal, neque plantam admittemus nobis videri. quod quidem est absurdum. Propter hæc ergo omnia dicēdum est, non omnia visa esse vera & credibilia, sed nec omnia falsa propter causas quæ proportionem habent & conuenientiam. Nam omnia esse falsa habet eandem vim quam omnia esse vera. Quamobrem poterunt etiam omnia quæ à nobis prius dicta sunt, ad eandem transferri conditionem. Nam si omnia visa sunt falsa, nullum etiam erit verum. & ita reducetur ad contrarium sui propositi Xeniades, dicens omnia visa esse falsa, & nihil omnino esse veri in rebus. Quomodo enim fieri non potest, vt qui in parte dicit esse aliquid veri, non etiam verum definiat: vt quando dicimus primum esse falsum, de primo quidem dicimus ipsum esse falsum: falsum autē primum ponimus. Quamobrem enuntiare, aliquid est verum, tātum potest ac si dicas primum esse falsum. Igitur simul atque dicimus aliquid falsum, necessariò definimus etiam esse verum. Licet autem hic rectè quoque docere, quòd visorum euidentes ferè sunt differentiæ, quòd aliæ quidem nostram attrahunt assensionem, aliæ verò repellunt. & nec omnia communiter attrahunt, nec omnia simul repellunt. Nam si nulla esset differentia, sed omnia ex æquo essent incredibilia aut credibilia, neque esset ars, neque inertia: non laus, non reprehen-

Signum et indicium quidnā profitentur.

Si omnis phātasia est vera, nō est animal, neq; mundus.

Xeniades dicebat omnia visa esse falsa.

Visorum sunt differentiæ.

prehensio, non deceptio. Nam ars quidem intelligitur & approbatio, & non posse decipi, in veris visis. Deceptio autem & reprehensio in falsis. Neque ergo dicendum est omnia esse vera & credibilia: neque omnia falsa & incredibilia. Restat ergo vt alia quidem censeant esse credibilia, alia verò incredibilia. quod quidem dicebant Stoici & Academici. Stoici quidem admittentes visa comprehendentia: Academici autem ea quæ videntur probabilia. Hoc autem nobis accuratè & exactè considerantibus, magis optandum videtur esse quàm verum. est enim comprehendens phantasia, vt ab ea incipiamus, quæ ab eo quod est, & congruenter ei quod est, est insculpta & impressa, cuiusmodi non potest esse ex eo quod non est. Ex his alia quidem se Stoicis esse concessurum dicit Carneades. Illud autē, Cuiusmodi esse non potest ex eo quod non est, minimè posse concedi. existunt enim visa etiam ex iis quæ non sunt, tāquam ex iis quæ sunt. Quòd nullum sit autem discrimē, signum est, quòd eæ ex æquo inueniantur euidentes ac pellentes. Quòd sint autem ex æquo pellentes & euidentes, signum est, quòd adiungantur consequentes actiones. Quomodo enim in iis qui vigilant, is quidem qui sitit, potū hauriens voluptate afficitur: qui autem feram, aut aliquid aliud horribile fugit, clamat & vociferatur: ita etiam in somnis diffunduntur sitientes, & è fonte sibi videntur bibere. Conuenit quoque timor iis qui terrentur.

Nanque exiliit stupefactus Achilles,
Complositque manus, verbum & miserabile dixit.

Et quomodo cùm sumus sanæ mentis, iis quæ videntur credimus & assentimur: vt cum Dione quidem tanquam cum Dione congredimur, & cum Theone tanquam cum Theone: ita etiam nōnullis vsuuenit in furore. Hercules quidem certè furore percitus, cùm suorum filiorum, tanquam filiorum Eurysthei visum apprehendisset, huic viso consequentem coniunxit actionem. consequens autem erat vt inimici filios interimeret, quod etiam fecit. Si sunt ergo quædam comprehendentes phantasiæ, quatenus nos adducunt ad consensum, & ad eis consequentem coniungendum actionem: quoniam falsę quoque apparent eiusmodi, dicemus phantasias quę comprehendere nō possunt, non differre ab iis quæ comprehendunt. Præterea quomodo Heros visum apprehendit ex arcu, ita etiam ex suis filiis quòd essent filij Eurysthei. vnum enim & idē visum, & similiter affecto obiiciebatur. Sed quod ex arcu quidem apprehendebatur, erat verum:

Visorum alia credibilia, alia incredibilia cē sent Stoici & Academici.

Phantasia cō prehendens quænam sit.

In phantasiæ comprehendentis definitione quidnam reprehēdat Carneades.

Homerus.

Visa furentiū et somniantiū eadē quæ eorū qui sunt sanæ mentis, & vigilantium.

quod

quod autem ex filiis, falsum. Cùm ergo vtraque ex æquo inclinent, fatendum est alterum ab altero non diffidere. & si phantasia quæ ex arcu apprehenditur, dicitur comprehendens, quoniam eius arcui adiuncta est actio consequens, vt qui arcu sit vsus: dicatur etiam quæ ex filiis comprehensa est phantasia, ab ea non differre, quoniam ei quoque adiunctum est opus consequens, nempe oportere inimici filios interimere. Atque quòd visorum quidem comprehendentium, & visorum quæ non comprehenduntur nullum sit discrimen, ex euidenti & intensa ostenditur proprietate: nihilominus autem ostenditur Academicis etiam ea quæ est ex forma & figura. Vocant autem vt Stoici τὰ ἐπιφαινόμενα, id est quæ in superficie apparent. Quoniam enim eorum quidem quæ sunt in forma similia, in subiecto autem differunt, fieri non potest vt comprehendens distinguatur phantasia à falsa & quæ comprehendi non potest: vt si duo sint oua summè inter se similia, de ea Stoico inter se vicissim discernenda, si sapiés coniiciens poterit dicere citra errorem, vtrum sit vnum ouum quod ostenditur, an aliud & aliud. Eadem ratio est etiam in geminis. falsum enim visum apprehendet vir bonus, & tanquam ab eo quod est, & conuenienter ei quod est, qui insculptum & impressum habet visum, si ex Castore tanquam ex Polluce visum fuerit apprehensum. Hinc certè consistit etiam quæ tecta est oratio. Si enim cùm prospexerit Draco, volumus subiectum attendere, in maiorem incidemus dubitationem: nec poterimus dicere vtrum sit idem Draco qui prius prospexit, an alius, cùm in antro multi dispersi sint Dracones. Non habet ergo comprehendens phantasia vllam proprietatem, qua differat à falsis visis & quæ non possunt comprehendi. Præterea si quid aliud aliud comprehendit, comprehendit etiam visus. Is verò non aliquid comprehendit, vt ostendemus. Non est ergo aliquid quod aliquid comprehendat. Nam visus videtur quidem apprehendere colores & magnitudines & figuras & motus. nihil autem eorum apprehendit: vt statim nobis apparebit si inceperimus à coloribus. Si ergo visus vllum comprehendit colorem, aiunt Academici, etiam colorem hominis comprehendet. Is autem non comprehenditur. Nec vllus ergo alius comprehendetur color. Quòd autem non comprehendatur, est perspicuum. mutatur enim temporibus, operationibus, naturis, circunstantiis, morbis, sanitate, somno, vigilia: adeò vt quòd sic varietur quidé sciamus, quídnam autem sit re vera, ignoremus. Ea autem ratione si is non possit comprehendi, nec vllus alius erit cognitus. Porrò autem
in fi-

ADVERSVS MATHEMATICOS.

in figura quoque inueniemus id genus dubitationem. ipsa enim le- *visus nõ com-*
nis & aspera subiicitur, vt in picturis: rotunda autem & quadrata, vt in *prehendit figu-*
turribus: rectaque & fracta, vt in remo qui ex alia in aliam mutatur. *ram.*
Et in motu id quod mouetur & quod quiescit, vt in iis qui sedent in *visus nõ com*
naui, aut stant in littore. Sed quoniam comprehendenti phantasiæ *prehendit mo-*
adaptatur phantasia quæ non potest comprehendi, non est compre- *tum.*
hendens phantasia id quo iudicatur veritas. Quomodo enim quod
obliquo adaptatur, eo non iudicatur rectum: ita si falsis phantasiis & *A comprehen-*
quæ non possunt comprehendi, adaptatur comprehendens phanta- *dente phanta-*
sia, vt ostendemus. A comprehendente ergo phantasia non iudican- *sia non cõpre-*
tur vera & falsa. In sorite enim vltimæ comprehendentis phantasiæ *henditur vera*
sitæ iuxta primam quæ non potest comprehendi, & quæ est ad distin *& falsa.*
guendum difficilis, dicit Chrysippus, quod in quibus quidem visis
est adeò parua differentia, se sustinebit sapiens & quiescet: in quibus
autem plura occurrunt, in his alteri assentietur vt vero. Si ergo nos
ostenderimus multa falsa & quæ comprehendi non possunt esse sita *Visa multa fal*
iuxta visum comprehendens, perspicuum est nos esse probaturos, *sa, & quæ non*
comprehendenti phantasiæ non esse assentiendum: ne si ei consense- *possunt cõpre-*
rimus, incidamus propter propinquitatē in assensionem eorum quæ *hendi.*
sunt falsa & comprehendi nequeunt: & quòd in visis videatur maxima occurrere differentia. Quod autem dicimus, exemplo erit clarius. Ponatur enim comprehendens quidem phantasia, Quinquaginta sunt pauca, quæ videntur etiam multū separata ab hac altera, Mille
sunt pauca. Quoniam ergo multum distat, Mille sunt pauca, quę non
possunt comprehendi, à Quinquaginta sunt pauca, quæ est compre- *Quinquagin-*
hendens, non assentietur sapiens, quandoquidem est multùm sepa- *ta pauca.*
rata à, Quinquaginta sunt pauca, quæ est posita extremè comprehen *Mille pauca.*
dens. Manifestum est vtique quòd assentietur illi, Mille sunt pauca.
nihil enim intercedit inter hanc, & illam, Quinquaginta sunt pauca,
quæ est prima quæ non potest comprehendi. Assentietur ergo studiosus phātasiæ quæ non potest comprehendi, nempe Quinquaginta sunt pauca. Et si huic assentietur quæ nullam habet differētiam ab
illa Quinquaginta sunt pauca, assentietur & illi quæ comprehendi
non potest, Mille sunt pauca. Omnis enim phantasia quæ non potest
comprehendi, est par phātasiæ quæ comprehendi non potest. Quoniam ergo illa quidem Mille sunt pauca, quæ non potest comprehen
di, est par huic, Quinquaginta sunt pauca: in nullo autem differt & est
separata ab illa, Quinquaginta sunt pauca quæ est comprehendens,

Z 2   par

par erit illi phantasiæ quæ comprehendi non potest Mille sunt pauca, hæc quinquaginta sunt pauca, quæ est comprehẽdens. & ita simul egreditur cum falsa & quæ comprehendi non potest phantasia, propterea quòd nullum est earum discrimen, ea quæ cõprehendit. Neq; enim licet dicere, non omnem quæ comprehendi non potest phantasiam, esse parem omni phantasiæ quæ non potest comprehẽdi: sed aliam quidem magis posse comprehẽdi, aliam verò minus. Nam primùm quidem secum & cum natura rerum pugnabunt Stoici. Quomodo enim homo, quatenus homo, non differt ab homine, neque lapis à lapide: ita nec phantasia quæ non potest comprehendi, differt à phantasia quæ non potest comprehendi, quatenus est eiusmodi vt non possit comprehendi: neque falsa à falsa, quatenus est falsa. Hinc motus Zeno docebat peccata esse æqualia. Deinde esto aliam quidem magis posse comprehendi, aliam verò minus: quid hoc eis potest opem ferre? Sequetur enim vt ei quæ est magis incomprehensibilis, non assentiatur sapiens: ei autem quæ minus, assentiatur. quod quidem est absurdum. ex eorum enim sententia iudicium minimè aberrans habet sapiens, & est in omnibus diuinus, propterea quòd non opinetur, hoc est, falso assentiatur. in quo sita est summa infelicitas & lapsus stultorum. Vt ex eorum quidem sententia sit phantasia vi sentiendi, vtpote vi videndi prædita, oportet omnia concurrere, instrumentum, & sensile, & locum, & quomodo, & cogitationem. Nam si cùm alia adsint vnum solum desit, vt cogitatio quæ se habet præter naturam, non erit, inquiunt, salua apprehensio. Hinc etiam comprehendentem phantasiã dicebant aliqui, non communiter esse id quod vim habet iudicandi, sed solùm quando fuerit in recto statu. hoc autem est ex iis quæ non possunt fieri. Nã præter meatuum differentias, & præter circunstantias eius quod est extrinsecus, & preter alios plures modos, neque eædem, neque similiter & eodem modo res nobis repræsentant similitudinem, vt superius collegimus. Quãobrem videtur quidem hoc posse dici, an sit hic sensus, & hęc circunstantia: illud verò an re vera tale sit quale videtur, aut diuersum quidem sit, diuersum verò videatur, non posse nos asserere: & propterea nullam esse phantasiam absq; recto statu. Quomodo autem non incidũt etiam in eum modum qui dicitur alter per alterum? Nobis enim quærentibus quæ sit comprehendens phantasia, dicunt, Quæ est insculpta & impressa ex eo quod est, conuenienter ei quod est, cuiusmodi non est ex eo quod non est. Deinde quoniam rursus quidquid docetur

Phantasia cõprehendens nõ est magis comprehendens quã alia.

Peccata esse æqualia vndenam motus dicebat Zeno.

Sapiens non opinatur.

Vt phãtasia sit vi sentiendi prædita, quæ nã concurrant, ex Stoicorum sententia.

Comprehendens phãtasia quæ nã habeat vim iudicãdi.

προσώματος.
Comprehendentem phantasiã definientes Stoici, incidunt in eũ modum qui dicitur alter per alterum.

docetur ex definitione, docetur ex iis quæ cognoscuntur, dicunt reciprocè, Id est, quod mouet comprehendentem phantasiam. Quamobrem vt discamus quidem comprehendentem phantasiam, debemus id quod est assumere: vt hoc autem discamus, ad comprehendentem ingredi phantasiam: & sic neutrum est manifestum, expectans vt alterum probetur ex altero. & quomodo in iis quæ cadunt sub phantasiam, alia quidem apparent & sunt, alia autem apparent quidé, non sunt autem, opus habemus aliquo vim habente iudicandi quod sit ostensurum quęnam sint quæ simul appareant & sint: ita quoniam ex phantasiis aliæ quidem sunt comprehendentes, aliæ verò non, opus habemus aliquo habente potestatem iudicandi quod sit docturum quænam eæ sunt, & quænam sunt incomprehensibiles & falsæ. Hoc ergo quod vim habet iudicandi, aut fiet comprehendens phantasia, aut non comprehendens. Et si quidem non comprehendens, sequetur non comprehendentem phantasiam, vim habere omnia, vt semel dicam, iudicandi. cuius est munus examinare etiam comprehendentem. quod nolent. Si autem comprehendens, primum quidem est stultum. Nam hanc ipsam volebamus examinare vtrum sit comprehendens. Secundò autem si ad dignoscendas comprehendentes & quæ comprehendi non possunt phantasias, iudicem assumimus comprehendentem phantasiam, oportebit etiam quòd eas re vera iudicans sit comprehendens phantasia, examinari per comprehédentem phantasiam: & illam rursus per aliam, & hoc vsque in infinitum. Sed fortasse dicet quispiam comprehendentem phantasiam vim habere iudicandi eius quod cadit sub phantasiam, quoniam est subiectum: & sui ipsius, quoniam est comprehendens. quod quidem nihil refert an dicas per reciprocationem, quòd id quod cadit sub phantasiam, sit quod & ipsum seipsum probat & phantasiam. Quomodo enim cùm quæ apparent sint in dissidio, quæritur quánam re iudicemus id quod est & non est: ita visis non conuenientibus, consideramus quánam re iudicabimus comprehendentem phantasiam, & eã quæ non est eiusmodi. Quamobrem cùm sint res similes, si seipsam iudicandi vim habet phantasia, quamuis sit discrepans ac dissentiens, erit etiã id quod cadit sub phantasiam credibile, etiam si maximè diffideat. quod quidem est absurdum. Aut si hoc, quatenus diffidet, opus habet eo quod sit ipsam iudicaturum, opus habebit etiã phantasia eo quod sit ipsam probaturum & ostensurum, an sit re vera comprehendens. alioqui si, vt est eorum sententia, quælibet stultí existimatio est ignoratio, &

Comprehendens phantasia habétne vim iudicandi eius quod cadit sub phantasiam, et sui ipsius.

solus

solus sapiens verum dicit, & habet firmã ac stabilem veri scientiam, sequitur vt cùm huc vsque inueniri non potuerit sapiens, necessariò verum quoque non possit inueniri, & propterea sint omnia incomprehensibilia: quandoquidem stulti omnes non habemus firmam ac stabilem rerum comprehensionem. Hoc autem cùm ita se habeat, restat vt quæ dicuntur à Stoicis aduersus Scepticos, vicissim etiam à Scepticis aduersus illos dicantur. Nam quoniam ex illorum sententia in stultorum numerum referuntur Zeno & Cleanthes & Chrysippus, & cæteri ex sectis: quilibet autem stultus tenetur ab ignoratione, omninò ignorabat Zeno an in mundo contineretur, an ipse mundum contineret: neque vtrum esset vir, an foemina. Neque sciebat Cleanthes essétne homo an fera aliqua Typhone magis varia ac magis multiplex. Præterea aut nouerat Chrysippus hoc dogma, cùm esset Stoicus, illud inquam, Stultus ignorat omnia: aut ne hoc quidé sciebat falsum esse, Stultum ignorare omnia. Si autem ne hoc quidé ipsum sciebat quòd omnia ignorat, quomodo de multis dogma constituit, ponens vnum esse mundum, & eum administrari prouidétia, & per totum mutabilem esse eius essentiã, & alia plurima? Licet autem si velit quispiam, contrà interrogando vt mos est, ipsis quoque Scepticis alias afferre dubitationes. Sed ostensa forma argumentandi, nõ est necesse prolixa vti oratione. Aduersus eos autem qui probabiles admittunt phantasias, breuis est oratio. Hæc enim quæ vim habent iudicandi, duorum alterum, aut ad vitam traducendam existimata sunt ab eis conducibilia, aut ad inueniendam in rebus veritaté. Et si primum quidem dicat, absurdum erit quod ab eis dicetur. Nullum enim ex his visis potest seorsum conferre ad vitam traducédam: sed vnicuique opus est etiam obseruatione, per quam alia quidem phantasia propter hoc est probabilis, alia verò discurrés & non abstracta. Statim autem labentur in veri inuentione. Neque enim probabile est solum id quod habet vim veri iudicandi. Oportet enim vt hoc inueniatur, multo prius ipsum esse discurrétem, propterea quòd nos omnino dum discurrimus vnumquodque eorũ, quæ in eius modo considerantur, non venimus in suspicionem, nunquid sit aliquid prætermissum eorum quæ debent ritè examinari: vtpote quòd veritatis dicta sit cognitio, cùm in mentis cogitatione euenit abstractio. In summa autem nunquid suis propriis vincuntur argumentis. Quomodo enim dicebant comprehendentem reprehendentes phantasiam, eam non esse quod habet vim iudicandæ veritatis, propterea quòd

quòd iuxta eam sitæ sint aliæ falsæ quæ minimè differunt: ita est satis
verisimile, dum probabilem contemplamur phantasiam, iuxta res
quas discurrimus,aliquas alias falsas esse positas:vt exempli causa,vi-
deri quidem nobis esse integros animo & corpore,non autem ita ha
bere:aut ex symmetria quidem cum moderato spatio videri aspicere
quod cadit sub phãtasiam, rem autem aliter se habere. Vt summatim
autem dicam,si neque omnes phantasiæ sunt credibiles,neq; omnes
incredibiles: neque aliquæ quidem credibiles, aliquæ verò incredibiles, non est phantasia vi prædita iudicandæ veritatis. Cui est consequens vt nihil sit quod iudicet:propterea quòd neque id à quo, neque id per quod,neque id cui congruenter fiat, firmam ac stabilē habeat cognitionem. Sed solent contra hæc obiicientes Dogmatici
quærere, quemadmodum pronunciat Scepticus nihil esse quod iudicet. Aut enim hoc dicit absque iudicio, aut cum eo quod iudicat. Et
si quidem absque iudicio,non erit fide dignus. Sin autē cum eo quod *De iudicato-*
iudicat,in eum retorquebitur. & dicens nihil esse quod iudicet, fate- *rio quid Empi-*
bitur se assumere id quod iudicat ad hoc probādum. Et rursus nobis *ricus obiiciant*
rogantibus, Si sit quod iudicet,aut iudicatum est, aut non est iudica- *Dogmatici.*
tum: & duorum alterum colligentibus, aut prolapsionē in infinitum,
aut absurdè eos dicere esse quod iudicet, illi obiectioni respondentes dicunt,non esse absurdum relinquere aliquid quod ex se iudicet.
Rectum enim & se probat & alia. Et ratio seu proportio & aliorum
æqualitatem ponderat & suam. Et lux non solùm alia, sed se quoque
cernitur aperire. Quamobrem potest id quod iudicat, & se & alia iudicare. Atque ad primum quidem dicendum est, quòd mos est Sce- *Scepticorum*
pticorum, ea quæ creduntur non defendere, contentos autem esse *mos ea quæ*
communi anticipatione seu præsumptione tanquam sufficienti pro- *creduntur non*
batione:ea autem quæ incredibilia videntur defendere, & ad fidem *defendere.*
faciendam eorum quæ digna sunt vt admittantur, pares vires vnumquenque adducere. Ita ergo etiam in præsentia non perimentes id
quod iudicat,contra ipsum tractamus hæc quæ dicimus,sed volentes
ostendere quòd non sit omnino credibile esse id quod iudicat, cùm
etiam dentur argumenta in contrarium. Deinde etiam si re vera videamur perimere id quod iudicat,possumus ad hoc vti, non tāquam
eo quod habet vim iudicandi, ea quæ est ad manum phantasia, per
quam probabiles quæ nobis occurrunt, rationes afferentes ad hoc
quòd nihil sit quod habeat vim iudicandi,exponimus quidē,sed hoc
non facimus cum assensione : propterea quòd quæ eis opponuntur
ratio-

An sui iudi-
candi aliquid
habeat facul-
tatem.

rationes æquè sint probabiles. At potest, inquiūt, aliquid habere vim sui iudicandi, vt est in regula & trutina. quod quidem est puerile. est enim aliquid transcendens, quod habet potestatem iudicandi vnumquodque eorum, vt sensus & intelligentia. & ideo ad ea probanda accedimus. Eius autem de quo nunc quæritur, nihil esse volunt superius quod vim habeat iudicandi. Non est ergo credibile, nec fide dignum, cùm qui de ipso dicit, non possit de eo adtestari quòd sit verum. Atque hactenus quidem de eo quod iudicat. Cùm autem commentarius in satis magnam creuerit longitudinem, tentabimus alio sumpto principio, de ipso quoque vero præcisè dubitare.

De Vero.   De Signo.   De Incertis & non euidentibus.
De Demonstratione.   Ex qua materia sit Demonstratio.
Quid sit Demonstratio.

QVAE dubitando quidem dici solent apud Scepticos, ad id tollendum quod habet vim iudicandæ veritatis, persecuti sumus in perfecto à nobis commentario. Cùm simul autem cum eis tradiderimus ab alto petitam ex Physicis historiam vsque ad recetiores, postremo polliciti sumus visuros nos esse de ipso vero. Implentes itaque nunc promissum, in primis consideremus. Atque si nihil quidem sit quod apertè vim habeat iudicandi, quod simul etiam necessariò incertum & non euidens sit verum, iam est omnibus perspicuum. Similiter autem licet docere & ex eo quod cadit sub mēsuram, quòd si nihil euidenter dicimus quod vim habeat iudicandi, ipsa de vero dubitatio sufficiat ad sustinendam nostram assensionem. & quomodo si in natura rerum nihil sit rectum & obliquū, nec est regula quæ ea probet & examinet: & si nullum sit corpus graue & leue, simul etiam tollitur probatio trutinæ: ita si nihil sit verum, perit etiam id quod iudicat veritatem. Quòd autem nihil sit verum aut falsum, quod attinet ad ea quæ dicuntur à Dogmaticis, didicerimus, si prius examinauerimus

De vero Phi-
losophorum
dissensiones.

eam quæ fuit apud eos de ea re dissensionem. Ex iis enim qui verum considerarunt, alii quidem dicunt nihil esse verum, alii autem esse. Et ex iis qui dixerunt esse, alii quidem dixerunt sola esse vera ea quæ cadunt sub intelligentiam: alii autem sola sensilia: alii autem communiter sensilia & quæ cadunt sub intelligentiam. Atque Xeniades quidem Corinthius, vt superius ostendimus, dicit nihil esse verum. Fortasse autem etiam Monimus Cynicus, qui dixit omnia esse τύφωνα, quod quidem est, opinio eorum quæ non sunt, vt quæ sunt. Plato autem

Xeniades Co-
rinthius dixit
nihil esse verū.
Typhona quid
vocet Moni-
mus Cynicus.

rem & Democritus ea sola existimarunt esse vera quę cadunt sub in- *Intelligibilia*
telligentiam. Sed Democritus quidem, propterea quòd nihil subii- *sola esse vera,*
ciatur natura sensile, cùm quæ omnia congregant & cogunt atomi, *dicunt Democritus & Pla-*
habeant naturam vacuam omni sensili qualitate. Plato autem, pro- *to.*
pterea quòd semper quidem gignatur sensilia, nunquam autem sint, *Sensile nihil*
instar fluuii fluente essentia. adeò vt res eadem ne duo quidem mini- *est natura, vt*
ma tempora sustineat, neque bis indicari admittat, vt dicebat etiam *vult Democritus.*
Asclepiades, propter velocitatem fluxus. AEnesidemus autē & He- *Sēsilia semper*
raclitus & Epicurus, cōmuniter delati ad ea quæ sunt sensilia, in spé- *gignuntur, vt vult Plato, nū-*
cie dissident. AEnesidemus enim dicit esse aliquam eorum quæ ap- *quam sunt.*
parent differentiam. & dicit ex iis quæ communiter apparent, alia *Vera esse quę*
quidem apparere communiter, alia verò priuatim alicui: ex quibus, *cōmuniter apparēt omnibus:*
vera quidem esse quę communiter apparent omnibus: falsa autē quę *falsa autē contra, vt vult*
non sunt huiusmodi. Vnde etiam verum dictum esse Græcè ἀληθές, *Aenesidemus.*
quasi μὴλῆθορ, hoc est, non latens communem sententiam. Epicurus *Verum cur*
autem omnia sensilia dicebat vera & esse. Non referre enim dicásne *Græcè dicatur ἀληθές.*
aliquid esse verum, an esse. Hinc etiam describens verum & falsum, *Sensilia omnia esse vera*
Est, inquit, verum, quod ita se habet, vt se habere dicitur. Et falsum *volebat Epicurus.*
est, inquit, quod ita se habet vt dicitur se habere. & sensum apprehē-
dentem ea quæ sub ipsum cadunt, & neque aufert aliquid neque ad- *Verū & falsum quid dicat*
dit, neque transfert & transponit propterea quòd sit expers rationis, *Epicurus.*
perpetuò esse verum, & ita rem apprehendere vt se habet eius natu- *Sensus est semper verus, vt*
ra. Ab omnibus autem sensilibus quæ sunt vera, differre opinabilia. *vult Epicurus.*
& ex iis alia quidem esse vera, alia verò falsa, sicut prius ostendimus.
Stoici autem dicunt quidē ex sensilibus, & ex iis quæ cadunt sub in- *Sensilia nō directō vera, sed*
telligentiam, aliqua esse vera. non directò autem sensilia, sed per re- *per relationē*
lationem quæ fit ad ea quæ iuxta sita sunt cadentia sub intelligentiā. *ad intelligibilia, secundum*
Verum enim est ex eorum sententia, id quod est & alicui aduersatur: *Stoicos.*
& falsum, quod non est, & non aduersatur alicui. quod quidem cùm *Verum quid*
sit pronuntiatum incorporeum, cadere sub intelligentiam. Atque de *sit, & quid falsum secundum*
vero quidem prima est huiusmodi dissensio. Fuit autem etiam quod- *Stoicos.*
dam aliud apud eos dissidium, per quod alii quidem constituerunt *Coniugata*
verum & falsum in iis quæ significantur: alii autem in voce: alii autē *tria, quod significatur,*
in motu cogitationis. Atque primæ quidem sententiæ auctores fue- *quod significat, & contingens.*
runt Stoici, qui dicebant tria esse inter se coniugata, id quod signifi-
cat, & id quod significat, & contingens. Ex quibus, id quod significat
cat quidem, esse vocem: vt Dion. Quod significatur autem, esse *Quod significat quod sit.*
rem ipsam quæ ab ipsa declaratur, & quam nos quidem apprehendi- *Quod significatur quid sit.*
mus,

A

mus, adsistit autem in nostra cogitatione: Barbari autem non intelligunt, etiam si vocem audiant. Contingens autem, subiectum quod est extrà, vt est ipse Dion. Ex his autem, duo quidem esse corporea, nempe rem quæ significatur, & rem quæ dicitur, quæ quidem est vera aut falsa. eaque non communiter vniuersa, sed alia quidem manca ac mutila, alia verò per se perfecta. & eius quæ est per se perfecta id quod vocatur pronunciatum. quod quidē describentes, dicunt: Pronunciatum est quod est verum aut falsum. Epicurus autem & Strato Physicus duo solùm relinquentes, nempe quod significat & contingens, vidētur secundam sequi sectam, & in voce verum & falsum relinquere. Nam postrema quidem opinio, dico autem eam quæ verū ponit in motu cogitationis, errare videtur more scholæ. Quamobrē huius quoque loci historia in capitibus tradita, procedamus ad singulares dubitationes. Ex quibus aliæ quidem communius tractabuntur aduersus omnes sectas expositas: priuatim autē aduersus vnamquanque. Ordine autem dicamus primum de communibus. Qui ergo verum esse dicit, si nuda dictione & affirmatione enunciat, audiet contrarium quòd nihil sit verum. Sin autem demonstrat aliquid esse verum, aut hoc demonstrat vera demonstratione, aut non vera. Sed non vera quidem non dixerint. id est enim incredibile. Sin autem vera, vndénam est quòd verum sit id quod demōstrat aliquid esse verum? Si quidem ex eo ipso, licebit etiam ex eo ipso ipsum dicere non esse verum. Sin autē ex demonstratione, quæretur rursus, quomodo scietur quòd hoc quoque sit verum. & hoc sic in infinitum. Quoniam ergo vt discamus quòd aliquid sit verum, oportet prius sumi infinita, fieri non potest, vt firmiter & certò cognoscatur quòd aliquid sit verum. Præterea si est aliquid verum, aut est apparens, aut incertum & non euidens, aut in aliquo quidem apparens, in aliquo verò non apparens. Sed neque est apparens, vt probabimus: nec incertum & nō euidens, vt ostendemus: nec in aliquo quidem apparēs, in aliquo verò incertum & non apparēs, vt dicemus. Non est ergo verum. Si est enim apparens, aut quidquid apparet est verum: aut aliquid apparens est verum. Sed quidquid quidem apparet non est verum. Neq; enim quod in somnis, neque quod in furore incurrit, est verum: quoniam oportebit, vt cùm de iis quæ apparent magna sit concertatio, fateantur simul esse quæ repugnant, & ex æquo esse vera. quòd quidem est absurdum. Non ergo quidquid apparet est verum. Sin autem sit aliquid quidem verum apparens, aliquid autem falsum, debemus habere quod re quod vim habeat iudicandi ad discernendum, quídnam sit verum apparens, & quid incertum & non euidens. Hoc ergo quod vim habet iudicandi, aut apparet omnibus, aut est incertum & non euidens. Et si est quidem apparés, quoniam non quidquid apparet est verum, oportebit hoc quoque quod apparet, ex alio quod apparet probari: & illud ex differenti: & sic cadere in infinitum. Sin autē est incertum & non euidens, non erunt ea sola quæ apparent, vera, sed etiam quæ sunt incerta & non euidentia. Si enim quod assumitur ad fidem eius quod apparet, incertum & non euidens sumimus, aliquid incertum & ineuidens debet esse verum. Neque enim falso iudicatur verum. Si quid autem incertum & non euidens est verum, nō solum id quod apparet est verum, vt positum est ab initio. Deinde vndénam existit quòd hoc quoque incertum & non euidens est verum? Nam si quidē ex eo ipso, erunt etiam res omnes incertæ & non euidentes, ex hoc ipso veræ. Sin autem tanquam demonstrato, omnino aut ex incerto ac non euidenti, aut ex eo quod apparet demonstrato erit verum. Et si quidem ex eo quod est incertum & non euidens, illud rursus oportebit esse iudicatum ex aliquo alio: & tertium ex quarto: & sic in infinitum. Sin autem ex eo quod apparet, incidemus in eum modum quo inter se probatur alterum ab altero. vt qui id quidem quod apparet probemus ex eo quod est incertum & non euidens : id autem quod est incertū & non euidens, reciprocè confirmemus ex eo quod apparet. Sed si neque quidquid apparet est verū, neque aliquid quod apparet, nihil quod apparet est verum. Sed neque id quod est incertum & non euidens. Rursus enim si incertum & non euidens est verum, aut quidquid est incertum & non euidens est verum, aut non quidquid est eiusmodi. Sed neque quidquid est incertum & non euidens est verum: neque aliquid incertum & non euidens, vt ostendemus. Nec ergo id quod est incertum & non euidens est verum. Primùm quidem oporteret non disidere inter se Dogmaticos: vtpote alios quidem esse qui vnum dicunt esse elementum, alios verò duo, & alios quidem numerabilia, alios verò infinita & innumerabilia. Neque inter se suas falsi accusare sententias. Et si quidquid est incertum & non euidés, est verum, vera erunt quę inter se pugnant: vtpote stellas esse pares & impares. ex æquo enim sunt incerta & nō euidentia: & omnia incérta & non euidentia erunt vera. Quæ autem inter se pugnant, non possunt esse vera. Non ergo omnia quæ sunt incerta & non euidentia, sunt vera. Iam verò neq; vlla ex iis quæ sunt

A 2   incerta

incerta & non euidentia sunt vera. Nam hoc quidē incertum & non euidens esse verum, hoc autem falsum, aut ex eo ipso dicitur, & absq; eo quod possit iudicare, aut cum eo quod possit. Et si ex eo tantùm dicitur quod est in promptu, nihil poterimus dicere aduersus eū qui contrarium verum esse pronunciat. Sin autem cum eo quod vim habet iudicandi, id omnino aut est apparens, aut incertum & minimè euidens. Et si quidem est apparens, falsum erit id quod positum est ab initio, solum esse verū id quod est incertum & nō euidens. Deinde id quoque quo iudicamus id quod apparet, vnde existit quòd sit verum? Si quidem ex eo ipso: etiam quòd non sit verum, vt quod ex eo ipso dicatur, erit credibile. Sin autem ex eo quod apparet, illud quoque quod apparet, ex alio quod apparet sumetur. & vsque in infinitum. Sin autem ex incerto & non euidenti, constituetur modus quo alterum inter se probatur ex altero: cùm neque id quod apparet possimus habere credibile, absque eo quod est incertum & non euidens: neque id quod est incertum & non euidens, firmum ac validū absque eo quod apparet. Igitur nec id quod est incertum & non euidens, potest esse verum. Restat ergo vt id quidem dicamus esse verum, quod in aliquo apparet, in aliquo autem est incertum & nō euidens. Si enim id quod apparet, quatenus apparet, ponimus esse verum, aut quatenus non omne. Et si id quidem quod est incertum & non euidens, quatenus est incertum & non euidens ponitur esse verum: aut quatenus quidquid est incertum & non euidens verum est, ponitur esse verum: aut quatenus non quidquid est incertum & non euidens. & deinde incidemus in easdem dubitationes. Vnde si neq; id quod apparet est verum, neque id quod est incertum & non euidens: neque id quod in aliquo quidem apparet, in aliquo autem est incertum & non euidens: præter hęc autem nihil est aliud, necessariò nihil est verum. Nonnulli autem inferunt etiam dubitationem ex eo quod est in genere supremum, nēpe ex ente, hoc est id quod est. hoc enim est quidem genus quod omnia transcendit. ipsum autem nulli alteri submittitur. Aut ergo hoc est verum aut falsum: aut verum simul & falsum: aut neque verum neque falsum. Et si est quidē verum, erunt omnia vera, quatenus sunt eius species. Et quomodo quandoquidem genus hominum est homo, etiam qui in specie sunt, sunt homines: & quoniam est rationis particeps, singulares homines sunt rationis participes: & quoniam mortalis, similiter mortales: ita si omnium genus est verum, necesse est etiam quæcunque sunt esse vera.

Si autem

Ens genus transcendens sitne verū aut falsum, aut v-trunque simul. Ens in summo genere non est verum.

Si autem sunt omnia vera, nihil erit falsum. Sin autem non sit falsum, nec erit verum, vt prius admonuimus, ostendentes vtrunque eorum intelligi ex comparatione cum altero. Et alioqui cùm sint omnia vera, ponemus omnia quę inter se pugnant, esse vera. hoc autem est absurdum. Non est ergo verum id quod est in supremo genere. Sed neque falsum propter similes dubitationes. Nam si est falsum, erunt omnia falsa quæ partem eius habent aliquam. Partem autem eius habent aliquam & corpora & incorporea. erunt ergo omnia falsa. Ei autem quod est, Omnia esse falsa, consequentes erunt quæ proportione conueniunt dubitationes. Restat ergo vt dicamus idem esse simul verum & falsum: & neque verum neque falsum. quod quidé est peius iis quæ prius sunt demonstrata, propterea quòd ei sit consequens, omnia singularia esse vera simul & falsa. quod quidem est absurdum. Non est ergo aliquid verum. Præterea verum aut est ex iis quæ sunt ex differentia & natura, aut ex iis quę referuntur ad aliquid. Nihil est autem ex iis, vt ostendemus. Non est ergo verum. Ex differentia quidem & natura non erit verum, quandoquidem quod consistit ex differétia & natura, similiter & eodem modo mouet eos qui sunt similiter affecti: vt calidum, nō si ad alium quidem referatur, est calidum, ad alium autem frigidum: sed ad omnes qui similiter affecti sunt, est calidum. Verum auté non similiter & eodem modo mouet omnes. Sed idem, vt ad hunc quidem, videtur esse, vt ad alterum autem, falsum. Non est ergo verum ex iis quæ consistunt ex differentia & natura. Si autem est ex iis quæ referuntur ad aliquid, quoniam ea quæ referuntur ad aliquid, solùm intelligentia percipiuntur, non autem sunt: omnino verum solummodo versabitur in intelligentia, nō autem erit. Et alioqui si verum est ex iis quæ referuntur ad aliquid, erit idem simul verum & falsum. Nam sicut idem est dexterum & sinistrum: ad hoc quidem dexterum, ad alterú verò sinistrum : & quomodo idem dicitur sursum & deorsum: Sursum quidem, si referatur ad id quod est infrà: deorsum autem, si ad id quod est suprà : ita dicemus idem simul esse verum & falsum. & si ita sit, non magis erit verú quàm falsum, non autem verum. Vi auté ac potestate AEnesidemus quoq; similes ponit dubitationes. Nam si est aliquid verum, aut est sensile; aut cadit sub intelligentiam : aut & cadit sub intelligentiam, & est sensile: aut neque est sensile, neque cadit sub intelligentiam: neque vtrunque simul, vt ostendemus. Non est ergo aliquid verum. Atque quòd nō sit quidem sensile, sic considerabimus : Ex sensilibus

Ens in supremo genere non est falsum.

Ex differentia esse, & natura esse. Verum neque est ex iis quæ sint natura, neque ex iis quæ sunt relata.

Relata ad aliquid percipiuntur intelligentia, non sunt autem.

Aenesidemus quomodo probet non esse verum.

alia

Genera quæ-
nam sint.
Species quæ-
nam sint.

alia quidem sunt genera, alia verò species. Et genera quidem sunt communitates quæ permeant in singularibus: vt homo qui peruasit per singulos homines:& equus qui per singulos equos. Species autē, quæ sunt in vnoquoque proprietates:vt Dionis, Theonis, alioru̅. Si ergo verum est sensile, id est omnino aut multorum cōmune sensile, aut situ̅ in vniuscuiusque proprietate. Sed nec est cōmune, nec situm in proprietate. Non est ergo verum sensile. Præterea quomodo aspectabile quidem visu potest comprehendi, audibile autem est notum auditu, odorabile autem odoratu: ita etiam sensile sensu communiter cognoscitur. Non cognoscitur autem communiter sensu. est enim sensus expers rationis:& verum absque ratione minimè cognoscitur. Non est ergo verum sensile. Sed neque cadit sub intelligentiam. alioqui nihil erit verum ex sensilibus, quod rursus est absurdum. Aut enim ab omnibus communiter percipi poterit intelligentia, aut priuatim ab aliquibus. Sed nec fieri potest vt verum ab omnibus communiter percipiatur intelligentia, neque priuatim ab aliquibus. Nam nec ab omnibus potest communiter intelligi:& vt priuatim intelligatur ab aliquo aut aliquibus, est incredibile, & repugnat. Nec ergo sub intelligentiā cadit veru̅. Sed vt nec sit simul sensile & quod cadit sub intelligentiam. Aut enim quidquid est sensile, & quidquid cadit sub intelligentiam, est verum: aut aliquid sensile, aut aliquid quod cadit sub intelligentiam. Sed dicere quidem quidquid est sensile, & quidquid cadit sub intelligentiam, esse verum, est ex iis quæ nullo modo possunt fieri. Nam & sensilia pugnant cum sensilibus:& quæ cadunt sub intelligentiam, cum iis quæ cadunt sub intelligentiam. & vicissim sensilia cum iis quę cadunt sub intelligentiam. & oportebit si omnia sint vera, idem esse & non esse, & esse verum & falsum:& censere aliquid sensile esse verum, & aliquid quod cadit sub intelligentiam, verum esse, est rursus ex iis in quibus non facilis datur exitus. Nam hoc quæritur: & alioqui est consequens aut omnia dicere vera, aut omnia falsa dicere sensilia. Sunt enim ex ęquo sensilia:& non alterum quidem magis, alterum verò minus. Nō omnia autem sensilia dicūtur vera, neque omnia falsa. Non est ergo aliquid verum? Est sanè, inquiunt, sed non quatenus apparet veritas: sed ex alia causa sumitur. Quænam ergo sit hæc causa, in medium proferant Dogmatici: vt aut nos attrahat ad assensionem, aut vt fugiamus efficiat. Deinde hanc ipsam causam quomodo accipiūt: aut vt eis apparentem, aut vt non apparentem? Si quidem vt apparentem, falsum dicunt,

Verum nō est intelligibile.

Verum nō est simul sensile et intelligibile.

Verúmne sumatur ex alia causa, quàm quatenus apparet veritas.

dicunt, dicentes veritatem non esse quatenus apparet. Sin autem vt non apparentem, quomodo dicunt esse id quod non eis apparet, ex se, an per aliud? Et vt ex se quidem, fieri non potest. Nihil enim quod non apparet, ex se sumi potest. Sin autem per aliud, illud rursus vtrum apparet, aut non apparet. & sic quæstione abeunte in infinitum, verū non potest inueniri. Quid est ergo quod nos persuadet? Probabile dicendum est verum, cuiusmodicunque sit eius essentia, seu sensilis, seu quæ cadit sub intelligentiam, siue vtrunque simul, nempe & sensilis simul & quæ cadit sub intelligentiam. Sed est hoc quoque ex dubiis. Si enim probabile est verum, quoniam non idem omnino persuadet: neque perpetuò eis dabimus idem esse & non esse, & idem verum esse simul & falsum. Nam quatenus quidem persuadet aliquibus, est verum, & est. Quatenus autem aliis nõ persuadet, est falsum, & minimè potest esse. Fieri autem non potest vt idem sit & non sit, & verum sit & falsum. Igitur neque probabile est verum. Nisi dicamus esse verum id quod multis persuadet. Mel certè quod multis sanis persuadet quòd sit dulce, & vni nõ persuadet qui morbo laborat regio, verè dicimus dulce. quod quidem est nugatorium. Quando enim de veritate disceptamus, tunc non est aspiciendum ad multitudinem eorum qui consentiunt, sed ad affectiones. Vna autē affectione vtitur ægrotus, & vna constitutione omnes qui sunt sani. Non est ergo magis huic sensui quàm illi credendum. Nam si contrà ponatur multos frebricitantes amarore affici à melle, vnum autem sanum dulcedine affici, omnino sequetur vt mel dicamus amarum. quod quidē est absurdum. Sicut ergo hic prætermisso iudicio multitudinis, nihilominus mel dulce dicimus: ita etiam quando multi afficiuntur dulcedine, vnus autem amarore, mittentes propter eorum qui sic afficiuntur dulcedinem mel appellare dulce, verum sic examinemus. Atque vniuersè quidem de vero tot sunt dubitationes, consequenter autem veniamus etiam ad singulares. Atque eis quidem omnia qui dicunt falsa, ostendimus id in eos retorqueri. Nam si omnia sunt falsa, erit etiam falsum illud, Omnia sunt falsa, cùm sit ex omnibus. Cùm sit autem falsum, Omnia sunt falsa, id quod ei aduersatur erit verum, Non omnia sunt falsa. Democritus autem & Plato abolentes quidē sensus, perimentes autem sensilia, & ea sola sequentes quę percipiuntur intelligentia, res confundunt: nec solùm eorum quę sunt labefactant veritatem, sed etiam sua cogitata. Omnis enim intelligentia oritur à sensu, aut non sine sensu: & aut ex incursione, aut nõ sine incursione.

Vnde

Probabile dicendum ne sit esse verum.

Probabile ne sit verū quod multis persuadet.

Affectiones, non multitudo consentiētium spectāda est in disceptatione veritatis.

In falsa dicētes, quod dicūt, in eos retorquetur.

Sensus tollentes & sensilia perimentes res confundunt. Intelligentia omnis oritur à sensu, aut non sine sensu, & aut ex incursione, aut non sine incursione.

Vnde etiam falsa quæ dicuntur visa, vt quæ sunt in somnis & in furore, inueniemus pendere ex iis quæ per sensum nobis cognita sunt ex incursione. Etenim qui in furore sanguinolẽtas sibi effingit furias & puellas serpentinas, ex iis quæ ipsi apparuerunt, compositam formã mente agitat: ita etiam qui in somnis hominem somniat volucrem, non absque eo quòd aliquid viderit volucre, hominem quoque somniat volucrem. Et vt in summa dicam, nihil poterit cogitando inue-

Quod ex incursione cognoscitur, vnde sumatur. niri, quòd non habeat aliquid sibi cognitum ex incursione. Id enim aut sumetur ex similitudine eorũ quæ apparuerunt in incursione, aut ex incremento, aut ex decremento, aut ex compositione. Atque ex similitudine quidem, vt quando viso simulachro Socratis, cogitamus non visum Socratem: vt quando ex communi homine non communem hominẽ cogitamus, vt hominem mente agitantes, qui non erat similis viro,

Homerus.
    „ *Cui cibus est panis, verùm, in quo est plurima sylua,*
    „ *Excelso monti.*

Ex decremento autem, quando rursus communis hominis cõtracta magnitudine, Pygmæum apprehenderimus mentis agitatione. Ex compositione autem, quando ex homine & equo cogitamus Hippocentaurum, qui nondum nobis incurrit. Ante omnem ergo cogitationem prius fuisse oportet eam quæ est ex sensu incursionem. Et ideo si tollantur sensilia, necessariò simul tollitur omnis intelligẽtia.

Intelligibilia sola esse qui dicit, hoc non potest probare. Et qui dicit omnia quæ apparent esse falsa, & ea esse sola quæ cadunt sub intelligentiam, hoc est verè, aut hoc dicit sola vtẽs affirmatione, aut etiam demonstrans. Sed qui sola quidem dicit affirmatione, affirmatione reprimetur. Aut enim aliquo quod apparet illud docebit, nempe ea sola esse quę cadunt sub intelligentiam: a eo quod est incertum & non euidens. Sed neque eo quod apparet hoc docebit. nõ est enim. Neque eo quod est incertum & non euidens. Ex eo enim quod apparet, debet prius fides fieri eius quod est incertum & non euidens. Non est ergo verum ac rectum quod statuit Democritus &

Sensilia omnia esse vera, & phantasiã veram, & sensus veros dicebat Epicurus. Plato. Epicurus autem dicebat quidem omnia sensilia esse vera: & omnem phantasiam esse ex eo quod est, & talem quale est id quod mouet sensum: errare autem eos qui dicunt aliqua quidẽ ex visis esse vera, aliqua verò falsa, propterea quòd non possint separare opinionem ab euidentia. In Oreste quidem certè cùm sibi videretur videre Furias, erat quidem verus sensus. consistebãt enim simulachra: mens autem existimans veras esse & solidas Furias, opinabatur falsum. Et

alioqui,

alioqui, inquiebat, ii quos prius diximus, introducentes viforum differentiam, non poterunt probare aliqua quidem ex iis effe vera, aliqua verò falfa. Neque enim eo quod apparet id docebunt. quæruntur enim ea quæ apparent. Neque eo quod eft incertum & non euidens. Nam per id quod apparet, debent demonftrari ea quæ funt incerta & non euidentia. Hæc autem dicens Epicurus, inuitus in fimilem incidit dubitationem. Nam fi fatetur ex vifis alia quidẽ oriri ex folidis corporibus, alia autem ex fimulachris: & concedit illud quidem effe euidentiam, hoc verò opinionem, quæro quemadmodum iudicet vifa quæ oriuntur ex folidis corporibus, & quæ incurrunt ex fimulachro? Neque enim euidentia. quęritur enim: neque opinione. debet enim eorum fieri fides per euidentiam. Et alioqui abfurdè & ineptè facit, qui ex iis quæ magis quæruntur, conatur oftendere ea quæ minus quæruntur. Nobis enim confiderantibus de fide eorum quæ apparent, ipfe prodigiofam & fabulofam de fimulachris introducit opinionem. Sed neque Stoicis rectè fuccedunt quæ ab eis dicuntur. Nam volunt quidem fenfilium & eorum quæ cadunt fub intelligentiam, effe differentiam, ex qua alia quidem funt vera, alia verò falfa. Non poffunt autem hoc colligere. Nam confeffi funt quædam vifa effe inania: cuiufmodi Orefti incurrerunt ex Furiis. & alia quæ perperam imprimunt, vt quæ exiftant quidem ex fubiectis, eis autem non congruant: cuiufmodi erant quæ in furore Herculi à fuis filiis, tãquam à filiis Euryfthei incurrerũt. erant enim ex fubiectis filiis, fed non congruebant ipfis fubiectis. Non enim eos tanquã fuos afpiciebat liberos, fed dicit,

„ *Hic vnus eft qui mortuus pullus, mihi*
„ *Cecidit paternas inimicitias luens.*

Hæc cùm ita fint, vifa non poffunt difcerni. nec poffunt dicere Stoici, quęnam fint re vera comprehendentia & orta ex fubiectis, & ipfis fubiectis congruentia, & quę non funt eiufmodi, ficut pluribus antea oftendimus. Cuiufmodi eft autem quod de hac dicitur fecta, tale eft etiam quod dicitur de reliqua. in qua alii quidem ponunt verum & falfum in eo quod fignificatur, nempe in incorporeo quod dicitur: λεκτὸν alii autem in voce: alii autẽ in motu cogitationis. Iam enim, vt à prima incipiamus, cenfebant Stoici communiter verum effe & falfum in eo quod dicitur. Quod dicitur autem effe, dicunt, quod ex rationis participe confiftit phantafia. Rationis autem participem dicunt effe phantafiam, per quã quod phantafia eft apprehenfum, fermone licet

Epicuri de fenfibus & vifis confutatur opinio.

Stoicorum de veritate fenfilium & intelligibiliũ reprobatur fententia.

Id quod dicitur, quod λεκτὸν vocant, quale dicant effe ſtoici.

B   oftenostendere. Ex iis autem quæ dicuntur, alia quidem vocant deficientia, alia autem per se perfecta. Ex quibus quę sunt quidem deficiétia, nunc prætermittantur. Ex iis autem quæ sunt per se perfecta, dicunt esse plura. Quædam enim vocant imperatiuas, quæ imperantes dicimus: vt, Huc agè nympha veni. & enunciatiua, quæ dicimus enunciantes: vt, Dion ambulat. & interrogationes, quas dicimus interrogantes: vt, Vbi habitat Dion? Nominantur autem apud eos quædam imprecatiua seu execratiua: vt,

" *Sicut humi vinum hoc, cerebrum sic defluat illi.*

Et optatiua, quæ dicimus optantes: vt,

" *Iuppiter inclite qui regnas ô Maxime in Ida,*
" *Da, Aiax, victoris claro vt potiatur honore.*

Appellant etiam quædam ex iis quæ sunt per se perfecta, pronunciata, quæ dicentes vel verum dicimus vel falsum. Sunt etiam quædam quæ sunt plus quàm pronunciata: vt hoc,

" *Quàm Priamidis bubulcus est asimilis!*

plus est quàm pronunciatum, & non pronunciatu. Sed cùm in iis quę dicuntur, sit satis magna differentia, vt sit aliquid, inquiunt, verum aut falsum, oportet ante omnia esse ipsum quod dicitur: deinde etiam per se perfectum, & non communiter qualecunque, sed pronunciatum. Nam hoc solum, sicut prius dixi, dicentes, aut verum dicimus aut falsum. Dicunt itaque Sceptici, esse aliquid quod dicitur incorporeum, quod est separatum à voce significante: vt à voce Dion, & à voce eius quod contingit, vtpote ipsius Dionis, vndénam possumus ostendere? Aut enim ex eo ipso dicet hoc esse Stoici, aut per demonstrationem id esse probabunt. Et si quidem ex eo ipso dicant esse incorporeum hoc quod dicitur, nobis quoque licebit ex eo ipso dicere quòd non sit. Quomodo enim illi sunt fide digni absque demonstratione, ita etiam qui contrà dubitant, erunt fide digni, si per solam ac nudam proferant dictionem & affirmationem. Aut si eis non creditur, similiter nec fide digni erunt Stoici. Si autem hoc probabunt per demonstrationé, eis sequetur peius dubium. Demōstratio enim est oratio. Oratio autem constat ex iis quæ dicuntur. Iis ergo quæ dicuntur, ostendent Stoici aliquid esse quod dicitur. quod quidem minimè est consentaneum: quandoquidé qui non dat esse aliquid quod dicatur, neque dabit multa esse quæ dicátur. Et cùm quæratur an sint quæ dicuntur in demonstratione, si in promptu quidem sumamus ea esse, in promptu quoque sument ii qui dubitant, ea non esse, cùm in vtrun-

ADVERSVS MATHEMATICOS.

vtrunque hoc ipsum cadat, vt sit vel credendum vel non credēdum. Sin autem ex demonstratione, cadent in infinitum. ab eis enim postulabitur demonstratio eorum quæ dicuntur, quæ continētur in secunda demōstratione. Et cùm tertiam attulerint eorum quæ sunt in tertia, postulabitur etiam quarta eorum quæ sunt in quarta. Quo fit vt careat principio demonstratio quòd sit id quod dicitur. Possunt alia quoque plura dici in locum, quæ persequemur opportunius quādo tractabimus de demonstratione. Nunc autem illud est dicendum, quòd pronunciatum per se perfectum volunt esse compositum: vt illud, Dies est, componitur ex Dies, & Est. Nihil autem incorporeum potest componi, nec diuidi. hæc enim sunt propria corporum. Nulla est ergo res per se perfecta, nec vllum pronunciatum. Et omne quod dicitur, debet dici. nam ex eo hanc nactum est appellationem. Nihil autem quod dicitur, dicitur, vt probant ii qui dubitant. Non est ergo aliquid quod dicitur. Cui est consequens, vt nullum sit pronunciatū verum aut falsum. Dicere enim, vt ipsi dicunt Stoici, est proferre vocem significatiuam rei quæ dicitur: vt huius versus,

„ *Iram Peliadæ dic ô Dea carmine Achillis.*

Sed fieri non potest vt proferatur vox quæ id significet, propterea quòd cuius non sunt simul partes, neque illud ipsum est. Quòd autē non possint simul esse eius partes, ex eo ipso ostēditur. Quādo enim primum proferimus hemistichium, nondum est secundum. & quando proferimus secundum, nō est primum. Quo fit vt totum quidem versum non proferamus. Sed nec hemistichium. Quando enim rursus dicimus primam partem hemistichij, tunc nondum proferimus secundam eius partem: & quando secundā proferimus, non amplius primam dicimus. Quamobrem nec est hemistichium. & si consideremus, ne est quidem vlla dictio: vt Ira. Quando enim dicimus syllabam I, nondum proferimus Ram. Et quando proferimus Ram, non est amplius I. Si ergo fieri non potest vt sit aliquid cuius partes simul esse non possunt: ostensum est autem vel in vna dictione partes non posse simul esse, dicendum est nullam esse dictionem. propterea nec vllum pronunciatum quod dicunt esse compositum: vt illud, Est Socrates. Quando enim dicitur Socrates, nondum est illud Est: & quando dicitur illud Est, Socrates non dicitur. Nunquam ergo est totum pronunciatum, neque partes totius. eius autem partes nō sunt pronunciata. Non est ergo vllum pronunciatum. Quanquam quid de toto loquimur pronunciato, nempe Socrates est, cùm nec ipsum

Pronunciatum nullum esse per se perfectum.

Pronunciatū nullum verum aut falsum.
Dicere quid sit.

Vox quæ significet proferri non potest.

Cuius partes simul non sunt, illud non est.

Pronunciatū compositū nullum est.

B 2   quidem

quidem in recto casu Socrates pofsit esse intelligi propter eandem causam, propterea quòd non sint simul partes ipsum constituentes. Et si detur pronunciatum esse aliquod verum, & aliquod falsum, nõ concedent Sceptici illis aduersus quos disserunt, id esse, propterea quòd non facilè tradi possit. Dicunt enim verum quidem esse pronunciatum, quod est & aduersatur alicui. Rogati autem quid sit id quod est, dicunt esse id quod mouet comprehendētem phantasiam. Deinde de comprehēdente examinati phantasia, rursus recurrunt ad id quod est, quod est æquè ignotum, dicētes: Comprehēdens phantasia, est quæ est ex eo quod est congruenter ei quod est. Quod quidē perinde est ac si doceas, id quod ignoratur per id quod ignoratur: & incidas in modum docendi alterum per alterum inter se. Nam vt discamus id quod est, amandant nos ad comprehendentem phantasiam, dicentes, id quod est esse id quod mouet comprehendentem phantasiam. Vt autem comprehendentem cognoscamus phātasiam, nos remittunt ad id quod est. Neque ergo illud, neque hanc cognoscētes, nec quod ab eis docetur verum aut falsum intelligemus pronunciatum. Quòd si quis etiā recedat ab hac dubitatione, alia maior præter ipsam emerget iis qui Stoicum admittunt artificium. Quomodo enim si velimus discere quid sit Homo, prius nosse debemus quid sit Animal, & quid sit Rationis particeps, & quid Mortale: (ex his enim constat notio hominis) & quomodo si velimus nosse quid sit Canis, oportebit prius anticipare quid sit Animal, & quid sit Latrans (ex his enim intelligitur Canis:) ita si ex sentētia Stoicorum verum est quod est & alicui aduersatur: & falsum, quod nõ est quidem, aduersatur autem alicui: necessariò debemus nosse ad horum intelligentiam, quid sit id quod aduersatur. Nequaquā autem possunt Stoici nobis ostendere id quod aduersatur. Nec ergo verum nec falsum erunt nota. Dicunt enim, Aduersantia sunt, quorum alterum plus habet quàm alterum negatione: vt, Dies est, Non est dies. Nā pronunciatum, Dies non est, negatione plus habet quàm prōnūciatum, Dies est, negatione, inquam, Non. & ideo hoc illi aduersatur. Sed si hoc est aduersum, hæc quoque aduersabuntur, Dies est, & Non est lux. Hoc enim, Non est lux, negatione plus habet quàm pronunciatum Dies est. Ex eorum autem sententia hæc minimè aduersantur. Non sunt ergo aduersantia, eo quòd alterū negatione plus habeat quàm alterum. Sanè, inquiunt, sed cum eo sunt aduersantia, quòd negatio alteri præponatur. tunc enim dominatur toti pronunciato. In illo autem

Pronunciatū esse verum, nō potest probari.

Aduersantia seu opposita quænam vocēt Stoici.

ADVERSVS MATHEMATICOS.

autem, Dies est, & Non est lux, cùm sit pars totius, non dominatur toti pronunciato, ad afficiendum totum enunciatiuū. Oporteret ergo, dicemus, addi notioni aduersantium, quòd tunc sunt aduersantia, quando non nudè alterum plus habet quàm alterum negatione, sed quando negatio præponitur pronunciato. Assumet autē etiam alius quispiam eam oratione qua vsus est Plato in libro De anima, & docebit quòd fieri non potest vt participatione negationis plus habeat pronunciatum, quàm id quod nō habet negationem. Nam sicut participatione calidi nihil sit frigidum: sic participatione parui non sit magnum, sed paruum. & sicut participatione maioris sit aliquid magnum: ita etiam parui participatione erit aliquid paruum. Et ideo no uenarium ex adsumptione vnitatis non fieri maiorem. Vnum enim minus est noue. Eo ergo assumpto, nouenarius non fiet numero amplior quàm nouem, sed potius minor. Si enim adsumptione vnitatis, non fiet nouenarius maior nouenario, sed potius minor: Quoniā ergo negatio Non, est quid minùs pronunciato, non faciet maius pronunciatum, propterea quòd vt alicuius magnitudinis participatione fit aliquid maius: ita etiam minoris participatione fit aliquid minus. Atque Platonis quidē oratio sic ab aliquibus traducetur ad locum. Nos autem iis quæ prius dicta sunt, adiungentes, illud quoque dicamus. Si verum est pronunciatum, id est omnino aut simplex pronunciatum, aut non simplex. Pronunciatorum enim primam & maximè propriam differentiam efferunt Dialectici, per quam alia quidem ex iis sunt simplicia, alia autem non simplicia. Et simplicia quidem, quæ neque constant ex vno pronunciato bis sumpto, neque ex differentibus pronunciatis per aliquam aut aliquas coniunctiones: vt Dies est, aut nox est: Socrates disputat. & quidquid est huic simile. Quoniam enim stamen simplex dicimus, etiamsi constet ex pilis, quoniam non est contextum ex staminibus quæ sunt eiusdem generis: ita simplicia dicuntur pronunciata, quoniam non constant ex pronunciatis, sed ex aliquibus aliis: vt Dies est, est simplex, quoniam nec est ex eadem bis sumpta propositione, neque constat ex diuersis, conflata est autē ex aliquibus aliis, vtpote Dies, & Est. Sed neque in eo est coniunctio. Non sunt autem simplicia quæ sunt veluti duplicia, & quæ constant ex pronunciato bis sumpto, aut ex differentibus pronunciatis, per coniunctionem aut coniunctiones: vt, Si dies est, lux est: Si nox est, sunt tenebræ. & si dies est, & lux est, aut est dies, aut nox est. Ex simplicibus autem aliqua quidem sunt definita, aliqua verò indefinita,

Negationis participatione non plus habet pronunciatum, quàm quod nō habet negationem.

Parui participatione non sit aliquid magnum.

Pronunciatū simplex quidnam sit.

λήμματος.

Pronunciata duplicia.

B 3 aliqua

Pronunciata simplicia definita quænam sint.

Pronunciata simplicia indefinita quænam sint.

Pronunciata simplicia media quænam sint.

aliqua verò media. Definita quidem quæ indicando efferuntur: vt Iste ambulat, Iste sedet: ostendo enim aliquem ex singularibus hominibus. Indefinita sunt ex eorum sententia, in quibus dominatur aliquid indefinitum & non terminatum: vt Sedet quispiam. Media autem sunt quæ sic se habent, Homo sedet: aut Homo ambulat. Atq; illud quidem, Ambulat quispiam, est indefinitum. Non enim definit ac terminat aliquem ex singularibus hominibus qui ambulant. communiter enim potest in se efferri. Iste autem sedet, est definitum ac terminatum, quoniam definit certam personam quæ indicatur. Hoc autem, Socrates sedet, est medium: quoniam nec est indefinitum: definit enim ac terminat speciem. Nec finitum ac terminatum. non effertur enim cum ostésione, sed videtur esse medium inter vtrunque, nempe inter indefinitū & finitum. Dicūt autem indefinitum esse verum: nempe illud, Ambulat aliquis, aut aliquis sedet, quando definitum ac terminatum inuenitur verum, nempe Iste sedet, aut iste ambulat.

Pronunciatū definitum non potest esse verum.

Nam si nullus sedeat ex singularibus, non potest indefinitum illud esse verum, Sedet aliquis. Atque hæc quidem sunt quę in summa dicuntur à Dialecticis de simplicibus pronunciatis. Qui mouent autem dubitationes, quærunt primùm an possit definitum esse verum. Nam si hoc fuerit sublatum, nec indefinitum potest esse verum. Si tollatur autem etiam indefinitum, nec id quidem consistet quod est inter ea intermedium. Sunt autem hæc veluti elementa simplicium pronunciatornm. Si ea autem aboleātur, interibunt etiam simplicia pronunciata, nec licebit dicere esse verum in simplicibus. Iam verò definitum hoc pronunciatū, nempe Iste sedet, aut iste ambulat, tunc dicunt esse verum, quando id quod est prædicatum, acciderit ei in quod cadit ostensio: vt Sedere, & Ambulare. Sed & cùm dicitur, Iste ambulat, ostéso aliquo ex singularibus hominibus, aut est Socrates,

Socrates ostēdi non potest, nec eius partes.

exempli causa, qui cadit sub indicationem, aut aliqua pars Socratis. Sed neque est Socrates qui cadit sub indicationé, neque aliqua pars Socratis, vt ostendemus. Non potest ergo esse verum definitum illud pronunciatum. Et sub indicationem quidem nō cadit Socrates, quoniam cùm is cōstet ex anima & corpore, neque anima indicatur nec corpus. Neque totum cadit sub indicationem. Sed nec sub indicationem cadunt partes Socratis. Si enim ei quod est cadere sub indicationem, dicun taccidere prædicatum, ambulare aut sedere: nunquam autem parti quæ ostenditur, cùm sit minima, accidit prædicatū, vtpote ambulare aut sedere, necessariò nec pars cadet sub indicationem.

ADVERSVS MATHEMATICOS.

tionem. Sed si neque hoc neque Socrates, præter hæc autem nihil est, perit definitum pronuntiatum quod effertur per ostensionem:& simul etiam sit propemodum indefinitum. Si enim cõtingit id quod ostenditur esse partis Socratis: contingit autem ne hoc quidem esse sed aliud, necessariò totum sit indefinitum. Si non sit ergo definitum pronunciatũ, neque erit indefinitum. Propterea autem nec consistet medium. Præterea autem quãdo dixerint quidem hoc, Dies est, pronunciatum quidem in præsentia esse verum: in illo autem, Nox est, falsum:& illud quidem, Non est dies, falsum:hoc verò, Non est nox, verum, aduertes quemadmodum cùm vna sit & eadem enuntiatio, si ad vera quidem accesserit, ea falsa efficit: sin autem ad falsa, vera. est enim hoc simile Sileno, de quo loquitur ænigma AEsopicum, qui cùm videret eundem hominem hyemis tempore & flare ne algerent manus, & eodem ore flare ne vreretur, dixit se non toleraturum vt cum ea viuat bestia, à qua procedunt quæ sunt maximè contraria. Sic enim eadem quoque enuntiatio, ea quidem quæ sunt faciens non esse, & quæ nõ sunt, esse, est prodigiosæ naturæ particeps. Aut enim est: aut est simul & non est. Et si est quidem, quomodo si ad id quod est, accesserit, totum non esse efficit, & non esse potius? Nam si id quod est, ad id quod est accesserit, magis confirmat essentiam. Sin autẽ non est, quánam ratione si ad id quod nõ est accesserit, ipsum esse efficit, non autem potius non esse? Nam si ei quod nõ est, id quod non est fuerit additum, non efficit essentiam, sed non essentiam. aut quomodo si sit eiusmodi vt non sit, transfert id quod est ad hoc vt non sit: nõ autem in aliquo quidem esse facit, in aliquo autem non esse? Quomodo enim album & nigrum simul posita, nõ faciunt album aut nigrum, sed in aliquo quidem album, in aliquo verò nigrum: ita etiam quod non est, si cum eo quod est conuenerit, efficiet vt totum in aliquo quidem sit, in aliquo verò non sit. Et alioqui id quod aliquid nõ esse efficit, aliquid efficit. Id autem quod efficit, est. Enuntiatio ergo quæ non est, nec efficit esse aliquid. Restat ergo vt dicatur, eam nec esse, neque non esse. Sed si est eiusmodi, quomodo rursus cùm neque sit, neque non sit, si ad id quidem quod est accesserit, efficit non essentiam: sin autem ad id quod nõ est, essentiam. Eodem modo etiam poterit dubitari, et si dicant in aliquo quidem esse enuntiationem, in aliquo autem non esse. Nunc autem aliquantulũ tractata lege simplicium pronuntiatorum, quę est apud Dialecticos, transeamus etiam ad legem non simplicium. Et non simplicia quidẽ sunt

Eadem propõsitio ad vera accedens, ea efficit falsa: ad falsa autẽ, vera.

Silenus Aesopicus.

Pronunciata non simplicia. sunt pronunciata, de quibus prius diximus, quæ constant ex diuersificato, vt ita dicam, pronunciato, aut ex differentibus pronunciatis, & in quibus coniunctio aut coniunctiones dominatum obtinent. Ex *Pronunciatū cōnexū quodnam sit.* iis autem sumatur in præsentia quod vocatur connexum. Hoc ergo constat quidem ex diuersificato pronunciato, aut ex differentibus pronunciatis per coniunctionem Si, aut Siquidem: vt ex diuersificato quidem pronunciato & coniunctione Si, constat hoc connexum, Si dies est, dies est. Ex differētibus autem pronunciatis, & per coniunctionem Siquidem, quod sic habet, Siquidem dies est, lux est. Ex iis autem pronunciatis quæ sunt in connexo, id quod est collocatū post coniunctionem Si, aut coniunctionem Siquidem, vocatur Antecedens & Primum: reliquum autem, Desinens seu Consequens, & Secundum, etiam si conuerso ordine efferatur totum pronūciatum: vtpote sic, Lux est, siquidem dies est. etenim in eo desinens seu consequens quidē appellatur illud, Lux, etiamsi primò pronuncietur. Antecedens autē hoc, Dies est, etiamsi secūdo loco dicatur, propterea quòd sit collocatum post coniunctionem Siquidem. Atque connexi quidem, vt paucis dicam, est huiusmodi constitutio. Videtur autem profiteri eiusmodi pronunciatum, id quod est in ipso secundum ac consequens, sequi id quod est in ipso primum seu antecedens, & ita antecedentis futurum consequens. Vnde si ea quidem seruetur professio, & consequēs sequatur antecedens, sit verum etiā connexum:

Antecedens quidnam sit. Consequens quidnam sit.

Connexūmne aliquod sit verum. sin autem non seruetur, falsum. Quamobrem ab eo rursus incipiētes, consideremus an possit inueniri aliquod verum connexum, & seruās dictam professionem. Nam communiter quidē dicunt omnes Dialectici, rectum esse connexum, quando id quod in eo est consequēs, sequitur id quod est in eo antecedens. Quando autem & quemadmodum sequatur, inter se dissident, & inter se pugnant ea quibus statuunt iudicari consequentiam: vt, Dicebat quidem Philo verum esse *Connexum quando sit verum, ex sententia Philonis.* connexum, quando non incipit à vero & definit in falsum. Quo fit vt ex eius sententia tribus quidem modis sit verum connexum: vno autem modo falsum. Etenim quando à vero incipiens definit in verū, verum est: vt illud, Si dies est, lux est. & quando à falso incipiens in falsum definit, rursus verum: vt illud, Si terra volat, alas habet terra. Similiter autem & quod incipit à falso, desinit autem in verum, est verum: vt illud, Si terra volat, est terra. Solūmodo autem est falsum, *Connexum quando sit falsum, ex Philonis sententia.* quando incipies à vero, definit in falsum: cuiusmodi est illud, Si dies est, nox est. Nam si dies sit, illud quidem, Dies est, verum est. quod quidem

ADVERSVS MATHEMATICOS.   201

quidem est antecedens. hoc autem, Nox est, est falsum. quod quidē
erat desinens seu consequens. Diodorus autem dicit verum esse con- *Connexum*
nexum, quod neque contingit, cùm à vero incipiat, desinere in fal- *quando sit ve-*
sum. quod quidem pugnat cum positione Philonis. Nam huiusmodi *rum, secūdum Diodorum.*
connexum, Si dies est, ego dissero, si dies sit in presentia & ego dissero, ex Philonis quidem sententia est verum, quandoquidem incipiēs
à vero illo, Dies est, verum dicit illud, Ego dissero: ex Diodori autē
sententia falsum. contingit enim cùm à vero aliquando inceperit,
nempe Dies est, desinere in falsum, népe hoc, Ego dissero, cùm ego
siluerim. & cōtingit à vero incipiens desinere in falsum, nempe Ego
dissero. Nam priusquam coepero disserere, incepit quidem à vero,
nempe Dies est, in falsum autem desiit, nempe Ego dissero. Rursus
quod ita se habet, Si nox est, ego dissero, si sit quidem dies, & ego sileam, ex sententia quidem Philonis similiter est verum. à falso enim
incipit. contingit enim ipsum cùm à vero inceperit, desinere in verum, cùm nox accesserit: & rursus si ego nō disseram, sed sileam. Sed
illud quoque, Si nox est, cùm sit dies, ex sententia quidem Philonis
propterea est verum, quòd à falso incipiens, nempe Nox est, in verū
desinit, nempe Dies est. Ex Philonis autē sententia propterea est falsum, quòd contingit cùm nox aduenerit, ipsum à vero incipiens, népe Nox est, desinere in falsum, népe Dies est. Cùm ergo sit huiusmo
di, vt exempli causa in parte diximus, repugnantia in iis quibus iudicatur connexum pronunciatum, an nō dubia est & inexplicabilis recti connexi discretio? Nam vt hoc discamus, oportet ante omnia diiudicari Dialecticorū dissidiū de eius rectitudine. Quatenus autem *Dialecticorū*
non potest diiudicari, necesse est de eo quoque suam sustinere assen- *dissidiū de re-*
sionem, & merito. Aut enim attēdemus omnia quibus iudicant Dia- *ctitudine con-*
lectici, aut aliquod eorum. Sed fieri quidem non potest, vt omnia at- *nexi.*
tendamus. pugnant enim, vt ostendi in duobus quæ prius dicta sunt.
Quæ autem pugnant, non possunt ex æquo esse credibilia. Si nautem
aliqua eorum, aut ex se & sine iudicio attendemus aliquod, aut cum
ratione quæ ostendit quòd rectum sit id quod iudicat. Et si quidem
sine iudicio & ex eo ipso assentiemur alicui quod iudicat, cur magis
huic quàm illi assentiemur? quod quidē est nulli assentire propterea
quòd inter se pugnent. Si nautem cum ratione, quæ ostēdit quòd rectū sit id quod à nobis assumitur quo id iudicatur connexum, aut huiusmodi ratio est, vt nec colligat nec concludat, aut eiusmodi vt colligat ac concludat. Sed si non colligit quidem & concludit, est praua
                     C   & non

& non fide digna in eo diiudicando quo iudicatur connexum. Si nautem est eiusmodi vt colligat, propterea colligit & concludit, quòd eius propositiones sequatur illatio, vt ea probetur per aliquam consequentiam. Quæ autem ab initio quærebatur consequentiam, oporteret examinari in ratione connexi. hoc autem perinde est ac si incidas in eum modum qui dicitur alter per alterum. Nam vt discamus connexum quod examinari debet ex consequétia, veniendum est ad aliquam rationem. & vt hæc sit recta ratio, oportet prius eam probari consequentiam à qua iudicatur quòd sit recta. Si ergo rectum non habeamus cónexum, quod ad hanc attinet dubitationem, ne ratione quidem habebimus quæ colligat. Si eam autem nó habeamus, ne habebimus quidem demonstrationem. Demonstratio enim est ratio colligens. Si non adsit autem demonstratio, tollitur phantasia dogmatica. Ex his autem licebit etiam transire & ad complexa, & ad disiuncta communiter, & ad reliquas species pronunciatorum non simplicium. Complexum enim debet constare aut ex simplicibus, aut ex non simplicibus, aut ex mixtis. In iis autem mouentur omnes dubitationes quæ motæ sunt in simplicibus. Verumenimuero & quando dicunt rectum esse complexum quod in se habet vera omnia, vt Dies est, & Lux est: falsum autem quod habet falsum, rursus ipsi sibi leges statuunt. Consequens enim esset, si verum sit, quod est ex omnibus veris compositum, protinus esse verum: etiam quod ex omnibus falsis est compositum, esse falsum : quod autem ex falsis simul & veris, non magis esse verum quàm falsum. Nam si eis licet quas volunt leges ferre, & ex suo arbitrio de rebus statuere, permittendum quidem est vt complexum quod vnum habet falsum, apud eos dicatur falsum: licebit autem etiam aliis cótrà statuere & dicere complexum quod constat ex pluribus veris & vno falso esse verum. Si est autem attendenda rerum natura, consequens est vt quod aliquid quidé habet falsi, aliquid verò veri, dicatur non magis esse verum quàm falsum. Quomodo enim quod mistum est ex albo & nigro, non magis est album quàm nigrum : nam album quidem erat album, & nigrum erat nigrum : ita accidit vt aliud quidem sit solum verum, aliud verò solum falsum. Quod autem est ex ambobus compositum, non magis est appellandum verum quàm falsum. sed quomodo dicunt in rebus quæ ad vitam pertinent: vestimentum quod maxima ex parte est integrum, parum autem est fractum ac lacerum, non ex plurimis quidem integris partibus integrum esse dicimus, sed ex modico quod est

Complexum pronunciatum qualénam sit.
Complexum rectum pronunciatum quódnam sit.
Complexum falsum qualé sit.

Quod aliquid habet veri, aliquid falsi, no magis est verũ quàm falsum.

est fractum, fractum esse dicimus: ita etiā complexum, etiamsi vnum solum habeat falsum, plura autem vera, ex vno falso dicetur totum falsum. quod quidem est stultum. Nam vitæ quidem humanæ concedendum vti nominibus per abusionem, quando non quæritur omnino verum quod pertinet ad naturam, sed quod ad opinionem. Puteum quidem certè dicimus fodere, & chlamydem texere, & domū ædificare, non propriè. nam si est puteus, non effoditur, sed est effossus: & si est chlamys, non texitur, sed est texta. Quamobrem in vita quidem & communi consuetudine locum habet abusio. Quando autem quærimus ea quæ pertinent ad rei naturam, tunc est iis adhærendum quæ dicuntur exactè & accuratè. Atque quòd dubia quidem sit & exitum non inueniat oratio, & magnam habeat perturbationem, iis qui verum & falsum relinquunt in aliquo quod dicitur incorporeo, ex his satis est ostensum. Quòd autē nec iis qui in voce ea constituerunt facilē inueniat exitum, facile est discere. Omnis enim vox, si est, aut fit, aut siletur. Sed neque quæ fit, est, eo quòd non consistit: neque quæ siletur, eo quòd nondum fiat. Non est ergo vox. Atque quæ fit quidem, non est, quomodo ostenditur ex similibus. Neque enim domus quæ fit, est domus: non nauis: neque aliquid aliud eiusmodi. quamobrem nec vox. Quòd autem neque consistat quæ siletur, constat. Siue ergo vox fit vel siletur, est autem in neutro tempore, nō est vox. Et alioqui si verum est in voce, aut est in voce minima, aut in lōga. Sed nec est in minima. Nam minimū est indiuiduum, verum autē non est indiuiduum. Neque in longa. Ea enim non potest consistere, propterea quòd quando prima eius pars profertur, nondū sit secunda: quando autem secunda, non amplius sit prima. Non est ergo verum in voce. Ad hæc accedit, quòd si sit in voce, aut est in ea quæ significat, aut in ea quæ non significat. Sed in ea quidem quæ nō significat, vt in Blityri & scindapsus, nō est aliquid. Quomodo enim fieri potest vt rem quæ non significat, tanquam veram apprehendamus? Restat ergo vt dicamus in significante. quod quidem rursus nō potest fieri. Nulla enim vox, vt vox, est significatiua. oporteret enim omnes qui vocem apprehendunt, tam Græcos quàm Barbaros, id etiam apprehēdere quod ab ea significatur. Quamobrem ne ea quidem ratione verum ponendum est in voce. Ex vocibus autem aliæ quidem sunt simplices, aliæ verò compositæ. Simplices quidem, vt Dion: compositæ autem, vt Dion ambulat. Si ergo verum est in voce, aut est in simplici, aut in composita. Sed nō est quidem in simplici

Abusio, quam catachresin vocant, in multis nominibus.

Abusio locum habet in communi consuetudine, non in indagatione naturæ.

λεκτῷ *verum et falsum non est in voce.*

Vox non est.

Vox nulla, vt vox, est significatiua.

C 2 & in-

SEXTI EMPIRICI

Verum nõ est in voce, nec simplici, nec composita.
Dictio compo sita non consistit.
Verum nõ est in motu cogitationis.

& incomposita. Pronunciatum enim oportet esse verum: nullum autem pronunciatum est incompositum. Incomposita autem esse non potest, propterea quòd nulla dictio composita consistat: vt Dion est. Quando enim dicimus Dion, nondum dicimus Est: & quando hanc proferimus, nõdum illam dicimus. Quamobrem nec in voce est verum. Sed nec in motu cogitationis, vt putarunt nonnulli. Nam si in motu cogitationis est verum, nihil erit verum ex iis quæ sunt extrinsecus. Motus enim cogitationis est in nobis, & non extra. Absurdum est autem dicere nihil esse verum ex iis quæ sunt extrinsecus. Absurdum est ergo verum relinquere in motu cogitationis. & cùm motus cogitationis sint vniuscuiusque proprij, nullum erit verum commune. Si nullum autem sit verum commune, erunt omnia incerta, obscura & discrepantia. Quod enim iste habet verum, nempe motum cogitationis, hoc alius non habet: & contra, quod ille habet, hoc iste non comprehendit. Absurdum est autem dicere nihil esse verum de quo omnes consentiant. Censere ergo in motu cogitationis positũ esse verum, est absurdum & non recte habet: & est consequés iis qui verum relinquunt in motu cogitationis, vt fateatur omnia esse vera: vtpote motũ cogitationis Epicuri & Zenonis & Democriti & aliorum. ex æquo enim iis omnibus accidit, vt sint motus cogitationis. Fieri autem non potest vt sint omnia vera, vt nec omnia falsa. Ergo nec motus cogitationis est verum. Cæterum cùm per hæc mouerimus dubitationes de eo quod iudicat & de vero, postea consideremus de viis ac rationibus quæ componuntur ab eo quod vim habet iudicandi, ad verum comprehendendum quod non ex seipso occurrit, nempe de signo & demonstratione. Et ordine quidem primum dicamus de signo. Nam per eius participationem demonstratio detegit conclusionem.

Rerum aliæ sunt manifestæ, aliæ non manifestæ.

QVONIAM duplex est rerum in summo differentia, per quam aliæ quidem sunt manifestæ, aliæ verò non manifestæ. Et manifestæ quidem, quæ ex seipsis incurrunt in sensus & in cogitatione: non manifestæ autem, quæ ex se non possunt apprehendi. In dubitatione autem mota de euidentibus, methodicè à nobis disputatum est De eo quod iudicat. Nam si hoc stabile ac firmum fuerit ostensum, fieri nõ potest vt de iis quæ apparent, asseratur, quòd ea sint eiusmodi natura cuiusmodi apparent. Cùm autem rerum non manifestarum adhuc restet differentia quomodo se habeat ad eam quoque infirmandam ac abolendã, via quadam compendiaria ducimus nobis esse vtendũ,

quæ

quæ & signum perimat & demonstrationem. Nam si hæc rursus tollantur, infirma & minimè stabilis est quæ per ipsa fit veri comprehēsio. Paucis autem fortasse conuenit in singularibus disserere de natura signi. Dicitur ergo signum bifariam : communiter, & propriè. Communiter quidem, quod videtur aliquid significare, iuxta quod id quod est vsui ad rei renouationem quæ cum ipso est obseruata, solemus vocare signum : propriè autem, id quod rem indicat quæ non est manifesta, de quo propositum est quærere in præsentia. Si id autem ad eius naturam apertius & euidentius intelligendam pertinet, rursus præmittendum est, vt superius dicebamus, quòd ex rebus eæ quidem sunt manifestæ, quæ ex seipsis ad nostram veniunt cognitionem: vt est, in præsentia diem esse, & me disserere. Non manifestæ autem, quæ non sic habent. *Signum dicitur communiter et propriè.* *Manifestæ res quæ sint.* *Non manifestæ res quænā sint.*

Quot sunt non manifestarum rerum differentiæ.

Ex iis rebus quæ sunt incertæ ac non manifestæ, aliquæ quidem sunt omnino incertæ & non manifestæ, aliæ autem natura, aliæ autē ad tempus. Ex quibus quidem illæ ad tempus incertæ & non manifestæ appellantur, quę sua quidem natura sunt euidentes, sed propter aliquas externas circunstantias aliquo tempore nobis sunt non manifestæ: vt nobis nunc est ciuitas Atheniensium. Nam natura quidē est euidens ac manifesta, sed propter interuallum quod intercedit non est nobis manifesta. Natura autem res sunt non manifestæ, quæ perpetuò sunt occultę, neque possunt sub nostram cadere euidentiā vt sunt pori seu meatus quos percipit intelligentia, & quod nonnulli censent esse naturaliter extra mundum, inane infinitum. Omnino autem incertæ & non manifestæ res sunt, quæ sunt huiusmodi, vt sua natura sub humanam nunquam cadant comprehēsionem: vt stellas esse pares aut impares, & tam multas esse numero arenas in Libya. Cùm sint ergo quatuor in rebus differentiæ : vna quidem euidentium : secunda autem earum quæ sunt omnino incertæ & non manifestæ: tertia autem earum quæ sunt incertæ ac non manifestæ natura : quarta autem earum quæ ad tempus, non omnē differentiam dicimus opus habere signo, sed aliquam. Iam enim neque quæ sunt omnino incertæ ac non manifestæ, vllum admittunt signum : neque quæ sunt euidentes. Sed euidentes quidem, quoniam ex se incurrunt, nullo alio opus habent ad indicādum. Quæ sunt autem omninò incertæ, quòd cum communiter omnem effugerint comprehensionem, nec eam *Res non manifestæ ad tempus.* *Res non manifestæ naturā.* *Res non manifestæ omnino.*

admit-

Signo quenā res opus habeant.

admittunt quæ fit per signum. Quæ sunt autem natura incertæ & obscuræ, & quæ sunt obscuræ, opus habent ea quæ est ex signo obseruatione. Eæ quidem quæ sunt ad tempus incertæ & non manifestæ, quòd ex aliquibus circunstantiis ex nostra tolluntur euidentia. Quæ autem sunt natura incertæ & non manifestæ, quòd eæ planè non appareant. Cùm ergo sit duplex differentia rerum quæ signo indigent,

Signū duplex, nempe in memoriam reuocans, & indicans.

duplex quoque exortum est signum: alterum quidem in memoriam reuocans, quod videtur maximè esse vsui in rebus quæ sunt ad tempus incertæ & non manifestæ: alterum autem indicans, quod censetur assumendum in iis rebus quæ sunt natura incertæ & non manifestæ. Et id quidem quod in memoriam reuocat, simul obseruatum cū

Signū in memoriam reuocans quale sit.

signo quod est per euidentiam, simul atque inciderit, deducit nos ad recordationem illius rei quæ nō est manifesta, quæ simul cum eo est obseruata, nunc autem euidenter non incurrit: vt in fumo & igne. Ea enim sæpe inter se inuicem coniuncta obseruantes, simul atque alterum viderimus, nempe fumum, reliquum renouamus, nempe ignem qui non cernitur. Eadem est ratio et in cicatrice quæ vlceri accedit: & in vulneratione cordis quæ mortem præcedit. Nam cùm cicatricem viderimus, vlcus quod præcessit renouamus. conspecta autem cordis vulneratione, mortem futuram prænoscimus. Sed signum quidem reuocans in memoriam, talem habet proprietatem. Indicans

Signum indicans quale sit.

autem ab eo differt. Neque enim vtique id admittit obseruationem simul cum signo. Nam ab initio vtique in suspicionem & existimationem cadere non potest res quæ est incerta & non manifesta: & propterea non potest obseruari simul cū aliquo ex iis quæ apparent, sed apertè ex propria natura & constitutione, tantùm non vocem emittens dicitur significare illud cuius est indicās: vt anima est ex iis rebus quæ sunt natura incertæ & non manifestæ. Sua enim natura nunquam cadit sub nostram euidentiam. Cùm autē sit eiusmodi, indicatiuè significatur ex motibus corporis: ratiocinamur enim quòd vis quædam quę corpus subiit, ei tales indit motus. Verumenimuero cùm duo sint signa, nempe & id quod in memoriam reuocat, & in iis rebus quæ sunt ad tempus incertæ & non manifestæ, videtur valde vtile: & id quod indicat, quod quidem refertur ad ea quæ sunt natura incerta & non manifesta, omnis nostra futura est quæstio & dubita-

De signo indicāte, non de signo reuocāte in memoriā dubitāt sceptici.

tio, non de eo quod in memoriam reuocat. nemo enim est qui non communiter credat hoc esse vtile ad ea quæ ad vitam pertinent: sed de eo quod indicat. hoc enim fictum est à dogmaticis Philosophis, & à

& à ratione vtētibus Medicis,vt quod pofsit ipfis præbere vfum maximè neceffarium. Vnde nec pugnamus cum communibus & quæ funt anticipatæ hominum notionibus : nec vitam confundimus, dicentes nullum effe fignum,vt quidam nos calumniantur. Nam fi tolleremus omne fignum,pugnaremus forte cum vita & cum omnibus hominibus. Nunc autem ipfi quoque nouimus, ex fumo quidé præcefsiffe ignem:ex cicatrice autem vlcus:ex præcedéte autem cordis vulneratione mortem:ex propofita autem tęnia fumentes vnctioné. Nunc ergo quoniam fignum quidem ponimus quod in memoriam reuocat, quo vita humana vtitur, hoc auté tollimus quod à Dogmaticis falfa inductum eft opinione,an non præterea quòd cum vita nó pugnamus, eam etiam defendimus? quoniam Dogmaticos qui aduerfus communem & anticipatam hominum infurrexerunt notioné, & dicunt fe fcire ea quæ funt natura incerta ac non manifefta,ex Philofophia notáter refellimus. Atque hæc quidem in fumma dicta fint de figno quod cadit fub quæftionem. Oportet autem in præfentia memoria tenere morem Scepticorum. Is autem eft,non cum perfuafione & affenfione exponere rationes cur non fit fignum. Hoc enim facere, perinde eft ac cenfere effe aliquod fignum fimiliter atque ij qui dogmata ftatuunt. Alioqui deducere quæftionem ad par robur ac parem firmitatem : & oftendere quòd eft æquè credibile,nó effe, & effe aliquod fignum, aut contrà æquè incredibile, aliquod effe fignum atque non effe. hinc enim momenti nulla fit menti inclinatio & affenfio. Propter hoc certè, etiam is qui nobis videtur contradicere, fert opem iis qui dicunt nullum effe fignum indicans : & partem quæ debet Sceptice confirmari,eam ipfe accepta confirmat.Si enim quæ ab iis qui dubitant aduerfus fignum afferuntur rationes, funt admodum validæ & propemodum eiufmodi vt aduerfus eas contradici non pofsit:iis autē minimè carent qui apud Dogmaticos eius probant effentiam; ex eo ipfo mittenda eft effentia,& non iniuria ad alteram partem eft accedendum. Sed cùm oftenfus fit mos Scepticus, de cætero procedamus ad confirmandum propofitum. Ex iis ergo quæ funt,aiunt Sceptici,alia quidem funt ex differentia,alia auté quæ quodammodo referuntur ad aliquid. Et ex differentia quidem funt, quæ ex propria intelliguntur fubftantia & abfolutè:vt album,nigrū, dulce,amarum, & quidquid eft his fimile. Ad ea enim nuda & per fe fola nos applicamus & ex circunfcriptione, & abfque eo quod aliquid aliud fimul cogitemus. Ad aliquid autem referuntur,quæ intelliguntur

Mos Scepticorum in difputatione de figno.

Res quænam dicantur effe ex differentia.

Res ad ali-
quid relatæ.
liguntur ex habitudine & relatione ad alterum, & non sumuntur absolutè, hoc est seorsum ac separatim: vt albius, & nigrius, & dulcius, & amarius, & quidquid est eius generis. Nō enim quomodo album aut nigrum aut amarum ex propria intelligebatur circunscriptione, ita etiam albius aut nigrius, sed vt hoc intelligamus, simul quoque adiicere oportet, & illud non est albius, aut illud non est nigrius: & in dulciori & amariori eadem est ratio. Quoniam ergo duæ sunt rerum differentiæ, vna quidem ex iis quæ sunt ex differentia, altera autem ex iis quæ aliquo modo referuntur ad aliquid, oportebit signū quoque indicans, aut ex iis esse quæ sunt ex differentia, aut ex iis quæ referuntur ad aliquid. nam inter hæc quidem nulla intercedit rerum species. Sed minimè est ex iis quæ sunt ex differentia, vt ex eo ipso concessum est etiam ab iis qui sunt diuersæ sententię. Erit ergo ex iis quæ referuntur ad aliquid. Quomodo enim signatum quod intelligitur ex ea quæ est tanquam ad signum relatione ac habitudine, est ex iis quæ referuntur ad aliquid: est enim alicuius signum, nempe signati. Si ergo alterum eorum sustulerimus ex hypothesi, simul etiam tolletur reliquum: vt etiam in dextero & sinistro cernitur fieri. Nam si nullum sit dexterum, nec erit quidem aliquid sinistrum, propterea quòd vtrunque eorum est ex iis quæ referuntur ad aliquid: & si nullū sit sinistrum, simul etiā circunscribitur dexteri cogitatio. Neq; enim, vt dixi, albius aliquid potest cognosci, nisi simul subiiciatur id quo est albius. ergo nec nigrius. Quoniā ergo signum quoque est ex iis quæ referūtur ad aliquid, vt prius diximus, simul cum signo cōprehenditur id cuius est signum. Quod autē cum eo comprehenditur, non est eius signum. Existimare enim quòd id quod cum aliquo simul comprehenditur, est illius signum, est planè abruptum. Nam cùm ambo sumantur sub vno præfinito termino temporis, neque hoc illud aperit, neque illud hoc significat: vtrunque autem per se incurrens vim habet eiusmodi. Rursus componi potest eiusmodi ratio. Signū si potest comprehendi, aut comprehenditur ante signatum, aut cum eo simul comprehenditur, aut post ipsum. Neque autem prius comprehenditur, neque simul, neque postea, vt ostendemus. Non potest ergo signum comprehendi. Atque dicere quidem quòd post signatum comprehenditur signum, ex se cernitur absurdum. Quomodo enim adhuc potest aperire signum, cùm id quod ab eo aperitur signatum, ante ipsum comprehendatur? Et alioqui Dogmatici assumēt aliquid quod pugnat cum eo quod ab ipsis solet constitui, si hoc dicant. Dicunt

Signum non
est ex iis quæ
referuntur ad
aliquid.

Signum non
comprehendi.

cunt enim signatum esse incertum & non manifestum, & ex se non
posse comprehendi. Sed si post eius comprehensionem comprehenditur signum, non erit hoc incertum & non manifestum, quádoquidem hoc fuerit deprehensum antequam adesset quod ipsum significat & declarat. Quamobrē signum non comprehenditur cum signato. Sed neque simul comprehenditur propter prius dictam paulo antè causam. Nam quæ à se inter se cóprehenduntur, non opus habent vt se inuicem significent ac declarent, sed ex seipsis in vnum incurrunt. & ideo neque signum dicetur esse signum, neque signatum adhuc esse signatum. Restat ergo vt dicatur quòd signum comprehenditur ante signatum. quod rursus deuoluitur ad easdem reprehensiones. Deberent enim prius ostendere Dogmatici, quòd signum non sit ex iis quæ referuntur ad aliquid: aut quòd simul inter se non comprehenduntur quæ referuntur ad aliquid: deinde à nobis quoque sumere, quòd signum comprehenditur priusquam signatum. Si prima autem sunt immobilia, fieri non potest vt quæ præcedit comprehensio, signo ferat testimonium, quod est ex genere eorum quę referuntur ad aliquid, & debet simul comprehendi cum eo cuius est signum. Sed si vt signum comprehendatur, oportet vel ipsum prius comprehendi quàm ipsum signatum, vel cum eo simul comprehēdi, aut post ipsum: ostensum est autem nihil ex iis posse fieri. Dicendum est ergo signum esse incomprehensibile. Præterea vi eadem aliam rationem interrogant quidam Dogmaticos, quæ sic habet: Si est aliquod signū alicuius indicans, aut apparens est signum apparentis, aut non apparens non apparentis, aut apparens non apparentis, aut non apparens apparentis. Neque autem apparens est signum apparentis, neq; non apparens non apparentis, neque apparens non apparentis, neq; contrà. Non est ergo aliquod signum. Et ratio quidem est eiusmodi. Est autem eius quoque euidens probatio. fiet autem euidentior, si ostenderimus obiectionem quæ à Dogmaticis aduersus ipsos affertur. Dicunt enim se duas solas concedere coniugationes, de duabus autem reliquis à nobis dissidere. Nam apparēs quidem, esse signum apparentis, & non apparentis apparens esse signum, verum est. Non apparens autem apparentis, aut non apparens non apparentis esse significans, falsum est. Iam enim apparens quidem apparentis signum est, nempe vmbra corporis. Nam & ipsa cùm sit signum, est apparēs: & corpus cùm sit signatum, est euidens. Apparens autem ostendit ac declarat non apparens: vt rubor pudorem. Nam rubor quidem cùm

D   sit euisit euidens, per se poterat deprehendi: pudor autem non apparebat. Sunt autem planè stulti & simplices ij qui hæc dicunt. Nam cùm constet signum esse ex iis quæ referuntur ad aliquid, & necessariò simul inter se comprehendi ea quæ referuntur ad aliquid, non potest ex iis quæ simul inter se incurrunt, aliud quidem esse signum, aliud verò signatum. sed omni ratione & omnino, propterea quòd vtraque simul euidenter inter se incurrant : & quòd necessariò simul comprehendant, neque signum esse aliquid ex iis, neque signatū, cùm illud quidem non habeat quod aperiat ac retegat, hoc autem non egeat eo quod sit aperturum ac detecturum. Eadem sunt dicenda etiam de reliqua coniugatione, per quam censebant apparens esse signum non apparētis. Oportet enim si hoc ita habeat, prius comprehendi signū quàm signatum, & signatum comprehendi post signum. quod quidē non potest fieri, propterea quòd sit ex genere eorum quæ referuntur ad aliquid, & ea debeant à se inter se comprehendi. Ex iis quidem certè rebus quæ comprehenduntur ab homine, aliæ quidem videntur per sensum comprehendi, aliæ autem mentis cogitatione. Et per sensum quidem, vt album, nigrum, dulce, amarum: mentis autem cogitatione, pulchrum, turpe, legitimum, iniquum, pium, impium. Igitur signum quoque si est ex iis quæ possunt comprehendi, aut est ex rebus sensilibus, aut ex iis quæ percipiuntur intelligentia. Nam si nō sit ex altero horum generum, ne omnino quidē erit. Hoc certè protinus est indicium quòd non possit comprehendi, nempe quòd huc vsque distrahatur eius natura, aliis quidem existimantibus id esse sensile, aliis verò ipsum cadere sub intelligentiam. Nam Epicurus quidem & qui eius præsunt hæresi, dixerunt signum esse sensile: Stoici autem id cadere sub intelligentiam. Si hæc autem dissensio ferè est eiusmodi vt iudicio terminari non possit, necesse est vt in signo sustineatur assensio, cùm debeat esse vel sensile vel cadens sub intelligentiam. & quod est omnium grauissimum, in contrarium transmutata fuit eius promissio, siquidem pollicetur quidem futurum vt aliquod aliud aperiat ac detegat, contrà autem ipsum nunc est inuētum opus habere alio quod ipsum sit aperturū ac detecturum. Si enim vnumquodque de quo est controuersia, est incertum ac non manifestum: id autē quod est incertum & non manifestum, est omnino ex signo comprehendendum : signum quoque de quo est controuersia, opus habebit aliquo signo ad ostendendum quòd sit incertum & non manifestum. Sed nec possunt dicere, quòd id de quo dissentitur, confirmari

Signum sitne sensile an intelligibile dubitatur.

Ad signū comprehēdendum alio signo opus est.

mari & probari possit demonstratione. Nam primum quidem quan- *Signum pro-*
do demonstrauerint, tunc id sumant vt quod sit probatum ac fide di- *bari non potest*
gnum. Quandiu autem est illis sola ac nuda promissio, nõ autem de- *demõstratione.*
monstratio, stat in sustinenda assensione. Deinde demonstratio quo- *Demonstratio*
que est eorum de quibus dubitatur. Quòd si de ea quoque dissentia- *est eorum de*
tur, opus habet eo quod sit fidem facturum. Per id autem quod quę- *quibus dubi-*
ritur, quod quæritur velle ostendere, est planè absurdum. Alioqui au- *tatur.*
tem genere quoque signum est demonstratio. est enim aperiens ac *Demonstratio*
detegens conclusionem. Vt ergo signum confirmetur, oportet cre- *est genere si-*
dibilem esse demonstrationem. Vt autem credibilis fiat demonstra- *gnum.*
tio, oportet signum prius confirmari. Quo fit vt vtrunque vt ab altero fides fiat expectans, ex æquo est reliquo incredibile. Ad hæc accedit, quòd id quod sumitur in parte demonstrationis ad signum con
firmandum, aut est sensile, aut cadit sub intelligentiam. Et si sit quidẽ
sensile, rursus manet quę fuit ab initio quęstio, eo quòd de sensilibus
communiter dissentiatur. Sin autem sit quod cadit sub intelligentiá,
est similiter incredibile. Non enim sine sensilibus potest hoc apprehendi. Cæterum concedatur, & ex abundátia detur, signum esse aut
sensile, aut cadere sub intelligentiam. Sed sic quoque fieri non potest
vt credibilis sit eius substantia. Dicendum est autem de vtroque vnũ
magnum. Et protinus quidem est dicendum, quòd id non sit sensile. *Signum nõ est*
Vt ergo de hoc constet, oportet prius consentire de essentia sensiliũ, *sensile.*
& de ea conuenire omnes Physicos. ex ea autem consensione de signo deducitur quæstio. Inter eos autem nõ conuenit, sed dum lym- *Sensilium nul*
pha fluet, procera arborque virescet, non cessabunt Physici de ea re *lum esse subie-*
inter se depugnare. Nam Democritus quidem dicit nullum esse sub- *ctum, sed ina-*
iectum sensilium, sed inanes quasdam sensuum affectiones esse eorũ *nes sensũ af-*
apprehensiones. & neque in rebus externis esse aliquid dulce, nec *fectiones esse*
amarum, aut calidum, aut frigidum, nec aliquid aliud ex iis quæ appa *prehẽsiones di*
rent omnibus. hæc enim esse nomina nostrarum affectionum. Epi- *cebat Demo-*
curus autem dicebat omnia sensilia subiici talia, qualia in sensum vi- *critus.*
dentur incurrere, sensu nunquam fallente, cùm alij eum falli existi- *Sensilia talia*
ment. Stoici autem & Peripatetici media via ingredientes, dixerunt *esse qualia in*
nonnulla quidem subiici sensilia vt vera, nonnulla autem non esse, *sensum incur-*
cùm de iis fallat sensus. Sed vt summatim dicam, si signum volumus *rũt, & sensum*
esse sensile, oportet ante omnia de eo constare, firmiterque ac stabi- *nunquam fal-*
liter ostẽdi sensilium substantiam, vt hoc quoque detur esse firmiter *lere dicebat*
ac stabiliter comprehensibile: aut si acciderit de eo perpetuum esse *Epicurus.*
Sensilium ali-
qua esse vera,
aliqua falsa, di
cebant Stoici et
Peripatetici.

D 2   dissidiffidium, oportebit hoc quoque eandē habere confenfionem. Quęro ergo quemadmodum poffunt nos docere qui funt diuerfæ fententiæ, quòd fignum fit reuera fenfile? Quoduis enim fenfile fua natura fubiicitur omnibus quæ fimiliter fe habent, & ex æquo fumuntur: vt album colorem non aliter quidem apprehendunt Græci, aliter verò Barbari, & differenter quidem artifices, diuersè verò rudes & imperiti: fed fimiliter omnes quorum fenfibus nihil obfiftit. & amarū rurfus aut dulce non aliter quidem hic guftat, alio autem modo ifte: fed fimiliter guftat vnufquifque ex iis qui funt affecti fimiliter. Signum autem, vt fignum, non cernitur fimiliter mouere eos qui funt fimiliter affecti: fed aliis quidē minimè eft fignum alicuius, etiamfi in eos euidēter incurrat. aliquibus autem fignum quidem eft, fed non eiufdem rei, fed diuerfæ. Eadem enim fi appareant, exempli gratia in arte medēdi, huic quidem funt alterius rei figna, vt Erafiftrato: alterius verò ifti, vt Herophilo: alterius autem illi, vt Afclepiadi. Nō eft ergo dicendum fignum effe fenfile. Si enim fenfile quidem, mouet omnes fimiliter. Signum autem non mouet omnes fimiliter. Signum minimè eft fenfile. Rurfus fi fignum eft fenfile, oporteret ficut ignis cùm fit fenfilis, vrit omnes qui poffunt vri: & nix cùm fit fenfilis, frigefacit omnes qui poffunt frigefieri: ita etiam ipfum, fiquidem eft ex fenfilibus, deberet omnes deducere ad idem fignatum. Non deducit autē. Non eft ergo fenfile. Ad hæc accedit quòd fi fignum eft fenfile, aut à nobis comprehendi poffunt quæ non funt manifefta, aut non comprehendi. Atque fi à nobis quidem non poffunt comprehendi, perit fignum. Nam cùm fint duæ res, aliæ quidem euidentes, aliæ verò incertæ & non manifeftæ, fi funt quidē incertæ & non manifeftæ, propterea quòd non poffint comprehendi, nullum eft fignum. Sin autē poffunt comprehendi, rurfus oporteret, quoniam fignum eft fenfile, fenfile autem ex æquo omnino mouet, quæcunque funt incerta & non manifefta comprehēdi. Sed alij quidem dicunt ea non comprehendi, vt medici Empirici, & Sceptici philofophi. Alij autem comprehendi quidem, fed non fimiliter. Nō eft ergo fignum fenfile. Imò eft, inquiunt. fed ficut ignis, cùm fit fenfilis, pro materiæ fubiectæ diuerfitate diuerfas oftendit facultates, & in cera quidem liquefacit, in luto autem cogit & facit concrefcere, in ligno autem vrit: eodē modo eft confentaneum, fignum quoque, cùm fit fenfile, pro diuerfitate eorum quæ ipfum apprehendunt, res diuerfas indicare & declarare. Nec eft hoc admirabile, cùm etiam in fignis quę reuocant in memoriam,

riam, hoc quoque cernatur fieri. Fax enim quæ suſtollitur, ſignificat aliquibus incurſionē hoſtium: aliquibus verò indicat aduentum amicorum. & nolæ ſonus aliis quidem ſignificat venditionem obſonij: aliis verò vias eſſe rigandas. Ergo ſignum quoque indicans, cùm ſenſilem habeat naturam, alia & alia poterit ſignificare & indicare. Rogauerit autem hic quoque quiſpiā eos qui vtuntur illa quæ fit ab igne tranſitione, vt oſtendant hoc fieri in ſigno, quod in igne fieri contingit. conſtat enim eum habere prius dictas facultates: nec eſt vllus qui non fateatur, ceram quidem liquefieri, lutum autem cogi & concreſcere, lignum verò vri. In ſigno autem indicante, ſi admittamus fieri quòd cum eo proportionem habeat & conuenientiam, ad maximam deducemur abſurditatem, dicentes eſſe vnumquodque ex iis quæ ab eo indicantur, quo fiet, vt, exempli gratia, & multitudinem vnum faciant, & acrimoniam, & corporis conſtitutionem. quod quidem eſt *νοσοποιεῖμ̣.* abſurdum. Fieri enim non poteſt, vt quæ ſic pugnant cauſæ, & ſe inter ſe perimunt, ſimul ſint. Aut ergo hoc fateantur, etiam ſi fieri non poſſit, qui dogmaticè philoſophantur: aut ſignū, cùm ſit ſenſile, quod ad ſe attinet, nihil indicare. Nos autem cùm diuerſè ſimus affecti, nō ſimiliter eo mouemur, quod quidem fateri in animum minimè induxerint, atque eo quòd tales ignis vires non cōueniant ac conſentiāt, ſed ſint dubiæ. Si enim ignis habet vrendi naturam, deberet omnia *Ignis ex ſua* vrere, & non aliqua quidem verè, aliqua verò minimé. & ſi vim ha- *naturā nec v-* bet liquefaciendi, deberet omnia diſſoluere, & non aliqua quidem, *rendi, nec li-* aliqua verò minimé. Nunc autem videtur hoc facere, non ex ſua na- *vim habet, ſed* tura, ſed propter materiam eorum quæ vruntur, quæ ad illum acce- *propter mate-* dit: vt vrit lignum, non quòd vim habeat vrendi, ſed quòd lignum *riam eorū quæ* aptum ſit vt vratur, cùm illum habuerit opem ferentem. & liquefacit *queſiunt.* ceram, non quòd vim habeat liquefaciendi, ſed quòd cera apta ſit vt liqueſcat eius ope freta. De his autem docebimus accuratius, quando cōſiderabimus de eorum eſſentia. Nunc autem aduerſus eos qui ad ſignum accedunt quod reuocat in memoriam, & aſſumunt facem *Signa, quæ* & ſonum nolæ, nobis dicendum eſt, non eſſe mirandum ſi eiuſmodi *moriam, pro-* ſigna plura indicent & ſignificent. Nam cùm leges dederimus, vt *pter legem da-* aiunt, definitum & in nobis ſitum eſt, velimús ne ea vnum ſignifica- *dicant et ſigni-* re ac indicare, an plura. Signum enim indicans, cùm ſignatum è ſua *ficant.* natura videatur enuntiare, neceſſariò oportet ipſum eſſe vnius rei in- *Signum eſt v-* dicans, idque omnino vniforme. Nam ſi ſit cōmune multorum, non *cans & vni-* erit ſignum. Fieri enim non poteſt, vt vnum firmiter ac ſtabiliter ſu- *forme.*

D 3   matur,

matur, si multa sint quæ non sunt manifesta: vt ex diuite fieri pauperem, commune est & eius quòd quis luxuriosè viuendo sua prodegerit,& quòd nauem fregerit,& quòd amicis sua erogarit. Cùm autem sit multorum commune, non potest præcipuè aliquod vnum significare ac indicare. Nã si hoc, cur magis hoc quàm illud? Sed nec omnia. Non possunt enim simul esse omnia. Differt ergo signum indicans à signo quod reuocat in memoriam. & non est ab illo ad hoc transeundum: quandoquidem oportet illud quidem vnum solum indicare ac significare, hoc autem potest plura ostédere, & vt nos speciem facti posuerimus, significare, quòd quidquid est sensile, non potest doceri. Neque enim album colorem docetur quispiam videre, neque amarum discit gustare, neque calidum apprehendere, neque aliquid aliud eiusmodi: sed à natura & sine doctrina horum omnium adest nobis cognitio. Signum autem, vt signũ, cum multis, vt aiunt, docetur laboribus: vt in arte gubernandi, quòd ventos significet & tempestatem aut serenitatem. Similiter autem apud eos qui versantur in tractandis rebus coelestibus: vt apud Aratum & Alexandrum AEtolum. Eodem modo etiam apud Medicos Empiricos: vt rubor, & articulorum curuitas, & sitis, & alia. Quæ qui non didicerit, ea nõ apprehendit vt signa. Signum ergo nõ est sensile. Nam si sensile quidem, non potest doceri: Signum autem vt signum potest doceri: Signum non est sensile. Sensile quoque, quatenus est sensile, intelligitur ex differentia: vt album, nigrum: dulce, amarum, & quidquid est eiusmodi. Signum autem, quatenus signum, est ex iis quæ referuntur ad aliquid. consideratur enim ex habitudine ac relatione quæ est tã- quam ad signatum. Non est ergo signũ ex sensilibus. Præterea quidquid est sensile, vt ipsum ostendit vocabulum, apprehenditur sensu: Signum autem, vt signum, non sensu apprehéditur, sed mente ac cogitatione. Dicimus quidem certè verum esse signum & falsum. verum autem & falsum non est sensile. vtrunque enim est pronunciatũ. Pronunciatum autem non est ex sensilibus, sed ex iis quæ cadunt sub intelligentiam. Dicendum est ergo signum non esse ex sensilibus. Sic quoque est argumentandum, Si signum est sensile, id est signum indicans. quod quidem non ita habet. Si enim sensile aliquid indicat, aut id quod est eiusdem generis, indicabit id quod est eiusdem generis: aut id quod est diuersi generis, id quod est diuersi generis. Nõ est ergo sensile alicuius indicans. vt, esto per hypothesim nunquam nos incidisse in colorem album, nec in nigrum: primum autẽ videre album.

album. Sed non potuerimus ex huius comprehensione colorem nigrum comprehendere. Habere enim notionē, nigrum esse alterum colorem, & non talem qualis est albus, fortasse est ex iis quæ possunt fieri. Nigrum autem colorem comprehendere ex præsentia albi, est plane eiusmodi vt nulla ratione possit fieri. In voce quoque est eadē ratio, & communiter in aliis sensilibus. Sésile ergo eiusdem generis, ab eo quod est eiusdem generis nō potest indicari: vt aspectabile ab aspectabili, audibile ab audibili, aut gustabile à gustabili. Sed nec quod est diuersi generis indicari potest ab eo quod est diuersi generis: vt aspectabili ab audibili, aut audibile à gustabili aut odorabili. Non enim si quispiam olfaciat aliquid suaue olens, venit ad comprehensionem albi coloris. Neque qui vocem apprehendit, gustu sentit dulcedinem. Quanquam longum est quærere, an quod est eiusdem generis, possit esse signum eius quod est eiusdem generis, & quod est diuersi, eius quod est diuersi, cùm etiam de eo quod est propius, quispiam desperauerit qui sapuerit, nēpe de eo quòd sensile seipsum non possit indicare. Ex iis enim qui de eo cōsiderarunt, vt sæpe ostendimus, alii quidem dicunt ipsum non apprehēdi à sensu quale est natura. Neque enim esse album, nec nigrum, nec calidum, nec frigidū, nec dulce, nec amarum, nec huiusmodi alia præditum qualitate. Sed cùm inaniter sit affectus & fallatur noster sensus, videri subiectū esse huiusmodi. Alij autem existimarunt quædam quidē ex sensilibus verè esse, aliqua autem minimè. Alij autem ex æquo omnibus tribuerunt essentiam. Cùm sit ergo tanta, & iudicio non decisa dissensio de substantia sensilium, dici non potest sensile seipsum ostendere, cùm nondum cognoscatur quænam sit vera sententia eorum qui sic dissident. At illud quidem certè tenendum est, quòd neque sensile eiusdē generis, indicatur à sensili eiusdem generis: neque quod est diuersi generis, ab eo quod est diuersi generis: neque ipsum à seipso indicatur. AEnesidemus autem in quarto libro Pyrrhonæorum, de eodem argumento, & eadē ferè vi ac virtute sic interrogat: Si quę apparent, omnibus similiter affectis similiter apparēt, rubor certè qui apparet in febricitantibus, & causarum præcedens affectio, & cutis humida, & calor maior, & pulsus vehementior, & cætera signa, iis qui similiter sunt affecti & sensibus & alia constitutione, non eiusdem rei incurrunt signa, neque similiter apparēt omnibus: sed Herophilo quidem, exempli causa, tanquam apertè boni sanguinis signa: Erasistrato autem tanquam transmutationis à venis in arterias: Asclepiadę autem *διάςεως* tem, tanquam figna vehementioris intenfionis corpufculorum quæ percipiuntur intelligentia, in raritatibus quæ cadunt fub intelligentiam. Eſt ergo recta etiam fecunda propoſitio. Sed & tertia, quòd quæ apparent, ſimiliter apparent omnibus ſimiliter affectis. Color enim, exempli cauſa, albus, ei quidem qui morbo laborat regio, & ei qui ſanguine fuffuſos habet oculos, & ei qui ſecundum naturam eſt affectus, non ſimiliter incurrit. non ſunt enim ſimiliter affecti. quamobrem illi quidem apparet fuluus, huic verò ruber: iis verò qui ſunt in eadem affectione, nempe ſanis, albus ſolùm apparet. Si ergo verę ſunt hæ propoſitiones, ſimul etiam inferetur illatio. Apparens ergo non eſt ſignum. Atque nobis quidem hac via & ratione argumentantibus, ex ſe vera oſtenſa eſt oratio. Quòd autem ſit etiam indemonſtrabilis, perſpicuum erit ſi ſyllogiſticè eam reſoluerimus. Iam enim, vt paulò altius rem ſumamus, indemoſtrabiles dicuntur duobus modis, nempe & quæ non ſunt demonſtratæ, & quæ non opus habent demonſtratione, quòd ex ſe in eis ſit perſpicuũ quod colligant. Sæpe

Indemonſtrabilis dicitur duobus modis. autem oſtendimus quòd in ſecundo ſignificato ita ſunt appellatæ, quæ locatæ ſunt à Chryſippo in principio primæ inſtitutionis De ſyllogiſmis. Nunc autem cùm de hoc conſtet, ſciendum eſt, quòd pri-

Prima indemonſtrabilis oratio. ma quidem indemonſtrabilis eſt, quæ ex connexo & antecedente, conſequens in illo connexo habet concluſionem. hoc eſt, quando oratio duas habet propoſitiones, quarum altera quidem eſt connexum, altera verò antecedens in connexo, habet autem & illationem conſequens in eodem connexo. tunc eiuſmodi oratio appellatur prima indemonſtrabilis: vt quæ ſic habet, Si dies eſt, lux eſt. Atqui dies eſt, Lux ergo eſt. Hæc enim, alteram quidem ex propoſitionibus habet connexum, nempe illud, Si dies eſt, lux eſt. alteram autem, antecedens in connexo. Atqui dies eſt, lux ergo eſt, tertiam, illationem conſequens connexi. Secunda autem indemonſtrabilis eſt, quæ ex

Secunda indemonſtrabilis oratio. connexo & eo quod aduerſatur conſequéti in illo connexo, id quod aduerſatur antecedenti, habet concluſionem. hoc eſt, quando oratio rurſus conſtat ex duabus propoſitionibus, quarum altera quidem eſt connexum, altera autẽ id quod aduerſatur conſequenti in connexo: habet autem & illationẽ id quod aduerſatur antecedenti, tunc eiuſmodi oratio eſt ſecunda indemonſtrabilis: vt illud, Si dies eſt, lux eſt. Non eſt autem lux, non eſt ergo dies. Tunc enim, Si dies eſt, lux eſt, quod eſt altera propoſitio orationis, aduerſatur ei quæ eſt in connexo. & illatio, Non eſt ergo dies, eſt ea quæ aduerſatur antecedenti.

Tertia

Tertia autem oratio indemonstrabilis est, quæ constans ex coniun- *Tertia inde-*
ctione negatiuæ, & vno ex iis quæ sunt in coniunctione, habet con- *monstrabilis o-*
clusionem eam quæ aduersatur reliquæ earū quæ sunt in coniunctio- *ratio.*
ne: vt, Non & dies est, & nox est, est negatiua cōiuncta huius, Et dies
est, & nox est. Illud autem, Dies est, est altera earum quæ sunt in coniunctione. Illud autem, Non est ergo nox, aduersatur reliquæ ex iis
quæ sunt in coniunctione. Atque tales quidem sunt orationes. Modi
autem & veluti figuræ in quibus rogatæ sunt quæ sic habent, sunt
huiusmodi. Primæ quidem indemonstrabilis, Si primum, secundum.
Primum est autem, ergo secundum. Secundæ autem, Si primum, secundum. Non est autem secundum, non est ergo primum. Tertiæ
autem, Non est & primum, & secundum. Est autem primum, nō est
ergo secundum. Præterea sciedum est, quòd ex indemonstrabilibus
aliæ quidem sunt simplices, aliæ verò non simplices. Ex quibus sim- *Indemonstra-*
plices quidem sunt, in quibus ex seipsis manifestum est quod colli- *biliū aliæ sunt*
gunt. hoc est, quòd simul cum eorum propositionibus colligitur illa- *simplices, aliæ*
tio: cuiusmodi sunt quæ sunt expositæ. In prima enim si statim dede- *non simplices.*
rimus esse verum, Si dies est, lux est. dico autem ad hoc quod est Die
esse, sequi esse lucem. Ponamus autem primum esse verum, nempe
Diem esse, quod est antecedens in connexo, necessariò sequetur etiā
esse lucem. quod quidem est conclusio orationis. Non simplices au- *Indemonstra-*
tem sunt, quæ sunt contextæ ex simplicibus, & adhuc opus habent vt *biles non sim-*
in illas resoluantur, vt sciatur eas colligere. Ex his autē non simplici- *plices quænam*
bus, aliæ quidem constant ex iis quæ sunt eiusdem generis, aliæ verò *sint.*
ex iis quæ non sunt eiusdem generis. Et ex iis quidem quæ sunt eiusdem generis, vt quæ sunt contextæ ex duabus primis indemōstrabilibus, aut ex duabus secundis. Ex iis autem quæ sunt diuersorum generum, vt quæ constant ex prima indemonstrabili, aut ex secunda &
tertia: & communiter quæ sunt iis similes. Atque constat quidem ex
iis quæ sunt eiusdem generis: vt hic, Si dies est, lux est. Atqui dies est,
lux ergo est. contexta enim est ex duabus primis indemōstrabilibus,
vt sciemus si ipsam resoluerimus. Sciendum est enim, quod contem- *In syllogismo-*
platio dialectica, quæ traditur in syllogismorum resolutionibus, est *rum resolutio-*
huiusmodi. Cùm habuerimus propositiones ex quibus colligitur *nibus theore-*
aliqua conclusio, vi ac potestate in his habemus illam conclusionem, *ma.*
etiam si non enuntietur per prolationem. Quoniam ergo duas habemus propositiones, nempe & connexum illud, Si dies est, lux est.
quod quidem incipit à simplici pronunciato, Dies est, definit autem
                               E   in non

in non simplex connexum, nempe, Si dies est, lux est: & præterea in antecedens quod est in eo, nempe Dies est: ex his nobis colligetur prima indemonstrabili consequens in illo connexo, nempe, Si dies est, lux est. Hoc ergo vi quidem ac potestate habemus collectum in oratione. Si in prolatione autem pretermissum collocauerimus cum anticipatione expositæ orationis, nempe Dies est, habebimus collectum illud, Lux est, prima indemonstrabili. quod quidem erat illatio expositæ orationis. Quo fit vt duæ sint primæ indemonstrabiles. vna quidem huiusmodi, Si dies est, lux est: altera autē huiusmodi, Si dies est, lux est. Atqui dies est, lux ergo est. Atq; huiusmodi quidem sunt orationes, quæ contexuntur ex iis quæ sunt eiusdem generis. Restat autem quæ constat ex iis quæ sunt diuersi generis, cuiusmodi est quæ apud AEnesidemum de signo fuit rogata. est autem huiusmodi: Si quæ apparent, omnibus similiter affectis similiter apparent: & signa sunt apparentia. Signa similiter apparent omnibus similiter affectis. Quæ autem apparent, omnibus similiter affectis similiter apparent. Signa autem non apparent omnibus similiter affectis. Signa ergo nō sunt apparentia. Constat enim eiusmodi oratio & ex secunda indemonstrabili, & tertia: sicut licet discere ex resolutione. quæ quidem fiet dilucidior, si nos doctrinam exhibuerimus in modo qui sic habet, Si primum & secundum, tertium. Non est autem tertium, sed nec primum: non est ergo secundum. Quoniam enim habemus connexum in quo antecedit complexum primum & secundum, consequitur autem tertium. Habemus autem & quod aduersatur consequēti, nempe Non tertium, colligetur nobis & quod aduersatur antecedenti, nempe Non ergo primum & secundum, secunda indemonstrabili. Sed hoc ipsum vi quidem ac potestate oratione exponitur, cùm habeamus quæ ipsum continent propositiones, in prolatione autē pretermittuntur, quæ si locauerimus cum ea quæ restat propositione, nempe prima, habebimus cōclusionem quæ colligitur, nempe Non ergo secundum, tertia indemonstrabili. Quo fit vt duæ sint indemōstrabiles. vna quidem huiusmodi, Si primum & secundum, tertium. Non est autem tertium, non est ergo primum & secundum. quæ est secunda indemonstrabilis. Altera autem secunda quæ sic habet, Nō & primum, & secundum. Atqui est primum, non est ergo secundum. Atque in modo quidem est eiusmodi resolutio. habet autē proportionem & conuenientiam in oratione. prætermittitur enim tertium, nempe illud, Non quæ apparent, omnibus similiter affectis similiter

appa-

apparent. & signa sunt apparentia. Signa omnibus similiter affectis similiter apparent. Signa ergo non sunt apparetia. Tertia autem huiusmodi. Non & quæ apparent, omnibus similiter affectis similiter apparent. Et signa sunt apparentia. Atqui quæ apparent, omnibus si-
5 militer affectis similiter apparent. Non sunt ergo signa quæ apparet. Eadem autem virtute colligendi eiusmodi quoque proponetur oratio: Si quæ apparent, ex æquo apparent omnibus: & quæ apparent, sunt signa eorū quæ non apparent. quæ non sunt manifesta, ex æquo apparent omnibus. Non autem quæ non sunt manifesta, ex æquo
10 apparent omnibus. Sed & quæ apparent, ex æquo apparent omnibus. Non ergo quæ apparent, sunt signa eorum quæ non sunt manifesta. Huius vtique orationis similis quidem est resolutio, per quam secunda indemonstrabilis applicatur tertiæ. Sunt autem euidentes propositiones. Nam quòd quæ apparent, ex æquo apparent iis quo-
15 rum sensibus nihil obstat, est perspicuum. Non enim aliis aliter apparet album, neque aliis aliter nigrum, neque differenter dulce: sed similiter omnes mouet. Si hæc autem ex æquo apparent omnibus, & vim habent indicatiuam eorum quæ non sunt manifesta: necesse est ea etiam quæ non sunt manifesta, ex æquo omnibus incurrere: vt-
20 pote quòd & eædem sint causæ, & sit similiter subiecta materia. Hoc autem non ita est. Non enim omnes similiter ea quæ non sunt manifesta cognoscunt, etiam si ex æquo eis se offerant sensilia. Sed aliis ne veniunt quidem in cogitationem: aliis autem veniunt quidem, sed attrahuntur in varietatem & in multiplices & inter se pugnantes ne-
25 gationes. Consequens est ergo dicere signa non esse sensilia, ne nobis sequatur hoc absurdum. Licebit autem iis quoque quę dicta sunt breuiter comprehensis, tales proponere orationes: Si quæ apparent, omnibus apparent: signa autem non omnibus apparent: non sunt ea quæ apparent, signa. Atqui primum, ergo & secundum. Et rursus,
30 Si quæ apparent, quatenus sunt apparentia, non opus habent vt doceantur: signa non sunt apparentia. Atqui primum, ergo & secundū. Atque aduersus eos quidem qui censent signum esse sensile, hæ sint motæ dubitationes. Consideremus autem & sectam illorum qui eis aduersantur, eorum, inquam, qui illud acceperunt, vt quod cadat sub
35 intelligentiam. Forté autem oportebit etiam pauca præmittere de eo quod ipsis placet, quatenus signum volunt esse pronunciatum, & ideo describunt id cadere sub intelligentiā. Dicunt ergo signum esse pronunciatum in recto conexo ex antecedenti aperiens consequēs.

E 2   Iudi-

Signi, quatenus est pronunciatum, definitio.

Recti connexi quatuor coniugationes.

Iudicationes recti connexi multas quidem etiam alias esse dicunt: vnam autem esse ex omnibus de qua non constat, quæ est definienda. Omne enim connexum aut à vero incipiens desinit in verum, aut à falso incipiens desinit in falsum, aut à vero in falsum, aut à falso in verum. Atque à vero quidem incipiés desinit in verum, illud: Si sunt Dij, Deorum prouidentia mundus administratur. A falso autem in falsum, vt illud: Si terra volat, habet alas. A vero autem in falsum, vt: Si iste mouetur, ambulat, eo quidem non ambulante, sed mouente. Cùm sint ergo quatuor connexi coniugationes, nempe cùm & à vero incipiat, & in verum desinat: aut cùm à falso desinat in verum, aut contrà à vero in falsum, in primis quidem quatuor modis dicunt hoc esse verum. Nam & si à vero incipiens desinat in verum, est verum: & si à falso in falsum, rursus verum: similiter autem & si à falso in verum. Vno autem solo modo esse falsum, nempe quando à vero incipiens desinit in falsum. Cùm hæc autem ita habeant, signum dicunt esse quærendum, non in hoc prauo connexo, sed in recto. Dictum est enim pronunciatum, quod in recto connexo est antecedés. Sed quoniam non erat rectum vnum connexum, tria autem erant, nempe quod incipit à vero & desinit in verum, & quod à vero in falsum, & quod à falso in verum, quærendum est vtrumnam signum quærendú sit in omnibus rectis connexis, an in aliquibus, an in aliquo. Ergo si signum oportet esse verum & verum ostendere, neque in eo quod incipit à vero & desinit in falsum, neque in eo quod à falso in verum, subiicietur. Restat ergo vt id sit in illo solo, quod & incipit à vero, & desinit in verum, vtpote quod & ipsum sit, & signatum simul esse debeat. Quando ergo dicitur signum esse pronúciatum in recto connexo antecedens, oportebit intelligere antecedens in eo solo connexo, quod & à vero incipit, & desinit in verum. Atqui non si quod antecedit pronunciatum in recto connexo, & à vero incipiens & in verum desinens, hoc est signum. Iam enim à vero quidem certè incipit illud, Si dies est, lux est: à vero, inquam, nempe Dies est, & in verum desinit, nempe Lux est. Non habet autem in se antecedens pronunciatum signum desinentis seu consequentis. Neque enim illud Dies est, aperit & reuelat esse lucem: sed vt ipsum per se præcurrit, ita etiam lux accipitur ex sua claritate & euidentia. Oportet ergo signum, non solum esse antecedens in recto connexo, sed etiam habere naturam quæ aperiat ac reuelet id quod desinit seu consequés: cuiusmodi est in his connexis, Si ista habet lac in vberibus, concepit.

Et si

Et si iste expuit crassum & viscidum ex pulmone humorem, quem βρόγχιον appellant, vlcus habet in pulmone. Hoc enim connexum est rectum, vt quod incipiat quidem à vero, nempe Iste expuit crassum & viscidum humorem è pulmone: desinat autem in verum, nempe, Iste habet vlcus in pulmone, cum eo quod primum aperit, & reuelat secundum. Ad illud enim nos applicantes, hoc comprehendimus. Præterea, inquiunt, oportet signum præsens esse signum præsentis. Nonnulli enim decepti etiam præsens volunt esse signum præteriti: vt in hoc, Si iste habet cicatricē, iste habuit vlcus. Nam si habet quidem cicatricem, est præsens. apparet enim: vlcus autem habuisse, præteritum. nõ est enim amplius vlcus. Et præsens futuri: vt id quod continetur hoc connexo, Si iste fuit corde sauciatus, morietur. nam cordis quidem vulnus iam esse dicūt, mortem autem futuram. Ignorant autem qui hæc dicunt, quòd alia quidem sunt præterita, alia futura. Signum autem & signatum etiam in his est, præsens præsentis. Nam & in illo priori, Si iste habet cicatricem, habuit vlcus: vlcus quidem iam fuit & præteriit. Quòd autē iste habuerit vlcus, est præsens pronūciatum quod dicitur de aliquo quod fuit. Et in illo, Si iste vulneratus est corde, morietur, futura quidem est mors. Quòd iste autem sit moriturus, est præsens pronunciatum quod dicitur de futuro. vnde etiam nunc est verum. Quamobrem & signum est pronunciatum, & in recto connexo antecedit quod incipit à vero, & desinit in verum, aperit autem & reuelat id quod est desinens seu consequens. & omnino præsens est præsentis signum. His autem ostensis congruenter iis quæ ab illis traduntur artibus, primum quidem hoc solum eis dicendum est. Si, vt alij quidem volunt, signum est sensile: vt alij autem volunt, cadit sub intelligentiam: & quæ de ea re est cōtrouersia huc vsque non potuit diiudicari, dicendum est signum planè esse incertum & non manifestum. Cùm autem sit non manifestū, opus habet iis quæ id sunt apertura ac detectura: non oportet autem esse alia quæ ipsum aperiant ac detegant. Præterea si ex eorum sententia signum habet substantiam in eo quod dicitur, quæritur autem an sint quæ dicuntur, absurdum est priusquam constet de genere, tanquam firmam ac stabilem accipere speciem. Videmus autem, quòd sunt quidam qui peremerunt essentiam eorum quæ dicuntur: nec solùm ij qui sunt diuersæ sententiæ, vt Epicurei, sed etiam Stoici, vt Basilides, qui in hac fuit opinione vt existimaret nihil esse incorporeū. De signo ergo sustinenda est assensio. Sed si prius, inquiunt, ostenderimus

Signū est præsentis, nõ præteriti, nec futuri.

Signum est incertum & nõ manifestū, cùm nesciatur sitne sensile an intelligibile.

λεκτῷ

Basilides Stoicus existimauit nihil esse incorporeum.

rimus essentiam eorum quæ dicuntur, habebimus firmam ac stabilē signi naturam. Quando ergo ostenderitis, inquiet quispiam, tunc quoque sumite esse credibilem signi essentiam. Quandiu autem manetis in nuda promissione, necesse est quoque nos manere in sustinenda assensione. Deinde quemadmodum fieri potest vt demonstretur essentia eorum quæ dicuntur? Nam aut per signum hoc oportebit facere, aut per demonstrationem potest hoc fieri. Nam ipsa quoque cùm sint quæ dicuntur, quæruntur similiter atque alia quæ dicútur. Et tantum abest vt possint aliquid firmiter ac stabiliter ostédere, vt contrà ipsa quoque opus habeant eo quod sit ostésurum. & imprudentes inciderunt Stoici in eum modum qui dicitur alter per alterum. Nam vt certa esse constet eâ quæ dicuntur, & demonstrationem & signum esse oportet. Vt autem demonstratio & signum consistat, necesse est vt prius sit credita eorum quæ dicuntur, natura. Cùm ergo in se inuicem annuant, & expectent eam quæ inter se fit probationē, ex æquo sunt incredibilia. Sed age concedatur ex abundantia, vt procedat quæstio, esse quæ dicuntur, licet quæ de iis est cótrouersia, minimè possit decidi. Si ea ergo sunt, aut corpora ea esse dicent aut incorporea. Et corpora quidem non dixerint. Sin autem incorporea, aut ex eorum sententia aliquid agunt, aut nihil agunt. Et agere quidē non censuerint. Incorporeum enim, vt ipsi volunt, neq; vt aliquid agat, neque vt aliquid patiatur, habet à natura insitum. Si autem nihil agant, nec cuius sunt signum aliquid indicarint & significauerint. Aliquid enim indicare & significare, est aliquid agere. Absurdum est autem, signum nec indicare aliquid nec significare. Signum ergo non cadit sub intelligentiam, nec est pronunciatum. maximè cùm, vt alibi ostendimus, alia quidem significent, alia verò significentur. Significant quidem voces: significantur autem quę dicuntur. in quibus sunt etiam pronunciata. Cùm autem omnia significentur pronunciata, non autem significét, signum minimè est pronunciatum. Rursus concedatur quæ dicuntur naturam habere incorpoream. Sed quoniam dicunt signum antecedere in recto connexo, oportebit rectum connexum prius esse diiudicatum & examinatum, siue id sit vt vult Philo, siue vt vult Diodorus, aut id ex colligatione, aut aliquo alio modo iudicetur. Nam cùm de his sint multæ dissensiones, non licet sumere signum firmiter ac stabiliter, si decidi ac terminari non possit eorum controuersia. Ad ea quæ dicta sunt, accedit, quòd etiam si dederimus eos inter se consentire de eo quod verè &

rè & rectè iudicat, & citra controuersiam id esse quodcunque illi ve- *Signatum nõ*
lint, nihilo secius necesse est vt id quod continet signum, fateantur *potest diiudi-*
non posse diiudicari. Signatum enim aut manifestum esse volunt, aut *cari, seu sit ma*
non manifestum. Et si quidẽ est manifestum, non erit signatum: neq; *non manifestũ.*
5 ab aliquo significabitur, sed ipsum per se incurret. Sin autem nõ manifestum, erit omnino hoc ignotum sitne verum an falsum. Nam si
cognoscatur quidnam sit horum, erit manifestum. Quod ergo continet signum & signatum, connexum desinens seu consequens, quoniam non est manifestum, necessariò non poterit diiudicari. Nam
10 quoniam quod à vero quidem incipit, est notum, quatenus autẽ desinit est ignotum, oportet nos ante omnia ad ipsum diiudicandũ nosse
in quid desinat: vt si in verum quidem desinat, hoc ponamus verum,
propterea quòd incipiat à vero, & in verum desinat. Non est ergo
dicendum signum esse pronunciatum, neque in recto connexo ante-
15 cedens. His autem addendum est, quòd etiam pugnant cum euiden- *Signum non*
tia qui sunt principes huius sententiẽ. Si enim signum est pronuncia- *esse pronuncia*
tum, & in recto connexo antecedit, oporteret eos qui nullam habẽt *tum ostẽditur*
omnino notionem pronunciati, neque artes didicerunt dialecticas, *ex euidentia.*
esse remotos ab omni signatione. Non ita est autem. Nam sæpe gu-
20 bernatores illiterati, & sæpe dialecticarum contemplationum impe- *Imperiti Dia*
riti agricolæ, præclarè signant & obseruant. Illi quidem in mari ven- *lecticæ signant*
tos & serenitates, tempestatesque & trãquillitates: hi autem in agri- *& obseruant.*
cultura fertilitatem & sterilitatem, siccitatémque & imbres. Quanquam quid loquimur de hominibus, cùm quidam ex ipsis etiam bru-
25 ta impertiant signi intelligentia? Nam canis quando in vestigio figit *Canes habẽt*
pedem, signat feram. Sed non ideo pronunciati attrahit visionem. Si *signi intelligẽ*
hoc est vestigium, fera est hic. Et equus cùm admouetur calcar, aut *tiam.*
intentatur scutica, exilit quidem, & ad cursum incitatur. Non diiudicat autem dialecticè huiusmodi connexum: Si intentatum est flagel-
30 lum, est mihi currendum. Non est ergo pronunciatum signum antecedens in recto connexo. Hæc quidem priuatim dicta sint aduersus
eos qui censent esse aliquod signum quod cadit sub intelligentiam.
Communiter autem licebit etiam aduersus eos dicere ea quæ dicta
sunt aduersus eos qui dicunt ipsum esse sensile. Si enim signum est
35 pronunciatum, in recto connexo antecedens: & in omni connexo, id *Signum &*
quod desinit seu est consequens sequitur antecedens: & consequen- *signatum simul*
tiæ sunt rerum præsentium, necessariò & signum & signatum in vno *sunt, si signum*
tempore prætereuntia simul erunt inter se: & neutrum à neutro indi- *sit pronuncia-*
cabitur *tum.*

cabitur aut significabitur: sed ambo nota erunt ex seipsis. Præterea signum aperit ac reuelat desinens seu consequens signatum. Signatum autem aperitur ac reuelatur à signo. Ea autem non sunt ex absolutis, sed ex iis quæ referuntur ad aliquid. Ex eo enim quod detegit, intelligitur quod detegitur: & ex eo quod detegitur, intelligitur id quod detegit. Si autem ambo cùm referantur ad aliquid, adsunt eodem tempore, ambo simul consistunt inter se. Si autem simul consistunt, vtrunque est ex seipso comprehensibile, & neutrum ex altero. Illud quoque dicendum est, quòd cuiusmodicunque sit signum, aut id habet naturam ad indicandum & significandum id quod est incertum & non manifestum: aut nos recordamur eorum quæ simul cùm illo sunt aperta ac reuelata. Nos autem prout fuerimus præditi memoria, ita nos habemus in rerum substantiam. Sed si neque signum est sensile, neque id cadit sub intelligentiam, vt ostendimus: præter hæc autem nihil est tertium, dicendum est aliquid non esse signum. Dogmaticis autem aduersus vnunquodque horum argumentorum est os obstructum. probantes autem contrarium, dicunt quòd homo non differt à brutis oratione quæ profertur, (nam & corui & psittaci & picæ voces proferunt articulatas:) sed quæ intrinsecus sita est ratione. Neque simplici solùm phantasia: (nam illa quoque pelluntur visis) sed discurrente & componente. Quamobrem notionem habens consequentiæ, protinus habet etiã intelligentiam signi propter consequentiam. Etenim ipsum signum est huiusmodi: Si hoc est, illud est. Sequitur ergo hominis naturam & constitutionem quòd sit signum. Constat autem demonstratione esse signum generi. Ostendit enim & significat conclusionem: & complexio quæ fit per eius propositiones, est signum quòd sit conclusio: vt in hac complexione, Si est motus, est inane. Est autem motus, est ergo inane. Hoc complexum, Si est motus, est inane, complexum per propositiones, statim est etiam signum conclusionis, nempe, Est inane. Aut ergo, inquiunt, sunt orationes demonstratiuæ quæ allatæ sunt ab iis qui mouent dubitationes, aut non demóstratiuæ. Et si non sunt quidem demonstratiuæ, sunt incredibiles, cùm etiam si essent demonstratiuæ vix fidem fecissent. Sin autem demonstratiuæ, est perspicuum quòd est aliquod signum. Demonstratio enim signum est ex genere. Sin autem nullum nullius est signum: aut aliquid significat quæ de signo efferuntur voces, aut nihil significat. Et si nihil quidem, ne signi quidem habent essentiam. Quemadmodum enim fieri potest, vt quæ

Si signum & signatum sunt relatiua, vtrúnque est à seipso comprehensibile.

Homo in quo differat à brutis.

Signi habet intelligētiam, qui notionem habet consequē tiæ.

Demonstratio est signum ex genere.

nihil

nihil significant, fidem faciant quòd nullum sit signum? Sin autem significant, Sceptici sunt insipientes, qui verbo quidem signum expellunt, re ipsa autem id assumunt. Præterea si nulla est artis propria cõ- *Artes osten-*
templatio, ars nihil differet ab inertia seu egestate artis. Sin autẽ est *dũt esse signa.*
aliqua artis propria contemplatio, aut ea est apparens, aut non manifesta. Sed apparens quidem non est. Nam quę apparent, omnibus similiter & absque doctrina apparent. Sin autem non est manifesta, per signum considerabitur. Si autem est aliquid quod consideratur per signum, erit etiam aliquod signum. Nonnulli autem sic quoque simul interrogant: Si est aliquod signum, est signum: si non est signũ, est signum. Aut autem nullum est signum, aut est. Est ergo. Est quidẽ eiusmodi oratio. eius autem primam quidem propositionem dicunt esse rectam. est enim diuersificata. & id quod est esse signum, sequitur esse signum: quandoquidem si est primum, erit etiam secundum nihil differens à primo. Illud quoque, Si non est signum, est signum, est etiam rectum. Ei enim qui dicit nõ esse signum, sequitur esse aliquod signum. Si enim nullum est signum, eius quòd nullum sit signũ *Ex oratione*
erit aliquod signum: & meritò. Nã qui dicit non esse aliquod signũ, *quæ probat*
aut hoc censet dictione solùm & affirmatione, aut demonstratione. *nullum esse si-*
Et qui dictione quidem cẽset & affirmatione, dictionem & affirma- *gnum, efficitur*
tionem habebit aduersantem. Demonstrans autem quòd sit verum *esse aliquod si-*
id quod ab eo dicitur, per orationem quæ ostendit non esse aliquod *gnum.*
signum, significabit nullum esse signum. Hoc autem faciens, confitebitur esse aliquod signum. Sunt ergo, inquiunt, veræ duæ propositiones. vera est ergo etiam tertia. est enim disiuncta ex iis quæ inter se aduersantur, nempe & esse siguum, & non esse. Nam si omne *Disiunctum*
disiunctum tunc est verum, quando vnum habet verum: cernitur au- *quando sit ve-*
tem & alterum ex iis quæ inter se aduersantur esse verum: dicendum *rum.*
est id quod est eiusmodi, protinus esse verum. quo fit vt ex iis de quibus vt certis constat propositionibus simul colligatur per illationẽ. Est ergo aliquod signum. Hac quoque, inquiunt, ratione ac methodo licet persequi. In oratione enim duo sunt connexa, & vnũ disiunctum. Ex his autem, connexa quidem pollicentur ex iis quæ sunt in ipsis antecedentibus sequi quæ sunt in ipsis desinentia seu consequẽtia. Disiunctum autem habet vnum verũ ex iis quæ sunt in ipso. Nam si ambo sunt vera, aut ambo falsa, totum erit falsum. Cùm autem sit eiusmodi virtus iis quæ sunt in propositionibus, & per positionem dederimus alterum esse verũ ex iis quæ sunt in disiuncto, quomodo

F   colli-

colligitur illatio? Et primò ponatur illud verum, Est aliquod signū. Ergo quoniam hoc est antecedens in primo connexo, habebit consequés id quod definit in illo connexo. Dicebat autem esse signum. Ergo quoniam hoc est antecedens in secundo connexo, habebit ei consequens id quod definit in secundo connexo. erat autem ei consequens esse aliquod signum, quod est etiam illatio. Hæc quidem Dogmatici. Ordine autem statim ad primum dicēdum est, quandoquidem ex constitutione hominis colligebant esse aliquod signum, quòd ex eo quod magis quæritur, volūt docere id quod minus quæritur. Nam esse quidem signum, etsi nonnulli contradicunt, nempe Sceptici, attamen de eo conueniunt Dogmatici. At Dei prouidentia constitutum esse hominem, apud non paucos ex iis non est leuis controuersia. est autem valde violentum, ex iis quæ sunt magis inconcessa, velle docere ea quæ non ita se habent. Atqui disertis verbis dicit Heraclitus hominem non esse participem rationis: solum autem esse mente præditum id quod ambit. Empedocles autem adhuc magis admirabiliter & præter opinionem censebat omnia esse ratione prædita, nec solum animantia, sed etiam plantas, disertis verbis scribens,

„ *Omnia namque scias mentem & prudentiam habere.*

Ad quod accedit, quòd probabiliter dicitur, bruta animatia non esse expertia prudentiæ. Nam si est eis quæ profertur oratio, necesse est eis etiam esse internam rationem. Nam sine ea non potest consistere quæ profertur oratio. Quòd si etiam dederimus hominē differre ab aliis animātibus, & ratione & phantasia transeūte & consequentia: sed non etiam in iis quæ sunt incerta & non manifesta, & in quibus cùm sit dissensio, nulla data est sententia, concedemus ipsum esse huiusmodi: sed in his quæ apparent quandam conseruantem habere consequentiam, per quam recordans de aliquibus aliqua contemplatur, & aliqua ante aliqua, & aliqua post aliqua, & ex priorum incursione cætera renouat ac in memoriam reuocat. At cùm pro certo, inquiunt, constet quòd sit demonstratio, signum est ex genere. & si non sunt quidem demonstrationes quæ allatæ sunt aduersus signū, non sunt fide dignæ. Si nauitem sunt demonstrationes, est aliquod signum. Nos autem qui prius diximus quòd non insistimus in signo quod reuocat in memoriam, sed in signo indicante, possumus concedere quòd quæ aduersus signum allatæ sunt rationes, aliquid significent, sed non indicando, verùm in memoriam reuocādo. Nos enim eis

eis mouemur, & in memoriam reuocamus ea quæ dici possunt aduersus signum indicans. Eadem etiam sunt dicenda de consequenti recordatione, ex qua rogabant, vtrum aliquid significant voces quæ proferuntur contra signum, an nihil significāt. Nam si omne signum tollamus, oporteret necessariò aut nihil significare voces quæ proferuntur aduersus signum, vt nostra est sententia: aut si eę significent, concedi esse aliquod signum. Nunc autem vt etes diuisione, aliquod quidem signum tollimus, aliquod verò ponimus. Nec si in eo quòd significent aliquid voces quæ proferuntur aduersus signum indicās, concessum sit esse aliquod signum indicans, colligebatur quòd si est artis propria contemplatio, oportebit hoc non esse apertum & manifestum, sed incertum & nō manifestum, & per signum apprehēdi: vt qui ignoremus quòd contemplatiuæ quidem aliorum artis nulla est contemplatio, vt postea docebimus: eius autem quæ versatur in iis quę apparent, est propria quædam contemplatio. Nam per ea quę sæpe sunt obseruata aut narrata, contemplationum efficit constitutiones. Quæ autem sæpe sunt obseruata, sunt propria eorum qui sępe obseruarunt, non autem communia omnium. Nam quæ ab eis in fine rogata est oratio hoc modo, Si est primum, est primum. Si non primum, aut primum, aut non primum. ergo primum. fortasse quidē est praua propter redundantiā quæ est in propositionibus: citra controuersiam autem ipsos quoque videtur premere. Dicendum est autem ordine de primo, hoc est de redundantia & superuacaneo. Nam si verum est, id quod est disiunctum in oratione, debere habere vnū verum, vt ipsi quoque prius dicebamus: vnum autem habens verum, alterum ex connexis arguit tanquam superuacaneum. Nam etsi ex iis quæ sunt in ipso ponitur verum illud, Est aliquod signū, ad id colligendum est necessarium diuersificatum connexum, nempe, Si est aliquod signum, est signum. redundat autem & est superuacaneum reliquum, nempe, Si non est aliquod signum, est aliquod signum. Et si non esse aliquod signum, ex iis quæ sunt in ipso ponitur verum: id quidem quod diuersificatur, redundat & est superuacaneum ad id comprobandum. Illud autem, Si non est aliquod signum, est signū, est necessarium. Est ergo praua oratio propter redundantiam. Sed vt nunc quidem minutatim congrediamur cum aduersariis, licet aliam simul rogare orationem quæ hoc modo se habet: Si is qui dicit non esse signum, cōuertitur ad hoc vt dicat esse aliquod signum, is etiam qui dicit esse aliquod signum, conuertitur ad hoc vt dicat non esse

Contēplatiuæ aliorum artis nulla est contemplatio.
Artis, quæ versatur in iis quæ apparent, est quædā propria contemplatio.
Oratio praua propter redundantiam.

aliquod signum. Qui autem dicit non esse aliquod signum sceptice, conuertitur ex eorum sententia ad hoc vt dicat esse aliquod signum: Ergo & qui dicit dogmatice esse aliquod signum, couertetur ad hoc vt dicat non esse aliquod signum, vt ostendemus. Iam enim apud eû qui dicit esse aliquod signum, oportet signo probare enunciationé. Cùm autem non sit côcessum esse aliquod signum, quemadmodum si iste vsus fuerit signo, ad fidem faciendam quòd sit aliquod signum, conuertetur ad confitendum nullum esse signum. Si autem ex conuersione licebit hoc solum confiteri, signum indicare ac significare non esse signum, quid hoc eis proderit, cùm nullum possint dicere signum suorum dogmatum? Quamobrem est hoc quidem eis inutile, hoc, inquam, communiter confiteri esse aliquod signum. Illud autê fortasse est necessarium, ei quod est Esse aliquod signû, subiicere aliquid definitum. hoc autem est signum definitè enunciatum. quod quidem non licet eis facere. Nam omne signum est æquè opinabile atque signatum, & de quo non minor est controuersia nullo decisa iudicio. Quomodo ergo est falsum, Aliquis nauigat per rupem, quoniam verum definitum ac terminatum non licet ei subiicere: ita quoniam huic Est aliquod signum, quod quidem est indefinitum, nullum definitum verum possumus subiicere, hoc autem est signum: est ergo falsum illud, Est aliquod signum: & quod ei aduersatur est verum, nempe Nullum est signum. Esto autem esse firmas ac validas eorum rationes: mansisse autem etiam Scepticorum rationes, aduersus quas contradici non potest, quid restat cùm ex altera parte par incurrat imbecillitas, nisi sustinere assensionem, & nihil definire de re quæ quæritur, neque dicendo esse aliquod signum, neque non esse, & non magis esse quàm non esse tutò proferendo? Sed quoniâ videtur quoque Demonstratio esse signum ex genere, & per propositiones de quibus constat, aperire ac detegere conclusionem quæ non erat manifesta, an non conuenit considerationi de signo coniungere de ea quæstionem?

Omne signum est æquè opinabile atque signatum.

In signo sustinenda assensio, cùm sint vtrinque, nèpe & à Dogmaticis et à Scepticis, validæ ratione.

De Demonstratione.

QVANAM de causa de Demonstratione in præsentia quærimus, prius ostensum est, quando considerabamus de eo quod iudicat, & de signo. Vt autem certa via ac ratione fiat expositio, tutóque possimus & sustinere assensionem, & contradicendo procedere aduersus Dogmaticos, ostendenda est eius notio. Est ergo demonstratio, ex genere

genere quidem oratio. Non est enim res sensilis, sed quidam motus *Demonstratio* & assensio cogitationis. quæ quidem pertinent ad orationem. Ora- *quid sit.*
tio autem est, vt simpliciter dicam, quod constat ex propositionibus *Oratio quid sit.*
& illatione. Propositiones autem vocamus, non aliqua themata quę *Propositiones*
5 corripimus, sed quæ is qui disserit, eo quòd sint euidentia, dat & con- *quæ sint.*
cedit. Illatio autem est quod probatur ex his propositionibus: vt *Illatio quid*
oratio quidem est totum hoc, Si dies est, lux est. Atqui dies est, lux *sit.*
ergo est. Eius autem sunt propositiones, & Si dies est, lux est, & Atqui dies est. Illatio autem est, lux ergo est. Ex orationibus autē, aliæ *Orationes col-*
10 quidem sunt colligentes, aliæ verò non. Et colligētes quidem sunt, *ligentes quæ-*
in quibus cùm concessæ fuerint propositiones, ex illarum concessio- *nam sint.*
ne videtur etiam sequi illatio: vt se habuit in eo quod paulò ante fuit
expositum. Nam quoniam constitit ex connexo, Si dies est, lux est.
quod quidem pollicebatur, quòd si esset verum primum quod est in
15 eo, futurum esset etiam verum quod est in eo secūdum. Et præterea
ex eo, Dies est, quod quidem erat antecedēs in connexo, dico quòd
si datum fuerit verum esse connexum, vt ad id quod est in ipso antecedens, sequatur id quod est in eo desinens seu consequens, & datum
sit etiam esse id quod est primum ex iis quæ sunt in ipso, colligetur
20 propter eorum essentiam, etiam secundum eorum quæ sunt in ipso,
hoc est Lux est. quod quidem est illatio. Et colligentes quidem orationes in forma sunt huiusmodi. Non colligentes autem sunt quæ *Orationes nō*
non sunt huiusmodi. Ex colligentibus autem, aliæ quidem colligūt *colligētes quæ*
aliquid apertum ac manifestum: aliæ autem non apertum nec mani- *nam sint.*
25 festum. Et apertum quidem ac manifestum, quomodo quæ exposita *Colligitur &*
fuit oratio, quæ sic habet, Si dies est, lux est. Atqui dies est, lux ergo *manifestum et*
est. Lux enim est, æquè apparet atque Si dies est. Et rursus hæc, Si *non manifestū.*
Dion ambulat, mouetur. Ambulat autē Dion, mouetur ergo Dion.
Nam illud, Mouetur Dion, quod est conclusio, est ex iis quæ per se
30 possunt deprehendi. Quod non est autem manifestum colligit: vt
hæc, Si sudores fluūt per superficiem, sunt carnis pori seu meatus qui
percipiuntur intelligētia. Atqui primum, ergo etiam secundum. esse
enim carnis meatus qui percipiuntur intelligentia, est ex iis quæ non
sunt aperta ac manifesta. Et rursus, Quo ex corpore excreto, è viuis
35 excedunt homines, illud est anima. Sanguine autem excreto, è viuis
excedunt homines. Anima ergo est sanguis. In sanguine enim sitam
esse animæ substantiam, non est euidens. Ex iis autem quæ aliquid
colligunt non manifestum, aliæ quidem certa sola via ac ratione nos

F 3 indu-

inducunt ex propositionibus, tanquam ad conclusionem: aliæ autem simul & certa via ac ratione & aperiendo ac detegendo. Ex quibus certa quidem solùm via ac ratione inducunt, quæ videntur pendere ex fide & memoria, cuiusmodi est hæc: Si ex Diis aliquis tibi dixit, quòd iste erit diues, erit iste diues. Si Deus autem (ostendo autem Iouem per hypothesim) dixit tibi, Iste erit diues, iste ergo erit diues. Hic enim assumimus conclusionem, nempe, istum futurum diuitem, non probatam ex vi propositæ orationis, sed eo quòd credamus Iouis enunciationi. Simul autem certa via ac ratione, aperiendoque ac detegendo nos inducit à propositionibus ad conclusionem: vt qui de meatibus qui percipiuntur intelligentia, hoc fuerit rogatus, Si sudores fluunt per superficiem, sunt carnis meatus qui percipiuntur intelligentia, & sudores fluere per superficiem, ex ipsorum natura docuit nos probare quòd sunt carnis meatus qui percipiuntur intelligentia, hac ratione, propterea quòd ex corpore cui non sunt meatus, fieri non potest vt fluat humor: fluit autem sudor per corpus. Non est ergo solidum ac concretum corpus, sed habens poros ac meatus. Cùm hæc autem ita se habeant, demonstratio ante omnia debet esse oratio: secundò, colligens: tertiò autem, vera: quartò, incertam ac nó manifestam habens conclusionem: quintò, & eam habens quæ reueletur ac detegatur ex vi propositionum. Hæc ergo oratio, cùm sit dies, Si nox est, sunt tenebræ. atqui nox est, sunt ergo tenebræ: est quidem colligens. Datis enim eius propositionibus, colligitur etiá illatio. Sed non erat vera. In se enim habebat falsam propositionē, nempe, Nox est. Quamobrem nec est demonstratiua. Rursus hæc, Si dies est, lux est. dies est autem, ergo lux est: præter id quòd est colligens, est etiam vera: quandoquidem datis eius propositionibus datur etiam illatio, & per vera veri aliquid ostēdit. Cùm autem sit eiusmodi, rursus non est demonstratio, propterea quòd euidentē ac manifestam habeat conclusionem, nempe, Lux est, non autem non euidentem ac non manifestam. Iis congruenter ea quoque quæ sic habet, Si quis Deus tibi dixit quòd iste erit diues, erit iste diues. Si Deus autem tibi dixit quòd iste erit diues, iste ergo erit diues: manifestam quidem habet conclusionem, futurum eum diuitem. non est autem demonstratiua, propterea quòd non aperiatur ex vi propositionum, sed sit ex eo quòd Dei fides admittatur. Cùm ergo hæc omnia concurrerint, nempe quòd sit & oratio colligens, & vera, & ostendat id quod non est apertum ac manifestum, consistit demonstratio. Hinc eam

Orationes colligentes solùm certa via ac ratione.

Orationes colligentes certa via ac ratione aperiendo ac detegendo.

Corpus non esse solidū, sed habere meatus, probatur ex sudore.

Demonstratio qualis esse debeat.

eam sic describunt: Demonstratio est oratio, quæ per propositiones *Demonstratio* de quibus constat, ex collectione aperit non manifestam illationé: *quid sit.* vt hæc, Si est motus, est inane. atqui est motus, est ergo inane. Nam & an sit inane est incertum & non manifestum: & per vera, nempe, Si est motus, est inane, & Est auté motus, ex collectione videtur aperiri. Atque quæ conuenit quidem præmittere de rei quæ quæritur notione, hæc sunt. Ordine autem est indicandum etiam ex qua sit materia.

Ex qua materia sit demonstratio.

EX REBVS, vt sæpe prius diximus, aliæ quidem creduntur esse euidentes, aliæ verò incertæ & non manifestæ. Et euidentes quidé, quæ ex phantasia seu visione sumuntur citra voluntatem, & ex affectione: vt nunc est illud, Dies est, quòd hoc est homo: & vnumquodque eorum quæ sunt huiusmodi. Non manifestæ autem quæ non sic se habent. Et ex rebus non manifestis, vt quidam dicunt diuidentes, aliæ quidem sunt natura incertæ & non manifestæ, aliæ auté per homonymiam seu æquiuocè dicuntur genere incertæ & nó manifestę. Et natura quidé sunt incertæ & non manifestæ, quæ neque prius sunt *Res natura* comprehensæ, neque nunc comprehenduntur, neque postea com- *incertæ quànã* prehendentur, æternam autem habent ignorationem: vt est, Stellas *sunt.* esse pares aut impares. Et ideo dicuntur esse natura incertæ & non manifestæ, non quòd ipsæ habeant naturã incertam & non manifestam quod ad se attinet: alioqui dicemus aliquid quod repugnet, vt qui simul & eas dicamus ignorare, & fateamur eas aliquam habere naturam. sed quòd nostræ quidem naturæ sunt incertæ & manifestę, *Res incertæ* per homonymiam autem seu æquiuocè genere appellentur incertæ *per homony-* & non manifestæ, quæ sua quidem natura sunt occultæ, per signa au- *miam quænam* tem aut demonstrationes censentur cognosci: vt atoma esse elemen- *sint.* ta quæ feruntur in infinito inani. Cæterum cùm in rebus hæc sit differentia, dicimus demonstrationem neque esse manifestam: nõ enim *Demonstratio* cognosceretur ex se ipsa & ex coacta affectione: neque natura non *ex quo sit ge-* manifestam. non enim desperatur de eius comprehensione: sed de *nere rerum.* ea quæ restat incertorum & non manifestorum differentia: quæ demersam quidem & adumbratam nobis habet naturam. videntur autem comprehendi ratione ex Philosophia. Hoc autem non firmiter dicimus ac stabiliter. esset enim ridiculum, cùm cesserimus essentiã, de ea adhuc quærere, sed quòd notione mentisque conceptione est

eiuseiufmodi. Sic enim ex notione & mentis anticipata conceptione exurget oratio de effentia. Quòd ergo eorum quæ funt, notione incerta fit demonftratio, & per ipfam non poffit agnofci, fic eft confiderandum: Id quidem quod eft'euidens & manifeftum, eft cuilibet manifeftum & euidens, & de eo apud omnes conuenit, neque vllam admittit diuulfionem ac diffenfionem. De eo autem quod eft incertum & non manifeftum, non conuenit, caditque id fua natura in diffenfionem & diftractionē. & meritò. Omnis enim oratio iudicatur effe vera aut falfa, ex relatione quæ eft ad rem de qua eft allatum. Nã fi inuenitur confonans rei de qua eft allatum, videtur effe vera. Sin autem difcrepans, falfa: vt quando pronūciat quifpiam quòd fit dies, fi id quod dicitur ad rem remiferimus, & cognouerimus eius effentiã vnā orationi ferre teftimonium, dicimus id quod dicitur effe verum. Quamobrem quando res quidem fuerit euidens ac manifefta de qua affertur oratio, facile eft ea remiffa ad id quod dicitur, tunc fic vel orationem dicere effe verā, fi rei ferat teftimonium: aut falfam, fi non ferat. Quando autem res fuerit incerta & non euidens ac nobis occulta, tunc cùm non poffit ad eam firmiter ac ftabiliter remitti oratio, reftat vt probabiliter dicamus, & ex verifimilibus ad affenfionem mens attrahatur. Alio autem aliter coniiciente, & probabiliter loquente & verifimiliter, oritur diffenfio, cùm neque is qui aberrauit fciat fe aberraffe, neque qui eft affecutus, fciat fe effe affecutum. Ea de caufa Sceptici admodum eleganter affimilant eos qui quærunt de incertis & manifeftis, iis qui in tenebris ad aliquem fcopum tela iaciunt. Quomodo enim eft verifimile aliquem quidem ex iis fcopum attingere, aliquem verò aberrare, ignorari autem quis attigerit: ita cùm in profundis tenebris ferè abfconfa fit veritas, ad eam quidē multæ emittuntur orationes: fed quænã ex ipfis ei confonet & quænam difcrepet, fciri non poteft, cùm ex euidentia fublatum fit quod quæritur. Hoc autem primum dixit Xenophanes:

"*Nullus apertè vir fcit, fed neque vir fciet vnquam*
"*De diis, & cunctis à me quæ dicta fuerunt,*
"*Namque licet fit perfectum quod dixerit ille,*
"*Nefcit, cum in cunctis infit diuifio rebus.*

Quamobrem fi id quidem quod eft euidens & manifeftum, eft confonans propter prius dictam caufam: difcrepat autem id quod nō eft euidens ac manifeftum, oportebit etiam difcrepantem demonftrationem effe incertam & non manifeftam. Quòd autē re vera difcrepet,

pet, non multis opus est verbis, sed breui aliqua & quæ est in próptu admonitione. siquidem dogmatici quidem Philosophi, & ratione vtentes Medici eam ponunt: tollunt autem Empirici. Fortè autem etiam Democritus. nam per regulas ei vehementer repugnauit. Sceptici autem eam seruarunt in sustinenda assensione, magis vtentes enunciatione. Iique qui ipsam ponunt, rursus inter se valde discrepant, sicut procedente docebimus oratione. Est ergo demonstratio aliquid incertum & non euidens. Præterea si omnis demonstratio continens dogma in suis propositionibus, protinus est dogma, de omni autem dogmate dissentitur: necessariò dissentitur de omni demonstratione. Et est rerum quæ quæruntur, vt Epicurus videtur validissimam posuisse demonstrationê huiusmodi, ad probádum quòd sit inane. Si est motus, est inane. atqui est motus, est ergo inane. Huius autem demonstrationis propositiones si concederentur quidem ab omnibus, necessariò etiam illationem haberent consequentem, & quæ concederetur ab omnibus. Nunc autem aduersus eas obiecerunt aliqui, nempe quòd ex propositionibus non colligatur illatio: non quòd ea ex illis non sequatur: sed quòd illæ sint falsæ, & de illis non constet. Nam vt de connexo multa non persequamur iudicia: dicamus autem ex se rectum esse connexum, quod non incipit à vero & definit in falsum, illud, Si motus est, est inane, ex Epicuri quidem sententia, incipiens à vero, nempe, Si est motus, & desinens in verum, erit verum. ex Peripateticorum autem sententia, incipiens à vero, nempe, Si est motus, & desinens in falsum, nempe, Est inane, erit falsum. Ex Diodori autem sententia, incipiens à falso, nempe, Est motus, & desinens in falsum, nempe, Est inane, erit ipsum quidê verum. assumptionem autem, nempe, Est autem motus, arguit tanquam falsam. Ex Scepticorum autem sententia, desinês in incertum & non manifestum, erit incertum & non manifestum. Nam illud, Est inane, ex eorû sententia est ex iis quæ non possunt cognosci. Ex his ergo est perspicuum, quòd dissentitur de propositionibus demonstrationis. De quibus autem dissentitur, ea sunt incerta & non manifesta. Quamobrem quæ ex his quoque fit demonstratio, est omnino incerta & non manifesta. Præterea demonstratio est ex iis quæ referuntur ad aliquid. non enim per se apparet, sed consideratur ex iis quæ demonstrantur. Quæ autem referuntur ad aliquid, quæsitum est an ea sint. Fuerunt autem multi qui dixerunt ea non esse. Quod autê habet sententiê distractionem, est incertum ac non manifestum.

Demonstratio est aliquid incertum & non euidens.

De omni dogmate dissentitur.

Ex propositionibus non colligitur illatio.

Propositio eadem aliis Philosophis vera, aliis videtur falsa.

Demonstratio est ex iis quæ referuntur ad aliquid.

Relatiua non esse quidá sunt opinati.

G   Ergo

Demonstratio constat aut ex voce, aut ex iis quæ dicuntur.

Ergo hac quoque ratione est incerta & non manifesta demōstratio. Ad hæc accedit, quòd demonstratio aut constat ex voce, vt dictum est ab Epicureis: aut ex iis quæ dicuntur, quæ sunt incorporea, vt à Stoicis. Ex vtrislibet autem constet, magna est quæstio. Nam & quæ dicuntur, an consistant, quæritur, & multùm de ea re agitatur: & an voces significent, dubitatur. Si autē quæritur ex vtra materia sit demonstratio: quod autem quæritur est incertum ac non manifestum: erit omnino demonstratio incerta & non manifesta. Atque hoc quidem ponatur veluti elemētum futuræ contradictionis. Transeamus autem deinceps, & consideremus an sit demonstratio.

Demonstratio est incerta ratione materiæ.

An sit demonstratio.

Cvm ostenderimus ex qua materia sit demonstratio, consequenter tentemus etiam tractare rationes quæ eam labefactant, considerantes vtrum eius notionem & anticipatam mentis conceptionem consequatur essentia, an non. Quanquam nonnulli, & maximè qui sunt ex secta Epicuri, solent rusticius obiicere, dicētes: Aut intelligitis quid sit demonstratio, aut non intelligitis. Et si quidē intelligitis, & eius habetis notionē, est demonstratio. Sin autem non intelligitis, quomodo quæritis quod nec à vobis quidem omnino intelligitur? Hæc enim dicentes, à seipsis propemodum euertuntur. Cōstat enim notionem & anticipatam mentis conceptionem præcedere omnem quæstionem. Quemadmodum enim posset quærere is qui rei quæ quæritur nullam habet notionem? Nam nec si fuerit assecutus, sciet se esse assecutum: neque si aberrauerit, se aberrasse. Quamobrē hoc quidem damus, & tantum abest vt dicamus nos rei quæ quæritur nullam habere notionem, vt etiam censeamus nos habere multas eius notiones & anticipatas mentis conceptiones: & propterea quòd nō possimus eas discernere, & inuenire quænam sit earum princeps, redigi ad sustinendā assensionem, & ad hoc vt nō magis ad hanc quàm ad illam partem propendeamus. Nam si rei quæ quæritur, vnam solam haberemus anticipatam notionem, eam sequentes, talem esse rem crederemus, qualis in vna incurreret notione. Nunc autē quoniam vnius multas habemus notiones, multiplicesque ac varias & inter se pugnantes, & ex æquo credibiles, propter quæ in ipsis inest probabilitatem, & propterea quòd sint viri fide digni qui eas defendunt: & neque omnibus possumus credere, propterea quòd de iis depugnetur: neque omnibus nō credere, quòd his nullam aliam habeamus

Epicurus ex notione probat esse demonstrationem.

beamus magis fide dignam: neque alicui quidem credere, alicui verò non, propter equalitatem, necessariò eò venimus, vt sustineremus assensionem. Sed enim rerum quidē habemus anticipatas notiones eo modo quo ostendimus. Et propterea si anticipata quidem notio esset comprehēsio, fortasse in eo qui se habere diceret anticipatā rei notionem, fateremur etiam eius comprehensionem. Nunc autem quoniam notio & anticipata conceptio, non est rei essentia, nos quidem dicimus nos eius rei habere notionem, minimè autem comprehendere, propter causas quas prius diximus. Nam si anticipatæ notiones sunt comprehensiones, nos quoque vicissim eos rogabimus, vtrum Epicurus habeat anticipatam notionem & conceptionē quatuor elementorum, an non. Et si quidem non habet, quomodo apprehendet rem quæ quæritur, & eam quæret, cuius ne habet quidem notionem? Si autem habet, quomodo non comprehendet esse quatuor elementa? Sed vt arbitror, dicent respondentes, quòd Epicurus quidem mente agitat & versat intelligentia quatuor esse elementa, sed non omnino comprehendit. Illa enim mentis agitatio est nuda & simplex motio cogitationis: cui adhærens, contradicit quòd sint quatuor elementa. Igitur nos quoque mente agitamus & intelligentia versamus demonstrationem: & ex ea mentis agitatione examinamus sítne an non. Et si autem eam habeamus mentis agitationem, non etiam fatebimur habere comprehensionem. Sed eis quidem rursus deinde respondebitur: Quoniam autem certa via ratione ac methodo facienda est contradictio, quæremus aduersus quámnam demonstrationem maximè velimus insistere. Et si velimus quidem insistere aduersus singulares & in singulis artibus demonstrationes, citra vllam certam rationem ac methodum insistemus & argumentabimur, cùm sint infinitæ & innumerabiles eiusmodi demonstrationes. Sed si sustulerimus eam quæ est in genere demonstrationē, quæ videtur comprehendere omnes quæ sunt in specie, est perspicuum quòd in ea cunctas habebimus sublatas. Quomodo enim si non sit animal, nec est homo: & si non sit homo, nec Socrates, cùm tollantur species simul cum generibus: ita si non sit in genere demonstratio, perit etiam vniuersa in specie demonstratio. Nam cum specie quidē non omnino simul tollitur genus: vt cum Socrate, homo. cum genere autem, vt dixi, circunscribitur species. Necesse est ergo iis qui labefactant demonstrationem, non aliam mouere quàm eam quæ est in genere, quam reliquas quoque sequi necesse est. Quoniam ergo

Notio non est comprehensio.
Notio non est rei essentia.

Elemēta quatuor non comprehēdit Epicurus. ἐν ἴσοις.

Disputando aduersus singularia, citrà methodū procedit argumentatio.
Demōstratiōne in genere sublata, tolluntur omnes species demōstrationis.
Cum specie non tollitur genus, sed cum genere tollitur species.

res

res est incerta ac non manifesta demonstratio, vt collegimus, ea debet demonstrari. Quicquid enim est incertum ac non manifestum, si sumatur citra demonstrationem, non est credibile. Aut ergo à demonstratione in genere constituetur aliquid esse demonstrationem, aut ab ea quæ est in specie. Sed ab ea quidem quæ est in specie, nequaquam. Nondum enim vlla in specie constituitur demonstratio, propterea quòd nondum constet de ea quæ est in genere. Quomodo enim, si nondum sit euidens quòd sit animal, neque quòd sit equus est cognitum: ita si nondum constet esse demonstrationem in genere, ex singularibus demonstrationibus nulla erit credibilis. & simul etiam incidimus in modum qui dicitur alter per alterum. Nam vt firma quidem sit & stabilis in genere demonstratio, oportet nos habere eam quæ est in specie, credibilem. Vt autem constet de ea quæ est in specie, firmā oportet habere ac stabilem eam quæ est in genere. Quo fit vt neque illam ante hanc habere possimus, neque hanc ante illam. Ergo non potest quidem fieri vt à demostratione in specie demonstretur demonstratio in genere: sed nec à demonstratione in genere. ea est enim quæ quæritur. Cùm ipsa autem sit incerta ac non manifesta, & quæratur, ipsa seipsam minimè probauerit, vt quæ opus habeat iis quæ ipsam aperiant ac detegant. præterquam si sumpta ex hypothesi dicitur aliquid confirmare. Si autem ex hypothesi semel sumuntur aliqua & sunt credibilia, quid adhuc opus est ea demonstrare, cùm ex se ipsis ea possimus sumere citra demonstrationem, propterea quòd hypothesis ea habeat credibilia? Ad hæc accedit, quòd si demonstratio in genere demonstratione in genere ostendat, erit eadem simul & perspicua & incerta ac non manifesta: eritque similiter credibilis & incredibilis. Credibilis quidem, quoniam aliquid aperit ac detegit. Incredibilis autem, quoniam aperitur ac detegitur. Est autem perquam absurdum, idem dicere simul manifestum & non manifestum, credibileque & incredibile. Ergo & censere demonstrationem in genere seipsam ostendere, est absurdum. Verumenimuero alio quoque modo fieri non potest, vt demonstratio, aut aliqua res alia ostendatur per demonstrationem in genere. Aut enim has quaspiam propositiones habet demonstratio in genere & hanc quampiam illationem. Has autem quaspiam habens propositiones, & hanc quampiam illationem, euasit vna ex iis quæ sunt in specie. Si autem non habet propositiones & illationem: quoniam non sine propositionibus & illatione colligit demonstra-

A demonstratione in specie nō constituitur demonstratio in genere.

Demonstratio in genere non demōstratur à demōstratione in genere.

Per demonstrationem in genere nihil demonstratur.

monstratio, nihil colliget demonstratio in genere. Si nihil autē colligit, nec quòd ipsa quidem sit colliget. Si ergo constet quòd oportet demonstrari demonstrationem: ipsa autem nec ex demōstratione in genere nec ex demonstratione in specie potest demonstrari, perspicuum est quòd cùm præter eas nihil aliud inueniatur, in quæstione de demonstratione debemus nos tenere in sustinenda assensione. Præterea si prima demonstratur demonstratio, aut demonstratur à demonstratione quæ quæritur, aut ab ea quæ non quæritur. Non autem ab ea quæ non quæritur. Omnis enim demonstratio quæritur cùm prima ceciderit sub dubitationem. Neque ab ea quæ quæritur. Rursus enim illa si quæritur, debet constitui ab alia demonstratione: & tertia à quarta: & quarta à quinta. idque in infinitum. Non potest ergo haberi firma ac stabilis demonstratio. Demetrius autem Lacon inter Epicuri sectatores insignis, dicebat facilè solui posse huiusmodi obiectionem. Nam si constituerimus aliquam vnam ex iis quæ sunt in specie demonstrationibus, colligétem quòd atoma sunt elementa, aut quòd est inane, eamque ostenderimus firmam esse ac stabilem, eo ipso in ea habebimus fide dignam ac credibilem quæ est in genere demonstrationem. Vbi enim est species alicuius generis, ibi est etiam genus, vt superius admonuimus. Hoc autem videtur quidem esse probabile, non potest autem fieri. Nam primùm quidem nemo sinet Laconem constituere demōstrationem in specie, si non prius consistat demōstratio in genere. & vt ipse censet, quòd qui habet demonstrationem in specie, statim habet etiam eam quæ est in genere: ita etiam æquum censebūt Sceptici vt genus eius prius demōstretur, vt credatur species. Verumenimuero etiamsi illi hoc ei permiserint, nempe vt constituat demonstrationem in specie, ad confirmandam eam quæ est in genere, ij quidem qui sunt ex sectis quæ non sunt eiusdem generis, non silebunt: sed quamcunque vt fide dignam proposuerint demonstrationem, eam euertent: & magna erit multitudo eorū qui non sinent eam poni: vt si sumat demonstrationem de atomis, innumerabiles resistent & contradicent. Si sumat de inani, cōplures contra obiicient. Si de imaginibus ac spectris, similiter. Etsi ergo cum eius instituto maximè concurrant Sceptici, non poterit comprobare ac confirmare vnam ex iis quæ sunt in specie demonstrationibus, propterea quòd pugnēt inter se Dogmatici. Alioqui quámnam firmam ac stabilem dicit se habiturum demonstrationē in specie? aut enim eam habebit quæ ex seipsa ex om-

Demonstratio firma ac stabilis non potest haberi.

Demetrius Lacon insignis inter Epicureos.

Genus est demōnstrandum vt credatur species.

Demonstratio ex specie nō potest haberi firma ac stabilis.

G 3 nibus

nibus ei placet, aut qualemcunque, aut eam quæ demonstratur. Sed eam quidem sumere quæ ei placet ex omnibus, est arrogantis, & ad sortitionem magis videtur accedere. Sin autem qualemcunque, omnes ponet demonstrationes, partim quidem Epicureorum, partim autem Stoicorum, & partim Peripateticorum. quod quidem est absurdum. Sin autem eam quæ demonstratur, non est demonstratio. Quæritur enim an demonstretur. & si quæratur, non erit credibilis. Præterea propositiones eius, quam Lacon dicit demonstrationis aut sunt dubiæ, & non sunt credibiles ac fide dignæ: aut indubitabiles & fide dignæ. Sed si sunt quidem dubiæ & nō fide dignæ, omnino erit etiam quæ fit ex ipsis, non fide digna demonstratio ad aliquid probandum. Vt sint autem fide dignæ & indubitabiles, magis est in votis quàm in rei veritate. Si enim quæcunque sunt, aut sunt sensilia, aut cadunt sub intelligentiam: debent etiam propositiones demonstrationis aut esse sensiles, aut cadere sub intelligentiam. Quæsitum est autem sintne sensiles, an cadant sub intelligentiā. Nam sensilia quidem si ponuntur talia qualia apparent, aut inanes sunt affectiones, & figmenta cogitationis, aut aliqua quidem ex eis cum eo quòd apparent sunt etiam: aliqua autem solùm apparent, non autem etiam sunt res subiectæ. licetque videre viros insignes vniuscuiusque hæresis defensores. Siquidem Democritus omnem sensilem amouit essentiam. Epicurus autem quidquid est sensile, firmum esse dixit ac validum. Stoicus autem Zeno adhibuit diuisiones. Quo fit vt si sint propositiones sensiles, de iis dissentiatur. Similiter autem etiam si cadāt sub intelligentiam. Nam de iis quidem, partim in vita humana, partim in Philosophia, licet maximam videre concertationem, cùm alia aliis placeant. Ad ea quæ dicta sunt accedit, quòd si quidquid cadit sub intelligentiam, firmitatis ac stabilitatis initium & fontem habet ex sensu: de iis autem que sensu cognoscuntur, dissentitur, vt collegimus: necesse est vt etiam sint huiusmodi quæ cadunt sub intelligentiam. Quo fit vt propositiones demonstrationis, ex vtrouis sint ordine, sint incredibiles & infirmæ ac instabiles. Propterea autem nec fide digna & credibilis est demonstratio. Et vt magis vniuersè dicamus, propositiones sunt apparentes: quæ autem apparent, quæritur sintne res subiectæ. Quæ autem quæruntur, non sunt ex se sumptæ propositiones, sed debent confirmari per aliquid. Quod ergo apparet, quale apparet & cuiusmodi sit res subiecta, per quódnam possumus ostendere? Aut enim per rem quæ est omnino incerta & non

Propositiones indubitabiles magis sunt optandæ, quàm re vera possūt haberi.

Sensile essentiam sustulit Democritus.
Epicurus sensile firmū dixit ac validum.

Propositiones demonstrationis siue sint ex sensilibus, siue ex intelligibilibus, sunt incredibiles infirmæ & insta biles.
Propositiones apparentes nō efficiūt vt demonstratio sit firma ac stabilis.

euidens,

euidens, aut per rem quæ apparet. Sed per rem quidem quæ est incerta & non euidens, est absurdum. Tantum enim abest, vt id quod est incertum & nó euidens, possit aliquid aperire ac reuelare, vt contrà ipsum habeat opus eo quod sit ostensurum. Per id quod apparet autem, longè absurdius. est enim hoc ipsum quod quæritur. nec est quidquam ex iis quod quæritur quod seipsum probet ac confirmet. Nulla ergo ratione fieri potest, vt quæ apparent efficiant vt demonstrationem sic habeamus fide dignam ac credibilem. Sed oportet, inquiunt Dogmatici, ea quæ apparent omnino aliquid ponere, quoniam nihil habemus quod sit his credibilius & magis fide dignum. Deinde, inquiunt, quæ ea exagitat oratio, ipsa à seipsa euertitur. Aut enim dictione & affirmatione solùm vtens ea euertit, aut apparentibus, aut non apparentibus. Sed si dictione quidem & affirmatione vtatur, est incredibilis nec fide digna. est enim facile adducere dictionem seu affirmationem quæ ei aduersetur. Si autem non apparentibus, est rursus incredibilis, vt quæ velit per ea quæ non apparēt ea quæ apparent euertere. Si autem iis quæ apparent mouentur & agitantur quæ apparēt, omnino fide dignis. & ita ex se erunt fide dignâ & credibilia quæ apparent. Quamobrem etiam contra ipsos vsurpatur oratio. Nos autem, quòd quæ apparent, seu sint sensilia, seu cadant sub intelligentiâ, magna lite & decertatione plena sint & apud Philosophos & in vita humana, prius ratiocinando collegimus. In præsentia autem aduersus eam quæ adducta est distinctionem illud dicendum est, quòd neque dictione seu affirmatione vtentes mouemus & exagitamus ea quæ apparent, neque non apparentibus, sed ea secum comparantes. Nam si inuenirentur sensilia consentire cū sensilibus, & quæ cadunt sub intelligentiam, cum iis quæ sub eam cadunt, & contrà: fortasse concederemus ea esse talia qualia apparent. Nunc autem in comparatione inuenientes pugnam ac contentionē quæ non potest diiudicari, per quam alia ab aliis expelluntur, propterea quòd neque omnia possimus ponere propter huiusmodi pugnam ac contentionem: neque aliqua, propter pares vires eorū quæ aduersantur: neque omnia expellere, propterea quòd nihil habeant credibilius ac fide dignius quàm apparere, deuenimus ad sustinendam assensionem. sed oratio quæ vt fidem faciat sumit ex apparentibus, in his mouēdis se quóque simul expellit. quod quidem est eorum qui corripiunt id quod quæritur. Non enim ex iis quæ apparēt confirmatur oratio : sed ex oratione ea quæ apparent confirmantur

Ex iis quæ quæruntur nihil seipsum probat ac confirmat.

Quæ apparēt exagitant Sceptici per comparationem.

Quæ apparēt, confirmantur ex oratione, nō contrà.

ac corac corroborátur. & meritò. Si enim de iis dissentitur, aliquibus quidem dicentibus ea esse res subiectas, aliquibus autem minimè, id constitui debet ex oratione. Huius autē rei non sunt alij testes quàm qui sunt diuersæ sententiæ, qui volunt oratione demonstrare quòd vera sunt quę apparent, & alioqui oportere credere iis quæ apparēt. Non enim ea quæ apparent, oratione, sed iis quæ apparēt est firmior ac validior oratio, vt quæ & sui & illorum fidem faciat. Si autem demonstrationis propositiones sunt incertæ & non manifestæ: incerta autem & non manifesta est illatio: quod autem constat ex incertis ac non manifestis, rursus est incertum ac non manifestum: demonstratio est incerta ac nō manifesta, & quærit quod sit facturum sui fidem. quod quidem non est demonstrationis. At non est, inquiunt, omniū

Demonstra- postulanda demonstratio: sed sunt etiam quædam sumenda ex hy-
tio omnium nō pothesi. neque enim poterit nobis procedere oratio, nisi datum fue-
est postulanda. rit aliquid ex seipso esse credibile. Sed primum nos dicemus, nō esse necesse vt illorum procedant dogmatum rationes, cùm sint figmen-

Quæ appa- tis non dissimiles. Deinde quæ procedent? Cùm enim quæ apparēt
rent, quòd ap- hoc solùm ostendant quòd appareant: nequaquā autem possint ostē-
pareant osten- dere quòd sint res subiectæ, ponantur & propositiones demonstra-
dunt, non quòd tionis quòd apparet, & similiter illatio. Sic enim colligetur quod
sint res subie- quæritur, non autem adducetur veritas, manentibus nobis in dictio-
ctæ. ne seu affirmatione & propria affectione. Quòd autem non solum appareat, sed sit etiam res subiecta, velle trahere, est eorum qui non sunt contenti necessario ad vsum, sed etiam student arripere quod

Demonstratio potest fieri. In summa autem quoniam non solùm demonstratio cen-
non est incipiē- setur ex hypothesi promoueri dogmaticis, sed etiam tota propemo-
da ab hypo- dum Philosophia, tentabimus pauca persequi pro viribus, aduersus
thesi. eos qui sumunt aliquid ex hypothesi. Ea enim quæ dicunt se sumere

Ex hypothesi ex hypothesi, si sunt quidē credibilia propterea quòd ea sumpserint
sumere aliquid ex hypothesi, credibilia quoque apparebunt quæ sunt his contraria
quale sit in Phi- sumpta ex hypothesi. & ea ratione ponemus quæ inter se pugnant.
losophia. Si autem in his, in contrariis, inquam, ad fidem faciendam imbecilla est hypothesis, erit etiam in illis. Quamobrem neutra ponemus per hypothesim. Hoc autem quod ponit quispiam per hypothesim, aut est verum & tale quale ipsum ponit, aut falsum. Et si est quidem verum, sibi facit iniuriam qui hoc ponit per hypothesim. siquidem cùm possit ipsum non petere, sed ex se sumere tanquam verum, confugit ad rem plenam suspicione, vt qui petat ad hypothesim rem quæ ex

seipsa

seipsa est vera. Si est falsa, non sibi ipsi sed rerum naturæ facit iniuriam, qui vtitur hypothesi, vt qui velit sibi id quod non est ex eo ipso concedi, tanquam quod sit, & cogat falsum sumere tanquam verum. Quinetiam si quisquam velit firmum esse & stabile quidquid est consequens iis quæ sumpta sunt ex hypothesi, confundit vniuersam philosophicam inquisitionem. statim enim ponemus tria esse quatuor: & colligemus tanquam consequens sex esse octo. ex his autem erit verum, sex esse octo. Quòd si nobis dicant hoc esse absurdum, oportere enim firmum esse ac stabile quod positum est per hypothesim, vt confiteamur id quod est ei consequens, à nobis quoque audient, non oportere nihil velle ex seipso sumere, quidquid autem ponitur accuratè & exactè ponere. Præterea si quod ponitur per hypothesim, quatenus ponitur, est firmum ac stabile, ne ea ponant qui philosophantur dogmaticè, ex quibus colligunt id quod est incertum & non manifestum, sed hoc ipsum incertum & manifestum. hoc est, nō propositiones demonstrationis, sed illationem. Verùm etiam si hoc millies posuerint per hypothesim, non est credibile propterea quòd res sit incerta & quòd de eo sit questio. Perspicuum est vtique, quòd nec si petierint propositiones demonstrationis absque demonstratione, ad fidem faciendam nihil efficiunt, propterea quòd ea quoque sint ex dubitabilibus. Atqui solent respondentes dicere, hoc fidem facit quòd firma ac valida sit hypothesis, quòd verum inueniatur illud quod infertur ex iis quæ sumpta sunt ex hypothesi. Nam si est probum ac rectum id quod est his consequens, illa quoque sunt vera & minimè dubia ex quibus consequitur. Sed vnde, dicet quispiam, poterimus ostendere quòd verum sit id quod est cōsequens ei quod sumptum est ex hypothesi? Nunquid ex seipso, an ex propositionibus quas sequitur? Sed ex se quidem minimè possumus. est enim incertum & non manifestum. Sed nec ex propositionibus. De eo enim depugnatur, & oportet ipsum prius constitui. Verùm age esto quòd verum sit consequens iis quæ sumpta sunt ex hypothesi: non tamen idcirco etiam ea quæ sumpta sunt ex hypothesi erunt vera. Nam siquidem ex eorum sententia ex vero solum sequeretur verum, procederet oratio. quòd si sit verum id quod est consequens ei quod sumptum est ex hypothesi, verum sit quod sumptum ex hypothesi. Nunc autem quoniam dicunt etiam ex falso sequi falsum, & ex falso verū, non necessariò si desinens seu consequens est verum, erit etiam verum antecedens. sed contingit cùm sit verum consequens, esse falsum

Ex vero sequitur verum: ex falso falsum, & quandoque verum.

sum antecedens. Atque obiter quidem, vt aiunt, & per interpositionem hactenus dictum sit, quòd non debeat demonstratio incipere ab hypothesi. Consequenter autem ostendendum est, quòd etiam incidit in modum qui dicitur alter per alterum. quod quidem est magis dubium. Nam quòd demonstratio quidem sit ex iis quæ sunt incerta & non manifesta, prius constituimus. Quidquid autem est incertum & non manifestum, opus habet diiudicatione. Quod autem opus habet diiudicatione, eget eo quod sit iudicaturum, idne sit probum, an non. Quomodo enim quod est metiendum, id absque mensura secundum naturam metiri non licet: & quidquid est ad regulam dirigendum, absque regula non dirigitur: ita etiam quod iudicatur, non iudicatur absque eo quod vim habet iudicandi. Quoniam ergo quæsitum est an sit aliquid quod sit iudicandi vi præditum, cùm alij quidem dixerint nihil esse, alij verò esse aliquid, alij verò se cótinuerint in sustinenda assensione, rursus oportebit ostendere per aliquam demonstrationem quòd sit aliquid vim habens iudicandi. Sed vt habeamus credibilem ac fide dignam demonstrationem, oportebit reuerti ad id quod est præditum vi iudicandi. & ita cùm nec eam ab illo habeamus credibilem ac fide dignam, neque illud ab ea firmum ac stabile, fateri esse sustinendam de vtrifque assensionem. Licebit autem cum iis quæ dicta sunt, etiã ex notione seu mentis conceptione agitare & mouere demonstrationem. Quanquam si mente conciperetur, non omnino esset. Multa enim sunt quæ mente quidem concipiuntur, vt dixi, non habent autẽ vllam partem essentiæ. Nunc autem cùm etiam demonstrationis inuenitur non posse esse in mente conceptio, citra controuersiam abscinditur etiam spes essentiæ. Cùm sint ergo duæ demonstrationes, nempe & quæ est in genere, & quæ est in specie, eam quidem quæ est in genere, eo ipso inueniemus mente concipi non posse. Nemo enim nostrum nouit demonstrationem in genere: neque per eam vnquam potuit aliquid ostendere. Et alioqui operæpretium est interrogare, habeátne ea demonstratio propositiones & illationes, an non. Et si quidem non habet, quemadmodum potest adhuc mente concipi demóstratio, siquidem cuiusuis demonstrationis notio & in mente conceptio non constat absque eius propositionibus & illatione? Si autem habet vtraque, nempe propositiones & illationem, est quædam in specie demonstratio. Nam si quidquid demonstratur, & quidquid demonstrat, est ex iis quæ sunt singularia, necesse est etiam demonstrationem esse

Demostratio incidit in modum, qui dicitur alter per alterum.

Demonstrationis non potest esse in mente conceptio.

vnam

vnam ex iis quæ sunt in specie. Agebatur autem à nobis, non de ea quæ est in specie, sed de ea quæ est in genere. Non ergo mente concipitur quę est in genere demonstratio. Sed nec ea quæ est in specie. Dicebatur enim à Dogmaticis demonstratio esse oratio per colle-
5 ctionem, per quædam quæ apparent aperiens id quod est incertum & non manifestum. Aut ergo vniuersum compositum, hoc est, quod intelligitur ex propositionibus & illatione, est demostratio: aut propositiones quidem solùm sunt demonstratio, illatio autem id quod demonstratur. Vtrumuis autem horum dixerint, labefactatur no-
10 tio demonstrationis. Nam siquidem id quod est compositum ex propositionibus & illatione, est demonstratio, necesse est vt demonstratio quæ continet aliquid incertum & non manifestum, sit protinus incerta & non manifesta: cùm sit autem eiusmodi, necesse est vt egeat aliqua demonstratione. quod quidem est absurdum. Quod er-
15 go constat ex propositionibus & illatione, nequaquá fuerit demonstratio. siquidem intelligimus demonstrationem neque incertam ac non manifestam, neque egetem demonstratione. Præterea demonstratio est ex iis quæ referuntur ad aliquid. Neque enim ad seipsam inclinatur ac propendet: neque intelligitur ex circunscriptione: sed
20 habet aliquid cuius est demostratio. Si ergo illatio fuerat in eo comprehensa: quidquid autem refertur ad aliquid, est extra illud ad quod dicitur relatum, ad nihil refertur quæ mente concipitur demonstratio, quandoquidem in ea comprehendebatur illatio. Sed etsi in aliis extrinsecus constituerimus illationem, ad quam relata intelligetur
25 demonstratio, duæ erunt in loco illationes: vna quidem, quæ continetur in demonstratione: secunda autem quæ extra, ad quam relata intelligitur ac mente concipitur demonstratio. Absurdum est autem vnius demonstrationis dicere duas esse illationes. Non est ergo demonstratio id quod constat ex propositionibus & illatione. Restat
30 ergo, vt id solum quod constat ex propositionibus, dicatur esse demonstratio. quod quidem est stultum. hoc enim neque est omnino oratio, sed res manca ac deficiens, & quæ cogitari non potest. siquidem nullus qui sapit seorsum dicit hoc, Si est motus, est inane. Atqui est motus, aut esse desinens seu consequens, aut aliquam seruare sen-
35 tentiam. Si ergo neque quod est compositum ex propositionibus & ex illatione, intelligitur ac mente concipitur demonstratio: neque id quod constat solum ex propositionibus, intelligi ac mente concipi non potest demonstratio. Præterea demonstratio, aut cùm sit manifesta,

Demõstratio cùm sit ex iis quæ referuntur ad aliquid, illatio est extra demonstrationem.

Demõstrationis vnius non possūt esse duæ illationes.

Demonstratio non potest esse quod cōstat ex solis propositionibus.

H 2

Demonstratio nec est manifesta rei manifesta, nec non manifesta non manifesta, nec non manifesta manifesta, nec manifesta non manifesta. ex quo infertur eam nihil esse.

festa, est rei manifestæ demonstratio, aut non manifesta non manifestæ: aut non manifesta manifestæ, aut manifesta non manifestæ. Nihil est autem horum, vt ostendemus. Non est ergo aliquid demonstratio. quandoquidem manifestum non opus habet demonstratione: non manifesta autem rei non manifestæ rursus non fuerit demonstratio, quandoquidem ipsa opus habet aliquo quod eam ostendat. cùm sit autem non manifesta, non aliud quidquam ostendet. Similiter neque non manifesta rei manifestæ. vtraque enim concurrent dubia. Nam & quod demonstratur, nō opus habebit aliqua demonstratione cùm sit manifestum, & demōstratio opus habebit eo quod sit eam ostensurum, cùm sit non manifesta. Quamobrem neque non manifesta rei manifestæ vnquam fuerit demonstratio. Restat ergo vt dicatur manifesta rei non manifestæ. quod ipsum quoque est ex dubiis. Si enim non eorum quæ ex circunscriptione intelliguntur absolutè est demonstratio, sed eorum quæ referuntur ad aliquid. Quæ autem referuntur ad aliquid, vt ostendimus in quæstione de signo, simul inter se comprehenduntur: quæ autem simul comprehenduntur, non à se inter se aperiuntur ac reuelantur, sed sunt ex seipsis manifesta, non erit demonstratio manifesta rei non manifestæ demonstratio, propterea quòd id quoque quod simul cum illa comprehenditur, per se incurrat. Si ergo neque vt res apparens rei apparentis est demonstratio: neque vt res manifesta rei non manifestæ: neque vt res non manifesta rei non manifestæ: neque vt res non manifesta rei apparentis: neque vt res apparens rei non manifestæ: præter hæc autem nihil est, dicendum est nihil esse demonstrationem. Consequenter autem iis quæ dicta sunt, quoniam Stoici maximè videntur callere modos demonstratiuos, age aduersus eos quoque paucis disseramus, ostendentes quòd, si spectentur eorum hypotheses, fortè quidem omnia sunt incomprehensibilia, peculiarius autem demonstratio. Atque est quidem demonstratio, vt ex eis licet audire, comprehendentis phantasiæ consensio. Quæ quidem videtur res esse duplex, & habere aliquid quidem inuoluntarium, aliquid verò voluntarium, & situm in nostro iudicio. Nam phātasia quidem & visis pelli non est voluntarium, nec situm est in eo qui afficitur, sed in eo qui visione apprehendit sic esse affectum, vt ad candorem quidem apposite, si color albus irruerit: aut appositè ad dulcedinem, si gustui dulce fuerit admotum. Assentiri autem huic motioni, situm est in eo qui admittit phantasiam. Quamobrem comprehensio habet præcedentem

Demonstratio dicitur à Stoicis comprehendentis phantasiæ comprehensio.

tem comprehendentem phantasiam quòd sit assensio. Comprehendens autem phantasia præcedentem habet phantasiam, cuius est species. Si enim non sit phantasia, nec est phantasia cōprehendens: quoniam si non sit genus, nec est species. & si non sit quidē comprehendens phantasia, nec est eius assensio. Si autē comprehendentis phantasiæ tollitur assensio, tollitur etiam comprehensio. Hinc si ostensum fuerit per demonstrationem, quòd non possit esse phantasia ex sententia Stoicorum, erit perspicuum quòd nec consistet aliqua demonstrationis comprehendens phantasia. Quòd si ea non sit, neque eius erit assensio. quod quidem est comprehēsio. Quòd autem non sit phantasia demonstrationis ex sententia Stoicorum, ostēditur, primum quidem ex eo quòd communiter apud eos dissentitur quídnā sit phantasia. Nam cùm hactenus consenserint quòd dicant eam esse impressionem in facultate animæ quę tenet principatum, de ipsa dissident impressione, Cleanthe quidem propriè audiente eam quæ intelligitur cum eminentia intrinseca & extrinseca: Chrysippo autem per abusionem pro alteratione. Si autem ex illorum ipsorum sententia huc vsque apud eos non constat de impressione, necesse est etiam de phantasia de qua huc vsque dissentitur sustinere assensionem, & de demonstratione quæ ab ea dependet. Deinde detur etiā qualem volunt esse phantasiam, siue propriè impressionem cum interna & externa eminentia, siue alterationem: sed quemadmodum fiat ipsa impressio demonstrationis, est maximè dubium. est enim perspicuū quòd id quidem quod visis pellitur, debet agere: facultas autem animæ quæ tenet principatum, pati. illud quidem vt imprimat: hoc autem vt imprimatur. aliàs enim non est consentaneum euenire phantasiam. Atque facultatem quidem animæ quæ tenet principatum, fortasse concedet quispiam posse pati, etiamsi non sit concedendum. Demonstrationem autem quemadmodum cōsentaneum est agere? Aut enim ex eorum sentētia est corpus aut incorporeum. Atque corpus quidem non est, constat enim ex iis quæ dicuntur quæ sunt incorporea. Si autem incorporeum, quandoquidem incorporea ex eorū sententia neque à natura habent insitum vt aliquid agant, neque vt patiantur: & cùm sit incorporea, nihil poterit agere: & si nihil agat, in facultatem quæ tenet principatum animæ nihil imprimet. Si in eā autem non imprimat, neque in ipsa eius efficiet phantasiam ac visionem. Quod si ita sit, neque comprehendentem phantasiam. Quòd si ea comprehendens phantasia non sit in facultate animæ quæ tenet

Demōstrationis nulla est phantasia.

De phantasiæ impreßione dissident Stoici.

Demōstrationis impreßio quomodo fiat est maximè dubium.

Demōstratio non potest agere.

H 3 princi-

principatum, neque eius erit comprehensio. Ex Stoicorum ergo quę traditur arte, demonstratio est eiusmodi vt non possit comprehēdi. Sed neque dici potest quòd incorporea nō agunt aliquid, neque nos phantasia ac visis pellunt: sed nos sumus qui ab illis visis pellimur. Si enim constat quòd omnis effectus non cōsistit absque eo quod agit & patitur, debet etiam phantasia quae est effectus demonstrationis non intelligi sine eo quod agit & patitur. Atque quòd facultas quidem animae quae tenet principatum, sit patiens, concesserunt Stoici Philosophi. Quidnam sit autem quod agit & patitur ex eorum sententia, discere est operaepretium. Aut enim est demonstratio, quae imprimit facultatem tenentem principatum animae, & mouet suam phātasiam: aut ipsa facultas quae tenet principatum animae, imprimit & visis pellit. Sed demonstratio quidem minimè impresserit facultatem animae quae tenet principatum. est enim incorporea. Incorporeum autem ex eorum sententia neque agit neque patitur. Si autem facultas tenens principatum animae, aut qualis est typus, tale est etiā quod imprimit: aut diuersum quidem est typus, eius autem dissimile est quod imprimit. Et si dissimile quidem est diuerso, diuersorum subiectorum diuersae erunt phantasiae. quod rursus ad hoc concludit Stoicos, vt omnium rerum nulla sit comprehensio. Si autem typus est similis ei quod imprimit, quoniam facultas animae quae tenet prin cipatum seipsam imprimit, accipiet phantasiam non demonstrationis, sed sui. quod rursus est absurdum. Alij autē conantur rem exem-

Impreßio quo modo fiat in principe animae parte, docetur similitudine magistri exercendorum puerorum.

plis reddere faciliorem. Quomodo, inquiunt, puerorum exercēdorum magister, & qui docet eos arma tractare, aliquādo quidem prehensis manibus pueri, componit & docet eum mouere aliquos motus: aliquando autem stans eminus, & certo modo se mouens in numerum, se praebet illi imitandum: ita etiam eorum quae cadunt sub phantasiam, nonnulla quidem veluti contrectantia & tangentia facultatem quae tenet animae principatum, in ea efficiunt impressionē, cuiusmodi est album & nigrum, & communiter corpus. Nonnulla autem habent eiusmodi naturam facultatis quae tenet animae principatum, quae sub eis non autem ab eis phantasia pellitur, cuiusmodi

Demonstratio differt à magistro exercendorum puerorum, quod attinet ad impreßionem.

sunt ea quae dicuntur quae sunt incorporea. Qui autem hoc dicunt, probabili quidem vtuntur exemplo, non colligunt autem propositum. Nam qui pueros quidē exercet, & qui ad arma erudit, sunt corpus. & ea ratione possunt puero ingenerare phantasiam. Demonstratio autem erat incorporea, & ideo quaerebatur an posset facultatem

ADVERSVS MATHEMATICOS.

tem quæ tenet animæ principatum imprimere phantasticè. Quo fit
vt non sit ab eis demostratum quod quærebatur ab initio. His itaque
demonstratis, transeamus & consideremus, an etiam ex contemplatione dialectica possit eis conseruari demonstrationis professio. Exi-
5 stimant ergo tres orationes inter se esse coniugatas, nempe & colle- *Orationes tres, nempe collectiua, vera, & demonstra-*
ctiuam & veram & demostratiuam. Ex quibus demonstratiuam qui- *tiua, sunt inter se coniuga-*
dem esse omnino veram, & colligétem: veram autem omnino qui- *ta.*
dem esse colligétem, non necessariò autem etiam demonstratiuam.
colligentem autem neque omnino veram, neque omnino demon-
10 stratiuam. Et huiusmodi quidem oratio cùm sit dies, Si nox est, sunt *Oratio colligens nec est*
tenebræ: atqui nox est, sunt ergo tenebræ: colligit quidé, propterea *omnino vera,*
quòd sit rogata in proba & recta figura: non est autem vera, vt quæ *neque demon-*
secundam falsam habeat propositionem, nempe adsumptionem, At- *stratiua.*
qui est nox. Quæ autem sic habet cùm sit dies, Si dies est, lux est : at-
15 qui dies est, lux ergo est: simul est & colligés & vera, quòd & in pro-
ba ac recta rogata sit figura, & per vera verum colligat. Dicunt auté *Oratio colligens quomodo*
colligentem iudicari orationem quòd sit colligés, quando eam quæ *iudicetur.*
per eius propositiones fit connexionem sequitur conclusio: vt hanc
cùm sit dies, Si nox est, sunt tenebræ: atqui nox est, sunt ergo tene-
20 bræ: etiamsi non sit vera, quoniam ducit ad falsum, dicimus esse colligentem. Cùm enim propositiones sic complexuerimus, Nox est,
& si nox est, sunt tenebræ : facimus connexam ratiocinationem, in-
cipientem quidem ab huiusmodi complexione, desinentem autem
in huiusmodi cóclusionem, Nox est: & si nox est, sunt tenebræ. Hoc
25 enim connexum est verum, propterea quòd nunquam incipiens à
vero desinat in falsum. Nam si sit quidem dies, incipit à falso, Sunt
tenebræ. & ita erit verum. Si nox autem, incipiet quidem à vero, &
desinet in verum. & ex eo hoc erit verum. Ergo colligens quidem
tunc erit vera, quando cùm nos complexuerimus propositiones &
30 connexum fecerimus, quòd incipit quidem à complexione per propositiones, desinit autem in conclusionem, inuenitur hoc ipsum con
nexum verum. Vera autem oratio iudicatur esse vera, non ex eo so- *Oratio vera quomodo iudi-*
lùm quòd connexum quod incipit à complexione per propositio- *cetur vera.*
nes, desinit autem in conclusionem, sit verum, sed etiam ex eo quòd
35 complexum per propositiones sit probum ac rectum. adeò vt si alterum ex his inueniatur falsum, oratio quoque sit necessariò falsa: vt
hæc cùm sit nox, Si dies est, lux est. atqui dies est, lux ergo est. propterea quòd habeat falsam propositionem illam, Dies est, falsa est.

Sed

Sed si complexum quidem, Si dies est, est falsum? connexum autem quod incipit à complexione per propositiones, & desinit in conclusionem, verum erit. Nunquam enim à vero incipiens desinit in falsum, sed noctu quidem incipit à falsa complexione. Interdiu autem vt incipit à vero, ita etiam desinit in verum. Et rursus hæc, Si dies est, lux est: lux autem est, est ergo dies: est falsa, quæ per veras propositiones nos potest ad falsum deducere. Sed si examinemus, potest quod complexu est per propositiones, verum esse si sit dies: vt hoc, Lux est. & Si dies est, lux est. Connexum autem quod incipit à complexione per propositiones, & desinit in conclusionem, est falsum: vt est hoc, Si lux est, dies est. & Si dies est, lux est. Potest enim hoc connexum, si sit nox, à vera incipere complexione, & in falsum desinere, nempe Dies est, & ideo esse falsum. Quamobrem vera est oratio, neque quando complexum solum fuerit verum, neque quando connexum, sed quando ambo vera. Demonstratiua autem differt à vera, quoniam vera quidem potest omnia habere euidentia, propositiones, inquam, & illationem. Demonstratiua autem vult aliquid habere amplius, nempe vt à propositionibus simul aperiatur ac reueletur illatio quæ est non manifesta. Vnde hæc quidem, Si dies est, lux est: atqui dies est, lux ergo est: euidentes habens propositiones & illationem, vera quidem est, sed non demonstratiua. Ista autem, Si hæc habet lac in vberibus, hæc concepit, cum hoc quòd est vera, est etiam demonstratiua. Cùm enim incertam ac non manifestam haberet conclusionem, nempe Hæc concepit, eam aperit per propositiones. Cùm sint ergo tres orationes, nempe & colligens, & vera, & demonstratiua, si sit aliqua quidem demonstratiua, ea longè est prius vera & colligens. Si qua autem sit vera, non est necessariò demonstratiua, sed omnino colligens. Si qua est autem colligens, non est omnino vera, vt neque est omnino demonstratiua. Cùm ergo eis omnibus communiter debeat euenire proprietas colligens, si ostenderimus quòd à Stoicis inueniri non potest oratio colligens, ostendemus quòd inueniri non potest neque vera neque demonstratiua. Quòd autem non sit vlla oratio colligens, est facile cognoscere. Si enim colligentem dicunt esse orationem, quando verum fuerit connexum, quod incipit quidem à complexione eius propositionum, desinit autem in illationem, oportebit prius diiudicatum esse verum connexum, & tunc firmiter ac stabiliter sumi orationem colligetem quæ ex eo videtur depedere. Non fuit autem hactenus diiudicatum
probum

probum & rectum connexum. Neque ergo potest esse nota colli- *non est diiudi-*
gens oratio. Quomodo enim si non stet mensura, sed aliàs aliter *catum.*
mutetur, nec stat quidem quod cadit sub mensuram : ita quoniam *si mensura nō stet, nec id*
est veluti mensura colligendi orationem probum ac rectum con- *quod cadit sub*
nexum, sequetur vt si hoc non possit diiudicari, ne illa quidem sit *mensuram.*
dilucida. Quòd autem non possit diiudicari probum & rectum
connexum, Stoicorum docent institutiones, in quibus multa
& dissidentia, & huc vsque non diiudicata eius exponunt iudicia. Vnde cùm sit huiusmodi colligens, omnino est etiam vera,
& ideo etiam de demonstratiua debet sustineri assensio. Quòd si
hac relicta obiectione, pergamus ad artificiosam eorum quæ finiunt
& quæ sunt infinita tractationem, inuenietur fieri non posse vt demonstratiuæ orationis constituatur constitutio. Atque cùm sit quidē
magna exactaq́ue & accurata quæstio de iis quæ finiunt, non est necesse nunc disserere: de orationibus autem infinitis, aliquantum est
ostendendum. Dicunt ergo quatuor modis esse infinitam orationē, *Oratio est in-*
aut per diremptionem, aut per redundantiam, aut propterea quòd in *finita quatuor*
mala rogata sit figura, aut per defectum. Et per diremptionem qui- *modis.*
dem, quando propositiones nullam habent coniunctionem & com- *Oratio infini-*
munionem inter se, nec cum illatione: vt in hac oratione, Si dies est, *ta per direm-*
lux est. atqui frumentū venditur in foro, lux ergo est. Videmus enim *ptionem.*
quòd in hoc, neque illud Si dies est, vllam habet conspirationem &
connexionem cum hoc, Frumentum venditur in foro: nec vtrunque
eorum cum illo, Lux ergo est. sed vnumquodque dependet ab aliis.
Per redundantiam autem infinita fit oratio, quādo extrinsecus & su- *Oratio infini-*
peruacaneè assumitur aliquid ad propositiones : quomodo in eo *ta per redun-*
quod sic habet, Si dies est, lux est. atqui dies est, sed & virtus prodest, *dantiam.*
lux ergo est. Virtutem enim prodesse, superuacaneè adsumptum est
simul cum aliis propositionibus : siquidem eo ablato, potest per ea
quæ restant, nempe Si dies est, lux est, & Atqui dies est, fieri illatio,
Lux ergo est. Per hoc autē quòd in mala rogata sit figura, infinita fit *Oratio infini-*
oratio, quando fuerit rogata in aliqua earum quę considerantur præ- *ta quòd roga-*
ter probas ac rectas figuras: vt cùm hæc sit proba & recta figura, Si *ta sit in mala fi-*
primum, secundū, est autem primum, est ergo secundum. At si sit & *Figuræ probæ*
hæc, Si est primum, est secundum. non est autem secundum, est infi- *& rectæ, &*
nita. non quòd in hac figura non possit rogari oratio quæ per vera *contrà.*
verū colligat. potest enim, vt hæc, Si tria sunt quatuor, sex sunt octo.
Non sunt autem tria quatuor, non sunt ergo sex octo: sed quòd in ea
I   possint

possint quædam malæ collocari orationes: vt est hæc, Si dies est, lux est. atqui non est dies, non est ergo lux. Per defectum autem fit infinita oratio, quando deest aliqua ex colligentibus propositionibus: vt, Aut diuitiæ sunt malum, aut diuitiæ sunt bonum. non sunt autem diuitiæ malum, sunt ergo malum diuitiæ. Deest enim in disiuncto illud, Diuitias esse indifferentes. Quo fit vt hæc sit melior & sanior interrogatio, Aut diuitiæ sunt bonum, aut malum, aut indifferens. Sed nec bonum nec malum sunt diuitiæ, sunt ergo indifferens. Cùm autem apud Stoicos sit huiusmodi artis sita ratio, num, quod ad eam attinet, non possumus infinitam cognoscere orationem. Sed secundus quoque modus infinitorum erat per redundantiam, quando extrinsecus ad propositiones assumitur aliquid superuacaneum, vt ad confirmationem conclusionis. Quod ad hoc autem attinet, oportebit orationem quæ rogatur in primo & secundo modo per redundantiam esse infinitam: quandoquidem in eo redundat id quod pertinet ad modum. & hoc sciemus à nobis additis orationibus. Hanc esse dicunt infinitã, Si dies est, lux est. atqui dies est, sed & virtus prodest. lux ergo est. Redundat enim in ea illud, Virtus prodest, ad confirmandam conclusionem, propterea quòd eo sublato, ex reliquis duabus propositionibus citra defectum colligatur illatio. Occurrentes itaque dicent Sceptici, quòd si est infinita per redundantiam, in qua, sublata aliqua propositione, ex iis quæ restant colligitur illatio, dicendum est esse infinitam eam quæ interrogatur in primo modo. sic autem habet, Si dies est, lux est: atqui dies est, lux ergo est. In ea enim redundat ad confirmandam conclusionem, illud ad modum pertinens, Si dies est. & potest ex eo, Dies est solùm, colligi, Lux ergo est. Hoc autem est ex se quidem manifestum: licet autem hoc quoque leuius & facilius reddere, ab ea quæ est tanquam ad illos consequentia. Aut enim ad id quod est, Diem esse, dicent sequi esse lucem, aut non sequi. Et si dicant quidem sequi, cùm eo ipso constet verum esse illud, Dies est, colligitur etiã Lux est, necessariò consequens ei quod est conclusio. Si autem non sequitur, nec sequetur in connexo. & propterea falsum erit connexum, si in eo desinens non sequatur antecedens. Quo fit vt duorum alterum, quod attinet ad prius dictam artis rationem, nempe vt vel inueniatur infinita quæ fuit in primo modo interrogata, cùm in ea redundet quod ad modum pertinet, aut omnino falsa, propterea quòd sit in ea falsum quod ad modum pertinet. Nam dicere quidem non placere Chrysippo orationes

Oratio infinita per defectum.

Oratio infinita non potest cognosci.

Oratio infinita inuenitur in primo modo & secundo.

ADVERSVS MATHEMATICOS.

nes quæ sunt vnius propositionis, quod fortè dicent aliqui aduersum hoc argumétum, est planè nugatorium. Neque enim Chrysippi vocibus tanquam præceptis Apollinis necesse est parere: neque attendendum est testimonium virorum in suum dictum à teste qui dicit contrarium. Antipater enim vir clarissimus in secta Stoica, dicebat posse consistere orationes ex vna propositione. Præterea secundo modo infinita dicebatur oratio, propterea quòd rogata sit in mala figura. Rursus ergo dictione seu affirmatione solùm contenti, dicent in mala aliqua figura interrogatam esse orationem, aut orationem ad hoc assument. Et si sunt quidem contenti affirmatione seu dictione, nos quoque opponemus dictionem seu affirmationem quæ dicit, quòd non rogata sit in mala figura. Si autem assumunt orationé, est omnino, verum, stultum. Quòd autem vera sit hæc oratio, hæc, inquam, quæ ostendit quòd in mala figura rogata sit aliqua oratio, probam & rectam orationem dicit esse assumptam. Vt ea autem sit proba & recta, oportet eam rogari proba & recta oratione. Et ideo cùm nec proba & recta oratio credi possit esse proba & recta antequam figura: neque figura quòd sit proba & recta, antequam ea quæ ipsam iudicauit oratio, consistit is modus qui est alter per alterum, qui est maximè dubius. Porrò autem aduersus infinitarum orationú quæ restat differétiam, nempe eam quæ est ex defectu, iam ferè quidem contradiximus. Si enim inueniri non potest perfecta oratio, vt superius ostendimus, debet etiam esse ignota quæ est manca & deficiens. Inueniri autem non potest perfecta, vt ostendimus. erit ergo etiam ignota quæ est manca ac deficiens. Si autem cùm ex Stoicorum sententia sint quatuor modi, per quos fit oratio infinita, ostendimus in vnoquoque eorum non cognosci infinitas orationes, sequetur etiam esse ignotam eam quę finit. Si ea autem non cognoscatur, inueniri etiam non poterit oratio demonstratiua. Ad hæc accedit, quòd cùm cuiusuis veræ orationis iudicari oporteat propositiones (nã si eæ concedantur, consequenter eis datur illatio) quoniam autem demonstrationis diiudicari non possunt propositiones, sicut ostendimus, non ergo poterit vera oratio esse demonstratio. Connexum enim, vt prius ostendebamus, censent esse probum & rectum, quando à vero incipiens desinit in falsum: aut à falso in verum: & vno modo falsum, quando incipiés à vero desinit in falsum. Hæc autem cùm ita habeant, inuenietur diiudicari non posse in demonstratione. Nam omnino incipiens ab assumptione, desinit in illatio-

Orationes vnius propositionis non placebant Chrysippo.

Orationes possunt consistere ex vna propositione, vt volebat Antipater.

Infinita non est oratio, quòd dicatur rogata in mala figura.

Oratio infinita nõ est per defectum.

Oratio perfecta non potest inueniri.

Demonstrationis propositiones non possunt diiudicari.

Connexũ quale sit probum & rectum.

lationem, vt se habet in huiusmodi illationibus. Atqui est motus, est ergo inane. Hic enim connexum & incipit ab assumptione, Est motus, & definit in illationem. Aut ergo illatio res est aperta & manifesta & quæ cognoscitur ab omnibus, aut non manifesta & ignota.

Connexum nō poteſt diiudicari. Et si sit quidem manifesta & cognita, non est vtique oratio demonstratiua, quæ ex omnibus manifesta redditur, partim quidem propositionibus, partim autem illatione. Si autem non est manifestum, necessario connexum est huiusmodi vt nō possit diiudicari. Nam quòd ab aliquo quidem incipiat nobis est notum. est enim manifestum. In quidnam autem desinat ignoratur propter incertitudinem. Nesciētes autem vtrùm hoc sit verum an falsum, neque diiudicabimus connexum. Si connexum autem non potest diiudicari, erit etiam praua

Demōſtratio eſt ex iis quæ referuntur ad aliquid. oratio. Præterea demonstratio est ex iis quæ referuntur ad aliquid. Quæ autem referuntur ad aliquid, mente tantùm concipiuntur, non sunt autem. Demonstratio ergo est tantùm in mentis conceptione,

Demonſtratio eſt tantùm in mentis conceptione. & non in essentia. Quòd autem re vera quæ ita se habent vt aliquo modo referantur ad aliquid, conseruentur sola mentis conceptione, non sit autem eis essentia, docere licet ex confessione Dogmaticorum.

Relatiua ſunt ſolùm in mente, non in eſſentia. Describentes enim id quod refertur ad aliquid, vno consensu dicunt, Id refertur ad aliquid, quod intelligitur relatum ad alterum.

Relatiuū quomodo definiatur. Si autem particeps esset essentiæ, non id sic definiissent, sed potius hoc modo: Id refertur ad aliquid, quod est ad alterum. In iis ergo rebus quæ sunt, non aliquid subiicitur id quod refertur ad aliquid. Et

Nihil mutatur & alteratur abſque affectione. alioqui quidquid est, non potest aliquam suscipere mutationem & alterationem absque affectione: vt color albus non potest fieri niger, nisi sit conuersus & mutatus. & niger non potest mutari in aliū colorem, si niger maneat. Et similiter dulce non potest fieri amarū, si sit impatibile & inalterabile. Quamobrē quidquid est, non absque aliqua affectione suscipit mutationem in alterum. Quod autem re-

Relatiua ſuſcipiunt mutationem in alterū abſque affectione. fertur ad aliquid, mutatur absque affectione, & absque vlla quæ in ipso fiat alteratione: vt lignum cubitale, si quidem ei ex aduerso opponatur cubitale, dicitur illi esse æquale. Si autē bicubitale, non amplius æquale sed inæquale, cùm in ipso nulla fiat mutatio & alteratio. Et si cogitauerimus quempiam ex vase aquam profundentem, is posito quidem vase aliquo dicetur infundens: non posito autem, effundens, etiamsi ipse nullam susceperit mutationem & alterationem. Quamobrem si ei quidem quod est, accidit vt nō sine affectione sustineat mutationem: ei autē quod refertur ad aliquid, nihil tale accidit:

accidit: dicendū est non esse id quod refertur ad aliquid. Ad hæc ac- *Relatiua sunt*
cedit, quòd id quod refertur ad aliquid, est seiunctum ab eo ad quod *seiuncta ab iis*
refertur. Id enim quod est infrà, est seiunctum ab eo quod est suprà. *ad quæ refe-*
Si est autem id quod refertur ad aliquid, & non versatur in sola cogi- *runtur.*
tatione, erunt vnum contraria. Non est ergo id quod refertur ad ali- *Si relatiua*
quid, sed solùm mente concipitur. Rursus enim corpus cubitale, ex *sint, quænam sequantur ab-*
appositione quidem semicubitalis, dicitur maius: ex additione au- *surda.*
tem bicubitalis, minus. Idem autem eodem tempore & esse maius
& minus, hoc est contraria, est ex iis quæ nō possunt fieri. Nam mente quidem concipi fortasse poterit, per eam quæ fit cum alio colla-
tionem. fieri autem non potest vt sit. Non ergo sunt ea quæ referuntur ad aliquid. Verumenimuero si sunt ea quæ referuntur ad aliquid,
erit idem sibi ipsi contrarium. sed hoc non est. Igitur nec ea ratione
dicēdum est esse id quod refertur ad aliquid. Præterea si est id quod
refertur ad aliquid, erit aliquid sibi ipsi contrarium. Non est autem
consentaneum aliquid esse ipsum contrarium sibi ipsi. Nec ergo est
consentaneum vt sit id quod refertur ad aliquid. Suprà enim & infrà
sunt sibi inuicem contraria. Idem autem vt ad id quidem quod est
subiectum, est suprà: ad id autē quod est suprà positum, infrà. Si sunt
autem tria, suprà & infrà, & medium: eius quod est suprà & infrà, si
ad subiectum referatur, erit suprà: ad id autem quod suprà situm est,
infrà. & erit idem suprà & infrà. quod quidem nō potest fieri. Non
est ergo id quod refertur ad aliquid. Si est autem id quod refertur ad
aliquid, idem erit suprà & infrà. Propterea autē et si est, dicitur idem
suprà & infrà ex ea quæ est tanquam ad aliud habitudine. Idem ergo
erit seorsum à seipso. quod est omnium absurdissimum. Sed si non
sunt ea quæ referuntur ad aliquid, omnino etiam demonstratio, cùm
sit ex iis quæ referuntur ad aliquid, minimè erit. Ostensum est autem
ea non esse quæ referuntur ad aliquid. erit ergo etiam demonstratio
ex iis quæ non sunt. Atque hæc sunt quidem quæ dicuntur ad ostendendum quòd non sit demonstratio. Consideremus autem etiam *Pro demon-*
orationem quæ ei aduersatur. Existimant enim dogmatici Philoso- *stratione tuen-*
phi, eum qui censet non esse demonstrationem, ipsum à seipso euer- *Dogmatici.*
ti: & per quæ eam perimit, per ea ipsam definire. Vnde etiam dicunt
resistentes Stoicis: Qui dicit nihil esse demonstrationem, aut id dicit vtens falsa & quæ demonstrari non potest dictione seu affirmatione, aut id demōstrans oratione. Et si nuda quidem dictione vtens
seu affirmatione, nemo eorum qui admittunt demōstrationem, cre-

I 3 det

det ei qui vtitur nuda & sola dictione seu affirmatione: sed cohibebitur per aduersam affirmationem alicuius qui dixit esse demonstrationem. Si autem demonstrans non esse demonstrationem, (hoc enim dicunt) eo ipso confitetur esse demonstrationem. Oratio enim demonstrans non esse demonstrationem, est demonstratio quòd sit demonstratio. Et in summa quæ de demonstratione enuntiatur oratio, aut est demonstratio, aut non. Et si non est quidem demóstratio, non est fide digna. Si est autē demonstratio, est demonstratio. Nonnulli autem sic quoque interrogant: Si est demonstratio, est demonstratio. Si non est demonstratio, est demonstratio. Aut est autem, aut non est demonstratio: est ergo demonstratio. Et huius quidem orationis propositionū in promptu est persuasio. Nam & primum connexum, nempe, Si est demonstratio, est demonstratio: cùm sit diuersificatum, est verum. Ad id enim quod est in ipso primum, sequitur id quod est in ipso secūdum, cùm non sit ab illo alterum. Secundum autem connexum, nempe, Si non est demonstratio, est demonstratio, rursus est probum & rectum. Ei enim quod est, Non esse demonstrationem, quod est antecedens, consequens est esse demonstrationem. Ipsa enim oratio quæ ostendit non esse demōstrationem, cùm sit demonstratiua, confirmat esse demonstrationem. & disiunctum, nempe, Aut est demóstratio, aut non est, constans ex duobus disiunctis, nempe & esse demonstrationem, & non esse, vnum debet habere verum, & propterea esse verum. Quamobrem cùm veræ sint propositiones, simul etiam infertur illatio. Licet autē aliter quoque docere quòd sit eis consequens. Nam si disiunctum est verum, cùm vnum in se habeat verum, vtrumuis ex iis verum posuerimus, simul etiam colligetur illatio. Ponatur autem primum ex iis quæ in ipso sunt verum, nempe, esse demonstrationem: ergo quoniam hoc antecedens est in ipso connexo, ad id consequetur id quod definit seu est consequens in primo connexo. Dicebat autem, Est demonstratio, quod erat etiam illatio. Dato ergo quòd in disiuncto sit verum, esse demonstrationem, sequetur etiam illatio rationis. Idem est suadendi modus etiam in eo quod restat pronunciato, nempe, non esse demonstrationem. Id enim antecedebat connexum quod in secundo habebat consequentem orationis illationem. Cùm autem Dogmaticorū sit eiusmodi obiectio, breuiter etiam aduersus eam occurrunt Sceptici. Dicent enim, Si non contingit quidem respondere ad interrogationem qua quærebant, vtrùm sit demonstratio oratio

Pro demonstratione infirmanda quid respondeant Sceptici.

ADVERSVS MATHEMATICOS.

tio aduersus demonstrationem, an non demonstratio, debent æqui boni consulere, si non possint respondere ad quæstionem tam dubiam. Sin autem est eis facile, faciant quod Scepticis imperant, respondentes vtrum dicant orationem demonstrationis esse demonstrationem, an non. Nam si non est demonstratio, ex ea non licebit docere, quòd non sit demonstratio. Neque dicere, quòd hæc oratio sit demonstratio, quoniam non est demonstratio. confessi enim sunt eam non esse demonstrationem. Si autem est demostratio, omnino veras habet propositiones & illationem. Nam cum earum veritate intelligitur demonstratio. erat autem eius illatio, non esse demonstrationem. Verum est ergo non esse demostrationem. Sic enim demonstratiuam ostendere volentes orationem aduersus demonstrationem, non magis eam statuunt quàm tollunt. Et tamen si Scepticos oporteat pro se respondere, ij tutò respondebunt. Dicent enim orationem aduersus demonstrationem, esse solùm probabilem. & in præsentia eis persuadere & inducere assensionem: se autem ignorare an rursus talis sit futura, propterea quòd sit varia & multiplex humana cogitatio. Cùm enim sic responderint, nihil amplius dicere poterit Dogmaticus. Aut enim hoc docebit, quòd non sit vera oratio adducta aduersus Demonstrationem: aut hoc ostendet, quòd nō persuadet Sceptico. Sed primum quidem ostendens, non pugnat cū Sceptico, propterea quòd nec ille de ea oratione affirmet tanquam vera: solùm autem dicat quòd id sit probabile. Faciens autem secundum, erit temerarius, vt qui alienam affectionem expugnare velit oratione. Quomodo enim ei qui lætatur, nemo oratione potest persuadere quòd non lætetur: & ei qui tristitia afficitur, quòd non sit tristis: ita neque ei qui persuadetur, quòd non persuadeatur. Ad hæc accedit, quòd si cum assensione quidem affirmarent Sceptici quòd nihil sit demonstratio, fortasse euerterentur ab eo qui docet esse demonstrationem. Nunc autem quoniam verba tantùm nudè ponunt aduersus demonstrationem absque eo quòd eis assentiantur, tantum abest vt eis obsint qui confirmant cōtrarium, vt magis prosint. Nam si quæ aduersus demonstrationem allatæ sunt orationes, firmæ manent ac stabiles, & aduersus quas non possit contradici: validæ autē rursus sunt rationes quæ adsumptæ sunt pro demonstratione, neque ad illas, neque ad has accedentes, profitemur nos sustinere assensionem. Quòd si concessum fuerit esse demonstratiuam quæ aduersus demonstrationem affertur orationem, non ideo id iuuabit Dogmaticos

Oratio aduersus demonstrationem est solū probabilis.

Oratione expugnari nō debet aliena affectio.

ticos ad hoc quòd sit Demonstratio, vt iam admonuimus. colligit enim non esse demóstrationem. idque cùm sit verum, falsum est esse demonstrationem. Sed quæ colligit nõ esse demonstrationem, cùm sit demonstratiua, seipsam expellit. Ad quod dicendum est, quòd nõ omnino seipsam expellit. Multa enim dicuntur per exceptionem. & quomodo dicimus Iouem esse patrem Deorum & hominum, per huius ipsius exceptionem: neque enim ipse suus erat pater: ita etiam cùm dixerimus nullam esse demõstrationem, dicimus per exceptionem orationis quæ ostendit quòd non sit demonstratio. hæc enim sola est demonstratio. Quòd si etiã seipsam expellat, non ideo confirmatur esse demonstrationem. Multa enim sunt quæ quod aliis faciunt, eo seipsa quoque afficiunt: vt quomodo ignis cùm cõsumpserit materiam, se quoque simul interimit. & quomodo purgantia medicamenta cùm humores eiecerint ex corporibus, seipsa quoque expellunt: ita etiam & oratio quę est aduersus demonstrationem, postquam omnem sustulerit demonstrationem, potest se quoque simul circunscribere. Et rursus quomodo non difficiliter potest fieri vt qui per aliquas scalas aliquem altum locum conscenderit, post ascésum pede scalas euertat: ita etiam est satis probabile, Scepticum, qui tanquam per aliquas scalas processit per orationem quæ ostendit non esse demonstratione, ad cõfirmandum propositum, tunc eam ipsam quoque sustulisse orationem. Sed cùm huc vsque dubitauerimus de iis quæ pertinent ad viam ac rationem logicam, deinceps etiam procedamus ad inquirendum aduersus Physicos.

Per exceptionem multa dicuntur.

Multa eo se afficiunt quod aliis faciunt.

Per demõstrationem demonstrari potest et esse & nõ esse demonstrationem.

Sexti Empirici commentariorum liber octauus.

De principiis naturalibus. De causa & patiente. De Diis. De toto & parte. De corpore.

De corpore.

CAVSAM quidem propter quam, post logicã Philosophiæ partem, naturalis nobis venit consideranda, etiamsi tempore videatur alias præcedere, superius in memoriam reuocauimus. Rursus autem hic constituamus eundem inquirendi modum, non immorantes in singularibus, vt fecit Clitomachus, & vniuersa caterua Academicorum. alienam enim ingressi materiam, & verba facientes de concessione eorum qui diuersa dogmata statuerunt, immoderata & nimis

Clitomachus & Academici immorantur in refellendis singularibus.

ADVERSVS MATHEMATICOS.

mis prolixa vsi sunt oratione: sed ea mouentes quæ sunt præcipua & magis continentia, in quibus cætera quoque habebimus de quibus est dubitatum. Quomodo enim in vrbium obsidionibus, qui muri fundamentum effoderunt, cum eo turres quoque simul deiiciunt: ita etiã qui in philosophicis considerationibus prima rerum fundamenta expugnant, vi ac potestate abrogant & abolet cuiuslibet rei comprehensionem. Nonnulli itaque non improbabiliter assimilant eos qui se demittunt ad singulares quæstiones, venatoribus qui feram vestigiis insequuntur, aut iis qui calamo piscantur, aut iis qui visco & arundine aues aucupantur. eos autem qui ex iis quæ plurima continent, singularia omnia labefactant, iis qui lina & vallos & sagenas circundant. Vnde vt multo est artificiosius vna via ac ratione multa venari, quàm in vnaquaque laborare venatione: ita multo est elegantius communiter aduersus omnia afferre cõtradictionem, quàm volutari in singularibus. Quoniam ergo qui videntur accuratius in loco naturali cõstituisse de principiis naturalibus, ex iis alia quidem dicunt agentia, alia verò materialia, quorum sententiæ videtur esse auctor Homerus, & post eum Anaxagoras Clazomenius, & Empedocles Agrigentinus, & alij plurimi. Poëta enim de his scribens, dicit vbi loquitur allegoricè de Proteo & Eidothea, primam quidem & maximè principem causam vocans Proteum: quæ autem in species vertitur essentiam, Eidotheam. Anaxagoras autẽ dicit: Res omnes simul erant: mens autem veniens eas digessit ac ordinauit. Atque mentem quidem, quæ ex eius sententia est Deus, agens ponit principium, similarium autem partium commistionem, materiale. Aristoteles autem dicit & Hermotimum Clazomenium, & Parmenidẽ Elentem, & diu ante Hesiodum ea sensisse. Vniuersorum enim ortum constituentes, amorem quoque simul acceperunt, hoc est causam mouentem, & ea quæ sunt conciliantem. Hesiodus quidem dicens,

Est ortum chaos in primis, amplisque mamillis
Dein Tellus, est quæ rerum firmissima sedes.
Atque amor, est qui inter longè pulcherrimus omnes
Immortales. Parmenides autẽ disertis verbis pronuntians,
Omnibus eque Diis primum prouidit amorem.

Potest etiam videri, vt prius dixi, talis esse Empedocles. Nam cum quatuor elementis annumerat contentionem & amicitiam. Amicitiam quidem, vt causam conciliantem: contentionem autem, vt dissoluentem. Dicit enim,

Fundamenta singulariũ sunt euertenda, non singularia.

Principiorum alia sunt agentia, alia materialia.

Proteus apud Homerum prima efficiens causa.

Eidothea essentia quæ vertitur in species.

Mens est principium agens, vt voluit Empedocles.

Amor causa mouens & ea quæ sunt concilians, ex Hesiodo, Parmenide & Empedocle.

K   *Ignis*

> *Ignis, aqua, & tellus, clementiáque aëris alti,*
> *Pernictosa absque iis & quæ contentio par est*
> *Vndique, amicitia ex æquo lata atque procera.*

Deum & ma- Quinetiam Stoici quoq; qui duo dicūt esse principia, nempe Deum
teriam exper- & materiam expertem qualitatis : Deum quidem existimarunt age-
tem qualitatis re, materiam verò pati & conuerti. Cùm ergo apud præstātissimos
principia con- Physicos sit hic ordo, age de agentibus principiis primum dubite-
stituunt Stoici. mus, aliquando quidem velut dogmaticè de Deo considerantes, aliquando verò dubitatiuè, quòd nihil sit quod agat aut patiatur. Sed
quoniam in omni quæstione prius ponitur rei de qua quæritur intelligentia, videamus quemadmodum statim Dei notionē accepimus.
De Diis oratio videtur valdè necessaria iis qui philosophantur do-
Philosophia gmaticè. Hinc dicunt philosophiam esse exercitationem sapientiæ.
quid sit. Sapientiam autem esse scientiam rerum diuinarum & humanarum.
Sapiētia quid Vnde si ostenderimus illam de Diis quæstionem versari in dubio, vi
sit. ac potestate confirmauerimus, neque sapientiam esse scientiam rerum diuinarum & humanarum, neque Philosophiam esse exercita-
Dij qui fue- tionem sapientiæ. Nonnulli enim dicunt eos qui primi præfuerunt
rint primi. hominibus,& quid humanæ vitæ conferret cōsiderarunt, cùm essent
intelligentes ac prudentes, finxisse eam quæ de Diis habetur suspicionem, & fabulosam de Diis opinionem. Cùm enim fuisset olim
vita agrestis ac fera & immoderata, & nullo certo procedens ordine, fuit enim tempus, vt dicit Orpheus,

> *Victum cùm ex se homines exesa carne pararent,*
> *Atque ex debilibus fortes conuiuia inirent.*

De Diis va- iniuriam facientes volentes reprimere, primùm quidem leges tule-
ria fuit opinio. runt, vt ij punirentur qui manifestè iniuriam facerent. Postea autem
Deos quoque finxerunt, qui inspicerent quæcunque ab hominibus
sceleratè aut ex virtute geruntur, vt ne clanculum quidem auderent
facere iniuriam, cùm persuasum haberent, quòd

> *Dij totam terram peruadunt aëre amicti,*
> *Cernentes quídnam prauè rectéue geratur,*

Euhemerus Euhemerus autem, qui ἄθεος fuit cognominatus, dicit: Cùm esset vi-
ἄθεος quid ta hominum insolens & incomposita, qui cæteros superabant viri-
de Diis sen- bus & prudentia, adeò vt ex eorum iussis omnes viuerent, sibi ipsis
tiat. affinxerunt quandam excellentem & diuinam potentiam, vnde etiā
Prodicus à multis Dij sunt existimati. Prodicus autem Chius, Solem, inquit,
Chius de & lunam & fluuios & fontes, & in summa quæcunque prosunt vitæ
Diis quid di- noströ,
cat.

„ nostræ, veteres Deos existimarunt, propter vtilitatem quæ ex eis ac-
„ cipitur. quomodo AEgyptij Nilum. & ideo panem quidem existi-
„ matum esse Cereré: vinum verò Bacchum: aquam Neptunum: igné
„ Vulcanum, atque adeò vnumquodque eorum quæ sunt vsui. Demo- *Democritus*
„ critus autem dicit quædam simulachra appropinquare hominibus. *de Diis quid*
„ & ex iis alia quidem esse benefica, alia verò malefica. Hinc etiam *sentiat, quos di-*
„ precatur vt assequatur simulachra ratione prædita. ea autem esse *cit simulachra*
„ magna & ingentia, & difficiliter quidem interire, non esse tamen *propinquātia.*
„ interitui non obnoxia. significare autem hominibus futura, ratione
„ vtentia, & voces emittentia. Vnde ea visione apprehendentes vete-
„ res Deos esse existimarunt, cùm præter hæc non sit alius Deus, qui
„ habeat naturam in quam non cadat interitus. Aristoteles autem di- *Aristoteles de*
cebat ex duobus principiis ortam esse Dei notioné inter homines, *Diis quid sen-*
nempe & ex iis quæ in anima accidunt, & ex sublimibus. Ex iis qui- *tiat.*
dem quæ in anima accidunt, propter diuinos eius in somnis afflatus,
& diuinationes. Quando enim, inquit, in somnis anima per se fuerit,
tunc sua propria recepta natura, & diuinat, & futura prædicit. Talis
est autem etiam dum in morte separatur ab incorporeis. Admittit
enim Homerum quoque Poëtā, vt qui hoc obseruauerit. Fecit enim
Patroclum quidem, dum interimeretur, prædicentem cædem He-
ctoris, Hectorem autem Achillis. Ex his ergo, inquit, suspicati sunt
homines, Deum esse aliquid quod ex se est simile animæ, & est omnium scientissimum. Sed & ex sublimibus. Nam cùm contemplati
essent Solem quidem interdiu circumeuntem, noctu autem ordinatum aliarum stellarum motum, existimarunt esse Deum aliquem, auctorem huius motionis & ordinis. Atque hæc quidem Aristoteles.
Alij autem sunt qui dicūt, quòd mens cùm sit velox & mobilis, dum *Deorū notio-*
mutatur sua natura, venit etiam ad demonstrationem vniuersitatis, & *nes ex mentis*
suspicata est esse aliquam intelligentem eorum quæ exuperant vim *cum superiorū*
ac potestatem, & proportione quidem ei respondentem, natura au- *proportione.*
tem diuinam. Sunt autem qui ex rebus admirabilibus quæ in mundo *Deorū notio-*
fiunt, suspicati sunt nos venisse in notitiam Deorum. In qua opinione *nes ex rebus in*
videtur etiam esse Democritus. Videntes enim, inquit, veteres quæ *mundo admi-*
in sublimi accidunt, vtpote tonitrua, & fulgura, & fulmina, & astro- *rabilibus, vt*
rum coitus, Solisque & Lunæ defectus, terrebantur, existimantes *vult Democri-*
Deos esse eorum auctores. Epicurus autē putat, ex iis quæ in somnis *Deorum notio-*
occurrunt visionibus, Dei notionem attraxisse homines. Magnis *ex somniis se-*
enim, inquit, & humana forma præditis simulachris in somnis incur- *cundum Epi-*
curum.

SEXTI EMPIRICI

rentibus, exiſtimarunt eſſe re vera quoſdam huiuſmodi Deos hominis forma præditos. Nonnulli autem accedétes ad certum conſtan-
temque & ordinatum motum cœleſtium, dicunt omnino Deorum
notiones ex eo primū ortas eſſe hominibus. Quomodo enim ſi quiſpiam ſedés ſuper Trojanam Idam, vidiſſet Græcorum exercitum de-
center & ordinatè in campis procedere, equites quidem primù cum
equis & curribus, deinde retrò pedites, ei omnino veniſſet in mentem, quòd ſit aliquis qui regit ac moderatur, & militibus qui ab ipſo
reguntur, eum ordinem ſeruare imperat, nempe Neſtor, aut aliquis
alius ex Heroibus, qui ſcit & equos regere & homines ſcutiferos : &
quomodo qui eſt nauis peritus, cùm primùm conſpexerit nauē quæ
ſecundo vento fertur, & velis bene eſt inſtructa, intelligit eſſe aliquē
qui eam regit, & ad portus deducit propoſitos: ita qui primùm cœlū
ſuſpexerunt, & contemplati quidem ſunt Solem ab Oriente vſque
ad Occidentem curſum ſuum veluti in ſtadio conficientem, ſtellarū
autem quaſdam ordine procedentes choreas, inquirebant opificem
pulcherrimæ huius ordinationis, eam coniectantes caſu non accidere, ſed à quadam potente natura & in quam non cadit interitus, quæ
quidem eſt Deus. Ex recentioribus autem Stoicis dicunt nonnulli,
primos, & è terra ortos homines, fuiſſe iis qui nunc ſunt intelligentia
longè præſtantiores. vt licet diſcere ex noſtra comparatione cum veteribus. & illos Heroes, vt qui aliquem ſenſum habuerint, intendiſſe
mentis aciem in diuinam naturam, & intellexiſſe quaſdam Dei virtutes. Atque hæc quidem ſunt quæ dicuntur à dogmaticis Philoſophis de Deorum notione. Non exiſtimamus autem opus eſſe vt aduerſus ea dicamus. Varia enim & multiplex enunciatio obſignat totius veri ignorationem, cùm poſſint quidem eſſe multi modi Dei notionis, quod autem eſt in eis verum non comprehendatur. & tamen
etiamſi ad ſingula pergamus literarum monimentis mandata, nihil
ex iis quæ dicta ſunt, inuenietur firmum ac ſtabile. Iam enim ij qui
exiſtimant aliquos legis latores & prudentes homines, de Diis opinionem aliis indidiſſe, non ſatis videntur id quod quæritur attingere: Quærebatur enim à quónam principio incitati homines venerūt
ad exiſtimandum eſſe Deos? Illi autem, cùm ambo videantur, dicūt
quoſdam legis latores de Diis opinionem indidiſſe hominibus, ne-
ſcientes quòd eis maneat abſurdum quòd erat ab initio, cùm ſit quē-
ſimus aliquis, Vndénam legis latores, cū nemo prius eis Deos tra-
didiſſet, in Deorum venerūt notionem? Deinde omnes quidem homines

mines eorum habent notionem, sed non similiter & eodem modo. *Deorũ omnes*
Sed Persæ quidem, exempli causa, igne in Deos referunt: AEgyptij *habent notio-*
autem aquam: alij autem aliquid aliud eiusmodi. Esset autem absur- *nem,sed nõ eo-*
dum, omnes homines simul collectos à legis latoribus, de Diis ali- *dem modo.*
quid audiuisse. Neque enim simul mixta erant hominum genera,
erantque ignota. In nauis autem Argus nauigatione, primam quæ
nauigauit scapham accepimus ex historia. At ante hæc omnia, fortasse dicet aliquis, qui erat apud singulos legis latores & duces, eam
confinxerunt notionem. & propterea alij alios esse Deos existimarunt. quod quidem est stultum. Rursus enim omnes homines com- *De Diis qua-*
munem & anticipatam de Deo habent notionem, ex qua est quod- *lis sit homini-*
dam beatum animal, & ab interitu alienum, & in felicitate perfectũ, *bus notio.*
& in quod nullum potest malum cadere. Est autem planè à ratione
alienum, omnes forte fortuna ad easdem applicari proprietates, non
autem sic moueri naturaliter. Non ergo ex instituta impositione,
neque vlla lata lege antiqui Deos esse acceperunt. Qui autem dicũt
primos homines, cùm fuissent rectores & administratores rerum *Qui aliquos*
publicarum, cùm magnam sibi comparassent potentiam & honorem *in Deos retu-*
ad hoc vt pareret populus, eos post aliquod tempus, cùm è viuis ex- *lerunt, de Diis*
cessissent, existimatos esse Deos, rursus non intelligunt quod quæri- *prius aliquam*
tur. Illi enim qui ipsos in Deos referebant, quemadmodum accepe- *habebant no-*
runt notionem Deorum, qua eos in Deorum numero habuerunt? *tionem.*
Hoc enim prætermittitur, cùm opus habeat demõstratione. Et alioqui non est id quod censetur probabile. Quæ enim fiunt à ducibus
& principibus, & maximè falsa, solummodo simul manent cum ducibus ac principibus viuentibus, cùm autem decesserint, tolluntur.
Licetque multos recensere, qui vitæ quidem tempore relati sunt in
Deos, post mortem autẽ ita habiti sunt contemptui, vt Deorum re-
primerentur appellationes: vt Hercules Alcumenæ & Iouis filius. *Hercules di-*
Erat enim quidem ab initio ei nomen Alcæus, vt aiunt. inuasit autem *ctus est Alcæus*
appellationem Herculis, qui eo tempore existimabatur Deus. Vnde *qui fuit filius*
etiam fama est Thebis inuentam olim fuisse statuam propriam Her- *Amphitryo-*
culis, quæ habebat inscriptionem, Alcæus Amphitryonis, ad gratias *nis.*
agendas Herculi. Dicunt etiã Tyndaridas rursus vsurpasse gloriam *Tyndaridæ v-*
Dioscurorum, qui putabantur esse Dij. Duo enim hemisphæria, nem- *surparunt glo-*
pe & id quod est super terram, & id quod est sub terram, sapientes *riam Diosco-*
eius teporis homines Dioscuros, id est Iouis filios dicebant. Quam- *rorum, id est,*
obrem Poëta quoque hoc tacitè innuens, de eis dicit; *duorum Hemi-*
sphæriorum.

Homerus.
> *Alternisque aliâs vicibus viuunt, aliasque*
> *Mortem obeunt, æquum Diis nancifcuntur honorem.*

Pileosque eis imponunt, & super eos stellas, tacitè innuentes consti tutionem Hemisphæriorum. Illi quidem qui in honorem Deorum sic irrepserunt, propositum quodammodo obtinuerunt. Qui autem *In Deos qui* seipsos Deos pronuntiarūt, magis sunt habiti contēptui. Quinetiam *seipsos retule-* qui dicunt, quòd veteres Deos esse existimarunt, omnia quæ vitæ *runt, habiti* *sunt contēptui,* profunt, vt Solem & Lunam, fluuiosque & lacus, & similia, cum eo *Deus non est* quòd non probabilem tenent opinionem, eiusdem arguuntur stulti- *existimandus* tiæ cuius & veteres, vt suprà diximus. Non est enim consentaneum *qui vitæ pro-* *dest.* illos esse adeò insipiétes, vt quæ oculis cernuntur interire, Deos esse notione anticipent: aut iis quæ ab ipsis deuorantur & dissoluuntur vim diuinam tribuant. Nam aliquam quidem fortè habet rationem & terram Deam existimare, non eam essentiam quæ in sulcos pro- scinditur aut foditur, sed vim quæ ipsam regit & administrat, natu- ramque frugiferam, & re vera beatissimam. Lacus autem & fluuios, & si qua alia sua natura nobis profint, Deos existimare, est summi stuporis & sensus vanitatis. Ita enim oporteret etià homines, & eos maximè qui philosophantur, arbitrari esse Deos. Nobis enim pro- sunt & quę in ædibus sunt animantia, vasaque, & quidquid est his hu- milius & abiectius. Sed hæc quidem sunt valdè ridicula. Dicendum est ergo non esse bonam ac rectā quæ fuit exposita sententiam. De- mocritus autem non est fide dignus, qui minus dubium docet per maius. Nam ad hoc quidem quòd Deorum notionem aliquo modo habuerint homines, natura dedit multas & varias occasiones, & mul- *Simulachra* ta adminicula. Quòd autem in aëre qui ambit sint simulachra ingē- *quæ fingit De-* tia & humanis formis prædita, & in summa talia qualia sibi vult effin *mocritus, non* *sunt Dii.* gere Democritus, est omnino eiusmodi vt admitti non possit. Eadē autem dici possunt etiam aduersus Epicurum, qui existimat quòd ex visis simulachrorum quæ formas habent humanas, quorum species apparet in somnis, Dij in mentem venerunt. Cur enim magis ex his, quàm ex ingentibus hominibus in mentem venerunt Dij? Et vt se- mel dicam, ad omnes quæ sunt expositæ opiniones licebit dicere, *De Deo est in* quòd non ex nuda & sola magnitudine animalis humana forma præ- *hominibus no-* diti, accipiunt homines Dei notionem, sed cum eo quòd sit beatus *tio quòd sit* *beatus, & ab* & ab interitu alienus, & vim maximam habeat in mundo. quæ qui- *interitu alie-* dem non docent à quónam principio, aut quomodo in mentem ve- *nus, & vim* *maximam ha-* nerit iis qui Dei primam attraxere notitiam, qui causantur visa quæ *beat in mūdo.* occur-

ADVERSVS MATHEMATICOS. 263

occurrunt in somnis, constantémque & pulchrum ordinem rerum cœlestium. Alij autem ad hoc quoque dicunt, quòd principium quidem notionis quòd sit Deus, ortum sit ex iis quę apparent in somnis, aut ex iis quæ contemplamur in mundo. Quòd autem Deus sit æternus, & interitui non obnoxius, & perfectus in beatitudine, hoc venit à transitu ab hominibus. Quomodo enim cùm communem hominẽ phantasia auxerimus, habemus notionem Cyclopis, *Quòd Deus sit, notio est ex iis quæ apparent in somnis.*

Quòd Deus est æternus, etc. notio venit à transitu ab hominibus. Homerus.

  Non homini similis vescenti pane, sed altæ
  Rupi in syluosis quæ est montibus, atque remota
  Cernitur. ita cùm felicem & beatum hominem intellexerimus, aut omnibus bonis repletũ, deinde ea amplificauerimus, qui est in illis summus Deus nobis venit in mentem. Et rursus, cùm veteres longæuum quempiam visione apprehendissent hominem, id auxerunt in tempus infinitum, & cùm tempori præsenti præteritum & futurum coniunxissent, & deinde in sempiternam accessissent notionem, dixerunt etiam Deum esse sempiternum. Ii qui hæc dicunt, probabilem quidem defendunt opinionem: sensim autem incidunt in eum modum qui dicitur alter per alterum, qui quidem est maximè dubius. Nam vt primum felicem & beatum intelligamus hominẽ, & ex eo Deum per transitionem, debemus intelligere quidnam sit felicitas, cuius participatione intelligitur beatus. & dicitur beatus Græcè εὐδαίμων, qui dæmonem seu genium bene habet affectum. Quamobrem vt hominis quidem rectè accipiamus beatitudinem, debemus prius habere Dei & dæmonis notionem. Vt autem Deum intelligamus, debemus prius habere Dei & hominis notionẽ. Cùm ergo vtrunque expectet ab altero notionem, id à nobis mente non potest comprehendi. Atque hæc quidem dicta sint ad eos qui quærunt quemadmodum priores homines Dei habuerunt notionem. Consequenter autem quæramus an sint Dij.

An sint Dij.

QVONIAM non quidquid mēte agitatur est particeps essentiæ, sed potest aliquid mente quidem agitari, non autem esse, vt Hippocētaurus & Scylla, oportebit post quæstionem de Deorum in mente conceptione, etiam cõsiderare de Dei essentia. Fortasse enim stabilior ac constantior inuenietur Scepticus quàm ij qui aliter philosophantur, dicens esse Deos congruēter patriis moribus & legibus, & faciens quidquid pertinet ad eos venerandos ac colendos, quod
autem

autem ad philosophicam attinet quæstionem, nihil agens temere ac præcipitanter. Atque ex iis quidê qui de Dei essentia considerarunt, alij quidem dicunt esse Deum, alij verò non esse: alij autem non magis esse quàm non esse. Et esse quidem plures ex Dogmaticis, & communis vitæ anticipata notio. Non esse autem qui appellati sunt, ἄθεοι, & Diagoras Melius, & Prodicus Cius, & Theodorus, & permulti alij. Ex quibus dicebat quidem Euhemerus, eos qui existimatur esse Dij, fuisse aliquos potentes homines, & ideo ab alijs relatos in numerum Deorum, visos esse Deos. Prodicus autem id quod vitæ prodest, Deum esse existimatum, vt Solem, & Lunam, & fluuios, & prata, & fructus, & quidquid est eiusmodi. Diagoras autê Melius, qui fuit, vt dicunt, primũ Dithyrambicus, vt si quis alius superstitiosus, qui etiam poësim suam ita inchoauit hoc modo: A dæmone &
» fortuna fiunt omnia. Iniuria autem affectus ab aliquo qui peierauerat, & propterea nihil passus fuerat, eo deductus est vt diceret non
» esse Deum. Critias quoque vnus ex iis qui Tyrannidem Athenis exercuerunt, videtur esse ex ordine impiorum, dicens quòd antiqui legislatores finxerunt Deum inspectorem rerum quæ bene & malè fiunt ab hominibus, vt nemo proximum suum clanculum iniuria afficiat, cauens ne à Deo puniatur. Disertis autem verbis ita dicit: Fuit
» tempus quãdo erat hominum vita inordinata & beluina, & ministra
» virium, cùm neque bonis vllum esset præmium, neque vllum malis
» supplicium. Deinde mihi videntur homines leges tulisse quæ poenas
» irrogarent, vt tyrannus esset Iustitia, & ancillam haberet Contumeliam. Multabatur autem si quispiam peccaret. Deinde quoniam leges quidem ipsos eò adducebant vt palam scelera non admitterent,
» clanculum autem ea admittebant, tunc mihi videtur vir aliquis ingeniosus & prudens cognouisse quòd operæpretium faceret, si inter
» mortales inuenisset quemadmodum malis metus esset incutiendus
» etiam si clam agerent, aut dicerent, aut cogitarent. Hinc Deum introduxit, nempe quòd sit Deus minimè interitui obnoxia vigens vita, menteque audiens & aspiciens, cogitansque, & hæc attendens, &
» diuinam gestans naturam. A quo auditur quidem quidquid dictum
» est inter homines: quidquid autem fit, videre poterit. Si quis autem
» apud se tacitus aliquid cogitet mali, hoc Deos nõ latebit. inest enim
» prudentia. Hæc autem dicens, induxit documentum longè iucundissimum, nempe falsa oratione tegere veritatê. Semper autem hic
» dicebat Deos, vt maximè terreret homines eo ducens. Vnde præsciuit

„ uit timores esse mortalibus, laboresque & afflictiones calamitosæ
„ vitæ ex superno circuitu, vbi vidit esse fulgura, & horrendos sonos
„ tonitrui, & stellatum cœli corpus, affabre factum & varium opus sa-
„ pientis artificis: vnde & candens procedit astri globus, humidusque
„ in terram imber proficiscitur. Ad hos timores reduxit homines, per
„ quos verbis Dæmonem pulchrè & in decenti loco fecit habitare: ini-
„ quitatem autem extinxit legibus. Et cùm pauca adiecisset, subiunxit:
„ Sic autem primum arbitror aliquem persuasisse mortalibus vt existi-
„ maret esse genus Dæmonum. Cum his autem hominibus congruit
etiam Theodorus Atheos, & vt nonnulli sentiunt, etiam Protagoras *Theodorus*
Abderitanus, cùm ille quidem in opere quod inscripsit de Diis, quæ *ἄθεος.*
apud Græcos in Deos sunt relata variè confutauerit. Protagoras au- *Protagoras Abderitanus.*
„ tem disertis verbis scripserit. De Diis autem neque an sint, neque
„ quales sint possum dicere. Multa enim sunt quæ me prohibent. Quã
ob causam cùm eum capitis damnassent Athenienses, fugiens in ma-
ri periit naufragio. Meminit autem huius historiæ Timon quoque *Timon Phliasius de Protagora quid scripserit.*
Phliasius in secundo libro eorum quos inscripsit σίλλως, id est, Sales
seu scommata, hæc referens:
„   *Persuasit qui Protagoræ, cui lingua diserta,*
„   *Iucunda & prudens, satis atque volubilis. O si*
„   *Possem eius cinerem tetris immittere scriptis,*
„   *Qui scripsit se nec nouisse Deos, neque quales,*
„   *Aut quinam ij essent vnquam potuisse videre.*
„   *Observans æqui. Sed ei non profuit istud.*
„   *Namque fuga sibi consuluit, ne frigida potans*
„   *Pocula Socratica, Ditis penetralia adiret.*
Epicurus autem, vt nonnullis videtur, quod ad vulgus quidem atti- *Epicurus Deos non esse sensit.*
net, relinquit Deum. quod autem attinet ad rerum naturam, nequa-
quam. Non magis autem esse quàm non esse Deos, per parem vim *Sceptici non magis esse quã non esse Deos asserunt.*
aduersantium orationum dixerunt Sceptici. Hoc autem sciemus, si
quæ vtrinq; fiunt argumenta breuiter persequamur. Qui ergo Deos
esse censent, quatuor modis conantur probare propositum. Quorũ *Deos esse qua tuor modis probatur.*
vnum quidem est, consensus omnium hominum: secundum autem,
ordo mundi & distributio: tertium autem, absurda quæ consequun-
tur iis qui Deum tollunt: quartum autem & vltimum, ablatio rationũ *Deum esse et communis notio & omniũ hominum consensus.*
quæ obiiciuntur. Ex communi quidem notione, dicentes, quòd om-
nes homines tam Græci quàm Barbari Deum esse existimãt. & ideo
communi consensu quidem sacrificant & vota concipiunt, Diisque
L   templa

templa excitant. Alij autem aliter hæc faciunt, vt qui hoc quidem communiter habeant persuasum aliquid esse Deum, de eius autem natura non eandem anticipatam habeant notionem. Si autem falsa esset eiusmodi anticipata notio, non omnes sic consentirent. Sunt ergo Dij. Nam alioqui falsæ opiniones, & quæ sunt ad tempus naturæ, non vlterius extenduntur, sed simul excedunt cum illis quorum causa conseruabantur: vt homines honore afficiunt Reges, sacrificiisque atque aliis ritibus & ceremoniis, quibus Deos prosequutur. Sed hæc ad illos ipsos vsque conseruant. cùm autem è viuis excesserint, relinquunt tanquam quædam nefaria & impia. Deorum autem notio, & fuit ab æterno, & permanet in æternum, vt qui ea ipsa quæ fiunt ferant testimonium, vt est consentaneum. Verumenimuero si vulgi & imperitorum relinquenda est opinio, credendum autem est viris doctis & preclaris, licet videre Poëticam nihil magnum nec preclarum efferre, in quo non sit Deus, à quo dependet rerum quæ fiunt vis & potestas: vt apud Homerum Poëtam in bello quod scripsit Græcorum & Troianorum. Licet autem videre etiam Physicam consonare cū Poëtica. Pythagoras enim & Empedocles, & Ionici, Socratesq; & Plato & Aristoteles, & Stoici, & fortasse etiam ij qui sunt ex hortis, vt testatur Epicuri electæ dictiones, Deum relinquunt. Quomodo ergo si quæreremus de aliquibus quæ cadunt sub aspectum, meritò iis crederemus quibus visus est acutissimus: ita considerantes de aliquibus quæ cōtemplatur ratio, non aliis debemus credere, quàm iis quibus est acutum ingenium, & perspicax ratio: cuiusmodi sunt Philosophi. Sed aduersarij respondere solent ad obiectionem, quòd etiam de iis quæ esse apud inferos fertur in fabulis, habent omnes homines communem notionem, & pro se habent consensum Poëtarum, & de his magis quàm de Diis. Sed non dixerimus ea esse vera quæ feruntur in fabulis, non intelligētes, primùm quidem, quòd accidit vt non solùm ea quæ finguntur in fabulis, sed etiam communiter omnis fabula, contineat in se repugnantiam, & quod non potest fieri.

Poëtica nihil præclarū edit in quo non sit Deus.
Physica Deos esse censet.

De inferis habent omnes cōmunem notionem.

Fabula continet in se repugnantiam, & impossibilitatem.
Hom. Odyss.
v. quē secutus est Virgilius.
Tityi suppliciū fabulosum.

    Nec non & Tityon terræ omnipotentis alumnum
    Cernere erat, per tota nouem cui iugera corpus
    Porrigitur: rostroque immanis vultur obunco
    Immortale iecur tundens, fœcundaque pœnis
    Viscera, rimaturq; epulis, habitatq; sub alto
    Pectore: nec fibris requies datur vlla renatis.

Ille

ADVERSVS MATHEMATICOS.

> *Ille tamen manibus non se defendere tentat.*
> *Nam Latona ab eo stuprum passa est Iouis vxor.*

Nam si Tityus quidem erat inanimus, quomodo cùm nullum haberet sensum, subibat supplicium? Sin autem habebat animam, quomodo mortem obierat? Et rursus quando dicitur,

> *Tantalus est à me visus, qui sæua ferebat*
> *Tormenta in fluuio stans, eius qui propè mentum*
> *Tangebat. sitiens miser hunc captabat, at ipsum*
> *Prendere non poterat fugientem. nec bibere illi*
> *Concessum est, lymphæ cùm se incuruaret ad haustum.*
> *Nam cùm captaret, solum irrorata recessit.*
> *Pro pedibus nigra at terra apparebat, erántque*
> *Dæmonis arentes fauces.*

Hom. Odyss. Tantali fabulosum supplicium.

Si enim nunquam gustabat humorem & alimentum, quomodo permanebat, non autem interibat egestate & penuria rerum necessariarum? Sin autê erat immortalis, quomodo est eiusmodi? pugnat enim natura immortalis cum tormentis & doloribus. nam quidquid dolet, est mortale. Sed fabula quidem sic in se continet sui confutationem. Sed non est huiusmodi de Diis concepta opinio, neque vllam suscipit repugnantiam, sed cernitur conuenire cùm iis quæ fiunt. Neque enim licet animas suspicari deorsum ferri. Nã cùm sint subtiles, & non minus igneæ quàm spirituales, sua leuitate magis feruntur in loca superiora. Quinetiam per se permanent. neque, vt dicebat Epicurus, solutæ à corporibus disperguntur instar fumi. neque enim erat prius corpus quod eas secerneret: sed ipsæ erat causæ corpori vt simul manerent: sed multo magis sibiipsis. Cùm eæ itaque fuerint extra Solis tabernaculum, habitant locum qui est sub Luna, & hinc propter puritatem aëris accipiunt maius tempus ad permanendum: & vtuntur alimento conuenienti, nempe exhalatione ex terra, vt cætera astra. nec habent in iis locis quòd eas sit dissoluturû. Si ergo permanent animæ, fiunt eædem quæ Dæmones. Si autem sunt Dæmones, dicendum est eas quoque esse Deos, earum essentiæ minimè nocente anticipata notione de iis quæ fabulosè narrantur apud inferos. Atque ea quidem quæ ex communi & consentiête de Deo opinione sumitur ratio, est huiusmodi. Consideretur autem ea quoque quæ sumitur ex ornatu ambeuntis aëris. Eorum ergo quæ sunt essentia, inquiunt, cùm ex se sit immobilis & nulla figura prædita, debet moueri & figurari ab aliqua causa. & ideo quomodo cùm

Animæ non feruntur deorsum.
Animæ per se permanent.
Animæ aluntur exhalatione ex terra.
Animæ eædê quæ Dæmones.
Deû esse probat mundi ordo et ornatus.

L 2 conspe-

conspeximus aliquod pulchrum & affabre factū opus, desideramus eius scire artificem, vtpote quòd materia sit per se immobilis: & ideo vniuersorum contemplantes materiam moueri, esseque & formatā & ornatam, iure considerauerimus causam quæ eam mouet, variisq; & multiplicibus eam formis exornat. Probabile est autem eam non esse aliquid aliud quàm vim quandam quæ per ipsam peruasit, quomodo per nos peruadit anima. Hæc ergo vis aut est per se mobilis, aut ab alia vi mouetur. Et si ab alia quidem mouetur, fieri non potest vt moueatur altera, nisi moueatur ab alia. quod quidem est absurdū. Est ergo vis aliqua per se mobilis, quæ est diuina & æterna. Aut enim mouebitur ab æterno, aut ab aliquo tempore. Sed ab aliquo quidem tempore non mouebitur. Nulla enim erit causa vt ea moueatur ab aliquo tempore. est ergo vis æterna quæ mouet materiam, & quæ ordinatè eam deducit ad ortus & mutationes. Ea itaque est Deus. Præterea quod gignit id quod est rationis particeps & prudens, omnino rationis particeps fuerit & prudens. Vis autem de qua prius diximus, natura habet insitum vt construat homines. erit ergo rationis & prudentiæ particeps, quod quidem est diuinæ naturæ. Sunt ergo Dij. Et ex corporibus alia quidem sunt vnita: alia autem ex iis quæ compinguntur: alia autem ex distatibus ac disiunctis. Sunt ergo vnita quidem quæ ex vno continentur habitu, vt sunt plantæ & animātia. Ex his autem quæ compinguntur, sunt ea quæ constant ex iis quæ iuxta sita sunt, & ad vnum tendunt caput, vt catenæ, & turriculæ, & naues. Ex distantibus autem, quæ sunt composita ex disiunctis & separatis, & per se subiectis, vt exercitus, & greges, & chori. Quoniam igitur mundus est corpus, aut est corpus vnitum, aut ex iis quæ compinguntur, aut ex distantibus. Sed neque ex iis quæ compinguntur, neque ex distantibus, vt ostendimus ex iis quæ in ipso per consensum accidunt. Nam in Lunæ incremento & decremento, multæ animantes terrestres & marinæ decrescunt & augentur. aquarumque refluxus & inundationes fiunt in aliquibus partibus maris. Similiter autem & in aliquo ortu & occasu stellarum, accidūt mutationes ambeuntis aëris & variæ cōuersiones, aliquando quidem in melius: aliquando verò pestilentes. ex quibus est perspicuum, quòd mundus est aliquod vnitum corpus. In iis enim quæ constant ex iis quæ compinguntur, aut quæ sunt distantia, partes minimè inter se afficiuntur per consensum. siquidem cùm in exercitu omnes fortè perierint milites, nihil ex impertitione videtur pati is qui saluus euasit. In iis autē

quæ

ADVERSVS MATHEMATICOS.

quæ sunt vnita, est quædam affectio per consensum, siquidem scisso digito totum corpus simul afficitur. Vnitum est ergo corpus etiam mundus. Sed quoniam ex vnitis corporibus alia quidem continentur à solo habitu, alia autem à natura, alia verò ab anima: & ab habitu quidem, vt lapides & ligna: à natura autem, vt plátæ: ab anima autem, vt animantia: omnino mundus quoque ab aliquo ex iis continetur. Et à solo quidem habitu minimè potest contineri. Nam quæ ab habitu continentur, nullam mutationem suscipiunt & conuersionem quæ sit alicuius momenti: vt ligna & lapides, sed solùm eam patiuntur affectionem quæ est ex relaxatione & ex cōpressione. Mundus autem suscipit magnas & magni momenti mutationes, cùm aër quidem qui ambit, sit aliquando frigidus, aliquando verò calidus, & aliquando quidem siccus, aliquando verò humidus, aliquando verò aliter alteratus à motu coelestium. Non ergo à solo habitu continetur mundus. Si autem ab eo non continetur, omnino continetur à natura. Quæ enim continentur ab anima, à natura longè prius continebantur. Necesse est ergo eum contineri ab optima natura, quandoquidem omnium continet naturas. Quæ autem continet naturas omnium, eas quoque continet quæ sunt participes rationis. Sed & quæ continet naturas participes rationis, ea est omnino rationis particeps. Neque enim fieri potest vt totum parte sit deterius. Sed si est optima & præstantissima natura quæ mundum administrat, ea est & intelligens & bona & immortalis. Cùm autē sit eiusmodi, est Deus. Sunt ergo Dij. Et si in terra & mari, cùm magna sit crassitudo, multa consistunt animantia, quæ animalem & sentientem participant facultatem, est longè probabilius in aëre, qui habet longè plus puritatis & sinceritatis quàm terra & aqua, esse animata & mente prædita animantia. Cui rei congruit, quòd Dioscuri sunt boni quidam Dæmones seruatores nauium, & quòd scriptum est,

Intellure alma ter nam sunt millia dona,
Quæ seruant homines, nec sunt obnoxia morti.

Sed si est probabile animantes esse in aëre, est omnino consentaneu in æthere quoque esse naturam animantium. Vnde etiam sunt homines intelligēdi facultatis participes, vt qui illinc eam hauserint. Cùm sint autem ætherea animantia, & videantur terrestribus longè antecellere, quòd in ea nō cadat nec interitus nec ortus, dabitur quoque esse Deos qui hac in re non differunt. Cleanthes autem sic rogabat, Si est natura natura melior ac præstantior, erit etiam aliqua optima

In corporibus vnitis est affectio per consensum.
Corpora vnita continentur, vel ab habitu, vel à natura, vel ab anima.

Mundus continetur ab optima natura, quæ est animata & particeps rationis.

Deus est optima & præstātissima natura quæ mundum administrat.

Animantia in aëre.
Dioscuri boni Dæmones seruatores nauium.

Animātia sunt in æthere.

In æthere sunt Dij.

L 3 ac

ac præftatiffima natura. Et fi ergo eft animal animali melius & præftantius, erit aliquod animal optimum & præftantiffimum. ea enim
fuapte natura non cadunt in infinitum, vt neque natura poterat in infinitũ augeri in melius, nec anima, nec animal. Atqui animal eft animali præftantius, vt equus teftudine, & taurus afino: omnibus autem
terreftribus animantibus, & corporis & animæ affectione homo eft
melior ac præftantior. erit ergo animal optimum & præftantifsimũ.
Non poteft autem homo effe animal præftantiffimum & optimum.
vt iam per vitium ingreditur, fi non omni, plurimo quidem certè tépore. Nam fi aliquando confequatur virtutem, ferò & in vitæ occa-
fu eam confequitur. eftque caducum & imbecillum, & quampluri-
mis egens auxiliis & adminiculis, nempe alimento & veftimento, &
aliis quæ funt neceffaria ad gerendam curam corporis, quod inftar
alicuius fæui tyranni nobis præeft, & quotidianum tributum exigit,
morbosque & mortem minitatur, nifi exhibuerimus quo fe lauet, &
vngat, amiciat & nutriat. Quamobrem neque perfectum animal eft
homo, fed imperfectum & à perfecto multùm feparatum. Quod autem eft perfectum optimumque ac præftantiffimum, eft quidem homine melius ac præftantius, & omnibus virtutibus abfolutũ & con-
fummatum, & in quod nullum malum poteft cadere. Hoc autem à
Deo non differet. Eft ergo Deus. Et fic quidem Cleanthes. Rogauit quoque Socraticus Xenophon orationem ad probandum effe
Deos, Socrati tribuens probationem quærenti apud Ariftodemum
his verbis: Dic mihi, ô Ariftodeme, funt ne quos habuifti in admiratione propter fapientiam? Certè, inquit. Quinam funt ifti? Propter
Poëticam quidem Homerum habui in admiratione: propter artem
autem ftatuariam, Polycletum: propter picturam verò, Zeuxim. An
non autem eos probas ac commendas, propterea quòd quæ funt ab
eis conftructa, excellenter & affabrè fint fabricata? Maximè, inquit.
Si ergo Polycleti ftatua fieret animata, an non longè amplius pro-
bares artificem? Certè. Videns ergo ftatuam quidem, diceres eam
ab aliquo artifice fabrefactam: videns autem hominem & rectè moueri, & corpore pulchrè effe exornatum, an nõ exiftimas effe fabre-
factum ab aliqua excellenti intelligentia? Deinde autem videns po-
fituram & vfum partium, primùm quidem quoniam erectum fecit
hominem, dedit illi oculos, vt videret quæ funt afpectabilia: auditum
autem, vt audiret audibilia: odoratus autem quifnam effet vfus, nifi
addidiffet nares? & faporum fimiliter, nifi effecta effet lingua quæ

eos

„ eos agnosceret ac discerneret? idque cùm scias, quòd terræ in cor-
„ pore exiguam habes partem, cùm ea sit ampla ac lata, & parum hu-
„ moris, cùm is sit plurimus, ignisque & aëris similiter. Mentem autem, cū nusquam esset, vndénam fortunate videris arripuisse? Atque *Mētem homo*
talis quidem est oratio Xenophontis, quæ vim habet inducentē hoc *nō haberet, nisi mundus esset*
modo, quòd cùm terræ plurimum sit in mundo, eius modicam ha- *mente prædi-*
bes partem. Est ergo mundus mente præditus & intelligés, & ideo *tus.*
Deus. Detorquent autem quidem comparando orationem, mutan-
tes eius propositiones, & dicunt. Cùm sit plurimum terræ in mundo, eius paruam habes partem. Sed & cùm multus humor sit in mun
do, eius paruam habes partem, & etiam aëris & ignis. Ergo & cùm
multa sit bilis in mundo, eius modicam habes partem, & phlegma-
tis & sanguinis. Hinc sequetur quòd mundus quoque sit bilis efficiens, & procreator sanguinis. quod quidem est absurdum. Illi verò
respondent & dicunt comparationem esse dissimilem ei quod dicit
Xenophon. Nam ille quidem quæstionem agitat in simplicibus &
primis corporibus, vtpote terra & aqua, aëreque & igne. Illi autem
vtentes comparatione, transilierunt ad ea quæ sunt concreta. Bilis
enim & sanguis & omnis humor qui est in corporibus, non est primum & simplex, sed constans & compositum ex primis & elementaribus corporibus. Licet autem sic quoque eandem rogare orationem: Si non esset in mundo aliquid terrestre, nec aliquid terrestre esset in te. & si in mundo non esset aliquid humidum, nec in te esset
aliquid humidi. & similiter in aëre & igne. Ergo & si non esset aliqua mens in mundo, neque vlla mens in te esset. Est autē in te mens
aliqua. ergo est etiam in mundo. Et ideo mundus est mente & intelligentia præditus. Cùm sit autem mente & intelligentia præditus,
est etiam Deus. Eandem autem vim habet etiam quæ hoc modo se
habet oratio: Num si videris effigiem pulchrè & affabre factam, du-
bitaueris an mens hoc effecerit artifex, an nec te tenueris quò minus
tale quid suspiceris, adeò vt admireris operis & artis excellentiam?
Num ergo externam huius videns figuram, fers testimonium ei qui
condidit, & dicis esse aliquem opificem: in te autem videns imagi- *Deus cogno-*
nem quæ tam variis modis cuiuis antecellit imagini & picturæ, cùm *scitur ex ea quæ est in no-*
ea cadat sub intelligentiam, casu eam existimas esse factam, non au- *bis imagine.*
tem ab aliquo opifice qui præstantem vim habet & sapientiam, qui
non alibi versatur quàm in mundo eum administrans, & quæ in eo
sunt gignens & augens? Is autem est Deus. Sunt ergo Dij. Zeno autem

tem Cittieus, à Xenophonte accepta occasione, sic interrogat:
,, Quod emittit semen eius quod est particeps rationis, est ipsum quo-
,, que rationis particeps. Mundus autem emittit semen eius quod est
,, particeps rationis. est ergo mundus rationis particeps. Cùm quo simul infertur eius quoque essentia. Est autem interrogationis euidens
probabilitas. Cuiusuis enim naturæ & animæ principium motus, videtur oriri ab ea facultate quæ tenet principatum in anima: & omnes
quæ ad totius partes emittuntur facultates, emittuntur ex præcipua
facultate animæ tanquam ab aliquo fonte. Quo fit vt omnis vis &
facultas quæ est in parte, sit etiam in toto, propterea quòd distribua-
tur à præcipua quæ est in ipsa facultate. Vnde qualis est pars facultate, tale longè prius est totum. Et ideo si mundus emittit semen animalis ratione præditi, non sicut hominem æstu quodam & feruore:
sed quatenus continet semina animalium præditorum ratione, continet vniuersum. Non vt dixerimus vineam continere acinos, hoc
est per circumscriptionem; sed quia seminariæ rationes animantium
participum rationis in eo continentur. Quo fit vt sit tale id quod dicitur: Mundus continet seminarias rationes animalium participum
rationis. est ergo mundus particeps rationis. Et rursus dicit Zeno:
Si quod est particeps rationis, est melius ac præstantius eo quod est
illius expers: est ergo mundus particeps rationis. Et similiter in eo
quod est mente præditum, & in eo quod est inanimum. Nam quod
est mente præditum, est melius ac præstantius eo quod non est præditum. & animatum est inanimo melius ac præstantius. Nihil est autem mundo melius ac præstantius. Mente ergo præditus & animatus est mundus. Est autem apud Platonem quoque eiusmodi pote-
,, state oratio, eo scribente his verbis: Dicamus quámnam ob causam
,, ortum & hanc vniuersitatem condiderit qui condidit. Bonus erat. Bo-
,, no autem inest nulla de vlla re inuidia. Cùm autem esset ab ea remo-
,, tus, omnia maximè voluit sibi fieri similia. Hoc autem ortus & mun-
,, di præcipuum principium accipiens à viris prudentibus rectissimè
,, acceperis. Deinde cùm pauca subiunxisset, infert dicens: Propter
,, hanc autem considerationem, mentem quidem in anima, animam
,, verò in corpore constituens, vniuersitatem est fabricatus, efficiens
,, vt optimum & præstantissimum opus esset secundum naturam pul-
,, cherrimum. Ratione ergo probabili & verisimili dicendum est hunc
,, mundum esse animal animatum, & re vera mente præditum, pro-
,, pterea quòd factus sit Dei prouidentia. Vi autem ac potestate eandem

quam

quam Zeno protulit orationem. Hic enim dicit vniuersum esse pulcherrimum opus effectum secundum naturam, & probabili ac verisimili ratione esse animal, animatum,& intelligentia ac ratione præditum. Sed Alexinus quidem cum Zenone comparando conflicta- *Alexini cum*
batur hoc modo: Poëticum est melius ac præstantius non poëtico, *Zenone confli-*
& grammaticum non grammatico. & quod consideratur conuenié- *ctatio de mun-*
ter aliis artibus, est melius ac præstantius eo quod non est huiusmo- *do ratione præ-*
di. Poëticum ergo & grammaticum est mundus. Cui comparationi *dito.*
occurrentes dicunt Stoici, quòd Zeno accepit id quod est omnino
melius ac præstantius,nempe rationis particeps, eo quod est expers
rationis:& intelligentia præditum eo quod non est præditum:& animatum inanimo. Non ita autem Alexinus. Non enim est omnino
poëticum melius ac præstantius non poëtico : & grammaticum non
grámatico. quo fit vt in orationibus magna cernatur differétia. Ecce enim Archilochus cùm sit poëticus, non est melior ac præstátior
Socrate non poëtico : & Aristarchus cùm sit grammaticus, non est
melior ac præstantior Platone non grammatico. Præterea à mundi *Deum esse, à*
quoque motu conantur probare quòd sint Dij,& Stoici, & qui cum *mundi motu*
iis consentiunt. Quòd enim moueatur mundus, côfitebitur quilibet *probant Stoici.*
ad hoc inductus. Aut ergo mouetur à natura, aut suo arbitratu, aut
vertigine ac necessitate. Sed à vertigine quidem & necessitate non
est consentaneum. Aut enim est ordinata vertigo aut inordinata. Et
si est quidem inordinata, non poterit aliquid mouere ordinatè. Si
quid autem mouetur cum ordine & consensu,erit diuina. Nunquam
enim totum moueret ordinatè & salutariter, si non esset mente prædita & diuina. Si sit auté eiusmodi,non erit amplius vertigo. ea enim
res est inflexibilis & breuis temporis. Quamobrem à necessitate &
vertigine moueri non potest mundus , vt dicebat Democritus. Sed
neque natura quæ cadit sub visionem, quandoquidem intelligens
menteque prædita natura, est ea melior. cernuntur autem huiusmo- *Opera quæ*
di naturæ contineri in mundo. Necesse est ergo eam quoque natu- *sua sponte mo-*
ram habere mente præditam & intelligentem, à qua mouetur ordi- *uetur, sunt ma-*
natè, quæ certè est Deus. Ea quidem certè quæ sua sponte mouen- *gis admirabi-*
lia quàm ea
tur opera,sunt magis admirabilia quàm ea quæ non sunt huiusmodi. *quæ non spon-*
Archimedis quidem certè sphæram contemplantes valde obstupe- *te mouentur.*
scimus, in qua mouetur Sol & Luna & reliqua astra,non ligna admi- *Archimedis*
sphæra.
rantes,nec eorum motum, sed artificem & causas quæ mouet. Vnde *Rerum admi-*
quò quæ sentiunt sunt magis admirabilia iis quæ nô sentiunt,eo sunt *rabilium causa*
est magis admi
magis *rabilis.*

M

magis admirabiles causæ quæ ea mouent. Quoniam enim equus est arbore ac planta magis admirabilis: & causa quæ mouet equum, est magis admirabilis quàm causa plantæ: & quoniam elephantus est equo magis admirabilis, causa quoque quæ mouet elephantum, tantam molem portans, est equi causa admirabilior. His autem omnibus, summa ratione, Solis quoque & Lunæ & stellarum, & ante ea, mundi natura, quæ est etiã eorum causa, est admirabilior. Nam partis quidem causa non extenditur ad totum, nec est eius causa. Causa autem totius extenditur ad partes. Quamobrem est magis admirabilis quàm causa partis. Quare cùm mundi natura sit causa totius mundi ornatus & dispositionis, erit etiam causa partium. Quod si ita est, ea est optima ac præstantissima. Si est autem optima ac præstantissima, est ratione & mente prædita. Præterea est etiam æterna. Ea autem natura est eadem quæ Deus. Est ergo Deus. Ad hæc accedit, quòd in omni corpore quod multas habet partes & regitur secundũ naturam, est aliquid quod dominatur. Qua ratione in nobis quidem in corde id esse censetur, aut in cerebro, aut in aliqua alia parte. In arboribus autem & plantis non itidem: sed in nonnullis quidem in radicibus, in aliis autem in coma, in aliis autem in ligni corde seu medulla. Quamobrem cùm mundus regatur à natura, vt qui constet ex multis partibus, est aliquid in eo quod dominatur, & quod incipit motum. Fieri autem non potest vt sit aliquid eiusmodi, nisi rerum quæ sunt natura, quæ quidem est Deus. Est ergo Deus. Sed dicent forte aliqui, quòd hac ratione cõtingit vt terra maximè principatum obtineat & dominetur in mundo: & aër magis obtineat principatum & dominetur. nam absque eo fieri non potest vt constet mundus. Quamobrẽ & terram & aërem dicemus esse Deum. quod quidem est stultum, ac perinde ac si dicas murum maximè dominari & principatum obtinere in domo. absque eo enim fieri non posse vt consistat domus. Quomodo enim hic re vera fieri non potest vt absque muro consistat domus, non tamen præstat & est melior domus eius domino: ita etiam in mundo fieri quidem non potest vt absque terra & aëre constet vniuersitas, ea tamen non sunt præstantiora natura quæ mundum regit & administrat, quæ quidem non differt à Deo. Est ergo Deus. Atque huiusmodi quidem est genus orationũ. Deinceps autẽ consideremus etiam modum absurdorum quæ sequuntur apud eos qui Deos tollunt de medio. Nam si non sunt Dij, ne religio quidem est solùm ex virtutibus. Est enim religio, scientia cultus

Mundi causa est cæteris magis admirabilis.

In corpore quod regitur secundum naturam, est aliquid quod dominatur.

Si Dij nõ sint, non est religio.

cultus Deorum. eorum autem quæ non sunt, nullus potest esse cultus. Vnde eius nulla erit scientia. & vt fieri non potest vt Hippocentaurorum colendorum vlla sit scientia, cùm non sint Hippocentauri: ita nec colendorum Deorum vlla erit sciétia si non sint Dij. Quamobrem si non sint Dij, non est religio. Est autem religio, dicendum est ergo Deos esse. Et rursus si non sunt Dij, non est sanctitas, vt quę sit iustitia aduersus Deos. Est autem ex communi omnium hominũ ancicipata notione sanctitas, quatenus est etiam aliquid sanctum: est ergo Deus. Quòd si non sunt Dij, tollitur sapientia rerum diuinarũ & humanarum scientia. Et quomodo nulla est scientia rerum humanarum & Hippocentaurearum, propterea quòd sunt quidem homines, non sunt autem Hippocentauri: ita nulla erit scientia rerum diuinarum & humanarum, si sint Dij, nõ sint autem homines. Absurdum est autem dicere non esse sapientiam: absurdum est ergo etiam censere Deos non esse. Præterea si iustitia est introducta ex hominum inter se & cum Diis coniunctione, si non sunt Dii, neque consistet iustitia. quod quidem est absurdum. Atque Pythagoras quidem & Empedocles & Italicorum Philosophorum caterua, dicunt non solùm esse nobis inter nos aliquam & cum Diis coniunctionem, sed etiam cum brutis animantibus. Est enim vnus spiritus, qui instar animæ totum mundum peruadit, & nos illis vnit. Quamobrē & ea occidentes, & earum carnibus nos alentes, iniuriam faciemus, & nos impiè geremus, vt qui cognatos interimamus. Hinc suadebant hi Philosophi abstinere ab animatis, & impios esse dicebant homines, qui

Rubra Deûm calida faciunt altaria cæde.

Et alicubi dicit Empedocles:

Non desistetis crudelem admittere cædem?
Pulchrum ne afflicta sic vos discerpere mente
Inter vos, forma mutata namque parentes
Charos occidunt natos permulta precati
Stulti. aliique Ioui facientes sacra precantur.
Ast alius non exauditus in ædibus istum
Occidit clamans, miseras epulasque parauit.
Atque pater nati crudeli cæde perempti,
Et matrum nati carnes in viscera condunt.

Hæc quidem suadebant Pythagorei errantes. Non enim si est spiritus per nos & illos peruadens, protinus est nobis aliqua iustitia cum brutis

brutis animantibus. Ecce enim & per lapides & per plantas peruadit quidem spiritus, adeò vt nos ipsis vniamur: nullum tamen nobis ius intercedit cum plantis & lapidibus. Sed nec iniuria facimus eiusmodi corpora scindentes & serra dissecantes. Quid est ergo, inquiunt Stoici, homines habere iustitiam aliquam & coniunctionem inter se & cum Diis? Non quatenus est spiritus qui omnia permeat, quoniã conseruaretur nobis ius aliquod etiam cum brutis: sed quoniam habemus rationé quæ inter nos & ad Deos porrigitur. cuius cùm bruta nullam habeant partem, nullum ius possunt habere nobiscum. Quamobrem si intelligitur iustitia ex quadã hominum inter se coniunctione, & hominum cum Diis, oportebit, si non sunt Dij, ne esse quidem iustitiam. Est autem iustitia: dicendum est ergo esse Deos. Ad hæc accedit, quòd si non sunt Dij, nec est diuinatio, quæ est scientia contemplans & interpretans signa quæ à Diis dantur hominibus, sed nec quæ ex diuino fit afflatu, nec quæ ex astris, nec quę ex oratione, nec quæ ex somniis fit prædictio. Absurdum est autem rerum tantam tollere multitudinem quæ iam creditur apud omnes homines. Sunt ergo Dij. Zeno autem hanc quoq; rogabat orationem: Deos iure quispiam honorauerit. Sunt ergo Dij. Cuius orationis similitudini congruenter quidem dicunt: Sapientes iure quispiam honorauerit. Qui autem non sunt, iure non honorauerit. Sunt ergo sapientes. Quod quidem non placuit Stoicis, cùm ex eorum sententia hactenus inueniri non potuerit sapiens. Adductæ autem similitudini occurrens Diogenes Babylonius, dicit secundam propositioné orationis Zenonis talem esse potestate: Eos autem quibus non est innatum vt sint, non iure quispiam honorauerit. Nam si hoc sumatur, est perspicuum quòd sunt Dij natura. Si autem hoc est, iam sunt. Nam si semel aliquando fuerunt, nunc quoque sunt. vt si fuerunt atomi, nunc quoque sunt. in eos enim non cadit ortus & interitus conuenienter notioni corporum. & ideo illationem colliget oratio. Sapientes autem, non, quoniam eis innatum est vt sint, iam sunt etiam. Alij autem dicunt primam Zenonis propositionem, nempe, Deos iure quispiam honorauerit, veram esse: alteram autem non itidem. Sumi autem primam. quod quidem erit falsum in sapientibus. Atque hæ quidem sunt, & huiusmodi, quæ & apud Stoicos, & eos qui sunt aliarum sectarum, adducuntur rationes ad probandum quòd sint Dij. Quòd autem nec propterea desint paris momenti ad persuadendum rationes, iis qui dicunt non esse Deos, proximè est ostendendum. Si quidem

Iustitiam homines habere cum Diis quid sit.

Si non sunt Dij, non est diuinatio.

Ab honore qui Diis exhibetur, probatur esse Deos.

quidem sunt Dii, sunt animalia, & qua ratione docebant Stoici quòd mudus est animal, eadẽ vtens probabis quòd Deus est animal. Animal enim est melius ac præstantius non animali. Nihil est autẽ Deo melius ac præstantius. Deus ergo est animal, si simul sumatur cum hac ratione & communis hominum notio, siquidem & vulgus & Poëtæ & præstantissimorum Philosophorum caterua, adtestatur Deum esse animal. Quo fit vt conseruetur consequentia. Si enim sunt Dii, sunt animalia. Si sunt autem animalia, sentiunt. Omne enim animal ex participatione sensus intelligitur animal. Si autẽ sentiunt, amarore afficiuntur & dulcedine. Non enim per alium quidem sensum apprehendunt sensilia, & non etiam per gustum. Vnde eum à Deo amputare, aut vllum, vt semel dicam, sensum, est planè nõ probabile. Plures enim habens sensus eis melius vtetur homo, cùm magis oporteat, vt dicebat Carneades, cum omnibus qui sunt quinque sensibus, alios quoque plures ei tribuere, vt possit res plures apprehendere, non autem quinque auferre. Dicendum est ergo Deum habere aliquem gustum, & per eum apprehendere quæ sunt gustabilia. Sed si per gustum apprehẽdit, etiam amarore afficitur & dulcedine. Dulcedine autem & amarore affectus, aliquibus delectabitur & offendetur. Aliquibus autem offensus erit etiam capax molestiæ, & mutationis in deterius. Quod si ita est, in eum quoque cadit interitus. Quamobrem si sunt Dii, in eos cadit interitus. Non sunt ergo Dii. Et si est quidẽ Deus, est animal. Si est animal, sentit etiam. Animal enim à non animali non aliquo alio differt quàm eo quod est sentire. Si autẽ sentit: & audit, & videt, & odoratur, & tangit. Quod si ita est, sunt quædam in vnoquoque sensu quæ ipsum sibi familiaritate coniungunt & alienant: vt in visu quidem, quæ cum eo habent symmetriam ac proportionem, & non aliter. In auditu autem voces modulatæ ac numerosæ, & non quæ aliter se habent. Similiter autẽ in aliis quoque sensibus. Quod si ita est, sunt quædam Deo molesta. Et si sunt aliqua Deo molesta, existit Deus in mutatione ad id quod est deterius. Quamobrẽ existit etiam in interitu. In Deum ergo cadit interitus. Hoc autem est præter communem eius notionẽ. Non est ergo Deus. Licet autem in vno quoque sensu efficacius componere orationem, vtpote in visu, Nam si est Deus, est animal. Si est animal, totus videt.

Totus namque videt, totus mens, totus & audit. Si autẽ videt, & alba videt & nigra. Sed quoniam album quidẽ est quod dispergit ac

disgre-

disgregat visum, nigrum autem quod congregat ac confundit, Deus visum congregat & confundit. Si autē est capax discretionis & confusionis, est etiam capax interitus. Si est autem, in Deum cadit interitus. In Deum autē non cadit interitus. Non est ergo Deus. Quinetiā sensus est alteratio. Fieri enim nō potest vt quod per sensum aliquid apprehendit, non alteretur, sed ita afficiatur vt afficiebatur ante apprehensionem. Si ergo Deus sentit, & alteratur. Si autem alteratur, est capax alterationis & mutationis. Si est autem capax mutationis, est etiam omnino capax mutationis in deterius. Quod si ita est, in eū etiam cadit interitus. Est autem absurdum dicere in Deum cadere interitum. Est ergo etiam absurdum censere eum esse. Ad hæc accedit, quòd si est Deus, aut est finitus, aut infinitus. Et infinitus quidem esse non potest: esset enim & immobilis & inanimus. Si enim mouetur infinitum, transit à loco in alium. Transiens autem à loco in locum, est in loco. Cùm sit autem in loco, est finitus. Si est ergo aliquid infinitum, est immobile. aut si mouetur, non est infinitum. Similiter autem est etiam & inanimum. Si enim continetur ab anima, omnino continetur motum à mediis ad fines, & à finibus ad media. In infinito autem nullum est medium neque finis. Quare nec infinitum est animatum. Et ideo si Deus est infinitus, neque mouetur, neque est animatus. Deus autem mouetur, & censetur esse particeps animationis. Non est ergo Deus infinitus. Sed nec finitus. Nā quoniam finitum est pars infiniti : totum autem est parte melius ac præstantius: perspicuum est quòd infinitum erit Deo melius ac præstantius, & in diuinam naturam obtinebit dominatum. Absurdum est autem dicere Deo esse aliquid melius ac præstantius, & obtinere dominatum in diuinam naturam. Ergo nec Deus est finitus. Sed si nec est finitus nec infinitus, & præter hæc non potest tertium intelligi, nihil erit Deus. Quinetiam si est Deus, aut est corpus, aut res incorporea. Sed neque res est incorporea. nam res incorporea erit inanima, & insensilis, & quę nihil valet agere. Neque corpus. nam omne corpus est mutabile, & in id cadit interitus. In Deum autem non cadit interitus. Non est ergo Deus. Si est quidem certè Deus, omnino est etiam animal. Si est autem animal, omnino est & omni virtute præditum, & felix ac beatum. Beatitudo autem absque virtute non potest consistere. Si est autem omni virtute præditus, omnes etiam habet virtutes. Sed non omnes habet virtutes, & non habet etiam continentiam & fortitudinem. Non autem has quidem habet virtutes.

ADVERSVS MATHEMATICOS. 279

tes. Et non sunt aliqua à quibus se difficiliter abstinere & continere possit Deus. Est enim continentia virtus quæ superari non potest, eorum quæ fiunt ex recta ratione. aut est virtus, quæ nos reddit superiores iis quæ videntur esse huiusmodi vt difficiliter ab iis possit abstineri. Continens est enim, inquiunt, non qui à moribunda vetula abstinet: sed qui cùm Laide & Phryne possit frui, se abstinet. Fortitudo autem seu tolerantia, est scientia eorum quæ sunt sustinenda & non sustinenda, virtus, inquam, quæ nos reddit superiores iis quæ videntur esse toleratu difficilia. Vtitur enim fortitudine ac tolerantia qui secatur & vritur, idque fert forti & magno animo, non autem qui bibit mulsum. Erunt ergo quædam quæ à Deo difficiliter poterunt tolerari, & à quibus is difficiliter se abstinebit. Nã si non erunt, non habebit has virtutes, nempe continentiam & fortitudinem ac tolerantiam. Si autem has non habet virtutes, quoniam inter virtutem & vitium nihil intercedit, habebit vitia quæ aduersantur virtutibus, vt pote mollitiem & intemperantiam. Quomodo enim qui non habet sanitatem, habet morbum, ita qui non habet continentiam & fortitudinem, est in vitiis quæ ipsis aduersantur. quod quidem in Deo dici est absurdum. Si sunt autem aliqua à quibus difficiliter abstinere, & quæ non facilè ferre potest Deus, sunt etiam quædam quæ eum mouent in deterius, & quæ ei molestiam afferunt. Sed si ita est, Deus est capax molestiæ ac perturbationis & mutationis in deterius. & ideo etiam interitus. Quamobrẽ si est Deus, in eum cadit interitus. Non autem secũdum: nec ergo primum. Ad ea autem quæ sunt proposita accedit, quòd si Deus est omni virtute præditus, habet etiam magni & excelsi animi virtutem seu fortitudinem. Si eam autem habet, habet scientiam eorum quæ sunt grauia ac difficilia, & eorum quæ non sunt, & eorum quæ sunt intermedia. Et si ita est, est aliquid Deo graue ac difficile. Neque enim propterea quisquam est vir fortis magnique & excelsi animi, quòd sciat quænam sunt proximo grauia ac difficilia, sed quæ sibi. quæ quidem non possunt commutari cum iis quæ sunt proximo grauia ac difficilia. Quare cùm sit Deus fortis magnique & excelsi animi, est ei aliquid graue ac difficile. Si est Deo aliquid graue ac difficile, est aliquid quod Deo afferat molestiam. Quòd si hoc, est etiam quod afferat interitum. Quo fit vt si est Deus, in eum cadat interitus. In eum autem non cadit interitus: non est ergo. Præterea si est Deus omni virtute præditus, habet sublimem & erectum animum. Si est autem sublimi & erecto animo,

Continentia quid sit.

Continens quis dicatur. Fortitudo quid sit.

Si in Deum cadant virtutes, quot sequatur absurda.

Vir fortis scit quæ sunt sibi grauia, nõ autem proximo.

habet

habet scientiā quæ efficit vt extollatur supra ea quæ accidunt. Quod
si ita est, sunt quædam quæ ei accidunt molesta. & ita in eum cadet
interitus. Non est autem hoc: neque ergo quod ab initio. Præterea
si habet Deus omnes virtutes, habet etiam prudentiam. Si prudentiam, habet etiam scientiam bonorum & malorum, & eorum quæ vo
cant indifferentia. Si eorum autem habet scientiam, nouit quænam
sunt bona & mala & indifferentia. Quoniam autem labor est etiam
indifferentium, nouit etiam laborem, & cuiusmodi sit secundum naturam. Quòd si hoc, etiam in ipsum incidit. Nam si non incidisset,
non habuisset eius notionem. Sed quomodo qui in album & nigrum
colorem non incidit, propterea quòd sit cæcus ab ortu, non potest
coloris habere conceptionem: ita Deus qui in laborem non incidit,

Doloris alio- non potest eius habere in mente notionem. Quando enim nos qui
rum non possu- in eum sæpe incidimus, non possumus apertè cognoscere proprieta-
mus nosse pro- tem doloris eorum qui laborant podagra, neque aliquibus eum no-
prietatem. bis referentibus coniicere: neque ab iis qui eum sunt perpessi, congruenter audire, propterea quòd alij aliter eum interpretantur: &
aliis quidem cōsequi vt dicant eum esse similem tormini, alij autem
fractioni, alij verò punctioni. Deus quidem certè qui in nullum inci-

Voluptatē nō dit dolorem, non potest doloris habere notionem: ita sit sanè, in-
cognoscit qui quiunt, in laborem quidem non incidit, sed incidit in voluptatem, &
non est exper- ex ea illius habuit notitiam. quod quidem est stultum. Nam primùm
tus dolorem. quidem fieri non potest; vt si non sit expertus laborem aut dolorem,

Voluptas con- voluptatis accipiat notionem. Sua enim natura constat voluptas ex
stat ex amo- ablatione cuiuslibet quod dolore afficit. Deinde hoc quoque con-
tione eius quod cesso, rursus sequitur vt in Deum cadat interitus. Nam si Deus est ca-
affert dolorē. pax huiusmodi diffusionis, erit etiam capax mutationis in deterius.
& in eum cadit interitus. Non est autem hoc: quare nec quod est ab
initio. Et si Deus est præditus omni virtute, & habet prudentiam, ha-

εὐβυλία bet etiam consilij capiendi virtutem: quandoquidem virtus capien-
consilij capiē- di consilij est prudentia in consultationibus. Si autem habet virtutē
di virtus non capiendi consilij, consultat etiam. Si autem consultat, est ei aliquid
est in Deo. incertum & non manifestum. Nam si nihil est ei incertum, non consultat. Si autem habet consilij capiendi virtutem: eo quòd consilium
versetur in aliquo incerto, vt quòd sit quæstio quemadmodum rectè
nos geramus in rebus præsentibus: est autem absurdum Deum non
consultare, neque habere virtutem capiendi consilii, eam ergo habet, & est ei aliquid incertum. Si est autem Deo aliquid incertum,
non

ADVERSVS MATHEMATICOS.

non est aliquid quidem aliud Deo incertum, non autem & quod est huiusmodi vt an sint aliqua quæ in infinitate ei interitū afferant. Sed si hoc est ei incertum, est omnino ex expectatione eorum quæ si possunt afferre interitum, ex quibus erunt quoque motiones in conturbatione, & terrebitur. Si est autem in huiusmodi commotione, erit etiam capax mutationis in deterius. & ideo in eum cadet etiam interitus. Cui est consequens vt non sit omnino. Et alioqui si Deo nihil est incertum, sed ex seipso à natura omnia comprehendit, non habet artem. sed quomodo in rana aut delphino qui sunt natatiles, non dixerimus esse artem natandi : ita nec in Deo qui à natura omnia comprehēdit, dixerimus esse artem, eo quòd ars attingat aliquid incertum, & quod ex se non comprehenditur. Sed si in Deo nō est ars, nec in eo erit ars humanæ vitæ. Quòd si hoc ita est, neque virtus. Non habens autem virtutem, Deus non est. Et alioqui cùm sit Deus ratione præditus, si non habet virtutem, omnino habet vitium quod ei aduersatur. Non habet autem vitium quod ei aduersatur. Deus ergo habet artem, & est aliquid Deo incertum. Cui est consequens vt in eum cadat interitus, vt prius collegimus. In eum autē non cadit interitus: non est ergo. Et si non habet, vt admonuimus, prudentiam, neque habet temperantiam. Est enim temperantia, habitus seruans iudicia prudentiæ in iis quæ sunt eligenda & fugienda. Et alioqui si nihil erit quod Dei moueat appetitionē, nec sit aliquid quod Deum attrahat, quemadmodum dicemus eum esse temperantem, cùm hac ratione eius habuerimus in mente notionem? Quomodo enim columnam non dixerimus esse temperantem, eodem modo nec Deum esse temperantem dicemus. Si hæ autem ab eo auferantur virtutes, tollitur etiam iustitia, & cæteræ. Sed si Deus nulla habet virtutem, nequaquam est. Est autem antecedens: ergo est etiā desinens seu consequens. Rursus si est Deus, aut habet virtutem, aut non habet. Et si quidem non habet, Deus est malus & Cacodæmon. quod quidem est absurdum. Si autem habet, erit Deo aliquid melius ac præstatius. Quomodo enim equi virtus est ipso equo melior ac præstantior : & hominis virtus est melior ac præstantior eo qui ipsam habet, eodem modo Dei virtus erit ipso quoque Deo melior ac præstantior. Si est autem Deo melior ac præstantior, & perspicuū quòd cùm sit mancus ac defectus, male habebit, & in eum cadet interitus. Sed si inter ea quidem quæ inter se aduersantur nihil est medium, in neutrum autem eorum quę aduersantur, Deus cernitur incidere,

Deus non habet artem.

Deus non habet virtutem.

Temperātia quid sit.

Si Deus habet virtutem, erit Deo aliquid melius.

N

Deus nec vocalis nec mutus.

dere, dicendum est non esse Deum. Et præterea si est, aut est vocalis aut mutus. Et Deum quidem dicere esse mutum, est planè absurdum, & repugnans communibus notionibus. Si nautem est vocalis, voce vtitur, & habet instrumenta vocalia, nempe pulmonē, & asperam arteriam, & os, & linguam. hoc autem est absurdum & non procul recedens à fabulis Epicuri. Dicendum est ergo non esse Deum. Etenim si voce vtitur, colloquitur. Si autē colloquitur, omnino aliquo sermone colloquitur. Quod si ita est, cur magis vtitur Græca quàm barbara lingua? Et si Græca, cur magis Ionida quàm AEolica, aut aliqua alia? Atqui neque omnibus. Nulla ergo. Etenim si Græca vtatur, quomodo vtetur barbara, nisi quispiam eam docuerit? Nisi habeat interpretes similes iis qui apud nos possunt interpretari. Dicendum est ergo Deum non vti voce, & ideo non esse. Rursus si est

Deus nec est incorporeus nec corpus.

Deus, aut est corpus, aut res incorporea. Sed non est incorporeus propter causas quas prius diximus. Si autem est corpus, aut est concretum ac compositum ex simplicibus elemētis, aut est corpus simplex & elementare. Et si est quidem concretum ac compositum, in ipsum cadit interitus. Quidquid enim est confectum ex coitione aliquorum, necesse est vt dissolutum intereat. Si verò est corpus simplex: aut est ignis, aut aër, aut aqua, aut terra. Quodcumque autem sit ex iis, est inanimum & expers rationis. quod quidem est absurdum. Si ergo neque compositum corpus est Deus, neque simplex: præter hæc autem nihil est: dicendum est nihil esse Deum. Atque huiusmodi quidem est genus eorum orationis. Rogauit autem Soriticè Carneades quoque quasdam orationes, quas eius familiaris Clitomachus conscripsit vt optimas & efficacissimas, quæ se habent hoc modo: Si Iuppiter est Deus, Neptunus quoque est Deus.

Deos non esse sorite probat Carneades.

„ *Tres sumus, enixa est Saturno quos Rhea fratres:*
„ *Iuppiter, atque ego, tertius est & qui imperat Orco*
„ *Pluto. sunt in tres diuisa atque omnia partes.*
„ *Quilibet atque suum est in eis sortitus honorem.*

Quamobrem si Iuppiter est Deus, Neptunus quoque cùm sit eius frater, erit Deus. Si autem Neptunus est Deus, Achelous quoque erit Deus. Si autem Achelous, etiam Nilus. Si Nilus, & quilibet fluuius. Si quilibet fluuius, riui quoque erunt Dii. Si autem riui, etiam torrentes. Non sunt autem riui: nec Iuppiter ergo est Deus. Si autē essent Dii, Iuppiter quoq; esset Deus. Nō sunt ergo Dii. Quinetiam si Sol esset Deus, dies quoque esset Deus. Dies enim non est aliud

nisi

nisi Sol super terrã. Si autem dies est Deus, mēsis quoque est Deus. Mensis enim constat ex diebus. Si autē mensis est Deus, annus quoque est Deus. Annus enim constat ex mensibus. Sed hoc non est: neque ergo quod est ab initio. Et simul etiam dicunt esse absurdum, dicere quidem diem esse Deum, auroram autem & meridiem & vesperam non esse. Si autem Diana est Dea, est etiam Triuia seu Hecate, & προθυριδία, id est liminalis, & ἐπιμύλιος, id est molaris, & ἐπικλίβανος, id est furnaria. Sed hoc non est. ergo nec quod ab initio. Si Venerem quidem dicimus esse Deam, erit etiam Amor seu Cupido, cū sit filius Veneris, Deus. Sed si Amor est Deus, Misericordia quoque erit Dea. Sunt enim ambo animi affectiones. & consecratur Misericordia similiter atque Cupido. Apud Athenienses quidem certè sunt quædam aræ Misericordiæ. Si autem Misericordia est Dea, Timor quoque est Deus aspectu deformissimus. Sum enim, inquit, Timor, qui sum minimè omnium pulchri particeps Deus. Si autem metus, reliquæ animi affectiones & perturbationes. Non sunt autē hæc: nec Venus ergo est Dea. Si autem essent Dij, Venus quoque esset Dea. Preterea si Ceres est Dea, terra quoq; est Dea. Ceres enim, inquiunt, est Δημήτηρ quasi γῆ μήτηρ, hoc est terra mater. Si terra autē est Dea, etiam montes, & promontoria, & quiuis lapis erit Deus. Non est autem hoc, ergo nec quod ab initio. Alios quoque huiusmodi Soritas interrogat Carneades ad probandum non esse Deos, quorum genus ex iis quæ sunt proposita satis euasit perspicuū. Atq; hęc quidem sunt quæ dogmatici Philosophi inter se argumentantur, ad probandum Deos esse & non esse. Hinc fit vt Sceptici suam sustineant assensionem, maximè cùm eis accesserit etiam ex communi vita de Diis inæqualitas. Nam alij quidem alias & non consentientes habent de Diis opiniones. Quo fit vt neq; omnes sint credibiles, propterea quòd inter se pugnent: neque aliquæ, propterea quòd sint paris momenti, cùm hoc quoque obsignent quæ apud Theologos & Poëtas sunt confictæ fabulæ. Sunt enim plenæ omni impietate. Hinc etiam Xenophanes refellens Homerum & Hesiodum, dicit,

Probri & dedecoris quidquid mortalibus vsquam est,
Id totum antiqui Dijs attribuēre Poëtæ,
Furtum & adulterium, inter se & fallere seipsos.

Sed cùm ex his ostenderimus, quòd ad ea quæ dogmaticè dicta sunt agentia principia sequitur vt sit sustinenda assensio, post hoc iam magis scepticè ostendamus, quod communiter dubium est & perplexum

plexum quod dicitur de causa efficiente & de materia quæ patitur.

De causa efficiente & de eo quod patitur.

DE MOTV quidem causæ alibi disseruimus. Nunc autem contenti crassa eius intelligentia, dicimus quòd ex iis qui de ea considerarunt, alij quidem dixerunt esse aliquam alicuius causam: alii autem non esse. Alii autem non magis esse quàm non esse. Et esse quidem plurimi Dogmatici, aut omnes ferè. Non esse autem, Sophistæ, qui sustulerunt motum mutationis & transitus. Non absque eo enim cõsistit quod efficit. Non magis autem esse quàm non esse dicunt Sceptici. Quòd autem non id faciant temerè & inconsideratè, licet discere ex eorum argumétis ad vtrumque. Ducatur autem principium *Causam esse probatur ex semine.* ab iis qui censent esse causam alicuius. Si est, inquiunt, semen, est etiã causa: quandoquidem semen est causa eorum quæ ex ipso nascuntur & gignuntur. Est autem semen, vt ostenditur ex iis quæ seruntur, & *Causam esse probatur ex natura.* ex animalibus quæ generantur. est ergo causa. Et rursus, si est natura, est aliqua causa. est enim eorum quæ nascuntur & enata sunt causa natura: Ea est autem, vt est perspicuum ex effectibus. Esset enim, inquiunt, absurdum, si cùm ad statuarii quidem officinam accesserimus, & ex statuis alias quidem viderimus perfectas & absolutas, alias autem semiperfectas, alias autẽ quæ incipiunt effingi, credere quòd sit eorum aliquis artifex & opifex: in hunc autem mundum ingressi, & terram quidem cernentes in medio, post eam autem aquam, & tertio loco expansum aërem, cœlumque & stellas, lacusque & fluuios, & omne genus animantium, plantarumque & arborum varietates, non æstimemus esse etiam aliquem eorum opificij auctorem & causam. Si est ergo natura, est etiam aliqua causa. Atqui est primũ: *Causam esse probatur ex anima.* ergo & secundum. Et aliter. Si anima est aliquid, est causa. ea enim est causa & viuendi & moriendi. viuendi quidem, si adsit: moriendi autem, si separetur à corporibus. Est autem, inquiunt, anima, siquidẽ etiam is qui eam dicit non esse animam, ea vtens hoc pronunciat, est *Causam esse probatur ex Deo.* ergo causa. Ad hæc accedit quòd si est Deus, est causa. is enim est qui administrat vniuersitatem. est autem ex communibus hominum notionibus Deus. est ergo causa. Atque adeò etiam si non sit Deus, *Causam esse probatur, etiã si non esset Deus.* est causa. Quòd enim non sint Dii, fit propter aliquam causam. Ergo & ad hoc quòd sit Deus, & ad hoc quòd nõ sit, ex æquo sequitur esse *Causam esse probatur ex effectibus.* causam aliquam. Porrò autem cùm multa sint quæ nascuntur & intereunt, augenturque & minuuntur, mouenturque & sunt immobilia,

lia, necessariò fatendum est esse aliquas horum causas, alias quidem
ortus ac generationis, alias verò interitus, & alias quidem augmenti, alias verò diminutionis, motus quoque & immobilitatis. Quòd si
etiam non sint hi effectus, solùm autè appareant, rursus infertur quòd
sint causæ. Nam quòd ea quidem nobis appareant tanquam subie- *Causam esse*
cta, non sint autem, est causa aliqua. Præterea si nulla sit causa, opor- *probatur ex eo*
tebit quælibet nasci ex quolibet, & præterea in quouis loco, & quo- *quòd nõ quod-*
uis tempore: quod quidem est absurdum. Iam enim si nulla est cau- *libet nascitur*
sa, nihil est quod vetet, quò minus homo constituatur ex equo. est er- *ex quolibet.*
go aliqua causa. Si nihil autem sit quod vetet, constituetur aliquando equus ex homine. & sic forte ex equo arbor. Similiter autem fieri poterit vt nix quidem concrescat in AEgypto : siccitas autem &
sudum sit in Ponto: & in hyeme quidem fiant quæ sunt æstatis: æsta-
te autem quæ sunt hyemis. Vnde si cui est consequens aliquid quod
potest fieri, erit ipsum quoque eiusmodi vt fieri possit. Quòd autem
non sit causa, est ex iis quæ esse non possunt. Et qui dicit non esse cau- *Qui causam*
sam, aut hoc dicit sine causa, aut cum aliqua causa. Et si quidem sine *non esse dicit,*
aliqua causa, non erit fide dignus. & simul etiam sequetur, vt non *seu cum causa,*
magis hoc censeat quàm quod ei aduersatur, cùm non prius sit iusta *seu sine causa*
causa, propter quam dicunt non esse causam. Sin autem cum aliqua *dicat, causam*
causa, subuertitur, & dicendo non esse causam aliquam, ponit esse *adstruit.*
aliquam causam. Vnde etiam eadem virtute licebit interrogare orationem quæ prius est data in signo & demonstratione, quæ hanc habebit compositionem: Si est aliqua causa, est causa. Sed & si non est
aliqua causa, est causa. Aut est ergo, aut non est. Nam & ad id quod
est esse causam, sequitur esse aliquam causam, consequente non dif-
ferente ab antecedente. & ad id quod est nulla esse causam, rursus sequitur esse aliquã causam: quandoquidem qui nullam esse causam dicit, ab aliqua causa motus dicit nullam esse causam. Quò fit vt disiun-
ctũ, præter duo connexa, sit verũ ex aduersantibus, & simul cũ huiusmodi propositionibus inferatur illatio, vt superius diximus. Et hæc
quidem, vt summatim dicam, cõsueuerunt dici in hanc partem apud
Dogmaticos. Consequenter autem consideremus ea quoque quæ
dicuntur apud eos qui sunt dubitantes. Videbuntur enim ea quoque
esse paris momenti cum iis quæ exposuimus, & quod ad persuaden- *Causam non*
dum attinet, ab eis non differre. Causa ergo, inquiunt, est ex iis quæ *esse quomodo*
referuntur ad aliquid. est enim alicuius causa: & vt scalpellum est *probent Sce-*
alicuius causa, nempe sectionis : alicui autem, nempe carni. Quod *ptici.*
autem *Causa est re-*
latiuum.

autem refertur ad aliquid, mente tantum cogitatur, non est autem, vt
Causa mente cogitatur, non est autem. ostendimus cùm ageremus de demonstratione. Ergo causa quoque
solùm mente tantùm cogitabitur, non erit auté. Et si est causa, oportet vt id habeat cuius est causa, alioqui non erit causa. Sed quomodo
non est dexterum nisi id sit ad quod dicitur dexterum: ita etiam causa
Causa nō habet id cuius est causa. non erit causa, si non sit id ex quo mente cogitatur. Atqui causa non
habet id cuius est causa, propterea quòd neque sit ortus nec interitus, neque passio, neque communiter motus, vt in suis locis docebimus. Non est ergo causa. Præterea si est causa, aut corpus est causa
Causa quorumnam sit causa. corporis, aut incorporeum incorporei, aut corpus incorporei, aut incorporeum corporis. Sed nec corpus est causa corporis, vt ostendemus: neque incorporeum incorporei, neque corpus incorporei, neque contrà incorporeum corporis. Non est ergo causa. Quæ sunt
certè Dogmaticorum sectæ, conueniunt expositæ diuisioni. Atque
Stoici quidem dicunt omnem causam corpori esse causam alicuius
incorporei. vt corpus quidē scalpellum, corpori autem carni, incorporei autem prædicati esse causam, nempe eius quod est secari. Et
rursus corpus quidem ignis: corpori autem ligno: incorporei autem
prædicati, nempe eius quod est vri. Qui autem mundum posuerunt
incorporeum, vtpote Deum qui omnia administrat, contrà dicunt
incorporeū esse causam corporis. Epicurus autem dicit & corpora
esse causas corporum, & incorporea incorporeorum. Et corpora
quidem corporum, vt elementa eorum quæ sunt concreta & composita. Incorporea autem incorporeorum, vt quæ accidunt primis
corporibus incorporea, incorporeorum quæ accidunt concretis ac
compositis. Quamobrē si ostēderimus quòd nec corpus potest esse
causa corporis, neque incorporeum incorporei, neque incorporeū
corporis, neq; contrà, ex hoc probabimus quòd ex dictis sectis nulla
Corpus non potest esse causa corporis. rectè dixerit. Corpus quidem non potest esse causa corporis, quoniam ambo eandem habét naturam. Et si alterum dicitur causa quatenus est corpus, omnino reliquum quoq; quod est corpus, erit causa. Cùm autem ambo sint communiter causæ, nihil est quod patitur.
Si nihil autem patitur, neque erit quod efficit. Si ergo corpus est cau-
Incorporeum non est efficiēs causa incorporei. sa corporis, nulla erit causa. Sed nec incorporeū dici potest efficiens
incorporei propter hanc causam. Nam si ambo eandem participant
naturam, cur magis dicendum est hoc illius esse causam quàm illud?
Restat ergo vt dicant aut corpus esse causam incorporei, aut contrà
incorporeum corporis. quod rursus est ex iis quæ non possunt fieri.
Nam

ADVERSVS MATHEMATICOS.

Nam & quòd efficis, debet tangere patientem materiam vt efficiat, & materia patiens debet tangi vt patiatur. Incorporeum autem sic nudum suam naturam non potest tangere nec tangi. Ergo nec corpus incorporei, aut corporis erit causa. Cui est consequens vt nulla sit causa. Si enim neque corpus est causa corporis neque incorporei, neque corpus incorporei, nec contrà: præter hæc autem nihil sit, necessariò ergo nulla est causa. Atqui nonnulli quidem sic simpliciter efferunt propositiones illius orationis. AEnesidemus autem diuersius in his vsus est dubitationibus quæ oriuntur de ortu seu generatione. Corpus enim non potest esse causa corporis. Nam eiusmodi corpus aut non cadit sub ortum, vt atomus ex sententia Epicuri: aut sub ortum cadit, vt mos est: & aut manifestum, vt ferrum & ignis: aut non manifestũ, vt atomus. Quodcunque autem sit ex his, nihil potest efficere. Aut enim per se solum aliquid aliud efficit, aut cum alio congrediés. Sed solum quidem per se non potuerit aliquid efficere plus quàm ipsum & propriam suam naturam, id quod non erat prius in essentia. Neque enim fieri potest vt vnum sint duo: neque duo tertium efficiunt. Si enim fieri posset vt duo essent vnum, etiam vtrunq; eorum quæ orta sunt, cùm sit vnum, duo efficiet. & vnumquodque ex quatuor, cùm sit vnum, duo efficiet. & similiter vnumquodque ex octo. & sic in infinitum. Est autem planè absurdum dicere ex vno fieri infinitum. Absurdum est ergo & ex vno dicere aliquid gigni amplius. Idem autem etiam si quispiam censeat ex paucioribus ex congressione plura effici. Si enim vnum cum vno congressum efficit tertium: etiam tertium si duobus accesserit, efficiet quartum. & quartum si tribus accesserit, efficiet quintum. & sic rursus in infinitũ. Ergo corpus quidem non est causa corporis. Sed nec incorporei, propter easdem causas. Neque enim ex vno neq; ex pluribus quàm vnum plura fuerint. Et alioqui incorporeum, cùm sit quæ tangi non potest natura, neque potest facere nec pati. Quamobrem nec incorporeum est efficiens incorporei: ita nec contrà, nempe corpus incorporei, aut incorporeum corporis. Nam & corpus non habet in se naturam incorporei. & incorporeum non continet in se naturã corporis. Quamobrem fieri non potest vt alterum constet ex altero. Sed quomodo ex platano non fit equus, proptereà quòd in platano non sit equi natura, nec ex equo constat homo, proptereà quòd non sit in equo natura hominis: ita nec ex corpore erit vnquam incorpoᵣeum, proptereà quòd non sit in corpore natura incorporei: neque

Incorporeum non est causa corporis, nec corpus incorporei.

Corpus non esse causam corporis quomodo ex generatione probet Aenesidemus. Ex vno non fiunt duo, & sic in infinitũ.

Ex vno non gignitur amplius.

Corpus nõ est causa corporis.

Incorporeum non est causa incorporei.

Incorporeum non est causa corporis.

contrà

contrà corpus ex incorporeo. Quanquam etiam si sit alterum in altero, rursus non erit alterum ex altero. Si enim est vtrumque, id quod est non fit ex altero, sed iam est in essentia. Cùm autem aliud sit, eo quòd sit non fit seu gignitur, proptereà quòd generatio sit via ad essentiam. Neque ergo corpus est causa incorporei, aut incorporeum corporis. Cui est consequés nullam esse causam. Et rursus si est aliquid causa alicuius, aut manens causa est manentis: aut quod mouetur, eius quod mouetur: aut quod manet, eius quod mouetur. Sed neque quod manet, manenti potest esse causa mansionis: neque quod mouetur, causa motus ei quod mouetur: neque quod manet, ei quod mouetur causa mansionis: neque contra, vt ostendemus. Non est ergo aliqua causa. Atque manens quidem manenti non fuerit causa mansionis: & quod mouetur, ei quod mouetur causa motus, proptereà quòd non sit vlla commutatio. Nam cùm ambo ex æquo maneant, aut ambo ex æquo moueatur, non magis hoc dicemus illi esse causam mansionis aut motus quàm illud huic. Si enim alterum quia mouetur, est alteri causa motus: quandoquidé alterum quoque mouetur similiter, dicetur alteri præbere motum, vt mouetur rota: mouetur autem & qui agit rotam. Quid ergo magis propter rotam mouetur, is qui mouet rotam, an contrà propter eum qui rotam mouet, rota? Nam si quidem non moueatur alterum, nec reliquum mouebitur. Vnde si est causa, quæ si adsit sit effectus, quoniam si ambo adsint fit effectus, & neque si absit rota perficitur, neque si is qui agit rotá, dicendum est eum qui agit rotam non magis esse rotæ causam motus, quàm rotam ei qui eam agit. Et rursus, manet columna: manet etiam epistylion. Sed non magis propter columnam dicendum est manere epistylion, quàm columnam propter epistylion. Sublato itaque altero, alterum quoque fertur deorsum. Quamobrem id quidem quod manet, manenti, mansionis: & id quod mouetur, ei quod mouetur, proptereà minimè dixerimus esse causam motus. Similiter autem neque quod manet, ei quod mouetur dixerimus esse causam motus, aut id quod mouetur, manenti causam motionis propter contrariam naturam. Quomodo enim frigidum non habens rationem calidi nunquam potest calefacere: ita neque quod mouetur non habens rationem manentis, potest vnquam esse efficiens mansionis, aut contra. Sed si neque quod manet est manenti causa mansionis: neque quod mouetur est ei quod mouetur causa motus: neque quod manet est ei quod mouetur causa mouendi: neque quod mouetur est ei quod

Alterum potest esse in altero, & tamen non erit alterū ex altero.

Manens non est causa mansionis manēti. Quod mouetur, non est causa motus ei quod mouetur.

Quod manet, non est causa motus ei quod mouetur: neque quod mouetur, ei quod manet.

ei quod manet causa manendi: præter hæc autē non licet aliud quidpiam cogitare: dicendum est nullam esse causam. Ad hæc accedit, quòd si aliquid est causa alicuius, aut id quod est, simul est causa eius quod est simul, aut prius posterioris, & posterius prioris. Sed neque quod est, simul est causa eius quod simul est: neque prius posterioris: neque posterius prioris, vt ostendemus. Non est ergo aliquid causa. Atque quod simul quidem est, non potest esse causa eius quod est simul, propterea quòd ambo sint simul, & non magis hoc illud quàm illud hoc generet, cùm vtrumque parem habeat essentiam. Sed neque prius erit efficiens posterioris. Si enim quando est causa, nondū est illud cuius est causa: neque illud est vtique causa cùm non habeat id cuius est causa: neque hoc vtique est amplius effectus, si non simul cum eo adsit id cuius est effectus. vtrumque enim eorum est ex iis quæ referuntur ad aliquid. & quæ referuntur ad aliquid, oportet necessariò ea inter se simul esse: & non alterum quidem esse prius, alterum verò posterius. Restat ergo vt dicatur posterius esse causam prioris. quod quidem est absurdissimum, & eorum qui res semper subuertūt. Oportebit enim dicere effectum esse antiquiorem eo qui ipsum efficit, & ideo ne esse quidem omnino effectum, vt qui non habeat id cuius est effectus. Quomodo enim stultum est dicere, filiū quidem esse patre antiquiorem, messem autem esse priorem semente: ita etiam est stolidum censere aliquid quod nondum est, esse causam eius quod iam est. Sed si neq; quod simul est, est causa eius quod est simul, neque prius posterioris, neque posterius prioris: præter hæc autem nihil est: nō erit aliquid causa. Præterea si aliquid est causa, aut absolutè ac perfectè ex se & propria solùm vtens virtute est alicuius causa: aut ad hoc opus habet patiente materia, adeò vt effectus intelligatur ex communi congressu vtriusque. Et si per se quidē absolutè & propria solùm vtens virtute secundum suam naturam aliquid facit, deberet perpetuò seipsum habens & propriam virtutem, semper effectum facere: & non in aliquibus quidem facere, in aliis verò esse otiosum. Si autem, vt dicunt nonnulli Dogmatici, non est ex iis quæ sunt absoluta ac ab aliis seiuncta, sed ex iis quæ referuntur ad aliquid, oportet autem ipsum quoque considerari relatum ad id quod patitur, & quod patitur ad ipsum, emerget quid deterius. Si enim intelligitur alterum relatum ad alterum, quorum quidem est efficiens, alterum verò patiens: erit quidem vna notio, habebit autē duo nomina, nempe & efficiens & patiens. & propterea vis agendi

Quod simul est, non potest esse causa eius quod est simul.

Prius non est efficiens causa posterioris.

Posterius non est causa prioris.

Siue causa per se & absoluta agat, siue opus habeat materia, sequuntur absurda.

& effi-

&efficiendi non magis sita erit in ipso quàm in eo quod dicitur pati.

vis efficien-
di non magis
in faciente
quàm in pa-
tiente.

Quomodo enim ipsum nihil potest efficere absque eo quod dicitur pati: ita nec quod dicitur pati, pati potest nisi id adsit. Quamobrem sequitur vt non magis in ipso quàm in patiente sita sit vis effectus efficiens: vt (erit enim apertum quod dicitur, in exemplo) si ignis est causa vstionis, aut ex se absolutè & propria solùm vtens virtute erit efficiens vstionis: aut ad hoc opus habet adiutrice materia quæ vritur. Et si ex se quidem absolutè & propria contentus natura, efficit vstionem, oporteret ipsum semper quoque propriam habens naturam, perpetuò vrere. Non autem semper vrit: sed aliqua quidé vrit,

Ignis non est
magis causa
vstionis quàm
materia.

aliqua verò nó vrit. Non ergo absolutè ac perfectè ex se vrit & propria vtens natura. Si autem vrit cum quadam lignorum quæ vruntur aptitudine, vndenam possumus dicere quòd ipse est causa vstionis, non autem aptitudo lignorum? Nam quomodo si ipse non adsit non sit vstio: ita etiã si absit lignorum aptitudo, non fit vstio. & ea ratione si is est causa quòd cùm is adsit sit effectus, non sit autem si absit, erit etiam propter vtrumq; eorum causa aptitudo. Quomodo ergo syllabæ Di, constantis ex D & I, ineptus quidem est qui dicit D, causam esse cur efficiatur hæc syllaba, non esse autem causam I: ita cùm vri quidem sit simile syllabæ, elemento autem ignis & ligna, absurdissimè loquitur qui dicit ignem quidem esse vrendi causam, ligna autem minimè. Neque enim euenit vt sit vstio absque igne, neque absque lignis, quomodo nec syllaba absque D & I. Quo fit rursus vt si neque per se perfectè & absolutè est causa alicuius rei efficiens, neque cum eius quod patitur aptitudine, nullius rei efficiens est causa. Præterea si est causa, aut vnam habet vim agendi ac efficiendi, aut multas. Sed neque vnam habet, vt ostendemus: neque multas, vt docebimus. Non est ergo aliqua causa. Nam vnam quidem vim non

Causa non ha-
bet vnam vim
efficiendi.

habet. Nam si vnam haberet, deberet omnia similiter efficere, & nó differenter: vt, Sol quidem vrit regiones AEthiopiæ, nostras autem fouet ac recreat: illuminat autem solos Hyperboreos: & lutum quidem facit concrescere, ceram autem liquefacit: & vestimenta quidé dealbat, nigrefacit autem nostram superficiem, quosdam autem fructus rubefacit: & nobis quidem est causa videndi, auibus autem no-

νυκταρχοί

ctiuagis, vt noctuis & vespertilionibus, non videndi. Quamobrem si vnam vim haberet, deberet idem efficere in omnibus. Non idem autẽ efficit in omnibus. non habet ergo vnam vim. Sed neque mul-

Causa non ha-
bet multas vi-
res.

tas. Oporteret enim omnia agere in omnia: vtpote omnia comburere,

rere, aut omnia fundere, aut omnia cogere ac vt concrescant efficere. Si autem neque vnam habet vim, neque multas, non erit alicuius causa. Sed solent Dogmatici his occurrere, dicentes quòd effectus qui fiunt ex eadem causa, mutantur conuenienter iis quæ patiuntur & interuallis: sicut quod fit à Sole. Nã cùm est quidẽ prope AEthiopes, videtur vrere: mediocriter autem à nobis remotus, fouere & calefacere: longè autem separatus ab Hyperboreis, nequaquam quidẽ fouet & calefacit, sed solùm illuminat. Et lutum quidem cogit facitque concrescere, aquam euaporans ex terreno, liquefacit autem ceram, propterea quòd nõ habet luti proprietatem. Qui iis quæ dicimus occurrunt, ferè nobis concedunt citra contentionem, non esse alterum id quod efficit, ab eo quod patitur. Si enim non propter Solem fit ceræ liquefactio, sed propter proprietatem naturæ ceræ, est perspicuum quòd ceræ non est alia causa liquefactionis. amborũ autem congressus, nempe Solis & ceræ: & vtriusque congressu faciente effectum, nempe liquefactionem, cera non magis liquescit propter Solem, quàm Sol liquefacit propter ceram. Et sic est absurdum, effectum qui fit ex congressu duorum, non attribuere duobus, sed alteri soli adscribere. Quinetiam si est aliquid alicuius causa, aut est separatum à materia patiente, aut est simul cum ea. Sed neque ab ea separatum potest esse causa vt ea patiatur: neque cum ea, vt ostendimus. Non est ergo aliquid causa alicuius. Et ab ipsa quidem separatum, ex se neque ipsum potest esse causa, si ea non adsit ad quam relata dicitur esse causa. neque illa patitur si non simul adsit id quod efficit. Si autem alterum coniungitur, aut id solum efficit quod dicitur esse causa: nõ autem patitur: aut simul efficit aut patitur. Et si quidem simul efficit & patitur, vtrunque erit efficiens & patiens. Nam si ipsum quidem efficit, erit materia patiens. Quatenus autem efficit materiam, erit illud patiens. & sic non magis efficiens fiet efficiens quàm patiens: & patiens non magis erit patiens quàm efficiés. quod quidem est absurdum. Si autem efficit quidem, non autem vicissim patitur, aut id facit ex solo contactu, nempe in superficie: aut ex distributione. Et extrinsecus quidem incurrens, & in sola superficie applicatum patienti materiæ, non poterit aliquid efficere. Aut enim superficies est incorporea. Incorporeum autem neque facit neque patitur. Sed neque hoc potest facere per distributionẽ. Aut enim permeabit per corpora solida, aut per quosdam meatus qui percipiuntur intelligentia, & sunt insensiles. Sed ferri quidem non potest per

Effectus mutantur secundũ ea quæ patiuntur.

Effectus non magis fit à causa quàm à materia.

Quod est alicuius causa, à materia quæ patitur non potest separari.

O 2 corpo-

corpora solida. Non potest enim corpus peruadere per corpus. Sin autem per aliquos meatus, debet efficere incurrés in superficies quę circunscribunt meatus. Sed superficies quidem sunt incorporeæ, & incorporeum neque efficere neque pati est consentaneum. Nec ergo causa efficit per distributionē. cui est consequens vt nec sit ipsum omnino causa. Licet autem etiam ex tactu communius dubitare de eo quod efficit & patitur. Nam vt aliquid efficiat aut patiatur, debet tangere aut pati. Nihil autem potest tangere nec tangi, vt ostendemus. Non est ergo aut quod efficiat aut quod patiatur. Si enim aliquid tangit, aut totum tangit totum, aut pars partem. Sed nec pars partem, nec totum totum, neque totum partem. Sed nec vicissim tangit, vt docebimus. Aliquid ergo non tangit aliquid. Et si nihil nihil tangit: neque est quod patitur neque quod efficit. Atque totum quidem totum non tangere est rationi consentaneum. Si enim totum tangit totum, non erit contactus, sed vnio amborum, & duo corpora erunt vnum corpus, propterea quòd etiam in partibus quæ sunt in profundo alterum debeat alterum tangere, eo quòd eæ quoque sint partes totius. Sed neq; fieri potest vt pars partem tangat. Nam pars quidem pars intelligitur ex habitudine ac relatione ad totum: est autem totum ex propria circunscriptione. Et rursus propter eandem causam, aut tota pars tanget totam partem, aut pars partem. Et si totum quidem tangat, vnientur, & ambo vnum fient corpus. Si autem parte partem, illa rursus pars quæ propria circunscriptione intelligitur tota, aut tota tanget partem, aut aliqua parte aliquam partem. & sic in infinitum. Neque ergo pars tangit partem. Sed neque totum partem. Nam si totum tangat partem, totum quoque quod simul retrahetur cū parte, pars tanget: & pars quæ contra extenditur cū toto, totum. Nam quod est æquale parti, habet partis proportionem: & quod est toti æquale, habet totius proportionem. Est autem planè res aspera & abrupta, aut totum facere partem, aut censere partē esse toti æqualem. Neque totum ergo tangit partem. Et aliter. Si totum tangit partem, erit seipso minus, & rursus seipso maius. quod quidem est priori deterius. Totum enim si eundem locum occupat quem pars, erit æquale parti. Si ei autem sit ęquale, erit seipso minus. Et rursus pars si ex aduerso totius extenditur, eundem quem ipsum tenebit locum. Si eundem autem locum tenuerit quem totum, erit seipso maior. Eadem autem est ratio etiam in conuersione ac reciprocatione. Nam si totum non potest partem tangere, propter causas

Tangere & tangi nihil potest.

Totum tangens totum, nō contactum efficit, sed vnionem.

Pars totum tangens illi vnitur.

ADVERSVS MATHEMATICOS.

sas prius consideratas: neque pars poterit totum tangere. Vnde si neque totum tangit totum, neque pars parte, neque totum partem, neque contrà, nihil nihil tangit. Propterea autem neque erit aliquid alicuius causa, ne patienti quidem ab aliquo. Ad hæc accedit, quòd si aliquid tangit aliquid, aut ab aliquo interceptum, vtpote meatu vel linea, tanget aliquid: aut à nullo interceptum. Et si intercipiatur quidem ab aliquo, non tanget id quod dicitur tangere, sed quod interea intercedit. Si autem cùm nihil omnino inter ea intercedat, alterum tangit alterum, erit vtriusque vnio, non contactus. Ergo nec hac ratione aliquid tangit aliquid. Ostensum est autem nihil nihil tangere. Dicendum est ergo neque esse efficiens nec patiens. Atq; de causa quidem efficiente sic dubitatur, & separatim, & communiter cum patiente. Dubitatur autè separatim etiam de patiente. Nam si patitur aliquid, aut id quod est patitur aliquid, aut id quod non est. Sed neque quod est patitur aliquid, vt ostendemus: neque quod non est, vt admonebimus. Non patitur ergo aliquid. Atque id quidem quod est, non patitur. Nam quatenus quidem est id quod est, & propriam habet naturam, non patitur. Quod autem non est, eo quòd non sit omnino, nequaquam patietur. Præter esse autem aut non esse nihil est. Non ergo patitur, vt exempli causa: Socrates aut cùm sit moritur, aut cùm non sit. Duo enim sunt hæc tempora: vnum quidem quo est & viuit: alterum autem quo non est, sed periit. Quamobrem vt in altero horum moriatur necesse est. Atque quando est quidem & viuit, non moritur. viuit enim. Mortuus autem rursus non moritur, alioqui bis erit moriens. quod quidem est absurdum. Non moritur ergo Socrates. Cuiusmodi autem est in eo oratio, talis est etiam in patiente. Neque enim id quod est, pati potest quatenus est id quod est, & intelligitur ex ea quæ fuit ab initio substantia. Neque quod non est. Omnino enim nō consistit. Non ergo patitur aliquid. Et adhuc clarius. Si quidem id quod est, patitur quando est id quod est, erunt simul in eodem contraria. Non simul autem consistunt in eodem contraria. Non ergo patitur quod est quando est quod est: vt exempli causa, esto quòd id quod est, sit durum natura, & patiatur mollitum, vt cernimus in ferro. Ergo quando est quidem durum, & est id quod est, non potest molliri, vt cernimus in ferro. Nam si mollitur quando est durum, erunt simul in eodem contraria. & quatenus quidem consistit id quod est, erit durum: quatenus autē patitur, cùm sit id quod est, erit molle. Non potest autem idem simul & durum

Tangens aliquid, tagit vel à nullo vel ab aliquo interceptum.

Pati nihil potest.

Moritur nemo.

O 3 & mol-

& molle intelligi. Non poteſt ergo id quod eſt, pati quando eſt id quod eſt. Eadem autem ratio eſt in albo & nigro colore. Eſto ergo quòd id quod eſt, quatenus eſt id quod eſt, etiam ſit album, & patiatur dum ſit nigrum. Ergo ſi id quod eſt, eſt etiam album, & tunc cenſetur pati quando eſt album, nigrum erit contraria habens accidentia. quod eſt abſurdum. Non ergo id quod eſt, quatenus eſt id quod eſt, innatum habet vt patiatur. Ad hæc accedit, quòd ſi dicamus id quod eſt, pati quando eſt id quod eſt, erit aliquid factum priuſquam factum ſit. Non ergo, quatenus eſt id quod eſt, patitur. Si enim durum eſt id quod eſt, quatenus eſt quod eſt, durum eſt & non molle. Sin autem molle, antequam factum ſit molle, erit molle. Nam quatenus quidem eſt quod eſt, durum eſt & nondum molle. Quatenus autem quando eſt quod eſt, tunc cenſetur pati, fiet molle priuſquam factum ſit molle. eſt autem hoc abſurdum. Non ergo quod eſt, quatenus eſt quod eſt, pati dicendum eſt. Similiter autem quod non eſt, quando non eſt quod eſt. ei enim quod non eſt, nihil accidit. Cui autem nihil accidit, neque accidit vt patiatur. Ergo neque quod nō eſt, patitur aliquid. Si autem neque quod eſt, neque quod non eſt patitur aliquid: & præter hæc nihil eſt: nihil eſt quod patitur. Quinetiam

Quidquid pa- ſi eſt aliquid patiens, aut patitur per additionem, aut per ablationem,
titur, patitur aut per alterationem & mutationem. Sed nec eſt additio aliqua, ne-
vel per addi-
tionem, vel per que ablatio, neque mutatio & alteratio, vt oſtendemus. Non ergo
ablatione, vel patitur aliquid. Quomodo enim in nominibus, his tribus modis fiūt
per alteratio-
nem. quædam tranſmutationes: & à nomine quidem κόσμος ablata prima
κόσμος, go- ſyllaba fit alterum nomen βίος id eſt vita: & ſi adiecta fuerit eadem
bius. ſyllaba, conſiſtit prius nomen. & ex tranſmutatione elementorum: vt nomen Archon fit Charon: ita etiam corpora dicuntur pati tribus modis, nempe aut per ablationem, aut per additionem, aut per alterationem. Per ablationem quidem, vt quæ tabeſcūt. Per additionem autem, vt quæ augentur. Per mutationem, vt quæ à ſanitate ad morbos tranſeunt. Si ergo oſtenſum fuerit quòd à nullo nihil aufertur, & nulli quidquam additur, ex eo probatum erit nihil eſſe quod pati-
Ablatio nulla tur. Dicamus autem in primis de modo per ablationem. Si enim ali-
eſt. quid ab aliquo aufertur, aut corpus aufertur à corpore: aut incorporeum ab incorporeo: aut corpus ab incorporeo: aut incorporeum à corpore. Sed nec corpus à corpore aufertur, vt oſtendemus: neque corpus ab incorporeo, aut incorporeum à corpore, vt probabimus. Non ergo aufertur aliquid ab aliquo. Atque fieri quidem non poteſt

ADVERSVS MATHEMATICOS.

test vt incorporeum auferatur ab incorporeo. Nam quod ab aliquo aufertur, non est eiusmodi vt tangi non possit. Incorporeū autem est eiusmodi vt tangi non possit ad ablatione & separatione. Vnde etiā stultè loquuntur Mathematici quando dicunt, Datam rectam secare bifariam. Recta enim quæ nobis ostēditur in abaco, sensilem habet longitudinem & latitudinem: recta autem quæ ab eis intelligitur linea, est longitudo expers latitudinis. & quæ in abaco ostenditur linea, non potest esse linea: & qui eam secare aggrediuntur, non quæ est, sed quæ non est, secant lineam. Aut etiam aliter. Quoniam, vt est eorum sententia, linea intelligitur constans ex punctis, sit aliqua recta linea, quam se dicunt secare in partes æquales, vt quæ constet ex punctis imparibus, vtpote nouem. Sed eam quidem secantes, aut quintum punctum diuident, eum, inquam, qui intelligitur inter quatuor: aut ex segmentis, aliud quidē facient quatuor punctorum, aliud vero quinque. Atque quintum quidem punctum se non secare dixerint. ex eorum enim sentētia caret partibus. Quod caret autem partibus, non potest in partes diuidi. Restat ergo vt ex segmentis lineæ faciant aliud quidem punctorum quatuor, aliud vero quinque: quod rursus est absurdum, & præter eorum propositum. Nam pollicentur quidem se datam rectam lineam ex scientia in partes æquales diuidere: diuidunt autem in inæquales. Eadem autem ratio intelligatur etiam in circulo. Dicunt enim circulum esse figuram planam, quæ continetur ab vna linea, à qua omnes quæ à centro ad circunferentiā educuntur rectæ, sunt inter se æquales. Deinde in his proposita est quæstio circulum bifariam diuidere. quod quidem non potest fieri. Centrum enim quod est medium totius circuli, aut in duas partes diuiditur per circuli in duas partes diuisionem: aut alteri parti attribuitur. Sed fieri quidē non potest vt bifariam secetur. Quomodo enim fieri potest vt mente cōcipiatur diuisum in partes id quod caret partibus? Sin autem attribuitur alteri parti, partes erunt inæquales, & circulus non diuidetur medius. & id quod secat lineam siue circulum, aut est corpus, aut incorporeum. Sed corpus quidem quemadmodū poterit intelligi? Neque enim tangi potest, & est incorporeum. Sed nec tangi quidem potest id quod secatur, nempe linea & circulus. Cùm autem sit eiusmodi, non potuerit secari à corpore. Quod enim secatur à corpore, oportet pati & tangi. Incorporeo autem neque à natura insitum est vt tangat, neque vt tangatur. Quamobrē nec mente quidem possumus concipere lineam quæ secatur, & circulum qui diui-

Incorporeum non aufertur ab incorporeo.

Mathematici iubentes datā lineam secare bifariam, stultè loquuntur.

Circulus non potest secari bifariam, vt iubent Mathematici.

diuiditur. Sed neq; ab aliquo incorporeo. Si eſt enim incorporeum quod diuidit lineam ſeu circulum: aut punctus ſecat punctum, aut linea lineam, aut linea ſecat lineam cuiuſmodicunque ſit. Sed punctus quidem ſecare nó poteſt punctum, quoniam vterque caret partibus. Sed neque ſecans habet quibus ſecet: neque qui ſecatur, id in quod ſecabitur. Rurſus autem linea lineam non diuiſerit. Nam ſiue obliquè ſiue directò adiuncta fuerit ea quæ ſecat ei quæ ſecatur, neceſſariò punctus eius debet adiungi puncto qui eſt in linea quæ diuiditur. Cùm partibus autem careat & qui adiungitur, & is qui eſt in ea quæ ſecatur, non fiet aliqua diuiſio, propterea quòd neque quæ ſecat, ſecundum naturam apta ſit ad ſecandum cùm careat partibus: neque quæ ſecatur ad hoc vt ſecetur. Sed neque dici poteſt quòd id quod ſecat lineam, cadens inter duos punctos ex iis qui ſecantur in linea, ſecabit lineam. eſt enim hoc abſurdius iis quæ prius dicta ſunt. Nam primùm quidem in lineæ cótinuatione fieri non poteſt vt cadat medium. eſſet enim monſtrum. ſed neceſſe eſt intelligere per punctum ferri id quod ſecat. Deinde etiam ſi conceſſum fuerit, inter duos punctos qui ſunt in linea quæ ſecatur, latum id quod ſecat ſecare lineam, deterius quidpiam emerget Geometris. Puncti enim qui componút lineam, aut ſunt adeò continetes, vt non extrinſecus admittant inter ſe aliquem punctum: aut non erit ex ipſis cótinua, compoſita, & vna linea. Si nautem ſunt adeò continentes, vt inter ſe habeant locum punctorum qui non poteſt mente concipi, vt quod ſecat bifariam ſecet lineam: duorum alterum, aut oportet punctum in quo fertur intelligere ſecari in duas partes: aut ſi hoc fieri non poſſit, intelligere punctos lineæ cedere, & locum & diſtantiam præbere, vt quæ aliquando quidem in hanc partem contrahantur, aliquando verò in illam. quorum vtrunque eſt abſurdum. Neque enim punctus, ſicut prius expoſuimus, poteſt ſecari, quòd careat partibus: neque puncti qui ſunt in linea quæ ſecatur, ſua natura poſſunt cedere. ſunt enim immobiles. Ergo nec incorporeú aufertur ab aliquo incorporeo, neq; admittit ablationem. Quòd ſi in lineis & circulis ſenſilibus, hoc eſt qui cernuntur in abaco, ſtatuentes orationem, velint Geometræ docere aliquid ab aliquo auferri, non poterunt. Neque à tota linea, aut à toto circulo poteſt intelligi aliqua facta eſſe ablatio: neque à parte, vt paulò poſt progredientes docebimus, quando deſcendemus ad inquiſitionem de corporibus quæ ſecantur. Nunc autem cùm breuiter ſit oſtenſum quòd nihil incorporeum poteſt ab aliquo auferri

incor-

ADVERSVS MATHEMATICOS.

incorporeo, restat vt dicatur vel corpus separari à corpore, vel incorporeum à corpore, vel corpus ab incorporeo. Sed incorporeũ quidem auferri ab incorporeo, est per se eiusmodi, vt mens id cogitare non possit. Incorporeum autem separari à corpore, est ex iis quæ nõ possunt fieri. Oportet enim id quod aufert tangere id quod aufertur. tangi autem non potest incorporeum. & ostensum est fieri non posse vt sit eius tactus. Quamobrem nec incorporeum separari poterit à corpore. Et alioqui quod separatur ab aliquo, est veluti pars iis à quibus separatur. Incorporeum autem non potest esse pars corporis. Porrò autem neque potest corpus separari à corpore. Si enim corpus aufertur à corpore, aut æquale aufertur ab æquali, aut inæquale ab inæquali. Sed neque æquale ab æquali potest auferri, vt docebimus: neque inæquale ab inæquali, vt admonebimus. Corpus ergo non aufertur à corpore. Atque æquale quidem auferri non potest ab æquali, vt cubitus à cubito. hoc enim non esset ablatio, sed perfecta & absoluta subiecti deletio. Et præterea aut à manente cubito faciemus ablationem, aut à non manente. Et si à manente quidem, duplicabimus cubitum, non autem diminuemus. Quomodo enim cubitus adhuc statuetur cubitus, si ex eo ablatus sit cubitus? Sin autem à non manente, nihil relinquimus quod admittat ablationem. Ab iis enim quæ nõ sunt, fieri nõ potest vt auferatur aliquid. Quamobrem æquale quidem non aufertur ab æquali. Sed neque inæquale ab inæquali. Nam si ita sit, aut maius aufertur à minori, vt à palmo cubitus: aut minus à maiori, vt quod est vnius palmi à cubitali. Sed maius quidem non potest auferri à minori. Oportet enim id quod aufertur ab aliquo, contineri in illo ex quo fit ablatio. In minori autem maius non continetur. & ideo quomodo non possunt sex auferri à quinque: neque enim in quinque sex continentur: ita nec à minore licet auferri. Quomodo enim dicebamus, oportet id quod ab aliquo aufertur, contineri in eo ex quo fit ablatio. Non continetur enim minus in eo quod est plus. Sequeretur enim vt & quod est maius & amplius, contineatur in minori. Ostensum est autẽ hoc fieri non posse. Quamobrem nec quod est minus continebitur in maiori. Sic autem neque auferetur. Quòd autem re vera seruetur consequentia, cõsideremus in exemplis eorum qui mouent dubitationes. Si enim quinque continentur in sex, vt in eo quod plus est pauciora, necesse est vt etiam in quinque contineantur quatuor, vt in eo quod plus est pauciora, & in quatuor tria, & in tribus duo, & in duobus vnum.

Incorporeum non potest auferri aut separari à corpore.

Quod separatur, est veluti pars eius à quo separatur.

Corpus nõ potest separari auferri ve à corpore.

Aequale non aufertur ab æquali.

Inæquale nõ aufertur ab inæquali.

Maius nõ aufertur à minori.

P

vnum. & ideo in sex numero contineatur quinque & quatuor & tria & duo & vnum, quæ quidem funt quindecim. Sed ſi in ſex ex propria eius ratione continentur quindecim, neceſſariò à quinque continebuntur quatuor & tria & duo & vnum, quæ funt decem. Quomodo autem in quinque continentur decem, ita etiam in quatuor erunt tria & duo & vnum, hoc eſt ſex. & ex conuenienti proportione in tribus erunt duo & vnum, quæ funt alia tria. & in duobus quæ reſtant. Hac ratione ſi componantur numeri qui funt in ſex, quinque, inquam, & decem, & decem & ſex & tria, & præterea vnum, continebit numerus ſex numerum triginta quinque. & hoc adhuc conceſſo, numerus ſex comprehendet numeros infinitè infinitos. Rurſus enim numerus triginta quinque comprehendet numeros qui funt ſub eo, nempe triginta quatuor: is verò triginta tria: & is triginta duo: & ita decreſcendo in infinitu. Sed ſi, vt aliquid auferatur, oportet id quod aufertur contineri in eo à quo fit ablatio, oſtenſum eſt neq; in minori maius contineri, neq; in maiori minus: ſed nec æquale in æquali. Oportet enim id quod cõtinet eſſe maius eo quod continetur: Id autem quod eſt alicui æquale, non eſt illo maius nec minus cui eſt æquale: dicendum eſt à nullo quidquam auferri. Atqui ſi

A denario nõ aufertur vnitas. non aufertur, vt oſtendimus: à denario ergo non aufertur vnitas. Cui eſt conſequens vt à nullo quidquam auferatur. Si enim vnitas aufertur à denario, aut denarius eſt aliquid aliud à ſingularibus vnitatibus,

Denarius eſt congeries ſingularum vnitatum. aut congeries ſingularium vnitatum eſt denarius. Sed à ſingularibus vnitatibus alium non eſt conſentaneum eſſe denarium. etenim ſi illæ ſublatæ ſint, is ſimul tollitur, & ſi ſint, adeſt. Si autem in ipſis vni-

Denarius nõ eſt alius à ſingularibus vnitatibus. tatibus eſt denarius, omnino ſi dicamus à denario auferri vnitatem, quoniam denarius nihil eſt præter vnitates, fatebimur vnitatem auferri ab vnaquaque vnitate. Sed & à ſeipſa, propterea quòd cum ea

Vnitatis ab vnitate nõ fit ablatio. intelligatur denarius. Si autem auferatur à quauis vnitate, erit etiam vnius vnitatis à ſeipſa vna vnitate ablatio. Eſt autem abſurdum dicere, vnitatis ablationem eſſe ablationem denarij. Abſurdum eſt ergo

A nouenario non aufertur vnitas. etiam à denario velle auferre vnitatem. Sed nec à nouenario qui reſtat eam auferri dixeris. Si enim vnitas aufertur à nouenario, non debebat poſt eius ablationem cerni integer nouenarius. Id enim à quo aliquid aufertur, non manet integrum poſt ablationem, alioqui non eſſet facta ab eo ablatio. Alioqui ſi à nouenario qui reſtat aufertur vnitas, aut aufertur à toto nouenario, aut ab vltima vnitate. Sed neq; aufertur à toto nouenario: alioqui ſi non ſit alius nouenarius præter

ſingu-

singulares vnitates nouenarij, ablatio vnitatis erit ablatio nouenarij. quod quidem esset absurdum. Neque ab vltima vnitate: nam primũ quidem vnitas caret partibus & est indiuidua. Deinde totus integer restat nouenarius, non autem præter vnitatem. Si autem neque à denario tollitur vnitas, neque à nouenario qui restat: præter hæc autem nihil potest cogitari tertium: dicendum est vnitatem non auferri à denario. Ad hæc accedit, quòd si vnitas aufertur à denario, aut à manente adhuc denario tollitur vnitas, aut à non manente. Sed neque à non manente vnquam tollitur vnitas, neque à manente. præterquam esse autem aut non esse nihil est. A denario ergo nõ aufertur vnitas. Atque à manente quidem denario ex hoc ipso cernitur non auferri vnitas. Nam quatenus quidem manet denarius, ab eo nihil aufertur. A non manete autem rursus auferri, est absurdum. Ab eo enim quod non est, non potest auferri aliquid. Non aufertur ergo aliquid ab aliquo. Eadem est ratio etiam de ablatione ab iis quæ cadunt sub dimensionem: vt si à congio auferatur cotyla, aut si à cubito auferatur palmus. Aut enim à toto congio dicendum est fieri ablationem, aut à parte: & aut à manente aut non manente. A nullo autem eorum, vt ostendimus. Ergo nec hac ratione aufertur aliquid ab aliquo. Sed quòd non sit quidẽ ablatio, ex his est perspicuum. Quòd autem neq; aliquid additur alicui, ex iis quæ iuxta sita sunt, doceamus. Si ponatur ergo corpus cubitale, & ei addatur corpus vnius palmi, adeò vt id quod est effectum ex eo quod est positum & additione, sit septem palmorum: quæro in quónam facta est palmi additio. Aut enim sibi additur palmus, aut cubito qui prius erat positus, aut magnitudini septem palmorum, quæ effecta est ex vtrisque. Sed neque sibi additur palmus, neque cubito prius posito, neque magnitudini quæ effecta est ex vtrisque, ex prius posito, inquam, cubito & additione. Non ergo additur aliquid alicui. Atque sibi quidem palmus non fuerit adiectus. Nam cùm non sit alter à seipso, & non conduplicet seipsum per additionem, sibi nõ fuerit additus. Si autem additur cubito prius posito, quomodo additus toti, ei non adæquatur, & duos efficit cubitos, adeò vt partim quidem sit minus, partim verò maius? Si enim additione palmus æquatur cubito, & cubitus palmo: cubitus quidem minori exæquatus, cùm sit maior, fiet minor. Palmus autem cùm sit paruus, & exæquetur cubito, fiet maior. Sed si neque sibi additur palmus, neque cubito prius posito, restat vt dicamus eum addi septem palmorum magnitudini quæ efficitur ex vtrisque. quod quidem est

Ablatio ab iis quæ cadunt sub mensuram nulla est.

Additio nulla est.

P 2   à ratioà ratione maximè alienum. Nam quod suscipit additione, poni debet ante eam. Quod autem fit ex ipsis, ante ea non ponitur. Non ergo ei quod fit & ex additione, & ex eo quod erat ante, additur id quod additur. Differt quidem certè additio ab eo quod fit ex ea, & ab illo discrepat temporibus. Nam quando fit quidem additio, nondum est quod fit ex eis. Quando autem est quod factum est ex eis, non est amplius additio. Quare nec ei quod fit ex additione & ex cubito prius posito, additur palmus. Sed rursus quoniá quod additur, neque ipsum sibi additur, nec ei quod est prius positum, nec ei quod fit ex vtrisque: neque omnino alicui additur.

De Numero & Additione & Ablatione.

LICET autem de numeris quoque eandem mouere dubitationem. Nam si positus fuerit quaternarius, & ei adiecta sit vnitas, considerandum est cuinam fiat additio. Aut enim sibi additur vnitas, aut quaternario, aut quinario qui ex vtrisque efficitur. Sed nec sibi additur, propterea quòd id quod alicui additur, sit alterum ab illo cui additur, vnitas autem non sit alia à seipsa: & propterea quòd nec se ipsam conduplicet, effecta binarius. Neque quaternario, propterea quòd non ipsi exæquetur, neque ipsum códuplicet. Quod enim additur toti quaternario, qui non est alius à singularibus vnitatibus, est quaternarius. Sed neque quinario qui fit ex ipsa & quaternario, propterea quòd non ponatur quinarius ante additionem, & semper debeat id quod additur, addi alicui quod est prius positum. Non ergo aliquid alicui additur. Sed si neq; aliquid ab aliquo aufertur, vt ostensum est: neque aliquid alicui additur, vt exposuimus: est perspicuum quòd neque aliquid ab aliquo transponitur. est enim transpositio, alterius quidem ablatio, alterius verò additio. Si hæc autem non sunt, neque debet esse patiens, siquidé aliquo ex his modis esset pati. Non enim aliter quàm his modis aliquid posse pati quisquam cogitauerit. De his autem rebus dubitationi, coniuncta est quæstio de toto & de parte: quoniam ablatio videtur esse ablatio alicuius partis à toto, & rursus additio esse totius additio. Quo fit vt si ostensum fuerit esse dubiam de toto & parte orationem, magis ostendetur prius fuisse dubitatum de additione & ablatione patienteque & agente. Quòd autem non sit facile dicere quid sit totum, & quid pars, consequenter doceamus.

Numero non fit additio.

Transpositio quid sit.

De toto & parte.

NECESSARIA est de toto consideratio: Physicis quidem, quoniam est absurdum, eos cùm profiteantur verum dicere de toto & vniuerso, nescire quidnam sit totum & quid partes: Scepticis ad refellendum Dogmaticorum temeritatem. Atque Stoici quidem Philosophi existimant differre totum & vniuersum. Nam totum quidem dicunt esse mundum: Vniuersum autem, quod est cum mundo extrinsecus inane, & propterea totum quidem esse finitum. est enim finitus mundus, vniuersum autem est infinitum. Tale est enim inane quod est extra mundum. Epicurus autem, citra vllum discrimen, corporum & inanis naturam solitus est appellare totum & vniuersum. Nam aliquando quidem dicit, quòd totius natura sunt corpora & inane: aliquando autem, quòd vniuersum in ambobus est infinitum, nempe in corporibus & inani: hoc est & in multitudine corporum, & in magnitudine inanis, in vtroque ex aduerso se inter se porrigentibus infinitatibus. Alij autem vt Peripatetici, dicunt totum & vniuersum ne esse quidem inane & vacuum corporibus, propemodum autem ipsum quoque accusant inane. Fuit etiam de parte breuis quædam dissensio. Nam Epicurus quidem censebat partem esse diuersam à toto, vt atomum ab eo quod est concretum & compositum. Nam illa quidem est expers qualitatis. Quod autē est concretum & compositum, est qualitate præditum: vtpote album vel nigrum, vel communiter coloratum: & vel calidum vel frigidum, vel aliquam aliam habens qualitatem. Stoici autem dicunt neque partem esse à toto diuersam, neque idem esse. Manus enim neque est eadem quæ homo, non enim est homo: neque alia ac diuersa ab homine. cum ea enim homo intelligitur homo. AEnesidemus autē ex sententia Heracliti, dicit partem & diuersam esse à toto, & idem. Essentia enim & tota est & pars. Tota quidem in mundo: pars autem in natura animalis. Particula autem ipsa quoque dicitur duobus modis. Et aliquando quidem, vt differens à parte quæ proprie intelligitur, vt dicunt eā esse partem particulæ: vt digitum quidem manus, aurem verò capitis. Aliquando autem vt non differens, sed vt quæ sit pars totius. qua ratione dicunt quidem partem complere totum. His autē prius explicatis, & toto intellecto ex complemento partium, procedamus deinceps ad considerationem. Si ergo est aliquid totum, vt homo, equus, planta, nauis (hæc enim sunt totorū nomina) aut est diuersum

Totum & vniuersum differunt.
Totum quid sit.
Vniuersum quid sit.
Inane infinitum.
Epicurus quid totū vocet & vniuersum.

Peripatetici quid totum vocent & vniuersum.
Totum quomodo à parte differre dicat Epicurus.

Totū & pars quomodo differant secundū Stoicos.
Pars diuersa à toto, & idē secundum Heraclitum.
Particula duobus modis dicitur.

Totum nõ est diuersum à partibus, nec ab eis separatum.

ab eius partibus, & intelligitur ex propria substantia & essentia. aut congeries partium dicitur esse totum. Sed diuersum à partibus minimè fuerit totum, nec ex euidentia, nec ex intelligentia. Et ex euidentia quidem, quoniam si alterum ac diuersum esset totum separatu à partibus, oporteret si tollerentur partes, totũ cerni remanere. Tantum autem abest vt si auferantur omnes partes, vtpote statuæ, totum maneat, vt etiam si vna sola pars fuerit sublata, non amplius cernatur totum subiectum tanquam totum. Ex intelligentia autem, quoniam intelligitur totum, cuius nulla pars abest. Et ideo si totum est diuersum à partibus, omnes partes aberunt à toto. Quomodo enim ad partes relatum intelligitur totum : & quemadmodum pars est pars alicuius: ita etiam totum est ex aliquibus partibus totum. & oportet ea quæ referuntur ad aliquid, inter se simul esse, & à se inter se separari non posse. Non est ergo totum diuersum à partibus: nec est ab eis separatum. Restat ergo vt dicamus totum esse partes. Sed si partes sunt totum, aut omnes partes sunt totum, aut aliquæ ex partibus, aut aliqua earum. Et aliqua quidem ex partibus non fuerit totum. Neq; enim caput hominis est totus homo, neque collum aut manus, aut aliquid eiusmodi. Sed nec aliquæ ex partibus erunt totum. Nam primùm quidem si aliquæ ex partibus sunt totum, quæ restat non erunt partes totius. quod quidem est absurdum. Deinde euertetur etiam totius intelligẽtia. Nam si aliquæ partes sunt totum, falsum est quòd totum est cuius nulla pars abest. quædam enim absunt. Quare neq; pars est totum, neque aliquæ partes. Si autem omnes partes sunt totum; & nihil est totum nisi congeries partium: nec erit totum, neque partes erunt partes. Quomodo enim nihil est distantia præter ea quæ distant, neque contignatio præter tigna sic disposita : neque pugnus præter manum redactam in quandam figuram : ita nihil erit totum præter partium congeriem, neque partes erunt partes. Et rursus, quomodo si non sit dexterum, nec est sinistrum: & si non intelligatur sursum, nec intelligitur deorsum: eodem modo si nõ sit totum, neque partes intelliguntur partes, nec erunt partes aliquæ. Esto autem quòd omnes partes sint totum. Sed quærendum est quidnam eę complebunt, totúmne, an se inter se, an seipsas? Sed neque sunt partes totius, neque inter se, neque sui, vt ostendemus. Non sunt ergo partes alicuius. Atque totum quidem non fuerit pars. Totum enim nihil est præter eas. sed eæ ipsæ dicuntur esse totum. Sed nec erunt inter se partes. Alicuius enim partes continentur in iis quorum sunt partes.

Totum est partes. Neque omnes partes sunt totũ, nec aliquæ ex partibus, nec aliqua earum. Non est ergo totum.

Totum est cuius nulla pars abest.

Distãtia quid sit.
Contignatio quid sit.
Pugnus quid sit.

Partes totum non complent.

partes: vt in homine quidem manus, in manu autem digitus. Partes autem hominis per se cósistunt, & inter se minimè continentur. Neque enim manus sinistra complet dextera, neque dextera sinistram: non pollex indicem: non manus caput: sed vnumquodque eorum proprium locum accipit. Nec ergo partes inter se sunt partes. Sed neque sui. Neque enim fieri potest vt sit aliquid sui pars. Si ergo neque totum est alterum ac diuersum à partibus: neque ipsę partes sunt totum: nihil est totum. Et rursus pars, vtpote caput, dicitur complere totum hominem, & esse pars hominis. Cósideratur autem homo, homo cum capite. ergo caput quoque seipsum complet, & sui pars existit. Propterea autē seipso quoque est maius & minus. Nam quatenus quidem intelligitur à seipso completum, est seipso maius: quatenus autem complens, minus. Eadem autē dubitatio est & in planta, & in cubito, & communiter in aliis omnibus, de quibus praedicatur totum. Nam quoniam palmus est pars cubiti: cum palmo enim cubitus quoque intelligitur cubitus: & seipsum complet palmus, & est pars sui. quod quidem est absurdum, & propemodum praeter communes notiones.

Non est aliquid sui pars.

De partibus orationis.

TANGIT autem dubitatio partes quoque orationis. Nam in hoc versu,

,, *Iram Pelidæ dic ô Dea carmine Achillis,* quærendum est & Iram, & Dic carmine, & præterea Achillis, cuius sunt partes. Aut enim totus versus est aliquid aliud ab his partibus: aut earum congeries est versus: & inducendæ sunt positæ dubitationes, Iram quidem si sit pars totius versus, erit quoque pars sui. cum ea enim totus intelligebatur versus. Sin autem reliqui versus, nempe Pelidæ dic carmine Achillis, quemadmodum non exorietur maior dubitatio? Pars enim alicuius continetur in eo cuius est pars. Illud autem Iram, non continetur in Pelidæ dic ô Dea carmine Achillis. Illud ergo Iram, non est pars totius versus. His autem motis in loco dubitationibus, solent Dogmatici parumper respirantes dicere, quòd externum quidem subiectum sensile, neque est totum, neque pars: nos autem sumus qui de illo totum prædicamus & partes. est enim totum ex iis quæ referuntur ad aliquid. totum enim intelligitur tanquam relatum ad partes. est enim totum ex iis quæ referuntur ad aliquid. Nam intelligitur totum vt relatum ad partes. Et rursus partes sunt ex iis quæ refe-

Hom. Il. α.
Partes orationis sintne partes totius.

Sensile externum neque est totum, neque pars.

Totū & partes sunt relatiua, & sunt in nostra recordatione.

referuntur ad aliquid. Intelliguntur enim partes vt quæ referatur ad totum. Quæ autem referuntur ad aliquid, simul sunt in nostra recordatione. Ea autem nostra recordatio est in nobis. Externum autem subiectum sensile, neque totū est, neque pars, sed res est de qua prædicamus nostram ipsorum recordationem. Eis autem dicendum est, primùm quidem quòd sit absurdum dicere, collum aut caput nó esse partes complentes externum hominem, sed nostram recordationē. Si autem caput & collum complent hominem, & collum est in nobis: oportebit hominem esse in nobis. quod est absurdum. Totum ergo & partes non sita sunt in nostra recordatione. Esto, dicet quispiam: sed totus quidem homo est in nostra recordatione: completur autem non ab externo collo & externo capite, sed rursus ex notionibus quæ sunt in his partibus. etenim ipse homo totus est nostra notio, mentísve conceptio. Qui autem hoc dicit, non effugit dubitationē. Rursus enim iste qui in nobis est homo, est aut notio mentísve conceptio, aut nostra recordatio, aut diuersus censetur à partibus, aut homo intelligitur partes. Neutrum autem horum potest, vt ostendimus. Hæc ergo intelligentia sub eandem cadit dubitationē. Si autem ita est, dicendum est nullum esse totum. cui est consequens ne esse quidem partem. Vtrumque enim est ex iis quæ referuntur ad aliquid: & altero sublato ex iis quæ referuntur ad aliquid, simul etiā tollitur reliquum. Atque de iis quidem sic sit dubitatum. Cùm autem cum Dogmaticis satis iam quæsierimus de agentibus seu efficientibus vniuersitatis principiis, postea commmunius dubitemus de his & de materialibus.

Totū & partes non sunt in nostra recordatione.

Homo quomodo sit in nobis ex notionibus.

An sit aliquod corpus.

DE summis, & quæ vim principiorum maximè habent elementis, duæ quidem fuerunt primæ sectæ, genere autem plures. Nā alij quidem dixerunt corpora rerum esse elementa: alij autem incorporea. Et ex iis quidem qui dixerunt córpora, Pherecydes Syrus dicebat terram esse omnium principium & elementum: Thales autē Milesius, aquam: Anaximander autē eius auditor, infinitum: Anaximenes autē & Idæus Himeræus, & Diogenes Apolloniates, & Archelaus Atheniensis præceptor Socratis, &, vt volunt nonnulli, Heraclitus, aërem: Hippasus autem Metapontinus, &, vt volunt nonnulli, Heraclitus, ignem: Xenophanes autem, aquam & terram.

Terram esse omnium principium & elementum dicebat Pherecydes Syrus.

De principiis rerum diuersæ fuerunt Philosophorum sententiæ.

" *Namque ex terra & aqua producti nos sumus omnes.*

Hippon autem Rheginus, ignem & aquam: Oenopides autē Chius, ignem

ignem & aërem: Onomacritus autem in Orphicis, ignem & aquam & terram: Empedocles autem & Stoici, terram & aquam & aërem & ignem.

,,   Rerum radices cunctarum quattuor audi.   Empedocles.
,,   Iuppiter est candens, Iuno alma, Plutoque, fontes
,,   Et quæ hominum humectat lachymantum aspergine Nestis.   Nῆςις Dea
Democritus autem & Epicurus, atomos. nisi hęc opinio ponenda sit quædam Sicula
antiquior, & vt Stoicus dicebat Posidonius, deducta à Moscho quo- apud Eustath.
dam Phœnice. Anaxagoras autem Clazomenius, similares partes: in T. Il.
Diodorus autē cognominatus Cronus, id est Saturnus, corpora mi- Moschus qui-
nima & indiuidua: Asclepiades autē Dithynius, inconcinnas magni- dam Phœnix
tudines. Ex iis autem qui incorporea censent esse principia, Pytha- inuexit Ato-
goras quidem dixit numeros esse omnium principia: Mathematici mos.
autem, fines corporum: Platonici verò, Ideas. Cùm sit autem eiusmodi Physicorum & genere & specie dissensio, licebit aduersus omnes communiter dicere, cùm sigillatim dubitauerimus de corporeis
& incorporeis. Sic enim vnusquisque ex iis quos enumerauimus, relinquens quidem corporea omnium principia, cadet in dubitationes
quæ afferuntur contra corpus. Qui autem incorporea statuit principia, cadet in dubitationes quæ fiunt aduersus incorporea. Præcedat
autem de corpore oratio, principium sumens dubitationis à notione. Iam enim ex sententia quidē eorum qui corpus intelligunt quod Corpus est
potest pati vel agere, quorum princeps fertur Pythagoras, corpus   quod potest pa-
propemodum sustulimus: neque ad hoc opus habemus nouis ratio- ti vel agere
nibus. Si enim corpus est aliquid quod potest pati vel agere: quoniā secundum Py-
nihil esse quod agat & patiatur, à nobis ostensum est, nullum fuerit thagoram.
corpus quod mente concipitur. Ex Mathematicorum autem notio-   Corpus est
nibus componendum est propositū. Dicunt enim corpus esse quod quod habet
tres habet distantias seu dimensiones, nempe longitudinem, latitu- tres dimensio-
dinem, & profunditatem. Ex quibus longitudinem quidem esse, quę nes secundum
est supernè deorsum: latitudinem autem, sinistram quæ vergit ad   Mathemati-
dexteram: tertiam autem dimensionem, nempe profunditatem, quæ cos.
à parte anteriori vergit ad posteriorem. Vnde etiam sex esse distan- Dimensiones
tias seu dimensiones, nempe, suprà, infrà: dextera, sinistra: antè, re- sunt sex.
trò. Hanc quidem notionem mentísve cōceptionem cernitur sequi
magna quædam multitudo dubitationum. Aut enim ex hac mentis
conceptione corpus est separabile ab his tribus dimēsionibus, adeò
vt aliud quidem sit corpus, aliud verò longitudo & profunditas, &
                                    Q   latitu-

latitudo corporis, aut harum dimensionum coaceruatio est corpus. Sed si separetur quidem corpus ab his dimensionibus, non id licet mente concipere. Vbi enim neque est longitudo, neque latitudo, neque profunditas, nō potest corpus illic mente concipi. Sin autem earum coaceruatio est corpus, quoniam vnaquæque earum est incorporea: quod autem constat ex incorporeis, est omnino incorporeum: oportebit & communem eorum cōgressum, non esse corpus, sed incorporeum. Quomodo ergo punctorum congeries suapte natura nunquā efficit corpus solidum & resistens: ita etiam congressus longitudinis, latitudinis, & profunditatis, quæ sunt incorporeæ, non efficit corpus. Si ergo neque absque iis est aliquod corpus: neque ea sunt corpus: nullum est corpus. Et aliter. Quoniam congressus longitudinis, latitudinis & profunditatis, efficit corpus: aut ante cōgressum vnaquæque earum priuatim cōtinebat corporeitatem, vt ita dicam, & veluti rationes corporis: aut postquam eæ conuenerunt accidit etiam corpus. Et si vnaquæque earum priusquam conuenirent continebat corporeitatem, vnaquæque erit corpus. Deinde quoniā corpus non est sola lōgitudo, neque latitudo, neque profunditas: sed & longitudo & latitudo & profunditas: vnaquæque earum habens corporeitatem, fiet tria. & ita longitudo non sola erit longitudo, sed & latitudo & profunditas: & latitudo non absolute latitudo, sed longitudo & profunditas. Similiter autem & quæ restat dimensio. Sin autem cùm eæ conuenerint, tunc accidit corpus: aut cùm eæ conuenerint, manet earum quæ fuit à principio natura, aut mutatur in corporeitatem. Et si manet quidem natura quæ fuit à principio: quoniā sunt incorporea & manent incorporea: nō efficient corpus quod est diuersum ac differens. Sin autem mutatur in corpus: quoniam quod suscipit mutationem, est corpus: vnaquæque earum, etiam priusquā fieret cōgressus, cùm sit corpus, ante corpus efficiet corpus. & quomodo quod mutatur corpus, pro alia quidem aliam accipit qualitatem, manet autem corpus: vtpote album vt fiat nigrum, & dulce vt fiat amarum, aliam quidē amittit qualitatem, aliam verò accipit, non excedēs à corporis essentia: ita hæc etiam si mutantur in corpus, pro alia quidem aliam accipiunt qualitatem: quæ hæc autem patientur, erunt corpora. Si ergo neque ante eorum congressum est corpus quod mente concipitur: neque post eorum congressum, non licet mente corpus concipere. Ad hæc accedit, quòd si nulla sit longitudo, neque latitudo, neque profunditas, nec erit quidem corpus quod intel-

Corpus non separatur à dimensionibus.
Si dimensionū coaceruatio est corpus, corpus est incorporeū.

Si corpus dicatur cōstare ex longitudine, latitudine & profunditate, quot sequātur absurda.

intelligitur ex earum participatione. Nulla est autem longitudo, latitudo, & profunditas, vt ostendemus. Non est ergo corpus. Nam longitudo quidem non est, quoniam maxima corporis dimesio, quæ dicitur apud Mathematicos, est linea. linea autem est punctus fluens. punctus autem est signum carens partibus, & nullam suscipiens dimensionem. Quamobrem ne erit quidem linea. Si non sit autem linea, nec erit longitudo. Si non sit autem longitudo, neque consistet corpus. Intelligitur enim corpus cum longitudine. Quòd autê nullum sit signum carens partibus & nullam suscipiens dimensionem, hinc discamus. Si enim est quidpiam eiusmodi, aut est corpus, aut incorporeum. Et corpus quidem non est, quoniam susciperet dimensionem, cùm corpus tres habeat dimensiones. Sed nec est incorporeum. Nam si est incorporeum, nihil ex eo fiet ac gignetur. Nam quod generat, per contactum generat. contactus autem nullus esse potest in natura incorporea. ergo nec incorporeum est signum. Si autem neque est corpus nec incorporeum, signum est huiusmodi vt mente non possit cogitari. Si autem non est signum, nec erit linea. Si non sit autem linea, nec erit longitudo. Cui erit consequens vt non sit corpus. Præterea etiam si datum fuerit esse signum, non erit longitudo. est enim linea longitudo. linea autem fluxus puncti. Aut ergo linea est signum extensum, aut intelliguntur multa signa per seriem disposita. Sed si sit vnum quidem extensum, non erit linea. Aut enim eundem locum tenet hoc signum, aut locum loco transmutat. Et si eundem quidê locum tenet hoc signum, non erit linea, sed punctus. fluens enim signum intelligebatur linea. Si autem transit de loco ad locum: aut transit alium quidem relinquens locum, alium autê apprehendens: aut alij quidem loco hærens, ad alium autem se extendês. Sed nec alium quidem locum relinquens, alium verò apprehendens, efficit lineam. manebit enim punctus qui fuit ab initio. & qua ratione primum locum tenens dicebatur punctus, non linea: ea etiam tenens secundum & tertium, & eum qui deinceps sequitur locum, non erit linea, sed rursus punctus. Si autem alij quidem hærens loco, ad alium autem se extendens, efficit lineam, aut ad diuiduum ex aduerso extenditur locum, aut indiuiduum. Et si ad indiuiduum quidem: manet punctus, & neque fit linea. est enim diuiduû quidpiam linea. Si autem ad diuiduum locum ex aduerso extenditur: quoniam quod ad diuiduum locum ex aduerso extenditur, est diuiduum & habet partes, est corpus, erit signum diuiduum & corpus. quod minimè

Longitudo nulla est.

Signum nullu est carens partibus.

Linea non est signum extensum.

Q 2   volunt.

Linea non est multa signa per seriem posita.

volunt. Non est ergo linea vnum signum. Sed neque multa per seriem posita. Ea enim signa aut se inter se tangunt mentis conceptione: aut non tangunt se inter se, sed intercepta discernuntur quibusdā locis. Si autem intercipiuntur locis, non vtique vnam efficiunt lineā. Sin autem se inter se tangunt, aut tota tanguntur à totis, aut partes à partibus. Et si partibus quidem partes, non erunt vtique indiuidua. Medium enim signum à duobus aliis fortè signis interceptum, habebit plures partes: vnam quidem qua tangit prius signum: alteram autem, qua posterius: tertiam, qua superficiem: quartam, qua partem subiectam. quo fit vt non sit amplius indiuiduum carésque partibus, sed multas habens partes. Si autem tota tanguntur à totis, signa continebuntur in signis, & eundem tenebunt locum. Si autem eundem locum teneant, non erit vtique earum series, vt fiat linea, sed omnia erunt vnus punctus. Si ergo vt mente concipiatur corpus, oportet mente concipi longitudinem: vt autem longitudo, lineam: vt ea autem, punctum: quoniam ostensum est lineam neque esse signum, neque compositam ex signis: nihil est linea. Si autem non est linea, neque longitudo. cui est consequens ne esse quidem corpus. Et nuper quidem ostendimus non posse mente cōcipi lineam, si signo hæreamus. Licet autem ipsam quoque in primis tollere, si hæreamus eius mente conceptæ notioni. Dicunt enim Geometræ lineam esse longitudinem expertem latitudinis. Nos autem qui consideramus, neque in sensilibus, neque in iis quæ percipiuntur intelligentia, possumus accipere longitudinē expertem latitudinis. Quamcunque enim sensilem acceperimus longitudinem, eam accipimus cum quanta latitudine. Quamobrem in sensilibus quidem non est aliquod corpus expers latitudinis. Sed nec in iis quæ percipiuntur intelligētia, licet visione talem apprehendere longitudinem. Nam aliam alia quidem angustiorem mente concipere possumus lōgitudinem. Quando autem eandem conseruantes longitudinem, ab ea mente paulatim absciderimus latitudinem, & hoc aliquousque fecerimus, intelligimus quidem latitudinem semper magis magisque minorem effici. Sed cùm eò peruenerimus vt latitudine omnino priuemus longitudinē, ne longitudinem quidem amplius intelligimus, sed cum ablatione latitudinis, tollitur etiam intelligentia longitudinis.

Lōgitudo nulla datur expers latitudinis.

Longitudo ne cogitari quidē potest absque latitudine.

Quot modis vnumquodque intelligitur.

Quomodo intelligatur vnumquodque.

IN summa autem quidquid mente concipitur, aut intelligitur per applicationem euidentium, aut per transitum ab euidentibus: idque varie.

varie. Aliquando quidē per similitudinem: aliquando verò per compositionē: aliquando verò per analogiam seu proportionem, eamq; aut augētem aut minuentem. Atque intelligitur quidem per applicationem euidentium, vt album & nigrum, & dulce & amarum. Ea enim etsi sunt sensilia, nihilominus percipiuntur intelligentia. Per transitum autem ab euidentibus, assimilatiuè quidem intelliguntur: vt ex imagine Socratis Socrates non præsens. Per compositionem verò: vt ex homine & equo is qui neque est homo nec equus, ex ambobus autem compositus est Hippocentaurus. Per analogiam autē seu proportionem augentem aut minuentem, vt ex eo quòd videamus hominem magnitudine communem & depressum, visione quidem augētes, mente concepimus Cyclopem, qui viro pane vescenti non est similis, sed nemoroso promontorio. minuentes autem, attraximus Pygmæi in mente notionem. Cùm sint autem tot modi intelligentiæ mentisq́ue conceptionis, si linea mente concipitur aliqua lōgitudo expers latitudinis, debet intelligi aliquo ex his modis. Nullo autem ex his modis potest intelligi, vt ostendemus. est ergo eiusmodi vt mente non possit concipi ac intelligi. Atque per euidentium quidem applicationē non potest esse intelligentia alicuius longitudinis carentis latitudine. In iis enim quæ cernuntur & in rebus euidentibus in nullam incidimus longitudinem absque latitudine. Per transitum autem ab euidentibus rursus fieri non potest vt visione apprehendatur longitudo aliqua expers latitudinis. Neque per similitudinem. Neque enim habemus in euidentibus longitudinem absque latitudine, vt mente concipiamus ei similem longitudinem expertem latitudinis. Nam quod est alicui simile, debet esse simile ei quod cognoscitur & est conspectum. Quoniam ergo nullā euidentem habemus lōgitudinem incurrentem absque latitudine, nec eius aliquam similem intelligere poterimus esse lōgitudinem expertem latitudinis. Sed nec ea comprehendi potest per compositionem. Dicant enim nobis, quænam eorum quæ sunt euidentia & fiunt ex incursione, cum quibúsnam componentes, intelleximus esse longitudinem expertem latitudinis, quod quidem non poterunt dicere. Sed neque per analogiam seu proportionem accedit intelligentia longitudinis quæ caret latitudine. Nam quæ intelliguntur par analogiam, habēt aliquid commune cum iis ex quibus intelliguntur: vt, ex communi hominis magnitudine per augmentū intelleximus Cyclopem: & ex eo rursus per diminutionem, Pygmæum. Quamobrē

Intelligere per applicationem euidentium.

Intelligere per transitum ab euidētibus.

Intelligere per compositionem.

Intelligere per analogiam seu proportionem.

Longitudo nullo modo potest intelligi absque latitudine.

si iis quæ intelliguntur ex analogia, est aliquid commune cum iis ex quibus intelliguntur: nihil autem habemus commune longitudinis expertis latitudinis & eius quæ est cum latitudine. Nō hoc ergo intelligitur ex analogia. Vnde si vnumquodque ex iis quæ intelliguntur, debet intelligi per aliquē ex iis modis qui sunt expositi: nos autem ostēdimus nullo ex his modis posse intelligi longitudinem expertem latitudinis: dicendum est mente percipi non posse longitudinem carentem latitudine. Sed fortè dicet quispiam, quòd cùm acceperimus aliquam longitudinem cum quanta latitudine, per intensionem intelligimus longitudinem expertem latitudinis. Si enim ex ea paulatim minuitur latitudo, veniet tandem etiam ad expertem latitudinis, adeò vt desinat diminutio in longitudinem expertem latitudinis. Sed primùm quidem ostendimus, quòd perfecta ablatio latitudinis, est etiam interemptio longitudinis. Deinde id quod intelligitur ex intensione, non est diuersum ab eo quod prius fuit mente cōceptum, sed illud ipsum intensum. Quoniam ergo ex quanto habente latitudinem, volumus per intensionem intelligere aliquid angustissimum, non intelligentia percipiemus omnino longitudinem carentem latitudine. est enim diuersi generis. Si autem etiam magis angustam accipiamus latitudinem, adeò vt comprehēsio intelligentiæ fiat minima latitudine, postea oportebit accidere transitum ad id quod est diuersi generis, nempe longitudinis quæ simul tollitur cum latitudine. In summa si per priuationem latitudinis possumus intelligere lōgitudinem expertem latitudinis: quoniam quæcunque sunt priuantia, non sunt in subiecto: neque etiam longitudo carens latitudine. quamobrem nec linea. Nam equus quidem quispiam est in subiecto: non equus autem non est. & homo quidem est: non homo autem non est. Si ergo habemus aliquam latitudinem, aut aliquam longitudinem, erit in subiecto. non carebit autem latitudine. Quomodo enim qui dicunt quòd alteram alteri superextollentes magnitudinem, accipiunt intelligentiam infinitæ magnitudinis, tanquam corporis, errant, & superextollendo accipiunt aliquam ex multis magnitudinibus. Non est autem ea infinita, sed finita. Quam enim extremam cogitarunt, est comprehensibilis. Quod est autem cogitatione comprehensibile, est finitum: quandoquidem reliqua quæ sic est comprehensa cogitatione, arguit eam quæ est relicta, vt quæ non sit infinita. Sic ergo hic quoque contractio latitudinis, in minimam latitudinem desinente cogitatione, est latitudo, & non longitudo expers

Latitudinis perfecta ablatio, est interemptio longitudinis.

Priuantia nō sunt in subiecto.

expers latitudinis. Alioqui si fieri potest, vt cùm cogitauerimus aliquam longitudinem cum quota latitudine, eam priuemus latitudine, & mente concipiamus longitudinem expertem latitudinis, poterimus etiam cùm carnem cogitauerimus cum proprietate vulnerabili, priuatione proprietatis vulnerabilis, mente cōcipere carnem inuulnerabilem: & continget cùm corpus mente cōceperimus cum proprietate resistendi, priuatione proprietatis resistendi, accipere corpus resistens. quod quidem non potest fieri. Nam quod intelligitur inuulnerabile, non est caro. Intelligebatur enim caro cum proprietate vulnerabili, & non resistens non est corpus. Nam cum proprietate resistendi intelligebatur corpus. Ergo & longitudo quæ intelligitur absque latitudine, non est longitudo. Nam cum quanta latitudine intelligitur longitudo. Sed Aristoteles quidē dicebat posse cadere in cogitationem, longitudinem quæ apud Geometras caret latitudine, si muri accipiamus longitudinem absque eo quòd attendamus muri latitudinem, errans. Nam quando muri accipimus longitudinem absque latitudine, non absque omni latitudine eam accipimus, sed absque latitudine quæ est in muro. contingit enim, connexa muri longitudine cum aliqua cuiusmodicunque ea sit latitudine, habere eius intelligentiā: adeò vt sumatur longitudo non absq; latitudine, sed absque aliqua, hac scilicet latitudine. Propositum autem erat Aristoteli ostendere, non quòd alicuius latitudinis expertē contingit intelligere longitudinem, sed omnis latitudinis. quod quidem non ostendit. Ad hæc accedit, quòd si Geometræ non solùm dicunt lineam expertem latitudinis, sed etiam finem superficiei esse longitudinem expertem latitudinis, licebit communius dubitare de linea & superficie. Nam si linea est finis superficiei, qui est longitudo carens latitudine, omnino superficiei addita superficie, aut duæ fiunt lineæ parallelæ seu æquidistantes, aut vna ex vtrisque. Et si quidem vna, fiant duæ parallelæ: quoniam linea est finis superficiei: superficies autem est finis corporis, cùm duæ lineæ vna factæ sint, duæ quoque superficies erunt vna. Ita autem duo quoque corpora erunt vnum. & propterea additio non erit vtique additio, sed vnio. quod quidem non potest fieri. In aliquibus enim sibi inter se additis corporibus fit vnio, vt in humidis: in aliquibus autem non ita. lapis enim non vnitur lapidi, neque adamas adamanti per additionem. Quamobrem duæ lineæ non fuerint vna. Alioqui si dederimus propterea fieri vnam corporum vnionem, oportebit eorum fieri separationem

non

Caro inuulnerabilis non potest cogitari.
Corpus non resistens nō potest mente concipi.

Aristoteles reprehenditur quòd cogitari posse dixerit longitudinem absque latitudine apud Geometras.

Superficiei finem non esse longitudinem expertem latitudinis.

Vnio non fit in omnibus corporibus.

non per eosdē fines, sed per alias & alias partes, ipsis violenter auulsis. Sed hoc non ita est. Finium enim & ante additionem & post eorum separationem eadem seruatur natura. Duæ ergo parallelæ lineę non possunt esse vna. Præterea si duæ lineæ fiunt vna, corpora quæ inter se adduntur, erunt vno extremo minora. Quamobrem duæ lineæ non possunt esse vna. Si autem parallelæ duæ maneant lineæ, quod ex duabus cōstat, erit maius vna. Si autem quod fit ex duabus, erit maius vna linea, habebit vtraque earum latitudinem, quæ locata cum altera facit magis spatium. & ita non est linea longitudo carens latitudine. aut si est, labefactari oportebit euidentiam, vt ostendimus. Atque in primis quidem hæc sunt dicenda ad ea quæ constituunt Mathematici de corporibus & finibus. Transeuntes autem consequēter consideremus an ex illorum ipsorum positionibus possit procedere oratio. Placet ergo Geometris rectam lineam omnibus suis partibus conuersam describere circulum. Statim autem cum hac eorum contemplatione pugnat quòd linea sit longitudo expers latitudinis: nam quandoquidem quælibet pars lineæ, vt dicunt, habet signum. Signum autem conuersum describit circulum, quando recta linea conuersa, & omnibus suis partibus circulum describens, metitur spatium superficiei quę est à centro vsque ad extremam circumferentiam, tunc aut sunt continentes paralleli circuli, aut inter se distant altera ab altera. Vtrumuis autem eorum dicant Geometræ, in eandem incident ferè dubitationē. Nam si inter se distant & sunt disiunctæ, erit aliqua pars superficiei quæ non describitur in orbem: & lineæ pars quæ non describit, quæ locata est in hoc spatio superficiei. hoc autem est absurdum. Linea enim omnino habet signum in hac parte. & signum in ea conuersum, describit circulum. Nam vel non habere lineam signum in aliqua sui parte, vel signum conuersum non describere circulum, est præter rationem geometricam. Si autem continui sunt circuli, sunt ita continui vt locetur in eodem loco, vel vt alius intelligatur iuxta alium, cùm non possit aliquod signum intermedium incurrere. Incidēs enim debet circulum describere. Et si eundem quidem tenent locum, omnes fient vnus: & propterea maximus circulus non differet à minimo. Si enim intimus quidem circulus & qui est ad centrum, est minimus: extremus autem & qui est ad superficiem, est maximus, omnes autem tenent eundem locum, erit minimus circulus æqualis maximo. quod quidē est absurdum. Si autem siti sunt inter se alter iuxta alterum, ita vt nō

Rectam lineā omnibus suis partibus conuersam describere circulum, vt volunt Geometræ, non potest procedere.

inter-

ADVERSVS MATHEMATICOS.

intermedium incurrat aliquod signum, superficiei complet latitudinem, quæ est à centro ad vltimam circunferentiam. Quoniam ergo quod complet latitudinem, latitudinem habet necessariò, circuli qui complent latitudinem superficiei, habebunt latitudinem. circuli autem sunt lineæ. Non sunt ergo lineæ expertes latitudinis. Licet autem vi eadem similem componere demonstrationem. Dicunt enim Geometræ rectam circulum describentem per se conuersam describere circulum. Quamobrem dicemus eos interrogantes, Si recta describens circulum, suum circulum describit, non est linea longitudo expers latitudinis. Recta autem quæ circulum describit, vt ipsi volunt, per se describit circulum. Non est ergo linea longitudo expers latitudinis. Quando enim recta à centro ducta vertitur, & per se describit circulum, aut per omnes partes internæ latitudinis circunferentiæ fertur recta linea, aut per aliquas quidem fertur, per aliquas verò minimè. Sed si per aliquas quidem fertur, per aliquas verò minimè, omnino non describit circulum, vt quæ feratur per aliquas quidem partes superficiei, per aliquas verò non feratur. Sin autem fertur per omnes, dimetietur totam latitudinem internæ circunferentiæ. Dimetiens autem latitudinem, habebit latitudinem. Quod enim dimetitur latitudinem, habet latitudinem qua dimetitur. Nec propterea ergo dicendum est lineam esse longitudinem expertem latitudinis. Hoc autem sit etiam manifestius, quando dicunt Geometræ lineam obliquam deductam per latus quadrati, per se dimetiri planiciem parallelogrammam. Nam si linea est longitudo carens latitudine, omnino latus quoque quadrati cùm sit linea carens latitudine, non dimetietur planiciem parallelogrammam, quæ habet latitudinem. aut id dimetiens, habebit ipsa quoque latitudinem qua dimetitur. Quamobrem aut erit eis falsa contemplatio, aut quòd linea est longitudo carens latitudine. Dicunt quoque Cylindrum recta linea tangere superficiem: & euolutum per aliarum & aliarum rectarum quæ fit vicissim positura dimetiri superficiem: & superficies omnino constat ex rectis lineis: & superficies Cylindri rursus est ex rectis. Quoniam ergo superficies habet latitudinem, habet autem superficies quoque Cylindri: quod autem complet latitudinem, non est expers latitudinis, lineæ complentes latitudinem, non erunt expertes latitudinis. Præterea etiam si dederimus lineam esse longitudinem expertem latitudinis, nihilominus dubia & inexplicabilis inuenietur Geometris de corpore oratio. Quomodo enim signum

Rectam circulum describentem per se conuersam describere circulum, arguit lineam non carere latitudine.

Lineam obliquam deductã per latus quadrati, per se dimetiri planiciẽ parallelogrammam, arguit lineam non esse expertem latitudinis.

Ex cylindro probatur lineã non carere latitudine.

R fluens

Ex superficie probatur non esse corpus.

fluens efficit lineam, ita etiam linea fluens efficit superficiem, quę est finis corporis, duo habes disiuncta interualla seu dimensiones, nempe longitudinem & latitudinem. Quoniam ergo superficies est finis corporis, omnino corpus est finitum. Si autem ita est, quando corpus additur corpori, tunc aut fines tanguntur à finibus: aut finita à finitis: aut & finita à finitis, & fines à finibus: vt, erit enim clarum exemplo quod dicitur, si intellexerimus finem quidem testam quæ est extra amphoram: finitum autem, vinum quod est in amphora: duobus sibi inter se additis amphoris, aut testa tanget testam, aut vinum tanget vinum. Et si fines quidem tanguntur à finibus, finita se inter se non tangét, nempe corpora. quod quidem est absurdum. Si autem finita tanguntur à finitis, nempe corpora à corporibus, oportebit ea esse extra suos fines. quod rursus est absurdum. Si autem & fines tanguntur à finibus, & finita à finitis, concurrent dubitationes. Nam quatenus quidem fines se inter se tangunt, finita se inter se non tangent. Quatenus autem ipsa se inter se tangunt, erunt extra suos fines. Præterea si superficies est finis, corpus autem finitum: aut corpus est superficies, aut res incorporea. Et si est quidem corpus, falsum est esse profundi expertem superficiem. Omne enim corpus est particeps profundi. Deinde nec aliquid tanget finis, sed erit omne corpus infinitæ magnitudinis. Si enim superficies est corpus: quoniam omne corpus habet finem: & ille finis rursus cùm sit corpus, habebit finem; & ille tertium, & tertius quartum, & sic in infinitum. Si est autem superficies incorporea: quoniam incorporeum nihil potest tangere, nec ab aliquo tangi, fines se inter se non tangent. Eis autem non tangentibus, neque finita tangent. Quamobrem etiam si rebesserimus à linea, de superficie quoque oratio cùm sit infinita, deducit nos ad sustinendam assensionem. Atque nunc quidem quæsiuimus, hærentes notionibus corporis & finium, & præterea geometricis contemplationibus. Licet autem illam quoque sumere orationem quæ fortiter colligit propositum. Si est enim aliquod corpus,

Corpus nō est sensile.

aut est sensile, aut cadit sub intelligentiam. Et non est quidem sensile. est enim accumulata qualitas quæ sumitur ex compositione figuræ & magnitudinis & resistentiæ. Qualitas autem quæ sumitur ex aliquorum compositione, non est sensilis. Ergo & corpus quod intelligitur vt corpus, non est sensile. Sed neque cadit sub intelligentiam.

Corpus nō est intelligibile.

Nam vt sit intelligentia corporis, oportet in rerum natura poni aliquid sensile, à quo fiet intelligentia corporis. Nihil est autem in rerum natura

natura præter corpus & incorporeum. Ex quibus, incorporeum quidem ex seipso cadit sub intelligentiam: corpus autem non est sensile, vt à nobis est ostensum. Cùm ergo in rerum natura non sit quidquam sensile ex quo sit intelligentia corporis, nec sub intelligentiâ quidem cadet corpus. Si ergo neque est sensile, neque cadit sub intelligentiam: præter hęc autem nihil est: dicendum est nihil esse corpus. Sed quoniam in his oratio de corporibus ostensa est dubia & cuius exitus non potest facilè inueniri, tentabimus ab alio docere principio, quòd de incorporeis quoque quæ restant oratio est eis similis.

Sexti Empirici liber nonus,
In quo tractat De loco. De motu. De tempore.
De numero. De ortu & interitu.

IIS DVBITATIONIBVS, quæ à nobis motæ sunt aduersus Physicos & Geometras de corpore & finibus, consequens esse videtur de loco inquisitio. Apud omnes enim conuenit, quòd corpus vel comprehenditur in loco, vel fertur per locum. Quamobrem prius sumendum est, quòd ex sententia Epicuri, non tactilis quæ vocatur naturæ, alia quidem appellatur inane, alia verò locus, alia verò regio, pro variis applicationibus mutatis & variè sumptis nominibus. quandoquidem eadem natura, ab omni quidem corpore deserta, appellatur inane: si autem à corpore comprehendatur, locus: corporibus autem per eam transeuntibus, χώρα, id est regio. Communiter quidem certè apud Epicurum dicta est natura non tactilis, propterea quòd sit tactu priuata per antiphrasin. Stoici autem dicunt inane quidem esse, quod ab eo quod est potest detineri, non autem detinetur: aut spatium à corpore desertum, aut spatium quod non continetur à corpore. Locum autê qui detinetur à corpore, & æquatur ei quod ipsum continet, quod nunc est vocantes corpus, vt est perspicuum ex nominum trāsmutationibus. χώραρ autem seu regionem dicunt esse spatium quod in aliquo quidem tenetur, in aliquo autem non tenetur. Alij autem dixerunt regionem esse locum maioris corporis: vt hac quidem ratione locus differat à loco, quòd ille quidem non ostendat magnitudinem corporis quod in ipso continetur. Nam etiamsi minimum corpus contineat, nihilominus appellatur locus: hæc verò, nempe regio, ostendat non parui faciendam magni-

ἀναφῆς.

Inane, natura ab omni corpore deserta.
Locus, natura à corpore comprehensa.
χώρα ἀπὸ τȣ̂ χωρεῖν.
Regio, natura per quam transeunt corpora.
Inane quomodo definiatur à Stoicis.
Locus quomodo definiatur à Stoicis.
Regionē seu χώραν quid vocent Stoici.

magnitudinem corporis quod est in ipsa. Atq; de inani quidem varie quæsiuimus quando tractauimus de elementis: nec necesse est in præsentia eadem repetere. De loco autem & de coniuncta regione, quæ ipsa quoque locus est genere, considerabimus in præsentia. Simul enim cū iis quæ sunt euidentiora, & de quibus ferè constat apud omnes, dubitabitur etiam de consideratione inanis, quatenus de re minus certa & magis obscura procedit.

De loco.

DE loco declarata intelligentia, & de rebus quæ ei sunt coniugata, restat, vt mos est Scepticis, mouere rationes quæ vtrinque afferuntur, & quæ propter eas inducitur corroborare assensionis cohibi-

Locum esse probatur à partibus loci. tionem. Quoniam ergo sunt suprà & infrà, & ad dextram & sinistrā, & ante & pone, est aliquis locus. Sunt enim partes quæ sunt ex ipso loco extensiones. neque fieri potest vt si sit aliqua ex partibus, non illud quoque sit cuius sunt partes. Sunt autem in rerum natura suprà & infrà, & dextera & sinistra, & ante & pone. est ergo locus. Verùm

Locum esse probatur ex eo quòd in locum eius qui fuit succedat alius. enimuero si vbi erat Socrates nunc est alius, vt Plato mortuo Socrate, est ergo locus. Quomodo enim humore exinanito qui erat in amphora, & alio infuso, dicimus amphoram esse locum & prioris humoris & eius qui postea fuit immissus: ita si quem locum tenebat Socrates cùm viueret, eum nunc tenet alius, est aliquis locus. Et aliter:

Locum esse probatur à corpore quod est in loco. Si est aliquod corpus, est & locus. Atqui est primum, ergo & secundum. Ad hæc accedit, quòd si quò leue fertur natura, illuc graue na-

Locum esse probatur ex eo quod est proprius locus eius quod est graue, & eius quod est leue. tura non fertur, est proprius locus eius quod est leue & eius quod est graue. Atqui primum. ergo etiam secundum. Ignis quidem certè, cùm sit natura leuis, sursum fertur: & aqua, cùm sit grauis natura, deorsum tendit. & neque ignis deorsum fertur: neque aqua sursum emicat & extollitur. Est ergo proprius locus & eius quod est natura leue, & eius quod est graue natura. Et quomodo si est id ex quo fit

Locū esse probatur, quòd sit & id ex quo, & id à quo, et id propter quid, & id in quo fit aliquid. aliquid, & id à quo fit aliquid, & id propter quod: ita etiam fuerit id in quo fit aliquid. Est autem id ex quo fit aliquid, vt materia: & id à quo, vt causa: & id propter quod, vt finis. Est ergo etiam illud in quo fit aliquid, hoc est locus. Veteresque qui rerum vniuersitatem eleganter descripsere versibus, posuerunt locum vniuersorum principium. Hinc motus exclamauit Hesiodus:

Hesiodus in Theogonia.
,,   *Exortum chaos est primum, dehinc pectore lata*
,,   *Tellus, cunctarum sedes amplißima rerum.*

Chaos

Chaos dicens locum qui omnia continet. Nam nisi is fuerit subie- *Locus qui om-*
ctus, neque terra, neque aqua, neque reliqua elementa, nec vniuerfus *nia continet,*
mundus poterit consistere. Quòd si etiam cogitatione omnia suftu- *Locus rema-*
lerimus, locus minimè tolletur, in quo sunt omnia, sed manebit tres *net sublato cor-*
habens dimensiones & interualla, longitudinem, profunditatem, la- *pore.*
titudinẽ, absque resistentia. hoc enim est proprium corporis. Aliaq́;
huiusmodi solent recensere Dogmatici Philosophi ad constituendã
ac confirmandam loci essentiam. Omnia autem magis quàm hoc
possunt facere. A partibus enim loci hoc velle colligere quòd sit lo- *A loci parti-*
cus, est planè puerile. Qui enim non dat eis esse totum, is neque par- *bus probare lo-*
tes concedet totius. Et alioqui quóniam alicuius partes sunt illud *cum est pueri-*
ipsum cuius sunt partes potestate, qui dicit, Si sunt partes loci, est lo- *le.*
cus, perinde est ac si dicat, Si est locus, est locus. hoc autem est absurdum. Id enim quod quæritur, ad probandum assumptum est perinde
ac si de illo non quæreretur. Idem dicendum est etiam, quando ex
eo, quòd in quo erat Socrates, in eo nunc sit Plato, colligunt loci essentiam. Nobis enim quærétibus an aliquid sit locus in quo est cor- *Locus nõ pro-*
pus, differens ab eo corpore in quo dicitur comprehendi, illi, tan- *batur à corpo-*
quam de eo nobis constaret, respondent Socratem fuisse in loco, & *re quod in eo*
in eo nunc contineri Platonem. Nam quòd simpliciter quidem di- *esse dicitur.*
camus aliquem esse Alexandriæ, & in gymnasio, & in schola, inter
nos conuenit. sed à nobis consideratur non de loco qui largè dici- *Locus est qui*
tur, sed de loco qui circunscribit, sítne an solùm cogitetur. & si sit, *largè dicitur,*
cuiusmodi sit natura, résne corporea an incorporea, & in loco com- *& locus est*
prehensa, an non. Quorum nihil poterunt ostendere qui prius dictis *qui circunscri-*
vtuntur admonitionibus. Neque datur esse natura corpus leue, vt *bit.*
feratur in locum proprium. Sed & quod videtur esse eiusmodi, ab *Locus nõ pro-*
aliqua alia & coacta causa ad quædã loca protruditur. Deinde etiam *batur ab eo*
si datum fuerit esse natura leue, & natura graue, rursus nihilominus *quod est natu-*
dubitabitur ad quídnam feratur, num ad aliquod corpus, an ad ina- *ra leue & na-*
ne, an ad finem, an ad aliquid aliud particeps diuersæ naturæ. At, in- *tura graue.*
quiunt, si est id ex quo, & id à quo, & id propter quod, fuerit etiam id
in quo. Non omnino, dicemus. Nam si dubitatur de eo ex quo fit *De eo in quo*
aliquid, hoc est de patiẽte, & de eo à quo, nempe de causa; & in sum- *dubitatur vt*
ma de eo quod est oriri & interire, aut communius moueri, necesse *de eo ex quo,*
est vt simul sit dubitatum de eo in quo est. Quòd autem de his sit du- *& à quo, &*
bitatum, prius quoque ostendimus, cùm disceptaremus de efficiente *propter quid.*
& patiente, & postea docebimus, De ortu & interitu, & ante ea ad-

R 3　　　huc

huc de motu confiderantes. Nam qui dixit,

„   *Exortum chaos est primum, dein pectore lata*
„   *Tellus, cunctarum sedes amplissima rerum,*

ex seipso euertitur. Nam si quispiam eum roget ex quo ortum sit chaos, non poterit dicere. Idque nonnulli dicunt fuisse causam Epicuro cur se contulerit ad Philosophiam. Nam cùm esset adhuc adolescens, rogauit Grammaticum qui ei legebat, Exortum chaos est primum, ex quónam ortum esset chaos; si quidem ortum esset primum. Cùm is autem dixisset, non esse suum munus ea docere, sed eorum qui vocantur Philosophi, Ergo, intulit Epicurus, ad illos est mihi accedendum, siquidem sciunt rerum veritatem. Sed quòd nihil quidem dicatur quòd pertineat ad probandum quòd sit locus, ex his iam est euidens. Eis autem sunt adiungenda & quæ dicuntur à Scepticis. Nam si est aliquis locus qui suscipiat corpus, is est aut corpus, aut inane. Et corpus quidem non est locus qui suscipit corpus. Nam si omne corpus debet esse in loco: locus autem est corpus: erit locus in loco. & ille rursus in tertio, & tertius in quarto, & sic in infinitum. Non est ergo corpus locus qui suscipit corpus. Si autem est inane locus qui suscipit corpus: aut manet hoc inane, ipsum ingrediente corpore: & erit simul inane & plenum. quatenus quidem manet, inane: quatenus autem suscipit corpus, plenum. Incogitabile autem est idem dicere inane & plenum. Non manet ergo inane corpore ipsum ingrediente. Si autem abscedit inane, inane erit corpus. Quod enim locum loco commutat, est corpus. Inane autem non est corpus. quamobrem non recedit, ipsum subeunte corpore. Alioqui si recedit adueniente corpore, nequaquam suscipiet corpus. quod ipsum quoque est absurdum. Restat ergo vt dicatur inane interire. quod rursus non potest fieri. Nam si interit, est in mutatione & motu. & si interit, in ipsum cadit ortus & generatio. Quod autem est in mutatione & motu, est corpus in quod cadit ortus & interitus. quamobrem nec interit inane. Et sic, si neque locus est corpus, vt ostendimus: neque inane, vt admonuimus: non fuerit vllus locus. Ad hæc accedit, quòd si locus intelligitur comprehendere corpus: id autem quod continet, est extra id quod cótinetur: necessario si est locus, necessario debet locus esse aliquid ex iis quorum aliud quidem est materia, aliud verò forma, aliud autem interuallum intermedium inter extremos fines corporis: fines autem sunt extrema. Atque materia quidem non fuerit locus multis modis, vtpote quoniam ipsa quidem

est

Epicurus se contulit ad philosophiã, quòd rogatus Grammaticus nõ potuerit dicere ex quo natum sit chaos.

Locus non est corpus.

Locus non est inane.

Locus non est materia.

est corpore prædita, locus verò non est corpore præditus. Et materia quidem transit à loco in locum, locus autem nõ transit. Et in materia quidem dicimus quòd prius quidem erat aër: nunc autem condensata facta est aqua. aut contrà, prius quidem erat aqua, nunc autẽ attenuata facta est aër. In loco autem non hoc dicimus: sed quòd pridem in eo fuit aër: nunc autem in ipso est aqua. Non potest ergo locus intelligi materia. Sed neque forma. est enim forma inseparabilis à materia: vt in statua, est inseparabilis ab ære subiecto. Locus autem separatur à corpore. Illud enim trãsit & migrat in alterum locum, non simul cum eo transeunte loco in quo cõtinebatur. Quamobrem si forma quidem separari non potest à materia: locus autem ab ea separatur: locus minimè erit forma. Et rursus forma quidem simul transit cum materia: locus autem, vt prius dixi, non simul transit cum corpore. ergo nec locus est forma. Similiter nec interuallum quod intercedit inter fines. Id enim continetur à finibus. Locus autem non vult contineri ab aliquo, sed alia continere. Deinde superficies est finis corporis. Interuallum autẽ quod est post superficiem, non est aliud quàm finitum corpus. Si autẽ locum esse dicimus quod intercedit inter corpora finita, erit locus corpus. quod quidẽ est absurdum. Restat ergo vt dicatur quòd extremi fines corporis sunt locus. quod ipsum quoque non potest fieri, quoniam extrema quidem corporis sunt & eius partes, & ab eo non possunt separari. Locus autem neque est continens corpori, neque pars eius, neque inseparabilis à corpore. Neque ergo extrema corporum sunt locus. Si ergo locus neque est materia, neque forma, neque interuallum intercedens inter fines, neque ipsi fines corporis: præter hæc autem nihil aliud potest cogitari: dicendum est nihil esse locum. Imò verò, inquiunt Peripatetici, locus est finis corporis continentis. Nam cùm terra contineatur aqua, & aqua contineatur aëre, & aër igne, & ignis cœlo: quomodo finis vasis est locus corporis quod est in vase: ita etiam finis aquæ est locus terræ, & finis aëris est locus aquæ, & finis ignis erit finis aëris, & finis cœli erit locus ignis. Ipsum verò cœlũ, vt sentit Aristoteles, non est vtique in loco, sed ipsum in seipso & sua proprietate. Nam quoniam locus est extremus finis corporis continentis: extra cœlum, ex illius Philosophi sententia, nihil est: vt huius quoq; finis sit locus cœli, necesse est cœlum quoque, vt quod à nullo contineatur, esse in seipso, & contineri à propriis finibus, non autem esse in loco. Vnde nec alicubi est cœlum. Nã quod est alicubi,

Locus non est forma.

Locus non est interuallum quod intercedit inter fines.

Locus nõ sunt extremi fines corporis.

Locus quid sit secundum Peripateticos.

Cœlum nõ est in loco, sed ipsũ in seipso.

est &

est & ipsum illud, & diuersum ab illo vbi est. Cœlum autem nihil habet alterum extrinsecus præter seipsum. Quamobrem cùm ipsum sit in seipso, nusquam erit. Quod attinet autem ad ea quæ dicuntur à Peripateticis, primus Deus venit in periculum ne sit finis cœli. Aut ergo Deus erit aliquid aliud quàm finis cœlestis : aut erit aliquid aliud extra cœlum, & erit eius finis locus cœli. & ea ratione dabunt Aristotelici cœlum comprehēdi in loco. quod quidem non patientur, vtrique horum resistentes, nempe & quòd sit aliquid extra cœlum, & quòd cœlum extrà contineatur. Si autē Deus idem est quod finis cœlestis: quoniam finis cœli est locus omnium quæ sunt in cœlo: erit ex sententia Aristotelis Deus omnium locus. quod & per se est absurdum. Et in summa si finis corporis quod continet, est locus eius quod continetur, hic finis aut est corpus, aut res incorporea. Et si est quidem corpus : quoniam omne corpus debet esse in loco: erit locus in loco. Sin autem finis continentis corporis est incorporeus: quoniam cuiusuis corporis finis est superficies: vniuscuiusque corporis locus erit superficies. quod quidem est absurdum. In summa autē quemadmodum nō est ridiculum dicere cœlum esse ipsum sui ipsius locum? Ita enim erit idem & id in quo est, & id quod in ipso est, & idem vnum & duo, corpus & incorporeum. Nam quatenus quidem idem est, vnum erit. quatenus autem continens & quod continetur, erunt duo. Et quatenus quidem continetur, corpus. quatenus autem continens, incorporeum. locus enim est. Non potest autem idem cogitari simul vnum & duo, & corpus & incorporeum. Nec in hac ergo intelligentia rectè procedit loci comprehensio. Sed quoniam eum sustulimus, videamus deinceps an possit aliquid ex iis quæ sunt, moueri per locum.

Deus sitne finis cœli.

Deus sitne omnium locus.

Locus qui est finis corporis, nec est corpus, nec res incorporea.

Cœlum esse sui ipsius locū, est ridiculum.

An sit motus.

DICEBAT quidem Aristoteles esse sex species motus. Ex quibus vnam quidem esse transitum per locum : aliam verò, mutationē: aliam verò, generationem : aliam autem, interitum: aliam autem, diminutionem. Plures autem in quibus est etiam AEnesidemus, duplicem relinquunt in summo motum : vnum quidem, mutationis: alterum verò, transitus. Ex quibus, motus quidem mutationis, est per quem corpus in eadem manēs essentia, aliàs aliam suscipit qualitatē: & aliam quidem relinquit, aliam verò accipit. quod quidem fit in vino mutato in acetum : & in vua quæ ex acerbo mutatur in dulcem saporem:

Motus mutationis quid sit.

ADVERSVS MATHEMATICOS.

porem: & in Chamęleone qui in diuersos mutatur colores: & in Polypo. Vnde & ortum & interitum & augmentum & praeterea diminutionem dicunt esse in specie mutationes, quas dicunt se etiã subiicere motui mutationis. nisi quispiam dixerit augmentum pertinere ad motum transitus, vt qui procedat à corporibus in longitudinem & latitudinem. Motus autem transitus, est per quem id quod mouetur transit de loco ad locum, aut totum, aut in parte. Totum quidem, vt cernimus in iis qui rotantur seu voluuntur, & in iis qui ambulant. In parte autem, vt in manu quae extenditur & contrahitur: aut in partibus sphaerae quae circa centrum circumagitur. ea enim tota manente in eodem loco, partes mutant loca. Nam quae erat prius infrà, fit suprà: & quae suprà, infrà: & quae antè, ponè. Quanquam nonnulli ex Physicis, ex quibus est etiam Epicurus, motum mutationis dixerunt esse speciem motus transitus. Compositum enim seu concretum quod mutatur in qualitate, mutatur motu loci & transitus corporum quae faciunt concrescere, quae quidem ipsa ratione cadunt sub contemplationem: vt, exempli causa, vt ex dulci fiat aliquid amarum, aut ex albo nigrum, oportet massam quae ipsum constituit transmutari, & alium pro alio ordinem suscipere. Hoc autem non aliter euenerit, nisi massa illa per transitum moueatur. Et rursus vt ex duro fiat molle, aut ex molli durum, oportet eas ex quibus constant partes in loco moueri. Nam earum quidem extensione molliuntur: coitione autem & condensatione indurantur. Quò fit vt motus mutationis non sit genere alius à motu transitus. Quamobrē nos aduersus eum nostras maximè dirigemus dubitationes. Nam si is tollatur, peribit etiam motus mutationis. Antequam autem dubitemus, sciendum est tres ad summum fuisse sectas de motu. Nam alij quidem dicunt esse motum: alij verò non esse: alij autem non magis esse quàm non esse. Et esse quidem & Bias attēdens ea quae cernuntur, & complures ex Physicis, vt Pythagoras, Empedocles & Anaxagoras, Democritusque & Epicurus, quorum sententiae subscripserunt Peripatetici & Stoici & alij permulti. Non esse autem, Parmenides & Melissus, quos Aristoteles vocauit Statorios, & non physicos. Statorios quidem, à statione: non physicos autem, id est, non naturales, quoniam natura est principium motus, quem sustulerunt dicentes nihil moueri. Nã quod mouetur, debet aliquod spatium cōficere. Quoduis autem spatium non potest confici, propterea quòd suscipiat sectionem in infinitum. Quamobrem nihil erit quod moueatur. Cum

Motui mutationis subiiciūt quidam ortum & interitum, augmentum et diminutionem.
Motus transitus quid sit.

Motum mutationis Epicurus dixit esse motum transitus.

De motu tres fuerunt sectae.

Motum esse qui Philosophi senserint.
Motum non esse quinam senserint Philosophi.

S   iis

iis autem viris conuenit Diodorus Cronus, nisi ex eius sententia dicendum sit, motum quidem fuisse aliquid, moueri autē nihil, vt procedente docebimus oratione, quando eius sectam considerabimus accuratius. In præsentia autem sufficit hoc scire, quòd ipse quoque in eadē est sententia in qua qui motum sustulerunt. Non magis autem esse motum quàm non esse, dixerunt Sceptici. Nam quod attinet quidem ad ea quæ apparent, motum esse aliquid: quod autem ad philosophicam attinet rationem, non esse. Talis quidem est & quæ in loco est statio, post quam, ad hoc quòd non sit motus, argumētantes primas afferemus obiectiones, sequentes notionē motus. Nonnulli ergo dicunt motum definientes: Motus est transitus à loco ad locum. Aduersus quos dicitur, quòd definierunt quidem motum qui rectà fertur, nempe eum qui fertur suprà aut infrà, aut ante aut pone, aut dextrorsum aut sinistrorsum: motum autem qui fertur in orbem prætermiserunt, vt per quem figuli rota vertitur, & sphæra centris circumagitur. Similiter autem & axes & tympana. Vnumquodque enim eorum quę sic mouentur corporum, non transit à loco in locū, sed mouetur manens in eodem loco. Vnde quidam fugientes hanc obiectionem, corrigunt expositam definitionem, & dicunt: Motus est transitus à loco in locum, aut totius corporis, aut partium totius. Nam & qui in ambulando mouetur, per totum mouetur à loco ad locum: & sphæra quæ centris circumagitur, tota quidem non transit à loco ad locum, sed loca transit per partes: & dum ea vertitur, pars quidem superior apprehendit locum inferiorē: inferior autem transit ad superiorem, & viciſsim in reliquis. Et ideo dicunt dicendum esse, motum esse transitum ab aliquo loco ad locum, aut toto corpore moto, aut totius partibus. Ii autem volentes effugere dictam dubitationem, inciderunt in aliam. Nō enim quidquid mouetur, transeundo transit à loco ad locum, aut per totum aut per partes: sed sunt quædam corpora quæ transeundo mouentur, quæ quidem aliquibus partibus mouentur in eodem loco manentia: aliquibus autem non manentia in eodem loco, sed alium & alium apprehendentia, vt licet videre in Cancro qui circulum describit, & in ostio quod aperitur & clauditur. Nam in cancro quidem cernitur quæ centro appensa est antenna, tali, inquam, pars superior, verti in eodem loco, exterior autē circumagi & in orbem ferri, ab alio ad alium locum transiens. In ostio autem quod clauditur & aperitur, cardo quidem qui in concauo fert opem, vertitur in eodem loco: pars autem ostij quæ ei ex ei ex aduerso sita est, subit loca differentia: & alium quidem locum relinquit, alium verò apprehendit. Atque hi quidem motus exciderunt à definitione. Est autem alius quoque magis admirabilis transeundi modus, in quo quod mouetur, neque in toto, neque in parte intelligitur excedere ab eo in quo est loco, qui ipse quoque excidit à definitione, vt per se patet. Erit autem eius proprietas euidentior, si exemplo ostenderimus nostram opinionem. Si ponatur quispiam, cùm secundo cursu fertur nauis, à prora ad puppim rectam transferre trabé, & pari qua nauis ferri celeritate, adeò vt quo tempore ipsa conficit anterius spatium vnius cubiti, pari etiam is qui in ipsa mouetur, ponè transeat spatium vnius cubiti, omnino ex hac positione erit quidem transeundi motus: sed neque totum quod mouetur excedet ex eo in quo est loco, neque in parte. Nam qui mouetur in naue, manet in eodem perpendiculo aëris & aquæ, propterea quòd quantum videtur ponè progredi, tantum trahatur anterius. Potest ergo aliquid transeundo moueri, quod neque in toto neque in parte excedit ab eo loco in quo est. Atque hæc quidem videntur esse eiusmodi. Licet autem aliter quoque dubitare aduersus eos qui sic definiunt motum transitus. Nam si intellexerimus aliquod corpus indiuiduũ & minimum verti in eodem loco, nempe in orbem, erit quidem aliquis transeundi motus: sed neque in toto excedet quod mouetur ab eo in quo est loco, neque in parte. Et in toto quidem, quoniam ponitur in eodem loco ferri in orbem: in parte autem, quoniam est indiuiduum, & caret partibus. Similiter autẽ & si composuerimus aliquam rectam lineam ex indiuiduis corporibus collocatis per serie, & eam intellexerimus verti in eodem loco, sicut axes: rursus enim erit motus transitus. Sed neque tota recta excedet ex eo in quo est loco, mouetur enim solùm in orbem: neque per partes. Indiuiduorum enim corporum non sunt partes. Sed has quidẽ repellent obiectiones ij, quibus nõ placet esse aliqua indiuidua, & dicent hunc motum progredi vsque ad cogitationem: oportere autem eum examinari in corporibus quæ consistant. Atque ij quidem sic occurrent. Qui autem censent corpora esse indiuidua, & sectionem corporum desinere in minimum, nihil poterunt dicere aduersus eas dubitationes. Verumenimuero etiamsi ab his recesserimus, inuenietur æquè potens oratio quæ probat non esse motum, & quæ eum esse ostendit. Nam quòd sit quidem motus, suffragatur euidentia. sed de ea est quæstio, quod alij quidem dicunt motum sensu percipi: alij autem

Motus admirabilis eius qui in naue quæ fertur à prora ad puppim fert aliquid.

Motus corporis minimi & indiuidui in eodem loco, nempe in orbẽ.

nequa-

nequaquam quidem sensu, sed mente per sensum. Et ij quidem qui dicunt motum esse rem sensilem, hoc probant ex eo quòd sensui nõ eadem sit affectio, vtpote visui, ex corpore quod mouetur quando mouetur, & ex eo quod quiescit quando quiescit, sed diuersa quidẽ ab eo quod non mouetur, diuersa autem ab eo quod mouetur, quo fit vt hac ratione sensu comprehendi possit motus. Qui autem censent eum non comprehendi sensu, sed per sensum quidem, verum cogitatione, dicunt omnem motum comprehendi recordatione. Nam in memoriam reuocantes quòd hoc corpus iampridem fuit in hoc loco, nunc autem est in illo, motionis & quòd motum sit aliquid, accipimus notionem. Ipsum autem meminisse, non est munus alicuius sensus expertis rationis, sed facultatis ratiocinantis. Non ergo sensu sed cogitatione motum contingit comprehendi. Et alioqui omnis motus intelligitur per loci derelictionem & apprehensionem. Sensus autem neque locum potest apprehendere: nullus enim locus est sensilis: neque apprehensionem & derelictionem. ea enim considerantur memoriter. Sensus autem, cùm sit expers rationis, est immemor. Non est ergo sensus aliquid sensile. Cæterum non refert sensúne in primis apprehendatur, an cogitatione. Illud enim est perspicuum, quòd euidentia videtur consentire quòd sit motus. Quam ob causam dogmatici Philosophi non aliunde quàm ex ea solent confutare dubitantes. Quomodo enim, inquiunt, si non est motus, Sol ab ortu vsque ad occasum suum conficit cursum? aut quomodo fiunt temporum mutationes, Veris & AEstatis & Autumni & Hyemis? ea enim eueniunt ex motu Solis, eiúsque accessu & recessu. Quomodo autem naues eductæ ex portubus deducuntur ad alios portus? Quomodo autem dubitator qui tollit motum, cùm manè domo egressus quædam sua negocia confecerit, reuertitur? hæc enim omnia sunt signa & indicia motus, aduersus quæ non potest contradici. Vnde etiã quidam è veteribus Cynicis, cùm de motu interrogaretur, nihil quidem respondit, sed surgens ambulauit, per ipsam euidentiam Sophistæ sensum exprobrans. Multáque eiusmodi alia solet aduersarij dicere, vt ostendant esse motum. Quibus nos quoque contenti, tanquam sufficienti defensione ad hanc partem confirmandam, contra argumentabimur. Si enim ad credendum & nõ credendum par fuerit ostensum non esse motum & esse motu, omnino sequetur vt neutri quidem assentiamur, sustineamus autẽ nostram de vtroque assensionem. Si ergo mouetur aliquid primò vt elementũ, aut à se mouetur,

Motus est res sensilis.

Motus nõ est res sensilis, sed cõprehenditur recordatione.

Motus intelligitur per loci derelictionẽ et apprehensionẽ.

De motu dubitantes confutantur euidentia.

Cynicus quidam motũ esse probauit ambulando.

tur, aut ab alio. Sed nec à seipso, vt ostendemus: neque ab alio, vt explicabimus. Non ergo mouetur. Iam enim si quidquid mouetur, ab alio mouetur, aut ipsum consequente eo quod mouetur, mouetur, aut non consequente. Sed nec eo consequente neque abscedente mouetur, vt ostendemus. Non ergo ab alio mouetur id quod mouetur. Si enim quod mouetur, mouetur ipsum simul sequente eo quod mouet, oportet omnia simul sequi vnumquodq; quod mouetur, cuiusmodicunque sit. Si enim, exempli gratia, vnumquodque ex vigintiquatuor elementis mouetur ab alio, necesse est vt A quod mouetur à B, simul sequantur reliqua. quandoquidem vt B sequitur A mouens, ita etiam C sequetur B, cùm ipsum moueat: & D sequetur C, & vsque ad vltimum. Igitur in mundi quoque rebus, si vnumquodque eorum quæ mouetur, debet habere simul sequens id quod mouet: vnum quod mouetur, simul sequentur omnia. Absurdú est autè dicere, si vnum moueatur, moueri omnia. Non ergo id quod mouetur sequitur id quod mouet. Si autem ab eo separatur, vt manus recedit à globo qui vibratur, necesse est vt quod mouetur, aliquo modo passum & affectum ab eo quod mouet, suum efficiat motum. Quoniam ergo quod patitur, sua natura non aliter patitur nisi per additionem aut ablationem aut mutationem, oportebit etiam id quod mouetur, passum aliquid ex iis moueri ab eo quod mouetur. vtpote quod si nihil horum sit passum, separato eo quod mouet sit staturum. Ostendimus autem de ablatione & additione & mutatione orationem esse dubiam & inexplicabilem. Quamobré nec si recedat quidem quod mouet, mouebitur quod mouetur. Et aliter. Si per ablationem aut per additionem aut per mutationem passum mouetur id quod mouetur, atomi non mouebuntur, propterea quòd neque additionem, neque ablatione, neque mutationem suscipiant. Ergo neque ab altero mouetur quod mouetur. Si enim vt ab altero moueatur, oportet ipsum moueri illo ipsum simul sequente: ostensum est autem vtrunque non posse fieri: dicendum est non moueri ab altero. Preterea si quidquid mouetur, ab aliquo alio mouetur, aut quod mouet ipsum mouetur, aut non mouetur. Et fieri quidem non potest vt non moueatur. Nam quod mouet, aliquid agit: quod autè agit, mouetur. Id ergo quod mouet, mouetur. Si autem mouetur: quoniam quidquid mouetur, ab aliquo alio mouetur: oportebit etiá quod mouetur, moueri ab aliquo tertio: & tertium à quarto: & quartum à quinto: & sic est infinitum. Quo fit vt motus sit sine principio.

Quod mouetur, ab alio nõ mouetur.

Quod mouetur, suum efficit motum aliquo modo affectum & passum ab eo quod mouet.

S 3 quod

quod quidem est absurdum. Non ergo quod mouetur, mouetur ab alio. Sed nec ipsum à seipso mouebitur. Si enim est per se mobile, aut omni ex parte mobilem habet naturam, aut ad aliquod vsque spatium: vt in primis & elementaribus corporibus, quoniam disceptamus aduersus Physicos. Sed si omni quidem ex parte mobilem habet naturam, nō mouebitur. Neque enim sursum feretur, propterea quòd infernè mobilem habeat naturam: neque deorsum, propterea quòd supernè habeat mobilem: neque antè, propterea quòd retrorsum: neque ponè, propterea quòd anterius habeat mobilem. In reliquis quoque duobus interuallis seu dimensionibus eadem est ratio. Si autem ad aliquod interuallum seu dimensionem mobilem habet naturam: siquidem sursum, vt ignis & aër, omnia sursum mouebuntur. Sin autem deorsum solùm, vt terra & aqua, omnia tendent deorsum. Si verò aliqua quidem sursum mobilem habet naturam, aliqua autem deorsum, non fiet concretum ac compositum ex corporibus quæ mouentur. Nam etsi à medio intelligantur mota corpora elementaria, tanquam ad fines, soluetur vniuersitas. Vtrunque enim ab altero separatum curret tanquam ad proprium motum: quod sursum quidem fertur, ad superiorem: quod autem deorsum fertur, ad inferiorem. Sin autem ponatur impulsum à medio tanquam ad finem, omnino aut per idem feretur perpendiculum, aut non per idem. Et si feratur quidem per idem, necessariò in se inuicem incurrent. & sic, cùm pares habeant vires, stabunt neutro vincéte, neque cogente eo quod tendit infrà, neque eo quod suprà. Absurdum est autem dicere esse statum in iis quæ natura mouentur. Aut contrà si pares non habeant vires, ferentur in vnum solum locum: aut in superiorem, vincentibus iis quæ sursum tendunt: aut in inferiorem, superantibus iis quæ feruntur deorsum. Si autem non ferantur per idem perpendiculum, non coëunt. Non coëuntia autem, nec vllum efficient concretum ac compositum. hoc autem est absurdum. Ergo nec est per se mobile id quod mouetur. Rursus si est per se mobile id quod mouetur: quoniā quidquid mouet, aut protrudens mouet, aut attrahens, aut tanquam vecte pellens & premés: oportebit etiam quod est per se mobile, cùm sit à se mobile, aut protrudendo mouere, aut attrahendo, aut tanquam vecte pellendo & premendo. Siue autem moueat protrudendo, erit post se. Nam quod protrudit, est post id quod protruditur. Si attrahendo, erit ante se. Siue tanquam vecte pellendo & premendo, erit sub se. Fieri autem non potest vt idem intelligatur

gatur ipsum esse aut post se, aut ante se, aut sub se. Non est ergo per
se mobile id quod mouetur. Si autē neque ab alio mouetur id quod
mouetur, neque à seipso: præter hæc autem nihil est: dicendum est
non moueri id quod mouetur. Affertur autem alia quoque magni
ponderis admonitio ad ostendendum non esse motum, à Diodoro
Crono, per quam ostendit quòd nihil quidem mouetur, motum est *Nihil moue-*
autem. Et non moueri quidem, est hoc consequens positioni indi- *tur, sed motum*
uiduorum ex eius sententia. Corpus enim indiuiduum debet conti- *Diodorus Cro-*
neri in loco indiuiduo, & ideo neque in ipso moueri, eum enim im- *nus.*
pleuit. Oportet autem id quod est mouendum, habere locum maiorem. Neque in eo in quo non est. nondum enim est in illo vt etiam
in ipso moueatur. Quamobrem nec mouetur. Motum est autem, vt
est consentaneum. Nam quod prius in hoc loco considerabatur, hoc
nunc consideratur in alio loco. quod quidem non factum esset eo
non moto. Atque is quidem volens opem ferre suo dogmati, admisit aliquod absurdum. Quemadmodum enim nō est absurdum, dum
nihil mouetur, dicere aliquid esse motum? Sceptici autem ex æquo
dubitantes, & de eo quod est moueri, & de eo quod est motum esse,
nihil admittent absurdum, vt admisit Diodorus. Cæterum iste aber-
rantem interrogat orationem ad hoc quòd nihil moueatur, dicens:
Si mouetur aliquid, aut in loco in quo est, mouetur, aut in quo non
est. Sed non in eo in quo est: manet enim in ipso: neque in eo in quo
non est. non ergo mouetur aliquid. Et talis quidem est oratio. explicatio autē eius propositionum est euidens. Nam cùm duo sint loca,
quorum vnus quidem est is in quo est aliquid: secundus autē in quo
non est: & præterea tertius ne possit quidē cogitari: oportet id quod
mouetur, si re vera mouetur, in altero horum moueri. in eo enim qui
sub cogitationem non potest cadere, minimè mouebitur. Atque in
eo quidē loco in quo est, non mouetur. eum enim impleuit, & quantum est in ipso manet. In eo autem manens non mouetur. In quo autem non est, rursus fieri non potest vt ipsum moueatur. Vbi enim nō
est, illic neque quidquam potest agere nec pati, & ideo nec moueri.
Et quomodo nō dixeris eum qui est Rhodi, moueri Athenis: ita nec
communiter dixeris quoduis corpus in illo loco moueri in quo non
est. Vnde si duo sunt loca, nempe & is in quo est, & is in quo non est:
ostensum est autem in neutro eorum posse moueri quod mouetur:
non fuerit quod mouetur. Atque orationis quidem illius hæc est explicatio. A multis autem fuit variè contradictum, quorum obiectiones

nes protinus exponemus. Et nonnulli quidem dicunt fieri nõ posse
vt si sint vera præterita perfecta, sint falsa præterita imperfecta, sed
ea esse vera: & si sint falsa, conuenienter falsa. Nam cuius est aliquis
finis, illud quoque est. & eius quod non est, non fuerit aliquis finis.
Si autem imperfecti finis est perfectum, necesse est si sit perfectum,
quod est finis, esse etiam imperfectum, cuius id est finis. Et vt nihil
est factum fuisse, quod est perfectum, si non sit verum fieri, quod est
imperfectum: & quomodo nihil est interiisse, quod est perfectum, si
non prius fuerit interire imperfectum: ita fieri nõ potest vt si non sit
verum moueri, imperfectum, verum sit motum esse perfectum. Alij
autem dicunt posse aliquid moueri in loco in quo continetur. Sphæræ enim quæ mouentur circa centra, & axes qui circumaguntur, &
tympana, & rotæ figulorum, & alia plurima corpora iis similia, mouentur quidê, in eo autem in quo sunt loco mouentur. Quo fit vt vna
pars orationis nõ sit falsa, moueri aliquid in eo in quo est loco. Alij
autem dicunt orationem fuisse interrogatam præter notionem motus. Nam quod mouetur, intelligitur cum loco à quo mouetur, &
loco ad quem mouetur. Quamobrem quando dicit Diodorus: Si
mouetur aliquid, aut in eo in quo est loco mouetur, aut in eo in quo
non est, infirmum quid dicit & præter intelligentiam motus, quandoquidem quod mouetur, neque in eo in quo est loco mouetur, neque in eo in quo non est, sed in vtrisque, nempe & in eo à quo mouetur, & eo ad quem. Fuerunt etiam qui distinguebant ambiguitatem. In loco enim comprehendi, dicunt duo significare: Vnum quidem in loco largè, vt quando dicimus aliquem esse Alexandriæ: alterum autem in loco qui sumitur exactè & accuratè, qua ratione dici
potest meus locus, aër qui circunscribit superficiem mei corporis. &
amphora appellatur locus eius quod in ea continetur. Cùm autem
duobus modis nunc dicatur locus, dicunt id quod mouetur, moueri
posse in eo in quo est loco, qui largè habet spatium in quo fiet motus. Existimarunt autem aliqui esse interminatam Diodori orationem, quoniam incipit quidem à disiuncto, id autê falsum reddit per
ea quæ deinceps sequuntur, ostendens vtrunque eorum quæ sunt in
ipso, esse falsum, nempe & moueri aliquid in eo in quo non est loco,
& in eo in quo est. Atque hæc quidê obiiciuntur aduersus eius orationem. Videtur autem Diodorus primæ statim occurrisse, docens
quòd contingit etiamsi perfecta sint vera, imperfecta eorum esse falsa. Esto enim quòd vxorem duxerit aliquis ante annum, & alter post
annum.

annum. In iis ergo hoc pronunciatum, Isti vxorem duxerunt, cùm sit perfectum, est verum. hoc verò, vxorem ducunt: cùm sit imperfectũ, est falsum. Quando enim iste vxorem ducebat, ille nondum ducebat: & quando ille vxorem ducebat, iste nondum ducebat. Tunc autem in eis verum esset quòd vxores ducant, si simul ducant. Potest ergo cùm perfectum sit verum, falsum esse eius imperfectum. Tale est illud quoque, Helena tres habebat maritos. Neq; enim quando Spartæ Menelaum habebat maritum: neque quãdo Paridem in Ilio: neque quando eo mortuo nupsit Deiphœbo, verum est imperfectũ, Tres habet maritos, cùm verum sit perfectum, Tres habuit maritos. Sophistam autẽ in his agit Diodorus, & vult nos fallere propter ambiguitatem. Illud enim, Isti vxores duxerunt, duo significat: vnum quidem plurale, & quod tantum valet ac, Isti simul vxores duxerunt, quod quidem est falsum. alterum autem quod est ex comprehensione rei singularis deductæ ab eo quod est, Iste vxorẽ duxit, & alterius singularis, nempe, Iste vxorem duxit. Quorum rursus singularium imperfecta sunt vera, nempe Iste vxorem ducit, & Iste vxorem ducit. In vtrisque enim ea fuerunt vera. Fieri ergo non potest, vt si sint falsa imperfecta, inueniatur vera eorum perfecta. sed necesse vt simul tollantur, vel simul sint alia cum aliis. At, inquiunt, aduersus hanc positionẽ aliud quoque affert remedium Diodorus, exemplo vtẽs apertiori. Iaciatur enim, inquit, globus in superius tectum. Igitur interim dum iacitur, imperfectum quidem pronunciatum, Globus tangit tectum, est falsum. adhuc enim suprà fertur. Quando autem tectum tetigerit, verum est perfectum. Contingit ergo cùm falsum sit imperfectum, verum esse perfectum: & ideo non moueri quidem aliquid imperfectè: motum autem esse perfectè. Num autem hic quoq; fallitur? Imperfectum enim illud, Globus tangit tectum, est verum, non quando fertur globus in aëre intermedio, sed quando incipit tangere tectum. Quando autem tactu terminato redierit, tunc etiam perfectum est verum, nempe Globus tetigit tectum. Ineptus est ergo Diodorus, qui ei quidem quod est Motum esse, adhæret tanquã vero, ab eo autem quod est moueri, recedit tanquam falso: cùm oporteat aut vtrique assentiri, aut ab vtroque recedere. Qui autẽ dicunt posse aliquid moueri in eo in quo est loco, & tum sphæras, tum axes, & tympana adducunt, non soluunt dubitationem, sed in ea inuoluuntur. Vnumquodque enim horum corporum, sicut superius ostendimus, per totum quidem manet in eodem loco: per partes autẽ mutat loca,

Diodori Cronis sophisma.

Quorum singularium perfecta sunt vera, vera quoq; sunt imperfecta.

Globus tãgit tectum, & globus tetigit tectum, vtrũque est verum.

Moueri aliquid in eo in quo est loco, sit ne verum in sphæris, axibus & tympanis.

loca, superiore quidem loco apprehendente locum inferiorem: inferiore autē superiorem. Quod si ita est, manet dubitatio. Pars enim vniuscuiusque horum corporum, aut mouetur in eo in quo est loco, aut in eo in quo non est. Sed neque in eo in quo est, vt ostendimus: neque in eo in quo non est, vt monstrauimus. Non ergo mouetur. Non consequenter autem dicebant aliqui, præter eius quod mouetur notionem, allatam esse orationem. Intelligit enim id quod mouetur, tanquam duobus hærere locis, nempe & ei ex quo mouetur, & ei ad quem transit. Facile est autem eis occurrendo dicere, quòd etiamsi contigit eius quod mouetur talem esse intelligentiam, nihil ad propositū, quòd nunc non agant præcipue dubitantes de eo quod est motum esse, sed de essentia, de qua nihil dixerunt qui hac vsi sunt obiectione. Verumenimuerò etiamsi euerterimus orationem, nihil poterunt aduersus nos dicere. Nam cùm dixerint id quod mouetur duobus hærere locis, nempe & ei in quo est, & ei ad quem fertur, ex eis sciscitabimur, quádo id quod mouetur, transit ab eo in quo est loco ad alterum? Num quando est in primo, an quando in secundo? sed quando est quidem in primo loco, non transit ad alterū. est enim adhuc in primo. Quando autem non est in eo, sed in secundo, rursus non transit, sed iam transiit. Neque enim fieri, imò ne cogitari quidem potest, aliquid transire ex eo loco in quo non est. Quamobrem etiamsi eius quod mouetur, talem habeamus intelligentiam, manet nihilominus quæ ab initio fuit dubitatio. Preterea qui dicunt locum vocari duobus modis, nempe largè & exactè, propterea autem & motum posse accidere in loco qui largè intelligitur: non occurrunt ad propositum. Locum enim qui largè intelligitur præcedit qui est exactè locus. Neq; fieri potest vt in loco qui largè sumitur, moueatur aliquid non prius motum in eo qui est exactè locus. Quomodo enim ille continet corpus quod mouetur; ita etiam qui largè sumitur, cum corpore quod mouetur, continet etiam locum qui exactè dicitur. Quomodo ergo nemo potest moueri in spatio stadij, qui non prius fuerit motus in spatio cubiti: ita fieri non potest vt in loco largè sumpto moueatur quod non mouetur in eo qui est exactè locus. Rogauit autem Diodorus expositam aduersus motum orationem, hærens loco qui exactè sumitur. Si in eo ergo auferatur motus, nulla relinquitur oratio in loco qui largè dicitur. Dicere enim infirmam esse oratione propterea quòd incipiat à disiuncto, & hoc disiunctum reddat falsum, est planè nugatorium. Ex consequentia enim

facta

Quòd id quod mouetur, transeat à loco in quo est ad alterum locū, stare non potest.

Locū qui largè intelligitur, præcedit locus exactè sumptus.

Oratio incipiens à disiuncto non est infirma.

facta est interrogatio, & hac vim habet. Si quid mouetur, debet moueri altero ex prius dictis modis. Non est autem secundum. ergo nec primum. Si enim cùm sit primum, est secundum: si non est secúdum, nec erit primum. Quod quidem rectè habet etiam ex hypothesibus dialecticis. Atque hæc quidem necesse erat dicere ad ea quæ dicuntur contra allatam à Diodoro orationem. Affert autem alias quoq; rationes non tam graues, sed magis sophisticas. quas exponemus, vt possimus vnamquanq; earum declinare in quæstionibus. Iam enim dicit, Quod mouetur, est in loco. quod autem est in loco, non mouetur. quod ergo mouetur; non mouetur. Cùm sit autē duplex motus, vnus quidem ex dominatu, secundus verò ex sinceritate: & sit quidem ex dominatu, in quo cùm plures moueantur partes corporis, paucæ quiescunt: ex sinceritate autem, in qua mouentur omnes partes corporis: videtur ex his duobus motibus, is qui est ex dominatu, præcedere eum qui est ex sinceritate. Vt enim sincerè moueatur aliquid, hoc est totum per totum, debet prius intelligi moueri ex dominatu: quomodo vt quis fiat plenè & sincerè canus, debet prius ex dominatu fuisse canus: & vt sit aliquis plenè & sincerè cumulus, oportet esse ex dominatu cumulum. Similiter oportet motū ex dominatu præcedere motum ex sinceritate. Eius enim qui est ex dominatu, intensio est motus qui est ex sinceritate. Non est autem vllus motus ex dominatu, vt ostendemus: nec ergo erit motus ex sinceritate. Ponatur enim corpus constans ex tribus partibus, ex quibus duæ quidem mouentur, vna autem non mouetur. hoc enim postulat motus ex dominatu. Igitur si addiderimus quartam partem non moueri, huic corpori rursus erit motus. Nam si corpus quod constat ex tribus partibus, duabus motis mouetur, vna nō mota: quarta quoque addita parte mouebitur. Sunt enim fortiores tres partes cum quibus prius mouebatur, vna addita. Sed si mouetur corpus quod cōstat ex quatuor partibus, mouebitur etiā quod ex quinque. Sunt enim quatuor partes fortiores, cum quibus mouebatur, parte addita. Et si mouetur id quod cōstat ex quinque, omnino mouebitur & ex parte quę accessit, cùm quinque sint fortiores vna. Et sic vsque ad decies mille partes progreditur Diodorus, ostēdens motum non posse consistere qui est ex dominatu. Absurdū est enim, inquit, dicere moueri corpus ex dominatu, in quo nouies mille nōngētæ nonaginta octo partes non mouentur, & duæ solæ mouentur. Nihil ergo mouetur ex dominatu. Quod si ita est, neque ex sinceritate, seu plenè ac sincerè.

Motus ex dominatu quisnā sit.
Motus ex sinceritate quisǫ nam sit.

Cui

Cui est consequens nihil moueri. Cæterum argumentum quidem est eiusmodi. Videtur autem & sophisticum & propè sitam habere confutationem. Nam simul cum primæ partis additione perit etiam motus ex dominatu, cùm duæ moueantur partes, duæ autem non moueantur. Sunt ergo recusandæ huiusmodi argumentationes. Illis autem maximè vtendum est orationibus, Si quid mouetur, nunc mouetur. Si nunc mouetur, in præsenti tempore mouetur. Si in præsenti autem tempore mouetur, ergo mouetur in tempore indiuiduo. Nam si præsens diuiditur, omnino diuidetur in præteritum & futurum: & ita non erit præsens. Si autem in indiuiduo tempore mouetur aliquid, loca peruadit indiuidua. Si autem loca peruadit indiuidua, non mouetur. Quando enim est in primo loco indiuiduo, non mouetur. est enim adhuc in primo loco indiuiduo. Quando autem est in secundo loco indiuiduo, rursus non mouetur, sed motum est. Non ergo mouetur aliquid. Ad hæc accedit, quòd motus adhæret tribus, nempe corporibus & locis & temporibus. Corporibus quidem quæ mouentur: locis autem, quæ sunt in iis in quibus fit motus: temporibus autem, per quæ fit motus. Aut ergo his omnibus diuisis in loca infinita & in tempora & in corpora infinita, fit motus: aut omnibus desinentibus in indiuiduum & minimum. Aut aliquibus quidem diuisis in infinitum, aliquibus autem desinentibus in indiuiduum & minimum. Et siue omnia secentur in infinita, siue omnia desinant in indiuiduum, inuenietur dubia de motu oratio. Ordine autem argumentemur à prima secta, ex qua omnia secantur in infinitum. Et qui eius quidem sunt principes, dicunt corpus quod mouetur, vno & eodem simul tempore conficere spatium diuiduum: & non quod est spatij primum, primum apprehendere prima eius parte: & secundum ordine secundum: sed vnum totum diuiduum spatium simul & aceruatim peruadere. quod quidem est absurdum, & variè pugnans cum iis quæ cernuntur. Si in his quidem certè sensilibus corporibus intelligamus aliqua corpora rotari in spatio stadij, id omnino corruet, quoniam debet hic locus primum conficere primum semistadium, & secundum ordine secundum. Censere enim simul conficere totius spatium, valdè est absurdum. Et si secuerimus alterum semistadium in duas quartas partes, omnino peruadet primum primam quartam partem. Et si plura secuerimus, similiter. Et si per illuminatum rotetur stadium, est euidens quòd non simul adumbrabit stadium, sed hanc quidem eius
primam

Motum non esse probatur ex eo quod motus fiat in tempore præsenti.

Motus adhæret tribus, nempe corporibus, locis, & temporibus.

Corpus quod mouetur, non conficit vno simul & eodem tempore spatiū diuiduum.

primam partem, istam verò secundam, illam autem tertiam. Si autem percurrat parietem miniata manu illum tangens, non vno & eodem tempore minio colorabit totum parietem stadij, sed ordine, & prius id quod est prius. Quod ergo in sensilibus rebus ostendit ratio, hoc etiam nobis accipiendum est in iis quæ cadunt sub intelligentiam. Porrò autem licet quoque aliter hanc tollere opinionẽ, ad hoc multis & variis vtendo hypothesibus. Ponatur enim spatium vnius cubiti, & distinguatur ac diuidatur per mediũ in duos semicubitos. Diuidantur autem & distinguantur etiam eius spatia vnius palmi: sitq́ue quod solida diuidit, in eo quod possit interrumpere & sistere. quod mouetur, vno & eodem simul tempore conficit spatium diuiduum. & corpus quod mouetur in prius dicto spatio, vno tempore interrumpetur à corpore à quo duo diuidebantur semicubiti, & à quo quę sunt vnius palmi. Sed si eodem tempore ab his interrumpetur, erit idem simul & motum & non motum. Nam quatenus quidem eis interrupit id quod diuidit spatia semicubitalia, motum est spatium semicubitale. Quatenus autem interrupit etiam id quod est vnius palmi, rursus non fuit motum idem spatium. Absurdum est autem dicere idem simul motum esse & nõ motum esse. Absurdum est ergo velle quoq; vt quod mouetur, simul & vno tempore spatium conficiat diuiduum & non prius moueatur in priori. Rursus ponatur spatiũ cubitale: & ferantur aliqua corpora ab vtroque extremo pari celeritate, vt ex Epicuri sententia atomi. Quoniam ergo ponuntur hæc corpora moueri pari celeritate, omnino in medio spatij cubitalis se inter se offendentia, aut stabunt, aut repellentur in eum locum vnde venerunt. Et si stant quidẽ, est perspicuum, quòd vtrunque eorum alio quidem tempore mouebatur id spatium quod est ab extremo vsque ad medium: in alio autem erat confecturum quod est à medio, tanquam in extremo totius spatij. Rursus est euidens quòd in alio quidem tempore transit ab aliis spatiis tanquam ad medium: in alio autẽ repulsa reuersa sunt tanquam ad extrema. Et sic nihil est quod simul & vno tempore moueatur spatium diuiduum. Præterea sic quoque sunt refellendi qui dicunt omnia quidem secari in infinitum, existimãt autem id quod mouetur, moueri simul & eodem tempore vnum spatium. Nam si duo corpora moueantur pari celeritate cubitale spatium, consequetur vt dicatur in eodem tempore vtrunq; non idem spatium conficere, sed alterum quidem amplius, alterum verò minus. quod quidem est præter euidentiam. Diuidatur enim

T 3   spatium

spatiū cubitale alterius corporis. & quod diuidit, interrumpat quodlibet incurrens. Quoniam ergo censent vtrunque moueri pari tempore: & idē duobus & cubitale spatium & eius partes:& non in alio quidem partes, in alio vero totum, omnino quo tempore mouetur alterum horum corporum totum cubitale spatium, pari etiam reliquum corpus mouebitur semicubitale spatium, & interruptum cessabit. Sed positum erat vtrunque eorum moueri pari celeritate. Quę ergo eodem tempore pari mouentur celeritate, mouentur spatium inæquale. quod quidem est præter euidentiam. Non ergo simul & vno tempore mouetur id quod mouetur spatium diuiduum: sed in priori prius debet fieri motus. Ad ea quæ dicta sunt accedit, quòd id quod mouetur pari tempore maius spatium, est celerius eo quod eodem tēpore mouetur minus spatij: vt per hypothesin si spatio vnius horæ alterum quidem ex iis quæ mouentur, conficiat viginti stadia, alterum vero decem solùm: dicetur conuenienter in omnibus celerius quidem esse quod conficit viginti stadia, tardius autem quod decem. Sed hoc quidem quod apparet & videtur esse euidens, tollitur quod attinet ad expositam hypothesin, & fit falsum. Erit enim eodem tempore motum & celerius & tardius. quod quidem est absurdum. Si enim non in alio quidem tempore totum mouetur spatium cubitale, in alio autem partes spatij cubitalis, sed in vno & eodem totum transit spatium, & totius partes: erit idem in eodem tempore & tardius & celerius. Nam quatenus quidē in eo conficit cubitale spatium, erit celerius: quatenus autem in eodem semicubitale, erit tardius. Est autem planè absurdum dicere eodem tempore esse aliquid & celerius & tardius. Nō ergo simul & aceruatim mouetur id quod mouetur spatium diuiduum: sed prius in priori. Satis autē conuinci possunt auctores huius sententiæ, etiam per dicendam hypothesin. Sit enim spatium vnius digiti: diuidatur autē per medium in duo spatia duorum semidigitorum: & sit id quod diuidit, habens naturam resistentem, & quæ potest reiicere id quod incurrit: moueatur autem aliquod corpus in eo spatio: dico quòd ex hac hypothesi, quoniam quod mouetur in eodem tempore, & totum conficit spatium & partes totius, oportebit idem in eodem tempore & venire & recedere. quod quidē non potest fieri. Nam si in vno & eodem tempore conficit totum spatium digiti & eius partes: est autem spatium digiti, & quod est ab extremo vsque ad medium, & quod à medio vsque ad extremum: eodem tempore & recedet quod mouetur, & accedet

offen-

ADVERSVS MATHEMATICOS.

offendens id quod diuidit. Est autem præter euidériam eodem tempore accedere & recedere, quemadmodum eodem tempore dicere manum extendi & contrahi: & non alio quidem extendi, alio vero contrahi. Quamobrem simul quidé & aceruatim in spatio fieri motum, prius dictis viris hanc affert dubitationé. sed longè affert maiorem, non simul & aceruatim diuidi spatium, sed prius in priori, secundo in secundo. Nam si ita sit motus, cùm omnia secentur in infinitum, & corpora, & loca, & tempora, non erit aliquod principiü motus. Nam vt moueatur aliquid spatium vnius cubiti, debet primum transire primum semicubitum, & secundum ordine secundum. Sed vt & primum conficiat spatium semicubiti, oportet primum transire quartam partem spatij vnius cubiti, deinde & secundam. Sed & in quinque & sex diuidi potuerit prima sexta pars. Cùm ergo quæuis prima pars aliam primam habeat partem, propter sectionem in infinitum, necesse est nunquam esse principium motus, propterea quòd deficere non possint partes spatij & corporis, & quidquid ex his sumitur, alias habeat partes. Atque hæc quidé conuenit dicere aduersus eos qui dicunt & corpora & loca & tempora secari in infinitum: ij autem sunt Stoici. Qui autem dicunt omnia desinere in indiuidua, vt Epicurei, implicantur maioribus dubitationibus. Et primum quidem quòd non erit motus, vt docebat Diodorus insequens loca & corpora indiuidua. Corpus enim indiuiduum, quòd continetur in primo loco indiuiduo, non mouetur. contineretur enim in loco indiuiduo, & eum impleuisset. Et rursus quod ponitur in secundo, non mouetur, iam enim motum est. Si autem neque in primo mouetur id quod mouetur, quatenus est in primo: neque in secundo: præter hæc autem tertius locus non cadit in cogitationem: non mouetur id quod dicitur moueri. Licet autem etiam absque hac dubitatione, ex hypothesi sectam Epicuri reprehendere. Sit enim spatium compositum ex nouem locis indiuiduis per seriem locatis, & moueantur in eodé spatio duo corpora indiuidua ab vtroque extremo: moueantur auté pari celeritate. Quoniam ergo motus est paris celeritatis, oportebit vtrunque ex his corporibus transire circiter quatuor loca indiuidua: cùm auté peruenerint ad quintum locum, qui est medius quatuor: aut stabunt, aut ex iis alterum occupabunt: quo fit vt alterum quidem quinque loca trãseat indiuidua, reliquum autem solum quatuor. aut neque stabunt, neque alterum occupabunt. Cùm ambo autem simul concurrerint, ex dimidio detinebunt quintum locum indiui-

Motum fieri non simul, sed priorè in priore spatio, secundum in secundo.

Epicurei dicebant omnia desinere in indiuidua.

Nullum esse motũ si omnia desinant in indiuidua, secundũ Epicureos.

diuiduum. Atque vtrunque quidem stare est admodum improbabile. Nam si non ponatur locus, & motui nihil resistat, nõ stabunt. Alterum autem prius occupasse quàm alterum, est præter hypothesin. Positum enim est vtrunque moueri pari celeritate. Restat ergo vt dicatur, quòd vtraque simul concurrentia tenebant dimidias partes loci qui restat. Si autem hoc quidem tenet dimidiam quæ est in ipso parte: illud autem eam quæ est in ipso, non erit locus indiuiduus, sed in duas partes diuiduus. Sic autem etiam corpora. Eorum enim partes loci partem apprehendentes, non erunt indiuiduæ. Si autem & loca sunt diuidua, & corpora non indiuidua, necesse est vt tempus non sit indiuiduum & minimum. Non enim in pari tempore locum indiuiduum transit corpus indiuiduum, & partem loci indiuidui: sed in alio quidem totum locum indiuiduum, in minimo autem eius partem. Rursus sit aliqua regula centris in alia parte intercepta: eaque circumagatur ab altero ex extremis in aliquo plano, in vno & eodẽ tempore. Porrò autem dum extremum circumagitur, circuli describentur, inter se differentes magnitudine. Et qui est quidẽ extremus, & omnes comprehendit, est maximus. qui est autem intimus, breuissimus. & qui inter eos intercedunt, conuenienti proportione, seu maiores & maiores à centro nobis persequentibus: aut minores & minores regredientibus ab externa superficie. Quoniam est ergo tempus circumactionis, sit autem id indiuiduum, quæro quemadmodum, cùm sit vnum & idem tempus, in quo facta est descriptio, sit autem vnus quoque motus, facti sunt inter se differentes circuli: & alij quidem magni, alij autem paruum habentes ambitum. Neque enim licet dicere quòd temporũ indiuiduorum est aliqua differentia præter magnitudinem. Et ideo ex circulis, qui describuntur quidem in maioribus indiuiduis temporibus, sunt maiores: qui verò in minoribus, sunt minores. Si enim alterũ altero maius est tempus indiuiduũ, non est tempus indiuiduum, neque minimum: & quòd mouetur, nõ omnino mouetur in tempore indiuiduo. Ad hæc accedit, quòd nec illud quidem licet dicere, quòd iis quidem quibus est tempus indiuiduũ, in quo omnes circumscribuntur circuli, partes autẽ regulæ quæ circumagitur, non sunt paris celeritatis: sed alia quidẽ citius circumagitur, alia autem tardius: & ab iis quidem quę circumaguntur celerius, maiores cõstituuntur circuli: ab iis autem quæ tardius, minores. Si autem re vera aliæ quidem partes mouetur celerius, aliæ verò tardius: oporteret aut distrahi regulã in circũactione, aut omnino tegi,
ali-

aliquibus quidem eius partibus prius accelerantibus, aliquibus verò tardantibus. Sed neque diſtrahitur, neque tegitur. Eſt ergo motus omnino dubius iis qui dicūt omnia deſinere in indiuidua. Et in ſumma ſi omnia ſunt indiuidua, & tēpus in quo fit motus, & corpus quod mouetur, & locus in quo efficitur motus, neceſſariò omnia quæ mouentur, mouebuntur pari celeritate, adeò vt Sol celeritate ſit par teſtudini. Ipſe enim & ipſa in tempore indiuiduo conficit ſpatium indiuiduum. Eſt autem abſurdum dicere, omnia quę mouentur, moueri pari celeritate, aut teſtudinem celeritate eſſe parem Soli. Eſt ergo abſurdum cenſere, fieri motum deſinentibus omnibus in indiuiduū. Reſtat ergo vt conſideremus an poſſit aliquid moueri, ſi aliquā quidem ſecentur in infinitum, aliqua verò deſinant in indiuiduum. Et ſic quidem opinatus eſt Strato Phyſicus. Nam exiſtimabat quidem tempora deſinere in indiuiduum: corpora autem & loca ſecari in infinitum: & moueri quod mouetur, in tempore indiuiduo totum ſimul & aceruatim diuiduū ſpatium, & non prius in priori. Ergo eorum quoque ſectam poſſumus docere, ſi ponantur exempla clariora. Ponatur enim ſpatium quatuor digitorum: & corpus quod mouetur, id conficiat in duobus temporibus indiuiduis, ita vt alterum ſpatium duorū digitorū tranſeat in tempore indiuiduo, & quod reſtat rurſus in vno. Cùm ſit autem huiuſmodi hypotheſis, auferatur ab eo ſpatio ſpatium vnius digiti: adeò vt quod reſtat ſpatium, ſit trium digitorum. Sed ſi totum ſpatium quatuor digitorum in duobus temporibus indiuiduis tranſeat corpus quod mouetur, omnino ſpatium triū digitorum conficiet in vno indiuiduo tempore & dimidio. In vno quidem ſpatium duorum digitorum, in dimidio autem id quod reſtat vnius digiti. Et ita ſi in diuidui dimidio defectum ſit tempus indiuiduum, non eſt aliquod tempus indiuiduum. Sed hoc quoque diſſectum eſt in partes. Eadem eſt ratio ſi quintum digitum addiderimus ſpatio quatuor digitorū. Quomodo enim mouebitur id quod mouetur? Num in tempore indiuiduo? Sed quoniam duplum quoque conficiebat in tempore indiuiduo, erit quod mouetur in eodem tempore, velox ſimul & tardum. Si autem in minore indiuidui temporis conficit quintum digitum, eſt diuiduum tempus indiuiduum. quod quidem nolunt. Quinetiam ſi in tempore indiuiduo quod mouetur, ſimul & aceruatim diuiduum conficit ſpatium, ſtabit aliquid ſine cauſa, vt oſtendemus. Non ſtat autem aliquid ſine cauſa, vt oſtēdemus. Non fit ergo motus hoc modo. Sit enim rectum aliquod ſpatium, vtpote decem cubi-

Motum non eſſe ſi aliqua ſecentur in infinitum, aliqua deſinant in indiuiduum, vt voluit Strato Phyſicus.

cubitorum, & aliquod graue corpus, vtpote globus plumbeus, vno minimo tempore conficiat totū hoc spatium, supernè deorsum. Sed addatur etiam huic spatio aliud spatium vnius cubiti, adeò vt totum sit vndecim cubitorū : & ab extremo rursus emittatur globus. Cùm ergo peruenerit quidem ad partem eius quod est decem cubitorum, principium autem vndecimi, aut stabit, aut hoc quoque permeabit. corpus enim adeò graue & quod fertur per aërem, etiamsi nihil resistat, si stabit, omnino stabit sine causa. quod quidem est absurdum. Si autem mouebitur, quoniam transit totum spatium decem cubitorum in vno tempore indiuiduo: quod restat spatiū vnius cubiti, cùm sit idem motus, transibit in decima parte temporis indiuidui. Quo fit vt tempus indiuiduum, praeter id quod non est indiuiduum, sectū sit etiam in decem partes. Praeterea si id quod mouetur in vno tempore indiuiduo, totum conficit spatium diuiduum, necessariò in vno & eodem tempore erit in omnibus spatij partibus. Si autem in vno & eodem tempore erit in omnibus partibus spatij, non erit motum spatium, sed se sistet. quod quidem est absurdum. Non ergo in vno & indiuiduo tempore mouetur quod mouetur spatium diuiduum: quandoquidem erit idem in eodem tempore calidum & frigidum, illuminatumque & non illuminatum. Ponatur enim spatium duorum cubitorum : & eius alter quidem cubitus sit ignitus : alter verò frigeat. Si autem quod mouetur in vno & eodem tempore indiuiduo, hoc totum apprehendit spatium : quando est quidem in cubito ignito, erit ignitum: quando autem in frigido, frigidum. Est autem eodem tempore in ignito & frigido. Idem ergo eodem tempore erit calidum simul & frigidnm. quod non potest fieri. Verumenimuero eadem quoque ratione licebit docere quòd simul erit idem illuminatum & non illuminatum: quod ipsum quoque est praeter euidentiā. Ad haec accedit, quòd in eodem tempore, quantum posueris spatium, oportebit etiam dicere motum esse id quod mouetur. Vt, sit spatium quatuor digitorum, & diuisum sit in octo partes : & apertioris doctrinae gratia, prima quidem eius pars vocetur A, secunda autem B, tertia verò C, & sic deinceps. Si id quod mouetur, in vno & eodem tempore diuiduum conficit spatium, in quo tempore mouetur prima secundum spatium, eodem tempore poterit secunda tertium moueri spatium. Sed si ita mouebitur secunda, mouebitur etiā tertia & quarta, & sic vsque ad infinitum. Quamobrem in vno tempore indiuiduo mouebitur totum terrae spatium. Si ergo neque sit sectio in infinitum,

nitum, neque si desinatur in indiuiduum, neque si aliqua quidem secentur in infinitum, aliqua verò desinant in indiuiduum, conseruatur motus, dicendum est nihil esse motum. Quibus est consequens susti nendam esse assensionem, propterea quòd parem vim habeat & euidentia, & ea quæ obiiciuntur aduersus euidentiam.

An sit tempus.

CVM motus, vt dixi, tribus adhæreat, nempe & corpori quod mouetur, & loco in quo mouetur, & tépori per quod conficitur motus, quoniam de corpore & loco dubitauimus, tentabimus etiã quærere de tempore. Fortasse enim de eo quoque dubia cernetur oratio, & Physicis qui ponunt mundum esse æternum, & iis qui ab aliquo tempore eum dicunt esse constitutum. Atque nonnulli quidem dicunt tempus esse spatium motus mundi: alij verò ipsum mundi motum. Sed neq; ex primorum, neque ex secundorum sententia est aliquod tempus. Si enim spatium motus, & motus nihil est præter id quod mouetur, tépus quod est spatium motus mundi, aut magis propriè mundanus motus, nihil erit mundus præter id quod mouetur, tempus autem erit motus aliquo modo se habens. quod quidem est absurdum. Et aliter, Mundi quidé motum contingit intelligere non esse in aliquo tempore. Quamobrem tempus non est mundi motus. Et aliter, Omnis motus fit in tempore. quamobrem mundi quoque motus erit in tempore. Tempus auté non est in tempore. Aut enim erit in ipso, aut in alio, aut aliter. Neque verò erit in ipso. erit enim idem, & vnum & duo. Neque aliud in alio, propterea quòd neque eorũ quæ sunt præsentia, aliqua sunt in præsenti. Ergo nec propterea dicendum est mundi motum esse tempus. Rursus quomodo motus fit in tempore, ita etiam mansio. Sed quomodo nullus dicit mansionem esse in tempore, ita neque mundi motum rite tempus pronunciat. Et mundi motus perpetuò est idem. Tempus auté non est perpetuò idem: sed aliquando quidem idem dicitur, aliquádo verò inæquale. Et inæquale quidem aliquando plus, aliquando verò minus. Aliud est ergo mundi motus, & aliud tempus. Atque qui mundi quidem motum sustulerunt, terram autem moueri sunt opinati, vt Aristarchus Mathematicus, nihil eis obstat quominus tépus mente concipiant. Aliud ergo dicendum est esse tempus, & non idé quod motum mundi. Et qui in subterraneis & obscuris antris vitam agunt, & qui ab ortu sunt cæci, motus quidem mundi non habent notionem:

Tempus quid sit.
Tempus nullum est.

Tépus non est in tempore.

Mansio non est in tempore.
Tempus nõ est perpetuò idé.

Aristarchus Mathematicus existimauit terram moueri.
Tempus est aliud, & aliud motus mundi.

V 2 cùm

cùm autem & federint & furrexerint & ambulauerint, accipiunt notionem temporis cui hæc tria funt affixa, & maioris quidem, in quo funt tria: minoris autem, in quo duo: minimi autem, in quo vnum. Si autē poteft fieri vt tempus mente concipiamus, non cogitantes cœlestem circumuolutionem, aliud eft ipfa, & aliud tempus. Aristoteles autem dicebat tempus effe numerum eius quod eft in motu prius & pofterius. Si hoc autem eft tempus, nempe recordatio eius quod eft in motu prius & pofterius, id quod quiefcit & eft in motu, nō erit in tempore. Aut fi id quod non mouetur, eft in tempore: tempus autem eft numerus eius quod eft in motu prius & pofterius: id quod eft in tempore, & quiefcet & mouebitur. quod quidem non poteft fieri. Quamobrem Strato Phyficus recedēs ab hac notione, dicebat tempus effe motum omnis motus & māfionis. Accedit enim ad omnia quæ mouentur, quando mouentur: & ad omnia mobilia, quando nō mouétur. Et propterea omnia quæ fiunt, fiunt in tempore. Num autem funt quę cum eo pugnant plurima? Nunc autem fufficit illud dicere, quòd id quod metitur motum aut manfionem, eft in tempore, & non eft tempus. Quòd fi ita eft, id quod metitur motum & manfionem, non erit tempus. In tempore enim non eft tempus. Et alioqui fi tempus propterea eft menfura motus & manfionis, quoniam graditur ex aduerfo motus, quatenus eft motus, & ex aduerfo manfionis, quatenus eft manfio: quoniā rurfus motus & manfio gradiuntur ex aduerfo temporis, non magis erit tempus menfura motus & manfionis, quàm motus & manfio menfura temporis. Hoc quoque melius effet dicere. Tempus quidem eft quidpiam difficile contemplatu: motus autem & manfio facile poteft afpici. Ex eo autē quod eft contemplatu difficile, fumi minimè potuerit id quod eft contemplatu facile, fed contrà. Videtur ad Epicurum quoque & Democritum Phyficos referri eiufmodi temporis notio. Tempus eft vifum diei fimile, per quam rurfus dubia eft natura temporis. Si enim dies & nox oftenditur non poffe confiftere, fequitur vt etiam diei fimile vifum non fit tēpus, aut non poffit confiftere. Dies enim & qui proprie intelligitur, & qui eft duodecim horarum, nempe ab ortu vfque ad occafum, nobis confiderantibus videtur non poffe confiftere. Quando enim hora prima confiftit, nondum confiftunt vndecim. Si non fint autem plures horę, non erit dies. Et rurfus quando adeft hora fecunda, non eft quidem prima. decem autem quæ reftant, nondū funt. Quamobrē cùm nec fint plures horæ, neque fic erit dies. Cùm ergo

ADVERSVS MATHEMATICOS.

ergo semper sit vna hora, non sit autem vna hora diei, dies non erit. Quinetiam nec vna quidem hora consistit. Largè enim intelligitur. Constat autem ipsa quoque ex pluribus partibus: quarum aliæ quidem non sunt:aliæ verò non sunt amplius. Quo fit vt & quod est ex eis compositum,non possit consistere. Si autem neque est vlla hora, neque dies, neque proportioni conuenienter nox: nec tempus quidem erit, sed visum diei simile aut nocti. Præterea dies dicitur duobus modis: vno quidem modo, qui constat ex duodecim horis:altero autem,aër à Sole illustratus. Aut ergo diei qui constat ex horis, visum tempus dicunt esse Epicurei, aut tanquam aëris à Sole illustrati. Sed diei quidem qui côstat ex horis, visum non dixerint esse tempus. Ipse enim, ipse dies est tempus. is, inquam, qui est duodecim horarū. Quamobrē si eius visum intelligitur tempus, erit tempus visum temporis. quod quidem est absurdum. Non ergo dicēdum est diei duodecim horarum visum esse tempus. Sed neque diei tanquam illuminato aëre visum. is enim fit in tempore. Et propterea si tempus est huius diei visum nostrum, in nostro viso is erit dies. quod quidem priori est longè peius. Et si mundus interierit, vt est sententia Epicuri, neque dies est, neque nox: propterea autē neque diurnum, neq; nocturnum visum. Esset autem absurdum, si mundus interiisset, dicere non esse tempus. Etenim & interiisse & interire,tempora significant. Quod si ita est, alterum quidem est tempus, diuersum autem visum diurnum & nocturnum. Atque ex notione quidem sic sit dubitatum de essentia temporis. Licet autē proposito quoque præcedente confirmare ratione. Nam si est tempus, aut est finitum, aut infinitum, vt docebimus. Non est ergo aliquid tempus. Si enim finitum est tempus, fuit aliquando tempus quando non erat: & erit aliquando tempus quādo non erit tempus. Illud enim aliquando fuisse & futurum esse, vt prius dixi, significant tempora differētia. Non est ergo finitum tempus. Sed nec est infinitū. est enim eius aliquid quidem præteritum,aliud verò futurum. Vtrunque ergo horum temporum aut est, aut non est. Et si quidem non est, ex eo ipso finitum est tempus. Et si finitum quidem est, existit dubium quod fuit ab initio, fuisse aliquando tempus quando tēpus non erat: & futurum aliquando tempus quando tempus non erit. Si est autem vtrunque, præteritum, inquam, & futurum, erit in præsenti. Cùm sit autem in præsenti, erit in tempore præsenti præteritum & futurum. Absurdum est autē dicere præteritum & futurū intelligi in tempore præsenti. Ergo nec

Hora vna nō consistit.

Nox non consistit.

Dies dicitur duobus modis.

Tempus non esse probatur ex eo quòd sit finitum, aut infinitum.

Tempus non est finitum.

Tempus non est infinitum.

V 3   tempus

tempus est infinitum. Si autem nec finitum intelligitur nec infinitū, nullo modo erit. Quinetiam quod constat ex iis quæ non possunt esse, nec ipsum esse poterit. Censetur autem tempus constare ex iis quæ non possunt esse, nempe & præterito quod non est amplius, & ex futuro quod nondum est. Tempus est ergo eiusmodi vt esse non possit. Ad hæc accedit, quòd si tempus est aliquid, aut est indiuiduū, aut diuiduum. Sed nec esse potest indiuiduum, vt admonuimus: neq; diuiduū, vt probabimus. Non est ergo tempus aliquod. Atque non potest quidem tempus esse indiuiduum, quoniam diuiditur in præteritum præsens & futurum. Diuiduū autem esse non potuerit, propterea quòd quidquid diuiditur, id aliqua pars eius dimetitur: vt cubitum palmus quidem dimetitur, & est palmus pars cubiti: palmum autem digitus, & palmi pars est digitus. Ergo si tempus quoque est diuiduum, debet eius pars aliqua ipsum metiri. Sed neque contingit præsens tempus alia metiri tempora. Si enim præsens tempus metitur præteritum, erit præsens tempus in preterito. Si sit autem in præterito, non erit amplius præsens, sed præteritum. Et si futurum metitur præsens, cùm sit in eo, erit futurum, non autem præsens. Vnde nec in aliis tēporibus contingit metiri præsens. Vtrunque enim ipsorum, cùm in eo fuerit, erit præsens, non autem præteritum nec futurum. Sed si omnino diuiduum aut indiuiduū tempus est intelligendum: nos autem ostendimus id nec esse diuiduum nec indiuiduum: dicendum est nihil esse tempus. Præterea tempus est tripertitū. Eius enim aliquid quidem est præteritum, aliud verò præsens, aliud verò futurum. Ex his autem præteritum quidem non est: futurum autem nondū est. restat ergo vt sit vna pars, nempe præsens. Aut ergo præsens tempus est indiuiduum aut, diuiduum. Nō potest autem esse indiuiduum. In tempore enim indiuiduo naturaliter nihil esse potest diuiduum, vt dicit Timon, vtpote gigni & interire, & quidquid est eis simile. Si est autem indiuiduum, neque habebit principium quo coniugatur præterito: neque finem quo coniungatur futuro. Quod enim habet principium & finem, non est diuiduum. Si autem neque habet principium nec finem, nec habet medium. Intelligitur enim medium ex ea quæ cum ipsis fit collatione. Quod autem nec principium habet nec finem, non est indiuiduum. Si autem nec principium habet nec finem, neque habet medium. Non habens autē principium nec finem nec medium, nec erit quidem omnino. Si presens autē tempus est diuiduum, aut diuiditur in tempora quæ sunt, aut quę

non

non sunt. Et si diuidatur quidem in tempora quæ non sunt, non erit amplius tempus. Quod enim diuiditur in tempora quæ non sunt, nó fuerit tempus. Si autem diuiditur in tempora quæ sunt, non erit amplius omnino præsens: sed eius quidem aliquid præteritum, aliquid verò futurum. Propterea autem non erit amplius omnino præsens & consistens, cùm alterū quidem non sit amplius, alterum verò nondum sit. Sed si, cùm tria sint, præsens præteritum & futurum, ostensum est eorum nullum esse, nō fuerit aliquod tempus. Qui autem dicunt præsens tempus esse quidem finem preteriti, principium autem futuri, ex duobus quæ esse non possunt temporibus facientes vnum, non vnum solum, sed etiam omne tempus faciunt eiusmodi, vt esse non possit. Et alioqui si præsens tempus est finis præteriti, finis autē præteriti simul præteriit cum eo cuius est finis, non erit amplius præsens tempus, siquidem est finis præteriti. Et rursus si futuri principiū est tempus, futuri autem nondum est principium, nondum consistet præsens tempus. & sic euenient ea quæ sunt ipsi maximè contraria. Nam quatenus quidem est præsens, erit: quatenus autem simul consistit cum futuro, nōdum erit. Absurdum est autem mente concipere idem tempus & esse & non esse, & non amplius esse, & nondum esse. Ergo nec hac ratione dicendum est esse aliquod tempus. Sic quoque est inferendum: Si est aliquod tempus, aut in ipsum non cadit ortus & interitus, aut cadit. Sed in ipsum non cadit ortus aut interitus, vt ostēdetur: neque cadit, vt probabitur. Non est ergo aliquod tempus. Atque in ipsum quidem non cadit ortus & interitus, siquidē aliquid quidem eius præteriit, aliquid verò est præsens, aliud verò futurum. Etenim dies quidem hesternus non est amplius: hodiernus autem est: crastinus autē nondum fuit. Vnde temporis quoque aliud quidem non erit, vt præteritum: aliud autem est, vt præsens: aliud autem nondum est, sicut futurum. Propterea autem in tempus nō cadet ortus nec interitus. Si autem in ipsum cadit ortus & interitus, dubiū est in quidnam interibit, & ex quónam erit. Neque enim futurū iam est: neque præteritum est amplius. Ex iis autem quæ non sunt, quomodo potest aliquid interire? Nihil est ergo tempus. Sic quoque est argumentandum: Si tempus est aliquid, aut in ipsum cadit ortus, aut non cadit: aut in aliquod quidē cadit, in aliquod verò non cadit. Sed neque in tempus potest cadere ortus, neque nō cadere: neque in aliquod quidē cadere, in aliquod verò non. Non est ergo aliquod tempus. Nam si in ipsum quidem cadit ortus: quoniam quidquid oritur,

Tempus præsens non est finis præteriti, principium autem futuri.

Tempus non esse probatur ex eo quòd in ipsum non cadat ortus & interitus, et cadat.

In tempus neque cadit ortus, neque non cadit.

tempore

tempore oritur: tempus quoq; quod oritur, orietur in tempore. Aut ergo idem orietur in seipso, aut alterum in altero. Et si idem quidem oriatur gignatúrve in seipso, erit aliquid ortum seu genitum priusquá ortum sit seu genitum. quod quidem est absurdum. Quoniam enim id in quo aliquid gignitur, debet esse ante id quod in eo gignitur, oportebit etiam tempus quod in se gignitur, ante se esse genitum:vt, in officina fabricatur statua: sed ante statuam est officina. & in loco aliquo consistit nauis: sed & ante nauem constitit locus. Ergo si tempus etiam in seipso gignitur seu oritur, erit ante seipsum. & ita si oritur quidem, nondum erit: quoniam quidquid fit seu oritur, quando fit seu oritur, nondum est. Si autē in se fit seu oritur, debet prius esse. Erit ergo simul tempus, & non erit. Quatenus quidem fit seu oritur, non erit: quatenus autem in seipso fit seu oritur, erit. Est autem absurdum idem per mentis conceptionem esse & non esse. Absurdum est ergo dicere in seipso fieri seu oriri tempus. Sed neque alterum in altero fit seu oritur tempus: vt futurum in præsenti, & præsens in præterito. Si enim alterum tempus gignitur seu oritur ex altero, necessario vnumquodque tempus relinquens propriam posituram, alium apprehendet ordinem: vt, quoniam futurum tempus sit in tempore præsenti, futurum quod sit in tempore præsenti, est præsens & non futurum. & quoniam præsens sit in tempore præterito, omnino cùm fiat in præterito, non erit præsens, sed præteritum. Eadem autem est ratio si contra præteritum quidem faciamus in præsenti, præsens autem in futuro. eædem enim rursus sequuntur dubitationes. Si ergo neque in seipso oritur aut fit tempus, neque tanquam alterum in altero, in tempus non cadit ortus. Si ergo neque tempus est eiusmodi vt in ipsum non cadat ortus, neque eiusmodi vt cadat: præter hæc autem tertium excogitari non potest: dicendum est nihil esse tempus. Quòd enim fieri non possit vt in ipsum non cadat ortus, facile potest probari. Si enim in ipsum non cadit ortus, & neque factum est neq; fiet, vnum erit solum tempus præsens: & neque futurum est futurū, neque res quæ sunt in ipso: neque præteritum est præteritum, neque res quæ in eo fiunt. Hoc autem non ita est: in tempus ergo non cadit ortus. Sed neque in aliquod quidem cadit ortus, in aliquod autē non cadit. coniungentur enim dubitationes. Quando enim in ipsum cadit ortus, debet in seipso fieri, aut in altero. Sed si fiat quidē in seipso, prius erit quàm ipsum. Si nautē in altero, non erit amplius illud tempus, sed id in quo fit, relinquens proprium ordinem. Eadem autem

est

ADVERSVS MATHEMATICOS. 345

est ratio etiam in eo in quod non cadit ortus. Nam si est eiusmodi vt in ipsum non cadat ortus, neq; futurum vnquam erit tempus, neque præteritum, sed solum præsens. Sunt autem hæc absurda. Restat ergo vt dicatur, neque si in tempus cadat ortus, neque si non cadat, neque si in aliquod quidem cadat, in aliquod verò non cadat, esse tempus. De hoc quoque licebit dubitare ex essentia, vt etiam prius dubitatum fuit ex notione. Iam enim ex dogmaticis Philosophis alij quidem tempus dicunt esse corpus, alij autem incorporeum. Et ex iis quidem qui dicut incorporeum, alij quidem dicunt id esse vt rem quæ per se intelligentia percipitur, alij verò vt quæ alteri accidit. Atque corpus quidem esse tempus dixit AEnesidemus ex sententia Heracliti. Ipsum enim non differre ab eo quod est, & à primo corpore. Vnde etiam per primam institutionem dicens esse ordinatum in sex simplices rerum dictiones, quæ quidem sunt partes orationis, vocabulum quidem tempus, & vocabulum vnitas, in substantia dicit esse collocatum quæ est corporea. Temporu autem magnitudines, & capita numerorū, efferri maximè in multiplicatione. Nam Nunc quidē quod est significatio temporis, & præterea vnitatem, non esse aliquid aliud quàm essentiam. Diem autem & mensem & annū esse multiplicationem ipsius Nunc, temporis inquam. Duo autē & tria & decem, per se esse multiplicationem vnitatis. Isti itaque tempus faciunt corpus. Stoici autem Philosophi existimarunt ipsum esse incorporeum. Ex aliquibus enim alia quidem dicunt esse corpora: alia verò incorporea. Ex incorporeis autem enumerat quatuor species: id quod dicitur, & inane, & locum, & tempus. Ex quo est perspicuū, quòd præter id quod tempus existimant incorporeū, censent etiam id esse rem quæ per se intelligentia concipitur. Epicurus autem, vt ipse Demetrius Lacon, exponit tempus, dicens id esse accidens accidentium, consequens dies & noctes & horas & affectiones & impatibilitates & motus & mansiones. Omnia enim hæc accidētia aliquibus accidunt, & tempus hæc omnia consequens, meritò dici poterit accidentia accidentium. In summa enim, vt paulò altius sumamus ad melius assequēdum id quod dicitur, Ex iis quæ sunt, alia quidem per se consistunt, alia autem in iis quæ per se constant, considerantur. Et per se quidem consistunt essentiæ, vt corpus & inane. In iis autem quæ per se consistunt, considerantur ea quæ apud ipsos vocantur accidentia. Ex his autem accidentibus, alia quidem sunt inseparabilia ab iis quibus accidunt: alia autem ab iis sua natura separantur.

Corpus esse tempus dixit Aenesidemus ex sentētia Heracliti.

Tempus est incorporeum.

Incorporeorū quatuor species.

Tempus quomodo definit Epicurus & Demetrius Lacon.

Per se consistunt essentiæ. In iis quæ per se sunt, considerantur accidētia.

X

tur. Atque inseparabilia quidem sunt ab iis quibus accidunt: vt corporis, resistétia: vacui autem, cessio. Neque enim fieri potest vt corpus vnquam intelligamus absque resistentia: neque inane absque cessione. sed sempiternum vtriusque accidens: corporis quidem, resistere: inanis autem, cedere. Non inseparabilia autem ab iis quibus accidunt, sunt, vt motus & mansio. Quæ enim concreta sunt corpora, neque perpetuò moueri possunt citra quietem, neque semper esse sine motu: sed accidentem quidem aliquando habent motum, aliquando autem mansionem, etiamsi atomus, si per se sit, sit semper mobilis. Aut enim debet appropinquare inani, aut corpori. Siue autem appropinquet inani, propter cessioné fertur per ipsum: siue corpori, propter resistentiam, resiliendo motum ab ipso efficiet. Hæc sunt ergo accidentia quæ sequitur tempus, dies, inquam, & nox, & hora, & affectiones, & impatibilitates, motusque & mãsiones. Dies enim & nox sunt accidentia ambientis aëris. Ex quibus dies quidem accidit per illuminationem à Sole. Nox autem accedit per priuationem lucis quæ à Sole procedit. Hora auté, cùm sit pars diei aut noctis, rursus est accidens aëris, vt dies & nox. Ex aduerso auté cuiuslibet diei & cuiuslibet noctis & horæ eis comparatũ extenditur tempus. Quam ob causam & dies & nox dicitur longa vel breuis dum ferimur ad tempus quod ei accidit: affectionesque & impatibilitates, nempe dolores aut voluptates: & ideo non sunt aliquæ essentiæ, sed accidentia eorum qui afficiuntur, aut lætando, aut dolendo: & sunt accidentia non absq; tempore. Præterea motus quoque & etiã mansio, vt iam ostendimus, sunt accidentia corporũ, & non sine tempore: motus certè velocitatem & tarditatem, & etiam diuturniorem & breuiorem mansionem tempore dimetimur. Verumenimuero ex his est perspicuum, quòd Epicurus tempus opinatur esse incorporeum, sed non eo modo quo Stoici. Nam illi quidem, vt dictum est, statuerunt tempus esse quidpiam incorporeum, si per se intelligatur. Epicurus autem, vt quod aliquibus accidat. Atque isti quidem sic existimant. Plato autem dicebat (vt nonnulli autem, Aristoteles) tempus esse numerũ eius quod est in motu prius & posterius. Stratone autem Physicus (vt alij autem, Aristoteles) esse mensuram motus & mansionis. Quamobre cùm sit tanta de essentia temporis dissensio, iam quidem licet ex iis de quibus prius fuit dubitatum, coniicere, quòd ne ex ea quidé quidquam potest firmiter ac stabiliter disci. Et tamen nunc etiam aduersus Platonem & Aristotelem & Stratoné

Physi-

Physicum ea sunt dicenda, quæ dicta sunt in principiis, nempe quòd ex notione temporis collegimus nihil esse tempus. Aduersus eos autem qui censent corpoream esse temporis essentiam, Heracliti, inquam, asseclas, id quod est in promptu, quòd si tempus est corpus: omne autem corpus aut manere aut moueri intelligitur : quod autem manet aut mouetur, in tempore manere aut moueri intelligitur: non autem in corpore corpus manere aut moueri intelligitur : tempus ergo non est corpus. Et id quod est, ex Heracliti sententia, quod quidem est corpus, est in tempore. Non est autem tempus in tempore. Id ergo quod est, & corpus, non est tempus. & animal viuit in tempore, vt etiam mortuum mortuum est in tempore. Quamobrem tempus non est animal aut corpus. Quinetiam ij qui dicunt ex Heracliti quidem sententia non esse primum corpus, nihil obstat quo minus tempus intelligant. Sed si tempus esset primū corpus, vt vult Heraclitus, impedirentur tempus intelligere. Non est ergo ex Heracliti sententia tempus id quod est: & id quod est, ex Heracliti sententia est aër, vt dicit AEnesidemus. Ab aëre autem multum differt tempus. Et qua ratione nullus ignem aut aquam aut terram dicit esse tempus, eadem nec dicit esse aërem. Non est ergo id quod est, tempus. Atque aduersus hanc quidem sectam breuiter hæc dicta sint. Breuis quoque est oratio aduersus Stoicos, qui dicunt ex aliquibus quidem aliqua esse corpora, alia verò incorporea. & ex incorporeis esse aliquam speciem quæ per se intelligitur, vt tempus. Nam quod est quidpiam maximè generale, propterea quòd nec potest esse aliquod corpus nec incorporeum, neque corpus fuerit nec incorporeum. Nam si est corpus, oportebit omnes eius species esse corpus, & nullam incorpoream. & quomodo omnes animalis species sunt animal, & nulla inanima: & omnes plantæ species sunt plantæ, nulla autem animata: ita sequetur vt alicuius quod est corpus, species sint re vera corpora, & nulla earum corpus. Similiter si sit simul corpus & incorporeum, omnia singularia erunt simul corpora & incorporea, & nihil seorsum aut corpus solum aut incorporeum. Quamobrem si illud quidpiam non est corpus, neque incorporeum, aut corpus simul & incorporeum, nihil est illud quidpiam. Si illud autem tollatur, simul etiam tolluntur quæcunque sunt in specie. quod quidem est absurdum. Præterea etiam de vnoquoque incorporeorum quæ simul data sunt cum tempore, dubitatum est à Scepticis, vtpote de eo quod dicitur, & de inani & de loco. Si de vnoquoque autem λεκτὸν

Tempus non est corpus, vt vult Heraclitus.

Tempus non est aër.

Tempus non est corpus, vt volunt Stoici.

eorum

eorum sit dubitatum, nec tempus quidem esse cócedetur ex eodem genere cuius ea sunt. Aduersus Epicurum autem, qui censet tempus esse accidens accidentium, cùm multa etiam alia dici possint, illud in præsentia satis erit dicere, quòd quæ aliquo quidem modo se habent essentiæ, considerantur vtique & sunt rerum subiectarum. Quæ auté dicuntur accidere essentiis, cùm non sint alia ab essentiis, sunt eiusmodi vt non possint consistere. Neque enim est vlla resistentia præter corpus quod resistit: neque subiicitur cessio præter id quod cedit, & inane: non motus præter corpus quod mouetur: non mansio præter id quod quiescit. Sed quomodo ducere exercitum nihil est præter eum qui exercitum ducit: neque esse gymnasiarcham præter eum qui est gymnasiarcha: ita neque vnumquodque eorum quæ accidūt, sunt præter id cui accidunt. Vnde etiam cùm dicit Epicurus intelligendum esse corpus ex compositione magnitudinis, & figuræ, & resistentiæ, & ponderis, vrget vt ex iis quæ non sunt, intelligamus id quod est esse corpus. Nam si neque magnitudo aliqua ponitur præter id quod est præditum magnitudine: neque figura præter figuratum: neque resistentia præter resistens: quomodo fieri potest vt ex non subiectis non subiectum corpus intelligamus? Quamobrem si vt sit tempus, oportet esse accidentia: accidentia autem sunt aliquod accidens subiectum: nullum autem est accidens subiectum: igitur nec potest esse tempus. Mitto quòd ea quibus dicitur tempus accidere, & ea quorum dicuntur accidentia, sunt eiusmodi vt non possint inueniri, vt dies, nox, hora, motus, māsio, affectio, impatibilitas. Dies quidem certè qui dicitur esse duodecim horarum, vt prius ostendimus, non consistit in duodecim horis, sed in vna sola præsenti, quæ non est dies. Eadem autem ratio est etiam in nocte & hora quæ largè intelligitur, & est veluti trium partium, quæ rursus nobis considerantibus cernitur non posse consistere. Neque enim quando est prima eius pars, consistit. nondum enim sunt reliquæ: neque quando secunda. tunc enim prima non est amplius, nondum autem est tertia. Cùm autem plures eius partes hoc modo non sint, nec ipsa esse potest. Ergo quoniam hæc sunt tempus: Epicurus autem dicit tempus esse horum accidentia: ex sententia Epicuri erit ipsum tempus sui accidens. Quinetiam ostēsum est motus rationem esse variè dubiam, propterea quòd nec moueri possit in eo in quo est loco, nec in eo in quo non est. Simul quoque tollitur mansio. Nam si non sit motus, nec mansio quidem erit. Ex collatione enim eius quod mouetur, intelligi-

Essentiæ quæ aliquo modo se habent, sunt rerum subiecta-rum.
Quæ dicūtur accidere essentiis, cùm non sint alia ab essentiis, non possunt consistere.

Nihil mouetur in loco in quo est, nec in eo in quo non est.

telligitur immobile: & eius quod non mouetur, id quod mouetur. Vnde quomodo si non sit dexterum, non erit siniſtrum: ita si non sit horum alterum, nec reliquum quidem poteſt intelligi. Et aliter. Dicunt dubitatores: Quod manet, ab aliqua cauſa cogitur manere. Quod autem cogitur manere, patitur. Quod autẽ patitur, mouetur. Quod ergo manet, mouetur. Sed ſi Epicurus dicit tempus eſſe accidentia: oſtenſum eſt autem de his dubitari: fatẽdum erit dubitari etiã de tempore quod eis accidit. Præterea ſi motus eſt incorporeus, & affectio, & vnumquodque eorum quæ sunt prędicata: & tempus etiã eſt incorporeum. Quoniam ergo eſt probabile incorporeis accidere incorporea, dicamus nec tempus eſſe accidens accidentium quæ sunt expoſita. Cæterum cùm de temporis dubitauerimus eſſentia, deinceps dubitemus etiam de numero.

Quod manet, mouetur.

De numero.

PRÆTEREA quoniam ex rebus quæ ſunt coniugatæ cum tempore, eſt etiam numerus, propterea quòd non abſque enumeratione fiat temporis dimenſio, vtpote horarũ & dierum & menſium, & præterea annorum: rectè habere exiſtimamus, ſi poſt prius à nobis confectam de illo quæſtionem, de eo quoque dicamus: & maximè quoniam qui ſunt ex Phyſicis doctiſſimi, adeò magnam vim tribuerunt numeris, vt eos exiſtiment principia & elementa vniuerſorum. ij autem ſunt ſectatores Pythagoræ Samij. Dicunt enim eos qui verè & ſincerè philoſophantur, eſſe ſimiles iis qui laborant in contexenda oratione. Quomodo enim primùm dictiones examinant: ex dictionibus enim conſtat oratio: & quoniam ex ſyllabis dictiones, primũ conſiderant ſyllabas, ex ſyllabis enim in elementa vocis literata reſolutis, de illis primùm ſcrutantur: ita dicunt Pythagorei oportere Phyſicos de vniuerſitate ſcrutantes in primis examinare, in quænam reſoluatur vniuerſitas. Atque quod apparet quidem dicere eſſe principium vniuerſorum, eſt quodammodo à natura alienum. Quidquid enim apparet, conſtare debet ex iis quæ non apparent. Quod autẽ ex aliquibus conſtat, non eſt principium, ſed id quod illud ipſum conſtituit. Vnde etiam ea quæ apparent, non ſunt dicenda rerum vniuerſarum principia, ſed ea quæ conſtituunt illa quæ non apparent, quæ quidem non apparebant. Obſcura ergo & nõ apparentia poſuerunt eorum quæ ſunt, principia. Qui enim dixerunt atomos, vel ſimilares partes ac magnitudines, aut communiter corpora quæ cadunt

Numeros Pythagorei ponũt elementa & principia vniuerſorum.

Quæ apparent, non ſunt principia vniuerſorum, ſed ea quæ conſtituunt illa quæ non apparent.

sub intelligentiam, esse rerum omnium principia, aliqua quidem ex parte se recte gesserunt, aliqua vero lapsi sunt. Nam quatenus quidē obscura & non euidentia dixerunt esse principia, recte in eo versantur: quatenus autem ea ponunt corporea, labutur. Quomodo enim corpora quę percipiuntur intelligentia, & non sunt euidentia, pręcedunt corpora sensilia: ita etiam oportet incorporea praecedere etiam corpora quae percipiuntur intelligentia. & merito. Quomodo enim elementa dictionis non sunt dictiones: ita etiam elemēta corporum non sunt corpora. Aut ergo oportet ea esse corpora, aut incorporea. Quamobrem sunt omnino incorporea. Sed neq; licet dicere quòd aeternas accidit esse atomos: & ideo posse, cùm sint corporeae, vniuersorum esse principia. Primùm enim qui & similares partes, & qui magnitudines, & qui minima & indiuidua dicunt esse elementa, eorum aeternam relinquunt substantiam: quò fit vt non magis atomi, quàm ea sint elementa. Deinde etiamsi datum fuerit re vera aeternas esse atomos: attamen quomodo qui mundum relinquunt ingenitum & aeternum, nihilo secius ad eum mente cogitandum quaerunt principia quę ipsum primū constituerunt: ita etiam nos quoque, inquiunt Pythagorici, naturalium Philosophorum more cogitantes, consideramus, ex quibúsnam constent haec aeterna & ratione contemplanda corpora. Aut ergo sunt corpora quae ea constituunt, aut incorporea. Et corpora quidem non dixerimus, quoniam oportebit dicere etiam corpora, quae illa constituant: & ita in infinitum procedente cogitatione, esse vniuersitatem principij expertem. Restat ergo vt dicatur ex incorporeis cōstitui corpora quae percipiuntur intelligētia: quod etiam confessus est Epicurus, dicēs per congeriem figurae & magnitudinis & resistentiae & grauitatis, intelligentia perceptum esse corpus. Atque quòd incorporea quidem oporteat esse principia corporum quae sunt ratione contempládá, ex his est perspicuum. Num autem, non si aliqua incorporea consistunt ante corpora, ea necessariò sunt rerum elementa & prima principia? Ecce enim ideae quoque cùm sint incorporeae, vt vult Plato, cōsistunt ante corpora: & vnumquodque eorum quae oriuntur ac fiunt, oriuntur ac fiunt ad ea relata. Sed eę non sunt rerum principia: quandoquidem vnaquaeque idea si seorsum sumatur, vnum esse dicitur: per alterius autem aut aliarum comprehensionem, duae aut tres aut quatuor. Quo fit vt numerus sit transcendens earum substantiam: cuius per participationem, vnum aut duo aut tria, & his adhuc plura de eis praedicantur. & solidae figuræ

Corpora intelligibilia praecedunt corpora sensilia.

Incorporea praecedunt corpora intelligibilia.

Atomi nō sunt aeternae.

Ex incorporeis constituuntur corpora intelligibilia.

Incorporea etsi sint ante corpora, non ideo sunt rerū principia.

Ideae non sunt rerum principia.

ræ ante corpus mente agitantur, cùm habeant naturam incorpoream. sed contrà, ea non sunt omnium principia. Nam ea quoque cogitatione præcedunt figuræ planæ, propterea quòd ex illis consistant solidæ. Sed nec figuras planas rerum posueris elementa. Vnaquæque enim earum componitur ex lineis præcedentibus. & lineæ habent numeros qui mente prius cogitatur, quandoquidem ex tribus lineis appellatur triangulus, & quadratum ex quatuor: & quia simplex linea non sine numero mente est concepta, sed à signo ducta in signū hæret duobus: omnes autē numeri ipsi quoque cadunt sub vnum. Nam binarius vnus est binarius: & ternarius vnum est, nempe ternarius: & denarius est vnum caput & vna summa numeri. His motus Pythagoras, dixit vnitatem esse rerum principium, per cuius participationem vnaquæque res vna dicitur: & eam si ex sui quidem cogitetur, vt ita dicam, identitate, intelligi vnitatem. Si autem sibi adiungatur ex alteritate & diuersitate, efficere interminatum & indefinitum qui vocatur binarium: propterea quòd numerabilium, eorumque quæ sunt terminata ac finita, nullus sit idem binarius, ex eius autem participatione intelligantur binarij, vt etiā arguunt in vnitate. Duo ergo sunt rerum principia, Primum vnitas, ex cuius participatione omnes numerabiles intelliguntur vnitates: & interminatus binarius, ex cuius participatione sunt omnes terminati binarij. Quòd autem hæc sint re vera principia vniuersorum, variè docent Pythagorei. Nam ex iis quæ sunt, inquiunt, alia quidem intelliguntur ex differentia: alia autē ex repugnantia: alia autē relata ad aliquid. Atque ex differentia quidem esse quæ per se sunt, & sunt subiecta ex propria circumscriptione: vt homo, equus, planta, aqua, aer, ignis. Vnumquodque enim eorum consideratur absolutè, & non ex ea qua ad aliud refertur habitudine. Ex repugnantia autem esse, quæ considerantur ex repugnantia alterius ad alterum: vt bonum & malum: iustum, iniustum: vtile, inutile: sanctum, profanum: pium, impium: motum, quiescens: & alia his similia. Ad aliquid autem referri, quæ intelligutur ex ea quæ est tanquam ad alterum relatione: vt dexterum, sinistrum: sursum, deorsum: duplum, dimidium. Nam & dexterum intelligitur ex ea quæ est tanquam ad sinistrum habitudine ac relatione: & sinistrum ex ea quæ est tanquam ad dexterum. Sursum ex ea quæ est tanquam ad deorsum: & similiter in aliis. Dicunt autem ea quæ intelliguntur ex repugnātia, differre ab iis quæ referuntur ad aliquid. Nam in contrariis quidem ac repugnantibus interitus alterius, alterius est ortus: vt in sanitate & morbo:

Figuræ nec solidæ nec planæ sunt principia.

Vnitas est rerum principiū.

Binarius quomodo etiam principium.

Triplex est rerum differentio, nempe & quæ intelliguntur ex differentia, & quæ ex repugnātia, et quæ sunt relata.

Ex differentia quænam sint res.

Ex repugnantia quæ sint.

Relata ad aliquid quænā sint.

Ex repugnantia quæ sunt, quomodo differant à relatis.

morbo,motu & quiete. Morbi enim ortus est ablatio sanitatis. & si consistat quidem motus, perit status: si oriatur autem status, tollitur motus. Eadem est ratio in dolore quoque & indolentia, bonoque & malo, & communiter in iis quę habent naturā contrariorum. Quę autem referuntur ad aliquid, hoc continẽt quòd simul sunt & se inter se perimunt. Nihil enim est dexterum, nisi sit etiam sinistrum: nihil autem duplum, nisi prius ponatur dimidium, cuius est duplum. Præterea in contrariis quidem ac repugnantibus nihil omnino cernitur medium: vt iam in morbo & sanitate, vita & morte, motu & mansione. Nam inter sanum esse & ægrotare, nihil intercedit: & inter viuere & mori: & inter moueri & manere. In iis autẽ quæ quodammodo se habent relata ad aliquid, est medium. Nam inter maius, exempli causa, & minus, quę quodammodo se habent relata ad aliquid, intercedit medium, nempe ęquale: similiter etiam inter plus & minus, est satis vel sufficiens: inter acutum autem & graue, est consonans. Cæterum cùm sint tria genera, nempe & quæ per se sunt, & quæ ex repugnantia, & præterea ea quæ referuntur ad aliquid: debet necessariò etiam supra hæc ipsa poni aliquod genus, & esse primum, propterea quòd omne genus sit ante species quæ sunt sub ipso collocatæ. Nam si ipsum quidem tollatur, simul tolluntur omnes species: sublata autem specie, nõ vtique amouetur genus. Nam ea dependet ex illo, & non contrà. Atque eorum quidem quæ per se intelligũtur veluti transcendens genus posuerunt vnum Pythagorei. Quomodo enim hoc per se est, ita etiam vnumquodque eorum quæ sunt ex differentia, & vnum est, & per se consideratur. Eorum autem quæ sunt ex repugnantia, dixerunt esse principiũ, generis locum tenens, ęquale & inæquale. In his enim consideratur natura omnium quæ repugnant & sunt contraria: vt mansionis quidẽ in æqualitate. Non enim suscipit maius & minus. Motus autem in inæqualitate: suscipit enim maius & minus. Similiter autem id quidem quod est secundum naturam, in æqualitate. est enim instabilis extremitas. Quod autem est præter naturam, est in inæqualitate. suscipit enim maius & minus. Eadem ratio est in sanitate & morbo, & rectitudine & obliquitate. Quæ autem referuntur ad aliquid, constant genere, exuperatione & defectu. Nam magnum quidẽ & maius, multumque & plus, altumq; & altius, intelliguntur per exuperationem: paruum autem & minus, abiectumque & abiectius, per defectũ. Sed quoniam quę per se sunt, & quæ sunt per repugnantiam, & quæ referuntur ad aliquid, cùm sint

genera,

vnum est genus transcendens corũ quæ per se sunt.

Aequale & inæquale est principiũ eorũ quæ sunt ex repugnantia.

Exuperatio & defectus eorum quæ referuntur ad aliquid.

genera, inueniuntur esse subiecta aliis generibus, vtpote vni æqualitati & inæqualitati, exuperationique ac defectui, consideremus an hæc quoque genera possint reduci ad alia. Atque æqualitas quidem reducitur ad vnum. Nam vnum quidem primò est sibi ipsi æquale. Inæqualitas autem cernitur in exuperatione & defectu. Inæqualia enim sunt, quorum alterum quidem superat, alterum verò superatur. Sed exuperatio quoque & defectus collocatur in ratione interminati binarij, quandoquidem prima exuperatio & defectus est in duobus, nempe in exuperanti & in exuperato. Emerserunt ergò omniū in summo principia, nempe prima vnitas & interminatus binarius, ex quibus fieri dicunt, & vnum quod est in numeris, & rursus eum qui post hæc est binarium. A prima quidem vnitate vnum: ab vnitate autem & interminato binario, duo: bis enim vnum, duo. & cùm in numeris nondum positus esset binarius, ne bis quidem erat in iis: sed sumptus fuit ex interminato binario: & ita ex eo & vnitate natus est binarius qui est in numeris. Similiter autem reliqui quoq; numeri ex his fuerunt effecti, vno quidem semper ambulante, interminato autem binario duo gignente, & numeros in infinitam extendente multitudinem. Dicunt itaque in his principiis vnitatem tenere rationem causæ agentis, binarium autem materiæ patientis. & quomodo eos qui ex iis constant effecerunt numeros: ita etiam mundum construxerunt, & quæcunque sunt in mundo. Iam enim ex ratione vnitatis collocatum esse signum. Quomodo enim vnitas est aliquid indiuiduum: ita etiam signum est aliquod principium in lineis. Quo fit vt signū quidem habuerit rationem vnitatis, linea autem sit considerata ex ratione binarij. per transitū enim intelligitur & binarius & linea. & alioqui quæ intelligitur inter duo signa longitudo expers latitudinis, est linea. erit ergo ex binario linea. Superficies autem ex ternario, cuius non solùm ipsa consideratur longitudo, quatenus erat binarius, sed etiam tertiam accepit distātiam, nempe latitudinem. & tribus signis positis, duobus quidem ex contrario interuallo, tertio autem in medio lineæ quæ perfecta est ex duobus, rursus ex alio interuallo efficitur superficies. Solida autem figura & corpus, vtpote pyramidale, locatur ex quaternario. Tribus enim signis, vt prius dixi, sitis imposito aliquo alio supernè signo, efficitur pyramidalis figura solidi corporis. Iam enim habet tres dimensiones ac spatia, nempe longitudinem, latitudinem, profunditatem. Nonnulli autem dicunt ex vno signo constare corpus. hoc enim signum fluēs efficere lineam: lineam

Aequalitas reducitur ad vnum.

Exuperatio et defectus reducuntur ad binarium.

Vnitas & binarius sunt omniū principia.

Numeri quomodo nascantur ex vno & binario.

Vnitas habet rationem causæ agentis.

Binarius habet rationem causæ patiētis, id est materiæ. Vnum & binarius constituerunt mundum, & quæ sunt in ipso.

Signum habet rationem vnitatis.

Linea consideratur ex ratione binarij.

Superficies cōsideratur ex ternario.

Solida figura, vtpote pyramis, consideratur ex quaternario.

Y   autem

autem fluentem efficere superficiem: eam autem motam ad profunditatem, gignere corpus quod triplex habet spatium ac dimensioné. Differt autem hæc secta Pythagoricorum à secta priorum. Illi enim ex duobus principiis, nempe vnitate & interminato binario efficiebant numeros: deinde ex numeris signa & lineas, figurasque planas & solidas: hi autem ex vno signo fabricantur omnia. Ex ipso quidé fit linea: ex linea autem superficies: ex ea autem corpus. Sic quidem solida efficiuntur corpora, præeuntibus numeris, ex quibus de cætero quoque solida consistunt corpora, nempe terra, aqua, aër & ignis. &, vt semel dicam, mundus, quem dicunt administrari per concentum & harmoniam, rursus sequétes numeros, in quibus sunt rationes quæ perfectam constituunt harmoniam, nempe Dia tessarôn, Dia pente: & Dia pasôn. Quarum prima quidé sita est in ratione sesquitertia: secunda autem in sesquialtera: tertia verò in dupla. De iis auté dictum est accuratius in cósideratione eius quod vim habet iudicandi, & in cósideratione De anima. Nunc auté cùm ostensum sit quòd numeris magnam vim tribuunt Physici ex Italia profecti, loco quoque consequentes afferamus dubitationes. Cùm ergo numerabiliú dicunt nihil esse vnum, vt quæ sint sensilia & subiecta, vocari autem aliquid vnum participatione vnius, quod est primum & elementum. Si ergo quod ostenditur, & quod manet animal, sit vnum, quæ non ostenditur planta, non erit vna. Non enim oportet esse multa, sed vnius participatione vnumquodque intelligi vnum, vt animal, lignú, plantam. Si enim quod ostenditur animal, est vnú, quod non est animal, vt planta, ne erit quidem vnum. Et si planta est vna, quod nó est planta, vt animal, non erit vnum. Sed dicitur quidem id quod est animal, vnum, sicut & planta: & quod nó est planta, rursus vnum vt animal. Non est ergo numerabilium vnumquodque vnum: Id autem cuius participatione vnumquodque intellectum est vnum, illud vnú est & multa: vnum quidem per se, multa autem per comprehensionem. Quæ quidem multitudo rursus non ostenditur in numerabilibus. Nam si est multitudo animalium, plantarum nó erit multitudo. & contrà, si earum erit multitudo, nó erit multitudo animalium. Dicitur autem & in plantis, & in animalibus, & in aliis magna multitudo. Quæ ergo in numerabilibus ostéditur multitudo, non est re vera multitudo, sed illa, cuius participatione multitudo est intellecta. Quando autem hæc dicunt Pythagorici Philosophi, perinde est ac si dicant ex singularibus hominibus nullum esse hominem: sed illum

cuius

ADVERSVS MATHEMATICOS.

cuius participatione vnusquisque & vnus homo fuit intellectus, & multi vocantur homines. Intelligitur enim homo, animal rationis particeps mortale. & propterea neq; Socrates est homo, neque Plato, neque aliquis alius in specie. Si enim Socrates, quatenus est Socrates, est homo, Plato non erit homo, neque Dion aut Theon. & si Plato est homo, non erit homo Socrates. Dicitur autem & Socrates homo, & Plato, & vnusquisque ex aliis: neque ex singularibus hominibus vnusquisque est homo: sed is cuius participatione vnusquisque intellectus est homo, qui non est vnus ex ipsis. Eadem autem est ratio & in planta, & in cæteris omnibus. Absurdum est autem dicere nullum ex singularibus hominibus esse hominem, neque ex plantis plantam. Absurdũ est ergo & vnumquodque ex numerabilibus propria ratione nõ dicere esse vnum. Et alioqui quæ etiam aduersus genus affertur dubitatio, videtur peruenire etiam vsq; ad hanc opinionem Pythagoreorum. Quomodo enim homo in genere neque consideratur cum hominibus in specie, nam ipse quoque est, vt ita dicã, specialis: neque seorsum consistit, quoniam singulares non fient homines eius participatione: neque in iis ipsis continetur. In cogitationem enim non cadit esse infinitos eius participatione, & partim quidem mortuis, partim viuis contineri. Quomodo ergo est hęc oratio dubia, ita etiam de hoc vno dubia magis erit, eo quòd nec cum singularibus numeris id consideretur, neque de vniuerso id statuatur, neque vniuersi participatione id sit principium infinitis. Vnius quidem certè idea, cuius per participationem vnumquodque intelligitur, aut vna est vnius idea, aut plures ideæ vnius. Et si vna quidẽ, aut totius est particeps vnumquodq; ex numerabilibus, aut alicuius eius partis. Et si totius quidem est particeps, non est vna. Si enim totam vnius ideam habet, exempli causa A, necessariò B non habés cuius sit particeps, non erit vnum. quod est absurdum. Si autem multarum partium est vnius idea, & vnumquodque ex numerabilibus est particeps vniuscuiusque eius partis: primùm quidem vnaquæque res nõ erit particeps ideæ vnius, sed partis eius: & ideo non erit vtique vna. Quomodo enim pars hominis non est homo, & pars dictionis non est dictio: ita pars ideæ vnius, non facit vt quod eius fuerit particeps sit vnum. Deinde vnius idea, non erit amplius idea vnius, neq; vna, sed plures. Vnum enim, quatenus est vnum, est indiuiduum. & vnitas, quatenus est vnitas, non diuiditur. aut si in plura diuiditur, fiet congeries multarum vnitatum: & non est vnitas. Si autẽ vnius plures

& multa, ex singularibus hominibus nullus erit homo.

Vnius sitne vna idea, an plures.

sunt

sunt ideæ, adeò vt vnumquodque ex numerabilibus sit particeps alicuius propriæ ideæ ex qua vnū intelligitur, aut idea A, & idea B sunt participes alicuius vnius ideę, ex qua vnumquodque eorum appellatur vnum, aut non sunt participes. Et si non sunt quidem participes, quomodo eæ possunt censeri dignæ appellatione vnius, & si nō sint participes transcendentis ideæ vnius: ita etiam potest quidquid quomodocunq; dicitur vnū, non appellari ex participatione ideæ vnius. Si autem sunt participes, manet quæ ab initio fuit dubitatio. Quomodo enim sunt duæ ideæ participes vnius ideæ, vtraque totius aut partis eius? Vtrumuis enim dixerint, redibunt quæ à nobis paulò ante allatæ sunt dubitationes. Accedit ad hæc, quòd quoniam quidquid ab homine comprehenditur, aut sensu comprehenditur & solo occursu, aut mente ac cogitatione: omnino congeries quoque si potest ab homine comprehendi, aut sensu comprehendetur, aut mente seu cogitatione. Sed sensu quidem & simplici indicatione comprehendi non potuerit. nonnullos enim decipit substantia numerabilium. Nam ea videntes alba aut nigra, aut communiter sensilia, existimant numerum esse rem aliquam sensilem & apparentem, cùm rei non ita habeat veritas. Nam album quidem & nigrum, &, exempli gratia, planta, lapis, & lignum, & vnumquodq; ex numerabilibus cernitur,

Numerus non est sensilis nec apparet.
& sensu potest comprehendi. Numerus autem, vt numerus, non est nobis sensilis, nec apparet. Consideremus autem hoc modo: Sensi-

Sensilia apprehēduntur absque doctore.
lia vt sensilia à nobis apprehenduntur etiam absque doctore. Nemo enim docetur videre album aut nigrum: neque asperum aut leue ap-

Numerus sine doctore à nobis non apprehenditur.
prehendere. Numerus autem, vt numerus, non sine doctore à nobis apprehenditur. Quòd enim bis duo sint quatuor, & ter duo sint sex, & decies decem centum, discendo cognouimus. Non est ergo numerus aliquid sensile. An autem cognitus sit memoria per additio-

Numerus sit ne memoria cognitus per additionem & compositionem aliquorum.
nem & compositionem aliquorum, dubitabit quispiam recedens à sensilibus: vt Plato quoque dubitauit in libro De anima, quemadmodum duo seorsum manentia, duo non intelliguntur: si simul autem coierint, fiunt duo. Nam si post coitū sunt eiusmodi cuiusmodi erāt

De numero quid dicat Plato in libro De anima.
ante coitum, erat autem vtrunque eorum vnum ante coitum, erit etiā post coitum vtrunque vnum. Nam si dederimus eis aliquid amplius accedere, præter id quod erant, nempe binarium, erit cōgressus duorum quaternio. Si enim vni quod coit & vni amplius accedit binarius: quoniam in eo est vnitas, & vnitas intelligitur in cōgressu vnius & vnius, fiet quaternio, cùm duo quidem intelligantur quæ coeunt,

duplex

duplex autem sit secundum naturam qui eis accessit binarius. Et rursus si in iis qui per coitum efficiunt denarium, aliquid amplius accedit denarius: quandoquidem in denario intelligitur nouem & octo & septem, & reliqui inferiores numeri, infinitè infinitorum multitudo erunt decem, vt superius ostendimus. Plato autem vult etiam aliter argumentari. Si enim vnum, inquit, quãdo diuiditur & separatur, fit duo, omnino etiam vtriusque singulatim in vnum congressus, nõ intelligetur duo. Primæ enim causæ contraria est secunda causa. & si quæ ab eodem separantur duo sunt, quæ simul colliguntur & inter se sunt addita, non sunt duo. Est autem apud eum hic verborum contextus: Miror enim si quando vtrunque eorum erat inter se separatum, vtrunque erat vnum, & tunc non erant duo, sed cùm inter se appropinquarent. Hæc ergo fuit causa vt duo fierent, coitus vt inter se proximè ponerentur. Neque verò si quis vnum disciderit, potest adhuc mihi persuaderi, quòd similiter scissio causa fuerit vt duo fierent. contraria enim est quæ tunc erat causa vt duo fierent. Nam tunc quidem, quoniam propè inter se cogebantur, & alterum alteri addebatur: nunc autem quoniam alterum ab altero abducitur & separatur, per hæc apertè dicens, quòd si solus cõitus vnius & vnius, & vnius solùm additio est causa vt fiant duo, cùm prius duo non essent, quomodo possum adhuc mihi persuadere, quòd vnum quando separatur & distrahitur, fit duo? coitui enim contraria est scissio & separatio. Atque sic quidem Plato. Sic quoque licet interrogare: Si numerus est aliquid: quando alteri additur aliquid, vt vnitati vnitas, tunc aut vnitatibus quæ coierunt accedit aliquid: aut ab iis quæ coierunt abscedit aliquid: aut ab eis neq; abscedit aliquid, nec accedit. Sed si eis neque accedit aliquid neque ab eis recedit, non erit binarius per alterius alteri additionem, vt neque erat ante coitum. Si autem abscedit aliquid per earum additionem, erit diminutio vnius vnitatis, & non erit amplius binarius. Si autem eis accedit aliquid, vtpote binarius: quæ debent duo esse, fient quatuor. Binarius enim qui accessit, erat vnitas & vnitas. Cùm ergo accesserit vnitati & vnitati quæ coibant, efficiet numerum. quod quidem est absurdum. Non est ergo aliquid numerus.

De ortu & interitu.

DE ORTV & interitu existit quæstio Scepticis cum Physicis de vniuersitate. siquidem ex iis qui considerarunt de constitutione vniuersitatis, alij quidem ex vno generarunt omnia: alij autem ex pluribus.

De mundi cõstitutione fuerunt diuersæ physicorũ sententiæ.

bus. Et ex iis quidem qui ex vno, alij quidem ex nulla qualitate prædito, alij verò, ex aliqua prædito qualitate. Et ex iis qui ex aliqua qualitate prædito, alij quidé ex aëre: alij verò ex aqua: alij verò ex igne. Et ex iis qui ex numerabilibus, alij quidem ex duobus: alij verò ex quatuor: alij autem ex quinque: alii autem ex sex. Et ex iis qui ex infinitis, alii quidem ex similibus iis quæ generantur: alii autem ex dissimilibus. Et ex his, alii quidem ex impatibilibus: alii verò ex patibilibus. Atque ex nulla quidem qualitate prædito & vno corpore vniuersitatis ortum constituerunt Stoici. Rerum enim, ex eorum sententia, principium est materia expers qualitatis, & omnino mutabilis. Ea autem mutata fiunt quatuor elementa, ignis, & aër, & aqua, & terra. Ex vno autem eoque qualitate prædito, orta volunt esse omnia, Hippasus & Anaximander & Thales. Ex quibus Hippasus quidem, & vt nonnulli volunt, Heraclitus Ephesius, ex igne rerum fuisse ortum scriptum reliquerunt, Anaximander autem ex aëre, Thales verò, ex aqua, Xenophanes verò, vt nonnulli volunt, ex terra.

Ex igne ortū esse mundum scripsit Hippasus & Heraclitus Ephesius.

Omnia namque ex terra in terram & cuncta redibunt.

Ex pluribus autem & numerabilibus, ex duobus quidé, nempe terra & aqua, Poëta Homerus, aliquando quidem dicens:

„ Oceanumq́; Deûm patrem, Tethim quoque matrem.

Aliquando verò,

„ Cuncti, cuncti, inquam, sed vos aqua terraque sitis.

Ei autem, vt nonnulli volunt, adstipulari quoque videtur Xenophanes Colophonius. Dicit enim,

„ Ex tellure & aqua exorti nam nos sumus omnes.

Ex terra autē & æthere, Euripides, vt licet accipere ex eo quod dicit,

„ Aethera canto ipsum, rerum terramque parentem.

Ex quatuor autem, Empedocles.

„ Radices primum nam terræ quatuor audi.

„ Candens Iuppiter, almaque Iuno, Plutoque, Nestis,

„ Tristia quæ ora hominum & lachrymis perfundere fertur.

Ocellus Lucanus & Aristoteles addiderunt quatuor elemētis quintū corpus quod mouetur in orbem.

Ex quinque autem, Ocellus Lucanus & Aristoteles. Simul enim cum quatuor elementis assumpserunt quintū corpus quod mouetur in orbem, ex quo dicunt esse cœlestia. Ex sex autem ortum omnium posuit Empedocles. Nam cùm dicit omnium quatuor esse radices, ex quatuor ortum esse statuit. Quando autem addit,

„ Perdendámque absque iis, illisque parem vndique litem.

„ Cum his quoque amicitiam, quæ longa est latáque tantum:

sex

sex tradit rerum principia: quatuor quidem materialia, terram, aquâ, aërem, ignem. Duo autem agentia seu efficientia, amicitiam & litem seu contentionem. Ex infinitis autem rerum ortum esse sunt opinati, Anaxagoras Clazomenius & Democritus & Epicurus, & alii permulti. Sed Anaxagoras quidem ex similibus iis quæ generantur: Democritus autem & Epicurus ex dissimilibus & impatibilibus, nempe ex atomis. Heraclides autê Ponticus & Asclepiades ex dissimilibus quidem sed patibilibus, nempe ex incôcinnis corpusculis. Cùm ergo prius sumpserimus quòd his omnibus dubia ostenditur & incerta ratio physiologiæ sublato ortu & interitu, promptius & alacrius de iis dicere aggrediamur, quæ ab eis dicuntur. Quanquam si rectè examinemus, per ea quæ prius dicta sunt, huic capiti iam satis magna fuit vis allata. Quod enim oritur & interit, in tempore oritur & interit. Tempus autê non est, vt superius ostendimus. Quamobrem nec erit quod oritur & interit. Omnis quoque ortus & interitus sunt quidem motus habentes vim mutandi. Nihil est autem motus, vt prius probauimus. Nec ergo fiet ortus nec interitus. Quidquid etiam gignitur & interit, non generatur & interit absque agente & patiente. Nô agit autem aut patitur quidquam. Quamobrem neque gignitur aliquid nec interit. Præterea si aliquid oritur & interit, alicui debet addi aliquid, & aliquid ab aliquo auferri: aut aliquid ex aliquo mutari. Ortus enim & interitus debet constare aliquo ex his quatuor modis: vt in denario, per ablationem vnitatis, fit quidem nouem, interit autem decem. Et rursus in nouenario per additionem vnitatis, fit quidem denarius, interit autem nouenarius. Et in iis quæ intereunt aut gignuntur per versionem ac mutationem, eadem est ratio. Sic enim interit quidem vinum, fit autem acetum. Si ergo quidquid oritur & interit, aut per additionem, aut per ablationem, aut per mutationem oritur & interit: quoniam ostendimus neque esse additionem, neque ablationem, neque mutationem, vi ac potestate ostendimus neque esse ortum nec interitum. Ad hæc accedit quòd id quod generatur & interit, debet tágere illud à quo interit, & id in quod mutatur. Nihil est autem tactus, vt ostensum est. Neque ergo potest consistere ortus aut interitus. Licet autem etiam primo loco dubitando dicere, quòd si fit seu oritur aliquid, aut fit id quod est, aut id quod nô est. Sed neque fit id quod non est: ei enim quod nô est, nihil accidit. Cui autem nihil accidit, neque vt fiat oriaturve accidit. Et aliter. Quod oritur seu generatur, patitur. Quod autem non est, nihil potest pati:

Ortum non esse probatur ex eo quòd nô sit têpus in quo res oriantur.

Ortum non esse probatur ex eo quòd nô sit motus.

Ortus et interitus reprobatur ex eo quòd nulla sit additio nec ablatio.

Crtus & interitus tollitur ex eo quòd nô sit tactus.

Non oritur quod est, neque quod non est.

eius

eius enim quod est, est pati. Non ergo sit aut oritur id quod non est. Sed neque id quod est. Iam enim est id quod est, neque opus habet ortu seu generatione. Nô ergo id quod est, generatur seu oritur. Sed si neque id quod est, neque id quod non est, gignitur seu oritur: præter hæc autem nihil tertium cogitare licet: nihil gignitur seu oritur. Aliter. In iis quæ cernuntur, considerantur alia quidem quæ gignuntur ex vno per mutationem: alia autem ex pluribus per compositionem. Et ex vno quidem per mutationé, quæ eadem manente essentia, ex alia aliam sumunt qualitatem: vt quando eodem manente humore in eadem multitudine, mustum quidem euanuerit, vinum autem factum fuerit: aut vinum quidem euanuerit, acetum autem extiterit. aut cera manente euanescit quidem durities, facta sit autê mollities, aut contrá. Ex pluribus autem per compositionem, vt catena quidem per alligationem circulorum seu annulorum: domus autem per coagmetationem lapidum: vestis autem per connexioné subtegminis & staminis. Si autem aliquid oritur etiam in iis quæ cadût sub intelligentiam, aut ex eo quod est, oritur aliquid, aut ex eo quod non est. Et ex eo quidem quod non est, nihil potest fieri. Oportet enim id quod gignit, alicuius habere essentiam, & aliquem motum suscipere. Quamobrem ex eo quod non est, non potest esse quod generatur. Sed neque ex eo quod est. Nam si ex eo quod est, gignitur aut fit aliquid, aut fit ex vno aut ex pluribus. Et gigni quidem non potest ex vno. Si enim fit seu generatur ex vno, fit aut dum augetur aut minuitur, aut manet in eodem. Sed fieri non potest vt idem augeatur & minuatur. neque potuerit aliquid effici seipso maius, aut aliquid idé effici seipso minus. Nam si seipso efficiatur amplius: quoniam nihil habet amplius præter se, ex eo quod non est, habet additionem. Sin autem seipso rursus minus, quoniam nihil habet sui quod pereat præter se, in id quod non est peribit. Nihil ergo potest fieri seu oriri ex eo quod augetur aut diminuitur. Sed neque quod gignitur erit in eo quod manet in ipso. Nam si ita sit, aut eo manête immutabili aliquid ex ipso generatur, aut eo mutato. Sed ex immutabili quidé, & quod semper similiter & eodem modo se habet, non potest aliquid gigni. est enim generatio quædam alteratio. Si autem ex mutato ac verso: aut in seipsum mutato fit quod generatur, aut in alterum. Et si quidé mutato in seipsum, quod aliquid gignit rursus manet idé. & manens idem, nihil generabit amplius. Sin autem vertatur in alterum: à propria substantia excedit quod vertitur & oritur: aut manet quidem in pro-

Gignuntur seu fiût res ex vno per mutationem, ex pluribus per compositionem.

Ex eo quod nõ est, nihil potest generari.

Ex eo quod est, nihil potest fieri aut generari.

Ex vno nihil potest oriri seu generari.

Nihil potest augeri aut minui.

Ex eo quod manet in seipso, nihil gignitur.

Ex immutabili nihil gignitur.

Ex mutato nihil gignitur.

propria substantia, aliam autem formam pro alia suscipiens oritur: vt cera quæ transformatur, & aliàs aliam formam suscipit. Sed si à propria quidem excedat substantia, in id quod non est interibit: & in id quod non est interiens, nihil generabit. Si autem manens in propria substantia, & aliam pro alia qualitatem suscipiens generatur, eadem existit dubitatio. Aut enim manente prima forma, & priore in ipso qualitate, fit secunda forma & secunda qualitas, aut non manete. Sed neque manente priore forma, fit secunda: neque non manente, vt prius ostendimus, quando considerabamus de patiente. Ergo nec ex vno fit quod oritur. Sed nec ex pluribus. Nam si duo coïerint, non orietur tertium duobus manentibus. Et rursus si tria coïerint, non orietur quartum tribus manentibus. De his autem dictum est accuratius, quando quærebamus de hominis substatia, ostendentes quòd homo neque est corpus, neque anima, neq; compositum. Quamobrem si neque ex vno est quod oritur seu generatur, nec ex pluribus: præter hæc autem nihil est; necessariò ex iis quæ sunt, nihil oritur seu gignitur. Sic quidem de ortu differunt dubitatores. Dogmatici autem non occurrentes ad sententiam, rursus confugiunt ad exempla quæ petuntur ex euidentia. Nam aqua quidem cùm sit calida, non sit autem frigida, fit frigida. & quod est æs, cùm non sit statua, fit statua. & ouum quidem potestate est pullus, actu autem nõ est ac perfectione: sed dicitur potestate esse pullus, ad hoc vt sit actu ac perfectione. Ergo & quod est, fieri gignique potest, & id quod non est. Deinde videmus ex homine gigni infantem: succum autem ex herba. Quo fit vt omnis oratio Dogmaticorum procedat ad euidentiam. Errant autem qui hæc dicunt, & non occurrunt ad propositum. Aqua enim calida, & quæ non est frigida, neque fit calida, eo quòd sit, neque frigida, eo quòd non sit. Præter esse autem nihil est. Ergo nec in aqua ortus est aliquis seu generatio. Et rursus neque fit æs, quoniã est æs: neque statua, quoniam non est. In iis quoque quæ sunt potestate & actu seu perfectione, eadẽ est ratio. Alioqui aut est aliquid amplius in eo quod est actu ac perfectione, quàm in eo quod est potestate, aut non est. Et si quidem nihil est amplius, eo ipso neque fit seu oritur, eò quòd sit potestate. Si autem est amplius, hoc fit ex eo quod non est. quod quidem est absurdum. At, inquiunt, infans oritur ex muliere grauida: & ex herba consistit succus. Et quid hoc, dicemus, ad id quod quæritur? Neque enim infans fit seu oritur cùm paritur, sed in apertum ex occulto ducitur. Neque succus: erat enim prius in herba,

Ex pluribus non fit id quod generatur.

In rerum ortu ac generatione Dogmatici confugiunt ad euidentiã. ἐντελεχεία

Aqua non fit calida nec frigida.
In aqua non est generatio.
In ære non est generatio.
Potentia & actu esse nihil est.

Infans nõ oritur cùm paritur, sed in apertũ profertur.

Succus in her- herba, & extra herbam egreſſus ſolum mutauit locum. Quomodo
ba non oritur, ergo eum qui ex tenebris prodiit in lucem, non dicimus gigni, fieri
ſed à loco tran- aut oriri, ſed à loco in locum tranſiuiſſe: eodem modo nec infantem
ſit ad locum. fieri aut gigni dicemus, ſed ex alio in alium tranſire locum. Nihil er-
Nihil interit. go gignitur ſeu oritur. eadem autem ratione nec interit. Si enim aliquid interit: aut id quod eſt, interit, aut id quod non eſt. Sed neque
quod nō eſt, interit. Nā quod interit, ad hoc vt non ſit interit. Quod
autem non eſt, cùm iam in eo ſit quòd non eſt, non opus habet vt ad
hoc tranſeat. Sed neque id quod eſt. Aut enim interit, manens in eo
quòd ſit, aut non manens. Et ſi manens quidem, ſimul erit & nō erit,
interibitque & non interibit. Si autem non manens, perit, & non
vtique quod eſt, ſed quod non eſt interit. Quamobrem ſi neq; quod
eſt, neque quod non eſt, interit: præter hæc autem nihil eſt: nihil interit. Quidam autem hærentes temporum ortui & interitui, ſic in-
Mortuum nō terrogant: Si mortuus eſt Socrates, aut mortuus eſt quando viuebat,
eſſe Socratem aut quando è vita exceſſit. Et viuens quidem non eſt mortuus. vtique
quomodo pro- enim viuebat. & viuēs non fuit mortuus. Sed neq; quando eſt mor-
batur. tuus. bis enim eſſet mortuus. Eadem autem vi ac virtute, ſed in diuerſo exemplo, Cronus hanc interrogauit orationem: Si interit pa-
Paries nun- ries, aut quando ſe inter ſe tangunt lapides & ſunt compacti, inte-
quam interit. rit, aut quando ſunt ſeparati ac diſiuncti. Sed neque quando ſe inter ſe tangunt & ſunt compacti, interit paries: neque quando ſunt ſeparati ac diſiuncti. Et oratio quidem eſt huiuſmodi. Duo enim ſunt
in cogitatione tempora, nempe & in quo ſe tangunt lapides & ſunt
compacti, & in quo ſunt ſeparati ac diſiuncti. Præter ea autē nullum
tertium poteſt tempus cogitari. Si ergo interit paries, in eorum altero debet interire. Sed in eo quidem in quo ſe inter ſe tangunt & ſunt
compacti lapides, nō poteſt interire. eſt enim adhuc paries. & ſi eſt,
non interit. Neque in eo in quo ſunt ſeiuncti & ſeparati. nō eſt enim
amplius paries. Quod autem non eſt, non poteſt interire. Si ergo neque quando ſe inter ſe tangunt lapides, interit paries, neque quando
ſunt ſeparati ac ſeiuncti, non interit paries. Sic quoque concipi po-
Quod oritur teſt interrogatio: Si aliquid oritur & interit, aut in tēpore in quo eſt,
& interit, nec oritur & interit, aut in tempore in quo non eſt. Et in eo quidē in quo
in tempore in nō eſt, nec oritur nec interit. Nam quatenus is eſt, nec oritur nec in-
quo eſt, nec in terit. Sed nec in eo in quo non eſt, eorum quidpiam ei euenerit. In
tempore in quo
non eſt, oritur eo enim in quo non eſt aliquid, neque pati poteſt quidpiam neque
aut interit. agere. Quod ſi ita eſt, nihil oritur nec interit. Atque hæc quidem
dicta

dicta sunt aduersus naturales Philosophos. Tempus est autê ad eos quoque transeundi, qui amplexi sunt eam partem Philosophiæ quæ versatur in moribus.

Sexti Empirici liber decimus.

Qvæ adversvs logicam & naturalem Philosophiæ partem, à Scepticis afferuntur dubitationes, prius persecuti sumus. Restat autê vt eas quoque subiiciamus quę afferri possunt aduersus eam quæ versatur in moribus. Sic enim vnusquisque nostrûm cùm perfectam ac scepticam seu considerantem acceperit affectionem, vt ait Timon, in quiete ac silentio facillimè semper viuet absque solicitudine ac motu, ea ratione *Sceptici viuunt absque metu & solicitudine.*

„ *Ad mala non tendens suauiloquæ sophia.*

Sed quoniã morum contemplationê omnes ferè vno consensu existimant versari in bonis & malis discernendis, vt qui eã primus visus est mouisse Socrates, præcepit quærere tanquã maximè necessariũ,

„ *Aedibus in nostris quæ praua aut recta gerantur.*

oportebit nos quoque statim in initio de hac cõsiderare differentia.

Quænam sit summa rerum vitæ differentia.

Omnes Philosophi qui ritè vidétur instituere, & præter omnes preclarissimè, veteres Academici, & Peripatetici, & prętereā Stoici, diuidentes solent dicere, ex iis quæ sunt alia quidem esse bona, alia verò mala, alia autê intermedia, quæ etiam dicunt indifferentia. aliis autê magis propriè Xenocrates. & singularis numeri vtens casibus, „dicebat: Quidquid est, aut bonum est, aut malum est, aut neque bo-„num est, neque malum. Et cùm cæteri Philosophi absque demõstratione hanc proferrent diuisionem, ipse visus simul quoque assumere „demonstrationê, dicebat: Nam si est aliquid separatum à rebus bo-„nis & malis, & neque bonis neque malis, illud aut est bonum, aut nõ „est bonum. Et si est quidem bonum, erit vnum ex tribus. Sinautem „non est bonum, aut est malum, aut neque bonum, neque malum. Si „autem est malum, rursus erit vnum ex tribus. Quidquid ergo est, aut bonum est, aut malum est, aut neq; bonum est neque malum. Vi autem ac potestate is quoque admisit diuisionê absque demonstratione. Quæ enim ad eam cõfirmandam assumpta est, non est alia quàm ipsa. Vnde si in se fidê continuerit demonstratio, ex se quoque fidem faciet

Ex iis quæ sunt, alia bona, alia mala, alia indifferentia.

Bonũ esse, & malum, & indifferens, quomodo probet Xenocrates.

Diuisio Xenocratis de bonis, malis, & indifferētibus, est absque demonstratione.

Z 2

faciet diuisio, vt quæ non differat à demonstratione. Sed tamen quamuis videatur inter omnes conuenire quòd sit triplex rerum differentia, nonnulli tamen differendo verba profundunt, confitentes quidem in rebus hanc esse differentiam, sophisticè autem se inuoluentes in exposita diuisione. Hoc autem sciemus si rem paulo altius repetierimus. Dicunt enim artium scriptores definitionem differre sola constructione ab eo quod est in genere, &, vt vocant vniuersale, cùm vi ac virtute sit eadem. & meritò. Nam qui dixit, Homo est animal rationis particeps mortale, vi quidem ac virtute idem dicit quod is qui dixit, Si quid est homo, illud est animal rationis particeps mortale. voce autem differt. Quòd autem hoc ita sit, est ex hoc perspicuum, quòd non solum vniuersale, vt vocant, comprehendat singularia, sed definitio quoque peruadat ad omnes species rei quæ definitur: vt definitio quidem hominis ad omnes homines in specie: equi autem definitio ad omnes equos. & si vnum positum sit falsum, vtrunque sit malum, nempe vniuersale & definitio. Cæterum vt hæc voce variantia, vi ac virtute sunt eadem, similiter perfecta quoque, inquiunt, diuisio vim habens vniuersalem, constructione differt ab vniuersali. Qui enim hoc modo diuidit, Ex hominibus alij quidem sunt Græci, alij verò Barbari, tantundè dicit atque hoc, Si aliqui sunt homines, illi sunt aut Græci, aut Barbari. Nam si inueniatur aliquis homo, qui neque sit Græcus nec Barbarus, necesse est vt mala quidè sit diuisio, falsum autem sit vniuersale. Quamobrem id quoq; quod sic dicitur, Ex iis quæ sunt, alia quidem sunt bona, alia verò mala, alia autem intermedia, perinde est ex Chrysippi sententia ac hoc vniuersale, Si sunt aliqua quæ sunt, illa sunt aut bona, aut mala, aut indifferentia. Hoc autem vniuersale est falsum, si aliquid falsum ei subijciatur. Si duæ enim, inquit, res subijciantur, altera quidem bona, altera verò mala, aut altera quidem bona, altera verò indifferens, aut mala aut indifferens, illud quidem Ex iis quæ sunt, aliud quidem est bonũ, verum est: hoc autem, Hæc sunt bona, est falsum. non enim sunt bona: sed alterum quidem bonum, alterum verò malum. Et illud, Hæc sunt mala, rursus falsum. non enim sunt mala, sed alterum eorum. Similiter autem in indifferentibus. falsum est enim, hæc sunt indifferentia, vt hoc quoque, Hæc sunt bona vel mala. Atq; huiusmodi quidem est hæc obiectio. Videtur autem non tangere Xenocratẽ, propterea quòd non sit vsus casibus pluralibus. Quo fit vt in indicandis iis quæ sunt diuersi generis, falsa facta fuerit diuisio. Alij autem illam quoque

Definitio differt sola constructione ab eo quod est in genere et vniuersale.

Diuisio perfecta vim habens vniuersalem, constructione differt ab vniuersali.

quoque fecerunt obiectionem: Omnis, inquiunt, recta diuisio est generis sectio in propinquas species. Et ideo mala est hæc diuisio, Ex hominibus alij quidem sunt Grçci, alij verò AEgyptij, alij verò Persæ, alij verò Indi. Aliarum enim propinquarum specierũ non ea quæ est coniugans & proxima species ex aduerso opponitur, sed multæ eius species. cùm oporteret sic dicere: Ex hominibus alij quidẽ sunt Græci, alij verò Barbari, & deinde per subdiuisionem, Ex Barbaris alij quidẽ sunt AEgyptij, alij verò Persæ, alij autem Indi. Quod quidem est etiam in eorum quæ sunt diuisione. Nam quæ sunt bona & mala, nobis sunt differentia. Quæ autem inter bona & mala sunt intermedia, sunt nobis indifferentia. Oporteret ergo diuisionem non se sic habere, sed potius hoc modo. Ex iis quæ sunt, alia quidem sunt indifferentia: alia verò differentia. Ex differentibus autem alia quidẽ sunt bona, alia verò mala. Est enim hæc diuisio similis ei quæ dicit, Ex hominibus alii quidem sunt Grçci, alii verò Barbari. Ex Barbaris autem alii quidem AEgyptii, alii verò Persæ, alii verò Indi. Quæ autem fuit exposita, est similis huic, Ex hominibus alii quidẽ sunt Grçci, alii verò AEgyptii, alii autem Persæ, alii verò Indi. Sed de his quidem obiectionibus non est nunc necesse prolixa vti oratione. Illud autem fortasse prius cõueniet explicare & distinguere, quod Est duo significat, & vnum quidem, alicuius esse essentiam: vt in prçsentia dicimus, Dies est, id est Diei nunc est essentia. Alterum autem est, vt Dies apparet. vt nonnulli Mathematici sæpe solent dicere, Quod inter aliqua duo astra est interuallum, est cubitale, quasi dicant, Appareret, non autem est omnino. Nam fortasse quidẽ est centum stadiorum: apparet autem vnius cubiti propter altitudinem, & propter visus distantiam. Cùm autem hæc particula Est, sit duplex: quando sceptice seu considerando dicimus, Ex iis quæ sunt, alia quidem sunt bona, alia verò mala, alia intermedia: illud Sunt, ibi locamus non vt quod significet essentiam, sed apparitionem. Nam de bonorum & malorum & neutrorum secundum naturam substantia, est nobis satis magnum certamen aduersus Dogmaticos: Quòd autem ad id attinet quod apparet vnumquodque, solemus appellare bonũ vel malum vel indifferens: vt etiam in populis videtur Timon id declarare, cùm dicit,

> *Dico etenim, mihi quòd quidam sermo esse videtur,*
> *Qui iudex veri & regula recta fiet,*
> *Quòd natura fiet diuina, bonum quoque semper,*

Diuisio recta est generis in propinquas species.

Diuisio bonorum & malorum & indifferentium non rectè facta.

Est duo significat, & essentiam & apparitionem.

De bonis & malis quid dicat Timon.

Vita æqua & constans ex quibus est homini.

Posita ergo eo quo prius ostendimus modo, prius dicta diuisione, videamus quid sit sentiendum de iis quæ sunt in ipsa, à notione ducentes initium.

Quid sit bonum, malum, & indifferens.

CVM contradictio quæ à nobis hoc in loco tractatur aduersus Dogmaticos, præcipuam habeat parte in discernendis bonis & malis, oportebit ante omnia eorum statuere notioné. Ex sapientis enim Epicuri sententia, neque quærere licet neque dubitare absque anticipata notione. Atque Stoici quidem communibus, vt ita dicam, hærentes notionibus, bonum hoc modo definiunt: Bonum est vtilitas, aut non diuersum ab vtilitate. Vtilitatem quidem dicentes virtutem & quæ est ex virtute actionem: ab vtilitate autem non diuersum hominem bonum & amicum. Nam virtus quidé, cùm sit quodammodo affecta pars animæ tenens principatum, & bona quædam ex virtute operatio, apertè est vtilitas. Bonus quoq; homo & amicus, cùm rursus sint ipsi quoque ex bonis, neque dici debent vtilitas, neque diuersi ab vtilitate propter hanc causam. Partes enim, aiunt Stoici, neque eædem sunt quæ tota, neque diuersæ à totis: vt manus neque eadem est quæ totus homo. Non est enim manus totus homo, neque diuersa à toto. Nam cum tota manu totus intelligitur homo. Quoniam ergo viri boni & amici pars est virtus: partes autem neque eædem sunt quę tota, neque diuersæ à totis, dictus fuit vir bonus & amicus non diuersus ab vtilitate. Quo fit vt vniuersum bonum definitione sit comprehensum, siue à recto sit vtilitas, siue non sit diuersum ab vtilitate. Hinc etiam ex consequentia cùm trifariam bonum dixerint appellari, vnumquodque significatum rursus describunt propria mentis conceptione. Dicitur enim bonū, inquiunt, vno quidem modo, id ex quo & à quo licet iuuari, quod quidé in primis & præcipuè est virtus. Ab ea enim, tanquam ab aliquo fonte, naturaliter vniuersa oritur vtilitas. Alio autem dicitur id per quod accidit vt iuuemur. Ita non solùm virtutes dicentur bona, sed etiam quæ fiunt ex eis actiones, siquidem per eas quoque accidit vt iuuemur. Tertio autē & vltimo modo dicitur bonum, quod potest iuuare, comprehédente hac definitione & virtutes, & ex virtute actiones, & amicos & bonos viros, Deosque & bonos dæmones. Quamobrem non pariter dicitur apud Platonem & Xenocratem multis modis nominari bonum, & apud

Absque notione anticipata neque dubitare licet, neque quærere, vt vult Epicurus.
Bonum quomodo definiat Stoici.
Virtus est vtilitas.
Vir bonus et amicus non diuersi ab vtilitate.
Partes neque sunt tota, nec diuersa à totis, vt volunt Stoici.

Bonum à quo & ex quo licet iuuari.
Bonum per quod accidit vt iuuemur.
Bonum quod potest iuuare.

apud Stoicos. Illi enim quando dicunt aliter dici bonum, ideam, & aliter quod est ideæ particeps, significata exponunt & multum inter se distantia, & quæ nihil habent inter se commune: cuiusmodi quidpiam consideramus etiam in voce Canis. Quomodo enim ex ea significatur quidem casus, sub quem cadit animal latrans: & præterea sub quem animal aquatile: & præterea sub quem Philosophus: quinetiam sub quem astrum. Nihil autem inter se commune habent eiusmodi casus: neque in secundo continetur primus, nec in tertio secundus: ita etiam dicendo bonum ideam, & id quod est ideæ particeps, est quidem expositio significatorum, sed separatorum, & quæ nulla habent comprehensionem. Atque tales quidé, vt prius dixi, fuerunt antiquiores. Stoici autem volunt in boni appellatione secundum significatum primum comprehendere, & tertium duo. Fuerunt autê qui dicerent bonum esse quod per se est eligendum. Alij autem sic: Bonum est quod confert ad beatitudinem. Alij autê, quod complet fœlicitatem. Beatitudo autem seu fœlicitas est, vt definierunt Zeno Cleanthes & Chrysippus, bonus vitæ fluxus. Atque boni quidé definitionis genus est huiusmodi. Solent autem nonnulli, cùm bonum dicatur tribus modis, ad primi significati definitionem protinus inquirere, quatenus dicit, Bonû est ex quo aut à quo licet iuuari: quòd si re vera bonum est à quo licet iuuari, solam in genere virtutem dicendum sit esse bonum. ab ea enim sola accidit iuuari: à definitione autem excidere vnamquanque ex iis quæ sunt in specie: vtpote prudétiam & temperantiam, & cæteras. à nulla enim earum accidit hoc ipsum iuuare ac prodesse: sed à prudentia quidem prouidere, & non communiter prodesse. Si enim hoc ipsum accidit iuuare & prodesse, non erit definitè prudentia, sed virtus in genere. A temperantia autem, vt fert eius prædicatum, temperantem esse ac moderatum, non commune prodesse. & in cæteris conuenienter. Qui autem huic resistunt reprehésioni, hoc dicunt. Quando dicimus, Bonum est, à quo accidit aliquid iuuari, perinde est ac si dicamus, Bonum est à quo accidit aliquid iuuari eorum quæ sunt in vita. Sic enim etiam vnaquæq; earum quæ sunt in specie virtutum, bonum erit, communiter quidé iuuare & prodesse non afferens, præbens autem aliquid eorum quæ versantur in iuuando: vt alia quidem, prouidere, vt prudentia: alia autem, esse temperantem ac moderatum, vt temperantia. Ii autem volentes, vt qui respondeant, priorem effugere reprehensionem: in aliã sunt deuoluti. Si enim horum quæ dicuntur bonorum, alterum est

quo

Bonum apud Platonem & Xenocratê dicitur & idea boni, & id quod est ideæ particeps.

Canis significata inter se distantia.

Bonum idea, & bonû ideæ particeps nullam habet comprehensionem.

Boni aliquot definitiones.

Beatitudo quid sit.

Virtus sola in genere est bonum.

quo accidit vt aliquid iuuetur eorum quæ sunt in vita, virtus in genere cùm sit bonum, non cadet in hanc definitionem. Non enim ab ea accidit aliquid eorum quibus vita iuuetur. Alia quoque dici solent aduersus has definitiones, affinia dogmaticæ curiositati. Nobis autē sufficit oftendere, quòd qui bonum dicit id quod prodeft, aut quod est propter se eligendum, aut quod confert ad foelicitatē, aut qui aliqua huiusmodi ratione definit, non docet id quod est bonū, sed often

Bonum est quod prodest. dit id quod accidit. Iam enim quòd prosit quidem bonum, & quòd sit eligendum quatenus est bonum, dictum est. & quòd cuiusmodicunque sit bonū, id sit efficiens beatitudinis, concedunt omnes. Sed

Quid sit quod prodest, dubitatur. si præter hæc inquiratur quidnam sit hoc quod prodest, & quod propter se est eligendum, & efficiens beatitudinis, non vtique consentient, etiam si prius communi consensu dicerent id esse quod prodest & quod propter se est eligendum, sed res redibit ad bellum irreconciliabile, cùm alius quidem dicat virtutem, alius verò voluptatem, alius verò doloris vacuitatem, alius verò aliquid ex differentibus. Si autem oftenderetur ex prius dictis definitionibus quod sit bonum, non seditionem inter se agitarent, tanquam boni ignoraretur natura.

Boni definitiones non docent quid sit bonum, sed quid bono accidat. Expositæ ergo definitiones non docent quod sit bonum, sed quod bono accidat. Quamobrem nō in hoc solùm se improbè gerunt, sed etiam in eo quòd rem cupiant quæ non potest fieri. Qui enim ex iis quæ sunt aliquid ignorat, nec scire potest quid illi accidat: vt qui ei

Hinniens est equi accidens. qui nescit quid sit equus, dicit, Equus est animal hinniens, non docet quid sit equus. Is enim qui ignorat equum, ignorat etiā quid sit hinniens, quod quidem erat equi accidens. Et ei qui non comprehēdit

Mugiens non ostendit bouē. quid sit bos, is qui pronuntiat, Bos est animal mugiens: non ostendit bouem. Is enim qui eum non nouit, simul etiam non comprehendit mugire, quod est accidens bouis. Igitur ei qui bonum mente nō concepit, temere & inutiliter dicitur, quòd bonum est quod est eligendum & quod prodest. Primùm enim est discenda ipsius boni natura: deinde tunc scire oportet quòd prosit, & quòd sit eligendum & efficiens foelicitatis. Propter eam autem ignoratam tales definitiones non docent quod quæritur. Exempli autem causa hæc dicta esse sufficiet de boni intelligentia. ex quibus, vt opinor, sunt manifesta etiā

Malum bono contrariū, nempe noxa. quæ de malo artificiosè traduntur ab iis qui sunt diuersæ sententiæ. Malum enim est quod est bono contrarium, quod quidem est noxa,

Vitiū et mala actio est noxa. vel non diuersum à noxa. Et noxa quidem, sicut & vitium, est etiam mala actio. non est autem aliud à noxa, sicut vir malus & inimicus.

Inter

Inter hæc autem, bonum, inquam, & malum, est etiam quod nominabatur indifferens, quòd neutro modo se habeat. Quænam autem sit vis harum definitionum, & quænam sint dicenda aduersus definitiones, licet discere ex iis quæ dicuntur de bono. Nunc autem his prius constitutis transeamus ad considerandum, an quomodo mente concipitur aliquod bonum & malum, ita etiã esse possit natura. Atque quòd non satis quidem firmè ac validè descripserint Dogmatici boni & mali notionem, prius sumus ratiocinati. Vt foelicius autem nos quoque simul nos conferamus ad tractadum de eius essentia, satis est dicere, quòd omnes homines, vt dicebat etiam AEnesidemus, bonũ existimantes id quod eos capit, cuiusmodicunque sit, inter se pugnantia de eo ferunt iudicia. & quomodo, exempli causa, consentientes esse corpoream aliquam formæ pulchritudinem, de formosa ac pulcha muliere dissident, præferente quidem AEthiope nasi simitatem & nigrorem: Persa autem commendante nasi aduncitatem & alborem: alio autem dicente omnibus esse pulchriorem, quæ & in figura & in colore est mediocris: eodem modo communi etiam & anticipata notione opinantes esse aliquod bonum & malum, & vulgus & Philosophi: bonum quidem quod eos capit & iuuat, malum autem quòd secus se habet, de specie inter se pugnant.

Bonum existimantes omnes homines id quod eos capit, de eo pugnatia ferunt iudicia.
De pulchritudine dissident homines.

„ *Namque aliis alius delectatur mage factis.*
& vt dicit Archilochus, Alius propter aliud factũ maiori lætitia perfunditur. siquidem alius gloriam amplectitur, alius diuitias, alius bonam existimationem, alius autem voluptatem. Eadem est ratio etiã in Philosophis. Nam Academici quidem & Peripatetici dicunt esse tria genera bonorum: & alia quidem esse in anima: alia verò in corpore: alia autem extra animam & corpus. Atque in anima quidẽ esse virtutes: in corpore autem sanitatem & bonam habitudinem, vigentesque & bene affectos sensus, & quidquid est eiusmodi. Extra animam autem & corpus, diuitias, patriam, parentes, liberos, amicos, & similia. Stoici autem dixerunt ipsi quoque esse tria genera bonorũ, sed non similiter. Ex iis enim alia quidem esse in anima: alia autem extra: alia autem neque in anima, neque extra, eximetes genus à bonis corporis, vt quæ non sint bona. Et in anima quidem dicunt esse virtutes & bonas actiones: extra autem esse & amicum & virum bonum: & bonos liberos, & parentes, & similia. Neque autem in anima neque extra ipsum esse bonum virum, quod ad se attinet. Neque enim fieri potest vt ipse sit extra se: neque in anima. constat enim ex

Tria bonorũ genera dicunt Peripatetici.
Stoici quomodo dicant tria genera bonorum.
Genus Stoici eximunt à bonis.

anima & corpore. Sunt autem qui tantum abest vt genus eximant à bonis corporis, vt etiam in ipsis bonum reliquerint præcipuum: cu-

Voluptas carnis. iusmodi sunt qui carnis amplectutur voluptatem. Ne autem videamur nimis fusa & prolixa vti oratione, ostendentes non conuenire atque adeò pugnare hominũ de bono & malo iudicium, in vno tanquam exemplo, nempe in sanitate, rem explicabimus, quoniã de ea

Sanitas sitne bonum. solemus loqui frequentius. Sanitatem ergo alii quidem bonum existimant, alii autem non bonum. Et ex iis qui eam bonum existimant, alii quidẽ eam maximum dixerunt bonum, alii autem non maximũ. Ex iis verò qui non bonum dixerunt, alii quidem indifferens præcipuum ac præpositum: alii autem indifferens quidem, sed non præcipuum ac præpositum. Atque hoc quidem primum bonum dixerunt, nempe sanitatem, non pauci tam Poëtæ quàm qui soluta scripserunt

Simonides Lyricus. oratione. Nam Simonides quidem Lyricus dicit, Præclaræ sapientiæ ne esse quidem gratiam, nisi quis honestam habeat sanitatem. Licymnius cùm hæc prius dixisset:

,, *O nitidis es quæ oculis mater Apollinis*
,, *Sublimium ædium, regina optabilis,*
,, *Et dulce ridens sanitas:* quàm excelsum statim subiungit?
,, *Quædam est opum, quædam parentum est gratia,*
,, *Aequiparatur quodque Diũ humani imperij,*
,, *Beatus absque te esse sed nemo potest.*

Herophilus in Diætetico. Herophilus quoque dicit in Diætetico, nõ demonstrari posse sapientiam, artemque esse incertam & obscuram, viresque nõ posse decertare, opesque esse inutiles, infirmamque & imbecillam eloquentiã, si absit sanitas. Atque ij quidem sic. Dicebant autem eam esse bonum, non tamen primũ Academici & Peripatetici. Dicebant enim vnicuique bono tribuẽdum esse suum ordinem ac dignitatem. Hinc

Bonorum differentia quomodo cognoscatur ex Crantore. Crantor volens nos deducere ad eius quod dicitur maiorem euidentiam, admodum eleganti & lepido vsus est exemplo. Si, inquit, nobis in mentem venerit aliquod commune & publicum omnium Græcorum theatrum: & ad id accedere vnumquodque bonum primas partes sibi vendicans, statim etiam deducemur ad notionem differentiæ bonorum. Nam primùm quidem diuitiæ se ingerentes dicent, Ego,

Diuitiæ primas partes sibi vendicant. ô præclare Græcorum cœtus, ornatum præbens hominibus, & vestes, & calceos, & alia quibus vtantur: sum vtilis & ægrotis & sanis: & in pace quidem præbeo quæ sunt iucunda ac delectabilia: in bello autem sum nerui rerum gerẽdarum. Hęc verba cùm audiisset vniuersus

ADVERSVS MATHEMATICOS.

uersus Græcorum cœtus, vnanimes vno ore iubent vt primæ dentur diuitiis. Sed cùm iam id publico proclamaretur præconio, accedens voluptas

> *Adfuit huic & amor, desiderium, atque venustus*
> *Qui possit quamuis prudentes fallere, sermo.*

Voluptas primas partes sibi vendicat.

Dixit autem prodiens in medium, æquum esse vt ipsa publico renuntiaretur præconio. Diuitiæ enim, inquit, non sunt firmæ ac stabiles, sed vix vno die durant, ab ædibusque auolant cùm exiguo tempore floruerint. Eas autē persequuntur homines, non propter se, sed propter eam quæ ex ipsis accedit voluptatem & delectationem. Græci autem omnes omnino non aliter quàm sic rem se habere existimantes, clamabunt oportere coronare voluptatem. Sed cùm ea quoque iam esset acceptura præmium, ingressa est sanitas cum deabus quæ illi assidet, docetque neque voluptatis neque diuitiarum vllum esse vsum si ipsa absit. Quid mihi in morbo prosunt diuitiæ? Mallem non multum habens vnde viuam quotidiē, tristitię ac mœroris expertem vitam agere, quàm diues ægrotare. Cùm eam rursus audiissent Græci, & accepissent quòd in lecto decumbens & ægrotans non possit consistere fœlicitas, dicebant vincere sanitatem. Sed cùm iam vinceret sanitas, & ingressa esset fortis & excelsi animi virtus, fortiū virorum & Heroum eam magna stipante caterua, & dixisset, Si nō adsim, bonorum quæ sunt apud vos aliena erit possessio, optarintque hostes vos abundare bonis omnibus, vt qui sint vos superaturi. Ergo his quoque auditis, Græci primas quidem partes dabunt virtuti: secundas autem sanitati: tertias verò voluptati: in vltimo autem loco collocabunt diuitias. Atque Crantor quidem in secūdo loco posuit sanitatem, sequens Philosophos quos prius diximus. Non bonum autem eam dixerunt Stoici, sed indifferentem. Indifferens autem dici potest esse tribus modis. Vno quidem modo id ad quod nulla fertur appetitio, neque incitat occasio: vt quòd sint stellæ pares aut impares, aut capilli in capite. Secundo autē modo, ad quod fertur quidem appetitio, & incitat occasio, sed non magis ad hoc quàm ad illud: vt in duabus drachmis quæ non differunt charactere ac splendore, cùm oportuerit alteram earum eligere, non magis ad hanc quàm ad alteram tendit appetitio, aut incitat occasio. Tertio autem & vltimo modo dicunt esse indifferens, quod neque confert ad fœlicitatē, neque ad infœlicitatē. In quo significato dicunt & sanitatem & morbum, & omnia corporea, & plurima externa esse indifferentia: pro-

Sanitas primas partes sibi vendicat.

Fortitudo seu magni animi virtus primas sibi vendicat.

Sanitas secundū stoicos, non bonum, sed indifferens.

Indifferens quot modis dicitur.

pterea

pterea quòd nec tendant ad foelicitatem nec ad infoelicitatē. Id enim
est indifferens, quo licet bene vti & malè. Virtute autem semper bene, vitio autem malè, sanitate autem & iis quæ pertinent ad corpus,
aliquando quidem bene, aliquando verò male vti licet. & ideo hæc
posteriora sunt indifferentia. Iam verò ex his indifferentibus, alia
quidem dicunt esse præcipua ac præposita: alia verò reiecta ac reiectanea: alia autē neque præcipua ac præposita, neque reiecta ac reiectanea. Et præcipua quidē ac præposita esse, quæ satis habent digni-
tatis. Reiecta autē seu reiectanea, quę satis habent indignitatis. Non
esse autem præcipua ac præposita, neque rursus esse reiectanea, vt
extendere & inflectere digitum, & quidquid est huic simile. In præ-
cipuorum autem ac præpositorum numerum referri quidem sanitatē
viresque ac pulchritudinem, diuitiasque & gloriam, & his similia. In
iis autem quę sunt reiectanea, morbum, paupertatem, & dolorem, &
quæ his proportione conueniunt. Sic quidem Stoici. Non esse autem indifferens præcipuum, sanitatem, & quidquid est ei simile, dixit
Ariston Chius. Perinde est enim eam dicere indifferens præcipuum
ac præpositum, atque censere eam esse bonum, & propemodum differre tantùm nomine. In summa enim, indifferentia quæ sunt inter
virtutem & vitium, nullam habere diuersitatem. neque aliqua quidē
esse natura præcipua ac producta, aliqua verò reiectanea, sed ex diuersis temporum circunstantiis. neque quæ dicuntur esse præcipua
ac præposita, omnino esse præcipua ac præposita: neque quæ dicuntur esse reiectanea, necessariò esse huiusmodi. Si ergo oporteat eos
quidem qui sunt sani ministrare Tyranno, & ideo tolli de medio: eos
verò qui ægrotant, liberatos à ministerio simul etiam liberari ab oc-
cisione, elegerit sapiens potius ægrotare hoc tempore quàm esse sanum. Et hac ratione neque sanitas est omnino præcipuum ac præpositum: neque morbus reiectaneum. Quomodo ergo in scribēdis no
minibus alij alia præponimus elemēta, ea pro diuersis componentes
circunstantiis: & D quidem præponimus quando scribimus nomen
Dionis: I autem, quando Iouis: O autem, quando Orionis: non
quòd natura aliæ aliis præponantur, sed quòd tempora hoc nos co-
gant facere: ita etiam in rebus quæ sunt inter virtutem & vitia, nō est
aliqua naturalis aliarum aliis prælatio, sed potius quòd ita accidat.
Atque cùm ex his quidem ostensa sit, veluti quodam subiecto exemplo, anticipata notio de bonis & malis & etiam de indifferentibus,
deinceps oportebit ea attingere quæ ad propositum dicuntur à Scepticis.

Indifferentiū alia præposita quæ προηγμένα dicūtur, alia ἀποπροηγμένα, id est reiecta.

Sanitatem nō esse præcipuū indifferens dixit Ariston Chius.

pticis. Si est ergo aliquod natura bonum, & est aliquod natura malū, id debet esse commune omnium, & omnibus esse bonum vel malū. Quomodo enim ignis habens natura vim calefaciendi, omnes calefacit, & non alios quidem calefacit, alios verò refrigerat: ita quod natura est bonum, debet omnibus esse bonum, & non aliis quidem bonum, aliis verò non bonum. Quamobrem Plato quoque probans Deum esse natura bonum, argumentatus est à similibus. Quomodo enim, inquit, calidi est proprium calefacere, & frigidi proprium est frigefacere: ita etiam boni proprium est bene facere. Bonum est autem Deus: est ergo Dei proprium bene facere. Quamobrē si est aliquid natura bonum, hoc aduersus omnes bonum est. Et si est aliquid natura malum, hoc aduersus omnes est malum. Nihil est autem omnium cōmune bonum aut malum, vt ostendemus. Non est ergo aliquid natura bonum aut malum. Aut enim omne quod quispiam opinatur bonum, dicēdum est verè esse bonum, aut non omne. Et omne quidem non est dicendum. Si enim omne quod quisquam opinatur bonum, dixerimus bonum: quoniam idem alius opinatur malum, & alius bonum, & differēs opinatur indifferens, dabit quidem idem simul esse & malum & bonum & indifferens: vt, exempli causa, voluptatem Epicurus quidem dicit esse bonum: qui autem dixit,

„ *Insaniam magis quàm gaudeam,* malum. Stoici autē indifferens & nō præcipuum. Sed Cleanthes quidem nec eam esse natura, nec eam in vita habere dignitatē, quomodo nec fucatorium pigmentum esse secundum naturā. Archedemus autem dicit esse quidem secundū naturam, vt pilos sub ala, non habere autem dignitatem & existimationem. Panætius autē dicebat aliqua quidem esse secundum naturam: aliqua autem præter naturam. Si ergo quidquid alicui videtur bonum, id omnino est bonum: quoniam voluptas Epicuro quidē videtur bonum, alicui autem Cynico malum, alicui verò Stoico indifferens, erit voluptas simul bonum & malum & indifferens. Non ergo quidquid alicui videtur bonum aut malum, id dicēdum est esse bonum aut malum. Si autem quod alicui videtur bonum, est etiam omnino bonum: debemus esse præditi vi comprehendendi, & posse discernere differentiam in iis quorum suscipitur opinio: vt dicamus id quod iste opinatur bonum, esse re vera bonum: quod autē ille opinatur bonum, non esse natura bonum. Aut ergo per euidentiam euenit hanc capi differentiam, aut per aliquam rationem. Sed fieri quidem non potest vt capiatur per euidētiam. Quidquid enim incurrit

Bonum debet esse omnibus commune.
Malum natura debet esse omnibus malum.
Deum esse natura bonū, quomodo probet Plato.

Nullum est omnium commune bonū & malum.

Voluptatem Epicurus dicit bonum.
καλ̓ ωὐ̓δὲν.
Cleanthes voluptatem dicit non esse naturā.
De voluptate varij variè sentiunt.

Boni non capitur differentia per euidentiam.

per

per euidentiam,communiter & vno eodemque consensu capitur,ab iis qui minimè impeditas habent apprehensiones: vt licet videre in omnibus ferè quæ apparent. Non autem communi consensu idem dicitur esse bonum omnibus:sed aliis quidem virtus,& quod est eius particeps : aliis verò voluptas : aliis autem doloris vacuitas : aliis autem aliquid aliud. Non ergo euidenter incurrit in omnes quod verè est bonum. Si autem capitur ratione : quoniam vnusquisque eorum omnium qui de diuersis sectis gloriantur, propriam habet rationem : & aliam quidem Zeno, per quam virtutem esse bonum est opinatus:aliam autem Epicurus,per quam voluptatem. non eandem autem Aristoteles, per quam, sanitatem, rursus vnusquisque proprium adducet quod non est in natura bonum, neque commune omnium. Nullum ergo est natura bonum. Si enim quod est vniuscuiusque proprium, non est bonum omnium, neque natura : præter proprium autē vniuscuiusque bonum, nullum est communi consensu bonum : nullum est ergo bonum. Præterea si est aliquod bonum,id propria ratione debet esse eligendum:quoniam quilibet homo eligit id assequi, sicut etiam malum fugere. Nihil autem est eligendum propria ratione vt eligendum, vt ostendemus. Non est ergo aliquod bonum. Si enim est aliquid propria ratione eligendum, aut ipsum eligere est eligendum, aut aliquid præter hoc: vt eligere diuitias est eligendum:aut ipsæ diuitiæ sunt eligendæ. Et ipsum quidem eligere non est eligendum. Si enim eligere est eligendum propria ratione, non debemus studium ponere vt assequamur quod eligimus, ne ab eo excidamus vt eligamus amplius. Quomodo enim bibere aut comesse est eligendum, ne cùm biberimus aut comederimus, excidamus ab eo vt amplius velimus bibere aut comesse : ita si eligere diuitias aut sanitatē est eligendum, non oporteret nos persequi diuitias aut sanitatem : ne ea assecuti,ab eo excidamus vt eligamus amplius. Persequimur autem eorum consecutionem : non est ergo eligendum eligere, sed potius fugiendum. Et quomodo is qui amat, studet vt potiatur ea quam amat, vt fugiat eam quę est in amando molestiam:& sitiens festinat bibere,vt fugiat tormentum sitis:ita qui in eligendis diuitiis molestia afficitur, eligendo properat assequi diuitias, vt liberetur ab eo vt amplius eligat. Si est autē aliquid aliud eligendum quàm ipsum eligere, aut est ex iis quæ sunt à nobis separata, aut ex iis quæ sunt in nobis. Et si est quidem à nobis separatum & extrà, aut aliquid in nos, ab eo accidit, aut nihil accidit. Accidit autem

Bonum nō capitur ratione.

Bonū propria rationē debet esse eligēdum.

Ipsum eligere sitne eligendū.

Nullum est bonum & eligendum ex iis quæ sunt extrà.

tem vt ab amico, aut à viro bono, aut à filio, aut ab aliquo alio ex iis
quæ extra dicuntur esse bona : aut accidit aliqua in nos ab eo motio,
aut aliquis gratus & acceptus status, & bona affectio : aut nihil accidit eiusmodi: neque sumus in differenti motione quando amicū existimamus eligendum aut filium. Etsi nihil quidē omnino in nos existit huiusmodi: neque erit omnino quod extra est nobis eligendum.
Quomodo enim eius ad quod mobiliter afficimur, fieri potest vt faciamus electionem? Nam alioqui si delectabile quidem intelligitur
ex eo quòd nos ab ipso delectemur, molestum autē ex eo quòd molestia afficiamur: bonum autem, nempe ἀγαθὸν, ἀπὸ τ᾽ ἄγασθαι, id est ab
eo quod laudamus & admiramur: sequitur vt id à quo nobis non ingeneratur lætitia ac delectatio, neque admirabilis & laudabilis affectio, neque iucunda & voluntariè suscepta aliqua motio, ex eo neq;
ingeneretur electio. Si autem ab aliquo quod extra est, vtpote amico aut filio, in nos sit iucunda aliqua cōstitutio, aut lubenter suscepta
affectio, erit non propter se eligendus amicus aut filius, sed propter
iucundam hanc constitutionem, lubenterque ac voluntariè susceptā
affectionem. Sed erat quidem eiusmodi constitutio, non extra, sed in
nobis. Nihil ergo ex iis quæ sunt extra, est propter se eligendum aut
bonum. Sed neque ex iis quæ sunt in nobis, est eligendum aut bonū,
Aut enim hoc est corporeum, aut animale. Sed corporeum quidem
solum non fuerit. Si enim ponatur solum corporeum & non animę,
effugiet nostram cognitionem. est enim omnis cognitio animæ. &
est par externis subiectis, & quæ nullam habent cum nobis sympathiam ac consensionem. Si autem habet aliquid iucundum & gratū
quod pertingit vsque ad animā, ex eo erit eligendum & bonum, non
autē quatenus est solummodo motio corporea. Quidquid est enim
eligendum, iudicatur sensu aut intelligentia, non autem corpore experte rationis. Si ergo qui eligendum capit sensus, aut animæ cogitatio, est propria ratione : nihil ergo ex iis quæ accidunt in corpore,
est propter se eligendum aut bonum. Si autem sit ex iis quæ sunt in
anima, id rursus deuoluitur ad eam quæ ab initio fuit dubitationem.
Nam cùm vniuscuiusque cogitatio habeat iudicia quæ minimè conueniunt cum cogitatione proximi, necesse est vt vnusquisque existimet id esse bonum quod sibi videtur. Non est autem quod vnicuiq;
videtur bonum, natura bonum. Nec hac ergo ratione est aliquid bonum. Eadem autem est ratio etiam de malo. In boni enim inquisitione id vi ac potestate traditum est. Primum quidem, quoniam cùm
alterum

Bonum cur græcè dicatur ἀγαθὸν.

Nullum est bonum & eligendum ex iis quæ sunt in nobis.

Cognitio est animæ, & par externis subiectis.

Ex iis quæ sunt in corpore, nihil est eligendum.

Ex iis quæ sunt in anima, nihil est bonū & eligendum.

alterum tollitur, simul etiam tollitur alterum, vtrunque enim intelligitur ex habitudine & relatione ad alterum. Deinde quoniam rursus licet etiam primò in vno exemplo confirmare quod dicitur, vtpote insipientia, quam solam esse malum dicunt Stoici: Si enim natura malum est insipientia, sicut contingit quomodo calidum cognoscitur esse calidum naturaliter, à quòd qui ad id accesserint calefiant: & frigidum ex eo quòd frigefaciant: ita etiam insipientiam, cùm sit natura malum, cognosci ex eo quòd malè afficiatur. Aut ergo qui dicuntur insipientes, malè afficiuntur ab insipientia, aut sapientes. Sed sapientes quidem non malè afficiuntur, sunt enim extra insipientiam. à malo autem quod eis non adest, sed est ab eis separatum, malè affici non potuerint. Si autem insipientes malè afficit insipientia, aut cùm sit ante ipsos, eos malè afficit, aut latens & non euidens. Et latens quidem & non euidens minimè eos malè afficit. Nam si eos lateat nec sit euidens, non est malum nec ab eis fugiendum, sed quomodo molestia quæ non apparet, & dolorem qui est insensilis, non fugit nec pertimescit quispiam: ita etiam insipientiam quæ non est suspecta & non apparet, nemo vitabit vt malum. Si autem manifestè & euidenter ab eis cognoscitur, & est natura malum, deberent insipientes eam fugere tanquam natura malum. Insipientes autem non fugiunt tanquam malum euidens, id quod ab eis qui ab eo sunt remoti dicitur desipere. Sed vnusquisque suum amplectitur iudicium, eius autem qui contrà sentit iudicium vituperat. Quamobrem nec insipientibus est euidens insipientia tanquam natura malum. Quo fit vt si neque sapientes malè afficiantur ab insipientia, neque ea insipientibus res sit fugienda, dicendum sit insipientiam non esse natura malum. Quod si non eam, neque aliquid aliud ex malis quæ dicuntur. Solent autem quidam ex secta Epicuri occurrentes ad has dubitationes, dicere, quòd naturaliter & absque vllo magistro animal fugit quidem dolorem, persequitur autem voluptatem. Cùm primum enim est natum, & necdum seruit opinionibus, pulsum insueto frigore aëris, flet & luget. Si autem naturaliter quidem appetit voluptatem, declinat autem dolorem, est ei aliquid natura fugiendum, nempe labor ac dolor: & eligendum, voluptas. Non animaduertunt autem qui hæc dicunt, quòd etiam vilissima & abiectissima animalia bono impertiunt. Illis enim voluptatis magna est participatio. Deinde quòd neque omnino fugiendus est labor. Labore enim melius se habet sanitas, roboranturq́; & aluntur corpora laboribus. Artes accuratasque scientias non absque

Insipientia nõ est natura malum.

Dolorẽ natura fugit omne animal, voluptatem autem persequitur.

Labor nõ est omnino fugiendus.

ADVERSVS MATHEMATICOS.

absque labore accipiunt homines. Quamobrem labor non est omnino fugiédus natura. Sed neque quod natura videtur iucundum, est omnino eligendum. Saepe quidem certè accidit vt quae nos primo occursu voluptate affecerant, ea secundo, etsi sint eadem, iniucunda existimétur, vtpote quòd iucundum non sit natura eiusmodi, sed pro diuersis circunstantiis nos aliquando quidem sic, aliquando autem aliter moueat. Sed & qui solum honestum bonum opinantur, existimant etiam à brutis ostendi quòd id sit natura eligendum. Videmus enim, inquiunt, quòd quaedam generosa animantia, vt tauri & galli, cùm nulla eis voluptas & delectatio sit proposita, decertat vsque ad mortem. Ex hominibus quoque, qui pro patria, aut parétibus, aut liberis se ad mortem offerunt, hoc nunquam facerent, cùm post mortem nulla speretur voluptas, nisi naturaliter honestum & bonum eos & quoduis generosum animal semper attraheret ad se eligendu. Sed hos quoque latuit, quòd planè est insipientis, existimare prius dicta animantia, boni consideratione mota, decertare ad extremam vsque respirationem. Ipsos enim audire licet dicentes, quod sola sapiens affectio aspicit bonum & honestum: insipientia autem excaecat ad id discernendum. Quamobrem gallus & taurus qui sapientis nihil habent affectionis, honestum & bonum non intuentur. Et alioqui si est aliquid de quo vsque ad mortem certant haec animantia, id non est aliud quàm vincere & esse superiora. Aliquando auté vinci & subiici est pulchrius ac honestius, cùm sit vtrunque eorū indifferens. Non est ergo natura bonum sed indifferens, vincere & esse superiorem. Quamobrem si dicant gallū aut taurum, aut aliquod aliud forte animal, honestum expetere, qui sit quòd homo quoque id sibi scopum proponit? Non enim eo quòd ostenderint illa huius curam gerere, ostensum est hominem quoque esse talem. Deinde si quoniam quedam sunt animalia fortia, & quae voluptatem quidem despiciunt, laboribus autem se offerunt, dicitur etiam homo honesti curam gerere: si multa sunt animalia gulae ventrique seruientia, dicemus contra hominem magis vsurpare voluptatem. Si autem dicant esse quidem aliqua animatia voluptati dedita, hominem autem non esse omnino huiusmodi, nos quoque retorquétes dicemus, Non si aliqua animantia honestum persequuntur naturali ratione, protinus homo quoque eum sibi finem proponit. Dicit autem alius quispiam animalia omni ratione contendere vt vincant & sint superiora propter se: hominem autem non propter se, sed propter consequentem in anima delecta-

Voluptas non est omnino eligenda.

Honestum non est solum natura eligendum.

Bruta non boni cōsideratione decertant vsque ad mortem.

b b   tionem

tionem & lætitiam, quæ est quædam grata & expetenda constitutio: hocque esse magis existimandum in hominibus, in quibus & honor & laus & dona & gloria, animum magis possunt delectare & gaudio perfundere, & ideo eam vrgere & impellere ad aspera & molesta fortiter perferenda. Vnde etiam qui se fortiter gerunt vsque ad mortem, & se pro patria deuouent & occidendos offerunt, propter hanc fortasse causam strenuè decertant & moriuntur. Nam etsi è viuis excedunt, attamen quando viuunt gaudent & lætantur dum celebrantur laudibus. Est autem verisimile, nonnullos quoque eorum opinantes quòd post mortem similes eos laudes expectent, præuisam mortem eligere. Est etiam satis probabile, alios hoc pati, videntes quòd in vita essent toleraturi perpessu longè difficiliora, si essent contemplaturi,

,, *Raptari miseras natus, natosque perire,*
,, *Affligi thalamos, prosterni deiicietque*
,, *In terram infantes, dum prælia tristia miscent.*

Multis ergo modis quidam gloriosam mortem malunt oppetere, non autem quòd honestum, quod tantopere iactant Dogmatici, tantopere expetant & tanto studio persequantur. Sed de his quidem hactenus sit dubitatum.

An positis natura bonis & malis contingit beatè & fœliciter viuere.

ATQVE quòd natura quidē nihil sit bonum & malum, satis considerauimus. Nunc autem quæramus an etiam his eo cessis fieri possit vt bene ac beatè viuamus. Qui enim, vt ipsi volunt, bonum est assecutus, & malum declinat, is est fœlix ac beatus, quandoquidē vitæ rectè agendæ scientiam dicunt esse prudentiam, quæ bona quidē & mala discernit, acquirit autem beatitudinem. Sceptici autē nihil temerè ponentes aut tollentes, & omnia considerantes, docent quòd iis quidem qui natura bonum aut malum constituerunt, consequens est vt miserè viuant & infœliciter: iis autem qui nihil definiunt, & cohibent assensionem, vita est longè facillima. Hoc autē didicerimus, si rem paulò altius prius sumpserimus. Omnis ergo existit infœlicitas propter quandam perturbationem. Omnis autem hominibus sequitur perturbatio aut propterea quòd quædam intensè & vehementer persequantur, aut propterea quòd vehemēter & intensè fugiant. Vehemēter autem & intensè persequuntur omnes homines id quod ipsi

Beatus quis sit & fœlix.
Prudentia quid sit.

Scepticis vita est longè facillima.
Infœlicitas vnde existat.

ipsi opinantur bonū, & fugiunt quod constitutum est malum. Omnis ergo ex eo existit infoelicitas, quòd bona quidem persequátur vt bona: mala autem fugiant vt mala. Quoniam ergo credidit Dogmaticus, quòd hoc quidem est natura bonum, illud verò malum, semper quidem hoc persequés, illud verò fugiens, & ideo perturbatus, nunquam erit beatus. Aut enim quidquid persequitur quispiam, id statim & natura est bonum: & quidquid fugit quispiam tanquam fugiendū, id re vera est eiusmodi. aut aliquid eorum quæ persequuntur est eligendum & non omne. & aliquid eorum quæ fugiuntur, est fugiendum. aut ea sunt in eo quòd quodammodo se habeant & referantur ad aliquid: & vt ad illud quidem relatum, hoc est eligendum aut fugiendum: vt ad rerum autem naturam, neque est eligendum, neque fugiendum. Atque si quidquid quidem quispiam quomodocunque persequitur, posueris natura bonum, & quod fugit natura fugiendū, non vitalem ages vitam, vt qui necesse habeas idem simul persequi & fugere. & persequi quidem, quatenus nonnulli quidem eligendū existimant: fugere autem, quatenus opinantur alij fugiendum. Si autem non quidquid persequuntur aut fugiunt non dixeris esse eligendum aut fugiendum, sed ex iis aliquid esse eligendum & aliquid fugiendum, viues quidem, sed non viues absque perturbatione. Perpetuò enim persequés id quod natura opinatus es bonum, & quod existimasti malum, fugiens, nunquam liber eris à perturbatione. Sed & cùm bonum nondum apprehenderis, propter assequédi desiderium valde perturbaberis. & assecutus, propter nimiam lætitiam, aut propter eius quod acquisiisti sollicitam custodiam nunquam quiesces. Eadem est autem etiam de malo ratio. Neque enim cùm es à malo remotus, es expers curæ, cùm de te satis sumat supplicij, quæ est in fugiendo & in cauendo perturbatio. Neque cùm es in malo, vnquam cessas à tormento, inquirens & considerans quemadmodum graue fugias exitium. Sin autem dixeris non esse aliquid magis natura eligendum quàm fugiendum, neque magis fugiendum quàm eligendum, cùm vnumquodq; eorum quæ subiiciuntur, ad aliquid quodam modo se habeat ac referatur, & pro varietate temporum & circunstantiarum nunc quidem sit eligendum, nunc verò fugiendum: viues quidē beatè & absque vlla perturbatione, vt qui neque propter bonum tāquam bonum efferaris, neque propter malum deiiciaris, quod necessariò quidem euenit magno & excelso animo accipiens, liber autem ab ea quæ est ex opinione molestia, per quam existimatur ali-

Dogmaticus nunquam erit beatus.

Beatitudo ex eo existit, quòd nihil sit natura bonum nec malum.

quid

quid adesse boni aut mali. Hoc tibi aderit ex eo quòd nihil opineris
natura bonum aut malum. Non licet ergo beatè viuere ei qui bona
aut mala aliqua esse statuerit. Præterea id quoque quod est mali alicuius efficiens, omnino est etiam fugiendum vt malum: vt si dolor est
malum, omnino id quoque quod est efficiens doloris, simul cum dolore statuetur esse fugiendum. Et si mors est ex malis, erit id quoque
quod morte afficit, ex malis & fugiendis. Ergo & communiter si ma
lum est fugiendum, necessario id quoque quod est mali efficiens, erit
malum fugiendum. Quæ autem à nonnullis dicuntur bona natura,
sunt etiam malorum efficientia, vt docebimus. Sunt ergo vi ac potestate mala, quæ ab aliquibus dicuntur bona, & ideo sunt causæ infœlicitatis. Nam propter huiusmodi bona sunt omnia mala, auaritia, &
mala fama, & ambitio, & studium cõtentionis, & libido, & quæcunque alia sunt his similia. Vnusquisque enim quod opinatus est bonū
& eligendum, acriter ac vehementer persequens, latenter incidit in
propinquum vitium: vt (erit enim quod dicitur dilucidum, si conuenientia posita fuerint exempla) Qui bonum esse diuitias anticipata
notione accepit, debet omnia acri ac vehementi studio facere vt assequatur diuitias, & assiduè illud comicum meditari præceptum,
Lucrare ô amice æstatéque & hyeme. & illud tragicum lubenter admittere, *O aurum, quòd pulcherrimè dextra teneris mortalium.*
Omnia autem facere vt assequaris diuitias, nihil est aliud quàm esse
auarum. Qui ergo diuitias maximum esse bonū præ se fert, eo quòd
magnopere studeat diuitiis, fit auarus. Rursus qui gloriā posuit virtutem, acriter ac vehemēter appetit gloriam. Gloriam autem appetere, est esse ambitiosum. Ponere ergo gloriam esse natura bonum
& eligendum, magnum aliquod malum procreat, nempe ambitionē
& gloriæ cupiditatem. Idem autem inueniemus etiam in voluptate. Iis enim qui magno studio contendunt ad eam assequendam, necesse est vt quędam flagitiosa libido consequatur. Quamobrem si id
quod est malorum efficiens, est malum: ostensum est autem ea quæ
quidam Philosophi opinati sunt bona, esse omnium malorum efficientia: dicendum est ea quæ quidam opinati sunt bona, esse vi ac po
testate mala. Sed nec possunt dicere aduersarij, quòd in iis quidem
persequendis & appetendis, appetentibus & persequentibus est aliquod malum: vt ei quidem qui diuitias persequitur, auaritia: ei autem
qui gloriam, ambitio: ei autem qui aliquid aliud, aliena quædam perturbatio: assecutis autem est liberatio à perturbationibus, & quies à

priori

priori molestia. Qui enim diuitias est assecutus, non amplius acri ac vehementi studio quærit diuitias: & qui voluptate est potitus, soluit vehementiam sui in eam studij. Quomodo certè animantia quæ grã diuntur in loco prærupto & præcipiti, vt bibant, per dolorē tendunt ad voluptatem:& simul atque sunt exatiata, quiescunt à prioribus laboribus:ita etiam homo dum ad bonum quidē properat, necessariò molestia afficitur: assecutus autem id quod desiderabat, liberatur à molestia. Nemo, inquam, hoc potest dicere, neque rem ita se habere. Etsi enim ea sint assecuti quæ bona existimant, magis anguntur & maiori afficiuntur molestia, quòd non sol ea habeant. Bona enim cũ eo pretiosa & magna contentione expetenda existimant, quòd soli ea possideant. Quamobrem ingeneratur eis in proximos æmulatio & inuidia. Quo fit vt & bonorũ quæ dicitur persecutio non sit absq; miseria & afflictione: & eorum possessio plura mala pariat. De ipsis quoque malis rursus eadē est ratio. Si quispiam enim anticipata notione præceperit esse quædam mala natura, vtpote ignominiam, paupertatem, orbitatem, dolorē, morbum, & communiter insipiētiam: non his solis cruciatur, sed etiam plurimis aliis propter ipsa malis. Nam si ipsa quidem adsint, non ab ipsis solis agitatur ac vexatur, sed ab ipsa etiam quam de iis concepit opinione, qua credidit adesse sibi malum: & tanquam maius malum eum depopulatur ea anticipatio. Si non adsint autē, similiter non quiescit: sed vel futurum præcauens, vel extimescens, secum habitantem habet solicitudinem. Cùm autē ratio ostenderit nihil horum esse natura bonum, aut natura malum, soluetur perturbatio, pacataque ac tranquilla vita nos excipiet. Sed quòd propter ea quæ quidàm opinatur bona, accedit multitudo malorum, & propter mala alia mala existunt, adeò vt propter ea ad beatitudinē perueniri nequeat, est perspicuũ ex iis quæ dicta sunt. Consequenter autem est ostendendum, quòd nec contingit assequi auxilium ei qui per dogmaticam ingreditur Philosophiam. Nam si ponatur aliquid natura bonum, aut malum natura, qui exhortatur eum qui perturbatur, ad bonum vehementer persequendum vt bonum, aut vehemēter fugiendum malum vt malum, eum ab initio reprimit, dicens: Neque bonum persequi conuenit, neque malum fugere. ostendens quòd id quod ipse persequitur, est minimè æstimandum: nec ei ipsum persequi conuenit: sed maiora sunt ei persequenda: vt, minoris quidem æstimationis sunt diuitiæ, maioris autem virtus: nec illæ, sed hæc est persequēda: aut quòd hoc quidem cùm parum prosit, multas

Aemulatio et inuidia vnde existat.

Bona persequentes et possidentes nõ carent malis.

Qui mala aliqua natura existimat, iis angitur si adsint, & concepta de iis opinione, si nõ adsint, cruciatur metu & cautione.

Qui credit nihil esse natura bonum aut malum, vitã agit tranquillam.

Exhortationes nihil auxilij afferunt is qui aliquid natura dicunt bonum aut maliũ.

habet

habet molestias:hoc verò cùm multū prosit,paucas. Sed dicere quidem,quòd nec bonum conuenit vehementer persequi, neque malum fugere,est diuersum ab iis quæ cēsent Dogmatici,qui semper in vulgus iactant ea esse eligenda ac reijcienda,expetēdaque, & fugienda. Dicere autem, hoc quidem non esse persequendum,tanquam humile & abiectum, ad hoc autem esse contendendum tanquam præclarius, est eorum qui non soluunt perturbationem, sed eam alio transferunt. Quomodo enim primum persequens quispiam, molestia afficiebatur:ita etiam secundum persequens quispiam molestia afficietur. Quo fit vt morbum pro morbo afferat Philosophi oratio. quandoquidem eum qui diuitias,aut gloriam,aut sanitatem appetit,auertens, ne ea persequatur, sed honestum, exempli causa, aut virtutem, non liberat à persecutione, sed ad alteram traducit persecutionem. Quomodo ergo Medicus qui tollit quidem pleuritidem,efficit autē peripneumoniam seu spirandi difficultatem: & remouet quidē phrenitidem,eius autem loco inducit lethargum : à periculo non liberat, sed mutat : ita etiam Philosophus pro alia aliam inducens perturbationē,non fert opem ei qui perturbatur. Non enim licet dicere quòd quæ pro alia inducitur perturbatio,est moderata:quę autem tollitur, vehementior. Qualem enim habuit opinionē is qui perturbabatur, de eo quod persequebatur, talem habuit etiam de secundo. Opinabatur autem primum quidem tanquam bonum, & ideo ad id magno studio contendebat. Ergo & qui secundum bonum esse opinatur, & ex æquo ad ipsum contendit,parem habebit perturbationem, & fortasse etiam vehementiorem,quòd contrarium sit ei persuasum, nempe pluris esse quod ipse nūc persequitur. Si ergo efficit Philosophus, vt qui molestia afficitur, alterum pro altero persequatur, non liberabit molestia. Si autem absolutè docet,Hoc quidem parum prodest, plures autem habet molestias: faciet comparationē electionis & fugæ cum alia electione & fuga:non autē tollet molestiam. quod quidem est absurdum. Nam qui molestia afficitur,non vult discere quid magis molestia afficit & quid minus, sed desiderat liberari à molestia. Tum demum ergo eam licebit effugere, si ostenderimus ei qui perturbatur in mali fuga aut boni persecutione, quòd neque est aliquod bonum natura, neque malum: sed ea, vt dicit Timon, ab hominibus mente sunt diiudicata. Id autem docere, est Scepticorum proprium considerationis. est ergo eius vitam beatam acquirere.

Philosophi oratio à bono dehortans vt aliud bonum persequatur, affert morbum pro morbo.

An ii

An is qui de natura bonorum & malorum sustinet assensionem, sit omnino beatus.

FOELIX iquidem est ac beatus, qui vitam traducit absque perturbatione, &, vt dicebat Timon, qui est in quiete & tranquillitate. Omni enim ex parte, inquit, eum tenuit tranquillitas: &, *Postquam eum vidit in tranquillitate à ventis placida.* Ex bonis autem & malis quæ dicuntur, alia quidem inducta sunt ex opinione: alia autē ex necessitate. Ex opinione quidem rationis participe inducta sunt, quæ ex iudicio persequuntur vel fugiunt homines: vt in externis quidem eligenda dicuntur & bona, diuitiæ & gloria & nobilitas, & amicitia, & quidquid est eis simile. In iis autem quæ pertinent ad corpus, pulchritudo, vires, bona habitudo. In iis verò quæ ad animam, magni animi virtus, Iustitia, prudentia, temperantia, communiter virtus. & fugienda quæ sunt his contraria. Ex necessitate autē accesserunt, quę constant ex affectione sensus experte rationis, & quæ præbet quædā naturalis necessitas; sua sponte autem ea nemo elegerit aut fugerit, vt dolor & voluptas. Quamobrem cùm sit eiusmodi in rebus differentia, de vita quidē solùm traducenda absque perturbatione in bonis & malis quæ sunt in opinione, ab eo qui de omnibus sustinet assensionem, iam prius quoque diximus, quando disserebamus de fine Sceptici: & in præsentia, quòd fieri non potest vt sit beatus, qui constituit aliquid natura bonū & malum. Qui enim hoc facit, inutilibus circumagitur perturbationibus, alia quidem fugiens, alia verò persequens: & propter bona quidem multa mala ad se attrahens: in multis autem versans malis propter opinionem de malis: vt, qui dicit, exempli causa, bonum quidem esse diuitias, malum autem paupertatem: non habet autem diuitias, perturbatur bifariam, nempe & quòd non habet bonum, & in eo acquirēdo saragit. Cùm id autem acquisierit, tribus punitur modis: nempe & quòd immoderata effertur lætitia: & quòd magno studio hoc agit vt eius maneant diuitiæ: & quòd angitur & timet ne eas amittat. Qui autē neque in iis quę sunt natura bona collocat diuitias, neque in iis quæ sunt mala natura, & neque magis hanc quàm illam profert vocem: neque conturbatur propterea quòd absint, neque lætatur propterea quòd adsint: manet autem in vtroque absque perturbatione. Quamobrem in iis quidem quæ existimantur bona & mala ex opinione, in iis eligendis & fugiendis est plenè beatus. In iis autē quæ sunt ex sensu, & ratione carent motionibus, vtitur coniectura. Quæ enim nō accidunt ex rationis peruersitate

Bonorum & malorum alia sunt ex opinione, alia ex necessitate.

Diuitias bona existimantibus quot eueniant perturbationes & incommoda.

sitate & mala opinione, sed ex inuoluntaria sensus affectione, fieri nõ
potest vt ex ratione quæ existit ex consideratione, ab eis fiat liberatio. Ei enim qui famis aut sitis sentit molestiam, fieri non potest vt
persuadeatur per existentem ex consideratione rationem, quòd molestia minimè afficiatur : & ei qui dum ab iis recreatur diffunditur,
non contingit afferre persuasionem quòd non diffundatur. Quis ergo, inquiunt Dogmatici, ad fœlicitatem nobis vsus est ex sustinenda
assensione, si omnino oportet perturbari, & perturbatos esse miseros
& infœlices? Magnus vsus, aiemus. Nam etsi is qui de omnibus sustinet assensionem, perturbatur ex eo quòd adsit id quod affert dolorem, tolerantius tamẽ fert molestiam quàm Dogmaticus. Primum
quidem, quoniam non perinde est multitudine infinita bona persequendo, & mala vitando, à perturbationibus quæ existunt in persequendo & fugiendo, tanquam à furiis agitari: & hoc quidem non pati, vnum autem malum amputando ab omnibus, procurare vt id declinetur & caueatur. Deinde id quoque, quòd tanquam malum fugiunt qui cohibent assensionem, nõ admodum perturbat. Aut enim
est aliquis paruus labor aut dolor, vt quæ quotidie nobis adest fames
aut sitis, aut frigus, aut æstus, aut aliquid ex similibus. Aut contra est
summus & vehementissimus, vt in iis qui summis vexantur tormentis quibus nullũ potest afferri remedium, in quibus Medici sæpe præbent medicamenta quæ omnino tollunt dolorem, vt aliquam modicam accipiant cõuersionem ad opitulationem. Aut mediocris, & ab
aliquibus, vt qui est in aliquibus morbis. Ex iis autem is qui quotidie
occurrit, & paratu facilia habet alleuamenta & remedia, nempe cibũ
& potum & tegmentum, minimum conturbat. Qui autem est summus, etiamsi maximè perturbat, tamen cùm momento temporis instar fulguris terruerit, aut tollit, aut tollitur. Mediocris autem & qui
producitur, neque est per totam vitam, neque est natura continuus,
sed multam habet quietem & interualla. nam si esset continuus, non
extenderetur. Est itaque moderatus : neque est adeò terribilis quæ
Sceptico accidit perturbatio. Verumenimuero etiãsi esset maxima,
non est culpa in nos conferenda, qui inuiti & necessariò patimur, sed
in naturam, cui non sunt curæ leges : & in eum qui opinatione & iudicio sibi malum attrahit. Quomodo enim in febricitantem non est
culpa conferenda quòd febricitet : inuitus enim febricitat. sed culpa
est conferenda in eum qui non abstinet ab iis quæ sunt inconducibilia : ita in eum quidem qui perturbatur præsentibus quæ dolorem afferunt,

In malis quæ accidũt ex inuoluntaria sensus affectione quomodo se gerat Scepticus.

Scepticus tolerantius fert dolorem quàm Dogmaticus.

Mala quæ fugiuntur non tã vehementer perturbat Scepticum.

In naturam non in nos culpa est conferẽda si mala patimur.

Naturæ non sunt curæ leges.

ferunt, non est culpa conferenda. Nō enim ex ipso aut propter ipsum fit perturbatio: sed velit nolit ea debet esse necessariò: sed culpa est in eum conferenda, qui propria opinione & existimatione fingit sibi multitudinem rerum eligendarum & fugiendarum. sibi enim excitat malorum inundationem: Idque licet videre in ipsis malis quæ dicuntur. Qui enim nullam suscipit opinionē quòd labor seu dolor sit malus, is ei adhæret coacta motione laboris. Qui autē præterea fingit, quòd homini solùm res minimè conueniens est labor ac dolor, & quòd is est solum malū, is hac opinione conduplicat molestiam quæ illi accidit eius præsentia. An non videmus quòd etiam in iis qui secantur, sæpenumero ipse quidē qui patitur & secatur, magno & forti animo fert tormentum sectionis, neque colore expallescens, neque à genis abstergens lachrymas, propterea quòd in eū cadat solus motus sectionis. Qui autem adsistit, cùm primùm viderit modicam sanguinis fluxionem, pallet, contremiscit, sudat, labascit, & tandem mutus concidit, non propter dolorem (nullus enim ei adest dolor) sed propter opinionem quàm accepit quòd dolor sit malum. Est itaque nonnunquam maior perturbatio propter alicuius mali tanquam mali opinionem, quàm quæ accidit propter ipsum quod dicitur malum. Qui itaque sustinet assensionem de omnibus quæ sunt ex opinione, perfectissima fruitur foelicitate. In inuoluntariis autem & quæ sunt rationis expertes motionibus, perturbatur quidem;

Nam non annosa quercu aut rupe editus ille est,
Sed genere ex hominum.

sed mediocriter afficitur. Vnde etiam necesse est eos despicere, qui existimant eum ad viuendum in otio se includere, & ab actione remouere, & se ad quandam redigere absurditatem & contradictionē. Et se quidem remouere ab operatione, quòd cùm vita tota sit in eligendo & fugiendo, qui neque quidquam eligit, neque fugit, vi ac potestate vitam abnegat. Ad quandam autem absurditatem & contradictionem, quod si quando venerit in potestatem Tyranni, & cogatur aliquid facere nefarium, aut quod iubetur, facere non tolerabit, sed mortem eliget voluntariam: aut tormenta fugiens, faciet quod iubetur. & ita nō erit eiusmodi vt neque eligat nec fugiat, vt vult Timon: sed alterum quidem eliget, vitabit autem alterum. quod quidem est eorum qui comprehenderunt cum persuasione aliquid esse fugiendum & eligendum. Hæc autem dicentes, non intelligunt quòd non viuit Scepticus conuenienter orationi Philosophi: nam quod ad hoc

Qui mali habet opinionem, conduplicat dolorem.

Qui secatur, dolorem sæpe fert constatius quàm qui eum aspicit dum secatur.

Propter mali opinionē quandoque est maior perturbatio quàm propter ipsum malum.

Homerus.

Scepticus ab actione non se remouet, nec ad aliquam se redigit absurditatē & contradictionem.

quidem

quidem attinet, cessat ab actione: sed conuenienter obseruationi quę est remota à Philosophia, potest alia quidem eligere, alia verò fugere. Si quid autem vetitum facere cogatur à Tyranno, anticipata fortè ex legibus patriis & moribus notione, hoc quidè eliget, illud verò fugiet: quodq́; durum est & asperum, facilius feret quàm Dogmaticus, quòd nihil eorum quę sunt extrinsecus opinatur, sicut ille. De his autem dictum est accuratius in libris De fine Sceptici: nec necesse est ea quę apertè dicta sunt, rursus recensere. Cùm itaque de bonis & malis tractauerimus, ex quibus dubitationes extenduntur ad vniuersum ferè locum moralem, age deinceps consideremus, an vitæ agendæ sit ars aliqua.

An vitæ agendæ sit ars aliqua.

QVÒD qui eligunt sustinere suam de omnibus assensionem, rectè possint viuere, satis ostensum est à nobis. Nihil autem vetat quo minus altrinsecus & ex aduerso examinemus sectā quoque Dogmaticorum, etiamsi ex parte iam sit examinata. Profitentur enim se vitę agendæ artem aliquam esse tradituros. Et ideo Epicurus quidem dicebat Philosophiam esse operationem, quę rationibus & disputationibus vitam parat beatam. Stoici autem apertè dicunt, prudentiam, cùm sit scientia bonorum & malorum & neutrorum, esse artem vitæ agendæ: quam qui protulerint, soli sunt pulchri: soli diuites: soli sapietes. Qui enim ea possidet quę sunt magnæ æstimationis & magni pretij, est diues. Virtus autem est magni pretij & magnæ æstimationis: & solus sapiens eam possidet. Solus ergo sapiens est diues. Et, qui est dignus amari, est pulcher. Solus autè sapiens est dignus amari. Solus ergo sapiens est pulcher. Eiusmodi autem pollicitationes spe frigida venantur iuuenes. nequaquam autem sunt veræ: quandoquidem Timon aliquando quidem ridet eos qui profitentur se ea esse tradituros, dicens:

,, *Multorum Laconum exitium pestesque dolosæ.*

aliquando autē eos qui ipsis dant operam, inducit pœnitentes, quòd in eis frustra laborem posuerint, dicens:

,, *Lamentansq́; aliquis dixit de more virorum,*
,, *Hei mihi quid faciam hîc, fiet & sapientia quænam?*
,, *Corde ego mendicus, mentis non est mihi granum.*
,, *Terque quaterq́; ij sunt dicendi iure beati,*
,, *Qui nec habent, nec rodunt quod maturuit ipsa*

In schola.

Philosophiæ definitio secundum Epicurū.
Prudētia est ars vitæ agendæ.
Diues est solus sapiens.
Sapiens est solus pulcher.

,,   *In schola: at in fatis fuerat me lite domari*
,,   *Exitiosa, & pauperie, reliquisque, virorum*
,,   *Quæ mortale agitant genus, & quos dicere fucos*
,,   *Iure queas.* Cur autem hæc ita habeant, ita didi-
cerimus si aduertamus. Quæ enim vitæ agendæ ars esse censetur, & per quam beatos esse existimant, non est vna, sed multæ & discrepantes: vtpote alia quidem ex Epicuro: alia verò ex Stoicis: alia autē ex Peripateticis. Aut ergo omnes sunt similiter sequendæ: aut vna sola: aut nulla. Et vt omnes quidē sequamur, fieri non potest propter dissidium. Quod enim hæc præcipit tanquam eligendum, illa prohibet tanquam fugiendum. Non contingit autem idem simul persequi & fugere. Sin autē sequenda est vna: aut sequenda est cuiusmodicunq; ea sit. quod quidem fieri non potest. sequitur enim ex æquo omnes velle sequi. Si enim hæc est attendenda, cur hæc magis quàm illa? & contrá. Restat ergo eam esse sequendā quæ est iudicata præstantior. Aut ergo eam sequemur quæ ab alia iudicata est præstantior: aut eam quæ à se ipsa. Et si quidem eam quæ à seipsa, ei fides non habebitur: & oportebit existimare fidem esse habendam omnibus. Nam si huic erit fides habenda, quia ipsa à seipsa iudicata est præstantior, reliquis quoque habenda erit fides. Nam vnaquæque earum à seipsa iudicata est præstantior. Si autem ab alia, oportebit rursus ei quoque fidem non haberi. Quomodo enim ipsa, quatenus dissidet ab aliis, opus habet iudicio: ita etiam ipsam iudicās, quatenus discrepat ab aliis, opus habet alia quæ iudicet. & eo ipso non erit credibile illius iudicium. Si ergo neque contingit sequi omnes vitæ artes, neque vnam, restat vt nulla sit sequenda. Et alioqui, vt prius dixi, cùm multæ sint vitæ agendæ artes, necesse est vt qui in vna earum acquieuerit, sit infoelix, non solùm propter prius dictas causas, sed etiam propter eā quæ est dicenda procedēte oratione. Vnusquisque enim homo ab aliqua tenetur affectione seu animi perturbatione. aut enim diuitiarū, aut voluptatū, aut gloriæ amore tenetur ac desiderio. Sed qui tenetur quidē diuitiarum amore & gloriæ, is magis incenditur cupiditate à Philosophia Peripatetica, ex qua diuitiæ & gloria sunt in bonis. Qui autem amat voluptates, etiam inflammatur ab Epicuri disciplina. Finis enim foelicitatis ex eius sententia demonstratur voluptas. Ambitiosus autē & gloriæ cupidus à Stoicis præcipitatur in eandem affectionem, ex quorum sentētia virtus est solum bonum, & quod fit ex virtute. Quęcunq; ergo à Dogmaticis philosophis dicitur vitæ agendę

Artes sunt multæ vitæ agendæ, cùm sint multæ sectæ Philosophorum.

Ars vitæ agendæ quænā sequenda.

cc 2   scien-

Quænis vitæ agendæ sciētia à Philosophis tradita, est humanorum malorū propugnaculū, non auxiliū.

sciētia, est humanorum maloru propugnaculum, non auxiliū. Quòd si etiā dederimus esse vnam vitæ agēdæ artem, & eam de qua conueniatur, vtpote Stoicā, ne sic quidē eam admittemus, propterea quòd multæ & variæ simul cū ea inferantur calamitates. Si enim vitæ quidem agendæ ars, cùm sit prudētia, est virtus: virtutem autē solus habet sapiens: Stoici cùm non sint sapientes, nō habebunt prudentiam, neque vitæ agendæ artē aliquam. Cùm non habeant autē, nec alios docebunt. Et si ex eorū sententia nulla ars potest cōsistere, ne consistet quidē ars vitæ agendæ. Atqui est primum: est ergo etiā secundū.

Ars nulla est.

Ars quid sit. Est enim ars id quod est compositum ex comprehēsionibus: & comprehensio est comprehēdentis phantasię assensio. nulla est autē comprehēdens phantasia, propterea quòd nec omnis phātasia sit comprehēdens, pugnāt enim: neque aliqua, propterea quòd nulla sit facultas discernendi. Si non sit autem comprehendens phantasia, nec erit vlla eius assensio. Ita autem nec comprehēsio. Si non sit autem comprehensio, nec erit id quod est compositum ex comprehēsione, nempe ars. Cui est consequens ne vitę quidem agendæ esse artē. Ad hęc accedit, quòd comprehēdens phantasia ex Stoicorum sententia iudicatur esse comprehendens ex eo quòd est, & congruenter ei quod est, per impressionē & obsignationē. Et id quod est, esse probatur ex eo quòd comprehēdentem moueat phantasiam. Si autē vt comprehēdēs quidem iudicetur phantasia, oportet id quod est, esse cognitum. Vt hoc autem comprehendatur, comprehendētem phantasiam esse firmam ac stabilem: vtriusque autē fides fieri non potest propter alterum: si sit ignota comprehendens phantasia, ars quoque tollitur, vt quæ si id quod est compositum ex comprehensionibus. Et si agendę quidē vitæ scientia, nempe prudentia, contemplatur bona & mala & neutra, aut est diuersa à bonis quorum dicitur scientia, aut ea ipsa est bonum, quando quidam ex eis definientes dicunt, Bonum est virtus, aut quod est eius particeps. Et si est quidem diuersa à bonis quorum dicitur scientia, ne erit quidē omnino scientia. Omnis enim scientia est aliquorum quæ sunt. Bona autem & mala prius non esse ostendimus. quamobrem nec est quidem vlla scientia bonorum & malorū. Sin autem ipsa est bonum, & censetur esse scientia bonorum, sui erit scientia. quod rursus est absurdum. Ea enim quorū est scientia, cōgitantur ante scientiam: vt ars medendi dicitur scientia salubrium, & non salubrium, & neutrorum. sed ante artem medendi prius fuerunt & præcedunt salubria & insalubria. Rursus Musica est scientia modulato-

Phātasia comprehēdens nulla est.

Ars vitæ agēdæ nulla est.

Id quod est, ex quónam esse probetur.

Scientia vitæ agendæ nulla est.

Bonum quid sit.

Ea quorū est scientia, cogitantur ante scientiam.

Ars medendi quid sit.

dulatorum & non modulatorum, numerosorumque & non nume- *Musica quid*
rosorum. Sed ante ea non est Musica. Ipsi quoque dixerunt Diale- *sit.*
cticam esse scientiam verorum & falsorum & neutrorum. Vera ergo *Dialectica quid sit.*
& falsa & neutra fuerunt ante Dialecticam. Sin autem prudentia est
sui ipsius scientia, ea debet esse ante se. Nihil autem potest esse ante
se. Nec hac ergo ratione dicendum est esse aliquam vitæ degendæ
scientiam. Omnis quoque quæ est ars & scientia, comprehenditur ex *Omnis ars et*
iis quæ fiunt artificiosè & scienter: vt ars quidem medendi, ex iis quæ *scientia constat*
medicè fiunt: citharistica autem ex iis quæ citharisticè. pictura quo- *ex iis quæ artificiosè & scien-*
que itidem, & statuaria, & omnes similes. Ars autem quæ censetur *ter fiunt.*
versari in vita, nullu habet opus quod ei accidat, vt ostendemus. Nó *Ars vitæ a-*
est ergo aliqua ars vitæ agendæ. Vt, cùm multa dicatur apud Stoicos *gendæ nullum habet opus.*
de filiorum educatione, & de honore in parentes, & præterea de pie-
tate ac religione in defunctos, paucis ex vnoquoque genere electis,
ea, exempli causa proferemus ad probandam argumentatione. Atq;
de liberorum quidem educatione in Diatribis hæc dicit Zeno prin-
„ ceps sectæ Stoicæ: Diuidere autem nihilo magis neque ex æquo pu *Obscœna &*
„ siones aut non pusiones, neque fœminas aut masculos. Non enim *impia plurima dixerunt Stoi-*
„ alia pusionibus aut non pusionibus, neque fœminis aut masculis, sed *ci de vita agen-*
„ eadem conueniunt & sunt conuenientia. Et rursus: Diuisisti dilectu *da.*
„ an non? Nequaquam. Vtrùm nó desiderasti eum diuidere? Maximé.
„ Sed desiderasti ipsum se tibi præbere, an timuisti iubere? Non per
„ Iouem. Sed iussisti? Maximé. Deinde non tibi inseruient. Nequaquam. De honore autem in parentes adiecerit quispiam ea quæ ab
eis vulgo iactantur de concubitu cum matre. Et Zeno quidem cùm
posuisset quæ narrantur de Iocaste & Oedipo, dicit: Non erat graue *De concubitu*
„ fricare matrem. Et si corpore quidem ægrotantem manibus fricans *quid dicant Stoici.*
„ profuisset, minimè est turpe. Si autem in altera parte fricuisset in qua
„ inuenit eam dolore affectam, & dolorem sedasset, & ex matre egre-
„ gios procreasset liberos, quid esset turpe? Chrysippus autem in li-
„ bro De republica hæc dicit ad verbum: Videtur autè mihi hæc quo-
„ que sic edidisse, vt nunc quoque apud multos non malè mos inoleuit
„ vt pater ex filia, & frater germanus ex sorore germana. Eorum autè
pietatis ac religionis in eos qui è viuis excesserunt, indicium fuerint
ea quæ præcipiuntur de comedendis hominibus. Non solùm enim
censent edendos esse mortuos, sed eorum quoq; carnes, si fortè pars
aliqua corporis fuerit amputata. Dicitur autem hæc à Chrysippo in
„ libro De iustitia. Et si ex membris pars aliqua fuerit amputata vtilis

De sepultu-
ra quid di-
cant Stoici.

„ ad alimentum, neque eam infodere, neque alias proijcere, sed eam
„ consumere vt fiat pars ex nostris. In opere autem De decoro, disse-
„ rens de sepultura parentum, disertis verbis dicit: Cùm autem paren-
„ tes excesserint, simplicissima vtedum est sepultura: vtpote quòd cor-
„ pus, sicut vngues & pili, nihil sit ad nos, neque nos opus habeamus
„ aliqua huiusmodi cura & solicitudine. Et ideo si sint ad alimentum
„ quidem vtiles eorum carnes, eis vtetur: vt, pede amputato eo vti opor-
„ tuit, & iis similibus. Si ipsę autem sint inutiles, aut effosso monimen-
„ to eas inferent, aut iis exustis cinerem dimittent: aut iis longius abie-
„ ctis nullam eorum curam gerent, sicut vnguium & pilorum. Sic quidem Stoici. In eos autem est inferedum id quod est consequens ar-
gumetationis. Aut enim hæc sic facere præcipiunt, vtpote quòd sint
ij vsuri adolescentes, aut quòd minimè sint vsuri. Et vt quòd sint qui-

Stoici præci-
piunt quæ sunt
contra leges.

dem vsuri, nulla ratione præcipiunt, leges enim prohibent, nisi apud
nos licebit viuere sicut Cyclopes, apud quos licet & humanis vesci
carnibus, & lac electum bibere. Sin autem vt qui non sint vsuri: est
agedæ vitæ ars superuacanea, cuius nullus potest esse vsus. Quomodo enim inter cæcos inutilis est pictura, est enim ars videntium, & in
in ciuitate surdorum est inutilis ars citharistica, audientes enim dele-

Ars est inuti-
lis iis qui ea
non possunt
vti.

ctat: ita etiam vitæ agendæ ars est inutilis iis qui ea non possunt vti.
Præterea ars quælibet siue versetur in contemplatione, vt Geometria & Astrologia: siue in actione, vt ars armis depugnadi: siue aliquid
reddat effectum, vt pictura & statuaria proprium habet opus, hęc differt ab aliis omnibus, vt ostendam. Non est ergo prudetia ars aliqua
vitæ degendæ. Quomodo enim quod est commune Musici & Mu-

Quod artifi-
cis & ignari
artis est com-
mune, non est
artificiosum.

sicæ ignari, & quod est commune Grammatici & non Grammatici,
& vt semel dicam, commune artificis & ignari artis, non est artificiosum: ita etiam quod est commune prudentis & imprudentis, non potest esse proprium opus prudentiæ. Quodcunque autem opus vide-

Omne opus
prudentis est
etiam commu-
ne non pruden
tis.

tur fieri à prudente, hoc inuenitur esse etia commune opus non prudentis: vt si posuerimus esse proprium opus sapientis honorare parentes: & si reddere depositum iis qui crediderunt, & si quid aliud
huiusmodi: etiam nō bonos inueniemus eorum aliquid facere. Quo
fit vt ne sapientis quidem sit proprium quo differat à non sapiétibus.

Artificiosa af-
fectione distin-
guuntur opera
prudentis ab
imprudenti.

Quod si ita est, nec prudentia erit ars vitæ agendę, cuius nullum proprium opus artificiosum. Sed dicunt iis qui ipsis occurrūt, quòd omnia quidem sunt communia, & omnium opera: distinguuntur autem
quòd fiant ab artificiosa diuisione & affectione, aut ex eo quod nihil
fit artis.

sit artis. Non enim parentum curam gerere, & alias honorare parentes est viri boni: sed est viri boni hoc facere ex prudentia. Et quomodo sanare est commune Medici & ignari hominis: medica autem ratione sanare, est proprium artificis: ita etiam honorare quidē parentes, commune est viri boni & non boni: ex prudentia autē honorare parentes, est proprium sapientis. Quò fit vt & ipse habeat artem vitę degondæ, cuius proprium est munus, rem quæcunque geritur, ex optima agere affectione. Videntur autē qui ita occurrunt, sua sponte esse surdi, & quæuis potius quàm ad id quod quæritur aliquid dicere. Nam cùm nos aperte ostendamus nullum esse opus munúsve prudentis quo differat à non prudentibus, sed quidquid fit ab eo, hoc etiam fieri à non bonis, ipsi quidem hoc non possunt tollere, extrinsecus autem dicunt, quòd commune opus, aliquando quidem fit à prudenti affectione, aliquando autem à stulta. quod quidē non est demonstratio quòd non sit commune opus ac munus prudentium & non prudentium: eget autem demonstratione, si quæsierit quispiam, vndénam discernemus quando hæc fiunt à prudenti affectione, & quando non fiunt. Ipsa enim communia opera hoc non indicant, quatenus sunt communia. Hinc & quod ex arte medendi allatum est exemplū, inuenitur contra eos magis facere. Cùm enim dixerint, sanare quod est proprium etiam non medici, eximi & esse proprium artificis, cùm effectu fuerit ratione medica, tunc aut sciunt aliquid diuersè fieri à Medico quàm ab homine rudi & ignaro, vtpote breui tempore & citra laborem & certo ordine & qualitate, aut nesciunt, sed hæc etiam omnia existimant communia imperitorum. Et si sciunt quidem, ex hoc ipso fatetur esse aliquod opus quod cernitur Medici proprium, & consequens esse iis ex eo conari docere quod sit proprium opus sapiētis quo differet à non sapiente. Si autem nesciunt, sed quidquid fit à Medico, dicent etiam hoc fieri ab indocto & ignaro Medicinæ, auferent proprium opus Medici: & cùm in eo quod apparet, nullum sit discrimē ac distinctio in operibus quæ fiunt, non discernent inter artificem & imperitum artis, neque inter id quod ab artificiosa efficitur affectione, & id quod ab inartificiosa, propterea quòd neq; quæ singulatim fit obscura affectio, ex se possit cognosci cùm sit obscura. Nihil ergo eis prodest fateri communia esse opera quæ fiunt à sapiente, & quæ à non sapiente: ea autem differre, quòd nunc quidem à prudenti fiant affectione, nunc autem ab imprudenti. Alij autem sunt qui existimant ea distingui ex æquatione

Medici esse opus propriū.

tione & ordine. Quomodo enim in mediis artibus est proprium artificis ordinatè aliquid facere, & id quod est in effectis exæquare, fecerit enim etiã rudis & ignarus opus artificiosum, sed raro, nec tunc
præclarè, nec eodem modo & similiter: ita etiam sapientis quidem
esse dicunt exæquare id quod est in rectè factis: insipientis autê, contrà. Videntur autem isti cõtra rerum naturam statuere, de ea quæ est
præ manibus quæstione. Esse enim définitè aliquem vitæ ordinem
ex artificiosa ratione, videtur magis esse dictum vt est in votis. Nam
quiuis homo se componens ad rerum quæ incidunt diuersitates &
varietates, nunquam potest eundem seruare ordinê, & maximè prudens, considerans fortunæ instabilitatem & rerum inconstantiam.
Alioqui si sapiens vnum & definitum haberet vitæ ordiuê, ex eo euidenter comprehensus esset à non sapientibus. His autem non comprehenditur. Nec ergo ex operum factorúmue ordine comprehendi potest prudens ac sapiens. Vnde si omnis quidem ars ex propriis
apparet operibus: prudentiæ autê nullum est opus proprium ex quo
appareat: non erit prudentia vitæ agendæ ars aliqua. Præterea si pru
dentia est vitæ agendæ ars aliqua, nemini magis profuerit quàm sapienti qui eam possidet, vt quæ ei præbuerit cõtinentiam in boni ap-
petitionibus, & in declinando malo. Sapienti autem nõ prodest pru
dentia, vt ostendemus. Non est ergo vitæ agendæ ars aliqua. Nam
sapiens qui dicitur continens, aut ideo dicitur continês, quòd in nulla sit boni appetitione & declinatione à malo: aut quòd malas quide
habeat appetitiones, eas autê ratione superet. Et eo quidem quòd
in malis non sit iudiciis, non dicetur esse cõtinens. non enim eo quod
non habet erit superior. Et quomodo nõ dixeris eunuchum esse con
tinentem ad rem venereã: & eum qui malo est stomacho, continentem ad fruendum cibis: in eis enim non est omnino horum requisi-
tio, vt continentes exurgant aduersus requisitionem: eodem modo
nec sapiens dicendus est continens, propterea quòd in eo non nasca-
tur id à quo se contineat. Si autem censebunt eum ideo esse continentem, quòd sit in malis quidem iudiciis, ea autem ratione superet,
primùm quidem dabunt, nihil ei prodesse prudentiam, vt qui iam sit
in perturbationibus, & egeat auxilio: deinde etiam stultis inueniatur
infoelicior. Nam quatenus quidem aliquid appetit, omnino perturbatur: quatenus autem superat ratione, malum in se continet, & ideo
magis turbatur, cùm stulto hoc minimè accidat. Nam quatenus quidem appetit, conturbatur: quatenus autem assequitur ea quæ desiderabat,

Artificus propria & communia opera distinguuntur æquatione & ordine.

Idem ordo seruari non potest.

Sapienti non prodest prudêtia.

Eunuchus nõ est continens.

rabat, diſſolutam habet perturbationem. Non eſt ergo ſapiens continens, quòd attinet ad prudentiam, aut ſi eſt, eſt omnium hominum infœliciſſimus. Sed ſi vnaquæque ars magis prodeſt ei qui ipſam poſſidet: oſtenſum eſt autem eam quę vitæ agendæ cenſetur eſſe artem non prodeſſe poſſeſſori: dicendũ eſt eſſe nullam vitæ agendæ artem.

An degendæ vitæ ars poſſit doceri.

ATQVE cum eo quidem quòd non eſt vitæ degendæ ars aliqua, vi ac poteſtate ſimul oſtéſum eſt nec eam poſſe doceri. eorum enim quæ non ſunt, nõ eſt diſciplina. Et tamen etiamſi ex abundantia conceſſerimus eam eſſe, docemus eam non poſſe doceri. Atque multa quidem & varia dicunt Philoſophi de diſciplina. Nos autem præcipua ſelecta afferemus, quibus partim quidem argumentantur Sceptici nihil eſſe diſciplinam, partim autem quæ peculiarius dicuntur de ipſa prudentia. Ordine autem communiores conſideremus argumentationes. In omni ergo diſciplina fatendum eſt eſſe & rem quæ docetur, & eum qui docet, & eum qui diſcit, & modum diſciplinæ. De his autem nihil conſtat, vt oſtédemus. Non eſt ergo aliqua diſciplina. Et quoniam primùm rei quæ docetur meminimus, de ea primùm eſt dubitandum. Si enim docetur res aliqua, aut docetur quod eſt, aut quod non eſt. Sed neque quod eſt, docetur, vt oſtendemus: neque quod non eſt, vt exponemus. Non ergo docetur res aliqua. Et id quidem quòd non eſt, non docetur: nihil enim ei accidit: quamobrem nec doceri. Et alioqui ſi id quod non eſt, docetur, verum erit quod non eſt, & ſtatim fiet vt ſit. Verum quidem certè dicunt Stoici id quod & eſt, & quod ex aduerſo alicuius ponitur. Abſurdum eſt autem eſſe id quod non eſt. Non ergo id quod nõ eſt, docetur. Id quidem certè quod docetur, docetur mouẽs phantaſiam. Quod autem non eſt, non poteſt mouere phantaſia. Non poteſt ergo doceri quod non eſt. Nam ſi id quod non eſt, docetur, aut docetur quatenus non eſt quod eſt, aut quatenus eſt aliquid aliud. Atque quatenus quidem non eſt quod eſt, non docetur. Si enim quod non eſt, quatenus non eſt quod eſt, docetur, cùm nihil ſit docebitur. quod quidem eſt abſurdum. Sed neque quatenus eſt aliquid aliud. Quod enim eſt aliquid aliud, eſt. Quod autem non eſt id quod eſt, non eſt. Quamobrẽ quod non eſt, minimè poteſt doceri. Reſtat ergo vt dicatur id quod eſt, doceri. quod ipſum quoque oſtendemus non poſſe fieri. Si enim quod eſt, docetur, aut docetur quatenus eſt quod eſt, aut quatenus

Ars vitæ agendæ non poteſt doceri.

Diſciplina nulla eſt.

Quod non eſt, non docetur. Verum quid dicant Stoici.

Quod eſt, nõ docetur.

d d   aliquid

aliquid aliud. Et si quidem docetur quatenus est quod est, ne poterit quidem doceri. Si autem ex iis quæ sunt, nihil potest doceri, ne erit quidem quod doceatur. Oportet enim aliquid esse eiusmodi vt non possit doceri, vt ex eo fiat disciplina. Quamobrem quatenus quidem est quod est, non poterit doceri quod est. Sed neq; quatenus est aliquid aliud eorū accidens, quod non est quod est. Sed omne quod ei accidit, est id quod est. Illud enim, quodcunque est aliud ei accidēs, est quod est. Si ergo neque quod est, docetur, neque quod non est: præter hæc autem nihil est: ex iis quæ sunt, nihil docetur. Et aliter. Quoniam ex aliquibus alia quidem sunt corpora, alia verò incorporea: si docetur aliquid, aut docetur corpus, aut incorporeum. Sed neque corpus docetur, maximè ex sententia Stoicorum. Nam quæ dicuntur, sunt ea quæ docetur. Corpus autem nō sunt ea quæ dicuntur. Et alioqui si corpus neque est sensile, neque cadit sub intelligentiam nō docetur corpus. Oportet enim quod docetur, aut esse sensile, aut cadere sub intelligētiam. Si neutrum autem sit, non docetur. Quòd autem corpus nec sit sensile, nec cadat sub intelligentiā, ostendimus in iis quæ scripsimus aduersus Physicos. Nā & si corpus, vt dicit Epicurus, est congeries magnitudinis & figuræ & resistentiæ, seu quod tres habet dimensiones ac interualla, cum resistentia: quoniam quidquid sumitur ex coitu multorum, non est sensus qui est expers rationis, id accipere, sed alicuius facultatis participis rationis, non est corpus ex sensilibus. Quòd si est sensile, rursus erit eiusmodi vt non possit doceri. ex sensilibus enim nihil docetur: vt nemo discit videre album, neque gustare dulce, neque ab aliquo odorem percipere, frigefieri, calefieri: sed doceri non potest eorum omnium apprehēsio. Neque ergo corpus est sensile. neque si sit sensile, ea ratione poterit doceri. Sed neque vt quod cadat sub intelligentiam, potest doceri. Si enim neque lōgitudo separatim est corpus, neque latitudo, neque profunditas: id autē est ex his omnibus compositum, oportebit cùm sint omnia incorporea, etiam quod est ex eis coactum ac congregatum, intelligere incorporeum & non corpus: & ideo etiam nō posse doceri corpus. & quòd ex corporibus alia quidem sunt sensilia, alia verò quæ cadunt sub intelligētiam. Quamobrem si docetur corpus, aut id quod est sensile, docetur, aut id quod cadit sub intelligentiam. Sed neque quod est sensile, docetur, propterea quòd appareat, & ex se sit euidens. neque quod cadit sub intelligentiam, propterea quòd nihil sit certi, & sit hucvsque quæ diiudicari non potest de iis dissensio:

Corpus non docetur secundum Stoicos.

Corpus non est sensile.

Corpus si sit sensile, non potest doceri.

Corpus si sit intelligibile, nō potest doceri.

sio: cùm alij quidem dicát id esse indiuiduum, alij verò diuiduum: & alij quidem id carere partibus & esse minimum, alij secari posse in partes, & diuidi in infinitum. Non potest ergo doceri corpus. Sed neque incorporeum. Aut enim est aliqua idea Platonica: aut quod à Stoicis dicitur λεκτὸν, id est, quod dicitur: aut inane, aut locus, aut tempus, aut aliquid aliud ex iis quæ sunt huiusmodi. Quodcunque autem sit ex his, habet substantiam de qua quæritur, & de qua dissidetur absque diiudicatione. Ea autem de quibus adhuc dubitatur, dicere doceri tanquam de quibus nulla sit controuersia, est planè absurdum. Si autem ex iis quæ sunt, alia quidem sunt corpora, alia verò incorporea: ostensum est autem ex iis nihil doceri: nihil est quod docetur. Et alioqui si docetur aliquid, aut est verum aut falsum. Et falsum quidē non est, vt ex ipso cernitur. Verum autem si sit, est dubium, vt ostendimus cùm ageremus de eo quod habet vim iudicandi. De rebus autem dubiis non est disciplina. Non est ergo quod docetur. Ad hæc accedit, quòd id quod docetur, aut est artificiosum, aut arte carens. Sed non est quidē arte carens, alioqui ne opus quidem habebit disciplina. Si est autem artificiosum, aut ex eo ipso apparet, aut non apparet, nec est euidens. Et si ex eo quidem ipso apparet, & caret arte & non potest doceri. Sin autem non apparet, nec est euidens: eo ipso quòd non apparet nec est euidens, non potest doceri. Atque ex his quidem ostenditur rem quæ docetur esse dubiam. Cum ipsa autem simul tollitur & qui docet, propterea quòd nō habeat quod doceat: & qui discit, propterea quòd non habeat quod discat. Nihilo secius autem in iis quoque licebit similes mouere dubitationes. Nam si est aliquis qui docet, & erit etiam aliquis qui discit, aut artifex docebit artificem, aut iners inertem: aut contrà artifex inertem, aut iners artificem. Sed neque iners docere potest inertem, vt neque cæcus potest cæcum ducere. Neque artifex artificem. non habet enim omnino quod doceat. Neque iners artificem: vt neque cæcus potest ducere videntem. Rudis enim & imperitus est planè occæcatus ad artis contemplationes: & ideo non est aptus ad docendum. Restat ergo vt dicatur quòd artifex docet rudem & imperitum. quod rursus est ex iis quæ nulla ratione possunt fieri. De artifice enim à nobis est dubitatum simul cum artis contemplationibus. Et iners si docetur & fit artifex, aut quando est iners, fit artifex, aut quando est artifex. Sed neque quando est iners potest fieri artifex, neque quādo est artifex, adhuc fit artifex, sed est. Idq́; est consentaneum. Nam iners quidem

Incorporeum non potest doceri.

Falsum non est.

Artificiosum non potest doceri.

Nec est qui doceat, nec qui discat.

est similis ei qui est ab ortu cæcus aut surdus. & quomodo neque ei qui est ab ortu cæcus, veniunt in mentem colores: neque ei qui est ab ortu surdus, veniunt in mentem voces: ita etiam iners, quatenus est iners, occæcatus ad apprehendendas artificiosas contemplationes, non potest eorum ipsorum habere cognitionem. Et artifex non amplius docetur, sed iam est doctus. Quinetiam vt hæc sunt dubia, ita etiam modus disciplinæ est dubius. Ea enim fit ac suscipitur aut euidentia aut ratione. Sed neque euidentia aut ratione, vt ostendemus. Quamobrem nec disciplinæ modus est explicatus & absque dubitatione. Atque euidentia quidem non fit suscipitúrve disciplina: quoniam euidentia est eorū quæ monstrantur. Quod autem monstratur, apparet. Quod autem apparet, quatenus apparet, potest communiter ab omnibus apprehendi. Quod autem potest ab omnibus communiter apprehēdi, minimè potest doceri. Quod ergo euidentia monstrari potest, non potest doceri. Sed nec oratione doceri potest aliquid. Aut enim natura aliquid significat oratio, aut nihil significat. Sed nihil significans, nihil docebit. Si autem aliquid significat, aut natura significat, aut ex instituto & ex impositione. Et natura quidem non significat, proptereà quòd non omnes omnes intelligant, Græci Barbaros, & Barbari Græcos. Ex instituto autem & impositione si aliquid significat, perspicuum est quòd ij quidem qui anticiparunt, ea apprehendent in quibus ordinatæ fuerunt dictiones, non ex ipsis docti quæ ignorabant, sed in memoriam reuocantes & renouantes ea quæ sciebant. Qui autē opus habent vt discant ea quę ignorabant, & ignorant in quibúsnam ordinatæ sunt dictiones, nihil apprehendent. Quamobrem si neque res est quę docetur, neque qui docet, neque qui discit, neque modus disciplinæ, nihil est disciplina. Atque communiter quidem sic argumentantur Sceptici, vt probent non esse disciplinam. Licebit autem transferre dubitationes etiā ad eam quæ dicitur ars vitæ. Aut enim prudens prudentem eam docebit, aut imprudens imprudentem: aut imprudens prudentem, aut prudens imprudentem. Sed neque prudens prudentem eam dici potest docere. ambo enim sunt virtute perfecti, & neuter eorum opus habet disciplina. Neque imprudens imprudētem. ambo enim opus habent disciplina, & neuter eorum est prudens vt alterum doceat. Sed neque imprudens docebit prudentem. neque enim cęcus videnti indicat colores. Restat ergo vt prudens doceat imprudentē. quod est etiam ex dubiis. Nam si prudentia est scientia bonorum & malorum

& neu-

& neutrorum, imprudens non habens aliquam prudentiam, habens
autem horum omnium ignorationem, prudéte docente bona & mala & neutra, audiet solùm ea quæ dicuntur, ea autem non cognoscet.
Si enim ea apprehédat cùm sit in imprudentia, cognoscet imprudentia bona & mala & neutra. Hæc autem, vt est eorum sententia, non
contéplatur imprudentia. Imprudens ergo non apprehendet ea quę
à prudente dicuntur aut fiunt ratione prudentiæ. & quomodo qui est
ab ortu cæcus, quandiu est cæcus, non habet notionem colorum: &
qui est ab ortu surdus, quandiu est surdus, voces non apprehendit: ita
etiam imprudens, quandiu est imprudens, non apprehendit ea quæ
prudenter dicuntur aut geruntur. Nec ergo prudens potest esse dux
imprudentis in arte degendæ vitæ. Præterea si prudés docet imprudentem, prudentia debet contemplari imprudentiam, sicut ars etiam
inertiam. Non potest autem prudentia contemplari imprudentiam. *Prudentia nõ*
Prudens ergo non docet imprudentem. Qui enim factus est prudés *potest contemplari imprudentiam.*
ex vsu aliquo & exercitatione (nemo enim est natura eiusmodi) aut
cùm in eo sita esset imprudentia, acquisiuit prudentiam: aut per illius
amissionem & huius acquisitionem factus est prudens. Et si cùm in
eo quidem sita esset imprudentia, acquisiuit etiam prudentiam, erit
idem simul prudens & imprudens. quod non potest fieri. Sin autem
amissione illius hanc acquisiuit, nõ poterit per posterius genitam affectionem cognoscere eam quæ prius aderat, nunc autem non adest.
& merito. Cuiuslibet enim rei sensilis, aut quæ cadit sub intelligen- *Rei sensilis*
tiam comprehensio, fit aut incurrendo per euidentiam, aut per repu- *quomodo fiat*
tantem & ratiocinanté transitum ab incurrentibus quæ apparuerunt, *comprehensio.*
eumque aut assimilantem: vt quando ab imagine Socratis cognoscitur Socrates qui non adest. aut componétem: vt quando ab homine
& equo per compositionem intelligimus Hippocentaurum qui nõ
est. aut ex proportione: vt quando ex communi homine amplificando quidem sumitur Cyclops, qui nõ erat similis homini vescenti pane, sed nemoroso promontorio: diminuendo auté Pygmæus. Quò
sit vt si prudentia apprehendatur imprudétia, & prudenti imprudens,
aut consideratur per incursionem, aut per transitum ab incursione.
Sed nec cõsideratur per incursionem. nemo enim sicut nouit per incursionem album & nigrum, & dulce & amarum, ita etiã imprudentiam. Neque per transitum ab incursione. nihil enim ex iis quæ sunt,
est simile imprudentiæ. Si autem ab eo transitum facit prudens, aut
facit assimilantem, aut componentem, aut reputatem. Quamobrem

dd 3   impru-

imprudentiam nunquam comprehendet prudentia. Atqui, fortaſſe dicet aliquis, prudens ea quæ eſt in ſeipſo prudentia, poteſt mente comprehendere quę eſt in alio prudentiam. quod quidem eſt ſtultū. Imprudentia enim eſt affectio quæ quædam edit factu. Si autem prudens conſiderat & contemplatur eam quæ eſt in alio, aut ipſam ex ea ipſa comprehendet affectionem: aut ad eius facta ſe applicans, ab iis eam quoque cognoſcet. Quomodo enim artis quidem medendi affectionem ex iis quæ medicè fiunt: pingendi autem artem ex iis quæ vt à pictore fiunt: neque ipſam ex ipſa poteſt quiſpiam accipere affectionem. non apparet enim neque cadit ſub aſpectum: neque fieri poteſt vt per corporis formam ipſam intueamur, neque à factis quæ ab ipſa eduntur. Quæcunq; enim facta apparent, vt prius oſtendebamus, ſunt communia prudentię & imprudentiæ. Sed quomodo vt prudens doceat imprudentem artem vitæ degendæ, oportet eum contemplari imprudētiam, ſicut etiam artificem inertiam: oſtenſum eſt autem ab eo comprehendi non poſſe imprudentiam: ita non poteſt prudens imprudentem docere artem vitæ agendæ. Cùm ſic autem dubitauerimus de iis quæ maximè continent ea quæ quæruntur in loco qui pertinet ad mores, in eis abſoluamus vniuerſam inſtitutionis Scepticæ pertractationem.

FINIS.

SEXTI PHILOSOPHI PYRRHONIARVM HYPO-TYPΩSEΩN

LIBRI TRES,

QVIBVS in tres Philosophiæ partes seuerissimè inquiritur.

LIBRI *magno ingenij acumine scripti, variaque doctrinâ referti: Græcè nunquam, Latinè nunc primùm editi,*

Interprete Henrico Stephano.

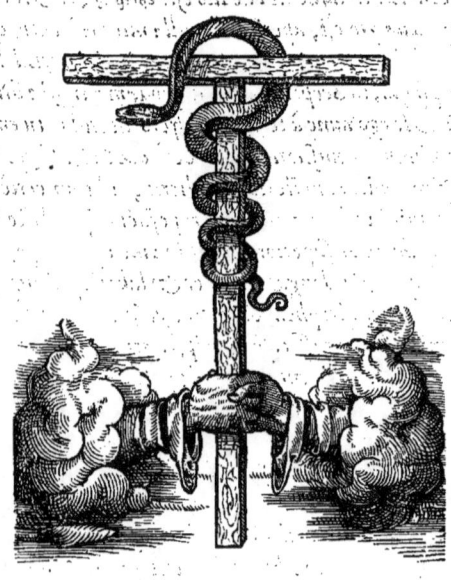

PARISIIS.
1 5 6 9.

HENRICVS STEPHANVS HENRICO
MEMMIO SVPPLICVM LIBELLORVM IN
REGIA MAGISTRO S. D.

Q V I Graiæ sophiæ dabo libellum
Romanáq; modò pumice expolitum?
O M E M M I, tibi, nanque tu solebas
Graiorum lepidas amare nugas.

Quid? (dices statim, si te bene noui) modestiáne quadã
& verecundia hoc facis, vt suum hunc libellum nugas
appelles, an ex animo & vt sentis ita loqueris, ingenuéque verum fateris?
ἢ μᾶλλον τῶτο ἢ ἐκεῖνο. Hic libellus seriáne tractat, an nugas? ἐποίχω. Ad hoc
saltem responde, Estne philosophicũ eius argumentum? ὐ καταλαμϐάνω. Age,
quid definitum constitutumque tibi de illo est? ἀδέυ ὀρίζω. At mihi tuam de
eo sententiam, quæcunque est, aperi. Imò nulla mihi sententia est, vt pote nihil opinanti. Quid facis igitur? σκεπτόμεϑος διατελῶ. Miraris Henrice Henrici tui metamorphosin, in Scepticum quasi quodam virgulæ diuinæ miraculo transformati? At ego nunc à te vnica differo literula. tu enim σκεπτικός
es (vt mos est hominum venustiorum) ego verò σκεπτικός. Quòd si huius metamorphosis tragicocomicam historiam audieris, ad eam certè multo magis
quàm ad vllam Ouidianam attonitus obstupefactúsque discedes. Sed narrabo tamen. Quum anno superiore quartana mea febris post varias παροξυσμῶν ἀκμὰς & παρακμὰς (longas Iuppiter & laboriosas) aliósque multiplices actus, tandem ad catastrophen vergeret: eáque non tantùm corporis mei
cõstitutionem penitus immutasset, sed & ipsi naturali ὁρμῇ (dictu mirabile)
tantam mutationem attulisset, vt, quemadmodum nobis, tantisper dum sani
sumus, mel dulcissimum videtur, at vbi in icterum inciderimus, amarissimũ:
ita ego, cui ante febris quartanæ tragœdiam, nihil dulcius, nihil suauius literarum studio fuerat, ex quo illius fabulæ actor esse cœpera, adeò ab illis abhorrerem, vt non modò triste & acerbum spectaculum libri mihi afferrent,
sed si qua vel minima de illis mihi occurrebat cogitatio, ea, velut obductam
cicatricem refricans, animum mihi exulceraret: quum, inquam, ita malè erga literas affectus essem, atq; adeò eas cane peius & angue odissem, contigit vt bibliothecam meam aliquando ingressus (sed opposita oculis manu, ne
librorum aspectus bilẽ mihi moueret) dum in scrinio veteres nescio quas apinas & tricas euoluens nugor, in aduersaria quædam mea inciderem, quæ tu-

multua-

multuariam quorundam Pyrrhoniæ sectæ capitum interpretationem habebant. Illa mihi risum (quo medicamento ιαξῶν παῖδες summopere mihi opus esse clamabant) primo statim aspectu & ad prima verba excutere, illa mihi decies repetita placere, illa sola scripta palato meo sapere, ego deniq; de Scepticis dicere, οἷοι πέπνυνται, τοὶ δ σκιαὶ ἀΐσσσι. Statim igitur chartas illas, tanquam ἑρμαῖον, arripiens, Græcū Sexti exemplar vnde Pyrrhonia illa transtuleram, diligētißimè & auidißimè perquiro, tandem multo puluere sordidatum & situ propemodum obductum (adeò à me neglectus iacebat) inuenio. Quid multa? Quum opus à me inchoatū dum firma valetudine etam, argumenti partim difficultate deterritus, partim paradoxologiam pertæsus, è manibus abiecissem, animum simul abiiciens atque despondens: tunc, veluti resumptis nouis viribus, & nouo quodam animo, ad id magna alacritate redeo, aduersusq; omnes difficultates pugnans, in eo pergo, nec antè absisto quàm extremā manum illi impono. An autem eas expugnauerim, aliorum esto iudicium. Certè si omnes expugnare non potui, duobus nominibus excusatione apud æquos iudices mereri mihi videor, quòd vno eodēmq; tempore primùm aduersus febrim, & quidem pernicacissimā ac fallacissimam, deinde aduersus argumēti magnam plerisq; in locis obscuritatem, simulq; miram verborum (vt ita loquar) peregrinitatem luctandum fuit. Habes mi Henrice veram rei nuper gestæ historiam. Sed quis vnquam (dices) talem fore quartanæ febri cum Sceptice sympathiam sperasset? aut quis huius sympathiæ rationē è naturalis Philosophiæ arcanis eruere posset? Imò verò quis eam melius te vno eruere queat, Henrice φιλοσοφικώτατε? Age igitur, fœcundū concute pectus. Quòd si fortè nihil ex eo quod tibi satisfaciat deprompseris, domum habes quæ adeò à doctißimis frequentatur viris, vt quoddam pulcherrimarum disputationum emporium appellari meritò poßit. hanc igitur quæstionem in frequenti illorum conciliabulo proponas velim, & quomodo soluta fuerit (vt aliquem narrationis meæ fructum capiam) perscribas. Ad me certè quod attinet, postquam diu multumq; cogitationem meā partes in omnes versaui, omnésq; circunstantias huius facti accuratè perpendi, aliquam eius rationē inuenisse tandē mihi videor: sed quæ tum demum mihi satisfaciet, quum eam aliis & ingenio & iudicio me præstantioribus satisfacere intellexero. Eam paucis aperiam. Febrim quartanam quum ex immoderato literarum studio cōtraxissem, omnes quotidiē illud mihi certatim exprobrantes, & illi vni totum meum malum acceptum ferentes audiebam. Quid aliud hinc sequi poterat quàm immortale quoddā aduersus id studium quod vitæ meæ insidiabatur, odium? Verùm eò res deuenerat, vt non hunc vel illum librum peculiariter odio prosequerer (alioqui Pindarus potius quàm quisquam alius scri-

e e   ptor

ptor dignus odio meo fuisset, quòd ex immenso circa illius interpretatione labore ægritudo corporis contracta foret) sed vnius crimen in omnes diffundebam, adeò vt iam non à Pindaricorum duntaxat similiúmve libroru insidiis cauendum mihi existimarem, sed omnes ad vnum suspectos haberem. Qua in re mihi vsuueniebat quod ingeniosissimus Poëta canit,

Qui semel est læsus fallaci piscis ab hamo,
Omnibus vnca cibis æra subesse putat.

Sic igitur animo quum affectus essem, & libris omnibus (quorum lectio aliquam animi contentionem postularet) renuntiare & tantum non bellum indicere statuissem, cur cum Scepticorum libris tandem potius quàm cum vllis aliis in gratiā redierim, in causa fuisse puto, quòd scepsin omnes omnium artium professores refellentem, magis ac magis in odio illo animum meum obfirmaturam sperarem. In illo autem odio salutis spem collocabam, quia quod reliquum erat vitæ, si in studio literarum pergerem, ἀβίωτο mihi futurum existimabam. Hæc est, mi Henrice, quam possum illius mirandæ metamorphosis rationem afferre, dum meliorem à te expecto.

Verum vt tandem aliquando serio loqui incipiā, tantum abest vt Sceptice animū meum in illo aduersus literas odio obfirmauerit, vt potius per quandam ἀναπρέσκων cum illis me reconciliauerit. Ac certè vt iā liberè & ingenuè mente meam patefaciam, hunc nostrum Scepticum minimè laudo in eo quòd ingenij acumine in refellendis Dogmaticis abusus sit, non solùm in iis quæ malè, verumetiam in iis quæ rectè ab illis dicta fuerant: ego siquidē non quid fieri debuerit, sed quid factum fuerit, narro. Quanquam si è duobus malis minus eligendum sit, tolerabilior ignaua Scepticorum epoche in quibusdam quæstionibus, quàm impudens & temeraria Dogmaticorum quorundam assertio, meritò videri possit. De iis autem disputationibus loquor per quas illi ea etiam quorum à suis sensibus conuincebantur, negabant. Vter enim, obsecro, grauius in veritatem peccat, illéne qui dubitat (hoc enim exemplum proferam) motus sit nécne, vt Sceptici: an ille qui nullum esse motu audet asserere, vt Dogmaticorum bona pars? Et de aliis quidē eorum ad euertendum motum commentis, aliás: at illud risus causa commemorabo. Si quid mouetur (aiebant) aut in eo in quo est loco mouetur, aut in eo in quo non est. Atqui neq; in eo loco mouetur in quo est: (manet enim) nec in eo loco in quo non est. (quomodo enim agere possit eo in loco in quo ne sit quidem?) Nihil ergo mouetur. Hoc commentum quum Diodoro Philosopho dogmatico summopere placere sciret Erophilus Medicus, facetissimè in eum suam illam argutiam retorsit. Nam quum is, luxato forte humero, ad eum non philosophicam sed medicam opem implorans, venisset, Diodore, inquit ille, luxatum
tibi

tibi humerũ suo loco decidisse, quomodo mihi persuadebis? Aut enim in quo erat loco humerus decidit, aut in quo non erat. Atqui non decidit in loco in quo erat manens enim, decidere non poterat. Nec verò decidit in loco in quo non erat. nam quomodo vbi non sit, agere possit? Ergo tibi humerus luxatus non est. Et hæc quidem festiuißimè Erophilus. Nos autẽ, vt ludicris omissis, ad seria veniamus, Dogmaticos cum Scepticis in Dei notitia comparemus. Quis nescit Dogmaticorum plurimos ex illa sua plus quàm effrænata iudicandi audacia quum diuinæ prouidentiæ velut censores, eam ex suo sensu metirentur, in ἀθεότητα esse lapsos? At Sceptici ex iis quidem quæ de Deo Philosophi vtranque in partem disputarent, ἐπέχειν induci: se tamen, quum obseruationi eorum quæ ad vitam communem pertinent, acquiescerent, naturali instinctu ad credendum esse Deum, cuius prouidentia omnia gubernarentur, & ad eum colendum venerandúmque impelli dicebant. Quæ quanuis ita sint, Sceptices tamen nec ipse fautor esse, nec alios fautores efficere velim. Cur igitur, dicet aliquis, librum hunc edis? Primùm vt nostri seculi dogmaticos impios Philosophos ad insaniam redigam. Ad insaniam redigã, dicis? imò verò vt eos sanem. si enim contraria contrariorum sunt remedia, spes est fore vt quem illi ex dogmaticis Philosophis impietatis morbũ contraxerunt, ex eo ephecticorum ope sanentur. Deinde vt modestos Philosophiæ cultores (eos videlicet qui eã moderationem in eius studio adhibẽt, vt ex profanis nihil tamen profanum imbibãt) labore longißimo tædióq; maximo leuem. (Nam præterquam quòd in vno eodémq; libro habebunt quæ ex variis petenda forent: multa etiam quæ apud alios obscurißimè, apud hunc apertißimè tractata reperient. quum tamen author hic breuitatẽ, cui comes obscuritas esse solet, sectatus sit: illi còtra fusè ac copiosè persequuti ea fuerint. Quod profectò admirabili cuidã methodo, huic viro peculiari, acceptum ferendum est.) Postremò, vt eos etiã qui ex libris omnibus philologiam præcipuè & polyhistoriã haurire solent, aliquo mihi obstringam beneficio. Illis enim in toto ferè primo libro, ac præcipuè in expositione τῶ δέκα ἐδ πῶρ τῆ σκέψεως, amplum exhibeo polymathiæ, polyhistoriæ, ac deniq; philologiæ thesaurum. Hæ sunt ferè causæ quæ me ad edendum librũ hunc impulerunt. Verùm obiiciat fortasse Philosophiæ studiosus aliquis, Quomodo hunc qui bellum Philosophiæ indixisse videtur, vllũ meis studiis adiumẽtum allaturum putem? Ego verò eum quisquis hanc de Sexto opinionem conceperit, toto, quod aiunt, cælo errare existimabo. Nisi fortè in Philosophiam eum quis inuehi interpretetur, qui in eo ipso Philosophos, quòd malè de Philosophia meriti sint, & tam malè philosophati, vt suis rationibus ipsa Philosophiæ dogmata tueri nõ poßint: interdum grauiter reprehendat, interdum verò irrideat, aliisque irridendos

e e 2 *propi-*

propinet. Ideo quum aliquid ex iis quæ posuerunt, euertit, hoc semper addit, aut tanquam additũ à nobis vult intelligi. ὅσον ἐπὶ τοῖς ὑπ' αὐτῶ λεγομένοις. Nec tamen is sum qui magis subtiles quàm veras Sexti disputationes esse ignorem: imo verò ne Sextum quidem id latuisse putandum est, hominem φιλοσοφικώτατον, & acerrimo iudicio pariter ac ingenio præditum: siue ostentandi acuminis ingenij causa, siue quodam philosophicæ temeritatis odio, hæc scripserit: vt gentem nimium quietam & suo quodam regno ac licentia nimium abutentem, sollicitaret, eique quantum posset negotij facesseret. Sed interim huiusmodi disputationibus veritati offunduntur tenebræ, ais. Quid? times ne à mendacio veritas nobis opprimatur? Hoc etiam timeto, quoties Solem in nubem conditum videbis, ne nubium caligo lumen eius nobis eripiat: aut potius quoties Solem ἐκλείπειν Lunæ crasso & tenebricoso corpore inter ipsum & obtutum nostrum interposito, cernes, de eius luce actum esse existima, vicemque nostram, qui κόσμον ἀνήλιον in posterum habituri sumus, deplora. quum enim eueniet vt sophismata ac quamlibet acuta & scita mēdacia veritati suam lucem eripiant, certè tum quoque vt nubes vel Luna Solis splendorem in tenebras vertant, accidet. Nec verò cum Democrito ἐν βυθῷ ἄναι τὴν ἀλήθειαν existimandum est, suapte quidem natura: sed prauis hominum opinionibus in profundo quidem illam & olim fuisse demersam, & hodie demergi: ita tamen, vt, sicut olim emersit, sic etiam hodie emergat, semperque emersura sit. Quinetiam tantum abest vt veritas oppugnata expugnari, vel eius lux mendaciis obrui possit, vt, perinde ac manus ex contrectatione niuis per ἀντιπερίστασιν calorem paulo pòst acquirit: ita etiam veritas, offusa illi mendacij caligine, haud multo pòst noua quadam luce aucta videatur. Sed sus Mineruam. Vale Henrice charissime, & hoc munusculum ab animo grato profectum accipe, tibique persuade, nihil mihi gratius quàm tibi gratificari, esse.

SEXTI

SEXTI PHILOSOPHI
PYRRHONIARVM HYPO-
TYPΩSEΩN

LIBER PRIMVS.

De tribus generalissimis philosophandi rationibus. CAP. I.

QVICVNQVE rem aliquam quærunt, eos huc tandem deuenire consentaneum est, vt aut eam inueniant, aut à se inuenta negent: & vel à se comprehendi non posse fateantur, vel in eius inuestigatione perseuerent. Quamobrem fortasse in iis etiam quæ circa Philosophiam quæruntur, alij quidem verum se inueniſſe dixerunt, alij autem id esse eiusmodi quod comprehendi non poſſet, pronuntiarunt, alij verò quærere pergunt. Inueniſſe sibi videntur ij qui peculiari nomine Dogmatici appellantur, vt Aristoteles, Epicurus, & Stoici, & alij quidam. Negarunt autem comprehendi poſſe, Clitomachus, Carneades, & cæteri Academici. At Sceptici etiamnum quærunt. Vnde merito tres eſſe generalissimæ philosophandi rationes existimantur, Dogmatica, Academica, Sceptica. Ac de duabus quidem illis tractare, aliorum fuerit: de Sceptica autem institutione nos ὑποτυπωτικῶς (id est, breuiter summa rerum ob oculos ponentes capita) dicemus: hoc præfati, nos de nulla re earum quæ à nobis dicetur, ita pronuntiare, vt eam sic planè se habere vt dicimus, affirmemus & assertione approbemus, sed quid de quaque re nobis nunc videatur, historico quodam more narrantes, exponere.

De duplici Sceptica tractatione. CAP. 2.

SCEPTICÆ igitur Philosophiæ vna quidem dicitur generalis tractatio: altera autem, specialis. Generalis, in qua notas & indicia scepseos exponimus, declarantes quæ sit eius mens, quæ principia, quæ orationes, quod sit eius κριτήριον, id est, instrumentum ad iudicandū: quis finis: item qui modi ἐποχῆς, id est, assensus retentionis; & quomodo

Scepti-

Scepticorum dicta intelligamus, praeterea quónam pacto Scepsis ab illis philosophandi modis qui sunt ei finitimi, distinguatur. Specialis autem Sceptice tractatio, ea est, in qua vnicuique parti eius quae Philosophia nuncupatur, contradicimus. Et generalem quidem tractationem priore loco persequamur, ante omnia tradentes ea nomina, quibus appellari Sceptica institutio consueuit.

Quibus nominibus Sceptica institutio vocetur. CAP. 3.

SCEPTICA igitur institutio vocatur etiā ζητητικὴ, q. d. quaesitoria, ab ipsa actione quę est ἀ' τ̀ ζητεῖν κ̀ σκέπτεσθ, *id est, in quaerendo & vtendo Scepsi.* Appellatur etiam Ephectice, ab ea affectione quę in eo est qui Scepsi vtitur, deducto nomine. Dicitur & ἀπορητικὴ, *q. d. dubitatoria vel haesitatoria:* aut inde quòd de re omni dubitet & quaerat, vt nonnulli volunt: aut propterea quòd haesitans suspenso sit ad assentiendum aut repugnandum animo. Quinetiam quoniam solidius & apertius Scepsin tractauisse Pyrrhonem existimamus, quàm eos qui aetate illum praecurrerunt, ab eius nomine Pyrrhonia nuncupatur.

Quid sit Scepsis. CAP. 4.

EST autē Sceptica δύναμις, *id est, vis & facultas,* quae ea quae sunt φαινόμενα, *id est, sub sensum cadunt,* iis quae sunt νοούμενα, *id est, quae mente & intellectu percipiuntur,* opponit, idque quolibet modo: A qua quidem deuenimus, propter paria in oppositis rebus ac orationibus momenta, primum quidē ad ἐποχὴν, *id est, assensus retentionem:* deinde verò ad ἀταραξίαν, *id est, vacuitatem à perturbatione.* Eam autem, δύναμιν appellamus simpliciter κ̀ ἀ δύνας, *id est, ex eo quòd possit:* φαινόμενα autem dicimus nunc τὰ αἰοντα, *id est, quae sub sensum cadunt & sensu vsurpantur,* vnde fit vt iis opponamus τὰ νοντα, *id est, quae mente & intellectu percipiuntur.* Quod autem dicimus, Quolibet modo, id ad nomen δύναμις accommodari & ad ipsum referri potest: vt simpliciter vocem hanc δύναμις, vti diximus, accipiamus. Potest etiam ad illud referri, Scepticam φαινόμενα & νοούμενα inter se opponere: quia enim varie haec opponimus, aut phaenomena phaenomenis, aut nooumena nooumenis, aut permutatim: vt omnes oppositiones comprehendantur, dicimus, Quolibet modo. Aut certe Quolibet modo phaenomenōn & nooumenōn, *id est, Quolibet modo sub sensum cadentium & mente ac intellectu perceptibilium.* ne quaeramus in iis quae sub sensum cadunt, quo pacto sub sensum cadant: & in iis quae mente percipiuntur, quónam modo mente percipiantur. Oppositas autem orationes intelligimus, non necessario negationem & affirmationem: sed simpliciter eas quę sibi inui-

inuicem aduersentur. Vocamus autem ἰσοθένειαν, id est, æquā potentiam, æqualitatē quandam & paria momenta ad impetrandam vel non impetrandam fidem: ita vt aduersantium orationum nunquā altera alteri præponatur, tanquam fide dignior. ἐποχὴ auté est status mentis per quem neque ponimus quicquam, neque tollimus. ἀταραξία verò, est vacuitas perturbationis in animo & tranquillitas. Quomodo autem vnà cum epoche ingrediatur ataraxia, vbi de fine Scepticæ agemus, declarabimus.

De Sceptico. CAP. 5.

QVINETIAM Pyrrhonius Philosophus cum notione Scepticæ institutionis exhibitus esse videri possit. is enim est qui hac vi & facultate præditus est.

De principiis Scepticæ. CAP. 6.

PRINCIPIVM autem Scepticæ, id quidé quod ex causa est, dicimus esse spē assequendę vacuitatis à perturbatione. Siquidem abundantia quadam ingenij præstantes homines, quum ob eam inæqualitatem & dissidentiam quæ in rebus erat, turbarétur, & quibus potius assentiendū esset, dubitarent: quid in rebus verum, quid falsum esset, quærere cœperunt: vt ex horum diiudicatione & distinctione illum mentis imperturbatum statum adepturi. Principium autem id Scepticæ, quo ea nititur, est præcipuè hoc, Omni orationi orationem æqualis ponderis & momenti aduersari. Ex hoc enim videmur eò delabi, vt dogmata nulla statuamus.

An Scepticus aliqua dogmata statuat. CAP. 7.

DICIMVS autem Scepticū dogmata (id est decreta) nulla statuere, non eo sensu quo dicunt nonnulli dogma esse generaliter assensionem ad aliquam rem: (nam ille iis quibus per phantasiam cogitur affici, assentitur. Exempli gratia, Quum calefit, aut frigefit, nequaquā dixerit, Puto me non calefieri, aut frigefieri) sed dicimus Scepticum dogma non ponere, eo sensu quo dogma nonulli esse aiunt assensum ad rem aliquam dubiam & incertā earum de quibus in scientiis quæritur & ambigitur. Nulli enim rei incertæ & controuersæ assentitur Pyrrhonius. Imò verò ne tum quidem dogmata statuit, quum voces Scepticæ institutionis pronuntiat, nimirum vel hanc, οὐδὲν μᾶλλον, id est, Nihilo magis: aut illa, οὐδὲν ὁρίζω, id est, nihil definio: aut aliquā aliam ex iis de quibus postea dicemus. Nā qui dogma ponit tanquā entem rem illam ponit de qua dicitur dogma statuere: at verò Scepticus has voces non ita ponit quasi protinus dici debeāt esse. Arbitratur enim, vt hæc vt hæc vox, Omnia sunt falsa: cum aliis etiam seipsam falsam esse dicit: Item illa, Nihil est verum: eodem modo & hanc, Nihilo magis, cum aliis etiã seipsam dicere nihilo magis esse, & propterea vnà cum aliis se circunscribere. Idem in reliquis quoq; Scepticorum vocibus dicimus. Iam verò si is qui dogma statuit, tanquã ens ponit id de quo dogma statuit, at Scepticus voces suas profert ita vt quæ possint à seipsis circunscribi: dũ illas profert, dogmatis alicuius author cẽseri nequaquam possit. Atque etià quod potissimum est in his vocibus pronuntiandis, quid sibi videatur, dicit, & passionem quam sentit, exponit, citra vllam opinationem, nihil de externis subiectis affirmans.

An sectam habeat Scepticus.   CAP. 8.

EANDEM autem rationem sequimur in respondendo iis qui rogant an sectam habeat Scepticus. Si quis enim dicat sectã esse inclinationem ad dogmata multa, quæ conuenientiam inter se & phænomena habeãt, & velit dogma esse ad rẽ aliquam incertam assensum: nos sectã non habere respondebimus. Sin quis dicat sectam esse institutionem quæ secundum phænomenum rationi alicui adhæreat, illa ratione monstrante quomodo rectè viuere videri possimus (illud Rectè non solùm ad virtutem referendo, sed simplicius dictum intelligendo) & ad assensus retentionem tendente: tum verò sectam nos habere respondebimus. adhæremus enim rationi cuidam quæ secundum phænomenum, *id est, secundũ id quod apparet & sub sensum se profert*, nobis monstrat viuere ad patrios ritus & leges & instituta, & ad proprias nobis affectiones.

An physiologiam tractet Scepticus.   CAP. 9.

SIMILIA sunt ea quæ respondemus quærentibus an φυσιολογία, *id est, naturæ inuestigatio*, ad Scepticum pertineat. Quantum enim attinet ad pronuntiandum cum firma persuasione de re aliqua earum quæ physiologiæ dogmatis statuuntur: nihil nobis cum physiologia commercij est. sed quatenus omni orationi orationem æqualẽ possumus opponere, etiam in physiologicis, perturbationis vacuitatem cõsequimur. Atque hoc quidem certè modo & logicam & ethicam eius quæ philosophia dicitur, partem, tractamus.

An Sceptici phænomena tollant.   CAP. 10.

QVI autem aiunt Scepticos tollere phænomena, *id est, apparentia*: ea quæ à nobis dici solent, audisse mihi non videntur. Non enim ea euertimus que per phantasiam patientem inuitos nos ad assensionem adducunt, vt antea quoque dicebamus, ea autẽ sunt apparentia.

Sed

Sed quum quærimus an tale sit ipsum subiectum quale apparet, apparere quidem concedimus: quęrimus autē & ambigimus non de ea re quæ apparet, sed de eo quod dicitur de re apparente. hoc autem aliud est quàm quæstionem mouere de ipsa re quæ apparet. Verbi gratia, Apparet nobis mel dulcare: dulcedinem enim ipsam sensu percipimus: sed an dulce sit quod ad rationem & intelligentiam attinet, ambigimus. Quòd si etiam apertè circa apparens quæstiones moueamus, non ita has mouemus quasi apparētia euertere velimus: sed Dogmaticorum philosophorum temeritatem arguétes. Si enim tales sunt rationis imposturæ, vt etiam apparentia tantum non oculis nostris surripiat: quomodo in incertis suspectam eam habere non debeamus, ne eam sequentes, in temeritatem labamur?

De criterio Sceptices.   CAP. II.

N o s autem apparentibus acquiescere, ex iis quę à nobis de criterio Scepticæ institutionis dicuntur, manifestum est. κριτήριου autem, *id est, instrumentum ad iudicandum*, duobus dicitur modis: & id quo fides sit rem aliquam esse vel non esse: (de quo in eo loco dicemus vbi aliorum de ipso sententias refellemus) & id quo actiones diiudicantur: cui adhærentes, in communi vita, quædam agimus, quædam nequaquam. de quo nunc loquimur. Criterium igitur Scepticæ institutionis dicimus esse id quod apparet: quod perinde est ac si phantasiā dicamus. quum enim persuasionem & coactā passionem afferat, ambigi de ea non potest. Itaque hoc quidem, nimirum tale aut tale apparere ipsum subiectum, nemo fortasse in dubium vocat: sed de hoc, videlicet an tale sit quale apparet, ambigitur. Apparétibus igitur acquiescentes, ea quæ ad vitam communē pertinent, obseruando, opinatione omni liberi viuimus: quia omnis actionis prorsus expertes esse non possumus. Videtur autem hæc obseruatio eorum quæ ad vitam communem spectāt, triplex esse: & partim in naturali instructione versari, partim in impulsu & coactu passionum, partim in constitutione legum & cōsuetudinum, partim in traditione artium. Instructione naturali: per quam à natura & sensuum & intellectus facultate præditi sumus. Passionum coactu: quo fit vt fames ad cibum nos deducat, sitis ad potum. Legum & morum constitutione: quæ facit vt piè agere in vita communi, bonum censeamus: impiè agere, malum. Artium traditione: per quam non inutiles & otiosi sumus in iis quæ nobis traduntur artibus. Hæc autem omnia citra opinationem dicimus.

f f   *Quis*

Quis finis sit Sceptica. CAP. IX.

ORDO poscit vt de fine Scepticæ disciplinæ deinceps dicamus. Est igitur finis, id cuius causa omnia fiunt aut cōsiderantur: ipsum autem, nullius rei causa : aut vltimum appetendorum. Dicimus autem etiamnum finem esse Sceptici, imperturbatum mentis statum circa ea quæ ad opinationem spectant, & in coactis μετριοπάθειαν, id est, moderationem in ferendis affectionibus. Incipies enim philosophari, ad phantasias discernendas & comprehendendas, quænam sint veræ, quæ falsæ, vt perturbatione mentis careret: incidit in æqualia contrariis in partibus momenta rationum: quæ quum diiudicare non posset, assensum retinuit. Hanc autem assensus retentionem forte fortunà sequutus est imperturbatus mētis status circa opinabilia. Nam qui opinatur aliquid natura bonum aut malum esse, turbatur semper. quandiu enim non adsunt ea quæ bona esse videntur, & ab iis quæ natura mala sunt, putat se torqueri, & persequitur bona, vt ea quidem iudicat. iam verò vbi ea acquisiuit, in plures perturbationes incidit, tum ob rei nouitatē, tum quòd immodicè efferatur: mutationemíque timens, totus in hoc sit ne amittat ea quæ ipsi videntur esse bona. At ille qui ambigit de iis quæ secundum naturam bona aut mala sunt, neque fugit quicquam, neque persequitur acri studio : proptereáque perturbatione caret. Quod igitur de Apelle pictore memoriæ proditū est, hoc Sceptico vsuuenit. aiunt enim ipsum, quum in pingendo equo, spumam eius sua pictura repræsentare voluisset, tam malè ei rem successisse vt de ea omnino desperaret, ideóque spongiam in quam abstergebat penicilli sui colores, in illam imaginem impegisse: spongiā autem, quum equum attigisset, spumæ similitudinem expressisse. Itidem enim Sceptici sperabant quidem se imperturbatum mentis statum adepturos, inæqualitatem eorum quæ sensu & eorum quæ intellectu percipiuntur, distinguendo : quum autem id efficere non potuissent, assensum retinuerunt: at hanc assensus retentionem quasi fortuitò imperturbatus mentis status consequutus est, tanquam vmbra corpus. Neq; tamen omnino quietū esse & ab omni molestia abesse Scepticum existimamus, sed externorum quorundam impulsu inquietari dicimus. Nam algere nonnunquam eum, & sitire, & huiusmodi alia pati fatemur. Sed in his etiam vulgo hominum duo contingūt aduersa, & ex iis quæ patitur, & quòd ea quæ sibi accidere videt, mala esse natura iudicet. At verò Scepticus non addens illam opinationem, videlicet horum vnumquodque natura malum esse, hæc etiā

fert

fert moderantius quàm alij. Propterea igitur in illis quidem quæ ex opinatione pendet, ataraxiam dicimus finem esse Sceptici, at in coactis metriopathiam. Nonnulli autem non ignobilium Scepticorum his epochen quæ circa quæstiones versatur, addiderunt.

De modis vniuersalibus Scepseos. CAP 13.

QVONIAM autem perturbationis vacuitatem consequi dicebamus ex assensus retentione de omnibus, nobis deinceps dicedum est quomodo ad huiusmodi assensus retentionem perueniamus. Fit igitur hæc(vt generalius loquamur)per mutuam rerum inter se oppositionem. Opponimus autem apparetia apparentibus, aut intellectualia intellectualibus: aut permutatim. Apparentia quidem apparentibus, vt quum dicimus, Eadem turris procul intueti apparet rotunda, prope spectanti, quadrata. Intellectualia autem intellectualibus, vt quum ei qui ex cœlestium dispositione infert esse prouidentiam, opponimus, bonos quidem aduersa vti fortuna sæpenumero, malos autem prospera:& hinc inferimus non esse prouidentia. Intellectualia autem apparetibus, vt Anaxagoras, huic propositioni, albā esse niuē, opponebat hanc, niuem, aquam esse cocretam, aquam autem esse nigram: igitur & niuem nigrā esse. Alio autem sensu opponimus inter se aliquando præsentia præsentibus, vt quæ modo diximus: aliquando etiam præsentia præteritis aut futuris: vt quum argumetum nobis quis proponit quod soluere non possumus, dicimus ei, Quemadmodum antequā natus esset is qui author fuit sectæ cui te addixisti, nondum verba quæ ab ea manant, vera esse videbantur, & tamen quantū ad naturam, erant in rerum subsistentia: ita etiam fieri potest vt contraria verba iis quæ mihi proponis, quantum ad naturam quidē, sint in rerum subsistentia, nondum tamen nobis apparentia sint: itaque nondum nos assentiri oportet propositioni quæ valida ratione niti nunc videtur. Vt aute hæ oppositiones exactius oculis nostris subijciatur, etiam modos proponam quibus epoche colligitur: nulla nec de numero, nec de facultate earū affirmationem adhibes: fieri enim potest vt & infirmi sint, & plures etia iis qui à nobis enumerabuntur.

De modis decem epoches. CAP. 14.

TRADI igitur solent ab antiquioribus Scepticis modi numero decem, quibus epoche colligi videtur: qui & λόγοι & τύποι, diuersis vocibus, sed eodem sensu, ab illis appellantur. sunt autem isti : Primus ex animalium varietate. Secundus, ex hominum differentia. Tertius, ex diuersè cōstitutis sensuum instrumentis. Quartus, ex vario habitu

Quin-

Quintus, ex positionibus & interuallis ac locis. Sextus, ex permistionibus. Septimus, ex quantitatibus & constitutionibus subiectorum. Octauus, ex eo quod ad aliquid refertur. Nonus, ex iis quæ frequenter aut rarò contingunt. Decimus, ex institutis, cósuetudinibus & legibus, fabulosisque persuasionibus, & dogmaticis opinionibus. Vtimur autē hoc ordine positiuè. Porrò tres sunt modi qui hos omnes complectuntur. Primus, à iudicante: Secundus, ab eo quod iudicatur: Tertius, ab vtroque. Nam sub hoc modo qui est à iudicante, comprehēduntur primi quatuor. quia iudicans, aut animal est, aut homo, aut sensus, & in aliquo accidenti. Ad modum autem qui est ab eo quod iudicatur, referuntur septimus & decimus. Modo autem qui ex vtroq; horū compositus est, subiiciuntur quintus & sextus & octauus & nonus. Rursus autē hi tres referuntur ad modum qui est à relatis: adeò vt generalissimus quidē modus sit hic à relatis: speciales autē, alij tres: sub quibus rursum constituti sint illi decem. Et hęc quidē de numero eorū probabiliter dicimus: de facultate autē, quæ sequūtur.

1. Primum modum esse dicebamus, secundum quem ex differentia animalium, non eædem ab iisdem obiiciuntur phantasiæ, hoc autem colligimus & ex diuersis eorum generationibus, & differentia quæ est in corporum constitutionibus. Circa generationes igitur hæc: quoniam ex animalibus alia absque coitu nascuntur, alia ex coitu. Et eorum quæ absque coitu nascuntur, alia ex igne eduntur, vt zoophyta quæ in caminis videmus: alia ex aqua corrupta, vt culices: alia ex vino vappa facto, vt senipes: alia ex terra: alia ex limo, vt ranę: alia ex luto, vt vermes: alia ex asinis, vt scarabei: alia ex oleribus, vt erucæ: alia ex fructibus, vt qui in caprifico nascūtur vermiculi psenes appellati: alia ex animalibus putrefactis, vt apes ex tauris, & vespę ex equis. Eorum autem quæ ex coitu gignuntur, alia ex eiusdem generis animalibus, vt bona pars: alia ex animalibus disparis generis, vt asini. Rursus generaliter ex animantibus alia viua eduntur, vt homines: alia ex ouo proueniunt, vt aues: alia carne informi prædita generantur, vt vrsi. Non dubium est igitur, dissimilitudines & differentias quæ in generationibus sunt, magnas efficere antipathias, vt quæ inde diuersum inter se temperamentum & incohęrentiam ac repugnantiā accipiant. Sed & differentia præcipuarū corporis partium, earumq; potissimùm quæ à natura ad diiudicandum & sentiendum datæ sunt, maximam potest excitare phantasiarum discordiam, pro animalium varietate. Exempli gratia, icterici pallida esse dicunt quæ nobis alba viden-

videntur: & qui hypofphagma habent, fanguinea. Quoniá igitur animalium etiam alia pallidos habét oculos, alia fanguinis colorem referentes, alia albicantes, alia alium colorem habentes: non fine caufa diuerfo modo colores percipiút. Quinetiam nos fi diutius defixos habuerimus in Solem oculos, deinde in librum eos demittamus, aureæ nobis literæ videntur effe, & in orbem circumagi. Quandoquidem igitur aliqua etiam animantia fulgorem quendam in oculis habent, & lumen tenue ac verfatile ex eis emittunt, adeò vt etiã noctu cernant: meritò exiftimemus nõ fimilia nobis & illis externa fub fenfum cadere. Iam verò & præftigiatores lucernas ærugine & fepiæ atramento vngétes, faciunt vt qui adfunt, modò æris colorem habere, modò nigri effe videantur, propter parua eius quod admiftum eft, infperfionem: multo certè magis confentaneum eft, quum diuerfi humores animalium vifui commifti fint, diuerfas fubiectorum phantafias ipfis fieri. Quinetiam, quum oculum fricuerimus, oblongæ & anguftæ apparent formæ & figuræ, & magnitudines eorum quæ fub oculos cadunt. Eft igitur confentaneum, quæcunque animalia obliquam habent pupillam & oblongam, vt capræ, feles, & huiufmodi, diuerfam de fubiectis phantafiam concipere, & nõ eandem quam ea quæ rotundam pupillam habent: Sed & fpeculum prout vel hoc vel illo modo factum fuerit, aliquando minora nobis oftendit quæ extrinfecus fubiecta funt, vt fi fit concauum: aliquando oblonga & angufta, vt fi curuum fuerit. Sunt & fpecula quæ caput eius qui fe in illis intuetur, deorfum effe oftendunt, pedes autem furfum. Quoniam igitur & vaforum quæ circa vifum funt, alia funt adeò repanda vt extuberantia propendeant, alia magis caua funt, alia etiam in plano iacent: confentaneum eft, propter hoc variari etiam phantafias, & neq; æqualia magnitudinibus, neque fimilia formis videre eadem, canes, pifces, leones, homines, locuftas, fed pro ea impreffione cuiufq; quã facit vifus excipiés id quod apparet. Eadem eft & in aliis fenfibus ratio: nam quomodo dicantur fimiliter affici in contactu oftracoderma & farcophana & fpinis hirfuta & pennata & fquamofa: aut quomodo fimilia recipere auditu, animal quod habeat anguftiffimũ porum auditorium, & quod ipfum habeat latiffimum? aut cui pilofæ fint aures, aut cui glabræ cõtra eæ fint? quum etiam ipfi aliter afficiamur auditu quum femiobftrictas aures habemus, aliter quum ita illis vtimur vt à natura habemus. Quinetiam odoratus diuerfus effe debet pro animalium varietate. nam fi nos aliter quidem mouemur frige-

ff 3   facti,

facti, & pituita in nobis abundante, aliter si quæ circa caput nostrum
sunt partes, sanguinis abundantiam acceperint (adeò vt ea quæ aliis
suaueolentia esse videntur, auersemur, & iis quasi percuti nos existimemus:) quandoquidem animantium alia humida sunt natura & pi-
tuitosa, aliis sanguis inest multus, alia præualentem & abundantem
habent flauam aut atram bilem:mirum certè ni eorum singulis diuer
sa apparet ea quæ sub odoratum cadunt. Itidem quod ad gustum attinet: quum alia asperam & siccam habeat linguam, alia valde humi-
dam:(siquidem & nos quoque, dum febricitamus, aridiorem linguā
habentes, terrea & mali succi atque amara ea quę nobis apponuntur,
existimamus. hoc autem nobis accidit ob diuersam humorum qui in
nobis esse dicuntur, præualetiam) quandoquidem animalia quoque
diuersum inter se habent gustatus instrumentum, & diuersis humoribus abundant:hinc fit vt etiam in gustu diuersas subiectorum phanta
sias accipiant. Quemadmodum enim idē cibus concoctus, aliquando fit vena, interdum arteria, interdum os, nonnunquam neruus, &
vnumquodque alioru:quippe qui pro diuersitate partium quę ipsum
recipiunt, diuersam facultatem proferat: Et vt aqua vna & vnius generis in arbores infusa & quasi digesta, aliquando fit cortex, aliquando ramus, aliquando fructus:iam verò & ficus, & malum punicum, &
quiuis alius ex cæteris fructibus. Quemadmodum item musicorum
flatus vnus & idē in tibiam inspiratus, modò acutus fit, modò grauis:
& manus eodem pacto lyræ impressa, nonnunquam grauem sonum,
nonnunquam acutum reddit:Ita non mirum est ea etiam quæ extrinsecus subiecta sunt, in diuersam contemplationem venire pro diuersa constitutione animalium quibus substantiæ accidunt. Hoc autem
euidentius est perspicere ex iis quæ appetunt & quæ fugiunt animalia. Exempli gratia, Vnguentum hominibus gratissimum videtur, at
scarabeis & apibus intolerabile. Et oleum quidē est hominibus vtile, at vespas & apes interficit, si illis irroretur. Itidem marina aqua ho
minibus quidem in potu est ingrata & venenata, at piscibus suauissi-
mus est eius potus. Sues præterea lubentius in lutum se immergunt
graueolētissimum, quàm in aquam puram & limpidam. Insuper &
animaliū alia vescuntur herbis, alia frutices depascuntur, alia in syluis
viuunt, alia semen edunt, alia sunt carniuora, aliis cibus est lac:deinde
alia putrefacto gaudent cibo, alia recenti:alia crudo, alia à coquis ap
parato. denique quæcunque vni sunt iucunda, alteri sunt iniucunda
& periculosa ac mortifera. Exemplo esse potest cicuta, quæ coturni-

ces

ces pinguefacit, sicuti hyoscyamus sues: quæ salamandras etiã libenter edunt, quemadmodum & cerui venenata animalia, & hirundines cantharidas: Quin etiam formicæ & scnipes hominibus quidem dolores & tormina afferunt, si deuorentur: at vero vrsus siquo morbo laborare cœperit, his auidissimè vescens, corroboratur. Vipera, si vel vnius fagi eam attigerit ramus, vertigine opprimitur: quemadmodum & vespertilio, si platani tactus fuerit folio. Fugit præterea arietem elephas, gallum gallinaceum leo, & fragore fabarum fresarum marina cete, tigris tympani sonum. Quibus alia id genus addi possunt: sed ne diutius quàm par est, in his immorari videamur: Si eadem aliis iucunda sint, aliis iniucunda: iucundum autem & iniucundum in phantasia versatur: diuersæ fiunt animalibus à subiectis phantasiæ. Quòd si eædem res, diuersæ apparent ob animalium varietatẽ: quale quidem contemplemur ipsum subiectum; dicere poterimus: de eo autem, quale sit natura, assensum retinebimus. Neq; enim ipsi & nostras & aliorum animalium phãtasias diiudicare poterimus, quum & ipsi discrepantiæ pars simus, & propterea tales quibus opus sit potius alio diiudicante, quàm qui id ipsi præstare possimus. Sed nec sine demonstratione possumus nostras phantasias phãtasiis animalium præferre, nec cum demonstratione. Nam ad id vt demonstrationem nõ esse probetur, fortasse, vt docebimus, adhibita ea quæ vocatur demonstratio, aut nobis apparens erit, aut non apparens. & si quidem non apparens, ne cum certa quidem persuasione eam excipiemus: quòd si appareat nobis, quandoquidem quæritur de iis quæ animalibus apparentia sunt, & demonstratio nobis, qui ex animalium numero sumus, apparens est: etiam de ipsa quæstio erit, vtrum vera sit, quatenus est apparens. At verò absurdum est conari cõfirmare quod quæritur per aliud de quo etiam quæstio est: nam hoc modo esset eidem rei adhibenda fides & non adhibenda: adiungenda fides ei, quatenus vult demonstrare: non adiungenda autem, quatenus demonstrari necesse habet. Non reperiemus igitur demonstrationem qua nostras phantasias phantasiis animalium ratione carentium præferamus. Si ergo diuersæ sunt phantasiæ pro diuersitate animalium, quas diiudicare est impossibile: assensum de extrinsecus subiectis sustinere necesse est. Ex abundanti autem, superioribus addemus irrationabilium quæ vocatur animalium comparationem cum hominibus, in iis quidẽ certè quæ ad phantasiam spectant. Postquam enim protulimus serias & validas rationes, Dogmaticis inflatis & immodicè

sua

sua iactantibus, paulisper illudere non recusamus. Nostri igitur irrationabilium animalium multitudinem simpliciter solent cum homine conferre. sed quoniam nugates Dogmatici comparatione æqualem esse negant: nos vt ampliorem etiam quàm satis sit illudendi illis materiam habeamus, non vltra vnum animal progrediemur, canem, si libet: quo nullum vilius esse videtur animal. nam etiam ita comperiemus nihilo inferiora esse nobis ea de quibus nuc loquimur animalia, ad fidem de apparentibus obtinendam. Sensu ergo nos antecellere hoc animal, ore vno fatentur omnes Dogmatici. nam odoratu magis quàm nos percipit, per hunc feras quas non videt, indagans: & oculis eas celerius cernens quàm ipsi possimus. Sed & acuto aurium sensu preditus est. Itaque ad sermonem veniamus, qui intrinsecus & in animo situs est, aut enuntiatiuus. videamus igitur prius de intrinseco. hic certè secundum eos qui maximè nobis aduersantur nunc, dogmaticos Stoicos, in his videtur agitari, videlicet in eligendis iis quæ ad naturam nostram accommodata, & in fugiendis iis quæ aliena sunt: item in cognoscendis quæ ad hoc conferunt artibus, in percipiendis iis quæ ad propriam naturam pertinent virtutibus, quæ circa affectiones versantur. Canis ergo (quod vnum ex brutis in exemplum afferre libuit) eligit quæ sibi sunt cómoda, & fugit quæ noxia: quæcunque esculenta sibi esse cognoscit, quærens & persequens, intentato autem flagello recedens. Sed & artem habet sibi commodorum comparatricem, nimirum venatoriam. Nec verò virtutis est expers. nam quum iustitia sit ea quæ vnicuique id quo dignus est, tribuit: canis familiaribus quidem & iis qui de ipso bene merentur, velut assentans, eosque custodiens, externos autê & qui ei iniuriam inferunt, vlciscens, iustitiæ expers non fuerit. Quòd si hanc habet, quũ virtus vna ab aliis separari non possit, etiam cæteras habet virtutes, quas ipsi sapientes vulgus hominum habere negant. Quinetiam & magnanimum ipsum esse videmus in propulsandis iniuriis. Videmus & prudentem: vt etiam testatus est Homerus: qui Vlyssem omnibus domesticis ignotum inducit, à solo autem Argo agnitum: quum nec immutatione corporis ipsius hominis deceptus esset canis, nec à comprehensiua phantasia desciuisset: quam magis quàm homines habere ipsum apparuit. Secundum autem Chrysippum (qui maximè irrationalibus animalibus aduersatur) etiam illius tam celebratæ dialecticæ particeps est. ait enim eum hic vir tertij notitiam per multa anapodicta cósequi, quum ad triuium venerit, & ex tribus viis quum

iam

PYRRHON. HYPOT. LIB. I. 417

iam duas indagauerit, per quas non transierit fera, tertia ne indagans quidem, statim per eam magno impetu fertur. Perinde enim hoc valere ait vetus ille Philosophus, acsi si ratiocinaretur hoc modo, Aut hac, aut istac, aut illac transiit fera: neque autem hac, neque istac: ergo illac. Sed & morbi sui, quales sint, percipit, & leniendo dolori curā adhibet. Si quis enim illi palum impegerit, ad hunc extrahendū properat, pedem terræ adfricans, & dentium vtens ministerio. Quòd si illi fortè sit alicubi vlcus (quoniam sordida vlcera magna cum difficultate curantur, munda autem facilè) leniter tabum inde fluentem abstergit. Sed & Hippocratis præceptū pulcherrimè obseruat: quoniam enim pedis medicina, est eius quies: is si quod fortè vulnus in pede habuerit, hunc sursum attollit, & quatum potest, dat operam ne agitetur. Quum verò facessunt illi negotium humores incommodi, herba vescitur, cuius ope quicquid est incommodum illi, egerés, valetudinem recuperat. Si igitur ostensum est, canem (quod vnum animal sermoni nostro exemplum suppeditauit) & quæ sibi commoda sunt, appetere, & quæ negotium exhibent, fugere, & arte sibi commodorum comparatrice præditum esse: talem etiā esse qui passiones suas percipere, & remedia quibus eas mitiger, excogitare possit: nec verò virtutis expertem esse, in qua sermonis intrinseci consistit perfectio, perfectus, quantum ad hunc spectat, canis iure dicatur. vnde mihi factum videtur vt nōnulli Philosophi se huius animalis cognomine commendauerint. De sermone autem enuntiatiuo in præsentia quidem disputare non est necesse. hunc enim etia nonnulli Dogmatici respuerunt, vt virtutis adeptioni aduersantem: ideo & toto tempore quo instituendos se tradebant, silere solebant. Præterea, singamus hominem aliquem esse mutum: nō eum propterea quisquam irrationalem dicet. Verum vt hæc quoque omittamus, primùm videmus hæc animalia de quibus loquimur, humanas proferre voces, vt picas & aliqua alia. Sed vt etiam hoc missum faciamus, etiamsi animalium irrationalium voces non intelligamus, non absurdum fuerit dicere ea inter se differere, sed nos nō intelligere. nam quum Barbarorum audimus vocem, minimè eam intelligimus, sed vniforme nullaque varietate distinctam esse putamus. Quinetiam canes audimus aliam quidem edere vocem quum aliquos persequuntur, alia quum vlulant: & rursum aliam quum vapulant: sed & aliam qui cæuerint, ac, vt semel absoluam, si quis hoc attentè considerauerit, magnū comperiet discrimen esse vocis non in hoc animali solum, sed & in aliis

g g prout

prout diuersa contingunt. Itaque merito his de causis, animalia quæ irrationalia appellatur, sermonis enuntiatiui non expertia esse dicantur. Iam verò si & tam exactis prædita sunt sensibus quàm homines, & æquè pollét sermone intrinseco ac illi, & (vt hoc ex abundanti addam) etiam enuntiatiuo: in iis certè quæ ex phantasia pendét, nihilominus penes ea quàm penes nos fides esse poterit. Possim autem vnumquodque animalium oratione percurrens, eadem ostendere, nam & illud quis negauerit, & solertia præstare aues, & enuntiatiuo vti sermone: quippe quum non præsentia solùm, sed & futura norint, & hæc iis qui intelligere possunt, prænuntient, cum aliis modis ipsa significantes, tum etiam voce prædicentes? Sed hac comparatione vsus sum (vt etiam antea admonui) ex abundanti: quum, meo quidem iudicio, satis superque iam declarassem non posse nos phantasias nostras phantasiis animalium irrationabilium præferre. Quòd si ratione carentia animalia, in diiudicatione phantasiarum non minus fide digna sunt quàm nos: diuersæ autem sunt pro animalium varietate phantasiæ: quale mihi quoduis subiectum appareat, id ego dicere potero: quale autem natura sit, de eo quidem certè assensum retinere cogar. Et primus quidem epoches modus hic est.

Secundum autè esse dicebamus eum qui est ab hominum diuersitate. licet enim hoc demus, hominum potius quàm irrationalium animalium iudicio, vt certiori, standum esse: certè vel ex ea quæ inter nos est differentia, epochen induci videbimus. Quum enim ex duobus constare dicatur homo, animo & corpore, vtroq; horum, alij ab aliis differimus. Corpore quidé, vt formis & *idioo ugxpoins, id est, pro priis temperamentis.* Forma enim differt corpus Scythæ ab Indi corpore: differentiam verò facit, vt aiunt, diuersa humorû præualentia. prout autem hi aut illi humores præualent, diuersæ sunt & phantasiæ, quemadmodum & primum modum exponentes diximus: ideo & in appetendis vel fugiendis externis differentia magna inter ipsos est. Aliis enim gaudent Indi, aliis nostrates, ex eo autem quod diuersis gaudeant, manifestum est eos diuersas à subiectis phantasias capere. Differimus autem idiosyncrisiis, quum aliqui sint qui carnes bubulas facilius quàm saxatiles pisces concoquant: & nonnulli, qui ex Lesbij vini potu cholera statim corripiatur. Quin etiã fuisse aiunt anum quandam Atticam, quæ cicutæ triginta holcas sine damno sorberet. Lysis autem etiam succi papaueris quatuor holcas nulla cum molestia hauriebat. Et Demophon quidem qui Alexandro mensæ structor

structor erat, quum ad Solē stabat, aut in balneo erat, algebat: in vmbra autem calescebat. Athenagoras autem Argiuus nullum ex scorpionū & aranéorum ictu dolorem sentiebat. Quinetiam ij qui Psylli vocantur, ne si a serpentibus quidem aut etiā aspidibus mordeantur, læduntur. At Tintyritæ AEgyptiorum *. crocodilorum. Sed & AEthiopes illi qui ex aduerso Meroes habitant, Hydaspis fluuij accolæ, scorpios & serpentes, & huius generis alia citra periculum comedunt. Fuit & Rufinus quidam apud Chalcidem, qui bibens elleborum, neque postea vomebat, neque vllo modo purgabatur, sed vt consuetum aliquem potum sumebat & concoquebat. Chrysermus autem Erophilus siquado piper edisset, cardiacus erat, etiam periculosè. Et Soterichus chirurgus quidam, siquando siluri nidorem sentiebat, cholera corripiebatur. Andron Argiuus adeò parum erat siticulosus, vt vel per aridā Libyam iter faceret potu non indigens. Tiberius Cæsar in tenebris cernebat. Aristoteles autem cuiusdā Thasij meminit qui hominis imaginem perpetuò seipsum antecedere dicebat. Quum tanta igitur sit diuersitas inter ipsa hominū corpora (vt pauca è multis quæ apud Dogmaticos habetur, commemorasse contenti simus) necesse est & animis ipsis inter se differre homines. Est enim corpus quædam animi imago, vt etiā physiognomonica doctrina docet. Magnæ autem vel potius infinitæ differentiæ quæ est inter hominum mentes, maximum hoc fuerit indicium, discrepātia eorum quæ Dogmatici cum de aliis rebus dicunt, tum verò de hoc, quæ appetere, quæ vitare oporteat. Quamobrem rectè etiam Poëtæ de his pronuntiárunt. nam Pindarus ait,

    Hic velocis equi gaudet honoribus:
    Ille inter thalami viuit opes iners:
    Est quem pontigradæ nauis amor tenet.   Poëta autem dicit,
    Nam non vna trahit cunctos eademque voluptas.

Sed & tragœdia plena est huiusmodi dictis: ex qua etiam hoc est,
    Si pulchra cuncti scitaque eadem ducerent,
    Contentiosa abesset altercatio.   Et rursum,
    Qui fit eadem vt res placeat his mortalibus,
    Odio sit illis?   Quandoquidem igitur appetitio vel declinatio in voluptate & in odio consistit, voluptas autem & odium in sensu versatur & phantasia, quum eadem alij appetant, alij declinent, hinc consentaneum est colligere, non eodē modo ipsos ab iisdem affici. alioqui eadem pariter appeterent aut fugerent. Si autem

hæc varie afficiunt, pro varietate hominum, inducatur etiam in hoc epoche: quum quale vnumquodq; subiectum appareat, pro vnaquaque varietate, dicere fortasse liceat: quale autem sit suapte vi & natura, pronuntiare non possimus. Aut enim omnibus hominibus credemus, aut aliquibus tantùm. Iam si omnibus, & impossibilia aggrediemur, & inter se pugnantia admittemus. Sin autem aliquibus tantùm, dicant nobis quibus assentiri oporteat. Nam Platonicus Platoni assentiedum esse dicet, Epicureus Epicuto, & alij itidem aliis. atq; ita nos ex confusa sua discrepatia rursum ad epochen adiget. Qui autê dicit maximo numero esse assentiendû, puerile quiddam affert, quum nullus possit homines omnes percurrere, & quid plurimis eorum placeat, discernere. quum fieri possit vt in gentibus nobis ignotis, quæ apud nos sint rara, pluribus insint: & quæ apud nos pluribus contingant, rara sint illic. vt, verbi gratia, multi sint illic qui ab araneis morsi, dolorem non sentiant; pauci qui sentiant. & in aliis idiosyncrisiis quas antea diximus, eadem erit ratio. Quamobrem & propter hominum diuersitatem necesse est induci epochen.

3. Quoniam autem sibi placentes Dogmatici se aliis hominibus in rebus iudicandis præferendos esse dicunt: quanuis eos rem absurdam postulare sciamus (nam ipsi controuersiæ pars sunt: ac, postquá seipsos præ aliis dignos ea re iudicauerint, si deinde iudicet de apparentibus: nimirum dum sibi iudicationem permittunt, ea apparentia de quibus iudicandum erat, abripiunt iam tanquam iudicata, etiã antequam iudicare cœperint:) veruntamen vt in nostra disputatione vnicum hominem exempli gratia in medium proferentes, illum videlicet sapientê quem somniant, ad epochen deueniamus: eum modum qui ordine tertius est, aggrediemur. Eum autê dicimus qui est à sensuum diuersitate. differre autem sensus inter se manifestum est. Verbi gratia, pictæ tabulæ visui quidem videntur aliquid prominens & aliquid retrusum habere: at non tactui. & mel linguæ videtur dulce esse in aliquibus, at verò oculis ingratum. Itaque dici non potest vtrum suaue sit purè & per se, an insuaue. Idê in vnguento vsuuenit: olfactum enim exhilarat, gustatui autem iniucundum est. Sic & euphorbium, quum oculis molestum sit, reliquis autem partibus corporis minimè: purè & simpliciter corporibus molestum sit nécne, dicere nequaquam poterimus. Item & aqua pluuia oculis quidem vtilis est, arteriam autem & pulmonem exasperat. nô aliter quàm oleum, quanuis superficiem allæuet. Præterea torpedo marina extremitatibus
bus

bus quidē corporis apposita, torpere facit, at reliquo corpori apposita, dolorē nullum excitat, Itaque quale natura sit vnumquodque horum, dicere non poterimus: quale autem passim appareat, id verò à nobis dici possit. Plura huc afferre possemus: sed in his ne immoremur diutius quàm ratio instituti operis patitur, illud dicēdum: vnumquodque apparentium nobis sensibilium varium sub sensus cadere: vt malum, laeue, odoratum, dulce, flauum. Incertum ergo vtrum has solas habeat qualitates: an potius vnicam tantùm qualitatem habeat, sed ob sensuum instrumenta, alio atque alio modo constituta, diuersas habere videatur. an contrà, plures quidē habeat qualitates quàm quae nobis apparēt, sed earum aliquae sub sensus nostros non cadant. Nam vnicam ipsum habere qualitatem, ex iis possit colligi quę antea diximus de cibo qui per corpora nostra digeritur, & aqua quae in arbores diffunditur, & spiritu qui est in tibiis & tubis & id genus instrumētis. Potest enim fieri vt malū quoque vniforme quidem sit, ipsum tamen varium cōtemplemur, ob varietatem sensus instrumentorum circa quae sit ipsius perceptio. Rursum fieri posse vt malum plures habeat qualitates quàm nobis appareant, sic colligimus. Imaginemur aliquem qui à natiuitate tactum quidē habeat & olfactum & gustū, auditu autem & visu careat: hic putabit omnino nihil esse quod visu, nihil quod auditu percipi possit, sed tres solas esse eas qualitates quas percipere potest. igitur fieri potest vt quum quinque tantùm sensibus praediti simus, ex qualitatibus quae malo insunt, eas solas percipiamus, quarum perceptiuam facultatem habemus: interim tamen subiectae sint aliae quae sub alia sensus instrumenta cadant, quae quidē nos non habeamus: propterea neque percipiamus quae eorum opera sint sensibilia. Sed natura (dicet aliquis) aequaliter metita est sensus ad sensibilia. quae natura, quum tam confusa sit discrepantia apud Dogmaticos de ipsius essentia? nam qui hoc ipsum diiudicat, an natura sit, si quidem aliquis sit è vulgo imperito, eum fide dignū illi non censebunt: quòd si Philosophus sit, pars erit discrepantiae, & ipse in iudicium vocabitur, non autem iudex erit. Porrò si nihil absurdū est in eo vt dicamus hasce omnes subesse malo qualitates quas percipere nobis videmur, & plures etiam his: aut contrà, ne eas quidem quae sub sensus nostros cadunt: quale sit malum, incertum nobis erit. eademq; & in aliis sensibilibus ratio. Quū autē sensus externa nō comprehendant, ne intellectus quidē ea comprehendere potest. Itaque hac quoque ratione epoche de externis subiectis induci videbitur.

gg 3   Vt

4. Vt autem vnumquenq; sensum disputatione nostra percurrentes, aut à sensibus discedentes, ad epochen deuenire possimus, etiam quartum eius modum assumimus. Est autem is qui παρὰ τὰς περισάσεις vocatur. quo nomine intelligimus τὰς διαθέσεις, *id est, vel habitus vel dispositiones*. eius autem contemplationem consistere dicimus in eo quod secundum naturam aut quod præter naturam est, in vigilia aut somno, in ætatibus, in motu aut quiete, in odio aut amore, in inedia aut saturitate, in eo si ebrij simus aut nō poti: item in prodiathesibus, *id est, prædispositionibus vel præhabitudinibus*, in confidentia aut metu, in mœrore aut gaudio. Exempli gratia, Prout vel secundum naturam vel preter eam nos habemus, aliter atque aliter res sub sensus nostros cadunt. nam phrenitici & qui numine sunt afflati, dæmonas audire sibi videntur, nos autem minimé. Iidem se & odorem sæpe percipere dicūt qui à styrace aut thure, aut aliquo huiusmodi emittatur, aliaq; complura: quum nihil tale sensu vsurpemus. Præterea, eadem aqua inflammatis partibus infusa, feruida videtur esse, at nobis, tepida: Et eadem vestis iis qui hyposphagma habent, videtur esse sanguinea, at mihi non: Et idem mel mihi dulce, at ictericis amarum. Quòd si quis dicat humorum quorundam admistionem in iis qui præter naturam se habent, elicere non consentaneas phantasias à subiectis, respondendum est: Quoniam etiā qui sani sunt, humores habent permistos, hi possunt facere vt externa subiecta, quæ talia sunt natura qualia apparent præter naturam se habentibus, diuersa appareant sanis. Nam illis quidem humoribus attribuere facultatem mutandi subiecta, his autem nō, nugatorium est. Nam sicut sani quidem, secundum natura sanorum se habēt, præter naturam autem ægrotantium: sic qui ægrotant, præter naturam quidem se habent sanorum, secundum naturam autem ægrotantium. quare etiam illis fides adhibenda est in eo ad quod se habent secundum naturam. Ex somno autem aut vigilia diuersæ fiunt phantasiæ, quia quas phantasias in somnis concipimus, nō easdem vigilantes: nec rursum quas vigilantes, easdē in somnis. itaq; existentia earum fit non simpliciter, sed ad aliquid, ad somnum videlicet aut ad vigiliam. Merito igitur ea in somnis videmus quæ, dum vigilamus, inexistentia sunt: quum alioqui per se nequaquam sint inexistentia: existunt enim in somnis. quemadmodū & ea quæ existunt dum vigilamus, existere dicuntur, etiamsi nō existant in somnis. Ex ætatibus autem: quoniam idem aër senibus quidem frigidus esse videtur, aliis qui in ætatis flore sunt, bene temperatus. & idem cibus,

senibus

senibus quidem, tenuis videtur, at iis qui florent ætate, crassus. Eodẽ modo & vox eadem, aliis quidem depressa esse videtur, aliis autem alta. Sic verò & ad appetendas aut fugiẽdas res impelluntur qui æta‐ tibus inter se differunt. Verbi gratia, Pueris sphæra & trochus in pre‐ tio sunt: at ij qui ætatem virilem attigerunt, alia his præferunt: rursus alia senes. Ex quibus colligitur, diuersas elici phantasias ab iisdem subiectis, ob diuersas ætates. Ex motu autem aut quiete dissimiles videntur res: nam quæ stantes videmus immota, ea prǽternauigantes moueri putamus. Ex amore autẽ vel odio: quia carnes suillas non‐ nulli mirum in modum auersantur, quum alij lubentissimè iis vescan‐ tur. Multi etiam amicas pulchras habentes, pulcherrimas ipsas esse autumãt. Ex fame autem aut saturitate: quia eundem cibum fame‐ lici suauem iudicant: saturi, insuauem. Ex eo autem si quis sit ebrius aut non potus: quia quæ non poti turpia esse existimamus, ea nobis madidis minimè turpia videntur. Ex præhabitudinibus autem: quia idem vinum iis quidem qui palmulas aut caricas paulo antè esitaue‐ rint, acidum esse videtur: contrà, iis qui nuces aut cicer, suaue. Item balnei parastas eos quidẽ qui ingrediuntur, calefacit: at eos qui egre‐ diuntur, frigefacit, si in ipsa commorentur. Ex confidentia autẽ aut metu: quia eadem res meticuloso quidem timenda & horrenda vide‐ tur: audaciori autem, minimè. Ex mœrore autem aut gaudio: quia res eædẽ mœrote affectis sunt molestæ, lætis verò iucundæ. Quum igitur tanta sit inæqualitas & discrepantia etiam in habitibus, & quũ homines modò in his, modò in illis habitibus sint constituti: qualè quidem vnumquodq; subiectum cuique videatur, facilè, opinor, fue‐ rit dicere: sed qualè sit pronuntiare, id verò non item. indiiudicabilis enim est discrepantia; quum qui eam diiudicat, aut in aliquo versetur illorum quos diximus habituum, aut in nullo prorsus. Sed dicere eũ in nullo esse habitu, nimirum eum neque valere neque ægrotare, ne‐ que moueri neque quiescere, nec in vlla esse ætate, & à reliquis etiam habitibus vacuum esse, prorsus absurdum est. quòd si in aliquo habi‐ tu cõstitutus diiudicabit phãtasias, pars ipso erit discordiæ. Præterea non erit sincerus exteriorũ subiectorum iudex, quòd inquinatus sit habitibus in quibus versatur. nam neque qui vigilat, dormientium phantasias cũ vigilantium phantasiis cõferre potest, nec sanus ægro‐ tantium & sanorum phãtasias inter se comparare. Nam præsentibus & mouentibus nos ad præsens assentimur potius quàm non præsen‐ tibus. Alio etiã modo indiiudicabilis est talium phantasiarum discre‐ pantia.

pantia. nam qui phantasiam phantasiæ præfert, & habitum habitui, aut sine diiudicatione & sine demostratione hoc facit, aut diiudicans & demonstrans. sed neque sine his: nam fide carebit: neque cum his: nam si diiudicabit phantasias, omnino diiudicabit criterio, *id est, iudicandi instrumento*. at hoc criteriū aut verum esse dicet, aut falsum. sed si quidem falsum, ipsum fide carebit. sin autem verum esse hoc dicet, aut absque demonstratione dicet verum esse criterium, aut cum demonstratione. & si quidem absque demonstratione, fide carebit: si autem cum demonstratione, omnino oportebit ipsam quoque demonstrationem veram esse, alioqui fidem nō obtinebit. Veram igitur esse dicet demonstrationem quæ in criterij confirmationem adhibebitur, vtrum ea à se diiudicata, an nō diiudicatæ nam si non diiudicauerit, fide carebit. sin diiudicauerit, nimirū criterio se diiudicasse dicet : cuius criterij nos demonstrationem quæremus : & ipsius demonstrationis rursus criterium. eget enim semper etiam demonstratio criterio, vt confirmetur : ipsum quoque criterium demonstratione, vt verum esse ostendatur. ita vt neq; demonstratio vera esse possit, nisi præcedat verum criterium : neque criterium verum, nisi fides prius demonstrationi facta fuerit. & ita incidūt in modum diallelum criteriū & demonstratio, in qua reperientur fide carere ambo: vtraq; enim itidem fide carent, donec mutuas alterum alteri ad confirmationem tradiderit operas. Si ergo nec sine demonstratione & criterio, neque cum his potest phantasia phantasiæ præferre, indiiudicabiles erunt quas varij habitus efficiunt phātasiæ. Itaque infertur hoc etiam modo assensus retentio de natura externorum subiectorum.

5. Quintus modus est ex positionibus & interuallis & locis. nam ex vnoquoque horum eædem res, diuersæ apparent, vt idem porticus ab altero quidem ingressu intuenti videtur in acutum desinere : à media autē parte spectanti, vndique æqualis. & idem nauigium, procul quidem intuentibus, paruum videtur esse & stare : prope autem, maghū esse & moueri. & eadē turris procul quidē videtur rotunda, prope autē, quadrata. Hæc quidē ex interuallis. Ex locis autē: quia lucernæ lumen, in Sole quidem obscurum apparet, in tenebris autem splendidum. & idem remus intra mare quidem, fractus, extra autem, rectus. & ouum, in aue quidem, molle, in aëre autē, durum. & lyncurium, in lynce quidem, humidum, in aëre autem durum. & coraliū in mari quidem molle, in aëre autem durum. & vox diuersa videtur in tuba, diuersa in tibiis, diuersa rursus in aëre simpliciter. Ex positioni-

tionibus autem: quia eadem imago, resupinata quidem, læuis esse: si
autem aliquantum propendeat, aliquid prominens & aliquid retrusum habere videtur. sed & columbarum ceruices, prout diuerse in-
flectuntur, diuersum habere videtur colorem. Quoniam igitur quæcunque videntur, ea in aliquo contemplamur, atque ab aliquo interuallo, & in aliqua positione: quorum vnumquodque magnam facit
in phantasiis varietatem, vt docuimus: cogemur & propter hos modos ad epochen deuenire. nam qui harum phantasiarum volet alias
aliis præferre, impossibilia aggredietur. nam si simpliciter & sine demonstratione de iis pronuntiauerit, fidem non impetrabit : demonstrationem autē adhibere volens, si quidem falsam dicet esse demon
strationem, seipsum euertet: at si verā esse dicat, cogetur afferre demonstrationem qua ostendat illam veram esse: huius rursum aliam:
quia & hanc veram esse oportet: & vsque in infinitū. Impossibile autem erit infinitas demonstrationes proferre. Quare ne cum demonstratione quidem phantasia phantasiæ præferre poterit. Quòd si nec
cum demonstratione, nec sine ea poterit quisquam supradictas phan
tasias diiudicare, infertur hinc epoche: quum, quale appareat vnumquodque secundum hanc positionē, aut hoc interuallum, aut in hoc,
dicere quidem possimus: quale autem secundum naturam sit, ob ea
quæ ante dicta fuerunt, pronuntiare nequeamus.

6. Sextus autem modus est ex admistionibus. ex quo inferimus,
quum nullum subiectum sub sensus nostros ipsum per se cadat, sed cū
aliquo: qualis quidem sit permistio, & ex externo, & ex eo quocum
cernitur, posse nos fortasse dicere: quale autem sit externum subiectū
purè & sincerè, nequaquam dicere posse. Nihil autem eorum quæ
sunt extrinsecus, per se sub sensum cadere, sed omnino cum aliquo,
(ex quo fit vt diuersum contemplantibus appareat) manifestum esse
arbitror. Nam color noster, diuersus cernitur in calido aëre, ab eo
qui in frigido cernitur. nec dicere possimus qualis sit natura color
noster, sed qualem eum cum vtrolibet horum contemplemur. Itidē
& eadem vox, alia apparet cum tenui aëre, alia cum crasso. Et aroma-
ta in balneo ac Sole odore suo vehementius pungunt quàm in aëre
frigido. Et corpus, quum ipsum ambit aqua, leue est: quū aër, graue.
Vt autem etiam externam admistionem omittamus, oculi nostri in
seipsis habent & tunicas & humiditates. visibilia igitur quia absque
his cernere non possumus, non percipientur exactè & purè. cum ad-
mistione enim percipimus. ac propterea ictericis quidem omnia pal-

h h   lida

lida videntur esse, hypospagma autem habetibus, sanguinea. Item, quia eadem vox, alia apparet in patentibus locis & planis, alia in angustis & tortuosis: & alia in puro aëre, alia in turbido: verisimile est nos purè vocem non percipere. nam aures obliqua habent foramina atque angusta, & vaporosis exhalationibus quæ à locis capiti vicinis ferri dicuntur, turbidæ sunt & inquinatæ. Quinetiam in naribus & in locis gustatus si materiæ subiectæ sint, cum illis percipimus gustabilia & odorabilia, non autem purè. Itaque propter admistiones, qualia exactè sint externa subiecta, sensus non percipiunt. Sed nec ipse intellectus percipit, ob hanc potissimum causam, quòd sensus duces ipsius errent: verùm & ob eam fortasse, quòd ipse cum iis quæ à sensibus nuntiantur, commistionem aliquam propriam faciat, siue circa cerebrum, siue circa cor, siue circa aliquam aliam animalis partem hoc statuere quis velit. Itaque ex hoc etiam modo videmus nos de natura externorum subiectorum nihil habentes quod dicamus, assensum retinere cogi.

7. Septimum esse dicebamus modu ex quantitatibus & constitutionibus subiectorum. συγκρίσεις, id est, *constitutiones*, appellantes generaliter τὰς συνθέσεις, *id est, compositiones*. Nos autem per hunc quoque modum assensum retinere de natura rerum cogi manifestu est. Verbi gratia: ramenta cornu caprini apparent quidem alba, simpliciter & sine compositione ea intuentibus: composita autem in ipsius cornu essentia, nigra apparet cernentibus. Itidem & argeti ramenta si seorsum fuerint, nigra apparent: at cum toto, tanquam alba sub sensum nostrum cadunt. Quin & Tænarei lapidis partes quidê albæ videntur, quum læuigatæ fuerint: at cum toto, flauæ. Similiter & arenæ separatæ aliæ ab aliis, asperæ apparent: at in aceruum compositæ, molles à sensu percipiuntur. Præterea elleborum, si tenue & lanuginosum quis ipsum edat, suffocatione affert: sin autem crassum, non item. Insuper & vinu si moderatè bibatur, corroborat nos: si largius quàm par est, sumatur, corpus frangit & dissoluit. Sic etiam cibus pro quantitate diuersam facultatem profert. sæpe enim largior cibus sumptus corpus purgat per cruditates & cholericas passiones. Poterimus igitur in his quoq; dicere qualis sit ipsius cornu pars illa tenuis, & quale cornu quod ex multis tenuibus particulis compositum est: quales argenti minutæ particulæ, & quale argentum ex multis minutis particulis conflatum: qualis ite minutissimus Tænareus lapis, rursus qualis qui ex multis minutis conflatus: & in arenis & in elleboro & in vino

& in

& in cibo, relationem ad aliquid, at verò naturam rerum per se non item:propter phantasiarum discrepantiam, quæ ex compositionibus contingit. Generaliter enim videntur, etiam vtilia, noxia esse quantitatem mediocrem in earum vsu excedétibus: contrà quæ noxia esse putantur, si perquam exigua mensura sumantur, minimè nocere. confirmat autem quod dico illud maximè quod in medicis facultatibus obseruatur. in quibus si exactè commisceatur simplicia medicamenta, vtilem reddunt compositionem: si tantillo plus vel minus per incuriam positum fuerit, perniciosissima sit, & sæpe etiam toxicum: nedum sit vtilis. Sic ergo quantitatum & compositionum ratio, externorum subiectorum existentiam confundit. ideoque non abs re hic etiam modus ad epochen nos redigat, vt qui purè de natura externi cuiusque subiecti pronuntiare non valeamus.

8. Octauus est modus, Ex relatione ad aliquid. secundum quẽ colligimus, nos, quùm omnia sint ad aliquid, de hoc, quænam sint per se & secundum naturam, assensum retenturos. Illud autem sciendum, nos hîc, sicuti & aliis in locis, voce EST abuti pro eo quod est apparet. quũ perinde sit ac si diceremus, omnia ad aliquid apparere. Hoc autem bifariam dicitur, Vno quidem modo, vt ad iudicans. nam externum subiectum & quod diiudicatur, ad iudicans apparet. Altero autem modo, ad ea quæ simul in cõtemplationem veniunt: vt dextrũ ad sinistrum. Omnia autem esse ad aliquid, ratiocinati sumus & antea. vt, ad iudicans: quia ad hoc animal & hunc hominem & hunc sensum omnia apparent, & ad talem habitum. Ad ea autem quę simul in contemplationẽ veniunt, quia ad hanc commistionem, & hunc modum, & compositionem hanc, & quantitatem, & positionem, vnumquodq; apparet. Sed & aliunde colligi potest, omnia esse ad aliquid, hoc pacto: Vtrum quæ sunt secundum differentiam, diuersa sunt ab illis quæ sunt ad aliquid, an non? si diuersa non sint, ergo & ipsa sunt ad aliquid. si autem differunt: quoniam omne quod differt, ad aliquid est (dicitur enim eius respectu à quo differt) ad aliquid sunt ea quę secundum differentiam sunt. Iam verò & eorum quæ esse habent, alia quidem sunt suprema genera, iuxta Dogmaticos, alia autem vltimæ species: alia verò & genera & species. omnia autem hæc sunt ad aliquid. nihil ergo est quod non sit ad aliquid. Præterea eorum quæ existentia sunt, alia sunt manifesta, alia occulta, vt ipsi aiunt. & significantia quidem esse ea quæ apparent, significari autem ab apparentibus incerta. aspectum enim esse aiunt incertorum ea quæ apparet.

quod autem significat & quod significatur, est ad aliquid. omnia igitur sunt ad aliquid. Ad hæc, eorum quæ esse habent, alia sunt similia, alia dissimilia: alia rursus æqualia, alia inæqualia. hæc autem sunt ad aliquid. omnia igitur sunt ad aliquid. Et is quóque qui dicit omnia non esse ad aliquid, cõfirmat omnia esse ad aliquid: nã & hoc ipsum, omnia esse ad aliquid, ad nos esse ostendit, & non generaliter, per ea quibus nobis aduersatur. Porrò quũ ita esse omnia ad aliquid, ostendamus, manifestum iam est, nos, quale sit vnumquodque natura sua & purè, non posse dicere, sed quale appareat in relatione ad aliquid. Ideo de rerum natura nos assensum sustinere, his consentaneum est.

9. De modo autem qui est ex crebrò aut raro contingentibus (quẽ ordine nonum esse dicebamus) talia disserimus. Sol multo certè maiorem obstupefaciendi vim habet quàm stella cometa: sed quoniam Solem crebrò videmus, rarò autem stellam cometam, stella hæc ita nos attonitos reddit, vt ea portendi etiam aliquid à Diis putemus: at Sol non item. Quòd si imaginemur Solem rarò apparêtem, rarò occidêtem, &, vbi simul omnia illustrarit, deinde repentè omnibus rursus tenebras inducentem: reperiemus in hac re vnde valdè obstupefiamus. Sed & terræmotus aliter turbat eos qui tum primùm ipsum experiũtur, aliter eos qui illi assuefacti fuerint. Quantũ verò quis obstupescit ad primum maris conspectum? Itidẽ corporis humani pulchritudo, quum cernitur primùm & repentè, magis nos commouet, quàm vbi à nobis cerni solita fuerit. Iam & quæ rara sunt, habentur in pretio: at ea inter quæ viuimus, & ea quæ sunt in medio posita, nequaquam. nam si aquam rarò reperiri imaginemur, quanto ea pretiosior esse nobis videatur omnibus quæ in pretio habemus? aut si imaginemur multum auri temerè humi iacere proiectum perinde atque lapides, cui adeò pretiosum ipsum fore existimabimus, aut à quo tam sollicitè inclusum & asseruatũ iri? Quum ergo res eædẽ ob frequentiã aut raritatem, aliquando admiratione dignẹ aut pretiosæ, aliquando verò non tales esse putentur: hinc colligimus, nos, quale appareat horum vnumquodque, prout frequenter aut rarò contigerit, fortasse dicturos: nudè autem & simpliciter, quale sit vnumquodque externorum subiectorum, minimè. Itaque propter hunc etiam modum de illis assensum retinemus.

10. Decimus verò modus ad moralia maximè spectat: quippe qui sit ex institutis & cõsuetudinibus & legibus, fabulosisque persuasionibus ac dogmaticis opinionibus. Institutum igitur, est electio vitẹ

aut

aut alicuius rei quæ apud vnū aut apud multos sit:vt apud Diogenem aut Lacedæmonios. Lex autem est pactum scriptum apud reipublicę moderatores, quod qui trasgreditur, punitur. ἔθος autem, vel συνήθεια, (nihil enim differunt) .i. *consuetudo*, est communi multorum assensu
5 rei alicuius comprobatio, quam qui transgreditur, non protinus etiā punitur. Verbi gratia, Lex est, non committendum esse adulterium. Consuetudo autem nobis, non congredi cum vxore in propatulo. Fabulosa autem persuasio, est fictarum rerum & quæ nunquam fuerunt, approbatio. qualia sunt cum alia, tum eæ quæ de Saturno nar-
10 rantur fabulæ. hæ enim apud multos fidem impetrant. Dogmatica autem opinio, est approbatio alicuius rei quę consideratione aut aliqua demonstratione cōfirmari videtur. Verbi gratia, atoma esse omnium rerum elementa, aut similibus partibus constantia, minima, aut aliqua alia. Opponimus autem horum vnumquodque, interdū
15 quidē sibiipsi, interdum aliorum vnicuique. Exempli gratia, consuetudinem quidem consuetudini, sic, Aliqui AEthiopum notis quibusdam infantes compungunt: nos autem minimè. Et Persæ veste floribus tincta & talari vti, decorum esse existimant, nos autem indecorū. Item, Indi quidem cum vxoribus in propatulo congrediuntur, alij
20 autem plurimi hoc turpe esse existimant. Legem autem legi sic opponimus, Apud Romanos quidem qui paternis bonis renuntiat, non persoluit patris nomina: apud Rhodios autem persoluere cogitur. Et in Tauris Scythiæ lex erat, peregrinos Artemidi immolari: apud nos autē hominem in templo interfici vetitū est. Institutū autem insti-
25 tuto, quū Diogenis institutū opponimus Aristippi instituto, aut Lacedæmoniorum institutū, Italorum instituto. Fabulosam autē persuasionē persuasioni fabulosæ, quū dicimus, interdum Iouē fabulosè appellari patrem hominumq́; Deumq́ue: interdū verò Oceanum, vt,

Oceanum diuûm patrem, matrem quoque Tethyn.

30 Dogmaticas autem opiniones inter se opponimus, quum dicimus, Alios vnū esse elementum pronuntiare, alios infinita. &, Alios mortalem esse animam, alios immortalem. &, Alios quidem prouidentia Deorum gubernari quæ apud nos sunt, alios autem prouidentia nulla regi, asserere. Consuetudinem autem aliis opponimus, vt legi,
35 quum dicimus apud Persas quidem consuetudinem esse vti Venere mascula, apud Romanos autem lege prohibitū esse eius vsum. Item apud nos adulterium vetitum esse, apud Massagetas autem consuetudine illud receptum esse, tanquam rem indifferentem, vt Eudoxus

hh 3   Cni-

Cnidius in primo libro ☞ πολιτείας commemorat. Et apud nos vetitū
esse cū matre concumbere, Persarum autē moribus vel maximè per-
mitti hoc coniugium. Et apud AEgyptios cum sororibus cōtrahunt
nuptias: quod apud nos lege interdictum est. Instituto autem consuetudo opponitur, vt quum vix quisquam reperiatur qui nō secedat,
congressurus cum vxore, Crates tamen cum Hipparchia in publico
congrediatur. Et Diogenes quidem exomidem quocunque iret, ge-
stabat: nos autem cōsuetum nobis vestimentum solemus circumfer-
re. Fabulosæ autem persuasioni, vt quod dicunt fabulæ, comedisse
Saturnum suos liberos: quum mos sit apud nos liberorum curam gerere. Et nos quidem consueuimus venerari Deos, vt bonos nullisq́;
malis obnoxios: at vulnerari & inuidere alij alijs inducuntur à Poetis. Dogmaticæ autem opinioni: quū nobis quidem mos sit à Diis
bona petere, Epicurus autem Deū curam nostri gerere neget. Item,
quum Aristippus rem indifferentem esse existimet vestem muliebrē
gestare, nos autem illud turpe esse existimemus. Institutum autem
opponimus legi quidem, sic, Quum lex sit, non licere pulsare hominem liberum & nobilem, bonis parentibus prognatum: Pancratiastæ
alij alios pulsant, propter vitæ suæ institutum. Item, quum vetitum sit
homicidium, gladiatores alij alios interficiunt ob eandem causam.
Fabulosam autem persuasionē instituto opponimus, quum dicimus,
Fabulis quidē proditum esse, Herculem apud Omphalen lanas car-
psisse, atq; iugum seruile tulisse: & prorsus effœminati hominis opera egisse. at institutū vitæ Herculis generosum fuisse. Dogmaticæ
autem opinioni, quum athletæ quidē gloriæ, vt rei bonæ, studio ad-
ducti, propterea laboriosum vitæ institutum deligant: multorum autem Philosophorum dogma sit, in malis habendam esse gloriā. Legem verò fabulosæ persuasioni opponimus, Quum Poetæ inducant
Deos adulteria committētes & præposteram venerem exercentes:
lex autem apud nos hæc facere prohibeat. Dogmaticæ autem opinioni, quum Chrysippus indifferens esse dicat cum matre aut sorore
congredi: lex autem hæc vetet. Fabulosam verò persuasionem dogmaticæ opinioni opponimus, quum dicunt Poetæ Iouem descen-
dentem, cum mortalibus mulieribus cōgredi: apud Dogmaticos autem hoc esse impossibile existimetur. Item dicat Poëta, Iouem præ
luctu & mœrore quem ob Sarpedonem conceperat, sanguineas in
terram guttas fudisse: at dogma Philosophorum sit, nullis passionibus obnoxium esse Deum. Item, quum fabulam de Hippocentauris
tollunt,

tollunt, Hippocentaurū afferentes in exemplum inexistētiæ. Multa quidem certè alia in vnaquaque supradictarum oppositionum poterant exempla sumi: sed, vt in compédiario tractatu, hæc satis esse poterunt. Porrò quum tanta rerum discrepantia etiam per hunc modū ostendatur: quale quidé natura sit subiectum, dicere non poterimus: sed duntaxat quale videatur ad hoc institutum, aut ad hanc legem, aut ad hunc morem, & aliorum vnumquodque. Itaque propter hunc quoque modum de natura externorum subiectorum retinere nos assensum necesse fuerit. Sic ergo per decem hos modos ad assensus retentionem redigimur.

De quinque modis. CAP. 15.

SCEPTICI autem ætate posteriores hos quinque modos epoches tradunt. Primum, qui est à diffidentia. Secundum, qui in infinitum reiicit. Tertium, qui est à relatione ad aliquid. Quartum, hypotheticum. Quintum, diallelum. Et modus quidem à diffidentia, est, per quem de re proposita competimus discrepantiam indiiudicatam & in vita & apud Philosophos fuisse: propter quam, quum nihil aut probare aut improbare possimus, ad epochen deuenimus. Is autem qui in infinitum delabitur, est in quo, id quod in confirmationem rei propositæ affertur, altera confirmatione egere dicimus, & illud alia, & vsque in infinitū: adeò vt quum non habeamus vnde astruere aliquid incipiamus, sequatur epoche. A relatione ad aliquid, est huiusmodi qualem antea descripsimus: in quo ad ipsum quidé diiudicans, atque ad ea quæ simul in contemplationem veniunt, tale aut tale apparet subiectum: quale autem sit natura, de eo assensum retinemus. Hypotheticus autem, siue ex hypothesi, *id est, suppositione*, quum Dogmatici videntes se in infinitum reiici, incipiunt ab aliquo quod non astruunt, sed nudè & sine demonstratione per concessionem accipere volunt. Diallelus autem modus (*q. d. alternatorius*) sit, quùm id quo rem de qua quæritur, confirmare debemus, ipsum ab ea confirmari opus habet. & tum, quòd neutrum ad alterum astruendum possimus accipere, de vtroque assensum retinemus. Omnem autem quæstionem ad hos reduci modos posse, ita paucis ostendemus: Quod propositum est, aut sensibile est aut intellectuale: vtrumuis sit autem, de eo diffidentia est. alij enim sola sensibilia dicunt esse vera, alij sola intellectualia: alij quædam sensibilia, quædam intellectualia. Vtrum igitur diiudicabilem esse dicent diffidentiam, an indiiudicabilem? Si indiiudicabilem, nobis conceditur esse retinendū assensum: sin diiudicalidicabilē, vnde diiudicabitur, quærimus. Verbi gratia, Quod est sensile (nam ab hoc incipiet nostra disputatio) ytrum à sensili an ab intellectuali diiudicabitur? si enim à sensili, quoniam de sensilibus quæritur, ipsum quoque altero ad confirmationem indigebit. quod quidē si etiam fuerit sensile, rursus & ipsum alio confirmari oportebit: & hoc vsq; in infinitū. Quòd si ab intellectuali sensile diiudicari oportebit: quoniam & de intellectualibus controuersia est, hoc quoque, quum intellectuale sit, diiudicatione & cōfirmatione opus habebit. Vnde ergo confirmabitur? si quidem ab intellectuali, in infinitum incidet eodem pacto: sin à sensili, quoniam ad confirmātionem quidē sensilis assumptum est intellectuale, ad intellectualis autem confirmationem, sensile: inducitur modus qui vocatur διάλληλος. q. d. alternatorius. Si verò hæc vitans is qui nobiscum disputat, per cōcessionem & citra demonstrationem aliquid voluerit sumere ad demonstrationem sequentium, hypotheticus modus ad demonstrationem assumptus, implicitus est. nam si quis in iis quæ per concessionem sumit & supponit, fidem meretur: nos quoque semper illis contraria per suppositionem sumentes, fidem obtinebimus. & si quidem aliquid verum supponitur, is qui supponit, ipsum suspectum reddit: quippe qui illud supponendō sumat, non autem astruendo. sin falsum, ruinosum erit eorum quæ astruuntur, fundamentum. Præterea si huiusmodi suppositio ad confirmationem aliquid valet, idipsum de quo quæritur, supponat, non aliud per quod astruat rem de qua quæritur. Quòd si absurdum est supponere id de quo quæritur, absurdum itidem erit supponere vniuersale. Omnia autem sensilia, esse ad aliquid, patet. sunt enim ad eos qui sentiunt. Manifestum est igitur, quæcunq; proposita nobis fuerit res sensilis, ad hos quinque modos ipsam reducere facile fore. Itidem & de intellectuali ratiocinamur. si enim indiiudicabilis de eo dissidentia esse dicatur, concedetur nobis, esse de eo retinendum assensum. sin diiudicabitur dissidentia, si quidem per intellectuale, reiiciemur in infinitū. sin per sensile, in modum qui dicitur διάλληλος. nam sensile rursus controuersum & quod per se diiudicari nequit, eò quod in infinitū progrediatur, intellectuali egebit: vt etiā intellectuale sensili. Et qui idcirco volet ex suppositione aliquid sumere, rursus ineptus erit. Quinetiam intellectuale est ad aliquid. dicitur enim ad intelligentē. &, si natura tale esset quale dicitur, non fuisset cōtrouersum. Reduximus igitur etiā intellectuale ad hos quinq; modos. Quare omnino de re proposita nos afsēsum retinere

nere necesse est. Et hi quidē sunt quinque modi quos posterior ætas tradidit : non quòd decem modos iam explicatos excluderet, sed vt magis variè vnà cum illis temeritatem Dogmaticorum refelleret.

De duobus aliis modis. CAP. 16.

TRADVNT præterea duos alios epoches modos. quoniā enim quicquid comprehenditur, aut ex seipso aut ex alio comprehēditur: dubitationem de rebus omnibus inducere videtur. Ac primùm quidem nihil ex seipso comprehendi, probat ea quæ inter Physicos fuit de sensilibus omnibus & intellectualibus cōtrouersia: quæ certè indiiudicabilis est, quum nec sensili nec intellectuali criterio vti possimus: quia quicquid sumpserimus, fide carebit, vtpote controuersum. Propterea autem ne ex alio quidem quicquam comprehendi fatentur. Si enim id ex quo aliquid comprehenditur, semper ex alio comprehendi oportebit, in modum diallelum aut eum qui est ad infinitū, se coniiciunt. Sin voluerit quispiam aliquid sumere quasi ex seipso comprehensum, ex quo aliquid aliud comprehendat: huic repugnat illud, Nihil ex seipso comprehendi, propter ea quæ dicta sunt. quod autem repugnans est, quomodo possit ex seipso aut ex alio comprehendi, dubitamus: quum veritatis aut comprehēsionis non appareat criterium, signa autem etiam sine demonstratione euertantur, vt ex sequentibus intelligemus. Hæc sunt quæ de modis epoches in pręsentia nobis dicenda putauimus.

Qui sint modi quibus euertantur ætiologici. CAP. 17.

SICVT autem epoches modos tradimus, sic etiam modos exponunt quidam, secundū quos in particularibus αἰτιολογίαις, *id est, causæ redditionibus,* dubitationem mouentes silentium imponimus Dogmaticis, quòd in his potissimum valdè sibi placeant. Onesidemus ergo modos octo tradit, quibus existimat se omnē dogmaticā ætiologiam, vt vitiosam, refellere. Horum primum esse dicit, secundum quem ætiologię genus quod in rebus non apparentibus versatur, nō habet confessam ex apparentibus approbationem. Secundū, iuxta quem sæpe quum magna sit in varias partes inclinandi occasio, adeò vt multis modis possit ratio rei de qua quæritur, afferri, vno tantùm modo nonnulli rationem afferunt. Tertium, secundum quem eorū quæ ordinatè fiunt, rationes reddunt quę nullū ordinem ostendunt. Quartum, secundum quem accipientes apparētia vt fiunt, etiam non apparentia putant se vt fiant, comprehēdisse: quum ea quæ non apparent, eodem fortasse modo efficiantur quo apparentia, fortasse etiā

non

non eodē, sed peculiari quodam modo. Quintum, iuxta quem, omnes propemodum secundum proprias elementorum suppositiones, non autem secundum communes & passim receptas disputandi vias rationes reddunt. Sextum, secundum quem sæpenumero quæ facilè deprehendi possunt, in suis suppositionibus sumunt, iis autem repugnātia, quanuis æquè sint probabilia, prætermittunt. Septimum, secundum quē sæpe reddunt rationes quæ non modò apparentibus, sed etiam propriis ipsorum suppositionibus repugnent. Octauum, secundum quem quum sæpe æquè dubia sint ea, quę apparere videntur atque ea de quibus quæstio est, sententiā suam de dubiis ex æquè dubiis astruunt. Ait autem fieri posse vt nonnulli in ætiologiis secundum alios quospiā modos ex his pendentes, aberrent. Sedenim ipsi etiam quinque epoches modi ad ætiologias fortasse sufficiant. Nam aut afferet aliquis ratione quæ consentiat cum omnibus Philosophię sectis, & cum scepsi & cum phænomenis, aut non. Verùm, ita consentientem afferre haud possibile sit. nam & apparentia & incerta omnia cōtrouersa sunt. At si minimè cōsentiat, postulabitur ab eo huius rationis ratio. & si quidem apparentem apparentis, aut incertam incertæ afferat, in infinitum delabetur. sin permutato ordine ætiologias inter se implicet, in diallelum modum. Quòd si alicubi resistat, aut quantum ad iam dicta, dicet rationem consistere, atque ita inducet relationem ad aliquid, tollens quod secundum naturam est: aut si per suppositionem sumat aliquid, nos ei obstabimus. Potest igitur etiam per hæc Dogmaticorum in ætiologiis temeritas refelli.

De Scepticorum vocibus.   CAP. 18.

QVONIAM autem vnoquoque horum & epoches modorum vtentes, voces quasdam scepticæ affectionis & passionis nostræ indices pronuntiamus, vt quum dicimus, ὐ μᾶλλον, id est, Non magis, ὐδὲν ὁρίσου, Nihil definiendum, & aliquot alias: consentaneum de iis deinceps disputare fuerit. Incipiamus autem ab hac, Non magis.

De voce Non magis.   CAP. 19.

HANC ergo interdum quidem ita, vt dixi, pronuntiamus, interdum autem sic, ὐδὲν μᾶλλον, id est, nihilo magis. Non enim, vt quidā existimant, hanc vocem Non magis, in specialibus sumimus quæstionibus, illam autē, Nihilo magis, in generalibus: sed indifferèter vtramuis pronuntiamus: & nunc quoque vt de vna disputabimus. Est igitur vox hæc, imperfecta, vt enim quum dicimus πλατὺ, id perinde est ac si diceremus ἐσία πλατὺ, & quum dicimus πλατεῖαν (plateam) id tantundè
valet

valet ac si diceremus πλα πίαν οδόρ: sic quū dicimus, Non magis: perinde id valet ac si diceremus, Non magis hoc quàm illud, sursum aut deorsum. Sunt verò nonnulli etiā Sceptici qui pro interrogatione ή, id est, Vtrum, pronuntiant ἢ μᾶλλον τόδε ἢ τόδε, accipietes tum vocem τί pro causa: vt, quod dicunt, tale sit, Quare magis hoc quàm illud? Vsitatum est autem etiam interrogationibus pro enuntiationibus vti: vt in hoc versu, *Cui non Iouis riualis est notus viro?*

Et vicissim enuntiationibus loco interrogationū: vt, Quæro vbi habitet Dion. Item, Rogo quamobrem hominem Poëtam admirari oporteat. Sed & apud Menandrum τί pro διὰ τί vsurpatur: vt quum dicit, τί δ᾽ ἐγὼ κατελιπόμην; i. *Quid enim ego relinquebar?* posito Quid, pro Propter quid. Indicant autem hæ voces Non magis hoc quàm illud, etiam affectum nostrum, secundum quem, propter æqualia momenta eorum, quæ sunt ἀντικείμενα, ad ἀρρεψίαν delabimur. Intelligimus autem paria momenta quæ sunt in eo quod nobis apparet probabile. ἀντικείμενα autem generaliter, quæ inter se pugnant: ἀρρεψίαν verò ad neutram partem assensum. Cæterùm hæc vox, Nihilo magis, etiamsi præ se ferat formam assensionis aut negationis, nos nō ita ea vtimur, sed indiffereter & abutedo: aut pro interrogatione, aut pro eo quod est, Ignoro cui horū assentiri oporteat, cui minimé. Nobis enim propositū est, quod nobis apparet declarare: voce autem qua id declaramus, indiffereter vsurpamus. Illud præterea sciendū, nos proferre hanc vocē, ὐδὲν μᾶλλον, non affirmantes ipsam omnino verā esse & indubitatā, sed secundū id quod nobis apparet, de ea quoq; dicentes.

De aphasia. CAP. 20.

DE aphasia autem hæc dicimus. φάσις duobus modis dicitur, generaliter & specialiter. Generaliter ita appellatur vox quæ poni aut tolli quidpiam significat: vt, Dies est, Non dies est. Specialiter auté, quæ aliquid poni tantùm significat. in qua significatione negatiua non appellantur phases. Aphasia igitur est discessus ab ea quæ generaliter phasis appellatur: sub qua comprehēdi dicimus cataphasin & apophasin, *id est, affirmationem & negationem.* adeò vt aphasia sit affectio nostra per quam nos nec ponere quicquam nec tollere dicimus.

Vnde patet nos aphasiam etiam assumere, non quasi natura tales sint res vt aphasiam necessariò moueant: sed vt eam pronuntiando, declaremus nos super his vel illis quæstionibus ita nunc affici. Illud quoq; memoria tenēdum est, dicere nos, nihil poni aut tolli à nobis, eorum quidem certè quæ dogmaticè de dubiis asseruntur. iis enim

à quià quibus patimur, & à quibus ita coacti ad assensum adducimur, cedimus & acquiescimus.

De vocibus, Fortasse, Licet, Fieri potest. CAP. 21.

HAs autem voces, Fortasse & Non fortasse: Licet & Non licet: ἐνδέχεται & οὐκ ἐνδέχεται, id est, Fieri potest, & Non fieri potest: sumimus pro, Fortasse est, fortasse non est: &, Licet esse, licet etiam nō esse: &, Fieri potest vt sit, fieri potest vt non sit. Adeò vt breuitatis gratia, sumamus Non licere, pro licere non esse: & Nō fieri posse, pro Fieri posse vt non sit: & Non fortasse, pro Fortasse non esse. Rursus autē hic non contendimus de vocibus, neque an hæc natura ipsa significent, quærimus: sed ipsas indifferēter, vt dixi, sumimus. Has autem voces, aphasiæ esse indices, manifestum esse arbitror. nam qui dicit Fortasse est, perinde est ac si poneret etiā alterum quod ipsi repugnare videtur, videlicet Fortasse non esse: quia nō affirmat hoc esse. Eadem est & in cæteris ratio.

De voce ἐπέχω, & οὐδὲν ὁρίζω. CAP. 22.

SVMIMVS autem ἐπέχω pro eo quod est, Non possum dicere cui ex iis quæ proposita sunt, fidem adhibere, cui fidem derogare oporteat: ostendentes videri nobis res ad promerendam vel ad non promerendam fidem æquales. Ita tamen vt æquales esse non affirmemus, sed quod nobis apparet de ipsis, quando sub sensum nostrum cadunt, dicamus. Dicta est autem ἐποχή, quia ἐπέχεται διάνοια, id est, cohibetur mens, à ponenda aut à tollenda re aliqua, propter paria in vtranque partem eorum de quibus quæritur momenta.

De voce οὐδὲν ὁρίζω. CAP. 23.

DE hac autem voce, οὐδὲν ὁρίζω. i. nihil definio, aut, certò statuo, dicimus huiusmodi. ὁρίζειν esse putamus, nō simpliciter dicere aliquid, sed rem incertam pronuntiare cum assensu. ita enim nihil ὁρίζειν Scepticus forsitan reperietur, ne hoc quidem, Nihil definio. non enim est dogmatica opinio, id est, qua incertæ rei assentiamur: sed vox nostræ affectionis index. Quum ergo dicit Scepticus, Nihil definio, hoc dicit, Ego ita nunc affectus sum vt nihil eorū quæ sub hanc quæstionem cadunt, ponam dogmaticè aut tollam. Hoc autem ait, dicēs quid sibi appareat de rebus propositis, non enuntiatiuè cum persuasione pronuntians, sed affectionem suam exprimens.

De eo quod dicunt, Omnia sunt ἀόριστα. CAP. 24.

A'OPIΣTI'A quoque passio est intellectus, secundum quam nec ponimus quicquam, nec tollimus eorum quæ dogmaticè quęruntur,

id est

id est incertorum. Quum igitur dicit Scepticus, omnia esse ἀόριϛα, id est, indefinita, tunc ESSE accipit pro eo quod est, videri sibi. Omnia autem dicit, non omnia entia, sed quæcunque euoluit ex iis incertis quæ apud Dogmaticos quæruntur. Indefinita autem, id est, non præponenda aliis cótrariis, aut generaliter aduersantibus, ad fidem promerendam aut non promerédam. Et quemadmodum qui dicit, Ambulo, perinde est ac si diceret, Ego ambulo: ita qui dicit, Omnia sunt indefinita, vnà significat, secundum nos, Quantum ad me attinet, aut, Vt mihi videtur: adeò vt quod dicimus, sit huiusmodi, Quæcunque euolui ex illis quæ Dogmaticorum quæstionibus agitantur, talia mihi esse videntur, vt nihil eorum magis aut minus fide dignum existimem quàm contrarium.

De eo quod dicunt, Omnia sunt incomprehensibilia. CAP. 25.

EANDEM rationem sequimur & quum dicimus, Omnia sunt incomprehensibilia. nam hoc verbum, Omnia, eodem pacto explicamus: & vnà etiã intelligimus, Mihi. adeò vt idem hoc valeat ac si ita loqueremur, Omnia quæcunq; percurri ex iis incertis quæ Dogmaticorum quæstionibus agitantur, mihi videntur incomprehensibilia. Non sunt autem verba hominis affirmantis, ea de quibus inquirunt Dogmatici, naturam hanc habere vt sint incomprehensibilia: sed suã affectionem enuntiantis: quatenus videlicet dicit, Existimo me nihil illorum adhuc percepisse, propter contrariorum æquipollentiam. Vnde mihi videntur omnia quæ ad euersionem afferuntur, iis quæ nos enuntiamus, esse dissentanea.

De vocibus ἀκατάληπτῶ *&* ὀ καταλαμβάνω. *i. nõ comprehẽdo.* CAP. 26.

HÆ quoque voces, ἀκατάληπτῶ & ὀ καταλαμβάνω, propriæ passionis sunt indices: quatenus ad præsens supersedet Scepticus ponere aut tollere aliquid ex illis incertis de quibus quæritur. vt ex iis patet quæ à nobis de cæteris vocibus antea dicta sunt.

De eo quod dicunt, παντὶ λόγῳ λόγος ἀντίκειται. *i. omni orationi oratio æqualis opponitur. (vel opposita est.)* CAP. 27.

QVVM autem dicimus, Omni orationi oratio æqualis opponitur, Omni dicimus, quam quidem nos euoluerimus. Orationem autem dicimus, non simpliciter, sed quæ aliquid dogmaticè astruit, id est de incerto: nec eam protinus quæ ex lemmatibus, *id est, sumptionibus*, & illatione, sed quæ quouis modo astruit quidpiam. Aequalem item dicimus, non simpliciter, sed ad fidẽ obtinendam aut non obtinendã. Et Opponitur accipimus generaliter pro Aduersatur. Subaudimus

dimus etiã, Vt mihi videtur. Quũ igitur dico, Omni orationi æqualis opposita est oratio, perinde est ac si dicerem, Omni orationi à me enolutæ, quæ aliquid dogmaticè astruit, mihi opponi videtur alia dogmaticè aliquid astruens, æqualis ipsi ad fidem obtinendã vel non obtinendam. Adeò vt huiusmodi vocis enuntiatio non sit dogmatica, sed passionis humanæ significatio, quę est id quod apparet patienti. Sunt autẽ & qui hanc voce ita proferant, Omni orationi æqualẽ orationem opponi, *vel oppositã esse.* hoc, tanquam præceptũ, constituentes, Omni orationi dogmaticè quidpiam astruenti, orationem dogmaticè inquirente, æqualẽ ad fide obtinẽdam vel non obtinendã, ipsi aduersantẽ opponamus. Vt sermonẽ suum ad Scepticum dirigant, vtanturq́; infinitiuo pro imperatiuo, videlicet Opponi pro eo quod est Opponamus. Prǫcipiũt autẽ Sceptico, ne à Dogmatico deceptus, animũ despõdeat, ac omittat illius perquisitionẽ, & ita per temeritatẽ suam frustretur apparẽte ipsis ataraxia: quã comitari existimat eos qui de omnibus assensum retinẽt, quemadmodũ docuimus.

Appendix ad tractationem de scepticis vocibus. CAP. 28.

NON postulat ratio huius operis quo singula breuiter describimus, vt de pluribus vocibus disseramus. Præsertim quum vel ex iis quæ modò à nobis dicta fuerunt, etiã de prætermissis dici possit. De omnibus enim scepticis vocibus illud oportet cognitũ habere, nos nõ affirmare veras illas omnino esse: vtpote quum eas dicamus alias ab aliis tolli posse, circunscriptas illis de quibus dicuntur: sicuti purgantia medicamenta nõ solùm humores corpore extrahunt, sed etiã semetipsa vnã cum humoribus expellunt. Dicimus prǫterea nos nõ vt propriè significantes res quibus adhibentur, ponere eas, sed indifferenter, aut, si malunt, per catachresin: (neque enim Scepticum de vocibus altercari decet:) præsertim quũ nobis commodũ sit ne simpliciter quidem & per se significare dici has voces, sed ad aliquid, videlicet ad Scepticos. Illud præterea meminisse oportet, nos non de omnibus rebus generaliter proferre ipsas, sed de incertis & iis quæ dogmaticè quærũtur: idq́; quod apparet nobis, dicere, non autẽ affirmationẽ de natura externorũ subiectorũ adhibere. Ex his enim omne sophisma aduersus vocem scepticã allatum euerti posse arbitror.

Quum autem epoches mentem ac propositum, partesque, criterium, & modos percurrerimus, & de scepticis vocibus loquuti, characterem ipsius σκέψεως declarauerimus: cõsentaneum esse putamus, in quibus à finitimis ipsi philosophiis distinguatur, paucis explicare,
vt ita

vt ita manifeſtius ephecticam inſtitutionem perſpiciamus. Ordiemur autem ab Heracliti philoſophia.

Differre ſcepticam inſtitutionē ab Heracliti philoſophia. CAP. 29.

HANC igitur à noſtra inſtitutione differre, clarum eſt. Heraclitus enim de multis incertis dogmaticè pronuntiat, nos autē minimè, quemadmodum dictum eſt. Quoniam autem Oneſidemus aiebat ſcepticam inſtitutionem viā eſſe ad Heracliti philoſophiam, ſiquidē antequam contraria circa idem ſint, oportet contraria circa idem apparere: & Sceptici quidem cōtraria circa idem apparere dicunt, Heraclitei autem hinc etiam illuc progediuntur, vt dicant eſſe: illis reſpondemus, hoc quod dicitur, contraria circa idem apparere, nō eſſe Scepticorum dogma, ſed rem non Scepticis ſolùm, verumetiam aliis Philoſophis & omnibus hominibus ſub ſenſus cadentem. Verbi gratia, nemo negare audeat quin ex melle ſani dulcedinē, icterici amarorem percipiant. Hinc fit vt à communi hominum prænotione incipiant Heraclitei, vti & nos, fortaſſe autem & cæteræ philoſophiæ. Quare ſi ab aliquo eorum quæ ſcepticè dicuntur, acciperent hoc, videlicet cōtraria circa idem verſari: nimirum aut ab hac voce, Omnia ſunt incomprehēſibilia, aut illa, Nihil definio, aut alia ſimili: fortaſſe colligerent verum eſſe quod dicunt: ſed quum principia habeant nō ſolùm nobis, ſed aliis etiam Philoſophis & vitæ ſub ſenſus cadentia, cúrnam potius dicat aliquis inſtitutionē noſtram viā ſternere ad Heracliti philoſophiam, quàm aliarū philoſophiarum quamlibet, aut vitam ipſam: quū omnes communibus materiis vſi ſimus? Atque haud ſcio an potius incommoda ſit ad Heracliti philoſophiā cognoſcendā ſceptica diſciplina, quàm commoda: quium Scepticus omnia quæ ab Heraclito dogmaticè dicuntur, tanquam temeraria, reprehendat, repugnans illius ἐκπύρωσις, repugnans etiā huic quod dicit, Contraria circa idem exiſtere: & ad vnumquodque Heracliti dogma, dogmaticam temeritatem irrideat, atque ſubiungat, Non comprehendo, & Nihil definio, quemadmodum antea dixi: quod Heracliteis aduerſatur. Abſurdum autem eſt, aduerſantem diſciplinam viam eſſe dicere ad ſectam illam cui aduerſatur. Abſurdum ergo eſt ſcepticam diſciplinam ad Heracliti philoſophiam viam eſſe dicere.

In quo differat ſceptica diſciplina à Democriti philoſophia. CAP. 30.

DEMOCRITI quoque philoſophia communionem habere cū ſcepſi fertur, quia videtur eādē qua vos vſa eſſe materia. Nam ex eo quòd mel aliis dulce, aliis amarum videatur, Democritum ratiocinari diri dicunt, neque dulce ipsum esse, neque amarum : & propterea pronuntiare vocem, Non magis, quæ sceptica est. Verùm aliter vtuntur hac voce Sceptici quàm Democritici philosophi. illi enim vocem hanc vsurpant significare volentes neutrum esse : nos autem, significantes nos ignorare an vtrunque, an neutrũ sit eorum quæ apparent. Itaq; in hoc quoque ab illis differimus: sed longè manifestissima differentia est, quum dicit Democritus, ἐτῇ δ ἄτομα κ, κενόμ. i. veritate enim (verè) atoma & vacuum. ἐπῇ enim dicit pro ἀληθεία, id est, veritate. In eo autem quod ait, secundum veritatem existere atomos & vacuum, eum à nobis differre (quanuis ab apparetium inæqualitate & discrepantia incipiat) superuacaneum arbitror dicere.

Quo differat scepsis à Cyrenaica institutione.   CAP. 31.

DICVNT præterea nonnulli Cyrenaicam institutionem eandẽ esse cum scepsi, quoniam illa quoque se solas passiones comprehendere dicit. Differt tamen ab ea: quòd illa quidem voluptatem & læuem corporis motũ, finem esse dicàt: nos autẽ imperturbatum mentis statum : cui contrarius est finis quem illi statuunt. Nam & quum adest voluptas & quum abest, perturbationes patitur is qui finẽ esse voluptatem affirmat: vt de fine tractans argumentatus sum. Deinde nos assensum retinemus verbis tenus de externis subiectis : at Cyrenaici pronuntiant naturam illa habere incomprehensibilem.

Quo differat scepsis à Protagoræ institutione.   CAP. 32.

PROTAGORAS quoque vult πάντων χρημάτων μέτρον. i. omnium rerum mensuram, esse hominem: entium, vt sunt: non entium, vt nõ sunt. μέτρον quidem appellãs criterium. χρημάτων autẽ dicens pro πραγμάτων, id est, rerum. Adeò vt hoc valeant eius verba, Rerum omnium criterium esse hominem: entium quidem, vt sunt: non entium autẽ, vt non sunt. Ideóque ponit apparẽtia cuique sola, & ita inducit relationem ad aliquid. Hinc fit vt videatur communionem cum Pyrrhoniis habere. differt tamen ab illis. Differentiam autem cognoscemus, vbi quantum satis sit, Protagoræ sententiam enucleauerimus. Dicit ergo vir ille, Materiam fluxilem esse, ipsa autem assiduè fluente, adiunctiones pro ablationibus fieri, & sensus transmutari ac variari & pro ætatibus & pro aliis corporum constitutionibus. Dicit etiã rationes omnium apparentiũ subiectas esse in materia: adeò vt materia, quantum in seipsa, omnia esse possit quæ omnibus apparent: homines autem alio tempore alia percipere, prout diuersè se habent. eum enim qui secundum naturam se habeat, ex iis quæ in materia sunt, illa percipere

cipere quæ secundum naturam se habentibus apparere possunt: eos autem qui contra naturam se habeant,ea percipere quæ contra naturam se habentibus possunt apparere. Estque in ętatibus, & in somno aut vigilia,& in vnaquaque specie habituum eadem ratio. Est ergo, secundum ipsum,homo criterium rerum quæ sunt. omnia enim quæ apparent hominibus,etiā sunt.quæ autem nulli hominū apparent,ne sunt quidē. Videmus igitur,ipsum,& materiā fluxilem esse, & rationes omnium apparentiū subiectas esse in ipsa,dogmaticè pronuntiare : quæ incerta sunt, & de quibus retinendus est assensus nobis.

Quo differat ab Academica philosophia scepsis. CAP. 33.

QVINETIAM aiunt nonnulli Academicam philosophiam eandem esse cum scepsi: quare deinceps de hac quoque disserendū fuerit. Academiæ autem fuerunt, vt aiunt, plures tribus. Vna quidem, eaque antiquissima,Platonis.Secunda & media,Arcesilæ,qui fuit auditor Polemonis.Tertia & noua,Carneadis & Clitomachi.Sunt qui his addant quartam, Philonis & Charmidæ. Sunt qui etiam quintam adiiciant, Antiochi. Nunc ergo incipientes ab antiquissima, videamus differētiam philosophiarum quarū meminimus. Platonem alij dogmaticum esse dixerunt,alij aporematicum.*i.dubitatorem.* alij verò in quibusdam dogmaticum, in quibusdā aporematicum. Nam in gymnasticis libris.*i.exercitatoriis,*vbi Socrates aut ludens cum aliquibus inducitur,aut pugnans aduersus sophistas, exercitatorium & dubitatorium quendā dicunt illum habere characterem. dogmaticum autem, vbi seriò loquens, sententiam suam aut per Socratem aut per Timæum,aut per aliquē ex huiusmodi viris, exponit. Ac de iis quidem qui dogmaticum ipsum esse volunt,aut in quibusdam dogmaticum, in quibusdam dubitatorem, superuacaneum fuerit dicere. ipsi enim fatentur illum à nobis differre. An autem sit purè Scepticus, fusius in nostris hypomnematis disserimus:nunc autem summatim rerum capita perstringētes, secundum Permedotum & Onesidemum disputamus,(hi enim potissimum huic factioni præfuerunt)dicentes, Platonem,quum de ideis pronuntiat, aut prouidentiam esse, aut vitā cum virtute coniunctam præferendā esse vitæ quæ sit cum vitiis coniuncta:siue is tanquam existētibus assentitur,dogmaticè pronuntiat: siue tanquam probabilioribus assentitur, quia alterum alteri præfert ad fidem obtinendam aut non obtinēdam,à sceptica forma discedit. nam etiam hoc à nobis esse alienum, ex iis quæ antea diximus,patet. Etiamsi autem quędam Scepticorū more pronuntiet,quūm, vt aiunt,

k k se exerse exercet, non ideo erit Scepticus. nam qui de vno aliquo dogmaticè pronuntiat, aut phantasiam phantasiæ prefert vllo modo ad fidem impetrandam aut non impetrandam de aliqua re incerta, dogmaticũ sequitur characterem: vt indicat etiã Timon in iis quæ de Xenophane dicit.* Xenophanis autem dogma erat præter aliorum hominum prænotiones, vniuersitatem esse vnum, & Deum congenitum omnibus. esse autem rotundum & nullis passionibus obnoxium, & immutabilem, & rationalem. Vnde & facile est in quo Xenophanes à nobis differat ostendere. Porrò ex iis quæ diximus, manifestũ est, Platonem, etiamsi de aliquibus dubitet, tamen quia in quibusdam apparet ipsum aut de essentia rerum incertarum pronuntiare, aut ex incertis alia aliis tanquam fide digniora præferre, Scepticum esse nõ posse. Iam verò & nouæ Academiæ alumni, etiamsi incomprehensibilia esse dicant omnia, differunt tamen à Scepticis, fortasse quidem & in eo quòd dicunt omnia esse incomprehensibilia: (de hoc enim affirmant. at Scepticus non desperat fieri posse vt aliquid comprehendatur.) sed apertius etiam ab illis in bonorũ & malorum diiudicatione discrepant. Aliquid enim bonum esse dicunt & malũ Academici, nõ vt nos, sed simul persuasi verisimilius esse, id quod dicunt bonum, bonum esse, quàm contrarium. & de malo similiter. quum nos nihil bonum aut malum esse dicamus, existimantes probabile esse quod dicimus, sed sine vlla opinatione sequamur vitã, ne nihil agamus. Præterea phantasias nos quidem dicimus æquales esse ad fidem obtinendam vel non obtinendam, quantũ ad rationem: illi autem alias verisimiles esse dicunt, alias non verisimiles. quin & verisimiliũ statuunt diuersa genera. alias enim verisimiles tantùm esse dicunt, alias autem verisimiles & διεξωδευμένας, alias verisimiles & περιωδευμένας & ἀπερισπάστους. verbi gratia, In domo tenebricosa si quo modo iaceat funis contortus & conuolutus, verisimilis tantùm phãtasia est ab hoc, tanquam à serpente, ei qui repente ingressus fuerit. At illi qui intuitus fuerit exactè & percurrerit quæ sunt circa ipsum, nimirum eum non moueri, talem colorem habere, & singula quæque, apparet funis per phantasiam verisimilem & περιωδευμένω. Phantasia autẽ ἀπερίσπαστος, * huiusmodi est, Fertur Hercules mortuam Alcestin rursum ab inferis reduxisse, & Admeto ostendisse. Is verisimilẽ accipiebat phantasiam Alcestidis & περιωδευμένω: quia tamen sciebat ipsam mortuam esse, distrahebatur eius mens ab assensu, & ad fidem non adhibendã inclinabat. Præferunt igitur noui Academici ei quidem phãtasiæ quę

simpli-

simpliciter est verisimilis, eā quae est verisimilis & πιθανὴ διημμένη: vtriq;
autem harum eam quae est verisimilis & πιθανὴ διημμένη & ἀπερίσπαστος.
Quanquam autē & Academici & Sceptici se πείθεσθ᾽ aliquibus dicebant, manifesta est tamen hic quoque differentia quae est inter eorū
philosophias. Nam πείθεσθ᾽ dicitur variis modis, interdum pro nō repugnare, sed simpliciter sequi, sine veheméti propensione & affectu
erga aliquid: vt puer dicitur πείθεσθ᾽ paedagogo. Interdum etiam pro,
Cum certo proposito & quasi affectus communione quidpiam valde volentem assentiri alicui. vt nepos & decoctor πείθεσθαι ei qui sum-
ptuose viuere vult. Quare quū Carneades & Clitomachus cum vehementi inclinatione dicant πείθεσθ᾽ & πιθανῷ esse: nos autem in ce-
dendo simpliciter, sine propensione affectus erga quicquam, in hoc
quoque ab illis differre comperiemur. In iis praeterea quę ad finem
spectant, à noua Academia dissidemus. illi enim qui se ordinationem
eius sequi dicunt, etiam πιθανῷ vtuntur in vita: nos autem leges & con
suetudines & naturales affectiones sequentes, viuimus citra vllā opinationem. His adderemus alia, differentiae ostendendae gratia, nisi
breuitati studeremus. At verò Arcesilaus, quem mediae Academiae
dicebamus praesidem fuisse & authorem, magnam mihi videtur cum
Pyrrhoniorum verbis affinitatem habere: adeò vt vna sit propemodum disciplina eius & nostra. Neq; enim de existentia aut inexistentia rei cuiusquā pronuntiare comperitur, neque alterum alteri ad fidem obtinendam aut non obtinendam praeferre: sed de omnibus assensum retinet, & finem esse dicit epochen: cū qua simul ingredi imperturbatum mentis statum dicebamus. Vult praeterea esse quidem
bona particulares epochas, mala autē particulares assensiones. Nisi
dicat aliquis nos haec secundum id quod apparet nobis, dicere, & nō
affirmantes: illum autem, tanquam secundum natutam: adeò vt bonū
quidem esse ipsam epochen, malum autem assensionem dicat. Siqua
fides autem iis quae de eo dicuntur, adhibēda est, ferunt ipsum, prima
quidem fronte Pyrrhonium visum, verè autem Dogmaticum fuisse.
& quum in sibi familiaribus periculū faceret suis dubitationibus, an
naturā aptā ad percipienda Platonis dogmata haberēt, existimatum
fuisse ἀπορητικὸν. i. *dubitatorē*: at familiaribus suis qui acri ingenio praediti essent, Platonis doctrinā tradere. atq; ideo Aristonē iactasse hoc in
ipsum,   *Antè Plato, Pyrrho retro, medius Diodorus.*
Quòd dialectica Diodori vteretur, planè tamen esset Platonicus.
Philo autem ait, quantum ad Stoicum criterium, id est phantasiā com
prehen-

prehensiuam, res esse incomprehensibiles: quantum autem ad naturam rerum, comprehensibiles. Quinetiam Antiochus Stoicam sectá transtulit in Academiam, adeò vt de eo dictum sit, ipsum in Academia philosophari Stoica. Ostendebat enim apud Platonem esse Stoicorum dogmata. Ex his igitur perspicuum est quid Sceptica institutio à tertia & quinta Academia differat.

An medica experientia eadem sit cum scepsi. CAP. 34.

QVONIAM verò experientiam quæ circa Medicinam versatur, eandé nonnulli esse aiunt cum Sceptica philosophia: scire nos oportet, experientiam illam, si asserat incerta comprehendi non posse, neque eandem esse cum scepsi: sed nec Sceptico conueniente eiusmodi sectá esse: imò potius eam quæ methodus vocatur, deceat illum, meo quidem iudicio, persequi. Hæc enim vna ex omnibus medicæ artis sectis, in incertis quidem temerariè se nõ gerere videtur, nec tantum sibi arrogare vt comprehensibilia sint ea, nécne, pronuntiet: sed apparentia sequens, ex iis quod vtile videatur, accipere, eandem quam Sceptici insistens via. Dicebamus enim antea, vitam communé, qua etiam Scepticus vtitur, quadruplicé esse: quæ videlicet partim in naturæ instructione versetur, partim in coactu passionũ, partim in constitutione legum & consuetudinũ, partim in traditione artiũ. Quemadmodum igitur ex coactu passionum Scepticus à siti quidé ad potum deducitur, & à fame ad cibum, & ad aliquid ex aliis itidem: sic & methodicus Medicus à passionibus ad cõsentanea & congrua dirigitur: à conspissatione quidé & condensatione ad laxationem: (veluti quũ quis à condensatione ex frigore vehementi orta ad calida se recipit) & vice versa à laxatione & effluuio, ad eius repressioné, vt qui in balneo sudore multo diffluunt & resoluuntur, ad eum reprimendũ properant, ac propterea ad frigidum aërem confugiunt. Ea autem quæ naturâ sint aliena, ad ea quæ secundum naturam cogere eum venire, vel hinc patet, quòd etiam canis, simulac impegerit ei aliquis palum, ad eum extrahendum festinet. Ac ne singula enumerans, fines hypotyposis prætergrediar, omnia puto quæ à methodicis ita dicuntur, referri posse ad coactum illum eamq; vim quam afferunt nobis passiones, & eæ quæ secundum naturam & eæ quæ præter naturã sunt. Sed & in his inter se conueniunt hæ duæ institutiones, quòd vtraque opinationem omnem à se remoueat, vtraque indiffereter verbis vtatur. Quemadmodum enim Scepticus vtitur hac voce, Nihil definio, hac ité, Nihil comprehendo: ita & methodicus vsurpat κοινότητα & vocem
διήκω

ἀδιάφορ ac similes indifferenter. sic ergo & hoc nomē ἀνωτέρω citra opinationem accipit pro ea actione qua nos à passionibus apparentibus,
& quæ secundum & quæ præter naturam sunt, ad ea quæ cōsentanea
& congrua esse videntur, deducimur: vt in siti & fame aliisque ostendo. Vnde professionem eorum qui in medica arte methodici vocantur, maiorem cum scepsi affinitatem habere, quàm vllas alias sectas
medicæ artis, idque comparatione earū, non purē & simpliciter, nobis dicendum est, quibus cum hæc, tum alia huiusmodi argumento
sint. Nos igitur quū de iis etiā disseruerimus, quæ adiacere & vicina
esse Scepticæ institutioni videntur, hîc & generalem ipsius scepseos
tractationem & primum hypotyposeon librum finimus.

SEXTI PHILOSOPHI PYRRHO-
NIARVM HYPOTYPOSEON
LIBER II.

*An possit Scepticus aliquid inquirere in ea quæ dicuntur
à Dogmaticis.*   CAP. I.

QVANDOQVIDEM inquisitionem aduersus
Dogmaticos aggressi sumus, vnamquanque partē eius quæ vocatur philosophia, breuiter & summatim percurramus. si prius respōderimus iis qui
hoc semper habent in ore, nec ad quærenda nec
ad intelligēda ea quę ab ipsis dogmaticè pronun
tiantur, vllo modo idoneum esse Scepticū. sic enim dicunt, Aut comprehendit Scepticus quæ à Dogmaticis dicuntur, aut non. & si quidem comprehendit, quomodo dubitet de iis quæ comprehēdisse se
dicit? at si non comprehendit, certè ne dicere quidē de iis nouit quæ
non comprehendit. Quemadmodum enim is qui ignorat, exempli
gratia, quid sit τὸ καθ᾽ ὁ ποδελαιρημένε, aut theorema τ διὰ δύο βοπικῶν, ne dicere quidē de ipsis quicquam potest: ita qui non nouit vnumquodq;
eorum quæ à Dogmaticis dicuntur, inquirere aduersus eos non potest de iis quæ non nouerit. Nequaquā ergo potest Scepticus inquirere de iis quæ apud Dogmaticos dicuntur. Qui hæc aiunt, respondeant nobis quomodo nunc sumant vocem hāc Comprehendere:
vtrum vt sit intelligere simpliciter, nihil de existentia eorum de quibus disserimus, affirmādo: an intelligere, & simul eorum existentiam

de quibus disputamus, ponere. Si enim comprehendere vocant in sermone comprehensiuæ phantasiæ assentiri: quum phantasia comprehensiua sit ab existente secundú ipsum existens, impressa & intus obsignata, qualis quidem esse non possit à non existente: ne ipsi quidem volent fortasse non posse de iis quærere quæ non percipiunt. Exempli gratia, Quùm Stoicus aduersus Epicureum quæstione mouet, dicentem diuisam esse substantiam, aut Deum non prouidere iis quæ sunt in mundo, aut voluptatem esse bonum: vtrum comprehendit an non? & si quidem comprehendit, existere ipsa dicens, funditus euertit Stoicam disciplinam: si non comprehendit, non potest quicquam aduersus ea afferre. His similia etiam ceteris qui à reliquis sectis prodeunt, respódere oportet, quum quæstionem aliquam mouere de iis quæ aliter censent ipsorum aduersarij, voluerint. Itaque de nulla re alij aduersus alios inquirere possunt. imò etiam, si seriò loquendum est, euertetur eorū tota (vt vno verbo dicam) dogmatica disciplina: firmè autem stabilietur sceptica philosophia si hoc concedatur, non posse quærere quenquam de eo quod non ita comprehensum fuerit. Nam qui de re aliqua incerta pronuntiat & dogma ponit, aut re comprehensa, aut non comprehensa, de ea pronuntiare se dicet. Verùm si antequam eam comprehēderit, fides ei non adhibebitur: sin postquā comprehenderit, aut indidem & ex seipsa & actu ipso sibi obuersata dicet se comprehendisse, aut per aliquam inuestigationem & inquisitionem. Sed enim si ex seipsa casu quodam dicat illam sibi ipso actu obuersatam, & comprehensam fuisse rem illam quæ erat incerta: eo modo non fuerit incerta, sed omnibus ex æquo apparens, & pro confessa habita, minimeque controuersa. Atqui de vnoquoque incerto inextricabilis fuit inter eos discrepantia. Ergo ille Dogmaticus qui de incertæ rei existentia affirmat & pronuntiat, nequaquam eam sibi obuersantem habuerit, eamque ita comprehēderit. Quòd si per aliquam inuestigationem *eam se comprehendisse dicat*, quomodo quęrere poterat antequam exactè ipsam comprehendisset, secundum propositam hypothesin? Nam quum opus habeat inquisitio vt prius exactè comprehensum sit id de quo inquiretur: at vicissim ipsa comprehēsio rei de qua inquiritur, opus habeat præcedente inquisitione, omnino per modum diallelum dubitationis hoc impossibile est illis, & inquirere de incertis, & dogmaticè pronuntiare: quū, siue voluerint à coinprehensione incipere, redigamus eos illuc vt oporteat ipsum prius quæsiuisse quàm comprehendisse: siue ab inquisitione initium facere

malue-

maluerint, eos illuc redigamus vt oporteat ante inquisitionem comprehendisse id de quo futura sit inquisitio: adeò vt hinc accidat vt neque quicquam incertorum comprehendere illi possint, nec affirmatiuè de ipsis pronuntiare. Vnde tolletur Dogmaticorum subtilis loquacitas per se, cótinget autem vt ephectica philosophia inducatur. Iam si dixerint se non existimare necesse esse vt talis comprehensio inquisitionem præcedat, sed vt intellectus simpliciter, nó est impossibile inter eos qui de existentia incertorum retinét assensum, inquirere. Non enim ab intelligédi facultate excluditur Scepticus, ea (inquam) quæ ipsi sit ab iis quæ passibiliter ipsi obuersantur, actu ipso apparentia, neque necessariò eorum quę sub intellectum cadunt, existentiam inducit. Non enim existétia solùm intellectu percipimus, (vt aiunt) sed etiam inexistentia. Vnde Ephecticus siue quærat, siue intellectus facultate vtatur, in sceptico permanet instituto. Iam enim declarauimus ipsum iis quæ per passiuam phantasiá ipsi obuersantur, secundum id quod sibi apparet, assentiri. Sed iam vide ne nunc Dogmatici ab inquisitione etiam excludantur. Non enim vt ij qui fatentur se ignorare quomodo res se habeant secundum naturam, quęrere de illis pergant, inconsentaneu est: sed ij qui se exactè illas pernoscere existimant. Nam his quidem iam ad finem perducta est inquisitio, vt ipsi existimant: at illi, id propter quod tota inquisitio instituta est, adhuc retinent, nempe existimare se non inuenisse. Inquirendum est itaque nobis breuiter in præsentia de vnaquaque philosophiæ, quæ vocatur, parte. Et quoniam magna fuit inter Dogmaticos de philosophiæ partibus controuersia, quum alij vnam, alij duas, alij tres esse dicerent (quam quidem latius persequi non attinet) eorum opinioné qui perfectius in ea versati esse videntur, vbi ex æquo exposuerimus, secundum eam, disputationem nostram prouehamus.

Vnde incipere debeat inquisitio aduersus Dogmaticos. CAP. 2.

STOICI igitur & alij nónulli tres esse philosophię partes dicunt, rationalé, naturalem, moralé: & doctrinam suá à rationali ordiuntur. quanuis & vnde exordiendú esset, magnis dissésionibus agitatú inter eos fuerit. Quos sequuti citra vllá opinionem, quoniá ea quæ in tribus illis partibus dicutur, opus habet crisi & criterio. *i. diiudicatione & diiudicatorio,* disputatio auté de criterio videtur rationali parte cótineri: à disputatione de criterio & de rationali parte exordiú sumamus.

De criterio (id est, instrumento ad iudicandum.) CAP. 3.

SED illud ante omnia dicendum est, criterium dici & illud quo diiu-

diiudicari aiunt exiſtat aliquid nec ne, & illud cui acquieſcentes viuimus. Propoſitum eſt autem nobis in præſentia de eo quod criterium veritatis eſſe dicitur, diſputare. Nam de criterio quod in altera ſignificatione capitur, eo in loco in quo de ſcepſi tractabamus, diſſeruimus. Criteriũ igitur de quo nunc agitur, tribus modis dicitur, communiter, peculiariter, peculiariſſimè. Communiter, omnis menſura comprehenſionis, ſecundum quam ſignificationem etiam naturalia criteria appellantur, vt viſus. Peculiariter autem, omnis mẽſura comprehenſionis, ſed menſura artificialis, vt regula & diabetes. Peculiariſſimè verò, omnis menſura artificialis ad comprehenſionem rei alicuius incertæ. iuxta quam ſignificationem, ea quæ in vita communi verſantur, non appellatur criteria, ſed ea tantùm quæ rationalia ſunt, & quæ Dogmatici ad veritatis diiudicationẽ afferunt. Dicimus igitur propoſitam eſſe nobis de rationali criterio diſputationem. Sed & ipſum trifariam dici poſſit, A quo, Per quod, Secundum quod. Exempli gratia, A quo, homo. Per quod, aut ſenſus, aut intellectus. Secundum quod autem, applicatio phantaſiæ, ſecundum quam homo aggreditur diiudicare per vnum aliquod ex antedictis. Hæc præfari conſentaneum eſſe videbatur, vt de quo inſtituta ſit dubitatio, perſpiciamus. Reliquum eſt vt ad refutationem veniamus eorum qui ſe veritatis criterium comprehendiſſe, temerariè dicunt. initium autem à veritate ſumamus.

An ſit aliquod veritatis criterium. CAP. 4.

Ex iis itaque qui de criterio diſſeruerũt, quidam hoc eſſe pronuntiarunt, vt Stoici & alij nonnulli: quidã non eſſe, vt cùm alij, tum Xeniades Corinthius & Xenophanes Colophonius, dicens, Opinio eſt in omnibus. Nos autem aſſenſum retineamus de eo, vtrum ſit an non. Hanc igitur cõtrouerſiam aut diiudicabilem eſſe dicent, aut indiiudicabilem: & ſiquidem indiiudicabilem eſſe dicent, eo ipſo concedent eſſe retinendum aſſenſum. Sin autem eiuſmodi eſt quæ diiudicari poſſit, dicant quo diiudicabitur, quum nec criterium cõfeſſum habeamus, nec planè an ſit norimus, ſed quæramus. Præterea vt diiudicetur ea quæ de criterio fuit controuerſia, confeſſum nos criteriũ habere oportet, per quod ipſum diiudicare poterimus: & vt criteriũ confeſſum habeamus, controuerſia de criterio diiudicari prius oportet. Quum autem ſic in diallelum modum incidat oratio, nulla inueniendi criterij ratio relinquitur: quum neq; ipſos, ex hypotheſi, criterium accipere permittamus, &, ſi criterio criterium diiudicare voluerint,

rint, in infinitum ipsos reiiciamus. Quinetiam quum demonstratio quidem criterio demonstrato indigeat, criterium autem demonstratione diiudicata, in diallelum modũ coniiciuntur. Existimantes itaq; vel hæc sufficere ad ostendēdam Dogmaticorum temeritatem in iis quæ de criterio dicunt: vt etiã variis modis ipsos refellere possimus, non absurdum fuerit huic loco immorari: non tamen vnamquanque earum opinionum quæ de criterio fuerũt, commemorare volumus sigillatim (inenarrabilis enim fuit cõtrouersia, & ita nos à recta disputationis via aberrare necesse esset) sed quia criterium de quo inquirimus, triplex esse videtur, A quo, Per quod, Secundum quod: quum vnumquodq; horum sigillatim percurrerimus, nullo id comprehendi modo posse ostendamus. Sic enim certa methodo progredietur, & perfecta expletaque omnibus suis numeris & partibus erit oratio. Incipiamus autem ab eo quod dicitur, A quo. Videntur enim vna cum hoc in dubium cætera etiam reuocari.

De criterio A quo. CAP. 5.

HOMO igitur mihi videtur, ex iis quæ à Dogmaticis dicuntur, non solùm comprehensiua facultate, sed etiam intellectiua carere. Audimus enim apud Platonem, Socratem apertè fatētem se nescire an sit homo, an aliud quidpiam. Et quum eius notionem ostendere volunt, primùm quidem inter se dissidēt, deinde etiam stulta dicunt. Nam Democritus ait Hominem esse quod omnes scimus. Secundũ quæ verba non cognoscemus hominem, quia & canẽ scimus: & ideo sequeretur etiam canem esse hominem. Sunt etiam aliqui homines quos non nouimus: propterea nõ erunt homines. Imò verò secundũ hanc notionem, nullus erit homo. Si enim ille dicit oportere ab omnibus hominē cognosci, nullus autē est homo omnibus hominibus cognitus: nullus fuerit homo secundum illius sententiam. Atque hęc à nobis non dici sophisticè, ex doctrina eius his consentanea manifestum est. Nihil enim aliud verè esse dicit hic vir quàm atomos & vacuum: quorum vtrunque nõ animalibus solùm, sed omnibus concretis inesse ait. Itaque ex his nequaquam perspicere hominis proprietatem possimus, quia sunt omnibus communia. sed neq; aliud quicquam subiectum est circa hæc. Nihil ergo habebimus, per quod hominem distinguere ab aliis animalibus & pure intellectu percipere possimus. Epicurus autem dicit hominem esse talem vel talem effigiem animatam. Ergo secundum hunc quoque, quoniã homo ostendendo manifestatur, is qui non ostenditur, nõ est homo: &, si quis vir

l l mulie-

mulierem oſtendat, vir non erit homo: ſi autem virum oſtendit mulier, mulier non erit homo. Eadem autem argumēta ſumemus, & ex variis circunſtantiis quas ex tertio epoches modo didicimus. Alij dicebant, hominē eſſe animal rationale, mortale, intelligentiæ & ſcientiæ capax. Quoniam igitur in primo epoches modo oſtenditur nullum eſſe animal irrationale, ſed & intelligentiæ & ſcientiæ capacia eſſe omnia, ſecundum ea quæ ipſi dicunt: iam quid ſibi velint neſciemus. Deinde accidentia quæ in definitione poſita ſunt, aut actu dicunt eſſe aut potentia. Si actu, is non eſt homo qui ſciētiam iam perfectam non eſt aſſequutus, perfectamq́; rationem habet, atque adeò in ipſa morte verſatur. hoc enim eſt actu mortale. Sin potētia *dicunt eſſe*, ergo is nō erit homo nec qui rationem perfectam habet, nec qui intelligentiam & ſcientiā adeptus eſt. quin etiam hoc priore eſt abſurdius. Quamobrem & hoc pacto nullam hominis notionem poſſe eſſe apparet. Nam Plato quū vult hominem eſſe animal carens pennis, bipes, latis vnguibus, ſcientiæ politicę capax, ne ipſe quidem vult affirmatiuè hoc proferre. nam ſi homo ſit vnum eorum quæ ſecundū ipſum gignuntur quidem, verè autem nondum ſunt, impoſſibile eſt autem de iis quę nondum ſunt affirmatiuè pronuntiare, vt ipſe ait: nimirum ne Plato quidem videri volet hanc definitionem tanquam aſſerens tradidiſſe, ſed, vt ſolet, ad id quod veriſimile eſt ſermonem accommodans. Veruntamen demus per conceſſionem poſſe hominē ſub intellectum cadere, eum nequaquam poſſe comprehēdi comperiemus. ſiquidem homo ex animo & corpore conſtat: at neque corpus comprehendi poteſt, neque animus. Ergo ne homo quidem. Ac quod quidem ad corpus attinet, id non eſſe eiuſmodi quod comprehendatur, hinc perſpicuum eſt. Quæ accidunt alicui, diuerſa ſunt ab eo cui accidunt. quum itaque color aut aliquid huiuſmodi nobis obuerſatur, ea quæ corpori accidunt, non autem corpus ipſum nobis obuerſari, rationi conſentaneū eſt. Cæterùm corpus tres habere diaſtaſes aiunt. debemus igitur longitudinem & latitudinem & profunditatem comprehendere, vt corpus comprehendamus. Si enim hoc nobis obuerſaretur, ſubargentatum etiā aurum cognoſceremus. Itaque ne corpus quidē *comprehendi poteſt.* Iam verò vt hanc de corpore controuerſiam miſſam faciamus, rurſum homo incomprehenſibilis comperitur, quòd incomprehenſibilis ſit anima. eam antem eſſe incomprehenſibilem, hinc patet. Ex iis qui de anima diſputauerunt (vt multiplicem & irritam eorum pugnam prætereamus) alij nō eſſe

ani-

animam (ex quibus fuit Dicæarchus Messenius) alij esse dixerunt: alij vero assensum retinuerunt. Hanc igitur controuersiam siquidem indiiudicabilem esse dixerint Dogmatici, eo ipso concedent animę incomprehensibilitatem: sin diiudicabilem, quo eam diiudicaturi sint, dicant. sensu enim non possunt, quòd eam intellectu percipi rationeque intelligi contendant. sin eam dianœa. *i. mente seu cogitatione*, diiudicatum iri responderint, in anima de nullo minus quàm de dianœa constare dicemus, vt ostendunt ij qui de existentia quidem animæ inter se consentiunt, at de dianœa in magna dissensione versantur. Si ergo dianœa animam volunt comprehendere, & controuersiam quæ de ea est diiudicare, eo de quo maior est quæstio, id diiudicare & confirmare de quo minor est quæstio, volet. quod absurdum est. Itaque ne dianœa quidem, ea quæ de anima est controuersia diiudicabitur. atque ita nihil erit quo diiudicetur. Quod si ita est, incomprehensibilem dicamus necesse est. Vnde sequitur nec hominê comprehendi posse. Vt autem hoc quoque demus, hominê comprehendi, ab eo debere res iudicari, ostêdi fortasse nulla ratione possit. Qui enim ab homine res debere iudicari dixerit, aut cum demôstratione, aut sine ea hoc dicet. Sed cum demonstratione *iudicari res debere non dicet*. Oportet enim demonstrationê veram esse & iudicatam, ideoq́; ab aliquo iudicatam. quum verò vno & eodem consensu dicere non possimus à quo hæc demôstratio iudicari possit: (quærimus enim iudicatorium A quo) demonstrationem minimè diiudicare, ideoq́; nec ipsum criterium A quo, de quo nunc agitur, demonstrare poterimus. At si absque demonstratione dicetur ab homine res iudicari debere, hoc fide carebit. itaq́; affirmare hominem esse criterium A quo, nequaquam poterimus. Verumenimuero à quónam iudicari queat hominem esse illud iudicatorium A quo? non enim qui hoc sine iudicatione dicent, fidem obtinebunt: at si ab homine *iudicabitur*, quod in quæstione versatur arripietur. Sin ab alio animali, quomodo ipsum admittetur ad iudicâdum hominem esse illud iudicatorium? Si enim sine iudicatione, fidem nô impetrabit: sin cum iudicatione, illud rursum, ad iudicationem, ab aliquo iudicatum esse necesse est. Et siquidem à seipso, manet eadem absurditas: (nam quod quęritur iudicabitur per id quod quæritur) sin ab homine, diallelus inducitur modus. quòd si ab alio aliquo pręter hæc, rursum illius postulabimus criteriû A quo, atque ita vsque ad infinitum, ideoque debere res ab homine iudicari, dicere non poterimus. Sed tamen ita sit, & ita credatur esse, debere res ab homine iudicari:iam, quoniam magna est hominũ diuersitas, prius inter se consentiant Dogmatici huius vel illius hominis sequendam esse sententiam, deinde nos quoque illi asssentiri iubeant. Verũm si, quandiu fluet aqua, & virebunt procerę arbores (vt in prouerbio est) controuersum hoc inter eos futurum est, qui fit vt nos procaciter ad certò cuipiam assentiendum vrgeant? Nam si dicãt credendum esse sapienti, interrogabimus eos quali sapienti, an ei qui sit sapiens secundum Epicurum, an qui secundum Stoicos, an ei qui sit Cynicus. At nunquam in responsione inter se consentiét. Quòd si quis postulabit à nobis vt missam facientes sapientis inquisitionẽ, simpliciter ei qui prudentior aliis omnibus sit, credamus: primùm & de hoc quoque inter se dissentient, quisnam sit aliis prudentior: deinde, etiãsi concedamus vno cõsensu posse sumi qui eos qui sunt quiq́; fuerunt prudẽtia antecellat, ne sic quidem is fide dignus fuerit. Quoniam enim magna est & propemodum infinita intensio remissioq́ue in prudentia, respõdemus, homine isto quem & praeteritis & praesentibus prudentiorem dicimus, fieri posse vt alius existat prudentior. Quemadmodũ igitur postulatur à nobis vt illi qui nunc dicitur prudentior esse iis qui sunt & iis qui fuerunt, fidem adhibeamus, propter eius prudentiam: ita & illi qui post eum futurus est ipso prudentior, magis quàm ipsi credendum erit. ac quum hic extiterit, rursus alium eo prudentiorem fore sperandum est, & hoc ipso rursus alium: atque adeò vsque in infinitum. Porrò consensuri sint hi inter se nécne, minimè constat. Itaque etiamsi confessum fuerit esse aliquem omnibus qui sint & qui fuerint prudentiorẽ, quia asseuerare non possumus nullum futurum esse eo prudentiorem (incertum est enim) semper eius prudentioris, qui postea futurus est, iudicium expectare, & nunquam assentiri praestantiori oportebit. Veruntamen vt per concessionem demus, nullum esse, nec fuisse, nec futurum prudentiorem eo qui per hypothesin statuitur, ne sic quidem ipsi credere conuenit. quoniam enim ii potissimùm qui prudentes sunt solent in astruendis rebus, vitiosarum rerum defensionem sumétes, facere vt illæ sanæ & veræ videantur: quum aliquid hic solers dicet, nesciemus an vt res secũdum naturam se habet dicit, an falsum quod ipsi inest, tanquam verum in medium profert, nosq́; pro vero id habere iubet, vtpote qui prudentior omnibus sit hominibus, & propterea nequaquam à nobis refelli possit. Quamobrem nihilo magis huic tanquam vero rerum iudici assensum praestabimus, quòd eum quidẽ dicere vera esse, sed ob sollertię lertiæ exuperantiam, res falsas tanquam veras exhibere volentem, dicere quæcunque dicat putemus. His igitur de causis ne ei quidem qui omnium videatur solertissimus adhibenda in rerum iudicatione fides fuerit. Quòd si quis multorum consensui credendum esse dicat, vanum id esse respondebimus. primùm enim rarum fortasse est verum: ideóque vt vnicus multis sit prudentior fieri potest, deinde plures sunt qui contradicant omni criterio quàm qui de eo inter se consentiant. Qui enim qualecunque reliquerūt criterium, diuersum ab eo de quo videtur inter aliquos conuenire, & ei contradicunt, & multò plures sunt illis qui de eo consentiunt. Præterea verò, qui consentiunt, aut in diuersis sunt affectionibus, aut in vna: in diuersis quidem certè non sunt, quantum ad id quod ab illis dicitur: (quomodo enim eadem de eodem dicerent?) quòd si in vna, quoniam & is qui diuersum aliquid dicit, vnam habet affectionem, & itidem ii omnes qui de eo consentiunt, vnquam: quantum ad affectiones attinet quas sequimur, ne in multitudine quidem vlla differētia reperitur. Itaque non oportet multos sequi potius quàm vnum. Vt omittam incomprehensibilem esse iudiciorum in tanta multitudine differentiam, vt in quarto scepseωs modo docuimus. quippe quum infiniti sint homines, si sigillatim sumantur: nec possimus omnia eorum iudicia percurrere, atque ita demum pronuntiare quid plurimi ex omnibus hominibus pronuntient, & quid paucissimi. Ergo & hac ratione absurdū fuerit iudices alios aliis, eo quòd multitudine vincāt, præferre. Quòd si ne multitudinis quidem iudicio adhærebimus, neminem à quo res iudicentur reperiemus, quum alioqui tam multa per concessionē demus. Quamobrem ex his omnibus incomprehensibile comperitur esse criterium à quo iudicabuntur res. Quum autem reliqua etiam criteria hoc includātur, quia eorum quodque aut pars, aut passio, aut actio est hominis: consentaneum fortasse fuisset nos oratione ad aliquid eorum quæ sequi debēt, conuertere, quippe quū de illis abundè in his dictum sit: sed ne particularem vniuscuiusque refutationem videamur refugere, pauca de his ex abundanti dicemus. Primum autē de criterio quod appellatur Per quod, disputabimus.

De criterio per quod. CAP. 6.

MAGNA certè & propemodum infinita fuit apud Dogmaticos de eo controuersia. nos autem rursus certa methodo progredi studentes, dicimus, quandoquidem iuxta eos homo est id à quo iudicantur res, sed is aliud nihil habere queat per quod iudicare possit, (vt ipsi

ipsi etiam fatentur)quàm sensum & intellectu:si ostenderimus ipsum
nec per solum sensum iudicare posse,nec per solum intellectum, sed
neque per vtrunque simul:breuiter ad omnes particulares opiniones
responderimus.omnes enim ad tres has videntur referri diuersitates.
Incipiamus autem à sensibus. Quum aliqui dicãt vanas esse sensuum
passiones(nihil enim esse subiectum eorum quæ percipere videntur)
alij omnia ea subiecta esse dicant à quibus se putant moueri:sunt etiã
qui aliqua ex iis esse subiecta,aliqua autem minimè, dicant:cui assentiamur non habebimus. neque enim sensu controuersiam diiudica-
bimus(si quidem de eo disceptamus, an vana passione afficiatur, an
potius verè comprehendat)nec vllo alio: quoniam nullum est aliud
criterium quo iudicare oporteat,secundum propositam hypothesin.
Erit igitur indiiudicabile & incomprehensibile vtrum vana passione
sensus afficiatur,an aliquid comprehēdat. Quo dato,consequitur nõ
oportere nos in rebus iudicãdis à solius sensus iudicio pendêre, quũ
de eo dicere non possimus an vllo modo quicquam comprehendat.
Esto tamen,per concesionē, sensus percipiendi vim habere:nihilo-
minus enim & hoc pacto,in iudicãdis rebus extrinsecus subiectis fide indigni esse comperientur. Nam sensus contrariè mouetur ab ex-
ternis.exempli gratia, Gustatus ex eodem melle aliquãdo amarorē,
aliquando dulcedinem percipit: visus quoq; eundem colorem modò sanguineum,modò album esse putat. Sed ne olfactus quidem sibi
consentit: nam qui dolori capitis obnoxius est, vnguentum insuaue
esse dicit:at qui se nõ ita habet, ait esse suaue. Iam verò & numine afflati ac phrenetici audire sibi videntur aliquos secum sermocinantes,
quos nos non audimus: & eadem aqua inflammatione laborantibus
videtur esse insuauis,propter caloris vehementiam,aliis tepida. Vtrũ
igitur aliquis omnes phantasias veras esse,an partim veras partim falsas esse dicere debeat? Quanquam & omnes dicere falsas esse, impossibile est,quum non habeamus vllum criterium extra omnē controuersiam positum,quo iudicemus id quod aliis antepositûri simus:
sed neque demonstratio vlla nobis suppetat vera & iudicata, quum
adhuc quæratur veritatis iudicatorium, quo etiam veram demonstra
tionem diiudicari oportet. Propterea & si quis habentibus quidem
se secundum naturam, esse credendum censeat, at præter naturam se
habentibus,non item: absurda loquetur. Neque enim sine demonstratione hoc dicens, fidem faciet: ne autem demonstrationem verã
& iudicatã habeat,obstant ea quæ diximus. Quinetiam quanuis concedat

cedat aliquis, phátasias eorum quidem qui secundum naturam se habent, fide dignas esse, at eorum qui præter naturam, non item : hoc etiam modo comperietur fieri non posse vt per sensus solos externa subiecta iudicentur. Visus enim, etiam qui secundum naturâ se habet turrē, interdum rotundam, interdum quadratam esse dicit: & gustatus eosdem cibos in saturis quidem insuaues, at in famelicis suaues esse dicit : eodem modo & auditus eandem vocem noctu vt altam percipit, at interdiu tenuem & depressam. Ipse quoque olfactus, ea quæ in multis hominibus male olere pronuntiat, in coriariis negat. Quin etiam idem tactus, ingredientibus nobis balneum calefit à parastade, egredientibus autem frigefit. Itaque quum ij etiam sensus qui secundum naturam se habent, sibi repugnent, sitque hæc controuersia indiiudicabilis, (quia non confessum est & indubitatum à quo diiudicari possint) easdem dubitationes consequi necesse est. Alia insuper multa ad rem hanc astruendâ transferri ex eo loco in quo de modis epoches loquuti sumus, possint. Quare nequaquam verum fuerit fortasse, solum sensum de externis subiectis iudicare posse.

Itaque ad intellectum orationē conuertamus. Qui igitur censent intellectum solum sequēdum esse in iudicatione rerum, primùm quidem illud demonstrare non poterunt, posse comprehendi esse intellectum. Quoniā enim Gorgias nihil esse dicens, ne intellectum quidem esse dicit: alii autem eum existere pronuntiant: quomodo controuersiam diiudicabunt? neque enim intellectu (alioqui id de quo quæritur, simul arripient) nec vllo alio, nihil enim aliud esse dicunt, iuxta hypothesin nunc propositam, per quod res iudicentur. Indiiudicabile ergo fuerit & incomprehensibile, sit intellectus necne. Ex quo infertur non esse sequēdum solum intellectum in rerum iudicatione, quum ipse nondum sit comprehēsus. Sed esto comprehensum esse intellectum, & pro confeso sit illum existere, per suppositionē: ipsum res iudicare non posse dico. Nam si ne seipsum quidē exactè perspicit, sed de substantia sua, & de modo generationis, & de loco in quo est, ambigit: quomodo aliquid ex aliis exactè possit comprehēdere? Quòd si etiam detur intellectum esse rerum diiudicatiuum, non inueniemus quónam pacto secundum eum iudicemus. Quum enim magna sit circa intellectum diuersitas: quoniā alius est Gorgiæ intellectus, secundum quē dicit nihil esse: alius Heracliti, secundum quē dicit omnia esse: alius eorum qui quædam esse dicunt, quædam nō esse: nullam diiudicādæ intellectuū differétiæ viam inueniemus,

nec

nec huius intellectum sequendum esse, illius autem minimè, dicere nobis licebit. Siue enim intellectu aliquo iudicare audeamus, cōtrouersiæ parti assentietes, id de quo quæritur simul arripiemus:siue per aliquid aliud quàm per intellectum, fallemur:quia solo intellectu iudicare res oportet. Præterea ex iis quæ de criterio A quo dicebantur, demonstrare poterimus nos neque solertiorem aliis intellectum inuenire posse: neque, licet inuenerimus & iis qui fuerunt & iis qui sunt solertiorem intellectum(quia incertū est an rursum alius erit aliquando hoc ipso solertior)illius sequendum esse iudicium. Quinetiā quānuis supponamus intellectum quo nullus vnquam possit esse sagacior, non assentiemur ei qui per ipsum iudicabit, metuentes ne falsam aliquam rationem proferens, eo quòd acutissimo præditus sit intellectu, veram esse persuadere nobis possit: Quamobrem ne intellectus quidē solus res iudicat. Superest vt *res* per vtrunque *iudicari* dicamus: quod rursus est impossibile:tantum abest enim vt sensus tanquam duces deducant intellectum ad comprehensionem, vt etiā aduersentur ipsi. nam quòd mel aliis amarum, aliis dulce videatur, Democritus dixit, neque dulce neque amarum ipsum esse:at Heraclitus esse vtrunque. Estque in aliis quoq; sensibus & iis quæ sensibus percipiuntur, eadem ratio. Vnde fit vt à sensibus procedens intellectus diuersa & pugnantia pronuntiare cogatur. hoc autem alienum est criterium à comprehendendi vim & facultatem habente. Deinde hoc etiam dicendum, aut omnibus sensibus & omnium cōtrouersiis illos res esse iudicaturos, aut aliquibus. Iam si dixerit aliquis, omnibus, rem impossibilem postulabit, quum tanta in sensibus & intellectibus conspiciatur discrepantia. (quinetiā quum Gorgiæ intellectus neque sensus neque intellectus sequendum esse iudicium pronuntiet, retorquebitur oratio) at si aliquibus, quomodo iudicare poterunt his quidem sensibus & huic intellectui esse adhærendum, illis non item? quū careant criterio de quo cōstet, per quod diuersitatem sensuum & intellectuum diiudicet. Sin dicant nos sensus & intellectus sensibus & intellectibus iudicaturos, aliquibus autem nō, id de quo quæritur arripiunt. nam hoc illud est quod in quæstione versatur, an aliquis per ipsum iudicare possit. Sed & hoc iis quæ diximus est addendum, aut sensibus sensus & intellectus iudicari, aut intellectibus sensus & intellectus:aut sensibus quidem sensus, intellectibus verò intellectus: aut sensibus quidem intellectus, intellectu autem sensus. Si igitur sensibus aut intellectu vtraque iudicare volent, non amplius per sensum & intel-

& intellectum iudicabunt, sed per vnum horum quod elegerint. & eos supradictæ dubitationes comitabuntur. sin sensibus sensus, & intellectu intellectus diiudicabut, quandoquidem repugnant & sensus sensibus, & intellectus intellectibus, quencunque ceperint ex repugnantibus sensibus ad diiudicationem aliorum sensuum, id de quo quæritur arripient. Illud enim quod pars est controuersiæ, tanquam fidem impetras, iam accipient ad diiudicationem eorum quæ perinde atq; ipsum in quæstione versantur. Eadem autem & in intellectibus ratio. At si sensibus quidem intellectus diiudicent, sensus autem intellectu, diallelus modus esse comperitur: secundum quem, vt sensus diiudicetur, oportet prius diiudicatos esse intellectus: vt verò intellectus examinetur, sensuum examen prius fiat necesse est. Quandoquidem igitur criteria neque ab eiusdem generis criteriis diiudicari possunt, neque vtrunque genus ab vno, sed nec à diuersi generis criteriis permutatim: intellectum intellectui, aut sensum sensui præferre nó poterimus: ideóque per quod iudicemus, nihil habebimus. Si enim neq; omnibus sensibus & intellectibus iudicare poterimus, nec sciemus quibus iudicare oporteat, quibus non: nihil per quod res iudicemus, nobis relinquetur. Itaque etiam his de causis criterium Per quod, nequaquam existere possit.

De criterio Secundum quod. CAP. 7.

DISPICIAMVS ergo deinceps criterium secundum quod res iudicari dicunt. Illud certè primùm dicere de eo licet, phatasiam nos imaginari non posse. dicunt enim phantasiam esse impressionem in hegemonico. Quum igitur anima & hegemonicum spiritus sint, aut tenuius quiddam spiritu (vt aiunt) non poterit quisquam impressioné in ipso imaginari, nec per prominetiam, nec per depressioné in profundum, vt in sigillis videmus. nec verò per eá quæ miraculosè configitur heteroeoticam. neque enim recordationem recipiat tot theorematum quę artem constituunt, quandoquidem per superuenientes postea heteroeoses, priores delerentur. Quinetiam si possemus imaginari phantasiam, nihilominus incomprehensibilis foret: quoniá est pasio hegemonici: quum autem hegemonicum non comprehendatur, vt ostendimus, ne eius quidem pasionem comprehendemus. Deinde etiamsi concedamus comprehendi phantasiam, non possunt tamen per eam res iudicari. non enim per seipsam applicat se ad externa, & phantasias concipit, vt aiunt, sed per sensus. at verò sensus externa quidem subiecta non comprehendunt, sed solas suas pasiones.

nes. ergo etiam phantasia erit passionis sensus: quod differt ab externo subiecto. non enim idem est mel, eo quòd dulcedinem ex eo percipiam: & absinthium, ex eo quòd amarorem. sed differt. Si autè differt passio ab externo subiecto, phantasia erit nõ externi subiecti, sed alicuius alius diuersi ab ipso. Si igitur secundum hanc iudicet intellectus, prauè iudicabit & non secundum subiectum. Quocirca dicere externa iudicari secundum phantasiam, absurdum fuerit. Sed ne hoc quidem dici potest, animum comprehendere per sensiles passiones externa subiecta, propterea quòd similes sint passiones sensuũ externis subiectis. Vnde enim sciet intellectus an similes sint passiones sensuum iis quæ sensu percipiuntur, quum neque ipsa cum externis quicquam commercij habeat, nec sensus suam ipsorum naturam illi declarent, sed suas passiones? sicut ex modis epoches ratiocinatus sum. Quemadmodum enim qui ignorat quidem Socratem, sed eius imaginem conspexit, nescit an similis sit imago Socrati: sic & intellectus passiones quidem sensuum subaspectas, externa autem non intuens, ne hoc quidem sciet, an passiones sensuum externis subiectis similes sint. Ergo ne per assimilationem quidem poterit hæc iudicare secundum phantasiam. Sed tamen demus per concessionem, non solùm imaginari nos posse phantasiam & comprehendere, sed etiam capacem ferendi de rebus iudicij esse (quanuis nostra disputatio omnino contrarium docuerit) consequetur, aut omni phantasiæ fidem habendam esse, secundum quam omnes phantasias fide indignas esse dicebat, & eò retorquebitur oratio vt dicat non omnes phantasias fidem mereri, ita vt etiam secũdum eas iudicari res possint. At si aliquibus *duntaxat* phantasiis *credendum esse dicamus*, quomodo diiudicabimus his quidem phantasiis esse fidem adhibendam, illis autem minimé? Si enim absque phantasia *iudicauerint*, phantasiam ad iudicium de rebus ferendum superuacaneam esse concedent, siquidem sine ea posse res aliquas iudicari dicent: sin cum phantasia *iudicare res* oportebit, quomodo illam phantasiam sibi sument quam ad aliarum phantasiarum diiudicationem accipiunt? Aut rursum ipsi alia phantasia ad diiudicationem aliarum phantasiarum opus erit, & ad illius diiudicationem, alia: & in infinitum. Impossibile est autẽ infinita diiudicare. Impossibile igitur est inuenire quibus phantasiis vt critetiis oporteat vti, quibus minimé. Quandoquidem igitur, siue concedamus secundũ phantasias res esse iudicandas, vtrinque retorquetur oratio, & ex eo quòd omnibus credat, & ex eo quòd quibusdam credat, quibusdã nequaquam:

quam: hinc colligitur non debere phantasias ad diiudicationem rerum tanquam criteria accipi. Hæc, vt in hypotypofi, respondisse sat erit ad criterium, etiā secundum quod res iudicari dicebantur. Sciendum est autem, nobis non propositum esse ostendere inexistens esse veritatis criterium:(hoc enim dogmaticum est) sed quoniā Dogmatici probabiliter videntur astruxisse, esse aliquod veritatis criterium, nos eis rationes quæ probabiles videntur, opposuimus: non tamen eas esse veras nec contrariis probabiliores, affirmantes, sed propter probabilitatem quam videntur habere parem & hæ rationes & illæ quæ à Dogmaticis positæ sunt, ad epochen deuenientes.

De vero & veritate. CAP. 8.

QVOD si etiam per suppositionem concedamus aliquod esse veritatis criterium, inutile comperitur esse & vanū, si doceamus, vel ex iis ipsis quæ à Dogmaticis dicuntur, nō existere veritatem, nec posse subsistere verum. Sic autem docemus. Dicitur differre verum à veritate trifariam, substantia, constitutione, potentia. Substantia quidem, quia verum, incorporeum est:(siquidem pronuntiatum est & in verbo consistit)at veritas, corpus. Est enim scientia omnium verorum pronuntiatiua. Scientia autē est hegemonicum, quatenus certo quodam modo se habet: quemadmodum certus quidam manus habitus, est pugnus. at hegemonicum est corpus. est enim secundum eos spiritus. Constitutione autem *dicitur verum à veritate differre*, eo quòd verum quidem simplex sit quiddam, vt, Ego disputo: veritas autē ex multorum verorum cognitione constet. Potentia verò, quoniā veritas quidem scientiæ adhæret: at verum, non necessariò. vnde fit vt veritatem quidem in solo virtutis studioso dicant esse, verum autem etiam in improbo. contingere enim potest vt improbus veri aliquid dicat. Et hæc quidem Dogmatici. nos autem vicissim, instituti operis rationem habentes, ad solum verum orationem dirigemus: quia hoc includitur etiam veritas quæ accumulatio cognitionis verorum esse dicitur. Rursum autem quia rationum aliæ sunt generaliores, quibus ipsam subsistentiam veri attentamus: aliæ speciales, quibus ostendimus ipsum verum non esse in voce, aut in dicibili, aut in notione intellectus: generaliores exponere in præsentia satis esse putamus. Quemadmodum enim quum muri fundamentum ruinam dedit, omnia etiam superimposita corruunt: sic veri subsistentia sublata, etiam particularia Dogmaticorum commenta vnà excluduntur.

An aliquid sit natura verum. CAP. 9.

QVVM igitur controuersia sit de vero inter Dogmaticos, quoniam nonnulli quidem aliquid verum esse dicunt, nonnulli autem nihil esse verum, fieri non potest vt diiudicetur controuersia: quoniam qui dicit esse aliquid verum, si absque demonstratione hoc dicat, fide non obtinebit, propter controuersiam: sin demonstrationem afferre velit, si falsam hanc esse fassus fuerit, fides ei non habebitur. at si demonstrationem esse veram dicat, in diallelum modum incidit. Et demonstratio ab eo postulabitur qua demonstret veram illam esse, & huius quoque alia, & vsque in infinitum: impossibile est autem infinita ostendere: itaque impossibile quoque est cognoscere esse aliquid verum. Quinetiam ipsum Aliquid, quod omniū generalissimum esse dicunt, aut verum aut falsum est: aut neque verum, neque falsum: aut verum simul & falsum. Si ergo falsum ipsum esse dicet, falsa esse omnia fatebuntur. Quemadmodum enim quia aliquod animal animatum est, particulatim quoque omnia animalia animata sunt: eodem modo si generalisimum omnium aliquod, falsum est, omnia quoq; particularia erunt falsa, & nihil verum. Ex quo etiā concluditur nihil esse falsum. nam hæc propositio, Omnia sunt falsa, & hæc, Est aliquid falsum, quum sub appellatione omnium cōtineatur, erit falsa. Quòd si verum sit aliquid, vera erūt omnia. ex quo infertur rursus nihil esse verum. si quidem & istud ipsum, nimirum nihil esse verum, (quod est aliquid) sit verum. At si & verum & falsum est Aliquid, vnumquodq; particularium & falsum erit & verū: ex quo infertur, nihil natura verū esse. nam quod naturam talem habet vt verum sit, nullo modo possit esse falsum. At si nec falsum nec verum est aliquid, pro confesso est omnia particularia, quæ neque falsa neque vera esse dicūtur, vera nequaquam futura. Quare & propter hęc incertum nobis erit an sit verum. Insuper verò, aut ea demum quæ apparent, sunt vera, aut ea solum quæ incerta sunt: aut verorum alia incerta sunt, alia sunt apparentia. at nihil horum verum est, vt demonstrabimus: nihil igitur est verum. Nam si apparentia solùm sint vera, vel omnia apparētia dicent esse vera, vel aliqua. & si quidē omnia, retorquetur oratio. ait enim, Apparet nihil esse verum. Sin aliqua, absque diiudicatione quidē nemo dicere potest, hæc esse vera, illa autem falsa: at iudicatorio vtens, aut apparens esse dicet hoc iudicatorium, aut incertum. & incertum quidem nequaquam *dixerit.* sola enim apparentia nunc supponuntur esse vera. Sin autem apparens *dicat esse,* quoniam quæ apparentia sint

vera,

vera,quæ item falsa,ambigitur, etiam illud apparens quod ad diiudicationem apparentium sumetur, rursum alio iudicatorio apparente
egebit, & illud alio, & vsque in infinitum. atqui impossibile est infinita diiudicare. Impossibile igitur etiam est an vera sint apparentia
solùm, comprehendere. Itidem qui incerta sola esse vera dicit, omnia quidem esse vera non dixerit:(non enim etiam parem esse stellá-
rum numerum,verum esse dicet,aut imparem)sin autem *dicet* aliqua,
vnde hæc quidem incerta esse vera, illa autem falsa diiudicabimus?
aliquo enim apparente nequaquá *diiudicetur*. At si per incertum in-
uestigemus quæ ex incertis sint vera, & quæ falsa, nimirum opus habebit & hoc incertũ alio incerto quod diiudicet ipsum, & illud alio,
& vsque in infinitum. Quamobrem neque incerta solùm sunt vera.
Huc ergo redigimur vt vera partim apparentia,partim incerta esse di
camus. Sed hoc quoque absurdum est. Nam aut omnia & apparētia
& incerta sunt vera, aut quædam ex apparentibus, & quædam ex incertis. Si igitur omnia,rursum retorquebitur oratio, quũ verum etiã
hoc esse concedatur, Nihil esse verum. dicetur autem verum etiam
hoc, nimirum parem esse stellarum numerum, & illud quoque, esse
imparem illarum numerum. At si aliqua eorum quæ apparent,& aliqua eorum quæ incerta, vera sunt, quî diiudicabimus ex apparētibus
hæc quidem esse vera, illa autem falsa? Si quidē per apparens, in infinitum protrahitur oratio: sin per incertum, quoniam etiam incerta
iudicatione indigent, rursum hoc incertum per quod iudicabitur? Si
quidem per apparēs,comperitur modus diallelus: sin per incertum,
modus ad infinitum compellens. Itidem verò & de incertis dicendũ
est. nam qui aliquo incerto iudicare ipsa aggreditur, in infinitum ex-
truditur:at qui apparente,aut semper assumens apparens, ad infinitũ:
aut ad incertum transiens,ad diallelum *modum compellitur*. Falsum est
ergo quod dicitur,verorum alia esse apparentia,alia incerta. Si igitur
neque apparentia vera sunt,neque incerta sola,nec quæpiam ex appa
rentibus, quæpiam ex incertis:nihil est verum. At si nihil est verum,
criterium autem videtur ad iudicationem veri conducere, inutile &
vanum est criterium:etiamsi demus per cōcessionem ipsum habere
aliquam subsistētiam. Quòd si assensum retinere oportet de hoc, an
sit aliquid verũ, inde colligitur eos qui dicunt Dialecticen esse scientiam falsorum & verorum,& neutrorum,temerariè loqui. Quum au
tem criterium veritatis nullo modo posse inueniri patuerit, non amplius neque de iis quę perspicua esse putantur (iuxta Dogmaticorum

verba) neque de incertis quisquam asseueratione affirmare possit. Quum enim ex perspicuis se hæc comprehendere Dogmatici arbitrentur, si de iis quæ perspicua vocantur, assensum retinere cogamur, quomodo de incertis pronuntiare audeamus? Ex abundanti tamen etiá rebus incertis peculiariter rationes nostras opponemus. & quoniam hæ per signum & demonstratione comprehendi & firmæ reddi videntur, de signo quoque & de demonstratione retinendum esse assensum docebimus. Incipiamus autem à signo: nam demonstratio generaliter videtur esse signum.

De signo. CAP. 10.

Ex rebus igitur (secúdum Dogmaticos) aliæ sunt certæ, aliæ incertæ: & incertarum, aliæ omnino incertæ, aliæ ad tempus incertæ, aliæ natura incertæ. Certas esse dicunt quæ ex seipsis in notitiam nobis veniunt, qualis est hæc, Diem esse. Prorsus autem incertas, quaru natura non fert vt sub nostram cadant comprehensionem, vt, Stellarũ numerum esse parem. Ad tempus autem incertas, quæ quum alioqui naturam habeant euidentem, tamen propter aliqua extrinsecus accidentia, ad tempus nobis incertę fiunt, vt mihi nunc Atheniensium ciuitas. Natura autem incertæ, quarum natura non permittit vt euidentes nobis sint: vt pori quos imaginamur. hi enim nunquam ex seipsis conspiciuntur, sed ex aliis comprehendi existimare quis possit, nimirum ex sudoribus aut aliqua re huiusmodi. Res igitur certas nõ egere signo dicunt (ex seipsis enim eas comprehendi) sed neque eas quæ prorsus incertæ sint, quòd nullo modo comprehédantur: sed eas quæ ad tempus sint incertæ, & quę natura incertæ, per signa quidem comprehendi, non tamen per eadem, sed eas quidem quę ad tempus sunt incęrtæ, τῶ τ ὑπομνηστικῶν.i. *per commonefactoria, siue admonitoria.* quæ autem natura sint incertæ, τῶ τῶν ἐνδεικτικῶν.i. *per indicatoria.* Signorum igitur alia sunt commonefactoria, secundum eos, alia indicatoria. Commonefactorium vocant quod vnà obseruatum cum signo quod est per euidentiam, simul atque sub sensus nostros ceciderit, quum illud interim incertum sit, ducit nos ad recordationem eius quod vnà cum eo obseruatum fuit, & nunc euidens sub sensus non cadit, vt videre est in fumo & igne. Indicatorium autẽ signum est, vt aiũt, quod non obseruatum vnà cum signo quod est per euidentiam, sed ex propria natura & constitutione, significat id cuius est signum: quemadmodum motus qui sunt circa corpus, signa sunt animæ. Vnde hoc signum ita definiunt, Signum est demóstratiuum pronuntiatũ in vero

coniun-

coniuncto præcedens, à quo id quod definit detegitur. Quum igitur duplex sit signorum differentia, vt diximus, non omni signo contradicimus, sed soli demostratiuo, vtpote quod à Dogmaticis côfictum esse videatur. nam admonitorium fidem in vita communi obtinet. Quisquis enim fumum vidit, signum ignis animo concipit: & cicatricem intuitus, vulnus fuisse dicit. Vnde non solùm non aduersamur vitæ communi, sed etiã ipsi patrocinamur: ei quidé quod apud ipsam impetrat fidem, assentientes citra vllam opinionem: iis verò quæ peculiariter à Dogmaticis confinguntur, repugnantes. Hæc erant ea quæ ad eius quod quæritur explicationem antea proloqui conueniebat. nunc autem ad refutationem rectà tendamus, non inexistens ostendere iudicatorium signum omnino studentes, sed apparentem æqualem vim rationum quæ & ad existentiam eius & ad inexistentiam tendunt, commemorantes.

An sit aliquod signum iudicatorium. CAP. II.

SIGNVM ergo, quantũ attinet ad ea quæ dicunt de illo Dogmatici, imaginari non possumus. Ac, ne longius abeam, Stoici ipsi, qui exactè de eo disseruisse videntur, imaginationem signi ostendere volentes, dicunt signum esse axioma in vero coniuncto antecedés, quo detegitur id quod definit. Et axioma quidem esse aiunt λεκτὸν, *i. dicibile, vel, in dicto seu dictione consistens*: per se perfectum, pronuntiabile, quantum in seipso. Verum autem coniunctum, quod non incipit à vero, & in falsum definit. Nam coniunctum *siue connexum* aut incipit à vero & definit in verum: (vt, Si dies est, lux est) aut incipit à falso, & definit in falsum: (vt, Si volat terra, alata est terra) aut incipit à vero, & definit in falsum: (vt, Si est terra, volat terra) aut incipit à falso, & definit in verũ, vt Si volat terra, est terra. Ex his autem vnicum vitiosum esse dicunt, id videlicet quod à vero incipit & in falsum definit, reliqua autem vera. Antecedens verò vocant, quod in connexo incipiente à vero & definente in verum, præcedit. Detectiuum est autem desinentis, quia in hoc connexo, Si ista lac habet, côcepit, hæc verba, Concepit ista, esse videantur declaratiua illorum, Ista lac habet. Hæc quidem isti. Nos autem primùm dicimus incertum esse an sit dicibile. Quoniam enim ex Dogmaticis Epicurei quidem dicibile esse negant, Stoici autem contra, quum dicunt Stoici esse aliquid dicibile, aut sola enuntiatione, aut simul demonstratione vtuntur. Si sola enuntiatione *vtentur*, opponét ipsis Epicurei enuntiationem quæ dicit Nihil esse dicibile. Sin demonstrationem asument,

quia

quia ex axiomatibus dicibilibus conſtat demonſtratio, ex dicibilibus conſtans non poterit aſsumi ad probādum eſse aliquid dicibile. qui enim non concedit eſse quicquam dicibile, quomodo eſse dicibiliū congeriem concedet? Ergo ex controuerſo confirmare vult contro uerſum, quiſquis ex exiſtentia congeriei dicibilium conatur aſtruere aliquid eſſe dicibile. Si ergo neque ſimpliciter, neque cum demonſtratione oſtendi poteſt eſſe aliquid dicibile, incertū eſt an ſit aliquid dicibile: itidem & an ſit axioma. dicibile enim eſt axioma. Sed fortaſſe etiamſi per ſuppoſitionē aliquid eſſe dicibile concedatur, axioma inexiſtens eſſe comperitur, quod conſtat ex dicibilibus inter ſe non coexiſtentibus. Exempli gratia, in his Si dies eſt, lux eſt: quum dico, Dies eſt, nondum eſt, Lux eſt. & quum dico, Lux eſt, nondū eſt, Dies eſt. Si igitur ea quæ ex aliquibus compoſita ſunt, exiſtere non poſſunt niſi partes eius aliæ cum aliis coexiſtāt, at verò partes ex quibus axioma compoſitum eſt, non coexiſtunt aliæ cum aliis, non exiſtet axioma. Vt autem hæc quoque omittamus, bonum connexum incomprehēſibile reperietur. nam Philo dicit minimè vitioſum eſſe connexum quod non incipit à vero, & deſinit in falſum: vt, Die exiſtente & me diſputante: hoc, Si dies eſt, ego diſputo. At Diodorus ait, Quod neque poterat neque poteſt incipiens à vero deſinere in falſum. Secundum quem, illud quidem connexum quod diximus, falſum eſſe videtur, quia, Die quidem exiſtente, me autem tacere incipiente, à vero incipiens in falſum deſinit. At illud, verum eſt, Si non ſint indiuidua rerum elementa, ſunt indiuidua rerum elementa. ſemper enim à falſo incipiens, (quod eſt, Non eſſe indiuidua rerum elementa) in verum deſinet, illius iudicio, quod eſt indiuidua eſſe rerum elementa. At qui ſynartheſin inducunt, minimè vitioſum connexum eſſe aiunt, quum id quod oppoſitū eſt ei quod in illo deſinit, ei quod in illo præcedit aduerſatur. Secundū quos ea quæ iam dicta ſunt connexa, erunt vitioſa, illud autem verum, Si dies eſt, dies eſt. At qui ex emphaſi iudicant, verum eſſe connexum dicunt, in quo id quod deſinit, includitur potentia in præcedente: ſecundū quos, hoc, Si dies eſt, dies eſt: & omne conduplicatum axioma connexum fortaſſe falſum erit. nam aliquid in ſeipſo comprehendi impoſſibile eſt. Hæc igitur controuerſia indiiudicabilis videri poſſit. neq; enim ſine demonſtratione proferentes aliquam prædictarum enuntiationum, fide digni erimus nec cum demonſtratione. Nam demonſtratio tum demum eſſe videtur minimè vitioſa, quum eius concluſio ſequitur eius perſumptiosumptiones confertione, vt definens id quod præcedit: hoc modo, Si dies est, lux est: atqui dies est, lux est igitur. Si dies est, lux est : & dies est, & lux est. Quum autē quæritur quomodo diiudicabimus consequentiā definentis ad præcedēs, diallelus modus esse comperitur. nā vt diiudicatio connexi demonstretur, conclusio sumptiones demonstrationis sequitur, sicut antea diximus. vt vicissim hoc credatur, oportet connexū & consequentiā diiudicatam esse. quod absurdū est. Incomprehēsibile est igitur verū connexum. Sed & præcedentis nulla iniri ratio potest. nam præcedens (vt aiunt) est quod præit in eo connexo quod incipit à vero & definit in verū. Quòd si declaratiuum est definētis signum, aut manifestum est definens, aut occultū. si manifestum, non egebit declarante, sed vnà comprehendetur cū eo: nec est eius significatū, adeoq; nec illud huius signum. quòd si occultū, quia de occultis cōtrouersia est indiiudicabilis, quænā ex eis sint vera, quæ falsa, & an vllo modo sit aliquid eorum verū, incertū erit an sit verum quod dicit connexum. Cum quo & hoc colligitur etiā incertum esse an sit antecedens id quod in eo præit. Sed (vt hæc quoque omittamus) non potest declaratiuum esse definentis, si quidem ad signum, est significatū, & propterea vnà cum eo comprehenditur. Eorū enim quæ sunt ad aliquid, alterum cū altero comprehenditur. & quemadmodum dextrum ante sinistrum comprehendi non potest, tanquam dextrum sinistri: nec è cōuerso: & itidem in aliis quæ sunt ad aliquid: sic neq; signum ante significatū comprehendi potest. Quòd si non comprehenditur signum ante id quod significatur, ne declaratiuum quidem eius esse potest quod cū ipso & non post ipsum comprehenditur. Itaq; ex iis quæ vulgò dicuntur ab illis qui inter se contendunt, signū est huiusmodi quod sub intellectū cadere non possit. nā ipsum dicunt esse ad aliquid, & declaratiuum significati, ad quod ipsum esse aiunt, vnde consequitur, si quidem est ad aliquid & ad significatum, necese esse vt vnà cum significato percipiatur : vt sinistrum vnà cū dextro, & quod deorsum vnà cum eo quod sursum est: & vt alia quæ sunt ad aliquid. At si declaratiuum est significati, necese est vt ante ipsum comprehēdatur, vt antè cognitum nos ad notionem ducat rei quæ ex ipso cognoscitur. Atqui impossibile est intellectu percipere rem quæ non possit ante ipsum cognosci, quam necese non sit prius comprehendi. Impossibile est igitur intellectu percipere quicquam quod & sit ad aliquid, & eius sit declaratiuū ad quod intelligitur. At signum dicunt esse ad aliquid, & declaratiuum significati. Ex quibus cõsequitur fieri nulla ratione posse vt in intellectu aliquam signi informationem habeamus. Quibus hoc addi debet, Cõtrouersia fuit ætate superiori, quum alij dicerent esse aliquod signum indicatoriũ, alij vllum esse negarent. Qui igitur dicit esse aliquod signum indicatorium, aut simpliciter & sine demõstratione dicet, nuda enuntiatione vtens: aut cum demõstratione. Si sola enuntiatione vtetur, fide carebit: sin demonstrare volet, id de quo quæritur arripiet. Quandoquidé enim demonstratio genere signum esse dicitur, quũ dubitetur sit aliquod signũ nécne, dubium erit etiam sit demonstratio nécne. Sicuti (vt hoc supponamus) si quæritur an sit animal, quæritur & de hoc, an sit homo. animal enim est homo. Absurdũ est autem, id quod quæritur, per id quod pariter quæritur, aut per seipsum demonstrare. Ergo ne demõstrationem quidé poterit quisquam affirmare esse signum. Quòd si nec simpliciter, nec cum demonstratione potest de signo affirmatiuè pronuntiari, impossibile est de eo comprehésiuam pronuntiationé facere. Quòd si nõ comprehenditur exactè signum, ne significatiuũ quidem esse dicetur vllius, quũ neque de eo constet. Propterea nec signum quidem erit. Secundum hanc ratiocinationé ergo, & inexistens erit signum, & huiusmodi quod intellectu assequi *seu imaginari* nequeamus. Illud tamen insuper dicendum est, Aut apparentia solùm sunt signa, aut incerta: aut ex signis alia apparétia, incerta alia. at nihil est horum verum. non est igitur signũ. Nam incerta nõ esse omnia signa, hinc ostéditur. Incertũ non ex seipso apparet (vt Dogmatici aiunt) sed per aliud sub sensus cadit. ergo & signum si incertum sit, alio signo egebit, quod & ipsum incertum sit: (si quidé, secundum propositam hypothesin, nõ est vllum signum apparens) & illud alio, & vsque in infinitũ. At impossibile infinita signa accipere. Impossibile est igitur signum comprehendi, quum sit incertum. propterea etiam inexistens erit, quum non possit significare aliquid, atq; signũ esse, eo quòd non comprehendatur. Quòd si omnia signa apparentia sunt, quoniam & signum est ad aliquid, & ad significatum: eorũ autem quæ sunt ad aliquid, alterum cum altero vnà comprehenditur: ea quæ significata esse dicuntur, si comprehédantur cũ appatentibus, apparétia erunt. Quemadmodum enim quum vnà sub sensus nostros cadũt dextrum & sinistrum, non magis dextrũ quàm sinistrum, aut sinistrum quàm dextrũ dicitur apparere: ita si vnà comprehendatur signũ & res quæ per ipsum significatur, non magis signũ quàm id quod per ipsum significatur, apparere dicédum est. Quòd si apparés

sit

fit significatum, ne significatum quidem erit, quum non egeat alio à quo significetur & à quo declaretur. Vnde, quemadmodum sublato dextro, ne sinistrum quidem existit, ita sublato significato ne signum quidem existere potest. Itaque inexistens esse signum comperitur, si quis signa dicat tantùm esse apparētia. Superest igitur vt ex signis alia apparentia, alia incerta esse dicantur. Sed hoc quoque modo in iisdem dubitationibus hærebimus. Nam apparentium signorum ea quæ dicuntur esse significata, apparentia erunt, vt diximus: &, si non egeant vllo à quo significentur, ne significata quidem esse poterunt. Vnde ne illa quidē, signa erunt, vtpote nihil significantia. Signa autem incerta opus habentia declarari, si quidem ab incertis significari dicantur, quum oratio in infinitum exeat, incomprehensibilia comperiuntur, & propterea inexistentia, vt antea diximus. at si ab apparentibus, ipsa quoque apparentia erunt, vtpote quæ cum apparentibus ipsorum signis comprehendantur: ideóq; inexistentia. fieri enim non potest vt res vlla incerta sit natura, & appareat. At signa de quibus loquimur, quum supposita sint esse incerta, apparentia esse comperimus, retorquendo orationem. Si ergo nec omnia signa apparentia sunt, nec omnia incerta: nec signorum quædā sunt apparētia, quędā incerta, & præter hæc nihil est, vt ipsi quoque aiunt, inexistentia erunt ea quæ signa vocantur. Hęc igitur pauca de multis nunc dixisse sat erit ad docendum non esse signum indicatiuum. Deinceps aut rationes exponemus quibus doceri possit aliquod esse signū, vt equipollentiam contrariarum rationum ostendamus. Aut igitur significant aliquid voces quæ contra signum afferuntur, aut nihil significāt. & si quidem insignificabiles sunt, quomodo labefactare possint existentiam signi? Sin autem significant quid sit signum, aut demonstratiuæ sunt rationes quæ aduersus signum afferuntur, aut non demonstratiuæ. si non sunt demonstratiuæ, nō demonstrant non esse signū: sin demōstratiuæ, quoniam demonstratio genere est signū, declaratiua conclusionis, erit signum. Vnde & huiusmodi oratio proponitur, Si aliquod est signum, est signum: &, Si non est signum, est signū. Nam hoc, Non esse signum, per demonstrationem (quæ quidem est signum) ostenditur. Porrò autem est signum, aut non est signum. Est ergo signum. Hanc autem orationem consequitur talis oratio, Si nō est aliquod signum, nō est signum: &, Si est signum quod dicunt Dogmatici signum esse, non est signum. nam signum de quo agitur, secundum imaginationem eius, & ad aliquid esse dictum, & declara-

nn 2 tiuum

tiuum significari, in existens comperitur, vt ostendimus. Porrò aut est signum, aut non est signum: non est ergo signum. De vocibus autê quæ de signo proferuntur, respondeant ipsimet Dogmatici, significent aliquid nécne. nam si nihil significant, non confirmatur esse signum: sin autem significant, eas sequetur significatum. Hoc autem erat esse aliquod signum, ex quo consequitur esse signum, vt docuimus, orationem retorquendo. Iam quum & ad ostendendum esse signum, & ad ostendendum non esse, rationes æquè probabiles afferantur, non magis esse signum, quàm non esse, dicendum est.

De demonstratione. CAP. 12.

MANIFESTVM est igitur ex his ne demonstrationem quidem rem esse de qua constet. nam si de signo assensum retinemus, & ipsa quoque demonstratio signum aliquod est: etiam de demonstratione assensum retinere necesse fuerit. comperiemus enim orationes quæ de signo propositæ sunt, etiam aduersus demóstrationem aptari posse. Quia & ad aliquid esse videtur, & declaratiua cóclusionis: ex quibus sequebantur ea ferè omnia quæ aduersus signum diximus. Si tamen & seorsim de demóstratione verba facere oporteat, paucis eius tractationem expediã: si prius breuiter explicare conatus fuero quid dicant esse demonstrationem. Est ergo (vt aiunt) demonstratio oratio per confessas & indubitatas sumptiones per collectionem, conclusionem declarans incertam. Sed ex his apertius erit quod dicunt, Oratio est quæ constat ex sumptionibus & conclusione. Huius autê sumptiones esse dicuntur axiomata, quæ ex consensu ad astruendam conclusionem accipiuntur. ἐπιφορά autem vel συμπέρασμα .i. illatio seu *conclusio*, est axioma quod ex sumptionibus astruitur: vt in his, Si dies est, lux est: atqui dies est, ergo lux est: istud quidem, nempe, Ergo lux est, pro conclusione est: reliqua autem, sumptiones. Orationum autê aliæ sunt συνακτικαί .i. *colligendi vim habêtes*: aliæ ἀσύνακτοι .i. *quæ collectiuã vim non habent*. Colligendi vim habent, quando connexum quod incipit à sumptionibus orationis consertè positis, & definit in conclusionem eius, verum est. Exempli gratia, oratio supradicta colligendi vim habet, quia hanc sumptionum eius factam consertionem, Dies est, &, si dies est, lux est, consequitur, Lux est, in hoc connexo, Si dies est, lux est: Colligere autê non possunt quæ non ita se habent. Porrò ex synacticis aliæ sunt veræ, aliæ nó veræ. Veræ quidem, quum nó solum connexum ex sumptionú consertione & conclusione (vt diximus) verum est, sed etiam conclusio & id quod ex sumptionibus eius

conser-

consertum est, verum est, quod præcedit in connexo. Verum autem consertum est quod omnia habet vera: vt hoc, Dies est, &, si dies est, lux est. Non veræ autem *sunt orationes synacticæ.i.collectoriæ*, quæ hanc formam nõ habent. Talis enim oratio, Si nox est, tenebræ sunt: atqui nox est: ergo tenebræ sunt: est quidem synactica (quia cõnexum hoc verum est, Nox est, &, si nox est, dies est) non tamen vera. nam præcedens consertum est falsum, hoc videlicet, Nox est, &, si nox est, tenebræ sunt: quum in seipso falsum hoc habeat, Nox est. falsa enim est verborum consertio quæ in seipsa habet falsum. Vnde & veram orationem esse dicunt eã quæ ex veris sumptionibus veram colligit conclusionem. Rursum autem verarum orationum aliæ sunt demõstratoriæ, aliæ non demonstratoriæ: & demonstratoriæ quidem, quæ per certa colligunt aliquid incertum: non demonstratoriæ autem, quæ non sunt tales. Vt hęc quidem oratio, Si dies est, lux est: atqui dies est, lux est ergo: non est demõstratiua. nam lucem esse (quæ est eius conclusio) certum est. Talis autem, Si sudores fluunt per superficié, pori intellectu percipi possunt: atqui sudores fluunt per superficiem: ergo pori intellectu percipi queunt: demonstratiua est: quippe quæ conclusionem habeat incertam, hanc, Pori ergo intellectu percipi possunt. Ex iis autem quæ aliquod incertum colligunt, aliæ ephodeuticè tantùm ducunt nos per sumptiones ad conclusionem: aliæ ephodeuticè simul & declaratiuè. Ephodeuticè, quæ ex fide & memoria pendere videntur, qualis est hæc, Si quis tibi dixit fore vt iste ditesceret, iste ditescet. Hic autem deus (ostédo autem per suppositionem, Iouem) dixit fore vt iste ditesceret. ditescet ergo iste. Assentimur enim conclusioni, nõ tam propter sumptionum necessitatem, quàm quòd credamus Dei pronuntiationi. Aliæ non solum ephodeuticè, sed etiam declaratiuè ducunt nos ad conclusioné, vt hæc, Si fluunt sudores per superficié, poros imaginari possumus: atqui prius, ergo & posterius. Nã fluere sudores, est declaratiuũ huius, videlicet poros esse: quòd præoccupata sit in animo illa opinio, per solidum corpus humidum non posse ferri. Ergo demonstratio, & oratio esse debet, & synactica, & vera, & incertam habens conclusionem, sed quæ declaretur à potentia sumptionum. atque ideo dicitur demonstratio esse oratio quæ per collectionem, cõclusionem declarat incertam. Et hæc sunt quibus demonstrationis notionem explicare solent.

An sit demonstratio. CAP. 13.

DEMONSTRATIONEM autem esse inexistentem, colligi ex iis quæ

quæ dicunt, poteſt, ſi quis vnumquodq; eorum quæ in notione comprehenduntur euertat. Verbi gratia, Oratio ex axiomatibus conſtat: res autem compoſitæ non poſſunt exiſtere niſi ea ex quibus conſtat, ſimul alia cum aliis coexiſtant (vt perſpicuum eſt ex cubili, & ſimilibus) at verò partes orationis aliæ aliis non coexiſtunt. dum enim dicimus priorem ſumptionem, nondum exiſtit neque altera ſumptio, neque concluſio: dum autem poſteriorem, prior non amplius exiſtit, concluſio verò nondum exiſtit. Dum autem concluſionem pronuntiamus, eius ſumptiones non amplius exiſtunt. non enim partes orationis coexiſtunt aliæ aliis. Vnde ne oratio quidem exiſtere videbitur. Ad hæc autem, ſynactica oratio incomprehenſibilis eſt. nam ſi hæc iudicatur à connexi conſequentia, at quæ ſecundum connexum eſt conſequentia, indiiudicabiliter controuerſa eſt, & eſt fortaſſe incomprehenſibilis: (vt docuimus quum de ſigno ageremus) etiam ſynactica oratio incomprehenſibilis erit. Quinetiã ipſi Dialectici dicunt orationem aſynacton fieri aut propter incohęrentiã, aut propter omiſſionem, aut eo quòd in mala forma propoſita ſit, aut propter ſuperfluitatem. Propter incohærentiã, quum lemmata non habent cohærentiam inter ſe & concluſionem. vt hæc, Si dies eſt, lux eſt: atqui frumenta in foro venduntur: ergo Dion ambulat. Propter ſuperfluitatem autem, quum inuenitur ſumptio ſuperuacanea ad orationis collectionem. vt, Si dies eſt, lux eſt: atqui etiam dies eſt: quinetiam Dion ambulat: lux eſt igitur. Eo autem quòd in mala forma propoſita ſit, quum forma orationis non eſt ſynactica, vt, quum hæc vocent ſyllogiſmos, Si dies eſt, lux eſt: atqui dies eſt, ergo lux eſt: Si dies eſt, lux autem non eſt, nõ ergo dies eſt. oratio aſynactos eſt hæc, Si dies eſt, lux eſt: atqui dies eſt, lux ergo eſt. Quia enim promittit connexum, intra id quod in ipſo eſt præcedens, id etiam eſſe quod deſinit, meritò, quũ aſſumitur præcedens, aſſumitur etiam deſinens: & quum deſinẽs tollitur, tollitur etiam præcedens. nam ſi eſſet præcedens, eſſet etiã deſinens. At quum deſinens aſſumitur, non neceſſariò ponitur etiã præcedens. Non enim promittebat connexũ, præcedens ſequi deſinens, ſed deſinens ſequi præcedens duntaxat. Propterea oratio ea quæ ex connexo & præcedenti colligit deſinens, ſyllogiſtica eſſe dicitur, itẽ quæ ex connexo & oppoſito deſinétis, oppoſitum præcedenti colligit: at ea quæ ex cõnexo & deſinẽte colligit præcedens, dicitur aſynactos. *i. colligendi vim non habens, vel, mendoſè ſeu vitioſè colligens*: vt ea quã ante diximus: quia etiamſi veræ ſint eius ſumptiones, falſum colligit:

ligit: siquando dicitur noctu, quum lux est lucernæ. Nam hoc, Si dies est, lux est, connexum verum est: & hæc assumptio est vera, Atqui lux est. sed falsa est conclusio hęc, Dies est ergo. Propter omissionē autem est vitiosa oratio, in qua omittitur aliquid eorū quæ ad colligendam conclusionem prosunt. vt, quum vera sit (vt putant) hæc oratio, Aut bonæ sunt diuitiæ, aut malæ, aut indifferētes: at neque malę sunt, neque indifferentes: ergo bonæ sunt: vitiosa est quæ sequitur oratio, propter omissionem, Aut bonæ sunt diuitiæ, aut malæ: at malæ non sunt, ergo sunt bonæ. Itaq; si ostendero nullam posse secundum eos differentiā collocari inter synacticas orationes, & inter eas quæ sunt asynacti, ostensum à me fuerit incomprehensibilem esse orationem synacticam, adeò vt superuacanea sit illa immensa quæ ab iis in Dialectica affertur verbositas. Sic autem ostendo. Oratio propter incohærentiā *siue diremptionem* asynactos dicebatur cognosci ex eo quòd eius sumptiones bonam inter seipsas & inter conclusionem non haberent consecutionem. Quoniam igitur diiudicationem connexi oportet hanc consecutionem anteire: connexum autem est indiiudicabile (vt ex argumentatione mea patuit) indiiudicabilis etiam erit oratio propter incohærentiam asynactos. Nam qui dicit aliquā orationem esse asynacton propter incohærentiam, si enuntiationem solam proferat, opponetur illi contraria enuntiatio: sin demonstret per orationem, illi dicetur debere oratione hanc prius esse synacticam, & tum demum ostendere cohærentes esse sumptiones orationis quę incohærens esse dicitur. At nos an sit demonstratiua non cognoscemus, quippe qui non habeamus connexi diiudicationem vno omniū consensu approbatam, qua iudicemus an conclusio sequatur consertionem quæ est per sumptiones orationis. Quocirca etiam secundū hoc à synactica oratione discernere eam quæ propter incohærētiam vitiosa sit, nō poterimus. Eadem autem obiiciemus ei qui vitiosam esse orationem dixerit propterea quòd in mala forma proposita fuerit. Nam qui astruit malam esse aliquam formam, non habebit confessam & indubitatā orationem synacticā ex qua possit inferre quod dicit. Ex his autem possint etiam illi refutari qui oratione fieri asynacton propter omissionem conantur ostendere. Nam si ea cui nihil deest, indiiudicabilis est, ea quoque in qua est facta omissio, fuerit indiiudicabilis. Præterea qui oratione vult ostendere alicui orationi quidpiam deesse, nisi habeat connexi iudicatione confessam, ex qua cōsecutionem orationis quam dicit indicet, nequaquā poterit certo iudi-

iudicio & recte dicere eam defectum aliquem habere. Iam verò & ea oratio quæ vitiosa esse dicitur propter superfluitatem, à demóstratiuis diiudicari & discerni nequit. nam quantum ad superfluitatem, etiam eæ quæ apud Stoicos celebrantur indemonstrabiles, comperientur esse asynacti. quæ si tollátur, vniuersa Dialectica euertitur. (hæ enim sunt quas dicunt demonstratione quidem non egere ad sui constitutionem, sed per eas demonstrari alias orationes esse synacticas) Inesse autem illis superfluitatem manifestum erit vbi illas indemonstrabiles exposuerimus, ac tum demum quod dicimus collegerimus. Multas quidem indemóstrabiles somniant, sed has quinque potissimum exponunt, ad quas reliquæ omnes referri videntur. Primam, ex connexo & præcedente colligétem quod definit. vt, Si dies est, lux est: atqui dies est, lux est ergo. Secundam, quæ ex connexo & contrario desinentis, contrarium præcedentis colligit. vt, Si dies est, lux est: non est autem lux, non igitur est dies. Tertiam, quæ ex negatiuæ consertione & vnius eorum quæ ex consertione sunt, contrariú reliqui colligit. vt, Non dies est & nox est: dies autem est, non igitur nox est. Quartam, quæ ex disiuncto & vno coniunctorum contrariú reliqui colligit. vt, Aut dies est, aut nox est: dies autem est, non igitur nox est. Quintam, quæ ex disiuncto & contrario vnius coniunctorú reliquum colligit. vt, Aut dies est, aut nox est: nox autem nõ est, dies est igitur. Hæ sunt orationes quæ celebrátur indemonstrabiles: quæ omnes mihi videntur esse asynacti propter superfluitatem. Nam (vt à prima incipiamus) aut confessum & indubitatũ est, hoc Lux est, consequi illud Dies est: quod præcedit in isto cónexo, Si dies est, lux est: aut incertum est. Et si quidem est incertum, non concedemus connexum, tanquã indubitatum: sin est certum hoc posito, Dies est, necessariò esse illud, Lux est: certè postquam diximus Dies est, colligitur etiam illud, Lux est. adeò vt hẹc oratio sufficiat, Dies est, lux ergo est: & superuacaneum sit illud connexum, Si dies est, lux est. Eandé viam tenemus & in secunda indemonstrabili. Aut enim fieri potest vt quum non sit desinens, sit præcedens: aut fieri nõ potest. sed si quidem fieri potest, non erit verum connexum: at si fieri non potest, simulatque positum est Nõ, quod finit, ponitur etiam Non quod præcedit. adeò vt superuacaneum sit rursus connexum, quum oratio talis proponitur, Non est lux, nõ est igitur dies. Eadem ratio est & in tertia indemonstrabili. Aut enim certũ est fieri non posse vt ea quæ sunt in symploce, coexistant alia cum aliis: aut incertum. & si quidem incertum,

certum, non concedemus negationem symploces: sin est certum, simul atq; alterum positum est, tollitur alterum, & vacat negatio symploces, quùm nos huiusmodi orationem proponimus, Dies est, non igitur nox est. Eadem dicimus & in quarta & quinta indemonstrabili. aut enim certò compertum est in disiuncto alterum quidē esse verum, alterum autem falsum, cum pugna perfecta, (quod promittit disiunctum) aut incertum. Et si quidem est incertum, non concedemus disiūctum: si autem certum, posito vno illorum, manifestum est non esse alterum: & sublato vno, manifestum est alterum esse: adeò vt tali propositione vti sufficiat, Dies est: non igitur nox est. Non est dies, nox est ergo: & superuacaneum sit disiunctum. His similia dici possunt & de categoricis syllogismis, quibus maximè vtuntur Peripatetici: vt in hac oratione, Iustum est honestum: honestum est bonum: ergo iustum est bonum. Aut pro confesso habetur & certò patet, honestum esse bonum: aut in dubio versatur, nec certò compertū est. Sed si quidem incertum est, non concedetur ex proposita oratione, & propterea non colliget syllogismus. at si certum est, quicquid sit honestum, hoc necessariò esse bonum, simul atque dictum est hoc vel illud esse honestum, simul colligitur etiam bonū esse: adeò vt sufficiat ita proponere, Iustum est honestum: iustum igitur est bonum: & superuacanea sit altera sumptio in qua honestum esse dicebatur bonum. Similiter & in tali oratione, Socrates, homo: omnis homo, animal: Socrates ergo animal.: si certum non est ex seipso, quodcunque fuerit homo, id esse animal, non est confessa vniuersalis propositio, neque dabimus illam quùm argumentatio inferetur. At si, protinus vt aliquid fuerit homo, sequitur id esse animal, & propterea vera est indubitatè hęc propositio, Omnis homo est animal: simul atque dictū est Socratem esse hominem, simul colligitur ipsum esse animal: adeò vt hanc argumentationem inferre sit satis, Socrates homo, Socrates ergo animal: & superuacanea sit propositio ista, Omnis homo animal. Similibus autem methodis in aliis primis categoricis orationibus vti possumus, ne nūc diutius immoremur. Verùm enimuero quū vitiosæ sint propter superfluitatem hæ orationes in quibus syllogismorum fundamētum Dialectici ponunt, quantum ad hanc superfluitatem euertitur tota Dialectica: quùm eas orationes quæ vitiosæ sunt propter superfluitatem, ideóque asynacti, à syllogismis qui synactici dicuntur, diiudicare nequeamus. Quòd si non placet quibusdam orationes constare vnico lemmate .i. *vnica sumptione*, nō sunt illi fide dignio-

digniores quàm Antipater, qui ne huiufmodi quidem orationes reiicit. His igitur de caufis indiiudicabilis eft oratio ea quæ à Dialecticis fynactica nûcupatur. Sed & vera oratio inueniri nequit, & ob ea quæ diximus, & quoniam neceffariò debet in verum definere. nam conclufio quæ vera effe dicitur, aut apparens eft, aut incerta. Et apparens quidem minimè *effe poßit*: nihil enim opus haberet fumptionibus à quibus declararetur, fi per feipfam fub fenfus noftros caderet, nec ipfamet certè minus quàm eius fumptiones, appareret. Sin eft incerta: quoniam de incertis indiiudicabilis extitit hactenus controuerfia, (vt antea docuimus) vnde & incomprehenfibilia funt: incomprehenfibilis etiam erit côclufio eius orationis quæ vera effe dicitur. Quòd fi hæc fit incomprehenfibilis, nequaquàm dignofcemus verúmne fit quod colligitur, an falfum. Ignorabimus igitur vera fit oratio nécne, inuenirique illa nulla ratione poterit. Vt autem hæc quoque omittamus, oratio quæ per certa colligat incertum, inueniri non poteft. Si enim conclufio fequitur confertionem quæ eft per ipfius *orationis* fumptiones, at quod fequitur & quod definit, ad aliquid funt, & ad præcedens: quæ autem funt ad aliquid, comprehenduntur alia cum aliis (vt oftendimus) fi quidem incerta fit côclufio, incertæ erunt etiã fumptiones: fin certæ fuerint fumptiones, certa erit etiam conclufio, vtpote quæ comprehendatur cum illis, quæ quidem funt certæ, adeò vt non amplius ex manifeftis incertú colligatur. Quæ quùm ita fint, ne ipfam quidem conclufionem fumptiones patefaciunt: quæ aut incerta eft, minimèq; comprehenditur: aut certò eft comperta, nec patefieri neceffe habet: Ergo fi demóftratio dicitur effe oratio per collectioné (id eft fynacticè) ex aliquibus quæ omnes fatentur vera, conclufionem patefaciens incertam: nos autê docuimus nullã effe orationem neque fynacticam, neque veram, neque per aliqua certa incertum colligentem, nec quæ patefaciat conclufioné, fubfiftere non poffe demôftrationem perfpicuum eft. Sed & iftis *rationibus illos* aggredientes, inexiftentem effe, aut etiam fub intellectum non cadere comperiemus demonftrationem. Nam qui dicit effe demonftrationem, aut illam generalem ponit, aut fpecialem aliquam. Sed nec generalis nec fpecialis demonftratio poni queat, (vt docebimus) præter has autem aliud quicquam intellectu percipere nô poffumus: ne, imò igitur vt exiftentem ponere demonftrationem poteft. Ac generalis quidem demonftratio confiftere non poteft ob hæc *quæ fequuntur*. Aut enim habet fumptiones aliquas & aliquã conclufionem, aut

non

non habet. & si quidem non habet, ne demonstratio quidem est. sin sumptiones aliquas habet & conclusionem aliquam, quoniam omne quod demonstratur, itidem & quod demonstrat particulare est, specialis erit demonstratio. Non est igitur vlla generalis demonstratio. Sed neque specialis vlla est. Aut enim dicent demonstrationem esse coagmentationem ex sumptionibus & conclusione, aut coagmentationem ex sumptionibus solùm. Atqui neutrum horū est demonstratio: (vt ostendam) non est igitur specialis demonstratio. Coagmentatio itaque ex sumptionibus & conclusione, non est demonstratio. primùm quidem, quia partem aliquam habens incertam, (videlicet conclusionem) incerta erit. quod absurdū est. Si enim incerta est hęc demonstratio, ipsa indigebit alio eam demōstrante potius quàm erit aliorum demonstratoria. Deinde quia dicunt ad aliquid esse demonstrationem & ad conclusionem: quæ autem sunt ad aliquid, ad alia intellectu percipiuntur, vt ipsi dicunt: oportet vt id quod demōstratur, à demonstratione diuersum sit. Si igitur cōclusio sit id quod demonstratur, non comprehendetur intellectu demonstratio cum conclusione. aut enim aliquid adiumenti adfert conclusio ad demōstrationē sui, aut nihil. sed si quid adiuuat, suiipsius erit declaratiua: si nihil adiuuat, sed superuacanea est, ne pars quidem demonstrationis erit: quoniam & illam demōstrationem, propter superfluitatem dicemus esse vitiosam. Sed neque coagmentatio sola ex solis sumptionibus, demonstratio fuerit. nam quis concedat, hoc quod ita dicitur, Si dies est, lux est: atqui dies est, lux ergo est: aut orationem esse, aut sententiam vllo modo efficere? Ergo neq; coagmentatio ex solis sumptionibus, demonstratio est. vnde fit vt ne specialis quidem demōstratio subsistere possit. Quòd si neque specialis demōstratio subsistere potest, neque generalis, vltra hæc autem non possumus demonstrationem intellectu percipere, subsistere non potest demōstratio. Verùm ex his quoque insubsistentia demonstrationis doceri potest. Si enim est demonstratio, aut apparens *ipsa aliud itidem* apparēs patefacit, aut incerta incertum, aut incerta apparens, aut apparens incertum. at demonstratio nulla intellectu percipi potest quæ ad vllum horum patefaciendum valeat. Est ergo huiusmodi quæ sub intelligentiam non cadat. Nam si apparens ipsa id quod apparens est patefacit, quod patefacit vnà apparens erit & incertum. apparens quidem, quoniā tale esse suppositum est: incertum autem, quia patefactione eget, & nō ex seipso sub sensum nobis apertè cadit: sin incerta incertum *patefacere*

dica-

dicatur, ipsa egebit alio à quo patefiat, & ad aliorum patefactionem non valebit. quod à demonstrationis notione prorsus alienum est. Propterea neque incerta manifesti potest esse demonstratio, neque manifesta incerti. quia enim est ad aliquid, quæ autē ad aliquid sunt, alia cum aliis comprehenduntur, si comprehendatur vnà cum manifesta demonstratione id quod dicitur demonstrari, erit idipsum manifestum: adeò vt retorqueatur oratio, & nō comperiatur ipsa incerta manifesti esse demonstratiua. Si ergo neque apparens apparentis est demōstratio, neque incerta incerti, nec incerta manifesti, nec manifesta incerti: præter hæc autem nihil esse dicunt: nihil esse demonstrationem dicendum est. His & illud addendum est. Controuersiæ sunt de demonstratione. alij enim ne esse quidem ipsam dicunt, (vt ij qui nihil omnino esse dicunt) alij esse, vt bona pars Dogmaticorū. Nos autē nihilo magis esse ipsam quàm nō esse dicimus. Præterea demonstratio contineat dogma necesse est: at omne dogma controuersum est: itaque de omni demonstratione esse controuersiam necesse est. Si enim (verbi gratia) quando pro confessa & indubitata habetur demonstratio qua demonstratur esse vacuum, vnà etiam vacuū esse pro confesso habetur: nempe etiam qui dubitant an sit vacuum, etiam de illius demōstratione dubitabunt. eademque est in aliis dogmatibus, quorum sunt demōstrationes, ratio. Omnis igitur demonstratio in dubium reuocatur & controuersa est. Quoniam itaque incerta est demōstratio propter controuersiā quæ de ea est: (quæ enim controuersa sunt, quatenus in controuersia posita sunt, sunt incerta) non est ex seipsa euidens, sed ex demonstratione nobis debet astrui. at verò demonstratio qua astruitur demonstratio, indubitata & euidens non erit. (nunc enim quærimus an vllo modo sit demonstratio) at si controuersa sit & incerta, alia demonstratione egebit, & hæc rursus alia, atque ita in infinitum vsque. at impossibile est infinita ostendere. Impossibile est igitur ostendere esse demōstrationem. Sed ne per signum quidē patefieri potest. quum enim quæratur an sit signū, & signum egeat demōstratione, ad sui existentiam *astruendam,* comperitur esse modus diallelus, quum demonstratio signo egeat, signū autē demōstratione: quod absurdū est. Propterea ne diiudicari quidem potest controuersia quæ de signo est, quia eget quidem diiudicatorio ipsa diiudicatio: quum autem ambigatur an sit diiudicatoriū, (vt ostēdimus) & propterea diiudicatorium indigeat demonstratione quæ ostendat esse diiudicatorium: rursus diallelus modus dubitationis

tionis comperitur. Si igitur neque per demonstrationem, neque per signum, neque per criteriũ .i. *diiudicatorium*, doceri potest esse demōstrationem, sed neque ex seipsa patet (vt ostendimus) incomprehensibile erit an sit demonstratio, & propterea inexistens etiam erit demonstratio. Intelligentia enim percepta est vnà cum hoc vt demonstret. demonstrare autem non possit non comprehensa, ideo nec demonstratio erit. Hæc quidem, vt in hypotyposi, etiam aduersus demonstrationē dixisse satis fuerit. At Dogmatici cōtraria his astruentes, dicunt, Aut demonstratiuæ sunt orationes aduersus demōstrationem propositæ, aut non demonstratiuæ : & si quidē non demonstratiuæ, non possunt ostendere non esse demonstrationem. sin demonstratiuæ: illimet ipsi subsistentiam demonstrationis (si retorqueantur in illos sua verba) inducunt. Vnde & talem proponunt orationem, Si est demonstratio, est demonstratio : si non est demonstratio, est demonstratio. Atqui aut est demonstratio, aut non est demōstratio. Est igitur demonstratio. Proponūt autem ex eadem vi & hanc oratione, Quod consequitur opposita, non solùm verum est, sed etiam necessarium: atqui opposita sunt hæc inter se, Est demōstratio, non est demonstratio : ex quorum vtroque sequitur esse demonstrationem. est igitur demonstratio. Sed enim his contradici potest. Verbi gratia, si ita dicamus, Quandoquidem non existimamus orationem aliquam esse demonstratiuam, ne eas quidem orationes quę sunt aduersus demonstrationem, necessariò dicimus esse demonstratiuas, sed videri nobis verisimiles. Verisimiles autem necesse non habent vt sint demonstratiuæ. Quòd si demonstratiuæ quoq; sint (quod non affirmamus) necessariò etiam veræ. Veræ autem orationes sunt per vera verum colligētes: itaque vera est earum conclusio. Atqui ea erat huiusmodi, Non est ergo demonstratio. Itaque retorquendo in illos sua verba, non est demonstratio. Præterea fieri potest vt quemadmodū purgatiua medicamenta seipsa expellūt vnà cum materiis in corpore consistentibus, sic etiam orationes istæ vnà cum illis quæ dicūtur esse demonstratiuę, seipsas excludant. Hoc enim non est absurdum. Nam & hæc vox, Nihil est verum, non solùm reliqua omnia tollit, sed seipsam quoque vnà cum aliis euertit. Et hæc oratio, Si est demonstratio, est demonstratio: si non est demōstratio, est demonstratio. Atqui aut est, aut non est: est ergo : potest etiā multis modis ostendi asynactos. sed in præsentia hoc epicheremate contenti erimus. Si vitiosum non est hoc connexum, Si est demonstratio, est demōstratio: oportet

oppo-

oppoſitū deſinentis in eo, nempe hoc, Non eſt demonſtratio, aduerſari illi, Eſt demonſtratio. illud enim eſt connexi præcedens. Atqui impoſsibile eſt ſecundum ipſos connexum vitio carere ex aduerſantibus propoſitionibus conſtans. Nam connexū promittit ſi ſit quod in ipſo pręcedit, eſſe etiā deſinens: at in repugnātibus, contrà, vtrumlibet ipſorum fuerit, fieri non poteſt vt alterum ſit. Ergo ſi verum eſt hoc connexum, Si eſt demonſtratio, eſt demōſtratio, non poteſt verum eſſe illud, Si non eſt demonſtratio, eſt demonſtratio. Veruntamen vt rurſus concedamus, per ſuppoſitionem, verum eſſe hoc connexum, Si non eſt demonſtratio, eſt demonſtratio: poteſt coexiſtere hoc, Si eſt demonſtratio, cum illo, Non eſt demonſtratio. quòd ſi poteſt ipſi coexiſtere, cum eo nō pugnat. Itaque in hoc connexo, Si eſt demonſtratio, eſt demonſtratio, non pugnat oppoſitum deſinentis in ipſo, cum eo quod in ipſo præcedit. Igitur non erit verum. Rurſus hoc connexum, quum illud per conceſsionem tanquam verum ponatur, non pugnet autem hoc, Non eſt demōſtratio, illi, Eſt demonſtratio: ne diſiunctum quidem bonum erit, hoc videlicet, Aut eſt demonſtratio, aut non eſt demonſtratio. Nam bonum diſiunctum promittit vnum eorum quæ in ipſo ſunt, eſſe verum. Reliquum autē aut reliqua, falſum, aut falſa, non ſine pugna. Aut ſi bonum eſt diſiunctū, rurſum vitioſum comperitur eſſe illud, Si non eſt demonſtratio, eſt demonſtratio, connexum ex pugnantibus conſtās. Quamobrem inter ſe diſſentiunt mutuoq́; ſe euertunt ſupradictæ orationis ſumptiones. Non eſt ergo vera illa oratio. Sed ne illud quidē oſtendere poſſunt, aliquid conſequi oppoſita, quum non habeant diiudicatorium conſecutionis, vt ratiocinati ſumus. Verùm enimuerò hæc ex abundanti dicimus. Nam ſi veriſimilia ſunt ea quæ pro demonſtratione dicuntur (nam talia ſint per nos licet) veriſimilia itidem argumenta, quæ aduerſus demonſtrationem afferūtur: etiam de demonſtratione nos aſſenſum retinere neceſſe eſt, adeò vt non potius eſſe demonſtrationem quàm non eſſe dicamus.

De ſyllogiſmis. CAP. 14.

QVAMOBREM de ſyllogiſmis ſermone illorum paſsim celebratis videri poſsit ſuperuacuum diſſerere, partim quòd vnà cum demonſtrationis exiſtentia euertantur ipſi: (perſpicuum eſt enim, illa non exiſtente, ne demonſtratiuæ quidem orationi locum ſupereſſe) partim etiam quòd ad eorum refutationem ea quæ à nobis iam dicta ſunt valere poſsint, quum de ſuperfluitate diſputātes, viam quandam
& me-

& methodum tradebamus per quam omnes demonstratiuas orationes Stoicorum & Peripateticorum esse asynactas ostendi potest. Peculiarem tamen de iis disputationem, tanquam auctarium iis addere fortasse nihil nocuerit, presertim quum sibi in illis maxime placeant. Quum autem multa afferri possint ad docendum eos subsistere non posse: tamen pro eo quod nobis instituta hypotyposis requirit, hac methodo aduersus eos vti sufficiet. Dicam autem nunc quoque de indemonstrabilibus. his enim sublatis etiam reliquae omnes orationes corruunt, quippe quae per illas demostrentur esse synacticae. Hęc ergo propositio, Omnis homo est animal, ex particularibus illatiuè confirmatur. nam ex eo quòd Socrates, qui homo est, animal etiã sit, Plato itidem & Dion, & vnusquisque particularium, videtur esse possibibile confirmare, omnem hominem esse animal. nam si vel vnum particulare contrariu aliis comperiatur, non est vera vniuersalis propositio. Exempli gratia, Quoniam maxima pars animalium inferiorẽ maxillam mouet, solus autem crocodilus superiorem: vera haec propositio non fuerit, Omnia animantia inferiorem maxillam mouent. Quum igitur dicunt, Omnis homo est animal, Socrates est homo, Socrates igitur animal: ex hac vniuersali propositione, Omnis homo est animal, peculiarem hanc propositionem colligere voletes, Socrates igitur animal: quae quidem cõfirmatiua est vniuersalis propositionis, secundum modum epagogicum *(id est, illatiuum)* vt docuimus, in diallelam incidunt orationem, vniuersalem quidem propositionem per vnamquanque particularium, particularem autem ex vniuersali syllogisticè inferre volentes. Itidem autem & in hac oratione, Socrates homo, nullus aute homo quadrupes, Socrates igitur non est quadrupes: hanc quidem propositionem, Nullus homo quadrupes, ex particularibus epagogicè volentes confirmare, vnamquanque aute particularium ex illa Nullus homo quadrupes, syllogisticè colligere volentes, in haesitatione quae est per diallelum modum, incidunt. Simili autem cum examine percurrere oportet etiã reliquas orationes quae apud Peripateticos vocantur indemonstrabiles: sed & eas etiam quę sunt huiusmodi, Si dies est, lux est. Nam & hoc, Si dies est, lux est, aiũt esse synacticum *(id est, collectinum)* illius; Lux est: rursumque hoc, Lux est, cum altero, Dies est, cõfirmatiuum illius esse, Si dies est, lux est. Non enim hoc supradictum cõnexum existimatum fuisset esse vẽrũ, nisi prius perspectum fuisset coexistere semper Lux est, cũ illo, Dies est. Si igitur oportet ante comprehendisse, quum dies est, necessario esse

esse etiam lucem, ad componendum hoc connexum, Si dies est, lux
est: hinc infertur, in his, quum dies est, lucem esse: quum istud quidem
connexum, Si dies est, lux est (quatum ad præsentem attinet indemõ-
strabilem orationem) coexistentiam colligat huius, Diem esse, & illius, Lucem esse: viciffim autem existentiam eorũ quæ dicta sunt confirmet ipsum connexum: hic quoq; diallelum modum, per quem hærere coguntur, orationis subsistentiam euertere. Idem dicedum est
& de hac oratione, Si dies est, lux est: atqui lux non est, nõ igitur dies
est. Nam ex eo quòd absque luce dies non possit spectari, verum esse
hoc cõnexum existimabitur, Si dies est, lux est. nam si (vt hoc supponamus) dies conspiceretur aliquando, lux non item: falsum diceretur
esse illud connexum. Quantum autem attinet ad eam quam diximus
indemonstrabilem *orationem*, Non esse diem, quando lux nõ est, colligitur per hoc, Si dies est, lux est. adeò vt eorum vtrunque ad sui con
firmationem opus altero habeat iam cum confirmatione sumpto, vt
per ipsum fidem impetret, per diallelum modum. Itidem etiã ex eo
quòd aliqua sint quorum alterum cum altero coexistere nõ possit, vt
dies & nox: & hæc negatiua confertionis, Non dies est, & nox est: &
hoc disiunctum, Aut dies est, aut nox est, pro veris habebuntur. Atqui
ipsa non coexistere, cõfirmari putant & per negatorium symploces,
& per disiunctum, dicentes, Non dies est & nox est: atqui nox est: nõ
ergo dies est. Item, Aut dies est, aut nox est: atqui nox est: non ergo
dies est. Vel sic, Non autem est nox, dies ergo est. Vnde nos rursum
ratiocinamur, si ad cõfirmationem disiuncti & negationis quæ est in
symploce, necesse est vt prius comprehenderimus, axiomata quæ in
iis continentur, esse talia vt coexistere non possint: esse autẽ incoexistentia, per disiunctum & per negatiuam symploces colligere videntur, ad modum diallelum nos redigi: quum neque prædictis tropicis,
id est, modalibus, fidem habere possimus, nisi incoexistentiam axioma-
tum quæ in iis continentur, comprehenderimus, nec verò de hac eorum incoexistentia affirmare ante syllogismorũ synerotesin, quæ per
modales fit, affirmare possimus. Itaque non habentes vnde fidei initium sumamus, quòd hæc ita sint reciproca, dicemus ne tertiam quidem, aut quartam, neque quintam indemõstrabilium (quantum quidem ex his) subsistentiam habere. Hactenus & de syllogismis dixisse sufficiet in præsentia.

De epagoge, id est, inductione. CAP. XV.

EPAGOGES etiam *i. inductionis*, modum facilè reiici posse existimo.

ſtimo. Quoniam enim volunt per eam probare vniuerſale ex particularibus, aut omnia percurrétes particularia, hoc facient, aut aliqua. Sed ſi quidem aliqua *percurrent*, nō erit firma inductio, quū fieri poſſit vt aliqua ex prætermiſſis particularibus in inductione, cōtraria reperiantur vniuerſali. Sin omnia *percurrere inſtituerint*, aggredientur impoſſibilia, quū infinita ſint particularia, nulliſque terminis circunſcripta. Itaque ſic contingit vt vtroque modo nutet & vacillet inductio.

De definitionibus.   CAP. 16.

I A M verò quum ob ſuum circa definitiones artificium valde ſe efferant Dogmatici, (quod rationali parti eius quæ philoſophia dicitur annumerant) agedum etiam de definitionibus pauca quædam in præſentia dicamus. Quum ergo Dogmatici definitiones ad multa conferre exiſtimēt, vereor vt duobus generaliſſimis capitibus omnē illum quem dicunt eorum neceſſarium vſum contineri comperias. Nam aut ad comprehenſionem, aut ad docendi methodum in omnibus neceſſarias eſſe definitiones oſtendunt. Si igitur docuerimus ad neutrum horum vtiles eſſe, euertemus, meo quidem iudicio, omnem vanum circa has Dogmaticorum laborem. Agè ergo, ſi is quidem qui ignorat id quod definitur, non poteſt id quod ipſi eſt incognitum definire: at is qui cognoſcit, ac poſtea definit, non comprehendit ex definitione id quod definitur, ſed ad id iam comprehenſum appoſuit definitionem, ad comprehenſionem rerum definitio non eſt neceſſaria. Etenim quoniam ſi omnia definiri velimus, omnino nihil definiemus, eo quòd in infinitum prolaberemur: ſin dicamus aliqua etiã abſque definitionibus comprehendi, oſtendimus nequaquam neceſſarias ad comprehenſionem eſſe definitiones: quemadmodum quæ non erant definita, comprehenſa fuerunt, quū nos etiam reliqua omnia abſq; definitionibus poſſimus comprehendere, aut omnino nihil definiemus (propter progreſſionem in infinitum) aut nō neceſſarias definitiones eſſe oſtendemus: atque ideo ne ad docendū quidem neceſſarias eas eſſe comperiemus. Nam vt qui primus rem cognouit, eam cognouit abſque definitione, eodem modo & is qui ipſam docetur, poteſt ſine definitione doceri. Preterea ex iis quę definiuntur, diiudicant definitiones, aiuntque vitioſas eſſe definitiones quæ aliquid complectuntur eorū quæ non inſunt definitis aut omnibus, aut aliquibus: adeò vt ſiquis dicat hominē eſſe animal rationale, immortale: aut animal rationale, mortale, grammaticum: tum quòd nullus ſit homo immortalis, tum verò quòd ſint aliqui homines non grammatici, maticis, mendofam esse inquiant definitionem. Fortasse igitur indiiudicabiles sunt definitiones, propter infinitatē particularium ex quibus diiudicari debent. Deinde non possint facere vt comprehendantur,& doceantur illa ex quibus ipsæ diiudicantur, vtpote iam præcognita: si quidem & comprehensa fuerint. Ecquis verò ridiculū esse neget, dicere definitiones aut ad comprehendendum, aut ad docendum, aut ad manifestandum conducere, quum nos tanta obscuritate inuoluant? Exempli gratia(libet enim paulisper iocari)Si quis ab aliquo sciscitari velit an occurrerit ei homo insidens equo, & canem secum ducens, interroget hoc modo, O animal rationale, mortale, intellectus & scientię capax, occurrítne tibi animal risibile, latis vnguibus, scientiæ politicæ capax, habens conglobationes firmatas super animali mortali, hinniendi facultatem habēte: quod secum ducit animal quadrupes latratiuum? qui non sit hic risu excipiendus, qui hominem de re tam nota cogat obmutescere propter definitiones? Itaque inutilem esse definitionem, quod ad hæc quidem attinet, dicere necesse est: siue dicatur esse oratio quæ per breuem admonitionem nos ad notionem adducat subiectarum vocibus rerum, (quorum certè nihil apparuit ex iis quæ antè diximus)siue oratio indicās ὃ τὸ τί ἦν εἶναι, siue quodcunque alicui libuerit. Nam volentes ostendere quid sit definitio, in controuersiam incidunt, ex qua se nunquam expedire possint: quam propter huius tractatus institutum nunc omitto: quum alioqui illa definitiones euertere videatur. Nec verò de definitionibus plura mihi nunc dicenda arbitror.

De diuisione. CAP. 17.

QVIA verò aliqui ex Dogmaticis dialecticam esse dicunt scientiam syllogisticam, inductiuam, definitiuam: nos autem post disputationem de organo iudicandi, & de signo, & de demonstratione, de syllogismis quoque, deque inductione ac de definitionibus disseruimus: etiam disputationem de definitione paucis expedire, minimè ab instituto nostro alienum fore censemus. Dicunt itaque diuisionem fieri quadrifariam: aut enim nomen in significata diuidi, aut totum in partes, aut genus in species, aut speciem in particularia. Atqui nullius horum esse scientiam diuisiuam, non difficile puto, singula examinando, ostendere.

De nominis in significata diuisione. CAP. 18.

IAM ergo scientias inter ea numerant quæ sunt natura, non autē quæ positione. Et meritò. nam scientia, stabilis quędam & immobilis res esse debet : at quæ sunt positione, facilè mutationi obnoxia fuerint: quippe quæ diuersitatibus positionum, quæ in nostra potestate sunt, varientur. Quũ igitur nomina positione significent & nõ natura, (alioqui enim omnes intelligerent omnia quæ à vocibus significantur, Græci pariter & Barbari: præterquam quod in nostra potestate est, ea quæ significantur, declarare semper & significare quibuscunq; velimus aliis nominibus) quomodo possibile sit scientiam diuisiuam nominis in significata *constituere*? aut quomodo dialectica (vt quidam censent) scientia significantium & significatorum possit esse?

De toto & parte. CAP. 19.

DE toto autem & parte disputabimus quidem etiam in iis quæ physica nuncupantur, in præsentia verò de diuisione quæ vocatur totius in partes suas, hæc dicenda sunt. Quum aliquis decadem .i. *denarium numerum*, in vnum & duo & tria & quatuor diuidi ait, non diuiditur in hæc decas. Nam simul atque eius prima pars sublata est, (vt per concessionẽ hoc nunc demus) verbi gratia, vnitas: nõ amplius subiectus est denarius numerus, sed nouem, & omnino aliud quiddã quàm denarius. Aliorum ergo ablatio & diuisio non iam fit à decade (id est numero denario) sed ab aliquibus aliis, que, prout fit vnaquæq; ablatio, variantur. Iam ergo videamus quĩ possibile sit totum diuidere in eas quæ dicuntur esse eius partes. Nam si diuiditur totum in partes, solent partes contineri in toto ante diuisionem: at non continentur. Verbi gratia, (vt in decade rursus orationem nostram figamus) decadis partem dicunt omnino esse nouem. (diuiditur igitur in vnum & nouem) sed & octo similiter: (diuiditur enim in octo & duo) & septẽ similiter, & sex, & quinque, & quatuor, & tria, & duo, & vnum. Si igitur hęc omnia in decade contineantur, & composita cum ea, quinquagintaquinque fiunt, nimirũ in decem continêtur quinquagintaquinque. quod absurdum est: Ergo nẽ continentur quidem in decade ea quæ dicuntur esse eius partes, nec decas in eas diuidi potest, vt totum in partes, quæ nullo modo in ipsa conspiciuntur. Eadem autem obiicientur & in magnitudinibus, si quis, verbi gratia, magnitudinem decem cubitorum diuidere velit. Fortasse igitur ne totum quidem in partes diuidere possibile fuerit.

De generibus & speciebus. CAP. 20.

SVPEREST ergo de generibus & speciebus tractatio, quam quidem fusius alibi persequemur: nunc verò, vt qui breuitati studeamus, hæc dicere contenti erimus. Si quidem noemata esse genera dicunt

& species, epicheremata quæ aduersus hegemonicum & phantasiam attulimus, ipsos euertunt. Sin propriam subsistétiam illis relinquunt, quid ad hoc respondebunt? Si genera sunt, aut tot sunt quot species: aut fieri potest vt communis omnibus quæ eius species esse dicútur, sit species, videlicet genus. Si ergo tot sunt genera quot ipsorū species, nó iam fuerit commune genus quod in ipsas diuidetur: at si vnicum esse dicatur in omnibus suis speciebus genus, vnaquæque illius species aut eius totius particeps est, aut partis eius: sed totius quidé, nequaquam. impossibile est enim vt, quum vnum quoddam existat, in alio & alio eodem tempore contineatur, ita vt totum perspiciatur in vnoquoque eorum in quibus esse dicitur. Sin partem tantùm accipit, primùm quidem non cósequetur speciem genus totum, vt existimant: nec homo erit animal, sed pars animalis. verbi gratia, substantia quidem, sed neque animata, neque sensitiua. Deinde verò omnes species aut dicentur participes esse eiusdé partis generis sui, aut alius atque alius. Sed eiusdé impossibile est, propter supradicta: at si alius atque alius, nec similes inter se erunt species secundum genus (quod illi non admittét) & infinitum erit genus vnumquodque, in infinitas scissum non solùm species, sed in infinita etiam particularia: in quibus & ipsis cum speciebus suis spectatur. Dion enim non tantùm homo, verumetiam animal esse dicitur. At si hæc absurda sunt, ne parte quidem tenus species genus suum participant, quod vnum est. Quòd si vnaquæque species neque totius particeps est generis, neque partis eius, quomodo dici possit vnum esse genus in omnibus suis speciebus, ita vt etiam in eas diuidatur? Hoc certè nemo dicere queat, nisi forte fingat quasdam εἰδωλοποιήσεις, quæ etiam eorū indiiudicabilibus controuersiis, per scepticorum aggressiones progrediendo, euertentur. His autem & illud addédum est: Species aut tales sunt, aut tales: harum genera aut sunt & talia, & talia: aut sunt talia quidem, talia verò non: aut neque talia, neque talia. Verbi gratia, Quoniam ex his vel illis (quæcunq; sint ea) alia, corpora sunt, alia incorporea: & alia quidem vera, alia autem falsa: & quædam alba fortasse, quædam nigra: & quædam maxima, & quædem minima: & alia itidem: ipsum Aliquid (verbi gratia) quod dicunt quidam esse generalissimum, aut omnia erit, aut alterutra, aut nihil. Sed si nihil quidé prorsus sit Aliquid, nec genus, iam finita fuerit quæstio. sin dicatur esse omnia, præterquam quòd impossibile erit quod dicetur, oportebit vt sit omnia & specierum & particularium in quibus est. Vt enim quia animal (vt aiunt)
substan-

substantia est animata, sensitiua, vnaquæq; specierum eius & substantia esse dicitur, & animata, & sensitiua: eodē modo si genus sit & corpus & incorporeum, & falsum & verum, & (vt ita fingamus contingere) nigrum & album, & minimum & maximū, & alia omnia: vnaquæque specierum & vnumquodque particulare erit omnia: quod non conspicitur. Falsum igitur etiam hoc. At si alterutra tantùm sit, quod erit genus horum, non erit genus reliquorum. vt, Si corpus aliquid, incorporeorum: &, Si rationale animal, irrationalium. adeò vt neque incorporeum sit aliquod animal, neque irrationale. & in aliis itidem. quod absurdum est. Genus itaque nec est & tale & tale, nec tale quidem, tale autem non: quinetiam nec tale, nec tale potest esse genus. Quòd si ita est, ne vllo quidem modo est genus. Iam verò si quis dicat genus esse omnia potentia, respondebimus, id quod sit aliquid potentia, debere & actu aliquid esse. Exempli gratia, non potest aliquis Grammaticus esse absque actu. Genus ergo si potentia est omnia, interrogamus eos quid sit actu. & ita manent eædem dubitationes. nam *genus* contraria omnia actu esse non potest. Sed neq; alia quidem actu quoque, alia verò potentia solùm. vt, corpus quidē actu, potentia autem incorporeum. Potentia enim est, quod potest actu subsistere: at quod est corpus actu, non potest incorporeum esse actu. Itaque, verbi gratia, Si corpus est actu, non est incorporeum potentia: & è conuerso. Itaque dicere nō possumus genus alia esse actu, alia tantùm potentia. Quòd si nihil omnino est actu, neque subsistit, nihil ergo est genus, quod à se diuidi in species dicunt. Sed & hoc consyderare est operæpretium. quemadmodum enim quia idem est Alexander & Paris, fieri non potest vt, Alexander ambulat, sit verū, at verò Paris ambulat, sit falsum: ita si idem est homine esse & Theonem esse vel Dionem, hæc appellatio homo si ad constituendū axioma afferatur, aut verum aut falsum in vtrisque faciet axioma. Atqui hoc ita esse non comperitur. nam quum Dion sedet, Theon autē ambulat, istud *axioma* Homo sedet, de hoc quidem dictum, verum est: de illo autem, falsum. Non est igitur communis vtrisque appellatio hęc homo, & vna eadémque ambobus: sed certè alia, vtrique peculiaris.

De communibus accidentibus. CAP. 21.

SIMILIA autē & de communibus accidentibus dicuntur. nam si vnum & idem accidit Dioni & Theoni, nimirum videre, si (per suppositionem) intereat quidem Dion, superstes autem sit Theon, & videat: aut visum Dionis qui interiit, interitus expertem esse dicent, (quod à ratione abhorret) aut eundé visum interiisse & non interiisse, quod est absurdum. Non igitur Theonis visus idem est cum visu Dionis. Ergo est diuersus, vtrique peculiaris. Nam si eadem accidit Dioni & Theoni respiratio, fieri non possit vt intra Theonem respiratio sit adhuc, intra Dionem esse desierit. Atqui fieri potest, si hic obierit, ille sit superstes. Non ergo eadem est. Sed enim de his hæc breuiter dicta nunc sufficient.

De sophismatibus. CAP. 22.

NEC verò absurdú fuerit in disputatione de sophismatibus paulisper immorari, quoniam & ad hæc soluéda necessariam esse dicunt dialecticam ij qui illam celebrant. Nam si (inquiunt) per hanc veræ & falsæ orationes dignoscuntur, sunt autem etiam sophismata falsæ orationes: horum etiam esse possit diiudicatiua quæ veritatem apparenti verisimilitudine corrumpunt. Vnde dialectici, táquam auxiliantes labanti vitæ communi, magno studio ad tradendum sophismatum notionem & differentias & solutiones incumbunt: dicetes sophisma esse orationem verisimilem & fraudulentam, adeò vt recipiat conclusionem aut falsam, aut similem falsæ, aut incertam, aut alio quouis modo nó recipiendam. Falsam quidem, vt in hoc sophismate habes, Nemo categorema bibédum exhibet: est autem categorema, absinthium bibere: nemo igitur categorema propinat. Falsæ autem similem, vt in hoc, Quod neque fieri poterat, nec fieri potest, hoc non est absurdum. at neque fieri poterat neque potest vt medicus, quatenus est medicus, occidat. Incertam verò, vt in hoc, Non & interrogaui aliquid primùm, & stellæ pares non sunt numero. Interrogaui autem te primùm vtrum stellæ essent numero pares. Aut alia quauis de causa non recipiendá, vt quæ vocátur orationes solœcissantes. vt, Quod vides est: vides auté phreniticum: est igitur phreniticú. Itidem, Quod vides est: vides autem inflammatum locum: est igitur inflammatus locus. Postea verò & solutiones eorum videre, id est ostendere, conantur, dicentes in primo quidem sophismate, aliud per sumptiones esse concessum, & aliud esse illatú. Concessum est enim non bibi categorema: & esse categorema, absinthium bibere, nó ipsum absinthium. Itaque quum esset inferendum, Nemo ergo bibit hoc ipsum, Absinthium bibere: (quod est verum) illatum est, Nullus ergo absinthiú bibit: quod est falsum, nec colligitur ex cócessis sumptionibus. In secúdo auté *dicunt ipsum* videri quidem ad falsum abducere, (adeò vt qui non bene animaduertunt, dubitét an illi assentiri debeant) colligere

ligere tamen verum,hoc videlicet, Non ergo abſurdũ eſt iſtud, Medicus,quatenus eſt Medicus,interficit. Nulla enim propoſitio abſurda eſt: propoſitio autem eſt hoc, Medicus, quatenus eſt Medicus, interficit. Ergo ne hoc quidem eſt abſurdum.   At verò in incertũ abductio, ex genere eſt eorum quæ variant,vt aiunt. nam ſi nulla interrogatio præceſſerit (per ſuppoſitionem) negatorium connexi verum redditur, quum ipſum connexum ſit falſum, eo quòd inſertum ſit ipſi falſum,hoc videlicet,Interrogaui te aliquid: vbi autem interrogatio de negatiuo connexi facta fuerit,quum aſſumptio vera reddatur,quæ eſt, Interrogaui autem te primùm,(eo quòd de negatorio cõnexi ante aſſumptionem interrogatio fuerit) negatorij ſymploces .i.connexi, propoſitio, falſa redditur, eo quod in ſymploce falſum erat, vero reddito: adeò vt nunquam poſſit colligi concluſio, niſi negatorium ſymploces vnà ſit cum aſſumptione.   Vltimas autem eſſe dicunt nõnulli ſolœciſſantes orationes quæ abſurdè inferant præter cõſuetudinem. Talia quidem dicũt aliqui dialectici de ſophiſmatibus. (nam alij alia dicunt) ea autem ſimpliciũ aures titillare fortaſſe poſſunt: ſunt tamen ſuperuacanea, & vano labore excogitata. Et hoc quidẽ vel ex iis quæ iam dicta ſunt, poſſit fortaſsis animaduerti. docuimus enim nec verũ nec falſum poſſe ſecundum dialecticos comprehẽdi, cùm aliis variis modis, tum verò euerſis orationibus indemonſtrabilibus & demonſtratione, quæ ſunt ſyllogiſticæ eorum facultatis teſtimonia. Tamen ad hunc locum peculiariter cùm alia multa poſſunt afferri, tum verò hoc breuitati ſtudentes dicendum habemus.   Quotquot quidem ſophiſmata propriè dialectica videtur poſſe refellere, horũ ſolutio inutilis eſt: quorum autem ſolutio eſt vtilis, hæc nequaquam dialecticus ſoluere poſsit, ſed ij qui in vnaquaque arte, rerum cognitionem, verſando in iis, adepti ſunt. Iam enim(vt vnum aut alterum exemplũ ponamus)ſi propoſitum fuerit Medico tale ſophiſma , In morborũ declinationibus variam victus rationem & vini potum admittere oportet. At quum formatur quiuis morbus, ante primam diatriton omnino fieri conſueuit declinatio. Neceſſe eſt igitur ante primã diatriton & variam victus rationem & vinum vtplurimum aſſumere : dialecticus certè nihil quicquam habuerit quod ad huius argumenti ſolutionem, alioqui vtilem, afferat. At Medicus ſoluet hoc ſophiſma, quippe qui ſciat παρακμὴν .i.declinationem,ſeu remiſsionẽ,dici bifariam, videlicet & totius morbi, & vniuſcuiuſque intenſionis particularis, ἀπὸ τῆ ἀκμῆς, id eſt, à vigore, vel ſtatu ſupremo, vel ſummo incremento, propenſionem in melius.

melius. Ac ante primam quidem diatriton contingere vtplurimum particularis intēsionis declinationem videmus: variam autem victus rationem in hac ipsa declinatione nō probamus, sed in totius morbi declinatione. Vnde & sumptionum orationis alteram ab altera diuulsam esse dicet, quum in priori sumptione vna declinatio sumatur, ea nimirum quae totius morbi est: in posteriore autem altera, nimirū particularis. Itidem verò proposita huiusmodi quaestione de aliquo qui febri correptus fuerit oborta ex vehementi constipatione, *videlicet,* Contraria contrariorum sunt remedia:frigida autem propositae inflammationi contraria est:consentanea ergo est propositae inflammationi frigida:dialecticus quidem hîc obmutescet:at Medicus, quū nouerit quae sint affectiones primariò contiguae, quaenam etiam ipsarum symptomata:respondebit,queſtionem hanc de symptomatibus non esse:(quum nimirum vsuueniat vt affusa frigida ardor augeatur) sed de contiguis affectionibus: & constipationem quidem esse contiguam:(quę non condensationem sed modum aliquem quo laxetur *obstructio,* postulet) at consequentem ardorem non esse primariò cōtiguum: vnde nec frigidam videri esse illi accommodam. Atque ita in sophismatibus quorum solutio, quam poscunt, est vtilis, non habebit quod dicat dialecticus: sed proposita nobis hac oratione, Si nō & pulchra cornua habes, & cornua habes, cornua habes: pulchra autē cornua non habes, & cornua habes:cornua igitur habes. *Item,* Si quid mouetur, aut in loco in quo est mouetur, aut in quo non est:atqui nec in quo est, manet enim: nec in quo non est, quomodo enim aliquid agat in illo in quo omnino non est? non ergo mouetur quicquam. *Item,* Aut quod est, fit, aut quod non est: at verò quod est, non fit, est enim: sed neque id quod non est: nam quod fit, aliquid patitur:quod autem non est, non patitur:nihil ergo fit. *Item,* Nix aqua est cōcreta: nigra autem est aqua : nigra ergo est nix. atque huiusmodi quasdam nugas accumulans contrahit supercilia, & dialecticam obtendit, magnoque cum fastu nititur astruere nobis per demonstrationes syllogisticas, fieri aliquid, & moueri aliquid, & niuem esse albam, & nos cornua non habere: quum alioqui satis esset actum ipsum illis opponere ad ea quae ita asseueranter ab illis ponuntur infringenda, ex apparentibus, quae contrarium illis testantia vim parem habent. Ideoq́; quum proposita esset Philosopho oratio motum negans, tacitus ambulare coepit. & in vita cōmuni homines terras & maria permeant, fabricantq́ue naues & domos, & procreant liberos, de orationibus

quae

quæ sunt aduersus motum & generatione nihil solliciti. Fertur etiã Erophili Medici festiuũ apophthegma (vixit enim hic tempore Diodori, qui in inepta dialectica orationes sophisticas commemorabat) cum aduersus alia multa, tum verò aduersus motum. Quum enim luxato aliquando humero veniffet ad Erophilum Diodorus vt curaretur, facetè eum irrisit, dicens, Aut in quo erat loco humerus existens excidit, aut in quo non erat: at neque in quo erat, nec in quo nõ erat: non ergo excidit. Adeò vt precaretur sophista eum vt omissis iis orationibus, adhiberet ei congruum medicę arti remediũ. Sufficit enim, (vt arbitror) cum experientia vsu parta, & citra opinionem, secundũ communes obseruationes & præoccupatas in animis hominum opiniones, vitam degere, de iis quæ ex dogmatica curiositate dicuntur, & quidem nullam vitæ communi vtilitatem afferunt, assensum retinentes. Si ergo quæcunque sophismata soluta fructum afferrent, ea soluere non possit dialectica: at quæcunque ab ea posse solui concedat aliquis, horũ inutilis est solutio: inutilis est in soluendis sophismatibus dialectica. Quinetiam si quis iis quæ dialectici dicunt instructus prodeat, ita paucis docere possit artem quæ ab illis de sophismatibus traditur, esse superuacaneam. Contulerunt se dialectici (vt inquiunt) ad dialecticã, nõ tantùm vt discerent quid ex quo colligatur, sed hoc imprimis propositũ sibi habentes, vt per demõstratiuas orationes vera & falsa iudicare scirent. vnde dicunt dialecticam esse verorum & falsorum & neutrorum scientiam. Quum igitur ipsi veram esse orationem dicant, quę per veras sumptiones veram conclusionẽ colligat, simul atque nobis obiecta fuerit oratio quæ falsam habeat conclusionem: sciemus falsam esse, ideóque illi non assentiemur. necesse est enim ipsam etiam orationem, aut nõ esse synacticam, aut ne sumptiones quidem habere veras. Quod ex his perspicuum est: Aut falsa cõclusio quæ est in oratione, cõsequitur symplocen quæ sit per eius sumptiones, aut non consequitur. Sed si quidem non consequitur, ne synactica quidem erit oratio: (dicũt enim synacticam esse orationem, quum conclusio eius sequitur symplocen quæ est per eius sumptiones) sin autem consequitur, necesse est etiam symplocẽ quæ est per eius sumptiones, esse falsam, secundum ipsorum artis præcepta. Aiunt enim falsum quidem cõsequi falsum, verum autem nequaquam. Quòd autem oratio quæ non synactica neque vera est, secundum eos ne demõstrabilis quidem sit, ex supradictis perspicuum est. Si ergo proposita oratione in qua falsa sit conclusio, ex hoc ipso non

q q esse

esse veram nec synacticam orationem cognoscimus, ex eo quòd conclusionem habeat falsam, nō assentiemur ei, etiāsi vnde habeat fallaciam non agnoscamus. Quemadmodum enim ne ea quidem quæ à præstigiatoribus fiunt, vera esse assentimur, sed scimus eos fallere, etiamsi non cognoscamus quomodo fallant: ita nec orationibus falsis quidem, sed quę tamen verisimiles esse videntur, fidem habemus, etiamsi non cognoscamus quomodo captiosæ sint. Aut quoniam non tantùm inest hoc sophismatibus vt ad falsum abducant, sed vt ad alias etiam absurditates, ita generalius est questio proponenda, Oratio quæ proponitur, aut ad aliquid inexpectatum nos adducit, aut ad aliquid tale vt ipsum expectare oportuerit: si ad secundum, non absurdum nos ei assentiri fuerit: sin ad aliquid quod sit præter expectationem, nos non absurditati assentiri temerè propter verisimilitudinem: sed illos abscedere ab oratione, quæ absurdis assentiri cogit, oportebit: si modò non nugari pueriliter, sed vera inquirere, vt pollicentur, instituerunt. Quemadmodum enim si via sit quæ ad aliquod præcipitium ducat, non protrudimus nos in illud præcipitium, eo quòd via sit aliqua quæ ducit ad ipsum, sed à via illa recedimus propter præcipitium: eodem modo si oratio sit aliqua quæ nos abducat ad aliquid quod absurdum esse constet, nō assentiemur absurdo propter illam orationem, sed recedemus ab ea propter absurditatem. Quum igitur ita nobis obiicietur oratio, ad vnamquanque propositionem assensum retinebimus, deinde tota oratione obiecta, quæ visa fuerit inferemus. Nam si Chrysippei dogmatici in propositione soritæ, progrediente oratione dicunt esse immorandum, & assensum retinendum, ne in absurditatem incidant: nos certè, qui scepticam sectam profitemur, & quibus absurditas suspecta est, multo magis deceat cauere ne impingamus per propositiones sumptionum: ac potius in vnaquaque assensum retinere, vsque ad totius orationis propositionem. Et nos quidem, citra vllam opinionem, iis quæ in vita communi obseruauimus, prodeuntes instructi, fallaces orationes ita vitamus. At verò Dogmatici nequaquam poterunt sophisma diiudicare ab oratione quæ conuenienter videtur proponi, si quidem illi dogmaticè diiudicare cogantur an synactica sit orationis forma, & sumptiones sint veræ, an neutrum horum. Docuimus enim antea, neque posse ab illis synacticas orationes comprehendi, neque verum vlla in re diiudicari, quippe qui nec diiudicatorium, nec demonstrationem, de quibus cōstet, habeat, vt ex eorum ipsorum verbis ostendimus.

dimus. Superuaganeæ igitur sunt, & hæc species, illæ de sophismatibus artificiosæ formulæ, quas tantopere celebrant dialectici.

De amphiboliis, id est, dubitationibus.
CAP. 23.

SIMILIA his etiam de distinguendis amphiboliis dicimus. Si enim ambiguitas est vocabulum duo aut plura significans, & vocabula positione significant, illas quidem ambiguitates quascunq; est distinguere operæpretium, (nimirum quæ in alia experientia consistunt) qui in vnaquaq; arte sunt exercitati, distinguent quū experientiā habeant ipsi vsus positiui vocabulorum quē rebus quæ significantur fecerunt: at dialecticus minimé. Vt in hac ambiguitate, In morborum declinationibus varia victus ratio repudianda non est. Quinetiā in vita cōmuni vel ipsos pueros distinguere ambiguitates videmus, quarum distinctio ipsis vtilis esse videtur. Si quis enim habens duos eodem nomine ministros, puero imperet ad se accersi Manen (hoc enim vtrique ministro fingamus nomen esse commune) interrogabit puer vtrum. Et si plura ac diuersa quis habens vina, dicat puero, Funde mihi vinum vt bibam, itidem rogabit puer ex quo. Ita quæ est in singulis rei vtilis experientia, distinctionem inducit. at quæcunque ambiguitates in aliqua ad vitam communem pertinente experientia non sunt, sed in Dogmaticorum sententiis versantur, suntque fortasse inutiles ad viuendum citra opinionem: circa has dialecticus quidem animi peculiarem affectum habens, cogetur etiam in ipsis similiter assensum retinere secundum scepticas methodos, quatenus rebus incertis & incomprehensibilibus aut etiam insubsistentibus fortasse sunt annexæ. Sed de his quidem iterum disputabimus. Quòd si quis Dogmaticus horum quidpiā refutare conetur, scepticum propositum corroborat, quippe qui ex mutuo refutandi conatu, & controuersia indiiudicabili, ipse etiam assensus retentionem de iis quæ in quæstione versantur, confirmet. Atque his de ambiguitatibus dictis, hic secundum hypotyposeōn librum absoluimus.

SEXTI PHILOSOPHI PYRRHO-
NIARVM HYPOTYPOSEΩN
LIBER III.

DE LOGICA quidem parte eius quæ philosophia nominatur, vt in hypotyposi, quæ diximus sufficere possint: eadem autem scribendi methodo vtentes, eius quoque physicam partem percurremus: non omnibus quæ ab illis dicuntur, sigillatim contradicentes, sed generaliora labefactare conates, cum quibus & reliqua circunscribuntur. Prima erit ergo de principiis disputatio. & quoniam bona pars eorum ex principiis alia esse materialia, alia effectiua fatetur, ab effectiuis ordiemur. Hæc enim & materialibus magis propria dicunt esse.

De Deo. CAP. I.

ITAQVE quùm Deum efficacissimam esse causam bona pars eorum pronuntiarit, primùm de Deo inquiramus. illud præfati, nos vitā communem sequentes, nulli autem opinioni adhærentes, dicere esse Deos, & colere Deos, & prouidentiam illis attribuere: sed aduersus Dogmaticorum temeritatem hæc afferre. Earum rerum quas intellectu percipimus, substātias imaginari debemus: vt, an corpora sint, an incorporeę. Formas item. nemo enim equum intellectu percipere possit, nisi prius formam equi cognitam habuerit. Deinde quod intellectu percipitur, percipi alicubi oportet. Quum igitur ex Dogmaticis alij Deum dicant esse corpus, alij incorporeū: & alij quidē humana forma præditum, alij minimè: & alij in loco esse, alij in loco non esse: & eorum qui in loco esse aiunt, alij intra mundum, alij extra eum collocent: quomodo poterimus Deum intellectu percipere, si neque substantiā eius habeamus, de qua cōstet, neque formam, neq; locum in quo sit? Prius enim illi vno ore fateantur omnes, & assentiantur talem esse Deum, deinde nobis ipsum deformantes, tum demum nos iubeant Deum intellectu percipere. Nam quatenus indiiudicabilis est inter eos controuersia, quod pro confesso & indubitato percipere intellectu possimus, ab illis non habemus. Sed tu incorruptibile quiddam & beatum imaginans (inquiunt) illud Deum esse existima. At hoc stultum est. nam quemadmodum qui nō nouit Dionem, ne accidentia quidem ipsi, vt Dioni, potest imaginari: ita

quia

quia Dei substantiam non nouimus, ne accidentia quidē ipsi cognoscere & imaginari poterimus. Praeterea verò dicant nobis quid sit beatum, an quod agit secundum virtutem, & prouidet illis quae sibi subiecta sunt, an quod in nulla actione versatur, & neque ipsum negotium habet, neque alteri exhibet. Nam de hoc quoq; motis inter se controuersiis quae diiudicari nunquam potuerūt, imperueſtigabile nobis beatum illud reddiderunt, ideóq; etiam Deum. Quòd si etiā intellectu percipiatur Deus, assensum retinere oportet de eo, sit nécne, si quidem pendeamus à Dogmaticis. Nam esse Deum, certum quidem non est. si enim ex seipso, sub sensus nostros caderet, conuenisset inter Dogmaticos de his, quis sit, & qualis, & vbi: quum côtrà eorum indiiudicabilis controuersia fuerit, vt nihil comperti nec certi de eo habeamus, sed demōstratione indigere existimemus. Nam qui dicit esse Deum, aut per manifestum hoc demonstrat, aut per incertū. per certum quidē nequaquam. nam si certum fuerit id quod demonstrat esse Deum: quia quod demonstratur, ad demonstrans intelligentia percipitur, propterea etiam comprehenditur vnà cum eo (sicut & ostendimus) certum fuerit etiam hoc, Deum esse: quippe quod comprehendatur vnà cum demōstrante ipsum, quod quidem demōstrans est certum. Atqui non est certum, vt docuimus: non igitur demōstratur per certum. Sed ne per incertum quidē. nam incertum per quod demonstrabitur esse Deum, opus habens demonstratione, si quidem per certum dicatur demonstrari, non iam incertum erit, sed certum, Deum esse. Non ergo incertum hoc quod ad eius demonstrationem sumitur, per certum demonstratur. Sed neque per incertum. nam in infinitum delabetur qui hoc dicet, dum semper demōstrationem incerti quod afferetur, petemus ad demonstrationem eius quod nobis antea propositum fuerit. Non ergo potest ex alio demonstrari esse Deum. Quòd si nec ex seipso est certum, neque ex alio demonstratur, incomprehensibile erit an sit Deus. His autem istud addendum est, Qui dicit esse Deum, aut prouidere eum dicit rebus quae sunt in mundo, aut non prouidere. & si quidem prouidere dicit, aut omnibus, aut aliquibus. Sed si quidem omnibus prouideret, non esset neque malum vllum, neque vitiosus vllus, neque vlla vitiositas. Atqui vitiositate plena omnia esse clamant. Non ergo omnibus prouidere dicetur Deus. Sin aliquibus prouidet, quare his quidem prouidet, illis verò non item? Etenim aut vult & potest prouidere omnibus: aut vult quidem, sed non potest: aut potest quidem, sed nō vult: aut neq;

vult,

vult, neque potest. Sed si quidem & vellet & posset, omnibus prouideret: atqui non prouidet omnibus, (vt apparet ex supradictis) ergo
nequaquã & vult & potest omnibus prouidere. Quòd si vult quidẽ,
sed non potest, eius vires superabit illa causa propter quam non potest prouidere illis quibus non prouidet. Atqui absurdum est, Deum
imaginari talem, cuius vires vlli rei cedant. At si potest quidem omnibus prouidere, sed non vult, inuidus esse existimari possit. Quòd si
neque vult neque potest, is & inuidus est, & debiles sunt eius vires:
quod de Deo dicere, impiorum est. Non ergo prouidet Deus iis quæ
sunt in mundo. Quòd si nulli prouidet, neque extat vllum eius opus,
neque vllus effectus, non poterit quisquam dicere vnde comprehendat Deum esse, quum nec ex seipso appareat, nec per vllos effectus
comprehendatur. Quocirca his quoque de causis incomprehensibile est an sit Deus. Ex his autem ratiocinamur, impietatis crimen fortassis effugere non posse illos qui asseueranter Deum esse dicunt. Nã
si ipsum prouidere omnibus inquiant, malorum auctorẽ Deum esse
dicent: sin ipsum aliquibus aut nulli prouidere inquiant, aut inuidum
Deum, aut imbecilles Dei vires dicere cogentur. Atqui hæc nõ sine
manifestaria impietate proferri possunt.

De causa. CAP. 2.

VERVM ne nos maledictis prosequi aggrediantur Dogmatici,
dum non inuenient quomodo nobis actu ipso contradicant: magis
communi & recepto modo de actiua causa quæstionẽ mouebimus,
prius ad imaginãdum quid sit causa, appellere animũ conati. Quamobrem ex iis quæ à Dogmaticis dicuntur, causæ notionem nemo intellectu percipere possit: quoniam illi præter controuersias & pere-
grinas notiones causæ, eius subsistentiam quoq; reddiderunt inuen-
tu imposibilem, propter suam de eo controuersiam. Alij enim corpus, alij incorpoream esse dicunt causam. Possit autẽ videri esse causa apud eos, secundum generaliorem opinionẽ, propter quam ope-
rantem fit effectus. exempli gratia, Sol, aut Solis calor, *causa est* liquefieri ceram, vel liquefactionis ceræ. Nam de hoc inter se dissident,
quum causam alij appellationũ esse causam dicant, vt liquefactionis:
alij prædicatorum, vt liquefieri. Itaque(sicut dixi) secundum generaliorem & receptum apud plures eorum modum causa fuerit illud
propter quod operans sit effectus. Harum autem causarum alij (&
quidem eorum bona pars) existimant alias esse synacticas, alias συναι-
τίοις. *q.d. concausales,* alias adiutrices. Et synacticas quidem esse quibus
præsen-

præsentibus adest effectus, & quibus sublatis tollitur, & minutis minuitur. ita enim appositionem strangalæ causam esse dicunt suffocationis. Synætion autem, quæ easdem cum altero synætio vires ad id vt fiat effectus, affert. quo modo vnumquenque boum aratrum trahentium, causam esse dicunt tractionis aratri. Adiutricem vero, quæ paruas affert vires, & ad hoc vt facile existat effectus: vt quum duo aliquod onus ægrè portât, tertius aliquis adueniens vnà cum ipsis illud portando subleuat. Nonnulli vero etiã præsentia futurorũ causas esse dixerunt, vt antecedétes: veluti vehementé à Sole calore, febris. Nonnulli autẽ hæc admittere noluerunt: quia causa, si sit ad aliquid, atque adeo ad ipsum effectum, præcedere ipsum tanquam causa non potest. Nos autem de iis dubitationem mouentes hæc dicimus.

An sit aliquid alicuius causa.   CAP. 3.

VERISIMILE est esse causam. quomodo enim incrementum esset, decrementum: generatio, corruptio: & generaliter motus, naturalium & ab animo proficiscentium effectuum vnusquisque, totius mundi gubernatio, reliqua omnia, nisi per aliquam causam? Nam si nihil horum quantum ad naturã existentiam habet, dicemus propter aliquam causam omnino videri nobis talia esse qualia non sunt. Insuper vero omnia ex omnibus temere essent, nisi esset causa. verbi gratia, Ex muribus quidẽ equi forrasse generarentur, elephantes autem ex formicis: & apud Thebas AEgyptiacas imbres rapidi & niues essent, at *partes* australes imbres nullos haberent: nisi causa foret aliqua propter quam in australibus quidẽ *partibus* frigus valde sæuiret, aridæ autem & æstuosæ essent *partes* orientales. Quinetiã vtrinque subuertitur qui nullã esse causam dicit. si enim simpliciter & sine vlla causa hoc ait se dicere, fide carebit: sin aliquam causam, volens euertere causam, ponit, reddatur causa propter quam non est causa. Propter hęc igitur verisimile est esse causam. Verisimiliter autem loqui eum quoque qui aliquid alicuius causam esse negat, manifestum erit, vbi rationes exposuerimus paucas de multis in præsentia, ad hoc docendum. Primùm igitur impossibile erit causam imaginari, priusquã effectum eius comprehenderimus, vt effectum illius. nam tum demũ cognoscimns causam esse effectus, quum illum vt effectum comprehendimus. Sed nè ipsum quidẽ effectum causæ, vt effectum eius comprehendere possumus, nisi causam effectus comprehédamus, vt causam eius. tunc enim etiam effectum eius esse cognoscere nobis videmur, quando causam eius vt causam eius comprehendimus. Si ergo, go, vt caufam quidē imaginemur, oportet prius cognouiſſe effectū, vt autem effectum cognoſcamus, vt dixi, oportet præcognouiſſe cauſam: diallelus dubitationis modus oſtendit, ambo eſſe huiuſmodi quę imaginari nullo modo poſsimus, quum neq; cauſam vt cauſam, neq; effectum vt effectum imaginari queamus. Quum enim mutuo alterū alterius confirmatione egeat, vtrum ipſorū prius imaginari oporteat neſciemus. Itaque nec eſſe aliquid alicuius cauſam pronuntiare poterimus. Vt autem etiam poſſe cauſam ſub imaginationem cadere aliquis concedat, incomprehenſibilis propter controuerſiam habeatur. Nam qui dicit eſſe alicuius cauſam, aut ſimpliciter & à nulla cauſa probabili impulſum hoc ſe dicere, aut propter aliquas cauſas ſe *huic opinioni* aſſentiri ait. Et ſi quidē ſimpliciter, non erit fide dignior eo qui dicit ſimpliciter, nihil cuiuſquam eſſe cauſam: ſin rationes proferet propter quas eſſe aliquid alicuius cauſam exiſtimet, quod quæritur, per alterū quod quæritur, oſtēdere conabitur. Nam quum hoc in quæſtione verſetur, an aliquid alicuius cauſa ſit, ipſe (tanquam cauſa ſit) cauſam eſſe cur cauſa ſit, dicet. Præterea, quoniam de exiſtentia cauſæ quæſtio à nobis agitatur, etiam cauſam illius cauſæ *quam attulerit ad probandum* cauſam eſſe, neceſſe habuerit proferre: & illius rurſum aliam, & vſque in infinitū. Atqui impoſſibile eſt infinitas cauſas oſtendere. Impoſſibile eſt igitur aſſeueranter pronuntiare aliquid eſſe alicuius cauſam. Ad hæc, aut cauſa, quuum iam eſt, & exiſtit cauſa, facit effectum, aut quum non eſt cauſa. Sed quum non eſt, nequaquā: ſin quum eſt, oportet ipſam prius exiſtentiam habuiſſe, & prius fuiſſe cauſam, deinde eum inducere effectum, qui ab ipſa effici dicitur quū iam eſt cauſa. Sed quoniam ad aliquid eſt cauſa & ad effectum, non poſſe eam ante illum, vt cauſam, exiſtere, manifeſtum eſt. Ergo cauſa, ne tum quidem quum eſt cauſa, efficere poteſt illud cuius eſt cauſa. Quòd ſi neque tum quum non eſt cauſa, efficit aliquid, neque quum eſt: ne efficit quidem quicquam. Quare ne cauſa quidem erit. Nam cauſa non poteſt vt cauſa intellectu percipi, niſi efficiat aliquid. Vnde illud etiam dicunt nonnulli, Cauſam aut coexiſtere oportet cum effectu, aut prius aut poſt exiſtere. Nunc verò, ſi quidem dicamus cauſam incipere exiſtere poſt generationē effectus ipſius, vereor vt nimis hoc ridiculum fuerit. Sed neque ante ipſum exiſtere poteſt. ad ipſum enim dicitur intellectu percipi. Quæ autem ſunt ad aliquid, dicunt ipſi, quatenus ad aliquid ſunt, coexiſtere & ſimul intellectu percipi alia cum aliis. Quinetiam coexiſtere nō poteſt. ſi enim effectiua

eius

eius est, quod autē fit, ab alio iam ente fieri oportet, causam prius esse
causam, ac tum demum facere effectum necesse est. Quamobrem si
causa neque coexistit cum suo effectu, neque ante neque post ipsum
existit, vllóne modo existentiæ particeps esse possit? Insuper verò ex
his, ni fallor, imaginationem causæ rursus euerti liquet. Si enim causam, vt ad aliquid, non possumus ante effectum eius imaginari: vt autem tanquam causam effectus eius imaginemur, necesse est vt ipsam
ante effectum eius imaginemur. at impossibile est imaginari quicquā
ante illud ante quod nihil imaginari possumus: impossibile certè est
imaginari causam. Ex hac igitur ratiocinatione rursus colligimus, verisimiles quidem esse rationes quibus docuimus dici debere causam
esse: sed verisimiles tamen esse & illas quæ ostendunt non esse pronuntiandum, quicquam esse causam. Ex his autem rationibus alteru-
tras præferre non datur, quum neque signum, neque diiudicatorium,
neque demonstrationem de quibus constet habeamus, vt antea docuimus. Ergo vt de existentia causæ assensum retineamus, ac nihilo
magis esse quàm non esse dicamus (quantum quidem ad ea attinet
quæ à Dogmaticis dicuntur) necesse est.

De materialibus principiis. CAP. 4.

DE effectiuis ergo hæc dicta in præsentia sufficiant. breuiter autem etiam de principiis quæ materialia vocantur dicendum est. Hæc
igitur esse incomprehensibilia, promptum est perspicere ex controuersia quæ de iis inter Dogmaticos extitit. Pherecydes quidem Sy-
rius terram dixit omnium esse principium: Thales Milesius aquam:
Anaximander, huius auditor, infinitum: Anaximenes & Diogenes
Apolloniates, aërem: Hippasus autem Metapontinus, ignem: at Xenophanes Colophonius, terram & aquam: OEnopides Chius, ignē
& aërem: Hippon Rheginus, ignem & aquam: Onomacritus verò in
Orphicis, ignem & aquam & terram. (Nam de materia qualitatis experte quæ à nonnullis prodigioso quodam modo fingitur, quam ne
ipsi quidem comprehendere se inquiunt, quid attinet verba facere?)
Aristoteles autem Peripateticus, ignem, aërem, aquam, terrā, ipsum
cyclophoreticum (*q. d. in orbem versatile*) corpus: Democritus autē &
Epicurus, atomos: Anaxagoras Clazomenius, homœomerias: Diodorus qui vocatus fuit Cronus, minima & insecabilia corpora: Heraclides Ponticus & Asclepiades Bithynus, incōpositas moles: Pythagoras, numeros: Mathematici, extremitates corporū: at Straton physicus, qualitates. Quum ergo tanta & maior etiam inter eos de ma-
teria-

terialibus principiis controuersia fuerit, aut omnibus assentiemur discrepantiis quæ positæ sunt, & cæteris quoque, aut aliquibus. Sed omnibus quidem possibile non est: non enim poterimus & Asclepiadi assentiri, qui dicit elementa frangibilia esse, & qualitate certa prædita: & Democrito, qui atoma hæc esse dicit, & qualitatis expertia: & Anaxagoræ, qui omnem sensibilem qualitatem circa homœomerias relinquit. Sin aliquam harum discrepantiarum aliis ex iudicio nostro præferemus, aut simpliciter & absque demonstratione illam præferemus, aut cum demonstratione. Sed nos absque demonstratione non assentiemur: sin demonstrationem afferamus, veram oportet esse demonstrationem. Sed vera non concedatur esse, nisi iudicata iudicatorio vero: at iudicatorium verum esse ostenditur per demonstrationem iudicatam. Si ergo vt demonstratio quidem quæ anteponit aliquam opinionem ab aliis dissidentem, vera esse ostendatur, oportet iudicatorium eius esse demonstratum: vt autem iudicatorium demostretur, oportet demonstrationem eius ante iudicatam esse, diallelus modus comperitur, qui progredi non sinet orationem: quum demonstratio quidem semper egeat criterio demonstrato, criterium autem demostratione iudicata. Quòd si semper criterium criterio iudicare, & demonstrationem demonstratione demonstrare velit aliquis, ad infinitum compelletur. Si ergo neque omnibus controuersis opinionibus de elementis possumus assentiri, neque alicui harum de illis assensum retineamus necesse est. Et possent quidem fortasse hæc sola satis superque esse ad ostendendam elementorũ & materialium principiorum incomprehensibilitatem: vt tamen ampliorem refellendi Dogmaticos materiam habeamus, paulisper huic loco immorabimur. Et quoniam multæ ac propemodum infinitæ sunt de elementis opiniones, (quemadmodum docuimus) ad vnamquanque respondere sigillatim nunc supersedebimus, propter huius tractatus formā: quod tamen dicemus, ad omnes refutandas valebit. Quoniam enim quancunque alicuius sectæ controuersam de elementis opinionem protulerit, aut ad corpora deueniet, aut incorporea, satis esse existimamus docere incomprehensibilia esse corpora, incomprehensibilia item esse incorporea. Per hoc enim etiam elementa fore incomprehensibilia perspicuum erit.

An comprehensibilia sint corpora. CAP. 5.

CORPVS itaque dicunt esse quidam, quod censent aut agere aut pati. Quantum igitur ad hanc notionē, incomprehensibile est ipsum.

causa

causa enim incomprehensibilis est, vt docuimus. quum autem dicere nequeamus an aliquid sit causa, nec an sit aliquid quod patiatur, dicere possumus. Nam quod patitur, à causa patiatur necesse est. Quu autem etiam causa incomprehensibilis sit, & incomprehensibile id quod patitur, propterea incomprehésibile erit etiam corpus. Nonnulli autem corpus esse dicunt quod tres habet diastases cum antitypia. Punctum enim dicunt, cuius pars nulla: lineam autem, longitudinem latitudine carentem: superficiem verò, longitudinem cum latitudine. Quum autem hæc etiam profunditatem præterea acceperit & antitypiam, corpus esse (de quo nunc à nobis fit mentio) constans ex longitudine, latitudine, & profunditate, & antitypia. Sed facilis profectò & ad hos responsio. nam aut corpus nihil præter hæc esse dicent, aut aliud quiddam, præter concursum supradictorum. Et extra longitudinem quidem & latitudinem & profunditatem & antitypiam, nihil esse possit corpus. Si autem hæc sunt corpus, & ostendat aliquis hæc inexistentia esse, etiam corpus tollat necesse est. nā tota, sublatis omnibus suis partibus tolluntur. Quum autē variis modis hæc liceat refellere, in præsentia his contenti erimus, vt dicamus, si sunt extremitates, eas aut lineas esse, aut superficies, aut corpora. Si igitur superficiem aliquam aut lineam esse dicat aliquis, etiam vnumquodque supradictorum aut seorsum subsistere posse dicetur, aut solùm circa ea quæ corpora dicuntur cerni. Sed per se quidem existentem aut lineam, aut superficiem, nemo sanæ mentis, vt opinor, somniauerit. Si autem circa corpora cerni tantùm dicatur, & per seipsum subsistere horum vnumquodque, primùm quidem ex hoc ipso concedetur, corpora ex illis facta nō fuisse. oportuisset enim, credo, hęc prius subsistentiā per se habuisse, ac tum demum quum in vnum cōuenissent, fecisse corpora. Præterea autem ne in iis quidem quę corpora vocantur subsistunt. quod quum pluribus doceri possit, eas quæ ex tactu afferri possūt dubitationes proponere satis erit. Si enim corpora quæ aliis apponuntur, à se vicissim tanguntur, extremitatibus suis, nimirum superficiebus, mutuò tanguntur. Ergo superficies totæ per totum aliæ aliis non vnientur, secundum tactum. alioqui confusio erit ipse tactus, & diuisio eorum tangentium erit διασπασμός, id est, diuulsio. Quod non cernitur. At si superficies aliis partibus tangit superficiem corporis quod ipsi apponitur, aliis autem vnita est cū corpore cuius est extremitas: nequaquam certè potest quisquam ne circa corpus quidem cernere longitudinem & latitudinē profunditatis expertem: vnde ne superficiem quidem. Eodem etiam modo si duæ superficies (vt hoc supponamus) vnà cum altera apponantur, per extremitates earum in quas definunt, secundum eam quæ dicitur earum esse longitudinem, id est secundum lineas, lineæ hæ per quas superficies tangere se mutuò dicuntur, ne vnientur quidem aliæ cum aliis. (confunderentur enim) sin vnaquæque earum aliis quidem partibus quæ sunt secundum latitudinem, tangit ipsi appositam lineam, aliis autem vnita est cum superficie cuius est extremitas, non erit latitudinis expers. Vnde ne linea quidē fuerit. Quòd si neque linea est in corpore, neque superficies, ne longitudo quidē aut latitudo aut profunditas erit in corpore. Quòd si quis corpora dicat esse extremitates, paucis illi respōderi poterit. Si enim longitudo corpus est, oportebit ipsum in suas tres diastases diuidi, quarum vnaquæque corpus existens, rursum ipsa diuidetur in alias tres diastases quæ erūt corpora: & illæ in alias itidem, & hoc vsque in infinitū, adeò vt infinitæ magnitudinis sit corpus, vtpote quod in infinita diuidatur. At hoc absurdum est. Ergo ne corpora quidē sunt supradictæ diastases. Quòd si neque corpora sunt, neque lineæ aut superficies, ne esse quidem existimabuntur. Incomprehensibilis verò est etiam antitypia. nam si hæc comprehēdatur, tactu cōprehendi debeat. si igitur ostēderimus incomprehensibile esse tactum, non posse comprehendi antitypiam perspicuum fuerit. Tactum autem esse incomprehensibilem ita ratiocinādo colligimus, Quæ se mutuò tangunt, aut partibus alia tangūtur ab aliis, aut tota à totis. Tota certe à totis nequaquam. alioqui enim vniētur, nec se inuicem tāgent. Sed ne partibus quidē partes. nā partes eorum, vt quidē ad tota, partes sunt: vt autē ad partes suas, tota. Hęc igitur tota sunt aliorū partes. Et tota quidē non tangent tota, propter ea quæ dicta sunt: sed neque partibus partes. nā horum partes ad suas partes *cōsideratæ*, tota quū sint, neque tota tangēt tota, neque partibus partes. Quòd si neque secundum totum, neque secundū partes fieri tactū comprehendimus, incomprehēsibilis erit tactus, ideóque etiā antitypia. vnde & corpus. Si enim nihil est illud præter tres illas diastases, & antitypiam, ostendimus autem vnumquodque horum esse incōprehensibile, corpus quoque erit incomprehensibile. Sic ergo, quantum ad notionem corporis, incomprehensibile est an sit corpus. Sed hoc proposito nostro addendum est. Entium alia dicunt esse sensibilia, alia imaginabilia: & hæc quidē intellectu, illa sensibus comprehendi. & sensus quidem esse ἀπλοπαθὲς, *id est simpliciter*

pliciter passibiles: at verò intellectu à sensibilium comprehensione ad imaginabilium comprehensionem venire. Si quid igitur est corpus, aut sensibile est, aut imaginabile. Et sensibile quidem non est. nam per collectionem longitudinis, & profunditatis, & latitudinis, & antitypiæ, & coloris, & aliorum quorundam comprehedi videtur, cum quibus ipsum contemplamur. at sensus dicuntur apud ipsos esse ἄλογοι. Quòd si imaginabile esse dicitur corpus, oportet necessariò esse aliquid in natura rerum sensibilium, à quo corporum imaginabilium erit imaginatio. At verò nihil est præter corpus & incorporeu: ex quibus incorporeum quidem ex seipso imaginabile est: at corpus non sensile, vt docuimus. Quum igitur non sit in natura rerum sensile quicquam à quo imaginatio esse possit corporis, ne imaginabile quidem erit corpus. Quod si neque sensile sit neque imaginabile, præter hæc autē nihil est, quatenus sequemur dictas rationes, ne esse quidem corpus dicendum est. Propterea igitur nos opponentes eas rationes quæ aduersus corpus pugnant, iis quæ apparere dicunt corpus existens, de corpore retinedum esse assensum colligimus. Porrò ex corporis incomprehensibilitate etiā incorporei concluditur incomprehensibilitas. nam priuationes, habituum priuationes intelliguntur, vt visus, cæcitas: & auditus, surditas: & in aliis eodē modo. Itaq; vt priuationem comprehendamus, oportet nos prius habitum comprehendisse cuius priuatio dicitur esse ipsa priuatio. Nam si quis intellectu visum non perceperit, dicere nequeat hunc vel illum visu carere, id est, cæcum esse. Si igitur priuatio corporis est incorporeum, nisi verò habitus comprehendantur, impossibile est priuationes eorum comprehendi: ostensum est autem corpus incomprehensibile esse, incomprehensibile certè erit etiam incorporeum. Nam aut sensu aut intellectu perceptibile est. siue autē sensu perceptibile sit, comprehendi nequit, propter differentiam animalium, & hominum, & sensuum, & circunstantiarū: & propter commistiones, & reliqua quæ à nobis, quum de decem modis epoches tractaremus, dicta sunt. Siue intellectu perceptibile, quū ex seipsa non concedatur sensuum comprehensio, cuius impulsu ad intellectu perceptibilia appellere videmur, ne ipsa quidem sensu perceptibilium comprehensio ex seipsa concedetur. propterea nec incorporei comprehensio. Et qui dicit se incorporeū comprehendere, aut sensu hoc se comprehendere ostendet, aut per logon. Et sensu profectò minimè: quia sensus quidē per impressionem & punctionem videtur sensibilia percipere, vt visus,

(siue

(siue fiat per enstasin coni, siue per imaginum apocrises & epicrises, siue radiorum aut colorum affusiones) & auditus quoque: (siue percussus aër, siue partes vocis deferantur ad aures, & audituum spiritu percutiant, adeò vt perceptionem vocis efficiant.) Sed & odores ad nares, & sapores ad linguam deferuntur, & quæ tactum mouent, eodem modo ad tactum. At verò incorporea talem impressionem sustinere non possunt: itaque sensu comprehendi nequeunt. Sed neq; per logon. si enim dicibile quidé est logos, & incorporeus (vt aiunt Stoici) qui dicit per logon accipi incorporea, quod in quæstione versatur, arripit. Nam quum quæramus an possit aliquid incorporeum comprehendi, ipse aliquid incorporeu accipiens simpliciter, per hoc comprehensionem incorporeorum facere vult. Atqui & ipse logos (si incorporeus est) ex numero eorum est de quibus quæritur. Quomodo igitur ostendet quisquam hoc incorporeum, videlicet logon, prius comprehendi? Nam si per aliud incorporeum, etiam comprehensionis illius demonstrationem quæremus: & hoc vsque in infinitum: quòd si per corpus, atqui etiam de comprehensione corporum quæstio est. Per quod igitur comprehendi corpus demonstrabimus, quod ad demonstrationem comprehensionis logi incorporei sumitur? Siquidem per corpus, ad infinitum compellimur: sin per incorporeum, in diallelum modum incidimus. Quum ergo ita incomprehensibilis maneat logos, siquidem incorporeus est, non possit dicere quisquam per ipsum comprehédi incorporeum. Si autem corpus est logos, quoniam etiã de corporibus controuersia est comprehendantur nécne, propter cótinuum eorum effluuium quod vocant, adeò vt neque demonstratione recipiant, nec esse existimentur: (vnde & Plato vocat corpora nascentia quidem, nunquam autem existétia) quomodo controuersia de corpore diiudicari possit dubito: quum hanc nec corporeo nec incorporeo diiudicari posse videã, propter dictas paulo ante dubitationes. Ergo ne per logon quidem corpora comprehendi possunt. At si nec sub sensum cadunt, nec per logon comprehenduntur, ne vllo quidem modo comprehédi possint. Iam verò si nec de existentia corporis, nec de incorporeis affirmari potest, de elementis etiam retinendus est assensus. Fortasse autem de iis etiam quæ sunt post elementa: siquidem horum alia sunt corporea, alia incorporea, & de vtrisque motæ fuerunt dubitationes. Cæterùm quũ & de principiis effectiuis & de materialibus ob has causas retineri assensus debeat, hæret ipsa de principio dubitatio.

De

PYRRHON. HYPOT. LIB. III.

De crasi, id est, temperatione. CAP. 6.

VERVM (vt hæc etiam omittantur) quomodo fieri dicunt syncrimata ex primis elementis, si nec ὄψις existat, nec ἁφή, i. tactus, seu tactionis sensus, neq́ temperatio aut commistio vllo modo? Nihil enim esse tactum paulo ante docui, quum de subsistentia corporis disputabam. Iam verò ne temperationis quidem modum (quantum quidem ad ea attinet quæ ab illis dicuntur) possibilem esse, de hoc breuiter consyderationem meam proponam. multa enim dicuntur de crasi, & immensi propemodum sit laboris enarrare quæ sint apud Dogmaticos de illa discrepantia. Vnde iam nunc ex indiiudicabili controuersia, etiam incomprehésibilitas ipsius problematis inferri póssit. Nos autem in præsentia vnumquodque horum refellere supersedentes, propter institutum huius tractatus, hæc quæ dicemus, sufficere posse existimamus. Quæ temperantur, ex substantia & qualitatibus constare dicunt. Aut igitur substantias quidé eorum misceri dicet aliquis, qualitates autem nequaquam: aut qualitates quidé, substantias non item: aut neutrum cum altero misceri, aut vtraque inter se vniri. Verum si neque substantia neque qualitates commiscentur inter se, intellectu percipere crasin non poterimus. quomodo enim vnũ sensum ex tem peratis fieri continget, si per nullum supradictorum commiscentur inter se ea quæ temperantur? Quòd si qualitates quidem simpliciter adiacere dicantur aliæ aliis, substantiæ autẽ misceri, hoc etiam modo absurdum fuerit id quod dicitur. Non enim separatas qualitates quæ sunt in crasibus, percipimus, sed tanquam vnam e commistis factam sentimus. Si verò qualitates quidem misceri dicat aliquis, substantias autem nequaquam, impossibilia dicet. Nam qualitatum subsistentia in substantiis est. Propterea ridiculum fuerit dicere, qualitates quidé separatas à substantiis, etiam seorsum inter se misceri, substantias autem qualitatis expertes seorsum relinqui. Superest vt dicatur, qualitates eorum quæ temperátur, & substantias peruadere alias per alias, & dum commiscentur, efficere temperamentum. Quod supradictis est absurdius. impossibile est enim huiusmodi temperamétum. Verbi gratia, Si decē cotylis aquæ cotyla vna succi cicutæ admisceatur, toti aquæ contemperari dicatur cicuta. Nam si vel minimam parté huius misturæ acceperit aliquis, ipsam cicutæ potentia refertam esse comperiet. Quòd si commiscetur cicuta vnicuiq́; parti aquæ, & coextenditur ipsi tota toti per substátiarum & qualitatum ipsarum peruasionem inter se, vt ita crasis fiat: quæ autem coextenduntur alia cum aliis

per

per omnem partem, æqualem occupant locum, ideoq; æqualia sunt inter se, nimirum cotyla cicutæ decem cotylis aquæ æqualis fuerit, adeò vt viginti cotylas oporteat esse mistura, aut duas solas, per hanc suppositionem modi crasews: & rursum si cotyla aquæ viginti cotylis (quantum ad hanc hypothesin) iniecta fuerit, quadraginta cotylarum esse mensuram oportet, aut rursum duarum tantùm: quoniam etiam cotylam decē cotylas possumus imaginari, quia tot cotylis coextenditur:& vicißim decem cotylas, vnam, cum qua æquantur. Quinetiā poßit aliquis sigillatim cotylam addens, & eodē modo ratiocinans, colligere, illas viginti misturæ cotylas quę cernuntur, debere esse viginti cotylarū millia, & amplius, (quātum ad propositum modū crasews) easdem autem etiam duas solas. quo fingi nihil poßit absurdius. Absurdus est ergo & hic qui supponitur modus ipsius crasews. Quòd si neq; substātiis solis inter se commistis, neq; qualitatibus solis, neq; vtrisque, neq; altero tantùm, fieri potest crasis: at præter hæc nihil potest quisquā intellectu percipere: modus crasews & generaliter commistionis intellectu percipi non potest. Itaque si neq; per tactum admota alia aliis ea quæ videntur elementa, neque contemperata, aut mista, possunt syncrimata efficere, Dogmaticorum physiologia, etiā ex iis quæ diximus, intellectu comprehendi non posse comperitur.

De motu. CAP. 7.

PRÆTER illa autem quæ diximus, ex disputatione de motibus animaduerti poterat impoßibilem existimari debere Dogmaticorū physiologiam. omnino enim per aliquem motum elementorum & effectiui principij fieri syncrimata oportet. Si ergo doceamus nullā esse motus speciem de qua constet, manifestum erit, etiamsi per suppositionem concedantur omnia supradicta, frustra tamen Dogmaticos quem vocant physicum λόγῳ percurrisse.

De transitorio motu. CAP. 8.

DICVNT igitur ij qui absolutius vidētur de motu disputasse, sex eius species esse: localem transitū, naturalem mutationem, incrementum, decrementum, generationem, & corruptionē. Nos ergo vnamquanque supradictarum motus specierum sigillatim expedemus, facto à locali transitu principio. Est igitur hæc, secundū Dogmaticos, secundum quam de loco in locum transit id quod mouetur: aut secundum totalitatem, aut secundum partem. Per totalitatem, vt in iis quæ deambulant: secundum partem autem, vt in sphæra quę circa cētrum mouetur. Nam quum ipsa tota maneat eodem in loco, partes locos mutant.

mutant. Tres autem, ni fallor, fuerunt omniū antiquissimæ de motu inter se discrepantes opiniones. nam Bias & aliqui philosophi esse motum existimant: at Parmenides & Melissus & alij quidam negant: Sceptici verò non magis esse motum quàm non esse dixerunt. Nam quantum ad apparētia quidem, videri esse motum, sed quatenus quis philosophicam rationem sequatur, nō esse. Nos igitur postquam tū illorum qui motum esse existimant, tum etiam eorum qui motū nihil esse pronuntiant, altercationem exposuerimus, si ipsas discrepantiæ causas paris momenti vtrinq; esse comperiamus, non magis esse motum quàm non esse dicere cogemur, quantum quidem attinet ad ea quæ dicuntur. Ab iis autem qui dicunt ipsum esse, exordiū sumemus. Hi certè maximè actu nituntur. si enim (inquiunt) nō est motus, quomodo ab oriente ad occasum Sol apparet, & quomodo anni tempora facit, quæ fiunt prout vel nobis propior, vel à nobis remotior est? Aut quomodo naues à portu vno soluentes ad alium portum longissimo interuallo dissitum appellunt? Quomodo is qui tollit motum, domo exit, & domum reuertitur? Hæc illi refutari nullo modo posse censuerunt. Ideóque quidā ex Cynicis, quum ei proposita esset contra motum oratio, nihil respondit, sed surges ambulare coepit, opere & actu ostendens existere motum. Hi ergo hoc modo illis qui ab alterā stant parte, silentium imponere conantur. At qui existentiam motus tollūt, hęc epicheremata afferūt: Si quid mouetur, aut à seipso mouetur, aut ab alio: sed si quidem ab alio * quod enim dicitur à seipso moueri, aut per nullam causam mouebitur, aut per aliquā. sine causa quidem nihil dicunt fieri: sin per aliquā causam mouetur, causa per quam mouetur, motiua eius erit. vnde in infinitum delabitur secundum superiorem disputationis methodum. Pręterea si quod mouet, efficit: quod autem efficit, mouetur, illud quoq; egebit mouente alio, & secundū tertio, & vsque in infinitum, adeò vt principij expers reddatur motus. quod absurdum est. Ergo omne quod mouetur, ab alio non mouetur. At neque à seipso. quia enim omne quod mouet, aut protrudens mouet, aut à tergo trahes, aut sursum trudes, aut comprimens: oportebit vt id quod seipsum trudit, per vnum aliquem ex prædictis modis seipsum moueat. sed si quidē protrudendo seipsum mouet, erit retro seipsum: si à tergo trahendo, ante seipsum: si sursum trudendo, infra seipsum: si comprimēdo, supra. Atqui impossibile est vt aliquid supra seipsum, aut ante, aut infra, aut retro sit: impossibile est ergo à se quicquam moueri. At si neque à seipso motus sit, neque ab alio. nihil ergo mouetur. Quòd si quis ad ἐφμὴν & ad πξοαίρεσιν confugiat, is admonēdus est de controuersia, quæ est de eo quod dicitur esse ἐφ᾽ ἡμῖν. i. in nostra potestate: & hanc indiiudicabilem esse, quū nos veritatis criterium nondum inuenerimus. Illud præterea dicendum est, si quid mouetur, aut in eo in quo est loco mouetur, aut in quo nō est. at neque in quo est: manet enim in eo, si in eo est. nec verò in quo non est: vbi enim aliquid non est, illic neque agere quicquam neque pati potest. Non ergo mouetur quicquam. Est autē hæc oratio Diodori Croni, quæ multas refutationes habuit: ex quibus nos eas tantùm quæ magis premunt (propter huius tractatus formam) cum apparéte nobis diiudicatione exponemus. Dicunt ergo nonnulli posse quidpiam in quo sit loco moueri. nam sphæras, quę circa centra voluuntur, in eodē manentes loco moueri. Quibus respondentes, transferre oportet orationem ad vnamquanque sphæræ partem, & docere, sequendo illa verba, ne per partes quidem moueri: atque ita concludere, nihil ne in eo quidem in quo sit loco moueri. Idem autem faciemus & aduersus eos qui dicunt, quod mouetur duos attingere locos, & eum in quo est, & eum ad quem fertur. Illos enim interrogabimus quando id quod mouetur feratur à loco in quo est in alium: vtrum quando in primo loco est, an quando in secundo. Atqui quum est in primo, non transit in alterum: nam adhuc in primo est. quum autem non est in eo, non transit ab eo. Adde quòd etiam arripitur id de quo quæritur. nam in quo non est, ne agere quidem in eo potest. non enim ferri in locum aliquē concedet quis illud simpliciter, *& absque demonstratione*, quod moueri non concedit. Sunt verò & qui hoc dicant: Locus bifariam dicitur, alter qui est in latitudine, vt mea domus: alter qui est exactè, vt verbi gratia aër qui circunformauit corporis superficiem. Dicitur ergo in loco moueri id quod mouetur, nō in eo qui est exactè, sed in eo qui est secundū latitudinem. Quibus possumus, subdiuisione facta loci qui est in latitudine, respondere, in altero quidem esse propriè quod moueri dicitur corpus, vt in loco suo qui sit exactè: in altero autem non esse, vt in reliquis partibus loci qui est secundum latitudinem. deinde inferētes, quòd neque in quo est loco moueri quicquam potest, neque in quo non est, cōcludere, ne in loco quidem qui secundū latitudinem dicitur per abusionē, moueri quicquam posse. Constituitur enim ex duobus, & hoc in quo est exactè, & illo in quo exactè non est. in quorum neutro moueri quicquam posse demonstratum est. Sed proponenda est & hæc ratiocinatio:

Si quid

Si quid mouetur, aut secundum prius mouetur, aut secundum confertim diuisibile interuallum. Neque autem secundum prius, prius potest quicquam moueri, nec secudum confertim diuisibile interuallum, vt ostendemus. Nihil igitur mouetur. Itaque secundum prius, prius
5 non posse quicquam moueri, ex se patet. Si enim in infinitum secantur corpora, & loca & tempora, quibus moueri dicuntur corpora, non erunt motus: quum impossibile sit vt aliquid quod primum sit in infinitis inueniatur, à quo primo mouebitur id quod moueri dicitur. At si in indiuiduum desinunt supradicta, & vnumquodque eorum quæ
10 mouentur, primum indiuiduum loci similiter pertransit atque primum sui indiuisibile tempus, omnia quæ mouentur, æqualem celeritatem habét, vt celerrimus equus & testudo. quod est priore absurdius. Non ergo secundum prius fit motus. Sed neq; secundum confertim diuisibile interuallum. Si enim apparentia testificari de incertis debent
15 (vt inquiunt) quum vt quis cóficiat stadij vnius interuallum, oporteat prius ipsum conficere primam stadij partem, & secundam posterius, & reliquas eodem modo: sic & omne quod secúdum prius mouetur, prius moueri oportet. Nam si quod mouetur, dicatur transire cófertim, omnes partes loci in quo moueri dicitur, in omnibus simul erunt
20 eius partibus. &, si pars quidem vna sit frigida, altera auté calida loci per quem mouetur: aut (vt ita fingamus accidere) vna quidem nigra, altera autem alba, adeò vt etiam colorare possit occurrentia: quod mouetur, erit calidum simul & frigidum, & nigrú & album. quod absurdum est. Deinde & quantum loci confertim transeat id quod mo-
25 uetur, dicant. Nam si hunc indefinitú esse dicant, aliquid moueri per totam terram confertim concedent: sin hoc refugiunt, magnitudiné loci nobis definiant. nam exactè conari definire locú, quo maius interuallum ne per multo minimam quidem partem poterit transire id quod mouetur confertim, præterquá quod est apocleroticum, & te-
30 merarium, ac fortassis etiam ridiculum, in dubitationem initio positã recidit. omnia enim æqualem habebút velocitatem. si quidé vnumquodque ipsorum similiter per definita loca transitus motuum facit. Si verò dicent per paruum quidem non exactè tamen definitum locú confertim moueri id quod mouetur, per soriticam dubitationé sem-
35 per ad magnitudiné quam per hypothesin habuerimus, multo minimam quandam magnitudiné loci addere nobis licebit. Si enim consistent alicubi, dum nos hanc proponemus orationem, rursus in exactam circunscriptionem & in illa prodigiosa figmenta recident. Sin

ff 2 admit-

admittent adaugmentationem, cogemus eos confiteri, posse aliquid confertim per magnitudinem totius terræ moueri. Ergo ne secundū quidem confertim diuisibile interuallum mouentur ea quæ moueri dicuntur. Quòd si neque secundum confertim diuisibilē locum, neq; per prius mouetur quicquam: nihil est profectò quod moueatur. Hęc ergo & plura his dicunt qui transitorium motum tollūt. Nos autem, quòd neque has rationes, neque ipsum apparens (quod sequentes, dicunt motum esse) possimus euertere, quantum ad rationes quę opponuntur illis quæ sunt apparentia, de hoc, motúsne sit, an non, assensum retinemus.

De augmento & imminutione. CAP. 9.

EADEM autem ratione moti, etiam de augmento & imminutione assensum retinemus: nam effectus videtur ipsorum subsistentiam inducere, quam euertere rationes videntur. Nam tu vel hoc saltem considera. Quod augetur, ens & subsistens, ad magnitudinē promouere oportet: (si quis enim vni facta augmentatione, alterum auctum esse dicat, mentietur) quum igitur substātia nusquam stet, sed semper fluat, & alia pro alia ad efficiēdam concretionem veniat, quod auctū esse dicitur, non habet priorem substantiam, & cum hac aliam additam, sed totam aliam. Quemadmodum igitur si (verbi gratia) ligno tricubitali existente, decemcubitale aliud afferat quispiam, ac dicat auxisse tricubitale, mentietur, (eo quòd totum sit aliud hoc ab illo) ita & in omni quod augeri dicitur, priore materia effluéte, & alia ingrediente, si additur id quod addi dicitur, nemo augmentationē vocauerit hoc quòd talis sit, sed ex toto immutationē. Idē & de imminutione dici potest. nā quod nullo modo subsistit, quomodo imminutum esse dicetur? Præterea si imminutio quidem fit per ablationem, augmentatio autē per additionē: nihil autem est neq; ablatio, neque additio: ergo ne imminutio quidem aut augmentatio est aliquid.

De ablatione & additione. CAP. 10.

NIHIL autem esse ablationem, ex hac ratiocinatione colligunt. Si quid ab aliquo aufertur, aut æquale ab æquali aufertur, aut maius à minori, aut minus à maiori. At per nullum ex his modis ablatio fit, vt declarabimus. Fieri ergo nō potest ablatio. Per nullum autem ex his ablationem fieri hinc perspicuum est: Quod aufertur ab aliquo, oportet ante ablationē contineri in eo à quo aufertur. At verò neç æquale in æquali cōtinetur, vt sex in sex. (oportet enim maius esse id quod continet, eo quod continetur : & id à quo aufertur aliquid, eo quod aufer-

aufertur, vt post ablatione aliquid relinquatur. hæc enim videtur esse differentia inter auferre, & inter prorsus tollere totum.) Nec verò maius in minore continetur, vt sex in quinque. (hoc enim absurdum est.) Propterea verò nec minus in maiori. nam si in sex continentur quinque, (vt in pluribus pauciora) etiam in quinque continebuntur quatuor, & in quatuor tria, & in tribus duo, & in his vnum. atque ita fiet vt sex habeant quinque, quatuor, tria, duo, vnum. quibus compositis quindecim fiunt, qui numerus in sex contineri concluditur, si minus in maiori contineri concedatur. Similiter & in quindecim, qui in sex continetur, trigintaquinque continentur, & paulatim progrediendo infiniti numeri. Atqui dicere infinitos numeros in numero sex cōtineri absurdum est. Itidem ergo & in maiori minus cōtineri dicere, absurditatem habet. Si igitur oportet, quod aufertur ab aliquo, contineri in illo à quo auferri debet: at nec æquale in æquali continetur, nec maius in minori, nec minus in maiori: nihil certè ab vllo aufertur. Insuper verò, si aufertur aliquid ab aliquo, aut totū à toto aufertur, aut pars à parte: aut totū à parte, aut pars à toto. Totum ergo dicere auferri aut à toto, aut à parte, manifestè rationi repugnat. Quod si ita est, superest vt dicatur partem auferri à toto, aut à parte. quod est absurdum. Exempli gratia (vt à numeris orationem non abducamus, ob maiorem perspicuitatem) sit decas, *id est, denarius numerus*, & ab hac dicatur auferri vnitas. hæc vnitas nec à tota decade auferri potest, nec à reliqua parte decadis, nempe ab enneade. *i. nouenario numero*: vt patefaciam. Ergo ne aufertur quidem. Nam si vnitas à tota decade aufertur, quoniam decas nec aliud quicquam est quàm decem vnitates, nec vlla vnitatum, sed cōcursus omnium vnitatum: ab vnaquaq; vnitate auferri debet vnitas, vt à tota auferatur decade. In primis ergo ab vnitate quidem nihil potest auferri (indiuisibiles enim sunt vnitates) & propterea non auferetur vnitas à decade hoc modo. Veruntamen licet concedat aliquis ab vnaquaque vnitate auferri vnitatem, decem habebit partes vnitas: decem autem habens partes, erit vnitas. Iam verò quum decem aliæ partes relictæ sint à quibus ablatæ sint decē partes eius quę vnitas vocatur, decem hæc erunt viginti. Atqui absurdum est dicere vnum decem esse, & decē viginti, & quod indiuisibile est (secundum ipsos) diuidi. Absurdum est igitur, dicere à tota decade vnitatem auferri. Sed ne ab ea quidem quæ superest enneade, *id est, nouenario numero*, aufertur vnitas. nam id à quo aliquid aufertur, non manet integrum. At enneas post ablationem illius vni-

tatis integra manet. Ad hæc verò, quum enneas nihil sit præter nouē
vnitates, si quidem ab ipsa tota dicatur vnitas auferri, enneas ipsa auferetur: sin à parte ipsorum nouem, si quidem ab octo, eædem absurditates sequentur: sin ab vnitate quæ vltima est, diuisibilē esse dicent
vnitatem: quod est absurdum. Ergo nec ab enneade quidem aufertur
vnitas. Quòd si neq; à tota decade aufertur, nec à parte eius, ne pars
quidem à toto aut à parte auferri potest. Si igitur neq; totum à toto
quicquam aufertur, neque pars à toto, neque totum à parte, nec pars
à parte, nullo modo aliquid ab aliquo auferri cōsequitur. Quinetiā
additio inter impossibilia ab ipsis numeratur. nam quod additur (inquiūt) aut sibiipsi additur, aut alicui iam antè subiecto, aut ei quod ex
vtroque constat. At nihil horum est verum. Ergo nihil vlli additur.
Exempli gratia, Sit multitudo quatuor cotylarum, & addatur cotyla:
quæro cui addatur. Sibiipsi quidem nō potest (nam id quod additur,
aliud est ab eo cui additur: nihil autem est aliud à seipso.) Sed neque
additur ad id quod ex vtroque constat, ex quatuor cotylarum mensura & ex cotyla. nam quomodo addatur aliquid ad id quod nondum
est? Ad hæc, si numero quatuor cotylarum & cotylę admisceatur cotyla, ea quę additur, multitudo erit decem cotylarum, ex multitudine
quatuor cotylarum, & cotyla, & alia cotyla addita. Quòd si ad solam
multitudinem quatuor cotylarum additur cotyla, quia id quod alicui
coextenditur, æquale erit ei cui coextenditur, si cotyla quatuor cotylarum multitudini coextēdatur, duplicabit illam quatuor cotylarum
multitudinem, adeò vt tota multitudo sit octo cotylarum. Quod verum esse nō cernitur. Si ergo neque sibiipsi additur id quod addi dicitur, neque iam subiecto, neque illi quod ex vtroque horum cōstat:
præter hæc autem nihil est: certè nec quicquam cuiquam additur.

De transpositione. CAP. II.

IAM verò vnà cum additionis ablationisq; & localis motus subsistentia transpositio etiam circunscribitur. Hæc enim est ab aliquo
quidem ablatio, ad aliquid verò additio, transitorie.

De toto & parte. CAP. 12.

ITIDEM verò & totum & partes. nam per cōcursum & additionem partium totum fieri videtur: per ablationem autem alicuius aut
aliquorum, desinere esse totum. Præterea si aliquid est totū, aut aliud
est quàm partes eius, aut ipsæ partes eius totū sunt. Atqui aliud à partibus nihil videtur totum esse: (nam sublatis quidem certè partibus,
nihil remanet, vt aliud quicquam quàm has cogitemus esse totum)
quòd

quòd si ipsæ partes totum sunt, nomen erit duntaxat ipsum totum, & appellatio inanis, subsistentiam verò propriam non habebit. Quemadmodum nec interuallum est aliud quàm ea quæ sunt interuallo dissita, nec contignatio aliud est præter ea quæ sunt contignata. Ergo totum non erit quicquam. Sed ne partes quidem erunt quicquam. Si enim sunt partes, aut ipsæ sunt totius partes, aut aliæ aliarum partes, aut vnaquæque suiipsius pars. At neque totius: (quia nihil est aliud præter partes. & alioqui partes hoc modo essent suiipsarum partes: quoniam vnaquæq; pars completiua esse dicitur totius) nec aliæ aliarum: quia pars contineri videtur in illo cuius est pars. Est autem absurdum dicere manum (verbi gratia) in pede comprehēdi. Nec verò vnaquæq; pars suiipsius pars erit. nam propter complexionē, erit aliquid seipso maius & minus. Ergo si neque totius, neque suiipsarum, nec aliæ aliarum partes sunt eæ quæ partes esse dicuntur, nullius sunt partes. quòd si nullius sint partes, ne partes quidē sunt. nā quæ sunt ad aliquid, alia vnà cum aliis euertuntur. Et hæc quidem per digressionem dicta sint, quoniam semel totius & partis mentionem fecimus.

De naturali mutatione. CAP. 13.

SVNT etiam quæ eam quæ naturalis appellatur mutatio, subsistentiam habere neget, rationibus huiusmodi hoc astruentes: Si mutetur aliquid, aut corpus est quod mutatur, aut incorporeum. At de vtroque horum dubitatio est. ergo & quæ de mutatione dicuntur, ea quoque in dubium reuocabuntur. Deinde si mutatur aliquid secundum aliquos effectus causæ, patiens etiā mutatur. euertitur enim causæ subsistentia, cum qua patiens etiā euertitur, non habens à quo patiatur. Ergo nihil mutatur. Præterea si quid mutatur, aut quod existit mutatur, aut quod non est. At quod non est, subsistentiam non habet, & neque agere neque pati quicquam potest. ergo ne mutationē quidem recipit. Si verò quod existit mutatur, aut quatenus ens est mutatur, aut quatenus ens non est. Verùm quatenus non ens est, non mutatur. neque enim est, si sit non ens. Si verò quatenus ens est, mutatur, aliud fuerit quàm quod ens est: id est, ens non fuerit. Atqui absurdum est dicere, ens, fieri vt ens nō sit. ergo ne ens quidem mutatur. Quòd si neque ens mutatur, neque non ens, præter hæc autem nihil est, superest vt nihil mutari dicamus. Nonnulli verò hæc quoque dicunt, Quod mutatur, in aliquo tempore mutari debet. At verò nec in præterito tempore mutatur quicquam, neque in futuro, nec in præsenti, vt ostendemus. Non ergo mutatur quicquam. In præterito quidem

aut

aut futuro tempore nihil mutatur. horum enim neutrum præsens est. at impossibile est agere quicquam aut pati in tempore non ente & non præsenti. Sed ne in præsenti quidem potest. nam præsens tempus fortasse etiam inexistens est. Vt tamen hoc huiuc prætereamus, indiuisibile est. atqui impossibile est indiuisibili tempore existimare ferrum (verbi gratia) à duritie in mollitiem mutari, aut aliarum mutationum vnamquanq; fieri. productione enim hæ videntur egerᵉ. Si ergo neque in præterito tempore mutatur quicquam, neque in futuro, neq; in præsenti, ne mutari quidem quicquam dicendū est. Præterea siqua est mutatio aut   *   sensus sunt ἁπλοταβεῖς. i. simplicem passionem habentes. mutatio autem videtur vnā mentionem habere & eius ex quo mutatur, & eius in quod mutari dicitur. Sin est intellectu perceptibilis, quia de existentia eorū quæ sunt intellectu perceptibilia, indiiudicabilis extitit apud antiquos cōtrouersia (quemadmodū sæpe iam docuimus) nihil ne de existentia quidem mutationis dicere poterimus.

De generatione & corruptione.   CAP. 14.

EVERTITVR profectò etiam generatio & corruptio vnā cū additione & ablatione & naturali mutatione. Absq; his enim nihil nec generari nec corrumpi possit. Verbi gratia, ex decade corrupta, vt aiunt, enneadem generari contingit, per ablationem vnitatis: & decadem ex enneade corrupta, per additionem vnitatis. & æruginē ex ære corrupto, per mutationē. Itaque euersis supradictis motibus, vnā etiam generationem & corruptionem euerti fortasse necesse est. Nihilominus tamē sunt qui hæc etiam dicant: Si generatus est Socrates, quando non erat Socrates, generatus est, aut quum iam erat. Verūm si generatus esse dicatur quum iam esset, bis fuit generatus. quod si quum non esset, simul & erat Socrates, & non erat. erat quidem quatenus generatus erat, non erat autem secundum nostram suppositionem. Ac si mortuus est Socrates, aut quum viueret, mortuus est, aut quum mortuus esset. atqui tum quidem quum viueret, non erat mortuus: (nam idem & viueret & mortuus esset) sed neq; quum mortuus esset: alioqui bis mortuus foret. Nō igitur mortuus est Socrates. Hac autem ratiocinatione possit aliquis in vnoquoque eorum quæ generari aut corrumpi dicuntur insistens, generationem & corruptionem euertere. Sunt verò & qui hac obiectione vtatur: Si quid generatur, aut ens generatur, aut non ens. at neque non ens generatur: (nam ei quod non est, nihil accidere potest, ideoque nec generatio) neq; ens generatur. Nam si ens generatur, aut quatenus ens est, generatur, aut quate-

quatenus non ens est. At quatenus non ens est, non generatur. quòd si quatenus ens est, generatur: quia quod generatur, aliud ex alio dicunt generari: aliud erit ab ente id quod generatur, quod est nō ens. Ergo quod generatur, non ens erit. quod à ratione abhorret. Si igitur neque quod nō est generatur, neque quod est, ne generatur quidem quicquam. Eodem modo autē neq; corrumpitur: Nam si quid corrumpitur, aut ens corrumpitur, aut non ens. sed non ens non corrumpitur. nam oportet vt id quod corrumpitur aliquid patiatur. Sed neque ens. Aut enim manens in hoc vt sit ens, corrumpitur, aut non manens. & si quidem manens in suo ens esse, erit idem simul & ens & non ens. Quoniam enim corrumpitur, non quatenus non est ens, sed quatenus est ens: quatenus quidem corruptum esse dicitur, aliud erit ab ente, & propterea non ens. quatenus autē manens in suo esse, dicitur corrumpi, ens erit. Sed enim absurdum est dicere idem esse & ens & non ens. Nō ergo manēs in suo esse corrumpitur ens. Quòd si ens non manens in suo esse, corrumpitur, sed ad non esse redigitur primùm, deinde corrumpitur, non iam ens, sed nō ens corrumpitur. quod impossibile esse docuimus. Si ergo neq; ens corrumpitur, neq; non ens: præter hæc autem nihil est, ne corrumpitur quidem aliquid. Hæc ergo, vt in hypotyposi, etiam de motibus dixisse sufficiet. Ex quibus sequitur inexistentem esse & inimaginabilem Dogmaticorum physiologiam.

De mansione. CAP. 15.

CONSEQVENTER autem his & de mansione, quæ est quantū ad naturam, dubitationes proposuerunt aliqui, dicentes, Quod mouetur, non manet. omne autem corpus perpetuò mouetur, secundum opiniones Dogmaticorū, qui fluidam esse dicunt substātiam, & semper egerere, aliaque insuper assumere, (adeò vt Plato ne vocauerit quidem corpora quæ sint, sed potius quæ gignātur: & Heraclitus veloci fluminis cursui mobilitatem nostræ materiæ comparet.) Nullū igitur corpus manet. Nam quod dicitur manere, videtur ab iis quæ circa ipsum sunt contineri. at quod cōtinetur, patitur. nihil autem est patiens, quia ne causa quidem, vt docuimus: ergo ne manet quidem aliquid. Sunt verò & qui orationem hanc proponant, Quod manet, patitur: quod autem patitur, mouetur. ergo quod manere dicitur, mouetur. quòd si mouetur, non manet. Ex his autē perspicuum est neq; incorporeum manere posse. nam si manens patitur, pati autē corporum est proprium (vtpote quod non sit etiam incorporeorum) nihil autem

autem incorporeum neque pati potest neque manere. nihil ergo manet. Hactenus etiam de mansione dixerim. Quoniam autem vnumquodque supradictorum non absque loco aut tempore intellectu percipitur, transeundum est ad horum disquisitionem. Nam si haec aliquis ostenderit consistere non posse, ne illorum quidem vnumquodque consistere poterit, etiam propter haec. Incipiamus autem à loco.

De loco. CAP. X.

Locus ergo bifariam dicitur, propriè & abusiuè: Abusiuè quidem, vt is qui est in latitudine, veluti ciuitas: propriè autem, res quæ exactè continet, à quo exactè continemur. Quæstionem igitur mouemus de loco qui exactè continet: quem alij posuerunt, alij sustulerunt, alij de ipso assensum retinuerunt. Ex quibus illi quidem qui esse ipsum dicunt, ad actionem confugerunt. Quis enim (aiunt) dicat non esse locum, videns partes loci? veluti dextra, sinistra, quæ sursum, quæ deorsum: quæ ante, & quæ retro: & quú alias alibi sit, videatque, vbi præceptor meus disputabat, ibi me nunc disputare: & locú diuersum comprehendat ex leuibus natura & ex natura grauibus. præterea veteres audiat dicentes, Primò omnium chaos fuit. Dicunt enim chaos esse locum, eo quòd comprehendat illa quæ in ipso sunt. At certè si est aliquid corpus (inquiunt) est etiam locus, absque hoc enim nunquam possit esse corpus. & si est A quo, etiam est Ex quo & In quo. quod est locus. primum autē in vtroque: secundú igitur in vtroque. At qui tollunt locú, neque partes loci concedunt esse. nihil enim esse præter eius partes: & eum qui colligere conatur esse locú, ex eo quòd partes eius vt entes accipiat, id de quo quæritur, per seipsum astruere velle. Itidem verò nugari & eos qui in aliquo loco esse aliquid aut fuisse dicant, quum nullo modo locus esse concedatur: abripere etiā ipsos corporis existentiam, quæ ex seipsa non concedatur, & ipsum Ex quo & ipsum A quo ostendi inexistentia, sicut & locú. Sed ne Hesiodum quidem fide dignum esse testem eorum quæ ad philosophiā pertinent. Atque ita repellentes quę ad astruendam loci existentiam afferuntur, magis adhuc versutè astruunt inexistenté esse: in vsum suú conuertentes eas Dogmaticorú de loco opiniones quæ maioris esse ponderis videtur, nimirum tum Stoicorú tum Peripateticorum opinionem: hoc modo, Stoici dicunt vacuum quidem esse quod potest ab ente contineri, sed non continetur. aut interuallū corporis inane, aut interuallum quod à corpore non continetur: locum autem, interuallum quod ab ente continetur, & æquatur cum continente ipsum.

nunc

nunc quidem ens vocantes corpus, χώραν autem interuallum quod
partim continetur à corpore, partim non continetur. quũ aliqui χώραν esse dixerint locum magni corporis: adeò vt in magnitudine differentia sit inter locum & χώραν. Obiicitur ergo, quum dicãt locum
5 esse interuallum quod à corpore continetur, quomodo illum etiam
interuallum esse dicant: an lõgitudinem corporis, an latitudinem, an
profunditatem solùm, an tres illas diastases. Si enim vnicam diastasin
dicant, non æquatur locus illi cuius est locus: præterquam quòd etiam
id quod continet, pars est eius quod continetur. quod omnino ratio-
10 ni repugnat. Quòd si tres illæ diastases *esse dicantur*, quum neque in
eo qui locus dicitur, nec aliud, corpus habens diastasin subiectum sit,
manens autem corpus quod in loco esse dicitur, non constet ex dia-
stasibus (est enim hoc lõgitudo & latitudo & profunditas: & antitypia iam cadere dicitur in diastases supradictas) ipsum corpus erit sui-
15 ipsius locus, idemque quod continet & quod continetur. quod absur
dum est. Non erit ergo aliqua diastasis loci subiecti: proptereaq; nec
est quicquam locus. Proponitur & huiusmodi ratiocinatio: Quoniã
duplices diastases non cernuntur in vnoquoque eorum quæ in loco
esse dicuntur, sed vna longitudo, & vna latitudo, & vna profunditas:
20 vtrũ solius corporis sint diastases hæ, an solius loci, an vtriusque? Sed
si quidẽ solius loci, non habebit corpus propriam lõgitudinem, neq;
latitudinem, nec profunditatem vllam. Itaq; nec corpus erit corpus.
quod absurdum est. Sin vtriusque, quia vacuum nullam subsistentiã
habet præter diastases, vacui *autem diastases* subiectæ sunt corpori: ex
25 quibus constat vacuum, ex iisdem corpus constabit. Nam de existen
tia antitypiæ non licet affirmari, vt antea docuimus. Quim autẽ solę
diastases appareant in corpore quod videtur, quæ sunt vacui, & eædẽ
cum vacuo, vacuum erit corpus. quod est absurdum. Quòd si solius
corporis sunt ipsæ diastases, nulla erit loci diastasis: propterea ne lo-
30 cus quidem. Si ergo per nullum ex supradictis modis inuenitur loci
diastasis, ne locus quidem est. Hoc præterea additur: Quando corpus ingreditur vacuum, & fit locus, aut patitur vacuũ, aut recedit, aut
corrumpitur. Sed si quidem patitur, idem erit & plenum & vacuum.
si autem recedit, vacuatũ transitione, aut mutationem accipiens cor-
35 rumpitur, corpus erit ipsum vacuum. siquidem hæ propriæ sunt cor
poris passiones. Absurdum est autem dicere idem esse vacuũ & plenum, aut corpus esse ipsum vacuum. Ergo absurdum est etiam dicere
fieri posse vt vacuum à corpore cõtineatur, & sit locus. Has autem

tt 2   ob

ob causas vacuum quoq; inexistens esse comperitur, si illud à corpore obtineri nō potest, vt fiat locus. Dicebatur enim vacuū esse quod à corpore obtineri possit. Vnà autem cum his euertitur etiam χώρα. Siue enim magnus locus est χώρα, vnà cum loco terminatur: sin autē sit, quæ partim à corpore continetur, partim est vacua diastasis, cum vtrisque simul tollitur. Hæc ergo & plura etiam his pro Stoicorum opinione ab aliis dissidēte, de loco dicuntur. At Peripatetici locum esse aiunt extremitatem continentis, quatenus cōtinet: adeò vt locus meus sit superficies aëris, formata circa meum corpus. Verùm si quidem id est locus, idem & erit & non erit. quum enim in aliquo futurum est loco corpus, quatenus quidē nihil esse potest in eo quod non existit, prius existat locus necesse est, vt tū demum in ipso sit corpus. (ideoque locus erit priusquam in ipso sit corpus quod in loco esse dicitur) quatenus autē efficitur corpus dum continentis superficies formatur circa id quod continetur, existere non potest locus priusquam in ipso sit corpus. ideoque tum non erit. Absurdū est autem idem dicere & esse aliquid & non esse. Locus ergo nōn est extremitas continentis, quatenus continet. Præterea si locus est aliquid, aut generatus est, aut non generatus: at non generatus, nequaquā: nam (vt aiunt) efficitur dum circumformatur corpori quod in ipso est. Sed neque generatus: nam, aut quum in loco est corpus, tunc sit locus, in quo iam dicitur esse id quod est in loco: aut quū non est in ipso. Atqui nec quū est in ipso. (est enim iam locus corporis quod in eo est) neque quum non in ipso: siquidem formatur, vt aiunt, quod cōtinet circa id quod cōtinetur, & ita sit locus. nihil autem potest formari circa id quod in ipso non est. Quòd si neq; quum est corpus in loco, nec quum in illo non est, sit locus: præter hæc autem nihil intellectu percipere possumus: ne generatus quidem est locus. At si neque generatus est, neq; non generatus, ne est quidem. Generalius autem hæc quoque dici possunt; Si quid est locus, aut corpus est, aut incorporeum. at horum vtrunque in dubium reuocatur, vt docuimus: ergo & de loco dubitatur. Locus ad corpus intelligitur cuius est locus: at dubia sunt quæ de corporis existētia disputantur: ergo & quæ de loco. Locus cuiusque æternus quidē nō est: si autē dicitur sicut insubsistēs comperitur, quū generatio non existat. Possunt autē & alia plura dici, sed, ne longiores simus, illud addendū, Scepticis hinc ob rationes, illinc ob ipsum actum, silentiū præ pudore imponi. Ideo neutri assentimur, quantum ad ea quæ à Dogmaticis dicuntur, sed assensum retinemus de loco.

De

De tempore. CAP. 17.

Idem autem nobis in quæstione de tempore vsuuenit. nã quantum ad ea quæ apparent, videtur aliquid esse tempus: quantum verò ad ea quæ de ipso dicuntur, subsistentiam habere non videtur. Nam tempus alij dicunt esse interuallum motus temporis. (Tempus autẽ dico mundũ) alij ipsum motum mundi. Aristoteles autem, aut (vt aliqui) Plato, numerũ eius quod in motu est prius & posterius. Straton verò (aut, secundum alios, Aristoteles) mensuram motus & mansionis. At Epicurus (sicut Demetrius Lacedæmonius ait) accidens accidentium, cõsequens dies & noctes, & horas, & passiones & impassibilitates, & motus & mansiones. Secundum substantiã autẽ, alij corpus esse ipsum dixerunt, vt AEnesidemus. nihil enim ipsum differre ab ente, & primo corpore. Alij incorporeum. Aut igitur omnes hæ discrepantes opiniones veræ sunt, aut omnes falsæ: aut aliquæ veræ, aliquæ falsæ. At neque omnes veræ esse possunt (plurimæ enim earũ inter se pugnant) neq; omnes falsæ esse cõcedentur à Dogmaticis. Quinetiam si alioqui falsum esse concedatur, tempus esse corpus, falsum etiam, esse incorporeum: eadẽ opera temporis inexistentia concedetur. præter hæc enim nihil aliud esse potest. Nec verò quæ sint veræ, quæ falsæ, possibile est comprehendere, tum propter æqualis ponderis in vtranque partem disputationem, tum propter eam quæ de criterio est & de demonstratione dubitationẽ. Itaque propter hæc nihil de tempore affirmare poterimus. Deinde quia non sine motu aut etiam mansione tempus subsistere dicitur, quũ tollatur motus pariter & mansio, tollitur & tempus. Nihilominus tamen hæc quoque nonnulli aduersus tempus adferunt: Si est tempus, aut definitum est, aut infinitum. sed si quidem definitum est, ab aliquo tempore cœpit, & in aliquod tempus desinet: ideóque aliquando erat tempus quum non esset tempus, antequam ipsum esse incœpisset: & erit aliquando tempus quum non erit tempus: nempe vbi ipsum desierit esse. quod absurdum est. Non ergo finitum est tempus. Quòd si infinitum est, quia aliud dicitur præteritum, aliud præsens, aliud futurum, futurum & præteritum aut sunt, aut non sunt. Verùm si non sunt, quum solum præsens relinquatur (quo breuius nihil esse potest) finitum erit tempus: & ita consequentur eædẽ dubitationes quæ principio. At si præteritum est, etiam futurum est: præsens autem erit vtrunque ipsorum. At verò absurdum dicere præsens quod est præteritum & quod futurum. Ergo infinitum non est tempus. Quòd si neque infinitum, neq;

fini-

finitum est tempus, ne vllo quidem modo est. Ad hæc, si est tempus, aut diuisibile est, aut indiuisibile. Indiuisibile certè non est: (diuiditur enim in præsens & præteritum & futurum, vt ipsi aiunt) sed neq; diuisibile. nam vnumquodque diuisibiliũ mensuratur ab aliqua sui parte, quum vnamquanq; partem mensurari obeat mensurans, vt quum digito cubitum metimur. At tempus mensurari nõ potest ab aliqua sui parte. nam (verbi gratia) si præsens mensurat præteritum, erit in præterito, & propterea præteritum: & in futuro, similiter futurum. & futurum, si alia mensuret, præsens erit & præteritum. & præteritum itidem, futurum erit & præsens. quod rationi repugnat. Ergo ne diuisibile quidem est. Quòd si neque indiuisibile est, neque diuisibile, ne est quidem omnino. Præterea tempus dicitur tripartitũ esse, & aliud esse præteritum, aliud præsens, aliud futurum: è quibus præteritũ quidem & futurum non sunt: (nam si nunc sunt præteritum & futurum tempus, præsens erit vtrunque ipsorum.) imò ne præsens quidē. nam si est præsens tẽpus, aut indiuisibile est aut diuisibile. Indiuisibile certè non est: nam in præsenti tempore dicuntur mutari ea quæ mutantur: nihil autē in indiuisibili tempore mutatur: vt ferrum in mollitie, aut alioru vnumquodque. Ergo indiuisibile non est præsens tempus. Sed ne diuisibile quidem: nam in præsentia nunquam diuidatur: quoniam propter velocem fluxum eoru quæ sunt in mundo, præsens ita in præteritum mutari dicitur vt intellectu percipi non possit. Sed ne in præteritũ quidem & futurum: nam ita fuerit inexistens, vtpote habens vnam quidem partem sui nõ amplius existentem, alteram nondum existentem. Vnde nec finis præteriti principiumque futuri potest esse præsens. nam sic & erit: & non erit: erit quidem vt præsens: non erit autem, quia non sunt eius partes. Ergo ne diuisibile quidem est. Quòd si neque indiuisibile est præsens, neque diuisibile, ne est quidem præsens. Si autem non sit præsens, neque præteritum, neque futurum, ne tempus quidem est. nam quod ex inexistente constat, inexistens est. Affertur aduersus tempus & illa ratiocinatio: Si est tempus, aut genitũ est & corruptibile, aut nõ genitum & incorruptibile. Non genitũ quidem & incorruptibile non est: siquidem partim præteriisse dicitur, & non amplius esse: partim esse futurum, & nondum esse. Sed ne genitũ quidem & corruptibile. nam quæ fiunt, ex aliquo ente fieri oportet: & quæ corrumpũtur, in aliquod ens corrumpi, secundum ipsorum Dogmaticorum suppositiones. Si ergo in præteritum corrumpitur, in non ens corrumpitur. & si ex futuro fit, ex non
ente

ente sit neutrum: enim ipsorum est. Absurdum est autē dicere aliquid ex non ente fieri, aut in non ens corrumpi. Itaque non est genitum & corruptibile tempus. Quòd si neque non genitum & incorruptibile est, neque genitum & corruptibile, ne est quidem prorsus. Ad hæc vero, quia omne quod fit, in tēpore fieri videtur, si fit tempus, in tempore fit. Aut ergo ipsum in seipso fit, aut alterū in altero. Sed si quidem ipsum in seipso, idem & erit & non erit. quia enim id in quo aliquid fit, debet prius existere quàm id quod in ipso fit, tempus quod in seipso fit, si quidem fit, nondum est: at si in seipso fit, iam est. Quocirca ne in seipso quidem fit. Sed neque alterū in altero. nam si præsens in futuro fit, futurum erit præsens: & si in præterito, præteritum. Eadem vero & de aliis temporibus dicenda. Ergo ne fit quidem tempus alterum in altero. Quòd si neque ipsum in seipso fit, nec alterum in altero, ne genitum quidem est tempus. Ostendebatur autem ne esse quidem non genitum. Quum itaque neque ortum habeat, neq; non habeat, ne est quidem vllo modo. Nam vnumquodque eorum quæ sunt, aut ortum habere, aut non habere necesse est.

De numero.   CAP. 18.

Qvoniam autem tempus non videtur absque numero considerari, etiam de numero paucis disserere non abs re fuerit. Nam consuetudinem quidem sequentes, & citra vllam opinionem, numerare nos aliquid dicimus, & numerum aliquid esse audimus: sed Dogmaticorū curiositas nos ad hanc quoque aduersus illum prouocat disputationem. Primùm enim Pythagorici elementa etiā mundi numeros esse dicunt. Apparentia enim ex aliquo constare aiunt: simplicia autē esse oportere elementa. incerta igitur esse elementa. Ex incertis autem alia sunt corpora, vt vapores, & ὄγκοι .q.d. moles: alia autem incorporea, vt formæ, & ideæ, & numeri. Ex quibus corpora quidem sunt composita, cōstantia ex longitudine & latitudine & profunditate & antitypia, aut etiam pondere. Non solùm igitur incerta, sed etiam incorporea sunt elementa: Quinetiam numerus super vnoquoque incorporeo consideratur. nam aut vnum est, aut duo, aut plura. Vnde colligitur elementa rerum omnium, esse incertos & incorporeos, & qui super omnibus considerantur, numeros. Nec simpliciter, sed quū vnitas, & quę per compositionem vnitatis fit dyas. *i. binarius numerus.*

* Ex cuius participatione, singulæ dyades fiunt dyades. Ex his enim & alios fieri numeros, qui in numeratis considerantur, & mundum constituere dicunt. Nam punctū vicem vnitatis obtinere, lineā
autem

autem dyadis: (hanc enim inter duo puncta considerari) superficiem
autem, vicem triadis. *i. ternarij numeri.* (dicunt enim esse fluxum lineæ
in latitudinem ad aliud signum ex transuerso positum) corpus autem,
tetradis. *i. quaternarij numeri.* Fieri enim lineæ insurrectione super aliquod punctum superpositum. Atque ita corporis & totius mundi simulachra hęc nobis fingunt; quem etiam per harmonicas proportiones gubernari asserunt, & illam quæ est τὴν καταρον *i. per quatuor,* quæ
sesquitertia est: (vt se habent sex ad octo) & proportionem τὴν διαπέντε,
id est, per quinque, quæ est sesquialtera (vt se habent nouem ad sex) &
proportionem τὴν διαπασῶν, *q. d. per omnes:* quæ est dupla, vt duodecim se
habent ad sex. Hæc igitur somniant, & numerum esse aliud quàm ea
quæ numerantur, astruunt, dicentes : Si animal sit secundum suiipsius
respectum, vnum, planta, quia non est animal, non erit vnum. Atqui
etiam planta est vnum: ergo animal non est vnũ, sed secundum quiddam aliud quod extrinsecus consideratur in illo cuius vnumquodque
particeps est, & vnum sit propter ipsum. Ac si ea quæ numeratur sunt
numerus, quum homines sint qui numeratur, & boues (verbi gratia)
& equi: homines & boues & equi erunt numerus. atque adeò albus
numerus, & niger, & barbatus : si forte tales contigerit esse eos qui
mensurantur. Hæc verò sunt absurda. Ergo numerus non est ea quæ
numerantur: sed propriam habet subsistentiam præter hæc, secundũ
quam etiam consideratur in iis quæ numerantur, & est elementum.
Postquam igitur illi ita collegerunt numerum nõ esse quæ numerantur, irrepsit illa aduersus numerum dubia quæstio. Dicitur enim esse
numerus. aut igitur ea quę numerãtur sunt numerus, aut aliquid aliud
præter hæc extrinsecus. Nec verò ea quę numerantur sunt numerus,
vt Pythagorici ostenderũt: nec aliud quicquam præter hæc, vt docuimus. Nihil ergo est numerus. Nihil autem esse numerum extrinsecus
præter ea quæ numeratur, manifestum reddemus, de vnitate tantùm
verba facientes, vt apertius sit quod docebimus. Si enim vnitas est
aliquid per seipsam, cuius particeps vnumquodque illam participan-
tium, fit vnum : aut vna erit hæc vnitas, aut tot quot sunt qui eam participant. Sed si vna quidem sit, vtrũ ipsam totã participat vnumquodque eorum quæ illam participare dicuntur, an eius partem duntaxat?
Nam si omnem habet vnitatẽ vnus homo (verbi gratia) non amplius
erit vnitas quam participet vnus equus, aut vnus canis, aut aliorum
vnumquodq; quod dicimus esse vnum. Supponamus enim esse multos homines nudos, si vnicum fuerit vestimentũ, & vnus eo se induerit,

rit, reliqui nudi manent & absque vestimento. Quòd si partis eius vnumquodque particeps est, primùm quidem habebit aliquam partē vnitas: atque adeò infinitas habebit partes, in quas diuiditur. quod est absurdum. deinde vt pars decadis, veluti dyas, non est decas: ita neq; pars vnitatis erit vnitas. atque ideo ne participabit quidem quicquā vnitatem. Itaque vnitas non est vnā quam participare dicuntur particularia. Sin verò vnitates sunt numero æquales numeratis, de quibus dicitur vnum: ex quarum participatione vnumquodque particulariū dicitur vnum, infinitæ erunt vnitates quæ participabuntur: & ipsę aut participant vnitatem superascendentem, aut vnitates quæ sunt ipsis æquinumerę, & propterea sunt vnitates: aut nō participant, sed absq; vlla participatione vnitates sunt. Si enim absque participatione vnitates esse possunt hæ, poterit etiam sensibilium vnumquodq; absque vnitatis participatione vnum esse. & ex hoc ipso euertitur vnitas quæ per seipsam considerari dicitur. Sin à participatione sunt illæ etiam vnitates, aut vnam participant omnes, aut vnaquæque peculiarem. & si quidē omnes vnam, aut parte tenus duntaxat vnaquęque, aut ipsam totam participare dicentur. & ita relinquuntur eædē quæ primò absurditates. Sin vnaquæque peculiarem, etiam illarum vnitatū vnamquanque vnitatem oportet superconsiderari, & illis supercōsideratis alias *superconsiderari*, & vsque in infinitum. Si igitur, vt comprehēdamus esse aliquas vnitates per seipsas, ex quarū participatione vnumquodque eorum quæ sunt, est vnum, oportet comprehēdisse infinitè infinitas vnitates intellectu perceptibiles: impossibile est autem comprehendere infinitè infinitas vnitates sub intellectum cadentes: impossibile est certè pronuntiare esse aliquas intellectu perceptibiles vnitates, & vnumquodque eorum quæ sunt, esse vnum, vtpote quod per participationem peculiaris vnitatis fiat vnum. Absurdū ergo etiā est dicere tot esse vnitates quot sunt quæ illas participant. Quòd si neque vna est quæ per seipsam dicitur vnitas, neq; tot quot sunt quæ eam participant, ne vllo quidem modo est vnitas per seipsam. itidem verò nec aliorum numerorum vnusquisque per seipsum erit. Nam in omnibus numeris possumus vti ea ratiocinatione quā nunc exempli causa in vnitate proposuimus. Sed si neque per seipsum est numerus, (vt docuimus) neque numerus est ea quæ numeratur (vt ostenderunt Pythagorici) præter hęc autem nihil est: ne numerum quidem esse dicendum est. Iam verò quomodo ex monade fieri dicunt dyadem ij qui extrinsecus aliquid esse putant numerū præter ea quæ numerantur?

tur? Nam quado vnitatem cum alia vnitate componimus, aut aliquid vnitatibus extrinsecus additur, aut aufertur ab illis: aut neque additur quicquam, nec aufertur. Verùm si neque addatur neq; auferatur quicquam, non erit dyas. Neque enim vnitates, si aliæ seorsum ab aliis essent, haberet vnitatem quæ super ipsis consideraretur, secundum peculiarem ipsarum respectum. Neque verò ipsis nunc aliquid extrinsecus additum fuit. ergo neq; ablatum fuit, secundū suppositionem. Non erit ergo dyas compositio vnitatis cum vnitate, quum neq; additio neque ablatio vlla fiat extrinsecus. Quòd si ablatio fiat, non solùm non erit dyas, sed etiam minuentur vnitates. Si autem addatur ad ipsas extrinsecus dyas, vt ex vnitatibus fiat dyas: quę duo esse videbūtur, quatuor erūt. Subiecta est enim vnitas, & altera vnitas: quibus addita extrinsecus dyade, numerus quaternarius efficiatur. Eadem autē ratio & in reliquis numeris, qui per compositionem effici dicuntur. Si ergo neque per ablationem, neque per additionē, neque sine ablatione & additione fiunt illi numeri qui compositi esse dicuntur ex superascendētibus, insubsistens erit generatio numeri qui dicitur seorsum esse, & circa ea quæ numerantur. At verò generationem habere numeros qui sunt per compositionem, ipsi declarant, componi ipsos & fieri ex superascendentibus dicētes: verbi gratia ex vnitate & dyade indefinita. Ergo non habet subsistētiam seorsum numerus. Quòd si neque seorsum numerum contemplamur, neque subsistentiam habet in iis quæ numerantur, ne est quidem quicquam numerus, secundum ea quæ curiose à Dogmaticis afferuntur. Nec verò hypotyposeωs institutum exigere videtur vt de philosophiæ parte physica nominata, plura à nobis dicantur.

DE ETHICA PARTE PHILOSOPHIÆ. CAP. 19.

VPEREST ethica pars, *id est, moralis*, quæ circa bonorum & malorum & indifferentium diiudicationem versari videtur. Vt igitur de hac quoque breuiter, & summa tantùm capita attingentes, disseramus, de bonorū & malorū & indifferentiū existentia inquiremus, si prius cuiusque notionem exposuerimus.

De bonis & malis & indifferentibus. CAP. 20.

DICVNT igitur Stoici bonum esse vtilitatem, aut non aliud ab vtilitate: bonum quidem appellantes virtutem, & ἀυυδαίαν (*id est, bonam, siue probam*) actionem: non aliud autem ab vtilitate, virū σπȣδαῖον, *id est, id est, probum, siue bonum*, & amicum. Nam virtus quum sit hegemonicum certo quodã modo se habens, & bona operatio, quũ sit actio quædam secundum virtutem, planè est vtilitas. At probus vir & amicus, non alius ab vtilitate. Nam probi pars est vtilitas, quum ipsius sit hegemonicum. At tota neque eadem cum partibus esse dicunt, (neq; enim homo est manus) nec alia quàm partes. non enim sine partibus subsistunt. Vnde non alia à partibus tota esse dicunt. Vnde probum, quum sit totum, hegemonici sui respectu (quod dixerunt vtilitatem) non alium ab vtilitate esse perhibent.

Bonum trifariam dici. CAP. 21.

HINC fit vt & trifariam bonum dici asserant. Vno enim modo bonum esse dicunt illud à quo peti vtilitas potest. quod est maximè principale, & virtutes. Alio autem, secundum quod contingit vt vtilitas percipiatur, veluti virtus, & operationes quæ secũdum virtutem fiunt. Tertio modo, quod potest vtilitatem afferre. hoc autem & virtutem esse, & operationem quę secundũ virtutem, & probum & amicum, Deosq; & probos dæmones. adeò vt secundum quidem significatum boni comprehendat primum significatum: tertium verò secundum & primum complectatur. Nonnulli autem bonum esse dicunt id quod per se appetendum sit. Alij, quod adiuuat ad fœlicitatẽ, aut complemẽtum addit. Fœlicitas autem est (vt Stoici aiunt) quum res ad vitam pertinentes prosperè nobis fluunt. Talia quædã ad boni notionem afferuntur. Siue autem quod vtilitatem præbet, siue quod per se appetẽdum est, siue quod ad fœlicitatem adiuuat, dicat aliquis esse bonum: non quid sit bonum ostendit, sed aliquod ex illius accidentibus dicit. Quod certè ineptum est: nam aut soli bono accidunt supradicta, aut aliis etiam. Verùm si aliis etiam, non sunt characteristica (*id est, notam velut impressam habentia*) boni, quum communia fiant: sin bono soli, non possumus ex his notionẽ boni assequi. Vt enim qui equi notionem non assecutus est, ne hinnire quidẽ quid sit nouit, neque per hoc ad notionem equi peruenire potest, nisi prius in equum hinnientem inciderit: : ita is qui quærit quid sit bonũ, eo quòd ignoret quid sit bonum, quod illi propriè & soli inest, cognoscere nequit, vt per ipsum ad boni notionẽ & imaginationem venire possit. Prius enim ipsam boni naturam discere oportet, atque ita demum intelligere quid vtilitatem afferat, & quid per se expetendum & fœlicitatis effectiuum sit. At supradicta accidẽtia non sufficere ad notionem & naturam boni iudicandam, re ipsa ostendunt Dogmatici. Nam bonũ vtilitatem afferre, & expetēdum esse (vnde & dictum est ἀγαθὸν quasi ἀγωγὸν) & fœlicitatis esse effectiuum omnes quidem fortasse concedunt: verùm quum interrogantur quid sit illud cui hæc accidūt, incredibili quodam modo inter se digladiantur, dum alij virtutem esse dicunt, alij voluptatem, alij indolentiam, alij aliquid aliud. Atqui si ex supradictis definitionibus quid esset bonum ipsum ostenderetur, inter se, tanquam non comperta huius natura, minimè dissiderent. Sic ergo de boni notione dissentiunt qui summo inter Dogmaticos habentur in pretio. Itidem verò & de malo controuersati sunt, malum dicentes esse noxam, aut non aliud à noxa: alij, quòd per se sit fugiendum: alij, infœlicitatis effectiuum. Per quæ non substantiam boni, sed aliquid eorum quæ illi accidunt fortasse, dicentes, in supradictam incidunt hæsitationem.

De indifferente. CAP. 22.

INDIFFERENS autem trifariam dici asserunt. Vno quidē modo, ad quod neque ὁρμὴ neque ἀφορμὴ fit. *i. neque appetitus animi, neque animi inappetentia:* quale est, parem numerum esse stellarum, aut capitis pilorum. Alio modo, ad quod ὁρμὴ quidem aut ἀφορμὴ fit, sed non magis ad hoc quàm illud: vt in duobus tetradrachmis nummis nullo modo diuersis, quum eorum alterum eligere oportet. Nam ὁρμὴ quidem est ad alterum eorum eligendum, sed non magis ad hoc quàm illud. Tertio modo indifferens aiunt esse, quod neque ad fœlicitatē nec infœlicitatem adiuuat, vt sanitatem, diuitias. Nam quo possumus aliquando bene, aliquando male vti, hoc indifferēs esse aiunt. de quo maximè in ethicis disputare se dicunt. Quid verò & de hac notione sentiendum sit, ex iis quæ de bonis & malis nobis dicta sunt, constat. Nos ergo ad notionē vniuscuiusq; supradictorū non applicuerunt, vt hinc patet. Nihil tamē illis miri accidit, quòd in rebus existentiā non habentibus lapsi sint. Nam nihil natura esse bonum, aut malū, aut indifferens, ex iis quæ sequuntur argumentationibus aliqui colligunt.

An sit aliquid natura bonum & malum & indifferens. CAP. 23.

IGNIS natura calefaciens, omnibus videtur calefactiuus: & nix natura frigefaciens, omnibus videtur refrigeratiua: atq; adeò omnia quæ natura mouet, *siue afficiunt,* eodē modo omnes mouent qui quidem secundum naturam se habent. At nullum eorum quæ bona vocātur, omnes pariter mouet, tanquam bonum: (sicuti declarabimus) natura ergo nō est bonum. Nullum autem ex iis quæ bona dicuntur, omnes mouere eodem modo, manifestum est. Nam (vt rudem & im

peritam

peritam multitudinem omittamus, ex qua alij firmum corporis habitum, bonam rem esse censent: alij, rebus venereis frui: alij cibo, alij vino se ingurgitare: aliqui verò aleari: aliqui plura possidere quàm alij:nonnulli denique his etiam deteriora quæpiam) ipsorum Philosophorum nonnulli tria genera bonorum esse dicunt, ex quibus sunt Peripatetici. Horum enim alia esse circa animũ, vt virtutes: alia circa corpus, vt sanitatem, & similia: alia extra, vt amicos, opes, & similia. At Stoici tria quidem & ipsi bonorũ genera esse cẽsent:(ex his enim alia esse circa animum, vt virtutes: alia extra, vt probum & amicum: quædam etiam nec circa nec extra animum, veluti probum, vt quidẽ ad seipsum) at quæ sunt circa corpus, aut extra, quæ Peripatetici in bonis habent, illi bona esse negant. Fuerunt etiam qui voluptatẽ vt bonum amplexarentur, quum alii ipsam in malis planè numerent: adeò vt ex Philosophis quidam exclamauerit, μανείlω μᾶλλop ἢ ἡϑείlω. *i. Insanire mihi potius contingat, quàm voluptate frui.* Si ergo ea quidem quæ natura mouent, omnes eodem mouent modo: at verò ad ea quæ bona dicuntur, non omnes itidem mouemur: nihil est natura bonum. Etenim neque omnibus diuersarum sectarum opinionibus ante expositis fidem habere possumus, propter discordiam: neque alicui. Nam qui huic quidem sectæ credendum esse, illi autem minimè, dicit, quũ habeat sibi aduersantes rationes eorum qui contra sentiunt, pars sit controuersiç, & diiudicatore ipsemet egebit, ideoq; cum aliis ac non alios iudicabit. At quum nec criteriũ sit de quo constet, nec demonstratio (ob indiiudicabilem controuersiam quæ de his etiam est) ad epochen deueniet: & propterea quid natura sit bonum, affirmare nõ poterit. Illud præterea dicunt nonnulli: Bonum est aut ipsa expetitio illius, aut illud ipsum quod expetimus. Ipsa quidem certè expetitio non est bonum, secundum proprium respectum. neque enim studeremus assequi illud quod appetimus, ne postquam consecuti essemus, facultate ipsum rursus appetendi excideremus. Verbi gratia, Si bonum esset expetere potum, potum adipisci non studeremus: postquam enim fruitionem eius habuimus, ipsum appetere desinimus: & in esurire itidẽ, atque in amore, & in aliis. Ergo ipsum appetere, per se appetenda res non est: atque haud scio an molesta. Nam qui esurit, studet consequi cibum, vt liberetur esuriendi molestia: & qui amore captus est, itidem, & qui sitit. Iam verò ne id quidẽ quod expetitur, est ipsum bonum. nam hoc aut extra nos est, aut est circa nos. Sed si quidem extra nos, aut efficit circa nos iucũdum quendam motum, &

talem

talem conſtitutionem quam lubenter acceptemus, atque adeò ἀγαςὸν πάθ۞. i. paſsionem ſeu affectionẽ gratam, aut nullo modo nos afficit. Et ſi quidem nõ eſt nobis ἀγαςὸν. i. gratum, ne ἀγαθὸν quidem erit. i. bonum, nec nos incitabit ad ſe appetendum, nec vllo modo appetendũ erit. Quòd ſi ingeneratur circa nos extrinſecus ſuauis cõſtitutio, & paſſio quædam huiuſmodi quam libenter amplexemur, non propter ſe appetendum erit quod extrinſecus eſt, ſed propter affectionem quæ ob ipſum circa nos fit. Quod igitur per ſe expetendum eſt, non poteſt extra nos eſſe. Sed neque circa nos. aut enim circa corpus ſolum, aut circa animum ſolum, aut circa vtrunque eſſe dicitur. Verùm ſi quidẽ circa corpus ſolum, ad cognitionem noſtram nõ perueniet: nam cognitiones animo tribuuntur. At corpus irrationale eſſe aiunt, quantũ in ſeipſo. Quòd ſi etiam vſque ad animum pertingere dicatur, animi perceptioni, & affectioni quę ipſi grata ſit, videbitur appetendũ eſſe. Nam quod expetendum iudicatur, mente iudicatur, iuxta eos, nõ autem irrationali corpore. Supereſt ergo vt dicamus bonum eſſe circa animũ ſolum. Sed hoc quoque (quatenus adhærebimus iis quæ Dogmatici dicunt) impoſſibile eſt. Nam animus fortaſſe quidem & ipſe inexiſtens eſt: quòd ſi etiam exiſtit, quantum quidẽ ad ea quæ dicunt, non comprehenditur, quemadmodum ratiocinando collegi, quum de criterio verba facerem. Quomodo autem quiſpiam dicere auſit aliquid in illo fieri quod non comprehendit? Vt tamen hæc quoque ſilentio prætereamus, quomodo etiam dicunt in animo bonum eſſe? Nam ſi Epicurus finem conſtituit voluptatem, & dicit animum (quia & omnia) ex atomis conſtare, quomodo in atomorum aceruo poſſibile ſit voluptatem eſſe? & aſſenſum aut vim iudicandi hoc quidẽ appetendum eſſe & bonum, illud verò fugiendum eſſe & malum? Id quidem certè nemo dicere queat.

Quæ ſit ea quæ dicitur ars circa vitam. CAP. 24.

RVRSVM Stoici circa animum bona dicunt eſſe artes quaſdam virtutes. Artem autem eſſe dicunt, quæ cõſtat ex comprehenſionibus coexercitatis. Comprehenſiones verò fieri circa hegemonicũ. quomodo igitur in hegemonico (quod quidem ſecundum ipſos eſt ſpiritus) recondantur comprehẽſiones, & coaceruentur tot vt fiat ars, intellectu percipi non poteſt: quum poſterior deformatio priorem deleat. quia & ſpiritus eſt fortaſſe, & ex toto moueri dicitur ſecundum quanque deformationẽ. Nam dicere Platonis ἀνειδαλοποίησιν eſſe poſſe boni demõſtratiuam, illud videlicet indiuiſibilis & diuiſibilis ſubſtantiæ

stantiæ temperamétum, & naturæ quam habet alterum & quam idé, aut numeros, meræ nugæ funt. Vnde nec circa animũ bonum esse poteſt. Quòd si neq; expetere ipsum, bonum eſt, nec extrinsecus subie-ctum eſt quod per se appetendũ sit, nec circa corpus sit, nec circa ani-
5 mum(vt ex mea ratiocinatione collegi)nihil quicquam natura bonũ, & propter supradicta, ne malum quidem eſt natura quicquam. Nam quæ aliis videntur esse mala, his dediti funt alij tanquam bonis, vt petulantiæ, iniustitiæ, auaritiæ, intemperantiæ, aliisq; huiusmodi. Vnde si iis quidem quæ natura bona funt, hoc innatum eſt, vt omnes eodem
10 modo moueant, at quæ dicuntur mala esse, non mouent vno omnes modo: nihil eſt natura malum. Iam verò ne indifferens quidẽ natura eſt quicquam, propter eam quæ de differentibus eſt controuersiam. Nam (vt exemplo vtar) Stoici quidem ex indifferentibus alia aiunt προηγμένα esse. i. promota, vel producta, aut præposita: alia ἀπροηγμένα. i. re-
15 mota, reiecta: quædam etiam neque προηγμένα, neque ἀπροηγμένα. Et προηγμένα ea esse quæ sufficientem habent dignitatem, vt sanitatẽ, diuitias: ἀπροηγμένα autem, quæ non habent sufficientem dignitatem, vt paupertatem, morbum. neque προηγμένα, neque ἀπροηγμένα, qualẽ eſt extendere aut contrahere digitũ. Aliqui verò nihil ex indifferen-
20 tibus προηγμένον vel ἀπροηγμένον esse aiunt. Vnumquodque enim indifferentium, pro variis circunstantiis, interdum προηγμένον, videri interdum ἀπροηγμένον. Nam si (vt inquiunt) diuitibus quidem tyrannus insidietur, pauperes autem tranquillè & in pace degant, nemo non pauper esse malit quàm diues: adeò vt tum diuitiæ censeantur in nu-
25 mero τῶν ἀπροηγμένων. Itaque quum vnumquodque eorum quæ dicuntur indifferentia, alij bonum esse dicant, alij malum, at omnes pariter indifferens ipsum esse existimarent, si indifferẽs natura esset: nihil eſt natura indifferens. Sic etiam si quis natura appetendã esse dicat fortitudinem, quòd leones natura ad fortitudinis studium tendãt,
30 & tauri etiam, necnon aliqui homines, atque adeò ipsi galli gallinacei: dicimus fore quantum ad hoc attinet, vt timiditas quoq; inter ea quæ natura funt expetenda, censeatur: quia cerui & lepores, & alia complura animalia naturali impulsu ad ipsam feruntur. Imò & bona pars hominũ timida esse comperitur. Rarò enim vsuuenit vt quis pro
35 patria seipsum morti exponat, vtpote quadã animi mollitie retentus: aut vt quis quadam animi elatione ductus, audax aliquod facinus aggrediatur. quin potius hominum bona pars hæc omnia vitat. Vnde & Epicurei se ostẽdere putant, natura appetendam esse voluptatem.

Anima-

Animalia enim, simulatque nata sunt, quum adhuc deprauata nō sint, cōtendere rectà ad voluptaté, fugere autem dolores aiunt. Sedenim his quoque responderi queat, quod mali est effectiuum, nequaquam esse posse natura bonum. at voluptatem malorum effectricem esse. Omni enim voluptati dolorem affixum esse, qui est secundum eos natura res mala. Exempli gratia, Voluptatem sentit ebriosus dum vino se ingurgitat: & gulosus, dum cibo: & libidinosus, dum omnem in libidine modum excedit. Verùm hæc & paupertatem & morbos efficiunt: quæ dolorifica sunt, & mala, vt censent. Non ergo natura bonū est voluptas. Itidem verò & quod bonorum effectiuum est, natura malum non fuerit. at doloribus efficiuntur voluptates. Etenim scientias percipimus laborantes, & diuitias, & per laborem itidem quis diuitiis & amica sua potitur. Ipsa quoque valetudo acquiritur per dolores. Non ergo natura malum est labor. Nam si natura quidem bonum esset voluptas, malum autem labor, omnes eodem pacto circa ipsa affecti essent, vt dicebamus. Atqui videmus multos Philosophos laborem quidem & patientiam amplectétes, voluptaté autem aspernantes. Eodem autem pacto euerti possint & qui cum virtute coniunctam vitam natura rem bonam esse dicunt, eo quòd Philosophi nonnulli vitam voluptariam amplexati sint: adeò vt ex ea ipsa quę inter illos est controuersia, tale vel tale natura esse aliquid, refutetur.

Iam verò non abs re fuerit fortasse, paucis considerandas proponere magis etiam particulares opiniones de turpibus & nō turpibus, de rebus illicitis & licitis, de legibus & cōsuetudinibus, & de pietate erga Deos, & de sanctitate erga mortuos, & similibus. Hoc enim modo de rebus faciendis aut non faciendis magnam comperiemus discrepantiam. Exempli gratia, Apud nos quidē turpe, imò verò etiā nefarium habetur, mascula venere vti: apud Germanos autem, vt fertur, turpe nō est, sed vnum ex iis quæ vsu recepta sunt. Quinetiā apud Thebanos olim hoc turpe habitum non fuisse dicitur, & Merionem Cretensem ita vocatum aiunt ad expressam consuetudinis Cretensiū significationem. Illum quoque Achillis erga Patroclum ardentem amoré ad hoc referunt nonnulli. Quod cur mirum vlli videatur? quū etiam Cynici philosophi & Zenon Cittieus & Cleanthes & Chrysippus indifferens hoc esse dicant? Insuper verò & publicè cū vxore cōgredi, quanuis apud nos turpe esse videatur, apud quosdam ex Indis non videtur esse turpe. Congrediuntur enim indifferenter publicè. quemadmodum etiam de Cratete Philosopho accepimus. Præterea

terea & mulieres corpus proſtituere, apud nos quidem turpe eſt & probroſum, at verò apud multos ex AEgyptiis, honoratum. Aiunt enim eas quæ cum plurimis congrediuntur, ornamentum etiam geſtare periſphyrium, ſuæ gloriationis indicium. Quinetiã apud quoſdam ex illis puellæ ante nuptias dotem ex arte meretricia colligunt, deinde nubunt. Stoicos etiam audimus dicentes à ratione non abhorrere cum meretrice congredi, aut quęſtu à meretrice facto aliquẽ ſuſtentare vitam. Inſuper verò compunctũ notis eſſe, apud nos turpe & infame eſſe videtur: at multi AEgyptij & Sarmatæ ſuos fœtus compungunt. Itidem & inaures geſtari à viris, apud nos quidẽ turpe habetur, apud nonnullos autem ex Barbaris (vt apud Syros) nobilitatis eſt indicium. vſqueadeo vt etiam nonnulli, augentes hoc nobilitatis indicium, nares puerorum perforent, & ex illis annulos argenteos aut aureos appẽdant. quod apud nos haudquaquam vllus fecerit. Sicuti nec ſucco florum tinctam & talarem vir vllus hîc veſtem induerit, quum tamen alioqui hoc apud Perſas maximè decorum ſit, quod apud nos turpe eſſe videtur. Ac profectò apud Dionyſium Siciliæ tyrannum, quum huiuſmodi veſtis Platoni & Ariſtippo oblata fuiſſet, Plato quidem repudiauit, dicens,

Geſtare amictum muliebrem nunquam queam,
Quum mas creatus fuerim. At verò Ariſtippus accepit, dicẽs,
Nulla Bacchanalia
Contaminare mulierem caſtam queant.

Sic ergo & ex ſapientibus alteri hoc minimè turpe, alteri turpe videbatur. Illicitum etiam eſt apud nos matrem aut ſororem ducere in vxorem, at verò Perſæ (& inter eos potiſſimum magi, qui ſapientiam profiteri videntur) cum matribus matrimonia contrahunt: & AEgyptii ſorores ſuas ducunt in vxores: &, vt ait Poëta,

Iunonem vxoremque ſuam pariterq́; ſororem
Iuppiter alloquitur. Quinetiam Cittieus Zenon ait à ratione alienum & abhorrens non eſſe, matris naturam ſuæ affricare, quemadmodum nec aliam corporis eius partem manu fricare, malũ vllus eſſe dixerit. Atque adeò Chryſippus in Politia ſua dogma hoc ponit, patrem ex filia, & matrem ex filio, & fratrem ex ſorore liberos procreare. Plato autem etiam generalius communes eſſe vxores debere pronuntiauit. Quũ præterea deteſtabile ſit apud nos ἀνϑρωποϕαγίαν, Zeno approbat: & alios etiam quoſdam vt bono quodam hoc vſos malo accepimus. Nec non humanas carnes edere, apud nos quidẽ

est illicitum: at sunt quædam nationes Barbaræ in quibus omnes ad vnum hoc pro re indifferenti habent. Et quid Barbaros commemorare oportet, quum Tydeus ipse cerebrum hostis edisse dicatur? & Stoici à ratione alienum nõ esse dicant vt quis carnes edat cum aliorum, tum verò suas? Præterea humano sanguine aram Dei contaminare, apud bonam partem hominum, atq; adeò apud nos, impiũ est: at Lacedæmonij in ara Orthosiæ Artemidis flagris acerrimè cæduntur, vt multus in aram Deæ defluat sanguis. Quid quòd Saturno hominem nonnulli immolãt: quemadmodum & Scythæ Artemidi hospites sacrificant? Nos autem cõtrà humano sanguine pollui templa censemus. Ad hæc, apud nos lex in adulteros animaduerti iubet: at apud nonnullos cum aliorum vxoribus congredi indifferens est. nec non Philosophi quidã cum aliena vxore misceri indifferens esse aiũt. Apud nos liberi parentũ curam gerere lege iubentur:at Scythę ipsos sexaginta annorum spatium prætergressos iugulant. Cur autẽ mirum hoc fuerit, quum Saturnus quidẽ falce verenda patris amputarit, Iupiter autem Saturnum in tartara præcipitauerit: atque adeò Minerua cum Iunone & Neptuno patri iniicere vincula conata sit? imò etiam suos liberos Saturnus interficere deliberauerit? Quinetiam Solon Atheniensibus legem περὶ τῶν ἀκρίτων (.i. de indemnatis) statuit, per quã vnicuique suum filium interficere permisit. at verò apud nos filium occidere vetant leges. Et Romanorum legislatores liberos sub patrum potestate, & eorum seruos esse iubẽt: & liberos suorum bonorum non esse dominos, sed patres, donec in libertatem asserti fuerint liberi, eodem modo quo ij qui ære comparantur serui:alij autẽ hunc morem, velut tyrannicum, repudiarunt. Præterea lex est vt homicidæ puniantur:at gladiatores perpetrato homicidio, honore etiã sępe afficiuntur. Itidem & ingenuos homines cædere leges vetãt:at verò athletæ cædentes ingenuos, sæpe etiam occidentes, honores & coronas consequũntur. Lexque apud nos vnica vxore contentum esse vnumquenque iubet:at verò ex Thracibus & Gætulis (est autẽ quædam gens Libyæ) multas quisque habet. Prædari quoque apud nos quidem legibus cõtrarium & sceleratum habetur:at verò apud multos Barbaros infame nõ existimatur:imò verò etiam hoc fertur apud Cilices gloriosum fuisse, adeò vt eos qui inter prædandum obiissent, dignos esse quos honore prosequerentur iudicarent. Et Nestor quidem apud Poëtam postquam Telemachum & qui cum eo erant comiter accepit, iis dicit,

Estisne

Estísne incerta vagantes
Prædones quo more solent? Atqui si prædari fuisset absurdum, nequaquam eos tanta comitate & beneuolentia prosequutus fuisset:quia tales esse suspicari potuisset. Furari quoq; apud nos quidem legibus contrarium & iniustum habetur:at qui Mercuriũ dicunt furacissimum esse Deum,faciunt vt iniustum hoc nõ censeatur. Nam quomodo Deus sit malus? Adde quòd aiunt solitos Lacedæmonios punire fures, non quòd furati, sed quòd in furto deprehensi essent. Quinetiam vir ignauus & clypei abiector apud multos ex legis præscripto plectitur:(ideóque Lacæna illa mulier quæ clypeum filio ad bellum proficiscenti dabat, Tu,inquit, fili, aut hunc, aut super hunc) contrà verò Archilochus se nobis venditans quòd abiecto clypeo fugisset, in suis poëmatibus de seipso scriptum reliquit,
Nunc se aliquis Saius parma iactanter adornat,
In dumo quæ non sponte relicta mihi est.
Atque ita me eripui letho. Amazones autem,si quos parerent mares, claudos reddebant, vt nullum forti viro dignum facinus edere possent:at ipsæ res bellicas tractabant, quũ apud nos contrarium rectè & ordine fieri existimetur. Et mater Deũm semiuiros admittit:atqui quum Dea sit, nequaquam eos admittẽdos censuisset, si natura malum esset nihil virilis fortitudinis habere. Eodẽ pacto & quæ ad iustitiam & iniustitiam, & quæ ad honestum quod cum fortitudine coniunctum est pertinent,variis cõtrouersiis agitantur. Itidem verò de iis quæ ad pietatem & ad Deos spectant, variæ sunt & multum discrepantes opiniones. Nam bona pars quidem Deos esse ait, nec tamen desunt qui esse negent, ex quorum numero sunt Diagoras Melius,& Theodorus,& Critias Atheniensis: Atque ex iis qui Deos esse pronuntiarunt,alii patrios colunt Deos,alii eos quos Dogmaticorum sectæ sibi fingunt:quemadmodum Aristoteles quidem incorporeum Deum esse dixit,& extremitatẽ cœli:Stoici autem spiritum peruadentem etiam per illa à quorum aspectu quis abhorreat: Epicurus humana forma prœditum:Xenophanes autem sphæram impassibilem. Deinde alii rerum nostrarum prouidentiam illi adscripserunt,alii vllam ei inesse negauerunt. Nam quod beatum est & incorruptibile, Epicurus ait neque ipsum negotia habere, neque aliis exhibere. Vnde & in communi vita alii vnum dicunt esse Deum, alii multos, & varias habẽtes formas:adeò vt in AEgyptiorum delabantur opiniones,qui canum formas & accipitrũ Diis affingũt,& boues,

& cro-

& crocodilos, & nihil non pro Diis habent. Hinc etiam fit, vt quæ ad facrificia & Deorum cultum pertinent, omnino inter fe valde difcrepent. Nam quę in aliquibus templis pia, eadē in aliis impia. Atqui fi natura pium & impium eſſet, nequaquam hoc exiſtimatum fuiſſet. Exempli gratia, Sarapidi nemo vnquam porcū immolauerit, at Herculi & AEſculapio immolatur. Ouem Iſidi ſacrificare nefariū, at illī quæ mater Deorum vocatur, & aliis Diis mactatur. Saturno ſacrificant hominem, quod bona pars hominū impium eſſe cenſet. Felem Alexandriæ ſacrificant Hero, & Tetidi blattam: quod apud nos nullus fecerit. Equo litant Neptuno, at Apollini Didymæo præcipuè hoc animal eſt inuiſum. Capras Artemidi ſacrificare pium eſt, nō autem AEſculapio. Multa alia huiuſmodi afferre poſſem, quæ ſtudio breuitatis ſilentio prętereo. Atqui ſi quod natura pium ſacrificiū eſſet & impium, apud omnes eadem eſſet de illo exiſtimatio. His verò eſſe ſimilia comperiemus quæ in victu ad Deorum cultū compoſito magna cū religione obſeruantur ab hominibus. Iudæus enim aut ſacerdos AEgyptius moriatur potius quàm carnē ſuillam edat. At Libys ouillam carnem guſtare, omnium maximè nefarium eſſe exiſtimat. Apud aliquos ex Syris columbam, apud alios victimas guſtare, itidem nefariū habetur. Quinetiam piſces in quibuſdā templis edere pium eſt, in aliis cēſetur impium. Iam verò & ex AEgyptiis qui ſapientes habiti fuerunt, alii caput animalis edere profanum eſſe arbitrantur, alii ſcapulam, alii pedem, alii neſcio quid aliud. Cepas verò nullus vnquam ederit eorū qui ſacris Caſii Iouis apud Peluſium initiantur: ſicuti nec Libycæ Veneris ſacerdos allium vnquàm guſtauerit. Abſtinent præterea in templis nonnullis mentha, in aliis hedyoſmo, in aliis apio. Sunt verò qui ſe parrum capita potius quàm fabas eſuros dicant. Atqui apud alios hæc ſunt indifferentia. Carnes verò caninas guſtare nos profanum arbitramur, at nonnulli ex Thracibus canibus veſci narrantur. Fortaſſe etiam in vſu apud Græcos hoc fuit. Vnde & Diocles ex eorum ſchola qui Aſclepiadarum tempore fuerant, prodiens, quibuſdam ægrotis catulorum carnes dare præcipit. Sunt & qui humanas carnes (vt dixi) indifferenter edant: quod apud nos profanū eſſe exiſtimatur. Atqui ſi à natura eſſent tam ea per quæ piè ſanctéque coluntur Dii, quàm illa quæ fiunt contra fas, apud omnes idem de illis eſſet iudicium. Sed & de pietate erga mortuos, his non diſſimilia dici poſſunt. Alii enim integra mortuorum corpora componentes, terra tegunt, ſoli oſtendere ipſos impiū exiſtimantes.

At

At Ægyptii intestina extrahentes condiunt defunctos, & secum super terra habent. Ex AEthiopibus autem ij qui sunt ἰχθυοφάγοι i. *pisciuori*, in paludes ipsos coniiciunt, piscibus escam futuros: Hyrcani verò canibus ipsos vorandos exponunt: aliqui ex Indis vulturibus etiã. Troglodytis autem moris esse aiunt, vt in aliquem collem defunctum adducant, deinde religato eius capite ad pedes, saxis non sine risu petant: quum autem aggere iactorum lapidũ eum operuerint, discedãt. Sunt præterea nonnulli Barbari qui eos qui sexaginta annorum ætatem excesserunt, immolatos comedunt: at eos qui iuuenes obierint, terra condunt. Aliqui etiam mortuos comburunt: ex quibus alii ossa eorum sumétes, recondita asseruant, alii temerè proiecta relinquunt. A Persis autem aiunt suspendi mortuos, & nitro condiri, ac tum demùm fasciis inuolui. Alii verò quanto luctu mortuos prosequantur videmus. Quinetiam mortē ipsam alii horrendam & fugiendam esse ducunt: alii verò nihil tale de ea existimant. Nã & ipse Euripides ait,

Ecquis scit vtrum viuere istud sit mori,
Mortémque vitam conditi terra putent?

Ipse quoque Epicurus ait, Mors nihil ad nos. Nam quod dissolutum est, sensu caret: quod sensu caret, nihil ad nos. Hoc etiam addunt, Si ex anima & corpore compositi sumus, mors autem dissolutio est animę & corporis, tum quidem quando sumus, non est mors: (non enim dissoluimur) quum autem mors est, nos non sumus. Nam quòd non amplius sit illa animæ & corporis compositio, ne nos quidē sumus. Heraclitus autem ait & vitam & mortem esse & dum viuimus & dũ morimur. Nam quum nos viuimus, mortuas esse nostras animas, & in nobis sepultas: quum autem morimur, animas reuiuiscere & viuere. Sunt verò & qui mortem nobis esse vita potiorem existimēt: quò pertinet id quod ait Euripides,

Quis nouit an quod viuimus sit id mori,
Mori vicissim iudicent vitam inferi?

Ex eadem autem opinione & hæc dicta fuerunt,

Non nasci, esset res mortalibus optima cunctis,
Nec solare oculis posse videre iubar:
At nato portas Orci transire repentè,
Et terræ indutum mole iacere graui.

Scimus verò & quæ de Cleobi & Bitone feruntur, quæ ab Herodoto in mentione Argiuæ sacerdotis commemorantur. Narrantur verò nonnulli etiam ex Thracibus circumstantes infantem in lucē editum

tum lugere. Ergo neque mors inter ea quę natura sunt horrenda, nec vita inter ea quę sunt natura bona, annumerari debet. Nec quicquam ex supradictis natura tale est vel tale, sed omnia sunt opinione tenus, & ad aliquid. Eundem autem ratiocinandi modum etiam ad vnumquodque ex aliis transferre possit quispiam, quę nunc, breuitatis rationem habentes, non exposuimus. Quòd si de quibusdam quæ sit discrepantia, ostendere illico non possumus, dicendum est fieri posse vt in aliquibus nationibus quas ignoremus, sit de iis quoque controuersia. Nam vt nisi sciremus (verbi gratia) AEgyptiorum consuetudinem esse vt sorores ducant in vxores, falsò affirmaremus apud omnes pro confesso & indubitato haberi, non esse contrahendum cum sororibus matrimonium: ita nec de rebus illis, in quibus eæ quæ sunt discrepantiæ, sub sensus nostros non cadunt, affirmare decet non esse de ipsis controuersiam: quum fieri possit (sicuti dixi) vt apud aliquas nobis ignotas nationes sit de iis controuersia. Scepticus ergo tantã rerum cernens discrepantiam, de hoc quidem, quid natura bonum, quid malum, & quid faciendum, quid nõ, retinet assensum, hac etiam in parte à Dogmaticorum temerario fastu procul discedens: sequitur verò citra vllam opinionem obseruationem vitæ communis. Et propterea in iis quidem quæ opinabilia sunt, passionis expers manet: at in iis quæ coacta sunt, moderatè passionibus afficitur. Nam patitur quidem quatenus est homo sentiendi facultate præditus: sed nõ assumens illam præterea opinionem, nimirũ id quod patitur, natura malum esse, moderationem in iis quæ patitur seruat. Nam addere sibi talem aliquam opinionẽ, peius est quàm ipsum pati. adeò vt aliquando ij quibus aliquod membrum abscinditur, aut tale aliquid patiuntur, id tolerent: at qui illis adstant, eo quòd opinionem illam conceperint de eo quod fit, esse malum, animo linquantur. Nam ille quidẽ certè qui sibi aliquid natura bonum aut malum, vel prorsus faciendũ aut non faciendum esse statuit, variè turbatur. Nam & quũ adsunt illi ea quæ mala existimat esse secundum naturam, pœnis affici videtur, & quum iis quæ ipsi bona vidétur, potitus fuerit, & ob elatum nimia lætitia inflatumq́ animum, & præ metu illa amittendi, necnon dum timet ne rursus in iis versetur quæ natura mala existimantur ab eo, in perturbationes nõ mediocres incidit. Nã iis qui bona dicunt amitti non posse, ex dubitatione quã affert controuersia, silentium imponemus. Vnde ratiocinãtes colligimus, si, quod mali effectiuũ est, malum & fugiendum sit, persuasio autẽ hæc qua quis sibi persuadet hæc quidem

dem esse bona secundū naturam, illa autē mala, perturbationes excitet: malū esse & fugiendū, sibi proponere & persuasum habere quidpiam esse malum aut bonum, quod ad naturam spectat. Et hæc quidem in præsentia de bonis & malis & indifferētibus dixisse sufficiat.

An sit ars circa vitam. CAP. 25.

Ex supradictis autem ne artem quidē vllam circa vitam esse perspicuum est. Si enim est talis ars, circa bonorum & malorum & indifferentium considerationem versatur. Itaque quum hæc inexistentia sint, inexistēs etiam est quæ circa vitam *esse dicitur* ars. Et alioqui quū non vno consensu relinquant artē vnam circa vitam omnes Dogmatici, sed aliam alii à se fictam supponant, obnoxii redduntur controuersiæ, & ratiocinationi ex controuersia sumptæ, quam quum de bono verba facerem proposui. Sed etiā si omnes (vt hoc supponamus) dicerent vnam esse artem circa vitam, verbi gratia, celeberrimam illam prudentiam (quæ apud Stoicos quidem somniatur, magis autem videtur premere quàm aliæ) consequētur nihilominus absurditates. Quia enim prudentia est virtus, virtutem autem solus habet sapiens, Stoici, quum non sint sapientes, non habebunt eam quæ circa vitam est artem. Atque adeò quū non possit, secundum ipsos, subsistere ars, ne ars quidē vlla circa vitam erit, si ea quæ dicunt sequamur. Etenim artem esse tradunt, quæ constat ex comprehensionibus. comprehensionem autem, esse ad comprehensiuam phantasiam assensum. Inueniri autem nequit comprehensiua phantasia. Nam nec omnis phantasia comprehensiua est, nec quænā sit ex phantasiis comprehensiua dignosci potest. quia nec omni phantasia possumus iudicare simpliciter quæ sit comprehensiua, & quæ non sit: & quum egeamus comprehensiua phantasia ad dignoscendum quæ sit comprehensiua phantasia, ad infinitum compellimur: quum à nobis alia comprehensiua phantasia postuletur ad dignoscendam illam quam vt comprehensiuam phantasiam sumebamus. Stoici ergo talē nobis comprehensiuæ phantasiæ notionem exhibentes, veritatem non sequuntur. Nam quū comprehensiuam phantasiam esse dicant quæ ab ente orta sit, ens autem esse quod comprehensiuam phantasiam mouere potest, in diallelum dubitationis modum incidūt. Si igitur vt circa vitam sit ars aliqua, prius oportet artem esse: vt autē subsistentiam habeat ars, oportet comprehensionem prius subsistentiam habere: vt autem subsistat comprehensio, assensum ad comprehensiuam phantasiam, comprehensum esse: inueniri autem nequit comprehēsiua phantasia: inueniri

non

non poteſt quæ circa vitam ars *eſſe dicitur.* Illud præterea affertur:
Omnis ars ex iis operibus quæ propriè exhibentur ab ipſa, cómpre-
hendi videtur. Atqui nullum proprium extat opus artis quæ circa vitam eſt. nam quodcunque dixerit quis eſſe huius opus, illud commune eſſe etiam cum rudi & imperita multitudine reperitur. quale eſt,
Honorare parentes, Depoſita reddere, & alia omnia. Non ergo eſt
vlla circa vitam ars. Neque enim ex eo quòd à prudenti animi habitu
aliquid dici aut fieri videatur(vt aiunt quidam) quódnam ſit prudentiæ opus cognoſcemus. Nam ipſe prudens animi habitus incomprehenſibilis eſt, quum neq; ex ſeipſo & ex re præſenti, neq; ex ſuis operibus appareat. Nam hæc illi etiam cum imperito vulgo ſunt commu
nia. Dicere autem nos ex æquabilitate actionum comprehēdere qui
ſint illi qui habeant artem quæ circa vitam eſt, hominum eſt vltra naturam loquentium, & potius optantium quàm vera dicentium.
 Tali etenim mente eſt mortalis præditus omnis,
  Qualis miſſa dies à patre hominúmque Deúmque.
Supereſt vt artē hanc quæ circa vitā verſatur, ex illis operibus quæ
in ſuis libris deſcribunt, comprehendi dicamus. quæ quum multa &
inter ſe ſimilia ſint, pauca, exempli gratia, commemorabo. Ipſe ergo
princeps ſectæ eorum Zenon in *ſcriptis dictis* ϖαξιϲαῖς, de puerorū inſtitutione, cum alia ſimilia, tū verò hæc dicit, Diuidere nihilo magis
nec minus pædica quàm non pædica: nec fœminas quàm mares. non
enim ſunt alia quæ pædica aut non pædica, nec fœminas aut mares
deceant, ſed eadem illos decent. De pietate autem erga parentes
idem ait, de Iocaſtæ & OEdipodis facto loquens, non fuiſſe mirum
ſi matrem fricaret. Nam ſi quidē ægrotantem alia parte corporis fricans manibus, ei adiumentum aliquod afferebat, nihil in eo erat tur-
pitudinis: ſi alias partes fricans delectabat, ægritudinem illi adimens,
adeò vt ingenuos ex matre liberos procrearit, *an turpe cenſebitur?*
His autem Chryſippus aſtipulans in Politia ſcribit, Videntur autem
mihi & hæc ita eſſe tranſigenda, quemadmodum nunc quoque non
malè apud quoſdā in more poſita ſunt: vt & mater ex filio, & pater ex
filia, & frater ex germana ſorore liberos procreet. Quinetiā in iiſdem libris humanarum carnium eſum inducit. ait enim, Quòd ſi ex
viuis abſcindatur aliqua pars ad eſum vtilis, neq; defodere illam, neque temerè proiicere: ſed eam conſumere, vt ex noſtris alia pars fiat.
In libris autem ϖερὶ τ̄ καθήκοντος.i. *de officio,* de parentū ſepultura ſcri-
bens, hęc nominatim dicit, Mortuis autē parentibus, ſepulturis vtendum

dum simplicissimis, quippe quum corpus(quemadmodū vngues,aut dentes,aut pili)nihil ad nos pertineat,& nullo erga id respectu aut curiosa observatione insuper opus habeamus. Ideoq; si quidem vtiles sint carnes, illas in suum alimentum conuertent (quemadmodum &
5 si aliquod ex propriis membris abscissum fuisset, verbi gratia,si pes) vti ipso conueniens fuisset: sin autem sint inutiles, aut defossas relinquent, aut ex combustis cinerem relinquent, aut longius proiicient, nullam earū rationem habētes, tanquā vnguium aut pilorum. Atq; his similia quamplurima dicūt Philosophi,quę nequaquā ausint face-
10 re nisi in Cyclopum aut Laestrygonū politia versentur. Quòd si horū quidē nihil agunt, quae autē faciunt,communia sunt illis cum vulgo: nullum extat peculiare opus illis quos artem quae circa vitam est habere suspicamur, peculiare. Ergo si artes ex peculiaribus operibus comprehendi omnino necesse est, nullum autē peculiare opus vide-
15 mus artis quae circa vitā esse dicitur:ipsa non comprehenditur. Ergo ne de illa quidem,eam esse existentem affirmare quisquam potest.

An hominibus indatur ars quae circa naturam. CAP. 26.

IAM verò si inditur hominibus ars quae circum naturam:aut natura inditur ipsis, aut per disciplinā & doctrinam. Verùm si natura qui-
20 dem, aut quatenus sunt homines, ipsis inditur,ars est quae secundum naturam,aut quatenus non sunt homines. Quatenus non sunt homines,nequaquam: neque enim non sunt homines. Sin quatenus sunt homines, in omnibus hominibus inesset prudentia, adeò vt omnes prudentes essent & virtutis studiosi & sapientes. Atqui homines ma-
25 gna ex parte dicūt esse malos. Ergo ne quatenus quidem sunt homines,inesse queat ipsis ars quae circa naturam. Ne natura quidē igitur. Adde quòd quum artem ex comprehensionibus coexercitatis constare tradant,per experientiam & disciplinam aliquam,& alias artes & hanc ipsam de qua nunc agitur, potius percipi tradant.

30 *An doceri possit ars quae circum naturam.* CAP. 27.

IAM verò ne doctrina quidem & disciplinā percipitur. Antequā enim haec sint subsistētia,tria pro cōfessis & indubitatis haberi oportet, rem quae docetur,eum qui docet,& eum qui discit modum disciplinae. At nihil horum subsistens est. Ergo nec doctrina.

35 *An sit aliquid quod doceatur.* CAP. 28.

NAM quod docetur aut verum est aut falsum. Et si quidē est falsum,nequaquam doceri possit(inexistens enim esse aiunt falsum.quę autem non sunt, illa doceri nullo modo possunt.) Sed ne si verū qui-

y y

dem

dem esse dicatur. Nam verum esse inexistés in mentione de criterio docuimus. Si ergo nec falsum nec verum docetur: præter hæc autem nihil est quod cadat in doctrinam:(neque enim his in doctrinam non cadetibus,dicet quispiam se docere ea de quibus dubitatur)nihil docetur. Adde quòd res quæ docetur,aut apparens est,aut incerta:sed si quidem est apparens,doceri non necesse habebit. nam quæ apparēt, pariter omnibus apparent. At si incerta,quoniā incerta propter indiiudicabilē de iis controuersiam,incomprehensibilia sunt,vt sępe docuimus,nō poterunt doceri. Nam quod quis non comprehēdit,quomodo id docere posset aut discere? Quòd si neque id quod apparet, neq; id quod incertum est,docetur:nihil docetur. Præterea, id quod docetur,aut corpus est,aut incorporeū,vtrunq; autem eorum,siue apparens sit,siue incertum,doceri nō potest,secundum eam quā modò attulimus rationem. Non docetur ergo quicquam. Insuper verò,aut quod est docetur,aut quod nō est. Id certè quod non est, non docetur. Nam si docetur id quod non est:quia verorū existimātur esse doctrinæ,id quod non est,verum fuerit. Si autē verum sit, etiā existens erit. Verū enim esse dicunt id quod est,& opponitur alicui. Atqui absurdum est dicere existere id quod nō est. Ergo nec docetur id quod non est. Sed ne ens quidē docetur. nam si docetur ens, aut secundum quod ens est, docetur, aut secundū aliquid aliud. Sed si quidē secundū id quod ens est,doceri posse dicatur,erit ex entibus: & propterea nō erit docibile. Nā doctrinas ex aliquibus indubitatis & indocibilibus fieri oportet. Nō ergo ens,secundū id quod est ens,docibile est. Verùm nec secundū aliud quidpiā:nam ens nō habet aliud accidens ipsi quod nō sit ens. Ergo si ens secundū id quod ens est,nō docetur,nec secundū aliquid aliud docebitur. Illud enim quodcūq; sit accidēs ipsi, ens est. Deinde,siue apparēs sit ipsū ens quod doceri dicēt,siue incertū,supradictis dubitationibus subiacēs,indocibile erit. Quòd si neq; id quod est docetur,neq; id quod non est,nihil est quod doceatur.

An sit docens & discens. CAP. 29.

Hoc autem euerso, simul etiā doctor & discipulus euertuntur: nihilominus tamen etiā seorsum de illis dubitandi causæ proponuntur. Nam aut artifex artificē docet, aut artis imperitus imperitū artis: aut artis imperitus artificē, aut artifex imperitum artis. Artifex quidē certè artificem nō docet: neuter enim ipsorum,quatenus est artifex, disciplina opus habet. Sed ne artis quidē imperitus imperitū artis docebit,nihilo magis quàm cęco cęcus dux esse potest. Neq; verò imperitus

peritus artis docebit artificè. ridiculum enim profectò hoc foret. Superest vt artificem docere imperitũ artis dicamus: quod & ipsum fieri nõ potest. Nullo enim modo subsistere artifex poterit, quia neque sponte naturali quisquã & simulatq; natus est, artifex existere cernitur, neq; ex imperito artis fit aliquis artifex. Aut enim vnũ theorema & vna comprehẽsio artificè reddere potest eum qui alioqui sit imperitus artis, aut nequaquã. Sed si quidem comprehensio vna artificem facit eum qui imperitus artis erat, primùm quidem dicere poterimus arté non constare ex comprehensionibus: (nam qui nihil prorsus nouit, si vnum theorema artis doceatur, hoc modo artifex appellari possit) deinde si dicat aliquis, eũ qui aliqua theoremata artis perceperit, sed opus habet adhuc vno, & propterea sit artis imperitus, si vnum illud assumat, artificè ex imperito artis effectum iri per comprehensionem vnã, ex hoc quod dicet, omnes facultatis percipiendarũ artium exortes reddet, & ab ea excludet. In particularibus enim hominibus ostendere non poterunt aliquẽ qui artis quidem imperitus sit adhuc, futurus autẽ sit artifex si vnũ aliquod theorema praeterea perceperit. Non enim scit quisquã enumerationem praeceptorũ cuiusq; artis: ita vt enumeratis theorematibus iam cognitis, dicere possit quot ad implendũ theorematum artis numerũ desiderentur. Ergo vnius theorematis cognitio nõ facit artis imperitum artificem. Si autẽ hoc verum est, quoniã non omnia theoremata artium percipit quisquã simul & semel, sed si percipit, vnumquodq; sigillatim percipit (vt hoc etiã aliquis per suppositionem concedat) is qui vnumquodq; theorema artis per se & seorsum ab aliis percipere dicitur, nequaquã artifex fuerit. Dicebamus enim nõ posse cognitionem vnius theorematis, eum qui sit imperitus artis, facere artificem. Ergo ne artifex quidé euadet is qui artis fuerit imperitus. Vnde etiã propter haec videtur insubsistẽs esse artifex: propterea verò & doctor. Verùm ne is quidẽ quem discere aiũt, si imperitus artis sit, artis theoremata cuius est imperitus, discere & comprehẽdere potest. Nã vt qui natus est caecus, quatenus est talis, nõ possit assumere colorũ perceptionẽ: nec qui natus est surdus, percipere vocẽ queat: ita nec is qui sit imperitus artis, possit theoremata artis comprehẽdere cuius est imperitus. Nã hoc modo idem fuerit artifex & imperitus artis eorundẽ. imperitus artis, quia ita suppositum est: artifex autẽ, quia comprehensionem habet artis theorematũ. Ergo ne artifex quidẽ imperitum artis docet. Quòd si neque artifex artificè docet, neque imperitus artis imperitũ artis, neque im-

y y 2 peritus

peritus artis, artificem, neq; artifex imperitum artis: præter hæc autē nihil est: neque docens est, neque discens. Quum autē non sit neque docens neque discens, etiam superuacaneus est doctrinæ modus.

An sit discendi modus. CAP. 30.

NIHILOMINVS tamen de eo huiusmodi argumentis quæstio agitatur. Nam modus docendi aut actu fit, aut oratione. At neq; actu fit neq; oratione, vt ostendemus. Ergo modus etiam docendi est imperuestigabilis. Actu quidē non fit doctrina, quia actus est eorū quæ ostenduntur. quod autē ostenditur, omnibus est apparens. quod autē apparet, quatenus apparet, omnibus est comprehensibile: quod autē est omnibus promiscuè comprehésibile, in doctrinā non cadit. Nihil est ergo actu docibile. Iam verò ne oratione quidem docetur quicquam. hæc enim aut significat aliquid, aut nihil significat. sed nihil significans, neq; ad docendum quidē quicquam idonea erit. Sin autem aliquid significet, aut natura significat, aut positione: & natura quidē non significat, quia cuncti quoscunq; audiunt, nō intelligunt. vt Greci Barbatos, & Barbari Græcos. Quòd si positione significat, manifestū est fore vt ij quidē qui prius comprehenderint ea quibus appellationes sunt impositæ, illa percipiant, nō quòd ex illis *appellationibus* doceantur ea quæ ignorabant, sed quòd ad recordationē veniant, & memoriā sibi renouent eorū quæ sciebant. At ij qui necesse habēt ea discere quæ ignorat, nec ea norunt quibus impositæ sunt appellationes, nihil percipient. Itaq; ne disciplinæ quidem modus subsistēs esse possit. Nam is qui est doctor, comprehensionē theorematū artis quę docetur indere debet discenti, vt ille demū perceptis theorematis ex quibus ars cōstat, artifex euadat. At nihil est comprehensio, vt antea docuimus. Ergo ne modus quidē doctrinæ subsistere potest. Quòd si neque docetur aliquid, neq; est docens, neq; discens, neque modus disciplinæ, nimirū ne disciplina quidē est, aut doctrina. Atq; his quidem generalioribus argumentis disputatione aduersus disciplinā & doctrinam aggressi sumus, sed & talis quęstio de arte etiam quæ circa vitam esse dicitur, agitari potest. Rem quę docetur, videlicet prudentiam, insubsistētē esse ostendimus in superioribus. Insubsistēs est autem is etiam qui docet & qui discit. Nam aut prudens prudentē docebit artē quæ circa naturā est, aut imprudens imprudentem: aut imprudens prudentem: aut prudens imprudētem. At nullus horum illū docet. Non ergo docetur ars quę circa vitam esse dicitur. Et de aliis quidē fortasse etiam superuacaneum fuerit dicere: sed si prudens imprudenprudentem docet prudentiam: prudētia autem ars est bonorū & malorū & neutrorum: imprudens, quū careat prudentia, bona & mala & neutra ignorat. Ignorans autē hęc, certè quum prudens eum docebit bona & mala & neutra, audiet tantùm ea quæ dicentur, non item ea cognoscet. Nam si ea percipiat dum in imprudentia versabitur, erit etiam imprudentia, bonorū & malorum & neutrorū contemplatiua. Atqui, secundū eos, imprudentia nō est horū contemplatiua (alioqui imprudens esset prudens) ergo imprudēs ea quę à prudente dicuntur aut fiunt, non percipit, secundum quidē disciplinæ formam. Quòd si non percipit, ab ipso doceri nō possit: quum etiam nec actu nec oratione doceri possit, vt antea diximus. Iam verò si neq; per disciplinā, neque per doctrinam inditur cuiquam ars quæ circa vitā esse dicitur, neq; natura, ea profecto ars quam philosophi circa vitam esse aiunt, illam semper in ore habentes, nullo modo inueniri poterit.

An ars quæ circa vitam, eam habenti sit vtilis. CAP. 31.

Iam verò etiamsi quis valde ex abundanti concesserit, indi alicui eam artē quam circa vitā esse somniant, damnosa & perturbationis causa habentibus ipsam potius quàm vtilis esse comperietur. Atque vt statim, exempli gratia, pauca è multis proferamus, posset vtilis esse sapienti ea quæ circa vitam est ars, continentiam ei prębens aduersus malorū appetentias, & bonorū inappetentias. Sapiens enim qui secundū eos dicitur continens, aut secundū id dicitur continens quatenus in nulla est appetentia ad malū, & inappetentia ad bonū: aut quatenus habebat quidē prauas appetentias & inappetentias, sed eas ratione superauit. Verùm quatenus quidem non versatur in malis deliberationibus, nequaquā dicatur continens. Non enim se continebit ab eo quod nō habet: & quemadmodū nemo dixerit eunuchum esse rerū venerearum continentē, & eum cui vitiatus est stomachus, continentem esse in ciborum fruitione: (nullo enim modo ipsi talia consectantur, ita vt per continentiā consectationem eorū oppugnare debeant) eodem modo sapientē appellare non oportet continentem, eo quòd ipsi non innascatur affectio aduersus quam futurus sit continens. Quòd si versatur quidē in malis deliberationibus, vincit tamē eas ratione, primùm quidem cōcedent, nihil illi prudentiā profuisse, vtpote qui adhuc in perturbationibus sit, & auxilio egeat: deinde etiā infœlicior esse reperitur iis qui mali esse dicuntur. Nam si appetitione animi ad aliquid ducitur, perturbetur necesse est: si autem ratione superat, continet in seipso malum, & propterea magis perturbatur

quàm

quàm ille malus qui non amplius hoc patitur. Nam si appetitu animi agitur, perturbatur: si autē cupiditates assequitur, desinit perturbari. Non est ergo continens quantum ad prudentiam, ipse sapiens: aut si est, omniū hominum est infoelicissimus. Itaque illi nō vtilitatem sed perturbationē maximā præbuit quæ circa vitā esse dicitur ars. Eum porrò qui existimat se habere artem quæ circa vitam est, & per eam cognouisse quæ bona sunt secundum naturā, & quæ mala, valde perturbari & quum bona & quū mala adsunt, in superioribus docuimus. Dicendum est igitur, si nec bonorum nec malorū nec indifferentium subsistentia pro confessa & indubitata habetur, & ars quę circa vitam est, fortasse quidem & ipsa insubsistens est: quanuis tamen subsistere concedatur (per suppositionem) nullam vtilitatem habétibus ipsam affert, imò verò contra, perturbationes maximas eorum animis indit: Dogmatici etiam in morali parte eius quæ philosophia vocatur, frustra supercilia attollere videri debent. Et his quidem de morali etiam *philosophiæ* modo disputatis (quibus plura hypotyposeωs mensura admittit.) hic etiam tertium librum & totum Pyrrhoniarum hypotyposeωn tractatum claudimus, si illud addiderimus.

Quare Scepticus interdum ratiocinationes quantum ad probabilitatē attinet, debiles de industria proponat. CAP. 32.

SCEPTICVS, eò quòd sit humanus, Dogmaticorū arrogantiam & temerariā insolentiā pro viribus sanare vult ratiocinando. Quemadmodum igitur corporaliū morborum medici diuersæ potentię habent remedia: & iis quidē qui vehementi morbo laborāt, eorum vehementissima quæq; adhibent; iis qui leuiter ægrotant, leuia: ita etiā paris roboris non sunt omnes quas Scepticus proponit ratiocinationes: sed quæ sunt ex illis solidiores, quæ & validè possunt opiniones Dogmaticorū euertere, erga eos qui grauiter temerariæ insolentiæ morbo laborāt, vtitur: leuioribus autē erga eos qui hunc arrogantiæ morbum in superficie tantum, ideoq; facilè sanabilem habent: & huiusmodi qui ratiocinationibus probabilibus, alioqui leuioribus, profligari possit. Hinc ergo fit vt Scepticus aliquando ratiocinationes quæ, quod ad probabilitatem attinet, robustiores, aliquando debiliores videntur, proponere de industria non dubitet, vtpote quę ipsi sæpenumero ad consequēdum id quod persequitur, sufficiant.

PYRRHONIS ELIENSIS
PHILOSOPHI VITA, EX DIO-
GENE LAERTIO.

Ex vulgata interpretatione, sed multis in locis castigata.

PYRRHO Eliensis Plistarchum habuit patré: quod etiā Diocles tradit. Is (vt Apollodorus ait in Chronicis) pictor fuit primùm, atque (vt Alexander in Successionibus scribit) Drysonem Stilponis filiū audiuit, deinde Anaxarchum: illi vbiq; adhærens, ita vt Gymnosophistas in Indiam adierit, Magisq; congressus sit. Vnde & nobilissimè philosophiam tractasse videtur, commentus modum quo de omnibus nihil decerneret, neque quicquam comprehendi posse diceret, vt Ascanius Abderites auctor est. Negabat enim quicquā turpe esse aut honestum, iustum vel iniustū, eadem ratione & in omnibus nihil verè esse, cæterùm lege atq; consuetudine cuncta homines facere. Neque enim esse quicquam istud potius quàm illud. Consentanea autem ad hæc illi & vita erat. Nihil enim declinans nihilque deuitans, sustinebat omnia, currus si fortè occurrissent, & prærupta, & canes, & talia, nihil omnino sensibus permittens. Seruabatur autem, vt Carystius Antigonus refert, à sequentibus se necessariis. Porrò Ænesidemus ipsum de assensu quidē retinendo philosophatum esse tradit, non tamen imprudenter gessisse singula. Vixit autem ad annos ferme nonaginta. Ceterùm Antigonus Carystius in libro quem de Pyrrhone scripsit, hęc de illo memorat, ipsum principio quidem obscurū & pauperem, pictoremq; fuisse, seruatiq; in Elide in gymnasio λαμπαδιςας, non infœliciter ab eo elaboratos. Quin egredi solitum & solitarium viuere, raroq; apparere domesticis. Hoc autem idcirco facere, quòd audisset Indum quendā Anaxarcho exprobrantem quòd nullum doceret virum bonū fieri, quum ipse regias aulas frequens tereret, & regibus obsequeretur. Semperq; eodem perseuerasse vultu atq; habitu, adeò vt si quispiam illum inter dicendū desereret, ipse tamen quod cœperat perageret: quum alioqui in adolescentia mobilis fuisset. Sæpe (inquit) peregre proficiscebatur, nemini quò pergeret prædicens, & quibus volebat congrediebatur. Et quum aliquando Anaxarchus in scrobem incidisset, ille pertransiit, nullam ei opem ferens. Eumque quum ob id

plerique

plerique culparent, Anaxarchus ipse laudabat, vt indifferéter & sine affectu se habentem. Quum secum loqui aliquando deprehensus esset, rogatus cur id faceret, meditor, inquit, bonus vt sim. In quæstionibus à nemine contemnebatur, quòd obiter solumque ad interrogata diceret. Qua ex re factū est vt Nausiphanes adhuc adolescentulus ab eo captus sit & allectus. Aiebat enim oportere affectus quidem esse Pyrrhonis, suiipsius autem verborum. Dicebátque sępenumero Epicurum cōuersationem institutúmque Pyrrhonis admiratum, ipsum de se percontari assiduè solitum. Tanto autem in honore à patria sua habebatur, vt eum pontificem constituerit, atque illius gratia philosophos publico decreto omnes immunitate donauerit. Complures item habuit *instituti sui, hoc est* rerum negligentiæ & contemptus, ęmulos. Vnde & illum complectitur mirificè Timon in Pythone, & in Sillis, quòd liber euaserit omnibus perturbationibus, superstitionéque & vanitate, & captione sophistica, ac Dei instar inter homines regnarit.

Miror qui tandem potuisti euadere Pyrrho
Turgentes frustra, stupidos vanosque sophistas,
Atque imposturæ fallacis soluere vincla:
Nec fuerit curæ scrutari, Græcia quali
Aëre cingatur, neque vbi aut vnde omnia constent.

Et iterum in Indalmis,

Abs te illud miserè optarim cognoscere Pyrrho,
Qui fuerit facilis lætaq́; vita tibi,
Solus vt in viuis gereres te numinis instar.

Hunc autem Athenienses etiam ciuitate honorauerunt, vt refert Diocles, quòd Cotyn Thraciū interemisset. Piè verò & cum sorore sua obstetrice vixit, vt Eratosthenes in libro De diuitiis & paupertate refert, quo tempore ipse publicè auiculas porcellósque venundabat: domíque indifferenti mundicia erat. Fertur ob eiusmodi indifferentiam & scrofam lauare solitus, & quum sorori quandoque succensuisset (Philista autem vocabatur) arguerétque illum quispiam *vt immemorem instituti sui*, nō, inquit, muliercula documentum erit nostræ indifferentiæ. Rursum quū se inuadentem canem repulisset, causanti cuidam, Graue, inquit, est & perdifficile hominem penitus exuere. Certandum verò pro viribus, primùm quidem operibus, alioqui vel ratione aduersum res. Aiunt illum & medicamenta putrifica, & sectiones, & vstiones sibi vlceri cuipiam adhibitas tanta tulisse cōstan-

tia,

tia, vt supercilia ne contraxerit quidem. Eius animi magnitudinē & Timon in iis quæ scripsit ad Pythonem prosequitur: Philo quoque Atheniensis ipsius necessarius, illum Democriti mentionem facere consueuisse, tum etiam Homeri dixit, mirantem illum eius versiculum, assiduéque pronunciare solitum,

  Tale quidem genus est hominum quale est foliorum.

Amplectíque quòd homines muscis & auibus comparet. Illos item perlibenter & sæpe proferre,

  Quin tu igitur morere, & plora mihi, amice, vicißim.
  Nam & periit Patroclus, qui te superabat abundé.

Sicut & cætera illius quibus inconstantia & inania studia atque pueriles hominū motus indicantur. Posidonius autem de illo tale quiddam retulit. Naui aliquādo ferebatur, & quum socij tempestate acti deiectiore animo essent, ipse tranquillo animo porcellū in naui edentem ostendebat: dicens oportere sapientem hanc illius imitari securitatem. Solus hunc Numenius dogmata etiam edidisse ait. Huius præterea memorabiles fuere discipuli: ex quibus Eurylochus, cuius istud notatur vitium. Aiunt illum aliquando ita furore instigatum vt sumpto veru cum carnibus coquum in forum vsque persequeretur: & in Elide quæstionibus eruditorum fatigatum, abiecto pallio Alphæum transasse fluuium. Erat autem sophistis infestissimus, sicuti & Timon ait. Philo autem in disputationibus erat frequentior. Vnde & Timon de illo ait,

  Et meditandum inter, & strepitu turbaq; remotum,
  Litibus haud stolidè addictum famaque Philonem.

Hecatæus præterea Abderites, & Timon Phliasius Poëta, Sillorū scriptor, de quo dicemus: Nausiphanes quoq; Teius (cuius plerique Epicurum auditorem fuisse tradunt) eius discipuli fuerunt. Hi omnes à magistro quidem Pyrrhonij, cæterum à dogmate ἀπορητικοὶ & σκεπτικοὶ, præterèaque ἐφεκτικοὶ & ζητητικοὶ appellabantur. Est enim ζητητικὴ philosophia sic dicta quòd semper in veritatis inquisitione versetur. Porrò σκεπτικὴ, quia semper σκέπτεται, id est, secum commentatur, & nunquam inuenit. ἐφεκτικὴ autem dicitur ab euentu: quòd post inquisitionem ambigatur itidem. ἀπορητικὴ verò, quòd eius sectatores semper addubitent. Atque à Pyrrhone Pyrrhonij, vt diximus, denominati sunt. Enimuero Theodosius in scepticis capitulis scepticam Pyrrhoniam minimè appellari oportere ait. Nam si quidē motus & agitatio mentis alterius comprehendi à nobis nō potest, profectò Pyrrhonis

rhonis affectû ignorabimus. At si illum ignoremus, Pyrrhonij haudquaquam dicemur. Præterquam quòd neque Pyrrho primus scepticesinuentor fuerit, neque ea dogma aliquod habeat. Rectius autem diceretur Pyrrhonis moribus similis. Eius sectæ principem Homerum fuisse plerique autumant, quòd is in suis scriptis de rebus eisdem præter cæteros aliàs aliter loquitur, neque certò quicquam in rebus pronuntiat, ac certa fert sententiam. Deniq; & septē sapientes in hoc genere fuisse versatos, quorū illa sint, Nihil nimis: &, Sponsioni adiacet damnum. Quo significetur, qui fideiussor existat, illum è vestigio certa compertáque incommoda subsequi. Archilochum item & Euripidem id genus exercuisse, vbi Archilochus quidem ait,

Ea mens est hominibus, Glauce Leptinis fili,
Qualem mortalibus in dies Iuppiter mittit. Item Euripides,
Sentire verò quippiam quid hos ferunt
Homunciones? nam nescimus id quidem
An rectè agamus, an secus quod quis velit.

Sed & Xenophanes & Zeno Eleates ac Democritus secundum eos sceptici sunt. ex quibus Xenophanes quidem ait,

Nemo aliquid certò nouit, vel nouerit vnquam.

Zeno autem motum tollit, dicens, Omne quod mouetur, neque in quo est mouetur loco, neque in quo non est. Porrò Democritus exclusis qualitatibus, vbi, ait, lege calidum, ibi lege frigidum. Est autem causa atomi & vacuum. Ac rursus, Causa quidem nihil nouimus. nam veritas in profundo est. Plato item id quidem quod verum sit Diis Deorumque filiis cōcedit, cæterùm rationem probabilem perquirit. Euripides quoque dubitat an viuere sit emori, moríque viuere mortales putent. ait enim,

Quis nouit autem an viuere hoc sit emori,
An emori hoc sit quòd vocamus viuere?

Empedocles item quædam vix dici posse, alia neque auditu percipi, neque mente comprehēdi ait: idque solum probari quod quisq; putarit. Heraclitus itidem de rebus maximis coniectandum astruendúmque esse quippiam temere, negat. Hippocrates itidem ambiguo atque humano more loquitur: atque longe antè Homerus,

Lingua volubilis est hominum, verbisq; referta. &
Verborum hinc atque hinc ingens est copia cuiuis. &
Quale prior dixti, reddetur tale vicißim.

AEquas verborum vires obiectionesque significans. Itaque huiusmodi

modi sceptici sectarum omnium dogmata assiduè euertebant, nihil
ipsi dogmatis afferentes, atque cæterorum tantùm enuncianda dogmata atque enarranda proponentes nihil definiendo, neque hoc
ipsum quidem etiam. Et ipsum quoque nihil definire tollebant, dicentes illud, Nihil definimus. nam profectò definirent. cæterùm sen
tentias aliorum proferimus nostræ infirmitatis indicium. perindè ac
si annuentes hoc indicare possibile esset. Ex eo igitur quod dicunt,
Nihil definimus, affectio ἀρρεψία *dicta, quòd neutrā in partem sententiam
propensius inclinet,* insinuatur. Ac per id similiter quod proferunt, Nihilo magis, atque id, Omni rationi ratio opposita reperitur, & similia. Dicitur autem nihilo magis etiam positiuè de quibusdā quasi similia sint, vt Nihilo magis pirata malus est quàm mendax. Verùm ab
huiusmodi scepticis non positiuè, sed negando dicitur. sicuti ab im-
probante quum dicitur, Nihilo magis Scylla fuit quàm Chimæra.
Ipsum verò Magis aliquando per comparationem pronunciatur (vt
quum dicimus magis dulce mel quàm vuam esse) aliquādo item positiuè, ac per negationẽ, vt quū dicimus, Magis prodest virtus quàm
obest. Significamus enim virtutem prodesse, non obesse. Verùm &
ipsam vocem Nihilo magis sceptici tollunt. Sicuti enim non magis
est prouidentia quàm non est, ita & ipsum Nihilo magis, nihilo magis est quàm nõ est. Significat igitur & ea vox(sicut & Timon in Pythone ait)nihil definire, verùm hærere ambiguum. Porrò illud dictū,
Omni rationi *ratio opposita reperitur,* & ipsum colligit assensus retentionem. Nam si quidem dissidētibus rebus, verba *vel rationes* tantun-
demualeant, veritatis ignoratio sequitur. Ac ne huic quidem rationi
deest ratio quæ aduersetur. Quæ & ipsa quū sustulerit reliquas, à semetipsa sublata peribit. non secus atque medicamenta, quæ vbi epo-
ta prius materiam exhauserint, & ipsa egeruntur ac pereunt. Aiunt
autem Dogmatici se non modò nō tollere, verùm & asserere & confirmare rationem. Solùm itaque ministris vtebātur rationibus. Neq;
enim fieri poterat quin ratio à ratione tolleretur: quemadmodū dicere consueuimus locum nō esse:&, Locum omnino dicere oportet,
ac si non dogmatis, at demonstrationis ratione. Nihilque secundum
necesitatem fieri, & tamen necesitatem dicere oportet. Tali quodam interpretationis modo vtebantur. Res enim non eiusmodi per
naturam esse quales viderentur, sed videri tantum. Atque ea inquirere se dicebant, non quæ intelligerent(quod enim intelligitur liquet)
sed quæ sensibus perciperent ac communicarent. Est igitur Pyrrho-

nis ratio recordatio quædam earum rerum quæ vidétur, siue quomodolibet intelliguntur: secundum quam omnia omnibus conferuntur, eaque comparata inutilissima plenaque perturbationis esse cernuntur, sicut ait AEnesidemus in introductione in Pyrrhonia. Porrò ad eas quæ in speculationibus sunt oppositiones, qûu prius ostenderint quibus modis res persuadeant, eisdem auctoribus illarum fidem tollunt. Nam persuadere quidem ea quæ secundum sensus concorditer se habent, & quæ nunquam vel certè rarò mutatione accipiunt: consueta item, & quæ legibus visa sunt distincta, atque admirationi habita. Demonstrabant itaque ex iis quæ contraria sunt, persuasiones æquales esse persuadentibus. Porrò dubitationes circa concordiã earum rerum quæ vel aspectu vel intelligentia percipiuntur, decem modis tradebant, quibus subiecta differre videbantur. Ex his primus est, qui costat ex animalium differentiis ad voluptatem & dolorem, ad commoda & incommoda. Ex eo autem colligitur non easdem ac eisdem imaginationes incidere, quodq́; eam pugnam necessariò sequitur ambigere. Quippe animalium alia absque coitu gigni (vt sunt quæ in igni viuunt, quę πυρίσια vocantur: phœnixque Arabicus, atque teredines) alia verò ex cōgressu, vt homines & cætera. Atque alia sic, alia sic comparata sunt. Quocirca etiã sensibus differunt: nam aquilæ acutissimè vident, canis sagacissimè olfacit. Est igitur cōsentaneum, quæ differenter oculis incidunt, eorum itidem differre phantasmata. Nam capræ quidem virgulta alimento esse, homini autem amara atque insuauia. Cicutam quoque coturnici nutrimentũ, homini inferre perniciem. Suem item stercus edere, quod minimè equus attingat.

Secundus ex hominũ ingeniis per gentes comparationesque colligitur. Demophon enim mensis præfectus Alexandri, ad vmbrã calefiebat, Soléque rigebat. Andron item Argiuus, vt ait Aristoteles, per arida Libyæ loca absque potu iter agebat. Alius item medicinæ, agriculturæ alius, alius mercaturæ studiosus est. Atque ista quidem aliis prosunt, aliis obsunt. quamobrè retinendus assensus est. Tertius ex differentibus sensuum poris accipitur. Namque malum aspectui quidem pallidum, gustui dulce, tactui læue, olfactuique fragrantia odoris gratissimum incidit. Eadémque forma pro speculorũ varietate non eadem cernitur. Consequens igitur est, quod apparet, nõ magis id esse quàm aliud. Quartus, circa affectus communiter vicissitudinésque versatur, puta sanitatem, morbum: somnum, euigilationem: gaudium, tristitiam: iuuentam, senectam: audaciam, metum: indigentiam,

digentiam, copiam:amicitiam, odium : calorem, frigus:quòd videlicet respiretur, at viciſsim ſpiritus meatus intercludatur. Diuerſa itaq; videntur quæ incidunt propter diſpoſitiones quaſlibet. Neque enim qui veſani ſunt, præter naturam ſe habent. Quid enim illi magis quàm nos? namque & nos Solem veluti ſtantem intuemur. Theon autem Tithoreus Stoicus dormiés in ſomnis ambulabat, Periclísque ſeruus in ſummo tecto. Quintus circa leges atque inſtituta, fabuloſásque probationes, atque artificialia foedera, dogmaticásq; opiniones verſatur. In eo continentur quæ de honeſtis ac turpibus, veríſque & falſis: déque ſummo bono, de Diis, & generationibus, & corruptione omnium quæ apparet, diſputatur. Denique quod apud alios iuſtum, apud alios iniuſtum eſt, idémq; aliis bonu aliis malum putatur. Nam Perſis quidem filiabus miſceri legitimum eſt: id verò Græcis nefariū exiſtimatur. Atque Maſſagetæ (vt Eudoxus quidem in primo Periodi refert) vxores habent communes: Græci eam communionem deteſtantur. Cilices item latrociniis gaudent, Græci non. Sic de Diis quoque alij aliter ſentiunt. Quippe illorum prouidentiam alij confitentur, alij negant. AEgyptij quoque condientes ſepeliunt corpora, Romani verò incendétes: Pæonéſque in ſtagna proiiciunt. Vnde de veri profeſsione retinetur aſſenſio. Sextus in commiſtionibus communionibúſque conſiſtit, ſecundum quem liquidè nihil per ſe & integrè apparet, ſed cum aëre ac lumine: liquido ac ſolido : calore, frigore: motu, euaporatione, ac potentiis aliis. Conſtat enim purpuram colorem ſuum varium præ ſe ferre ad Solem ac Lunam & lucernam. Color item noſter diuerſus eſt. Et Sol alius eſt ſub auroram, alius ſub meridiem. Itidē lapis qui dum eſt in aëre, à duobus eleuatur, in aqua facilè transfertur. At enim grauis exiſtens, ab humore alleuatur, ſiue leuis, ab aëre grauatur. Ignoramus quoque quid ſeorſum ſit, veluti in vnguento oleum. Septimus circa abſceſſus & poſitiones quaſdā, & loca, & ea quæ in locis ſunt, verſatur. Per eum, quæ videtur magna eſſe, parua apparent: quadrata, rotunda: plana, prominentia ſeu extuberatia eſſe: recta, obliqua: pallida, verſicoloria. Sol denique pro diſtantia ex longinquo diuerſus apparet, montéſque procul aëris ſpeciem referre læuéſque eſſe, prope aſperi eſſe ac prærupti videtur. Sol itidem oriens quidem alius videtur, alius quum medio coelo ſe fuderit. Atque idem corpus in nemore aliud, aliud in aperta terra apparet: effigiéſque ſecundum talem vel talem poſitionem, vt columbæ collum in côuerſione videtur. Quoniam igitur extra loca & poſitiones

z z 3   iſta

ista cósiderari nequeunt,illorúq; quoque natura ignoratur. Octauus qui est pro ratione quantitatum, siue caloris vel frigoris, velocitatis vel tarditatis, siue palloris siue versicoloritatis. Namque vinum modicè sumptum firmat ac roborat: immodicè, statum mentis euertit. Idem de cibo, & similibus. Nonus est propter id quod assiduum est, vel nouum vel rarum contingit. Nam terræmotus apud quos crebrò contingunt, admirationi non sunt. Sol itidem, quia quotidie cernitur. (Nonum autem Phauorinus octauum, Sextus & AEnesidemus decimum *esse volūt*. Sed & decimum Sextus octauum ait, Phauorinus nonum.) Decimus ex rerū collatione inter se constat, puta graue ad leue, forte ad imbecillum, maius ad minus, superius ad inferius. Dextrum autem non per naturam dextrum est, verum ex sinistri collatione intelligitur: nam si tollatur sinistrum, dextrum non erit. Eadē ratione & pater & frater velut ad aliquid dicuntur, & dies veluti ad Solem, atque omnia vt ad mentem. Quæ igitur ad aliquid dicuntur, per seipsa incognita sunt. Atq; hi quidē decem modi sunt quos prædiximus. Cæterum Agrippa his alios quinque inuexit, eum videlicet qui ex discrepantia colligitur, & qui in infinitum progreditur, & eum qui ad aliquid dicitur, quique ex suppositione est, & qui per inuicem. Qui igitur ex discrepantia est, quæstionem quæcunque fuerit apud philosophos proposita quæ ex cósuetudine, ingentis pugnæ & perturbationis plenam ostēdit. Qui verò in infinitum procedit, quod quæsitum fuerit affirmari minimè permittit, quòd aliud ab alio fidem capiat, atque ita in infinitum res procedat. Qui autem ad aliquid, nihil percipi per se dicit, sed cū altero : quocirca & ignota esse omnia. Porrò ex hypothesi, *id est suppositione*, sumitur modus, quum putat quidam ex seipsis principia rerum oportere admittere, vt certa ac indubitata, neque vltrà debere inquiri. quod stultum atque inane est. Contrarium enim quispiam subiiciet. Per inuicem autem modus consistit, quum quod quæsitam rem firmare debuit, ipsum opus habet ab eo quod quæritur fidem capere. Puta si poros quispiam idcirco esse asseueret, quòd euaporationes fiant, ipsum ad affirmationē sumit, quod minimè debuit. Tollunt autem isti omnem demonstrationem, omnéque criterium, *id est iudicandi organum .q.d. iudicatorium*, & signum, & causam, & motum, atque discendi facultatem, & generationem, & quòd natura quidpiam aut bonum aut malum sit. Omnis enim (aiunt) demonstratio, aut ex demóstratis rebus constat, aut ex non demonstratis. Si igitur ex demóstratis, & illa demonstratione

EX DIOGENE LAERTIO.

tione aliqua egebunt,atque ita in infinitum pergetur: sin verò ex nõ demonstratis,siue omnia,siue quędam,si vnum etiam solum dubium & controuersum sit, totũ demonstratione carebit. Quòd si videntur (inquiunt)quædam esse quæ demonstratione non egeant, mira illorum est mens si non intelligunt hoc ipsum,in primis demonstrari necesse habere, illa ex seipsis *& absque demonstratione* fidem obtinere. Neque enim quatuor esse elementa, inde confirmandum est, quòd quatuor sint elemẽta. Præterea si derogetur fides particularibus demonstrationibus, generalem quoque demonstrationem fide carere necesse est. Vt autem sciamus demonstrationem, criterium, *id est iudicandi organum*,erit necessarium : itidẽ, vt criterium esse nouerimus, demõstratione opus erit. Vnde si vtraque,quum ad inuicem referantur,incomprehẽsibilia sunt,quónam modo percipiantur quæ incerta sunt,si ignoretur demonstratio? Quæritur autẽ num talia appareant: verùm an secundum subsistentiam ita se habeant. Stultos autem Dogmaticos dicebat:quod enim ex hypothesi.*q.d.suppositione*,concluditur,non contemplationis,verùm positionis vice obtinet. Porrò eadem ratione etiam de impossibilibus argumentari liceret. Cæterum qui arbitrantur minimè oportere ex iis quæ secundum circunstantiã sunt verum iudicare,neq; ex iis quæ secundum naturã sunt,eos leges ferre dicebant, & modos rerum omnium sibi definire, nequaquam intuentes quod manifestum est,omne id secundum circunstãtiam affectũmque apparere. Aut igitur vera omnia esse, aut falsa omnia dicendum est. Si autem quædã vera sunt,quónam ea discernemus modo? Neque enim sensu quæ secundum sensum sunt: quum omnia illi videantur æqualia:neque intelligentia,ob eandem causam. His autẽ exclusis, nulla iudicandi vis reliqua cernitur. Qui igitur(inquiunt illi) de aliqua siue sensibili siue intelligibili asseuerat, prius eas quæ de ea re sunt opiniones cõstituere debet. alii enim ista,alii illa abstulerunt. Necesse est autem vel sensu vel intelligentia iudicari. at de vtrisque contentio est. Non igitur possibile est opiniones de rebus sensibilibus intelligibilibúsque iudicare. Atqui si propter eam quæ est in intelligentiis pugnam omnibus renuntiandum est,tolletur mensura ad quam cuncta diligenter exacta videntur. Omnia igitur æqualia arbitrabuntur. Ad hæc(aiunt)qui nobiscum disputat,quod apparet,*seu videtur*,fide dignum habẽdum sit,nec ne : si quidem fide dignum,nihil aduersus illum dicere poterit cui contrà videtur. Sicut enim ipse fide dignus dum dicit quid sibi videatur,ita & aduersarius. Sin autem

non

non fide dignus, neque ipsi credetur quod sibi appareat dicenti. Iam vero quod persuadet, verum esse arbitrandum non est. Neque enim idem omnibus persuadet, neque eisdem semper. Fit autem persuasio etiam per *siue propter* id quod extrinsecus est, siue per celebritatē eius qui loquitur, siue per longam cogitationem, siue per suauiloquentiā, siue per cōsuetudinem, siue per id quod gratum est. Tollebant autem & criterium, *id est iudicādi organum. q. d. iudicatorium*, ista ratione. Aut iudicatum est criterium, aut iniudicatum est: at si quidem iniudicatum est, fidem non meretur, exciditque à veri falsique iudicio. Sin vero iudicatum, vnum erit eorum quæ particulatim iudicantur: adeò vt idem & iudicet & iudicetur. Id quoque quod de criterio iudicium tulit, ab altero iudicabitur, illúdque rursus ab alio, atque in infinitum procedet: Præterquā quòd de criterio sententia concors nō est, aliis hominem criterium esse dicentibus, aliis sensum, aliis rationem, quibusdam item comprehensiuam imaginationem. Atqui homo quidē & secum & cum aliis dissidet, quod ex legum consuetudinúmq; differentiis constat. Porrò sensus falluntur mentiuntúrque, ratio autem in controuersia posita est, & comprehensiua phantasia ab animo iudicatur, animúsq; ipse variis motibus circumagitur. Hac ergo ratione ignotum est criterium, ac per id veritas quoque ignoratur. Signū item esse negant. Nam si quidem signum est (inquiunt) aut sensibile esse necesse est, aut intelligibile. At sensibile non est: nam sensibile, commune: signum verò, proprium est. Ac sensibile, secundū quidem differentiam, signum verò, eorum quæ ad aliquid dicuntur, est. Intelligibile itidem non est. Nam si intelligibile est, aut apparet, & est apparentis *signum*, aut non apparens nō apparentis, aut non apparens apparentis, aut apparens non apparentis. Nihil autem horum est. nō est igitur signum. Apparens quidem certè non est apparentis *signum*, quia quod apparet, signo nihil opus habet. Nō apparens verò nequaquam est non apparētis signum: quoniam apparere oportet quod patefit ab aliquo. Non apparens autem apparētis esse non potest, quatenus apparere oportet id cuius auxilio patefieri alterum debet. Sed nec apparens non apparentis fuerit *signum*, quia signum quum sit eorum quæ sunt ad aliquid, cum eo comprehendi debet cuius est signū. hoc verò non est. Ex eo autem sequitur nihil incertum comprehendi posse. Nā per signa dicuntur obscura ac incerta comprehendi posse.

Causam itidem hac ratiocinatione tollunt: Causa eorum quæ ad aliquid dicuntur, est, nimirum ad causale. Quę verò ad aliquid dicuntur,

tur, solùm intelliguntur, non autem existunt: causa igitur tantùm intelligitur. Nam si quidē causa est, id habere debet cuius dicitur causa:alioqui causa nō erit. Ac quemadmodum pater,nisi adsit is ad quē pater dicitur, nequaquam pater est,ita & causa. Non autem id adest ad quod causa intelligitur: neque enim generatio, neque corruptio, neque aliud quidpiam. Non ergo causa est. Præterea si quidem causa est,aut corpus corporis est causa,aut certè res incorporea rei incorporeæ. Nullum est autem horum.Non igitur est causa. Corpus quidem certè corporis non est causa. nam vtraque eandem habent naturam:& si alterum dicitur causa,quatenus est corpus,alterum quoq; quū sit corpus, efficietur causa. At si communiter ambo causæ erunt, nihil erit quod patiatur. Porrò nec incorporea res incorporeę rei causa erit,ob eandem rationem. Incorporea item res corporis causa nō erit,quia nihil incorporeum corpus facit. Corpus itidem incorporei causa non est, quia quod sit, ex patiente subiecta materia esse debet. Quum autem nihil patiatur ex eo quod incorporeū sit, ne ab aliquo quidem fieri possit. Nō est igitur causa. Ex hoc autem simul colligitur minimè subsistere principia rerum. Aliquid enim sit necesse est quod faciat atque operetur.   Enimuero neque motus est: nā quod mouetur, vel in loco vbi est, vel in eo vbi non est mouetur. Non in loco vbi est:in quo autem non est,neque mouetur: nō est igitur motus.   Disciplinas item hoc modo euertebant: Si quid (aiebant) docetur, siue quod est, per id ipsum quod est, siue quod non est, per id ipsum quod non est,docetur. Neque verò quod est, eo ipso quod est docetur:(nam natura omniū quæ sunt, omnibus patet atque cognoscitur) neque id quod nō est,eo quod non est. ei enim quod non est, nihil contingit: ita ne doctrina quidem.   Quinetiam ne generatio quidem ipsa,inquiunt, est. Neque enim fit quod est, quū iam sit: neq; quod non est: neque enim subsistit. quod autem non subsistit,neque est,neq; fieri illi obtingit.   Addunt etiam,Natura bonum malúmve nihil esse. Si quid enim (aiunt) natura bonum aut malum est, omnibus bonum aut malum esse debet, quemadmodum & nix omnibus *æquè* frigida est: at nullum est bonum aut malum quod sit commune omnibus:non igitur est natura bonum aut malum. Aut enim omne quod à quopiam existimatur bonum, dicendum est *bonum*, aut contrà. At omne dicendum non est:namque idem ab aliquo putatur bonum, sicut voluptas ab Epicuro: ab aliquo è conuerso malum, nimirum ab Antisthene. Vnde continget *(id quod fieri non potest)* idem & bonum

A A   esse

esse & malum. Quòd si non omne quod ab aliquo bonum putatur, *bonū esse* dixerimus, necesse erit nos diiudicare opiniones: quod propter parem rationum vim possibile non est. Ignoratur itaque quod sit natura bonum. Licet autem totum conclusionis illorum modum ex iis quæ reliquere monumentis animaduertere. Quanquam Pyrrho quidem ipse nullum reliquit opus, verùm discipuli & necessarij eius, Timon & AEnesidemus, Numenius ac Nausiphanes, atque alij huiusmodi. Quibus contradicentes Dogmatici aiunt illos comprehendere & dogmata statuere. Nam in eo quod arguere *& cæteros euertere* se putant, profectò comprehendunt: nam in eo ipso & asserunt, & dogmata astruunt. Nam quum se nihil definire aiunt, omniq; rationi contrariam oppositam esse rationem, hæc ipsa & definiunt & dogmaticè proferunt. Aduersus quos illi respondent, Atqui ea quæ patimur vt homines, fatemur: nam & quòd dies sit, *quòd sit generatio*, quódque viuamus, & alia multa in hunc modum, quæ in vita *nostra* manifesta sunt, dignoscimus: cæterum in iis quę Dogmatici asserunt, ea se ratione comprehendere dicentes, veluti de incertis, neutiquam consentimus, sed solas passiones agnoscimus. Nā & nos videre confitemur, nósque intelligere scimus: verum quo pacto videamus, aut intelligamus, ignoramus. Quin hoc, album videri narrādo dicimus, non asserendo an re vera ita sit. Porrò de ea voce qua nihil nos definire dicimus, atque similibus, dogmata nō esse dicimus. neque enim similia sunt iis quæ illi asserunt, puta quòd globosus sphæræ instar sit mundus. Nam id quidem incertum est. Hæ verò certæ confessiones sunt. In eo itaque quod nihil definire dicimus, neque hoc ipsum definimus. Rursus illos Dogmatici vitam etiam tollere asserūt, dum omnia ex quibus vita constat euertunt. At contrà eos illi mentiri asseuerant: non enim visum se auferre, sed quomodo se habeat vis videndi, ignorare se dicunt. Siquidem quod apparet, *inquiunt*, ponimus non quòd tale, quale cernitur, sit. Nam quòd vrit ignis, sentimus: verùm an habeat vrendi naturam, nō pronunciamus. quódque moueatur quispiam, & quòd pereat, videmus: verùm ista quo pacto fiant, ignoramus. Solùm igitur reluctamur incertis quæ conspicuis rebus proximè assistunt. Namque dum statuam eminentias habere dicimus, quod videtur exponimus: quum verò non habere eminentias asserimus, non iam quod cernitur, sed aliud dicimus. Vnde & Timon in Pythone ait non excessisse consuetudinem: at in Indalmis ita dicit,

Quod verò apparet tota vi vtcunque profectum.

Atque

Atque rursus in libro De sensibus, Quòd, inquit, istud dulce sit, nõ pronuncio: quòd autem videatur, assentior. Ænesidemus quoque in primo de Pyrrhonis rationibus, nihil ait per modum dogmatis definire Pyrrhonem, propter contradictionem, verùm quæ sunt conspicua sequi. Eadem ferme ait in libro contra philosophiam, & in libro De quæstione. Zeuxis itidem AEnesidemi necessarius in libro De duplicibus rationibus, Antiochus item Laodicenus, & Apellas in Agrippa ea solùm ponunt quæ apparent. Est igitur criterium secundum Scepticos quod apparet, sicuti & AEnesidemus ait: qua in sententia & Epicurus fuit. Porrò Democritus nihil se nosse ait eorum quæ apparent: quædam verò ex his ne esse quidem. Aduersus hoc autem, videlicet criterium, esse vnum ex iis quæ apparent, Dogmatici aiunt, quum ab iisdem variæ imaginationes obuersantur, quemadmodum à turre vel rotunda, vel quadrata: Scepticum, si neutram præferat, sine effectu fore: sin verò alterã sequatur, non iam inquiunt æquas vires iis quæ apparent attributurum. Quibus respondent Sceptici, quòd quando variæ obuersabuntur imaginationes, vtrasque apparere dicemus, atque ideo apparentia ponere quia apparent. *Postremò* autem Sceptici finem aiunt, assensus retentionem, quàm rem sequatur, vmbræ in morem, animi imperturbatus status, vt ait & Timon & AEnesidemus. Neque enim ista aut fugiamus, aut eligamus quæ circa nos sunt: quæ verò circa nos non sunt, sed per necessitatem, vitare non possumus, vt est esurire, & sitire, & dolere. Neque enim ista ratione auferri possunt. Dicentibus verò Dogmaticis, posse viuere Scepticos, non detrectãdo, si iubeatur etiam patrem excarnificare, respondẽt illi de Dogmaticis, quomodo viuere poterit & abstinere quæstionibus, non de rebus vitæ cõmunis & obseruandis. Itaque & eligimus aliquid secundum consuetudinem, & fugimus, & legibus vtimur. Sunt etiam qui dicant Scepticos finem dixisse statum animi passionibus carentem: sunt qui mansuetudinem.

AA 2   CLAVDII

CLAVDII GALENI PERGAMENI DE OPTIMO DOCENDI GENERE LIBER,

In quo aduersus veteres Academicos Pyrrhoniosque disputat:
D. Erasmo Roterodamo interprete.

FAVORINVS censet optimum doctrinæ genus, per quod vtranque in parte præparamur. Sic enim appellabat Academici, propter aduersam partem quam asseuerabant. Itaque vetustiores existimabant hanc doctrinam desinere in epochen. Epochen autem appellabant, quasi dicas suspensam sententiam, nihilque definientem. quod est, nulla de re pronunciare nec asseuerare certò. Recentiores autem (non enim solus fecit hoc Fauorinus) nonnunquam eò proferunt epochen, vt negent vel illud intellectu posse comprehendi, Solem esse. Rursus aliàs eò proferunt cognitionem, vt discipulis suis permittant, antequam didicerint, de scientiis iudicare. Nec enim aliud est quod dixit Fauorinus libro de affectione Academica, cui titulus inditus est Plutarchus. Dicit autem idem in libro ad Epictetum, in quo inducitur Onesimus Plutarchi seruus cum Epicteto disputas. Quin & in libro quē postea scripsit ad Alcibiadem, laudat alios etiam Academicos, qui in partes ambas sibi pugnantes & contrarias disserebant : cæterùm discipulis permittebant vt quod verius videretur eligerent. In hoc sanè ait libro sibi videri probabile, nihil certò sciri posse. Contrà in Plutarcho concedere videtur, esse certam alicuius rei cognitionem. Præstat autē sic appellari γνωϛὸν .i. *cognoscibile*, quod aliis dicitur καταληπτὸν .i. *comprehensibile*, relicto vocabulo Stoico. Ego sanè mirabar, ita me Dij bene ament, quòd Fauorinus qui consueuit omnia nomina ad Atticam linguam vsurpare, non cesset dicere τὸ καταληπτὸν .i. *comprehensibile*, neque τὴν κατάληψιν, *id est comprehēsionem*, neque τὴν καταληπτικὴν φαντασίαν, *id est comprehensiuam imaginationem*: neque his contraria, quæ videlicet per priuationem dicuntur, vt ἀκατάληπτον φαντασίαν, *id est incomprehensiuam imaginationem*, vel ἀκατάληψιαν αὐτὴν, *id est incomprehensibilitatem ipsam*. adeò vt quum libros tres scripserit, primū ad Adrianum,

num, alterum ad Dyſonem, tertium ad Ariſtarchum, omnibus titulũ indiderit περὶ καταληπτικῆς φαντασίας, id eſt, De comprehenſiua imaginatione, ac per omnes hos libros ſtrenuè contendit, dum conatur demóſtrare nullam eſſe poſſe comprehenſiuam imaginationem. Ego verò nihil aliud arbitror ſonare comprehẽſibile, quàm cognoſcibile: nec aliud comprehendere, quàm certò cognoſcere: cæterùm inter ſe reſpondere comprehenſionem & comprehenſiuam imaginationem. Quoniam enim nonnulla videmur nobis videre, audire, aut alioqui ſenſu percipere (quod accidit in ſomnis, aut per inſaniam) nonnulla verò nõ tantùm putamus nos videre, ſed re vera videmus, aut alioqui ſenſu percipimus: hæc quidẽ poſteriora omnes homines, exceptis Academicis & Pyrrhoniis, ad certam cognitionem pertingere credunt: cæterùm quæ per ſomnum aut mentis errorem apparent animo, ea falſa eſſe. Quòd ſi porrò cõcedunt hoc ita ſe habere, deleant è libris ſuis quod inibi ſcriptum eſt, In rerum iudicio, nec ſano magis eſſe fidem habẽdam quàm inſano, neque rectè valenti magis quàm ægroto, neq; vigilanti magis quàm dormienti. Sin iſtis nihil eſt cognoſcibilius quàm iis qui ſunt diuerſo modo affecti, nimirum confuſa ſunt veritatis iudicia: nec ipſe præceptor Academicus, nec diſcipulus poterit iudicare rationes quæ in ambas partes inter ſe pugnantes diſſeruntur. Imò ne opus quidem omninõ fuerit talibus doctoribus, quũ poſſimus ipſi, quę à ſectarum auctoribus hinc atque hinc diſſerta ſunt, legere, nihiloque minus quàm Academici ſcire: & ſi quid apud hos fuerit obſcurum, quod erit apud Chryſippũ, Stoici magiſtri poſſunt appellare certius: quod apud Theophraſtum & Ariſtotelem, Peripatetici: itemq́; de cæteris, vt iam nihil omnino reliquum ſit quod doceant Academici, iuxta Fauorini quidem diſputationem. Siquidem hoc ſanè docuerunt illi veteres, nullum eſſe datum homini iudicium à natura, quo collatis inter ſe rebus omnibus, exactè poſſit dignoſcere: Eoque nulla de re pronunciandum eſſe cenſebant, ſed ſemper de omnibus ſuſpendẽdam eſſe ſententiam. Verùm ſi nobis phyſicis concedant (vt oportet) ſenſum, iam nihil opus habebimus in vtramque partem exerceri: ſed alia quadam re fuerit opus, videlicet repetitione: vt artifices nõ ſtatim artem præbent diſcipulis, ſed aliud exigunt, nimirum conſiderationem eorum quæ tradita ſunt: quod à pleriſque dicitur ad calculum vocare. hoc autem eſt inſtare ei qui exercetur, & in hoc animaduertere vbi labatur, eaque ſola corrigere. Conſimili modo, qui pueros exercent ad palæſtram, corrigunt luctantium errata.

ta. Sic & grammaticus, & rhetor, & geometres, & musicus, docent non labefactantes neque conuellentes in discipulis fidem quam habent naturæ iudicio, sed instantes iis quos exercent, donec in singulis actionibus eò prouexerint vt iam non errent: tantum abest vt inducant senteētiæ suspensionem. Perinde enim faciunt qui suspendunt sententiam ne credant euidentiæ rerum vnà cum sensibus, atque qui contemnunt ea quæ certò ab aliquo cognoscuntur. Itaque Carneades ne illud quidem quod est omnium euidentissimum, concedit esse credendum, quòd magnitudines vni cuipiam æquales, sint etiam inter sese æquales. Rationes igitur quibus conatur destruere & hæc & alia permulta, quæ tibi euidenter apparent credunturque esse vera, adhuc in hunc vsque diem seruatas habemus, proditas scriptis, ab illius discipulis collectas. Solutiones autem nec ab illis, nec ab alio quopiam Academicorum qui post Carneadem fuerunt, datę sunt. Ea res sola declarat, istius rationes omnes esse sophismata: nobisque quærendæ sunt, ô discipuli, istarum solutiones. Improbum est enim hoc: attamen nihilo minus improbū fecerunt illi qui scripserunt quidem has, cæterùm vobis non indicarunt quales essent. Lubens autē perconter, si vel Fauorinus adesset, vtrum me iubeat credere omnibus istis rationibus, an considerare verænæ sint an falsæ. Vnum hoc sanè concessit, considerare. Rogarem autem post hęc in vniuersum, num homini natura vis insit iudicandi, quæ sermones veros discernat à falsis, an potius ars quædam & ratio sit vtrunque cognoscendi. Si natura, qui sit vt non omnes inter nos consentiamus, neque similiter iisdem de rebus pronunciemus? Sin ars est ac ratio, hęc omnium primùm erat discēda. deinde conueniebat doctores ludo præfectos variis modis exercere discipulos, multis propositis exemplis: quemadmodum instituuntur qui discunt artem luctandi, aut coriariam, aut fabricandi domos nauesque, aut rhetoricè dicendi, aut legendi, aut scribendi, aut (vt summatim dicam) quidlibet aliud operari iuxta artem. Proinde si quis Academicorum scripsit quæ tandem res sit demonstratio, quod sophisma, & quomodo oporteat alterum horum ab altero discernere, & quemadmodū Fauorinus admittit iudicium discipulorum, in vtramque partem exercitatorum, nisi quod superuacaneum est, nimirum docuit Academicus omnia quæ dicta sunt, haberemúsque nos præceptores qui propria decreta doceāt. Quòd si nullus istorum scripsit quomodo ista differunt, nec exercuit quenquam, perinde facere videtur ac si faber precipiat discipulo vt & metiatur,

DE OPT. DOCENDI GENERE.

tiatur, vt æquet, vt dirigat, & circulum describat, nec interim det illi cubitum quo metiatur, nec xyston quo poliat, neque regulam ad quā dirigat, neque circinum quem circunducat. Atqui forsitan dicet tale nihil esse in philosophia ac dogmatibus. Ne igitur posthac assimules te aliquid scire, neque pronuncia, neque descisce à veterum Academicorum decreto, qui prodiderunt suspendendam esse sententiam: neque te iacta, dum facis quod solet grammaticus, qui semet in iis exercuit quę dicta sunt à prioribus. Proinde nihil apud illos esse pręclari, perspicuum est consideranti. Neque enim hoc est eius qui docendi munus profitetur, sed nugacitas potius quædam est & ineptia. Vnde igitur cognoscendi veri spes reliqua est? Etenim cui non adest iudicium veri aut falsi, huic nulla spes est cognitionis. Tantū hoc stude, vt sophistas doceas nullam nobis à natura insitam vim iudicandi. Deinde fortassis impudenter nobis, inquit, & sensum & intellectum, quibus euidenter iudicamus de vero, concedet aliquis, cupiens nos in logicis frustranea spe volutari. Quicunque verò sustulerunt totam spem, quod fecit ille, frustra nugantur. Perspicuum igitur est quòd Fauorinus pudore subuertit omnia, & quòd inde fateatur nihil sciri, vnde veteres Academici Pyrrhoniique dicebant: cęterùm fictè discipulis permittere iudicium, quod priores ne sibi quidem ipsis permittebant. Ergo quòd eiusmodi doctrina & institutio discipulorum artem quamcunque discentium, qualem sentit Fauorinus, non solùm cæteris præstantior non sit, verùm ne doctrina quidem omnino dicenda sit, opinor à nobis dilucidè demonstratum. Iam de reliquis, quæ doctrinę quidem sunt omnes, an optimę sint, consideremus, rursus ab iisdem ordientes. Apparet enim hoc nobis euidēter, quòd sophistæ maximè studet sibi reddere incredibile, nullum esse iudicium naturæ. Etenim circinus pingit circulū, cubitus autem discernit longitudinem, quemadmodum lances grauitatem. Hæc autem ipse fabricatus est homo, ex naturæ instrumentis ac iudicio impulsus, quibus nullum vltra iudicium nec antiquius habemus, neque pręclarius. Hinc igitur incipiendum est. Dicit enim rursus ipsa mens, quòd possibile nobis est naturali iudicio credere siue non credere: ipsum autē iudicium per aliquid aliud iudicare possibile non est. Qui fiet enim vt id quo iudicantur reliqua omnia, ab alio quopiam iudicetur? Credere vis oculis clarè cernetibus, & linguæ gustanti, hoc quidem esse malum, hoc verò ficum, an non credere? Concedam quod voles facere in nobis, si quidem studes mecum disputare. Quòd si non credis,

dis, discedam abs te, velut ab eo qui præter naturam affectus est. Ponamus primùm te non credere, neque sperare futurum vt quicquam ex me discas. Hoc enim modo cœperam dicere. Ponamus rursus te credere, ac spem esse futurum vt ex me discas iudicare. Cæterùm ego sentio iudicare, sensibilia quidem ex iis quæ euidenter apparent sensibus : intelligibilia verò, ex iis quæ dilucidè intelliguntur.

Quoniam autem ex naturæ iudicio artes omnes parant & instrumenta & iudicandi secundum artem organa, per quæ alia quidem ipsi sibi componunt, alia rursus ab aliis composita iudicant : & ego docebo in vniuersum, & instrumenta, & iudicia, tum ea per quæ tibi parabis veros sermones, tum ea per quæ iudicabis ab aliis dictos. sic enim habes totum. Etenim si quid ex sese euidenter apparet sensibus aut intellectui, ad id nihil opus est inquisitione. Quòd si nihil est tale, necesse est vt accedat cognitio, quæ aliunde paratur. At ego polliceor me traditurum tibi quædam quæ respondeant instrumentis quę fiunt ab arte, ex quibus inuenies quod quæris : alia verò respondentia iudiciis, ex quibus iudicabis an verè tibi videaris inuenisse. Hæc autem vbi didiceris, multis exemplis exercebo te vt & celeriter & exactè inuenias iudicesque quod quæris, vt posthac nec vllo libro futurum sit opus ad inuentionem veri, nec alia doctrina. Mox & aliis dicentibus aliquid eorum quæ cupis inuenire, facilè poteris cognoscere. Etenim qui cognouit rectam viam rectam esse, non eget alia doctrina ad redarguendum eos qui aberrant. Ita qui rectam demonstrationis viam perdidicerit, protinus cum hac nouit vias erroneas. Fauorinus autem mihi videtur simile quiddam facere, quasi si quis dicat te cæcum esse, nihilominus tamen iudicare posse vter nostrum sit sordidior aut candidior : haud reputans secum quòd ei qui talia sit iudicaturus, opus est adesse visum. Atqui nihil refert, quod ad iudicandum attinet, vtrum omnino visu careas, an quum habeas, illi non credas. Ad eundem autem modum, quòd id quo iudicamus est tale quiddam, quodque quæ huic paria sunt, sunt & inter se paria : quemadmodum asinis nemo permitteret iudicare, quoniam omnino mente carent : ita nec hominibus, si ne hi quidem mentem habeant, cui credi possit. Nihil enim interest, quod attinet ad incertitudinem eorum quę iudicanda sunt, an omnino nullum habeas iudicium, an non credas illi. Ridiculus est igitur Fauorinus, permittens iudicium discipulis, quum organis iudicandi detrahat fidem. Etenim si nihil est euidens intellectui, aut certum ex sese, periit

omne

omne rerum iudicium. Contrà si est quidem, velut oculus in corpore, sic intellectus in animo, non tamen omnibus pariter acutus, consentaneum est vt quemadmodum qui cernit acutius, adducat ad id quod videtur eum cui visus est hebetior: ita quibus contigit in rebus intelligibilibus perspicere clarè quod offertur intellectui, adducant ad contemplationem eandem, maximè cæcutientem. Atque hoc est præceptoris officium, vt inquit Plato, & ego assentior. Et his de rebus scripsimus copiosius in tractatione demonstrationis, quòd doctrina talis quædam sit euidens ad intelligentiam. Scripsimus autem & illud, quomodo quis exorsus in vnoquoque ab elementis ac principiis, maximè demonstrare possit quidquid est demonstrabile: non quemadmodum admirandus ille Fauorinus facit per totum librum, in quo demonstrat, ne id quidem comprehendi posse, Solem esse: ac nobis obliuiosis in vtramque disputat partem, conceditque esse aliquid quod certò cognosci possit, cuius iudicium & electionem permittit discipulis.

FINIS.

IN SEXTI PHILOSOPHI PYRRHON.
HYPOTYP. LIBROS TRES, ANNOTATIONES
HENRICI STEPHANI:

In quibus etiam de quarundam philosophicarum vocum interpretatione agit.

Pagina 405. Versu 2. Pyrrhon. hypot.) De hoc titulo consule annotat. septimam, vbi de aduerbio ἀποτυπωτικῶς agitur.

V. gatione) Obseruaui Græcos plerisque in locis adhibere aduerbium ἴσως (id est fortasse) item verbum οἶμαι (id est arbitror) in quibus alioqui ea minimè necessaria sunt: sed extenuāt duntaxat, vel potius quandam modestiæ speciem præ se ferunt. Eodem autē officio & verbum δοκῶ fungi comperi. Huiusmodi est etiā Fabianum, ferè. Sed Sextum, qui τὴν ἀφρενικὴν ἀγωγὴν profitetur, hîc, sicut & alibi, vti aduerbio ἴσως tanquā ἀφροιῶτα, consentaneū est. Vide caput 11. vbi τάχα (quod idem valet) inter scepticas voces recensetur.

V. comprehendi) Pro comprehendi, potuissem etiam vti infinitiuo percipi, vertens καταληφθῆναι. Cicero enim vtroque sine discrimine vtitur, aliquando tamen ad maiorem expressionē ea copulans. Sextus, οἱ δ᾽ ἀπὸ τῆς νέας ἀκαδημίας ἀκατάληπτα εἶναι πάντα φασί. Cicero in Lucullo. Quoniam enim ad haberent Academici decretum, nihil posse percipi. Et paulo pòst, Certè hoc ipsum ex quo omne veri falsique iudiciū esset, percipere eos debuisse. Sic & κατάληψιν, vertit tam perceptionem quàm comprehēsionem, atque adeò cognitionem: ita tamē vt κατάληψιν ad verbum sonare comprehensionem fateatur. Sic enim in eodem libro scribit, Nec definiri aiebant necesse esse quid esset cognitio, aut perceptio, aut (si verbum è verbo volumus) comprehensio, quā κατάληψιν illi vocant. eosque qui persuadere vellent esse aliquid quod comprehendi & percipi posset, inscienter facere dicebat. Vbi animaduerte exemplū eius quod modò dixi, videlicet duo hæc verba comprehendi & percipi, interdum cōiungi. Sed hîc verbū percipi sequitur, quod alibi præcedere potius solet. Rursum Cicero in eodē libro, Ad rerum igitur scientiam vitæque constantiam aptissima quum sit mens hominis, amplectitur maximè cognitionem, & κατάληψιν, quam (vt dixi) verbum è verbo exprimentes, comprehensionem dicemus. Iam verò & κατάληπτον ali-

cubi quidem per periphrasin, Quod comprehendi possit, item, Quod percipi possit: interdū verò & vno verbo comprehensibile reddit, sed petita tamen antè venia. At ἀκατάληπτον itidem vna voce incomprehensibile nusquā ab eo dictum comperio. quo tamen, analogiam sequens, vti minimè dubitaui. At verò ἀκαταληψίαν non item incomprehensibilitatē interpretari ausus sum, quod nullas nisi agrestes aures id posse ferre indicarē. Ideoque quod initio huius libri dicit Sextus ἀκαταληψίας ὁμολογίαν, interpretatus sum, A se comprehendi non posse fateantur. Sciendū est autem reperiri etiam ἀκατάληπτον cum apud alios, tum apud hunc nostrum Sextum, idem valēs quod οὐ καταλαμβάνω .i. Non comprehendo, Non percipio. Porrò Ciceronianis hisce interpretationibus licebit fortasse aliquam addere, vt videlicet κατάληπτον non solùm comprehensibile, sed etiam perceptibile, & ἀκατάληπτον non tantùm incomprehensibile, verumetiam imperceptibile vertamus. Quā cur aspernemur nihil video (vtar enim Fabij verbis) nisi quòd iniqui iudices aduersus nos sumus, ideoque paupertate sermonis laboramus. Ego certè in huius libri interpretatione hanc in partem ne peccarem operam dedi, qui non tantùm ens & essentia, sed alia multo duriora vocabula, ei, cogente necessitate, adhibui: quibus donec meliora in lucē prolata fuerint, neminem, qui index æquus esse voluerit, offensum iri existimo. Sed vt ad κατάληψιν reuertar, eius originem declarat idem Cicero, ita scribens in eodem Lucullo, Hoc quidem Zeno gestu faciebat. nam quum extensis digitis aduersam manū ostenderat, Visum, inquiebat, huiusmodi est. Deinde quum paulum digitos constrinxerat, Assensus huiusmodi. Tum quū planè compresserat, pugnumq́s fecerat, comprehensionem illam esse dicebat. qua ex similitudine etiam nomen ei rei, quod antè non fuerat, κατάληψιν imposuit. Hactenus ille. ex cuius tot verbis, abundè discimus κατάληψιν comprehēsionem siue perceptionem debere reddi. Verùm animaduertendum est verti etiam cognitionem in vno ex illis quos attulimus locis. Cui

conuenit

conuenit hic De finib. lib. 3. Cognitiones autē, vel (si hæc verba minus placent, aut minus intelligun tur, καταλήψις appellemus licet) eas igitur ipsas propter se asciscendas arbitramur, quòd habeant quiddam in se quasi complexum & continens veritatem. Sed in multis exemplaribus pro cognitiones deprauatè legitur cogitationes. Quinetiam, vt idem in quodam loco Luculli paulo antè citato κατάληψιν vult esse aut cognitionem, aut perceptionem, aut comprehensionem, ita alibi tres hos infinitiuos coniungit, nosci, percipi, comprehendi. Itidem verò & quatuor hæc participia coniungit, comprehensi, percepti, cogniti, constituti. Ita enim in Lucullo (vnde & proximè præcedentes infinitiui petiti sunt) scribit: Quæro etiam, ille vir bonus qui statuit omnē cruciatum perferre, intolerabili dolore lacerari potius quàm aut officium prodat aut fidē, cur has sibi tam graues leges imposuerit, quum, quamobrem ita oporteret, nihil haberet comprehensi, percepti, cogniti, constituti. De his autem locis quid dicemus, in quorū vno Cicero nosci, percipi, comprehendi: in altero, comprehēsi, percepti, cogniti, distinctè ponit, quū alibi ea ἰσοδυνάμα esse voluerit, & nobis κατάληψιν, vel cognitionem, vel perceptionē, vel comprehensionem interpretari permiserit? Quid aliud huic obiectioni responderi debeat nō video quàm hoc, Ciceronem, quum nobis liberū facit, κατάληψιν, aut cognitionem, aut perceptionem, aut comprehensionem vertere, horum trium optionem nobis dare, tanquam quæ sensum eundem efficiant, accipiendo verbum Stoicum latius & generalius, non autem eius etymologiæ insistendo. Itidē verò quū coniungit hæc participia, comprehensi, percepti, cogniti, licet non vtatur disiunctiua vel, nec aut, perinde tamē esse ac si posito genitiuo Græco καταλήψεως subiunxisset, Siue comprehēsi, siue percepti, siue cogniti, id interpretari velis. Pro me autē, vel potius pro Cicerone facit Galenus, qui καταλημπτὸν nihil aliud esse vult quàm γνωσόν. Verùm & alia rursus oboritur quæstio, cur Galenus καταλημπτὸν quidem simpliciter γνωσόν exposuerit, at καταλαμβάνεσθαι non simpliciter γινώσκειν, sed βεβαίως γινώσκειν. Hæc enim ipsissima sunt illius verba, ἐγὼ δ᾽ ἔτ᾽ ἄλλο τι καταλημπτὸν ἡγοῦμαι σημαίνειν παρὰ τὸ γνωσόν, οὔτ᾽ ἄλλο τι τὸ καταλαμβάνεσθαι τοῦ βεβαίως γινώσκειν· ἀνάλογον δ᾽ αὐτοῖς λέγεσθαι τήν τε κατάληψιν καὶ τὴν καταληπτικὴν φαντασίαν. Quinetiam paulo pòst εἰς βεβαίαν γνῶσιν pro εἰς κατάληψιν dixit. Hanc quæstionē mouenti (quisquis fuerit) aptè, vt opinor, responderi queat, quemadmodum Galenus καταλημπτὸν simpliciter γνωσόν exposuit, quū tamē nō simpliciter γνωσόν sed βεβαίως γνωσόν intelligeret (vt ex sequentibus explicationibus patet) ita Ciceronem simpliciter cogniti dixisse, nec tamē ad quamlibet cognitionem hoc retulisse, sed firmam ac stabilem intellexisse. nam hæc demùm appellari debet cognitio, licet per abusum latius eius significatio extēdatur. Quanquàm nec ei qui contendere volet omissum in hoc Galeni loco aduerbium βεβαίως ante γνωσόν, valde repugnabo, quum præcesserit apud eundē βεβαίως γνωσόν, vbi etiam dicit satius esse nos ita vocare τὸ καταληπτὸν, ab appellatione Stoica discedentes. Sed, vt hanc quæstionem missam faciamus, Gellius Ciceronē imitatus, ad verbi καταλαμβάνεσθαι interpretationē duos hosce infinitiuos adhibuit, nosci & percipi. Porrò elegantissimè Lucianus ludit ἐν βίῳ πράσει in significatione huius verbi. Introducit enim Scepticum philosophum mercatori respondentem se omnia præstare posse præterquà δραπέτην μεταδιώκειν, & causam reddentē ὅτι ὐ καταλαμβάνω. Sic ludit alibi & in voce κριτήριον. Animaduertendū est autem præterea nouè dixisse Galenum in loco modò citato καταλαμβάνεσθαι pro καταλαμβάνειν, quū alioqui nòs dicamur καταλαμβάνειν, at ipsæ res καταλαμβάνεσθαι.

V. inuenisse.) ᾠρηκέναι δοκῶσιν non verti Inuenisse videntur, sed Inuenisse sibi videntur. id est, Inuenisse se arbitrantur. quia dixerat modò, ᾠρηκέναι ἔφασαν. Inuenerunt enim, vt quidē ipsi, non vt aliarū sectarum philosophi iudicant.

ibid.) Cicero δόγμα decretū interpretatur. Possumus autē, non sine exemplo quorundam Latinorum scriptorum, δόγματα interpretari etiā placita. Eadem autem ratione vocarunt illi placita philosophorum, qua Græci dicunt τὰ ἀρέσκοντα τοῖς φιλοσόφοις, id est, ad verbum, Placentia philosophis. Illo autem nomine inscriptus est quidam Plutarchi libellus. Nec desunt qui existiment hodieque placita curiæ à nostratibus vocari Arests pro Arests, id est ἀρεστά. In quo tamen longè falli eos, facilè cognoscet quisquis vim & vsum verbi à quo illud nomen deductum est, considerauerit. Quinetiam vocem Δόξας interdum eadem significatione poni, & ab eadem esse origine scimus. Porrò δόγμα quomodo interpretari debeamus docet nos Cicero, vti dixi: at quomodo δογματικὸς (vno quidem certè verbo) non item. Ego dogmaticos (vocem Græcam, vtpote vsitatam, retinendo) quàm decretorios, ad

verbum,

appellare malui. Quòd si ad periphrasin confugiendum sit, licet fortasse δογματικοὺς interpretari Decretorum auctores, vel assertores, aut professores, aut Decreta statuentes, vel Decretis adhærentes. Quid si verò Decretis curtis addictos, ex ipso Cicerone interpretemur? Hinc autem & δογματικὴ φιλοσοφία paulò pòst, & alicubi aduerbiũ δογματικῶς, de quibus paulò pòst. Itẽ verbũ δογματίζειν, id est, Dogma vel dogmata statuere, Decretũ aliquod vel decreta aliqua asserere, vel profiteri. Vel, Aliquid tanquã dogma (vel decretũ) proferre, aut asserere. Dicitur enim interdum δογματίζειν absolutè, interdum δογματίζειν τι, vel περὶ τινος. Id est, Aliquid vel de aliquo dogmaticè pronũtiare, Aliquid dogmaticorum more asserere, vel Aliquid dogmatica assertione approbare, vel, Aliquid tanquã certum dogma, assertione approbare. Vtroque modo vsus est Sextus eodem in loco, ita scribens, ὁ μὲν γὰρ δογματίζων, ὡς ὑπάρχων τίθεται τὸ πρᾶγμα ἐκεῖνο ὃ λέγει· δογματίζειν. Vsus est & tertio alibi, ὁ δὲ περὶ εἶδος δογματίζων, ἢ ἐπικρίνων φαντασίαν, &c. vbi ὁ δογματίζων interpretatus sum, Qui dogmaticè pronũtiat. Apud Ciceronem alicubi decretum habere videtur esse δογματίζειν. Gell. vno verbo Decernere pro eodem dixit, lib. 11. cap. 5. sed addẽs statuere, nam de Pyrrhoniis loquẽs, scribit, Nihil enim decernunt, nihil constituunt. Cæterùm δογματίζειν & δογματικῶς ἀποφαίνεσθαι eodem sensu dicuntur.

V. compreh.) Hi duo tertiæ Academiæ auctores fuerunt. Vide infrà, pag. 441. & 443. Vide & Ciceronem in Lucullo.

V. At) Verti τὰ ἀνωτάτω φιλοσοφίας generalissima philosophandi rationes. quoniã alibi apertè dicit ea significatione Δύο τὰ ἀνωτάτω κεφάλαια. Eodem sensu Galenus artis medicinæ esse dicit Δύο τὰ ἀνωτάτω μέρη. Idem ad Glauconem, τὰ ἀνώτατα γένη dixit. q. d. suprema, id est summa, scribens, ὁ μὲν ἐπὶ τῷ πρώτων κ̑ ἀνωτάτω γενῶν πλάσιν, ἀρχόμενος ταῖς ἀπὸ τούτων εἰδείξεσιν. Idem, ἀπὸ τῶν πρώτων κ̑ ἀνωτάτω γενῶν ἀρξάμενος. Laërtius in Zenone, ἐν ᾗ παθῶν τὰ ἀνώτατω εἶναι γένη τέτταρα. Ideo autem exempla huius significationis proferenda existimaui, ne quis τὰς ἀνωτάτω intelligat antiquissimas, quasi quæ τοῖς ἀνωτάτω χρόνοις (id est ad verbum, non superioribus temporibus, sed supremis) in vsu fuerint. Eodem quoque modo dicuntur & τὰ ἐπαναβεβηκότα γένη, vt τὰ ἀνώτατα· atque

adeò ipse Sextus in sequentibus ἐπαναβεβηκότας ὄντας ea significatione ponit, illis opponens τοὺς ὑποβεβηκότας, vocans ἐπαναβεβηκότας quasi dicas supergressos. id est superiores, aut eminentes suprà alios. Quod nihil aliud est quàm generalissimos. Itidem ὑποβεβηκότας, perinde ac si quis dicat subtergressos, id est, sub aliis constitutos, & illis subiacentes, tanquam inferiores. Galenus certè τὰς γενικωτάτας eodẽ sensu quo τὰς ἀνωτάτω dixit.

V. philosoph.) Hìc tria philosophiæ genera, siue tres philosophandi rationes (aut quocunque modo quis φιλοσοφίας interpretari volet) à Sexto constituuntur, Dogmatica, Academica, Sceptica. At verò Diogenes philosophos diuidit duntaxat in Dogmaticos & Epheeticos. Galenus autem (si eius est liber qui περὶ φιλοσόφου ἱστορίας inscribitur) ἀιρέσεις appellans quas Sextus hìc nominat φιλοσοφίας, eas esse dicit γενικωτάτας quatuor, Δογματικὴν, Σκεπτικὴν, Ἐριστικὴν, Μικτὴν. addens esse ἐριστικὴν (q. d. contentiosam, aut litigiosam, vel potius altercatricem) eam quæ sophismatibus nititur. Μικτὴν eam quæ nonnullis quidẽ dogmatibus assentitur, de multis tamen dubitat. Sed longè melioreẽ esse nostri Sexti diuisionem manifestum est. Diogenes enim vnam speciem necessariam omisit, Galenus autem eandem ipse quoque prætermisit, & alteram minimè necessarias adiecit. Omisit enim vterque Academicam philosophiam, quòd eandem cum sceptica esse existimaret. Quod falsum esse probat Sextus huius libri cap. 33. discrimẽ quod inter vtramque est clarè exponens. Gellius quoque differentiam aliquam inter illas annotat, lib. 11. cap. 5. Quod autẽ ad ἐριστικὴν & μικτὴν attinet, ἐριστικὴ quidem, quatenus sophismatibus nititur, vera philosophia esse non potest. At μικτὴν, id est partim dogmaticam, partim epheeticam, nullam esse posse hinc patet, quòd ex quo semel quis aliquid ἐδογμάτισεν, à sceptica secta planè desciscere, nec Scepticus amplius appellari potest, etiamsi alioqui in multis sit ζητητικὸς, siue ἀπορητικός. At certè pro me facere videtur quæ de Platone dicitur à Sexto eodẽ ca. 33.

Ib.) Pro Dogmatica dicere poteram Decretoria, quiũ δόγμα sit decretum, vt antea dictũ est. Sed haud multò minus durum videtur δογματικὴ φιλοσοφία, Decretoria philosophia vertere, quàm δογματικοὶ φιλόσοφοι, Decretorij philosophi, de quo paulò antè mentionem feci. Sed nec aduerbium δογματικῶς ausus sum reddere Decretoriè, sed alicubi Dogmaticorũ more, alicubi

alicubi Dogmaticè interpretatus sum. vt capite 23. τιθέναι δογματικῶς ἢ ἀναιρεῖν. sed & alio modo verti pro re nata, vt in hoc loco cap. 2 q τῶν δογματικῶς ζητουμένων, verti, Ex iis quæ dogmaticorum quæstionibus agitantur.

v. autem) Non sine causa ad interpretationem τ̃ ὑποτυπωτικῶς adhibui aduerbium breuiterised quia idem alibi dicit συντόμως κ̀ ὑποτυπωτικῶς, & variis in locis suam claudere de re aliquâ disputationem volens, dicit, Hæc sufficere possunt ὡς εν ὑποτυπώσει. vt initio cap. 28. περὶ τοσέτων ἀρκέσει τῶν φωνῶν ὡς ἐν ὑποτυπώσει διεξελθεῖν. Et circa finem huius libri primi, κ̀ ἵνα μὴ καθ᾽ ἕκαστον λέγων ἐκβαίνω τ̃ ὑποτυπωτικὸν τρόπον τῆς συγγραφῆς. Præterea etiam respexi ad illa, ὡς ἐν τύπῳ, & τύπῳ λέγειν, λαμβάνειν, ἀρχεινό dp. scio interim, potuisse ὑποτυπωτικῶς aliter quoque exprimi, videlicet hoc modo, Breue quandam informationem vel summariā ob oculos ponentes. Varro de lingua Latina, Quæ videretur analogia in oratione vt breuiter potui informaui. Id est ὑποτυπωτικῶς διεξῆλθον, aut vno verbo ὑποτυπωζομίω. Quamuis enim alicubi ad ὑποτυπωτικῶς adiungat alterum aduerbium συντόμως, non dubium est tamen quin συντόμως in ὑποτυπωτικῶς inclusum etiā censeri possit. Sciendum est autem ὑποτυπωτικῶς dicere habita ratione inscriptionis huius opusculi (appellatur enim Πυῤῥώνειοι ὑποτυπώσεις) & hunc titulum mutuatam esse ab Ænesidemo Sextum crediderim. nam illum ita inscripsisse quosdam suos libros constat. Sed Diog. Laërtius vno in loco citat Ænesidemi ἐν τῇ εἰς τὰ Πυῤῥώνεια ὑποτυπώσει, in altero ἐν τῳ πρώτῳ τῆς Πυῤῥωνείων λόγῳ. Porrò vocem Græcam in titulo huius libri retinui, quòd alioqui longis periphraseωs ambagibus vtendum fuisset. nam Pyrrhonias hypotyposes interpretas Pyrrhonias informationes, nequaquam mihi satisfaciebam: & potius ita vertissem, præcipuorū sectæ Pyrrhoniæ capitum summaria & dilucida informatio. Capitum autem dicere voluissem, non dogmatū, nec præceptorum; ne in ipso limine impingerem, & titulo ipsius operis aliquid eius professioni nō consentaneum affingerem. Sed & doctrinæ Pyrrhoniæ, eandem ob causam, dicere ausus fuissem. Nā & institutionis appellatione inuitus ob idipsum alicubi vsus sum. At vocem hanc capitum reprehendere non possit, qui eam in eodem sensu apud Ciceronem legerit cū alibi, tum hìc, Quatuor sunt capita quæ concludunt nihil esse quod nosci, percipi, comprehendi possit. Sed ne hoc quidem silentio prætereundum est, quum dicitur πυῤῥώνδοι ὑποτυπώσες, perinde esse ac si diceretur, ὑποτυπώσεις τῶν πυῤῥωνείων, vt hic genitiuus sit neutrius generis. Imò in hoc ipso titulo πυῤῥωνείων ὑποτυπώσεων βιβλίον πρῶτον, sic accipiendum censerem πυῤῥωνείων, (vt videlicet perinde foret ac si dixisset βιβλίον πρῶτον ἐν ᾧ Σέξτος τὰ πυῤῥώνεια ὑποτυποῦται, vel ὑποτυπωτικῶς διεξέρχεται) nisi alibi legissem πυῤῥώνδοι ὑποτυπώσεις.

Iam verò quod ad auctorem huius operis attinet, eius mentionem Suidas facit, facit & Diog. Laërtius in Pyrrhone: sed neuter ἐμπειρικὸν eū cognominat. Nec dubito quin vulgare ἐμπειρικοῦ cognomen ex errore ortum fuerit, quòd ἐμπειρικὰ ὑπομνήματα scripserit, quorū ipsemet cum alibi tum in disputatione aduersus grammaticos meminit.

v. nunc) Aduerbium ἱστορικῶς interpretatus sum Historico more. Hoc autem ita intellige, eum historicos imitari in eo quòd historici res simpliciter, vt audiuerunt, aut viderunt, narrare contenti esse possint, nec suum de illis iudicium interponere necesse habeant: imò pleraque commemorent quæ fando audiuerunt, quum alioqui rem ita se habere nequaquam affirment, neque certò sibi ipsis persuadeant. Vnde & in fine capitis 23. dicit de Sceptico, ἐκ ἀπαγγελτικῶς μετὰ συμπαθήσεως ἀποφαινόμενος, ἀλλ᾽ ὃ πάσχει διηγέμενος. & in fine 25. de eodem, ἀλλὰ τὸ ἑαυτῦ πάθος ἀπαγγέλων. adeò vt ἱστορικῶς idem sit propemodum quod διηγηματικῶς. Ideo autem admoneo, nequis ἱστορικῶς accipiat eo sensu vt veritatem in historiographis non requiri dicat Sextus. Contrà enim, veritatem à nonnullis historiæ animam vocitatam esse scimus: vnde & historicam fidem dixit Naso, tertij Am. eleg. 11.

Exit in immensum fœcunda licentia vatum,
Obligat historica nec sua verba fide.

v. scepseos) Nomē ἔννοια quod à me redditur mens (eo sensu quo accipitur pro ea quam vulgò intentionem appellamus) verti etia potest, me non repugnante, notio, vt Cicero alicubi interpretatur. Sed & λόγος, quod verti orationes, scio potuisse aliter etiam transferri. Verùm rationes interpretari, consentaneum huic sectæ non fuisset: & postquam diligenter expendi argumētum cap. 7. 8. 9. 10. in quibus hosce λόγυς exponit, nihil aliud hus λόγοις mihi significare visus est, quàm ea quæ de sua secta Pyrrhonij profitentur, videlicet se non δογματίζειν, se αἵρεσιν non habere, (si

BB 3 hanc

hanc in vulgari significatione accipiamus) physiologiam à se tractari consentaneo suæ sectæ modo. item se apparentia non euertere.

Pag. 406. V. Scepticorū.) Vocat hîc τὰς σκεπτικὰς ἀφάσες quas alibi τὰς σκεπτικὰς φωνὰς nuncupat: ideoque ἀφάσεις dicta, aut voces simpliciter hîc interpretari possumus: at secus cap. 20. vbi ἀπόφασις opponitur τῇ καταφάσει.

V. SCEPT.) Institutio mihi est ἀγωγή, sicut iam in alijs duobus præcedentibus locis, nō quòd mihi satisfaciat planè hæc interpretatio, sed quòd aptiorem inuenire nō possim. Quoties enim institutionem audimus, statim docentem & discentē imaginamur, quos hæc secta euertit. Ideoque fortasse rectius institutum interpretaremur. nā & Cicero Platonis institutum eo sensu dixisse videtur. Idem verò sectam & institutionem alicubi copulat. vnde videndum est an nō ἀγωγὴν sectā vertere possimus. Porrò Aristoteles nō simpliciter ἀγωγὴν, sed ἀγωγὴν λόγων hanc nuncupat, ita scribens, ὅτι μὲν ἐν τῷ τοιαύτῳ εἶναι τὴν αἴρεσιν, εἴτι ἀγωγὴν λόγων, εἴτε ὁπῃοῦν ὅπως ἐθέλοι τις καλεῖν αὐτὴν, ἐδεὶς ἄν δὲ φρονῶν ὀρθῶν ἐναι φαίη, δῆλον. Scimus autē Sextum antea, cap. 1. inter φιλοσοφίας eam recensuisse: quod Aristocles pati recusat, vtpote subiungens, ἐγὼ μὲν οὐδὲ φιλοσοφίαν οἴομαι δεῖν ὀνομάζειν αὐτὴν, ἀναιρεῖ γε δὴ τὰς τῆς φιλοσοφίας ἀρχάς. Et ipse quoque Sextus cap. 2. dicit quidē τὴν διάκρισιν τῆς σκέψεως ἀπὸ τῶν παρακειμένων αὐτῇ φιλοσοφιῶν, sed tamen alio quoque modo φιλοσοφίας nomen accipiens, subiungit, εἰδικῶς ᾗ (λόγος) ἐν πρὸς ἕκαστον μέρος τῆς καλουμένης φιλοσοφίας ἀντιλέγομεν. Cæterum capite sequenti σκεπτικὴν δύναμιν appellabit. Alicubi etiam σκέψιν ponit ἀντὶ τῆς σκεπτικῆς ἀγωγῆς.

V. ab ipsa) Verti σκέπτεσθαι vti scepsi, quòd à vocabulo recepto discedere non auderem. Sed hîc latius quid sit σκέπτεσθαι explicabo, si prius Gellij expositionē attulero. Ita enim caput quintū libri 11. exorditur: Quos Pyrrhonios philosophos vocamus, ij Græco cognomento σκεπτικοὶ appellātur. Id fermè significat quasi quæsitores & cōsideratores. nihil enim decernūt, nihil constituūt: sed in quærēdo semper cōsiderandoque sunt quidnam sit omnium rerum de quo decerni cōstituique possit. Ac ne videre quoque planè quicquam nec audire sese putāt, sed ita pati afficíque quasi videant vel audiāt: eaque ipsa quæ affectiones istas in sese efficiant, qualia & cuiusmodi sint, cun-

ctantur atque insistunt. Hæc Gellius. Sed hoc addendum videtur, σκέπτεσθαι, quū ad Scepticorum sectam referatur, nō dici latè de qualibet consideratione, seu commentatione: sed ad illam restringi quæ est hominis respōsionem ad quæstionē de qua interrogatus fuerit meditātis, eamque aut affirmatiuam, aut negatiuam. Huiusmodi autem respōsionem nemo vnquam à Scepticis extorserit, eò quòd dum σκέπτονται, dicunt sibi contraria circa idem apparere, ideóque omnia talia apparere, vt æquum pondus πρὸς πίςιν habeant & πρὸς ἀπιςίαν. vnde fit vt nunquā vltra σκέψιν egrediantur, sed in ea perpetuò defixi maneant. Sic autē apud Xenophontem dicitur σκέπτεσθαι, qui aliquid considerat de quo interrogatus est, respōsionem ad id meditans. Pro eodem dicitur & διασκέπτεσθαι, quo vtitur quidam Scepticus apud Lucianum ἐν βίων πράσει, dicēs, ἐπέχω πολὺ τὸ τοῦτο κὴ διασκέπτομαι. Cur autem Gellius σκεπτικὰς dixerit appellatos quasi quæsitores, nihil causæ video.

V. Scepsi) Vide annotationem in pag. seq. vbi ἐποχὴ explicatur.

V. repugnand.) Aduerbium σωματικώτερον verte Solidius: fortasse autem nō malè etiam redderetur Plenius. Sed nec vtrunque perperam, vt opinor, cōiungeretur ad maiorem aduerbij Græci expressionem, quod ad verbū sonat corporalius. Cæterum Galenus quoque idem de Pyrrhone testatur, scribens, κὴ τὴν ἄγαν ἀκρίβειαν τὴν ἀρεσκικὴν ἐκπολυφθεῖσαν Πύρρωνι. Nec cui tamē errandi occasionem præbeat mea interpretatio, quia προσεληλυθέναι τῇ σκέψει verti scepsin tractauisse, malim reddere, Ad scepsin se contulisse. vel (minus quidem ad verbum, sed magis significanter) Ad scepsin se applicuisse. Dico autem errandi occasionem, quia ex illa interpretatione colligere posset aliquis scriptis persequutum esse Pyrrhonem sectam scepticam, quū contrà nihil eum literarū monumentis mandasse testentur cum alij, tum Aristocles & Diogenes Laërtius.

V. deuen.) Repone rationibus pro orationibus. Ex Cicerone autem sumpsi hæc verba, Paria momenta. nam quod hic dicit τὴν ἐν ἀντικειμένοις λόγοις ἰσοσθένειαν, ille reddit Contrariarum rationum paria momenta. Ita enim in Lucullo, id est in 2. Acad. scribit, Nam in vtranque partē multa dicuntur. Horum aliquid vestro sapienti certū videtur, nostro ne quid maximè quidem probabile sit occurrit. Ita sunt in plerisque contrariarum rationum paria momenta. Repono autem hic In vtranque vtránque partem pro ìn vtráque parte (quod in vulg.edit.habetur) ex aliis Ciceronis locis. Idē in fine libri 1.earundem Acad. Huic rationi quod erat cõsentaneum faciebat, vt cõtra omniũ sententias dies iam plerosque deduceret, vt quũ in eadē re paria cõtrariis in partibus momenta rationum inuenirentur, facilius ab vtráque parte assertio sustineretur. In quo posteriore loco animaduerte expressum idipsum quod à Sexto additur, Scepticos videlicet ob illam ἰσοσθένειαν deuenire ad ἐποχήν. Idem verò alibi ἰσοσθενῆ appellat paria in vtráque partē. Quòd si ἰσοσθένειαν ad verbum exprimere velimus, vertemus æqualē potentiam quam vno quidem verbo, sed nō satis Latino, æquipollentiam, seu æquiualentiā vocare possemus. Sed pro eo quod Cicero paria momēta dicit, poterimus etiā par pondus vel æquale pondus dicere. vt Cōtrariæ rationes paris pondagus, idem valeat quod Cōtrariarum rationũ paria momenta. Nam apud Lucianũ ἰσοβαρεῖς λόγους quidã Scepticus appellat quos hic Sextus ἰσοσθενεῖς. Interrogatus enim quid sibi vellent lances quas circunferebat, respõdet, ζυγοστατεῖν αὐτοῖς τοὺς λόγους, ὁ πρὸς τὸ ἴσον ἀποιθῶναι, ἢ ἐπειδὰν ἀκριβῶς ὁμοίως τε καὶ ἰσοβαρεῖς ἴδω, τότε δὴ ἀγνοῶ τ' ἀληθέσερον. Porrò ἰσοσθένειαν hanc ipsemet Sextus in fine huius cap. exponit τὴν κζ πίστιν καὶ ἀπιστίαν ἰσοτητα. Idem cap. 22. ait ἐποχω proferri ab eo qui declarare velit res sibi videri æquales πρὸς πίστιν καὶ ἀπιστίαν. Quin etiam cap. 24. ait, quũ dicitur à Sceptico πάντα ἴσιν ἀόρισα, intelligi ἀόρισα debere μὴ προσχοντα τ' ἀνειλεγμένων κζ πίστιν καὶ ἀπιστίαν. Existimo autē Aristoclem ἀδιάφορα eodē sensu dicere, id est, μηδὲν διαφέροντα πρὸς πίστιν καὶ ἀπιστίαν, vel πρὸς ἀλήθειαν ἢ ψεῦδος. Longè enim falletur qui ἀδιάφορα apud eũ (vbi hanc vocem Scepticis attribuit) in recepta vulgò significatione accipiet. Ad illa autem Aristoclis ἀδιάφορα pertinent hæc Ciceronis in Lucullo, Veri enim & falsi nō modò cognitio, sed & natura tolletur, si nihil erit quod intersit. Et paulo pòst, Primùm quī potestis non impediri quum à veris falsa non distent?

V. ta prim.) Timon, vt testatur Aristocles, dixit τοῖς ἀδοξάσοις καὶ ἀκλινέσι καὶ ἀκραδάντοις πολεῖσθαι πρῶτον καὶ ἀφασίαν, ἔπειτα δ' ἀταραξίαν : AEnesidemus autem, voluptatem. Vbi animaduertendũ est ἀφασίαν dici quam ἐποχὴν appellauit Sextus. Porrò & Galenus τὴν εἰς ἑκάτερα ἐπιχείρησιν ait (ex veterum Academicorũ iudicio) τελευτᾶν εἰς ἐποχήν, appellas, vt opinor, τὴν εἰς ἑκάτερα ἐπιχείρησιν argumentationem in vtranque partem, non autem præparationē, vt Erasmus vertit. Est enim ἐπιχείρησις (meo quidē iudicio) quasi aggressio per argumentationem, seu ratiocinationē. Vnde & ἐπιχειρήματα dici puto argumētationes quibus velut aggredimur aduersariũ. Quoniam autem ex huiusmodi argumentatione & propositione rationum in vtranque partem tandem illa ἰσοσθένεια τῶν λόγων emergit, ideo illā in epochen desinere tradunt.

V. ἀταραξ.) Hanc ἀταραξίαν exprimere voluit Cicero, ita scribens in Lucullo, Sed quæro quādo ista fuerint ab Academia vetere decreta, vt animus sapientis communiri & conturbari negarēt. Id est, ἀταραχον εἶναι. vel, vno verbo, ἀταραχεῖν. Ego ἀταραξίαν alicubi reddidi imperturbatum animi statum. Alicubi, vacuũ à perturbatione animum. Est etiam vbi verterim vacuitatem à perturbatione, sicut & hic. Sed nihil impedit quin etiam aliquis tranquillitatē animi interpretetur. Is enim demum tranquillus est animus, qui omni perturbatione caret. Ipse autem paulo pòst ἀταραξίαν definiet ψυχῆς ἀοχλησίαν θ γαληνότητα, id est vacuitatē perturbationis in animo, & trāquillitatem. Sed vertere etiam potui, animũ minimè turbulentum, & serenum. Nam animum turbulētum dixit Cicero, animum serenũ (Id est γαληνὸν ad verbũ) Onidius: Potui etiam reddere, minimè turbidum, & tranquillum. Nam hæc duo (quæ mari frequenter tribuũtur) Cicero quoque inter se opponit. Quin etiam γαληνότητα ψυχῆς animum placidũ interpretari licet, quia quod γαλήνην θάλασαν dicunt Græci, Latini vel tranquillum, vel placidum mare vocant, & ab eo petitam esse metaphoram constat.

V. idamus) Sexti verba sunt, ὃ ἐπὶ τ' πολέμ γον, ἀλλ' ἁπλῶς κζ τ' δυνατόν. Id est, Nō curiosius. Vel, Nō anxia quadam obseruatione vsus huius verbi, sed simpliciter, quatenus potest. Sic alibi δογματικὴν πολυπραγμοσύνην dicit. Præterea in fine huius libri itidem de vsu vocabulorum loquens, ὅτι τος ὁ μεθοδικὸς κοινωνίαν λέγει, καὶ διήκει, ἐπὶ τὰ παραπλήσια ἀπολέργοις. Præcesserat autem paulo antè, περὶ τῷ θ τ' ἀδόξαστόν τε καὶ ἀδιάφορον δ' χρήσεως τῶν ὀνομάτων κοινὸν εἶναι τ' ἀστῶν. Vt autē Sextus dicit ὃ κζ τ' πολύεργον ἀλλ' ἅπλως, ita Aeschines cōtra Ctesiphontem scribit ὅταν δ' ἐξ ὀνομάτων συγκείμενος ἄνθρωπος, καὶ τούτων πικρῶν καὶ πολυέργων, ἔπειτα ἐπὶ τὴν ἁπλότητα τῆτα καὶ τὰ ἔργα καταφούγη.

V. permutatim) Aduerbiū ἐναλλὰξ verti hîc permutatim, alibi autē aliter, prout mihi alia interpretatio in mentem venit: vbique tamen eodē sensu. Intelligit autem, Aut phænomena noumenis, aut noumena phænomenis.

P. 407. V. petrandam) Cicero ἐποχὴν interpretatur *assensionis retentionem*. Idem vim verbi exprimens, ita scribit in Lucullo, Contineo igitur me ne incognito assentiar. Nā Cōtineo me ne assentiar, nihil aliud est quàm ἐπέχω. Alibi autem dicit Se ab assensu sustinere, item Assensum sustinere, vel assensionem. Quinetiam alicubi Assertionem sustinere eodem sensu ponit. Idē quum ita scribit, Quum zē ἀrespondendo vt aut approbet quid aut improbet sustineat, vt neque neget aliquid, neque aiat, nihil aliud dicit tot verbis quàm ὅταν ἐπέχη. Inuenitur etiam apud eum A certis cohibere assensum pro ἐπέχειν πολὺ τῶν ἀδήλων. Gellius autem ἐπέχειν videtur interpretari voluisse cunctari et insistere, ita scribens de Sceptic. lib. II. cap. 5. Ac ne videre quoque planè quicquā, neque audire sese putant: sed ita pati affici que quasi videant vel audiant. Eaque ipsa quæ affectiones istas in sese efficiant, qualia et cuiusmodi sint, cunctantur atque insistunt. id est, ἐπέχουσι πε ρὶ τοῦ ποῖα ἐςὶ τῇ φύσιν. Nam editiones in quibus legitur cunctantur, sequor potius quàm quæ habent contantur. id est percōtantur. Accipio autem cunctantur pro hæsitāt. Nam et Cicero alicubi cunctari et hæsitare copulat. Fateor tamen duriusculum esse hoc loquendi genus, Cunctantur atque insistunt qualia sint, pro Cunctantur respondere de hoc, qualia sint. id est, Hæsitant de responsione ad hoc, qualia sint, et c. et, vt dixi, ἐπέχουσι περὶ τοῦ ποῖα, etc. Quanquàm si verbum verbo exprimere velimus, exponemus potius ἐφίσταται. à quo verbo deductū nomen ἐπίστασις vsurpatur à Luciano de quodā Sceptico: et quidem facetissimè, suo more, in hoc verbo ludit ἐν βίᾳ πέτρᾳ. Cuius tamen loci sensum interprès nō assequutus est, imò ab eo lōgè recessit, quippe qui ἐπίσχον, qua Lucianus significare vult restitutionē, siue insistentiam, (si à verbo insistere hoc nomen formare fas est) interpretatus est sapientiam, absurdissimum sensum efficiens, quia videlicet ἐπισχασίαν (quod ab ἐφίσταμαι deductum est.) ab ἐπίσταμαι, vnde et ἐπισήμην, ortum esse credidit. Hic autem error in interpretatione τοῦ ἐπίσχοσις commissus reuocat mihi in memoriā locum Xenophontis ἐν ἀναβάσει, in quo itidē vocem ἐπίσχοσιν quidam nō

intelligētes in ἐπίστασιν perperam mutauerunt et hanc tamen lectionem interpretes nōnulli sequuti sunt. Qua de re admonui in annotat. Xenophonti editionis meæ adiunctis. Sed vt ad ἐποχὴν reuertamur, Sextus infra tradit eam dictā ἀπὸ τοῦ ἐπέχεσθαι τὴν διάνοιαν ὡς μήτε τιθέναι τι, μήτε ἀναιρεῖν. Hîc eodem sensu dicit esse στάσιν διανοίας, nimirum στάσιν ponens ἀντὶ τοῦ ἐπίστασεως, cuius modò meminimus. Galenus autem latè ἐποχὴν accipiens, eam ἀορισίαν esse dicit.

QVINET.) Dixit et pagina præced. sectā Scepticam à Pyrrhone Pyrrhoniam denominatā. sed hoc improbat Theodosius apud Diog. Laertium, vt videbis pag. 545. Sic autē loquitur hic Sextus, καὶ ὁ Πυρρώνειος ἢ φιλόσοφος Δυνάμει τῇ τῶν σκεπτικῆς ἀγωγῆς ἐννοίᾳ συναποδέδοται, ἔστι ὁ μετέχων ταύτης τῆς Δυνάμεως. Vbi δύναμις diuersè accipitur. nam quū dicit Δυνάμει συναποδέδοται τῇ ἐννοίᾳ τῆς σκεπτ. ἀγωγ. eodē modo accipit Δυνάμει in his locis, ἢ Φαινόμενον Δυνάμει τὴν φαντασίαν καλοῦντες. Item, ὅταν λέγωμε πλατεῖαν, Δυνάμει λέγομε πλατεῖαν ὁδόν. Item, ὁ γὰρ λέγων τάχα εἶναι, Δυνάμει τίθησι καὶ τὸ μάχεσθαι δοκοῦν αὐτῷ, τὸ τάχα μὴ εἶναι. Ac ne tam procul exempla petamus, quod legis in principio pag. proximè seq. in mea interpretatione, At Scepticus voces suas profert ita vt quæ possint à seipsis circuscribi, ita legitur apud ipsum Sextum, ὁ σκεπτικὸς τὰς φωνὰς αὐτοῦ προφέρει ὡς Δυνάμει ὑφ' ἑαυτῶν περιγράφεσθαι. perinde ac si diceret ὡς Δυνάσθαι ὑφ' ἑαυτῶν περιγράφεσθαι. vt apparet ex hoc capitis 28. loco, vbi de iisdem φωναῖς scribit, ὅτι γε καὶ ὑφ' ἑαυτῶν αὐτὰς ἀναιρεῖσθαι λέγομε Δυνάσθαι, ἐμπεριγραφομένας ἐκείνοις περὶ ὧν λέγοντ. Id est (permutando genera loquendi) ἀναιρεῖσθαι λέγομε Δυνάμει. sic igitur et in eo de quo nūc agitur loco Δυνάμει συναποδέδοται, perinde est ac si dixisset Δύναται συναποδεδόσθαι. vt sit sensus, Pyrrhonij quoque philosophi notio. cum notione Scepticæ sectæ tradita esse potest. Vel, Ad Pyrrhonij quoque philosophi notionem valet Scepticæ institutionis notio, quā tradidimus, aut exhibuimus, seu assignauimus. Fateor interim non vbique posse datiuum δύναμι ita resolui. nam si pro ὅταν λέγωμε πλατεῖαν, Δυνάμει λέγομε πλατεῖαν ὁδόν, dixeris, ὅταν λέγωμε πλατεῖαν, Δυνάμεθα λέγειν πλατεῖαν ὁδόν, aliud quiddam significare videberis. Quare δυνάμει λέγομε πλατεῖαν τειαν ὁδόν, interpretor, Idē valet, vel Tantundem valet ac si diceremus ὡλατίαν ὁδόν. vel, Perinde est ac si diceremus ὡλατ. ἐδ. Eadē est & sequētis exempli ratio. Similis autem est vsu huius vocabuli in isto Aristoclis loco, vbi de Aristippo ita loquitur, ἀλλ᾽ ὐδέν ᾗ ἔφς ἐν τῷ Φαιρῷ περὶ τέλες διελέξατο, δυνάμει ᾗ τῆς ἐυδαιμονίας τῆν ὑπόςασιν ἔλεξεν ἐν ἡδοναῖς κεῖσθ. Subiungit enim, ἀεὶ ᾗ λόγες περὶ ἡδονὰς ποιεῖλες, εἰς ὑπ. ἱ. ιαν ἦγε τες πίρος ιόντας αὐτὰ τῆ λέξν τίλος αὐαι το ἡδέως ζῆν. Aliter etiā accipitur δύναμις apud philosophos, videlicet quū ἀντιδιαςέλλεῃ τῇ ἐνεργείᾳ. nam δύναμις & ἐνεργεία, item δύναμιν & κατ᾽ ἐνέργειαν opposita esse scimus. Iā verò quod ad δυνάμεως attinet, quo vtitur idem Sextus in eo loco quē initio huius annotationis protuli, aliter accipi debet, videlicet vt initio capitis præcedētis.

V. cimus) In vertendo μεγαλοφυὲς periphrasi Ciceroniana vsus sum, Abundantia quadā ingenij præstantes. Sed rectius viri hoc quidem loco dixissem, quàm homines. quod tamen discrimen leue est.

V. ptica) Possis etiam interpretari, & quidē melius fortasse, Omni rationi rationem, &c. Vide Ciceronem.

V. sionem) Græcam vocem phantasiā retinui, nō quod nescirem quomodo eā vertat Cicero, sed ne quis in ambiguitate vocis Latinæ falleretur. Nam visum, quod Cicero φαντασίαν reddit, alia quoque significare scimus. Quum autē varijs in locis interpretetur visum, alicubi tamē visionē etiam vertit in Lucullo. Et ibidem ita scribit, De sensibus ipsis quædam dixit noua, quos iunctos esse censuit è quadam quasi impulsione oblata extrinsecus, quam ille φαντασίαν, nos visum appellemus licet. At Quintilianus vno in loco φαντασίας interpretās, per quas (inquit) imagines rerū absentiū ita repræsentantur animo vt eas cernere oculis ac præsentes habere videamur. Alibi autē scribit, Quare capiendæ sunt illæ, de quibus dixi, rerum imagines, quas vocari φαντασίας indicauimus. Sed rursus alio in loco, Theonem Samiū pictorē cōcipiendis visionibus (quas φαντασίας vocant) dicit fuisse præstantissimum. Vt autē pictoribus sic & poëtis scimus peculiares quasdam esse φαντασίας, quas quo Latino vocabulo aptè exprimere possimus, alij viderint. nobis de primaria & generali huius nominis significatione agere propositū est. Addo igitur, nos ex Cicerone nō tātùm visa seu visiones simpliciter appellare posse, sed etiā significantius, visa in animos impressa.

Ita enim in eodem Lucullo scribit, Vt etiam illud absurdum sit quod interdum soletis dicere, quum visa in animos imprimantur, nō vos id dicere, inter ipsas impressiones nihil interesse, sed inter species & quasdam formas eorum. Quasi verò non specie visa indicentur, quæ fidem nullā habebunt sublata veri & falsi nota. Quinetiam visis pellendi vim tribuit idem. nā ita in eodem libro scribit, Sed id disputari poterat subtiliter, quanto quasi artificio natura fabricata esset primùm animal omne, deinde hominē maximè: quæ vis esset in sensibus, quemadmodum prima visa nos pellerent, deinde appetitio ab his pulsa sequeretur. Idē in eodem libro, visa enim ista quū acriter mentem sensūm ve pepulerunt, &c. De quibus locis postea dicetur. Gellius huic Ciceronis interpretationi acquiescens, ita scribit, de Pyrrhoniis & Academicis philosophis loqués, Sed ex omnibus rebus perinde visa fieri dicunt, quas φαντασίας appellāt: nō vt rerum ipsarum natura est, sed affectio animi corporisve est eorum ad quos ea visa peruveniunt. Hæc Gellius. Sed pro his, Ad quos ea visa peruveniunt, dixisset, vt opinor, Cicero, Quorum animis hæc visa imprimuntur. Porrò vt φαντασίας interpretatur Cicero visa, ita φαντάζεςθαι videri, in hoc Timæi Platonici loco, Δεξιὰ ᾗ φαντάζεθ᾽ τὰ ἀρισερὰ. Nam pro Græcis hisce verbis eius versio habet, Dextra autem videtur quæ læua sunt. Idem hunc eiusdem Platonis Polit. lib. 9. locū, κ᾽ ἥν ἰσα πόῤῥωθεν μοι τότε αἱ ὀλίγ᾽ς φαντάζονται τῶν ευπνίσαν, ita reddit, Tum ei visa quietis occurrent tranquilla atque veracia. At ego φαντάζεθ᾽ his in locis exponere malim apparere quàm videri: sicut & in isto, qui in eodem Timæo legitur, δ᾽ ιὰ ταῦτα τε ἰδεῖν λαμπρὸν κ᾽ σίλβον λιπαρόν τε φαντάζομενον. Vt autē φαντάζεθ᾽ vertit videri, sic & Φαίνεθ᾽ cerni in eodē Timæo. Hoc tamē nemo negare possit, Φαίνομαι (si verbū verbo exprimendū sit) potius esse appareo quàm cernor, seu videor. Quum autē φαντασία ab eo dcr nuati sit, atque adeò ipse Sextus tradat nos τὸ φαινόμενον δύναμις τὴν φαντασίαν καλεῖν (quod loquendi genus paulo antè exposui) videndum est an non melius φαντασίας aliquo ab Appareo deducto nomine exprimeremus. Apparentiam scio Latinè nō dici, apparitionem autem Latinos alio sensu vsurpare: sed quid si, cogente necessitate, eidem significationi, cui & ipsum verbū appareo seruit, accommodemus? At quæ necessitas aliā voce quàm visum quærere nos cogit? obiiciet aliquis. Dicam quod sentio. Quū dico me videre aut cernere equū album,

C c   album,

album, perinde est ac si dicerem, Equus quem video, vel cerno, est albus. At hoc nunquam Scepticus, quatenus est Scepticus, dixerit. hoc enim esset ab ipsa scepticas professione desciscere, quæ est ἑνὶ συγκατατίθεσθαι, & περὶ ἑνὸς διαβεβαιοῦσθαι, i. nihil assertione approbare, sed πᾶσι πανταχῇ ἐπέχειν. adeò vt quo quidque colore aut quo sono sit, se nescire dicturus sit, sed tantùm sentire affici se velut ab hoc vel illo colore, & tanquam ab hoc vel illo sono. Qua etiam de causa inducit Lucianus quendam huius sectæ philosophum se μήτε ἀκούειν μήτε ὁρᾶν profitentem. Et hoc alij quoque passim illis exprobrant, quòd videlicet sensus eripiant, vt loquitur Cicero. Atque adeò Gellium paulo antè audiuimus ita loquentem de illis, Ac ne videre quoque planè quicquam nec audire sese putant, sed ita pati afficíque quasi videant vel audiant. Quod tamen mera calumnia erat. sed huius ansam præbuit Sceptica loquendi forma, talis qualem modò proposui. Denique si verum est quod Sextus dicit, φαντασίαν tantundem valere quod φαινόμενον, qui φαντασίαν interpretabitur visum, codem modo & φαινόμενον interpretari queat. At consideremus in vno quopiā Sexti loco, exempli gratia, quàm intommoda sit (nequid grauius dicam) illa interpretatio. Quum ita scribit, ὅταν δὲ ζητῶμεν εἰ τοιοῦτόν ἐστι τὸ ὑποκείμενον ὁποῖον φαίνεται, τὸ ὅτι φαίνεται δίδομεν, ζητοῦμεν δ᾽ οὐ περὶ τοῦ φαινομένου, ἀλλὰ περὶ ἐκείνου ὃ λέγεται περὶ τοῦ φαινομένου. si hîc φαίνεσθαι vertas videtur, id est cernitur, planè à mente auctoris discedis, eiúsque sententiam peruertis. Quare quòd verbum videtur ambiguum sit, malui φαίνεται vbique vertere Apparet. Et quum dico, Hoc apparet album, non intelligo, Manifestū est hoc esse album sed perinde est ac si dicam, Hoc speciem albedinis meo oculis obiicit. Accipio autē speciem sicut Cicero, quū dicit, Eadē est in somnis species eorum quæ vigilātes videmus. Animaduerte enim eum non dixisse visio, sed species: & ita distinxisse ac si Græcè dixisset, ἡ αὐτή ἐστι φαντασία καθ᾽ ὕπνους, vel ὄναρ, ὧν ὁρῶμεν ὕπαρ. vel ἡ αὐτή ἐστι φαντασία καθευδόντων ἐκείνων ὧν ἐγρηγορότες ὁρῶμεν. At Sceptici discrimen hoc tollunt, dicētes se nescire vtri assentiendum sit. Clarum autē erit quod docere volo, ex hoc loco Galeni, ἐπειδὴ ἔνια μὲν οἰόμεθα ἢ βλέπειν, ἢ ἀκούειν, ἢ ὅλως αἰσθάνεσθαι, καθάπερ ἐν ὀνείροις κ) μανίαις· ἔνια ἢ οὐκ οἰόμεθα μόνον. ἀλλὰ κ) κατ᾽ ἀλήθειαν ὁρῶμεν ἢ ὅλως αἰσθανόμεθα· ταυτὶ μὲν τὰ δεύτερα

πάντες ἄνθρωποι, πάλιν Ἀκαδημιακῶν τε & Πυρρωνείων, εἰς βεβαίαν γνῶσιν ἥκειν νομίζουσιν, ἃ δ᾽ ὄναρ ἢ παραπαιόντων ψυχὴ φαντάζεται, τοῦτο ταῦθ᾽ ὑπάρχειν. εἰ μὴ δὴ συγχωρῶσιν αὐτὸ τοῦθ᾽ οὕτως ἔχειν, ἐξαλλάττοιεν εἰ οἷς γράφεσι μήτε τῶν μαινομένων τὴν σωφρονούντων, μήτε τῶν νοσούντων τὴν ὑγιαίνοντα, μήτε τῶν κοιμωμένων τὴν ἐγρηγορότα πιστότερον ὑπάρχειν εἰς τὴν τῶν πραγμάτων γνῶσιν. Obseruandum hîc est desipientibus non ὁράματα sed φαντάσματα tribui, secundum vulgò receptam opinionem, at secundū Scepticos vtrísque pariter φαντάσματα seu φαντασίας tribui, vtpote non discernentibus quod ad sensum attinet, eum qui sanæ sit mentis, ab eo qui mente alienatus sit. Qua de re ipse quoque Cicero in eo loco, vnde verba quæ paulo antè citaui deprompta sunt, disputat. Sed iam satis superque meam sententiam explicuisse mihi videor de interpretatione nominis φαντασία. Addo etiam hoc, Si quis respondeat φαντασίας apud Scepticos posse verti visa vel Visiones, modò visa accipiamus pro iis quæ nobis videre visi sumus, is nequaquam nodum planè soluerit. nam quum φαντασίαι non appellentur solùm quæ nobis videre visi sumus, sed etiam quæ audire, denique generaliter quæ aliquo nostrorum sensuum percipere nobis visi sumus, dura nimium foret hæc κατάχρησις appellationis visorum ad reliquos omnes sensus accommodatorum. sed quoniam non is sum qui aduersus tantum virum, quantum scimus fuisse Marcum Tullium, certamen instituere vel ausim, vel possim, hæc περὶ δὲ φαντασίας, id est, δυνάμει περὶ τοῦ φαινομένου, dicta existimentur κατὰ τὸ φαινόμενον. Ego certè nusquam apparentiam aut apparitionem interpretatus sum, ne audaculus iudicarer, sed potius imaginationem. ita enim malui quàm cum Quintiliano imaginem vertere. quem miror, quum vno in loco dixisset φαντασίας esse per quas imagines rerum absentium repræsentantur, poste a ipsasmet imagines φαντασίας vocari dixisse. Nam quo alio nomine hunc actum repræsentandi imagines quàm imaginationem appellare possum? Et fateor quidem diuersas esse à Scepticorum phantasiis eas quas ibi Fabius describit, sed quin tamen interpretationem inde mutuemur & cum illis communicemus, nihil obstat. Certè tum præsertim quum καταληπτικὴν ad φαντασίαν addunt, imaginationis nomen valde mihi conuenire videtur, vt καταληπτικὴ φαντασία dicatur comprehensiua

imagi-

imaginatio potius quàm viſum comprhenſinum.
Porrò quod imaginē vocat Quintilianus, id φάντασμα eſſe videtur potius quàm φαντασία.
Et quoniã ſæpe iſtud nomen occurrit in hoc libro,
de toto eius comitatu (vt ita loquar) dicendũ mihi arbitror, vt melius eius vis cognoſci à nobis ac
percipi poßit. Prius autem admoneo, φαντασία
planè mihi videri à πέφανται tertia perſona
verbi φαίνομαι eſſe deriuatũ: vel potius verbũ
φαντάζομαι à πέφανται originem habere, à
cuius præteriti perſona prima πεφάντασμαι
ſit φάντασμα, à ſecũda πεφάντασαι ſit φαντασία, à tertia autē πεφάντασται ſit φαντα-
ςόν. ideoque miror cur Plutarchus in Placitis phi
loſophorum φαντασίαν appellatã ἀπὸ τȣ̃ φωτὸς dixerit. niſi fortè huc reſpexerit quod verbũ
φαίνομαι, à quo deriuatum eſt φαντασία, ἀπὸ
τȣ̃ φωτὸς deductum ſit. Sed quid vetat primũ
ex eodem Plutarcho nominis φαντασίας & co-
gnatorum definitionẽ ſumere? Imò verò operæpretium, vt opinor, fuerit. Audi igitur illum, ſed
Latinè, Budæo interprete, loquentem: Chryſippus
differre inter ſe ait quatuor hæc. φαντασία quidem igitur affectio eſt in anima facta, quæ ſui
quoque efficiẽs præfert: veluti quum oculis per-
ſpicimus album, affectio eſt in anima per viſum
facta, huicque affectioni dicere poſſumus ſubeſſe
album quod ciet. perindeque erit ſi per tactum aut
odoratũ huiuſmodi affectio fiat. Dicta eſt igitur
Græcè φαντασία à lumine. vt enim lumẽ & ſe
& ea quæ colluſtrat demõſtrat, ita phantaſia ipſa
ſe demonſtrat, & ſui quoque conficiens. φαντα-
ςὸν eſt phantaſiæ efficiens, vt album, vt frigidũ,
& omnino quicquid animam citare poteſt, id eſt
φαντασόν. φανταςικὸν inanis eſt attractus, affectus, inquam, in anima à nullo phãtaſtō factus,
veluti accidit in vmbratilem pugnam exercenti-
bus, manusque inaniter intentantibus. Proinde
viſo ſubiacet viſi quiddam cõficiens, inani autem
viſo non item. At φάνταςμα eſt ad quod rapi-
mur phantaſtico & inani attractu, cuiuſmodi in
mente captis furoreque percitis fiunt. Hæc Plutarchus. Vide & Damaſcenũ de iiſdem. Verba autem ſunt φαντάζομαι & φαντασιȣ̃μαι. De
verbi φαντάζομαι paſſiua ſignificatione dictum
fuit iam antea. ſed & φαντάζω voce actiua reperitur pro Imaginem ſeu ſpeciem præbeo, Repræ-
ſento, Apparere facio, vt ἐς τȣ̃τὸ φανταζοντα
ὡς κατ᾽ ἀλήθειαν. Sed & compoſitum ἀνα-
φαντάζω, in eadem ſignificatione. itē pro phantaſia ſeu phantaſiis afficio, vt apud Baſilium, τὰς
οἰνοβαρεῖς κεφαλὰς ἃς ὁ ἐκ δ᾽ κραιπάλης

ἀναφερόμενος ἀτμὸς ἐγκυμαίνων ἀναφαν-
τάζῃ. At verò à φανταςία ſit φαντασιȣ̃μαι,
idem ſignificans cũ verbo φαντάζομαι, in acti
ua ſiue neutra ſignificatione ſumpto. (paſſiuæ autem huius verbi ſignificationis exempla iam protuli) Alex. Aphrod. in 2. De anima, ἢ ᾗ αἰσθητικȣ̃
αἰρετὴ εἰς τὸ αἰσθάνεςθαι ϰ̀ φαντασιȣ̃ςθαι,
ἡ ˸ μνημονȣ̃εɔ ˸ ς ˸ ϰ συγκαταθέςθαι. Hic
quidem abſolutè, pro Phātaſias ſeu imagines animo cõcipere, Imaginari. At cum accuſatiuo, vt a-
pud Plutarchum, φαντασίας δαιμονιῶν τι.
Sic & φαντάζεςθαι cum accuſatiuo, vt φαντάζονται τὴν χρήςιν, apud Alex. Aphrodiſæū.
Sed à φαντασία fiunt etiam φαντασιώδης,
φαντασιαςὴς, & εὑφαντασίωτος. Plutarchus, φαντασιαςικȣ̀ς ϰ̀ κατέχες ποιε̃ τȣ̀ς
προφήτας. Quintilianus lib. 6. cap. 3. has (φαντασίας) quiſquis bene conceperit, is erit in affectibus potentiſſimus. hunc quidem dicũt εὑφαν-
ταςίωτον, qui ſibi res, voces, actus ſecundũ verum optimè finget. Habet autem & alias ſigni-
ficationes φαντασία, ſed quæ huius loci non ſunt.
At hoc prætereundũ non eſt, noſtrates omnia ferè
quæ enumerauimus verba in vulgarem linguam
tranſtuliſſe, Phantaſie, Phãtaſier, Phãtauſme,
Phantaſtique, vſu tamen aliquantum diuerſo:
præſertim quum dicunt aliquem eſſe magis phan-
taſticum quàm mulam Papæ.

V. dogma) συγκατάθεςιν Cicero aſſenſum,
item aſſenſionem, necnõ approbationem interpretatur. Alibi autem hæc duo poſteriora copulat,
vt in Luculo, Nunc de aſſenſione atque approba-
tione, quam Græci συγκατάθεςιν vocant, pauca
dicemus. Nec multò poſt, Cuius (virtutis) omnis
conſtantia & firmitas ex iis rebus conſtat quibus
aſſenſa eſt, quas approbauit. id eſt, ἃς συγκα-
τέθετο. Idem in eodem libro, paulo antè præcedentem locum, Sed de inconſtantia totius illorum
ſententiæ (ſi vlla ſententia cuiuſquam eſſe poteſt
nihil approbantis) & c. id eſt, ὅτι συγκαταλή-
θεμένȣ. Alicubi etiam Aſſertione approbare dicit. Et paulo poſt aſſertionem & approbationem
copulat. Cæterũ vt aſſentiri & approbare illis
in locis eadem vult eſſe, ſic alibi opinari & aſſen
tiri: vt quum ſcribit ſapientem nihil opinari, id eſt
nunquã aſſentiri rei vel falſæ vel incognitæ. Idẽ,
Aſſenſurum autem non percepto, id eſt opinaturũ
ſapientem exiſtimem. Idem, Credoque Clitomacho ita ſcribenti, Herculis quendam labore exan-
clatum à Carneade, quòd vt feram & immanẽ
belluam, ſic ex animis noſtris aſſenſionẽ (id eſt opinationem & temeritatem) extraxiſſet. Ideo autē

Cicero

Cicero hæc confundit & ex duobus vnum facit, quòd vnum ex altero consequatur, vnde alibi dicit, Opinatione & perceptione sublata, sequatur omnium assensionum retentio. Ideo & Aristocles aduersus eos disputans, dicit, εἰ μὴ ἔπ᾽ αὐτῇ συλκατατίθεν), δῆλον ὅτι δοξάζουσιν. Vbi animaduerte συγκαταλῖθεν) esse Ciceronianum assentiuntur: δοξάζουσιν autem, opinantur. Hinc etiā Sceptici se ἀσυκαταθέτους & ἀδοξάστους profitebantur, eodem teste, sicut ἀπαθεῖς & ἀταραχους. Sed idem ὑπολαμβάνειν pro δοξάζειν, & ὑπόληψιν ἀντὶ δὲ δόξης vsurpat. Verùm hoc quoque obseruandum est in loco quem paulo antè citaui, Ciceronem dicere opinationem & temeritatem, pro quo alibi dicit opinandi temeritatem. Videtur enim Cicero temeritatem vocare quam Sextus passim προπέτειαν appellat, eam δογματικοῖς exprobrans. Apud eundem Ciceronem vt temeritatem opinādi, sic & temere opinari legimus. Quinctiā alicubi scribit, Ex animis nostris assensionem (id est opinatione & temeritatem) extraxisse. Porrò vt δοξάζειν opinari, & δόξαν opinatione, sic τὰ κατὰ δόξαν & τὰ δοξαστὰ ex Cicerone opinabilia interpretari possumus, & ἀδόξαστως citra opinationem.

V. ad rem) Dicimus quidem Assentiri aliquam rem, sed quum vtimur nomine Assensus, cogimur hanc constructionem mutare, & aut Assensum ad rem aliquam, aut Assensum alicui rei dicere. Quin etiam Assensum de re aliqua non sine exemplo vsurparemus.

V. voces) Aduerbiū πάντως verti Protinus, accipiens pro Necessario, & quasi ex necessaria consequutione. Quo sensu dicit Cicero interdum Non continuò, quæ in significatione non insolens est apud alios quoque scriptores τοῦ πάντως.

P. 408. V. vt hæc) Hîc ϖρολαμβάνει simpliciter pro Arbitratur, seu putat, non pro δοξάζει, in qua tamen significatione accipi ab Aristocle, modò dixi. Quinetiam alibi Sextus vtitur eodem modo quo hîc. Verùm extat etiam locus in quo οὐχ προλαμβάνω planè sumēdum videtur pro τοῦ δοξάζω, nisi fortè (quod suspicor) reponendum est ὴ καταλαμβάνω. Cæterùm ad hunc locū pertinet quod scribit Cicero in Lucullo, Sed Antipatro hoc idem postulāti, quum diceret, ei qui affirmaret nihil posse percipi, cōsentaneum esse vnum tamen illud dicere percipi posse vt alia nō possent, Carneades acutius resistebat. nam tantū abesse dicebat vt id cōsentaneum esset, vt maximè etiam repugnaret. Qui enim negaret quidquam esse quod perciperetur, eum nihil excipere.

ita necesse esse ne idipsum quidē quod exceptum nō esset comprehendi & percipi vllo modo posse.

V. aliis) Verti ὅτι τοῖς ἄλλοις ἑαυτὴν συμπεριγραφὴν, vnà cum aliis se circunscribere, ad verbū: accipiens tamen συμπεριγραφὴν pro συναναιρεῖν. nam apud Latinos Circunscribere, sicut apud Græcos περιγράφειν, ita accipi ex Cicer. patet. Sic & paulo post hæc verba, ita vt quæ possint à seipsis circunscribi, respondent his græcis, ὡς δυναμύ ὑφ᾽ἑαυτῶν περιγράφεσθαι. Nihil autē aliud esse hîc περιγράφεσθαι quàm ἀναιρεῖσθαι, patet ex collatione loci cuiusdā qui est cap. 28. vbi de iisdem vocibus agens, & idem exprimere volēs, dicit, ὅπε γε καὶ ὑφ᾽ἑαυτῶν αὐτὰς ἀναιρεῖσθαι λέγομεν δύναμαι, ἐμπόλε περιφορὰς ἐκείοις περὶ ὧν λέγονται.

V. gant) πρόσκλισιν δόγμασι πολλοῖς verti inclinationem ad dogmata multa. Sed propensionē quoque, vt opinor, interpretari potuissem, ex Cicerone. Legitur autē hîc πρόσκλησιν posito η pro ι in penult. sed reponi debere πρόσκλισιν cum ι vtrobique, manifestū est. præterquam quod alibi legimus apud eū, τό, τε μὴ ἀνιέναι μὲν, ἀλλ᾽ἁπλῶς ἔχεσθαι, ἄνευ σφοδρᾶς προσκλίσεως καὶ προσπαθείας. Huc verò pertinet quod apud Aristoclem habemus de nostris Scepticis, ἀλλ᾽ἀδοξάστους καὶ ἀκλινεῖς καὶ ἀκραδάντους εἶναι. Cæterùm vtranque αἱρέσεως definitionem habes apud Diog. Laërtium in proœmij fine (vbi & πρόσκλισιν inuenies) nisi quòd non dicit tantum ἀκολουθίαν, sed addit etiam ἢ δοκοῦσαν ἀκολουθεῖν, omittens ἁζωτέρως. Ité post ἀκολουθίας ἔχουσι omittit πρὸς ἄλληλά τε καὶ φαινόμενα. vbi & ipse docet nonnullos censuisse Pyrrhoniam sectam vno quidem respectu αἵρεσιν esse, altero autem minimè.

V. fert) Hoc & alibi sæpe profitetur Sextus de Scepticis, quod tamen Aristocles negat, scribēs, ὁπόταν μηδὲν φῶσι τὸ σφοδρὸν ἀκλυτεῖν, ὅτι δεοι καταλουθεῖν τὰ φύσει καὶ τοῖς ἔθεσι ζῆν, μηδενὶ μέντοι συγκατατίθεσθαι, πάνυ τινες εἰσὶν εὐνόως. εἰ γὰρ μηδενὶ ἄλλῳ, τούτῳ γὰρ αὐτῷ δέοι ἂν συγκαταθέσθαι. καὶ προλαβεῖν ὅυτως ἔχειν αὐτό. Sed Aristocli εὐήθηδαμ Scepticis ob illud dictum exprobranti, pro illis respōdebo, aliud esse quod dicunt se ita viuere, quā si diceret se ita debere viuere. At cur ita viuit? Quia τοῖς οἰκείοις πάθεσιν ad id impelluntur.

V. tinet) Quod hîc dicit Sextus βέβαιον πάσμα (quod ad verbum interpretatus sum firmā persuasionem) id propemodum esse videtur quod Cicero appellat firmam & cōstantem assensionē,
ita

ita scribens in Lucullo, Et vno nomine omnia quæ essent aliena firmæ & cōstantis assensionis,à virtute sapientiaque remouebat. Idem in eodem libro, Hæc autem habere dubia,neque his ita considere vt moueri non possint,abhorrere à sapientia plurimum. Porrò Sextus quod hic πᾶσμα, alibi προσπάθησιν appellat, vbi scribit, ἐκ ἀπαγγελτικῶς μετὰ πεποιθήσεως ἀποφαινόμενος.

V. QVI) Cic. in Lucullo, ex Clitomacho refert, Vehementer errare eos qui dicant ab Academia sensus eripi, à quibus nunquam dictum sit aut colorem, aut saporem, aut sonum vllum esse: illud sit disputatum, non inesse in his propriā,quæ nusquam alibi esset, veri & certi notam. Sed turpiter deprauatus hic Ciceronis locus, & pro accusatiuo vllum, reponendus mihi videtur cōtrarius nullum. Imò verò vix vllum dubitationi superesse locum existimo,cum ex hoc Sexti loco, tum ex aliis multis.siquidem hac in re planè conueniebant Academici cum Pyrrhoniis. Quum enim diceret, sibi intuentibus niuē, phantasiam albedinis obiici, se gustantes mel, affici dulcedine, ne sic etamen an nix verè & natura esset alba, & an mel verè esset dulce:minimè colorem aut saporem tollebant. Idem autem de sono alijsque sensibilibus dici potest. Huc pertinet quod à Sexto dicitur cap. 14. circa finem, ὁποῖον μὲν ἡμῖν θεωρεῖται τὸ ὑποκείμενον ἐξομὲν λέγειν, ὁποῖον δέ ἐστι πρὸς τὴν φύσιν, ἐφέξομεν.

V. ea) Verba Sexti sunt, τὰς κ̄ Φαντασίαν παθητικῶς ἀβουλήτως ἡμᾶς ἄγοντα εἰς συγκατάθεσιν οὐκ ἀναιρέπομεν. Et cap. 7. eodem sensu dixerat, τοῖς μὲν κ̄ Φαντασίαν καπιωλακασμένοις πάθεσι συσταν τίθεται ὁ σκεπτικός. Quinetiam caput 20. his claudit verbis, τοῖς δ̓ κινοῦσιν ἡμᾶς παθητικῶς καὶ ἀναγκαστικῶς ἄγουσιν εἰς συγκατάθεσιν εἴκομεν. Quibus locis hic Ciceronianus respondet in Lucullo, Visa enim ista quum acriter mentē pensūm ve pepulerūt, accipio, hisque interdum etiam assentior, nec percipio tamen. Nihil enim arbitror posse percipi. Non sum sapiens, itaque visis cedo, neque possum resistere. Sciendum est autē esse & aliam lectionē in hoc Sexti loco, videlicet παθητικὰ pro παθητικήν. Essent autē τὰ κ̄ Φαντασίαν παθητικά, ea quæ patimur, vel ea quibus afficimur per phantasiam acriter (vt Ciceronianis vtar verbis) mētem sensum ve pellentem. At si παθητικὴν legamus, ipsam phantasiā (quam Cicero visum appellat) pati seu affici dicemus, contrà quàm ipse Cicero scribit. Neque enim dicit visa pelli (quod esset πᾶχδμ, seu πα-

θητικὰ εἶναι) sed ea mētem siue sensum pellere. Et pro lectione hac παθητικὰ facere etiā videtur secundus ille locus in quo τοῖς κ̄ Φαντασίαν καπιωλακασμένοις πάθεσιν, non autē τοῖς κ̄ Φαντασίαν καπιωλακασμένην πάθεσιν habemus. Existimo autem τὰ κ̄ Φαντασίαν καπιωλακασμένα πάθη (sicut alibi dicit ἀυδίκην πάθει)nihil aliud esse quā τὰ κ̄ Φαντασίαν παθητικά. Solebant enim dicere non ipsam phantasiam pati seu affici, sed per phantasiam αἰσθητικῶς affici. Cicero de Cyrenaicis, Neque se quo quid colore, aut quo sono sit scire, sed tantùm sentire affici se quodammodo. At Gellius de his ipsis Scepticis, Ac ne videre quoque planè quicquam, neque audire sese putant, sed ita pati afficique quasi videant vel audiant. eaque ipsa quæ affectiones istas in sese efficiant, qualia & cuiusmodi sint, cunctātur atque insistunt. Hìc autē obiter animaduerte Ciceronem verbū πάχειν vertere affici, Gellium autem pati & affici copulare, τὰ πάθος affectionē vocare. Nā Aristocles de iisdem Cyrenaicis philosophis loquens idem testatur, καὶ οἳ μὲν γὰρ ἔλεγον καὶ τι νομίμοι γνωρίζειν ὅτι πάσχει ἐν τι, πότερον δὲ τὸ χέον ἔστι πῦρ, ἢ τὸ τέμνον σίδηρος, οὐκ ἔχει ἂν εἰπεῖν. Hìc autem obserua exemplum eius quod dicit Gellius, Eæque ipsa quæ affectiones, & c. nā ille qui vritur, ab igni afficitur seu patitur, qui autem secatur, à ferro. At illi dicebant, dum quidē vrerentur & secarētur, agnoscere se aliquid pati, vel se ab aliquo affici:an autem esset ignis qui affectionem illam in ipsis efficeret dum vrebantur, & ferrum quod item aliam efficeret dum secabantur, se ignorare.

P. 409. V. percip.) Verti ὅσον ἐπὶ τῷ λόγῳ, quod ad rationem & intelligentiam attinet: sed datiuum λόγῳ alia significatione hìc accipi posse, & quidè rectius, ingenuè fateor. Ita enim scribit Sextus, εἰ δὲ καὶ γλυκύ ἐστιν ὅσον ἐπὶ τῷ λόγῳ, ζητοῦμεν. Vbi si ὅσον ἐπὶ τῷ λόγῳ dicamus significare ὅσον ἐπὶ τοῖς λεγομένοις (vt alibi loquitur)pro hac interpretatione faciet, vt opinor, quod post ζητοῦμεν subiungitur à Sexto, οὐκ ἔστι τὸ φαινόμενον, ἀλλὰ περὶ τὸ φαινομένου λεγόμενον. Dixerat autem paulo antè, ζητοῦμεν δὲ οὐ περὶ τῷ φαινομένου, ἀλλὰ περὶ ἐκείνου ὃ λέγεται περὶ τὸ φαινομένου.

V. moueamur) Sextus ita, ἐὰν δὲ καὶ ἄνθρωπος κατὰ τὸ φαινόμενον ἐρωτῶμεν λόγος. In quo genere loquendi interpretando mihi non satisfeci, nec quum ἐρωτᾶν λόγον Mouere quæstionem, nec quum Proponere quæstionem verti.

Nam λόγον quæstionem quidem aptè vertimus, respectu verbi ἐρωτᾶν, sed non dubium est tamē quin in hac loquutione ratiocinationem potius significet. vt quū dicitur ἀργὸς λόγος, λόγος ἐγκεκαλυμμένος, λόγος θερίζων, λόγος ψευδόμενος. Cicero tamē ἀργὸν λόγον vertit igna uam rationem in lib. De fato: item ignauā interrogationem. Sed quomodo tandē λόγον ἐρωτᾶν interpretabimur? Certè apud eundem ibidē legitur, sic enim interrogant. In quo Cicero Græcam phrasin imitatus videtur, perinde ac si dixisset, τοιόνδ' ἐρωτῶσι λόγον. Sed locum illius afferre satius fuerit, in quo ita scribit, Nec nos impediet ignaua illa ratio quæ dicitur. appellatur enim quidam à philosophis ἀργὸς λόγος, cui si pareamus, nihil omnino agamus in vita. sic enim interrogant, Si fatum tibi est ex hoc morbo conualescere: siue medicū adhibueris, siue non adhibueris, conualesces. Item, Si fatum tibi est ex hoc morbo nō conualescere: siue tu medicum adhibueris, siue non, nō conualesces. Et alterutrum fatum est. Medicum ergo adhibere nihil attinet. Subiungit autem, Rectè genus hoc interrogationis ignauum atque iners nominatum est, quòd eadem ratione omnis è vita tolletur actio. Hæc Cicero. Animaduerte autē in postremis hisce verbis λόγον (quod interpretatus erat rationem) verti interrogationem. Sed cur qui ita ratiocinatur, ἐρωτᾶν, id est interrogare, dicitur, quū interrogatiuam formam nō habeat eius oratio? Hoc certè existimo dici respectu eius aduersus quem disputantes, ita ratiocinamur, responsum videlicet ad illam exigentes ab eo. responsionem enim præcedat interrogatio necesse est. Certè, quæcunque sit huius dicti ratio, ἐρωτᾶν λόγον, in ea significatione passim Sextus adhibet, etiam συνερωτᾶν λόγον pro eodem vsurpans. vt cap. 13. lib. 2. ὅθεν ὁ τοιοῦτον συνερωτῶσι λόγον, εἰ ἔστιν ἀπόδειξις, ἔστιν ἀπόδειξις, εἰ οὐκ ἔστιν ἀπόδειξις, ἢ οὐκ ἔστιν ἀπόδειξις. ἤτοι δέ ἐστιν ἀπόδειξις, ἢ οὐκ ἔστιν ἀπόδειξις. ἔστιν ἄρα ἀπόδειξις. Subiungit autem, ἀρ' ᾖ ἐκ τῆς αὑτῆς δυνάμεως καὶ ταῦτον ἐρωτῶσι τὸν λόγον, οὗ τοῖς ἀντικ. &c. Certè ταῦτον ἐρωτῶσι τὸν λόγον, vel συνερωτῶσι, aliud nihil est quàm, ita ratiocinantur. Vel, argumentantur. Vel, hanc ratiocinationē seu argumentationem proponunt. Sic & paulo antè dixerat, ὅτι ἦσι ἀρχικώτατοί εἰσιν οἱ κτλ. ἐκ τῶν ἀποδείξεως ἠρωτημένοι λόγοι. Id est, argumenta proposita aduersus demonstrationem.

V. tales) Hīc λόγον verti ratione, sed orationem fortasse potuissem etiam vertere.

V. terio) Κριτήριον perinde est ac si dicas iudicatorium. A quibusdam exponitur Vis iudicandi. Ego malim apud hunc auctorem Iudicatorium organum siue instrumentum, aut Iudicandi instru metum interpretari. Cicero vocat Id quo omnia iudicantur. Item, Id ex quo omne veri falsíque iu dicium sit. Quinetiā iudicium simpliciter ea significatione alicubi vsurpasse videtur. Vsus est autē frequens huius vocis κριτήριον apud alios quoque philosophos.

V. natione) Verti ἀνενέργητοι omnis actionis expertes, imitatus hunc Ciceronis locū in Lucullo, Quare qui aut visum aut assensum tollit, is om nem actionem tollit è vita. Idē, Sublata enim assensione, omnem & motum animorum & actionem rerum sustulerunt. Eodem sensu dicit in lib. De fato, Nihil omnino agamus in vita. id est, ἀνενέργητοι ἂν ὦμεν. Alibi autem breuius vitam euertere dicit, vt rursus in Lucullo, Vel potius etiam totam vitam euertant funditus, ipsúmque animal orbāt animo. Ibidem, Sequitur omnis vitæ eam quam tu Lucullè commemorasti, euersio. Vt autem Cicero vitam, sic & Sextus βίον pro vitæ actionibus vsurpat. Sed & vitam communem obseruaui à Cicerone ita poni pro τὰ κατὰ τ̄ βίον, vel τὰ περὶ τ̄ βίον, ea quæ cōmuniter ad omnes homines in vita degenda pertinent. Cæterùm pro eo quod verti paulo post, piè agere in vita comuni, legitur apud Sextum, θυσεβέιν βιωτικῶς. vbi βιωτικῶς malit fortasse quispiā interpretari, secundum vitam, vel κατὰ τὴν βιωτικὴν τήρησιν, vt paulo ante loquutus erat. Præterea quum dicat, καθ' ὡ τὸ ἐκ βιωτικῶν παραλαμβάνομεν βιωτικῶς ὡς ἀγαθὸν, aduerbium βιωτικῶς ad vtrumlibet verbum referri posse videtur.

P. 410. V. Est) Pro Aut considerantur, potuissem etiam dicere, aut in cōtemplatione versantur. Habet enim Sextus, ἢ θεωρεῖται. Cicero consideratione contemplationémque naturæ dicit. Rectè verò additur, Ipsum autem nullius rei causa, αὐτὸ δὲ οὐδενὸς ἕνεκα. Ita enim Cicero quoque De fin. lib. 2. Nam hunc ipsum siue finem, siue extremum, siue vltimum definiebas id esse, quò omnia que rectè fierent referrentur, neque id ipsum vsquam referretur. Quod autem subiungitur à Sexto, ἢ ἐφ' αὑτῷ τῶν ὀρεκτῶν, idem Acad. quæst. lib. 1. interpretatur Extremum rerum expetendarum. Et in 2. Extremum expetendi. At De fin. lib. 2. Vt is qui finem rerum expetendarū voluptatem esse dicat.

V. ea) Cicero vocem hanc μεσιοπάθειαν exprimere

primere volens, scribit, de veteribus Academicis loquens, Mediocritates illi probant, & in omni permotione naturalem volebant esse quendā modum. Dicitur & μετριοπαθής.q.d.μέτριος, vel μετριάζων ἐν τοῖς πάθεσι, id est, Qui mediocriter afficitur, Qui mediocritatem seruat in affectibus, Qui modum non excedit in affectibus.

V. sa) Hīc τὴν ἰσοσθενῆ διαφωνίαν appellat quod supra τὴν ἐν ἀντικειμένοις λόγοις ἰσοσθένειαν dixerat, ideoque vertere possumus ex Cicerone, Contrariarū rationū paria momenta. Vel, Paria contrariis in partibus momenta rationum.

P. 411. V. fert) Sextus dicit μετριώτερον ἀπαλλάσσειν.q.d. Cum moderatiore perturbatione euadit, Vel, Moderatius affectus seu perturbatus discedit. Vel, Facilius perturbatione defungitur. Perinde ac si dixisset μετριοπαθεῖ. quod Græcum verbum eleganter expressit Ouidius hoc versu,
Sed te, quæcunque est, moderatè iniuria turbet.
Perinde enim est ac si dixisset vno verbo μετριοπαθεῖ. Cæterum quod hîc dicit Sextus, ὁ δὲ σκεπτικὸς πᾶν τὸ δοξάζειν ὅτι τόδε κακὸν τούτων ἕκαστον ὡς πρὸς τὴν φύσιν, περιαιρῶν, μετριώτερον κ̣ ἐν τοῖς ἀπαλλάσσει, huiusmodi est in quo vno nemo non Scepticis tantam fœlicitatem inuidere, & ad eam omni conatu aspirare debeat. At sanè si quis eos hac in re à me laudari miretur, audiat celeberrimos comicos hac de re, Menandrum & Philemonem: ac prius quidē Menandrum ita in scena loquentem,
Ἅπαντα τὰ ζῷα ἐστὶ μακαριώτερα,
Καὶ νοῦν ἔχοντα μᾶλλον ἀνθρώπου πολύ.
Τὸν ὄνον ὅρα ἂν ἔξεστι πρῶτα τούτοις·
Οὗτος κακοδαίμων ἐστὶν ὁμολογουμένως.
Τούτῳ κακὸν δι' αὑτὸν ἐδὲν γίγνεται,
Ἃ δ' ἡ φύσις δέδωκεν αὐτῷ, ταῦτ' ἔχει.
Ἡμεῖς δὲ χωρὶς τῶν ἀναγκαίων κακῶν,
Αὐτοὶ παρ' αὑτῶν ἕτερα προσπορίζομεν,
Λυπούμεθ' ἂν πταρῃ τις, ἂν εἴπῃ κακῶς,
Ὀργιζόμεθ'· ἂν ἴδῃ τις ἐνύπνιον, σφόδρα
Φοβούμεθ'· ἂν γλαῦξ ἀνακράγῃ, δεδοίκαμεν.
Ἀγωνίαι, δόξαι, φιλοτιμίαι, νόμοι,
Ἅπαντα ταῦτ' ἐπίθετα τῇ φύσει κακά.

Deinde hosce Philemonis;
Ὦ τρισμακάριοι πάντα κὴ τρισόλβιοι
Τὰ θηρί', οἷς ἐκ ἔστι πρὸς τούτων λόγος,
Οὔτ' εἰς ἔλεγχον αὑτῶν ἐδὲν ἔρχεται,
Οὔτ' ἄλλο τοῦτ' ἐδέν ἐστ' αὑτοῖς κακὸν
Ἐπακτόν, ἣν δ' ἂν εἰσενέγκηται φύσιν
Ἕκαστον, οὗτος ὁ νόμος ταύτην ἔχει.
Ἡμεῖς δ' ἀβίωτον ζῶμεν ἄνθρωποι βίον,

Δουλούμεθα δόξαισιν, ὡς ὄντες νόμοις,
Προγόνοισιν, ἐγγόνοισιν, οὐκ ἔσθ' ἅπτυχεῖν
Κακοῦ, πέφυκεν δ' ἀεί τιν' ἐξευρίσκομεν.

Animaduerte autem nominatim apud vtrumque δόξας. Eodem pertinent & hæc eiusdem Philemonis,
Μείζω τὰ κατὰ πάθη πολλοὶ, δέσποτα,
Αὑτοῖς δι' αὑτούς, ἢ πέφυκε τῇ φύσει.
Οἷον, τέθνηκεν υἱός ἢ μήτηρ τινί;
Ἥκει δι' ἄλλων τῶν ἀναγκαίων γέ τις,
Εἰ μὴ λάβοι τοῦτ', ἀπέθανεν, ἄνθρωπος ἦν ἤπου.
Τοσούτων γέγονε τὸ κακὸν ἡλίκον περὶ ἡμῶν.
Ἐὰν δ' ἀβίωτος ὁ βίος, οὐκέτ' ἔσομαι,
Ἀπόλωλος ἔνγ' ἑαυτῷ τοῦτ' ἐὰν σκοπῇ,
Πρὸς τοῖς κακοῖς ὄντος ἕτερα συλλέγει κακά.
Ὃ δὲ τῷ λογισμῷ πάντα παρέχων τῷ σκοπῷ,
Τὸ κακὸν ἀφαιρεῖ, ἀγαθὸν δὲ λαμβάνει.

V. TRADI) Hos modos Cicero locos communes appellat. Aristocles quoque horum epoches modorum ab Aenesidemo tractatorum mentionē facit, sed nouem duntaxat enumerans. Ait enim Aenesidemus (vt ille refert) differre inter se animalia & nosipsos, ciuitates, & victus, (seu viuendi genera) & cōsuetudines, & leges: nosque sensibus imbecillis præditos esse, multaque præterea esse quæ extrinsecus corrumpant cognitionem, videlicet distantias & magnitudines, & motus. Præterea ex eo quòd aliter affecti sint iuuenes quàm senes, & vigilantes quàm dormientes, & sani quàm ægroti, & quòd nihil sub sensus nostros simplex & purum cadat: quoniam omnia confusa sunt & ad aliquid dicuntur.

V. cibus,) Sextus dicit ἐπαναβεβηκότας, ἐσωτέρω & ὑποβεβηκότας. de quarum vocū significationibus tractatum est supra.

P, 413. V. videntur) Ὑπόσφαγμα ita definit Gal. Ὑπόσφαγμα δὲ λέγουσιν ὅταν ὑπὸ πληγῆς ῥαγέντων τῶν ἐν τῷ πρώτῳ χιτῶνι ἀγγείων μεταξὺ τῆς κερατοειδοῦς τ' λευκοῦ αὐτοῦ χιτῶνος αἷμα ὑποπάθῃ, ὁ παραχρῆμα μὲν ἐναιμον ἡ χρόα τοῦ ὀφθαλμοῦ, ὕστερον δὲ πελιδνόν. Sunt qui putent τοὺς ὑποσφαγμα ἔχοντας esse quibus Plinius tribuit oculos rubore suffusos. Ego Græcam vocē retinere tutius esse existimaui, præsertim quum illa ruboris in oculis suffusio latius patere videatur. Dixissem tamē melius Qui hyposphagmate laborat, quàm Qui hyposphagma habet. Sed hoc quoque sciendum, in hoc quidem loco habere Sexti exemplaria ὑπόσφασμα, sed in alio simili loco qui extat in sexti modi expositione, rectè ὑπόσφαγμα. vbi ὕφαιμα appellatur quæ hîc αἱμωπά.

Vide

vide eum locum pag. 426. Quinetiam pag. 422. eandem vocem inuenies.

V. tosias) Huc pertinet quod dicit Aristocles, ἀκρίβεσερον ἢ Ἀλωνίδειν ἀπ᾽ ἴχνους τὸ ὀθαλμῷ, ἢ πεσοῦλθεν ἐξ ὑπερον, ἢ ἐπιμίζῳ P. Item quod Cicero in Lucullo, Itaque Timagoras Epicureus negat sibi vnquam, quum oculū torsisset, duas ex lucerna flammulas esse visas. opinionis enim esse mendacium, non oculorum.

P. 419. V. læduntur) Reperio quidem quandā πόλιν κροκοδείλων appellatam, sed nihil vnde hunc locum suæ integritati restituere possim.

P. 422. V. uersæ) Cicero in Lucullo, Itáque simul experrecti sumus, visa illa cōtemnimus, neque ita habemus vt ea quæ in foro geβimus. At enim dum videntur, eadem est somni species eorū quæ vigilantes videmus. Plurimum interest. Sed id omittamus. illud enim dicimus, non eandem esse vim neque integritatem dormientium & vigilantium, nec mente nec sensu.

P. 423. V. habitib.) Διὰ τὸ μὴ ἐμοίως ἔχαι εἶθαι ἐξρηθορώτας καὶ κοιμωμένες, καὶ ὑπαινοντας καὶ νοσοῦντας, vt refert Aristocles ex Aenesidemo.

P. 424. V. prius) Sexti verba sunt, καὶ ὑπομένιν εἰς εὖ δι᾽ ἀλλήλου τρόπον τὸ, τε κριτήριον ἢ ἡ ἀπόδιξις. Sciendum est autem, quod attinet ad hoc loquendi genus (cuius frequentiβimus erit in sequentibus vsus) id bifariam scribi, interdum τὸν δι᾽ ἀλλήλον τρόπον, vt hîc interdum τ δι᾽ ἀλλήλων τρόπον. sed illo modo frequentius quàm hoc. Apud Diogenem Laërtium tamen legitur ὁ δι᾽ ἀλλήλων τρόπος, non ὁ δι᾽ ἀλλήλους. Id autē constitetur, vt ait, ὅταν τὸ ὀφειλον τ ζητουμένω πραγματος ἔναι βεβαιωμένον, χρείαν ἔχῃ ἐκ τοῦ ζητουμένω πίσεως. οἱ δὲ εἰς τὸ ἔναι πόρως ἥκε βεβαιοί δια τὸ ἀφερέσιας γίνεσθαι, αὐτὸ παραλαμβάνει πρὸς βεβαίωσιν τὸ ἀφερέσιας γίνεσθαι. Hunc autem Diogenis locum protuli qualis in vet. cod. extat. quin in vulg. edi. tplanè sit mutilus. Sed quid significare velit Sextus hoc loquendi genere, ipsi loci in quibus eo vtitur, satis superque indicant: & ipsemet cap. 15 huius primi libri explicat. Vnum ergo superest, vt videamus quomodo aptā ei possimus apud Latinos appellationem inuenire. Certè quod vulgò dici solet, incertum per incertius, huic simile est, nisi quòd quum dicitur ὁ δι᾽ ἀλλήλων τρόπος, intelligitur mutua quædam incertitudo, & mutua probatione indigens. id est, quū dicunt philosophi nos incidere εἰς τὸν δι᾽ ἀλλήλων τρόπον sine διάλληλον, intelligunt nos incidere in quandam mutuam probādi necessitatem. id est, probandi pr. us id cuius aloqui adminiculo vti volebamus ad probandum aliud. Pag. 431. & 432. & alibi διάλληλον alternatorium verti, non quòd planè mihi satisfaceret mea hæc interpretatio, sed quòd aptior nulla mihi occurreret. Quòd si quis obiiciat, vocem illā alternatorium, nisi quid aliud addatur, id quòd significare ea volo, non comprehendere: ille ipsi Sexto vtenti nomine διάλληλος obiicere idem eadē ratione possit. Quis enim διάλληλος τόπος ad varia posse accommodari non videt? Respondeo igitur, vt quum dicitur διάλληλος τόπος, subauditur genitiuus ἀπορίας, aut aliquis ei similis, ita quum verto alternatorium modum, subaudire me genitiuum Latinū dubitationis. vt sit διάλληλος τόπος, alternatorius dubitationis modus. vel, alternās, si quis nomen alternatorius refugit. Tunc enim verè alternat dubitatio, quàm vnū dubium ad alterius dubii probationem affertur. Fortasse etiam εἰς τ διάλληλον ἀπορίας ἐμπίπτομεν τόπον non malè interpretaremur. In dubitationis vicissitudine incidimus. Porrò hunc genitiuum ἀπορίας subaudiendū censui potius quàm alium, quia reperio alicubi apud hunc nostrum Sextum, καὶ τοῦτο ὁ διάλληλος τρόπος τῆς ἀπορίας ἀναξέπει τὴν ὑπόστασιν τοῦ λόγου. Sed hoc quoque annotandum est, non solùm διάλληλον τόπον, sed & λόγον appellari vt libri 2. cap. 8. ἀληθὴ δέ τιν ἀπόδειξιν ἔναι λέγων, εἰς τὸν διάλληλον τε ἐμπίπτει λόγον, καὶ ἀπόδειξιν αἰτιωθήσεται ἀληθῆ αὐτὴν ὑπάρχειν, ἐκ είνης ἄλλω, καὶ μέχρις ἀπείρω. Nec hoc silentio prætereundum est, cum alicubi dicere ὁ διάλληλος εἰσάγεται τόπος, alicubi verò εἰς τὸν διάλληλον ἐκβάλλειν seu ἐμβάλλειν τόπον. alibi autem (& quidem frequentiβimè) ἐν τοῖς ιδὴν seu ἐμπίπτειν εἰς τ᾽ διάλληλον τόπον. Iam verò si quis roget vtra potius sequenda sit scriptura ὁ δι᾽ ἀλλήλων τόπος, an ὁ διάλληλος, ego id ἀδιάφορον esse, &, si compositione vti velimus, τῷ διαλλήλος, sin ea vti recusemus, τοὺς δι᾽ ἀλλήλων vtendum esse respondebo. Sed τόπον potius quàm λόγον appellandum censeo.

V. tus) Quod dicit ἀπ᾽ δ᾽ ἑτέρας ἀρχῆς (id est, ad verbum, ab altero principio) interpretor, ab altero ingressu, vt melius intelligatur. Fortasse autem possim etiam vertere, ab alterutro ingressu. id est, ab alterutra parte qua ingredimur.

V. media) Cic. in Lucullo, Vidésne nauem illā?
stare

stare nobis videtur:at iis qui in naui sunt, moueri hæc villa. Huc autē pertinet & quod dicit Aristoteles, ἄλλαι ᵹὰρ εἰσιν αἰσθήσεις εἰ γύθεν ἐὰ πόῤῥωθεν. Cicero quoque in Lucullo scribit, Itaque & lumen mutari sæpe volumus, & situs earum rerum quas intuemur, & interualla aut contrahimus aut diducimus.

V. splendidum) Hic locus valde cōfert ad intelligendū Ciceronē ita in Lucullo scribentē, Neque vero hoc loco expectādum est dū de remo inflexo aut de collo columbæ respōdeam. Idē ibid. aliquot paginis post, Tu autē te negas infracto remo neq; columbæ collo cōmoueri. Primùm, curʔ Nam & in remo sentio non esse id quod videatur, & in colūba plures videri colores,nec esse plus vno. Aristocles,ἐπὶ ᷍τ ἐρετμῶ ᷍τ ἐν τῷ ὕδατι, καὶ ἐπὶ ᷍τ γραφῶν, ᵹ μυρίων ἄλλων ἦ αἰσθήσεις ἐστιν ἦ ἀπα τῶ. Διὸ ᵹ μεμφόμεθα πάντες ἐπὶ ᷍τ τοιέτων δ ᷍τ νοῦν ἡμῶν, ἀλλὰ τὴν φαντασίαν. Quod auē attinet ad diuersitatē illā, inflexo remo, & infracto remo, vtranque certē lectionē suo in loco retinendā censeo. Nā licet Sextus κώπιον κεκλασμένον .i. remū infractum, dicat, nō inflexū, scimus tamē pro phātasiæ diuersitate, modò infractum, modò inflexum duntaxat apparere posse.

V. rectus) De lyncurio & coralio hoc idem testatur & Ouidius. De coralio Metamorph. 4. Nunc quoque coralijs eadem natura remansit, Duritiem tacto capiant vt ab aëre: quodque Vimen in æquore erat, fiat super æquora saxum.

De lyncurio & coralio eiusdem operis lib. 15. Victa racemifero lyncas dedit India Baccho: E quibus (vt memorant) quicquid vesica remisit, Vertitur in lapides, & congelat aëre tacto. Sic & coralium quo primum contigit auras Tempore, durescit, mollis fuit herba sub vndis. Plinius, Baccæ eius candidæ sub aqua ac molles, exemptæ cōfestim durantur & rubescunt, quasi corna satiua specie atque magnitudine. Aiunt tactu protinus lapidescere, si viuat. Itaque, etc. Idē de lyncurio, Lyncū humor ita redditus vbi gignuntur, glaciatur arescit ve in gemmas carbunculis similes, & igneo colore fulgētes, lyncuriū vocatas.

V. in tuba) Cicero dicit positiones, nō situs: sed sitibus in datiuo vix dici posse existimo: at pagina sequenti pro In aliqua positione, reponere potes, In aliquo situ. item Secundum hunc situm, pro Secundum hanc positionem. Cicero, Et situs earum rerum quas intuemur, & interualla aut contrahimus aut diducimus. Cæterū ad id quod Sextus dicit de imagine, videri queat respexisse Aristoteles, quum scribit, ἐπὶ ᷍τ ἐρετμῶ ᷍τ οἱ ἐν ᵹ ὕ-

δατι, καὶ ἐπὶ ᷍τ γραφῶν ᵹ μυρίων ἄλλων ἦ αἰσθήσοις ἐστιν ἦ ἀπατῶ.

P. 425. V. autem) Sexti verba sunt, εἰσοχὰς Ͼ ἐξοχὰς ἔχειν δοκεῖ. Ausim autē propemodū dicere εἰσοχὰς & ἐξοχὰς ab illo vocari in imagine, quas Cicero in pictura vmbras & eminentiā appellauerit, ita scribens in Lucullo, Quàm multa vident pictores in vmbris & in eminētia quæ nos nō videmus. Idē Sextus lib. 2. cap. 7. hæc duo nomina τυπῶς accōmodat, ἀπὸ ᷍τ σφαιρίδων ea mutuatus, hæc enim sunt eius verba, ἐπεὶ γὴ ἡ ψυχὴ Ͼ ἡγεμονικὸν πνεῦμα ἐστι, ἢ λεπτομερέστερον ἢ πνεύματος, ᾡς φασιν, ἐ δυνήσεταί τις τύπωσιν ἐπινοεῖν ἐν αὐτῷ, ὅτε καθ᾽ εἰσοχὴν Ͼ ἐξοχὴν ἡν, ὡς ἐπὶ τῆς σφαιρίδων ἐρῶμεν, ἅτε, &c. vbi nihil aliud esse videtur εἰσοχὴ quàm depreβio & quasi incauatio eius quod impressum est, ἐξοχὴ contra, prominentia, vel potius, cum Cicerone, eminentia eius quod impressum est. Ego tamē ibi εἰσοχὴν depreβionē in profundū verti. sed in concauū aptius dixissem quàm in profundum. vel, depreβionē & quasi incauationem. Imò ne hæc quidem mihi planè satisfaciuut. sed nihil melius nunc in mentem venit.

P. 426. V. lida) Rectius, Hypospaghmate autem laborantibus. Quid verò sit hypospagma, expositum fuit ex Galeno paulo antè.

V. quia) Ad hoc quod dicit Sextus, eandem vocem apparere aliam in patentibus locis & planis, aliam in angustis & tortuosis, pertinet quod Cicero lib. De natura Deorum 2. scribit, Quocircà & in fidibus testudine resonatur paut cornu, & ex tortuosis locis aut inclusis referuntur ampliores (soni.)

V. nos) Ita Sextus, τὰ γὰρ ὦτα σκολιοπέρα ἐστι. Cicero ibidem, de auditu loquens, Flexuosum iter habet: ne quid intrare possit, si simplex & directum pateret. Subiungit Sextus, ᵹ ξενοπόρα, ᵹ ἀτμώδεσιν ἀποφορήσεσιν, αἱ διὰ ᷍τ περὶ τὴν κεφαλὼν ἐφέρεσθαι λέγον τόπων, πεθολωμῖα. sunt autem hæ ἀτμώδες ἀποφορήσις, quas aurium sordes idem Cicero nominat, subiungens & ipse, Prouisum etiam vt si qua minima bestiola conaretur irrumpere, in sordibus aurium tāquam in visco inhæresceret. Porrò quod attinet ad vocem ἀποφορήσις, non dubium est quin idem quod ἀποφοραὶ significet. ἀποφορὰν autem scimus interdum exhalationem, interdum odorem verti. sed quia ἀτμὸς quoque est exhalatio, malit fortasse quispiā ἀποφορήσις odores interpretari. sed ne hæc quidem interpretatio mihi planè satisfacit.

D D   V, tio-

v. tionibus) Sexti verba sunt,ἐξ δομον τρόπον ἐλέγομεν εἶναι τὸν παρὰ τὰς ποσότητας καὶ συκυασίας τῶν ὑποκειμένων. deinde se explicans subiungit, συκυασίας λέγοντες κοινῶς τὰς συνθέσεις. Quũ autẽ vocẽ συκυασίας hac in significatione acciptat, satius fortasse fuisset eã retinere quàm constitutiones vertere. Quod si vertenda necessariò fuisset ad verbũ, melius eam interpretaturus fuisse mihi videor structuras aut cõstructiones, quàm constitutiones. A συκυάζω certè deductum συκυασία constat, ipsum autem συκυάζω à συκύος. Cæterũ quod ad παρὰ attinet (quod hìc annotatũ, non huic tantùm loco sed et præcedẽtibus et sequentibus seruiet) non dubiũ est quin aliter quàm per præpositionẽ Ex verti queat: videlicet per Propter, vel per Pro. vt dicamus, Pro quantitatibus .i. Prout sunt quantitates. Itẽ reddi potest, Pro diuersitate quantitatum.

P. 4 3 1. V. qui) Hic dicit, ὁ δὲ ἀπὸ τῆς εἰς ἄπειρον ἐκπτώσεως, etc. At paulo post, definiens ἓν ἐξ ὑποθέσεως τρόπον, dicit, ὅταν εἰς ἄπειρον ἐκβαλλόμενοι οἱ δογματικοὶ, etc. Itidẽ verò dixerat initio secundũ modum esse τῶν εἰς ἄπειρον ἐκβαλλόντων. Vnde colligimus eum τὴν εἰς ἄπειρον ἔκπωσιν appellare τὴν εἰς ἄπειρον ἐκβολὴν, accipiendo nomen hoc passiuè. vt ὁ εἰς ἄπειρον ἐκβαλλόμενος dicatur εἰς ἄπειρον ἐκπίπτειν. Sic alibi εἰς τὸν διάλληλον τρόπον ἐμπίπτειν legimus apud eum. Sed ne hoc quidem prætermittendum est, interdum εἰς ἄπειρον simpliciter, interdum verò εἰς ἄπειρον τρόπον ab eo poni. vt cap. 16. εἰ μὲν γὰρ τὸ ἐξ οὗ τι καταλαμβάνεται, ἀεὶ ἐξ ἑτέρου καταλαμβάνεσθαι δέοι δ', εἰς τὸν διάλληλον ἢ τὸν ἄπειρον ἐμβάλλουσι τρόπον. Quo in loco alia quoque duo obseruanda sunt, videlicet ἐμβάλλουσι eodem sensu quo alibi ἐκβάλλουσι. Item, posse nos aliquando indifferenter duos illos τρόπους, nimirum τὸν διάλληλον et τὸν ἄπειρον, vsurpare. Porrò in illo proximè citato Sexti loco præpositionem eis ante ἄπειρον omissam esse suspicor, vt videlicet legatur ἢ τὸν εἰς ἄπειρον. Dixit enim initio, τὸν εἰς ἄπειρον ἐκβάλλοντων. et ita non vocabitur ὁ ἄπειρος τρόπος (sicut dicitur ὁ διάλληλος) sed ὁ εἰς ἄπειρον ἐκβάλλων. Sic autem et apud Diog. Laërtium habetur, ὁ εἰς ἄπειρον ἐκβάλλων, nõ ἐκβάλλων. Vide infrà, pag. 550.

V. quid) Dicit Sextus simpliciter, ὁ δὲ ἀπὸ τῶν πρός τι. Gellius de huius sectæ philosophus loquens, Itaque omnes omninò res quæ sensus hominum mouent, τῶν πρός τι esse dicunt. Id verbum significat nihil esse quicquam quod ex sese constet, nec quod habeat vim propriam et naturam: sed omnia prorsùm ad aliquid referri, taliaque videri qualia sit eorum species dum videntur, qualiaque apud sensus nostros, quò peruenerunt, creantur: non apud sese, vnde profecta sunt. Aristocles, ὁ δέ τοι γε ἥμας ἅπαξ τὸ ἀκριβῶς ἀντιλαμβάνεσθαι παντὰ δ' εἶναι συγκεχυμίζα καὶ πρός τι λεγόμενα. Idem Gellius dixerat paulo antè, Iudicia enim rei cuiusque et synceras proprietates negant posse nosci et percipi.

V. volunt) De voce hac diallelus dictum paulo antè fuit.

P. 433. V. gmaticis,) Sequutus quidẽ sum Græcũ meum exemplar, in quo οἷνος ὁ δῆμος scriptũ est, sed hanc scripturam refellunt alij eiusdẽ exemplaris loci, in quibus Αἰνεσίδημος legitur. quæ lectio Aristoclis, Diogenis Laërtij, aliorumáque testimonio cõprobatur. Cæterùm præter huius Aenesidemi libros, quos ὑποτύπωσιν εἰς τὰ Πυρρώνεια et Πυρρώνειας λόγους à Laërtio appellari videmus, ab Aristocle autẽ simpliciter ὑποτυπώσων, etiam eius στοιχείωσις ab eodem Aristocle memoratur. qui et hæc de eo scribit, ἐχθὲς καὶ πρώην ἐν ἀλεξανδρεία τῇ κατ' Αἴγυπτον Αἰνεσίδημός τις ἀναζωπυρεῖν ἤρξατο τὸν ὕθλον τοῦτον. Porrò sciendum est pag. quoque 441. Onesidemum pro Aenesidemo legi.

P. 4 3 4. V. dum) Cicero οὐδὲν μᾶλλον vertit Nihilo magis, ita scribẽs in Lucullo, Nõ eorum qui clamet nihilo magis vera illa esse quàm falsa. Gellius libri 11. capite 5. Omninùmque rerum fidem veritatémque mistis cõfusisque signis veri atque falsi ita incomprehensibilem videri aiũt, vt quisquis homo est prudens, neque iudicij sui prodigus, his vti verbis debeat, quibus auctore philosophiæ istius Pyrrhonem vsum esse tradunt, οὐ μᾶλλον ὕπως ἔχει τόδε, ἢ ἐκείνως, ἢ οὐδετέρως. Aristocles ex Timone, ἀδοξάστους καὶ ἀκλινεῖς καὶ ἀκραδάντους δεῖν εἶναι, ποθ' ἕνος ἑκάστου λέγοντας ὅτι οὐ μᾶλλον ἔστιν ἢ οὐκ ἔστιν, ἢ καὶ ὅστι καὶ οὐκ ἔστιν, ἢ τ' οὐκ ἔστιν.

P. 4 3 5. V. ta) ἀξέψηλία est propriè quũ neutram in partem vergimus, seu inclinamus. Νὰ ῥέπω est vergo. Cicero ea quæ Zeno ὅλως ἀῤῥεπῶν vocabat, videtur interpretari voluisse ea in quibus nihil est omninò momenti.

V. D E) Aristocles ἀφασίαν ponere αὐτ' τῆς ἐποχῆς videtur, quũ ex Timone refert τοῖς ἀδοξάστοις καὶ ἀκλινέσι καὶ ἀκραδάντοις παρέσεσθαι πρῶτον μὲν ἀφασίαν, ἔπειτα δ' ἀταραξίαν.

ANNOT. HENR. STEPHANI.

P.436.V. à quib.) Sexti verba sunt, τοῖς ἢ κινοῦσιν ἡμᾶς, παθητικῶς ἢ ἀναπαθητικῶς ἄγεσιν εἰς συγκατάθεσιν εἴκομεν. Potes autē pro patimur (si videatur) reponere Afficimur, vt ex iis quæ de verbi πάσχω interpretatione antea diximus, apparet. At si verbū verbo reddens verterē, Mouentibus nos passibiliter, & obscurè & barbarè loquerer. Sed fortasse verborū Græcorū vim assequeretur simulq; Latinitatē retineret qui ita verteret, Iis enim quæ sensus nostros ita monent vt afficiantur. Nam & Gellius sensus moueri dicit, sicut Cicero pelli. Ita enim ille in loco paulò antè citato, Itaque omnes omnino res quæ sensuū hominū mouēt, ἢ πρός τι esse dicit, id est, πάντη ἢ πάντα ὅσα τὰς ἀνθρωπίνας αἰσθήσεις κινεῖ. vel, ὅσα τὰς ἀνθρώπους αἰσθητικῶς κινεῖ. Hîc autem significantius dicitur τοῖς κινοῦσιν ἡμᾶς παθητικῶς, id est, τοῖς κινοῦσι τὰς αἰσθήσεις ἡμῶν παθητικῶς.

V. De vocib.) Τάχα reddidi fortasse, de quo dictum est in principio harum annotat.

V. DE hac) Ὁρίζω vertere possumus definio, ad verbum, modò accipiamus definio in ea significatione qua M. Tullius definitum & certum, item definitum & constitutum copulat.

V. ΑΌΡΙΣΤ.) Galenus initio libelli qui περὶ αἱρέσεως διδασκαλίας inscribitur, idē valere censet ἐποχὴν & ἀοριστίαν. ita enim scribit, ἐποχὴν καλοῦντες τὴν ὡς ἂν εἴποι τις ἀοριστίαν, ὅπερ ἐστὶ μηδενὸς πρᾶγμα τος ὁρίσα σ θαι, μηδὲ ἀποφήνασθαι βεβαίως.

P.437.V. QVVM) Si quis malit interpretari, Omni rationi ratio æqualis opponitur (vel potius, opposita est) ei non magnopere repugnabo. Sed ferri etiam altera interpretatio potest, dummodo oratio intelligatur quæ rationem continet.

P.438.V. nō.) Deceptus exemplaris scriptura, ita verti, pro Quū eas dicamus à seipsis tolli posse. Sic & suprà, ὁ δ σκεπτικὸς τὰς φωνὰς αὐτὰς προσφέρει ὡς δυναμένας ὑφ' ἑαυτῶν περιγράφεσθαι.

V. gantia) Celeberrimū est hoc exemplum, quo & alibi vtitur, ita scribens, δύνανται δὲ οἱ λόγοι ἢ καθάπερ τὰ καθαρτικὰ φάρμακα ταῖς ἐν τοῖς σώμασιν ὑποκειμέναις ὕλαις ἑαυτοὺς συνεξάγει, οὕτω ἢ αὐτοὶ τοῖς ἄλλοις λόγοις τοῖς ἀποδεικτικοῖς εἶναι λεγομένοις ἑαυτοὺς συμπεριγράφειν. Ab Aristocle quoque affertur, sed id minimè probare, imò aptum esse negate. ἐκεῖνο μὲν ἢ ἢ παντάπασιν ἐστὶν ἡλίθιον, ἐπειδὰν λέγωσιν ὅτι καθάπερ τὰ καθαρτικὰ φάρμακα συνεκκρίνει μετὰ τ. περιττῶ.

μάτων ἑαυτά, ἢ αὕτω ᾧπον κ) ὁ πάντα ἀξιῶν εἶναι λόγος ἄδηλα, μετὰ τ. ἄλλων ἀναιρεῖ κ) ἑαυτόν. εἰ δ' αὐτός αὔτω ἐλέγχοι, ληροῖς ἂν οἱ χρώμενοι τούτῳ. Addit prætereà, nullā similitudinē esse medicamēto purganti cū eorum oratione. illud enim excerni, nec in corpore manere, at orationē in animo hærere absque vlla immutatione, & cū perpetua persuasione debere. Sed non defuerit Scepticis quod Aristocli respondeant. Plutarchum certè eodē respexisse videmus, quū loquens de Socrate, qui se nihil scire profitebatur, de omnibus rebus dubitabat, & nullam iis de quibus disserendo affirmationē adhibebat, dicit habere solitū ἐλεγκτικὸν λόγον tanquā καθαρτικὸν φάρμακον. Vbi animaduerte ἐλεγκτικὸν λόγον optimè cōuenire cū eo quod dicit Aristocl. εἰ δ' αὐτὸς αὐτῷ ἐλέγχοι. sub. ὁ λόγος.

V. ferenter) Verba Sexti sunt, ὅτε γὰρ πρέπει τῷ σκεπτικῷ φωνομαχεῖν. sed pro φωνομαχεῖν mendosè legitur in exemplaribus φαιομαχεῖν. Sic & suprà, πάλιν δ' ἐνταῦθα οὐ μονομαχοῦμεν, pro οὐ φωνομαχοῦμεν.

V. vocibus) Duplex est lectio hoc loco, ὑπὰ, μηδὲ ταύτας τὰς φωνὰς ἁπλῶς σημαίνειν λέγεσθ', ἀλλὰ πρός τι, &c. Altera quæ habet εἰλικρινῶς pro ἁπλῶς. vtra autem alteri præferenda sit haud facilè dixerim, quū Aristoclēs eadē de re loquens ἁπλῶς cum ἀκραιφνὲς (quod synonymū est τῷ εἰλικρινές) copulet. Ita enim scribit, οὐδενός τι ἡμᾶς ἁπλῶς κ) ἀκραιφνῶς ἀντιλαμβάνεσθαι. πάντα τὰ εἶναι συγκεχυμένα ἢ πρός τι λεγόμενα. At Gellius idem tractans, ad εἰλικρινὲς seu ἀκραιφνὲς duntaxat respexit, vbi ait de Scepticis, Iudicia enim rei cuiusque & synceras proprietates negant posse nosci & percipi. Et aliquanto pòst, Itaque omnes omninō res quæ sensus hominum mouent, ἢ πρός τι esse dicunt. Id verbum significat nihil esse quicquam quod ex sese constet, nec quod habeat vim propriam & naturam, sed omnia prorsum ad aliquid referri, taliaque, &c. Qui igitur ἁπλῶς legere volet in hoc Sexti loco, aduerbium simpliciter retineat: at qui εἰλικρινῶς (vt ego malim) leget, pro simpliciter, syncerè in mea interpretatione reponat.

V. Quum) Genitiuus epoches malè in hunc locū irrepsit, quū ante vel post accusatiuum modos poni debeat. Sed quis genitiuus accusatiuo mentem iungetur? Nimirū genitiuus σκέψεως, ex sequētibus petitus. vt appáret etiā ex cap. 2. huius lib. Vbi vide & quod annotaui de nomine ἔννοια. Nam hîc quoque ἔννοιαν mallem interpretatū esse notionem, sicut & alibi verti.

DD 2

P.439.V. quemad.) Reponendum esse Aenesidemus admonuimus antea.

V. parere!) Cic. in Lucullo, Nam quum dicunt hoc se vnum tollere, vt quicquã possit ita videri vt non eodẽ modo falsum etiam possit ita videri. Quod Sextus τἀναντία περὶ ὃ αὐτῷ φαίνεσθαι. Idem de Arcesila, Incubuit autẽ in eas disputationes, vt doceret nullum tale esse visum à vero, vt non eiusdem modi etiã à falso possit esse. Gellius, Omniumque rerum fidem veritatemque mistis confusisque signis veri atque falsi ita incomprehensibilem videri aiunt vt quisquis, &c.

P.440.V. PROTAG.) Idem testatur & Aristocles, & Diog. Laërtius.

V. sunt) Sexti verba sunt, ὁ Διά. τὰ τίθησι τὰ φαινόμενα ἑκάσῳ μόνα. Pro quo Aristocles dicit, Protagoræ itidẽ opinionem referens, ὁποῖα γὰρ ἑκάσῳ φαίνεται τὰ πράγματα, τοιαῦτα & εἶναι. Cicero autem, Aliud iudicium Protagoræ est, qui putet id cuique verũ esse quod cuique videatur: aliud Cyrenaicorum qui, &c.

P.441.V. Quo) Hac de re lege Gellium lib.11. cap. 5. in fine.

V. rum) Hîc quoque repono Aenesidemum.

P.442.V. ne dic.) Timoni versus ob nimiam deprauationem omittere coacti fuimus in nostra interpretatione: nunc autem paulo quidem emendatiores eos habemus, tales tamẽ qui multum adhuc negotij facessere doctis alioqui lectoribus possint. sed quales quales sunt, eos hîc proferam. Dicit igitur Sextus, ὁ γὰρ περὶ ἑνὸς δογματίζων, ἢ προκρίνων φαντασίαν φαντασίας ὅλως κ) πίσιν ἀπισίαν πολλὸς τῶν ἀδήλων, τοῦ δογματικοῦ γίνεται χαρακτῆρος. ὡς δηλοῖ & ὁ Τίμων διὰ τε περὶ Ξενοφάνες αὐτῷ λεγομένων. ἐν πολλοῖς γὰρ αὐτὸν ἐπαινέσας τε Ξενοφάνω, ὡς & τὰ σίλλυς αὐτῷ ἀνατεθεῖναι, ἐποίησεν αὐτὸν ὀδυρόμενον, κ) λέγοντα, Ὡς & ἐγὼν ὄφελον πυκινῶ νόε ἀντιβολῆσαι ἀμφότερα βλεπτὰ, πολίη δ' ὁδῷ ἐξηπατήθην.

Πρεσβυγενὴς ἔτ' ἐών, & ἀπευθήρισος ἀπάσης Σκεπτοσύνης. ὅπη γὰρ ἐμὸν νόον εἰρύσαιμι; εἰς ἓν ταυτότης πᾶν ἀνελύετο. πᾶν δ' ὂν αἰεὶ πάντη ἀνελκόμενον μίαν εἰς φύσιν ἵσαθ' ὁμοίω.

Διὰ τοῦτο γὰρ & ὑπάτυφον αὐτὸν λέγει, κ) ἒ τέλεον ἄτυφον. Ἃ δὲ φησὶ,
Ξενοφάνης ὑπάτυφος ὁμηραπάτης ἐπισκώπης

Ἐα τ' ν' ἀπάνθρωπον, θεὸν ἐπλάσατ' ἶσον ἁπάντῃ

Ἀσκηθῆ νοερῷ ἠδὲ νόημα.

Ὑπάτυφον μὲν δ' εἶπε τὸν κατά τι ἄτυφον, ὅ μὴ παντάπασι ἢ ἐπισκώπην, ἐπεὶ τὴν παρ' Ὁμήρῳ ἀπάτην διέσκωπει. Hactenus Sextus, cuius exẽplar cum ob alios plerusque locos, tum maximè ob hunc, nanctisci emendatius cupio. Hæc enim adeò mẽdosa proferre me puduit. Quod autem ad ὑπάτυφον attinet, sciendum est citari & à Diogene Laërtio primum illum versum Ξενοφ. & c. eumque ita legi apud illum,
Ξενοφάνης ὑπάτυφος ὁμηραπάτης ἐπισκώπης.

Sed nihil iuuare nos potest Diogenis exemplar, nisi ad emendandum Ξενοφάνης, & reponendũ Ξεινοφάνης (sicut dicitur Ξεινοφόων.) reliqua enim verba melius leguntur apud Sextum quàm apud illum. Nã ὑπάτυφον non ὑπότυφον legi debere ostendit ea expositio quam Sextus subiungit, τ̄ κατὰ τὶ ἄτυφον. Item legendum esse ἐπισκώπην non solùm ex Sexti explicatione patet, sed & ex iis quæ ab ipso Diogene paulo pòst scribitur, γέγραφε δὲ κ) ἐν ἔπεσι, κ) ἐλεγείας κ) ἰάμβυς καθ' Ἡσιόδυ & Ὁμήρυ, ἐπισκώπτων αὐτῶν τὰ περὶ θεῶν εἰρημένα. Nam hic fateor quidem in vulg. edit. haberi ἐπισκώπων, sed in omnibus quæ consului vet. exempl. vidi scriptum ἐπισκώπων. Eundemque errorem in aliis quoque Diogenis obseruaui locis. Vtrùm autem melius legantur apud Diogenem per accusatiuum illa nomina quàm apud Sextum per nominatiuũ, vix pronuntiare ausim. Cæterùm quod ad ἄτυφον attinet, sciendum est etiam Stoicũ sapientem apud Diogenem in Zenone eo epitheto insigniri, vbi scribit, φασὶ δὲ κ) ἀπαθῆ εἶναι τ̄ σοφὸν, διὰ τὸ ἀνέμπτωτον εἶναι. At Timon varijs alioqui in locis philosophis τύφον exprobrãs, solum Pyrrhonem hoc epitheto ornat in his qui apud Aristoclem habentur versibus,

Ἀλλοῖον τ' ἄτυφον ἐγὼ ἴδον, ἢ ἀδάμαστον Πᾶσιν ὅσοις δαμνᾶται ἄμ' ἀῤῥήτοις τε φατοῖς τε

Λαῶν ἔθνεα κῦφα, βαρυνόμεν ἔνθα κ) ἔνθα Ἐκ παθέων, δόξης τε κ) εἰκαίης νομοθήκης.

Dico autem solum Pyrrhonem hoc epitheto cohonestari à Timone, legens, ἀλλ' οἶ pro ἀλλοῖον. Pyrrhonem autem ipsum sibi hunc titulum vendicasse testatur Aristocles, qui tamen contrà eum τύφον περιβαλέσθαι dicit, ita scribens, αὐτὸς δ' ὕστερον τοῦ τ' τύφου περιβαλόμενος, κ) καλῶν ἄτυφον ἑαυτ', οὐδὲν ὤν γε ἀφῆ καὶ ἑλίπων. Cæterùm hic τύφος ab eodẽ Timone alibi vocatur κενὲν οἴησις, vt in hoc versu,
Ἀνθρω-

Ἄνθρωποι κενεῦς οἰήσιος ἔμπλεοι ἀσκοί.

Alloquitur antè ibi philosophos, sicut & in his,
Σχέτλιοι ἄνθρωποι, καὶ κ'ἐλέγχεα, γαςέρες οἷον,
Τοίων ἐκπέριδων, ἕκ τε ςοναχῶν πέπλαϋθε.

V. num) Vel, Quantum ad id quod dicitur. De hoc autem genere loquendi ὅσον ἐπὶ τῷ λόγῳ vide quod annotaui suprà.

V. verisim.) Verti πιθανὰς verisimiles. quod reddi etiam potest probabiles, vel (si dici posset) persuasibiles. Sextus tamen etiā pressius huius nominis significationem, quā sequi vult, pag. sequēte vrget. Quod autem ad participium διεξοδουμένας attinet, siue πυδιωδουμένας (videtur enim vnū pro altero ponere) quomodo reddi Latinè possit apto satis vocabulo, perspicere nequeo. Nam paulo post quidem ⟨⟩ διεξοδούσιν τὰ ποδὶ κ̄.̄, verti, illi qui percurrerit quæ sunt circa ipsum, sed διεξοδούμενας itidem interpretari percursas non satis commodum visum est. Imò & pro percurrerit, lubet er alio vsu verbo fuissem: ac fortasse perlustranetit aptius fuisset. Quòd si cui placuerit itidē διεξοδουμένας perlustratas interpretari, per me licet. Sed hoc sciendum est, huiusmodi perlustrationem ad mentem potius quàm ad oculos referri. Sic autem & apud Latinos Mente peragrare legimus, pro eo ferè quod nostrates dicunt discourir. Certè διεξοδθεῖν illi Gallico discourir planè respondet.

V. phantasiam) Hic quoque hæreo. nā ἀπεριπάτους possum quidē interpretari indistractas, sicut & in fine huius pag. πολεμπαὶν reddidi distrahebatur, sed mihi non satisfacit huiusmodi interpretatio. Veruntamē hæc retineri debet, donec melior cuipiam in mentem venerit.

Ibid.) Post ἀπόπλατος asterisci notam ponēdam censui, quòd hunc locum planè mutilū esse suspicer. Quomodo enim hæc phantasia Herculis ἀπερίπατος dicetur, si eius mens πολεμπαϊζ (vt Sexti verbis vtar) ἀπὸ συδιασπαθέντος? Talis est autem mea de hoc loco coniectura, scripsisse sextum phātasiam illam de fune, esse πιθανὴν κ̄ υπεσιωδουμένην κ̄ ἀπόπλατασον: deinde exemplū proponere voluisse alterius phantasiæ, quæ esset quidem & ipsa πιθανὴ κ̄ πολεμπαϊζυμένη, sed non item ἀπερίπατος⟨⟩.

P. 443. V. Quanq.) Verbum Græcum πείθεσθαι (quod parere significat) retinui, quia ipse paulo pòst suo modo id explicat.

V. pugnare,) Sextus dicit, ἄνευ σφοδρᾶς προσκλίσεως ⟨⟩ προσπαθείας. Fortasse autem malit quispiā προαιρεθὲν affectum erga

aliquid hærentem aut animo infixum interpretari, quòd προσάγει ὡς sit Hæreo siue Adhæreo alicui rei magno affectu, & quasi πάγω τι πρὸς αὐτῆς. eo sensu quo dicunt ἡ μέρος τὴν πάγιον ᾧ ὑπὸ ἐρωμένης, quā eam intuetur, aut eius recordatur. Cicero certè Græcū verbum retinuit, quòd (vt opinor) Latino vocabulo ad exprimendam Græci vocabuli vim idoneo destitueretur. Ita enim scribit ad Att. lib. I, Ego fortasse τυφλώπω, nimium ⟨⟩ καλῷ προσπέπονθα.

V. de) Lege, Sumptuosè ipsum viuere vult. Pro vult reponi etiam potest iubet.

P. 456. V. tellect.) Ante hæc verba, Aliquibus autem non, deesse quædā videntur. Cæterum hoc, Id de quo quæritur arripiunt, est quod dicit Sextus τὸ ζητούμενον συναρπάζειν. Hoc autē quid valeat, cum ex aliis plerisque locis, in quibus vtitur, manifestum est, tum ex sequentis pag. v. gnantibus. Nam & ibi verti, Id de quo quæritur arripient, pro eo quod Sextus habet, τὸ ζητούμενον συναρπάζειν. nisi fortè legendum est συναρπάσειν. Sic Lucianus in Ione tragœdo, Αὐτό σε ὦ Τιμόκρατες συναρπάσεις. Quod male vertit interpres, Tu quæstionē discerpis. Dicitur enim ὁ ζητούμενον συναρπάζειν, qui arripit & quasi per vim aufert alicui quod concedere non vult, & eo tanquam confesso vtitur, de quo alioqui quæstio est.

P. 457. V. in ipso) Repone & per depr. pro, nec per depr. deque hac interpretatione vide annot. in pag. 425.

P. 458. V. dam) Post Habendam esse, pluscula verba deesse suspicor.

V. bat,) Hæc verba, vt dicat non omnes phantasias fidem mereri, non bene cum præcedentibus cohærent, nec dubium est quin deprauatus sit hic locus. Nam ita legitur in Græco exemplari, κ̄ πολλεραπίσιν ὁ λόγος εἰς τὸ μὴ εἶναι πάσας τὰς φαντασίας, ὥσε κ̄ κατ' αὐτάς, &c. Vbi manifestum est deesse adiectiuum quod iungatur cum substantiuo φαντασίας, videlicet πιστάς, aut aliud huiusmodi. Porrò quod attinet ad hoc loquendi genus πολὺ ἐστὶ ὁ λόγος, sciendum est dici πολὺ εἶναι τ̄ λόγον quando aduersarij dictum in ipsum retorquemus, & suo veluti gladio eum iugulamus. Dicitur etiam κ̄ πολὺ ἐσπῆν τ̄ λόγον, item ἐκ πολὺ ποπῆς. vt quum ita scribit, ἰδοὺ ἀποδεικτικοί εἰσιν οἱ κ̄ ἀπολέξεως κρατούμενοι λόγοι, ἢ οὐκ ἀποδεικτικοί. κ̄ εἰ μὲν οὐκ ἀποδεικτικοὶ δύνανται ἀποκινῶσιν ὅτι οὐκ ἔστιν ἀπόδειξις. εἰ δὲ ἀποδεικτικοί εἰσιν, αὐτοὶ ὅτοι τὴν ὑπόςασιν τῆς ἀποδείξεως

ξέως ἐκ περιξρῶν τῆς ἀθετήσεσιν. Alioqui πόθι-
ρέπεται, est euerti. vnde συμπόθι ρέπεται,
simul euerti. vt quum dicit, διὰ ξέπει ὃ μὴ
αἰτίᾳ ὑπόκειται, ᾧ τὸ πάχον συμπόθι ρέπεται, μὴ ἔχον ὑπὸ ὅτε πάθει. Sic & actiuum
συμπόθι ρέπειν. νεῦ μόνον τῶ ἄλλῳ ἐχα-
ςον ἀναιρεῖ, ἀλλὰ & ἑαυτὴν ἐκείνοις συμ-
περιρέπει, perinde ac si dixisset, συναναιρεῖ.

P. 477. V. in illos) Si est demonstratio, est demon
stratio: si non est demonstratio, est demonstratio.
Atqui aut est demonstratio, aut nõ est demonstratio. Est igitur demonstratio. Ita debet intelligi
(meo quidẽ iudicio) hæc argumentatio, si per demonstrationem probatis non esse demonstrationẽ,
certè est demonstratio. nam vosipsi ea vtimini. At
si non vtimini demonstratione ad id probandum,
quicquid alioqui affertis ad nostram demonstrationem labefactandã & euertendam, nullius mo
menti est, eaque nihilominus semper illabefacta
manet. Itaque, siue ratiocinatio qua vtimini, sit
demonstratio, siue non, hoc manet, esse demonstrationem.

V. purgatiua) Latinius, purgantia medicamenta
quàm purgatiua.

V. & hæc) Gellius in fine cap. 5. lib. 11. Academici quidem ipsum illud Nihil posse comprehendi,
quasi comprehendũt, & Nihil posse decerni, quasi
decernunt: Pyrrhonij, ne id quidem vllo pacto videri verũ dicunt, quod nihil esse verum videtur.

P. 502. V. neque) Plato in Timæo, Ἔστιν γὰρ δὴ
κατ᾽ ἐμὴν δόξαν πρῶτον διαιρετέον τάδε,
τί τὸ ὂν μὲν ἀεὶ, γένεσιν δὲ οὐκ ἔχον, καὶ τί τὸ γι-
γνόμενον μὲν, ὂν δὲ οὐδέποτε. Id est, Cicerone interprete, Quid est quod semper sit, neque vllũ habet ortum? & quod gignatur, nec vnquam sit?
Quem sequendo, vertendum hîc esset, Corpora
quæ gignuntur quidem, nunquam autem sunt.

P. 507. V. quod) ἀποκληρωτικόν vix queat
aliter quàm periphrasi longiuscula exponi. ἀποκλήρωσις enim est attribuere aliquid alicui pro po
testate & velut assignare, propriè autẽ aliquid
quod sorte obtigerit. Hinc sit ἀποκλήρωσις &
ἀποκληρωτικός. Vocat igitur ἀποκληρωτικὸν
Sextus Quod nobis dicentibus credi volumus tan
quam pro nostro iure, nullam rationem afferentibus. siue, Quod locũ habere & recipi quasi pro
iure nostro volumus, nullam alioqui probationẽ
adhibentes. Potest quidem ἀποκληρωτικὸν a-
liud quoque significare (sicut verbum ἀποκλη-
ροῦν aliam quoque significationem habet) & ipse
met alibi aliter interpretatus sum. sed hanc inter-
pretationẽ doctissimis quibusdam viris (quos con-

sului) magis placere comperi, quorum iudicio lubenter acquiesco.

P. 514. V. fuisse) Diximus antea quid sit συν-
αρπάζεσθαι τὸ ζητούμενον. hîc autem pro συναρπάζειν dicit συναρπάζειν τὴν τοῦ σώματος ὕπαρξιν τὴν ζητουμέ-
νην dicit συναρπάζειν τὴν τοῦ σώματος ὕπαρ-
ξιν μὴ διδομένην αὐτόθεν. Notandum est autem aduerbium αὐτόθεν, quod verti Ex seipsa.
Potest etiam reddi, Per se. id est, Ita vt non indigeat probatione. Conceduntur autem αὐτόθεν
quæ aut ipsa ἐναργείᾳ euincuntur, aut quæ necessariò consequuntur. vt quum dicit, καὶ ἄλλως,
εἰ δοθείη ψεῦδος μὴ εἶναι τὸ σῶμα εἶναι τὸν
χρόνον, ψεῦδος δὴ καὶ τὸ ὅλα ἀσώματός ἐστιν,
αὐτόθεν δοθήσεται ἡ τοῦ χρόνου ἀνυπαρξία.
παρὰ γὰρ ταῦτα οὐδὲν εἶναι δύναται ἕτε-
ρον. q. d. Ex eo ipso concedetur, nec alia probatione opus erit. Plato in Gorgia, τί δαὶ, συλγενό-
μενος ἂν γνοίης, ἄλλως δὲ αὐτόθεν οὐ γινώ-
σκεις ὅτι διδαίμονει. Vbi significare videtur,
Primo aspectu, seu intuitu.

P. 524. V. do, ad) Sexti verba sunt, πρὸς ὃ
μήτε ὁρμὴ μήτε ἀφορμὴ γίνεται. Cicero ὁρμὴν variis modis interpretatur, Appetitionem,
vel appetitum animi, Naturalem appetitionem,
Animi motum. Quum autem ἀφορμὴν esse sciamus contrariam ὁρμῇ, vt ὁρμὴν animi appetitũ
seu appetitionẽ, sic ἀφορμὴν inappetentiã verti
posse existimaui. Si tamen longiuscula periphrasi
vti licuisset, multo libentius vertissem motũ animi appetitioni contrarium, vel potius auersatio-
nem ex naturali animi motu prouenientem. Fortasse autẽ ὁρμὴν & ἀφορμὴν hoc quoque modo
non malè reddiderimus, Naturalem animi motum
seu impulsum quo aliquid sectamur, & quo aliquid refugimus. Dico autem sectamur, vt ex op-
posito ei respondeat refugimus. Galenus, οἱ γὰρ ἔμ-
ψυχοι μὴ εἶναι ζῷον λέγεσι, δέχεσθαι μὲν δεῖ
αὔξεσθαι αὐτὸ ὥσπερ τὰ δένδρα, ὁρμὴν δὲ
καὶ ἀφορμὴν οὐκ ἔχειν ὥσπερ τὰ ζῷα. Id est, neque naturalem animi vim appetitricè, neque vim
auersatricem. Quid si etiã ὁρμὴν animi vim im-
pultricem, & ἀφορμὴν contra animi vim repul
tricem, interpretemur? Certè, vt ingenuè fatear,
per inappetentiam nõ bene significationem Græci
vocabuli expressisse mihi videor.

V. Nos) Rectius, Nos ad notionem appellere nõ
fecerunt, vel Non adduxerunt. Propriè, Non sti-
terunt nos.

P. 526. V. quæ sit) Vide Diogenem Laërtium.
P. 531. V. punire) Vide Xenophontem de hac
Lacedæmoniorum consuetudine.

Hîc

Hic finem hisce annotationibus imponere me cogunt quæ passim occurrunt in Græco exemplari menda, quæ etiam in causa fuerunt cur & in præcedētibus multos locos intactos reliquerim, in quos alioqui annotasse aliquid oportuerat. In mea quidem certè interpretatione me cum deprauatione illius exemplaris luctantem, in eruendo ex quibusdam locis sensu multum laborasse fateor: nunc autem, non consulto meliore quopiam codice, aliquid in illos annotare, incerta incertis addere, & iudicium meum non satis prudenter periclitari esset.

IN PYRRHONIS VITAM EX DIOG. LAERTIO EIVSDEM HENR. STEPHANI ANNOTATIONES.

P.543. V. *audiuit*,)Aristocles, ὁ δὲ ἐν Πύρρων Ἀναξάρχυ τινὸς ἐγένετο μαθητὴς, ὃς τὸ μὲν πρῶτον ἦν ζωγράφος ὑδ᾽ ὅπως εὐτυχὴς, ἔπειτα τοῖς Δημοκρίτε βιβλίοις ἐντυχών, χρησμῷ μηδὲν ὅτε εὗρεν, ὅτε ἔφραξε, κακῶς δὲ πάντας εἶπε, καὶ θεοὺς καὶ ἀνθρώπους. αὐτὸς δ᾽ ὕστερον ὅταν τ᾽ τῦφον πολυσαλόμενος, καὶ καλῶν ἄτυφον ἑαυτὸν, ὑδὲν οἱ γραφῇ κατέλιπεν. Id est, Pyrrho igitur Anaxarchi cuiusdam discipulus fuit, qui primò quidē pictor erat, non adeò fœlix artifex, deinde verò quum Democriti libros legisset, nihil boni nec excogitauit, nec scripsit, sed omnes Deos & homines maledictis prosequutus est. Ipse verò quum hunc factum assumpsisset, quanuis vocaret se ἄτυφον (id est à fastu alienū)nihil literarū monumentis mandauit.

P.544. *rentia*) Aristocles ex Antigono Carystio, φίλης δ᾽ ἂν ἀδελφῆς αὐτ᾽ θυσίας, ἅπαντα τ᾽ φίλων τινὸς ὑπομιδεῖν τὰ πρὸς τὴν θυσίαν, καὶ μὴ παραχομένα, τ᾽ μένζι Πύρρωνος πελαμένε εἰ ἀγανακτῶντος, ἐπειδὴπερ ὁ φίλος ἔλεγεν ὡς ἃ ποιήσωπε σύμφωνα τοῖς λόγοις, ὁ δ᾽ ἄξια εἰ ἀπαθείας, εἰπεῖν αὐτῷ, οἱ γὲν γυναικὶ ὁ δεῖ τὴν ἀπόδειξιν αὐτὸ ποιεῖσθαι. Id est, Quum autē Philista soror eius sacrificaret, & quidam ex amicis ea quibus ad sacrificiū opus erat pollicitus, promissis non stetisset, sed ipse Pyrrho ea emisset, eoque nomine indignaretur, quā amicus diceret eum facere quæ suis dictis minimè consentanea adeoque apathia indigna essent, respondisse eum, Certè quidē erga mulierem eius specimen edi nō debere. Hæc Aristocles. Cæterūm vox ἀπαθεία reuocat mihi in memoriam Ciceronianum quendam locum in Lucullo, Zenoni summū bonum est in his rebus neutram in partem

moueri, quæ ἀδιαφορία ab ipso dicitur: *Pyrrho autē ea ne sentire quidem sapientē, quæ ἀπαθέα nominatur.* Ita enim legi debet, nō(vt in multis habetur editionibus) quæ ἀπαθῆ nominatur. Docet autē nos hīc Ciceronis locus melius ἀπαθέαν dicere Aristoclem, quàm Diogenem ἀδιαφορίαν.

V. *indiff.*) Hoc autē factū ita refert idem Aristocles ex eodē Antigono, Τὸν Πύρρωνα διωκόμενον ὑπὸ κυνὸς ἀναφυγεῖν ἐπί τι δένδρον, σκαπίομενον δ᾽ ὑπὸ τ᾽ παρόντων, εἰπεῖν ὡς χαλεπὸν εἴη τ᾽ ἄνθρωπον ἐκδῦναι. i. Pyrrhonē quū cum canis persequeretur, ad quādam arborē confugisse: quod factū quum illi qui aderant probro verterēt, dixisse, difficile esse hominē exuere.

P.545. V. *Quin*) Planè peruertit hīc interpres versus Homerici sententiam, qui est huiusmodi, Ἀλλὰ φίλος θάνε & σὺ, τίη ὀλοφύρεαι αὕτως; Hoc igitur aut simili modo debuerat reddi, At cade tu quoq; amice. quid hæc suspiria fundu? Vel, *frustra hæc suspiria fundis.* Sunt autē hæc apud Hom. Iliad. Φ. verba Achillis ad Lycaonem, qui illi dixerat, Μήμε κτεῖν᾽, ἐπεὶ ἐχ ὁμετράφιος Ἕκτορός εἰμί.

V. *Et medit.*) Melius versum Græcum ita interpretaremur, Nō hominū implicitum turba, sibimet q; loquentē.

P.546. V. *qualem*) peruertit hīc quoque poetæ sententiā. nō enim intelligit talē esse mentem qualem Iuppiter mittit in dies, sed talem esse mentem qualem diē Iuppiter mittit. Quare pro accusatiuo plurali dies reponendus fuerit singularis diem: vt sit, In diem mittit, pro Immittit diem. quod tamen nimis durum videtur. Porrò sumpsit Archilochus hanc sententiam ex Homero, ita canente,

Τοῖος

Τοῖος ͗γδ νόυς ἐςῒν ἐπιχθονίωμ ἀνθρώπων
Οἷον ἐπ᾿ ἦμαρ ἄγησι πατὴρ ἀνδρῶν τε θεῶντε.

v. Sentire) Paulo dignior est venia interpres in peruersa horum carminum quàm in præcedentiū interpretatione, quòd mendosos eos in codice Græco legerit. videlicet ita,
Τί ͗δῆτα τύτυς ͗δὺ παλαιπώρυς φρονεῖν
Βροτὺς λέγυσι; ͗δ ἐξηρτήμεθα,
Δρῶμῒ τοιαῦτ᾽ ἂμ ὖ γε τυγχάνῃς ͗θέλωμ.

At ita legi debent,
Τί ͗δῆτα τύτυς ͗δὺ παλαιπώρυς φρονεῖν
Βροτὺς λέγυσι; σῦ ͗δ ἐξηρτήμεθα.
Δρῶμῒ τε τοιαῦθ᾽ ἃ σὺ τε τυγχάνῃς ͗θέλωμ.
Et hoc aut tali quopiam modo verti,

Quid mentis hisce prædicant mortalibus
Inesse? nam pendemus à nutu tuo,
Et agimus omne quod tibi cunque allubet.

v. tem) Potius dicendum fuit, Sunt autem causa atomi & vacuum. sed sciendum est Sextum eadem Democriti verba citantem pro ἐτίη legere ἐτεῇ, quod ipsemet exponit ἀληθεία, seu κατ᾿ ἀληθδαμ. id est, veritate, verè. Non dubium est autem quin itidem ἐτεῇ in proximè sequenti loco legerit, ἐτεῇ ͗δὲ ὐͷδὲν ἴδμῳ, id est, veritate nihil nouimus. Quod verò sequitur, ἐ βυθῷ ἢ ἡ ἀληθδα, à Cicerone exponitur, In profundo veritatem esse demersam.

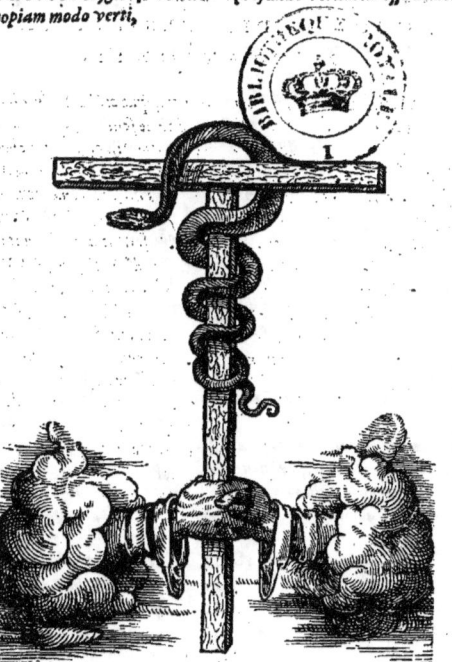

EXCVDEBAT PARISIIS MARTINVS IVVE-
NIS, ANNO M. D. LXIX. SEXTO
CALENDAS IVNII.

IN SEXTI EMPIRICI ADVERSVS MA-
THEMATICOS, ET PYRRHONIARVM HYPO-
TYPΩSEΩN LIBROS,
Index alphabeticus.

A

A Denario non aufertur vnitas. 298.
α. ι. υ. non sunt cōmunia elementa. 21.
Άίας, nomen proprium. 40.
ablatio ab iis quæ cadūt sub mensuram, nulla est. 299.
ablatio & additio. 508,30.
ablatio nulla est. 294.
absurda orationè proposita, quomodo assensus retinendus. 290,20.
abusio locum habet in commūi consuetudine, non in indagatione naturæ. 203.
abusio quam catachrasin vocant, in multis nominibus. ibidem.
academiæ nouæ alumni. 442,13.
academiæ plures tribus. 441,13.
Academici in partes ambas contrarias disputabant. 556,26.
in accentibus quàm sint quædam absurda. 20.
accidentia diuersa sunt ab iis quibus accidūt.450.
accidentia inseparabilia. 346. non inseparabilia. ibidem.
accidentia quæ tempus sequitur. 345.
accidentium alia inseparabilia, alia separabilia. 157.
accidentium communium consideratio. 485,35.
accliue & decliue idem, sed diuersa ratione. 162.
Achilles iratus oblectabat se musica. 108.
Achillis erga Patroclum amor. 528,32.
ἄκρις, locusta. 27.
actu aliquid esse vel potentia. 485,9.
acuta vox cur dicatur. 112.
ad aliquid esse. 427,18.
quæ ad aliquid sunt, coëxistunt. 496,37.
ad calculum vocare, quid. 557,36.
eorum quæ sunt ad aliquid, alterum cum altero comprehenditur. 464,20.
additio fieri qui possit. 510,10.
additio in aliquibus corporibus potest esse vnio. 81.
additionem non esse in dictionibus quæ proferuntur per synalœpham. 19.
additio nulla est. 299.
adiutrix causa. 495,5.
Admetus. 154.

admirabilium rerum causa est magis admirabilu. 273.
aduersantia seu opposita quænā vocēt Stoici. 196.
aduersus Grammaticos. 8.
adulterium vbi licitum. 429,37.
adulterorum punitio alibi, alibi impunitas.530,11.
Aegistus amandato cantore corrupit Clytæmnestram. 108.
æmulatio & inuidia vnde existat. 381.
Aenesidemus quomodo probet nō esse verū.189.
æquale & inæquale est principium eorū quæ sunt ex repugnantia. 352.
æquale non aufertur ab æquali. 297.
æqualis oratio alteri quæ dicatur. 437,37.
æqualitas reducitur ad vnum. 353.
æquum seu æquale dicitur duobus modis. 85.
aër ambiens est particeps rationis. 135.
in aëre non est generatio. 361.
Aeschines aduersus Ctesiphontem. 61.
ætas in nobis iudicium mutat. 422,37.
ætas non est attendenda in iudicio veritatis.164.
Aethiopes scorpios edentes. 419,7.
ἀετὸς, aquila. 27.
ætiologicorum euersio. 433,23.
affectio aliena, oratione expugnari non debet. 255.
affectio nulla est communis, sed est cuiuslibet propria affectio. 146.
ex affectione non fit certa & stabilis adnotatio. 171.
affectiones & impatibilitates, nempe dolores & voluptates, sunt accidentia nō absq; tēpore. 346.
affectiones non multitudo consentientiū spectanda est in disceptatione veritatis. 191.
affectiones peruadunt ad fines. 146.
affectiones primariò contiguæ. 488,11.
affectiones sequimur, attendentes euidentiam & finem. 146.
affectiones sunt indices, & veræ. 145.
affectionum diuersitates. 146.
affectionum sunt omnium indices & fines. ibid.
in affectionibus non erramus. 145.
affricare naturam matris. 529,31.
αυ & ει & ου sunt elementa. 21.
αιθητα. 406,25.

E E αιχρὲς=

INDEX.

ἀιχουργεῖμ, detestabile apud nos. 329,36.
Agamemnon cantori suam commisit vxorem. 108.
ἀγαθόμ vnde dictum. 524,1.
ἀχεδὸν πάθος. 526,1.
ἀνακαταληπάω, quid. 437,25.
ἀκατάληπτος Φαντασία. 556,36.
Alcæus & Anacreon accendunt amatores & ebriosos. 51.
Alcestis. 154.
Alcestis ab inferis per Herculem reducta. 442, 34.
Alexini cum Zenone conflictatio de mundo ratione prædito. 273.
Alexander Aetolus tractauit res cœlestes. 214.
Alexander liberalis in Pyrrhonem. 48.
ἀληθὲς cur dictum verum Græcè. 185.
ἀλήλιφται, vnctus est. 40.
aliquid, omnium generalissimum. 460,12.
allium vbi vetitum. 532,25.
alterationum alia est ex affectione, alia ex subiecti mutatione. 172.
alterum potest esse in altero, & tamen non erit alterum ex altero. 288.
Amazonum consuetudo. 531,16.
ambiguitatum distinctio. 491,5.
amicos non esse, si fortuna non sit secunda. 48.
amictus muliebris alibi probrosus, alibi decorus. 529,18.
amor quid sit. 152.
amor, causa mouens, & ea quæ sunt concilians. 257.
an sit aliquid alicuius causa. 495,13.
Anacharsis Scytha tollit omnem comprehensionē. 123.
analogia quid sit. 35.
analogia nō habet stabilia & fixa exempla. 40.
analogia non est valida, nisi eam confirmet vsus. 35.
etiam in analogia sequenda est consuetudo. 34.
analogiam non posse consistere. 32.
ex analogia loqui, ridiculum. 34.
Anaxagoras in physicis diligentissimus. 128.
ancipites non sunt vocales. 19.
ἀνειδωλοποίησις Platonis. 526,37.
anima dicitur duobus modis, nempe & tota, & pars quæ tenet principatum. 151.
anima incomprehensibilis est. 450,37.
anima simul multas recipit alterationes, vt aër percussiones. 151.
animam non esse, Dicæarchi Musseni opinio. 451,1.
anima eædem, quæ dæmones. 267.

animam non esse ostendit Sextus in commentariis de anima. 114.
animæ aluntur exhalatione ex terra. 267.
animæ non feruntur deorsum. 267.
animæ per se permanent. ibid.
animæ sitiunt sanguinem. 49.
si animal aliquod est animalium præstantissimum, id sit Deus necesse est. 270.
animal aliud alio præstantius. ibidem.
animal animatur per harmoniam. 90.
animal est accidens hominis. 157.
animal non est homo. ibidem.
animal nullum irrationale. 450,5.
animalia absque coitu genita. 548,17.
animalia non occidenda, nec sacrificanda. 275.
animalium diuersorum diuersus pastus. 412,34.
animalium generationes differentes. 412,19.
animantia in aëre. 269.bis.
Anaxarchus & Monimus res quæ sunt assimilant adumbratæ picturæ. 128.
anguli definitiones reprehenduntur. 86.
antecedens quidnam sit. 200.
ἀντίθεος, id est Deo similis. 116.
ἀνελκήμερα, quæ. 434,14.
ἀντικνήμιομ. 37.
Antiochi academia. 441,17.
ἀντίςροφος, id est ἰσόςροφος. 116.
antitypia. 499,6. & 500,19.
Ἀορισία quæ sit. 436,37.
ἀπελήλυθαρ, abierunt. 36.
Apelles spongia fortuitò spumam equi vt expresserit. 410,26.
apemphasis improbabilitas. 141.
ἀπόδειξας φantasia. 442,33.
apes ex tauris. 412,27.
aphasia quid. 435,30.
apertum, id est verum & notum. 122.
ἀπόλο παθεῖς sensus. 512,10.
apocleroticum & temerarium. 507,29.
ἀπόκλιμα seu declinatio quid sit. 95.
apocrises & epicrises. 502,1.
ἀπρεσηγϊλία. 527,14.
ἀχρησικκή. 406,11.
ἀχρησικκή philosophia. 545,29.
ἀχρησικος, id est dubitator. 443,34.
apotelesmatum seu eorum quæ sunt euentura, differentia. 98.
apparens, criterium scepticæ. 409,21.
apparentiáne aliqua vera sint. 460,32.
apparentia vt fiant qui comprehēdatur. 433,36.
apparentium vnumquodque nobis sensibilium varium sub sensus cadere. 421,6.

quæ

INDEX

quæ apparent, exagitant Stoici per comparatione. 239.
quæ apparent, confirmantur ex oratione, non contra. ibidem.
quæ apparent, nõ sunt principia vniuersorum, sed ea quæ constituunt illa quæ non apparent. 349.
quæ apparēt, quòd appareant ostendunt, nõ quòd sint res subiectæ. 240.
appetenda quæ sint natura. 527,28.
appetenda & fugienda alia aliis videntur. 419, 24.
appetere ipsum, bonúmne sit. 525,34.
Archilochus & Hipponax accendunt iracundos. 51.
Ἄρης, Mars. 40.
aqua ex hydria non semper fluit æqualiter. 102.
aqua non sit calida nec frigida. 361.
aqua pluuia oculis vtilis. 420,36.
aqua quanto in pretio habenda. 428,25.
aqua vna & vnius generis alias in aliud vertitur. 414,18.
in aqua non est generatio. 361.
sub situla Aquarij natus nauem franget. 105.
aræ misericordiæ apud Athenienses. 283.
Arcesilæ academia. 441,14.
Arcesilaus mediæ academiæ præses. 443,18.
Arcesilaus negat comprehensionem esse id quod iudicat inter scientiam & opinionem. 139.
Archimedis sphæra. 273.
ἄρχων, magistratum gerens. 40.
Arcturus & Canis non eodem tempore apparent omnibus. 104.
arenæ simul collectæ molles apparent, separatæ asperæ. 425,26.
Areopagitarum senatus non admittebat patronum. 67.
In senatu Areopagitarum non adhibebatur patronus. ibidem.
ἀρέσκω, placet. 40.
argenti ramenta seorsum nigra apparent, & cæt. 426,23.
Aristarchus mathematicus existimauit terram moueri. 339.
Aristoteles reprehenditur, qui dixit in pariete intelligi posse longitudinem absque latitudine. 80.
Aristoteles reprehensus. 311.
Aristotelis de Diis opinio. 259.
Aristotelis definitio de tempore confutata. 340.
Ἀρίστων, nomen proprium. 31.
Aristo Chius solam moralem tractauit philosophiam. 117.
Aristoxonus cur dictus musicus. 107.

ἀρρητία. 434,16. 547,8.
ars cuiusmodi sit. 150.
ars quæ sit. 526,31.
ars quid sit. 14. & 57. & 388.
ars an aliqua sit. 558,23.
ars & scientia omnis constat ex iis quæ artificiose & scienter fiunt. 388.
ars debet consistere ex principiis. 32.
ars est inutilis iis qui ea vti non possunt. 350.
ars habet finem firmum & stabilem, aut qui est vt plurimum. 57.
ars medendi quid sit. 388.
ars nulla est. ibidem.
ars omnis consistit ex proportione. 131.
ars quæ circa naturam an indatur hominibus. 537,17.
ars quæ circa naturam an doceri possit. ibidem, 30.
ars circa vitam an sit. 535,6.
ars quæ circa vitam, an sit vtilis eam habenti. 541, 15.
ars vitæ agendæ quænam sequenda. 387.
ars vitæ agendæ nulla est. 388.
ars vitæ agendæ nullum habet opus. 389.
ars vitæ agendæ non potest doceri. 393. & 396.
artis cuiuslibet est bene dicere, non solius Rhetoricæ. 63.
artis quæ versatur in iis quæ apparent, est propria quædam contemplatio. 227.
arte carens est similis ei qui cæcus est à natiuitate. 396.
arte carens non docet arte carentem. 6.
Artemidis Orthosiæ ara cruenta Lacedæmone. 530,7.
artes cur inuentæ. 10.
artes ostendunt esse signa. 225.
artes sunt multæ vitæ agēdæ, cùm sint multæ sectæ philosophorum. 387.
artes vtiles non expelluntur à ciuitatibus. 58.
artium aliæ veræ, aliæ professione tantùm, & non re vera. 32.
artibus nõ sunt subiecta quæcunq; dici possunt. 144.
artifex neque arte carentem docet, nec artificē. 6.
artificis propria & communia opera distinguuntur æquatione & ordine. 392.
quod artifici & ignaro artis commune est, non est artificiosum. 390.
artificiosa affectione distinguuntur opera prudentis ab imprudenti. 390.
artificiose iudicans, nec est imperitus, nec artifex. 123.
artificiosum non potest doceri. 395.

E E 2   artis

INDEX.

artificiosus omnis habitus refertur ad aliquem finem. 64.
ἀρθοφόριον, arca panaria. 39.
Asclepiades medicus dicebat iuuenes senibus præstare ingenij acumine. 164.
Asclepiades medicus tollebat principē animæ partem. 147.
Asclepiades negabat principem animæ facultatē. 173.
Asclepiades tribus hypothesibus probat accessionem febris. 72.
Asclepiadis de fuluo & nigro sententia. 129.
asinis iudicium non permittendum. 560,32.
aspectus stellarum. 98.
assensus vbi retinendus. 489,10.
assensus vt retinendus in absurdis proponendis. 490,25.
assensus retentio Scepticorū. 400,30. & 411,8.
assentiendum non esse semper maiori numero. 420,10.
astrologiæ iudiciariæ methodus. 94.
astrologorum prædictiones sunt vel inutiles, vel impossibiles. 99.
astronomia, obseruatio in iis quæ apparent. 93.
asynactos oratio. 470,36.
ἀταραξία. 406,23. & 407,5.
Athenagoras Argiuus ex scorpionum ictu non lædebatur. 419,3.
Athenienses musicam docebant suos liberos. 108.
athei. 265. & 531,26.
athletarum studium. 430,25.
atoma, quæ. 429,12.
atomi non sunt æternæ. 350.
atomos & inane esse. 136.
atomos & vacuum esse omnia, quidam dicens. 449,30.
auditionum diuersitas. 413,33.
auditus ludibria. 455,7.
auditiuus spiritus. 502,3.
aues sermonis enunciatiui non expertes. 418,9.
auferri non potest aliquid ab aliquo. 29.
augmenti & minutionis consideratio. 508,10. & deinceps.
αὐλεῖ, canit tibia. 40.
aures vt variè audiant. 426,4.
aurum esse iucundissimum & acceptissimum. 48.
australes partes frigidæ. 495,24.
Austri graues. 113.
axioma an consistere possit. 463,20.

B

Balneum cur dicatur ἀνδρεῖον. 63.
barbarismus quid sit. 36.

beatus quis sit & fœlix. 378.
beatum quid sit. 493,3.
beatitudo quid sit. 367.
beatitudo ex eo existit, quòd nihil sit natura bonum nec malum. 379.
beneuolos auditores quænam reddat oratio. 67.
binarius habet rationē causæ patientis, id est, materiæ. 353.
binarius numerus nihil est. 92.
binarius lineæ & longitudinis. 89.
binarius quomodo rerum principium. 351.
βῶλος, gleba. 26.
bona fortuna. 95.
bonum quod sit. 388.
bonum, quid. 522,37. 523,10. & deinceps.
bonum quid dicatur Platoni & Xenocrati. 367.
bonum aliquid & malum esse Academici asserūt. 442,18.
bonum cur aliud aliis videatur. 369.
bonum cur Græcè dicatur ἀγαθόν. 375.
bonum à quo & ex quo licet iuuari. 366.
bonum & eligendum nullum est ex iis quæ sunt in nobis. 375.
bonum non capitur ratione. 374.
boni definitiones non docent quid sit bonum, sed quid bono accidat. 368.
boni aliquot definitiones. 367.
boni differentia non capitur per euidentiam. 373.
bonum debet esse omnibus commune. 373.
bonum esse & malum & indifferens, quomodo probet Xenocrates. 363.
bonum est, quod prodest. 368.
bonum ideæ, & bonum ideæ particeps nullam habent comprehensionem. 367.
bonúmne sit aliquid natura. 524,31.
bonum per quod accidit vt iuuemur. 366.
bonum propria ratione debet esse eligēdum. 374.
bonum quod potest iuuare. 366.
bonum quomodo definiant Stoici. 366.
bona quæ dicuntur, sunt etiam malorum efficientia. 380.
bona persequentes & possidentes non carent malis. 381.
bonorum differentia quomodo cognoscatur. 370.
bonorum genera tria dicunt Peripatetici. 369. Stoici item. ibidem.
bonorum tria genera. 525,5.
per bonorum assecutionem non liberamur à perturbationibus & molestiis. 380.
bonorum & malorum alia sunt ex opinione, alia ex necessitate. 383.
βοῶν, clamans. 40.

βρα-

INDEX.

Βαχύχοιν‍Θ‍, profundus in iuncis. 53.
bruta habent rationem quæ profertur. 226.
bruta non esse expertia prudentiæ. 225.
bruta non occidenda. 275.
bruta non boni consideratione decertāt vsque ad mortem. 377.
bruta sermonis enunciatiui non expertia. 418,2.
cum brutis est nobis aliqua coniunctio. 275.

C

Cancri motus. 322.
canis significata inter se diuersa. 367.
canina caro vbi vetita, vbi permissa. 532,29.
canis Homerici prudentia. 416,31.
canis vilis, at sensu nos antecellit. 416,5. & dein.
canes cur se dixerint philosophi quidā. 417,22.
canes habent signi intelligentiam. 223.
caprini cornu ramenta alba apparent. 426,21.
Carneades quid in phantasiæ comprehēdentis definitione reprehenderit. 177.
Carneadis academia. 441,15.
caro inuulnerabilis non potest cogitari. 310.
caro semper hanc habet proprietatē, quòd sit vulnerabilis. 79.
carnes suas edere quenquam, non esse alienū Stoici dicebant. 530,4.
per casum nihil sciri sed per opinionem, Democriti opinio. 137.
categorici syllogismi Peripateticorum. 473,12.
catulorum carnes ægrotis datæ. 532,32.
quod causa est alicuius, à materia quæ patitur non potest separari. 291.
causa est relatiuum. 285.
causa mente cogitatur, non est autem. 286.
causane sit aliquid alicuius. 495,13.
causa non habet id cuius est causa. 286.
causa non habet multas vires. 290.
causa non habet vnam vim efficiendi. 290.
causa quæ mundum mouet & ornat, mundū peruadit vt nos peruadit anima. 268.
causa quorúmnam sit causa. 286.
causa siue per se agat & absolutè, siue opus habeat materia, sequuntur absurda. 289.
causa vt subuertatur. 552,37.
causæ consideratio. 494,20. per tot.
causam esse probatur ex semine. 284.
& multis aliis. ibidem.
causam nō esse dicens, quomodo causam adstruat. 285.
causam non esse, quomodo probent Sceptici. ibid.
causam vt cognoscere queas. 495,32.
cepæ vbi vetitæ. 532,23.
Ceres cur dicta δημήτηρ. 283.

Chaldæi, Mathematici, Genethliaci & Astrologi iidem sunt. 94.
nullus ad Chaldæos accedens perfectè obseruauit tempus natiuitatis. 104.
Chaldaica, Aruspicina & extispicina sunt veræ artes. 32.
chaos quid sit. 514,18. vnde natum sit. 318.
locus omnia continens. 317.
Chares architectus cur sibi mortem consciuit. 131.
χάρης, Chares, nomen proprium. 40.
Charmidas. 58.
χάρτης, charta. 40.
χελιδών, hirundo. 27.
Chiorū legati Lacedæmone in annonæ caritate. 59.
χώρα ἀπὸ τ᾽ ἔρχειν. 315.
χώρα quæ dicatur. 515,1. & 516,4.
χαᾶσαι, vti. 34.
χρημάτων pro πραγμάτων. 440,25.
χρῆσις, vsus. 34.
χρῆσαι. ibidem.
chroma quid sit. 113.
χρῶς ἕνικμ‍ος‍. 215.
Chrysippus dicebat phantasiam esse per mentis alterationem. 172.
Chrysippi absurda quædam. 536,30.
Chrysippi politia turpis. 529,33.
Chrysippo non vbique parendum. 251.
cibus idem concoctus alias in aliud commutatur. 414,15.
cibus largior nonnunquā corpus purgat. 426,31.
cicuta animalibus quibusdam commoda. 414,38.
cicuta vescens anus Attica. 418,36.
cicutæ succi cotyla vna decem cotylis aquæ mixta. 503,33.
Cilices prædatores. 530,35.
circulus non potest secari bifariam. 295.
circulum in partes æquales diuidere reprehēditur. 88.
circulum non esse quomodo probatur. 87.
circunstantiæ efficiunt vt non semper iisdem vtamur phantasiis. 144.
Clitomachus & Academici immorantur in refellendis singularibus. 256.
clypeus an abiiciendus. 531,12.
Cleanthes dicebat phantasiam esse in anima impressionem. 172.
Cleanthis de Deo opinio. 269. & dein.
Clitomachus. 58.
cœlum non est in loco, sed ipsum in seipso. 319.
cœlum esse suiipsius locum, ridiculum. 320.
de cogitatione, & vbi ea sita, sunt varia philosophorum sententiæ. 168.

EE 3　　cogi-

INDEX.

cogitatio nec corporis mole, nec sensus, nec seipsam cognoscit. 161.
cogitatio licet accipiat sensuum affectionem, non cognoscit externa. 169.
cognitio per cogitationem ducit ad iudicium veritatis. 137.
cogitatio seipsam non cognoscit. 168.
cogitatio sitne idem quod sensus, sed non eadē ratione. 162.
cogitatio verum non cognoscit. 168.
cogitatio quomodo fiat in anima. 150.
cogitatio nec parte nec per partem cognoscit seipsam. 162.
cogitatio non apprehendit totum corpus. 161.
nec partes corporis. ibidem.
cogitatio non comprehendit sensus. 161.
cogitatio seipsam non cognoscit totam. 162.
cogitatio sensus ministerio externa non apprehendit. 169.
cognitionis duæ species. 137.
de cogitationis & intelligentiæ loco dissident philosophi. 163.
cognitio est animæ & par externis subiectis. 375.
coitus in publico. 430,6.
coitus cum muliere publicus vbi indifferens, nec turpis. 528,35.
colligitur & manifestum, vt non manifestum. 225.
Colossus Rhodius. 131.
color cernitur, non ipsum solidum. 147.
cometa non tam admirandus quàm Sol. 428,14.
commonefactorium signum. 462,30.
complexum falsum quale sit. 202.
complexum pronunciatum qualenam sit. 202.
composita alia quàm separata. 426,21.
compositio & separatio phantasias variant. 426,18.
compositio non est sensus, sed rationalis cogitationis. 4.
comprehendens phantasia non est semper fide digna. 154.
comprehendens phantasia quænam habeat vim iudicandi. 180.
comprehendens phantasia habētne vim iudicandi eius quod cadit sub phātasiam, & suiipsius. 181.
comprehendentē phantasiā definientes Stoici, incidunt in eum modū qui dicitur alter per alterum. 180.
à comprehendēte phantasia non comprehendūtur vera & falsa. 179.
comprehendere quid sit. 445,36.
comprehendere & comprehensibile, quid. 557,35.

quod comprehendit, cum loco comprehendit. 163.
vt comprehendatur quidque. 483,6.
comprehēsionem omnem tollit Anacharsis Scytha. 123.
compunctum notis esse. 529,8.
concauum & connexum idem, sed non eadem ratione. 162.
conceptus quænam sunt signa. 101.
conclusio non sequitur ex malis fundamentis. 73.
conclusio orationis vera. 474,10.
concausales causæ. 454,38.
de concubitu quid dicant Stoici. 389.
coniugata tria, quod significatur, quod significat, & contingens. 185.
connexūmne aliquod sit verum. 200.
connexum non potest diiudicari. 252.
connexum quale sit probum & rectum. 251.
connexum quando verū, & quando falsum. 200.
connexum rectū hactenus non est diiudicatū. 248.
complexum rectum pronūciatum quodnā sit. 202.
connexorum consideratio. 463,20. & deinc
consensui multorum an credendum. 453,4.
consequens quidnam sit. 200.
consilij capiendi virtus non est in Deo. 280.
consonantia in quatuor numeris. 129.
consonantes soni. 112.
conspicua sequitur Pyrrho. 555,4.
consuetudo opposita instituto. 430,5.
consuetudo quænam sit sequenda. 39.
consuetudo consuetudini contraria. 429,34.
consuetudo quæ sermonem iudicat, non opus habet arte. 32.
consuetudines multæ. 39. variæ. ibidem.
consuetudines consuetudinibus oppositæ. 429,15.
contemplatiuæ aliorum artis nulla est contemplatio. 227.
contentio & amicitia, quatuor elementis annumeratæ. 257.
contignatio quid sit. 302. 511,4.
continens quis sit. 279.
continentia quid sit. 279.
contingens quid sit. 186.
contraria contrariorum sunt remedia. 488,9.
controuersa quæ sunt, incerta sunt. 476,24.
coralium in mari molle, in aere durum. 424,37.
Coracis historia. 69.
corpus quod sit. 74.
si corpus dicatur constare ex longitudine, latitudine & profunditate, quot sequantur absurda. 306.
corpus est quod habet tres dimensiones. 305.
corpus est quod potest pati vel agere, secundum

Pytha-

INDEX.

Pythagoram. 305.
corpus comprehendi non potest. 450,27.
corpus nō comprehēdit sensus & cogitationē. 159.
corpus non potest doceri. 4.
corpus non docetur secundum Stoicos. 394.
corpus non est sensile. 4.
corpus non esse solidum, sed habere meatus, probatur. 230.
corpus non intelligitur nisi cum proprietate resistendi. 80.
corpus non esse intelligibile. 5.
corpus non est sensile. 314. *nec intelligibile.* ibid.
corpus non potest esse causa corporis. 286. & 287.
corpus non potest separari à corpore. 297.
corpus non resistens non potest mente concipi. 311.
corpus non separatur à dimensionibus. 306.
corpus, quædam animi imago. 419,20.
corpus solidum non esse habens tres dimensiones. 84.
corpus quod monetur, non conficit vno simul & eodem tempore spatium diuiduum. 332.
corporis pars quælibet atttribuitur alicui signo. 96.
in corpore quod regitur secūdum naturam, est aliquid quod dominatur. 274.
corpora compacta quæ sint. 268.
corpora an comprehensibilia sint. 498,36.
corpora ex distantibus & coniunctis. 268.
corpora hominum inter se quum tam differāt, animi etiam inter se differunt. 419,17.
corpora intelligibilia præcedunt corpora sensilia. 350.
corpora mortua non sentire scit vniuersa vita hominum. 49.
corpora quotuplicia sint. 268.
corpora vnita continentur vel ab habitu vel à natura, &c. 269.
corpora vnita quæ sint. 268.
corpora nascentia, nunquam existentia. 501,27.
corporum alia sensibilia, alia intelligibilia. 5.
corporum mortuorum cura. 532,38.
in corporibus vnitis est affectio per cōsensum. 269.
crasis an possibilis sit. 503, per tot.
Cratis impudentia publicè coëuntis cum Hipparchia. 430,6.
credens nihil esse natura bonum aut malum, vitā agit tranquillam. 381.
Cretensis legislator Creta expulit rhetoricam. 58.
criterium à quo. 451,23.
criterium per quod. 453,34.
criterium secundum quod. 457,22.
criteriū quid, eiusq; cōsideratio. 447,37. & dein.

criterium sceptices. 409,14.
criterium triplex, à quo, per quod, secundum quod. 449,10.
critice, id est, iudicandi facultas quomodo diuidatur. 42.
criticus differt à grammatico. 14.
crocodilus solus animalium superiorem maxillam mouet. 479,16.
Critolaus. 58.
cuius partes simul non sunt, illud non est. 195.
cuius participatione intellectum est vnum, id est vnum & multa. 354.
culices. 412,23.
Cyclopum aut Læstrygonum politia. 537,10.
ex cylindro probatur lineam non carere latitudine. 313.
Cynicorum impudentia. 528,34.
Cyrenaica institutio. 440,12.
Cyrenæi non versantur in sola morali philosophia. 117.
Cyrenaicorum secta à Socrate orta est. 145.

D

Dæmones qui & animæ. 267.
Dea. 95.
decadis an sint partes. 483,13.
decadi vnitas auferri an possit. 509,20.
decem, primus quaternio. 129.
definitio differt sola constructione ab eo quod est in genere & vniuersale. 364.
definitio est vitiosa, quæ multis rebus congruit. 152.
ad definitionem non possunt omnia cōcurrere. 158.
definitionum euersio. 481,17.
delphini delectantur tibiis. 111.
Demades orator apud Philippum in conuiuio. 51.
Demades non erat peritus artis dicendi. 58.
Demetrius Lacon insignis inter Epicureos. 237.
Democritus quid de Diis sentiat. 259.
Democritus in quo conueniat cū scepticis. 439,36.
Democritus quid hominem esse dixerit. 156.
Democritus voci Iouis assimilatus. ibid.
Democriti sententia, similia congregari cum similibus tam animata quàm inanima. 133.
demonstratio constat aut ex voce, aut ex iis quæ dicuntur. 234.
demonstratio cuius rei possit esse. 244.
demonstratio cùm sit ex iis quæ referuntur ad aliquid, illatio est extra demonstrationem. 243.
demonstratio dicitur à Stoicis comprehendentis phantasiæ comprehensio. 242.
demonstratio differt à magistro exercendorum puerorum. 246.

demon-

INDEX.

demonstratio est aliquid incertum, & nō euidens. 233.
demonstratio est ex iis quæ referuntur ad aliquid. 252.
demonstratio est tantū in mentis cōceptione. 252.
demonstratio ex quo sit genere rerum. 231.
demonstratio est eorum de quibus dubitatur. 211.
demonstratio est ex iis quæ referūtur ad aliquid. 233.
demonstratio est incerta ratione materiæ. 234.
demonstratio est signum ex genere. 224.
demonstratio est genere signum. 211.
demonstratio firma ac stabilis non potest haberi. 237.
demonstratio in genere non demonstratur à demonstratione in genere. 236.
demonstratio incidit in modum qui dicitur alterū per alterum. 244.
demonstratio nihil est. 71.
demonstratio non est grammaticæ, sed philosophiæ. 47.
demōstratio nō est incipienda ab hypothesi. 240.
demonstratio non potest agere. 245.
demonstratio non potest esse quod constat ex solis propositionibus. 243.
demōstratio nō potest haberi firma ac stabilis. 137.
demonstratio nulla est phantasia. 245.
demonstratio omnium non est postulanda. 240.
demonstratio quæ dicatur. 469,34.
demōstratio qualis esse debeat. 230. quid sit. 231.
demonstratio quid sit. 229.
demonstratio vt euertatur. 550,33.
demonstratio vt non esse probetur. 415,20.
demonstrationis consideratio sit nécne. 468,10. & deinceps.
demonstrationis impreßio quomodo fiat, est maximè dubium. 245.
demōstrationis non potest esse in mente conceptio. 242.
demonstrationis nō vitiosæ consideratio. 464,38.
demonstrationis propositiones non possunt diiudicari. 251.
demonstrationis vnius non possunt esse duæ illationes. 243.
per demonstrationem in genere, nihil demonstratur. 236.
à demonstratione in specie, non constituitur demonstratio in genere. ibidem.
demonstratione in genere sublata, tolluntur omnes species demonstrationis. 235.
demonstratione probari potest & esse & nō esse demonstrationem. 256.

pro demonstratione tuenda quid dicant dogmatici. 253. & quid pro ea infirmanda respondeant sceptici. 254.
Demophon ad Solem stans algebat. 419,1.
Demosthenes pro Ctesiphonte. 61.
dendrius est cōgeries singularum vnitatum. 298.
denarius non est alius à singularibus vnitatibus. ibidem.
depreßiones stellarum. 97.
Deus sit nécne. 493,10.
Deus cognoscitur ex ea quæ in nobis est imagine. 271.
Deus est animal. 277.
Deus est optima & præstantißima natura, quæ mundum administrat. 269.
Deus & materia expers qualitatis, duo principia. 258.
si Deus habet virtutem, erit Deo aliquid melius. 281.
Deus nec est incorporeus, nec corpus. 282.
Deus nec vocalis nec mutus. ibidem.
Deus non est corpus. 278.
Deus nō est existimandus qui vitæ prodest. 262.
Deus non est infinitus. 278. bis.
Deus non est res incorporea. 278.
Deus non habet artem. 281. nec virtutem. ibid.
Deus si nō est finitus nec infinitus nō est Deus. 278.
Deus sitne finis cœli. 320.
Deus sitne omnium locus. ibidem.
Deīne prouidentia constitutus sit homo. 226.
Deum esse, à mundi motu probant Stoici. 273.
Deum esse & communis notio, & omnium hominum consensus. 265.
Deum esse natura bonum, quomodo probet Plato. 373.
Deum esse probat mundi ordo & ornatus. 267.
in Deum cadántne virtutes omnes. 278.
si in Deum cadant virtutes, quot sequantur absurda. 279.
Deum malè agentes non latere, ne vulgus quidem ignorat. 49.
de Deo alij aliter sentiunt. 492,25.
de Deo qualis sit in hominibus notio. 262.
Dij adulteria committentes. 430,29.
Dij Aegyptij. 531,38.
Dij an erga nos affecti. 430,13.
Dij qui fuerint primi. 258.
Dij sensibus sunt prediti. 277.
Dij si sentiunt, quot sequatur absurda in vnoquoque sensu. 277.
si Dij nō sunt, nō est religio. 274. non est sanctitas. 275. tollitur sapientia. ibid. nō est institia. ibid.

Deorum

INDEX.

Deorum notionem omnes habent, sed non eodem modo. 261.
Deorum notiones vnde sumantur. 259. & dein.
Deorum scelera ac flagitia ab Homero & Hesiodo descripta. 50.
in Deos cadit interitus, non sunt ergo Dij. 277.
Deos dicit Democritus simulachra hominibus appropinquantia. 259.
Deos esse negant quidam. 531, 26.
Deos esse quatuor modis probatur. 265.
Deos non esse sorite probat Carneades. 282.
qui aliquos in Deos retulerunt, de Diis prius aliquam habebant notionem. 261.
in Deos qui seipsos retulerunt, habiti sunt contemptui. 262.
de Diis nihil traditur firmum ac stabile. 260.
de Diis varia fuit opinio. 258.
de Diis qualis sit hominibus notio. 261.
de Diis opiniones variæ. 531, 28.
dialectica quid sit. 389.
dialecticæ definitio. 461, 35.
dialecticæ imperiti signant & obseruant. 223.
dialecticæ particeps canis. 416, 36.
dialectici labanti vitæ communi auxiliantes. 486, 14.
dialecticorum dissidiũ de rectitudine cõnexi. 201.
diallelus modus in epoche. 431, 29.
διάλληλος, id est, alternatorius. 432, 12.
diallelus modus. 498, 16.
διάλυσμός, id est, diuulsio. 459, 34.
diastases tres. 515, 7.
diatessaron interuallum. 113. dia pente. ibidem. dia pason. ibidem.
diatonos quid sit. ibidem.
διάθεσις Zenonis impuræ. 536, 20.
dicere quid sit. 195.
dicere & disserere differunt. 56.
dicibile an sit aliquid. 463, 35.
id quod dicitur, quod λεκτὸν vocant, quale dicant esse Stoici. 193.
dictio composita non consistit. 204.
dictio per se nec est bona nec mala. 84.
dictionẽ bonã struere quomodo dicatur aliquis. ib.
eorum quæ dicuntur, essentia non potest demonstrari. 222.
dies & nox accidentia ambientis aëris. 346.
dies dicitur duobus modis. 341.
dies non potest consistere. 340.
diesis. 113.
differentia rerum triplex, &c. 351.
ex differentia quænam sint res. ibidem.
quæ ex repugnantibus. ibidem.

dimensiones quot sint. 74.
dimensiones sunt sex. 305.
si dimensionum coaceruatio est corpus, corpus est incorporeum. 306.
Diocles medicus caninas carnes non auersatus. 532, 32.
Diodorus Cronus disserendi peritissimus. 54.
Diodorus sophista luxato humero irrisus. 489, 5.
Diodori Croni sophisma. 329.
Diodoro Crono placebat nihil moueri. 54.
Dionysius Thrax. 11.
Dionysius Thrax constituebat sex partes grammaticæ. 42.
Dioscuri, boni dæmones, seruatores nauium. 269.
διπλᾶν, quid. 434, 37.
discendi modus an sit. 540, 4.
discens & docens euertuntur. 538, 32.
disciplina nulla est. 393.
disciplinæ modus est dubius. 396.
disciplinarum euersio. 553.
discipulus & doctor euertuntur. 538, 32.
discipuli Pyrrhonis. 545, 17. & deinceps.
disiunctum quando sit verum. 225.
disiunctorum altero posito, alterum tolli. 473, 8.
disputando aduersus singularia, citra methodum procedit argumentatio. 235.
dissensio de quo sit. 232.
dissectio philosophorũ aufert notitia veritatis. 171.
dissidentia, epoches modus quidam. 431, 13.
dissonantes soni. 112.
distantia quid sit. 302.
distinctio in ambiguitatibus commoda. 491, 15. & deinceps.
diues est solus sapiens. 386.
diuinam rationem per inspirationem attrahentes efficimur intelligentes. 135.
diuinatio non est, si non sint Dij. 276.
quicquid diuiditur, pars aliqua eius metitur. 342.
diuisio quadrifariam fit. 482, 32.
diuisio bonorum & malorum & indifferentium, non recte facta. 365.
diuisio perfecta vim habens vniuersalẽ, constructione differt ab vniuersali. 364.
diuisio recta est generis in propinquas species. 365.
diuitiæ primas partes sibi vendicant. 370.
diuitiæ sunt efficientes auaritiæ. 380.
diuitias bona existimantibus quot eueniant perturbationes & incommoda. 383.
docẽdi alterũ per alterũ est modº vitiosissimus. 86.
docendi nullus est modus, nec discendi. 7.
docens & discens an sit. 538, 31.
doceri quod possit, an sit aliquid. 537, 35.

F f   doceri

INDEX.

doceri non posse aliquid. 3.
doctor & discipulus euertuntur. 538,32.
doctrina existit aut operatione aut oratione. 7.
doctrinæ genus optimum. 556,10.
dogma quid. 407,30.
dogma omne controuersum est. 233.
dogmata quare sustulerunt sceptici. 407,23.
dogmatica curiositas inutilis. 489,12.
dogmatica opinio, quæ. 429,10.
dogmaticæ opiniones inter se contrariæ. ibid. 30.
dogmaticus nunquam erit beatus. 379.
dogmatici,qui. 405,22.
dogmatici sibi placentes de iudicio suo. 420,18.
doloris aliorum nō possumus nosse proprietatem. 280.
dolorem natura fugit omne animal, voluptatē autem persequitur. 376.
domus stellarum. 97.
dormiens in somnis ambulans. 549,6.
dos ex meretricia arte collecta. 529,5.
δρέπανον, falx. 31.
duo tempora simul esse non possunt. 23.
duplicare Colossum. 131.
duplex rhetorica,bona & mala. 62.
duplices non sunt literæ. 194.
duplus numerus quis sit. 90.
duplus semitonij. 113.
dyadis consideratio. 520,1. 522,8.
δύναμις quæ. 406,29.

E

Ea quorum est scientia, cogitantur ante scientiam. 388.
effectus mutantur secundū ea quæ patiuntur. 291.
effectus nōmagis fit à causa quàm à materia. ibid.
efficientia affectionum non iudicant, & possunt esse falsa. 145.
eidothea essentia quæ vertitur in species. 257.
eiusdem stellarum habitudinis & conformationis sæpius non potest esse obseruatio. 106.
ἐλήλυθαν & ἀπελήλυθαν,dictio Alexandrina. 36.
ἐλήλυθαν, venerunt. ibidem.
elementū iudicatur ex sono vnico et incōposito. 21.
elementum tribus modis dicitur. 18.
elemēta mundi,numeri sunt Pythagoricis. 519,24.
elementa quadraginta tria. 21.
elementa quatuor nōcomprehendit Epicurus. 235.
elementorum seu literarum diuisio. 18.
ἡλιάζεσθαι, apricari. 37.
elleborum innoxiè bibens Rufinus quidam. 419,8.
elleborum vt innoxium sumi possit. 426,28.
eleuationes stellarum. 97.

elephantes ex formicis. 495,21.
elephas arietem fugit. 415,8.
eligēdum nihil est ex iis quæ sunt in corpore. 375.
nec ex iis quæ sunt in anima. ibidem.
eligere ipsum sitne eligendum. 374.
Empedocles cur se Deum vocarit. 52.
Empedocles primus mouit rhetoricam. 116.
emphasis probabilitas apud Academicos. 141.
ἐμπίς,culex. 27.
ἔνδειξις quæ dicatur. 445,1.
ens an mutari possit. 511,30.
ens genus transcendēs sitne verum aut falsum, aut vtrunque simul. 188.
ens in summo genere non est verum. ibid.
ens in supremo genere non est falsum. 189.
entium alia sensibilia,alia intelligibilia. 500,36.
ἐντελέχεια & ὕδωρ μᾶλλον sunt vocabula scientiæ. 54.
enūciatiui sermonis nō expertia irrationalia. 418,4
eodem tempore nascentium varia vita & varius exitus. 104.
epagoges consideratio. 480,37.
ἐπαναφορά quid sit. 95.
ἐφεκτικὴ philosophia. 545,33.
ephodenticæ orationes. 469,20.
ephori punierunt adolescentem qui apud exteros didicerat rhetoricam. 59.
Epicurea hæresis. 59.
Epicurei dicebant omnia desinere in indiuidua. 335.
Epicurei initium sumunt à logicis. 118.
Epicurei non admittunt musicam. 110.
Epicurus indoctus. 1.
Epicurus Deos non esse sensit. 265.
Epicurus inimicus disciplinarum. 9.
Epicurus non sumpsit ab Homero, summam voluptatem esse doloris ablationem. 48.
Epicurus quam logicam recusarit. 118.
Epicurus probat grammaticam docentem connectere elementa. 9.
Epicurus qua occasione se ad philosophiam contulerit. 318.
Epicurus quid totum vocat, & vniuersum. 301.
Epicurus ex notione probat esse demonstrationē. 234.
Epicurus sensile firmum dixit ac validum. 238.
Epicuri de sensibus & visis opinio cōfutata. 193.
ἐπέχω quid sit. 436,17.
ephectica philosophia. 447,5.
ephectice. 406,10.
ἐπιφορά καὶ συμπέρασμα. 468,21.
ἐποχή. 405,38.
ἐπι-

INDEX.

ἐπίνοιαι. 235.
ἐποχή. 406,22. & 407,4. & 556,19.
epoches modi decem. 411,33.
equus an Deo sacrificetur. 532,10.
equum vt intellectu percipias. 492,23.
Eratosthenei. 76.
Erophili medici festiuum apophthegma. 489,2.
eruditus irridetur apud imperitos, & imperitus apud eruditos. 40.
esse quæ habent, differentia sunt inter se. 428,2.
esse quomodo accipiendum. 437,2.
essentia demonstrari eorum quæ dicuntur non potest. 222.
essentiæ per se consistunt. 345.
essentiæ quæ aliquo modo se habent sunt rerū subiectarum. 348.
essentiæ tres, sensilis, intelligibilis, composita & opinabilis. 138.
est, duo significat, & essentiam, & apparitionem. 365.
est, quid significet. 427,18.
est in tempore, non autem est tempus, &c. 340.
ἐτεῇ pro ἀληθείᾳ. 440,8.
ethicæ partis philosophiæ consideratio. 522,30. & deinceps.
ἦθος quædam modulatio mores efficiens. 113.
ἦθος quid sit. 429,3.
in etymologia attendenda consuetudo. 40.
θύλακος, bonum habens frænum. 30.
Euhemerus ἄθεος quid de Diis senserit. 258.
euidens nihil est. 170.
euidentia est basis & fundamentū omnium. 149.
euidens est commune sensus & intellectus. ibid.
euidens nullam admittit dissensionem. 232.
euidentiæ quænam sit adtestatio. 148.
euidentiam vt consequamur, ratio habet sensum adiutorem. 138.
euidentia non docetur aliquid. 396.
euidenter apparet sensibus aut intellectui. 559,12.
eunuchus non est continens. 392.
eunuchus rerum venerearum continens non est. 541, 27.
ὠδία, bonus odor. 30.
euphorbium, oculis molestum. 420,34.
Euripides nescit quem precetur. 49.
Eurylochus Pyrrhonis discipulus. 545,17.
ex differentia quænam res esse dicantur. 207.
ex eo quod est, nihil potest fieri nec generari. 360.
ex eo quod non est, nihil potest generari. 360.
ex eo quod manet in seipso, nihil gignitur. ibid.
ex iis quæ sunt, alia bona, alia mala, alia indifferentia. 363.
ex immutabili nihil gignitur. 360.
ex mutato nihil gignitur. ibid.
ex non ente nihil fieri. 519,2.
ex pluribus non fit id quod gignitur. 3.
ex seipso aut ex alio cōprehēditur quidque. 433,6.
ex vero sequitur verū, ex falso falsum, & quandoque verum. 241.
ex vno nihil potest oriri seu generari. 360.
ex vno non fiunt duo, & sic in infinitum. 287.
ex vno non gignitur amplius. 287.
per exceptionem multa dicuntur. 256.
exercendorum puerorum magister qualiter illos instruat. 246.
exhortationes nihil auxilij afferunt iis qui aliquid naturæ dicunt bonum aut malum. 381.
exomis Diogeni assiduè gestabatur. 430,7.
experientia quid sit. 11.
experientia consulenda in vita degenda. 489,10.
experientia medica an eadē sit cum scepsi. 444,17.
expetendum quod sit, vbi sit. 526,7.
exuperatio & defectus reducitur ad binarium. 353.
exuperatio & defectus eorum quæ refertur ad aliquid. 352.
expetēda & fugienda alia aliis videtur. 419,23.
expetibile, bonūmne sit. 525,36.
expetita & fugita animalibus aliis atque aliis alia & alia. 414,27.

F

Fabrorum instrumenta aliquot. 559,1,2.
fabula continet in se repugnantiam & impossibilitatem. 266.
fabulæ de inferis. ibidem.
fabulæ poëticæ plenæ impietate. 283.
fabulosa fabulosis contraria. 429,26.
fabulosa persuasio quid. 429,8.
falsum consequitur falsum. 489,35.
falsum non docetur. 6.
falsum esse & fallere ac mentiri differunt. 122.
falsum magis delectat quàm verum. 51.
falsum non est. 395.
falsò quod dicitur, ex affectione non autem prolatione iudicandum est. 122.
in falsa dicentes, quod dicunt, in eos retorquetur. 191.
Fauorinus philosophus confutatus. 559,22. & 560,25.
febricitantium signa, non similiter omnibus apparent. 215.
fieri potest scepticum. 436,6.
figura, magnitudo & color non constituunt molē corporis. 160.

INDEX.

figuræ nec solidæ nec planæ sunt principia, 351.
figuræ probæ & rectæ, & contrà. 249.
finis quis dicatur. 410,3.
finis rhetoricæ diuersus à diuersis statuitur. 64.
finis scepticæ. 411,2.
finis scepticorum, status animi passionibus carens. 555,30.
fluere quid sit. 76.
fluida humana substantia. 513,27.
fluminis cursui materia nostra comparata. 513,30.
fælicitas. 523,21.
forma mala orationis. 471,31.
formæ hominum diuersæ. 418,26.
fortitudo quid sit. 279.
fortitudo seu magni animi virtus primas sibi vendicat. 371.
vir fortis scit quæ sunt sibi grauia, non autem proximo. 279.
formicæ aliter homines atque vrsos afficiūt. 415,3
fortasse, vbi vsurpandum. 436,6.
fortunæ & mores hominum ab astris non dependent. 105.
fricare matrem. 356,20.
fumus, ignis signum. 463,5.
funis contortus & conuolutus nonnunquam coluber putatur. 442,29.
furari probrosúmne sit. 531,4.

G

Γας ριζᾶυ, in ventre ferire. 37.
genus est demonstrandū vt credatur species. 237.
genus Stoici eximunt à bonis. 369.
genera quænam sint. 190.
genera sintne tot quot species. 484,5.
generatio & corruptio euersa. 512,17.
generationis euersio. 553,27.
generationes animalium diuersæ. 412,19.
geometria vnde sic dicta. 9.
γεραλας. 322.
Germani Venere mascula vsi. 528,28.
gignuntur seu fiunt res ex vno per mutationē, ex pluribus per compositionem. 360.
globus tangit tectum, & globus tetigit tectum, vtrunque est verum. 329.
gloria est efficiens ambitionis. 380.
gloria in malis habenda. 430,27.
γνωσον quid appelletur. 556,30.
Gorgias Leontinus quomodo tollat iudicatorium. 125.
grammatica quid sit, an experientia. 11.
grammatica dicitur multis modis. 8.
grammatica duplex. 9.
grammatica gloriatur supra omnes scientias. 8.
grammatica idem promittit quod Sirenes. ibid.
grammatica non est ars coniecturalis. 13.
grammatica non est ars eorum quæ subiecta sunt artibus. 14.
grammatica quæ docet connectere elementa, est vtilis. 9.
grammaticæ definitio quā tradit Asclepiades. 14.
grammaticæ definitio Demetrij Chlori. 15.
grammaticæ perfecta definitio, quam tradit Chares. 14.
grammaticæ quot sint partes. 16.
grammaticæ vtilitas. 10.
grammaticus in quo differt à plebeio. 12.
grammaticus nec res subiectas nouit, neq; dictiones, nec vtrunque. 52.
grammaticus ponens exemplum solœcismi, solœcismum non admittit. 122.
grammatici nec epigrammata quidē intelligūt. 54
grammatici nomina non intelligunt. 54.
grammaticorum iactantia. 17.
grauis vox cur dicatur. 112.
γραῦς, anus. 40.
gustabilia partim similiter partim dissimiliter gustum mouent. 112.
gustatus ludibria. 455,5.
gustus diuersitas. 414,7.
guttæ sanguineæ Iouis. 430,36.

H

Habitus seu dispositio in nobis iudicium mutat. 422,5. & deinceps.
hæreses philosophicæ. 59.
harmonia consistit in tribus consonantiis. 90.
harmonia quid sit. 113. & 129.
hegemonicum, spiritus est secundū Stoicos. 526,33.
Helena vera, & eius simulachrum. 143.
hellenismi propter duo, nempe vt dilucidius explicemus, & iucundius. 34.
hellenismi duæ sunt differentiæ, nempe ex analogia, & ex consuetudine. 31.
Heracliti opinio de iudicio sensus ac rationis. 135.
Heracliti philosophia differt à sceptica. 439,4.
Hercules dictus Alcæus. 261.
Hercules effœminatio. 430,22.
heroës veteres. 260.
heroas commendasse suas vxores cantoribus, fabulosum. 110.
Hesiodus Homerum multis præcessit seculis. 35.
hinniens est equi accidens. 368.
ιπ πιζεσθαι, equitare. 37.
Hippocratis modus loquendi. 123.
hippocentauri. 430,38.
historica grammaticæ pars trifariā diuiditur. 42.

Homerus

INDEX.

Homerus cur Pyrrhoniæ sectæ putatus. 546,4.
Homeri poësis. 35.
Homeri versus Pyrrhonem delectantes. 545,6.
Homericus vsus minimè sequendus. 35.
homicidium vetitum. 430,20.
homicidia in aliis hominibus puniri, in gladiatoribus honorari. 530,37.
homo an Dei prouidentiâ sit constitutus. 226.
homo non potest comprehendi. 158.bis.
  & 450,25.
homo quid dicendus. 449,23.
homo quid sit secundum Epicureos. 156.
homo ex corpore constat & animo. 418,24.
homo quare à brutis differt. 224. & 226.
homo est mensura omnium. 124.
homo & asinus nati sub eodem cœli themate, non eundem habent vitæ exitum. 105.
homo omnium rerum mensura. 440,24.
homo quomodo sit in nobis ex notionibus. 304.
homo res iudicare non potest. 451,17.
hominis definitio. 450,4.
hominis definitio, animal rationale, mortale, &c. est definitio non hominis, sed accidentium. 156.
hominis non potest haberi notio. ibidem.
in hominis definitione collectanè omnia faciant hominem, cùm singula non faciant. 157.
homines alia alio tempore percipere. 440,36.
hominis definitio Platonica. 158. & 450,15.
hominem exuere, graue. 544,35.
hominem non esse iudicatorium à quo. 451,26.
hominem non esse participem rationis scripsit Heraclitus. 226.
hominem Saturno immolantes. 530,8.
homines primi orti è terra, cæteris præstantiores. 260.
honestum non est solum natura eligendum. 377.
honor qui Diis exhibetur, probat esse Deos. 276.
hora est accidens aëris. 346.
hora vna non potest consistere. 341.
horizon sæpe fallit visum. 103.
horoscopus quid sit. 95.
horoscopus statui non potest ex partu. 101.
horoscopi signum ab astrologis nō potest inueniri. 99.
horoscopi signum non idem est omnibus. 103.
horoscopi vniuscuiusq; natiuitatis à Chaldæis obseruandi ratio. 97.
horoscopium non est certum & minimè aberrans astrologis. 101.
horoscopium sumi non potest à deiectione seminis aut conceptione. 100.
hospites Artemidi immolatur apud Scythas. 530,9.
humanarum carnium esus. 536,34.

humanas carnes edere. 529,38.
humani corporis pulchritudo admiranda. 428,21.
humores diuersi diuersas etiam formas faciunt. 418,27.
ὑποπόδιον, scabellum. 41.
Hyrcani canibus vorādos mortuos exponūt. 533,33.
hypospagmaticorum visa. 426,1.
hypothesis quæstio finitorum. 72.
hypothesis quot modis dicatur. ibidem.
ex hypothesi aliquid sumere, quale sit in philosophia. 240.
ex hypothesi sítne sumendum aliquid. 72.
ex hypothesi nihil sumendum. ibidem.
hypotheticus modus. 431,15.
hypotheticus epoches modus. ibid. 26.

I

Ictericorum passio. 412,38.
ictericorum visa. 425,38.
ictericis mel amarum. 422,18. & 439,14.
ἰχθυοφάγοι. 533,2.
id quod est, ex quo esse probetur. 388.
ideæ non sunt rerum principia. 350.
idiosyncrisiarum differentiæ. 418,33.
ἴγδις & θυία, mortarium. 39.
ignis non est magis causa vstionis quàm materia. 290.
ex igne ortum esse mundum. 358.
illatio quid sit. 229.
Imperator falsum dicit, nec tamen fallit aut mentitur. 122.
imperiti dialecticæ signant & obseruant. 223.
imperiti artis an doceri possit. 539. per totum.
impressio quomodo fiat in principe animæ parte. 246.
inane & atomos esse. 136.
inane, natura ab omni corpore deserta. 315.
inane infinitum. 301.
inane vt probetur Epicuro. 148.
inane vt definiatur à Stoicis. 315.
inaures gestare viris vbi honorificum. 529,10.
in centris esse quomodo dicantur stellæ. 98.
de incertis quærētes sunt ijs similes qui in tenebris ad scopum tela iaciunt. 232.
incertis solis reluctantur Pyrrhonij. 554,35.
incertitudo rerum. 232.
incomprehensibilia esse omnia, quomodo intelligendum. 435,18.
incorporeum comprehendi non posse. 501,35.
incorporeum manere non posse. 513,37.
incorporeum neque agit neque patitur. 222.
incorporeum nihil esse Basilides Stoicus existimabat. 221.

incor-

INDEX.

incorporeum nihil gignit. 75.
incorporeum non aufertur ab incorporeo. 295.
incorporeum non est causa corporis, nec corpus incorporei. 287.
incorporeũ non est efficiens causa incorporei. 286.
incorporeũ non potest auferri aut separari à corpore. 297.
incorporeum non potest doceri. 5. & 295.
incorporea etsi sint ante corpora, non ideo sunt rerum principia. 350.
incorporea præcedunt intelligibilia. ibid.
incorporeorum quatuor species. 345.
ex incorporeis constituuntur corpora intelligibilia. 350.
quod ex incursione cognoscitur, vnde sumatur. 192
indemonstrabilis dicitur tribus modis. 216.
indemõstrabiles nõ simplices orationes, quæ. 217.
indemonstrabiles orationes. 472,10. & 479,32.
indemonstrabilium aliæ sunt simplices, aliæ non simplices. 217.
indere iudici quam vult opinionem, sitne finis rhetoricæ. 68.
indifferens quid dicatur. 524,15.
indifferens quot modis dicitur. 371.
indifferentium differentiæ. 372.
indifferentium diuisio. 527,13.
Indorum impudentia in coitu. 429,19.
inductio subuersa. 480,38. & dein.
infantes sopiuntur susurro. 111.
infœlicitas vnde existat. 378.
infans nõ oritur cùm paritur, sed in apertum profertur. 361.
de Inferis habent omnes communem notionẽ. 266
infinita nõ est oratio, quòd dicatur rogata in mala figura. 251.
infinitiuus pro imperatiuo. 438,11.
infinitum est inanimum. 278.
infinitum non mouetur. ibidem.
infinitorum non est experientia. 12.
infiniti nulla est methodus. 15.
in infinitum delapsio epochen inducit. 431,19.
ingenuos homines perdere, vetitum. 530,28.
ingeniosiores sæpe non veritatem defendunt, sed falsum. 164.
in sensilibus nihil est quod non habeat spatium ac dimensionem. 75.
inseparabilia quænam sunt accidentia. 346.
insipientia non est natura malum. 376.
institutum quid sit. 428,38.
institutum instituto contrarium. 429,24.
intellectuale, ad aliquid est. 432,35.
intellectuale an sensile indicet. ibid. 6.

intellectus in verũ iudicatione an sequedus. 455,19
intellectus vt variet. 426,9.
intellectus differentia apud diuersos philosophos. 455,35.
intelligendi quot modi per transitum ab euidentibus. 77.
intelligentia omnis oritur à sensu, aut non sine sensu: & aut ex incursione, aut non sine incursione. 191.
intelligere per applicationem euidentium, & aliis modis. 309.
intelligi quomodo dicatur vnumquodque. 308.
intelligitur aliquid duobus modis. 77.
intelligibilia sola esse qui dicit, hoc non potest probare. 192.
intelligibilia sola esse vera, dicunt Democritus & Plato. 185.
intelligibilium substantiæ imaginandæ. 492,22.
interit nihil. 352.
interrogatio ex minimo. 13.
interuallum quid. 511,3.
interualla consonantia. 113. dissonantia. ibidem.
inuenire quæ dici possunt in causa, sitne finis rhetoricæ. 67.
Iocastæ & Oedipodis factum. 536,20.
iocus in definitionum euersiones. 482,8.
Ion de Lacedæmoniis. 59.
Ion grammaticus quid dicat de Lacedæmoniis. 59
ἰσοσθένεια, quid. ita enim legendum, non ἰσοσθένεια. 407,1.
Iudæus suillam non gustat. 532,16.
index veritatis non est dicendus, cui plures communi sententia ferunt testimonium. 165.
index veritatis non potest esse vllus dogmaticus. 163.
an sui iudicandi aliquid habeat facultatem. 184.
iudicandi vis an natura insit homini. 558,22.
iudicatoriũ commune nullũ est in hominibus. 145.
iudicatoriũ de essentia dicitur tribus modis. 120.
iudicatorium duplex. ibidem.
iudicatorium in euidentia & ratione statuebant Platonici. 146.
iudicatorium logicum dicitur tribus modis. 120.
iudicatorium non habet qui dicit se iudicare veritatem. 166.
iudicatoriũ nullum esse, Carneadis sententia. 140.
iudicatorium sensilium, & iudicatorium intelligibilium. 149.
iudicatorium signum. 462,34.
iudicatoriũmne signum aliquod sit. 466,3.
iudicatorium veritatis non potest esse inter philosophos

INDEX.

Sophos qui inter se dissentiunt. 163.
iudicatorium, veritatis sensus. 146.
iudicatorium qui sustulerint. 122.
de iudicatorio magnæ sunt philosophorum dissensiones. ibidem.
de iudicatorio quid Empiricis obijciant Dogmatici. 183.
iudicatoria tria, ex Diotimi sententia. 137.
iuncti semen confert ad coitum. 53.
Iupiter mortalibus mulieribus cōmixtus. 430,33.
Iupiter in Saturnum. 530,17.
Iouis lachrymæ ob Sarpedonis mortem. 430,36.
Iouis fabulosi variæ appellationes. 429,28.
iustitiæ particeps canis. 416,24.
iustitiam homines habere cum Diis, quid sit. 276.
iustitia non intercedit nobis cum brutis, vt neque cum plantis. 275.

K

Κάνθαρος, scarabæus. 27.
κᾶσθαι, possidere. 34.
κατακρημνίζεσθαι, præcipitare. 37.
καταληπτικὴ φαντασία. 557,2.
κατάληπτον, id est, comprehensibile. 556,30.
κάτω μέρος, id est, pars inferior. 95.
κεφαλὴ, caput. 41.
κλίνη, lectus. 27.
κωβιός, gobius. 294.
κώνωψ, culex. 27.
κόραξ, cornix. 27. & 70.
κριτήριον. 405,37.
κτείνεται, occiditur. 40.
κτῆσις, possessio. 34.
κύων, canis. 34.

L

Labor an natura malum. 528,14.
labor & diligētia par est eorum qui quærunt veritatem. 164.
labor non est omnino fugiendus. 376.
λαμπαδιστὶ Pyrrhonis. 543,28.
Lacedæmonij musica vtebantur in bello. 108.
Lacedæmoniorū legatus apud Tisaphernem duabus lineis depinxit rhetoricam, & breuem orationem. 59.
Lacedæmoniorum consuetudo in furibus. 531,7.
Lacenæ virile dictum. 531,10.
latitudinis perfecta ablatio est interemptio longitudinis. 310.
laus vnde sit ducenda. 70.
λευκὴ, quid. 463,20.
λεχεποίης, herbosus. 53.
λήμματα ἐπιφορά. 73.
legiferæ Deæ fruges quoq; dedere hominibus. 60.

legislatores vndenam in Deorum venerint notionem. 260.
leo gallum gallinaccum fugit. 435,8.
λέων, leo. 40.
lex quid sit. 429,2.
lex legi opposita. 429,20.
leges sunt vincula ciuitatis. 60.
liber homo non pulsandus. 430,17.
libido portentosa Aegyptiorum. 529,4.
licet, sceptico. 436,6.
λιμὸς, fames. 27.
linea quid sit. 75.
linea consideratur ex ratione binarij. 353.
linea non est. 76.
linea est expers latitudinis, si cylindrus per rectā lineam tangat planiciem. 83.
linea non cognoscitur per analogiam. 78.
linea non est expers latitudinis, si obliquum latus quadrati metiatur parallelogrammū planū. 82.
linea non est multa signa per seriem posita. 308.
linea non est signum extensum. 307.
linea intelligi non potest per compositionem. 78.
linea nō intelligitur per incurrentē euidentiā. ibid.
lineæ definitio reprehenditur. 85.
lineam datam secare bifariam iubētes mathematici stultè loquuntur. 295.
linea nō esse longitudinē expertē latitudinis, si vertens omnibus suis partibus describat circulos. 81.
lineam obliquā deductā per latus quadrati, etc. arguit lineam non esse expertem latitudinis. 313.
lineam rectam datam in duas partes secare reprehenditur. 87.
linguarum varietas. 414,8.
Linus ante Homerum. 35.
literæ quænam dicantur. 9.
locus bifariam dicitur. 506,26. & 514,8.
locus vt definiatur à Stoicis. 315.
locus est qui largè dicitur, & locus est qui circunscribitur. 317.
locus quid sit secundum Peripateticos. 319.
loca & interualla phantasiam mutant. 424,27.
locus manet sublato corpore. 317.
locus, natura à corpore comprehensa. 315.
locus non est corpus. 318. non est inane. ibidem. non materia. ibidem.
locus non est forma. 319. nec interuallum quod intercedit inter fines. ibidem.
locus non probatur à corpore quod in eo esse dicitur. 317. nec ab eo quod est natura leue & natura graue. ibidem.
locus qui est finis corporis, nec est corpus, nec res incorporea. 320.
à loci

INDEX.

loci partibus locum probare, puerile est. 317.
locum esse vnde probetur. 316.
locum esse probatur à partibus loci. 316.
locum qui largè intelligitur, præcedit locus exactè sumptus. 350.
in loco comprehendi, duobus modis sumitur, nempe largè & exactè. 328.
logica est prima pars philosophiæ, & quare. 119.
logicam partem solam quinam tractarunt. 117.
logos incorporeus. 502,13.
λόγος quid significat, & quid λογικός. 157.
λόγῳ παντὶ λόγος ἴσος ἀντίκειται. 437,30.
longitudo nulla datur expers latitudinis. 308.
nec cogitari quidem potest eiusmodi. ibid.
longitudo nulla est. 307.
longitudo nulla est expers latitudinis nec in sensilibus nec in intelligibilibus. 76.
longitudo nulla est quæ caret omni latitudine. 79.
longitudo nullo modo potest intelligi absque latitudine. 309.
Luna ab Aegyptiis assimilatur reginæ. 96.
λύχνος, i. lucerna, ab eo quod soluat noctem. 41.
Lycurgus tulit legem vt Spartæ doceretur rhetorica. 59.

M

Magi Persarum vxores ducũt matres & sorores. 529,26.
magis quomodo capiatur. 547,15.
magister exercendorum puerorum quomodo illos doceat. 246.
maius non aufertur à minori. 297.
malum bono contrarium, nempe noxa. 368.
malum natura debet esse omnibus malum. 373.
mali alicuius efficiens est fugiendum vt malũ. 380.
mali corui malum ouum. 70.
mali opinio sæpe magis perturbat, quàm ipsum malum. 385.
qui mali habet opinionē, conduplicat dolorē. ibid.
qui mala aliqua natura existimat, iis angitur si adsint, &c. 381.
in malis quæ accidunt ex inuoluntaria affectione, quomodo se gerat scepticus. 384.
manens non est causa mansionis manenti. 288.
quod manet, mouetur. 349.
mansio non est in tempore. 339.
mansionis consideratio. 513,25.
manifesta res quæ sint, & quæ nõ manifestæ. 205.
maris contuitus admirandus. 428,21.
masculæ veneris vsus. 528,28.
masculina & fœminina nomina quæ dicuntur natura. 26.
materia, fluxilis. 440,32.

materia in qua versatur orator. 62.
materia qualitatis expers, prodigiosa. 497,29.
mathematicorum stulta. 295.
matri concumbere. 430,2.
matrem aut sororem ducere in vxorem, vbi licitũ. 529,25.
medicamētorum simplicium compositio si excedat, noxia &c. 427,7.
medicina cur Græcè dicatur ἰατρική. 9.
medicinæ particeps canis. 417,5.
medicus de medicis sophismatibus melius iudicat. 487,35.
medicus falsum dicit quandoque, non tamē fallit aut mentitur. 121.
medicus methodicus vt dirigatur. 444,23.
medici esse opus proprium. 391.
medium cœli quid sit. 95.
medio cœli oppositum. ibidem.
mel an dulce. 409,5.
mel dulce linguæ, oculis ingratum. 420,31.
mellis sapor alius alius. 439,13. 38.
μέλας, niger. 40.
memoria est affectionis in sensu. 149.
memoria & phantasia habet proportionem cum vestigio. ibidem.
μεμνασμβόν opus quid sit. 107.
μεμνᾶσθαι quid sit. ibidem.
μένον, manens. 40.
mens est principium agens, Empedocli. 257.
mentis turbatio vt impediatur. 410,10.
mentem homo non haberet, nisi mũdus esset mente præditus. 27.
mensura, & quicquid indicat, est ex numeris. 130.
mensura si nõ stet, nec id quod cadit sub mensuram. 249.
Mercurius furacissimus Deus. 531,6.
meretricia arte collecta dos. 529,5.
methodicus medicus. 444,32.
μεξιοπάθα. 410,6.
mille, pauca. 179.
mistio qualitatum fierine possit. 503,25.
mistio variat phantasiam. 425,22.
modi stabiles apud Tragicos. 109.
modales orationes. 480,29.
μοῖραι, i. partes, quas vocant gradus. 94.
ex monade dyas fieri an possit. 521,37.
μονομοιρία, vnica sors, seu Deus. 95.
moralis philosophiæ consideratio. 522,30. & dein.
morborum declinationibus varia adhibenda victus ratio. 487,30.
moritur nemo. 293.
mors an horrenda sit. 533,14.

mortem

INDEX

mortē ad nos nihil esse demōstrauit Epicurus. 49.
mortale esse sumitur ex recordatione. 158.
mortui vt sepeliendi. 536,38.
mortuorum condendorum mos varius. 532,38.
mortuum esse, non accidit, sed accedit homini.157
mortuū non esse Socratē quomodo probetur. 362.
Monimus dicebat nos nescire quidem nos nihil scire. 128.
mos non est vnus in vnaquaque lingua. 16.
Moschus quidam Phœnix inuexit atomos. 305.
motus consideratio. 504,20. & dein.
motus corporis minimi & indiuidui in eodem loco, nempe in orbem. 323.
motus est res sensilis. 324. non est res sensilis, sed comprehenditur recordatione. 324.
de motu dubitantes, confutantur euidentia. 324.
motus adhæret tribus, nempe corporibus, loco, & temporibus. 332.
motus admirabilis, eius qui in naue quæ fertur, à prora ad puppim fert aliquid. 323.
motus definitio. 322.
motus & mansio sunt accidentia corporum non absque tempore. 346.
motus ex sinceritate quisnam sit. 331.
motus ex dominatu quisnam sit. ibid.
motus mutationis quid sit. 320. & dein.
motus transitus quid sit. 321.
motus per quid intelligitur. 324.
motū esse Cynicus quidā ambulando probauit. ib.
motum esse qui philosophi senserint. 321.
motum fieri non simul, sed priorem in priore spatio, secundum in secundo. 335.
motum non esse probatur ex eo quòd motus fiat in tempore præsenti. 332.
motum non esse quinam senserint philosophi. 321.
motum non magis esse quàm non esse sentiunt Sceptici. 322.
motum non esse si aliqua secentur in infinitum, aliqua desinant & c. 337.
motum nullum esse, si omnia desināt in indiuidua, secundum Epicureos. 335.
de motu tres fuerunt sectæ. 321.
quicquid mouet, aut trudens, aut trahens, aut tanquam vecte pellens mouet. 326.
mouetur aliquid in loco in quo continetur. 328.
quod mouetur, ab alio non mouetur. 325. nec à seipso. 326.
quod mouetur, intelligitur cum loco à quo mouetur, & cum loco ad quem mouetur. 328.
quod mouetur, non est infinitum. 278.
quod mouetur, suū efficit motum aliquo modo affectum & passum ab eo quod mouet. 325.

quod mouetur, transire à loco in quo est, ad alterū locum, stare non posse. 330.
moueri aliquid in eo quo est loco, sitne verum in sphæris & c. 329.
mugiens non ostendit bouem. 308.
multa eo se afficiunt, quod alius faciunt. 256.
multine potius sint sequendi. 453,17.
mulieres aliquæ tardius, aliquæ citius, imò etiam eædem aliquando tardius, aliquando citius concipiunt. 100.
mundus administratur per harmoniam. 90. 354.
non administratur per harmoniam. 111.
mundus animal animatū secundum Platonē. 272.
mundus continens seminarias rationes animalium ratione præditorum, est particeps rationis. 272.
mundus continetur ab optima natura & c. 269.
mundus est corpus vnitum. 268.
mundi causa est cæteris magis admirabilis. 274.
de mundi constitutione diuersæ physicorum sententiæ. 357.
mundū esse animatum & intelligētia præditū, & ideo Deum, quomodo probet Xenophon. 270.
Musæus ante Homerum. 35.
musica dicitur tribus modis. 107.
musica quid sit. 389.
musica impedit ne virtus appetatur. 111.
musica lætos delectat, mæstos consolatur. 109.
musica non est vitæ vtilis. 109. & 110.
musica vetus erat virilis. 109.
musica recens fracta & effœminata. 109.
musica non sedat animum, sed tantum ad tempus abstrahit. 109.
musicæ diuersitas. 414.21.
musicæ laus. 107.
musicæ vituperatio. 109.
musico est sapiens similis, vt vult Plato. 108.
non modi musici animum excitant aut sedant, sed nostra opinio. 109.
musici habent tempora rationis expertia. 23.
musici non maiorem accipiunt voluptatem quàm imperiti qui eos audiunt. 111.
musicis ab Heroibus custodiendæ relinquebantur vxores. 108.
mutatio naturalis subuersa. 511,20.
mutatio nulla est. 173.
mutatione delectatur seculum. 15.
mutus homo nō propterea irrationalis est. 417,27
μυγάλη, mus araneus. 27.
μυκτηρίζω, in naso ferire. 37.
μῦς, mus. 27.

N

Naribus perforatis annulos gestare. 529,13.

INDEX.

natura bonum aut malum nihil esse. 553,30.
natura diuina gignit homines. 268.
natura fert multa quæ vni speciei conueniūt. 8.
naturæ iudicium, omnium præclarissimū. 559,30.
naturæ non sunt curæ leges. 384.
naturam matris affricare non esse abhorrens, Zenonis dictum pudendum. 522,31.
in naturam, non in nos culpa est cōferenda, si mala patimur. 384.
natura quæ mouet, eodē modo omnes mouet. 524.
natura sua, ignis nec vrēdi nec liquefaciendi vim habet. 213.
naturalis instructio. 409,32.
naturalem & logicam quinam sint persecuti. 117.
quinam naturalem & moralem. ibidem.
naturalem solam philosophiæ partem quinam constituunt. 116.
nauium seruatores Dioscuri. 269.
Nausiphanes cur pulmo dictus. 1.
Nausiphani cū Epicuro intercedebāt inimicitiæ. 1.
nec est qui doceat, nec qui discat. 395.
nec sensus nec intelligentia ad aliquid se applicat, nisi id phantastice alteretur. 171.
negationis participatione non plus habet pronunciatum quàm quod non habet negationem. 197.
ὄψις Dea quædam Sicula. 305.
nihil certò sciri posse. 556,28.
nihil esse Gorgias dixit. 455.
nihil esse quomodo probetur. 125.
nihil mouetur in loco in quo est, nec in eo in quo nō est. 348.
nihil mouetur, sed motum est, vt vult Diodorus Cronus. 327.
nihil potest augeri aut minui. 360.
nihil seipsum probat ac confirmat ex iis quæ quæruntur. 239.
nihil est verum, oratio seipsam euertens. 477,33.
nihil interit. 362.
nihilo magis etiam positiuè dictum. 547,10.
nihilo magis Scepticum. 434,34.
nihilo magis, vocis vsus. 435,17.
nihil mutatur & alteratur absque affectione. 252
nihil minus. 546,8.
nix vt probetur nigra. 411,19. & 488,28.
noctu cernentia animalia. 413,9.
νουτά. 406,26.
nomen quod iudicatur ex etymologia, in quid desinat. 41.
nomina quomodo significent. 483,3.
νοῶν, intelligens. 40.
non est aliquid pars sui. 303.
non licere. 436,7.

non magis, Scepticum. 434,34.
non magis vbi vsurpetur. 440,2.
de non manifesto est dissensio. 232.
nō si consequēs est verum, verū est antecedēs. 74.
νουμῦλα quæ. 406,19.24.
nosse seipsum, propositū ab Apolline Pythio. 156.
notio quid sit. 150.
notio non est comprehensio, nec rei essentia. 235.
notio, sciētia, ars, quomodo sint ex cogitatione. 150
absque notione anticipata neque dubitare licet, neque quærere. 366.
absque notione nec quærere nec dubitare licet, vt vult Epicurus. 11.
nouæ leges quotidie ferūtur, vbi est rhetorica. 61.
à nouenario non aufertur vnitas. 298.
nux non consistit. 341.
nullum est bonum & eligendum ex iis quæ sunt extra. 374.
nullum est omnium commune bonū & malū. 373.
numerabilium nihil est vnum. 354.
numerorum consideratio. 519,20.
numerus non est sensilis, nec apparet. 356.
numerus non potest intelligi ex additione aut ablatione vnitatis. 92.
numerus plurimus & minimus. 13.
numerus principium substantiæ vniuersorū. 129.
numerus quomodo cōtineatur in numero. 483,14.
numerº sine doctore à nobis nō apprēheditur. 356.
numerus sitne memoria cognitus per additionem & compositionem aliquorum. 356.
numero non fit additio. 300.
numero sunt omnia similia. 131.
de numero quid sentiat Plato. 356.
ex numero maiore non est sumendum argumentum. 420,10.
numeri quomodo nascātur ex vno & binario. 353
numerorum præclara. 130.
numeris plurimum tribuunt Pythagorici. 89.
ex numerorum quatuor rationibus intelligitur & corpus & incorporeum. 130.
numeros Pythagorei ponunt elementa & principia vniuersorum. 349.
ex numeris terra, aqua & ignis. 354.
ex numeris musicæ sunt harmoniæ. ibidem.
νύχ Θ, nox. 41.

O

Obscæna & impia plurima dixerūt Stoici de vita agenda. 389.
obseruatio vitæ cōmunis Sceptico proposita. 534.
otiosum signum, seu principium mortis. 95.
oculorum nostrorum tunicæ & humiditates variant phantasias. 425,35.

odoratus

INDEX.

odoratus diuersitas. 413,37.
Ocellus Lucanus & Aristoteles addiderunt quatuor elementis quintum corpus quod mouetur in orbem. 358.
oculorum pupillæ variæ quid efficiant. 413,18.
oculi quorundam animaliū fulgorem inesse. 413,7.
οἰνόμελι. 112.
oleum hominibus vtile, apibus noxium. 417,29.
olfactus ludibria. 455,8.
ὀλμισκές. 322.
ὀμβρίμος, grauis, validus. 30.
omnia incomprehensibilia esse, quomodo intelligendum. 437,18.
omnis homo est animal, ex particularibus probanda. 479,10.
Onesimus Plutarchi seruus. 556.
opera quæ sua sponte mouentur, sunt admirabiliora iis quæ non sponte mouentur. 273.
circa opinabilia imperturbatus animi status. 410, 12.
opinio quid sit. 150.
opinione sunt omnia tenus, & ad aliquid. 534,3.
opinionum aliæ veræ, aliæ falsæ. 548.
opponi orationem orationi, quid sit. 437,38.
oppositæ orationes quæ dicantur. 406,37.
opposita apparentibus apparētia, intellectualibus intellectualia. 411,10.
oppositiones multimodæ. 411,10. & dein.
oratio quid sit. 229.
oratio an possit existere. 470,5.
oratio aut significat, aut non significat. 7.
oratio aduersus demonstrationem est solum probabilis. 255.
oratio infinita inuenitur in primo & secundo modo. 250.
oratio colligens nulla est. 248.
oratio colligens quomodo iudicetur. 247.
oratio constat ex iis quæ nobis incurrūt, id est, ex sensibilus. 128.
oratio demōstratiua quando differat à vera. 248.
oratio, & eius axiomata. 468,23.
oratio incipiens à disiuncto, est infirma. 328.
oratio incipiens à disiuncto, non est infirma. 330.
oratio indemonstrabilis. 216.
oratio est infinita quatuor modis. 249.
oratio infinita non potest cognosci. 250.
oratio infinita quod rogata sit in mala figura. 249
oratio infinita per diremptionem. 249.
per redundantiam. ibid. per defectum. 250.
oratio infinita non est per defectum. 251.
oratio perfecta non potest inueniri. 251.
oratio praua propter redundantiam. 227.

oratio rhetorica aduersatur persuasioni, 66.
oratio synactica & asynactos. 470,10. & 16.
oratio vera inueniri nequit; 474,3.
oratio vera & falsa quomodo iudicetur. 232.
oratio vera quomodo iudicetur vera. 247.
orationis nullæ sunt partes, nec oratio. 25.
orationi omni oratio æqualis opponitur. 437,32.
orationem nullam esse. 27.
orationes colligentes quænam sint. 229.
& non colligentes. ibidem.
orationes possunt consistere ex vna propositione. 251.
orationes συνακτικαὶ ἢ ἀσύνακτοι. 468,29.
orationes tres inter se coniugatæ, collectiua, vera, & demonstratiua. 247.
orationes vitiosæ quæ. 473,33.
orationes vnius propositionis non placebant Chrysippo. 251.
orator contrarias exercet orationes. 62.
orator Byzantinus, Byzantinorum legem dixit se habere vt ipse vellet. 61.
orator est etiam qui nescit rhetoricam. 58.
orator contrarias exercet orationes. 62.
orator irridetur, qui domi ita loquitur vt in foro & iudicio. 64.
orator non potest laudare. 7.
oratoris ad politicum eadem est ratio, quæ pharmacopolæ ad medicum. 58.
oratoris rhetorica abutentis, & pugilis patrem verberantis comparatio. 62.
oratores comparantur iis qui ludunt calculis. 61.
oratores similes nutricibus. 62.
ordo idem seruari non potest. 392.
quod oritur & interit, nec in tempore in quo est, nec in tempore in quo non est, oritur atque interit. 362.
non oritur quod est, neque quod non est. 359.
ὀργὴ & παραίρεσις. 506,1. & 524,16.
Orpheus ante Homerum. 35.
orthographiam probatur esse inanem ex dissensione & ex effectis. 30.
ortus & interitus non cadit in tempus. 343.
ortum non esse vnde probetur. 359.
in ortu rerum & generatione dogmatici confugiunt ad euidentiam. 361.
ostij motus. 322.
ὃ pro vtrum apud scepticos. 435,3.
ὃ καταλαμβάνω. 437,26.
ὀυδὲν μᾶλλον. 407,34.
ὀυ μᾶλλον, scepticorum vox. 434,28.
ὀυδὲν μᾶλλον vbi vsurpetur. 435,23.
ὀυδὲν ὁρίζω. 407,35.

GG 2 ὀυδὲν

INDEX.

ὅδπερ ὁρίζω, quid. 436,26.
ὅδπερ ὁρίζεον, scepticorum vox. 434,28.
ouilla caro vbi vetita. 532,18.
ouum in aue molle, in aëre durum. 424,35.

P

Pancratiastæ sanguinarij. 430,28.
papauere vescens Lysis. 418,37.
παρακμὴ bifariam dicitur. 487,36.
Parcæ tres, quid. 139.
parentũ curã liberi vbi gerãt, vbi iugulẽt. 530,15.
partes nunquam interit. 362.
Parmenides posuit iudicatorium ratione quæ est ex scientia. 131.
Parmenidis versus de iudicatorio. 132.
partium & totius consideratio. 510,33.
pars diuersa à toto & idẽ secundũ Heraclitũ. 301.
pars sui nihil est. 303.
pars totum tangens, illi vnitur. 292.
partes animæ, nẽpe rationis particeps, & expers rationis, sintne separatæ an non. 170.
partes grãmaticæ non sunt inter se omnino diuersæ. 17.
partes medicinæ non sunt inter se diuersæ, & quænam sint. ibidem.
partes nec sunt tota, nec diuersa à totis. 366.
partes orationis sintne partes totius. 303.
partes totum non complent. 302.
particula duobus modis dicitur. 301.
passionum coactus. 409,33.
paternis bonis renuncians, Romæ non soluebat patris nomina. 429,21.
pati nihil potest. 293.
patriæ esse vtile & sibi, differunt. 51.
pauci participatione non sit aliquid magnũ. 197.
peccata esse æqualia vndenã motus dicebat Zeno. 180.
πείθεσθαι variis modis dicitur. 443,3.
peregrini Artemidi apud Tauros Scythiæ immolabantur. 429,23.
πολυσκελάς. 80.
πολυωδύμων phantasia. 443,33.
peristhyrium mulierum Aegyptiarum. 529,4.
periti & artifices ijdem. 11.
permistæ facultates diuersæ, diuersus habent motiones. 170.
per intensionem minuere latitudinem quomodo dicantur geometræ. 79.
in iis quæ per se consistunt, considerantur accidentia. 345.
per se consistunt essentiæ. 345.
Persæ post mortem regis quinque dies viuunt sine legibus. 60.

Persarum vestitus. 429,17.
persuadent multa præter orationem. 56.
persuadere non est proprius finis oratoris. 66.
persuasio vt fiat. 552,3.
phænomena an tollant sceptici. 408,34.
Φαινόμενα quæ sint. 406,19.
phantasiæ definitio. 151.
phantasiæ definitio Stoicorum reprehẽditur. 152.
defenditur. ibidem, bis.
phantasiæ diuisio. 144.
phantasia, animæ alteratio. 151.
phantasia nihil est, si sit mentis alteratio. 172.
phantasia comprehendens quænã sit. 153. & 177.
phantasia comprehendens nulla est. 388.
phantasia comprehendens non est magis comprehendens quàm alia. 180.
phantasiæ comprehendentes, & non comprehendentes. 153.
phantasia discurrens seu vtens circuitione. 143.
phantasia est sensus, quòd affectionem sensui ingenerat. 149.
phantasia est impreßio & alteratio animæ vt in anima. 151.
phantasia, impreßio in hegemonico. 457,24.
de phantasiæ impreßione dißident stoici. 245.
phãtasia neque omnis vera, neque omnis falsa, nec aliqua vera nec falsa. 174.
phantasia nihil est, si ea sit impreßio. 172.
phantasia omnis non est vera propter conuersionem. 174.
phantasia omnis si est vera, tollitur omnis doctrina, & ars, & virtus, & demonstratio. 175.
phantasia omnis si sit vera, nihil est incertum & non euidens. ibidem.
phantasia probabilis sitne vtilis ad vitam traducendam. 182.
phantasiæ probabiles & improbabiles &c. 153.
phantasia quænam sit affectio in animali. 140.
phantasia quid sit apud Stoicos. 150.
phantasia vera quæ sit, quæ falsa. 141.
vt phantasia sit vi sentiendi prædita, quænã concurrant ex Stoicorum sententia. 180.
phantasiã dicit Epicurus esse perpetuõ verã. 147.
phantasiam omnem veram esse, falsum esse ostenditur ex eo quòd oratio est vera & falsa ex rerum consequentia & repugnantia. 175.
omnem phantasiã esse veram, est præter euidentiam. 175.
phantasiæ nostræ phãtasiis animalium irrationalium non præstant. 418,13.
phantasia vera & falsa; & neque vera neque falsa. 153.

phanta-

INDEX.

phantasiarum multæ differentiæ. 152.
phātasias indifferentes ad fidē faciendā. 442,24
phantasiarū variandarum modi. 548. & dein.
phantasiis an habenda fides. 458,22.
Φάσις duobus modis dicitur. 435,25.
Philonis & Charmidæ academia. 441,16.
philosophādi rationes tres generalißimis. 405,25.
philosophiæ definitio secundum Epicurum. 386.
philosophia quid sit. 258.
philosophia aßimilatur areæ. 118.
philosophia est vtilis, quæ discernit quæ dicuntur à poëtis. 48.
philosophia ouo similis. 118.
philosophia similis animali, vt vult Posidonius. 118
philosophiæ quasdam hæreses eiecerunt quædā ciuitates, non omnem philosophiam. 59.
philosophiæ quot partes. 115. & 447,30.
philosophiæ tres sunt partes. 118.
philosophiæ trium partium quæ sit prima. ibid.
philosophi oratio à bono dehortans vt aliud bonum persequatur, affert morbū pro morbo. 382.
philosophi Sodomitæ. 528,34.
philosophorum de principiis opiniones variant. 497,23.
philosophorum nemo scit se veritatem apprehendisse. 123.
Phœnix Arabicus. 548,18.
Phrynes pulchritudo plus persuasit iudicibus, quā oratoris oratio. 56.
Φθόγγος, sonus musicus. 112.
physica Deos esse censet. 266.
physiologiam an tractet scepticus. 408,25.
piper quibusdam noxium. 419,11.
πιθανὸν quid. 443,11.
πλαστεία ὁδός. 435,1.
Plato & Aristippus apud Dionysium Siciliæ tyrannum. 529,18.
Plato & Critolaus vituperarunt rhetoricam. 57.
Plato qualis philosophus fuerit. 441,18.
Plato rationem censet esse iudicatorium cum euidentia sensuum. 177.
Plato tribuit Socrati omnē partē philosophiæ. 117.
Platonis academia. 441,13.32.
Platonicorum secta à Socrate orta. 145.
Pleuritide laborantes tußiendo biliosum sputum educunt. 53.
pluralitas vxorum quibus permissa. 530,31.
in poëmatibus non habemus opus grammatica. 55.
pœna & mala fortuna. 95.
poësis est vita noxia. 51.
poëtæ antiqui, Homerus & Hesiodus. 283.
poëtæ inter se pugnant. 48.

poëtæ modos acceperunt à musicis. 109.
poëtæ vitæ inutilis. 51.
poëtarum versibus, finitimorum compositæ controuersiæ. 47.
poetis multa sunt malè dicta. 48.
poetica, motuum animi arx & propugnaculū. 51.
poetica nihil præclarum edit, in quo non sit Deus. 266.
poetica reddit affabiles. 47.
poetica potest esse vtilis, etsi musica sit inutilis. 110
è poetica sumptū testimoniū profueritne patriæ. 50
porcus vbi Diis immoletur. 532,6.
poëticis testimonius quinam vtantur. 48.
pori an intellectu percipi poßint. 469,16.
positiones & interualla iudicium seu phantasiam mutant. 424,27.
posterius non est causa prioris. 289.
potentia & actu esse, nihil est. 361.
potentia vel actu aliquid esse. 485,9.
prædari, vbi gloriosum. 530,32.
præterita perfecta possunt esse vera, etiamsi sint imperfecta falsa. 328.
præterita perfecta si vera sunt, vera sunt etiam imperfecta. 328.
præsens, præteritum & futurū. 517,32. & dein.
præstigatorum fascinatio. 413,10.
præstigatorum ludibria. 430,4.
principia cognosci iis quæ sunt similia principiis, totidem numero. 134.
principiorū alia sunt agentia, alia materialia. 257.
principiorū materialiū cōsideratio. 497,20. et d.
principia sceptice. 407,14.
de principiis rerum diuersæ philosophorum sententiæ. 304.
priuantia non sunt in subiecto. 310.
prius non est efficiens causa posterioris. 289.
probabile dicendūmne sit esse verum. 191.
probabile quot modis dicatur. 65.
probabile dicitur tripliciter. 142.
probabilēne sit verum quod multis persuadet. 191
probabile sequitur scepticus in vita agenda. 140.
probabilis phātasia, habeatne vim iudicandæ veritatis. 182.
probabiliter dicere quomodo intelligatur. 232.
prodesse quid dicatur. 368.
Prodicus Chius de Diis quid dicat. 258.
προυγμένα. 527,14.
pronunciatum quid sit. 186.
pronunciatum connexum quodnam sit. 200.
pronunciatū definitū non potest esse verum. 198.
pronunciatū esse verū, non potest probari. 196.
pronunciatum nullum est. 195.

GG 3

pronunciatum nullum esse per se perfectum. 195.
pronunciatum nullum verum aut falsum. ibid.
pronunciatum vt verum aut falsum sit, quid requiratur. 194.
pronunciatum simplex quidnam sit. 197.
pronunciata duplicia. ibidem.
pronunciata quæ sint. 194.
pronunciata simplicia definita quænam sint. 198.
indefinita, quæ. ibidem.
pronunciata non simplicia. 200.
eadem propositio ad vera accedens, ea efficit falsa: ad falsa autem, vera. 199.
propositio eadem aliis philosophis videtur vera, aliis falsa. 233.
propositiones demōstrationis ex sensilibus siue intelligibilibus incredibiles sunt & infirmæ. 238.
ex propositionibus non colligitur illatio. 233.
propositiones apparentes non efficiunt vt demonstratio sit firma ac stabilis. 238.
propositiones indubitabiles magis sunt optabiles quàm re vera possunt haberi. ibidem.
proportio in arte statuaria. 131.
proportio est ex numero. ibidem.
προσκεφάλαιον, cernical, puluinar. 41.
prostitutio mulierum vbi honorata. 529, 2.
Protagoras Abderitanus. 263.
Protagoras Abderitanus verum esse dicebat id quod cuilibet videbatur. 124.
Protagoræ institutio. 440, 23.
Proteus apud Homerum prima efficiens causa. 257.
prouidentiam negantes vnde moueantur. 411, 16.
prouidentia Dei an sit, & quæ. 493, 31.
prudens habendus qui sit. 452.
prudentis opus omne est etiam commune non prudentis. 390.
prudentia est ars vitæ agendæ. 386.
prudentia non potest contemplari imprudentiam. 397.
prudentia quid sit. 378.
psenes vermiculi. 412, 26.
Psyllorum natura. 419, 3.
pulchritudo persuadet. 56.
de pulchritudine dissident homines. 369.
pulmo cur dictus Nausiphanes. 1.
pugnus quid sit. 302.
punctum, linea, superficies. 499, 7.
punctus est signum & finis lineæ, & eam implet. 75.
punctus fluens non facit lineam. 76.
punctus habet dimensionem. 75.
punctus quid sit. 74.

punctus non est. 75.
purgantia medicamenta vt purgent. 438, 24.
purgatiuorum medicamentorum vsus. 477, 30.
Pyrrhonis vita. 543. per totum.
Pyrrho à Timone assimilatur Soli, & quámnam ob causam. 53.
Pyrrho cur Homeri poësim legerit. 48.
Pyrrho nullum reliquit opus. 554, 6.
Pyrrhonis securitas in tempestate maris. 545, 14.
Pyrrhonei cur cōtradicant aduersus disciplinas. 2.
Pyrrhoneos commentarios scripsit Sextus Empiricus. 114.
Pyrrhonia institutio. 406, 16.
Pyrrhonij quàm varie dicti. 545, 29.
πυρσία animalia. 548, 18.
Pythagoras iubens tibicinem canere spondeū melos, petulantes iuuenes reduxit ad moderationem. 107. 108.
Pythagorei iurabant per Pythagoram. 89.
Pythagoreorum secta duplex. 354.

Q

Quæ cogitantur, non sunt ea quæ sunt. 127.
quæ comprehēduntur, nō possunt alteri enunciari. 127.
quæ sunt in eadem materia, non eandem habent naturam. 170.
quærendum est primum quid sit. 55.
qualitates an inter se misceantur. 503, 25.
qualitates sensibilium considerandæ. 421, 8. & deinceps.
quantum continuum. 89. discretum. ibid.
quaternio numerus perfectissimus. 89. & 129.
quaternio pyramidis & corporis solidi. 89.
quaternio radix & fons æternæ naturæ à Pythagora dictus. 130.
qui doceat nullus est, neque qui discat. 6.
qui iudicat artificiosè, nec est imperitus nec artifex. 123.
quicquid apparet, non est verum. 186.
quicquid patitur, patitur vel per additionem, vel per & c. 294.
quinquaginta, pauca. 179.
quod manet, non est causa motus ei quod mouetur: neque quod mouetur, ei quod manet. 288.
quod mouetur, non est causa motus ei quod mouetur. 288.
quod non est, non docetur. 393. bis.
quod ostenditur, non docetur. 7.
quod placet omnibus, est fide dignum. 136.
quod separatur, est veluti pars eius à quo separatur. 297.
quod significat quod sit. 185.

Quod

INDEX.

quod significatur, quid sit. 185.
quod videtur extra solidū, mutatur in spatio quod intercedit. 147.
quorū singulariū perfecta sunt vera, vera quoque sunt imperfecta. 329.

R

Rameta saepe alia apparēt quā ipsa solida. 426,21
rara, pretiosa. 428,23.
ranae. 412,24.
raritas pretium rerum facit. 428,29.
raro aut crebro contingentia. 428,11.
ratio communis est iudicatorium. 136.
ratio deducitur à phantasia. 141.
ratio est iudicatorium intelligibilium, sensus qui est ex scientia sensilium. 138.
ratio habet quandā cum natura cognitionē. 129.
ratio in iudicanda veritate proficiscitur ab euidentia. 138.
ratio opinabilis est iudicatorium, vt vult Xenocrates. 131.
ratio per sensum accipit phantasiam. 138.
ratione esse quae iudicat, dicit Anaxagoras. 129.
rationem quae accedit à disciplinis, esse iudicatoriū dicunt Pythagorei & Philolaus. 129.
ratione praedita esse omnia censebat Empedocles. 226.
ratiocinari & esse capax scientiae, etiam in Deo cadunt. 157.
ratiocinari & scientia esse praeditum, homini accidunt, sed non semper. 157.
ratiocinatis facultatu est aliquid cum aliquo componere. 160.
recta & obliqua quomodo iudicentur. 121.
rectā lineam omnibus suis partibus conuersam describere circulum, vt volunt Geometrae, non potest procedere. 312.
recte factum quid sit. 140.
recte, vt accipiatur. 408,19.
regio, natura per quam transeunt corpora. 315.
regionem seu χώραν quid vocent Stoici. ibid.
relata ad aliquid percipiuntur intelligentia, non sunt autem. 189.
relatio ad aliquid epochen inducens. 431,14.
relatiuum quomodo definiatur. 252.
relatiua suscipiunt mutationem in alterum absque affectione. 252.
si relatiua sunt, quaenam sequantur absurda. 253.
relatiua sunt seiuncta ab iis ad quae referuntur. ib.
relatiua non esse quidam sunt opinati. 233.
repetitio in artibus discendis. 557,33.
ex repugnantia quae sunt, quomodo differāt à relatis. 351.

repugnantia non possunt simul consistere. 203.
res ad aliquid relatae. 208.
res ex differentia. 207.
res natura incertae quaenam sunt. 231.
res non manifesta ad tempus. 205. non manifesta natura. ibid. omnino. ibidem.
res nulla incerta esse potest & apparere. 467,16
res quae sunt, assimilantur adumbratae picturae, ex Anaxarchi & Monimi sententia. 128.
rerum aliae bonae, aliae malae, aliae indifferētes. 363.
rerum aliae certae, aliae incertae. 462,11.
rerum aliae sunt manifestae, aliae nō manifestae. 204
res incertae per homonymiam, quae. 231.
resolutionum syllogismorum theoremata. 217.
rhetorica non est ars. 57.
rhetorica est aduersus leges. 61.
rhetorica habet vim persuadēdi praecipue in verbis. 56.
rhetorica, malum artificium. 62.
rhetorica non probat bonam dictionem. 63.
rhetoricae malae artes. 61.
rhetorica inutilis ciuitatibus. 60.
rhetorica non est vtilis ipsis oratoribus. ibid.
rhetorica non est ars. 57.
rhetorica non recte coti comparatur. 58.
rhetoricae definitio secundum Xenocratem. 56.
qui rhetoricae diu dederunt operam, non implent partes oratoris. 58.
rhetoricae falsa sunt theoremata. 57.
rhetoricae partium diuersi sunt fines. 68.
rhetoricae quaenam sint partes. ibid.
rhetoricae Aristotelica definitio. 57.
rhetoricae Platonica definitio. 56.
rhythmus seu numerus nihil est. 114.
Romanorum leges de patria potestate. 530,22.

S

Satellites seu stipatores stellarum. 98.
Saturnus filios manducans. 430,9.
Saturnus in Ionem, & contrà. 50,16.
de Saturno fabulae. 429,9.
succo florum tincta & talaris vestis. 529,15.
sacrificia paganorum varia. 532,35.
sub aculeo Sagittarii natus, occidetur. 105.
sanguine humano litare. 530,5.
sanitas primas partes sibi vendicat. 371.
sanitas sitne bonum. 370.
sanitas secundum Stoicos non bonum, sed indifferens. 371.
sanitatem non esse praecipuum indifferens. 372.
sapiens cùm non possit inueniri, neque verum inueniri potest. 182.
sapiens est solus pulcher. 386.

sapiens

INDEX.

sapiens habendus qui sit. 452,7.
sapiens nunquam fallit, etiamsi falsum dicat. 121.
sapiens non opinatur. 180.
sapienti non prodest prudentia. 392.
sapientem sustinere assensionem etiam secundum Stoicos. 139.
sapientia quid sit. 258.
Sarpedonis morti illachrymatus Iupiter. 430,36.
Σερώπ, *strepens.* 40.
scarabei, ex asinis. 412,25.
scepsis ab academica philosophia quid differat. 441,10.
scepsis quid sit. 406,17.
scepsis vt differat à Cyrenaica institutione. 440, 12.
sceptica disciplina in quo differat à Democriti disciplina. 439,35.
sceptica institutio ab Heracliti philosophia differt. ibidem, 3.
sceptica tractatio duplex. 405,28. & 34.
scepticæ finis. 410,1.
scepticæ tractationis appellationes. 406,8.
scepticæ voces vt accipiendæ. 438,17.
Scepticus quis dicatur. 407,13.
Scepticus ab actione non se removet &c. 385.
Scepticus non omnino quietus est &c. 410,32.
Scepticus tolerantius fert dolorem quàm Dogmaticus. 384.
Sceptici modestia ac prudentia in ratiocinationibus suis proponendis. 542,20.*per totum.*
de Scepticis scripsit librum Sextus Empiricus. 5.183
Sceptici non magis esse quàm non esse Deos asserunt. 265.
Sceptici cur de Diis suam sustineant assensionem. 283.
Sceptici viuunt absque metu & solicitudine. 363.
Scepticorum animi tranquillitas. 534,16. *& dein.*
Scepticorum de Deo opinio. 492,20.
Scepticorum mos, ea quæ non credantur defendere. 183.
scepticis vita est longe facillima. 378.
Sceptici non aduersantur vitæ communi. 463,6.
σκυθασίαι. 426,18.
scientia aliter à Xenocrate, aliter accipitur à Stoicis. 56.
scientia vinculum non definitorum & interminatorum. 85.
scientia vitæ agendæ nulla est. 388.
scriptores qui sint. 11.
Scytharum immanitas in hospites. 530,9.
semen aliquando citius aliquando tardius deiicitur in fundum matricis. 100.

scientia cuiusmodi sit. 150.
scnipes. 412,24.
σκόρπιος, *scorpius.* 27.
Σκόπας, *scopas, nomen proprium.* 40.
qui secatur, dolorē sæpe fert constantius quàm qui eum aspicit dum secatur. 385.
sectam an habeat Scepticus. 408,11.
semitonium. 113.
seminiui sacerdotes matris Deûm. 531,20.
senes experientia antecellunt iuuenibus, non ingenio. 164.
sensile à quo indicetur. 432,2.
sensile apprehenditur sensu, signum mente. 214.
sensile diuersi generis non potest indicari à sensili diuersi generis. 215.
sensile eiusdem generis non potest indicari ab eo quod est eiusdem generis. 215.
sensile externum neque est totum neque pars. 303.
sensile intelligitur ex differentia. 214.
sensile mouet omnes similiter & eodē modo. 212.
sensile nihil est natura, vt vult Democritus. 185.
sensile non docetur. 4.
sensile non est alicuius indicans. 214.
sensile non potest doceri. 214.
sensile non potest seipsum indicare. 215.
sensilis rei idem est effectus. 212.
sensilis rei quomodo fiat comprehensio. 297.
sensilem essentiam sustulit Democritus. 238.
sensilia apprehenduntur absque doctore. 356.
sensilia nō directo vera, sed per relationem ad intelligibilia secundum Stoicos. 185.
sensilia omnia ad aliquid. 432,25.
sensilia omnia esse vera, & phantasiam veram, & sensus veros, dicebat Epicurus. 192.
sensilia omnia esse vera volebat Epicurus. 185.
sensilia semper gignuntur, nunquam sunt. 185.
sensilium aliqua vera esse, aliqua falsa. 211.
sensilia talia esse qualia in sensum incurrunt, & nunquam fallere. ibidem.
sensus discernit animal à non animali. 277.
sensus est ordine primum iudicatorium, mens autē potestate. 149.
sensus est semper verus, vt vult Epicurus. 185.
sensus non potest cogitationi suam ostendere affectionem. 159.
sensus contrariè mouentur ab externis. 454,19.
sensus diuersæ constitutiones diuersè nos afficiunt ab iisdem sensilibus. 146.
sensus hominem non comprehendunt. 159.
sensus inter se differunt. 420,28.
sensus locum tenet instrumenti, intelligentia artificis. 150.

sensus

INDEX.

sensus molem corpoream non apprehendunt. 160.
sensus non potest cum alio componere. 168.
sensus quisnam sit ex scientia. 138.
sensus non esse fide dignos quomodo probetur. 128
sensus non esse iudicatoria censet Empedocles. 134
sensus non sinit cogitationem externa apprehendere. 168.
sensus sensilia apprehendentes accedunt ad sensiliū speciem. 134.
sensus sensilia tantum apprehendunt, non subiecta sensilium. 167.
sensus opus habent intelligentia & memoria ad apprehendenda subiecta. 168.
sensus seipsos non apprehendunt. 160.
sensus tollentes, & sensilia perimentes res confundunt. 191.
sensus quilibet suum sensile apprehendit, sensile autem non est moles corporis. 160.
sensus videndi diuersitas. 103.
sensus se inter se non apprehendunt. 161.
sensus solùm patiuntur & instar ceræ figurā suscipiunt. 159.
sensus sunt fallaces. 168.
sensuum iudicium quale habendum. 454,2. & d.
ex sensilibus nihil apparere dicit Democritus. 136.
sententiam non semper esse suspendendam. 558,5.
Sepiæ atramenti & æruginis commistio quid efficiat. 413,10.
septem planetæ agunt in vnumquodque eorū quæ in vita accidunt. 94.
de sepultura quid dicant Stoici. 390.
sepulturis quibus vtendum in parietibus. 536,38.
sermonis non expertia irrationalia. 418,2.
sermone vtendum tanquam nomismate. 31.
serò didicisse melius est quàm nihil didicisse. 108.
sesquialter numerus quis sit. 90.
sesquitertius numerus quis sit. ibidem.
sex esse à quibus veritas iudicatur. 133.
sexagenariis maiores vt tractētur à barbaris quibusdam. 533,9.
Sextus Empiricus scripsit librum de quæstionibus pyrrhoneis. 48.
Sextus scripsit commentarios medicos. 147.
si est aliquid, id ab homine non potest iudicari. 117.
si in iudiciali finis sit iustum, quænam sequantur absurda. 58.
signaculis annulorum assimilantur phantasiæ comprehendentes. 154.
signatum non potest diiudicari, seu sit manifestum seu non manifestum. 223.
significatū quod significat, & quod significatur. 14

signi definitio. 462,38. & 463,19.
signum aliquod esse, ex oratione efficitur, quæ probat nullum esse signum. 225.
signum boni dæmonis. 95.
ad signum comprehendendum alio signo opus est. 210.
signum cùm sit incorporeum, nihil significat. 212.
signum dicitur communiter & propriè. 205.
signum duplex, in memoriam reuocans, & indicans. 206.
signum est incertum & non manifestum, cùm nesciatur sitne sensile an intelligibile. 221.
signum est præsentis, non præteriti nec futuri. 221.
signum est vnius rei indicans & vniforme. 213.
signum & indicium quidnam profitentur. 176.
signum & signatum si sunt relatiua, vtrunque est à seipso comprehensibile. 224.
signum & signatum simul sunt, si signum sit pronunciatum. 223.
signum, cùm sit sensile, pro diuersitate eorum quæ ipsum apprehendunt, res diuersas indicat. 212.
signum non est sensile. 211.
signum non esse pronunciatum, ostenditur ex euidentia. 223.
signum docetur cum multo labore. 214.
signum habet rationem vnitatis. 353.
signum indicās differt à signo reuocante in memoriam. 214.
signum mali dæmonis. 95.
signum non comprehendi. 208.
signū non est ex iis quæ referūtur ad aliquid. 208
signū non est intelligibile, nec pronunciatum. 222.
signum non similiter mouet eos qui sunt similiter affecti. 212.
signum nullum est carens partibus. 307.
signum nullum est eorum quæ non possunt comprehendi. 212.
signum nullum esse subiectum & c. 211.
signum omne est æquè opinabile atque signatum. 228.
signum probari non potest demonstratione. 211.
signum refertur ad aliquid. 214.
signum sensilēne sit, an intelligibile. 210.
signi habet intelligentiam, qui notionem habet consequentiæ. 224.
signi non est idem effectus. 212.
quæ aduersus signum afferuntur rationes, significant non indicando, sed in memoriam reuocando. 216.
signo quænam res opus habeant. 206.
de signo quomodo disputant Sceptici. 207.
in signo sustinendo assensio vnde probetur. 228.

H H   *signa*

INDEX.

signa apparentia solùm, aut incerta. 466,20.
& deinceps.
signa ascendentia nõ possunt exactè observari. 103.
signa dominantia in vniuscuiusque natiuitate sunt
quatuor. 95.
signa febricitantium non similiter omnibus apparent. 215.
signa quæ in memoriam reuocant, propter legem
datam plura indicant. 213.
signorum aliqua masculina, alia fœminina, alia bicorporea, alia non. 94.
signorum partes non possunt exactè definiri. 102.
signorum diuisio. 462,29.
signis cur animalium nomina imposuerunt veteres. 105.
silentes philosophi. 417,26.
Silenus Aesopicus. 199.
σίλλοι, id est, sales. 26.
simile alicui est simile ei quod cognoscitur. 73.
simile comprehenditur à simili. 129.
similia cum similibus congregari. 133.
similia similibus cognoscuntur. ibidem.
similia sunt alia ab iis quibus sunt similia. 169.
similibus similia cognosci, antiquum dogma. 52.
quod simul est, non potest esse causa eius quod est
simul. 289.
simulachra quæ fingit Democritus, non sunt Dij.
262.
singularium fundamenta sunt euertenda, non singularia. 257.
singularibus refellendis immorantur Clitomachus
& Academici. 256.
σμίλιον, scalpellum. 30.
σμύρνα, myrrha. ibidem.
Socrates ostendi non potest, nec eius partes. 198.
Socrates an mortuus. 512,3.5.
Socrates dubitabat quidnã esset, & quemadmodum se haberet ad vniuersitatem. 156.
Socrates ignorat an sit homo. 449,19.
Socrates qualisnam philosophus. 441,21.
Socrates senex didicit musicam à Lampone. 108.
Socrates soli morali philosophiæ operã dedit. 116.
Socratica hæresis. 59.
Sol & Luna præsunt septem stellis. 97.
Sol quàm cometa magis admirandus. 428,14.
Sol Regi & dextro oculo assimilatur ab Aegy-
ptiis. 97.
Solis diuturnior contuitus quid in oculis efficiat.
413,5.
solida figura, vtpote pyramis, cõsideratur ex qua-
ternario. 353.
solæcissantes orationes. 486,27.

solœcismus & barbarismus iudicandus ex consuetudine. 37.
solœcismus quid sit. 36.
Solon ad tibiã & lyram iubebat instrui actã. 108.
Solonis lex inhumana de occidendis suis cuique liberis. 530,20.
in somnis quæ videantur. 422,33.
ex somniis, Deorum notiones. 259.
sonus simplex quomodo discernatur à cõposito. 21.
in sono audiendo longior est mora. 102.
sophista infestissimus Pyrrho. 545,21.
sophismata considerant dialectici. 486,15.
sophisma Diodori Croni. 329.
sororibus iugantur Aegyptij. 430,3.
Sostratus Antiochi saltator vtilis patriæ. 50.
Sostratus à Ptolemæo missus ad Antiochum, versibus quod petebat est consecutus. 47.
species vnaquæque an sit particeps sui generis.
484,23.
cum specie non tollitur genus, sed cum genere tollitur species. 235.
species quænam sint. 190.
speculorum factura varia varias ostendit figuras.
413,20.
sphæra Archimedis. 273.
sphæræ motus. 504,37. & 506,12.
sponsioni damnum adiacet. 546,8.
σπονδειον, quid. 522,38.
σταμνίον & αμίσιον, vrna, matella. 39.
στέμφος, vena. 33.
στέμνος, stagnum. 26.
status non est in iis quæ mouentur à natura. 326.
stellarum figuræ eadem conformatio post quàm
multos annos fiat. 106.
Stratonis Physici definitio temporis. 340.
Stoici primum locum dicunt tenere logicã. 119.
Stoici præcipiunt quæ sunt contra leges. 290.
Stoici veteres. 153.
Stoicorum de veritate sensilium & intelligibilium
sententia reprobata. 193.
Stoicorum obscœna & impia. 389.
Stoicorum impudicitia. 529,6.
stultus si ignoret omnia, quid sequatur. 182.
Stiloc, columna. 27.
subiectum nullum esse eorum quæ percipere videmur. 454,6.
in subiecto externo erramus omnes. 345.
succus in herba non oritur, sed à loco transit ad locum. 362.
suilla caro Iudæis vetita. 539,16.
sumi natura nihil ex se potest, sed sumuntur omnia
ex affectione. 170.

super-

INDEX.

superficies consideratur ex binario. 353.
superficies quid sit. 75.
si superficiem faciat fluens linea, quot sequantur absurda. 83.
superficiei finem non esse longitudinem expertem latitudinis. 311.
ex superficie probatur lineam non consistere nec esse expertem latitudinis. 80.
ex superficie probatur non esse corpus. 314.
suppositio quatenus admittenda. 432,16.
susceptiuum non est id quod suscipitur. 19.
syllaba non est breuis. 22.
syllaba quomodo sit longa. ibidem.
syllaba non potest esse longa. 23.
syllogismi Peripateticorum. 473,12.
in syllogismorum resolutionibus theoremata. 217.
vt ex multis symptomatibus iudicant medici, ita ex multorum visorum cõcursu iudicant Sceptici. 143.
synactica oratio & asynactos. 470,10, & 15. & deinceps.
synatios causa. 495,3.
synarthesis quae sit. 464,27.
synemphases, quae simul cum aliquo aliud ostendunt. 152.
synerotesis syllogismorum. 480,31.
συνήθεια *quid sit.* 429,3.

T

Tactus ludibria. 455,10.
Taenarei lapidis natura. 426,25.
tangens aliquid, quomodo illud tangit. 293.
tangere & tangi nihil potest. 292.
Tantali fabulosum supplicium. 267.
τάριχος, *salsamentum.* 33.
Tauriscus auditor Acratetis. 42.
tecta oratio. 178.
temperantia quid sit. 281.
temperatio an possibilis sit. 503,6.
temporis consideratio. 517. per totum.
temporis definitio per Epicurum & Demetrium Laconem. 345.
tempus ab Astrologis est exactè sumendum. 104.
tempus constat ex iis quae non possunt esse. 342.
tempus esse corpus dixit Aenesidemus ex sentêtia Heracliti. 345.
tempus est aliud, & aliud motus mundi. 339.
tempus est incorporeum. 345.
tempus est visum diei simile. 340.
tempus quid sit. 339.
tempus quid sit ex Aristotelis sententia. 340.
tempus nihil est. 115.
tempus non est corpus, vt vult Heraclitus. 347.

non est aër. ibid. nec corpus. ibidem.
tempus non est finitum. 341. *nec infinitum.* ibidem.
tempus non est indiuiduum. 342.
nec diuiduum. ibidem. bis.
tempus non est in tempore. 339.
tempus non est magis mensura motus & mansionis, quàm motus & mansio mensura temporis. 340.
tempus non est minimum. 22.
tempus non est perpetuò idem. 339.
tempus nullum est. ibidem.
tempus non esse probatur ex eo quòd in ipsum non cadit ortus & interitus, & cadat. 343.
tempus non esse probatur ex eo quòd nec sit praesens, praeteritum, nec futurum. 342.
tempus non esse probatur ex eo quòd sit finitu aut infinitum. 341.
tempus non esse probatur ex eo quòd non sit tempus diuiduum nec indiuiduum. 342.
tempus praesens non est finis praeteriti &c. 343.
tempus vt definiat Plato & Aristoteles. 346.
& Strato Physicus. ibidem.
termini stellarum. 98.
ternarius superficiei & latitudinis. 89.
terrae motus quibus mirandus videatur. 428,19.
terram esse omniũ principium & elementũ. 304.
terram moueri Aristarchus mathematicus existimauit. 339.
terrena habent sympathiam cum coelestibus. 94.
terrenorum non est sympathia cũ coelestibus. 58.
Thales primus introduxit σκέψιν, *id est, considerationem in iudicatorio.* 128.
Thebani Sodomitae. 528,30.
Thebae Aegyptiacae non infestae imbribus aut niuibus. 495,22.
thesis ex seipsa ponitur firma ac valida. 73.
Theodorus ἄθεος. 263.
Θεων, *Theon, nomen proprium.* 40.
theoremata in syllogismorum resolutionibus, 217.
θῆξις *&* ἄφη. 503,3.
θόλος, *tholus.* 25.
Ti pro causa apud Scepticos. 435,4.
Tiberius Caesar in tenebris cernebat. 419,15.
tibicines plus possunt ad mores corrigendos quàm philosophi. 110.
tigris tympani sonum fugit. 415,9.
timiditas an natura appetenda. 527,31.
Timon Phliasius de Protagora. 265.
Timon nõ dissentit à Pyrrhoneis de grãmatica. 10.
Timonis sententia de bonis & malis. 365.
timor pallidus. 113.
Tithoreus Stoicus dormiens in somnis ambulabat.

INDEX.

bat.	549,6.
Tityi supplicium fabulosum.	266.
tonitru quale sit secundum Epicurum.	109.
torpedonis marinæ vis.	420,30.
totius & partis consideratio.	510,33.
totum quid sit.	301.
totum est, cuius nulla pars abest.	302.
totum est partes.	ibidem.
totum est sua parte melius.	278.
totum & pars quomodo differant.	301.
totum & pars sunt relatiua & sunt in nostra recordatione.	303. & 304.
totum & vniuersum differunt.	301.
totum non est diuersum à partibus, nec ab eis separatum.	302.
totum non esse, vt probetur.	ibidem.
totum tangens totum, non contactum efficit, sed vnionem.	292.
totum vt dicatur diuidi in partes.	483,12.
transcendens est genus vnum eorum quæ per se sunt.	352.
transitorius motus.	304,29.
transpositio quid sit.	300.
Τράπεζα, mensa.	36.
tres Parcæ tria significant iudicatoria.	139.
tres philosophiæ partes Plato virtute ac potestate statuit, expresse Xenocrates & Peripatetici.	118
tria bonorum genera Peripateticis.	369.
triplex obseruatio eorum quæ ad vitam communem pertinent.	409,29.
tria iudicatoria eorum quæ ponderantur.	121.
tria iudicatoria, ex Diotimi sententia.	137.
tria iudicatoria Stoicorum.	139.
tria iudicatoria, scientia, sensus, opinio.	ibidem.
Troglodytarum mos in mortuis suis.	533,5.
turpia & non turpia varia habentur ab hominibus.	528,26.
Tydeus cerebrum hostis edit.	530,3.
Tyndaridæ vsurparunt gloriam Dioscurorum.	261.
typhona quid vocet Monimus Cynicus.	184.

V

Vacuum.	514,35. & 15,24.
Venus mascula.	429,36.
Veneris masculæ vsus.	528,28.
Venus præpostera.	430,29.
Venus promiscua patris cum filia &c.	529,34.
Veri à veritate discrimen.	450,15.
Veritas in quo differat à vero.	121.
Veritas à sex iudicatur, Empedoclis sententia.	133.
Veritas assimilatur populo, verum ciui.	121.
Veritas rem considerat ex scientia.	ibid.
Veritatis criterium.	459,12.
Veritatis criterium an sit aliquod.	448,23.
Veritas non comprehenditur, nisi quantum humana ratio consequitur.	134.
Versuum non fieri partitione, aut mensuram.	28.
Veru cum carnibus arripiens Eurylochus coquum in forum vsque persequitur.	545,19.
Verum cur Græce dicatur ἀληθές.	185.
Verum quid sit & quid falsum, secundum Stoicos.	185.
Verum & falsum quid dicat Epicurus.	185.
Verum & falsum non est in voce.	203.
Verum quid dicant Stoici.	393.
Verum dicere non semper adhæret veritati.	121.
Verum est in iis quæ sunt.	136.
Verum est incorporeum.	121.
Verum est vniforme, & simplex natura.	ibidem.
Verum non est intelligibile.	190.
per quod verum inueniatur nihil est.	167.
Verum non docetur.	6.
Verum neque est ex iis quæ sunt natura, neque ex iis quæ sunt relata.	189.
Verum non est in motu cogitationis.	204.
Verum non est simul sensile & intelligibile.	190.
Verúmne sit aliquid natura.	460,1.
Verum non esse, quomodo probetur à Stoicis.	186.
Verúmne sumatur ex alia causa quàm quatenus apparet veritas.	190.
Verum esse quod cuique videatur, Protagoræ Abderitani sententia.	124.
Verum solis sensibus apprehendi non potest.	167.
Veri aliquid habens, & aliquid falsi, non magis est verum quàm falsum.	202.
de vero philosophorum dissensiones.	184.
vera esse quæ communiter apparent omnibus, falsa autem contra.	185.
verorum alia esse apparentia, alia incerta.	461,29
Verum esse ex iis quæ referuntur ad aliquid, Euthydemi & Dionysidori opinio.	125.
vespæ ex equis.	412,27.
vestis muliebris gestamen.	430,15.
vestis tincta & talaris vbi deceat.	529,15.
vincere sitne finis rhetoricæ.	68.
vinum & somnus non soluunt dolorem, sed differunt.	109.
vini copones ex modica gustatione totum vinum probant.	25.
vini Lesbij potus choleram mouens quibusdam.	418,35.
vini vsus varius variè corpus afficit.	426,30.
vipera vt vertigine opprimatur.	415,6.
vir bonus & amicus non diuersi ab vtilitate.	366.
virtus sola in genere est bonum.	367.

virtus

INDEX.

virtus est vtilitas. 366.
vis aliqua æterna est, quæ mouet materiã. 268.
vis efficiendi non magis in faciente quàm in patiente. 290.
visa forma & figura, similia non sunt comprehendentia. 178.
visionum diuersitas in animalibus. 483, 29.
visa furentium & somniantium eadem quæ eorū qui sunt sanæ mentis, & vigilantium. 177.
visorum alia credibilia, alia incredibilia censent Stoici & Academici. 177.
visa multa falsa, & quæ non possunt comprehendi. 179.
visorum sunt differentiæ. 176.
visus quid sit proprium. 148.
visus errat in superficie. 160.
visus habet speciem lucis. 129.
visus ludibria. 455, 4.
visus non comprehendit aliquid. 178.
visus non comprehendit figuram. 179.
 nec motum. ibidem.
visus non comprehendit colorem hominis. 178.
visus non fallitur, sed fallitur opinio. 148.
vita communis, quadruplex. 444, 17.
vita & mors est & dum viuimus, & dum morimur. 533, 26.
vitæ agendæ quæuis scientia à philosophis tradita, est humanorum malorum propugnaculū non auxilium. 388.
in vita agenda sequitur scepticus probabile. 140.
nos semper viuere quomodo probet Cronus. 54.
vnguentum hominibus gratum, scarabeis intolerabile. 414, 28.
vniuersè, & vt plurimum differunt. 38.
ex vniuersalibus non possunt in grammatica iudicari omnia nomina singularia. 37.
vniuersum quid sit. 301.
vnitatis consideratio. 520, 30.
vnitas est rerum principium. 351.
vnitas & binarius sunt omnium principia. 353.
vnitas non aufertur à denario. 298.
vnitas habet rationem causæ agentis. 353.
vnitas habet rationem puncti. 89.
vnitatis ab vnitate non fit ablatio. 354.
vnitatem cur masculum appellent Pythagorei, binarium verò fœminam. 94.
vnius idea quæ à Platone est data, refellitur. 91.
vnum est genus transcendens eorum quæ per se sunt. 352.
vnum & binarius constituunt mundum, & quæ in ipso sunt. 353.
vnum & multa per participationem. 90.

vnio non fit in omnibus corporibus. 311.
vnum quid vocet Plato. 90.
vnum vocatur participatione vnius. 354.
si vnius participatione vnū dicatur & multa, ex singularibus hominibus nullus erit homo. 355.
vnius sitne idea vna, an plures. ibidem.
vocales pauciores septem. 21.
voluptas carnis. 370.
voluptas est efficiens flagitiosæ libidinis. 380.
voluptas in quo constet. 280.
voluptas falli non potest. 146.
voluptas natura appetenda, Epicureorum sententia. 527, 38.
voluptasne bona sit. 525, 12.
voluptas non est omnino eligenda. 377.
voluptas primas partes sibi vendicat. 471.
voluptatem Epicurus dicit bonum. 373.
voluptatem non cognoscit qui nō est expertus dolorem. 280.
voluptatem non esse natura, Cleanthes dixit. 373
de voluptate variæ opiniones. ibidem.
vox alia cum tenui aëre, alia cum crasso. 425, 32.
vox, & quod dicitur, differunt. 28.
vox habet speciem aëris. 129.
vox quid sit. 112. eius diuisio. ibidem.
vox neque est corpus, nec incorporea. 114.
vox nec est longa, nec breuis. ibidem.
vox non est. 203.
vox nulla est. 114.
vox nulla, vt vox, est significatiua. 203.
vox non est in effectu, neque in substantia, sed in generatione. 114.
vox quæ significet, proferri non potest. 195.
vox qui variat. 426, 2.
vox quænam audiatur, nempe quæ nostrum sensum incurrit. 147.
voces Scepticorum. 408, 4.
voces irrationalium animalium inter se ipsa intelligere. 417, 32. atque eas esse alias atque alias aliter atque aliter affectorum. ibid. 35.
vsus index hellenismi. 32.
vsus in loquendo sequendus, non præceptio. 37.
vsus Homericus minimè sequendus. 35.
vtile sitne finis rhetoricæ. 68.
vtile est finis omnium artium. ibidem.
vtilitas, probi pars. 523, 4.
vxore vnica contentum esse, & alibi plures habere. 530, 30.
vxores communes esse voluit Plato. 529, 35.

Xeniades Corinthius dicebat omnia esse falsa, & omne visum & omnem opinionem fallacem. 123.

HH 3   Xenia-

INDEX.

Xeniades Corinthius dixit nihil esse verum. 284.
Xeniades dicebat omnia visa esse falsa. 176.
Xenophanes de rerum incertitudine. 232.
Xenophanes de Homero & Hesiodo. 283.
Xenophanes sentit omnia esse incomprehensibilia. 122.
Xenophanis dogma. 442,5.

Y

ὑπομνηστικα, commonefactoria. 462,27.

Z

Zeno familiaris Parmenidis auctor dialecticæ. 116.

Zeno Citticus pugno assimilat dialecticam, manui extensæ rhetoricam. 57.
Zenonis Cittiei probrosa opinio. 529,31.
ζῆν τελη. 406,8.
ζῆν τελος philosophia. 541,30.
Ζεὺς & Ζῆν Iupiter. 31.
Zodiacus circulus quomodo fuerit divisus. 96.
Zodiacus quomodo dividatur. 94.
Zodiaci sexta pars est linea quæ ab oculo emissa pertingit vsque ad orientem. 53.
Zoophyta. 412,23.

FINIS.

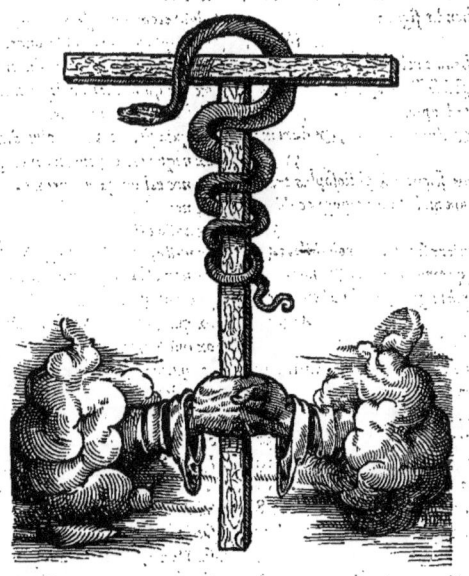

www.ingramcontent.com/pod-product-compliance
Lightning Source LLC
Chambersburg PA
CBHW051328230426
43668CB00010B/1187